儿童早期干预手册

（第 2 版）

Handbook of Early Childhood Intervention (Second Edition)

Jack P. Shonkoff
Samuel J. Meisels　主编

赵斌　李欢　胥兴春　等　译

高等教育出版社·北京

内容提要

本书可谓一本关于儿童早期干预的百科全书,全书分 7 编 28 章,涵盖以下内容:儿童早期干预的定义、现状及面临的挑战;从生物学、家庭、生态学及文化等维度分析危及儿童发展的风险因素以及相应的保护性因素;从发展生态学、心理学、神经生物学等多角度分析早期干预的理论框架;从儿童、亲子关系、家庭关系、家庭与社区的关系等角度阐述儿童评估策略;儿童预防性医疗保健、早期教养、早期心理健康服务;专门针对残障儿童和低收入家庭儿童服务的传递模式;早期干预专业人员及辅助专业人员的角色及储备;影响早期干预项目有效性的因素;21 世纪儿童早期干预发展的新方向。本书作者都是本领域最杰出的专家。本书中的内容能够使家长、教师等相关人员更加关注儿童早期干预的过去、现在和将来,能够促进理论和实践交互作用以保持儿童早期干预领域的活力与发展,能够帮助改善发展迟缓儿童及其家庭的状况,对中国儿童早期干预及特殊教育领域的理论研究和实践具有重要的借鉴意义。本书可供教育学、心理学、早期/学前教育、儿科学、社会学、护理学、精神病学等专业的研究者、从业者学习和参考。

献给我们的家庭

关 于 本 书

对于关心幼儿及其家庭健康、发展及福利的学生和经验丰富的专业人员来说,隆重发布的《儿童早期干预手册(第2版)》是一本非常重要的教科书。无论是服务提供者、政策制定者、研究人员、研究生,还是儿童保健、儿童早期教育、儿童医疗等诸多行业中的高级进修者,抑或是针对发展障碍儿童、处于影响自身发展的高危环境(如贫困或父母有精神疾病)中的儿童的各种早期干预项目人员,都可以将本书作为一本详尽的参考书。各个专业(如心理学、儿童发展、儿童早期教育、社会工作、儿科学、护理行业、精神病学、生理和职业治疗、言语语言病理学、社会政策等)的专业人员也会对本书感兴趣。本书的主要目标是为儿童早期干预的理论基础和实践提供一个学术性的概述。本书有15个全新的章节和13个经过大量修改的章节,在广度与深度的平衡以及领域内多因素的融合方面,本书是独一无二的。

本书主编之一香克弗(Jack P. Shonkoff)主编此书时是布兰代斯大学海勒研究生院院长、人类发展学教授。他还担任以下社会职务:美国医学研究所(Institute of Medicine)儿童、青年和家庭委员会主席,美国国家研究理事会(National Research Council)/医学研究所儿童早期发展与科学整合委员会主席,麦克阿瑟基金会(MacArthur Foundation)和麦克唐奈基金会(McDonnell Foundation)早期经验和脑科学研究网科学核心小组成员。现为哈佛大学、波士顿儿童医院教授,哈佛大学儿童发展中心主任。

另外一位主编迈泽尔斯(Samuel J. Meisels)主编此书时是密歇根大学评估项目的主管、教育学院的教授、人类成长与发展中心的研究科学家。他是美国0—3岁婴幼儿和家庭中心(Zero to Three: the National Center for Infants, Toddlers, and Families)主任委员会的当选主席,也是美国儿童早期纵向研究(Early Childhood Longtitudinal Study)以及早期阅读成就促进中心(Center for the Improvement of Early Reading Achievement)的资深首席研究员。现为内布拉斯加大学早期儿童研究所首任执行主任,儿童、青年和家庭研究教授。

译者前言

每个孩子都是独一无二的,大多数孩子的成长发育都遵循一般规律,但由于多种原因,总有少部分孩子可能在生理发育和心理发展中出现偏差或迟滞,这是不争的事实。关键期理论告诉我们,人类个体在从出生到成熟这个漫长过程中,不同年龄阶段的发展水平和速度是不同的。个体在某个特定时期对某些能力或知识信息的获得特别敏感,个体如果在该阶段接受了适当的、丰富的刺激,获得这些信息和技能就很快;如果在这个时期未能受到适当刺激的影响,那么,他们以后对这些知识或能力的获得就会事倍功半,或者效果甚微,甚至没有效果。因此,针对这部分儿童的早期发现和早期干预显得尤为重要。早期干预的目的就是要为可能有发育障碍或有发展缺陷的儿童及其家庭提供一系列的综合性服务,通过为儿童提供个性化的发展、教育及干预服务,再结合家庭支持计划,提高儿童的健康和幸福感,强化出现的新技能以使发展迟滞最小化,补救存在或出现的缺陷,避免功能退化,促进适应性教养方式,促使所有家庭的正常运转。

我们受高等教育出版社委托,翻译《儿童早期干预手册(第2版)》,希望能够为家长、教师、儿科医生等与儿童工作相关的人员提供一本全面的、既有理论基础又有实践指导的手册。刚开始接到委托翻译工作时,对于能否实现翻译初衷,我们诚惶诚恐,经过团队的辛苦工作,反复修改和校对,翻译稿终于可以和读者见面了。

《儿童早期干预手册》的主编 Jack P. Shonkoff 和 Samuel J. Meisels,是美国长期从事儿童教育的专家,他们在儿童早期诊断与干预方面有着丰富的实践经验和学术功底。该书自20世纪90年代一出版就广受好评,多次重印,并于2000年出版第2版,也是目前最新版。全书包括七编28章。第一编是绪论,在历史范畴内界定儿童早期干预的定义,深入分析儿童早期干预将来会面对的新挑战。第二编从生物学、家庭、人类生态学及文化等多个维度分析危及人类发展的脆弱性以及能够减少危害的保护性因素。第三编从发展生态学、心理学、神经生物学等多角度分析了干预的理论框架,为儿童早期干预提供了强有力的理论基础。第四编从儿童本身、亲子关系、家庭关系及家庭与社区的关系角度阐述了儿童评估策略。第五编是针对儿童预防性卫生保健、早期教养、早期心理健康等方面的服务模式,也涵盖了残疾儿童、低收入家庭儿童的服务模式以及专业人员及辅助专业人员的角色及培训等。第六编分析了影响干预项目有效性的方面,包括影响评估的观察方法,回顾了各种项目对儿童的影响,反思了对家庭在儿童早期干预中的作用的研究成果及干预项目的经济成本与效益。第七编从国际视野中的儿童早期干预政策、家庭—专业人员关系、心理韧性的概念剖析等角度,对21世纪儿童早期干预发展新方向进行了深入分析。该书涉及的知识范围广泛,既是对美国儿童早期干预工作的归纳与凝练,也是对21世纪儿童早期干预发展的展望与规划。参与编写该书的作者来自不同大学,是本领域内最杰出的专家。书中的内容能够使家长、教师及相关人员更加关注儿童早期干预的过去和现在,能够促进理论和实践交互作用以保持本领域的活力与发展,能够改善发展迟缓儿童及其家庭的状况。

21世纪以来,特别是近年来,各级政府教育投入明显增加,我国学前教育和特殊教育事业取得较大发展。《特殊教育提升计划(2014—2016年)》明确提出:"各地要将残疾儿童学前教育纳入当地学前教育发展规划,列入国家学前教育重大项目。支持普通幼儿园创造条件接收残疾儿童。支持特殊教育学校和有条件的儿童福利机构增设附属幼儿园(学前教育部)。"由此可以看出,从国家层面已经开始关注并重视特殊儿童的早期教育(准确地讲,是学龄前教育),但由于起步晚,历史欠账多,儿童的早期诊断及干预还没有受到应有重视,虽然个别发达地区零零星星尝试开展了一些儿童早期筛查工作,但没有相应的政策保障和操作模式,全国并未形成儿童早期筛查与干预的运行机制。《儿童早期干预手册(第2版)》既有一定的理论框架,又有实践操作技能,科学性及可读性强。该译本的面世,将有利于提高我国政府、相关研究者对儿童早期筛查与早期干预工作重要性的认识,对于大专院校培养和培训学前教育、特殊教育和早期教育与干预等方面的师资提供了丰富的参考资料,对于我国开展儿童早期干预工作提供借鉴,可谓是雪中送炭。

本书的翻译工作是团队智慧的结晶。西南大学教育学部特殊教育系、学前教育系部分教师和学生承担了全部的翻译工作:前言、序言、第1、4、7、8、9、10章由赵斌、刘颖、张梦凡翻译,第2、11、12、13、14、15章由胥兴春、胡月、杨聪旎翻译,第3、16、17、18、19、20章由李欢、张明平翻译,第5、21、22、23、24章由郭锡、李燕翻译,第6、25、26、27、28章由蒲娟、朱明英翻译,人名、术语英汉对照表由张明平整理。全书最后由赵斌统校,张皓月、张明平、李欢协助完成了一些统稿和校对工作,在此表示感谢。

书稿交稿后,高等教育出版社安排了人员对书稿进行校订工作,具体分工情况如下:苏伶俐校订了序言、前言、第1、3、5、6、18章;陈容校订了第2、25、26章,苏伶俐进行了复核;傅雪林校订了第4、28章;王利华校订了第7、27章;刘晓静校订了第8、21章;王海燕校订了第9、19章;王文颖校订了第10、22章;屈卓婷校订了第11、17、20章,苏伶俐进行了复核;王雅君校订了第12、15、16章,苏伶俐进行了复核;房世佳校订了第13、24章;肖冬民校订了第14章;魏延娜校订了第23章。全书校订工作由苏伶俐统筹。书稿最后由赵斌定稿。

北京市海淀区培智中心学校的张瑶、孟英娟、王秀琴和中关村第一小学的姚慧玥通读了书稿,提出了一些修改意见,高等教育出版社桑丽同志在图书的出版过程中进行了大量联络、统筹工作,在此一并致谢!

由于我们水平有限,加之时间紧、每个翻译人员的语言风格差异等原因,译稿中肯定有不妥甚至错误之处,敬请同行批评指正。

赵 斌
2016年5月于西南大学

目 录

序言
前言
本书作者

第一编 绪 论

第1章　儿童早期干预：一个持续的发展进程 ………………………………… 3

第二编 发展的脆弱性与复原力

第2章　发展脆弱性的生物学基础 ……………………………………………… 33
第3章　适应性和非适应性教养方式：关于风险因素和保护性因素 ………… 51
第4章　早期风险的人类生态学 ………………………………………………… 73
第5章　文化差异：既是发展脆弱性的来源，又是一种资源 ………………… 89
第6章　保护性因素和个体复原力 ……………………………………………… 109

第三编 干预的理论框架

第7章　交互性调节：早期干预中的发展生态学 ……………………………… 131
第8章　早期干预理论的指导原则：基于发展性精神分析的观点 …………… 157
第9章　早期干预的行为主义和教育方法 ……………………………………… 175
第10章　早期干预的神经生物学基础 …………………………………………… 197

第四编 评 估 策 略

第11章　儿童早期评估的要素 …………………………………………………… 219
第12章　亲子互动评估：对早期干预的意义 …………………………………… 247

| 第 13 章 | 早期干预项目中的家庭评估 | 279 |
| 第 14 章 | 对社区特征的评估 | 297 |

第五编　服务提供的模式与体系

第 15 章	预防性卫生保健与先期指导	315
第 16 章	早期养育：当前问题和未来策略	327
第 17 章	对低收入儿童及其家庭的早期干预	349
第 18 章	为残障儿童及其家庭提供的服务	375
第 19 章	儿童早期心理健康服务：政策与系统发展	403
第 20 章	辅助专业人员的回顾与反思	427
第 21 章	儿童早期干预项目人员准备	443

第六编　服务影响的评估

第 22 章	儿童早期干预项目评估	475
第 23 章	低收入或残障儿童干预的十年历程：我们知道些什么？	497
第 24 章	儿童早期干预项目：关于家庭	535
第 25 章	儿童早期干预经济学	571

第七编　21 世纪的新方向

第 26 章	儿童早期干预政策：国际视野	595
第 27 章	家庭—专业人员合作关系的演变：21 世纪初的集体赋权模式	613
第 28 章	反思心理韧性：概念思考、实证结果及政策影响	635

部分人名英汉对照表 …………………………………………………… 665
部分术语英汉对照表 …………………………………………………… 671

序 言

如果说本书第 1 版代表着儿童早期干预领域时代的到来,那么这一版无疑标志着该领域成熟的开始。正如发展心理学家所知,发展的每一阶段都有其特有的成就与挑战,也有偶发性的倒退和前一阶段难题的再现,这些困难不可能因为时间发展到了新的阶段就完全消失。早期干预这一年轻的领域也不例外,随着时间的推移,我们更强壮,更聪明,能够胜任更复杂的任务,有更深刻的理解力,然而以前有过的问题依然会困扰我们,我们还有许多新东西要去学习。正如社会对个人的期望会伴随个人成熟而逐渐增加一样,早期干预领域的责任也在快速增加,我们现在知道的更多,也就有更多事情要去做。

在 20 世纪 90 年代,脑科学领域取得了突破性进展。目前的脑研究已经证明了个人的早期经验在其当前神经通路的生长、发展中的重要性(Kotulak,1996)。在儿童 3—10 岁时,其脑神经比任何时候都密集。也就是说,生长发育中的儿童有大量神经元突触连接着脑细胞。大脑中有一部分控制语言获得和逻辑思维过程等重要复杂功能,我们了解到这一部分在儿童早期非常敏感。据悉,这一年龄段儿童的脑活跃程度超过了成年人(Shore,1997)。

这些对大脑运作重要而深入的研究对儿童早期干预领域有着重大影响。研究表明,随着青少年大脑的生长,一种独特的"供需经济"出现了:接受刺激的大脑关联日趋加强,不受刺激的关联则趋于减弱。因此,人脑在以下两个方面发育十分迅速:一是早期获得新技能,二是清除很少被使用的神经功能。这一阶段之后,虽然学习行为仍然继续,但是早期密集的神经元网络已经退化了,再实施补救措施会相当困难(Carnegie,1996)。尽管这一领域里许多学者和实践者都支持在儿童早期进行干预,但我们现在也明确知道了,青少年早期的生活环境会为其发展及日后学习奠定坚实基础,也对情绪管理等方面的能力有非常重要的影响。多年来,早期干预领域一直致力于证明早期干预在克服贫困对儿童的破坏性影响方面的有效性。我们一直认为,小时候能与照料者建立稳固信任关系的儿童更有可能学会和树立良好的自尊并掌握以后生活中必需的应对技能。随着脑成像研究技术的进步,现在我们已经能够用真实的大脑结构图来支撑我们的实证研究计划。或许将来我们就可以比较不同程度、不同形式的刺激对脑组织的作用了。

20 世纪 90 年代,随着人们对脑发育过程的认识越来越全面,实证分析方法有了重大突破。在本书第 1 版中,我提出未来的实证工作将会明确什么会使早期干预对经济弱势儿童产生长期影响。随着时间的发展,我们的分析能力达到了新的高度,并开始这方面的研究,开始运用更精确的分析方式来确定有助于提高项目有效性的因素。元分析理论形成于 20 世纪 70 年代中期,由于史密斯和格拉斯(Smith & Glass,1997)在心理疗法领域的研究结果,元分析达到了全盛时期。这使我们能够从事"对评价研究的评价研究"———一个规模宏大的系统研究,以便完善我们在干预效果方面的知识,这在以前是很难实现的(Lipsey & Wilson,1993)。

利浦西和威尔森(Lipsey & Wilson,1993)进行的元分析是早期干预研究统计演化中一座引人注目的里程碑。这项杰出的研究检测了300多个心理学、教育学和行为干预方面的项目,通过对干预效果详尽、透彻的调查研究,利浦西和威尔森的元分析发现了"能够证实这种干预的一般效果的证据"(p.1182)。广义上说,在以往的干预效果评价研究中,研究间的差异使人们无法得到关于干预效果的可靠结论,这项研究的一些发现与以往的研究恰恰相反。

显然,我们这里说的分析并不能代表其他相关干预模式的效果,并不是所有的干预都是有效的。然而利浦西和威尔森的元分析却明确指出,即使研究人员将方法、效度偏见等可能影响结果准确性的因素都考虑在内,几乎所有被分析的干预都是有积极作用的。他们一直坚持这一结论:设计良好的行为、教育和心理干预通常都对其预期结果有积极作用。

但我们不能因此而过于自信,必须认识到这种形式的分析也有局限性。利浦西和威尔森指出,只有从整体上进行分析时结果才能有说服力。今后,对成效较好的分析法的需求仍然会持续,关注使影响发生的方法也是一种需求。这项突破性工作出现后,关于研究的问题将会有合理的界定。正如利浦西和威尔森一样,许多人都一致认为:既然我们已经更明确地了解一般项目的效果了,那我们的主要工作便是确定哪些项目运作得最好,它们的成果是如何获得的,以及这些项目中的哪些部分是获得最大效益的关键。最后一个问题是至关重要的,因为大多数干预项目的组织与发展都只有有限的资金支持。我们也应抓住其他问题,如为什么在相似的环境和项目中,一些参与者比其他人受益更多。

20世纪90年代干预领域在知识和方法上取得了许多进步,然而许多本领域的工作者们认为已有定论的问题又被重新提了出来。数十年来,致力于早期干预的人一直强调,开端计划(Project Head Start)的真正目标不是要提高人均智商,而是要提高儿童的社会生活技能,帮助贫困儿童接受正常的教育。在这几十年中,我和同事们抑制住了要把开端计划变成一个只关注认知的计划的欲望,说服计划评估者注意参与计划对儿童和家庭除了知识获得之外更为广泛的效益。正如我和其他创建者看到的那样,我们在很大程度上已经成功地把注意力转移到计划的最初目标上。尤其值得注意的是,家庭及儿童经验调查(Family and Child Experience Survey, FACES)对开端计划的作用和预期效益进行了评估。这项研究采用的样本在全国范围内都是有代表性的。这项研究关注的是父母和儿童双方的结果,也有相应的评估工具,如儿童观察法,对社交意识、社交能力以及与同伴共同活动能力的评估方法。

干预计划以及其他一些众所周知的计划,尤其是芝加哥儿童家长中心项目(Chicago Child Parent Center),通常都对儿童及其家庭有显著的持续性效果。因此,在这种情况下,重提以下两个争论意义非凡:一是仅将智商及/或学术成就的提升看作评价一个干预计划成功与否的指标;二是没有研究能够证明这些方面重要的长期变化是由早期教育干预引起的(Detterman & Thompson, 1997)。因此,我们在早期干预领域面临着一场新的争论,而现在已经发生的争论,能够使我们回想起以前的一些争论。

德特曼和汤普森的一篇文章(Detterman & Thompson, 1997)提升了舆论对特殊教育领域的关注,争论扩大到了所有的干预项目。他们认为,总的来说,特殊教育和早期干预项目的一个公平的评估指标就是该项目能提高智商及/或学术成就水平的能力。作为心理发展障碍及早期干预领域经验丰富的工作者,我必须考虑到作者在界定项目效果这一问题时的方式,以及他们对这个问题的回答倾向。错误地陈述项目设计的及实际的目标后,德特曼和汤普森开始抨击所有的特殊教育以及其他干预项目不能达到自己的目标而不是项目设计者的目标(见Symons &

Warren，1998）。他们宣称特殊教育能达到的只有两个目标：提高智商测试的平均分数，降低标准差，或二者兼有（Detterman & Thompson，1997）。简言之，我相信特殊教育领域几乎没人会同意这种对自己领域狭隘甚至机械的描述。比起试图全面反驳他们的研究结果，我更喜欢我的同行们提出的一些真知灼见（Ramey & Landesman-Ramey，1998；Symons & Warren，1998；Keogh，Forness，& MacMillan，1998）。

　　这里不是加入这场争辩或重拾以往争论主题的地方。干预领域作为一个整体，已经超越了智商和学术研究这一有限范围，这才是我想提出的观点。我认为，在评估计划有效性方面，认知表现测评一度被滥用了。数十年前，我鼓励同事们突破对认知的狭隘关注，审视更为广阔的基础人类社会功能——组成社交能力结构的多种技能（Zigler & Trickett，1978）。已经获得长期效益的早期干预计划并不只关注认知方面，而是有父母积极参与的综合性的、基础广泛的计划（Center for the Future of Children，1985；Seitz，1990）。因为，这样的计划通常能够惠及两代人。

　　产前早期儿童护士家访项目（Prenatal Early Childhood Nurse Home Visitation Program）是一项非常成功的项目典范。它对父母和儿童产生了长期的积极影响，如虐待儿童减少了80%，对生育间隔有积极影响，药物滥用和犯罪都减少了（Olds，1997）。佩里学前教育计划（Perry Preschool Project）是另一个著名的干预项目，一直跟踪观察参与实验的儿童20多年。除了更高的学术成就外，项目成果还包括降低犯罪率和少女怀孕率，提高高中毕业率和就业率（Schweinhart，Barnes，& Weikart，1993）。特别是当父母和孩子都受益时，项目的有效性便扩大到整个社会的经济和生活质量方面。早期干预领域的另一个进步是项目的经济成本效益分析的提高。佩里学前教育计划发现，学前教育上每投入1美元，其效益为4美元（Barnett，1985），这标志着一个新时代的开始——高质量的干预计划有了可论证的经济优势。佩里学前教育计划在对参与者27岁时的追踪研究表明，总体上学前教育上每投入1美元，产生的效益为7美元（Schweinhart，Barnes，& Weikart，1993）。本书中就有对这一发展领域状况的描述。

　　在早期干预领域中，社交能力的发展已经渐入佳境，我们又要考虑另一个仍不明确的概念——入学准备。这两个关键点都差不多，而且我认为将入学准备作为我们的发力点会是早期干预领域发展中一个有良好道德影响的趋势。入学准备包括许多我们认为发展社交所必需的能力：交流与积极回应父母、同伴的能力，健康的自我定义、自我管理能力，运用语言的能力，等等。我们的职责是密切关注并引导入学准备的发展，以保证其范围的广泛性以及兼顾所有儿童的发展，避免隔离歧视。

　　本书的出版是一个极大的成功，这不仅仅是对第一版的回顾，更是对本领域最好的思想家后续工作的汇编。在探讨知识发展的领域方面，本书是青出于蓝而胜于蓝的。在这些领域中值得注意的一点是，研究的论题是广泛而必要的，如社区特征、儿童早期心理健康问题、早期干预的神经生物学。本书提到的论题显然处在我们知识的最前沿，知识的发展是充满活力的，见证知识的发展也是令人激动的。在某些情况下，例如研究早期干预经济时，我们热切地期盼最新发现；在另一些情况下，在有关交互规则和项目生态的章节，我们有机会加深对不易察觉的新方法的理解，并诠释一个项目的生命力。这些确实都是能够振奋人心的部分，将这些部分综合起来会有双重作用，一方面使本领域为自己的成果而骄傲，另一方面鼓励工作者面对以后工作的挑战。在此，我向作者致以我们热烈的祝贺，并为他们创作出必然是将来不可或缺的早期干预指南而表示敬佩和感激。

爱德华·F. 齐格勒
（Edward F. Zigler）
于耶鲁大学

参 考 文 献

Barnett, W. S. (1985). *The Perry Preschool Project and its long-term effects: A benefit-cost analysis.* High/Scope Early Childhood Policy Papers (No. 2) Ypsilanti, MI: High/Scope Press.

Carnegie Corporation of New York. (1996). *Years of promise. The Report of the Carnegie Task Force on Learning in the Primary Grades.* New York: Author.

Center for the Future of Children. (1995). *Long-term outcomes of early childhood programs.* David and Lucile Packard Foundation: Author.

Detterman, D. K., & Thompson, L. A. (1997). What is so special about special education? *American Psychologist, 52,* 1082–90.

Keogh, B. K., Forness, S. R., & MacMillan, D. L. (1998). The real world of special education. Comment on Detterman & Thompson. *American Psychologist, 53,* 1161–62.

Kotulak, R. (1996). *Inside the brain: Revolutionary discoveries of how the mind works.* Kansas City, MO: Andrews and McNeel.

Lipsey, M., & Wilson, D. B. (1993). The efficacy of psychological, educational, and behavioral treatment: Confirmation from meta-analysis. *American Psychologist, 48,* 1181–209.

Olds, D., Eckenrode, J., Henderson, C., Kitzman, H., Powers, J., Cole, R., Sidora, K., Morris, P., Pettitt, C., & Luckey, D. (1997). Long-term effects of home visitation on maternal life course and child abuse and neglect: Fifteen year follow-up of a randomized trial. *Journal of the American Medical Association, 278,* 637–43.

Ramey, C. T., & Landesman-Ramey, S. (1998). In defense of special education. Comment on Detterman and Thompson. *American Psychologist, 53,* 1159–60.

Reynolds, A. J. (2000). *Success in early intervention: The Chicago Child–Parent Centers and youth through age 15.* Lincoln: University of Nebraska Press.

Schweinhart, L. J., Barnes, H. V., & Weikart, D. P. (1993). *Significant benefits: The High/Scope Perry Preschool study through age 27.* Monographs of the High/Scope Educational Research Foundation (No. 10) Ypsilanti, MI: The High/Scope Press.

Seitz, V. (1990). Intervention programs for impoverished children: A comparison of educational and family support models. *Annals of Child Development, 7,* 73–103.

Shore, R. (1997). *Rethinking the brain: New insights into early development.* New York: Families and Work Institute.

Smith, M. L., & Glass, G. V. (1997). Meta-analysis of psychotherapy outcome studies. *American Psychologist, 52,* 752–60.

Symons, F. J., & Warren, S. F. (1998). Straw men and strange logic: Issues and pseudo-issues in special education. Comment on Detterman & Thompson. *American Psychologist, 53,* 1160–1.

Zigler, E. F., & Trickett, P. K. (1978). IQ, social competence, and the evaluation of early childhood intervention programs. *American Psychologist, 33,* 789–98.

参考文献

前　　言

早期干预领域是一个复杂而持续发展着的领域,有许多的方法、观点被运用于本领域,像第1版一样,《儿童早期干预手册(第2版)》要将科学、政策以及儿童早期干预的实践整合为一体,成为不同的方法、观点间交流的综合工具。自20世纪60年代起,我们见证了这一领域的转变:从一个只有原始经验基础、不稳定的资金支持以及几乎没有公众授权的试点项目的集合体,发展成一个理论、研究、实践与政策多维综合的领域。现在,早期干预领域有了发展着的知识基础、动态变化的服务规划以及意义重大的政策机构。

儿童早期干预建立在三个潜在假设基础之上,第一个是一系列的当代生物学和心理学研究的基础理论——有机体生来就要适应自己的环境,行为和发展潜力既不是由基因先天决定的,也不是有严格期限界定、逾期便不可能发生改变的。

第二个假设是青少年的发展只有在广泛的生态学范畴内才能够被充分地了解,这一观点源于以下核心认识:家庭是一个动态的体系。后来扩大到包含儿童目前居住的社区的复杂交互影响以及更为广泛的社会、政治、经济环境。这一范畴的界定为干预的方方面面提供了舞台,包括发展问题的识别与预防、服务提供、项目评估以及政策制定。

第三个假设反映了这一领域最主要的性质:跨学科的。因为幼儿在发展中遇到的机遇与挑战是多种多样的,为满足他们需要而提供的服务与支持也应非常广泛。因此,早期干预实践包含许多项目模型、供应者以及综合了大量专业领域的体系,包括教育学、心理学、医学、社会工作、儿童养育、言语语言病理学、职业和物理治疗、护理以及公共卫生。如果要全面了解儿童早期干预,我们要接受专业多元主义,要明白没有哪种描述是放之四海而皆准的,要认识到即使是单一变量研究也无法准确把握所有动态。

这三个假设指出了对这一领域的概括性定义:

> 儿童早期干预包含了提供给0—5岁儿童的多学科服务,以提高儿童的健康和幸福感,强化出现的新技能以使发展迟滞最小化,补救存在或出现的缺陷,避免功能退化,促进适应性教养方式,促使所有家庭的正常运转。通过为儿童提供个性化的发展、教育及干预服务,并结合共同为家庭制订的支持计划,这些目标才得以实现。

本书的内容设计和组织也反映了这些潜在的假设和定义,作为一本为对易受伤害的幼儿感兴趣的人而设计的核心教科书,本书面向的是不同的读者群,包括学术训练组织、致力于学术研究的人、政策制定者和服务提供者。

本书分为七编。第一编是绪论,在历史范畴内界定儿童早期干预的定义,确定本领域将来会面对的新挑战。第二编考查了危及人类发展的脆弱性的多方面来源(生物学方面的,家庭方面的,社会文化方面的),以及能够减少危害的保护性因素。第三编展示了四个理论框架,包括基于发展生态学、发展性精神分析、行为主义及神经生物学方面的方法,为儿童早期干预提供了强有力的理论基础。第四编考查了以下四方面评估中面临的挑战：儿童、亲子关系、家庭以及社区。

第五编对提供服务的模式进行了深入探讨，这几章反映了组织体系的几种综合方法，涵盖了普遍需要的服务（如预防性卫生保健）、社会急需的服务（如儿童早期教养）以及针对目标人群的特殊项目（如对残障儿童的服务及心理健康服务），反映了儿童早期干预领域的现状。最后，本编以辅助专业人员的作用及项目工作人员的准备结束。

本书每一章都仔细深入地回顾了相关研究，为了进行更加系统、彻底的考查，第六编确定了项目效果和有效性研究的四个独立方面。本编第一章客观分析了一系列服务影响评估的研究方法，第二章全面回顾了项目对儿童的影响方面的已有知识，第三章检查了对家庭成果的研究，第四章回顾了有关干预的经济成本和效益的研究。

本书最后一编对本领域面临的挑战进行了探讨，包括以下内容：儿童早期的政策、服务及家庭支持计划方面的国际经验；对家庭—专业人员关系模式演变的思考；对心理韧性多维概念的综合分析。这几章特别强调出现的问题，考查知识、政策及社会支持之间的某些复杂作用，这些相互作用对未来本领域范围及影响的扩大是至关重要的。

本书的许多作者都是相关领域最杰出的领路人。本书涉及的知识范围十分广泛，对21世纪末儿童早期干预知识领域的多样化和充实性有一定的作用。我们希望，本书能够使本领域的过去和现在更加引人注目，能够促进理论和实践的动态交互并保持本领域的活力与发展，能够改善易受伤害的幼儿及其家庭的状况。

在儿童早期干预领域工作会享受到一种特殊的乐趣，即有机会发展许多个人及学术上的关系，这在很大程度上受共享的编者责任的影响（也改变了署名顺序），而这种共享的编者责任影响了本书第1、2版的特征。我们想对多年来教会我们许多事情的指导者、同事，实习生、学生、家长以及孩子们致以最真挚的感谢。我们对本书众多天才的作者致以崇高的敬意，没有他们，我们的项目不会有成果。最后，我们要对我们的家人，弗莱迪、迈克尔、亚当和爱丽丝、赛斯、芮芭表达我们最深切的感激，是他们为我们开启了从婴儿到成年期这一阶段神奇的教养和家庭关系知识宝藏。

杰克·P. 香克弗（Jack P. Shonkoff）
塞缪尔·J. 迈泽尔斯（Samuel J. Meisels）

本书作者

Sally Atkins-Bunett,萨利·阿特金斯-伯内特,密歇根大学教育学院

Kathryn E. Barnard,凯瑟琳·E. 巴纳德,博士,华盛顿大学儿童发展和精神发育迟滞中心

W. Steven Barnett,W. 史蒂文·巴尼特,博士,罗格斯大学教育研究生院

Lisa J. Berlin,丽莎·J. 柏林,博士,哥伦比亚大学师范学院

Jeanne Brooks-Gunn,珍妮·布鲁克斯-耿,博士,哥伦比亚大学师范学院

Stephen Buka,史蒂芬·布卡,博士,哈佛大学公共卫生学院

Cynthia García Coll,辛西娅·贾克亚·科尔,博士,布朗大学儿科学系

Paul H. Dworkin,保罗·H. 德沃金,医学博士,康涅狄格大学医学院圣弗朗西斯医院和医疗中心儿科学系

Felton Earls,费尔顿·艾尔斯,医学博士,哈佛大学公共卫生学院

Robert N. Emde,罗伯特·N. 埃姆德,医学博士,科罗拉多大学健康科学中心医学院精神病学系

Dale C. Farran,戴尔·C. 法兰,博士,范德堡大学皮博迪学院

Barbara H. Fiese,芭芭拉·H. 费瑟,博士,雪城大学心理学系

Allison Sidle Fuligni,艾利森·西德尔·弗里格尼,哥伦比亚大学师范学院

James J. Gallagher,詹姆斯. J. 加拉格尔,博士,北卡罗来纳大学教堂山分校弗兰克·波特·格雷厄姆儿童发展中心

Barbara Ganzel,芭芭拉·甘泽尔,康奈尔大学家庭生活发展中心

James Garbarino,詹姆斯·加巴里诺,博士,康奈尔大学家庭生活发展中心

Linda Gilkerson,琳达·吉尔克森,博士,埃里克森学院

Robert Halpern,罗伯特·哈尔彭,博士,埃里克森学院

Gloria L. Harbin,格洛里亚·L. 哈尔宾,博士,北卡罗来纳大学教堂山分校弗兰克·波特·格雷厄姆儿童发展中心

Penny Hauser-Cram,彭尼·豪泽-克拉姆,教育博士,波士顿学院教育学院

Sharon Lynn Kagan,莎伦·琳恩·卡根,博士,耶鲁大学布什儿童发展和社会政策研究中心

Sheila B Kamerman,希拉·B. 卡梅尔曼,博士,哥伦比亚大学社会工作学院

Jean F. Kelly,珍·F. 凯利,博士,华盛顿大学儿童发展和精神发育迟滞中心

Nancy K. Klein,南希·K. 克莱因,博士,克利夫兰州立大学教育学院

Jane Knitzer,简·耐泽,博士,哥伦比亚大学贫困儿童国家中心

Marty Wyngaarden Krauss,马蒂·温加登·克劳斯,博士,布兰代斯大学海勒研究生院

Katherine Magnuson,凯瑟琳·马格努森,西北大学政策研究所

Paul C. Marshall,保罗·C. 马歇尔,医学博士,马萨诸塞大学医学院儿科学系

本书作者

R. A. McWilliam,R. A. 麦克威廉,博士,北卡罗来纳大学教堂山分校弗兰克·波特·格雷厄姆儿童发展中心

Samuel J. Meisels,塞缪尔·J. 迈泽尔斯,教育学博士,密歇根大学教育学院(现为内布拉斯加大学教授)

Judith Musick,朱迪思·缪齐克,博士,盎司预防基金

Charles A. Nelson,查尔斯·A. 纳尔逊,博士,明尼苏达大学儿童发展研究所

Michelle J. Neuman,米歇尔·J. 纽曼,耶鲁大学布什儿童发展和社会政策研究中心

Joy D. Osofsky,乔伊·D. 奥索夫斯凯,博士,路易斯安那州立大学医学中心儿科学和精神病学系

Joann Robinson,乔安·罗宾逊,博士,科罗拉多大学健康科学中心医学院精神病学系

Michael Rutter,迈克尔·拉特,博士,伦敦大学儿童精神病学医学研究理事会

Arnold J. Sameroff,阿诺德·J. 萨莫洛夫,博士,密歇根大学人类成长与发展中心

Jack P. Shonkoff,杰克·P. 香克弗,医学博士,布兰代斯大学海勒研究生院(现为哈佛大学教授)

Frances Stott,弗朗西斯·斯托特,博士,埃里克森学院

M. Dewana Thompson,M. 德瓦纳·汤普森,路易斯安那州立大学医学中心儿科学和精神病学系

Vicki Turbiville,维克·塔贝维尔,堪萨斯大学教育学院

Ann P. Turnbull,安·P. 特恩布尔,博士,堪萨斯大学教育学院

H. R. Turnbull,H. R. 特恩布尔,法学博士,堪萨斯大学教育学院

Carole C. Upshur,卡罗尔·C. 厄普舍,博士,马萨诸塞大学波士顿分校

Marji Erickson Warfield,马吉·埃里克森·沃菲尔德,博士,马萨诸塞大学医学院儿科学系

Thomas S. Weisner,托马斯·S. 韦斯纳,博士,加州大学洛杉矶分校精神病学和人类学系

Emmy E. Werner,埃米·E. 沃纳,加州大学戴维斯分校人类和社区发展系

Mark Wolery,马克·沃勒瑞,博士,北卡罗来纳大学教堂山分校弗兰克·波特·格雷厄姆儿童发展中心

第一编 绪论

第1章 儿童早期干预:一个持续的发展进程

塞缪尔·J. 迈泽尔斯(SAMUEL J. MEISELS)
杰克·P. 香克弗(JACK P. SHONKOFF)

儿童是衡量一个社会是否健康、能否持续发展的检验标准。一种文化或一个社会如何对待其最年轻的成员,对这一文化或社会的发展、繁荣以及对外形象有重要的影响。用卡内基公司1996年题为《起点:满足最年幼儿童的需要》(Starting Points: Meeting the Needs of Our Youngest Children)的报告中的话来说:

儿童充沛的精力完全只由他们的好奇心和创造力而生,他们的活力让父母和老师羡慕,他们的率真和表现力总是引人注目,有时甚至令人惊讶。每当看到他们,人们便会相信他们能做任何想做的事,能成为任何他们想成为的人;人们也会想到积极的一面:新生代正以无限的可能性为国家的历史信仰增添动力。(p.3)

然而,并不是所有的儿童都生来健康;并不是所有的儿童都能获得有营养的食物、足够的医疗保障和令人满意的住房;并不是所有的儿童都能被他们的父母恰当地抚慰、养育及培养;并不是所有的儿童都没有残疾或其他生理缺陷。儿童早期干预的任务就是帮助青少年及其家庭健康发展。早期干预服务面临的一个基本挑战就是要将学者和实践者的学识、观察与社会政策方案的制定者、实施者的创造才能结合在一起,并能为儿童的美好未来和社会的整体稳定相结合的产物而投资。

乍一看,为婴幼儿及青少年——尤其是易受伤害的、残疾的或处在危险中的那些——提供支持或干预,是个直截了当的目标。有人会认为,残疾儿童,早期生活被贫穷或强势的、单亲的或实施虐待的父母控制的儿童毋庸置疑是完善的公共服务的受益人。实际上,许多研究者及倡导者已经提议,对这个易受伤害、易被剥夺部分权利的群体的资源分配应该只基于道德规范(如 Caldwell, 1986; Children's Defense Fund, 1998; Edelman, 1987; National Commission on Children, 1991; Schorr, 1988; Turnbull & Turnbull, 1985)。而且有证据表明,对医疗和青少年发展的"投资"以后也会被特殊教育、托管中心及福利支持以减少所需提供的服务的形式返还"利润",玩忽职守者也会面临牢狱之灾(Barnett, 1985; Barnett, 本书; Council of Economic Advisers, 1997; Karoly et al., 1998; Warfield, 1994; Zigler, Taussig, & Black, 1992)。

尽管存在对儿童早期干预的内在需求,但本领域并未获得全面发展或持续性的支持,反而在诸多方面都需要进行详细解释的持久战。如,儿童早期干预的目标和对象(Casto & White, 1993; Clarke & Clarke, 1976; Ferry, 1981; White, Taylor, & Moss, 1992),计划模型及方法的规范(Anastasiow & Mansergh, 1975; Meisels, Dichtelmiller, & Liaw, 1993),对服务提供方、接受方的挑选（Bricker & Slentz, 1988; Gallagher, Malone, Cleghorne, & Helms, 1997; Neuman, Hagedorn, Celano, & Daly, 1995）。除此之外，本领域还要在面临诸多困难的同时，努力论证儿童早期干预的有效性。面临的困难包括不完善的测量结果在方法和逻辑上的缺陷，维持长期研究的经费不足，对对照组那些记录在案的问题儿童不加干预而引发的道德问题等（Meisels, 1985a; Shonkoff, 1992; Shonkoff & Hauser-Cram, 1987; Shonkoff, Hauser-Cram, Krauss, & Upshur, 1988）。

美国儿童早期干预的历史说明了思想的力量，也形成了随时间而不断发展的一系列实践经验。虽然本领域早期基础建立在许多领域之上，且这些领域也已经融合在一起了，但儿童早期干预的理论基础却在其现有的成就与缺陷基础上继续发展、成熟。在21世纪初期，儿童早期干预这一定义面临着各种各样的政策、实践和理论方面的机遇与挑战。本章的重点是儿童早期干预的过去、现在与未来。

本章包括以下四部分：第一部分追溯了20世纪60年代之前儿童早期干预领域的不同起源。第二部分概述了到20世纪末本领域的巨大进步。第三部分关注的是具有里程碑意义的《残疾人教育法案》（IDEA）。这部联邦特殊教育法强制要求为发展障碍或迟滞的青少年提供以家庭为中心的综合服务。第四部分考查了本领域在21世纪初期面临的挑战。

历史根基及早期基础

当代儿童早期干预的整体框架已从多个方面构建起来。本部分关注的是四个相关领域，即儿童早期教育、母亲及儿童的健康服务、特殊教育和儿童发展研究的历史贡献。

儿童早期教育

儿童早期教育的思想基础，可以追溯到最近的与儿童相关的历史认识，即儿童早期是人生中一段独一无二的时期，还可以追溯到十七、十八世纪欧洲哲学家的观点（Aries, 1962）。夸美纽斯（Comenius, 1592—1670）将"母亲的学校"描述为对儿童六岁之前教育的最恰当的方式，并提出儿童可自发的学习，称儿童刚出生时是一块白板，因而挑战了大多数人持有的基因决定论（Eller, 1956, p.116, 引自 Clarke-Stewart & Fein, 1983）。卢梭（Rousseau, 1712—1778）是更加坚定的儿童天性不可破坏观点的支持者，力推在儿童早期用放任自由的方法进行教育，以使个人才能能够自然发展。这些观点得到了19世纪托尔斯泰（Tolstoy, 1967）的教育实验以及尼尔（A. S. Neill, 1960）和其他20世纪后半叶的学校改革者的积极响应。与十八、十九世纪欧洲人文主义的儿童发展观不同，十七、十八世纪的美洲殖民地儿童教育实践深受清教徒的影响。清教徒的教育关注精神救赎，主张早期教育的严格纪律，目的是清除青少年内心"邪恶的"倾向（Greven, 1973; Wishy, 1968）。

幼儿园 19世纪初，福禄培尔（Fridrich Froebel）在德国开设了最早的正式的幼儿园课程。该课程建立在以下基础之上：传统宗教价值观，坚信通过有指导的游戏来学习的重要性（Brosterman, 1997）。在19世纪后半叶，这些观点飘过大西洋，促进了美国全国范围内实验计划的大量涌现(Cuban,1992)。1872年美国第一所公立幼儿园在圣路易斯建立后不久,美国国家教育协会(National Education Association)公开建议将幼儿园正式纳入公立学校体系(Peterson,1987)。

工业化、城市化及世俗化的交互影响为19世纪美国幼儿园运动的发展提供了社会背景。此前,美国幼儿园运动的发展还得到了多方支持,如私人机构和慈善团体。幼儿园运动倡导的正式幼儿园项目,强调幼儿园对贫困儿童的潜在益处,尤其关注当前的美国移民儿童和住在城市贫民窟里的儿童(Braun & Edwards, 1972; Cremin, 1988)。

然而,幼儿园运动在美国流行几十年后,由于一系列关于目标和课程的论战而陷入困境。传统派坚持福禄培尔的哲学,并为他们价值导向的教育实践辩护。相反地,改革派超越了传统派关注道德养成的纪律教育,注意初露端倪的儿童心理学方面的理论,以寻找建立在系统观察、数据收集以及儿童早期发展分析基础之上的更倾向于经验主义导向的原理,改革派做这些工作的目的是减少理论教条对幼儿园实践的限制(Hill,引自Braun & Edwards, 1972)。在20世纪初期,霍尔(G. Stanley Hall)的儿童早期课程发展方法和杜威(John Dewey)强调教育的功能性目标的实用主义理论尤其具有影响力。

在整个20世纪,随着关于发展过程研究的推进、社会和政治力量的转变,人们对幼儿园教育的目标展开了激烈的探讨(Bredekamp & Copple, 1997; Hirsch, 1996)。人们对其主要目标的界定在两种观点间转换:一种强调早期理论知识的获得;一种强调社交情绪的发展,包括探索和发现世界。尽管政策支持的幼儿园计划并没有在全国所有州强制推行,但幼儿园被认为是美国教育体系的正式组成部分,也是将儿童发展的观念纳入教育主流之中的关键。

托儿所 托儿所也像幼儿园一样,起源于欧洲。1910年,雷切尔和玛格丽特·麦克米兰(Rachel & Margaret MacMillan)在伦敦建立了第一所托儿所。这个托儿所一开始是一个医疗保健中心,之后发展成一所公开的学校。这项实验计划的目的是为满足青少年的社会、生理、情绪和智力需要而提供以预防为导向的综合性服务。与福禄培尔幼儿园的宗教导向不同,麦克米兰姐妹的课程建立在世俗的社会价值之上,关注的是自我照顾能力的发展、责任感以及为接受教育做准备(Peterson, 1987)。

当麦克米兰姐妹在美国建立起他们的医教结合的早期干预模型时,玛丽亚·蒙特梭利(Maria Montessori)在罗马的贫民窟开设了一所托儿所。蒙特梭利是一位医生,曾是一所接收残疾儿童的收容所的主管,她将自己研究的训练智力障碍儿童的方法用于城市贫困的正常儿童的学前教育。蒙特梭利的教育方式与传统儿童早期教育课程最大的不同是,前者强调儿童在一个精心设置的教室环境里进行个性化的自我教育(Elkind, 1967)。

蒙特梭利的学前教育方法最初引进美国时影响甚小,因为她在以下几方的论战中败下阵来:福禄培尔的保守派,杜威的自由发展论支持者以及当时出现的美国实证主义的倡导者,其中不乏桑代克(Thorndike)和克伯屈(Kilpatrick)这样的著名心理学家(Braun & Edwards, 1972)。因此,直到20世纪60年代,蒙特梭利的教育方式在美国仍无人问津,之后才逐渐流行起来,但她的教育方式在中产阶级中最为流行,而不是在其最初的目标群体——为贫穷或残疾儿童服务的人(Peterson, 1987)。

托儿所运动最初在美国的流行是20世纪20年代,建立在麦克米兰姐妹改良版的教育模式基础之上,这一模式非常重视学校计划中父母的参与。与幼儿园强调的入学准备教育不同,早期托儿所计划致力于培养儿童探索能力和社交情绪的发展,到 20 世纪 30 年代早期,美国大概有 200 多所托儿所,其中一半与学院和大学有联系,甚至与全国研究成果丰富的一些儿童发展实验室都有联系。后续计划由私立学校控制或得到儿童福利机构的资助(Peterson,1987)。

在 20 世纪 30 年代的经济大萧条时期,由于联邦政府的复兴计划为失业教师发放津贴,托儿所的数量大幅增加。第二次世界大战开始后,妇女需要工作的现实需求促进了学校的进一步发展,也促进了由 1940 年《兰哈姆法》(Lanham Act)确立的由联邦财政支持的日托中心的建立(Morgan,1972)。在此之前,儿童养护服务主要是由并不擅长这项工作的人提供的。雇佣大量中产阶级的女性使得日托项目与托儿所的差别变得模糊不清。战争结束后,联邦政府停止资助儿童养护项目,大量女性离开工作岗位照顾家庭,许多项目也就终止了。没有了公共资源支持,托儿所改变了为贫困儿童服务的初衷,只为能支付学费的人服务。

后来,随着女性自主选择或迫于环境而兼顾养育儿童和在外工作,儿童养护项目与托儿所的区别再次变得模糊不清(Kamerman,本书)。在这种社会背景下,关于学前那几年"养"与"教"的平衡点的论战又以恰当的强度开始了(Barnett & Frede,1993;Hauser-Cram,Pierson,Walker,& Tivnan,1991;Kahn & Kamerman,1987;Kamerman & Kahn,1995;Provence,Naylor,& Patterson,1977)。

小　结　　探寻美国儿童早期教育的历史根源可以发现许多关于流传下来的传统和变化着的价值观的故事。首先,它揭示了我们取他山之石以攻玉的意愿与决心。其次,它强调了在政治和社会两种需求的约束下,青少年及其父母一贯的兴趣指向。第三,它指明了为满足贫困或中产阶级儿童及其父母的需要,儿童早期项目选择性发展的程度。最后,它展现了所有青少年都有的医疗、教育及社会需求不可避免的重叠范围。

儿童早期干预服务深受我们对青少年进入传统学校之前的教育历史影响。这些早期项目的核心特点在现代干预项目中仍然存在,包括课程设置以儿童为中心,强调儿童在家庭之外的早期社会交往,对儿童发展及发展理论更深刻的理解,认为儿童早期是日后发展社交、情绪、智力能力非常重要的基础。这些继承下来的观点与经多年改善后的物质、资源及技术财富一起,贯穿于现代早期干预项目的日常活动之中。

母亲及儿童健康服务

19 世纪工业化和世俗化以几乎相同的方式为儿童早期教育新观念的发展提供了肥沃的土壤,居高不下的青少年死亡率引起了人们对青少年生理健康的关注。实际上,19 世纪后期许多儿科权威人士倡导减少对五岁以下儿童的教育刺激,以防止"最重要的力量"偏离了促进儿童身体健康的方向(Griffith,1895;Holmes,1857)。在一本经典著作中,一位最杰出的儿科专家在他所在的那个世纪之末写道:

> 儿童的神经系统在婴儿期(尤其是第一年)受到了其所处环境的极大伤害……与幼儿玩耍,逗他们笑,通过视觉、声音或活动刺激来使他们放声大笑,这也许是一些喜欢这么做的家长及旁观者的消遣方式,但都对儿童造成伤害……医生有责任告知父母并强调婴儿应该保持安静,前面所提到的那些吵闹的事情至少在一岁前应该被完全禁止。(Holt,1897,p.5)

儿童局

1912年，为解决儿童死亡率高、儿童体质差以及雇佣童工等普遍存在的问题，议会在劳工部下设儿童局（Children's Bureau），来"在所有阶级所有人中，观察并报告……所有与儿童福利、儿童的生活有关的事"（引自 Lesser, 1985, p.591）。在他们的第一份年度报告中，儿童局表明了自己为所有儿童服务的责任，并特别指出，要更加关注"畸形儿童，弱智儿童或有生理、心理疾病的儿童"（Bradbury, 1962, 引自 Lesser, 1985, p.591）。基于对预防观念的强调，儿童局将婴儿死亡率作为它第一项研究的对象，并开始组织对以下几个领域的早期研究：日托中心、机构养护、精神障碍、选取的一些城市中学前儿童的健康状况以及对"残疾儿童"的照顾（Lesser, 1985）。

联邦政府首次公开承诺对儿童福利负责，儿童局的建立便是一个标志，这为政府收集数据、为资助改善国家最脆弱的儿童的健康状况及发展提供了基础。在最早的研究中，儿童局强调了社会经济因素与婴儿和产妇死亡率的显著联系，这些数据为20世纪20年代《谢泼德-汤纳法案》（Sheppard-Towner Act）支持的项目提供了确凿的理由，该法案增加了公共医疗保健服务，促进了儿童卫生部以及全国永久母婴健康中心的建立（Steiner, 1976）。

比起贫困儿童服务，残疾儿童计划的发展更为缓慢，而且儿童局研究收集的数据也指出了这方面需求未满足的情况。因此，1930年白宫关于儿童健康及保护的会议决定用联邦基金支持各州开展为残疾儿童服务的计划，这项计划影响到医疗、教育、社会福利及职业康复机构之间的合作，使他们提供了一套综合性的诊断治疗服务（Lesser, 1985）。

《社会保障法案》第五条

1935年《社会保障法案》（Social Security Act）实施后，联邦为儿童及其母亲的健康状况负责的重要性更加明确了。这里要介绍的这部标志性立法中的第五条，它共包括三个主要部分。这三部分建立起了资源分配和项目开发的框架。在接下来的半个世纪中，美国关于儿童及其家庭的医疗政策都受到了该框架的影响（Magee & Pratt, 1985）。

第一部分"母亲及儿童的医疗服务"规定为州提供经济支持以发展改善母亲及婴儿普遍的健康状况的服务，尤其是乡村及经济落后地区。基金支持的活动通常包括产前护理、健全儿童诊所、学校医疗服务、免疫计划、公共卫生护理、营养服务以及健康教育。

第二部分"残疾儿童服务"创建了一个联邦计划：在为一个目标病人群体提供医疗服务时，将州基金与联邦基金结合起来，这是联邦第一个此类计划。法案目的很清晰：建立一个综合性的服务体系，这个体系包括发现病例、确诊、治疗及后期保健。预防残疾及改善继发障碍是核心目标，每个州都要加强医疗与福利的协作来实现这两个目标。残疾儿童的确诊工作由各州进行，20世纪三四十年代，有超过75%的接受该服务的人患有骨科病，到50年代中期，该比例下降到50%以下，越来越多有慢性障碍（如心脏病、癫痫等）的儿童被确诊了。

第三部分"儿童福利服务"规定为州福利机构提供资金，以发展对孤儿、无自理能力的儿童、有缺陷的儿童及有不良倾向的儿童的服务的计划（Lesser, 1985）。

1939年，大批资金投入到"关乎地区及国家意义的特殊项目"，因此各州在提供必要服务之外开发了创新性的计划，更广泛的服务也得以进行，如改善早产儿状况的服务、专业人员的培训、对患有慢性疾病及残疾（包括感觉障碍、癫痫、先天性心脏病）儿童的应用研究。

早期及定期筛查、诊断与治疗项目

1965年，《社会保障法案》医疗援助部分（第十九条）被纳入法律，以提高贫困人口医疗服务的质量，保证他们病有所医。尽管它本身只是一个医疗补助计划，由州管理，州和联邦基金共同支持其经费,但计划中也有委托管理的部分,反映了联邦对贫困儿童早期干预的注意,其中最著名的便是"早期及定期筛查、诊断与治疗项目"(Early and Periodic Screening, Diagnosis, and Treatment Program, EPSDT)。

EPSDT 起源于 20 世纪 60 年代末,是国家为改善贫困儿童健康与福利所做出的努力的组成部分。该项目受委托管理所有儿童及家庭情况符合医疗补助项目资格的 21 岁以下的青少年的早期及周期性医疗、牙科、眼科以及发展中的观察、诊断、治疗服务。考虑到全国青少年范围广大及其存在问题的可预防性,新项目的规划和实施加快了步伐(Foltz,1982)。因此,EPSDT 的目的是确保尽早发现问题并为随后的干预提供资金。事实上,该项目试图打破贫穷的循环,补救不平等的经济环境导致的医疗问题,为改善贫困儿童的健康状况提供服务,增加他们在以后的生活中幸福感(Meisels,1984)。不幸的是,EPSDT 的成效参差不齐,运行 30 多年后——尤其是当福利、医疗补助相关法律变化后——它的作用大打折扣(Foltz,1982;Margolis & Meisels,1987;Meisels & Margolis,1988;Ohlson,1998)。

小 结 人们认为教育理所应当是联邦政府和州政府的责任。与此不同,美国医疗保健服务是由公立、私立资源及服务体系联合提供的。所以,任何关于联邦政府管理甚至影响医疗服务的组织或提供的尝试,都会受到来自私立群体不同程度的反对和抵抗。本章重点是政府支持的母亲、儿童健康及残疾儿童服务的历史与发展。实际上,美国政治系统中有一个潜在共识——对儿童(尤其是贫困或者有慢性病的儿童)健康的关注与保护非常重要,不能将其下放到"精明"的自由市场中。1997 年《社会保障法案》第二十一条规定的州儿童健康保险计划,虽然引发了公众对政府增加财政支出的抗议,但更加突出了政府对儿童医疗的关注。而且,作为医疗补助计划实施后联邦政府对儿童医疗做出的最长久的一个承诺,州儿童健康保险计划超越了贫困的领域,将低收入家庭中没有保险的儿童的需要纳入其中。医疗保健管理中的改变以及减少了的公共医疗及福利补贴是否都会对儿童的健康和幸福产生不利影响仍是一个未知数。

特殊教育

为有障碍儿童提供特殊教育服务的历史为我们提供了查寻儿童早期干预服务演变的第三视角。在古时候,有生理缺陷或明显残疾的青少年通常都被执行了安乐死。在中世纪及以后的若干世纪里,有精神障碍的人被当作宫廷玩偶、街头乞丐(Aries,1962)或阶下囚、其他组织的囚徒(Chase,1980)。

大多数关于特殊教育领域的历史观点是从 18 世纪后期的伊塔(Itard)开始。他利用一系列感觉训练技术以及现在称为行为矫正的方法来教育"阿韦龙地区的一个怪男孩"。但是,人们通常认为伊塔的学生塞金(Edouard Seguin)才是这一领域最重要的先锋。作为巴黎不治之症者养老院的院长,塞金为残疾儿童创造了"基于生理学的教育方法"。这种方法在对一个人优劣势进行详细评估的基础上,设计一系列的感觉运动活动,帮助残疾儿童克服各种困难。通过仔细观察,塞金描述了发展障碍的早期迹象并强调早期教育的重要性(Crissey,1975)。如前文所述,他的方法被蒙特梭利应用于罗马贫困儿童的学前教育。

后期塞金对特殊教育的作用并不看好,但他对早期干预至关重要的坚定信念弥补了这一不足。他说:"如果连婴儿期的第一课都学不会,还有什么方法能在几年内为他开启智慧的金门呢?"(引自 Talbot,1964,p.62)。塞金确实是最早的"早期干预家"之一。

寄宿安置

受塞金在巴黎的工作的影响,19 世纪早期对有精神缺陷的人的教育扩散到全世界。19 世纪后半期,美国建立寄宿机构,塞金移民到美国,促进了他的教育方法与这些新生事物的结合。1876 年,美国智障医疗者协会成立,塞金成为第一位主席,该协会为对智障人群的教育感兴趣的人之间的交流提供了平台。(1906 年,该组织更名为美国智障研究会;1933 年,再次更名为美国智力缺陷协会;1987 年,第三次更名为美国智力障碍协会)。到 19 世纪末,美国的寄宿机构建立得很完善了,为教学策略的发展投入了大量资金,而且达成共识(虽然只是小范围内的共识),即要让残疾人融入社会生活(Crissey,1975)。

20 世纪前几十年,寄宿机构却将训练、社会融合的目标转变为看管式的监护与隔离,引起这种戏剧性转变的力量之一是一些著名心理学家的活动,如戈达德(H. Henry Goddard)和特曼(Louis Terman),他们有优生学上的偏见观念,利用先进技术测量人的智力并歧视被识别出的特殊群体,这种歧视不是来自其他智力群体便是来自整个美国社会(Chase,1980)。有数据提供了智力障碍与犯罪行为之间联系的"科学依据",这一信息广为传播,智力测量的分数被用来证明两种政策的合法性:一是种族移民限制政策,二是对智障人群强制节育(Kamin,1974)。心理学团体的危言耸听挑战了特殊教育早期的乐观前景,而寄宿机构也变成了容纳被忽视甚至被遗忘的人的沉闷仓库。

公立学校项目

公立学校特殊教育项目发展缓慢并且只服务于少数相关儿童。中、重度残疾儿童或被送入特殊机构或待在家里,大多数轻度残疾儿童进入普通学校,但最终大部分都辍学了。在大萧条及随后的世界大战期间,供给公立学校的特殊教育资源被削减,人们将更大的希望寄托在已经人满为患且教育资源有限的寄宿机构上。

战后一段时间,残疾儿童受到了更多人文主义关怀。新一轮对脆弱儿童发展需求的关心在一定程度上是由对军人的复杂测试的结果推动的。这些测试发现妇女及青少年中生理、心理或行为有障碍的情况十分突出。这种关心另一方面也是由社会对残疾人态度的改变引起的,因为多数有生理残疾的人是在战争中受伤的。1946 年,美国教育办公室(U.S. Office of Education)下设特殊儿童部(Section for Exceptional Children),后来改名为残疾人教育局(Bureau of Education for the Handicapped,1966 年)、特殊教育及康复服务办公室(Office of Special Education and Rehabilitation Services,1980 年)。到 20 世纪 50 年代后期,联邦和州立法机构开始扩大特殊教育的入口以便为更多的人提供服务(Hobbs,1975)。

小　结

在特殊教育的演变方面,考德威尔(Caldwell,1973)确定了三个主要时期,描述了社会态度及实践的变化对其带来的影响。第一个时期被称为"遗忘与隐藏",指的是 20 世纪上半叶,在这一时期,有明显生理或智力障碍的儿童与外界隔绝,大概是为了避免使自己的家人尴尬。第二个时期是 20 世纪 50—60 年代,这一时期的名称与此时的态度一致:"保护与隔离"。在这一时期,残疾儿童被测试、标签化,然后基于他们需要帮助、在主流社会里无法独立生活的假设,又被再次隔离在一个特殊的地方。考德威尔把第三个时期命名为"认可与帮助"。这一时期开始于 20 世纪 70 年代中期,除了具有里程碑意义的特殊教育立法,本时期还致力于寻找儿童早期的特殊需要以在尽可能早的时候提供恰当的干预服务。我们还可以将过去 15 年特殊教育服务的发展划为第四个时期:"教育与容纳"。这一时期的目标(Gartner &

Lipsky，1987；Turnbull，Turbiville，& Turnbull，本书）是找出残疾状况带来的不便，防止更严重的情况出现，支持有特殊需要儿童的家庭，让所有儿童在普通班级、社会里最大限度地融合，以增加释放自己最大潜能的机会。

儿童发展研究

尽管项目设计、资源分配方面的基本决定通常由社会政策制定者们做出，儿童早期服务不断变化的概念背景已受到关于青少年发展的学术研究的影响。因此，儿童早期干预历史研究的第四个视角可以是学术团体的儿童发展研究成果。尽管对儿童发展研究历史的综合看法超出了这一部分的范围，简单介绍几种有影响的理论及经验成果还是有必要的。因此，这里提出两个重要的研究主题：天性—教养之争（nature-nuture debate）、照料者与儿童之间的关系的重要性。

天性—教养之争

对青少年能力的决定因素感兴趣是一种相对前卫的现象。尽管对婴儿某些能力的系统评估已在19世纪末由新奥尔良的一位医生做过了（Chaille，1887），早期成就的获得及儿童期的评估方法却是到20世纪前十几年才发展起来的。

格塞尔（Arnold Gesell）是儿童发展评估领域里的一个主要人物。他是一位儿科医师，也是一位心理学家。格塞尔是一家儿童研究中心的领导，这家中心获得了洛克菲勒纪念基金的赞助。格塞尔展开了各个方面的研究，如正常儿童的能力、唐氏综合征（Down Syndrome）青少年的能力、早产儿或遭受围产期损伤的儿童的发展成果（Gesell，1925，1929）。他的观察方法所提供的数据资源至今仍影响着发展性评估方法的构建。

格塞尔的理论指向很明确，他对儿童医学研究的影响也是深远的。他坚信个体成熟要有一定的生理基础。他对经验与发展过程之间存在相关关系这一看法嗤之以鼻，认为用干预计划改变发展过程是无效的。他不认为经验在发展过程中能有什么相关性影响，同时他认为通过早期干预，发展过程的可变性是无关紧要的。格塞尔的成熟论塑造了个人成长发展的线性模型。临床医生利用这个模型，通过幼年早期特定发展的阶段性标志获得率来预测治疗的长期结果。20世纪50年代，这一模型与识别日益增长的有害围产期的事件、后期神经发展的病变联系到了一起，而后达成共识并产生了颇有影响力的被称为"持续生殖损伤"的生物决定论示例（Lilienfeld & Parkhurst，1951；Lilienfeld & Pasamanick，1954）。

在20世纪上半叶，当成熟论者关于成长的观点得到人们支持时，它也受到同样有力的行为主义者的反驳。行为主义者相信，在儿童的大脑没受重大损伤时，儿童发展的结果主要是由环境因素掌控的。华生（John B. Watson）是一位人类发展早期干预主义支持者和杰出的心理学家。他写道：

> 因为行为主义者认为儿童不存在本能，所有儿童是被塑造出来的而不是先天注定的，如果没有培养出一个快乐、得体的儿童（假设孩子本身是健康的），这是父母的失职。对这个观点的认同，使得养育儿童成为社会最重要的职责。（Watson，1928，p.8）

在儿童早期的发展过程中，有关先天本性和后天培育影响的论战已经持续很久了。成熟论主义持有者拥护生物决定论的信念，而行为主义者主张操纵条件和环境主导的原则。每个观点都有强有力的支撑,然而,当孤立起来验证时,他们又都存在局限。

随着皮亚杰(Piaget)在 20 世纪五六十年代提出的"认知革命"(Cairns,1983),这使先天本性和后天培育这两个极端迎来了调和阶段。这种认识衍生出生物性和经验性因素在发展过程中相互影响的理论,之后对此进行了需要超越传统的"天性—教养"的辩论。事实上,这些研究结果甚至导致一些学者接受了自相矛盾的观点:所有的行为都是完全被遗传的,并且完全被经验所决定。正如戈德伯格(Goldberg,1982)记录的:"除非行为能力被遗传下来,否则一个行为永远不可能发生。例如,除非黑猩猩遗传了说话的经验,否则无论怎样训练它也不可能说话。但是实际发生的行为依赖于适当的经验。例如,人类婴儿不听别人讲话就学不会说话。"(pp.35-36)换句话说,许多学者开始承认,用生物或环境影响来解释发展结果是有区别的,如果不是主观和片面的,至少是含糊不清的。

有学者(Sameroff & Chandler,1975)阐述了先天和后天之间的互惠关系是最有影响力的概念。在对以前流行的"持续生殖损伤"范例提出质疑时,他们提出了"持续损伤看护"的概念,用来描述家庭、社会以及环境因素对人类发展的交互影响。在萨莫洛夫(Sameroff,1975)看来,"虽然生产时的损伤可能在随后产生的问题中扮演始作俑者,但是看护环境将决定最终的结果。"(p.274)在儿童早期干预领域,发展的交互性模式意味着生物性损伤可以通过环境因素得到修复,发育迟缓可能由社会和环境导致。这种环境和生态因素双重影响的观点,很大程度上影响了研究和所提供的服务(Sameroff, Seifer, Baldwin, & Baldwin, 1993)。

与此同时,随着对发育过程中的自然交互理论兴趣的增加,一些研究者开始强调更广泛的情景因素的重要性,以更好地了解决定孩子成长、发展和学习的决定性因素(Bell,1974;Bronfenbrenner,1974;Werner, Bierman, & French,1971;Werner & Smith,1977)。在一本名为《儿童早期干预有效吗?》(Is Early Intervention Effective?)的书中,布朗芬布伦纳(Bronfenbrenner,1974)不是从隔离的视角,而是把儿童放到情景中来解决这些问题。他得出结论,成功的干预方案的一个共同点是:他们将儿童视为家庭中的一分子进行治疗,而不是孤立的实验对象或仅仅是先天主义者或后天主义理论所定义的狭义的适用对象。当代理论家将儿童视为社会多层次系统的成员,孩子们往往接受精良的教育,但也可能被潜在的因素干扰而出现机能障碍。因此,大家一致认为,应该为了儿童的发展在情景中进行有效干预,建立有意义和持久的改变(Guralnick,1998;Liaw, Meisels, & Brooks-Gunn,1995;Ramey & Ramey,1998)。

早期关系的重要性

随着儿童发展组织对抚养环境与儿童发展结果之间相互影响的深入探索,一些研究人员开始研究早期人类关系缺失对儿童造成的不良后果。根据精神分析结构的引导,这些突破性的"先天实验"首先把焦点放在婴儿的社会情绪发展和认知体系间的交互影响上(Provence & Lipton,1962;Spitz,1945)。这些研究记录了长期隔离和负面生活环境(例如孤儿院、设施落后的医院病房等机构)对儿童成长带来的不良影响。斯皮茨(Spitz)把这种情况描述为"医院综合征",它的特点包括生长迟缓、不适应社会关系。这些健康问题在其他正常孩子身上也会出现(Fenichel & Provence,1993)。

后来的开创性研究表明,早期剥夺在成长中留下的后遗症在一定程度上是可以修复的。在对精神发育迟缓的收容儿童的经典实验中(Skeels & Dye,1939),调查人员通过控制一批贫困儿童的生活安排以及刺激水平,发现一个敏感的刺激环境可能扭转早期阶段所受到的孤立、负面影响带来的伤害(Dennis,1960,1973;Skeels,1966)。越来越多的文献证实了早期人类发展的可塑性,从而建立起了儿童早期的合理干预(参见 Kirk,1958;Richardson & Koller,1996;Spitz,1986)。

在概念层面上,鲍比(Bowlby,1951)的工作为早期剥夺研究的实证结果提供了一个理论框架。在 20 世纪 50 年代世界健康组织的支持下,他调查了无家可归和母爱剥夺的问题,并研究这些因素对儿童心理健康的后果。在他有关孕产妇和儿童健康的经典论著中,鲍比呼吁关注母子关系,因为这对儿童的健康发展至关重要。他随后提出了依恋理论,为幼儿的社会情感适应的研究提供了理论基础(Ainsworth,1969;Ainsworth,Blehar,Waters,& Wall,1978;Bowlby,1969;Bretherton & Waters,1985;NICHD Early Child Care Research Network,1997;Sroufe,1983,1996)。

20 世纪 50 年代和 60 年代开始出现了一些具有里程碑意义的纵向研究,许多实证研究表明了养育环境的显著影响,并产生了支撑合理干预模型的理论。两个大型的调查集中于幼儿的生长发育,其他的研究则是为了界定出现特殊需要的幼儿的发展风险因素。

美国神经系统疾病和失明研究所(National Institute of Neurological Diseases and Blindness)的围产期协作计划(Collaborative Perinatal Project)得到了生物性和社会风险因素对幼儿发展影响最广泛的纵向数据。在这一超过 53,000 名孕妇样本的研究中,研究人员跟踪调查了这些妇女的孩子从出生到早期学校生活的情况(Broman,Bien,& Shaughnessy,1985;Broman,Nichols,& Kennedy,1975;Nichols & Chen,1981)。第二个大规模的研究调查收集了超过 1000 名土生土长的夏威夷岛居民从出生到成年的纵向数据(Werner,Bierman,& French,1971;Werner & Smith,1977,1982,1992)。这两项研究表明,除严重脑损伤外,产妇教育和护理环境质量对儿童发展结果具有重要影响。

许多关于婴儿发展风险因素或诊断障碍的开创性及前瞻性研究同样有启发性。例如,对幼儿围产期缺氧史的调查显示,不良神经系统的后遗症通常是短暂的,因为许多处于风险中的儿童在接下来的学龄期得到了正常发展(Graham,etc,1962;Graham,et al.,1957)。同样,详细诊断幼儿发展障碍的纵向评估强调对程度不同的障碍类型采取不同类别的诊断,如唐氏综合征和苯丙酮尿症(phenylketonuria,PKU)提供了评估个人结果的可靠数据库,以上这些研究证明了早期发展预测的局限性(Fishler,Graliker,& Koch,1964;Share,Webb,& Koch,1961)。由这些不同的研究生成的数据中提出的重要观点,激发了为弱势儿童早期干预服务的兴趣。发展性的进程是复杂和交互的,在先天和后天多种因素相互作用的调节下得出了越发清晰的结果(参见 Osofsky & Thompson,本书;Garbarino & Ganzel,本书;Shonkoff & Marshall,本书;Werner,本书)。

小　结　在 20 世纪的前几十年,有关儿童发展的问题建构于相对简单的范例中,并强调个人天赋和个人经历的相互影响。随后进行的幼儿研究扩展了我们关于幼儿在生长过程中进行必要的社会交互的认识,以及早期干预服务潜在益处的理论。护理环境质量程度影响生理风险因素,这一说法为发展干预策略调节环境提供了有力支持。这种早期干预的设计建立在广泛的实证和理论实践基础上,并以一系列概念、文化视角反映(参见 García Coll & Magnuson,本书;Emde & Robinson,本书;Rutter,本书;Sameroff & Fiese,本书;Wolery,本书)。关于大脑早期发育的研究也为幼儿认知和社会发展提供了重要的神经生物基质方面的见解,这对儿童早期干预同样有重要意义(Nelson,本书;Schore,1994)。

四十年的增长和发展

儿童早期干预的理论和实践源于20世纪60年代前出现的各种不同的资源。在到20世纪末的四十年,每个领域,如儿童早期教育、妇幼健康、特殊教育和儿童发展专业知识同社会政治之间的研究互动,帮助教育、心理、公共卫生和公共政策的发展奠定基础。尽管偶尔会出现反对意见,早期阶段的主题一直保持一致,如:照顾和保护幼儿是社会的责任;对特殊需要儿童尤其是易受慢性病致残或生长在贫困环境中儿童的承诺;预防胜于治疗,早期干预好于后来补救。这三个主题反映了儿童早期干预的精神基础。在这四十年里,他们还提供了一个主要用来审查项目进展的组织框架,并有可能伴随着主题进入21世纪,对儿童早期干预领域产生影响。

20世纪60年代:伴随着雄心勃勃承诺的广泛议程

20世纪60年代是现代儿童早期干预的开始。这是一个乐观和创新性项目蓬勃发展的时期。公众对于投资公共服务无比支持,相关项目从联邦政府获得资源,促进宏伟的社会目标实现。在这种环境里,一些关键性的社会议题对于早期儿童服务的发展很有益处,包括肯尼迪总统对心理发展障碍的兴趣,公民权益运动的政治影响,约翰逊总统承诺向贫穷的源头及其后果开战。

家族成员的心理发展障碍经历,使得肯尼迪在1961年委任一个委员会研究这个领域,并为预防心理发展障碍而颁布有国家影响力的政策。1963年,在《社会保障法案》的支持下,联邦向一些智力障碍儿童特别项目提供资金,如对新生儿新陈代谢疾病(如苯丙酮尿症)的筛查项目、产妇和婴儿照顾项目等,以减少由于产伤而造成心理发展障碍。

从肯尼迪总统对预防智力发展障碍的关注,到约翰逊总统承诺保障残疾儿童教育需要的十年间,1968年政府颁布实施《残疾儿童早期教育援助法案》(Handicapped Children's Early Education Assistance Act),划拨专项基金来促进开发、评估、完善和宣传示范项目,以教育婴儿、学前儿童及其父母。通过资金支持示范性项目以及政府支持高校的特殊教育师资培训,一个新的研究领域诞生了。

幼儿早期特殊教育与这项法案在很多潜在要求上不谋而合,但是它们之间明显的差别是政党对幼儿干预的观念也被认为是1960年大选得到贫民票的潜在利器。作为公民权利运动的结果,激进的政客、社会科学家、美国人最终意识到,美国的贫困程度凸显了社会不公平并威胁到了社会的安宁。关于"困境循环"的分析,肯尼迪任命的研究智力障碍的专家组认为,"文化剥夺"是造成周期性障碍和多重障碍的主要原因(Albee,1968)。在此假设基础上,他们认为教育是打破这种怪圈的关键,于是专家组建议在不发达社区广泛建立学前项目来培养"专业发展的态度和能力"。正是这种中产阶级文化对特殊儿童独特的视角,使得大量措施开始实施以促使这些儿童达到学业和职业成功(引自 Zigler & Valentine,1979,p.12;参见 Halpern,本书)。

这种理论的基础就是对有发展障碍儿童生活干预的实证,该理论还对过去广泛认可的基因决定智力论提出了质疑。学者亨特(Hunt,1961)和布卢姆(Bloom,1964)发文表示了支持,社会活动家强调经验对婴幼儿发展能力的巨大影响力,并且特别关注人生第一年的可塑性。在接下来的十年社会实践中,学术研究者和项目推动者彼此影响。

    实验幼儿园项目由儿童发展研究者以实验条件建造,并且由社会团体来检测……发展心理学早已为改变世界做好准备,他们建构儿童经验的方式有别于传统的由未经培训的家长在家用热情和乐观完成的方式。(Clarte-Stewart & Fein, 1983, p.918)

  1965年,十年来最有影响力的实验"开端计划"(Project Head Start),在全国有超过2500个社区开始了为期八周的试验。开端计划的蓬勃发展由杰出的儿科医生里奇蒙德(Julius B. Richmond)和出色的学者齐格勒(Edward F. Zigler)领导。开端计划以儿童幼年时期经验对其以后发展有重要影响作为其理论基础,并任命一位心理学家作为儿童发展办公室主任。这个项目的发起者认为,不景气的社会经济环境会造成对儿童早期童年的不利影响,其中包括生理(如不健康和营养不良)和经验(如不感兴趣和动机降低)等风险因素。他们认为,即使在贫穷和混乱的社会环境中,学前期的代偿项目也可以促进有障碍的儿童更好地适应学校,改善儿童在学校的表现(Zigler & Muenchow, 1992; Zigler & Valentine, 1979)。开端计划有多维度、综合性的服务体系,去帮助最底层的贫困家庭的有障碍儿童。它协同了众多领域的专家,提供教育、医疗、牙科、营养、心理和社会服务。这个项目投入了大量的精力去说服父母作为志愿者和提高家长的决策水平,项目还包括提高社区低收入成年人的职业动机。开端计划一直在提供开创性且引人注目的儿童早期干预模式。它坚持社会服务占首位,身体康复与教育结合,为父母提供参与课堂的机会和参与管理方针委员会决策的机会,这在美国教育政策中是史无前例的。它倡导的被服务者与专业人员共同做出决定也具有革命性意义。

  开端计划获得的成果和对政策的良好把握都有相应文献论及(Hubbell, 1983; Zigler & Muenchow, 1992; Zigler & Valentine, 1979)。无论成败,它都是20世纪60年代的一个缩影。由于对孩子、家庭以及社区的有益影响,它得到了广泛赞颂。然而这个项目并没有减轻学校教育的失误,改善教育依赖救济的现状以及不良行为或社会贫穷的事实。也许开端计划最重要的一课就是告诉我们,儿童早期干预项目的建立必须要有清楚、现实、客观的目标体系。20世纪60年代留给我们的宝贵经验是,对承诺必须做到尽量谨慎。它还提醒我们,没有一种所谓神奇的方法能解决复杂的社会问题。

20世纪70年代:发展性障碍的政策优势

  在20世纪60年代期间很多创造性的方法被用于反贫困运动(War on Poverty)中,到70年代期间对有障碍儿童的需要投入了更多。随着十年前社会和政策激变的平息以及国家对通货膨胀对中产阶级不利影响的担忧超过了对贫困对儿童发展影响的担忧,更多地关注身心障碍者的社会地位和合法权益(Gliedman & Roth, 1980)。

  联邦政府的示范性支持和一些延伸项目都以一种极快的速度激增(DeWeerd, 1981; Martin, 1989)。残疾人教育局和妇幼保健处的财政支持,加上大学附属机构倡导的多学科训练程序,以及新的由专家构成的骨干队伍都为有障碍儿童提供服务。特殊儿童早期教育由于需求增加,得到了优先发展,国家相关教育部门更是开始保障对这一新兴专业领域的发展指导(Stile, Abernathy, Pettibone, & Wachtel, 1984)。

1972年，公法92-424（《经济机遇修正案》）的强制执行让所有"开端计划"中心能提前招收他们招生名单中至少10%确诊的有障碍儿童。1973年，特殊儿童理事会（Council for Exceptional Children, CEC）建立了一个新的部门——早期儿童部（Division for Early Childhood' DEC），早期特殊儿童教育者由此表现出明显的专业认同。1974年，联邦政府预留独立基金，为各州对有障碍婴儿和学前儿童提供规划、发展服务提供补助。

1975年，公法94-142（《所有残疾儿童教育法》）的通过，保障了不论残疾状况，学龄儿童都能得到免费和适当的公共教育的权利。这一具有里程碑意义的法律要求个性化教育计划（individualized education plans, IEPs）的开发要基于非歧视性评估结果；对家长参与个别化教育计划提出特别要求；规定儿童和家长对计划的制订和实施的原则；明确要求这些计划必须在最少受限制的环境中实施（Hobbs, 1975; Singer & Butler, 1987）。虽然公法94-142没有要求各州为有障碍的婴幼儿、学龄前儿童提供服务，新的联邦法律认可了各州为3岁儿童提供这样的服务和财政支持的重要性。在这期间，对婴儿干预的关注，临床婴儿项目国家中心（National Center for Clinical Infant Programs, 在20世纪90年代更名为"美国0—3岁婴幼儿和家庭中心"）的建立就是为了使国家的注意力汇集到满足有障碍的婴幼儿及其家庭的需求上来。

在20世纪60年代，为了弥补普通教育领域中的不足，有人倡导借鉴人权组织利用国会和法院系统来消除社会各方面对有障碍的人的歧视（Gliedman & Roth, 1980）。1973年通过的第一部联邦民权法主要关注了有障碍人士的雇佣问题。在随后的一年中，它对非歧视性就业的权利、接受更高层次的教育、使用公共设施等方面进行了修订。20世纪70年代的标志是：支持性立法，多个成功的集体诉讼，以及公众认为不应歧视残疾人。

20世纪80年代：政府紧缩开支与新联盟的形成

20世纪80年代开始，里根总统提出国家对不同政府角色价值的需求。1981年，政治保守势力执意要国家降低联邦资源对社会项目的投入，并且转移所承担的责任（以及随之而来的经济负担）。因此，当美国国会批准大幅削减联邦税时（与有史以来和平时期最快增长的军事开支一起），很多国内项目被取消，一些项目的经费出现了持续显著的下降（Edelman, 1987; Schorr, 1988）。对各州按公式计算的财政补贴合并为整体补助金，并减少了对社会项目的整体性拨款。例如，关于妇幼保健拨款的新构想，整合了以前独立接受拨款的八个项目，使得总体预算在头两年就减少了18%（Lesser, 1985）。八个以前单独得到的拨款项目被合并成一个得到持续拨款的项目，这八个项目包括残疾儿童保健、妇幼保健、遗传性疾病检测与咨询、预防含铅油气中毒、婴儿猝死综合征、未成年妊娠、血友病诊断和治疗中心、残疾儿童保障性辅助收入。这些项目合并的直接结果就是它们要通过竞争在政府已缩减的拨款中获得一定的份额。

事实上，在20世纪80年代存留下来的联邦政策，证明了儿童早期干预项目政治和社会化之深以及它们的支持者之广。而此时反贫困运动几乎已经消失在联邦政府政策制定中，"开端计划"被列入了里根政府称为"安全网"的体系之中，并不断得到联邦资金支持。在这个时代，总统顾问提出撤销美国联邦教育部，由政府持续增加对有特殊需要幼儿的教育开支。

公法99-457尽管有被教育部长反对和被总统否决的威胁，它却是自公法94-142颁布以来对残疾儿童影响最广泛的法例。它对开端计划的发展和为有障碍儿童的早期干预服务的不断改善所提供的论证清晰明了。每个法案都发展并培育了政府内外强大的倡导者和支持者队伍。与此同时,对弱势儿童和他们家庭早期干预的基本原则已经获得了广泛的全国性支持(Schorr,1988)。

20世纪90年代:在持续增长的财政约束中寻求解决人类需求的市场方案

20世纪90年代政治环境的特点是严酷而有争议的,对于儿童和家庭的健康和福祉到底是公共责任还是个人责任展开了激烈的讨论。这十年也见证了一个持续占据优势的保守的政治哲学致力于低税收、小政府,表现在社会福利方面,就是广泛削减联邦资助,依赖市场来解决人类需求。这带来了一段前所未有的经济繁荣,也越来越显示出"富人"和"穷人"之间的差异。在这期间,有障碍、残疾儿童的利益吸引了相对温和的目光,对经济困难或生活在贫困线以下儿童的照顾也变得越来越细致。事实上,20世纪90年代反映了一个惊人悖论。此时,表现强劲的经济与儿童早期发展的科学日趋成熟,大量研究表明,对幼儿提供的服务是充足的,但服务创造性方面的进步以及对项目的评估却是稀缺的。经济和技术转型需要一群高度熟练且受过良好教育的劳动力(其将承担人口老龄化日益严重带来的挑战),公众对学校的关注有所上升,但对弱势幼儿的健康投资却少有人问津。

20世纪90年代,儿童早期干预的混沌状态,反映出几项联邦政策间的极端对立现象。公法99-457要求向易受伤害的婴幼儿提供广泛的、以家庭为中心的支持服务,并在这个基础上提出了其他一些举措,虽然它们的成就未能实现最初的承诺。最后,与受欢迎的家庭支持策略形成鲜明对比,《个人责任与工作机会协调法案》(Personal Responsibility and Work Opportunity Reconciliation Act)为这十年画上了句号。这个法案终止了联邦政府承诺了60年的"抚养未成年儿童家庭援助计划"(Aid to Families with Dependent Children, AFDC),终止了对贫困妇女和他们的幼儿实行的"安全网"。

福利改革　1996年《个人责任与工作机会协调法案》颁布,国家不再保证援助生活在贫困中的儿童及其家庭。这一举措从根本上改变了国家对最贫穷的公民的承诺。简单地说,对抚养弱势儿童的穷困母亲的公共援助这个概念,从开始的适度财政支持改为与工作需求相关的有时限的财政救助资格。取代AFDC的新法律是"贫困家庭临时援助"(Temporary Assistance to Needy Families, TANF)。这项新计划为各州提供了定额拨款,以支持有小孩的贫困家庭。在其众多的条款和约束下,TANF规定,公共援助的受助人需参与职前准备项目,并在两年内找到工作。虽然也为少数不能满足法律要求的家庭建立了应急资金,但特困减免毕竟是有限的。甚至,这些援助连家中有严重残疾儿童,或者父母一方或双方因残疾或其他原因无法工作的家庭的需求也无法充分满足。

重新制定的儿童早期干预的支持性目标和惩罚性规则之间的反差相当明显,而不单单是关于残障儿童的父母是否应该工作。向有发育障碍或风险儿童的家庭提供临时援助的问题在于,它的约束和限制使得一直备受关注的贫困家庭承担了相当大的负担(Ohlson, 1998)。这些不利表现如下:(1)减少对补充保障收入(Supplementary Security Income, SSI)的资金支持,并重新定义申请资格标准,结果许多原本有资格的儿童不能再享受现金津贴;(2)在SSI资格指导原则的应用过程和修改方面的改变,使得在医疗补助覆盖范围内的贫困家庭面对更大的困难;(3)取消联邦对参加"从福利到工作"(Welfare-to-work)活动或正从依赖福利到从事有报酬职业过渡的家庭提供托儿服务(Ohlson,1998)。总之,改变福利法注定要导致一些社会成员承受更大的压力,尤其是处在最危险边缘的——生活在贫困中的弱势婴幼儿及其家庭。就新的福利政策而言,它进一步削弱了贫困家庭满足他们孩子需求的能力。在接下来几十年,这些政策一定会对早期幼儿干预领域形成明显的挑战。

入学准备

20世纪90年代,关注入学准备成为国家的重大政策问题,成为这10年国家教育目标之首(National Education Goals Panel,1991)。通过强大的公众支持,美国教育目标小组(National Education Goals Panel)任命了一个资源工作组和两个技术评审小组,以澄清这个看似简单却又具有迷惑性的概念,与此同时,许多州报告其在赢得支持方面取得的进展,及为提高少年儿童入学准备方面所做的努力。"准备目标"(Readiness Goal)成为美国国家教育统计中心一项纵向研究的总体框架。这项研究从1998年秋季开始实施,涉及从幼儿园到五年级的23 000多名儿童(Meisels,1999)。

尽管国家越发重视改善游离于正规教育之外的儿童的教育条件,不幸的是,仍然有许多问题没有得到解决。接踵而来的大量辩论都围绕对儿童入学准备的评估是否贴了太多的标签或者带有侮辱的性质等问题。另外,值得关注的是,入学准备测试是否可以准确测出儿童早期发展和学习的独特的特点,测出的大量未准备好入学的儿童到底是儿童自身存在问题还是社区存在问题。虽然在20世纪90年代,对入学准备定义的质疑一直没有得到解决,"准备目标"却使幼儿早期问题一直处在国家前沿的教育政策议程。

早期开端计划

在政策制定者、服务提供者、政治家和研究人员的讨论中产生了早期开端计划(Early Head Start)的构想,即为三岁以下低收入家庭提供集中、全面以及常年不间断的儿童发展服务。服务于三四岁儿童的开端计划课程主要是为了促进儿童身体素质、社会生活能力、情感和智力的发展,同时协助支持家长对儿童的看护,并使家长有更强的自助能力。早期开端计划体现了以下几个原则:高质量课程;健康促进和疾病防止措施;营造儿童、父母、其他家庭成员、服务者间的积极关系;家长积极参与;涵盖所有有特殊需要的儿童;理解不同的文化;服务模式的全面性;过渡到开端计划课程或其他学前计划的相关支持;整合社区和儿童早期干预的资源。1995年启动的早期开端计划最初的站点不超过40个,到20世纪末增长到超过600个。该项目的有效性数据在世纪之交时还很少。这个项目提供了一些相当重要的信息,可能会影响国家制定政策,为婴幼儿及其家庭提供短期或长期基础广泛的福利项目。

白宫会议

1997年,两个重要的白宫会议分别召开:一个关注儿童早期发展与学习(包括早期经验和大脑发育的关系),另一个关注重要的儿童保健问题。这两个会议都引起了公众广泛讨论关于出生后第一年的重要性和对儿童早期发展领域进行投资的策略。这在某种方式上让人想起了20世纪60年代学者和政策制定者的合作,尖端科学和政治承诺的交融给儿童早期干预的创造性的复兴带来了可能性。然而与20世纪60年代产生的结果形成鲜明对比的是,20世纪90年代克林顿执政时期,这些远大愿景因为强大的反对党势力和自身丑闻的干扰,最终烟消云散了。尽管只形成了微弱的政治影响,但这两个有代表性的白宫会议有助于从国家层面加深对儿童发展早期经验重要性的认识。除了专注于大脑发育神经生物学,这两次会议也引发了公众的设想,并为在幼儿政策中采用科学方法奠定了重要基础。

公众问责和科学基础的兴起

对健康和公共服务支出的严格审查,使得20世纪90年代所有有关早期干预的有效性数据达到峰值,关于早期干预需求分析评价的文献总和也已超过先前数十年。一本关于早期干预服务有效性的书指出:"现存的证据明确表明,缺乏早期干预系统可以导致智力发展停滞,而在出生后头5年通过实施干预和评估可以减少智力发展停滞。"(Guralnick,1998,p.321)另外的研究者(Ramey & Ramey,1998,p.115)也指出,"从早期干预中得出的主要结论有显著的一致性"。其他人(Barnett,1995;Reynolds,Mann,Miedel & Smokowski,1997)则强调参与幼儿早期项目与积极的结果有相关性。此外,兰德公司(Karoly et al.,1998)和经济咨询委员会(Council of Economic Advisors,1998)还对早期干预的投入和产出进行了分析,并认为这对于儿童和家庭来说,是一项明智的公共投资。

尽管对于整个早期干预服务的价值形成了强烈的共识,但是新兴的关于早期干预带来具体影响的研究,却表明结果不一定是积极的(Farran,本书;Halpern,本书)。伴随着服务系统的改进和纵向数据的收集,早期干预显示出许多局限。从文献研究中人们意识到,项目的有效性依赖于成熟的实施方式。这就是说,一个潜在的有效服务模式,如果它不能正确实施——无论是因为资金不足,标准不适用,还是对工作人员的培训不充分——或者接受服务的人尚未充分参与其中,就不能期待它产生积极的效果。在这样的情况下,就不可能公正地判断这个干预在正确实施时可能产生怎样的效果。

另外一个影响了许多早期干预效果文献的问题是一个持续受到全球关注的问题:尽管长期呼吁研究要对"在哪""怎样"和"为了谁"投资,及其有效性差异加以关注,但基于具体的儿童、家庭、社区以及项目本身的特点,某个项目是否"有效"仍然备受质疑(Guralnick,1997;Meisels,1985b;Meisels,Dichtelmiller,& Liaw,1993;Shonkoff,1992;Shonkoff,Hauser-Cram,Krauss,& Upshur,1988,1992)。因此,在儿童早期干预研究又一个十年即将结束时,三种基本的研究结果为下一批研究者提供了一个重要的开始。首先,有关干预服务带来积极影响的相当多的文献都强调明确的目标和按计划实施。其次,有大量证据显示,那些产生适度影响的项目,都强调期望要现实,要基于所提供的服务与有障碍儿童的特点及其脆弱性强度(包括生理和环境)的匹配。最后,人们越来越认识到在有意义评估这一领域所采取的方法和实践面临着挑战,尤其是学者们越来越关注在以前的大范围评估中遇到的问题(Hauser-Cram,Warfield,Upshur,& Weisner,本书)。

《残疾人教育法案》(IDEA)[①]

《残疾人教育法案》(Individuals with Disabilities Education Act,IDEA)的前身是1986年的《全体残疾儿童教育修正法案》(Education for All Handicapped Children Act Amendments,公法99-457),它曾经是美国对发展障碍儿童颁布的最重要的立法,从提出、通过到被签署正式成为法律只用了六个月。它要求"在州层面上为所有残疾儿童和他们的家庭提供综合性的、多学科的

---

① 原书层级标示有误。——译者注

早期干预服务"。虽然法律并没有要求为所有年龄小于六岁的儿童提供普遍服务,但它加强了国家对3—6岁儿童的服务,并设立了一个项目(当时的 H 部分,现在被称为 C 部分)为0—3岁儿童提供服务。该法律虽然在1986年就得到通过,全面推行却是在20世纪90年代初。

在1997-98重新授权的 IDEA 版本中包含三个主要的部分。第一部分(以前称为 H 部分,1998年中期后称为 C 部分)对各州提出要求,促进婴幼儿早期干预服务系统的开发全面,以服务那些发展迟滞或有残疾的婴幼儿。所有从出生到2岁有发展迟滞的儿童,通过适当的测量评估和程序(Kelly & Barnard,本书;Meisels & Atkins-Burnett,本书),都应享有服务。第二部分(B 部分)要求各州为所有有资格的3—5岁障碍儿童提供免费和适当的公众教育及相关服务。该法的最后一部分重新授权联邦可自行选择项目,如对聋盲的儿童、童年早期研究机构、专业人员培训提供服务。

新的法律把早期干预狭义地定义为"一种发展服务,旨在满足残疾婴儿的发展需要,如:身体发育;认知发展;语言和言语发展;心理发展;自理能力发展"。虽然在 C 部分(用的是"发展",而不是"教育"有残疾的婴幼儿)强调了全面性的精神,并且只有当婴幼儿处于"有必要使婴幼儿从其他早期干预服务受益"的范围内才对其提供医疗服务。尽管如此,法规明确认识到有效的早期干预服务需要来自许多不同领域的专业人员的贡献。因此,多角度思想交织贯穿了整个法律的规划和实施,并且 C 部分规定的活动必须通过一个协调委员会(State Interagency Coordinating Council,SICC)的指导。

作为一项联邦倡议,法律规定各州有相当大的自由裁量权和方案决策权。事实上,选择的范围足够广泛,有可能最终会有50多种服务系统(Harbin, Gallagher, Lillie, & Eckland,1992)。当然,法律规定了大量的每个州都必须规划、实施的方案(Gallagher, Trohanis, & Clifford, 1989; Hauser-Cram, Upshur, Krauss, & Shonkoff,1988)。

领导机构

每个收到 C 部分资金的州都要选出一个领导机构来管理其服务系统并且必须委任一个协调委员会去协助其规划、发展、实施。这项规定的目的是克服大多数州现行服务体系分散的状况(Meisels, Harbin, Modigliani, & Olson, 1988)。公法99-457通过时,多种途径都能为婴儿和有残疾的幼儿提供服务:当地和州税支持的各种项目;医疗援助;美国公共健康服务(如发育障碍项目或妇幼保健专项补助);美国教育部所支持的众多项目(例如,残疾儿童早期教育计划支持的各种示范性项目)(Meisels, Harbin, Modigliani, & Olson, 1988)。虽然 C 部分与 H 部分一样,是由联邦政府教育部管理的,但却给予每个州充分的自由来指定自己的领导机构。在实施的第一年,约1/3的州选择了教育部门作为领导机构,其次是卫生部门,其他的领导机构还有心理健康部门和公共事业部门等(Garwood, Fewell, & Neisworth, 1988)。随着时间的推移,卫生领域的领导机构越来越多,而教育领域的则随之减少。

医疗保健与教育的合作

(公共和私立)医疗保健机构和教育机构之间的传统关系在照看有障碍婴幼儿方面,一直是不平衡且复杂的。因此,协调医疗和教育机构,在当地、各州、联邦水平上都对早期干预的成功实施至关重要(Ireys & Nelson, 1992; Smith & Strain, 1988)。虽然儿科医生通常是最适合鉴别有障碍的年幼儿童的专业人士,但儿科领域对早期干预服务的初始态度并不相同(Green, Ferry, Russman, Shonkoff, & Taft, 1987; Guralnick, Heiser, Eaton, Bennett, Richardson & Groom, 1988)。然而,因为许多残疾婴儿伴随有健康问题(例如癫痫、感觉障碍、发育障碍),这就要求有先进的医疗管理,以保证最佳的早期干预效果(参见Shonkoff & Marshall,本书)。在过去十年,成功的医教合作有了缓慢而精细的发展(Gartner & Lipsky, 1987; Dworkin,本书)。

为了抵消辖区限制和医教机构间的资金责任纠纷,法律敦促合作努力,并站在联邦的角度使在公共保健服务部中的妇幼保健局和教育部的特殊教育局之间正式拟定协议。官方看到了医疗和教育资源协作的功能,在此背景下开始发展本地医教协作服务系统。然而,在未来十年,这仍然是一个政策上面临的令人困惑的挑战(Butler, Starfield, & Stenmark, 1984;参见Knitzer,本书)。

方案规定 联邦法律规定了一个超出其影响力的框架,要求重要的国家级纲领性决议必须对不断变化的儿童提供早期干预服务。首先,每个州需要自行定义发育迟缓,且必须从五个方面进行诊断(认知、生理、语言和言语、自理、心理发展)。在确定合理的和有意义的资格标准方面仍存在许多问题(Shonkoff & Meisels, 1991)。虽然大量残疾婴幼儿已经得到由国家建立的各种灵活的干预系统的服务(Bowe, 1995; Kochanek & Buka, 1998; Meisels & Wasik, 1990),但继续发现满足条件的儿童和家庭并建立相应的服务仍需要进行大量工作(参见Harbin, McWilliam, & Gallagher,本书)。

第二个问题涉及发育性风险的服务资格。法律要求早期干预服务两个主要的目标群体:(1)那些在转诊及评估时被认为发育迟缓的儿童;(2)那些被诊断为有可能发育迟缓的儿童。每个州都能额外选择一些"如果不提供早期干预服务,就有明显的发育迟缓风险"的孩子。处在第三类的儿童通常被定性为面临生理风险、环境风险或者兼而有之(Tjossem, 1976)。对于这些儿童的识别有一定困难,而且一直以来都是对各州的挑战(Meisels & Wasik, 1990)。讽刺的是,虽然对生活在高风险环境中的儿童提供预防干预,从长期看最能节约潜在支出,但它使得接受服务的潜在儿童数量增加,由此产生的财务支出得到了特别的关注。

通过法律提出的第三个主要任务是要求由一个多学科小组开发个性化家庭服务计划(individualized family service plan, IFSP),小组中必须包括参加早期干预计划儿童的家长或监护人。在对整个家庭需求评估的基础上,IFSP必须阐明儿童和家庭的具体目标;解释标准、方法并定时评估目标;满足每个目标的特别化服务;确定一个负责人确保该计划的实施。重新授权的法律呼吁用IFSP的干预服务取代像家庭这样的自然环境。

家庭的角色 在明确认识到家庭(而不是被隔离的孩子)作为服务的核心上,IFSP的理念反映出当代关于儿童发展的理论观点(Brooks-Gunn, Berlin, & Fuligni,本书; Emde & Robinson,本书; Osofsky & Thompson,本书; Sameroff & Fiese,本书)。现行儿童早期教育项目(Kagan & Neuman,本书; Musick & Stott,本书; Wolery,本书),以有关经验为基础的调查结果更说明了儿童的父母和社区积极参与项目会产生更好的成果(Earls & Buka,本书; Krauss,本书; Shonkoff & Hauser-Cram, 1987)。IFSP服务作为一项公共政策,已经产生了颇多争议。一方面,那些孩子的家长要求法律保障所有学龄儿童能像早期阶段一样得到良好的服务(Brooks-Gunn, Berlin, & Fuligni,本书; Healy, Keesee, & Smith, 1985; Turnbull, Turbiville, & Turnbull,本书)。另一方面,IFSP也可以看作引起儿童早期教育计划发生显著变化的催化剂,并对儿童的家庭生活产生了重要影响(Krauss, 1990)。选择敏感性评价的策略是为了明确家庭的需求(参见 Krauss,本书),以及促进现有和未来的服务者发展一些新的、适当的培训经验,以便未来能建设性地实施、解释和运用这种评估协议(参见 Klein & Gilkerson,本书),而这将决定 IFSP 实现其法定承诺的效果。

转衔 三岁儿童服务体系的转衔面临潜在的法律实施的困境。法律应要求 IFSP 提供由早期干预系统到学前教育计划的转衔支持,而且 IFSP 的负责人有责任开发这样的计划。有报道显示了以下情况:对到底哪种教育项目更合适的争议;启动服务延迟;是否所有接受早期干预项目的儿童满 3 岁时都有资格进入特殊教育班(Association for Retarded Citizens,1986;Kerns,1988)。因此,发展一种有效的转衔程序仍需要大量的思考和努力(Hanline & Knowlton,1988)。

小 结

从公共政策的角度来看,儿童早期干预面临大量关键性的挑战(Hauser-Cram,etc,1988;Meisels,1989)。在 20 世纪 80 年代,"新联邦主义"开始把责任从许多社会化项目转移到各州层面,使得公法持续履行国家对满足弱势幼儿需求的承诺。根据法律规定,每个州必须独立定义发育迟缓;为每个存在发展障碍风险的儿童提供服务;为家庭评估提供标准和方法;明确认定一个服务机构的策略。各州还必须成立一个协调委员会以促进儿童及其家庭从早期干预计划平稳过渡到学前特殊教育服务中。如何落实这些决策?哪些观点能得到州立法者的青睐?怎样通过研究来支持这些决策?现有的工作如何评价?这些问题需要各个领域的参与者,从学术界、政界到服务提供商。这项任务虽然艰巨,但回报将是巨大的。

新千年的挑战

当我们经历了 20 世纪迈入新千年,巨大的政治、经济和社会力量威胁到美国幼儿的卫生保健、发展及其家庭的福利。儿童、家庭、社会以及早期干预项目(尤其是那些提供多维度反馈信息的项目)都面临巨大挑战。从最广泛的意义上看,这些问题对美国社会未来的影响至关重要,这也说明儿童早期干预面临的形势日益复杂。

幼儿及其家庭面临的挑战

幼儿及其家庭面临三大挑战。首先是不断涌现的"家庭"的多样化结构和定义,持续变化的性别角色以及成人工作性质的根本变化。这些错综复杂的动态性社会和经济变革相互作用,使得男人和女人,当然还有他们关心和保护的孩子都受到了以上那些因素的影响。相对于过去几十年,从出生到入学这段时间,美国儿童发生了根本性的巨大改变。随着家庭中心的概念牢牢扎根于现行的儿童早期干预服务文化中,儿童早期干预有必要创造性地定义实际上很模糊的"家庭"和"以家庭为中心"的含义。

孩子和家庭面对的第二个挑战是贫富差距越来越大的现实、潜在原因,以及那些生活贫困或经济无保障的人群所承受的多重压力。几十年的研究已经表明贫困对儿童健康和发展有影响。这并没有提出新的挑战，然而，美国生活在贫困中的儿童仍然多得无法接受，而且经验表明，他们似乎比以前更加脆弱。此外，处于赤贫的人口越来越多，这很大程度上是因为大量"接近贫穷"的儿童长大了。这些孩子因他们工作繁重、谋生能力弱和工作无保障的低收入家庭而体验到了压力。贫富差距在生命开始的头五年会越拉越大。有着舒适生活的中产阶级发现丰富的儿童早期经验对孩子上学后的好处，而工作艰辛的穷人必须对孩子的基础教育投入几乎大部分工资，而质量往往低于高收入家庭获得的教育的质量。

在美国，孩子和家庭面对的第三个挑战是种族和民族差异，以及人类发展中持续的种族歧视影响。人口学家预计，接下来的几十年里，美国将有超过一半人口为非白人，非欧洲血统，或者既非白人又非欧洲血统。这些人中的大部分是拉丁美洲或亚洲移民的后裔。个人文化适应和民族特色文化保护间微妙的平衡关系，使得国家正在寻求途径调和这些文化差异并把它们纳入到社会结构中，而这都将影响幼儿社会化的大环境。

虽然有相当多的文献探讨"文化能力"对幼儿早期干预的影响，但其社会变化的意义以及它们如何在正式的服务运行系统中被合理应用，仍待研究。

社会面临的挑战

儿童早期干预领域与以下因素紧密相关：不断变化的家庭结构，不断发展的性别角色，不断变化的工作性质，与家庭生活的关系，复杂的经济不平等现象，越来越多的种族、民族和文化多样性。这使得儿童早期干预领域也必须同复杂的政治环境展开抗衡，由此出现一些交叉性主题。

也许过去数十年，美国政治文化最重要的特征是其不断增强的两极分化和对当代公众本质的争论。在这方面突显出社会和政治的紧张关系，如公众责任和个人责任的相对平衡，政治权力从联邦下放到州和地区层面，在为弱势儿童及其家庭提供"安全网"中政府和私营机构的角色。在此情境下，许多儿童早期干预的核心原则已经受到严重的挑战。简而言之，我们是否实现对全体幼儿的福利的承诺而表现出公共责任感，对于作为一种有效的公共服务的儿童早期干预具有重要影响。

第二个交叉性主题是所有的健康和社会服务都对结果问责、管理创新和新的财政策略提出了日益增长的要求。当一个社会越来越关注成本控制、效率、减税和通过市场机制解决社会问题时，就必须谨慎甚至可能不被理解地增加对健康和社会服务的监管。但管理层专业知识不足，项目生存岌岌可危。一旦商业掌控项目，服务任务的核心就可能被忽视。这些力量的平衡，以及商业文化和社会服务的融合，成为早期干预领域最前沿的表征。

第三个交叉性主题是关于理解怎样克服持续贫穷、种族主义和社会不利因素的普遍看法，以及怎样破除周期性的失望、暴力、自残行为。在过去几十年，代际传递的社会排斥和贫困呈现了更具挑战性的环境，使得儿童早期干预项目成为必须首先运作的项目。伴随不断增长和变化的药物滥用以及日益泛滥的社区暴力，要强化干预项目的力度。尽管早期干预在广泛的服务背景中积累了更多的知识和显著的进步，但防止极度贫困的深化、复杂的种族歧视、认为一部分儿童是"其他人的孩子"，仍然是一个艰巨的挑战。

第四个交叉性主题也许是儿童早期干预概念的根本，即需要寻找新的更有效的方法来移除政治文化的干扰，对复杂化的公众问题进行简单的补救，或采取惩罚性方法使其朝着积极的方向发展，对儿童护理和保护进行预防性投资，同时支持家庭功能的发挥。简单来说，我们必须确保能使公众注意到促进人类的良好适应性和保持消除个人失败根源的预防性干预的需要。在此背景下，早期干预领域面临的最大挑战，已远远超出了目前的服务运作系统的范畴，要求我们面对当代美国社会广大的社会、经济和政治结构。

早期干预系统面临的挑战

在过去几十年，关于儿童早期发展的科学取得显著进步。通过丰富多样的学科参与，如发展心理学、心理语言学、人类学、社会学……儿童发展这门科学的知识基础不断扩大。虽然我们目前对早期人类能力的许多理解来自社会科学，近期对大脑发育的生物学研究引起了大家极大的兴趣，儿童发展学受个人经验制约，强调需要深思熟虑地跨学科评估我们所知道的，以及如何建设性地运用这些知识来促进提高人类福祉（Nelson，本书）。

在此背景下，有关神经可塑性和敏感期（或关键期）在认知、语言发展和社会情感能力方面的问题特别引人注目，并且在相当大程度上影响了政府对早期干预服务的决策。当呼唤儿童最佳发展的专属经验时，是否会开启一扇机会之窗？这些经验是什么？如果错过了，可以在今后的生活中进行补偿吗？生命最初几年的不同经历的累积影响是什么？它们对后来的发展意味着什么？

现在对这些新兴知识的基础性认识，远远超出了学术界而扩展到广大市民。通过多样化宣传，一些育儿和妇女杂志、电视和电台脱口秀表演，以及一些令人尊敬的学者撰写的一系列通俗读物，促进这些新知识在养育孩子中的应用。这种知识广泛传播带来的结果包括：公众更加意识到儿童早期的重要性，深思熟虑误用知识在哪种程度上可导致父母不必要的焦虑的增强，关注整合的、以家庭为中心的支持服务的潜在影响。

除了父母和其他主要照料者所提供的基本照料和保护，正式服务旨在促进美国所有幼儿的健康发展。然而，这些服务已经演变成一个分类繁杂且高度分散的公共和私立基础设施系统。例如，这些单独的业务流包括以下内容：(1) 面向所有儿童的健康促进和基础医疗服务（Dworkin，本书）；(2) 父母忙于工作的幼儿的看护（Kagan & Neuman，本书）；(3) 对生活在贫困条件下或处于社会弱势地位儿童的预防性干预和家庭支持（Halpern，本书；Osofsky & Thompson，本书）；(4) 对发育迟缓或确诊有障碍儿童的医疗/教育干预和家庭支持（Harbin, McWilliam, & Gallagher，本书；Wolery，本书）；(5) 对经历多种临床情况，如心理、情感、性方面虐待的儿童，被忽视的儿童，孕妇和有精神障碍的儿童（如患有精神病、抑郁症和行为障碍），以及滥用药物的孕妇提供特殊的心理健康服务（Knitzer，本书）。

尽管它们有长期独立运行的传统，但提供更大的整合，并且为有限的公共资源确定最佳的实践指导，让目前所有为儿童及其家庭提供服务的系统都面临挑战。反过来，这些压力，强调了对基于幼儿基础性发展任务和需求的知识的强大而统一的需求，引导了新的服务方式的设计和运行，宣传了职前培养、在职培训和专业发展的努力，同时构想了完善的实践标准。研究人员迎接的挑战是通过跨越不同服务系统，在有意义的实践和经验的指导下提出正确的问题并正确地回答，从而建立一个不断强大、整合的儿童早期干预学科。

结 论

总之,21世纪的儿童早期干预领域机遇和挑战并存。机会可以实现的程度以及能否战胜挑战将最终取决于我们对科学、政策、实践和倡导之间动态张力的把握。在实践中,这些矛盾的观点不太可能调和。倡导者通过充满激情的信念进行动员,科学家由冷静的怀疑驱动;倡导者要求采取行动,科学家呼吁反思和克制;倡导者对科学家的优雅步伐没有耐心,科学家则鄙视倡导者的短视。

尽管作为"奇怪的一对",倡导者和科学家的"婚姻"表明了人们对儿童早期干预未来的美好祝福。如果真正的婚姻承诺面临太多的挑战,这两种文化必须由于儿童的缘故至少愿意共存,满足对方的需要,以谋求更大的好处。社会和政治根源深深地扎根于社会有限的政府概念和个人责任,这样对有限的公共资源之争永远是激烈的,而对于弱势群体而言,有效倡导者的角色是至关重要的。不过,这也有固然的危险性,那就是不受其他机构监督而在连续的自我评估中进行服务改进。历史告诉我们,"一个国家的最先进的知识就是硬道理"是个危险的假设。事实上,所有童年干预的结果取决于我们超越现状付出努力的程度。

总之,无论是儿童早期干预的倡导者还是学者都必须认可坎贝尔(Campbell,1987)提出的概念——"实验社会"。我们必须考虑评估研究,它不仅可以作为记录成功的工具,也可以作为发现在哪儿和怎样完善不足的工具。儿童早期干预领域,有着广泛的定义,服务各种不同的儿童及其家庭。一些人认为,现有干预措施犹如补给线一样发挥显著的作用。另外一些人认为,传统的努力可能在面对无比艰苦的逆境时几乎不能产生什么影响。对于那些成功的干预项目,我们必须确保有足够的资金以保障高质量的持续性落实,并使所有可能受益的儿童都能得到服务。对于那些效果不太好的项目,我们需要找到一个更好的处理办法。

儿童早期干预领域面临的主要问题是幼儿是否值得公共投资。现在面临的重要挑战是如何利用现有知识和动员我们的集体资源,以确保得到更健康、更好的发展结果。我们的任务不是在拥护性倡导和严肃性研究之间进行选择。我们的任务是要把这两方面的力量进行整合以促进所有儿童的身心健康。

参 考 文 献

Ainsworth, M. D. S. (1969). Object relations dependency and attachment: A theoretical review of the mother-infant relationship. *Child Development, 40*, 969–1025.

Ainsworth, M. D. S., Blehar, M. D., Waters, E., & Wall, S. (1978). *Patterns of attachment: A psychological study of the Strange Situation.* Hillsdale, NJ: L. Erlbaum.

Albee, G. W. (1968). Needed – a revolution in caring for the retarded. *Transaction, 3*, 37–42.

Anastasiow, N. J., & Mansergh, G. P. (1975). Teaching skills in early childhood programs. *Exceptional Children, 41*, 309–17.

Ariès, P. (1962). *Centuries of childhood: A social history of family life.* New York: Knopf.

Association for Retarded Citizens. (1986). *Transition practices for handicapped youngsters in early childhood settings.* Boston: Author.

Barnett, W. S. (1985). Benefit-cost analysis of the Perry Preschool Program and its policy implications. *Educational Evaluation and Policy Analysis, 7*, 333–42.

Barnett, W. S. (1995). Long-term effects of early childhood programs on cognitive and school outcomes. *The Future of Children, 5* (3), 25–50.

Barnett, W. S., & Frede, E. C. (1993). Early childhood programs in the public schools: Insights from a state survey. *Journal of Early Intervention, 17* (4), 396–413.

Bell, R. Q. (1974). Contributions of human infants to caregiving and social interaction. In M. Lewis & L. A. Rosenblum (Eds.), *The effect of the infant on its caregiver* (pp. 1–19). New York: Wiley.

Bloom, B. S. (1964). *Stability and change in human characteristics*. New York: Wiley.

Bowe, F. G. (1995). Population estimates: Birth-to-5 children with disabilities. *The Journal of Special Education, 20*, 461–71.

Bowlby, J. (1951). *Maternal care and mental health*. Geneva: World Health Organization.

Bowlby, J. (1969). *Attachment and loss* (Vol. I). New York: Basis Books.

Braun, S. J., & Edwards, E. P. (1972). *History and theory of early childhood education*. Worthington, OH: Charles A. Jones.

Bredekamp, S., & Copple, C. (1997). *Developmentally appropriate practice* (rev. ed.). Washington, DC: National Association for the Education of Young Children.

Bretherton, I., & Waters, E. (1985). Growing points of attachment: Theory and research. *Monographs of the Society for Research in Child Development, 50* (1-2, Serial No. 209).

Bricker, D., & Slentz, K. (1988). Personnel preparation: Handicapped infants. In M. C. Wang, M. C. Reynolds, & H. J. Walberg (Eds.), *Handbook of special education: Research and practice* (Vol. 3, pp. 319–45). Elmsford, NY: Pergamon Press.

Broman, S. H., Bien, E., & Shaughnessy, P. (1985). *Low achieving children: The first seven years*. Hillsdale, N.J.: Lawrence Earlbaum Associates.

Broman, S. H., Nichols, P. L., & Kennedy, W. A. (1975). *Preschool IQ: Prenatal and early developmental correlates*. Hillsdale, NJ: Lawrence Erlbaum Associates.

Bronfenbrenner, U. (1974). *Is early intervention effective?* Washington, DC: Office of Human Development.

Brosterman, N. (1997). *Inventing kindergarten*. New York: Harry N. Abrams, Inc.

Butler, J. A., Starfield, B., & Stenmark, S. (1984). Child health policy. In H. W. Stevenson & A. E. Siegel (Eds.), *Child development research and social policy* (pp. 110–88). Chicago: University of Chicago Press.

Cairns, R. B. (1983). The emergence of developmental psychology. In W. Kessen (Ed.), *History, theory, and methods: Vol I. Handbook of child psychology* (pp. 41–102). New York: Wiley.

Caldwell, B. M. (1973). The importance of beginning early. In M. B. Karnes (Ed.), *Not all little wagons are red: The exceptional child's early years* (pp. 2–10). Arlington, VA: Council for Exceptional Children.

Caldwell, B. M. (1986). Education of families for parenting. In M. W. Yogman & T. B. Brazelton (Eds.), *In support of families* (pp. 229–41). Cambridge: Harvard University Press.

Campbell, D. T. (1987). Problems for the experimenting society in the interface between evaluation and service providers. In S. L. Kagan, D. R. Powell, B. Weissbourd, & E. F. Zigler (Eds.), *America's family support programs* (pp. 345–51). New Haven: Yale University Press.

Carnegie Task Force on Meeting the Needs of Young Children. (1996). *Starting points: Meeting the needs of our youngest children*. New York: Carnegie Corporation.

Casto, G., & White, K. R. (1993). Longitudinal studies of alternative types of early intervention: Rationale and design. *Early Education and Development, 4* (4), 224–37.

Chaille, S. (1887). Infants. Their chronological process. *New Orleans Medical and Surgical Journal, 14*, 893–902.

Chase, A. (1980). *The legacy of Malthus: The social costs of the new scientific realism*. New York: Knopf.

Chase-Lansdale, P., & Vinovskis, M. A. (1995). Whose responsibility? An historical analysis of the changing roles of mothers, fathers, and society. In P. Chase-Lansdale & J. Brooks-Gunn (Eds.), *Escape from poverty: What makes a difference for children?* (pp. 11–37). New York: Cambridge University Press.

Children's Defense Fund. (1998). *The state of America's children: Yearbook 1998*. Washington, DC: Author.

Clarke, A. M., & Clarke, A. D. B. (1976). *Early experience: Myth and evidence*. New York: The Free Press.

Clarke-Stewart, A., & Fein, G. (1983). Early childhood programs. In P. Mussen (Ed.), *Handbook of child psychology* (Vol. 2, pp. 917–99). New York: Wiley.

Council of Economic Advisers. (1997). *The first three years: Investments that pay*. Washington, DC: Author.

Cremin, L. (1988). *American education: The metropolitan experience, 1876–1980*. New York: Harper & Row.

Crissey, M. S. (1975). Mental retardation – past, present, and future. *American Psychologist, 30*, 800–8.

Cuban, L. (1992). Why some reforms last: The case of the kindergarten. *American Journal of Education, 100*, 166–94.

deLone, R. H. (1979). *Small futures: Children, inequality, and the limits of liberal reform*. New York: Harcourt, Brace, Jovanovich.

Dennis, W. (1960). Causes of retardation among institutionalized children: Iran. *The Journal of Genetic Psychology, 96*, 47–59.

Dennis, W. (1973). *Children of the creche*. New York: Appleton-Century-Croft.

DeWeerd, J. (1981). Early education services for children with handicaps: Where have we been, where are we now, and where are we going? *Journal of the Division for Early Childhood, 2*, 15–23.

Edelman, M. W. (1987). *Families in peril: An agenda for social change*. Cambridge: Harvard University Press.

Elkind, D. (1967). Piaget and Montessori. *Harvard Educational Review, 37* (4), 535–45.

Eller, E. (Ed.). (1956). *The school of infancy by John Amos Comenius*. Chapel Hill: University of North Carolina Press.

Fenichel, E., & Provence, S. (Eds.). (1993). *Development in jeopardy: Clinical responses to infants and families*. Madison, CT: International Universities Press.

Ferry, P. C. (1981). On growing new neurons: Are early

intervention programs effective? *Pediatrics, 67,* 38–41.

Fishler, K., Graliker, B. V., & Koch, R. (1964). The predictability of intelligence with Gesell developmental scales in mentally retarded infants and young children. *American Journal of Mental Deficiency, 69,* 515–25.

Foltz, A. M. (1982). *An ounce of prevention: Child health politics under Medicaid.* Cambridge: MIT Press.

Gallagher, J. J., Trohanis, P. L., & Clifford, R. M. (Eds.). (1989). *Policy implementation & P. L. 99-457.* Baltimore, MD: Paul H. Brookes.

Gallagher, P., Malone, D. M., Cleghorne, M., & Helms, K. A. (1997). Perceived inservice training needs for early intervention personnel. *Exceptional Children, 64* (1), 19–30.

Gartner, A., & Lipsky, D. K. (1987). Beyond special education: Toward a quality system for all students. *Harvard Educational Review, 57,* 367–595.

Garwood, S. G., Fewell, R. R., & Neisworth, J. T. (1988). Public Law 94-142: You can get there from here! *Topics in Early Childhood Special Education, 8,* 1–11.

Gesell, A. (1925). *The mental growth of the preschool child.* New York: Macmillan.

Gesell, A. (1929). *Infancy and human growth.* New York: Macmillan.

Gliedman J., & Roth, W. (1980). *The unexpected minority: Handicapped children in America.* New York: Harcourt, Brace, Jovanovich.

Goldberg, S. (1982). Some biological aspects of early parent-infant interaction. In S. G. Moore & C. R. Cooper (Eds.), *The young child: Review of research* (Vol. 3, pp. 35–56). Washington, DC: National Association for the Education of Young Children.

Graham, F. K., Ernhart, C. B., Thurston, D. L., & Craft, M. (1962). Development three years after perinatal anoxia and other potentially damaging newborn experiences. *Psychological Monographs, 76* (3, Whole No. 522).

Graham, F. K., Pennoyer, M. M., Caldwell, B. M., Greenman, M., & Hartmann, A. T. (1957). Relationships between clinical status and behavior test performance in a newborn group with histories suggesting anoxia. *Journal of Pediatrics, 50,* 177–89.

Green, M., Ferry, P., Russman, B., Shonkoff, J., & Taft, L. (1987). Early intervention programs: When do pediatricians fit in? *Contemporary Pediatrics, 4,* 92–118.

Greven, P. (Ed.). (1973). *Child rearing concepts, 1628–1861.* Itasca, IL: F. E. Peacock.

Griffith, J. P. C. (1895). *The care of the baby – A manual for mothers and nurses.* Philadelphia: Saunders.

Guralnick, M. J. (Ed.). (1997). *The effectiveness of early intervention.* Baltimore, MD: Paul H. Brookes.

Guralnick, M. J. (1998). Effectiveness of early intervention for vulnerable children: A developmental perspective. *American Journal on Mental Retardation, 102* (4), 319–45.

Guralnick, M. J., Heiser, K. E., Eaton, A. P., Bennett, F. C., Richardson, H. B., & Groom, J. M. (1988). Pediatricians' perceptions of the effectiveness of early intervention for at-risk and handicapped children. *Journal of Developmental and Behavioral Pediatrics, 9,* 12–18.

Hanline, M. F., & Knowlton, A. (1988). A collaborative model for providing support to parents during their child's transition from infant intervention to preschool special education public school programs. *Journal of the Division for Early Childhood, 12,* 116–25.

Harbin, G., Gallagher, J. J., Lillie, T., & Eckland, J. (1992). Factors influencing state progress in the implementation of Public Law 99-457, Part H. *Policy Sciences, 25,* 103–15.

Hauser-Cram, P., Pierson, D. E., Walker, D. K., & Tivnan, T. (1991). *Early education in the public schools: Lessons from a comprehensive birth-to-kindergarten program.* San Francisco: Jossey-Bass.

Hauser-Cram, P., Upshur, C., Krauss, M., & Shonkoff, J. (1988). Implications of Public Law 99-457 for early intervention services for infants and toddlers with disabilities. *Social Policy Report of the Society for Research in Child Development, 3* (3), 1–16.

Healy, A., Keesee, P., & Smith, B. (1985). *Early services for children with special needs: Transactions for family support.* Iowa City: The University of Iowa.

Hirsch, E. D. (1996). *The schools we need and why we don't have them.* New York: Doubleday.

Hobbs, N. (1975). *The futures of children.* San Francisco: Jossey-Bass.

Holmes, D. (1857). *The child's physician: A popular treatise on the management of diseases of infancy and childhood.* Providence, RI.

Holt, L. E. (1897). *The diseases of infancy and childhood.* New York: D. Appleton and Company.

Hubbell R. (1983). *A review of Head Start research since 1970.* Washington, DC: U.S. Department of Health and Human Services.

Hunt, J. M. (1961). *Intelligence and experience.* New York: Ronald Press.

Ireys, H. T., & Nelson, R. P. (1992). New federal policy for children with special health care needs: Implications for pediatricians. *Pediatrics, 90,* 321–7.

Kahn, A. J., & Kamerman, S. B. (1987). *Child care: Facing the hard choices.* Dover, MA: Auburn House.

Kamerman, S. B., & Kahn, A. J. (1995). *Starting right: How America neglects its youngest children and what we can do about it.* New York: Oxford University Press.

Kamin, L. (1974). *The science and politics of I.Q.* Potomac, MD: L. Erlbaum.

Karoly, L. A., Greenwood, P. W., Everingham, S. S., Hoube, J., Kilburn, M. R., Rydell, C. P., Sanders, M., & Chiesa, J. (1998). *Investing in our children: What we know and don't know about the costs and benefits of early childhood interventions.* Santa Monica, CA: RAND.

Kerns, G. M. (1988). *Transition for young children with special needs in New Hampshire: Perceptions of parents and early intervention program directors.* Paper presented at the 112th Annual Meeting of the American Association on Mental Retardation, Washington, DC.

Kirk, S. A. (1958). *Early education of the mentally retarded.* Urbana, IL: The University of Illinois Press.

Kochanek, T. T., & Buka, S. L. (1998). Patterns of early intervention service utilization: Child, maternal, and provider factors. *Journal of Early Intervention, 21* (3), 217–31.

Krauss, M. (1990). New precedent in family policy: Individualized family service plan. *Exceptional Children, 56* (5), 388–95.

Lazar, I., & Darlington, R. (1982). Lasting effects of early education: A report from the Consortium for Longitudinal Studies. *Monographs of the Society for Research in Child Development, 47*, (2–3, Serial No. 195).

Lesser, A. J. (1985). The origin and development of maternal and child health programs in the United States. *American Journal of Public Health, 75*, 590–8.

Liaw, F., Meisels, S. J., & Brooks-Gunn, J. (1995). The effects of experience of early intervention on low birthweight, premature children: The Infant Health and Development Program. *Early Childhood Research Quarterly, 10*, 405–531.

Lilienfeld, A. M., & Parkhurst, E. (1951). A study of the association of factors of pregnancy and parturition with the development of cerebral palsy: A preliminary report. *American Journal of Hygiene, 53*, 262–82.

Lilienfeld, A. M., & Pasamanick, B. (1954). Association of maternal and fetal factors with the development of epilepsy, I: Abnormalities in the prenatal and paranatal periods. *Journal of the American Medical Association, 155*, 719–24.

Magee, E. M., & Pratt, M. W. (1985). *1935–1985: 50 years of U.S. federal support to promote the health of mothers, children, and handicapped children in America*. Vienna, VA: Information Sciences Research Institute.

Margolis, L. H., & Meisels, S. J. (1987). Barriers to the effectiveness of EPSDT for children with moderate and severe developmental disabilities. *American Journal of Orthopsychiatry, 57*, 424–30.

Martin, E. W. (1989). Lessons from implementing P.L. 94-142. In J. J. Gallagher, P. L. Trohanis, & R. M. Clifford (Eds.), *Policy implementation & P.L. 99-457* (pp. 19–32). Baltimore, MD: Paul H. Brookes.

Meisels, S. J. (1984). Prediction, prevention, and developmental screening in the EPSDT program. In H. W. Stevenson & A. E. Siegel (Eds.), *Child development research and social policy* (pp. 267–317). Chicago: University of Chicago Press.

Meisels, S. J. (1985a). A functional analysis of the evolution of public policy for handicapped young children. *Educational Evaluation and Policy Analysis, 7*, 116–26.

Meisels, S. J. (1985b). The efficacy of early intervention: Why are we still asking this question? *Topics in Early Childhood Special Education, 5*, 1–8.

Meisels, S. J. (1989). Meeting the mandate of Public Law 99-457: Early childhood intervention in the nineties. *American Journal of Orthopsychiatry, 59*, 451–60.

Meisels, S. J. (1999). Assessing readiness. In R. C. Pianta & M. M. Cox (Eds.), *The transition to kindergarten*. (pp. 39–66). Baltimore, MD: Paul H. Brookes.

Meisels, S. J., Dichtelmiller, M., & Liaw, F. (1993). A multidimensional analysis of early childhood intervention programs. In C. Zeanah (Ed.), *Handbook of Infant Mental Health* (pp. 361–85). New York: Guilford Press.

Meisels, S., Harbin, G., Modigliani, K., & Olson, K. (1988). Formulating optimal state early childhood intervention policies. *Exceptional Children, 55*, 159–65.

Meisels, S. J., & Margolis, L. H. (1988). Is EPSDT effective with developmentally disabled children? *Pediatrics, 81*, 262–71.

Meisels, S. J., & Wasik, B. A. (1990). Who should be served? Identifying children in need of early intervention. In S. J. Meisels & J. P. Shonkoff (Eds.), *The handbook of early childhood intervention* (pp. 605–32). New York: Cambridge University Press.

Morgan, G. (1972). The Kaiser child service centers. In S. J. Braun & E. P. Edwards (Eds.), *History and theory of early childhood education* (pp. 368–72). Worthington, OH: Charles A. Jones.

National Commission on Children. (1991). *Beyond rhetoric: A new American agenda for children and families*. Washington, DC: U.S. Government Printing Office.

National Education Goals Panel (1991). *The national education goals report*. Washington, DC: Author.

Neill, A. S. (1960). *Summerhill: A radical approach to child rearing*. New York: Hart Publishing.

Neuman, S. B., Hagedorn, T., Celano, D., & Daly, P. (1995). Toward a collaborative approach to parent involvement in early education: A study of teenage mothers in an African-American community. *American Educational Research Journal, 32*, 801–27.

NICHD Early Child Care Research Network. (1997). The effects of infant child care on infant-mother attachment security: Results of the NICHD study of early child care. *Child Development, 68* (5), 860–79.

Nichols, P. L., & Chen, T. (1981). *Minimal brain dysfunction: A prospective study*. Hillsdale, NJ: Lawrence Erlbaum Associates.

Ohlson, C. (1998) Welfare reform: Implications for young children with disabilities, their families, and service providers. *Journal of Early Intervention, 21* (3), 191–206.

Peters D. L., & Kontos, S. (1987). Continuity and discontinuity of experience: An intervention perspective. In D. L. Peters and S. Kontos (Eds.), *Continuity and discontinuity of experience in child care* (pp. 1–16). Norwood, NJ: Ablex Publishing.

Peterson, N. (1987). *Early intervention for handicapped and at-risk children: An introduction to early childhood-special education*. Denver: Love Publishing.

Provence, S., & Lipton, R. C. (1962). *Infants in institutions*. New York: International Universities Press.

Provence, S., Naylor, A., & Patterson, J. (1977). *The challenge of day care*. New Haven: Yale University Press.

Ramey, C. T., & Ramey, S. L. (1998). Early intervention and early experience. *American Psychologist, 53* (2), 109–20.

Reese, C. (1985). Head Start at 20. *Children Today, 14*, 6–9.

Reynolds, A. J., Mann, E., Miedel, W., & Smokowski, P. (1997). The state of early childhood intervention: Effectiveness, myths, and realities, new directions. *Focus: Newsletter of the University of Wisconsin Institute for Poverty, 19* (1), 5–11.

Richardson, S. A., & Koller, H. (1996). *Twenty-two years: Causes and consequences of mental retardation*. Cambridge, MA: Harvard University Press.

Sameroff, A. J. (1975). Early influences on development: Fact or fancy? *Merrill-Palmer Quarterly of Behavior and Development, 21*, 267–94.

Sameroff, A. J., & Chandler, M. J. (1975). Reproductive risk and the continuum of caretaking casualty. In F. D. Horowitz, M. Hetherington, S. Scarr-Salapatek, & G. Siegel (Eds.), *Review of child development research* (Vol. 4, pp. 187–244). Chicago: University of Chicago Press.

Sameroff, A. J., Seifer, R., Baldwin, A., & Baldwin, C. (1993). Stability of intelligence from preschool to adolescence: The influence of social and family risk factors. *Child Development, 64*, 80–97.

Schore, A. N. (1994). *Affect regulation and the origin of the self: The neurobiology of emotional development*. Hillsdale, NJ: Lawrence Erlbaum Associates.

Schorr, L. B. (1988). *Within our reach: Breaking the cycle of disadvantage*. New York: Anchor Press.

Share, J., Webb, A., & Koch, R. (1961). A preliminary investigation of the early developmental status of mongoloid infants. *American Journal of Mental Deficiency, 66*, 238–41.

Shonkoff, J. P. (1992). Early intervention research: Asking and answering meaningful questions. *Zero to Three, 12* (3), 7–9.

Shonkoff, J.P. (in press). Science, policy, and practice: Three cultures in search of a shared mission. *Child Development*.

Shonkoff, J. P., & Hauser-Cram, P. (1987). Early intervention for disabled infants and their families – A quantitative analysis. *Pediatrics, 80*, 650–8.

Shonkoff, J. P., Hauser-Cram, P., Krauss, M. W., & Upshur, C. C. (1988). Early intervention efficacy research: What have we learned and where do we go from here? *Topics in Early Childhood Special Education, 8*, 81–93.

Shonkoff, J. P., Hauser-Cram, P., Krauss, M. W., & Upshur, C. C. (1992). Development of infants with disabilities and their families. *Monographs of the Society for Research in Child Development, 57* (6, Serial No. 230).

Shonkoff, J. P., & Meisels, S. J. (1991). Defining eligibility for services under P. L. 99-457. *Journal of Early Intervention, 15* (1), 21–5.

Singer, J., & Butler, J. A. (1987). The Education for All Handicapped Children Act: Schools as agents of social reform. *Harvard Educational Review, 57*, 125–52.

Skeels, H. M. (1966). Adult status of children with contrasting early life experiences. *Monographs of the Society for Research in Child Development, 31*, 1–65.

Skeels, H. M., & Dye, H. B. (1939). A study of the effects of differential stimulation on mentally retarded children. *Proceedings of the American Association of Mental Deficiency, 44*, 114.

Smith, B. J., & Strain, P. S. (1988). Early childhood special education in the next decade; Implementing and expanding P.L. 99-457. *Topics in Early Childhood Special Education 8*, 37–47.

Spitz, H. H. (1986). *The raising of intelligence: A selected history of attempts to raise retarded intelligence*. Hillsdale, NJ: Lawrence Erlbaum Associates.

Spitz, R. A. (1945). Hospitalism: An inquiry into the genesis of psychiatric conditions in early childhood. In R. S. Eissler (Ed.), *Psychoanalytic study of the child*. New Haven, CT: Yale University Press.

Sroufe, L. A. (1983). Infant-caregiver attachment and patterns of adaptation in preschool: The roots of maladaptation and competence. In M. Perlmutter (Ed.), *The Minnesota symposia on child psychology* (Vol. 16, pp. 41–84). Hillsdale, NJ: Lawrence Erlbaum.

Sroufe, L. A. (1996). *Emotional development: The origins of emotional life in the early years*. New York: Cambridge University Press.

Steiner, G. Y. (1976). *The children's cause*. Washington, DC: The Brookings Institution.

Stile, S., Abernathy, S., Pettibone, T., & Wachtel, W. (1984). Training and certification for early childhood special education personnel: A six-year follow-up study. *Journal of the Division for Early Childhood, 11*, 66–73.

Talbot, M. E. (1964). *Edward Seguin – A study for an educational approach to the treatment of mentally defective children*. New York: Columbia University Teachers College.

Takanishi, R., & deLeone, P. (1994). A Head Start for the 21st century. *American Psychologist, 49*, 120–2.

Tjossem, T. (1976). Early intervention: Issues and approaches. In T. Tjossem (Ed.), *Intervention strategies for high risk infants and young children* (pp. 3–33). Baltimore, MD: University Park Press.

Tolstoy, L. (1967). *Tolstoy on education*. Chicago: University of Chicago Press.

Turnbull, A. P., & Turnbull, H. R. (1985). Stepping back from early intervention; An ethical perspective. *Journal of the Division for Early Childhood, 10*, 106–17.

Vinovskis, M. A. (1993). Early childhood education: Then and now. *Daedalus, 122* (1), 151–76.

Warfield, M. E. (1994). A cost-effectiveness analysis of early intervention services in Massachusetts: Implications for policy. *Educational Evaluation and Policy Analysis, 16* (1), 87–99.

Watson, J. (1928). *Psychological care of infant and child*. New York: Norton.

Werner E. E., Bierman, J. M., & French, F. E. (1971). *The children of Kauai: A longitudinal study from the prenatal period to age ten*. Honolulu: University of Hawaii Press.

Werner, E. E., & Smith, R. S. (1977). *Kauai's children come of age*. Honolulu: University of Hawaii Press.

Werner, E. E., & Smith, R. S. (1982). *Vulnerable but invincible: A longitudinal study of resilient children and youth*. New York: McGraw-Hill.

Werner, E. E., & Smith, R. S. (1992). *Overcoming the odds: High risk children from birth to adulthood*. Ithaca, NY: Cornell University Press.

White, K. R., Taylor, M. J., & Moss, V. (1992). Does research support claims about the benefits of involving parents in early intervention programs? *Review of Education Research, 62* (1), 91–125.

Wishy, B. (1968). *The child and the republic – The dawn of modern American child nurture*. Philadelphia: University of Pennsylvania Press.

Zigler, E. F., & Muenchow, S. (1992). *Head Start: The inside* story of America's most successful educational experiment. New York: Basic Books.

Zigler, E. F., & Styfco, S. J. (Eds.). (1993). *Head Start and beyond: A national plan for extended childhood intervention.* New Haven, CT: Yale University Press.

Zigler, E. F., Styfco, S. J., & Gilman, E. (1993). The national Head Start program for disadvantaged preschoolers. In E. F. Zigler & S. J. Styfco (Eds.) (1993). *Head Start and beyond: A national plan for extended childhood intervention* (pp. 1–42). New Haven, CT: Yale University Press.

Zigler, E. F., Taussig, C., & Black, K. (1992). Early childhood intervention: A promising preventative for juvenile delinquency. *American Psychologist, 47,* 997–1006.

Zigler, E. F., & Valentine, J. (Eds.). (1979). *Project Head Start: A legacy of the War on Poverty.* New York: The Free Press.

参考文献

第二编 发展的脆弱性与复原力

第2章　发展脆弱性的生物学基础

杰克·P. 香克弗(JACK P. SHONKOFF)
保罗·C. 马歇尔(PAUL C. MARSHALL)

　　人类的发展和行为是通过一个复杂且高度交互的过程呈现的，其中，先天的遗传控制和后天的经验影响都起着重要作用。尽管儿童早期干预领域主要关注后天经验的影响，但是对生物基础的贡献也要给予同样的重视。为了客观地理解先天与后天之间的相互作用，仔细回顾中枢神经系统(central nervous system, CNS)的一般发展过程及探讨特定的异常和损伤对其功能的影响就显得极为重要。

　　在过去几十年里进行的大量研究使得我们对大脑的发育有了更深层次的了解(Sarnat, 1996; Nelson, 本书)。研究显示, 生物的神经成熟过程是被遗传机制控制的, 这些机制具有精准的时间控制且对各种环境的影响极其敏感。随着对大脑结构和功能进化机制的了解日益深入, 基因识别领域的研究发现也愈发令人惊叹。这些研究领域包括了设定细胞生长、分化及成熟的程序。实际上, 对细胞及细胞内信号机制的阐释不仅使我们对整个大脑发育有了进一步的了解, 并且对脑功能运作机制的认识也取得了突破性进展。神经心理学、神经解剖学、神经生理学以及神经成像领域的重大进步极大地丰富了我们的知识(Nelson & Bloom, 1997)。目前, 关于注意、问题解决、沟通及创造性思维等一些复杂行为的神经机制, 我们也能提出更成熟的假设。

　　在本章中, 我们会继续研究并重视由特定的生物性损伤和畸形导致的即时和长期的后果对发展中的大脑所产生的影响。然而, 我们非常清楚的是, 即使把损伤介质的个体性质、受损伤的程度、损伤在脑发展过程中发生的时间等变量都考虑在内, 这些损伤和畸形对不同个体的机能影响仍有很大的差异性。尽管该领域的知识不断完善, 但目前我们关于损伤对中枢神经系统影响的了解更多地停留在日渐增多的发育脆弱性而非不可避免的残疾上。

　　相对于成熟的神经系统, 发育中的大脑具有大量原始的且不断发展的神经元, 可以对神经系统可能发生的损伤提供储备保护(Sarnat, 1996)。任何一处损伤对中枢神经系统的最终影响都被一系列潜在的保护性因素所缓解, 这些因素有来自于儿童身体内部的, 也有来自于儿童成长过程中的外部环境。例如, 一些胎儿先天就对孕期母亲大量摄入的酒精有高度抵抗性; 另一些胎儿, 如果母亲在孕期仅是轻度地接触酒精, 那么他出生后就表现出胎儿酒精综合征的症状(Clarren & Smith, 1978)。一些适应力很强的新生儿能在分娩窒息的过程中幸存下来并且没有留下后遗症, 但另一些新生儿可能会出现一定程度的缺氧, 这可能是新生儿时期大脑性麻痹的症状表现(Nelson & Ellenberg, 1979, 1981)。一个战胜了多种并发症并且从新生儿重症监护室转移到育幼院的早产儿, 在育幼院里可能得到很好的社会支持, 从而发展良好; 另一个有相同病史的婴儿在一个不安定的环境中由一个孤僻的、无条理的、高度紧张的单亲爸爸或妈妈抚养,他的成长过程中可能会产生许多发展性障碍(Osofsky & Thompson,本书)。因此,中枢神经系统的生物性损伤对婴幼儿的发展有多种影响,这种多样性的结果反映了儿童身体适应能力的个体差异性以及儿童早期发展中养育环境的重要性。越来越多令人信服的关于哺乳动物神经系统发展的实验数据支持以下假设:适宜的环境支持对遗传或物理损伤的恢复至关重要。实际上,现在先天与后天相互影响的观点早已取代了之前大脑损伤造成永久性后果的观点。

    本章关注儿童早期发展性障碍的神经基础。首先,简要介绍中枢神经系统从受孕开始到成熟的一般发展过程。接下来,考查残疾和机能障碍的神经因素,在此对具体病理影响的性质、损伤的时间、对后来的发展及行为能力可能产生的后果的范围及种类给予特别关注。最后,对生命早期的神经脆弱性与环境因素不同程度的交互作用而产生的不同功能结果进行概述。

中枢神经系统的发展

    从一枚受精卵开始到一个高度分化但未成熟的婴儿,这一系列有序的人类发展进程是由精确调节的事件序列所决定的,而这些事件的发生又受到基因的控制,并由先天和后天环境因素共同影响。本部分对胚胎形成以及中枢神经系统的早期成熟过程进行概括性的综述。有兴趣的读者可以参考其他更详细的资料(Lemire,Loeser,Leech,& Alvord,1975;Volpe,1995)。

    人类神经系统的分化始于受精16天后出现的神经外胚层细胞增殖形成的神经板。在接下来的两周内,这些神经板折叠发育成为神经管,神经管前端衍化为脑和脊髓上部。到了妊娠期第28天,神经管完全闭合,神经系统的主要分支已经清晰可见。尽管脑发育早期阶段的生物性损伤通常会导致自然流产,神经管的部分闭合失败仍然会导致非致命但影响巨大的后果。例如,如果神经管前端闭合失败,可能会造成无脑儿,这正是由于缺少大脑皮层而造成的致命伤。神经管后端闭合失败将导致脊髓发育不良(脊柱裂),这是一种会带来多种后果的非致命伤。

    妊娠第五周时,神经管将纵向分成两部分,后来发展成脑室对称的两侧脑半球。随后在其他平面上进一步分裂折叠,形成中枢神经系统主要部位的结构分化。在胚胎形成时期,一些发育中的特定损伤或中断可能导致严重的畸形。其中一个例子就是全前脑畸形或单侧脑,这类畸形是脑向半球分化的过程失败所造成的。全前脑畸形可以是由染色体异常所引起的(如13号常染色体),并且必然导致婴儿期的死亡。与许多早期畸形一样,这类异常阻断了脑发育的过程以致个体内部固有的修复及适应机制彻底被击垮。

    随着妊娠第六周末神经管闭合及分化的完成,这时大脑虽然处于初级发育水平,但已经是一个清晰可辨的器官。到此时为止,神经系统通过同时进行并且限时的细胞增殖和迁移过程迅速发展。在这一时期,任何重大干扰都可能导致后期脑功能发育时可用活性神经元数量的骤减。辐射暴露、遗传缺陷或者传染病(如麻疹)都可能干扰细胞分裂过程。当损伤范围很大时,就对脑组织造成明显的破坏,这会导致一种叫做"小头畸形"的病。

    随着原始神经细胞和神经胶质细胞不断增殖,它们迁移到大脑中心或末梢部分并在那里进行进一步分化。整个迁移过程受到严格控制。例如,在大脑皮层,神经元由特定的神经胶质细胞引导迁移到它们的最终目的地,这个过程中神经胶质细胞起到了像梯子一样的物理支撑作用。

第一批到达并不断发育成熟的脑皮层的神经元定居在最内层,后来的一批批神经元逐渐迁移到越来越靠近大脑表面的皮层,因此,就造成了由内而外的脑皮层发展过程。20世纪末,关于受到精确控制的细胞迁移过程,以及规控该过程始末的生物学因素开始得到进一步关注(Sarnat,1996)。迁移过程中的干扰会导致神经元和神经元的突触不能到达大脑中合适的定位点,由此造成神经元之间互相连接及形成神经网过程的中断。

神经元迁移障碍的一个极端例子是胼胝体发育不良。胼胝体主要是连接大脑左右两个半球的大型白质带。胼胝体一般在妊娠第11—12周开始形成,第20周前完成。如果胼胝体发育早期阶段受到严重损伤,那么将彻底导致发育不良。如果损伤发生在稍后的时期里,那么两个脑半球之间的连接程度会减弱,导致部分发育不良和轻度残疾。另一个神经元迁移障碍的例子是皮质发育不全,它比胼胝体发育不良更为常见,并且随着先进的神经成像技术的问世而越来越为众人熟知。这是一种大脑结构中更局部的损伤,它会导致大脑功能的丧失,因为受损神经元的异常形态不能形成正常的神经网络,所以它经常伴有癫痫发作。在一些疾病中,神经元迁移和分化这两种遗传决定异常是同时发生的。某种神经皮肤综合征患儿(例如,多发性神经纤维瘤或结节状硬化症)就是这样的例子。这些疾病通过不同的机制,表现出神经元发育异常以及神经胶质细胞增生和紊乱的迹象,由此导致的大脑结构的异常,至少可以部分解释这些疾病经常伴有智力障碍和癫痫发作的原因(North,1997)。

到妊娠第六个月,在环境正常的情况下,胎儿已经形成了大量成熟的神经元。从这以后直到成年期,神经元的分化过程一直在继续,神经系统各部分之间也会有很大的差异。这一过程的基因编码量非常大,以细胞间信息交流为介导的环境影响也发挥了重要作用(Bayer & Altman,1991;Sarnat,1996)。

不断成熟的神经元主要通过附属物(如轴突和树突)的生长而显出差异,这些附属物是神经细胞间信号传递的纽带。轴突和树突的加工可以被直观地视为树状分支的形成过程,并且同时伴随着突触发生,这一过程包含了相邻神经元附属物间树突棘(即信息交流点)的发展。这些突触的形成标志着中枢神经系统基本结构建立的最后一步完成。突触是神经元之间结构和功能连接的基本单位,整合起来就构成了整个神经网络。每个突触都具有高度的形态特异性和化学特异性,但又都具备可塑性。

出生后的第一年里,突触发生继续稳步增长直到神经元之间的连接足够丰富。然后就开始了一个选择性淘汰突触和神经分支的过程,使得大脑组织水平变得更高也更有效。与此同时发生的是程序化的神经元死亡过程(凋亡)。也就是说,一个不成熟的大脑开始时拥有大量的突触和神经元,之后随着大脑的不断成熟,许多突触和神经元将会被淘汰。正是突触和神经元的冗余在一个不成熟大脑的可塑性和适应能力方面起到了重要作用(Nelson,本书)。尽管这个过程始于胎儿期,但会一直贯穿整个儿童期,同时环境刺激实际上是正常的大脑发展的一个关键性决定因素(Volpe,1995)。

与神经元分化和突触形成的过程类似,(由神经胶质细胞组成的)支持组织网络也经历着巨大的增殖和分化过程。神经胶质细胞除了在神经元迁移中有重要作用之外,同时也为神经元正常功能的维持提供适宜的代谢环境,它们对神经元的成熟过程作出了重大贡献。髓鞘化就是给轴突包裹一层绝缘物质,这样能提高中枢神经系统信息传导的速度。尽管髓鞘化在胎儿期就已经开始,但是出生后第一年才是髓鞘化的鼎盛时期,并且这一过程会持续到30岁左右。某些先天性的代谢异常，例如，异染性脑白质营养不良会影响髓鞘化的过程进而导致严重的脑功能障碍。

总之，脑发展和整个神经元成熟的过程是高度复杂的，同时也是经过精确编码的。这一过程通过一系列遗传控制的交互环节，根据高预见性的时间表，同时在子宫内外环境因素的共同影响下逐渐发展起来。该过程早期阶段以神经元的迅速增殖和分化为特征。接下来是以细胞的分化、突触的形成、程序化的细胞死亡以及突触的淘汰为特征。脑发展过程中的损伤可能是由内部因素造成的（如遗传缺陷），也可能是受到多种外部因素的影响（如传染病、毒素或窒息），这些因素的终极影响则是由先天遗传、用药剂量、受损时机、个体敏感性差异以及之后的生物性损伤和早期经验之间的相互影响所共同决定的。

中枢神经系统机能障碍的根源

尽管神经系统机能障碍的临床表现能够通过全面的临床检查得到确诊，但是我们对具体的病因或潜在的病理生理机制的了解还十分有限。在一些病例中，脑结构异常能够通过复杂的诊断过程得以确认，如计算机断层扫描（computerized tomography, CT）或核磁共振（magnetic resonance imaging, MRI）。但是，在许多情况下，大脑在常规的成像检查甚至在先进的神经生理评价技术中都表现得很正常。一些机能障碍，如唐氏综合征，就是由于染色体异常所造成的，但是我们却不了解为什么多余的或缺失的染色体片段会造成这种异常的身体特征和智力障碍。另外一些情况下，如胎儿期感染巨细胞病毒后，神经系统后遗症可能会更明显，但是我们仍然不清楚为什么会有如此大的个体差异性，胎儿期接触同样感染源的儿童为什么会有不同的结果（Demmler, 1994）。更普遍的是，神经系统机能障碍的准确病因我们还完全不知晓。下面将对已经公认的会对中枢神经系统带来不利影响的畸形和损伤进行简要介绍。

遗传缺陷

发展性机能障碍可能是由于基因编码异常以及人类基因和环境因素的相互作用而造成的。关于分子遗传学知识的激增使我们对正常和异常的发展机制有了更详细的了解，同时也造成了既定的遗传因素范围的扩展。遗传缺陷的种类至少包括以下五类：(1) 染色体异常；(2) 单基因缺陷；(3) 线粒体异常；(4) 多基因遗传病；(5) 体细胞遗传病。最后一类指的是由于细胞内的基因突变，最终可能导致携带该基因的个体患上肿瘤，这类恶性肿瘤领域的研究较多，这里不予讨论。

染色体异常 这类疾病是由于人类染色体数目的减少、增多或排列异常所致。虽然对染色体异常的诊断非常具体明确，但是它在发展中的临床症状复杂多样。在一个常染色体中（除 X 或 Y 之外的染色体），染色体病、生长迟缓以及智力低下通常是染色体异常的共同特征。当性染色体（X 或 Y）异常时，结果可能会更不同。

唐氏综合征（Down syndrome）。也称为 21 三体综合征（即 21 号染色体不是正常的两个而是三个）。唐氏综合征是最常见的染色体疾病，发病率约 1/600。出生时，该病患儿通常肌无力，并表现出某些明显的身体特征,如舌常伸出口外、眼裂小、外眼角上斜、手脚发育异常。唐氏综合征患儿终生伴有心脏病和肠胃畸形高发病率,新生儿期尤为突出。虽然多数唐氏综合征患儿有一定程度的智力障碍,但其中一些儿童可能达到正常智力的边缘水平(Iannaleone & Rosenberg, 1996;Pueschel,1978)。

脆性 X 染色体综合征(fragile-X syndrome)。遗传学家观察发现,智力低下的患者中男性的发病率总是比女性高,并且男性通常是家族遗传性的智力低下,因此他们开始怀疑这种生理性的智力损伤可能与 X 染色体有关。1991 年,研究人员初步建立了 X 染色体的 DNA 片段模型,之后的研究主要关注该染色体的一个名为 FMR-1 的异常基因。这个基因特别长,由异常多的三核苷酸重复序列组成(即:三个一组重复)(Kramer et al.,1991)。由于染色体异常造成基因的错误表达进而导致了一种综合征,该综合征的特征是:大睾丸、细长的睑裂、大头、大耳、不同程度的智力障碍。男性脆性 X 染色体综合征的发病率约 1/1500,它是智力障碍的主要原因(Goldson & Hagerman,1992)。尽管报道称正常智力水平的脆性 X 染色体综合征患者具有学习障碍和注意力问题,但是他们的智商得分通常为 20~80(Hagerman, Kemper, & Hudson, 1985)。许多携带有脆性 X 染色体的女性也有智力缺陷,通常智障的程度直接与三核苷酸序列的重复数量相关(Taylor et al.,1994)。除了三核苷酸重复之外,FMR-1 基因也能导致染色体的突变和缺失(即染色体中的定位异常),这是该综合征的另一种病理机制(Warren & Nelson,1994)。

普拉德-威利综合征(Prader-Willi syndrome)与天使症候群(Angelman syndrome)。这两种不同综合征是讨论印记机制的例子。患者的双亲都是正常的,但是 15 号染色体复制时在特殊的区段发生了突变,导致了染色体物质的缺损。如果来自母亲的染色体发生异常,儿童会患上天使症候群;如果来自父亲的染色体发生异常,儿童则患上普拉德-威利综合征(Knoll et al., 1989)。尽管传统的遗传原理认为父母染色体的起源与患儿的临床表现无关,但是这类基因组印记的例子就是重要的例外(Brock,1993)。天使综合征的特征有:肌无力、婴儿早期的癫痫以及重度智力障碍。患儿过度发笑,行动像牵线木偶一样僵直且颤抖(因此也被称为"快乐木偶综合征")。普拉德-威利综合征的发病率约 1/20000,特征是:肌无力、手脚瘦小、早期生长缓慢后期肥胖、性腺功能低下以及独特的面部特征(Holm et al., 1993)。

雷特综合征(Rett syndrome)。雷特综合征被认为是由于 X 染色体上的异常所引起的一种疾病,只有女性才会患此病。然而,在染色体上还没有找到造成这种疾病的异常片段的位置。该病的发病率约 1/15000(Sekul & Percy, 1992)。与本章所阐述的大多数障碍不同,雷特综合征是会不断恶化的。患儿早期的发育可能是正常的,然而在患病第一年的末期,患儿的生长发育就会变得缓慢,并且头部的发育明显减缓。患病第二年,患儿就会表现出发育退化、痉挛、呼吸困难、手不听使唤。接下来,患儿会发生特别的手颤,随后患儿就会发生痉挛,并且经常会不能行走(Perry, 1991)。这种疾病的家族性遗传不太常见。

特纳综合征(Turner syndrome)与克林费尔特综合征(Klinefelter syndrome)。与带有异常数量常染色体的人相比,性染色体(X 或 Y 染色体)数量异常的人很可能拥有正常的智力。患有特纳综合征的女孩,有一个单 X 染色体,她们的智商一般都在正常范围内,但似乎有特定的学习障碍,尤其在视觉空间技能方面(Rovet,1993)。受此影响的年轻人往往还会有社交方面的困难,可能会极度活跃和注意力不集中(McXauley, Ito, & Key,1986)。患有克林费尔特综合征的男孩,比常人多一条 X 染色体(XXY)。尽管他们的智力水平正常,但是在语言表达、听觉处理、记忆等方面有较大的问题,这会导致患者出现阅读和拼写困难(Graham et al.,1988)。与患有特纳综合征的女孩一样,患有克林费尔特综合征的男孩,尽管他们的个性迥异,但是他们在社交以及与同龄人的交往方面会有困难。

单基因缺陷

单基因异常可能是由多种遗传模式所引起,主要有以下四种模式:常染色体显性(由父母一方遗传),常染色体隐性(由父母共同遗传),X连锁显性(由父母一方遗传),X连锁隐性(女性无异常,男性异常)。例如,许多先天性新陈代谢疾病,是由常染色体隐性所导致的。在上述情况中,许多都伴有中度或重度的功能障碍。在重度智力障碍患者中,由常染色体隐性而发病的患者占4%~6%(Moser,1985)。一些代谢紊乱疾病,例如泰-萨克斯病会导致神经渐进性的损伤和死亡,并且目前没有治愈的方法。另外一些代谢紊乱疾病,例如,苯丙酮尿症(phenylketonuria,PKU),也是由于缺乏特殊的酶而导致的,该疾病可以通过食疗而治愈,这种食疗方案可以阻止包括痉挛和智力障碍在内的潜在并发症的发生。许多先天性新陈代谢疾病可以通过产前检查而确诊。将染色体缺失综合征与单基因异常区分开来是不科学的。在单基因异常中,该基因是异常的并且会因此在基因表达时出现机能障碍。如果该基因能够被彻底移除而不是异常,那么可能会出现和单基因异常同样的机能障碍结果。

线粒体异常

并不是所有的遗传信息都是由染色体DNA所传递,有少量DNA是在一个被称作线粒体的细胞结构中发现的。由于精子很小并且几乎完全由细胞核DNA组成,所以线粒体DNA完全由母亲传递。在20世纪80年代到90年代之间,人们对由于异常的线粒体DNA所导致的疾病的认识越来越多。在大多数情况下,这些疾病是罕见的,并伴有逐步发展恶化,抽搐,代谢紊乱,少数患者听力和视觉不断下降。这些疾病较为罕见,在此不必过多讨论,可参看其他评述(Shapira & DiMauro,1994)。

多基因遗传病

多基因遗传是最不容易理解的遗传模式。它是指在遗传过程中出现的一个紊乱,这个紊乱是由于一个或多个小基因的相互作用和特殊的环境因素所造成的。神经管缺陷(Carter,1974)和精神分裂(Kety,1978)是因多因子缺陷而导致疾病的重要例子。例如,报告显示脊柱裂在某些家庭中出现频率较高,其在低收入群体中的发病率是平均值的2~4倍(Nevin,Johnston,& Merritt,1981)。这些数据会使人们认为携带该病遗传基因的妇女孕期营养不良是婴儿脊髓发育不良的主要原因之一(Smithells et al.,1981)。随后,一个里程碑式的治疗方案出现了:人们尝试在怀孕初期为孕妇补充叶酸,这将神经管缺陷的发病率从3.6%降至0.6%(MRC Vitamin Research Study Group,1991)。这些数据具有非常强的说服力,因而美国疾病控制及预防中心建议孕妇在怀孕前三月每天要补充叶酸。总之,由于基因与环境之间潜在相互作用的复杂性,所以对多基因遗传病的认识非常困难。

小 结

许多特殊的发育缺陷或行为缺陷,无论与智力障碍有无关系,都是以基因为基础的。可以肯定的是,尽管存在潜在的生理病因,但是环境必然会影响遗传疾病患儿的最终结果。因此,我们无法确切地概括出发展性障碍的遗传基础。

早期脑畸形

中枢神经系统中可检测到的脑畸形可能与已知的遗传缺陷有关,这种遗传缺陷可能在受孕时就存在,也可能由于孕期的损伤所致。早期脑畸形的病因现在还完全不清楚。虽然畸形脑在结构上与正常发育的脑结构不同,但是中枢神经系统畸形所导致的机能性后果是完全多样化的,可能是重度残疾,也可能是基本正常发展。

脊髓发育不良

也称脊髓脊膜膨出或脊柱裂。脊髓发育不良是中枢神经系统最常见的畸形。这种情况是由于怀孕第一个月期间神经管末端的不完全闭合所致。不完全闭合的结果就是:包裹在脊髓周围的骨骼和软组织不能正常发育,并且表面仅被一层薄膜所覆盖的脊髓和椎管神经也会发育不良(异常)。由于这层薄膜很容易破裂,如果出生后不及时进行外科修复手术就会导致脑膜炎,这大大增加患并发症的概率,如听觉损伤、智力障碍。

脊髓病变的位置决定了脊髓脊膜膨出所导致的神经缺陷的表现。超过80%以上的患儿是由腰椎或腰骶部位的损伤所致,这将导致不同程度的下肢运动障碍(下肢轻瘫)、知觉损伤、大小便障碍,同时这些症状也由受损伤的位置以及潜在发育异常的神经元的完整性所决定。如果损伤位于胸部,脊椎就会严重弯曲(脊柱后侧凸),并常常伴有脊椎附近的肌肉群功能障碍(脊旁肌营养不良)。90%患有腰骶脊髓脊膜膨出的患儿都有脑干与小脑畸形(被称为小脑扁桃体下疝畸形)并有中度脑积水的症状。

尽管脊髓发育不良的临床表现存在多样性,发展的结果也存在多样性,其中,部分是由积极的内外科治疗的有效性所决定的。一个经典的实验:对200名随机挑选的脊髓脊膜膨出和脑积水患者都给予积极治疗,第3~7年间死亡率为14%,幸存者中3/4患者的智商大于80,且相当数量是非固定的(McClone et al.,1985)。进行剖宫产分娩,后背损伤部分的及早愈合,在婴儿出生24小时之内及时用上预防性抗生素,这些都是治疗该病患儿的关键步骤(Volpe,1995)。脑异常越严重,患儿的发病率和死亡率就会越高。因此,对脊髓脊膜膨出的简单诊断并不必然意味着未来的发育不良。当然,与之相关的各种异常(对此我们不能控制)会增大危险性,内外科的治疗质量(对此我们能够控制)能提高安全性,二者在儿童成长的过程中相互作用,并决定最终结果。

脑积水

脑积水是脊髓发育不良患儿的一种常见的临床表现,它可以由多种其他损伤所引起,这些损伤干扰了脑脊液的循环或再吸收。其他部位的畸形也会干扰脑脊液的循环或再吸收。这类干扰也可能是由其他畸形引起的,如通道狭窄(第三脑室和第四脑室之间的通道变窄),或者来自脑室系统内的继发性感染或出血。

在正常情况下,脑室中会不断产生脊髓液。这种液体在脑室系统中循环,然后流出脑室,流入蛛网膜下腔。在蛛网膜下腔中,脊髓和脑室表面浸润在脊髓液中,然后将其再次吸收。在脑脊液连续循环中,任何干扰都会导致液体阻塞,颅压增高,最终导致脑室膨胀。如果脑室扩大的速度缓慢,大脑本身就能够平衡,至少在发病初期是这样的。在这种情况下可以通过自然或手术分流法(将液体从脑室分流到腹腔)进行治疗,这种治疗会产生功能障碍。另一方面,长期的脑积水会最终导致大脑皮层的显著压缩,进而产生严重的发育后果。这个问题在子宫内就患有脑积水的患儿身上更加突出,其中54%的患儿有智力障碍(McCullough & Balzer-Martin,1982)。然而,智力障碍的程度不能简单地由大脑皮层变薄的程度来决定,大脑皮层变薄会是由于长时间的高颅压所导致的。因此,对于个人来讲,大脑的适应性是不同的,即使通过大脑成像技术测出了大脑皮层的厚度,也很难精确预测个体最终的认知发展结果。

脑积水患儿,如果发现得早再采取适当的治疗,那么孩子的未来还是很乐观的。在对脊髓脊膜膨出和脑积水患儿的研究中,我们对比了有无分流系统感染的患儿,结果发现:分流系统没有感染的患儿,智商平均值为 95,分流系统受到感染的患儿智商平均值为 73。控制组患有脊髓脊膜膨出但没有脑积水的儿童,平均智商可达 102(McClone et al., 1982)。因此,脑积水如果能够得到及时的治疗,并且没有感染恶化,那么就不一定会导致认知障碍。

小头畸形 小头畸形是一种不常见的畸形疾病。孩子的头围如果被测出低于同龄孩子平均值三个标准差,就大致能被确诊为小头畸形。尽管头围的明显缩小可以反映脑部发育异常或有脑损伤,但是头围低于正常值第二个百分位数的孩子不会被诊断为神经疾病或智力损伤。事实上,大多数头围略低于正常值的人的智力都是很正常的(Sells, 1977)。对于某些人来说,头围较小但未造成残疾可能只是家族遗传特征。有的孩子在出生时,因为病理因素而造成的脑很小,可能是由于宫内感染所引起,包括:先天性感染、脑梗死或者更罕见的过度暴露于辐射条件。伴有智力障碍家族性小头畸形是一种遗传病,这可能与神经元的增殖缺陷有关,可以根据家族病史来进行诊断。

巨脑症 临床上,患儿头部尺寸大于正常值的 98% 则被诊断为巨头症。这种特殊的身体特征并不意味着一定有神经系统机能障碍(Lorber & Priestly, 1981)。头围大可能与遗传有关,也可能与脑积水或占位性病变有关。例如,肿瘤或硬膜下积液存积都属于占位性病变。神经成像技术、家族历史的详细回顾、对相关的异常进行的认真的临床检查,都对最终做出较准确的诊断有所帮助。如果不做进一步的检查而仅凭临床表现,绝不能武断地对孩子的未来做出预测。

胼胝体发育不全 胼胝体部分或全部发育不全是较为常见的大脑主要结构缺陷之一。通常认为,这种畸形是某种综合征的一部分,并且经常与其他中线结构异常同时发生,如唇裂、腭裂。尽管此类疾病的结构性损伤严重,但至少有 15% 的患儿智力正常。那些被鉴定有障碍的人中,损伤的程度也从轻到重不等(Lemire et al., 1975)。

小 结 尽管以上内容描述了许多特殊的大脑结构畸形,但是它们的发展结果是多种多样的,并且在婴儿的早期阶段通常很难对此进行预测。通常认为,生物适应性和儿童的早期经验这两方面的个体差异共同导致了多样性的结果。

中枢神经系统的感染

脑组织(脑炎)、脑膜(大脑外全裹的膜)、相邻脑结构(脑膜炎)的急慢性感染是引起慢性神经损伤的主要原因。胎儿期,许多个体就表现出先天性综合征的迹象,这些综合征会造成严重的神经后遗症。可以证明,一些组织会产生各种可被辨认的先天性综合征。出生后,细菌性脑膜炎是一种潜在的危险性很高的疾病,其结果可能不会对个体产生影响,也可能会很严重。

巨细胞病毒 巨细胞病毒(cytomegalovirus, CMV)是先天性感染进而导致神经系统损伤的最常见病因。世界范围内新生儿感染巨细胞病毒的概率为 0.2%~8.0%,美国的平均值为 1%(Demmler 1991;Hanshaw, 1981)。胎儿期感染该病毒主要是孕妇的原发感染所致,但是来自不同毒株的复发性感染也会导致严重的后果(Demmler, 1991)。在出生时已活动性感染巨细胞病毒的婴儿当中,有 5%~10% 在临床上会表现出明显症状。感染该病毒的儿童有多重器官损伤,表现出以下症状:宫内发育迟缓、脉络膜视网膜炎(危害眼睛)、肺炎、贫血、肝脾肿大(肝脏和脾脏增大)。这些患儿还会表现出脑损伤的迹象,脑损伤会导致小头畸形、肌无力或肌张力亢进、体弱、视力减退、听力损伤。在这些患儿中,有10%会在婴儿期死亡,幸存者中的大多数会表现出重度神经损伤,包括智力障碍和脑瘫(Pass, Stango, Myers, & Alford, 1980)。

90%以上的儿童在子宫内感染过巨细胞病毒但出生时无症状。然而5%~15%的患儿最终都会发展为感音神经性听力障碍,其症状会逐渐恶化(Connolly, Jerger, & Williamson, 1992; Williamson et al., 1992)。尽管目前对听力未减退儿童的预测结果多种多样,但是以此基础的重复性研究表明了智力功能正常发展的可能性(Conboy et al., 1986; Hanshaw et al., 1976; Kashden et al., 1998)。因此,要格外关注那些无症状的婴儿,密切观察其发育情况,定期检查听力直到学龄期。迄今为止,对先天性CMV的特殊治疗仅限于威胁生命和视力的疾病。抗病毒药物不是没有危险,因此,利用免疫预防CMV感染仍然是一项重要目标。

先天性风疹 尽管成功的免疫使得风疹的发病率降低,但是风疹仍是先天性感染所造成的疾病之一(Cooper & Krugman, 1966)。不幸的是,美国有众多未受免疫的育龄妇女,这就导致了先天性风疹综合征患者数量的周期性增加(Centers for Disease Control, 1991)。总的来说,先天性风疹综合征不可能在怀孕第17周后发生,感染越早,后果越严重(Miller, Craddock-Watson, & Pollack, 1982)。先天性风疹有以下症状:生长迟缓、白内障和视网膜炎(眼睛发炎)、小头畸形、肝脾肿大、瘀点(和凝血功能障碍相关的一种皮疹)、先天性心脏病。在最严重的病例中,已经出现癫痫发作的迹象。但是只有25%的先天性风疹儿童在出生时表现出神经系统损伤的迹象。患这类综合征的婴儿有明显的易怒、头围减小、肌无力症状。到出生第一年末,超过1/3的患儿出现智力障碍。行为障碍也很常见,少数患儿有自闭症的倾向(Chess, 1974)。尽管重度听力障碍出现在该病的早期阶段,但是不断恶化的耳聋以及发育障碍在患者的一生中都存在。因此,对先天性风疹患儿的严格追踪观察十分必要。仅次于视网膜炎或白内障的进行性视觉损伤,也很常见并且通常很明显。在少数病例中,出现了不断恶化并且致命的脑损伤(全脑炎)。尽管75%的患儿在出生时没有症状,但是许多患儿在最初几年后表现出了不断恶化的损伤。考虑到个体易感性和结果两方面巨大的个体差异,严密的长期追踪观察是十分必要的。

弓形虫病 先天性弓形虫病是由原生动物寄生虫刚地弓形虫引起的。孕妇可能由于摄入受污染的、未煮熟的肉类或通过接触被感染的猫的排泄物而受感染。大约40%的孕妇感染导致胎儿活动性感染。与其他先天性感染一样,越早受损后遗症越严重。大约10%患先天性弓形体病的儿童在新生儿阶段有过重危病的症状。临床现象包括脑积水、癫痫发作、脉络膜视网膜炎(眼睛炎症损伤)和颅内钙化(Desmonts & Couvreur, 1979; Swisher, Boyer, & McLeod, 1994)。受感染的儿童发展为严重残疾和死亡的概率很高(Stray-Pederson, 1980)。大约30%的儿童伴随一般性疾病,如肝脾肿大、黄疸、淋巴结肿胀、贫血、热病等(Eichenwald, 1960; Swisher, Boyer, & McLeod, 1994)。虽然大多数患有弓形虫病的儿童在出生时是没有弓形虫病症状的,但几乎所有的儿童最终都会产生严重的后遗症,包括脉络膜视网膜炎(通常导致失明)、癫痫、运动性残疾、耳聋和精神发育迟滞(Wilson, Remington, Stagno, & Reynolds, 1980)。然而,随着诊断和治疗形式不断的改良发展,先天性弓形虫病的前景发生了显著的改变。更有效的诊断在妊娠、新生儿筛查和抗菌疗法上得到了结果上的明显改善(McAuley et al., 1994)。从出生到第一年都进行抗感染处理已经使得神经系统的情况得到大幅改善,如有

70%的这类儿童在智商测试中获得了70分,有80%的儿童通过了正常的日常神经系统考核。尽管改善了预后,预防先天性弓形体病仍然是一个相当大的挑战。尽管改善公众教育和提高早期疾病识别能力非常重要,但开发疫苗来保护人类和牲畜仍然是至关重要的目标。

先天型 HIV-I（人类免疫缺陷病毒 I 型）感染

在过去十年里,先天型 HIV-I 感染已经成为一个日益严重的问题,它已从非洲撒哈拉沙漠以南地区蔓延到世界上几乎所有的人口稠密区域。妇女通过静脉注射毒品和与异性频繁性接触而感染艾滋病。病毒从母亲到孩子的平均传播率约为30%,但通过研究感染艾滋病毒的孕妇,她们在接受了抗艾滋病药物治疗后,感染率可大幅降低(Connor, Sperling, & Gelber, 1994)。大约20%的艾滋病毒感染儿童早在婴儿期就出现了影响健康成长的临床表现和亚急性脑病,表现出发育缺陷、冷漠、不定时的痉挛状态等症状(Koch, 1996)。这些研究结果通常是伴有其他免疫缺陷的迹象,但涉及中枢神经系统的表现往往延迟了好几年。这些儿童在行为上的细微变化,例如在游戏中的退缩、情绪或智力的障碍,也许标志着神经衰退的开始。尽管最初有严格的对儿童感染艾滋病病毒的预后,但乐观的是未来会有一些对预防和治疗都有效的策略出现(Koch, 1996)。

小 结

中枢神经系统感染会导致从功能正常到严重残疾等不同程度的后果。在某些情况下,毁灭性的后遗症是直接并且强烈的。在其他情况下,传染病攻击大脑的这种影响可能会更为隐蔽,其特征是逐渐显现的、细微的或是日益严重的损伤。在某些情况下,因先天性感染而引起的实际损害可能是非渐进性的,症状可能不会显现,如运动性残疾。在另一些情况下,感染性损害可能正在进行或积累,例如,渐进性视力或听力损伤。与其他中枢神经系统损伤一样,感染的时机和胎儿易感性差异在发育结果中呈现显著差异。

毒物对中枢神经系统的影响

尽管在普通的怀孕过程中,接触潜在的有毒物质的数量无疑是很高的,但由于特定化学物质或药物而导致的已被充分记录的特定的出生缺陷(致畸效应)只有少量实例。一般来说,试图解释个体毒(药)物接触与随后的发育性残疾之间可能存在的关系存在着方法论上的挑战。混合变量,如营养不良、低社会经济地位、多重药物接触,导致临床研究难以开展和解释。暴露于有毒物质的时间可能影响大脑发育的结果。收集怀孕期间孕妇的饮酒量或吸烟量的可靠数据是这个领域的研究中众多挑战之一。假设没有一个可比较的损害程度,那么临床表现上的千差万别,也是阻碍形成毒素与一系列体征和症状之间的关系假说的困难之一。其中一个例子是:酗酒母亲生出的异卵双胞胎的发育结果往往有差异,虽然这可能被解释为遗传物质导致的多因遗传和毒素的不同效果。下面将简要介绍一些特定的有毒物质对不成熟的中枢神经系统中可能产生的影响,并充分认识到我们还没最终理解这些毒物对人类发展的具体影响。

胎儿酒精综合征

这种综合征在母亲是严重酗酒者的儿童中的发病率为2.5%~4%,一般性的发病率为0.2%(Abel & Sokol, 1987)。它的特点是颅面异常、产前和产后生长缺陷、精神运动性阻滞与小头畸形(Clarren & Smith, 1978)。颅面异常现象虽然惊人却并不独特,也可能是其他毒物,如可卡因和大麻所致(Astley, Clarren, & Little, 1992; Hingson, Alper, & Day, 1982)。受感染者的平均智商下跌至65~70的水平,但是个体差异是相当大的(Streissguth et al.,1991)。事实上,一些孩子的实例证明,尽管他们智力正常,注意力和学习能力方面的问题更大(Shaywitz, Cohen, & Shaywitz, 1980)。其他案例则显示出从轻微到严重的语言障碍与行为问题(Iosub, Fuchs, Bingol, & Gromish, 1981)。超过80%的受感染儿童出现了产前和产后生长迟缓的现象(Clarren & Smith, 1978)。一般来说,胎儿酒精综合征患儿的大脑体积缩小且神经元迁移异常。尽管这些神经病理学的检验发现的情况确实能解释在胎儿酒精综合征中观察到的残疾现象,但对酒精是如何引起神经元生长和迁移问题的,仍缺乏准确的理解,还有必要进行更进一步的研究。伴有慢性酒精中毒的母亲的孩子患有胎儿酒精综合征的发展结果差异非常大,且其发病率也很低,从而影响了人们对酒精影响胎儿发育的理解。虽然有新的关于胎儿酒精综合征的数据出现,但是很难得出比此前的结论更确定的说法,之前的结论是:酒精对于酗酒母亲的下一代后续的发育障碍(发育性残疾),仍然是一个强有力的风险因素。

可卡因 文献中有关可卡因及其对中枢神经系统发展的影响还存在诸多问题。因为妇女怀孕期间使用可卡因更有可能卷入一种复杂的、多重风险的生活方式,在分析胎儿接触可卡因时,其他因素必须被考虑到。同时,被感染的女性也有更高的概率感染上艾滋病毒,得到产前服务的机会却更少。尽管如此,似乎与可卡因相关的因素仍会对怀孕造成特定的影响,比如更高的自然流产、死胎、早产概率。新生儿体重偏低、头围偏小和子宫内生长迟缓也被记录为对新生儿造成的影响。还有大脑中线异常,如胼胝体发育不良的概率也会大大提高。新生儿在出生前接触可卡因会引发颤抖,通常会使肌肉紧张度增加,后者可能会持续到婴儿期。相较于控制组,受到影响的新生儿似乎在积极行为的组织反应中也显示出显著的差异性(Chiriboga, 1991; Zuckerman et al., 1989)。在实验动物身上,可卡因已被证明会对大脑血管产生强烈的收缩作用,这或许可以解释新生儿脑中风发生率上升的原因(Dominquez, Vila-Coro, & Slopis, 1991)。然而,目前的数据依然是相对贫乏的,尤其是那些长期追踪的数据。因此,尽管可卡因的接触必须被考虑为是影响大脑发育的潜在风险因素,但在现有的知识基础上却无法预测最终的结果。

除了酒精和可卡因,已有大量研究是针对其他药剂对发育中胎儿的影响,包括香烟、鸦片、大麻等(Brust,1996)。对于其他所有造成潜在脑损伤的原因,重点强调的应该是预防和对已经接触有毒药剂的幼儿的实时帮助。也许最重要的事实是,贫困的生活环境,而不是任何单一药物的影响,往往更不利于人类大脑的发展(Brust,1996)。

营养不良

早期营养不良与后期的智力发展水平之间的关系已被证实,特别是在发展中国家(Pollitt, 1994)。当热量和蛋白质摄入严重的不足出现在胎儿期与幼儿期时,精神发育迟滞和行为失常会变得频繁且不可逆转。然而,中等或长期低程度营养不良对儿童的影响却不好解释(Scrimshaw & Gordon, 1968)。大量动物实验表明,营养缺乏的时机与大脑成熟的状态对人的最终发育结果有很重要的影响。例如,在对老鼠的研究中,在细胞快速增殖时实施相对比较轻微的营养限制会导致永久性的改变,这种改变即使是在成年后施以更好的饮食调节也是无法逆转的,但是在急剧生长时期之前或之后严重的营养不足都没有产生可检测的影响,这些影响在后来的饮食补给后也没有被证明是可逆转的(Dobbing & Sands, 1971)。此外,在突触发育的过程中,营养不良在很大程度上会降低正在发育的皮质突触的生长与增殖(Cragg, 1972)。虽然对婴幼儿营养剥夺的研究很有限,但研究结果也得出了相似的结论,如会导致大脑重量减少,降低髓鞘形成概率以及造成树突分枝异常等。相同的结论也出现在动物实验中(Cordero et al., 1993; Fishman, Prensky, & Dodge, 1969)。

在人类的发展中,大脑快速生长的敏感期似乎包含两个重要的时期。第一个时期是从妊娠中期到出生第二年末,这一时期的特点是早期神经元的增殖和后期胶质数量的增长。第二个时期延续到第三、四年,此阶段的特点是髓鞘的快速形成并伴随着日益复杂的树突分枝和突触连接的形成(Dobbing, 1974)。目前的证据表明,人类在发育时期无论是出生前后都很容易受到营养不良的影响。

有研究者综合分析七项研究指出(Chase, 1973),有六项研究都表明,在2—14岁营养不良的儿童中普遍存在严重的智力缺陷。其他的研究者注意到了比智力缺陷本身更为严重的行为特征方面的缺失,如注意力、好奇心、主动性和社会反应等。一些流行病学研究已经证实,在美国的贫困儿童中,严重的营养缺失会增加发育后遗症的风险(Livingston, Calloway, MacGregor, Fisher, & Hastings, 1975; Owen, Kram, Garry, Lowe, & Lubin, 1974; Select Panel for the Promotion of Child Health, 1981)。

关于营养不良的影响的人类学研究,最突出的研究方法上的困难是几乎所有的营养不良都与贫困有关,其对智力发展存在独立的消极影响,且存在典型相关关系(McKay, Sinisterra, McKay, Gomez, & Lloreda, 1978)。然而,也有一些研究表明,营养不良与社会经济的关系不明显。有研究者(Lloyd-Still, Hurwitz, Wolff, & Shwachman, 1974)研究了41个年龄在2—21岁的来自中产阶级家庭的儿童,他们在婴儿期由于囊性纤维化或胃肠道先天性缺陷导致了严重的营养不良。墨跛量表(Merrill-Palmer Scale)智力测验结果显示,5岁以下的儿童都存在显著差异;但在韦克斯勒智力量表的测试中,在针对年纪更大的测验对象时差异却不明显。另一项对50个年龄在5—14岁儿童的追踪调查(Klein, Forbes, & Nader, 1975)发现,他们曾在幼儿早期经历过幽门狭窄而导致的短暂的饥饿。当与兄弟姐妹或对照组进行对比时,这些儿童在国际智力测试中并没有显示出明显的差异,而在有关短时记忆和注意力的测验中得分明显较低。

在生命初期遭受过营养不良的儿童在后期存在发育障碍的风险,这是一个非常明显的在生物和环境脆弱性两方面呈现出协同效应的例子。以大脑成熟状态为基础的对营养不良造成的生物影响的不同易感性特别值得引起注意。动物实验研究无法提供证据,以证明通过改善环境来改变由于营养不良而引起的行为影响是可逆转的(Bedi & Bhide, 1988; Sara, King, & Lazarus, 1976)。然而,关于人类的研究显示,以稳定的家庭环境和适当的刺激来减轻营养不良状况,其智力可以得到相对保持(Beardslee, Wolff, & Hurwitz, 1982),虽然一些研究证明认知能力可以被保留,但在短期记忆与注意力方面仍然表现出较低的水平(Klein, Forbes, & Nader, 1975)。最后,任何讨论人类营养的问题都必须回归到提供充足的蛋白质和热量上来。当饮食缺乏特定的营养素(如脂肪酸、维生素和矿物质)时会产生神经系统后遗症,如果没有及时做出诊断,结果也许是不可逆转的。严重的营养不良以减少热量、蛋白质或特定营养的形式对大脑发育产生着不利的影响,对这一点没有太大争议,但对轻微的营养缺乏带来的必然或不可逆影响却并没有一个定论。人员在缺铁性贫血对发育造成的影响方面进行了大量研究。

儿童缺铁性贫血表现为各种症状,包括易疲劳和易烦躁、乏力、注意力集中时间缩短以及认知障碍（Deinard, List, Lindgren, Hunt, & Chang, 1986; Lozoff et al., 1987; Lozoff, Wolf, Urrutia, & Viteri, 1985; Oski, Honig, Helu, & Howanitz, 1983）。拉丁美洲的学者（Lozoff, 1990）与亚洲的学者（Seshadri & Gopaldas, 1989）的研究证实了缺铁状况会对发育造成潜在的严重不利影响。一些研究者还发现，在幼儿期患有中度缺铁性贫血的儿童直到入学之前都会存在更高的发育障碍风险（Lozoff, Jimenez, & Wolf, 1991）。然而，目前尚不清楚与缺铁有关的行为差异是否继发于组织慢性缺氧、依赖铁的中枢神经系统的神经递质异常，伴随着一般性营养不良，或是生活在贫困的环境或重大的社会混乱中，由于负面环境影响造成的儿童营养不良。现在仍不清楚缺铁性贫血带来的不利影响是否与年龄有关。此外，儿童缺铁性贫血更可能伴随着血铅水平升高，继而出现胃肠道对铅吸收的增强，从而导致更严重的发育易感性（Yip, 1989）。双盲（试验者和受试验者都对有关试验内容无所知的）随机临床实验提供的证据表明，通过补充铁和使血红蛋白水平正常化的治疗方式，可以使儿童在发育评估中的表现得以提升（Idjradinata & Pollitt, 1993）。因此，缺铁性贫血的持续流行，尤其是在贫困条件下生长的儿童中流行，成为了证明发育易感性需要得到及时识别和有效药物治疗的一个重要依据来源。

产前和围产期脑损伤

脑瘫的发生、发展与分娩期大脑受损的经历有着密切的关系（Little, 1862）。人们对脑瘫的病因陆续有了更多的了解，如今更加明确地指出：产前（出生前）因素比围产期（出生时）因素更容易导致神经受损（Kuban & Leviton, 1994）。虽然脑瘫通常是指非渐进的运动障碍，但超出运动领域的相关残疾也很常见。事实上已被证实，动作技能的发展比其他功能领域在第一年的发展更容易，这正好可以解释动作技能发展强调关键期的原因。在现实中，意识到产前与围产期的大脑受损都会导致大范围的残疾是很重要的。

产前受损 最初人们认为，脑瘫是由分娩期受到物理创伤而引起的。然而，随着胎儿检测与助产技术的改良与发展，分娩期产生的物理创伤现在很少见了（Rosen, 1985）。在排除了物理创伤是引起产前损伤的主要原因后，研究者把注意力转移到了缺氧现象（不充足的氧供给—不充足的血液供应）导致的缺血性脑病。这个结论似乎是合乎逻辑的，因为从临床的角度看，受损模式似乎与神经病理学的结论具有很强的相关性，如选择性的神经元坏死，脑白质受损和囊性变异（Volpe, 1995）。在缺血性脑损伤的神经病理性后遗症中，神经元坏死是最常见的。它的影响很广泛，不仅涉及大脑皮层，还涉及脑干、基底神经节以及小脑。白质损伤常常集中于脑室附近，即脑室周围白质软化（periventricular leukomalacia, PVL），但是它的影响非常广泛，可以与其他产前因素，包括产妇感染等因素相关联（Gilles, 1985）。脑室周围白质软化常常与早产相关。在围产期，大脑中普遍的囊性变异会导致严重的局部缺血，但是在大多实例中较少的病变来源并不确定。

缺氧缺血性脑病的早期临床症状在新生儿时期是可变的，可出现与正常状态相对较小的差异到许多严重的体征与症状，包括癫痫发作以及肌肉紧张度、姿势、条件反射、呼吸模式和自主神经功能的异常。然而，在围产期显示出缺氧或缺血症状的足月新生儿，在后续的研究中有85%被证实没有证据证明其患有脑瘫（Nelson & Ellenberg, 1979）。多年来，大家公认分娩过程中的缺氧情况会导致脑瘫，并常与智力发育迟滞有关。现在有丰富的数据表明，脑瘫的发病机理比预想的要复杂得多,并且与围产期障碍有关的简单的因果关系并未被证实(Freeman,1985;Freeman & Nelson,1988)。即使在阿普伽(Apgar)新生儿测评中五分钟内的分数低于 3 分(满分为 10 分)也不能说明这是脑瘫的预兆。事实上,一项研究表明,幸存的新生儿在阿普伽测评中 15 分钟内得分为 3 分的最后也只有 9%患脑瘫(Nelson & Ellenberg,1981)。简单地说,在出生时出现缺氧缺血性脑病似乎只会导致很小比例的脑瘫,但是当足月新生儿出现脑瘫时,结果通常不乐观。

早产儿比足月婴儿罹患脑瘫的概率更高。事实上,1/3 后来被认定为患有脑瘫的婴儿出生时的体重不足 2500g(Kuban & Leviton,1994)。两个特定的病原学研究发现,早产儿似乎有很重要的一个特征,即出现脑室周围白质软化和颅内(主要是脑室)出血。

脑室周围白质软化的发病机制似乎与许多因素有关,其中与早产儿的关系最为突出。例如,事实上早产儿的脑是在动脉边界区上,再加上被动的大脑血液循环的压力和脑白质自身内在的易感性,使得这个区域会很容易缺氧,特别是缺血带来的不利影响(Volpe,1995)。然而,缺氧缺血的损伤似乎并不是导致脑室周围白质软化的所有原因。虽然如此,当应用严格标准的诊断时,在新生儿期脑室周围白质软化能利用超声波被诊断出来,并且在大多的实例中脑瘫也是可以被准确预测的(Levene,1990)。

脑室出血和生发基质出血仍是最常见的颅内出血。尽管在 20 世纪 80 年代和 90 年代初期发病率急剧下降,体重不足 2250g 的新生儿从大约 40%下降到了 20%(Paneth, Pinto Martin, & Gardiner,1993),但受影响的婴儿数量仍然很高,因为很难整体改善低出生体重的婴儿的存活率(Volpe,1995)。生发基质是与脑毗邻并朝向侧脑室的一个区域,该区域作为神经元增殖的中心,其血液供应的特点可能导致其对局部出血和脑室破裂的易感性。目前,脑室出血是用等级范围为 1~3 的量表进行评分的,且颅内超声是最常使用的诊断方式。第一等级和第二等级是限制在室管膜下区不到 1/2 的脑室面积内的出血。相比之下,第三等级的出血具有更大面积的出血并伴随着大脑皮层的破裂。最严重的情况是伴随着脑积水和脑室周围白质软化。临床上通常无法识别出低等级的脑室出血,但是随着出血情况的严重更可能引发意识水平、肌张力、自发运动的改变。尽管有不同程度出血的婴儿的死亡率都更高,但能够确定的是,低等级(即轻度)出血有实质上更为明显的预后。沃尔普(Volpe,1995)在他的长期预后研究的综述中表明,预后主要取决于脑损伤的程度(即脑室周围白质软化和梗死或由于缺乏血液供应而造成的细胞死亡)、脑室出血量的程度。总的来说,第一等级和第二等级出血有显著的神经系统后遗症的发生率在 5%~15%,而伴有更为严重的出血的个人患有神经系统后遗症的发病率高达 35%~90%,这个数据还取决于脑组织受影响的量(Volpe,1995)。大多数存活下来和只有轻微出血的早产儿最终都有一个较好的长期预后。以核磁共振成像和颅内超声为主的神经影像技术的改良也大大提升了预测的精确性。

产前因素

引发脑瘫最主要的原因不仅仅与产前脑损伤有关系,如前所述,更有可能决定于怀孕早期。然而不幸的是,没有足够多的实例,现有数据不允许我们判断致病原。虽然如此,在流行病学研究中有大量的因素已被确定与更高的脑瘫发病率有关(Kuban & Leviton,1994)。低收入、有着反复流产经历或有着过长月经周期的产妇,她们的孩子往往有着更高的脑瘫发病率。胎儿生长迟缓、先天畸形、双胞胎妊娠、异常胎位、先天性感染以及毒素也会给发育障碍带来更大的风险。不幸的是,孕期的许多不安全因素导致的胎儿损伤还不能得到很好解释,而且关于产前损伤潜在的病理生理学知识仍然非常有限。

总结:神经病学损伤对发育的影响

跟踪特定的大脑损伤的适应过程是极其复杂的。一方面,许多严重的残疾表明,中枢神经系统的恢复是非常有限的;另一方面,已有研究充分证明,大脑有能力适应不同程度的损伤,而仅有相对小的后遗症残留。然而,在大多数神经功能障碍情况下,我们基本没有能力去合理假定损害的性质、严重程度以及时机,从而严重限制我们在能力范围内去预测它的最终发展影响。

显然,这些年幼儿童不成熟的大脑比成年人成熟的大脑拥有更高程度的自恢复能力(参照 Nelson,本书)。尽管中枢神经系统可能限制了它在早期细胞增殖后替换受损神经细胞的能力,但是在功能细胞中的交流替换是可以发生的。也就是说,轴突和树突通过传输和接收从一个细胞到另一个细胞的脉冲完成"重组自己"的过程,尽管解释这个过程是如何发起和控制的对于神经生物学家依然是一个挑战。

神经损伤会以多种形式呈现。感染、接触有毒物质、营养不良或缺氧缺血都可能会导致特定的大脑损伤。后遗症带来的作用于中枢神经系统的不利影响是可变的,而且个体难以预测。在某些情况下,改变大脑的结构或功能会导致严重残疾并且很难再改变。在其他情况下,非常特殊的皮质损伤似乎可以产生多种多样的结果。幼儿在接触有害物质后显示出的易感性上具有明显差异。中枢神经系统缺陷带来的负面影响也许是难以克服的,也许只是一种简单的风险因素,因为它会通过个体的复原力或者他人的抚育和环境的关爱被平复。发育过程是相互作用且复杂的。所有人都被赋予生物适应性,同时也是易感性的来源。这些特点都决定于基因。

能力的发展不仅仅是由生物本身决定的,相反它显示出遗传与环境是相互影响的。事实上,中枢神经系统自身的成熟受每个个体所处环境带来的经历的影响。对幼儿而言,在那个环境中,最关键的是与抚养者之间的互动以及推动他们与抚养者之间的关系。当这种关系出现异常时,生物种类中复原力最强的幼儿将会在后面的问题中处境危险。当这种关系被适应性发展所支持时,伴有大量神经病学缺陷的幼儿可能依然有机会健康成长。

儿童早期干预领域面临着大量严峻的挑战。其中一项挑战便是增强识别生物风险因素和减少其有害影响的能力。这一领域的重大进步有待于神经生物学这种基础科学研究上的重大突破,包括对神经系统功能分子基础的进一步理解以及对神经损伤的预防。在生物损伤无法避免的情况下,我们的任务便是加强对人类适应性的理解。这将需要大量关于如何利用孩子的保护性因素和他们所处的环境来缓解由于脑损伤带来的负面发育影响的研究。识别与利用这种保护性因素是进行儿童早期干预的核心成分。

参 考 文 献

Abel, E. L., & Sokol, R. J. (1987). Incidence of fetal alcohol syndrome and economic impact of FAS anomalies. *Drug and Alcohol Dependency, 11*, 51–70.

Astley, S. J., Clarren, S. K., & Little, R. E. (1992). Analysis of facial shape in children gestationally exposed to marijuana, alcohol, and/or cocaine. *Pediatrics, 89*, 67–8.

Bayer, S. A., & Altman, J. (1991). *Neocortical development*. New York: Raven Press.

Beardslee, W. R., Wolff, P. H., & Hurwitz, I. (1982). The effects of infantile nutrition on behavioral development: A follow-up study. *American Journal of Clinical Nutrition*, *35*, 1437–41.

Bedi, K. S., & Bhide, P. G. (1988). Effects of environmental diversity on brain morphology. *Early Human Development*, *17*, 107–44.

Brock, D. J. H. (1993). *Molecular genetics for the clinician*. New York: Cambridge University Press.

Brust, J. C. M. (1996). Disorder of the nervous system secondary to substance abuse. In B. O. Berg (Ed.), *Principles of child neurology* (pp. 1343–62). New York: McGraw Hill.

Carter, C. (1974). Clues to the aetiology of neural tube malformations. *Developmental Medicine and Child Neurology*, *32* (Suppl.), 3–15.

Centers for Disease Control. (1991). Increase in rubella and congenital rubella syndrome–United States, 1988–1990. *Morbidity and Mortality Weekly Report*, *40*, 93–9, 105.

Chase, H. (1973). The effects of intrauterine and postnatal undernutrition on normal brain development. *Annals of the New York Academy of Science*, *205*, 231–44.

Chess, S. (1974). The influence of defect on development in children with congenital rubella. *Merrill-Palmer Quarterly*, *20*, 255–74.

Chiriboga, C. A. (1991) Abuse of children: Fetal and pediatric AIDS, fetal alcohol syndrome, fetal cocaine effects, and the battered child syndrome. In L. P. Rowland (Ed.), *Merritt's textbook of neurology, 9th ed.* (pp. 995–1000). Baltimore, MD: Williams and Wilkins.

Clarren, S., & Smith, D. (1978). The fetal alcohol syndrome. *New England Journal of Medicine*, *288*, 1063–7.

Conboy, T. J., Pass, R. F., Stagno, S., Britt, W., Alford, C., McFarland, C., & Boll, T. (1986). Intellectual development in school-aged children with asymptomatic congenital cytomegalovirus infection. *Pediatrics*, *77*, 801–6.

Connolly, P., Jerger, S., Williamson, W., Smith, R. J. H., & Demmler, G. (1992). Evaluation of higher level auditory function in children with asymptomatic CMV infection. *American Journal of Otology*, *13*, 185–93.

Connor, E. M., Sperling, R. S., & Gelber, R. (1994). Reduction of maternal–infant transmission of human immuno deficiency virus type 1 with zidovudine therapy. *New England Journal of Medicine*, *331*, 1173–80.

Cooper, L. Z., & Krugman, S. (1966). Diagnosis and management: Congenital rubella. *Pediatrics*, *37*, 335–8.

Cordero, M. E., D'Acuna, E., Benveniste, S., Prado, R., Nunez, J. A., & Colombo, M. (1993). Dendritic development in the neocortex of infants with early life under nutrition. *Pediatric Neurology*, *9*, 457–264.

Cragg, B. G. (1972). The development of cortical synapsis during starvation of the rat. *Brain*, *95*, 143–50.

Deinard, A., List, A., Lindgren, B., Hunt, J., & Chang, P. (1986). Cognitive deficits in iron-deficient and iron-deficient anemic children. *Journal of Pediatrics*, *108*, 681–9.

Demmler, G. (1991). Summary of a workshop on surveillance for congenital cytomegalovirus disease. *Review of Infectious Disease*, *13*, 315–29.

Demmler, G. (1994). Congenital cytomegalovirus infection. *Seminars in Pediatric Neurology*, *1*, 36–42.

Desmonts, G., & Couvreur, J. (1979). Congenital toxoplasmosis: A prospective study of the offspring of 542 women who acquired toxoplasmosis during pregnancy. In O. Thalhammer, K. Baumgarten, & A. Pollak (Eds.), *Perinatal medicine, Sixth European Congress*, Vienna, 1978 (pp. 51–60). Stuttgart: Georg Thieme Publishers.

Dobbing, J. (1974). The later growth of the brain and its vulnerability. *Pediatrics*, *53*, 2–6.

Dobbing, J., & Sands, J. (1971). Vulnerability of the developing brain: IX. The effect of nutritional growth retardation on the timing of the brain growth-spurt. *Biology of the Neonate*, *19*, 363–78.

Dominquez, R., Vila-Coro, A. A., & Slopis, J. M. (1991). Brain and ocular abnormalities in infants with in utero exposure to cocaine and other street drugs. *American Journal of Diseases of Children*, *145*, 688–95.

Eichenwald, H. G. (1960). A study of congenital toxoplasmosis with particular emphasis on clinical manifestations, sequelae, and therapy. In J. C. Sim (Ed.), *Human toxoplasmosis* (pp. 40–9). Copenhagen, Denmark: Munksgard.

Fishman, M. A., Prensky, A. L., & Dodge, P. R. (1969). Low content of cerebral lipids in infants suffering from malnutrition. *Nature*, *221*, 552–5.

Freeman, J. (1985). *Prenatal and perinatal factors associated with brain disorders*. (National Institute of Health Publication No. 85-1149). Washington, DC: U.S. Department of Health and Human Services.

Freeman, J., & Nelson, K. (1988). Intrapartum asphyxia and cerebral palsy. *Pediatrics*, *82*, 240–9.

Gilles, F. H. (1985). Neuropathologic indicators of abnormal development. In J. Freeman (Ed.), *Prenatal and perinatal factors associated with brain disorders*. (National Institute of Health Publication No. 85-1149, pp. 53–108). Washington, DC: U.S. Department of Health and Human Services.

Goldson, E., & Hagerman, R. J. (1992). The Fragile-X Syndrome. *Developmental Medicine and Child Neurology*, *34*, 822–32.

Graham, J. M., Bashir, A., Stark R., Silbert, A., & Walzer, S. (1988). Oral and written language abilities of XXY boys: Implications for anticipating guidance. *Pediatrics*, *81*, 795–806.

Hagerman, R., Kemper, M., & Hudson, M. (1985). Learning disabilities and attentional problems in boys with the Fragile-X syndrome. *American Journal of Diseases of Children*, *139*, 674–8.

Hanshaw, J. (1981). Cytomegalovirus infections. *Pediatrics in Review*, *2*, 245–51.

Hanshaw, J., Scheiner, A., Moxley, A., Gaev, L., Abel, V., & Scheiner, B. (1976). School failure and deafness after "silent" congenital cytomegalovirus infection. *New England Journal of Medicine*, *295*, 468–70.

Hingson, R., Alper, T. T., & Day, N. (1982). Effects of maternal drinking and marijuana use on fetal growth and development. *Pediatrics*, *70*, 539–46.

Holm, V., Cassidy, S., Butler, M., Hanchett, J., Greenswag,

L., Whitman, B., & Greenberg, F. (1993). Prader-Willi Syndrome: Consensus diagnostic criteria. *Pediatrics, 91*, 398–402.

Iannaleone, S. T., & Rosenberg, R. N. (1996). Principles of molecular genetics and neurological disease. In B. O. Berg (Ed.), *Principles of child neurology* (pp. 551–7). New York: McGraw Hill.

Idjradinata, P., & Pollitt, E. (1993). Reversal of developmental delays in iron-deficient anaemic infants treated with iron. *Lancet, 341* (8836), 1–4.

Isoub, S., Fuchs, M., Bingol, N., & Gromish, D. S. (1981). Fetal alcohol syndrome revisited. *Pediatrics, 68*, 475–9.

Kashden, J., Frison, S., Fowler, K., Pass, R., & Boll, T. (1998). Intellectual assessment of children with asymptomatic congenital cytomegalovirus infection. *Journal of Developmental and Behavioural Relations, 19*, 254–9.

Kety, S. (1978). Genetic and biochemical aspects of schizophrenia. In A. Nicholi (Ed.), *Harvard guide to modern psychiatry*. Cambridge, MA: Belknap Press.

Klein, P., Forbes, G., & Nader, P. (1975). Effects of starvation in infancy (pyloric stenosis) on subsequent learning abilities. *Journal of Pediatrics, 87*, 8–15.

Knoll, J. H. M., Nichols, R. D., Magenis R. E., Graham, J. M., Lalande, M., & Latt, S. A. (1989). Angelman and Prader Willi Syndromes share a common chromosome 15 deletion, but differ in parental origin of the deletion. *American Journal of Medical Genetics, 32*, 285–90.

Koch, T. (1996). Neurological complications of pediatric HIV infection. In B. O. Berg (Ed.), *Principles of child neurology* (pp. 869–88). New York: McGraw Hill.

Kramer, E. J., Pritchard, M., Lynch M., Yu, S., Holman, K., Baker, E., Warren, S. T., Schlesinger, D., Sutherland, G. R., & Richards, R. I. (1991). Mapping of DNA susceptibility at the fragile X site to a trinucleotide repeat sequence (CGG). *Science, 252*, 1711–14.

Kuban, K., & Leviton, A. (1994). Cerebral palsy. *New England Journal of Medicine, 330*, 188–94.

Lemire, P. J., Leoser, J. D., Leech, R. W., & Alvord, E. C. (1975). *Normal and abnormal development of the human nervous system*. New York: Harper & Row.

Levene, M. I. (1990). Cerebral ultrasound and neurological impairment: Telling the future. *Archives of Disease in Childhood, 65*, 469–71.

Livingston, R., Calloway, D., MacGregor, J., Fisher, G., & Hastings, A. (1975). U.S. poverty impact on brain development. In M. Brazier (Ed.), *Growth and development of the brain* (pp. 377–94). New York: Raven Press.

Lloyd-Still, J., Hurwitz, I., Wolff, P., & Shwachman, H. (1974). Intellectual development after severe malnutrition in infancy. *Pediatrics, 54*, 306–12.

Lorber, J., & Priestly, B. L. (1981). Children with large heads: A practical approach to diagnosis in 557 children, with special reference to 109 children with megalencephaly. *Developmental Medicine and Child Neurology, 23*, 494–504.

Lozoff, B. (1990). Has iron deficiency been shown to cause altered behavior in infants? In J. Dobbing (Ed.), *Brain, behavior, and iron in the infant diet* (pp. 107–31). London: Springer-Verlag.

Lozoff, B., Brittenham, G., Wolf, A., McClish, D., Kuhnert, P., Jimenez, E., Jimenez, R., Mora, L., Gomez, I., & Krauskoph, D. (1987). Iron deficiency anemia and iron therapy effects on infant developmental test performance. *Pediatrics, 79*, 981–95.

Lozoff, B., Jimenez, E., & Wolf, A. (1991). Long-term developmental outcome of infants with iron deficiency. *New England Journal of Medicine, 325*, 687–94.

Lozoff, B., Wolf, A., Urrutia, J., & Viteri, F. (1985). Abnormal behavior and low developmental test scores in iron-deficient anemic infants. *Journal of Developmental and Behavioral Pediatrics, 6*, 69–75.

McAuley, J. B., Boyer, K. M., Patel, D., Mets, M., Swisher, C., Roizen, N., Walters, V., Stein, L., Stein, M., Schay, W., Remington, J., Meier, P., Johnson, D., Heydeman, P., Holpel, P. Winters, S., Mack, D., Brown, C., Patton, D., & McLeod, R. (1994). Early and longitudinal evaluations of treated infants and children and untreated historical patients with congenital toxoplasmosis: The Chicago treatment trial. *Clinical Infectious Disease, 18*, 38–72.

McCauley, E., Ito, J., & Key, T. (1986): Psychosocial functioning in girls with Turner Syndrome and short stature. *Journal of American Academy of Child Psychiatry, 25*, 105–12.

McClone, D. G., Czyzurski, D., Raimondi, A. J., & Sommers, R. C. (1982). Central nervous system infections as a limiting factor in the intelligence of children with myelomeningocoele. *Pediatrics, 70*, 338–42.

McClone, D. G., Dias, L., Kaplan, W. E., & Sommers, M. W. (1985). Concepts in the management of spina bifida. *Concepts in Pediatric Neurosurgery, 5*, 97–105.

McCullough, P., & Balzer-Martin, L. (1982). Current prognosis in overt neonatal hydrocephalus. *Journal of Neurosurgery, 57*, 378–83.

McKay, H., Sinisterra, L., McKay, A., Gomez, H., & Lloreda, P. (1978). Improving cognitive ability in chronically deprived children. *Science, 200*, 270–8.

Miller, E., Craddock-Watson, J. E., & Pollock, T. M. (1982). Consequences of confirmed maternal rubella and successive stages of pregnancy. *Lancet, 2*, 781–4.

Moser, H. (1985). Biologic factors of development. In J. Freeman (Ed.), *Prenatal and perinatal factors associated with brain disorders* (National Institute of Health publication No. 85-1149, pp. 121–61). Washington, DC: U.S. Department of Health and Human Services.

MRC Vitamin Study Research Group. (1991). Prevention of neural tube defects: Results of the Medical Research Council Vitamin Study. *Lancet, 338*, 131–7.

Nelson, C., & Bloom, F. (1997). Child development and neuroscience. *Child Development, 68*, 970–87.

Nelson, K. B., & Ellenberg, J. H. (1979). Neonatal signs and predictors of cerebral palsy. *Pediatrics, 74*, 225–32.

Nelson, K. B., & Ellenberg, J. H. (1981). Apgar scores as predictors of chronic neurologic disability. *Pediatrics, 68*, 36–44.

Nevin, N. C., Johnston, W. P., & Merritt, J. D. (1981). Influence of social class on the risk of recurrence of anencephalus and spina bifida. *Developmental Medicine and Child Neurology, 23*, 155–9.

North, K. (1997). *Neurofibromatosis Type 1 in Childhood.*

London: MacKeith Press.

Oski, F., Honig, A., Helu, B., & Howanitz, P. (1983). Effect of iron therapy on behavior performance in nonanemic, iron-deficient infants. *Pediatrics, 71*, 877–80.

Owen, G., Kram, K., Garry, P., Lowe, J., & Lubin, A. (1974). A study of nutritional status of preschool children in the United States, 1968–1970. *Pediatrics, 53*, 597–646.

Paneth, N., Pinto-Martin J., & Gardiner, A. (1993). Incidence and timing of germinal matrix/intraventricular hemorrage in low birth weight infants. *American Journal of Epidemiology, 137*, 167–76.

Pass, R., Stagno, S., Myers, G., & Alford, C. (1980). Outcome of symptomatic congenital cytomegalovirus infection: Results of long-term longitudinal follow-up. *Pediatrics, 66*, 758–62.

Perry A. (1991). Rett's Syndrome: A comprehensive review of the literature. *American Journal of Mental Retardation, 96*, 275–90.

Pollitt, E. (1994). Poverty and child development: Relevance of research in developing countries to the United States. *Child Development, 65*, 283–95.

Pueschel, J. (Ed.). (1978). *Down syndrome: Growing and learning*. Kansas City, KS: Andrews & McMeel.

Rosen, M. G. (1985). Factors during labor and delivery that influence brain disorders. In J. Freeman (Ed.), *Prenatal and perinatal factors associated with brain disorders* (National Institute of Health Publication No. 85-1149, pp. 237–62). Washington, DC: U.S. Department of Health and Human Services.

Rovet, J. (1993). The psychoeducational characteristics of children with Turner syndrome. *Journal of Learning Disabilities, 26*, 333–41.

Sara, V. R., King, T. L., & Lazarus, L. (1976). The influence of early nutrition and environmental rearing on brain growth and behavior. *Experientia, 32*, 1538–40.

Sarnat, H. B. (1996). Neuroembryology. In B. O. Berg (Ed.), *Principles of child neurology* (pp. 607–28). New York: McGraw Hill.

Scrimshaw, N., & Gordon, J. (Eds.). (1968). *Malnutrition, learning, and behavior*. Boston: MIT Press.

Sekul, E. A., & Percy, A. K. (1992). Rett syndrome: Clinical features, genetic considerations and search for a biological marker. *Currents in Neurology, 12*, 173.

Select Panel for the Promotion of Child Health. (1981). *Report to the U.S. Congress and the Secretary of Health and Human Services on better health for our children*. Washington, DC: U.S. Department of Health and Human Services.

Sells, C. J. (1977). Microcephaly in a normal school population. *Pediatrics, 59*, 262–5.

Seshadri, S., & Gopaldas, T. (1989). Impact of iron supplementation on cognitive functions in preschool and school-aged children: The Indian experience. *American Journal of Clinical Nutrition, 50* (Suppl.), 675–86.

Shapira, H. V., & DiMauro, S. (1994). *Mitochondrial disorders in neurology*. Oxford: Butterworth Heinemann.

Shaywitz, S., Cohen, D., & Shaywitz, B. (1980). Behavior and learning difficulties in children of normal intelligence born to alcoholic mothers. *Journal of Pediatrics, 96*, 978–82.

Smithells, R. W., Sheppard, S., Schorah, C. J., Seller, M. J., Nevin, N. C., Harris, R., Read, A. P., & Fielding, D. W. (1981). Apparent prevention of neural tube defects by preconceptual vitamin supplementation. *Archives of Disease in Childhood, 56*, 911–18.

Stray-Pedersen, B. (1980). Infants potentially at risk for congenital toxoplasmosis. *American Journal of Diseases of Children, 134*, 638–42.

Streissguth, A. P., Aase, J. M., Clarren, S. T., Randeis, S. P., LaDue, R. A., & Smith, D. F. (1991). Fetal alcohol syndrome in adolescents and adults. *Journal of American Medical Association, 265*, 1961–7.

Swisher, C. N., Boyer, K., & McLeod, R. (1994). Congenital toxoplasmosis. *Seminars in Pediatric Neurology, 1*, 4–25.

Taylor, A. K., Safanda, J. Fall, M. Z., Quince, C., Lang, K. A., Hull, C. E., Carpenter, I., Staley, L. W., & Hagerman, R. J. (1994). Molecular predictors of cognitive development in female carriers of Fragile-X syndrome. *Journal of American Medical Association, 271*, 507–14.

Thomson, A.J., Searle, M., & Russell, G. (1977). Quality of survival after severe birth asphyxia. *Archives of Disease in Childhood, 52*, 620–6.

Volpe, J. J. (1995). *Neurology of the newborn*. Philadelphia: W. B. Saunders.

Warren, S. T., & Nelson, D. L. (1994). Advances in molecular analysis of fragile X syndrome. *Journal of American Medical Association, 271*, 536–42.

Williamson, W., Demmler, G., Percy, A., & Catlin, F. (1992). Progressive hearing loss in infants with asymptomatic congenital cytomegalovirus infection. *Pediatrics, 90*, 862–6.

Wilson, C. B., Remington, J. S., Stagno, S., & Reynolds, D. W. (1980). Development of adverse sequelae in children born with subclinical congenital toxoplasma infection. *Pediatrics, 66*, 767–74.

Yip, R. (1989). The interaction of lead and iron. In L. J. Filer, Jr. (Ed.), *Dietary iron: Birth to two years*. New York: Raven.

Zuckerman, B., Frank, D. A., Hingson, R., Amaro, H., Levenson, S. M., Kayne, H., Parker, S., Vinci, R., Aboagye, K., Fried, L. E., Cabral, H., Timperi, R., & Bauchner, H. (1989). Effects of maternal marijuana and cocaine on fetal growth. *New England Journal of Medicine, 320*, 762–8.

参考文献

第3章 适应性和非适应性教养方式：
关于风险因素和保护性因素

乔伊·D. 奥索夫斯凯（JOY D. OSOFSKY）
M. 德瓦纳·汤普森（M. DEWANA THOMPSON）

专业人员对教养方式（parenting）的研究，通常集中在许多使家庭充满负担的社会不安因素方面，如单亲家庭，未成年怀孕，在暴力环境下长大的孩子的数量逐渐增加，滥用药物的消极影响，以及这些因素对儿童和家庭成员良好精神状态的影响。围绕着适应性教养方式的讨论却少得多。

就适应性和非适应性教养方式而言，重要的是不把非适应性教养方式视为家庭永恒不变的状态，而是看作条件改善时也会随之改变的一种状态。这就产生了两个非常关键的议题：（1）什么样的环境能促进适应性教养方式？（2）哪些环境导致高危情形的出现？我们通过讨论认为：那些在生活环境中能够同提供组织和支持的多重系统保持积极关系的父母，比那些缺少这些重要关系的父母，展现出更好的适应性教养方式。父母与孩子之间、父母与他们的支持网络成员之间的积极关系和交流，非常有利于促进适应性教养方式。即使是一些生活在高危社会心理条件下的父母，也能维持积极互惠的关系、丰富的支持网络，能够从与别人共担育儿职责中受益，他们会改变自己的行为，积极加强对孩子的照顾。家庭的居住环境条件，以及在这些环境下形成的各种关系，影响父母的行为和态度。系统论学家所持的观点是：个体能够与他们的环境形成互惠互利的关系，这种关系反过来又可以转换为积极的或消极的育儿行为（Belsky, 1984; Bronfenbrenner, 1989）。

环境对教养方式的影响

教养方式在很大程度上受制于家庭居住环境。尽管微观系统包含了环境中最基本、最直接的互动，父母与非重要因素间的间接关系也很重要。因此，教养方式不仅仅是父母和孩子之间的双向关系，也可以在更广泛的语境中讨论。正如布朗芬布伦纳（Bronfenbrenner, 1989）所述，亲子关系存在于多重关系和环境中。个人的环境包含重要的影响因素和关系，这些因素和关系可能影响全面发展，并且使家庭处于与生活环境的互惠互利关系中。认识到这一点非常必要。在这些关系中，影响是相互的。父母可以影响环境，同时也受环境的影响。所以，父母对待子女的方式，是其存在系统与整体生存环境的行为模式相互作用的结果（Bronfenbrenner, 1989）。

父母的社会经济因素、文化水平、精神状态，孩子的性格，以及社区的风气都是可能影响行为模式的因素(Belsky,1984)。布朗芬布伦纳(Bronfenbrenner,1989)反对在明确教养方式类型的决定因素时仅仅考虑人口学特征或者诸如智商水平之类的个人特质。他认为既需要考察个人的特征，也需要考察其生活环境的特征。使用"个人—环境"模型，可以在多样的生态环境中考察父母的人格特征。布朗芬布伦纳(Bronfenbrenner,1989)提出了生态环境有利于精神成长的议题。因此，我们也在想，哪种生态环境或环境条件有利于适应性教养方式？一些因素对于适应性教养方式环境的形成有着持续的影响。这一章里，我们以互惠的重要性、父母生活中的社交网络以及父亲角色的重要性为焦点展开讨论。

在本书第1版中，贝克维斯(Beckwith,1990)强调了亲子关系和许多微观因素对教养方式的影响。在这一版中，我们更多地以中观系统、外层系统和宏观系统的影响因素为焦点。从这个视角出发，讨论从适应性教养方式的影响因素，转向高危情形下个体复原力和保护性因素的影响方面。有研究者(Lynch & Cicchetti,1998)指出，在高危情形中，补偿性因素是持久的和易得的(而不是转瞬即逝的和遥不可及的)，可以作为教养过程中的缓冲区。这些因素的存在对孩子的全面发展有着长久和深远的影响。因此，这一讨论的本质要素就是要认识到：处于非适应性教养方式环境的高危父母，可以通过他们独特的生活环境，去发展和促进与孩子积极而健康的关系。

适应性教养方式的特征

互惠的重要性

互惠(reciprocity)包含了共享的或互补的情感和体验，它对于婴幼儿自身及其人际关系的发展极其重要。温尼科特(Winnicott,1965)提出，婴儿本身是没有互惠的。从心理学角度来看，只有有母亲的婴儿才能互惠。事实上，没有孩子的父母也没有互惠。因此，互惠、互补的关系是双向的。温尼科特(Winnicott,1953)描述说，父母对孩子承担义务是其最基本的、与生俱来的职责。因此，父母需要思考孩子的行为、需要、情绪、意图以及所处的环境等，并且要激发这些要素，使之对自己的孩子做出合适的反应。临床医生们一直视情感为理解和改善关系的重要因素，并且认为这对高效的临床工作很重要。在婴幼儿时期，情感作为婴儿和照料者最初的交流方式，在联系婴幼儿与其父母的关系上发挥着特别有意义的作用。情感在照料者—婴儿的关系中是形成互惠的重要方面。父母为调整自己的情感所做的努力，对于从理论和实践基础上理解养育的有效性是重要的(Dix,1991)。

互惠，或者说建立成长过程中互相满足的亲子关系，同时影响行为和情感的发展。从历史的观点来说，情感互惠理念对于理解早期关系的发展是关键的。这一领域的先驱观察者呈现出一幅极端和残酷的图画，这对于研究适应性教养方式的重要因素具有现实意义。例如，斯皮茨(Spitz,1945,1946)通过临床观察那些被迫和母亲分开的婴儿，发现他们的消极情感占主导，严重的还有依恋性抑郁症(标志性行为有哭泣、退缩、表情冷淡和情感冷漠)，这些可能会伴随着早期亲子关系的破裂。采用相似的方式，鲍比(Bowlby,1973,1980)强调早期分离和迷失会成为亲子关系发展的潜在破坏因素。除了外部事件外,儿童还可能在家中经历拒绝或者极端令人沮丧的事件,例如被虐待或漠视,这两种情况都会导致互惠的发展受到破坏。斯皮茨描述的患依恋性抑郁的婴幼儿,以及鲍比所说的那些无法避免痛苦情感的儿童,在获得情感互惠方面都存在着严重的问题。而情感互惠对积极的社会心理的发展有重要的作用。同样,埃里克森(Erikson,1950)认为,形成基本的信任是婴幼儿的需求。这些观点和弗雷伯格及其同事的敏感性研究(Fraiberg, Adelson, & Shapiro, 1975)有着紧密的联系,他们研究了被努力养育子女所困扰的母亲的重复性神经质模式。由于如果没有弥补性工作,这些重复的、非适应性的模式将有代代相传的趋势,因此弗雷伯格等人将之界定为"托儿所中的幽灵"。

一些研究者和临床医生将自己对婴幼儿及其家庭成员之间的实证研究结果与新的理论观点相结合,增强了我们对于互惠的理解。斯特恩(Stern, 1985)在其经典著作《婴儿的人际世界》(*The Interpersonal World of the Infant*)中,讨论了在亲子关系中,婴幼儿如何形成一种可预测的、可靠的表征。婴幼儿使用这种表征来管理自己在亲子关系中的行为。随着婴幼儿情感和智力能力的发展,他们能够察觉出自己和父母之间一致的精神状态,也能发现双方分享情感的能力。斯特恩创造出了现在广为使用的术语"情感协调"(affect attunement)来描述这种情况。"情感协调"是指父母通过分享情感世界,和自己的子女保持情感共鸣的能力。这种分享情感的能力对于情感的发展特别重要,因为通过和婴幼儿分享情感,可以促进婴幼儿对情感的理解。如果父母不能分享子女的情感,他们的亲子关系中会缺少互惠。这将在后面导致非适应教养方式的高危情形部分详细描述。在斯特恩的《宝贝日记》(*The Diary of a Baby*, 1990)一书中,互惠和情感协调的概念始终贯穿于他对早期关系发展的细腻描述和敏锐观察之中。

另一种互惠类型是"情绪可得性"(emotional availability),它关注的是父母可以并且能够读到婴儿的情感暗示,进而满足他们的情感需要。埃姆德(Emde, 1980)认为,情绪可得性可能是一个敏锐的儿童早期发展进程的探测器。在最佳环境中,人们可以预测在亲子间存在着兴趣、快乐等一系列平衡的积极情绪。情绪可得性得到实证研究的证明,作为一种情感参照物,它以社会性参照为特征(Sorce, Emde, Campos, & Klinnert, 1985)。在这些实验中,婴幼儿面临一种不确定的情形。当面临常规探索时,他/她会去找母亲来帮助自己处理这种不确定性,母亲则发出恐惧/愤怒或愉快/感兴趣的信号。当母亲呈现出积极信号时,婴幼儿着手处理和探索;在被给予消极信号时,婴幼儿拒绝这种新的情形。因此,母亲的面部表情或语言信号会对其子女的情感反应和行为产生重要的影响。社会性参照阐明了一种一般性发展进程,在这一进程中,人们从重要他人那儿获得关于不确定或模糊不清的情形的信息。显然,情绪可得性不仅对于基本信任的发展有重要的作用,而且还可以促进积极的探索以及执行力的发展。父母或其他重要照料者的反馈,对婴幼儿积极的、内化的自我概念的发展起着关键作用。关于情感交换的实证研究结果(Osofsky,1993)也列举了相似的例子,说明情感镜像和对于他人的暗示、情感的敏感性的重要作用。积极的情感分享表明早期发展和关系等一切进展顺利。这与高危群体中孩子的发展有所不同,我们将在这一章的"非适应性教养方式"部分进行讨论。

父亲的角色

有关教养方式的文献通常以母亲—孩子的二元关系为焦点,这就含蓄地表明了这种二元关系在儿童的生活中是最重要的。在讨论教养方式时,包含父亲的研究较少。然而,就其自身而言,父亲—孩子的动态关系对儿童的全面发展具有重要作用。因此,在讨论适应性教养方式时,不应该忽视父亲的独特贡献。

无论是单亲还是婚姻家庭,在母亲和孩子的生活中,父亲的存在是显而易见的。尽管由单亲妈妈抚养的孩子的数量增加了,但是很大一部分孩子也由他们的父亲照料。此外,大多数主要由母亲照料的孩子和他们的父亲有着积极健康的关系。还有另一种情况,那就是尽管有许多男人不是孩子的生父,但他们仍选择担当父亲般的角色。这种关系常常是那些与孩子有着血缘关系的代理父亲(如孩子的祖父、外祖父、伯叔舅父、堂表兄弟),或者是其母亲生活中的重要他人(母亲的男朋友或朋友),他们承担了父亲角色的责任。对这些关系的界定很少,也难以量化,但是它们存在着,因而也必须认识到它们的重要性和影响力。下面简要讨论在婚姻的和单亲的家庭系统下,适应性亲子关系中父亲的重要作用。

父亲在教养子女方面的独特作用已经被清晰地界定为儿童生活中的有利因素。父亲及其子女之间良好的早期关系有利于父子/父女建立较强的后期联系(Horn,2001;Parke,1995)。无论父母之间的关系状况如何,父子/父女关系和共同教育对孩子发展的影响是显而易见的。有研究者(Lamb, Hopps, & Elster, 1987)划分了父亲参与育儿的三种方式:第一种是互动型,父亲分担特定的活动和照顾子女的日常工作;第二种是可接触型,指的是父亲对于子女直接或间接可接触;第三种是责任型,指的是父亲扮演提供者的角色,确保其子女的主要需要被满足,以及确保他们拥有必要的资源。其他人认识到还有其他一些方式也描绘了父亲的参与水平。例如,参与可以被界定为父亲与子女共同参与的活动,如游戏、闲暇时光和照顾孩子的活动(Radin,1993)。父亲在其子女的活动中不同参与水平的作用在文献中也有清楚的描述(Collins & Russell, 1991; Crockett, Eggebeen, & Hawkins, 1993; Horn, 2001; Crossman, Pollack, & Golding, 1988; Lamb, 1987; Lamb, Hopps, & Elster, 1987; Lamb, Plecke, & Levine, 1985; Parke, 1981, 1995)。

就父亲与子女间的互动类型而言,与母亲相比,父亲一般较少参与日常照料。一些研究表明,父亲更倾向于参加游戏互动(Clarke-Stewart, 1980; Palm, 1997; Power & Parke, 1982; Yogman, 1983)。这些游戏性的活动包括体力活动、移动游戏、弹跳活动和一般的刺激性游戏,这些活动与婴幼儿觉醒的较高水平相联系(Clarke-Stewart, 1980; Palm, 1997; Power & Parke, 1982; Yogman, 1983)。研究还发现,父亲的参与促进了子女的自信,如参与童子军活动和"小联盟"等结构性的体力活动(Palm,1997)。在与子女的游戏中,母亲更加关注子女社会性情绪的发展(如,玩躲猫猫)。对于单身又没有监护权的父亲而言,他们参与子女生活的数量被证明和双亲共同照料的情形同样重要,而且比预期的更频繁。有学者(Lerman,1993)发现,600位年轻的未婚父亲中,几乎一半的人至少每周都会和他们的子女接触。然而,这种接触随着子女的成长呈下降趋势。

许多研究者研究了父亲培养和促进自己与子女互动的能力的情况。父亲们对于婴儿的需求是负责任的、敏感的,他们能够在子女的成长过程中管理和监督孩子的行为(Parke,1995;Russell & Russell,1987)。在低收入家庭中,男性角色的存在会带来更多的安全依恋(McLoyd,1995)。父亲与子女之间这种互惠互利的关系是一个家庭的重要组成部分,这种家庭中的孩子往往更健康、成功、有能力以及有自我安全感。父亲影响的其他作用是,能够给孩子提供与父母互动和形成情感连接的机会,这样可以培育出适应性教养环境,促进孩子的健康发展。无论父母之间的关系如何,来自于儿童生活中其他系统的额外努力,对于确保父亲受到子女的欢迎以及不被排除在子女的教养经历之外是必要的。

把单亲家庭视为风险因素存在的问题

　　有学者(Weinraub & Gringals,1995)提出,在单亲家庭中长大的孩子越来越被视为处于风险之中。然而,这种情况通常是由单亲家长所面临的社会条件所决定的,而不是由单亲父母自身的人口学特征所决定的。单亲家长通常是母亲,她们获得的工资比男性低,常常面临如何找到报酬合适的工作的问题。进而,她们更有可能居住在恶劣的、充满暴力的社区中,可获得的社区资源也很少。结果,她们的孩子缺少充足的、可利用的教育机会。这些因素共同作用,使孩子处在高危的生态环境中。然而,在单亲教养方式中存在着显著差异。一个极端是那些不能与环境相融合,不能使自己的子女免受消极因素影响的家长。另一个极端的父母能够面对所在环境的挑战,为子女创造出积极健康的社会性环境。因此,尽管生活在不利的环境中,许多具备适应性教养方式的单亲父母还是成功地面对并战胜了日常生活中的各种重要挑战。这通常借助于其社会系统中其他成员的帮助,父亲参与的额外支持,与孩子健康的互惠关系带来的好处,对宗教和精神支柱的利用。

　　布朗芬布伦纳(Bronfenbrenner,1989)警告说,理论家不应该随便使用社会地位或孤立地从人口统计学角度划分个人的行为模式,而应该考虑到各种生态的影响。因为了解许多美国单亲家庭所面临的挑战,以及在如此的生活环境中的后果,所以我们不将单亲教养方式本身界定为高危因素。相反,我们认为,一些社会环境通过人口统计学的方式来影响许多家庭,会导致适应性不良教养方式。这也阐释了为什么一些群体不成比例地处于危险境地,以及那些面对不利社会环境挑战的家庭为什么会具有强大的复原力。

适应性教养方式中的社交网络和支持性关系的作用

　　社交网络对父母的生活具有重要的影响(Cochran & Niego,1995)。个人的社交网络被界定为"生活在家庭以外的,与核心家庭成员共同活动、交流情感或交换物质的人"(Cochran & Niego,1995,p.396)。在考查社交网络对适应性教养方式的影响时,区分清楚这个概念与社会支持很重要。社会支持是指个体社交网络中的成员给他提供的工具、信息或情感帮助等(Crockenberg,1987)。社交网络中的成员可以通过分担孩子照料的责任、提出照顾孩子的建议或者仅仅提供鼓励等来支持父母。然而,一些研究认为,社交网络不应该仅仅从支持或不支持的角度,或在父母生活中的功能角度进行界定(Cochran,1993;Cochran & Brassard,1979)。这种两分法忽略了社交网络成员可能会产生的其他积极或消极的作用。一个更广泛的关于社交网络的观点包含前面已经提到过的支持模式,以及作为父母和儿童的角色模型。然而,社交网络中的成员不总是支持性的。当成员间产生冲突时,或者有过量的信息与互动时,可能会给家长带来更多压力(Cochran & Niego,1995)。然而,网络成员所提供的支持性角色常常胜过他们给父母所施加的压力。因此,社会支持一种较为合适的定义为:由个人的社交网络所提供的一种服务。

　　通过四种基本的方式,可以衡量社交网络在家长生活中所起的作用。整个网络的构成、密度、大小以及发生在个人和网络间的互动数量,都是影响社交网络对家庭系统起作用的因素

(Burchinal,Follmer,& Bryant,1996)。网络的构成指的是每一成员的所属类型。这可以包含配偶、家庭成员、社区成员、朋友或工作中认识的人。网络的密度通常由个人的人际互动来衡量。例如,可以通过考察配偶和祖父母之间的关系来进行评估(Burchinal,Follmer,& Bryant,1996)。研究发现,与网络成员是否满足家长的需要相比,网络的大小不太重要(MacPhee,Firtz,& Miller-Heyl,1996)。因此,就个人而言,网络成员的独特个性、个人和某个成员间产生的社会交流量以及对这些关系的感知度等因素,对教养方式做的贡献也许远大于网络的实际大小。社交网络的结构和功能成分共同影响亲子关系,并最终形成适应性教养环境。

广泛的、支持性的社交网络的存在和适应性教养方式在许多方面有着联系(Burchinal,Follmer,& Bryant,1996;Cochran & Niego,1995)。支持性的社交网络能够成为一个缓冲器,防止具有威胁性的事件发生,影响家长的应对策略,提供情感支持,从而减少压力(Crockenberg,1987)。支持性环境的存在可以改善家长的一般处理方式,帮助他们减少教养任务带来的压力感,允许他们拥有额外的有形和无形的资源来获得信息(Crnic & Greenberg,1987;McLoyd,1995)。社交网络成员提供的两种最重要的信息类型是子女培养建议和有关社区资源的信息。支持的有形资源包括子女照料支持和资金支持(Cochran & Niego,1995)。赖利(Riley,1990)发现,父亲在子女培养方面,更依赖他们所在社交网络中的个别重要的成员。这些网络为家长指出正确的方向,为他们提供有关子女的额外信息资源。

拥有支持性社交网络的父母,拥有更好的资源来减少有压力的生活事件(Cochran,Lerner,Riley,Gunnarsson,& Henderson 1990;Voight,Hans,& Bernstein,1996)。有研究者(Hanshaw & Frazier-Thompson,1996)发现:抚养残疾儿童的父亲,当他们可利用支持性的家庭网络时,就能更好地对待和接受自己子女的残疾。无论家长会面临多少额外的艰难,一个有支持性的、广阔网络的家庭,很少发现惩罚的、严厉的、专制型的教养方式(Hashima & Amato,1994;Jennings,Stagg,& Connors,1991)。这一发现已经从种族学和经济学上得到了论证,因为个人可以把他们的社交网络作为力量的来源。在家庭环境中存在着压力源,也存在着强大的网络,这就可以降低儿童虐待和暴力的发生率(Crockenberg,1987),也可以使母亲有独特的、高水平的精神满足感(Thompson & Peebles-Wilkins,1992)。相反,这种系统的缺失会导致社会隔离,也会给非适应性教养方式的形成提供条件。研究者们发现,与非暴力型家长相比较,暴力型家长更容易与正式的、非正式的支持网络相隔离,他们的邻居就好像是陌生人,并且在邻近的地区很少有亲戚居住(Mcloyd,1995)。暴力型家长也承认自己拥有很少的信息支持渠道,而且对自己可利用的社交网络不满(MacPhee,Fritz,& Miller-Heyl,1996)。

支持性的社交网络和适应性教养方式行为正相关。更具体地说,拥有可利用的支持网络的父母,倾向于表现出更丰富的教养方式风格,对其子女展现出更积极的影响和更多的反馈,能创造出更有利的居住环境(Burchinal,Follmer,& Bryant,1996;Crnic,Greenberg,& Slough,1986;MacPhee,Fritz,& Miller-Heyl,1996)。这类家长对子女的需要更敏感,与那些没有这些可利用的系统的家长相比,他们表现出更少的强制性管理模式(McLoyd,1995)。这些支持性社交网络的存在和青少年母亲们的低惩罚、高责任行为联系在一起(Nita,Ketterlinus,& Brandt,1995)。有研究(Crockenberg,1987)指出,与那些有较少支持的母亲相比时,那些贫穷的未成年母亲如果拥有更多的可利用的家庭成员来帮自己照顾子女、分担家庭责任,她们给自己的孩子的回应会更多,而且对子女表现出更高水平的敏感度。未成年母亲通常将(外)祖母作为她们社交网络的第一人选,大多数时间都依靠她们,特别是在子女照料方面(Hunter,1997;Nitz, Ketterlinus, & Brandt, 1995;Wilson & Tolson,1990)。(外)祖父母在家长和儿童的生活中发挥着重要的作用。在单亲非裔美国母亲的家中,外祖母的存在与儿童高水平的情感适应相联系(McLoyd,1995;Wilson & Tolson,1990)。儿童常常从现有的家庭支持中获益。家庭中高水平的支持和儿童较好的社会互动、较高的学业成就和全面强大的社会、情感满足感相关联(Gonzales, Cauce, Friendman, & Mason,1996;Homel, Burns, & Goodnow,1987;Taylor,1997;Tietjen,1985)。相反,社会支持的低水平和婴儿的不安全依恋相联系,包括反抗和回避行为(Crockenberg,1981)。尽管儿童在亲子关系中的个性特征也会导致这些结果的产生,然而支持性的环境增强了这些积极结果产生的可能性。

考察社交网络时,环境的影响是一个需要考虑的关键因素。对于贫穷的、未接受过教育的家长来说,他们的社交网络常常由那些在自己最临近的环境中可接近的个体所决定。由于资源的限制,这些家长可能只有少数可利用的社交网络成员(Cochran,1993)。例如,较低文化水平的家长在社会活动中,不如具有较高文化成就的家长活跃。前者可能拥有较少的社会联系,然而,受过更多教育的家长可能与各地都有联系,因此可以吸收更大范围的网络成员。家长的种族也会影响他们的网络成员关系。像西班牙裔和本土美国人等依赖集体主义取向的族群,更依赖于临近的家庭成员和干亲的情感支持(MacPhee, Fritz, & Miller-Heyl,1996)。非裔美国人也倾向于依赖广泛的支持网络(Hunter,1997;Kohn & Wilson,1995;McAdoo,1988;Taylor, Chatters, Tucker, & Lewis,1990)。有学者(Cross,1990)指出,非裔美国人常常拥有更大的社交网络,而且比欧裔美国人更频繁地利用这种网络。当考察影响教养方式风格的因素时,非常有必要考虑这种环境的影响。

总的来说,支持性网络对育儿技巧的好处主要体现在三个方面:第一,家长能够获得关于发展适应性教养方式的额外信息(Bronfenbrenner & Crouter,1983)。第二,在需要时,支持性网络常常能为照料孩子提供有形的资源或者资金上的支助(Cochran & Niego,1995):第三,支持性网络常常起到缓冲器的作用,抑制适应性不良教养方式和充满压力的生活情形(Voight, Hans, & Bernstein,1996)。这些支持模式常常转化为适应性的教养环境,从而促进婴幼儿的健康发展。

导致非适应性教养方式的风险因素

生理的和环境的因素都能导致非适应性教养方式风险。下面将介绍目前研究最多的四个方面:药物滥用、暴力侵害、未成年母亲和父母亲精神病。

药物滥用

药物滥用对家长及其子女所起的作用主要包括对婴儿、家长和亲子关系的影响等。要了解药物滥用对教养方式的整体影响,就需要识别这些因素的复杂性。

大家都熟知可卡因、酒精、大麻、海洛因及其他药物对于新生婴儿的不利影响。产前食用药物和酒精可能会导致先天缺陷、发育迟缓和婴儿发展问题,如处理信息的进程水平较低、注意力不集中和互动活动的减少等(Das Eiden & Leonard, 1996; Jacobson, Jacobson, Sokol, Martier, & Ager, 1993; Lester & Tronick, 1994; Margura & Laudet, 1996; Mayes, 1995; Mayes & Bornstein,1996; Mayes, Feldman, Granger, Haynes, Bornstein, & Schottenfeld, 1997; Mejta & Lavin, 1996; Struthers & Hansen, 1992)。然而,不考虑孩子出生和生长的整体环境,不考虑亲子关系的影响,我们就不可能评估药物滥用的最终影响。这一章已经讨论过互惠关系影响孩子的行为和情感的发展。就情绪可得性而言,它的存在对于家长了解子女的暗示,以及满足子女的情感需要特别重要。在许多案例中,药物成瘾阻止母亲对子女的需要进行回馈,因为她以选择的药物而不是自己的子女为焦点(Mayes & Bornstein,1996)。她们在教养上的无能,受她们目前关注的药物的影响。大多数这样的母亲自己就是在功能紊乱的家庭中长大,在这样的家庭中,药物滥用、精神病以及各种形式的暴力是其日常生活的一部分。

药物滥用的母亲与子女之间缺少互惠通常受三种因素的影响。第一,在产前,胎儿暴露于药物之中,可能会导致发展障碍、状态及情绪的不稳定,这两个方面都可能导致婴儿难以抚养。因此,亲子之间很难有积极健康的互动。第二,长期使用药物(特别是可卡因)已经证实会影响个体的神经心理功能。这些影响通常包括短时记忆退化、任务定位受损、注意水平改变和下降(Mayes, 1995)。长期使用药物还会增加精神错乱的风险,如滥用药物和酒精的人在抑郁的人群中占有极高的比例。这些损伤不可避免地会影响家长满足子女身心需求的能力。在这种情形下的父母,对于养育子女具备生理条件,但是缺乏心理条件。第三,药物滥用常常和暴力的增加、贫穷、无家可归、社会隔离以及高中辍学等高危因素相关联(Mayes, 1995)。这些因素与慢性或急性药物的使用一起,极可能对教养方式产生重要影响。

在其他非适应性教养方式下,家长滥用药物对于不同年龄的孩子有不同的影响。然而,一些由吸毒的家长抚养的儿童,其基本的发展需要可能会受到极其深刻的影响(Kaplan-Sanoff, 1996)。伴随药物滥用所带来的创伤循环影响孩子的日常生活。当家长滥用药物时,家庭便具有了不可预知性和混乱性。情感的缺失和遗弃变成了循环的主题。当母亲沉迷于她的上瘾行为时,家庭外部环境也会受限。同样,青少年儿童和抑郁的母亲不得不处理易变和混乱的角色——一方面是婴儿化,另一方面又不得不承担起照顾家长的责任(众所周知的家长化)。一些研究(Kaplan-Sanoff, 1996;Brooks et al., 1994)强调,与成瘾的家长一起生活,对孩子的信任、依恋、自主和自尊造成挑战,对孩子发展合适的行为控制和感情约束造成影响(Beeghley & Tronick, 1994)。有学者(Lester & Tronick,1994)讨论了导致妇女滥用药物的生活方式因素,其子女在家庭和邻里共同组成的环境下接受培养。被滥用药物或酒精的家长所抚养的孩子常常形成混乱的、无组织的生活方式,如不足的、破坏性的教养,贫穷,充满压力以及被暴力对待。以上任一情况都可能造成不良发展。若加上产前接触毒品,孩子形成学习障碍和行为障碍的风险就会非常高(Lester & Tronick, 1994; Kaplan-Sanoff, 1996)。

总之,各项研究已经表明,滥用药物有损父母的育儿能力(Mayes,1995)。父母滥用药物常常与以下方面相伴而生:(1)其他精神疾病,包括抑郁症和反社会人格;(2)多代遗传的药物滥用和精神障碍;(3)成人之间和成人对孩子的暴力行为发生率高;(4)被遗弃和漠视的风险增加;(5)对父母自身应当具备的能力认识不清,对孩子的需求缺乏了解。此外,有研究显示,若不长期努力坚持,那些成功戒毒的母亲很容易重拾恶习(参见 Mayes,1995)。毒瘾和酒瘾严重的父母很可能影响了婴儿的心理和生理健康,如此一来便引起了婴儿和父母间某些特性和问题的延递。

因此，吸毒母亲所表现出的一系列对教养方式不利的行为——抑郁症、侵扰性、精神错乱、暴力倾向，都是滥用药物和许多影响母亲教养方式的风险因素累积作用的结果。这个问题是多方面的，其中涉及的主体包括婴儿、父母、家庭、社交关系，而有效的干预措施必须以个人、家庭、社会为中心而展开。因此，解决婴儿和父母的需求，提供适当的干预和支持，意识到需建立与有毒瘾的父母的良好关系，都非常重要。父母只有学会相信自己，才能灵活有效地养育孩子。

暴力侵害

教养是一个复杂的过程，在高风险的情况下，尤其如此。对家长和孩子来说，接触暴力带来的压力，以及必须将暴力当作日常事件处理，不仅影响母亲教育孩子，也不利于孩子形成正常的依恋关系（Osofsky & Fenichel, 1994）。早期关系是构成随后所有关系的基础，早期互动困难会为儿童后期发展带来一系列问题。贫穷、工作和家庭不稳定、暴力环境都不可估量地增加了其原本的难度。尽管没有系统研究过接触暴力对教养方式和教养环境的影响，我们从日常报道可知，生活在暴力中的父母，即便在自己的街区也无法保护孩子，对此他们总是感到无助和失落（Garbarino, Dubrow, Kostenly, & Pardo, 1992; Lorion & Saltzman, 1993; National Survey of Children and Parents, 1991; Osofsky & Fenichel, 1994; Osofsky, Wewers, Hann, & Fick, 1993; Richters & Martinez, 1993）。在社区内与暴力的长期对抗使得父母将这种无助和绝望传达给孩子。

保护儿童和促进其发展是家庭最基本的功能。每个家庭都以其独特的组合方式为儿童提供成长和发展所需的关心、培养和安全感。养育婴幼儿的一个重要心理因素是，父母能够提供保护孩子并允许和鼓励其适当独立的"可控环境"（Winnicott, 1965）。当父母意识到自己无法保护孩子免受暴力侵害时，他们很可能就会感到沮丧和无助。另外，当父母目睹了暴力事件发生或自己就是暴力对象时，他们很可能难以为孩子提供足够的、敏感的、应对性的情感支持。在试图帮助受到暴力创伤的父母和孩子时，显然，父母必须先处理好自己的创伤后才能满足孩子的需求。此外，父母长期生活在恐惧中时，他们的孩子往往缺乏基本的信任感和安全感，而安全感是健康情绪发展的基础（Osofsky, 1995; Osofsky, Cohen, & Drell, 1995）。

父母可能会承受更多其他压力，因为儿童传统的社会保护者，包括学校、社区中心、教堂，早已不堪重负，它们无法保证孩子们安全的生活环境。有一项调查旨在确定一群居住在市中心的非裔美国父母和孩子间的信任和安全问题。警方的统计数据显示，该区暴力犯罪率非常高。35%的父母认为孩子步行去学校不安全，54%的父母认为孩子即使去街区玩也并不安全。只有17%的父母认为孩子做这些活动是安全的。然而，大多数人（62%）认为孩子待在家里很安全，30%的人认为孩子在学校很安全（Fick, Osofsky, & Lewis, 1997）。该区250位8—12岁非裔美国小学生的反应与这些数据一致。报告显示，他们觉得待在家和学校比步行去学校和在街区玩更加安全。在他们的父母中，90%的人认为街区暴力是一个严重的问题和危机。在对这些受过创伤的儿童和父母进行临床治疗时，必须首先解决她们是否有安全感的问题。在处理长期社区暴力时存在一个双重问题：幼儿及其抚养人长期处在暴力环境中并长期受伤。

接触暴力会干扰父母和孩子的正常发展。如果暴力事件发生在自己的街区，发生在自己的孩子或某个认识的孩子身上，父母就会变得过度保护，几乎不允许子女离开自己的视线。在这种情况下,父母很难不表现出控制欲强,甚至专制独裁。然而,鼓励自主独立对孩子的发展非常重要,而这鼓励来自于安全的周边环境(Erikson,1950)。对生活在暴力中的家庭而言,儿童日益增强的独立性和正常的探索欲得不到丝毫的安全保障,因此,它们就被抑制了。那些长期接触暴力的父母可能变得沮丧,并且无法满足孩子的需要。即便有英勇的行为,如果父母感到悲伤和焦虑,他们也很难积极回应孩子的笑容和生动的表情。抑郁的父母更易怒,与孩子的交谈少而浅。虽属情理之中,但这一切都会影响年幼的孩子,使他们变得迟缓,同时错误地认为可能是自己做了"坏事"才导致这种局面。因此,家庭以外的支持对接触暴力的父母和孩子们至关重要。

未成年母亲

未成年母亲(这里指的是16岁及以下)的教养风险通常始于婴儿生命初期,因照顾她的认知和社会情感环境是有问题的。与成年母亲相比,未成年母亲通常较少与婴幼儿交流互动,对婴儿的回应也不够(Furstenberg, Brooks-Gunn, & Morgan, 1987;Chase-Lansdale, Brooks-Gunn, & Palkoff, 1991;Crockenberg, 1987;Culp, Appelbaum, Osofsky, & Levy, 1988;Field, Widmayer, Stringer, & Ignatoff, 1980;Osofsky, 1991;Osofsky et al., 1992;Osofsky & Eberhart-Wright, 1988, 1992)。在观察未成年母亲和婴儿之间的互动时,人们常常被其安静吓到。多数未成年母亲几乎不与婴儿交流,她们的孩子也较少开口说话。未成年母亲说话时,要么只给一些简单的指令,要么只管教小孩而不给出具体的反应和陈述。因此,许多儿童在认知、经济、社会情感都极度贫乏的环境中成长(Chase-Landsdale, Brooks-Gunn, & Palkoff, 1991;Osofsky, 1996)。当这些儿童进入有秩序的校园环境时,其面临的高风险是显而易见的。

关于未成年母亲与孩子间互动的研究表明,未成年母亲的育儿行为使孩子适应力差的风险更高。与成年母亲和婴幼儿间的互动相比,未成年母亲和孩子间的互动在其行为的数量和质量上都有所不同。在家中或类似家的实验室情形中对母子/母女互动活动的研究表明,未成年母亲表现出较少的言语互动形式,较多的身体互动形式(Culp, Appelbaum, Osofsky, & Levy, 1988;García-Coll, Hoffman, & Oh, 1987;Osofsky & Osofsky, 1970)。未成年母亲与子女间的对话较少,他们的对话中很少有描述性和清晰性的言语互动行为(Osofsky, 1996),这可能导致青少年儿童认知和语言更加贫乏(East & Felice, 1990;Furstenberg, Brooks-Gunn, & Chase-Landsdale, 1989)。除此之外,未成年母亲及其子女更可能采用无规则的情感互动模式,在其中要么是以消极情感为主(如,孩子哭泣,母亲大吼),要么就是情感线索被环境所曲解(如,孩子变得愤怒,母亲则大笑)。与具有社会性优势或劣势的成年母亲及其子女相比,参与无规则的情感模式,是大多数未成年母亲与子女间互动的特征(Hann, Robinson, Osofsky, & Little, 1991)。

未成年母亲和孩子间不那么理想的互动模式的发展结果,从这些儿童社会性情绪发展中就可发现。有研究(Lamb, Hopps, & Elster, 1987)发现成年母亲和未成年母亲与婴儿的母子依恋之情的区别。未成年母亲的婴儿显示出更加明显的回避行为,并且更可能被分类为依恋回避型。除了稳定型、不稳定型依恋模式之外(Main & Solomon, 1989),关于紊乱型依恋模式的研究还指出,未成年母亲所生育的后代是发展出紊乱型母子依恋模式的高危人群(Hann, Castino, Jarosinski, & Britton, 1991;Hann, Osofsky, & Culp, 1996;Speiker, 1989)。这一研究结果与之前的回避型和紊乱型依恋关系的病因学研究相一致,两者都与早期迟钝的、消极的以及缺乏情感的养育方式有关(Main & Hesse, 1990)。这些依恋模式在未成年母亲及其孩子身上非常常见。未成年母亲与子女之间发展出不良互动模式以及不稳定型和紊乱型依恋关系的风险不断增加,可能导致这些孩子的社会性情绪结果越发恶化(Brooks-Gunn & Furstenberg, 1986; Furstenberg, Brooks-Gunn, & Chase-Landsdale, 1989; Osofsky & Eberhart-Wright, 1988; Osofsky, Eberhart-Wright, Ware, & Hann, 1992)。尽管如此,我们仍需要更进一步研究未成年母亲和孩子之间早期亲子互动、亲子依恋之情与之后的社会性情绪结果的联系。

过去的研究忽视了未成年母亲与其后代精神健康方面的危险。在新奥尔良对58名小学阶段9—12岁的孩子进行的一项关于长期社区暴力影响的研究发现,样本中接近一半的孩子都是母亲在十几岁时生下的(Osofsky, Wewers, Hann, & Fick, 1993)。并且,儿童行为问题检查表(Child Behavior Checklist)所呈现的这些孩子的行为问题与其未成年母亲的养育方式显著相关(Achenbach, 1979)。除了该研究所暴露出的社区暴力和家庭暴力,以及母亲年龄小、成熟度不够、缺乏支持等因素外,未成年母亲的孩子还经常成为儿童虐待和被忽视的牺牲品。所以,被未成年母亲抚养的孩子,可能会增加暴露于不良外界和家庭环境的机会,从而导致心理健康危险的增加。

在对未成年母亲进行干预的经历中发现,最有效的方法是对其采取支持性策略,使其对孩子产生移情。青春期是人生的一个发展阶段,该阶段的个体倾向于主要关注自己而不是他人。因此,孩子的出生势必会影响青少年自我中心的焦点。对十几岁的母亲来说,她们自己而非他人的感受是最重要的。就算在年轻时已经成为了母亲,年轻的女性也会继续为"我是谁?"而挣扎。所以,帮助年轻的母亲与孩子的感受相协调非常困难,但是对孩子本身以及母子关系来说都非常关键。录像制品和其他技术可以从趣味性的角度,帮助母亲关注孩子的感受,并认识到她们的行为对孩子的影响(Carter, Osofsky, & Hann, 1991b)。值得一提的是,倘若未成年母亲在健康的、支持性的环境中成长,并且能从家人、朋友以及社区中获得有形和无形的支持,那么他们通常也会建立起积极的家庭环境,并且同孩子发展出健康的依恋关系(Brooks-Gunn & Chase-Landsdale, 1991, 1995; Osofsky, 1996)。已知的能够为未成年母亲和孩子带来积极影响的因素包括完成高校学业、步入工作岗位、减少后续的怀孕次数、家庭成员的支持以及生活中存在她们可以效仿的其他典型的正面榜样(Brooks-Gunn & Chase-Landsdale, 1995)。这些因素独立存在或结合起来都能够为这些年轻的母亲带来适应性的养育环境。

父母亲精神病

亲代的精神病是育儿过程的风险因素,常常伴随其他风险因素一起出现,如药物滥用、儿童被虐待、暴力环境以及未成年怀孕。儿童被虐待,经常与父母的精神病相关联,能够引发养育过程中一些重度功能障碍,导致严重的适应不良和行为问题(Rogosch, Cicchetti, Shields, & Toth, 1996)。

因为母亲的抑郁症(通常是经济社会地位较低而压力较大的群体)常被作为影响养育过程的一种风险因素进行研究,因此我们将亲代的精神病研究聚焦于该领域。母亲的抑郁症会导致养育行为不足甚至是负面的养育行为,从而带来婴儿和儿童的适应问题(Field, Murrow, & Adelstein, 1993; Gelfand & Teti, 1990; Gopfert, Webster, & Seeman, 1996; Tronick & Gianino,

1986；Weinberg & Tronick，1997）。母亲的抑郁症常常伴随着一些不良养育行为，如无回应、不专心、干涉性、不恰当的惩罚以及对孩子的负面观念等（Gelfand & Teti，1990）。尽管现有一些研究还存在方法上的不足，一些研究（Gelfand & Teti，1990）中还是报道了由母亲抑郁症及其他（如婚姻不和等）相关压力源所引起的具有时代特征的儿童精神病。前面我们讨论了情绪调节的重要性，包括父母和嗷嗷待哺的婴儿间共享的和互补的情绪体验。在研究抑郁症对育儿有效性的影响的时候，这一问题与其显著相关。情绪的可得性以及情绪的一致性包括"足够好"的养育（Winnicott，1965）、情感的调和和敏感性（Bowlby，1973；Cramer & Brazelton，1990；Osofsky & Eberhart-Wright，1988；Stern，1985）以及父母情感状态的镜像（Kohut，1977；Stolorow，Brandchaft，& Atwood，1987）。一位"足够好"的家长，并不是"完美的"，但能为孩子提供充分的身体上和情感上的教养和关照，从而支持孩子的健康发展。现有研究揭示了低收入的抑郁母亲与孩子互动的三种模式：（1）沉默寡言——难以亲近；（2）敌对——侵入性；（3）大体上表现得积极（Murray & Cooper，1997a,b）。研究发现，前面两种消极的互动模式会阻碍健康的认知和情绪发展。德国的一项纵向研究将353对母子作为被试（Laucht，Esser，& Schmidt，1994），揭示了紊乱的母子互动关系如何引发消极的认知和情绪发展。

除了临床观察之外，实验研究也表明抑郁症母亲在情感调节方面存在困难，与其孩子的情绪有不同步的倾向，不能敏感地对其情绪状态产生共鸣（Field，1995；Osofsky，1993；Weinberg & Tronick，1997）。此外，与非抑郁母亲相比，这些母亲们更容易出现消极状态，而不是积极状态（Field，1995）。有学者（Cohn & Tronick，1983；Weinberg & Tronick，1997）使用"面无表情"的情境（一种实验方式，首先要求照料者正常地回应孩子，然后停止对其回应，情绪平静，维持面无表情几分钟）进行研究，发现在面对面互动中，当非抑郁症母亲被要求做出一小段时间的抑郁的表情，孩子很快也会表现得很沮丧，而长期抑郁的母亲的孩子却不会有此反应，并且不管他们的母亲是否对其有所回应，这类孩子都似乎对此毫无反应（Field，1995）。有学者（Field，Healy，Goldstein，& Guthertz，1990）描述了抑郁症母亲的几种反应模式，如更加典型的沉默寡言、情感淡漠、侵入性和过度刺激。与未成年母亲（也可能是抑郁症患者）类似，抑郁症母亲也较少与其孩子对话，很少做出积极的面部表情，较少发表自己的看法，并且很少呈现出积极的身体爱抚（Field et al.，1993；Murray & Cooper，1997a）。实际上，的确有越来越多的证据表明，与成年母亲相比，未成年母亲更容易罹患抑郁症（Field，1995；Hann，Castino，Jarosinski，& Britton，1991；Osofsky，1996；Osofsky & Eberhart-Wright，1988）。

据报道，抑郁症母亲较少与她们的孩子亲近，所以给孩子提供的是较少有移情和缺乏回应的环境（Field，1995；Osofsky，1996）。有研究者（Zuravin，1989）非常强调母亲抑郁症和母亲对子女的攻击，低收入的抑郁症母亲对儿童虐待和身体侵害的风险虽然不是非常严重，却也逐步增加。在解释该研究结果的时候，某些前提条件是必需的，包括测量抑郁症的方法以及所选择的样本。但是，非常重要的是，我们不能低估母亲抑郁症对亲子互动关系的影响。因为收入低，母亲已经倍感压力，其抑郁症可能让孩子也有更大风险罹患抑郁症。大量研究（Carter，Osofsky，& Hahn，1991a,b；Field et al.，1990；Hann，Castino，Jarosinski，& Britton，1991；Osofsky & Eberhart-Wright，1988；Radke-Yarrow et al.，1985；Tronick & Gianino，1986；Zahn-Waxler et al.，1990）表明，抑郁症母亲的孩子出现情绪调节问题的风险更高，包括越来越抑郁，或者情感体验减弱以及不恰当的侵犯行为。研究（Tronick & Gianino，1986）表明，如果婴儿能够适应无回应的环境，并且能够同时做好自身和互动的调节,那么他可能保持积极的心理健康。相反,如果婴儿不能够保持互动调节,那么自身调节将是适应环境的主要方法,其发展结果很可能存在问题。母亲的抑郁症加上孩子的情绪调节困难,容易造成孩子情感缺失,导致亲子关系中出现其他问题的风险增加。

总体上讲,抑郁症会导致或者作为影响因素,使得抑郁母亲很少获得支持,社交网络也更加受限。因此,这些母亲缺乏这一项能够帮助其恢复育儿弹性的重要调节因素。一项研究表明(Hossain et al.,1994),在某些案例中,父亲能够缓冲母亲抑郁症对孩子带来的负面影响。研究者发现,非抑郁母亲和孩子的互动比抑郁母亲的亲子互动更加积极。菲尔德(Field,1995)通过研究类似的非抑郁儿童的照料者,报道了类似的发现。这类孩子与其照料者的互动与抑郁母亲的亲子互动相比,显示出与日俱增的鼓励之情以及更加积极的情感交流。

孩子也可能造成抑郁母亲的消极互动模式。因为在其早期的发育过程中,抑郁症母亲的孩子可能显示出较少的情感反馈,越来越易怒,活动减少,从而造成互动障碍。有学者(Zuckerman et al.,1990)提到,抑郁症母亲的新生儿更难安抚。但是,还不清楚这些行为反应是不是受环境因素或者先天遗传因素的影响。因此,抑郁症母亲及其孩子间可能存在非常不幸的消极反射环。事实上,母亲可能更加消极地看待她们的婴儿(Field,1995;Field et al.,1993),然后更少与其互动。与此同时,由于生前或者围产期的风险因素影响,孩子可能更加易怒并缺乏反应。早期发现风险因素并采取预防性干预措施的潜在益处是至关重要的,包括对这类高危母亲的早期家访模式(Olds, Henderson, & Kitzman, 1994; Olds, Henderson, Tatelbaum, & Chamberlain, 1988; Olds, Kitzman, Henderson, Hanks et al., 1997; Werner, 1984, 1994)。有研究者(Lyons-Ruth, Connell, & Grunebaum, 1990)同时强调了伴随严重的社会风险因素所带来的消极的发展结果,以及对这些处于高危社会因素影响下的婴儿所进行的发展指向性家访服务所带来的缓冲效果。抑郁症母亲的孩子接受家访服务后,(18 个月龄)在贝利婴儿发展量表(Bayley Scales of Infant Development)的表现远胜于未接受服务组,并且被归类为安全亲子关系的可能性高出两倍。而这些差异建立在这些关注母婴关系的家访服务(为期 13 个月的 46 次家访)的基础之上,包括母婴共同拓展以及强有力的社会服务。亲代精神病及其影响还有待进一步研究。但是,显而易见的是,第一个关键步骤是发现亲代精神病的潜在负面影响,并且致力于将这些影响为孩子带来严重后果和难以修复之前识别出来。

复原力的重要性

近年来,我们越来越强调复原力(resilience)的重要性,即能够直接促进孩子适应能力的因素。最重要的复原因素之一就是有效的教养方式。大量的理论和研究都聚焦于婴幼儿的复原力。这些研究对我们考查适应性和非适应性教养方式非常重要。

沃纳对复原力进行了一项里程碑式的研究,将其定义为从不幸的、持久的生活压力中轻松复原或者适应的能力(Werner,1984)。复原力通常用于描述儿童的以下方面:(1)尽管处于高危状态下,仍然取得良好的发展结果;(2)持续的抗压能力;(3)从创伤中复原的能力(Werner,1994)。很多研究者(Werner,1994;Masten,1997)都认为,复原力强的儿童更易于适应环境,并且更聪明,更有可能从环境中获得支持者(通常是父母或者照料者),即建立起信任关系的人。

沃纳(Werner,1984)发现,能够成功适应成年生活的复原力强的儿童具有以下保护性的特点:(1)个性适应性强,能够对成年照料者做出积极的回应;(2)现有技术和价值观念使得对孩子的能力进行评估成为可能,他们能够完成现实的教育和职业目标;(3)父母或照料者能胜任照料者角色并且培养孩子的自尊,或者通过其他成年人的支持培养信任感。此外,复原力强的儿童能够从环境中获得能力的强化和奖励,从而帮助自己顺利地应对生活的变化。

沃纳(Werner,1984)一项里程碑式的纵向研究为我们提供了很多信息。她对698名出生于夏威夷考艾岛的婴儿进行研究,发现到了高中毕业阶段,大约有1/3的人成为了复原力强的青少年,并建立了积极的自我概念和内在控制。他们与存在发展障碍的高危同龄人相比,在青少年阶段,对人生呈现出更为顾家的、负责的以及成就导向的态度。这些男孩女孩在一岁前都未曾与其家里的主要照料者长时间分离。在婴幼儿阶段,他们都有机会与至少一位能够使自己获得积极关注的照料者建立起亲密的关系。还有部分教养来自于他们的替代照料者,例如祖父母、姐姐、哥哥或者大家庭里的其他成员。其亲生父母和代理父母都扮演了对孩子来说极为重要的角色。

继加梅齐等人(Garmezy & Rutter,1983;Masten,1997;Masten,Best,& Garmezy,1990)所开创的先驱工作之后,作为能力计划(Project Competence)研究的一部分,马斯滕(Masten)等人又进行了一项纵向研究,成为了有关复原力的第二项重要研究。该研究涉及了成长过程中几乎没有遭遇逆境但能克服各种困难的儿童,成长中遭受了非常不幸的逆境的复原力强的儿童以及不能顺利克服艰难困苦的适应不良儿童。研究发现"足够好"的父母亲角色对这些儿童的积极发展非常关键。无论是处于高风险或低风险环境下,发展成功的儿童都比适应不良儿童有渠道获得更多资源,包括更好的智力以及良好的养育。

就算教养方式足够好,儿童、青少年的复原力也并不是在真空中培养起来的。除了个人健康之外,儿童的积极发展取决于健康的外部系统。因此,父母也需要从更广阔的环境中获得有关养育、教育和孩子社交方面的支持。此外,马斯滕及其同事提出,未来在理解养育方式对孩子发展结果的影响时,将总体资源分解成有意义的组成部分会对我们的理解有所帮助。例如"教养品质"可以分解为诸如在不同环境下与青少年行为、成就和社会功能相关的结构、温暖和期待等维度。例如,子女复原力强的父母的教养结构维度(而非温暖维度),取决于他们居住在安全的还是危险的社区里。其他研究显示,比较严格的教养方式对生活在危险环境中的孩子来说,保护作用更加明显。

复原力的发展始于婴儿时期,与该观点一致,多项纵向研究在年龄很小的儿童身上发现了能够强化这些优势的因素。沃纳(Werner,1994)提出,在她所研究的经历了四种或更多风险因素的亚洲和波利尼西亚人中,有10%发展成为了有能力、充满自信并且富有同情心的成年人。这些风险因素包括围产期综合征、两岁前父母亲罹患精神病、家庭不稳定以及长期的家庭贫困。他们的照料者将这类年纪轻轻的复原力强的儿童描述为充满活力、感情丰富、讨人喜欢的、很少有早期行为问题的天使婴儿。门宁格基金会(Menninger Foundation)实施的应对计划(Coping Project),也对复原力强的婴儿进行了类似观察(Murphy & Moriarity,1987),该项目对32名白种婴儿进行了临床评估,这些婴儿表现得充满活力、容易相处,较少有喂养和睡眠问题。同时,这些婴儿对环境中人和物的反应更加明显。这类复原力强的婴儿通常带有反应性强、充满温情的特点,并且有能力在环境中寻找他人、与他人联系。在对未成年母亲的发展得较好的婴儿进行的研究中,也观察到了类似的积极行为(Osofsky,1996)。

拉特(Rutter,1993)将复原力问题进一步提炼为与教养方式相关的内容。他引用行为遗传学证据,证明在很多情况下,非共性的环境比共性环境有更大的影响。因此,在某个家庭中,那些均衡地影响所有孩子的特征,可能并没有那类有区别性地为某个孩子带来更多影响的特征重要。所以,我们很少见到在某个有秩序的家庭中,某个孩子被苛责或偏爱。在这样的环境下,孩子如何才能变得应对自如呢?他/她可能会让自己远离所发生的是非。比如,在某些家庭中,当发生争执或打斗时,某些孩子可能会卷入争议或争吵中,但某些孩子可能不会卷入其中。在父母患有精神疾病的家庭中,不那么脆弱的孩子往往能够从家庭外寻找情感支持。儿童(甚至是年龄很小的孩子)都能够努力左右发生在他们身上的事。拉特(Rutter,1978,1993)指出,如果人们积极计划如何处理发生在自己身上的事,可能会为自己带来保护性影响,从而让人觉得他们能够掌握自己的生活。较为年幼的儿童可以通过退缩或者从家庭外寻找支持的方式保护自己。年长儿童可以灵活安排,让自己感到不那么受挫。

因此,通过对应对自如的婴儿、幼儿和青少年的研究,研究者们一致确定了少量对儿童发展非常关键的保护性因素(Masten,1997;Masten et al.,1990;Werner,1994;Werner & Smith,1982)。最重要的保护性资源是与能力强、充满关爱而又积极的成年人建立起紧密联系,通常是指父母。最主要的个人特质是平均水平或以上的智力发展、良好的注意力以及人际交往能力。虽然各种诸如早产、战争、创伤或者失败之类的灾难性的压力源可能对儿童思考和解决问题的整体能力造成威胁,但父母或者其他重要的成年亲属的良好养育,能够对孩子已有能力和健康关系提供支持,可以帮助孩子积极应对所面临的逆境。其他保护性因素还包括积极的榜样角色、自尊感、自我效能感、个性和外表对他人的吸引力、个人才能、宗教关系、社会经济优势、良好的教育和工作机会、从环境和他人寻求帮助促进积极发展的能力(Garmezy & Rutter,1983;Masten,1997;Osofsky,1996;Werner,1994)。尽管如此,我们必须强调成年人的行为,这点非常重要,尤其是足够好的教养方式,对孩子所承担的风险、得到的资源和机会都起到了核心作用,也从而决定了其复原力。

总　　结

在对适应性和非适应性的教养方式进行文献回顾时,我们讨论了各种带来积极发展结果的因素,包括有效的社交网络、社会支持、早期关系的互惠以及能够帮助其建立起复原力的其他环境。我们也讨论了导致消极发展结果的情况,包括药物滥用、暴力侵害、未成年母亲以及父母亲精神病。在这一部分,我们强调预防性干预的观点,这种干预方式着眼于纲领性指导,即使在严重的逆境下,也可以保护儿童和家庭,带来更积极的发展结果。预防性干预对婴儿和儿童及其家庭有潜在的益处,已得到了广泛的认同,它既有即刻的效果也能带来长远的影响(Fonagy,1998;Osofsky,1997)。这些干预措施所带来的即刻效果包括改善出生前、围产期以及婴幼儿早期和晚期的发展结果(Olds,Henderson,Tatelbaum,& Chamberlain,1988;Olds et al.,1997),同时为父母带来更多的教育、就业和展现能力的机会。从长远来看,早期预防性干预措施有可能减少未来的行为问题、儿童虐待、违法犯罪以及暴力侵害(Chalk & King,1998;Osofsky,1997;Prothrow-Stith,1998)。

对高危群体最有效的预防性干预似乎是那些起步早、综合性、采用系统方法设计的项目。它们包含了多样化的干预措施来影响个人、家庭和社区这三个层面。为了建立起适应良好的而非适应不良的教养方式,最有效的预防性策略是在生活中在最有效的时候介入家庭。这类干预措施不仅能渐渐改善教养技巧,还能够帮助父母处理个人生活事务,包括健康护理、压力、职业训练、营养学、培养沟通技能以及发现社区中可利用资源等。当父母的这些个人需求得到发现并满足时,就能更有效地养育孩子。干预措施还应该强化父母已有的优势,而不应该采取减少赤字的办法仅仅着眼于父母的弱点。邀请父母分享他们对教养方式方法的见解和专长,可以帮助他们自我感觉良好,同时可能帮助其他父母注意到不同的教养方式风格。此外,在出生前、围产期以及孩子出生头几年,与家长的这些接触需要在多种场景中进行,如家庭、医院、学校、教堂以及其他社区地点等。干预方法包括家访、父母教育、为父母提供支持。已经证实,针对存在发展问题和亲子关系问题的高危群体所采取的措施中,对父母—婴儿—儿童关系施加影响是最有效的方法。期望这些有效的预防性干预措施能主要在某个父母可以到达的指定地点进行是不切实际的。要使这些方法有效,干预者应能够灵活掌握,并乐意按照家长的时间,选择他们最舒适的环境进行干预。有几种模式将许多这类因素包含其中,纵向研究的数据分析显示出了积极的发展结果(Lally,Mangione,Honig,& Wittmer,1988;Olds et al.,1994;Schweinhart,Barnes,& Weikart,1993;Werner,1994;Werner & Smith,1982)。

由于对家庭和社区中遭受暴力行为的儿童的关注越来越多,出现了若干个相关而又略微不同的预防性干预方法。这类项目是为帮助这些心理受过创伤的儿童和家庭,提出更广泛的暴力预防问题,并着眼于社区内支持系统而设计的(Groves & Zuckerman,1997;Marans & Adelman,1997;Murphy,Pynoos,& James,1997;Osofsky,1997)。这些项目为儿童及其家庭提供服务,并与警察、学校、法院、社区项目、健康护理机构以及其他能够帮助孩子的机构,为孩子提供防止暴力的教育服务以及在创伤发生后能够尽快提供给孩子的社区资源。这些预防性干预方法为如何将警力和社区内其他系统整合进儿童和家庭的预防性干预网络树立了榜样。

在考虑干预方式时,注意到早期致力于改善适应性教养方式的项目主要面向个人这一点很重要,即针对父母或孩子及其个别化需求的方法。当前,我们越来越强调亲子关系以及在一定的关系背景下如何为个体提供支持的重要性。对所有的高危群体来说,建立起有效的关系为其提供支持和安定是至关重要的。许多未成年母亲都来自于缺乏一致、稳定性关系的家庭。当然,家庭中有人吸毒也会被认为是存在关系问题的、不稳定的,并且会给不止一代人频繁带来不可预知性。对遭受暴力的儿童和家庭来讲,建立起有助于其复原的安全感是非常关键的。对父母和孩子来说,支持性关系对父母亲精神病所带来的教养过程的困难也能发挥一定作用,能够帮助其共同建立起更好的亲子关系。因此,强化亲子关系可能非常有效,不管是处理由于年龄因素、弱势环境、严苛或消极的惩罚以及精神疾病造成的对儿童照顾不充分或不敏感所带来的问题,还是对一些其他困难都能发挥作用。

最后,认识到进行干预过程中"匹配"的重要性是非常关键的。每个婴儿和母亲都是不同的,有时候,我们传递给不管是年轻或是年长的母亲最有用的信息就是这点。认识到自己孩子的个人特质,那么将匹配作为对母亲教育能力的测试之一就没那么重要了。这个问题对未成年母亲,以及其他处于社会心理问题高危影响下、仅关注自己需要而不关注孩子需要的母亲来说,尤为关键。对母亲来说,听到她们不用总为自己孩子所表现出的困难行为负责都会非常安心。鼓励她们认识并接受孩子的个人特质,可以促进母亲接受自己的孩子。

简而言之，我们试图强调的是以动态的观点来看待适应良好和适应不良的教养方式。在某些情况下，通常导致适应不良的因素可能被个人或环境因素所调节，反而能帮助个人和家庭克服逆境。相反，对一些具有大量资源和优势的家庭，倘若出现理念和期望上的不匹配，或者在某个发展阶段存在困难，可能会增加家庭风险并导致适应不良。因此，我们最好将教养过程理解为动态的、变化的，并且能够以敏感的、合适的预防性干预策略对个人产生极大影响并使其获得支持。

参 考 文 献

Achenbach, T. M. (1979). The Child Behavior Profile: An empirically based system for assessing children's behavioral problems and competencies. *International Journal of Mental Health, 7*, 24–42.

Baldwin, A. L., Baldwin, D., & Cole, R. E. (1990). Stress-resistance families and stress resistant children. In J. Rolf, A. S. Masten, D. Cicchetti, K. H. Nuechterlein, & S. Weintraub (Eds.), *Risk and protective factors in the development of psychopathology* (pp. 257–80). New York: Cambridge University Press.

Beckwith, L. (1990). Adaptive and maladaptive parenting: Implications for intervention. In S. J. Meisels & J. P. Shonkoff (Eds.), *Handbook of early childhood intervention* (1st ed., pp. 53–77). New York: Cambridge University Press.

Beeghley, M., & Tronick, E. Z. (1994). Effects of prenatal exposure to cocaine in early infancy: Toxic effects on the process of mutual regulation. *Infant Mental Health Journal, 15*, 158–76.

Belsky, J. (1984). The determinants of parenting. *Child Development, 55*, 83–96.

Bowlby, J. (1973). *Attachment and loss* (Vol. 2). New York: Basic Books.

Bowlby, J. (1980). *Attachment and loss* (Vol. 3). New York: Basic Books.

Bronfenbrenner, U. (1989). Ecological systems theory. In R. Vasta (Ed.), *Annals of child development* (Vol. 6, pp. 187–249). Greenwich, CT: Jason Aronson Press.

Bronfenbrenner, U., & Crouter, A. C. (1983). The evolution of environmental models in developmental research. In P. H. Mussen (Series Ed.) & W. Kessen (Eds.), *Handbook of child development: Vol. 1. History, theories, and methods* (pp. 358–414). New York: Wiley.

Brooks, C. S., Zuckerman, B., Bamforth, A., Cole, J., & Kaplan-Sanoff, M. (1994). Clinical issues related to substance-involved mothers and their infants. *Infant Mental Health Journal, 15*, 202–17.

Brooks-Gunn, J., & Chase-Landsdale, L. (1991). Teenage childbearing: Effects on children. In R. M. Lerner, A. C. Peterson, & J. Brooks-Gunn (Eds.), *Encyclopedia of adolescence* (pp. 103–6). New York: Garland.

Brooks-Gunn, J., & Chase-Landsdale, L. (1995). Adolescent parenthood. In M. Bornstein (Ed.), *Handbook of parenting* (pp. 113–50). New York: Wiley.

Brooks-Gunn, J., & Furstenberg, F. F. (1986). The children of adolescent mothers: Physical, academic, and psychological outcomes. *Developmental Review, 6*, 224–51.

Burchinal, M. R., Follmer, A., & Bryant, D. M. (1996). The relations of maternal social support and family structure with maternal responsiveness and child outcomes among African American families. *Developmental Psychology, 32*, 1073–83.

Carter, S., Osofsky, J. D., & Hann, D. M. (April, 1991a). *Maternal depression and affect in adolescent mothers and their infants*. Paper presented at the Biennial Meeting of the Society for Research in Child Development, Seattle.

Carter, S., Osofsky, J. D., & Hann, D. M. (1991b). Speaking for baby: Therapeutic interventions with adolescents mothers and their infants. *Infant Mental Health Journal, 12*, 291–301.

Chalk, R., & King, P. (1998). *Violence in families: Assessing prevention and treatment programs*. Washington, DC: National Academy Press.

Chase-Landsdale, L., Brooks-Gunn, J., & Palkoff, R. L. (1991). Research programs for adolescent mothers: Missing links and future promises. *Family Relations, 40*, 1–8.

Clarke-Stewart, K. A. (1980). The father's contribution to children's cognitive and social development in early childhood. In F. Pederson (Ed.), *The father–infant relationship*. New York: Praeger.

Cochran, M. (1993). Parenting and personal social networks. In T. Luster & L. Okagaki (Eds.), *Parenting: An ecological perspective* (pp. 149–78). Hillsdale, NJ: Lawrence Erlbaum Associates, Inc., Publishers.

Cochran, M., & Brassard, J. (1979). Child development and personal social networks. *Child Development*, 50, 609–15.

Cochran, M., Lerner, M., Riley, D., Gunnarsson, L., & Henderson, C. R., Jr. (1990). *Extended families: The social networks of parents and their children*. New York: Cambridge University Press.

Cochran, M., & Niego, S. (1995). Parenting and social networks. In M. Bornstein (Ed.), *Handbook of parenting* (pp. 393–418). Mahwah, NJ: Erlbaum.

Cohn, J. F., & Tronick, E. Z. (1983). Three-month-old infants' reaction to simulated maternal depression. *Child Development, 54*, 185–93.

Collins, W. A., & Russell, G. (1991). Mother-child and father-child relationships in middle childhood and adolescence: A developmental analysis. *Developmental Review, *11*, 91–136.

Cramer, B., & Brazleton, T. B. (1990). *The earliest relationship*. New York: Addison Wesley.

Crnic, K., & Greenberg, M. (1987). Maternal stress, social support, and coping: Influences on early mother–child relationship. In C. Boukydis (Ed.), *Research on support for parents and infants in the postnatal period* (pp. 25–40). Hillsdale, NJ: Erlbaum.

Crnic, K. A., Greenberg, M. T., & Slough, N. (1986). Early stress and social support influences on mothers' and high-risk infants' functioning in late infancy. *Infant Mental Health Journal*, *7*, 19–33.

Crockenberg, S. (1981). Infant irritability, mother responsiveness, and social support influences on the security of infant–mother attachment. *Child Development*, *52*, 857–65.

Crockenberg, S. (1987). Support for adolescent mothers during the postnatal period: Theory and research. In C. F. Z. Boukydis (Ed.), *Research on support for parents and infants in the postnatal period* (pp. 3–24). Hillsdale, NJ: Erlbaum.

Crockett, L. J., Eggebeen, D. J., & Hawkins, A. J. (1993). Fathers' presence and young children's behavioral and cognitive adjustment. *Journal of Family Issues*, *14*, 355–77.

Cross, W. E. (1990). Race and ethnicity: Effects on social networks. In M. Cochran, M., Lerner, D., Riley, I., Gunnarson, & C. Henderson (Eds.), *Extending families: The social networks of parents and their children* (pp. 67–85). New York: Cambridge University Press.

Culp, R. E., Appelbaum, M. I., Osofsky, J. D., & Levy, J. A. (1988). Adolescent and older mothers: Comparison between prenatal maternal variables and newborn interaction measures. *Infant Behavior and Development*, *11*, 353–62.

Das Eiden, R., & Leonard, K. E. (1996). Paternal alcohol use and the mother–infant relationship. *Development and Psychopathology*, *8*, 307–23.

Dix, T. (1991). The affective organization of parenting. *Psychology Bulletin*, *110*, 3–25.

East, P. L., & Felice, M. E. (1990). Outcomes and parent-child relationships of former adolescent mothers and their 12-year-old children. *Developmental and Behavioral Pediatrics*, *11*, 175–83.

Emde, R. N. (1980). Emotional availability: A reciprocal reward system for infants and parents with implications for prevention of psychosocial disorders. In P. M. Taylor (Ed.), *Parent–infant relationships* (pp. 87–115). New York: Grune & Stratton.

Erikson, E. H. (1950). *Childhood and society*. New York: Norton.

Fick, A., Osofsky, J. D., & Lewis, M. L. (1997). Perceptions of violence: Children, parents, and police officers. In J. D. Osofsky (Ed.), *Children in a violent society* (pp. 261–76). New York: Guilford Publishers.

Field, T. (1995). Psychologically depressed parents. In M. Bornstein (Ed.), *Handbook of parenting* (Vol. 4, pp. 85–100). Mahwah, NJ: Erlbaum.

Field, T., Healy, B., Goldstein, S., & Guthertz, M. (1990). Behavior-state matching and synchrony in mother-infant interactions on nondepressed versus depressed dyads. *Developmental Psychology*, *26*, 7–14.

Field, T., Morrow, C., & Adelstein, D. (1993). "Depressed" mothers' perceptions of infant behavior. *Infant Behavior and Development*, *16*, 99–108.

Field, T. M., Widmayer, S. M., Stringer, S., & Ignatoff, E. (1980). Teenage, lower class, black mothers and their pre-term infants: An intervention and developmental follow-up study. *Child Development*, *51*, 426–36.

Fonagy, P. (1998, April). *Early influence on development and social inequalities: An attachment theory perspective*. Paper presented at Kansas Conferences on Health and Its Determinants, Wichita, Kansas.

Fraiberg, S., Adelson, E. & Shapiro, V. (1975). Ghosts in the nursery: A psychoanalytic approach to the problems of impaired infant-mother relationships. *Journal of the American Academy of Child Psychiatry*, *14*, 387–421.

Furstenberg, F. F., Jr., Brooks-Gunn, J., & Chase-Landsdale, L. (1989). Teenaged pregnancy and childbearing. *American Psychologist*, *44*, 313–20.

Furstenberg, F. F., Jr., Brooks-Gunn, J., & Morgan, P. (1987). *Adolescent mothers in later life*. New York: Cambridge University Press.

Garbarino, J., Dubrow, N., Kostelny, K., & Pardo, C. (1992). *Children in danger: Coping with the consequences of community violence*. San Francisco, CA: Jossey-Bass.

Garcia-Coll, C. T., Hoffman, J., & Oh, W. (1987). The social ecology and early parenting of Caucasian adolescent mothers. *Child Development*, *58*, 955–62.

Garmezy, N., & Rutter, M. (Eds.). (1983). *Stress, coping and development*. New York: McGraw-Hill.

Gelfand, D. M., & Teti, D. M. (1990). The effects of maternal depression on children. *Child Psychology Review*, *10*, 329–53.

Gonzales, N. A., Cauce, A. M., Friedman, R. J., & Mason, C. A. (1996). Family, peer, and neighborhood influences on academic achievement among African-American adolescents: One-year prospective effects. *American Journal of Community Psychology*, *24*, 365–87.

Gopfert, M., Webster, J., & Seeman, M. V. (1996). *Parental psychiatric disorders*. New York: Cambridge University Press.

Grossman, F. K., Pollack, W. S., & Golding, E. (1988). Fathers and children: Predicting the quality and quantity of fathers' involvement. *Developmental Psychology*, *24*, 82–91.

Groves, B. M., & Zuckerman, B. (1997). Interventions with parents and caregivers of children who are exposed to violence. In J. D. Osofsky (Ed.), *Children in a violent society* (pp. 183–201). New York: Guilford Publishers.

Hann, D. M., Castino, R. J., Jarosinski, J., & Britton, H. (1991, April). Relating mother-toddler negotiation patterns to infant attachment and maternal depression with an adolescent mother sample. In J. D. Osofsky & L. Hubbs-Tait (Chairs), *Consequences of adolescent parenting: Predicting behavior problems in toddlers and preschoolers*. Symposium conducted at the biennial meeting of the Society for Research in Child Development,

Seattle.

Hann, D. M., Osofsky, J. D., & Culp, A. M. (1996). Relating the adolescent mother-child relationship to preschool outcomes. *Infant Mental Health Journal, 17*, 302–9.

Hann, D. M., Robinson, J. L., Osofsky, J. D., & Little, C. (1991, April). *Emotional availability in two caregiving environments: Low risk adult mothers and socially at-risk adolescent mothers*. Paper presented at the biennial meeting of Society for Research in Child Development, Seattle.

Hanshaw, C., & Frazier-Thompson, M. D. (1996, November). *Fathers raising children with special needs: The role of social capital*. Paper presented at the National Council on Family Relations, 58th Annual Conference, Kansas City, Missouri.

Hashima, P. Y., & Amato, P. R. (1994). Poverty, social support, and parental behavior. *Child Development, 65*, 394–403.

Homel, R., Burns, A., & Goodnow, J. (1987). Parental social networks and child development. *Journal of Social and Personal Relationships, 4*, 159–77.

Horn, W. (in press). Fathering Infants. In J. D. Osofsky & H. Fitzgerald (Eds.), *WAIMH handbook of infant mental health*. New York: Wiley.

Hossain, Z., Field, T., Gonzales, J., Malphurs, J., del Valle, C., & Pickens, J. (1994). Infants of "depressed" mothers interact better with their nondepressed father. *Infant Mental Health Journal, 15*, 348–57.

Hunter, A. G. (1997). Counting on grandmothers: Black mothers' and fathers' reliance on grandmothers for parenting support. *Journal of Family Issues, 18*, 251–69.

Jacobson, J. L., Jacobson, S. W., Sokol, R. J., Martier, S. S., & Ager, J. W. (1993). Prenatal alcohol exposure and infant information processing ability. *Child Development, 64*, 1706–21.

Jennings, K. D., Stagg, V., & Connors, R. E. (1991). Social networks and mothers' interactions with their preschool children. *Child Development, 62*, 966–78.

Kaplan-Sanoff, M. (1996). The effects of maternal substance abuse on young children: Myths and realities. In E. Erwin (Ed.), *Putting children first* (pp. 77–103). Baltimore, MD: Paul Brookes Publishers.

Kohn, M., & Wilson, M. N. (1995). Social support networks in the African American family: Utility for culturally compatible intervention. In M. N. Wilson (Ed.), *New directions for child development: Vol 68. African American family life: Its structural and ecological aspects* (pp. 5–21). San Francisco: Jossey-Bass Publishers.

Kohut, H. (1977). *The restoration of the self*. New York: International Universities Press.

Lally, J. R., Mangione, P. L., Honig, A. S., & Wittmer, P. S. (1988). More pride, less delinquency: Findings from the ten-year follow-up study of the Syracuse University Family Development Research Program. *Zero to Three, 8*(4) 13–18.

Lamb, M. E. (Ed.). (1987). *The father's role: Cross-cultural perspectives*. Hillsdale, NJ: Erlbaum.

Lamb, M. E., Hopps, K., & Elster, A. B. (1987). Strange situation behavior of infants with adolescent mothers. *Infant Behavior and Development, 10*, 39–48.

Lamb, M. E., Plecke, J. H., & Levine, J. A. (1985). The role of the father in child development: The effects of increased paternal involvement. In B. Lahey & E. E. Kazdin (Eds.), *Advances in clinical child psychology* (Vol. 8). New York: Plenum.

Laucht, M., Esser, G., & Schmidt, M. H. (1994). Parental mental disorder and early child development. *European Child and Adolescent Psychiatry, 3*, 124–37.

Lerman, R. I. (1993). A national profile of young unwed fathers. In R. I. Lerman & T. J. Ooms (Eds.), *Young unwed fathers* (pp. 27–51). Philadelphia: Temple University Press.

Lester, B. M., & Tronick, E. Z. (1994). Prenatal drug exposure and child outcome. *Special Issue of Infant Mental Health Journal, 15*.

Lorion, R., & Saltzman, W. (1993). Children's exposure to community violence: Following a path from concern to research to action. In D. Reiss, J. E. Richters, M. Radke-Yarrow, & D. Scharff (Eds.), *Children and Violence* (pp. 55–65). New York: Guilford.

Lynch, M., & Cicchetti, D. (1998). An ecological-transactional analysis of children and context: The longitudinal interplay among child maltreatment, community violence, and children's symptomatology. *Development and Psychopathology, 10*, 235–57.

Lyons-Ruth, K., Connell, D. B., & Grunebaum, H. U. (1990). Infants at social risk: Maternal depression and family support services as mediators of infant development and security of attachment. *Child Development, 61*, 85–98.

MacPhee, D., Fritz, J., & Miller-Heyl, J. (1996). Ethnic variations in personal social networks and parenting. *Child Development, 67*, 3278–95.

Margura, S., & Laudet, A. B. (1996). Parental substance abuse and child maltreatment: Review and implications for intervention. *Children and Youth Services Review, 18*, 193–220.

Main, M., & Hesse, E. (1990). Parent's unresolved traumatic experiences are related to infant disorganized attachment stories: Is frightened and/or frightening parental behavior the linking mechanism? In M. T. Greenberg, D. Cicchetti, & E. M. Cummings (Eds.), *Attachment in the preschool years: Theory, research, and intervention* (pp. 161–82). Chicago: University of Chicago Press.

Main, M., & Solomon, J. (1989). Procedures for identifying infants as disorganized disoriented during the Ainsworth Strange Situation. In M. T. Greenberg, D. Cicchetti, & E. M. Cummings (Eds.), *Attachment in the preschool years: Theory, research, and intervention* (pp. 121–60). Chicago: University of Chicago Press.

Marans, S., & Adelman, A. (1997). Experiencing violence in a developmental context. In J. D. Osofsky (Ed.), *Children in a violent society* (pp. 202–22). New York: Guilford Press.

Masten, A. (1997). *Resilience in children at risk*. In Research/Practice: A Publication from the Center for Applied Research and Educational Improvement. Minneapolis: College of Education and Human Development, University of Minnesota.

Masten, A. S., Best, K. M., & Garmezy, N. (1990). Resilience and development: Contributions from the study of children who overcome adversity. *Development and Psychopathology, 2,* 425–44.

Masten, A., Hubbard, J. J., Gest, S. D., Tellegen, A., Garmezy, N., & Ramirez, M. (in press). Competence in the context of adversity: Pathways to resilience and maladaptation from childhood to late adolescence. *Development and Psychopathology.*

Mayes, L. C. (1995). Substance abuse in parenting. In M. Bornstein (Ed.), *Handbook of parenting* (pp. 101–25). Mahwah, NJ: Erlbaum.

Mayes, L. C., & Bornstein, M. H. (1996). The context of development for young children from cocaine-abusing families. In P. M. Kato, & T. Mann (Eds.), *Handbook of diversity issues in health psychology* (pp. 69–95). New York: Plenum Press.

Mayes, L. C., Feldman, R., Granger, R. H., Haynes, O. M., Bornstein, M. H., & Schottenfeld, R. (1997). The effects of polydrug use with and without cocaine on mother-infant interaction at 3 and 6 months. *Infant Behavior and Development, 20,* 489–502.

McAdoo, H. P. (1988). Transgenerational pattern of upward mobility in African-American families. In H. P. McAdoo (Ed.), *Black families* (pp. 139–62). Newbury Park, CA: Sage.

McLoyd, V. C. (1995). Poverty, parenting and policy: Meeting the support needs of poor parents. In H. Fitzgerald, B. Lester, & B. Zuckerman (Eds.), *Children of poverty: Research, health, and policy issues* (pp. 269–303). New York: Garland Press.

Mejta, C. L., & Lavin, R. (1996). Facilitating healthy parenting among others with substance abuse or dependence problems: Some considerations. *Alcoholism Treatment Quarterly, 14,* 33–46.

Murray, L., & Cooper, P. (1997a). *Postpartum depression and child development.* New York: Guilford Press.

Murray, L., & Cooper, P. (1997b). The role of infant and maternal factors in post-partum depression, mother–infant interactions and infant outcome. In L. Murray & P. Cooper (Eds.), *Post-partum depression and child development* (pp. 111–35). New York: Guilford Press.

Murphy, L., & Moriarity, A. (1987). *Vulnerability, coping, and growth from infancy to adolescence.* New Haven, CT: Yale University Press.

Murphy, L., Pynoos, R. S., & James, C. B. (1997). The trauma/grief-focused group psychotherapy module of an elementary school-based violence prevention/intervention program. In J. D. Osofsky (Ed.), *Children in a violent society* (pp. 223–55). New York: Guilford Press.

National Survey of Children and Parents. (1991). "*Speaking of kids.*" National Commission on Children, Washington, DC.

Nitz, K., Ketterlinus, R. D., & Brandt, L. J. (1995). The role of stress, social support, and family environment in adolescent mothers' parenting. *Journal of Adolescent Research, 10,* 358–82.

Olds, D. L., Henderson, C. R., & Kitzman, R. N. (1994). Does prenatal and infancy nurse home visitation have enduring effects on qualities of parental caregiving and child health at 25 to 50 months of life? *Pediatrics, 93,* 89–98.

Olds, D. L., Henderson, C. R., Tatelbaum, R., & Chamberlain, R. (1988). Improving the life-course development of socially disadvantaged mothers: A randomized trial of nurse home visitation. *American Journal of Public Health, 78,* 1436–45.

Olds, D. L., Kitzman, H., Henderson, C., Hanks, C., Cole, R., Tatelbaum, R., McConnochie, M., Sidora, K., Luckey, D., Shaver, D., Engelhardt, K., James, D., & Barnard, K. (1997). Effect of prenatal and infancy home visitation by nurses on pregnancy outcomes, childhood injuries, and repeated childbearing. *Journal of the American Medical Association, 278,* 644–52.

Osofsky, H. J., & Osofsky, J. D. (1970). Adolescents as mothers: Results of a program for low-income pregnant teenagers with some emphasis upon infants' development. *American Journal of Orthopsychiatry, 40,* 825–34.

Osofsky, J. D. (1991). *A preventive intervention program for adolescent mothers and their infants.* Final report to the Institute of Mental Hygiene, New Orleans.

Osofsky, J. D. (1993). Applied psychoanalysis: How research with infants and adolescents at high psychosocial risk informs psychoanalysis. *Journal of the American Psychoanalytic Association, 41* (Supp.), 193–207.

Osofsky, J. D. (1995). The effects of exposure to violence on young children. *American Psychologist, 50,* 782–88.

Osofsky, J. D. (1996). Psychosocial risk for adolescent parents and infants: Clinical implications. In J. Noshpitz, S. Greenspan, S. Weider, & J. D. Osofsky (Eds.), *Handbook of child and adolescent psychiatry* (Vol. 1, pp. 177–90). New York: Wiley.

Osofsky, J. D. (1997). *Children in a violent society.* New York: Guilford Press.

Osofsky, J. D., Cohen, G., & Drell, M. (1995). The effects of trauma on young children: A case of two year old twins. *International Journal of Psychoanalysis, 76,* 595–607.

Osofsky, J. D., & Eberhart-Wright, A. (1988). Affective exchanges between high risk mothers and infants. *International Journal of Psychoanalysis, 69,* 221–32.

Osofsky, J. D., & Eberhart-Wright, A. (1992). Risk and protective factors for parents and infants. In G. Suci & S. Robertson (Eds.), *Human development: Future directions in infant development research* (pp. 29–35). New York: Springer-Verlag.

Osofsky, J. D., Eberhart-Wright, A., Ware, L. M., & Hann, D. M. (1992). Children of adolescent mothers: A group at risk for psychopathology. *Infant Mental Health Journal, 13,* 119–31.

Osofsky, J. D., & Fenichel, E. (Eds.) (1994). *Caring for infants and toddlers in violent environments: Hurt, healing, and hope.* Arlington, VA: Zero to Three/National Center for Clinical Infant Programs.

Osofsky, J. D., Wewers, S., Hann, D. M., & Fick, A. C. (1993). Chronic community violence: What is happening to our children? *Psychiatry, 56,* 36–45.

Palm, G. F. (1997). Promoting generative fathering through parent and family education. In A. J. Hawkins & D. C. Dollahite (Eds.), *Current issues in the family series: Vol. 3, Generative fathering: Beyond deficit perspectives* (pp. 167–82). Thousand Oaks, CA: Sage.

Parke, R. D. (1981). *Fathers*. Cambridge, MA: Harvard University Press.

Parke, R. D. (1995). Fathers and families. In M. H. Bornstein (Ed.), *Handbook of parenting* (Vol. 3, pp. 27–63). Mahwah, NJ: Erlbaum.

Pellegrini, D. S., Masten, A. S., Garmezy, N., & Ferrarese, M. J. (1987). Correlates of social and academic competence in middle childhood. *Journal of Child Psychology and Psychiatry, 28*(5), 699–714.

Power, T. G., & Parke, R. D. (1982). Play as a context for early learning: Lab and home analyses. In I. E. Siegal & L. M. Laosa (Eds.), *The family as a learning environment* (pp. 147–78). New York: Plenum.

Prothrow-Stith, D. (1998, May). *Violence prevention: A public health mandate to save our children*. Paper presented at the American Psychiatric Association Meeting, Toronto, Canada.

Radin, N. (1993). Primary caregiving fathers in intact families. In A. Gottfried & A. Gottfried (Eds.), *Redefining families* (pp. 11–54). New York: Plenum.

Radke-Yarrow, M., Cummings, E. M., Kuczynski, L., & Chapman, M. (1985). Patterns of attachment in two- and three-year-olds in normal families and families with parental depression. *Child Development, 56*, 884–93.

Richters, J. E., & Martinez, P. (1993). The NIMH community violence project: I. Children as victims of and witnesses to violence. *Psychiatry, 56*, 7–21.

Riley, D. (1990). Network influences on father involvement in childrearing. In M. Cochran, M. Larner, D. Riley, L. Gunnarson, & C. Henderson, Jr. (Eds.), *Extending families: The social networks of parents and their children* (pp. 131–53). New York: Cambridge University Press.

Rogosch, F. A., Cicchetti, D., Shields, A., & Toth, S. (1996). Parenting dysfunction in child maltreatment. In M. Bornstein (Ed.), *Handbook of parenting* (Vol. 4, pp. 127–62). Mahwah, NJ: Erlbaum.

Russell, G., & Russell, A. (1987). Mother–child and father–child relationships in middle childhood. *Child Development, 58*, 1573–85.

Rutter, M. (1993). Resilience: Some conceptual considerations. *Contemporary Pediatrics, 11*, 36–48.

Schweinhart, J. L., Barnes, H., & Weikart, D. P. (1993). *Significant benefits: The High/Scope Perry School Study through Age 27*. Ypsilanti, MI: High/Scope Press.

Sorce, J., Emde, R. N., Campos, J., & Klinnert, M. D. (1985). Maternal emotional signaling: Its effect on the visual cliff behavior of 1-year-olds. *Developmental Psychology, 21*, 337–41.

Spieker, S. (1989). *Mothering in adolescence: Factors related to infant security*. (Grant No. MC-J-50535). Washington, DC: The Maternal and Child Health and Crippled Children's Services.

Spitz, R. (1945). Hospitalism: An inquiry into the genesis of psychiatric conditions in early childhood. *Psychoanalytic Study of the Child, 1*, 53–74.

Spitz, R. (1946). Anaclitic depression: An inquiry into the genesis of psychiatric conditions in early childhood II. *Psychoanalytic Study of the Child, 2*, 313–42.

Stern, D. (1985). *The interpersonal world of the infant*. New York: Basic Books.

Stern, D. (1990). *The diary of a baby*. New York: Basic Books.

Stevens, J. H., Jr. (1984). Child development knowledge and parenting skill. *Family Relations, 33*, 237–44.

Stolorow, R. D., Brandchaft, B., & Atwood, G. E. (1987). *Psychoanalytic treatment: An intersubjective approach*. Hillsdale, NJ: Analytic Press.

Struthers, J. M., & Hansen, R. L. (1992). Visual recognition memory in drug exposed infants. *Journal of Developmental and Behavioral Pediatrics, 13*, 108–11.

Taylor, R. D. (1997). The effects of economic and social stressors on parenting and adolescent adjustment in African-American families. In R. D. Taylor & M. C. Wang (Eds.), *Social and emotional adjustment and family relations in ethnic minority families*. Mahwah, NJ: Erlbaum.

Taylor, R. J., Chatters, L. M., Tucker, M. B., & Lewis, E. (1990). Developments in research on Black families: A decade review. *Journal of Marriage and the Family, 52*, 993–1014.

Thompson, M. S., & Peebles-Wilkins, W. (1992). The impact of formal, informal, and societal support networks on the psychological well-being of Black adolescent mothers, *Social Work, 37*, 322–8.

Tietjen, A. (1985). Relationships between the social networks of Swedish mothers and their children. *International Journal of Behavioral Development, 8*, 195–216.

Tronick, E. Z., & Gianino, A. F., Jr. (1986). The transmission of maternal disturbance to the infant. In E. Z. Tronick & T. M. Field (Eds.), *Maternal depression and infant disturbance, new directions for child development* (pp. 61–82). San Francisco: Jossey-Bass.

U.S. Department of Commerce. (1993). *We the American children*. Economics and Statistics Administration, Bureau of the Census. Washington DC: Government Printing Office.

Voight, J. D., Hans, S. L., & Bernstein, V. J. (1996). Support networks of adolescent mothers: Effects on parenting experience and behavior. *Infant Mental Health Journal, 17*, 58–73.

Weinberg, K., & Tronick, E. Z. (1997). Maternal depression and infant maladjustment: A failure of mutual regulation. In J. Noshpitz, S. Greenspan, J. D. Osofsky, & Weider, S. (Eds.), *Handbook of child and adolescent psychiatry* (Vol. 1, pp. 177–90). New York: Wiley Publishers.

Weinraub, M., & Gringlas, M. B. (1995). Single parenthood. In M. H. Bornstein (Ed.), *Handbook of parenting* (Vol. 3, pp. 65–87). Hillsdale, NJ: Lawrence Erlbaum Associates, Inc., Publishers.

Werner, E. E. (1984). Resilient children. *Young Children, 40*, 68–72.

Werner, E. E. (1994). Overcoming the odds. *Journal of De-*

velopmental and Behavioral Pediatrics, 15, 131–6.
Werner, E. E., & Smith, R. S. (1982). *Vulnerable but invincible: A study of resilient children*. New York: McGraw-Hill.
Wilson, M. N., & Tolson, T. F. J. (1990). Familial support in the Black community. *Journal of Clinical Child Psychology*, 19, 347–55.
Winnicott, D. (1953). *Collected papers: Through pediatrics to psychoanalysis*. New York: Basic Books.
Winnicott, D. (1965). *The maturational processes and the facilitating environment*. Madison, CT: International Universities Press.
Yogman, M. W. (1983). Development of the father-infant relationship. In H. Fitzgerald, B. Lester, & M. W. Yogman (Eds.), *Theory and research in behavioral pediatrics* (Vol. 1) New York: Plenum.
Zahn-Waxler, C., Kochanska, G., Krupnick, J., & McKnew, D. (1990). Patterns of guilt in children of depressed and well mothers. *Developmental Psychology*, 26, 51–9.
Zuckerman, B., Bauchner, H., Parker, S., & Cabral, H. (1990). *Maternal depressive symptoms during pregnancy and newborn irritability*. Unpublished manuscript, Boston Medical Center.
Zuravin, S. J. (1989). Severity of maternal depression and three types of mother-to-child aggression. *American Journal of Orthopsychiatry*, 59, 377–89.

参考文献

第4章 早期风险的人类生态学

詹姆斯·加巴里诺(JAMES GARBARINO)
芭芭拉·甘泽尔(BARBARA GANZEL)

生态学观点将儿童的发展性风险分为两种,第一种把儿童看作生物有机体,儿童与社会环境间的相互作用就是早期风险的来源,第二种风险则来自儿童所在社会环境中各社会系统间的相互作用。人类生态学既关注外在的社会环境因素,也关注儿童每天所面临的家庭因素,这种双重视角既是人类生态学的可贵之处,也是它具有挑战性的地方。利用这一观点解决实际问题比理论研究需要更多的时间和精力。

生态学是研究有机体和环境之间关系的学科,生态学家探索并描述个体与环境之间相互塑造的过程。例如,生物学家研究动物的栖息地、食物、捕食者和群体生活,人类发展学研究者则主要研究人们如何在社会环境中生活和成长。动物生态学研究者要理解有机体的目的性动作,人类生态学家需要更进一步探索有机体和环境之间的复杂现象,包括社会现象和心理现象。

高危儿童的生活环境包括家庭、朋友、邻居、教会、学校,还包括人文、地理、气候以及很少与儿童有直接联系的社会环境(如法律、制度、价值观等)和物理环境。生态学研究的前沿问题就包括这些生活环境和物理环境与个体间的相互影响。既关注个体本身又关注个体所处的环境,是生态学最主要的特点。总而言之,生态学观点强调个体在环境中的发展。

从生态学角度来讲,儿童的发展既源于生物和社会的相互作用,也源于儿童与这个世界的相互影响。帕萨玛尼克(Pasamanick,1987)把它称作"社会生物学"。它不同于生物社会学,生物社会学强调基因决定着社会行为(Wilson,1978),而社会生物学关注生物现象的社会起源(例如,未成年人患病率受贫穷影响)。不过,社会生物学和生物社会学并不是相互排斥的,社会现象和生物现象有共通之处,基因的改变和有机体行为的改变是相辅相成的(Wilson,1978)。根深蒂固的遗传特性影响着有机体的存活,而且这个特定的遗传模式可能会遗传给存活下的后代。

受儿童身心特点和社会环境的影响,儿童面临着不同的发展机遇与风险。社会环境会影响儿童的身心发展,这些影响可能是消极的(例如,贫困对婴儿出生体重的影响,工业致癌物质对基因突变的影响),也可能是积极的(例如,给有遗传缺陷的胎儿做宫内手术或者营养治疗)。如果用心理学或社会学术语表达这些社会环境影响因素,那就是儿童发展的社会文化机遇与风险。

儿童发展的机遇是指儿童在成长期间,可以获得同时满足他们需要又符合实际发育水平的物质、精神和社会方面的支持。对于每一个儿童来说,最适合的发展机遇莫过于适合他们的实际情况、能满足他们的需要,当环境发生变化时,发展机遇又能不断调整以满足儿童新的需要。要进行干预的情况有很多,有可能是在恶性事件之后,也有可能是在其他事件的情况恶化之后。例如,有研究者通过分析发现,20世纪30年代的经济危机对儿童发展造成了非常大的消极影响(Elder,1974)。布朗芬布伦纳(Bronfenbrenner,1986)证明,在城市生活压力中,家庭不幸对青少年的影响是最消极的,但是这种情况对部分未成年人来说也是一种激励。一些未成年人甚至可以从父亲失业这件事上获益,因为这可以使他们的责任感得到加强。

儿童发展的风险既可以是直接的威胁,也可以是不合常理的、意想不到的威胁。除了易察觉的生物风险(如营养不良或者受伤)外,社会文化风险也影响着个体发展,我们将此定义为社会风险(Garbarino,1995)。例如,经济不平等、文化侵略、种族歧视可能会剥夺儿童茁壮成长的机会。当儿童的发展受到社会文化风险威胁时,及时恰当的早期干预可以改善并促进儿童的发展。因此,了解社会文化机遇与风险对儿童发展的影响和社会支持系统的意义也是人类生态学的核心观念。

在此,我们的目标是利用系统的方法来了解我们所处环境的复杂性,了解生态、心理、社会和文化因素对儿童早期发展风险的相互作用以及改善方式。系统的方法可以帮助我们发现那些看似不相关的事物间的联系,也可以帮助我们识别出那些看似易行有效,但实际会使情况更糟的干预方式。福里斯特(Forrester,1969)指出,城市里的一些自发更新举措可能造成社会环境退化。因为各个系统是相互联系的,所以系统之间相互影响(反馈)。许多最有效的解决办法往往不是显而易见的,很可能在一开始还被我们认为是无效的。生态学的第一法则就是"你永远不能只做一件事"(Hardin,1966)。

例如,虽然从1961年开始,"抚养未成年儿童家庭援助计划"(Aid to Families with Dependent Children,AFDC)的联邦资金就通过儿童家庭寄养体系进行家外安置计划,但儿童家庭寄养体系与未成年儿童家庭援助计划之间的关系在很大程度上还是被政策制定者所忽略(Courtney,1995)。在过去的20年间,家庭寄养的需求越来越大,与此同时,关于儿童被虐待和使用可卡因的报道也越来越多。1979—1989年,在加利福尼亚州接受家庭寄养的儿童数上升了82%(Yancey,1995)。1992年,全国约有50万儿童被寄养(Courtney,1995)。福利制度改革导致资金减少(公法104-193,即《个人责任与工作机会协调法案》(Personal Responsibility and Work Opportunity Reconciliation Act,1996)),每个州大多数的儿童保护资金会被转移到家外安置,这对当时的儿童福利制度造成灾难性影响(Meezan & Giovannoni,1995)。系统间的互动确保了每一个行为都会有相应的反馈甚至产生意想不到的结果。随着研究的深入,我们更能体会到环境中各系统间的联系。

随着个体的发展,他们对世界的影响越来越大。刚出生的婴儿虽然可以影响母亲的喂养姿势,但受限于婴儿床和围栏,他们表达自己需求和想法的方式很有限。而十多岁的儿童有多种多样的交流方式,他们能影响更多人。青少年的世界更加宽广,更加丰富多彩,他们有能力影响这个世界。个体和环境通过相互作用不断协调彼此间的关系。当问到:"是甲导致了乙吗?"回答常常是"看情况"(Garbarino & Associates,1992)。如果我们不知道与一个生物体相关的其他系统的情况,就不能很有把握地预测这一生物体的将来。我们常常会思考,儿童保育到底是促进还是限制孩子的发展?这决定于儿童的年龄、亲子关系、照料者和父母的关系以及照料者的积极性和保育能力,这些因素影响着儿童保育过程。简言之,视情况而定(Belsky,1986)。

我们要了解影响儿童发展的方方面面。例如,在美国当前的社会体制下,早期发展迟缓和智力缺陷的关系在不同社会阶层的体现是不同的。有研究表明,在8个月大的儿童中,底层阶级发育迟缓的儿童有 13% 智商不超过 79 或智龄低于四岁，中层阶级有 7%，上层阶级只有 2%（Willerman，Broman，& Fiedler，1970）。发育迟缓是否就预示着智力缺陷呢？这决定于儿童成长的家庭和社区环境。我们认为，与家庭状况相关联的社会阶层的影响力在某些社区的作用很大，在另外一些社区又很小。

借鉴布朗芬布伦纳的观点，我们可以把个体经历看作大系统中的子系统，就像嵌套结构"俄罗斯套娃"（Bronfenbrenner，1979）。在解决儿童发展的问题时，我们应该从子系统的内外去寻找症结和答案（Garbarino & Associate，1992）。当父母和家庭巡回护士就是否该对低年龄阶段的儿童实施体罚发生争执时，我们需要去了解该社区关于虐待儿童的法律和政策，考虑当前的社会文化是否认同体罚是一种恰当的早期教育方式，了解儿童与父母的内心世界，他们的意识、角色、潜在需要和动机，弄清楚为什么会发生这样的冲突，以及这种冲突是如何发生的。除此之外，还需要了解其他的相关系统（家庭、社会服务、社交网和经济）是如何发生相应变化的。这些因素是从生态学角度分析儿童发展风险的必要条件，它们在社会系统中紧密联系，因此早期干预可以发生在这个系统的任何一处，也可以从一个部分再转向另一个部分。

这种系统方法检验了环境在四个层次上从微观到宏观对个体产生的影响，之后会有详细说明（Bronfenbrenner，1979，1986；Garbarino & Associates，1992）。这里只是简要地介绍生态学和儿童早期发展风险的背景。

人类发展的生态环境

微观系统

微观系统是个体发展的直接环境。在微观系统中发生的每件事都能作为预测未来发展的线索，微观系统的发展就像个体发展一样，受内外因共同作用。微观系统的质量取决于它是否有可持续发展的能力，并且提供既能保证儿童发展需要又具有一定挑战性的环境。反过来，这种可持续发展的能力又取决于维果茨基提出的最近发展区（Vygotsky，1934）。最近发展区（Zone of Proximal development）指的是儿童能独立完成的任务（实际发展水平）与儿童在他人帮助指导下完成的任务（潜在发展水平）之间的区域。

儿童能掌控和需要的事物比婴儿多，而青少年能掌控和需要的事物又比儿童多。衡量个体社会财富的标准是判断他在娱乐、工作、情感方面的社会关系是否满足持久、互惠、多层面等原则。社会关系和个体一样是处于不断变化的状态，所以衡量的标准也在不断发生变化。发展风险还被定义为虐待、忽视、物质匮乏以及那些阻碍儿童发展的压力和障碍（Garbarino Guttmann，& Seeley，1986）。

同一个儿童保育中心在六月和九月对婴儿发展的影响都存在差别，家里第一个出生的孩子和后来出生的孩子对家庭环境的感受也不同。当然，孩子们自己和环境中的其他因素也在变化和发展。值得注意的是，我们把微观系统定义为发展中的个体所经历的一种模式。个体影响着他们所处的微观系统，反过来微观系统也影响着个体。每一个参与者都在社会场景中起作用，无论是现象学记录还是未来映射。

中观系统

中观系统是个体各微观系统之间的联系。它们彼此联系构成了一个系统。判断中观系统是否丰富的标准是它所包含的关系的数量和质量。以一个婴儿的保育小组和他(她)的家庭为例,我们会问,保育人员会到家里来拜访吗?婴儿的父母知道儿童在保育中心的朋友吗?在保育中心的父母们互相认识吗?如果只有一个答案是肯定的,那么这个中观系统就很脆弱,而且这个脆弱的中观系统会将儿童置于发展风险之中。研究表明,中观系统的力量就是把干预实施的环境和个体常在的环境联系起来,这种力量对产生干预效果并长期维持干预效果是非常重要的(Whittaker, 1983)。

外层系统

儿童虽未直接参与外层系统,但是外层系统同样影响着儿童的发展。对大多数儿童来说,最核心的外层系统包括父母的工作环境(一般说来,大多数儿童并不会参与父母的工作)以及相关部门(如教育委员会、教会理事会、所做决定会影响日常生活的规划委员会)。同样一个环境,对于儿童来说可能是外层系统,但对于父母来说就是微观系统,反之亦然。因此,干预的目标之一就是要把外层系统转变为微观系统,让被孤立的、被剥夺合法权利的、对自己无掌控感的儿童更多地参与成为惯例(例如,让父母去保育中心参观或者在父母工作单位设立保育场所)。

在外层系统中,儿童发展的机遇与风险来自两方面。第一是父母或其他重要人物在与儿童共处的微观系统中,降低或提高他们的行为频率,导致儿童发展的机遇和风险改变。例如,儿童父母的工作会影响生活条件,失业、低收入、长时间工作或工作时间不稳定、出差或压力会使生活品质降低,而高收入、稳定的工作时间、善解人意的上司或者抚养儿童的生活补助会提高生活品质(Brofenbrenner & Crouter, 1982)。第二,儿童在外层系统的发展机遇与风险由社会环境决定,社会政策的内容和导向会影响儿童和家庭的日常生活。例如,立法机关暂停早期干预项目的资金,会危害到儿童的发展;政府工作人员提高父母的健康服务或者在高危社区开设专门的儿童保育机构,会促进儿童的发展(或者减少婴儿的死亡率、患病率)。

阿尔比(Albee, 1980)把人们对生活的无力感作为导致发育受损和精神障碍的主要因素。公共政策带来的无力感对个体影响非常大,甚至会决定人们的命运。例如,父母有能力让体弱多病的儿童接受特殊教育与治疗。在许多情况下,来自外层系统的儿童发展机遇与风险都是与政策相关的事务。

生态学强调与个体并不直接相关的环境对个体发展的重要影响。下面的例子就说明了社会政策和儿童发展间的关系。由于企业收购,董事会决定调整运营方式,于是数百个有孩子的家庭被迫搬去其他地区,面对不断上涨的社会需要,该地区社会服务资金开始不足,资源紧缺。父母失去了工作,也就失去了医疗保险,产前检查和婴儿的例行检查的质量下降,婴儿死亡率随之升高。这是关于外层系统作用的一个经典例证,它强调了外层系统在着手开展关于高危儿童的日常早期干预工作时可以从哪些方面入手。

在生态学观点中,如果风险超出了个体本身和家庭动态的范围,这既是儿童发展模式的原因,也是社会文化力量的反映。马克·吐温(Mark Twain)说过:"如果你仅有锤子作为工具,那么你会倾向于把所有问题看作钉子。"如果只把眼光局限在一个方面,会妨碍早期干预的有效进行。因此,我们要考虑到积极的一面,如果你把所有的问题都看作钉子,那么你所要做的就是找到锤子。只从机体动力学或人际动力学的角度看待高危儿童,会妨碍我们从其他渠道了解高危儿童,也许打开思路可以改善这一问题。这个观点为我们讨论早期干预提供了有力指导。

宏观系统

中观系统和外层系统处于特定文化和亚文化意识形态模式、人口学模式和制度模式中。这些模式就是宏观系统,相当于人类发展的社会生态学蓝图,反映了人们对事物的预想。例如,事情应该怎么去做,而制度就相当于这种预想。宏观系统是意识形态的具体体现,宗教就是宏观系统中一个很经典的例子,因为宗教涉及有关世界的定义及影响这个定义的一系列典章:既有理论,也有一系列任务、规则、建构和规划。

宏观系统会涉及世界的总体组成是什么或者可能是什么。历史的变迁会表明这些可能是真实的,以及它们发生的各次进化(许多个体的行为受普遍发生的事实影响)或者革命(戏剧化的变革往往由小人物引起)。过去,社会问题的解决是自上而下的,而现在政府都要开创意义重大的社会项目,同时还要解决贫困问题,两者若有其一做不好,就会造成失业和物价失控(Fried, 1995;Atherton, Raymond, & Roff, 1993)。

在美国,"底层阶级"中的高危家庭逐渐增加(Lemann, 1986;Wilson, 1987),这对早期干预的需求和预测产生了巨大影响。一些贫穷社区中的婴幼儿死亡率高出平均水平。为了让早期干预在高危生态位发生效用,必须把生态转换作为目标。例如,康奈尔家庭生活发展中心(Cornell Family Life Development Center)的产前和婴儿早期计划(Prenatal and Early Infancy Project)了一个随机试验,在纽约埃尔迈拉这一经济最不发达且虐待或忽视儿童的比例最高的地区,增加家庭巡回护士拜访的频率(Olds, Henderson, Tatelbaum, & Chamberlin, 1988)。中心给所有参与研究的家庭提供免费的定期产前检查、发育筛查和转诊,以及健康儿童等保健服务。在对照组中还通过家庭巡回护士给怀孕家庭和有两岁以下儿童的家庭提供全面的支持,目的是提高母亲的健康水平,促进父母养育水平的发展,促进父母的个人发展,建立正式和非正式的家庭支持系统(Olds, Henderson, Chamberlin, & Tatelbaum, 1994)。

15年后的随访发现(Olds, Eckenrode, Henderson, Kitzman, Powers, Cole, Sidora, Morris, Pettit, & Luckey, 1997;Olds, Henderson, Cole, Eckenrode, Kitzman, Luckey, Pettitt, Sidora, Morris, & Powers, 1998),接受巡回护士家访的家庭比没有家访护士的对照组家庭在虐待和忽视儿童方面的报告率少58%,儿童被捕率少54%。接受巡回护士家访的贫困未婚妈妈平均少生了0.5个孩子,减少了69%的被捕率和79%的犯罪行为,并且少接受30个月的家庭抚养儿童组织的帮助。当这些措施被运用于评估研究环境中,它们就可以作为推动早期干预的生态效度科学的转换实验(Bronfenbrenner, 1979)。

生态学的观点有助于人们明确早期干预的定义和评估方式,促进人们了解早期干预。生态学给了我们一张社会地图,让我们在复杂的环境中探索。它帮助我们看到了环境中的关系(潜在的和实际的)。例如,有些是相互促进的,而另一些是相互竞争的。它还帮助我们发现影响儿童发展的各种原因,并指导我们找到相应的策略。生态学观点给我们提供了一个框架,让我们去思考影响儿童发展的问题和社会原因是什么,我们又该怎么做,如何建立起儿童的发展环境和干预的微观系统、中观系统、外层系统和宏观系统间的联系。这常提醒我们"视情况而定"并鼓励我们去探索"问题发生在什么情境"。

美国幼儿早期的经济背景和人口统计学背景

在之前的内容中,我们已经讨论过儿童发展所处的四个社会系统,接下来要讨论的是在人类生态学中儿童发展的风险来源。要了解这一点就必须结合美国现在的经济趋势,分析儿童早期发展风险的社会历史因素,尤其是他们对儿童的经历和今后发展的影响。

20世纪70年代,在评估社会环境对家庭的不良影响时,把经济贫困当做主要的风险来源(National Academy of Sciences, 1976; Keniston, 1977)。20年间,幼儿的经济地位不断下降。与以往不同的是,美国通常是孩子年龄较小的家庭经济窘迫。例如,1993年,大约26%的6岁以下儿童生活贫困(Hembroke, Morris, & Bronfenbrenner, 1996),而当年各年龄段的贫困人口只占总人口的13%(McClelland, 1996)。对于非裔和西班牙裔美国人,这个比例更高。1994年,6岁以下的白人儿童贫困率大约是20%,西班牙裔儿童贫困率是45%,非裔儿童贫困率是53%(Hembroke et al., 1996)。20世纪80年代,社会开始关注这一群体,把它们称作"底层阶级"。但是现在这个群体还处于高危状态,尤其是处于暂时性贫困时,孩子又刚好出生,会给家庭带来更大的经济压力。当然,因为白人家庭占人口多数,所以60%处于贫困的儿童是白人(Hembroke et al., 1996)。

虽然长期贫困严重威胁到儿童福利,而突发的贫困则在我们这个社会更常见。在20世纪80年代后期,许多研究预测将来1/4的儿童会生活在贫困中,尤其是单亲家庭的儿童(Garbarino, 1995)。此外,单亲常常意味着贫困,将成为一种社会现象。每两位儿童就有一位在18岁之前的某一时点处于单亲状态。研究还预测,失业的爆发会持续导致长期的失业或者不充分就业,并成为居住在市中心贫民区的底层阶级的主要特征。这些预测在20世纪90年代被证实了。

1993年,1/4的6岁以下儿童处于贫困线之下(550万)。1970—1995年,需要现金救助的家庭数量上升了10%,在此期间,公共救助平均每月给每个家庭的救助金超过650美元(Hembroke, Morris, & Bronfenbrenner, 1996),这些数据反映出1996年福利改革法案之前的社会背景。福利改革法案减少了平均给每个家庭的救助额度。例如,纽约的新政策计划在前四年中减少几乎一半的救助(Kilborn, 1996)。

人们针对这些会将失业转化为儿童发展风险的确切过程展开了激烈的辩论,但是人们一致认为要解决突发性贫困是一项挑战,因为要满足个人、家庭和社会三方面的诉求(Fisher & Cunningham, 1983)。虽然失业和儿童发展风险之间的联系不是直接的,但是失业对儿童的发展依然影响巨大。

失业会消耗资源,而且会使人的心理健康和幸福感都处于低水平。从传统角度来说,男性的认同感、父母的地位与工作紧密相关。失业则会降低这种认同感,使其变得含糊不清,甚至增加家庭冲突。影响心理健康的因素来自于现实,有工作是获得基本健康和福利保障的重要条件。

失业所带来精神和家庭经济的双重危机,会增加儿童发展风险,或者降低有效观察和改善这种风险的可能性。

对处于就业边缘化的工人们来说,稳定的工作非常重要,因为他们的储蓄很少甚至没有。经济劣势更体现出社会资源的重要性,这些重要性会在后面的章节介绍。在政治可容忍的范围内已经有了稳定增长的"正常"失业,从 1950 年的 4% 到 1993 年的 6.8%(McClelland, 1996)。实际上,这个数据可能还要更多,因为统计时没有纳入那些太消极以致不想工作的人,还有一些只做兼职工作的人。经济衰退发生后,失业率变成了两位数(10%甚至更多),个别地区超过 20%。经济萧条和衰退的情况以落入贫困线以下的人数上涨为特点,这也是导致人类生态学中儿童早期发展风险的主要原因(Bronfenbrenner, Moen, & Garbarino, 1984)。

除了已经证明的贫困和婴幼儿死亡率之间的关系以外,研究者还证实了经济贫困与儿童虐待之间的联系(Garbarino & Crouter, 1978a; Garbarino & Sherman, 1980; Garbine, Eckenrode, & the Family Life Development Center, 1996; Pelton, 1978; Steinberg, Catalano, & Dooley, 1981)。研究表明,在个体层面和社会层面,低收入与儿童虐待相关,因此联邦资金支持研究儿童虐待率(包括各种形式的虐待和忽视)。1979 年,年收入低于 7 000 美元的家庭中每 1 000 个儿童有 27.3 个遭受虐待,年收入为 15 000~24 999 美元的家庭中每 1 000 个儿童有 14.6 个遭受虐待,年收入在 25 000 美元以上的家庭中每 1 000 个儿童有 2.7 个遭受虐待(Garbarino et al., 1996)。从社会水平的研究说明了同样的问题(Garbarino & Crouter, 1978b),后面会有更详细的讨论。

1970—1989 年,工人在通货膨胀调整后的工资下降了 13%,成为更贫困的劳动力(McClelland, 1996)。更令人不安的是,20 世纪八九十年代的经济复苏并没有改善"底层阶级"的境况,失业、贫困、逆境有持续发展的趋势(Wilson, 1987)。处于"底层阶级"的家庭和社区对早期干预服务的需求增加。例如,1986—1988 年,纽约的婴儿出生时的寄养安置增加了 3 倍(Wulcyn & Goerge, 1992),由于毒瘾和贫困,个别地区的增长率更高。

在一些工业化社会中,所有家庭都有权利得到孕妇和婴幼儿健康保障及抚养补贴,但是美国没有(Kahn & Kamerman, 1975; Kamerman & Kahn, 1976; Miller, 1987)。正如布朗芬布伦纳(Bronfenbrenner, 1986)指出,或许这就是美国收入状况或者社会经济状况与儿童发展有很高正相关的原因。也就是说,在美国,低收入对儿童发展的影响比其他国家更严重,因为美国的社会政策增大了家庭收入对得到预防和康复服务的冲击。

贫困在影响儿童发展的风险因素中占主体地位,而且这一情况在过度强调货币化的社会更加严重,低收入的工作在某些环境被解读成一种侮辱。这些经济边缘化的家庭在地理上集中成为社区,整个社区的经济情况都很贫困。例如,在克利夫兰,穷人居住的社区明显贫困的比例从 1960 年的 23% 上升到 1990 的 65%。当父母的收入不能满足日常生活需求时,儿童的花费就显得太多了。

在一个什么都要花钱,而且还越来越贵的国家,大多数家庭需要两份收入来维持生活,由于离异或者单亲,越来越多的家庭只有一份工资收入,造成这一情况的原因并不是 20 世纪 30 年代的经济不景气。那时大多数有孩子的家庭有两个成人,由于失业或者工资比男性低,妻子代表着未被利用的经济资源(Elder, 1974)。但是现在妻子的收入也被拿出来满足家庭的基本开销,因此妻子不再是 20 世纪 30 年代那种被保留的经济资源了。到 1992 年,75%生育过的女性进入职场,而且他们的孩子大多数在 6 岁以下(Cherlin, 1996)。另外,孩子是不断增长的经济负担,直接原因就是抚养他们的花费,间接原因就是他们给父母带来的收入损失(如下班后陪伴儿童的大量时间,这些时间折算下来是一笔不小的数目)。

传统经济学

当前的政治环境和传统经济思维影响着儿童发展风险与经济危机的关系(Garbarino,1995)。原因在于政治意识形态和传统经济思维影响着社会制度的制定。从生态学观点来看,传统经济学的构建与存在的基础关于价格、花费和价值的设想都是有缺陷的。

传统经济学没有意识到产品的材料基础和社会基础。劳资双方只有在传统经济学的抽象计算中才能完全互换。例如,农场不仅可以使农民获取收入,还是农民维持生活的条件。一个人用自动机械种植 10 000 英亩①农场和 100 个人用小型机械每人种植 100 英亩农场是不一样的。标准经济按照设想的行为或过程进行,这些行为或过程不能用价格来衡量,是无价的(例如,向河里倾倒污染物或者关闭那些即使是社会的发展之源但经济收益不大的企业)。经济学家把它们称作外部效应,它们是企业直接成本之外的消费。社会成本和材料成本被推向了公众,尤其是特定的社区和家庭。传统经济学告诉我们,假定这些材料成本被自然而然地分到市场上,应该会产生很好的结果。

这种假定越来越显得荒谬,因为经济不断发展足以改变世界格局。现在的福利政策旨在儿童保健,而不考虑实际花费,这就会限制享受政策的儿童数量,就像富裕家庭有能力比贫困家庭抚养更多的孩子一样。当研究影响儿童发展的经济因素时,类似这样的问题必须放在首要议题。我们也需要问,我们为什么要支付 2 000 美元一天的新生儿护理,而不是为每个家庭支付 2 000 美元进行产前检查和护理来降低新生儿低出生体重的发生率和新生儿风险呢?

了解一些关于经济动机和经济分析的知识对于充分理解儿童早期发展风险的人类生态学因素和干预效果是非常必要的。经济分析的含义和 20 世纪 90 年代政治团体提出的自由主义相反,以自由主义为代表的政治团体要求家庭而不是政府在儿童早期干预上负更多的责任,因此造成了家庭困境恶化和经济困难(Garbarino,1995)。

20 世纪 90 年代,关于儿童早期发展机遇与风险的政治活动意味着要为儿童和他们的家庭争取基本的幸福快乐还需要很长一段时间的努力。关于是否保证儿童福利的争议越来越大,因为儿童福利是一项奢侈品。到底选择"要"还是"不要"这个奢侈品,需要结合美国的国际环境进行抉择。按照 20 世纪 80 年代中期的数据,一个四口之家想要过上高品质的生活需要 48 000 美元,25 000 美元左右只能过紧巴巴的日子,14 000 美元则只能过上贫困的生活。

那么大多数人口的生活标准应该提高到 25 000 美元吗?已经达到 48 000 美元的人的标准还要再提高吗?前者更符合对早期干预和儿童发展风险预防的需要,而后者的目标可能更符合时代发展的精神。

经济因素在儿童早期风险的动态发展中扮演着非常重要的角色。在微观系统中,家庭结构、家庭活动与父母的工作环境相互影响。宏观系统提供了一个将日常生活货币化的环境,家庭作为微观系统将会被带入现金交易经济。如果社会的外层系统(当地政府、慈善机构等)对这一过

---

① 原文如此,1 英亩≈4046.86 平方米。——译者注

程漠不关心,那些收入不能满足基本生活需求的群体将会变得更穷。穷困的微观系统将影响家庭、学习、社会交往,儿童将会面临发展迟缓甚至社会化异常。这在人类生态学上的表现为,在原本应和其他地区协调发展并共同为儿童发展提供基础服务的城市贫困地区,更容易发生婴幼儿死亡和儿童虐待。从这层意义上来说,"底层阶级"代表着不利于儿童发展的生态障碍。

早期风险的临床社会学:儿童虐待、婴儿死亡率及在高风险社区的早期干预实证模型

萨莫洛夫等人(Sameroff et al.,1987)研究了 4 岁儿童智商与高危因素表现之间的关系,这些高危因素包括贫穷、父爱缺失、父母受教育水平低、狭隘和暴躁的教养方式、少数族群的地位、父母虐待、先天智力残疾和家庭规模过大。图 4.1 呈现了他们的研究结果,表明单一高危因素对儿童智商的影响比较小。

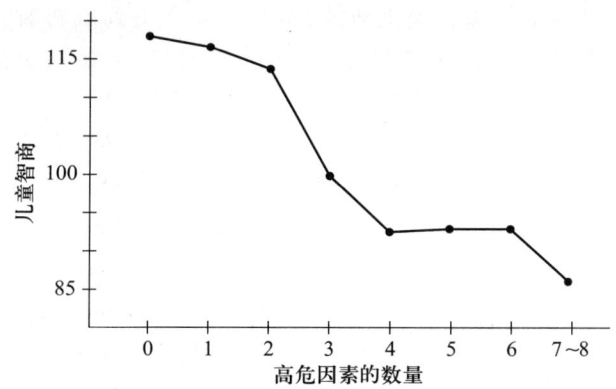

图 4.1　影响学前儿童智商的高危因素(Sameroff et al.,1987)

这样的结论令人惊奇,如对一个 4 岁儿童来说,和一位吸毒成瘾的母亲一起过贫穷的生活(无其他高危因素)对其智商发展并没有影响。然而,随着高危因素的累积,儿童受到的影响也逐渐加大。如图 4.1 所示,致使儿童智商降幅最大(已降至平均水平以下)的高危因素累积数量为 2~3 个。在这个研究中,受 7~8 个高危因素影响的儿童平均智商比未受高危因素影响的儿童低 30 分。这样的研究结果表明,为了使儿童免受伤害,我们要做的并不是为他们排除生活中的所有高危因素,而是尽量避免高危因素累积到超过儿童应对能力的程度。

当然,存在高危因素累积的同时,也存在机会的补偿。一些儿童的经历与其称为"无风险",不如说是"有机会"。他们不仅不缺乏父爱,他们的父亲还积极参与对他们的教养;他们的母亲不仅不酗酒,还能有效地控制饮酒量(对其他事物也同样如此)。有研究者(Dunst & Trivette,1992)考查了风险与机会相对累积的结果,发现与生活中有四个高危因素和一个机会因素的儿童相比,有四个高危因素和四个机会因素的儿童在智力发展程度上更易获得较好的统计结果。

将以上研究结果放到今天,就很容易解释为什么现在那么多孩子在苦苦挣扎。一半的孩子承受着因父母离婚、分居或单身母亲养育带来的父爱缺失;相当比例(约有 30%)的孩子与有严

重抑郁症史的母亲一起生活；1/4 的孩子生活在贫穷之中。更严重的是，这些高危因素的分布并不均匀，超过 50%的非裔美国儿童生活贫困（Hembroke et al.，1996）。（美国）成瘾和药物滥用中心（Center on Addiction and Substance Abuse）报告，28%享受社保的家长（通常意味着贫穷和单亲）有药物滥用的问题（Garbarino，1995）。所有这些承受多种高危因素的儿童最需要的是一个安全的社区环境，但在他们所居住的区域内，社区的稳定和安全恰恰是最为缺乏的。

社会资源匮乏的家庭与社会资源丰富的家庭相比。前者的亲子关系中，支持性关系和保护性行为被长期剥夺，原因是缺乏社会支持的必要元素：养育和积极反馈系统（Caplan，1974；Whittaker，et al.，1983）。社会资源丰富的环境包括一批乐善好施的财务自由者（Collins & Pancoast，1976）。这些人乐于给予和分享，因为他们自身拥有的资源远远超过自身的需求。他们提供不涉及现金交易的服务，因此能立于与货币相关的服务部门（如涉及工资、奖金、价格和经济合同类的服务）之外。他们在帮助他人的过程中获得了与金钱无关的回报。

这些财务自由者可以做些什么呢？其中一件事是为儿童提供"保护性行为"。埃姆伦（Emlen，1977）使用这个概念来描述邻居们和朋友们能保护儿童安全的行为：关注在户外活动的儿童，在日常照顾和紧急情况下为家长提供帮助，当儿童安全受到威胁时介入干预（包括向儿童保护机构报告儿童受虐情况）。这些个体成为社区丰富社会资源中的一部分。有研究者（Kromkowski，1976）曾这样描述：

> 一个社区的特征取决于很多因素，但最显著的是邻里之间的相互关系。……一个健康和谐的社区有自己的文化和制度，并从社区自豪感、家庭照顾、儿童安全保障和相互尊重中体现出来。

相反，社会资源匮乏的社区缺少乐善好施的财务自由者，社会关系的构建也常常会让经济趋于窘迫。怕被利用、怕给他人增加负担和怕被他人视作负担的心理影响了亲密关系的形成。例如，某些居民不愿与邻里分享育儿经，因为他们害怕这种开放性的行为会开启"潘多拉宝盒"，继而引来无穷的要求和对互惠的期望——但凡一方不信任对方，邻里关系的发展就会令人担忧。

社会关系的匮乏会导致经济上的匮乏，因为富裕的家庭可能会通过购买有偿服务来弥补社会关系的不足。这样的情况发生时，对儿童的影响是最直接的。尤其是当儿童成长为青少年后，受青春期生理、心理变化的影响，对社会关系稳定性的需求增加，此时这种经济富裕但社会关系贫乏的环境会影响儿童和整个家庭（Garbarino & Associates，1985）。而且，即使在经济条件宽裕的环境下，也可能缺乏持续为青少年提供积极角色示范、成年生活指导和帮助其形成自我认同的支持系统。在充满假想敌和高期望的环境中，一些青少年青春期过渡困难却拒绝承认，对他们的家长来说这样的问题也很棘手。

最大的风险是家庭缺少在市场上购买支持性服务的资金和互助信息关联被切断。当货币化和非货币化的经济都很窘迫时，儿童虐待现象和婴儿死亡率会突增，早期干预的挑战最为显著（Garbarino，Stocking，& Associates，1980）。这种状况在市区的底层社会中最为普遍，业已成为紧急干预的焦点。边缘经济或次边缘经济资源与日益减少的社会心理资源相互作用、相互影响。这部分社会心理资源主要来源于暴力、学业失败、被剥削、绝望、恐惧以及不断退化的薄弱的社会公共设施。例如，在一个调查贫民区公租房内学龄前儿童生活状况的研究中，所有母亲都在最为儿童担忧的一项中选择了"枪击"（Dubrow & Garbarino，1987）。

在贫民区，所有儿童都曾亲历过枪击事件，包括在枪战中被当作人质，或者在玩耍时有子弹从附近的窗户中射出。在这样的环境中,大部分女性在还是未婚少女时就经历了第一次怀孕,独自或与父母一起过着难以自给的窘迫生活。这些怀孕大部分由年长男性所致(Barclay-McLaughlin,1987)。孕期照顾不足、生育间隔过短、获取和利用健康育儿理念的途径不足、残疾儿童的早期干预缺失,以及儿童的高发病率和死亡率,这些都是贫民区的真实写照。

　　研究表明,一些个体和家庭建立并长期维持着容易导致婴儿死亡及儿童被虐待的互动模式(Belsky, 1980; Garbarino, 1977; Gaudin & Polansky, 1985; Polansky, Chalmers, Buttenwieser, & Williams, 1981)。然而,高风险家庭并不是全部问题所在。为了理解引发和维持早期发展风险的力量,我们还需进一步去识别和调查这些家庭所处的高危环境,理解婴儿死亡和儿童虐待既属于临床心理学范畴,也属于临床社会学范畴(Pavenstedt, 1967; Roman & Trice, 1974)。家庭塑造了周围的社会环境,同时也被社会环境所塑造。这种互动过程既能增强也能破坏家庭的固有功能(Garbarino,1977; Martin, 1976)。根据家庭实际情况进行研究并给予服务,在这方面做出更多努力,不仅有助于丰富研究的内容,也有助于预防干预和康复干预的顺利实施。对很多实用性的研究来说,这意味着在研究高风险家庭的同时,也要研究其周围的高风险社区(Sattin & Miller, 1971)。

　　已有研究试图探寻"社会资源匮乏"的定义,并将其作为高风险家庭的显著特征之一。儿童虐待和社会资源匮乏之间的联系已显而易见(Garbarino, 1977)。另一个显而易见并在最近再次得到强调的事实是,婴儿死亡率是判断社会贫困的指标之一。环境和儿童虐待的相关性研究(Garbarino,1976; Garbarino, Crouter, & Sherman, 1977)为判断社区风险高低提供了实证基础。芝加哥公共卫生数据显示,将当地最贫困的三个社区和最富裕的三个社区相比,前者的婴儿死亡率是后者的5~10倍(Kostelny & Garbarino, 1987)。

　　利用社会经济资源和人口统计资源对高风险进行多重回归分析能揭示高风险的双重含义(Garbarino & Crouter, 1978b):第一层含义是指儿童虐待率和婴儿死亡率都很高的地区(基于案例数和人口数的比例)。从这个角度来说,社会经济环境不良的家庭最有可能处于高风险之中。在某一城市(Omaha, Nebraska),40%的儿童虐待与社区的社会经济状况有关($r=0.64$)。在以婴儿死亡率作为因变量的研究中也得出了类似结果。例如,在芝加哥的77个社区中,社会经济状况对儿童虐待和婴儿死亡率的影响率高达60%~75%(Kostelny & Garbarino,1987)。

　　值得注意的是,相关系数的大小可反映出一个社会政策的效应大小。我们可以合理假设,如果在一个社会中,低收入者也能获取基本服务(如有普遍可用的母婴健康护理服务),那两者的相关性就较小。如果社会没有出台任何相关政策来改善因社会阶层而引起的家庭水平差异,那两者的相关性就会更高。关键要看社会阶层(地位变量)如何对儿童和家长产生影响(如一些过程变量)。

　　有研究者(Tukinn,1972)对"文化剥夺"(cultural deprivation)这一概念的经典分析能更清楚地说明这个问题。一方面,并不是一般意义上认为的生活在贫困中就对文化影响最大,相反是那些无法满足儿童基本发展需求的文化影响最大。例如,抚养者是否接受婴儿的依恋,是否过快放弃病弱儿童,是否排斥残疾儿童等(Scheper-Hughes, 1987)。

　　社区在这个议题上起着至关重要的作用。通过建立强大、进取和可获得的孕产妇和儿童健康护理系统,社区能有效解决贫穷和婴儿死亡率过高的问题(Miller, 1987)。而站在被动的立场,遵循自由市场的运作规则,往往使贫穷和儿童早期死亡之间的相关性增加(Garbarino, 1995)。

这个假说和已有的观察结果一致，值得进行实证研究。在美国，社会经济地位能有效地预测儿童发展程度，其准确性高于某些欧洲国家。奥马哈（Omaha）在蒙特利尔进行的一项研究结果显示，社会经济地位和儿童虐待率之间的相关性不高，这可能是因为当地的福利政策削弱了收入和基本服务之间的联系（Bouchard，1987）。社会阶层和社会病理学的直接联系揭示了"高风险"的第一层含义：贫穷之所以是一个高危因素，是因为它与婴儿死亡、儿童虐待等现象有关。"高风险"的第二层含义在此处能被更好地解释。高风险同时也表示某种社会环境中实际出现的儿童虐待率或婴儿死亡率比通过其社会经济特征预测出的比例高很多。这意味着两个社会经济和人口统计学资料相近的地区，其儿童虐待率和婴儿死亡率可能相差很大。从这个角度来讲，在某个地区是高风险的因素，在另一个地区却可能是低风险因素，尽管两个地区的儿童虐待率和婴儿死亡率都比较富裕地区高很多。图4.2 很好地说明了这一点。

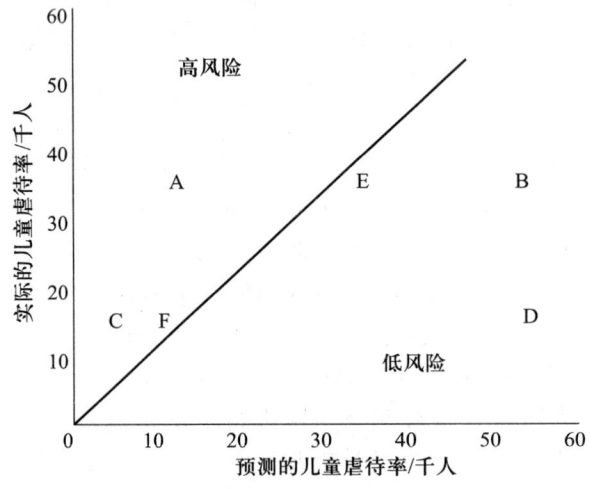

图 4.2　评估社区内"风险"的两层含义

A 区和 B 区被实际观察到的儿童虐待率很高（分别是 36/1 000 和 34/1 000）。C 区和 D 区的比率相对较低（分别是 16/1 000 和 14/1 000）。然而，A 区和 C 区的实际儿童虐待率都比预测的高（预测比率分别是 10/1 000 和 7/1 000），B 区和 D 区的实际儿童虐待率都比预测的低（预测比率分别是 55/1 000 和 54/1 000）。这样说来，A 区和 C 区都是高风险地区，而 B 区和 D 区则是低风险地区。E 区和 F 区的实际儿童虐待率和预测比率相当。这个分类系统可以为社会环境的识别和定义提供基础。

高风险和低风险的社会环境分别是怎样的呢？有一种方法可以回答这个问题，即将儿童虐待率预测值相同，但实际观察值相差较大的两个地区进行比较（如一个是高风险地区，一个是低风险地区）。这个方式能验证社区环境不同，儿童养育的社会环境也会不同的假说（Garbarino & Sherman，1980）。与低风险地区相比，高风险地区即使有相等的社会经济水平（如贫困水平相同），它所拥有的人类生态环境也会存在前面所提到的种种问题，如几乎没有乐善好施的财务自由者，人们普遍害怕被卷入邻里互动之中，大量家庭处于高压和焦虑状态等。

为了顺利完成人口统计和社会经济的数据调查，以及与家长的面对面访谈，调查者可事先访问大量的"线人"——由于他们的职业而被人们熟悉的人，如警察、私人护士、校长、神职人员、邮递员等,并要求这些受访者回答下列问题:社区的公众形象、社区外观、社会特征、社区变化、社区生活质量、儿童虐待和被忽视状况、社区参与度和非正式的支持。结果通过匿名的开放式问题收集,并对其内容进行分析,作为判断某地区社会资源是否比另一地区匮乏的依据之一(Garbarino & Sherman,1980)。

观察者可能会将高风险社区描述为人际关系和物理环境恶劣、危险、无组织和不值得信任。一项研究显示,处于高风险社区中的家庭,积极的邻里互动更少,日常交往中的压力更大(Garbarino & Sherman, 1980)。

在一项关于芝加哥的社区关系的研究中,研究者(Garbarino & Kostelny,1992)应用了这种研究途径。研究结果如图4.3所示。1980年,芝加哥北部和西部的实际儿童虐待率相近。但是北部的实际儿童虐待率小于通过其社会、人口结构等因素推算出的预测值,西部则刚好相反,实际儿童虐待率高于预测值。然而到了1986年,两个地区的数据发生了戏剧性变化。北部实际的儿童虐待率激增,而西部仅是略有增加,并且远低于同年的预测值。北部由此变成了高风险地区,西部则成为了低风险地区。为什么北部会变成不利于儿童发展的环境,而西部却没有呢?

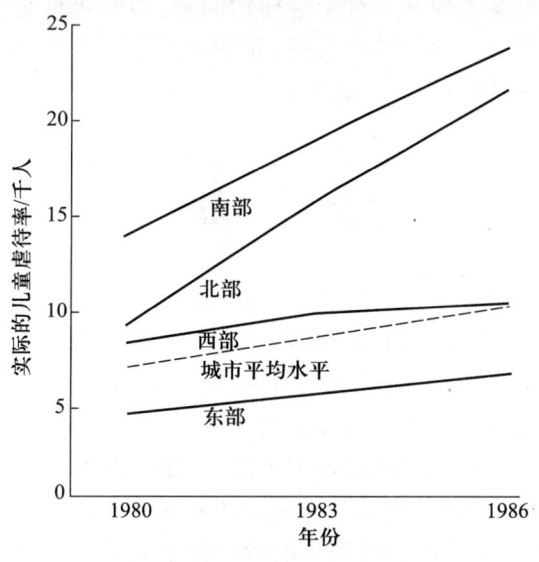

图4.3　四个地区中的儿童虐待率

通过访谈,研究者发现,北部和西部的社区氛围明显不同。北部的社区居民谈话语气普遍消极和沮丧,他们几乎不能说出自己所在社区的任何优点,很少或完全没有社区认同感。他们对自己社区内可利用的服务知之甚少,也没有表露出任何愿意构建社区网络、支持系统或成为政治领导的迹象。在西部的社区里,人们急切地想谈论自己的社区,显示出强烈的成为政治领袖的意愿,并且知道很多社区里的可利用资源。尽管他们也罗列出了一些严重的问题,但大部分居民认为自己的社区虽然贫穷,但很适合居住,并且能感受到有力的、非正式的社区支持。简而言之,尽管芝加哥北部与低风险的西部有相同的经济地位,但是它完全不具备任何良好社区应有的要素:社区自豪感、家庭关怀、儿童安全保障和相互尊重。

随后,研究者又从生态学的观点出发,对在芝加哥这座大都市进行了进一步研究,对基于社区的早期干预项目进行评估(Garbarino, Schellenbach, & Kostelny, 1986)。这个项目专注于预防儿童虐待、减少婴儿死亡率的运作程序和最终影响,并在四个高危社区提供了家庭支持。这个研究从人类生态学的角度对早期干预项目的影响进行了评估,为将人类生态学的概念应用于实际提供了研究个案。

这些研究结果为判断社区因素能在多大程度上影响早期干预项目的运作提供了依据。这在早期干预领域是一个重要议题,在基于社区的家庭支持项目中尤为如此(Kagan,Powell,Weissbourd,& Zigler,1987)。这些分析能揭示社区特征对早期干预项目效果的影响程度,并且能为干预者、项目管理者和社区发展特殊教育的专家提供指导。同样,这些分析也能作为示范,为那些希望通过构建社区承诺来解决儿童发展风险的干预项目提供指导,并为理解早期发展风险中的人类生态学观点提供途径。

关于儿童早期发展风险的临床社会学是一个能有效改善儿童生活状况的资源,这个资源非常重要但发展不足。这需要研究者进一步努力去探明社会资源富裕和匮乏的概念,并运用这些概念去理解社会阶层对儿童发展的影响,发展出基于社区的早期干预项目评估模型,以提高早期干预的效率。临床社会学是一个有效的工具,当别人问我们"是甲导致了乙吗?"这样的问题时,它能帮助我们从生态学的角度去理解。对于这样的问题,回答永远是"看情况"。如果我们想要为处于危机中的儿童提供更为科学的早期干预,我们面临的一个重大挑战是能依据事情的来龙去脉,准确地从只言片语中提炼出事实的核心。

总　　结

在中世纪,有一半的孩子5岁前就会死去。现在,儿童死亡是相对罕见的。20世纪,随着照顾儿童和改善儿童生活的标准与期望得到显著改善,儿童发展风险逐渐成为研究和政策制定的重点。因此,我们的关注重点已从儿童存活的数量转变为儿童发展的质量上。这是一大主要成就。

这一章探讨了社会环境中儿童发展风险的各种来源。这种生态学的观点给研究者、政策制定者和医师都提出了挑战。这种挑战既是智力上的,也是精神上的。智力上的挑战在于,要坚持对基于生态学观点的、包含(或强调)所有影响儿童发展因素(从宏观到微观角度)的模式进行分析,这会达到或超越我们智力的范围。精神上的挑战在于,当我们面对被高风险社会环境包围的孩子时不要绝望。同样,我们也不要向任何试图否认生态学效度的方法(单一干预途径、单一变量模型等)屈服和投降。这就是摆在我们面前的议程。

参 考 文 献

Albee, G. (1980). Primary prevention and social problems. In G. Gerbner, C. J. Ross, & E. Zigler (Eds.), *Child abuse: An agenda for action* (pp. 106–17). New York: Oxford University Press.

Atherton, C. R., Raymond, G. T., Roff, L. L. (1993). The transition in Eastern Europe: Implications for both East and West. *International Social Work, 36*, 197–206.

Barclay-McLaughlin, G. (1987). *The Center for Successful Child Development*. Chicago, IL: The Ounce of Prevention Fund.

Belsky, J. (1980). Child maltreatment: An ecological interaction. *American Psychologist, 35*, 20–335.

Belsky, J. (1986). Infant day care: A cause for concern? *Zero to Three, 6*, 1ff.

Bouchard, C. (1987). *Child maltreatment in Montreal*. Montreal: University of Quebec.

Bronfenbrenner, U. (1979). *The ecology of human development: Experiments by nature and design*. Cambridge: Harvard University Press.

Bronfenbrenner, U. (1986). Ecology of the family as a context for human development research perspectives. *Developmental Psychology, 22*, 723–42.

Bronfenbrenner, U., & Crouter, A. (1982). Work and family through time and space. In S. N. Kamerman & C. D. Hayes (Eds.), *Families that work: Children in a changing environment of work, family and community* (pp. 138–56). Washington, DC: National Academy of Sciences.

Bronfenbrenner, U., Moen, P., & Garbarino, J. (1984). Families and communities. In H. R. Parke (Ed.), *Review of child development research* (pp. 251–78). Chicago: University of Chicago Press.

Caplan, G. (1974). *Support systems and community mental health*. New York: Behavioral Publications.

Cherlin, A. J. (1996). *Public and private families*. New York: McGraw-Hill.

Collins, A., & Pancoast, D. (1976). *Natural helping networks*. Washington, DC: National Association of Social Workers.

Courtney, M. (1995, summer). The foster care crisis and welfare reform: How might reform efforts affect the foster care system? *Public Welfare, 53*, 3, 27–33.

Dubrow, N., & Garbarino, J. (1987). *Living in the war zone: Mothers and children in public housing developments*. Chicago: Erikson Institute.

Duncan, G., Coe, R., & Hill, M. (1981). *The dynamics of poverty*. Ann Arbor: University of Michigan.

Dunst, C., & Trivette, C. (1992). *Risk and opportunity factors influencing parent and child functioning*. Paper presented at the Ninth Annual Smoky Mountain Winter Institute, Asheville, NC.

Elder, G. H. (1974). *Children of the great depression*. Chicago: University of Chicago Press.

Emlen, A. (1977, November). *If you care about children, then care about parents*. Paper presented at the Tennessee Association for Young Children, Nashville, TN.

Fisher, K., & Cunningham, S. (1983). The dilemma: Problem grows, support shrinks. *APA Monitor, 14*, 2, 1ff.

Forrester, J. (1969). *Urban dynamics*. Cambridge, MA: MIT Press.

Fried, A. O. (1995). Bulgarian social services and social work education. *International Social Work, 38*, 39–51.

Garbarino, J. (1976). A preliminary study of some ecological correlates of child abuse: The impact of socioeconomic stress on mothers. *Child Development, 47*, 178–85.

Garbarino, J. (1977). The human ecology of child maltreatment: A conceptual model for research. *Journal of Marriage and the Family, 39*, 721–36.

Garbarino, J. (1995). *Raising children in a socially toxic environment*. San Francisco: Jossey-Bass.

Garbarino, J., & Associates (1992). *Children and families in the social environment*. (2nd ed.) Hawthorne, NY: Aldine.

Garbarino, J., & Associates (1985). *Adolescent development: An ecological perspective*. Columbus, OH: Merrill.

Garbarino, J., & Crouter, A. (1978a). Defining the community context of parent-child relations. *Child Development, 49*, 604–16.

Garbarino, J., & Crouter, A. (1978b). A note on assessing the construct validity of child maltreatment report data. *American Journal of Public Health, 68*, 598–9.

Garbarino, J., Crouter, A., & Sherman, D. (1977). Screening neighborhoods for intervention: A research model for child protective services. *Journal of Social Service Research, 1*, 135–45.

Garbarino, J., Eckenrode, J., and the Family Life Development Center. (1996). *Understanding abusive families*. San Francisco: Jossey-Bass.

Garbarino, J., Guttmann, E., & Seeley, J. (1986). *The psychologically battered child*. San Francisco: Jossey-Bass.

Garbarino, J., & Kostelny, K. (1992). Child maltreatment as a community problem. *Child Abuse and Nelgect, 16*, 455–64.

Garbarino, J., Schellenbach, C., & Kostelny, K. (1986). *A model for evaluating the impact of family support and child abuse prevention programs in high-risk communities*. Chicago: Erikson Institute.

Garbarino, J., & Sherman, D. (1980). High-risk neighborhoods and high-risk families: The human ecology of child maltreatment. *Child Development, 51*, 188–98.

Garbarino, J., Stocking, S. H., & Associates (Eds.). (1980). *Protecting children from abuse and neglect*. San Francisco: Jossey-Bass.

Gaudin, J., & Polansky, N. (1985). Social distancing of the neglectful family. *Social Service Review, 58*, 245–53.

Hardin, G. (1966). *Biology: Its principles and implications*. San Francisco: Freeman.

Hembroke, H., Morris, P., & Bronfenbrenner, U. (1996). Poverty and the next generation. In U. Bronfenbrenner, P. McClelland, E. Wethington, P. Moen, & S. J. Ceci (Eds.), *The state of Americans*. New York: Free Press.

Kagan, S., Powell, D., Weissbourd, B., & Zigler, E. (Eds.). (1987). *Family support programs*. New Haven, CT: Yale University Press.

Kahn, A., & Kamerman, S. (1975). *Not for the poor alone: European social services*. Philadelphia: Temple University Press.

Kamerman, S., & Kahn, A. (1976). *Social services in the United States: Policies and programs*. Philadelphia: Temple University Press.

Keniston, K. (1977). *All our children*. New York: Harcourt Brace Jovanovich.

Kilborn, P. T. (1996). The nation: Welfare all over the map. *The New York Times*. December 8, 1996.

Kostelny, K., & Garbarino, J. (1987). *The human ecology of infant mortality: An analysis of risk in 76 urban communities*. Chicago: Erikson Institute.

Kromkowski, J. (1976, August). *Neighborhood deterioration and juvenile crime* (U.S. Department of Commerce). South Bend, IN: The South Bend Urban Observatory. (NTIS No. PB-260 473).

Lemann, N. (1986). The origins of the underclass. *Atlantic Monthly, 257*, 31–61.

Martin, H. (Ed.). (1976). *The abused child: A multidisciplinary approach to developmental issues and treatment*. Cambridge, MA: Ballinger.

McClelland, P. (1996). Economic developments. In U. Bronfenbrenner, P. McClelland, E. Wethington, P. Moen, & S. J. Ceci (Eds.), *The state of Americans*. New York: Free Press.

Meezan, W., & Giovannoni, J. (1995). The current threat to protective services and the child welfare system. *Children and Youth Services Review, 17*, 4, 567–74.

Miller, A. (1987). *Maternal health and infant survival*. Washington, DC: National Center for Clinical Infant Programs.

National Academy of Sciences. (1976). *Towards a national policy for children and families*. Washington, DC: U.S. Government Printing Office.

Olds, D., Eckenrode, J., Henderson, C. Jr., Kitzman, H., Powers, J., Cole, R., Sidora, K., Morris, P., Pettitt, L., Luckey, D. (1997). Long-term effects of home visitation on maternal life course and child abuse and neglect: 15-Year follow-up of a randomized trial. *Journal of the American Medical Association, 278*, 637–643.

Olds, D., Henderson, C., Chamberlin, R., & Tatelbaum, R. (1994). Does prenatal and infancy nurse home visitation have enduring effects on qualities of parental caregiving and child health at 25 to 50 months of life? *Pediatrics, 93*, 89–98.

Olds, D., Henderson, C., Cole, R., Eckenrode, J., Kitzman, H., Luckey, D., Pettitt, L., Sidora, K., Morris, P., & Power, J. (1998). Long-term effects of nurse home visitation on children's criminal and antisocial behaviour: 15 years follow-up of a randomized trial. *The Journal of the American Medical Association, 280*(14), 1238–1244.

Olds, D., Henderson, C., Tatelbaum, R., & Chamberlin, R. (1988). Improving the life-course development of socially disadvantaged mothers: A randomized trial of nurse home visitation. *American Journal of Public Health, 78*, 11, 1436–45.

Pasamanick, B. (1987, Winter). Social biology and AIDS. *Division 37 newsletter*. Washington, DC: American Psychological Association.

Pavenstedt, E. (1967). *The drifters: Children of disorganized lower-class families*. Boston: Little, Brown.

Pelton, L. (1978). The myth of classlessness in child abuse cases. *American Journal of Orthopsychiatry, 48*, 569–79.

Polansky, N., Chalmers, M., Buttenwieser, E., & Williams, D. (1981). *Damaged parents*. Chicago: University of Chicago. Press.

Roman, R., & Trice, H. (Eds.). (1974). *Exploration in psychiatric sociology*. Philadelphia: Davis.

Sameroff, A. J., Seifer, R., Barocas, R., Zax, M., & Greenspan, S. (1987). Intelligence quotient scores of 4-year-old children: Social–environmental risk factors. *Pediatrics, 79*, 343–50.

Sattin, D., & Miller, J. (1971). The ecology of child abuse. *American Journal of Orthopsychiatry, 41*, 413–25.

Schell, J. (1982). *The fate of the earth*. New York: Knopf.

Scheper-Hughes, N. (1987). Culture, scarcity, and maternal thinking: Mother love and child death in northeast Brazil. In N. Scheper-Hughes (Ed.), *Child survival* (pp. 187–210). Boston: Reidel.

Steinberg, L., Catalano, R., & Dooley, D. (1981). Economic antecedents of child abuse and neglect. *Child Development, 52*, 975–85.

Tukinn, S. (1972). An analysis of the concept of cultural deprivation. *Developmental Psychology, 6*, 326–39.

Vygotsky, L. S. (1934). *Thought and language*. Cambridge, MA: MIT Press.

Whittaker, J. (1983). Social support networks in child welfare. In J. Whittaker, J. Garbarino, & Associates, *Social support networks* (pp. 167–87). Hawthorne, NY: Aldine.

Whittaker, J., Garbarino, J., & Associates. (1983). *Social support networks*. Hawthorne, NY: Aldine.

Willerman, L., Broman, S. H., & Fiedler, M. (1970). Infant development, preschool IQ, and social class. *Child Development, 41*, 69–77.

Wilson, E. (1978). *On human nature*. Cambridge, MA: Harvard University Press.

Wilson W. (1987). *The truly disadvantaged: The inner city, the underclass, and public policy*. Chicago: University of Chicago Press.

Wulcyn, F., & Goerge, R. (1992). Foster care in New York and Illinois: The challenge of rapid change. *Social Service Review, 66*, 278–94.

Yancey, A. K. (1992). Identity formation and social maladaptation in foster adolescents. *Adolescence, 27*, 188, 819–31.

参考文献

第5章 文化差异:既是发展脆弱性的来源,又是一种资源

辛西娅·贾可亚·科尔(CYNTHIA GARCÍA COLL)
凯瑟琳·马格努森(KATHERINE MAGNUSON)

虽然不太容易,但是发展心理学家还是不间断地对文化、民族、种族和少数民族身份等概念进行了研究(Cole,1996;Duckitt,1992)。人们已经感受到这些概念的影响,但这些概念通常难以界定,甚至更难以作为影响儿童生活的主要因素。这使得一些学者和临床医生忽视这些概念在人类发展中的作用,另一些人则将这些概念不恰当地运用到他们的工作中去,但有少数学者和临床医生已经将这些概念置于其研究问题和提供服务的核心位置。

20世纪中期,随着人类学家和跨文化心理学家工作的进行(Whiting & Whiting,1975;Levine,1977;Cole & Bruner,1974;Cole,1996;Super & Harkness,1980;Mistry & Rogoff,1994;Rogoff & Morelli,1989),研究者开始关注文化在儿童发展中的作用。不幸的是,虽然在自己的领域得到了认可,但是该工作仍被归入主流发展领域的边缘(García Coll & Magnuson,1999b;Slaughter-Defoe,Nakagawa,Takanishi,& Johnson,1990)。大多数发展心理学家继续追寻隐含的普遍趋势和真理。这不利于我们理解文化束缚和其他社会文化因素对发展的影响,进而影响为争取儿童及其家庭福利项目而付出的努力。

此外,在很大程度上,文化被认为是其他团体、社会和民族所拥有的东西。因此,文化在发展中的作用一直被美国忽视(Harkness,1980)。社会和发展科学家在研究分析中只关注独立个体(Caplan & Nelson,1973)。在解释某一现象或建构理论模型时,我们倾向于把个别儿童作为中心,然后力图透过直接的个体、个别化或家庭环境因素了解发展结果。所以,在高危婴儿及儿童的早期干预中,婴儿及儿童个体被作为主要的干预对象,提出的目标是最大限度地促进认知或神经系统的发展(Meyer et al.,1994),而无视社会文化因素的影响。

后来,关于发展的概念模型开始关注社会文化对婴儿和儿童发展的影响(Bronfenbrenner,1979;Sameroff & Fiese,本书)。这一转变是由从事学术研究和临床研究的团体共同推动的,他们的研究表明,对于发展的普遍假设并不能解释所有的发展过程,也不能解释所有人的发展途径。种族之间和种族内部个体的发展都呈现出差异。比如,西班牙儿童在特定环境中表现某些行为的原因明显不同于黑人儿童在差不多的环境中展现相同行为的原因。

因此,社会文化对儿童发展及干预的意义在理论和临床上都越来越受到重视。通过对发展的影响因素的讨论,建立儿童发展的相关理论模型时已经考虑将文化和社会文化的其他因素纳入其中。然而,大部分的模型定义过于狭隘,尽管能成功解释影响个体发展的过程,但并不能成

为处理来自不同文化背景的儿童发展的理想模型。

作为回应,更多具体的概念模型框架被提出来以描述不同文化中人群的优势以及宏观结构的影响力和社会分层对发展的影响机制(Boykin & Toms, 1985; García Coll, Thorne, Cooper, Scott-Jones, Eccles, & Nakashima, 1996; Harrison, Wilson, Pine, Chan, & Buriel, 1990; McLoyd, 1990b; Ogbu, 1981)。这些模型关注特殊人群的发展过程,如有色人种儿童或贫穷儿童。虽然这些改变并没有引起研究范式的转变,但是解释发展的几个关键因素逐渐被研究者们认可。更为重要的是,这些研究帮助我们认识到为全面透彻地了解儿童的发展,很有必要去了解与儿童和家庭直接相关和更为全面的社会文化环境。另外,儿童的直系家属、邻居、社区和社会结构也值得研究。这就导致《儿童发展》(*Children Development*)杂志和联邦基金委员会需要更为准确和全面地研究样本特征的信息。为了满足这些要求,有学者(Entwisle & Astone, 1994)为收集、确定和报告研究被试的民族和社会类别提出了指导方针。他们认为,通过比较不同的研究可以更好地理解人口学特征在儿童发展研究中的作用并有助于建立综合知识。

不幸的是,虽然有考虑和报道这类社会信息的需要,但是这些数据在理论研究中比在实证研究和临床干预中应用得更好。因此,提取文化和其他社会文化因素对儿童发展的作用仍有困难。比起研究和临床实践,我们能更好地在理论上探讨文化、种族和民族的作用。

当文化和民族作为自变量时,具体因素对于发展的影响过程通常是难以测量的(Whiting, 1976)。因此,尽管考虑了文化因素,但它常常被当作一种敷衍的形式,一个庞大的、无价值的、说明性的概念。也就是说,研究已设计成一种固定形式,当民族或种族与特定的发展结果相关时,这个研究并不能充分解释白人发展的特征,相关性解释也是如此。此外,概括和描述都来自非正式的观察和临床经验,而不是实证的数据(Phinney, 1993)。这些实证方法导致过度概括,过于重视不同点,忽略了相似点和个体在群体中的差异(García Coll, 1990; McLoyd, 1990a)。尽管这些方法推进了我们对文化在个体发展中作用的认识,但是还是留下了很多未探索的领域。有学者(Szapocnik & Kurtines, 1993)认为:"如果我们对研究文化背景感兴趣,就需要把它当作真实发生过的事来研究,而不是固有文化的理想观念。"同样,怀廷(Whiting, 1976)呼吁发展心理学家解放文化,即把文化看作一个有发展进程和特定经历、可操作的、多维的、包含影响资源的变量(Phinney, 1993; Segall, 1986)。测量和分解文化组成要素已经成为研究文化对个体发展影响的文献的永恒主题。

另外一个理解文化在儿童发展中作用的重要阻碍是美国混杂着种族、少数民族以及穷人的文化差异(Huston, McLoyd, & García Coll, 1994)。换言之,如果我们想要去了解文化对美国的影响,我们就应该意识到这些知识存在于一个更大的往往不能容忍多样性的社会文化背景中。在学术、政策和临床上,文化差异的概念绝大部分反映的是社会中占主导地位的刻板印象和偏见。例如,当讨论学校亚裔美国人和非裔美国人的成功或失败时,斯劳特-迪福等人(Slaughter-Defoe et al., 1990)认为,将文化作为解释的因果机制是不一致和不准确的。也就是说,文化,被用来解释亚裔美国学生的成功与被用于解释非裔美国学生的失败是非常不同的。亚裔美国学生在学校的成功被归因于辛勤工作和家庭责任的文化价值观,而非裔美国学生的失败则被归咎于父爱的缺失以及"社会文化类别"的观点。

刻板印象和偏见对一些不同文化群体的社会经济地位有实质的影响。在美国,歧视不是个别现象,而是非常普遍的行为,并且已经导致穷人中的各种不同文化群体所占的比例过高。这在有色儿童身上体现得最为明显,因为他们通常代表不同文化的群体。

尽管这些概念(如社会经济地位)的影响可以通过选取样本或强调人种、文化、少数民族、社会阶级差异的统计技术来控制,研究者还是冒着或多或少使用有一定正当性的对比不同群体的指标的风险(Steinberg & Fletcher, 1998)。班克斯(Banks, 1988)认为,社会学家在研究少数群体问题时,必须考虑把代际中产阶级作为一个变量。在社会流动中,许多非裔美国课题参与者被归作中产阶级,由于社会阶层的变化,他们展现出明显不同的行为方式。这种观点对于跨民族研究来说尤其重要。比如,一个刚达到中产阶级水平的黑人家庭与一个很多代以前就成为中产阶级的白人家庭是不具有可比性的。结果和行为的差异也有可能引导研究者将差异结果错误地归咎到参与者的种族地位上去,因为种族划分和代际社会阶层变量是混杂的。

这一章主要分析文化、民族、种族和少数民族身份作为发展的风险和资源的独特及附加影响。我们将综合考虑各个因素以使这些因素协调运作(García Coll et al., 1996)。此外,我们认为文化自身不会成为风险和脆弱性的来源。大多数具有多元文化背景的父母着力于为孩子获得最大利益,并且大多数孩子的能力在大部分文化环境中得到了适当的开发。然而,在美国,因为各方面的原因,文化差异已经成为脆弱性的来源,最重要的原因是文化差异历来被认为是风险的来源。基于此,政府政策、研究和临床策略都着重提出了个体家庭内部少数民族文化差异存在不良影响,需要补救或修正的观点。在这一章,我们认为,为了确保对来自不同背景的儿童及其家庭的早期干预服务能够成功,这些概念和政策必须重新修订以便考虑到这些儿童及其家庭现有的资源。

发展风险的另一个来源是服务供应商和顾客之间的文化不匹配。不同的文化价值观和目标,以及各种各样的交流和相互作用形式有可能影响父母和专业人员对于发展的理解和干预方式的选择。有关文化约束的概念可能包括问题的识别,原因的分析和行为的选择(Groce & Zola, 1993)。当父母对于发展的概念与干预系统不一样时,文化的不协调就会成为额外的风险来源,向不同文化背景的孩子提供服务的效果就会比较差。这时,重新修订干预形式去更好地适应父母的目标和价值观,或者让父母一起参与工作,增加他们对常规干预方法的理解,有利于将这些差异转变成利于孩子发展的资源。

最终文化将作为脆弱性的来源从美国混杂的多元文化背景和少数民族地位之间显现出来。在美国文化里,少数民族成长背景对孩子的发展是一种风险的来源。与种族主义、歧视与减少生存机会有关的种族隔离构成有色儿童的一种风险来源(McAdoo, 1981)。被不同的社会阶层排斥的经验将不利于儿童健康的社会性发展和认知发展(Brookins, 1993)。承认这些文化因素强加在家庭生活上的影响可能被用来动员必要的资源去干预以儿童为代表的家庭系统。本章将考察文化的概念和其他相关社会文化结构,探讨脆弱性的三种来源以及考虑将必要的文化重构作为一种资源。

概 念 澄 清

文化是一个复杂的概念,经常与种族和民族的概念交织在一起的,种族与民族这两个概念本身也有重叠的地方,需要澄清。文化(culture)指的是一种可被一群人共享或者一部分人共有的独特意义系统或认知图式（Betancourt & Lopez, 1993）。这些不同的意义是可以学习、分享并在同一代人中广泛传播的。受价值观和信仰的推动，文化通过日常互动活动变得可操作了（Rogoff, 1990; Rogoff, Mistry, Goncu, & Mosier, 1993; Weisner, 1996）。比如，在波多黎各文化中，人们高度重视对父母和家庭的尊重。研究发现，这种重视已经被转化为波多黎各母亲和婴儿之间不同形式的游戏。多项研究发现，与盎格鲁母亲相比，波多黎各母亲使用更多的指令和更少的提问技巧。从这个例子可以看出，在最初的社交互动中，尊重文化价值是日常生活的组成部分。然而，文化图式的隐晦性和程序性对此文化群体成员是透明的。讽刺的是，透明的文化图式通常是力量之源（Weisner, Metheson, & Bernheimer, 1996）。

家庭被公认为是主要的文化传播媒介，有助于代际间文化信仰的传递（McCubbin et al., 1993）。在很大程度上，孩子们从他们的父母和其他家庭成员身上吸收和学习他们的文化图式。在某种程度上，家庭拥有很强的文化传播力量，因为抚养孩子是通过每种文化强有力组织的。文化图式对孩子发育结果的影响尤其重要，所以早期干预应该包括以下部分：育儿理论与实践，儿童生长与发育的相关概念，家庭成员的定义和作用，父母和孩子的行为意义。这些都受到父母的民族观念、文化信仰系统和组织理解的影响，这些又作用于日常生活、互动模式和建议行为（Harkness & Super, 1996）。比如，在家庭之外孩子们不应该被雇佣并且他们只应参与有限的家务劳动。然而，纵观历史，在许多国家，孩子一直是家庭经济系统的重要成员，同样，在家庭经济中他们的参与仍然是一个普遍的、可接受的、必要的现象。

民族（ethnicity）通常用于描述一群有共同的国籍、文化或语言的人。这个词常用于将有特定文化的人归入一个组织。因此，民族是一个广泛的分组，其成员有一种主观的归属感（Phinney, 1993）。然而，民族本身并不构成文化，尽管成员之间的相互交流可能有助于文化的传播（Betancourt & Lopez, 1993）。也就是说，一个俄罗斯犹太孩子与其他俄罗斯犹太人相互作用可能会相互灌输俄罗斯犹太传统，但是，生活在同一个俄罗斯犹太社区并不一定意味着孩子都采纳俄罗斯犹太文化。尽管民族划分和文化交叠，但是有其各自独特的影响力，当我们提及美国文化差异时，通常指的是不同民族的价值观和行为表现存在差异。

民族经常错误地与种族（race）等同。"种族"这个术语在美国通常被用来描述一群有典型的物理特性和显性特征（如肤色、发型以及其他种族识别特点）的人。在历史上，美国的种族分类一直是黑白二元制，并且充满着物种和文化优劣的言论，尽管不同种族在基因和生物学上的相同点多于不同点（Lewontin, 1982）。种族被人为地根据其物理特性进行定义，具有高度异构性。在美国，尽管存在有大量混血后裔，但仍然被分为白人或者黑人两个种族。在历史上，种族分类遵循"一滴血原则"（one-drop-rule），意思是说一个人只要有"一滴"黑人的血，那么这个人就是黑种人。美国人口普查局确认并宣称混血儿已经出现在各种公共和政治领域。从而，原有的黑白二元制种族分类引起强烈反对、争议和批评，需要修正和批判性分析（García Coll et al., 1996）。

鉴于种族的基因组成如此相似，不同种族或者民族间在发展和健康状况上存在显著差异，并非主要由生物学因素决定，虽然在某种情况下确实是由生物学因素决定的（Krieger, Avery, Rowley, Phillips, & Herman, 1993）。然而，种族在我们社会是强有力的社会系统组织者，同时也是资源的主要来源，因此，它们对发展有重要影响。种族可能在发展的某些方面起着解释性的作用，特别是它影响儿童如何被他人感知和反馈，以及这些人际互动如何与儿童的生活机会相联系（García Coll et al., 1996）。我们必须承认，在黑人被视为有缺陷的种族的歧视环境中，不管儿童实际或选择的种族或民族是什么,一个被认为有着黑人外表的儿童,与一个被认为有着白人相貌的儿童将会有非常不同的成长经历。有学者(Kreiger et al., 1993)解释说,"现在的争议是,基于种族的不公平社会分类和与民族相关联的文化差异是如何影响健康的"(p.85)。他们用种族主义而不是种族作为解释的中心概念来理解特定的发展结果。尽管由遗传决定的种族分类遭到质疑和抵制,但是,与此有关的社会结构的存在将有力地影响儿童的发展。

文化、种族以及民族概念的区分及识别对于美国日益多样化的人口是非常重要的。事实上,曾经以人口数量很容易被识别的少数民族,现在可以合成一个新兴的多数群体。不同种族的出生率和日益增长的来自亚洲和拉丁美洲的移民导致少数民族人口规模的增加。21世纪,在美国非西班牙裔白人的孩子将会成为少数民族。这些少数民族家庭与欧美家庭的环境不同,它们往往有更年轻的母亲、更高比例的单身父母以及较多的家庭成员(García Coll, 1990)。

特定文化成员之间的个体差异

尽管不同民族、不同种族及少数民族可能具有截然不同的文化规范和家庭环境,但他们之间也有很多相似性。例如,不同种族和文化团体的发展过程是类似的(García Coll et al., 1996),但是在不同的促进和抑制环境中,他们可能会展现出不同的特殊表达方式。语言习得、对主要监护人的依恋以及主要情绪的出现是所有人发展中都要经历的。然而,特定的语言、重要依恋人物的数量、情感的表达和认知技能的获得在特定环境中有其特定的表现形式。

认识到民族之间的差异性与认识到民族内部的多样性同样重要。正如菲尼(Phinney, 1993)提醒我们的,特定的个人或样本是否反映了他们被认为应该代表的文化并不特别清楚。事实上,个人在一个文化连续体中的定位不是静态不变的,而是高度可变和变化的,这都取决于环境的影响(McDermott & Varenne, 1995)。生活在西班牙殖民地的第一代墨西哥裔美国人的儿童与生活在以白人为主的地区的第四代墨西哥裔美国人的儿童相比,他们参与各自文化的程度可能非常不同。这种差异可能与我们的相关假设以及与我们作为研究者或临床医生工作时所采取的方法有关。

同样,有些差异标示着文化实际上是为了更好地适应独特的社会经济和历史背景而存在的。我们认为必须找到理解传统的养育态度、价值观和行为实践与适应特定的需要和环境之间的微妙平衡(García Coll, Meyer, & Brillon, 1995)。例如,不同家庭在维护传统文化和采用更"现代的"养育方式上的投资可能会有所不同。事实证明,对一些人来说,儿童说他们本民族语言可能是重要的,其他人是不能通过使用翻译来被他们认同的。

文化适应水平与文化差异都是重要的变化性来源(Phinney, 1996)。通过考查文化适应水平,研究者和临床医生开始了解个体在一种文化或跨文化中所处的位置。文化适应(acculturation)通常被定义为个体保持最初的文化与适应新社会文化之间的对抗程度。文化适应的测量从单一指标(如语言的使用、出生地等)发展到测量多个社会特征(例如,自我认同感、语言和社会群体的偏好以及文化定义的其他行为和态度)(Phinney, 1996)。多维评估工具使研究人员能够从既包括新的文化价值观和行为,又包括传统的文化信仰的正交连续体中去了解个体的文化适应水平(García Coll et al., 1995)。

如果有机会的话,不同文化背景的个体和种族对他们的传统文化以及他们获得的新文化方面常常有不同的认识,但这种机会并不常有。关于拉丁裔青少年最近的一项研究表明,在维持两种传统家庭系统的价值观(尊重个体和家庭主义)上,青少年与其父母之间存在差别。他们在家庭主义上得分都很高,也就是说,他们把家庭责任和关系看得非常重要,父母认为尊重他人在与别人交往的过程中很重要,青少年则提出了更加平等的观点。因此,评估一个特定的家庭和孩子对主流文化的适应水平很重要。

认识到同一家庭的不同成员可能有不同的文化适应水平更加重要。换言之,随着成长,儿童接触到更多更丰富的主流文化体系,他们的文化适应水平很有可能与其他家庭成员的文化适应水平差别很大。同样,随着就业机会和接触主流文化的性别和年龄差异,成年家庭成员可能有不同的文化适应水平。这种文化适应失调将成为家庭功能发挥、干预项目执行的负担(Szapocnik, Kurtines, & Fernandez, 1980)。

一个家庭已经接受或采用的关于儿童发展的主流文化观点的程度是评估一个特别重要的方面。例如,一些研究表明,社会经济地位和文化适应水平都会影响墨西哥裔美国母亲对发展的理解。采用问卷方式调查父母不同的推理方式,研究人员将母亲的推理方式分为三种水平。具有多视角推理水平的母亲认为子女的发展是由多种因素决定的,并且认为特定的结果或行为都有各种潜在的原因。而处于绝对推理水平的母亲认为,单一的决定因素对应单一的结果,她们很少看到任何变化。研究者发现(Gutierrez, Sameroff, & Karrer, 1988),控制社会经济地位这一变量后,被同化程度越高的母亲越能适应社会文化。这项研究的重要性在于除考虑种族和文化的影响外,更加强调个体对文化的适应水平。

考虑文化和种族对儿童发展和行为的影响,并不表明文化和种族是父母对儿童教育以及家庭功能多样性的唯一或主要因素。与此相反,文化和许多与之相关联的因素与个人特征相互作用。例如,劳萨对于奇卡诺母亲们的研究表明(Laosa, 1978, 1980),养育方法不仅和文化背景有关,还和正规教育相关。劳萨调查奇卡诺母亲和盎格鲁母亲教育孩子的策略发现,正规教育而非文化的变革可能会导致行为的改变(Laosa, 1980)。整体上来说,奇卡诺母亲没有接受过太多教育,这项研究检测了奇卡诺母亲和盎格鲁母亲在教育方法上,是否会因为教育和社会经济地位的不同而有所差异(p.760)。研究表明,盎格鲁母亲最常用的教育方式是赞美,而奇卡诺母亲最常用的则是建模和视觉提示。当母亲的正规教育水平一致时,养育方法的差异就消失了。

美国日益多样化的种族文化,有力地推动研究者和服务提供者了解儿童发展的复杂性,因为它受到个体和社会文化力量的共同影响。就这一点而言,普遍的假设和归纳再也不能满足科学的、解释性的或者临床性的用途。因此,要考虑的不只是儿童的民族、种族、文化,还要考虑儿童和家庭对占主导地位的主流社会文化的适应水平。

文化的历史构成作为一项风险源

在历史上,美国的一些研究和临床应用认为,占据主导地位的中产阶级白种人文化所包含的抚养子女的价值观、态度、方法以及规范对儿童的发展最有利(García Coll & Meyer, 1993)。他们的抚养方法和发展特征已经成为将所有人口进行比较和对比的准绳(Patterson & Blum,

1993）。来自不同背景的父母被鼓励采用这些育儿方法，当他们子女的发展不能像中产阶级白种人的孩子们那样时，他们会被给予一些劝诫。

将中产阶级白种人的行为作为标准，不仅对科学研究有害，而且会损害其他肤色人种的利益。布朗芬布伦纳（Bronfenbrenner, 1985）指出，当把少数群体和多数群体相比较时，少数群体通常会被认为是下等的。虽然盎格鲁中产阶级白人的抚育规范随时代发展发生了变化（Young, 1990），但是将文化差异等同于异常行为的观点仍主导大多数儿童发展文献（Thomas, 1992）。"在社会上种族主义的持续有利于将文化差异和异常行为等同看待。"（Patterson & Blum, 1993, p.1025）

通过将不同人群与盎格鲁人种比较和对照发现，少数民族对孩子的抚养普遍存在不足并且需要补偿服务。关于这一现象的一个显著例子是"文化剥夺"（cultural deprivation），这一术语出现在 1960 年，被用来描述"弱势"人群。例如，有研究者（Bloom, Davis, & Hess, 1964）认为，儿童处境不利的根源是他们的家庭没有传播为了在主流社会获得成功的必要的文化图式（p.3）。这种"异常或剥夺"的观点，进一步导致了少数民族家庭概念化成了一个需要调整和研究者关注的社会问题（Slaughter & McWorter, 1985）。

将少数民族家庭问题化已经是研究者的热门选择，研究者不关注少数民族的良好行为而持续关注他们的不良行为。巴尔巴林（Barbarin, 1993）发现，大多数关于非洲裔美国人和拉丁裔学龄儿童的研究都集中在侵略、行为不良、注意缺陷和多动症等方面。人们对不同肤色间差异的了解来源于曲解和对人类适应性发展的有限研究。格雷汉姆（Graham, 1992）提出，目前，仅依靠实证文献及以白种人为对照组的简单优劣比较研究。我们尚不肯定已经对黑人儿童的潜在智力和社会适应技能有了透彻的了解。与此相类似，巴尔巴林发现在情感发展等领域的研究规范性和普适性不佳，对于美国原住民的研究基本不可适用于亚洲儿童。

大多数研究者对国外出生的或最近的移民人口采用的研究方法没有对本地出生的少数民族采用的研究方法深刻。移民以及多文化交融已被概念化并被视为伴随深远负面影响。研究关注、记录并且通过行为或精神失常的可测量指标了解移民子女的适应不良现象（García Coll & Magnuson, 1996; Koplow & Messinger, 1990）。移民的子女们被夹在父母传统文化和新社会文化中间，却不属于任何一个群体。儿童适应两种文化的好处表现为掌握两种语言，但这种好处也可能被困难或两种文化冲撞后的消极结果所抵消。

被假想为身份低劣的少数民族父母一直保持有一种观念，认为他们孩子的障碍可以通过再社会化和补偿程序予以改正（Bronfenbrenner, 1985; García Coll & Magnuson, 1996）。1960 年，在约翰逊总统向贫穷宣战期间，实施了新的干预计划来解决低收入人群（主要是不成比例的有色人群）的"缺陷"问题。这些补救和补偿项目采取两种策略：儿童早期教育及后期的家长教育。这些项目在方法上有些不同，但基于共同的假设，即低收入孩子表现相对较差（他们通常是有色儿童）。这归因于他们父母的教养模式以及父母不能提供使孩子成功的必要经验，无论是社会技能，如长时间静坐，还是学术技能，如关于数字和字母的知识（Laosa, 1984; Siegal, 1983）。因此，儿童早期教育计划旨在为弱势儿童提供直接的支持性经验。

家长教育课程成为一种应对儿童早期教育项目效果不佳的手段，并成为一种更基本的干预模式（Florin & Dokeki, 1983）。这些课程试图教会母亲怎样为孩子提供优化的发展经验。因此，该课程试图矫正低收入和少数民族父母与其孩子互动的方法，鼓励他们表现得更像中产阶级白人父母那样（García Coll & Magnuson, 1999b）。

尽管移民局所做的恢复少数民族社会地位的努力不同于传统的幼儿早期教育或亲子班,但这是他们尽最大努力所做的事情。纵观美国历史,美国社会产生了一种社会同化观念,在移民和原著居民之间将个体和群体的差异最小化。此种文化熔炉要求移民抛弃故乡的影响,要被同化以适应中产阶级白人的理念和价值观。随着难民安置项目以及英语作为第二语言(ESL)教育项目的实施,"美国化"开始了(García Coll & Magnuson, 1999b)。

总而言之,任何关于文化背景是劣势的原因(或来源)的争论必须依托这样的历史背景来予以理解。传统观念以及科学研究都曾明确或暗示性地将文化差异作为儿童弱点来概念化。因此,种族的和少数民族的抚养方式、价值观及信仰被视为发展风险的一种原因。这些观念促使我们从文化角度向另类儿童提供补偿性经验以促进他们再次社会化。相比之下,儿童的弱点不是被视为文化差异方面的内在缺陷,而是被看作文化失调的结果以及少数群体的负担。显而易见,作为这种重构的产物,可供选择的干预方式将会变得更加合适。

文化失调作为一项风险源

父母怎样知道孩子需要的帮助比他们所能提供的要多?他们如何意识到他们需要专业人员在评估以及可能给予的干预方面提供援助?当面对许多选择时,他们如何选择最佳干预方式?很少有父母完全准备好应对这些难题。当父母对正常发展的认识与更广泛的社会以及服务提供者不一致时,便开始成为发展风险的一种来源,我们称之为"文化失调"(cultural mismatch)。

作为一种形式和价值的来源,文化界定了什么样的行为和症状值得干预,并且会对"问题"根源以及应该采取的行为步骤进行塑形(García Coll & Meyer, 1993; Groce & Zola, 1993)。迟滞或者残疾在一种文化中可能会被认为是一种风险,在另一种文化中可能会被认为不值得干预。只有周围环境给我们提供了足够信息,我们才知道什么样的行为是适当的发育。因此,我们的文化共同体定义了什么是残疾、落后、不规范,并且与之相应,定义了什么是健全、先进、规范。正如一些学者所说(McDermott & Varenne, 1995),文化为我们注意与识别差异提供了指导方针,并且会造成与之相关的以及不同人发展的相应差异。正如我们的文化所规定的,这些差异将会成为我们使用或者不用一些人以及决断他们是否危险的根本原因。"人们获得一项技能,就会丧失一项技能;留意一个焦点,便会错过一些东西;有所专长,也会有所欠缺……感知力会造成感知障碍"(p.331)。

用来识别问题或潜在困难的参数指标由一个国家的历史、法律体系以及社会结构决定(Groce & Zola, 1993)。以前,美国社会利用居于主导地位的盎格鲁文化来定义什么是适当的发展,什么样的行为和情形需要干预(Weiss, 1993)。据此,美国的专业服务者界定了什么是正常发展过程以及什么样的环境会对发展构成危害。这些观念通常并不明确,并且也没有很好地传达给父母。而且,这些观念通常由一些基于生物医学发育方法的科学研究以及不能被所有文化团体接受的健康理念的科学研究所描述和支持。所以,在美国,如果父母或家人具有不同的文化背景,他们对抚养孩子的不同观点以及现行的早期干预体系可能会成为对孩子发展的额外危害。

现行的儿童干预系统的相关法律体系已经意识到文化影响的重要性(Meisels & Shonkoff,本书)。依据不同家庭需要制订干预计划(即以家庭为中心的干预方法)的规定也反映出了这一认识。因此,基于不同家庭优劣势帮助其获得不同机构帮助的个性化家庭服务方案(IFSP)必须将家庭文化背景考虑在内,因为它会影响并规定一个家庭的运作(García Coll & Meyer, 1993)。将家庭文化背景考虑在内不仅对设计更加有效的服务计划很重要,并且也将提高计划贯彻执行的可能性。

　　了解了文化失调可能带来的潜在危害,在进行发展评估的时候,不仅要获得对儿童能力和技能的正确评估结果,而且要了解家长认为孩子需要帮助的原因。比如,有研究者发现(Widmayer et al., 1990, 1992),住在佛罗里达的海地父母们不认为婴儿能够对语言做出反应或者有认知能力。结果,海地母亲和孩子之间的对话主要是为了约束孩子而不是开发他们的语言功能。在一项儿童发展的评估中,贝利婴儿发展量表(Bayley Scales of Infant Development, BSID)显示父母与子女之间互动的质量(根据HOME量表打分)预示了儿童的认知表现。在这项研究中,海地母亲对婴儿认知能力的判断降低了她们同婴儿的互动,这对婴儿发展产生了负面影响。当服务提供者或者医生对儿童的认知发展有不同于母亲的期待时,这种差异会对认识和接触这些发展迟缓儿童产生影响。

　　如果一个家庭察觉到一个问题,那么在家庭成员和服务提供者之间就问题的涉及范围和严重程度达成共识很重要。即使家庭成员首先发现了问题,他们也不会认为这需要立即的关注或者正式的干预。相比之下,也有可能出现这种情况:一个家庭可能在服务提供者并不认为有任何问题的时候发现孩子的问题并寻求帮助(García Coll & Meyer, 1993)。

　　文化差异同样可以出现在互动的内容和与服务提供者的关系中。这些问题可能超出了交流或语言障碍的范畴,但这些同样是造成困难的主要来源(Harwood, 1981; Hoang & Erickson, 1985)。例如,在许多文化中,父母不是唯一为孩子做决定的人。在一些案例中,一些非核心家庭成员(如祖父)才是最高权威。此外,整个家庭都会从家庭最高利益而不只是儿童的利益出发参与决策过程。同样,一些文化有严格的性别等级制度,使得服务的传递依赖于家庭中当家的男性的支持、许可和参与。在这种情况下,从母亲处而不是从父母双方或父亲处得到许可或者获取信息都是很难办到的(García Coll & Meyer, 1993)。因此,如果其他家庭成员被排除在决策过程之外,早期干预计划就很可能维持不下去。

　　互动模式也可能受到一个家庭对服务提供者社会地位认识的影响。例如,在一些亚洲文化中,医生受到高度尊敬和赞美,亚裔家庭成员通常对医疗服务提供者很恭敬(Hoang & Erickson, 1985)。因此,亚裔家庭成员在同医生分享一些他们认为会被医生否决的信息时会感到不舒服。老挝赫蒙族父母通常都很害羞、多疑,并以一种他们觉得能讨好服务提供者的方式回答问题(Faller, 1985)。类似地,墨西哥裔美国人和波多黎各人则期待服务提供者显示出尊重和个性化,并且花费一定时间同他们交谈。这些文化中人们的期望与一些北美洲人的期望有很大差异,北美洲人希望他们的服务提供者是诚实、坦率、客观且冷静的。

　　即使家庭成员意识到自己的孩子出现了发展延缓或者认为需要早期干预,他们也不一定会对造成问题的原因或问题得到康复的程度产生认同(Gutierrez & Sameroff, 1990)。当一个家庭面对孩子出现问题带来的压力时,从熟悉的文化或者宗教中寻找根源能给他们带来安慰。因此,父母有可能对病因产生不同的认识,对如何能改变或提高孩子的发展状况有不同的理解(Korbin & Johnston, 1982)。

　　一个家庭对病因的解释可能因其社会文化背景和对西方儿童发展理论的接受程度而有明显

差异。一项关于海地裔美国母亲和古巴裔美国母亲的研究发现，这两个群体对发病原因有不同的理解（DeSantis，1989）。古巴裔美国母亲对早期儿童疾病和原因的认识更西方化。他们经常拜访医生，并视处方治疗为合适的治疗方法。相反，海地裔母亲没有用生物化学的方法看待疾病和发病原因，反而将发病原因归结为外部环境，如脏空气、脏东西或者咒语。比如，一个海地裔母亲认为腹泻是因为在出牙期吞咽口水造成的。尽管海地裔母亲中有带孩子看医生的案例，但和古巴母亲相比，很少海地裔母亲这样做。海地裔母亲更经常依靠家传方法，也更倾向于带孩子拜访传统医师。他们根据对发病原因的认识选择治疗方法。多半人并不认为他们的问题是可避免的。

一些传统文化用超现实来解释一些现象。这些文化的成员将他们的问题或情况归结于神灵、灵魂或咒语的力量。相似的，一些文化将出现的问题理解为对他们自身或祖先做错事的报应。在一些情况下，家长也有可能认为孩子面临的问题是天注定的。在这样的案例中，人们常常不重视早期干预，因为他们认为这是徒劳的。

另外一种普遍流行的观念是将儿童发展困难归结为"冷热"不平衡，这是指冷热之间自然秩序的不平衡（Hoang & Erickson，1985）。当进行或需要进行早期治疗时，这些关于疾病和治疗的民族心理理论都应被考虑到。

最后，即使家庭成员和服务提供者就问题存在与否和产生根源达成一致，在决定采取什么样的措施和决定过程中他们也可能产生分歧。这些分歧同家庭关于问题的病因和对早期干预的期望紧密相关。如果一个家庭从超自然的角度看待孩子的问题，他们就不大可能寻求生物医学治疗方法，而更倾向于认为孩子的问题是天注定的。当对早期干预的期望没有达到时，他们会继续寻求其他治疗方法。例如，斯科特（Scott，1974）描述到：一位波多黎各母亲带孩子去看医生，她不能接受服用处方药，因为她觉得只有注射才能治好她的孩子。她带着孩子去了多家医院，直到最后如愿以偿。

不管一个家庭在美国居住了多久，许多人仍会寻求传统药物和祖传方法。这些方法包括基础的治疗和完整的治疗，从广泛的草本治疗到日常饮食限制。家庭成员也可能同时采用传统治疗和主流的西式干预。他们依靠传统疗法治本，靠西式干预治标。如果服务提供者不同意传统疗法，家庭成员很可能会隐瞒他们使用这一治疗方法的事实。传统疗法的效果和危害仍不清楚。斯科特（Scott，1974）曾这样总结："这些信念尽管可能违背科学的医疗系统，但能够在这些人群中代代流传，也许它确实是有可测量的效果的。"

无独有偶，斯塔福德（Stafford，1978）也有过类似的建议，当家庭成员对于民间偏方坚信不疑时，服务提供者若是能够将家庭的信念与自己的干预结合起来，采用那些传统的治疗方法，只要它们对人体是无害的，那么干预将会更加有效。

最后，那些需要父母积极参与到干预治疗中的服务提供者必须考虑到一种可能性，家长也许并不想因为治疗改变他们的日常生活（García Coll & Meyer，1993）。虽然父母可以接受自己的孩子需要干预，但不一定同意他们自己的行为也应该被修正。这种对于改变自己行为的抗拒，不管是干预的模式还是家庭饮食习惯，对于治疗的效果都是一个巨大的障碍。此外，家庭对于正式和非正式的支持网络和支持网络内的责任划分的认识也可能是完全不同的。因此，服务提供者无法就责任以及家庭成员或提供支持人员的角色做出严格定义，而是必须努力利用可用资源发挥家庭的功能来创建一个有效的和可以接受的干预计划（García Coll & Meyer，1993）。

综上所述，为来自不同文化背景的家庭提供干预计划时必须考虑三个关键问题：(1)家庭是否认为存在问题；(2)家庭成员关于问题原因的看法是什么；(3)不同的家庭成员对于干预方式有什么不同看法。

在服务提供过程中，不仅要诱发出家庭的解释模式，还得考虑和尊重这些观念。家长和其他重要的家庭成员，如孩子的医疗保健员和干预治疗的经纪人，在孩子的发展中发挥了至关重要的作用。虽然服务提供者可能会对父母和其他重要照料者的判断产生怀疑，但是尊重他们解释模式的干预设计才更有可能提供一种接收性更高的干预，也会促进干预工作的顺利进行。

少数民族身份作为一项风险源

当他(她)因为深色皮肤、小眼睛或者浓重口音而被学校里其他孩子戏弄甚至踢打时，对于他(她)的成长发展会带来什么样的伤害？当你知道与你一样文化背景的人被认为是愚笨的、不优秀的、丑陋的或者懒惰的，会是什么后果？在非盎格鲁和贫困区域中长大的代价是什么？因为你的文化背景，即使你认真学习，也得不到老师的关注，他也不期望你能够成功，这又意味着什么？因为来自不同的文化背景而需要不间断地与浸透着负面形象和贬低的概念化的刻板印象与偏见做抗争的代价是多少？这些经验对个人的健康、幸福和发展带来什么样的结果？会有什么好处，如果这种好处存在的话？

虽然文化差异与少数民族是两个概念，但这两个概念在美国社会中经常被混淆。因此，讨论文化作为风险的来源时，也必须要记住，少数民族也是使得来自不同文化背景的孩子成为弱势群体的一个相关且独特的来源。

种族主义渗透在美国社会的方方面面，通过许多不同的方式表现出来。一些研究发现，针对少数民族人口，特别是黑人的偏见和刻板印象，已经日渐消除(Dovidio & Gaertner, 1991；关于这项工作的讨论请参阅 Devine & Elliot, 1995)。然而，另一些研究发现，更为隐蔽和微妙的种族主义仍然存在(Devine & Elliot, 1995)。因此，美国社会对黑人的刻板印象与其说消除了，不如说可能已经改变了性质。而且，这种改变后的现代化的种族主义实际上是将美国人的种族歧视行为合理化(McConahay, 1983；McConahay, Hardee, & Batts, 1981)。例如，就业领域的种族歧视一度是公开的，现在依然存在，只是雇主不再将申请人的种族作为决策的正当理由。因此，尽管偏见可能越来越少地被直接表现出来，但并不意味着消除，而是更加隐蔽和微妙。

种族主义和歧视进入家庭和儿童的生活有几种方式。在一个研究少数民族儿童发展的综合性模型中，我们假设三种类型的隔离是了解一个家庭和孩子与环境互动的核心：住宅、经济和社会心理(García Coll et al., 1996)。在每种情况下，隔离是指在社会地位上对团体和个人的系统分离。虽然分离和种族隔离不再被法律合法化，但仍然普遍和持续地存在于美国生活的方方面面。

关于隔离的大多数研究都集中于前两种类型。住宅的隔离在某种程度上直接影响一个家庭的居住位置，并且会制约居住区域内的资源(例如，医疗保健、就业，等等)，属于抑制和限制因素。在美国，居住分配最重要的资源之一是公立教育。虽然 1954 年最高法院在布朗诉教育委员会案(*Brown V. Board of Education*)后通过决议，规定学区废除种族隔离，但仍有许多公立学校保持高度隔离直至今日。此外,较深肤色的儿童相对于那些生活在贫困社区的白人而言,更有可能居住在危险的社区,更易面临暴力、住房不足以及其他环境健康风险,如铅污染(Krieger et al.,1993)。

经济隔离,表现为一直延续工资水平和雇佣时间方面的就业歧视,是造成少数民族人口不良经历的因素。虽然关于贫穷对儿童的影响的全面讨论不属于本章的范围,需要注意的是,来自不同文化背景的深肤色儿童在贫困人口中所占比例过大,他们比白人儿童更可能面临持续的贫困(Huston, McLoyd, & García Coll, 1994)。

与住宅和经济隔离的研究相比,很少有研究针对发育方面的隔离或其他关于种族主义对心理方面的影响,如性别歧视(Kreiger et al., 1993)。一直以来,非裔美国人的婴儿死亡率较高的问题被认为是一个潜在的说明。导致死亡的主要因素是早产的高发生率、出生时的低体重以及产后正常出生体重婴儿的高死亡率和高发病率。即使是受过良好教育且经济条件较好,已经准备进入医疗保健系统的非裔妇女,她们的早产和低出生体重的婴儿死亡率仍然很高。因此,一些研究人员认为,作为非裔美国人所承担的环境压力或许是一个解释。罗利认为,与种族相关的经历及其应对机制可能涉及孕前、孕期以及孕后对于环境压力的生理反应,这些可能会影响妊娠进程以致影响母亲和孩子的后续健康(Rowley, 1990)。

较深肤色的家庭和儿童因为社会分层机制而无法获得重要的社会和情感资源,也会导致社会和心理隔离。这种社会和情感的群体之间的隔离,只能加深他们之间的差距。分层导致不和的情感强度增加会使他们的分离加重,促进情感上的不信任和恐惧(García Coll et al., 1996;Harry, 1992)。

所有这些隔离因素都与被歧视的经历有关,这不仅造成儿童处境不利,还会造成人们在多元文化背景下的严重不信任。20 世纪 80 年代早期,特勒尔(Terrell & Terrell, 1981)第一次使用"文化不信任"(cultural mistrust)来描述黑人群体对白人群体的感知,并整理出"文化不信任清单"(Cultural Mistrust Inventory)测量黑人个体在教育、人际交往和社会环境这三种不同环境下的具体特点。这种不信任被认为是针对歧视和偏见经历而发展出的回应。这种观点的反对者认为,即使个体缺乏直接的歧视经历,一个非裔美籍家庭也会通过下定义、打比方和列出黑人在白人社会的注意事项等方式促进文化不信任的发展(Biafora, Taylor, Warheit, Zimmerman, & Vega,1993)。

在早期干预的环境中,曾有过种族歧视经历的父母可能会对来自主流社会的专家产生不信任,从而为二者之间的互动增加很多困难。利维(Levy, 1985)指出,在一个全新的环境之下,黑人群体并不知道白人群体会如何对待他们,而且他们"从前被羞辱和歧视的经历会让他们感到焦虑和怨恨"(p.639)。因此,一些黑人开始深信之前身处白人体系总是受挫的经验,并学会预估与美国白人交往后会受到的不公待遇和结果。相似地,外国病人通常会由于各种复杂的文化差异而被美国内科医生所排斥,这些文化差异会让一方被误解,另一方被威胁,让双方都感受到巨大的挫败感(Kraut, 1990, p.1807)。这种对来自不同文化背景的个体不信任的倾向,显然会对早期干预项目提供者与家长之间的关系带来负面影响。

该领域研究的主体为非裔美籍黑人,几乎没有研究说明来自亚洲或拉丁美洲等地区的新近移民群体或美洲原住有色人群等也有可能具备相当程度的文化不信任。美国一些承认存在少数民族或种姓经验的理论家(如 Boykin & Toms, 1985;Ogbu, 1981)可能会通过少数民族群体直接清楚解释这些行为的模式。虽然在相似的环境中,可能有的个体遭受了歧视,而另一些个体却没有,但有关少数民族群体经历的大量研究已告诫我们,应谨慎对待群体间的泛化。因此综合以上观点,少数群体地位与文化不信任间的关系是复杂的(García Coll & Magnuson, 1996)。

最终,无证移民可能用清楚直接的理由拒绝早期干预服务。因害怕被驱逐,他们可能连最基本的医疗服务都不能获取。有关迈阿密海地移民的研究发现,很多孕妇在进入医院生产之前的整个孕期都没有看过医生(Widmayer et al., 1992)。同样有研究发现,圣地亚哥的墨西哥非法移民孕妇比合法移民接受孕期护理的时间晚、数量少(Chavez, Cornelius, & Jones, 1986)。这就导致了婴儿死亡率的上升和更多严重分娩并发症的出现。这种情况的出现是因为非法移民者害怕服务提供者们不仅不会帮助他们,还会将他们移交到移民局。

简而言之,尽管涉及很多民族问题,少数民族身份仍是不同群体发展风险的共同来源。隔离少数民族导致很多有色人口家庭可能将其儿童的发展置于高风险环境中。对少数民族来说,在社会人际关系或结构式互动过程中出现种族主义者和歧视的经历,也会让其变得更加脆弱。尽管对这些方面带来的宏观影响还缺少充分的研究和关注,一些零星的调查研究表明,为了对有色儿童的发展有充分了解,必须增加对少数民族身份如何演变成他们生活中的风险因素这一过程的关注。

文化作为发展性资源

我们认为,将文化作为一种资源的观点常被忽略,所以专门提出文化是一种资源。我们很少会考虑来自不同文化背景的父母如何促进儿童的发展,以及儿童与父母的文化背景不协调可能对儿童造成的伤害。简而言之,文化,作为对社会环境的描述,可以对生长在其中的儿童的发展起到促进的作用。

莱文(Levine, 1977)为理解不同文化背景下的儿童养育提供了一个有效的框架。他假定育儿技巧在某种程度上是根据个体掌握某种文化工具的能力来决定。因此,成人总是有意无意地学习与自己文化环境紧密相关的认知、语言、动机和社交能力。莱文还认为,父母的养育既反映了机会,同样也有可能对历史性的建构环境造成危害,还有可能在追求多重目标中出现曾经有过的折中。在这样的框架指导之下,莱文提出了以下几点可信的、普遍的养育目标:

(1)为儿童提供物质保障;

(2)为儿童成熟所需的经济自足而发展儿童行为能力;

(3)为最大化其他文化价值(如道德)而发展儿童行为能力。

以上等级目标的结构表明,如果第一个目标(如儿童健康或生存)受到了威胁,父母会将他们所有的努力都集中在这个目标上,因为只有实现了这个基本目标才能保证其他目标的实现。这些目标也是在儿童发展性顺序基础上构建的。儿童出生的第一年,生存和健康最被关注。这个目标框架认为,处于不同生态环境或不同经济水平的家庭可能有不同的目标。莱文(Levine, 1988)把这个儿童养育目标作为父母时间分配、注意力分配和家庭资源分配的策略。他还进一步提出,每种人类社会经济适应力(如农业的、工业的等)反映特定优势和障碍。例如,美国强调儿童发展出能在技术先进的市场中取得经济回报的技能和特质。因此,美国的教育体系致力于促进认知能力,如记忆输出、推理以及独立和竞争等个人特质。这样的价值观显然和传统农业社会所要求的技能不同。不论哪种社会,一个社会认为有价值的技能在另一个社会中可能并没有那么重要。

莱文理论框架的前提假设是忽略专业技术的支持,大多数教养实践的目的是使其子女受益。例如,在非洲,刚会走路的幼儿的身体移动常常受到限制,这是为了避开用于烹饪的明火的危险(Levine,1977)。而在北美,我们重视行动和移动的自由,婴儿护栏就被认为过于限制,因为有人认为应该让孩子们自己探索周围的环境,通过这样的探索他们将会受到更多的刺激。在这两种环境下,决定的价值和目标有利于儿童转化为特定的实践,从而实现目标(García Coll & Meyer, 1993)。

当审视其他地区的文化时,尽管这种差别在儿童抚养目标上是清楚的,但美国一些对黑人父母教养实践的实证工作却应用了类似的框架。奥格布(Ogbu,1981)的研究引起了莱文的共鸣,并且提供了一个基本框架,这个框架明确地将我们对于发展的理解引入到语境因素上。奥格布认为,有效的社会环境是那些直接影响生存模式、使人免受身体暴力以及塑造儿童教养行为的环境因素。因此,与莱文的框架理论极其相似,奥格布认为父母的教育与儿童所需的帮助性技能是由他们发展所处的环境所决定的。将这一框架理论用于美国都市内的贫民窟居民时,奥格布指出:

> 贫民窟居民的边缘化参与传统经济,以及他们在街道经济中的参与影响了他们组织育儿的方式……贫民窟中的黑人为了获得成就和相应的能力实际上需要获得不同的行为规则。这不仅仅是因为贫民窟父母缺少白人中产阶级所具有的育儿能力,更是因为这是他们的文化/生存任务所需的。(pp.424-425)

结论是:在他/她的生活环境附近,把那些白人中产阶级抚养孩子的策略用在黑人孩子身上,其教养策略将会难以实施和成功。

贾勒特(Jarrett,1996)认为,生活在危险环境中的非裔美国低收入父母用不同于主流中产阶级父母的正确教养方式,限制了其子女的活动。实际上,内陆城市父母常常竭尽全力将其子女的活动范围限制在家庭范围内,在非上学时间禁止孩子以任何理由,特别是玩的理由出门。而且,这种强加的隔离可能升级为一种更微妙的方式——孩子由家人陪伴出门。这种情况下,父母可能会有选择地阻止他们的孩子和"坏孩子"交朋友,或者处处陪伴其子女的户外活动(Jarrett, 1996)。这些保护策略让父母控制了子女对于危险环境影响的探索。

有学者(Deater-Deckard, Dodge, Bates, & Petit, 1996)研究了管教严格父母与儿童敌意和攻击等外显行为之间的关系。在前期理论和实证研究中发现,父母对儿童的身体管束与儿童的攻击行为相关,随着时间的推移,强制性的亲子交往被认为会导致外显的行为问题(Maccoby & Martin,1983)。但这一研究的对象大多数是欧美的中产阶级家庭。与以上观点相反,有研究者(Deater-Deckard,1996)用长达四年的时间研究了非裔和欧裔美国人家庭中管教严格父母与学前儿童发展之间的关系。通过对欧裔美国儿童的同伴和教师评估发现,身体管束严格(在没有虐待的情况下)与较高的外显问题相关,但是在非裔美国人样本中却发现,管束严格与外显行为问题没有关系。事实上,有趋势表明,对非裔美国儿童实施严格管教与儿童较低的外显问题行为和攻击行为相关。这说明,跨种族和文化的群体对父母的行为会有不同的解释,特别是非裔美国孩子,他们可能不认为父母的严厉管束是缺乏温暖或关注的表现。这一研究说明,在某种文化或种族群体中对父母及子女产生的消极影响,在其他的群体中可能会有不同的影响。因此,在某个群体中我们认为是"错的",实际上在另一种文化环境下可能却是"对的"且使儿童受益。

正如大部分父母致力于培养子女形成他们认为对子女有益的行为,大多数孩子在一些发展性领域也确实表现得如出一辙。尽管美国主流文化的作用力和环境存在多样性,大多数儿童仍能获得成为他们的文化群体中有用成员所需的技能。这些能力包括认知、交流和社会技能。例如,尽管儿童可能会有多个养育者,但是大多数在婴儿期就会有主要照料者,主要照料者的品质预示着儿童今后与其他成人和同伴的交往品质(Bretherton & Waters,1985)。换言之,不管文化背景的多样性和后续教养策略,大多数家庭在养育子女上是称职的,大多数儿童也发展成为对他们社会有用的人。

根据文化环境,发展的某些方面(如时间、内容或表现等)可能会有所不同。例如,跨文化心理学家研究指出,从文化角度,记忆和认知技能可能会受环境和实践的诱导(Rogoff & Morelli,1989)。尤其是学校教育,它与许多记忆、逻辑推理和分类等认知活动有关。例如,不相关事物的分类列表可能是学校相关的识字活动以外的一个不常见活动(Rogoff & Waddell,1982),参与者如果没有正式的学校教育经历,在类似的分类活动中就会表现不佳(Rogoff & Morelli,1989)。其他一些研究(Mistry & Rogoff,1994;Greenfield & Lave,1982)同样表明,个体在记忆技巧任务上的表现可能反映的是任务的建构而不仅仅是个人的能力。在记忆任务中,如果刺激和环境以儿童熟悉的形式呈现,他/她的表现就会比较好,如果在任务中事物或环境以儿童不熟悉的方式组织,那么儿童的表现就没那么好。这一文献使我们了解到文化环境的功能是促进特殊认知技能的发展,并且这些技能不是抽象的、与环境不相关的认知能力,而是在某一特定环境中能够应用的(Rogoff & Morelli,1989)。

美国少数民族和儿童移民的增加,强调了许多孩子不再属于某一个文化群体的事实。尽管要掌握两种文化或两种语言体系常常被认为是儿童健康发展的障碍或干扰,但是有文献记载了这种经历的潜在好处。例如,均衡地使用两种语言有助于促进儿童的多元语言意识和语言熟练,从而促进认知的发展(参见 Diaz 1985;Diaz & Klinger,1991)。此外,拉米雷斯(Ramirez,1983)指出,具有二元文化的个体在处理与强化与来自不同背景的人建立关系与移情时,他们具有更强的适应性和灵活性。有研究者(LaFromboise, Coleman, & Gerton, 1993)在关于二元文化主义的心理影响上提供了一份有用的文献综述。

总之,不管养育儿童所采用的方法是什么,大多数由父母提供给子女的教养实践都是有用的。同样,无论孩子的养育环境多么多变,大多数儿童在某些发展领域呈现出显著的一致性,然而在取决于社会文化环境的时间、内容和表达等方面呈现出差异性。此外双语和双文化对儿童也是有益的。通过提出文化从根本上塑造不同群体的实践来满足特殊的环境要求,提出双文化存在可能被忽视的长远优势,这些研究重新聚焦于文化,把文化作为发展危机中一个必不可少的资源来讨论。

结 论

随着美国不同文化背景家庭的大量增加,文化在儿童发展结果上的作用必然会受到更多的关注。重建文化差异的概念非常重要，它不再被界定为异常行为，而被认为是一种风险源，例如文化不匹配，混淆少数民族身份。由此得出以下三个结论：第一，有关文化对于发展可能的积极影响的理论和实证研究有限，有待进一步思考。鉴于文化背景所具有的优势和保护性因素，多元种族理应得到理解。传统的文化模式和父母的民族学理论是强烈的，他们对美国多元环境和领域的确起到了作用。所以研究传统模式下有优势和保护性因素的这些环境和领域是重要的。

第二，当家庭与专业人员就干预经验的预期出现文化不匹配时，服务提供者必须明确地与之作斗争。如果美国早期干预系统是从这些概念中提取的，我们必须清楚认识和解释由文化框架导致的差异。尽管提建议很容易，但是对于专业人员终身发展来说，获得更多的知识以及尊重不同文化的不同信仰和行为惯例通常是很困难的。尽管如此，齐心协力地将文化影响和文化不匹配整合到早期干预系统中的潜在好处是巨大的。随之在交流系统、社区和家庭之间出现的合作关系最终将会确保干预更加有效。最后，与我们服务家庭的信念和力量协作将会促进我们的工作，也会提升儿童的生活。

最后，少数民族身份作为一种发展的风险因素持续存在，要求我们提升早期干预，通过采取广阔的多层次的方法来支持家庭。恢复文化上"离经叛道"家庭的社会化的努力被误导了，在我们能够界定和应对发展的危机来源的更多微观结构前，这种努力只会取得有限的成效，并且将会持续溃败。少数民族面临的典型的种族主义、歧视以及隔离严重影响了他们的幸福感。如果我们打算提高儿童及其家庭的生活前景，我们就必须改善少数民族身份所带来的这些强加在他们身上的消极影响。

参 考 文 献

Banks, J. A. (1988). Ethnicity, class, cognitive, and motivational styles: Research and teaching implications. *Journal of Negro Education, 57*, 452–66.

Barbarin, O. A. (1993). Coping and resilience: Exploring the inner lives of African American children. *Journal of Black Psychology, 19*, 423–46.

Betancourt, H., & Lopez, S. R. (1993). The study of culture, ethnicity, and race in American psychology. *American Psychologist, 48*, 629–37.

Biafora, F. A., Taylor, D. L., Warheit, G. J., Zimmerman, R. S., & Vega, W. A. (1993). Cultural mistrust and racial awareness among ethnically diverse black adolescent boys. *Journal of Black Psychology, 19*, 266–81.

Bloom, B. S., Davis, A., & Hess, R. (1964). *Compensatory education for cultural deprivation*. Chicago: Department of Education, University of Chicago.

Boykin, A. W., & Toms, F. D. (1985). Black child socialization: A conceptual framework. In H. P. McAdoo & J. H. McAdoo (Eds.), *Black children: Social, educational, and parental environments* (pp. 33–51). Newbury Park, CA: Sage.

Bretherton, I., & Waters, E. (Eds.) (1985). Growing points of attachment theory and research. *Monographs of the Society for Research in Child Development, 50* (1–2, serial number 209).

Bronfenbrenner, U. (1979). *The ecology of human development: Experiments by nature and design*. Cambridge, MA: Harvard University Press.

Bronfenbrenner, U. (1985). Summary. In M. B. Spencer, G. K. Brookins, & W. R. Allens (Eds.), *Beginnings: The social and affective development of black children* (pp. 67–73). Hillsdale, NJ: Erlbaum.

Brookins, G. K. (1993). Culture, ethnicity, and bicultural competence: Implications for children with chronic illness and disability. *Pediatrics, 91* (5-Suppl.), 1056–62.

Caplan, N., & Nelson, S. D. (1973). On being useful: The nature and consequences of psychological research on social problems. *American Psychologist, 38*, 199–211.

Chavez, L. R., Cornelius, W. A., & Jones, O. W. (1986). Utilization of health services by Mexican women in San Diego. *Women's Health, 11*(2), 3–20.

Cole, M. (1996). *Cultural psychology: A once and future discipline*. Cambridge, MA: Harvard University Press.

Cole, M., & Bruner, J. S. (1974). Cultural differences and indifferences about psychological processes. In J. W. Berry & P. R. Dasen (Eds.), *Culture and cognition: Readings in cross cultural psychology* (pp. 231–46). London: Methuen & Co. Ltd.

Comeroff, J., & McQuire, P. (1981). Ambiguity and the search for meaning: Childhood leukemia in the modern clinical context. *Social Science and Medicine, 1513,* 115–23.

Deater-Deckard, K., Dodge, K. A., Bates, J. E., & Petit, G. S. (1996). Physical discipline among African American and European American mothers: Links to children's externalizing behaviors. *Developmental Psychology, 6,* 1065–72.

DeSantis, L. (1989). Health care orientation of Cuban and Haitian immigrant mothers: Implications for health care professionals. *Medical Anthropology, 12,* 69–89.

Devine, P., & Elliot, A. (1995). Are racial stereotypes really fading? The Princeton trilogy revisited. *Personality and Social Psychology Bulletin, 21,* 1139–50.

Diaz, R. M. (1985). Bilingual cognitive development: Addressing three gaps in current research. *Child Development, 56,* 1376–88.

Diaz, R. M., & Klinger, C. (1991). Towards an explanatory model of interaction between bilingualism and cognitive development. In E. Bialystok (Ed.), *Language processing in bilingual children* (pp. 167–92). New York: Cambridge University Press.

Dovidio, J. F., & Gaertner, S. L. (1991). Changes in the expression of racial prejudice. In H. Knopke, J. Norrell, & R. Rogers (Eds.), *Prejudice, discrimination, and racism* (1–34). New York: Academic Press.

Duckitt, J. (1992). Psychology and prejudice. *American Psychologist, 47,* 1182–93.

Entwisle, D. R., & Astone, N. M. (1994). Some practical guidelines for measuring youth's race/ethnicity and socioeconomic status. *Child Development, 65,* 1521–40.

Faller, H. S. (1985). Perinatal need of immigrant Hmong women: Surveys of women and health care providers. *Public Health Report, 100,* 341–3.

Florin, P. R., & Dokeki, P. R. (1983) Changing families through parent and family education. In I. E. Siegal & L. Laosa (Eds.), *Changing families* (pp. 23–64). New York: Plenum Press.

García Coll, C.T. (1990). Developmental outcome of minority infants: A process oriented look into our beginnings. *Child Development, 61,* 270–89.

García Coll, C. T., & Magnuson, K. (1996). The psychological experience of immigration: A developmental perspective. In A. Booth, A. C. Crouter, & N. Landale (Eds.), *Immigration and the family: Research and policy on US immigrants* (pp. 91–131). Hillsdale, NJ: Erlbaum.

García Coll, C., & Magnuson, K. (1999a). Cultural influences on child development: Are we ready for a paradigm shift? In C. Nelson & A. Masten (Eds.), *Cultural processes in child development.* Minnesota symposium on child psychology, vol. 29 (pp. 1–24). New Jersey, Erlbaum.

García Coll, C., & Magnuson, K. (1999b). Theory and research with children of color: Implications for social policy. In H. Fitzgerald (Ed.), *Children of color: Research, health, and policy issues.* New York: Garland.

García Coll, C. T., & Meyer, E. (1993). The socio-cultural context of infant development. In C. H. Zeanah (Ed.), *Handbook of infant mental health* (pp. 56–69). New York: Guilford Press.

García Coll, C. T., Meyer, E. C., & Brillon, L. (1995). Ethnic and minority parents. In M. H. Bornstein (Ed.), *Handbook of parenting, vol. II* (pp. 189–209). Hillsdale, NJ: Erlbaum.

García Coll, C. T., Ramos, A., Magnuson, K., Halpern, L., & Valcarel, M. (1997). *Puerto Rican and Anglo mothers and infants: Similarities and differences in developmental goals and processes.* Society for Research on Child Development, April 3, Washington, DC.

García Coll, C. T., Thorne, B., Cooper, C., Scott-Jones, D., Eccles, J., Nakashima, C. (1996). Paper presented at Third National Symposium of Head Start Research. June 23, Washington, DC.

Graham, S. (1992). "Most of the subjects were white and middle class." *American Psychologist, 47,* 629–39.

Greenfield, P., & Lave, J. (1982). Cognitive aspects of informal education. In D. A. Wagner & H. W. Stevenson (Eds.), *Cultural perspectives on child development* (pp. 146–65). San Francisco: Freeman.

Groce, N. E., & Zola, I. K. (1993). Multiculturalism, chronic illness, and disability. *Pediatrics, 91* (5-Suppl.), 1048–55.

Gutierrez, J., & Sameroff, A. (1990). Determinants of complexity in Mexican-American mothers' conceptions of child development. *Child Development, 61,* 384–94.

Gutierrez, J., Sameroff, A., & Karrer, B. (1988). Acculturation and SES effects on Mexican-American parents' concepts of development. *Child Development, 59,* 250–5.

Harkness, S. (1980). The cultural context of child development. *New Directions for Child Development, 8,* 7–14.

Harkness, S., & C. M. Super (Eds.). (1996). *Parents' cultural belief systems.* New York: Guilford.

Harrison, A. O., Wilson, M. N., Pine, C. J., Chan, S. Q., & Buriel, R. (1990). Family ecologies of ethnic minority children. *Child Development, 61,* 347–62.

Harry, B. (1992). Restructuring the participation of African-American parents in special education. *Exceptional Children, 59,* 123–131.

Harwood, A. (1981) Guidelines for culturally appropriate health care. In Harwood A., (Ed.), *Ethnicity and medical care* (pp. 482–507). Cambridge, MA: Harvard University Press.

Harwood, R. L., Schoelmerich, A., Schulze, P. A., & Wilson, S. P. (1997). *Mother-infant interactions and long-term socialization goals in San Juan and the U.S.* Society for Research on Child Development, April 3, Washington, DC.

Hoang, G. N., & Erickson R. V. (1985). Cultural barriers to effective medical care among Indochinese patients. *Annual Review of Medicine, 36,* 229–39.

Huston, A., McLoyd, V. C., & García Coll, C. (1994). Children and poverty: Issues in contemporary research. *Child Development, 65,* 275–82.

Jarrett, R. (1996). African American family and parenting strategies in impoverished neighborhoods. *Qualitative Sociology, 20,* 275–88.

Koplow, L., & Messinger, E. (1990). Developmental dilemmas of young children of immigrant parents. *Child and*

Adolescent Social Work, 7, 121–34.

Korbin, J. E., & Johnston, M. (1982). Steps toward resolving cultural conflict in a pediatric hospital. *Clinical Pediatrics, 21*, 259–63.

Kraut, A. M. (1990). Healers and strangers: Immigrant attitudes toward the physicians in America: A relationship in historical perspective. *Journal of American Medical Association, 263*, 1807–11.

Krieger, N., Avery, B., Rowley, D. L., Phillips, M. T., & Herman, A. A. (1993). Racism, sexism, and social class: Implications for studies of health, disease, and well-being. *American Journal of Preventative Medicine, 9*, 82–122.

LaFromboise, T., Coleman, H. L. K., & Gerton, J. (1993). Psychological impact of biculturalism: Evidence and theory. *Psychological Bulletin, 114*, 395–412.

Laosa, L. (1978). Maternal teaching strategies in Chicano families of varied educational and socioeconomic levels. *Child Development, 49*, 1129–35.

Laosa, L. (1980). Maternal teaching strategies in Chicano and Anglo-American families: The influence of culture and education on maternal behavior. *Child Development, 51*, 759–65.

Laosa, L. (1984). Social policies toward children of diverse ethnic, racial, and language groups in the United States. In H. W. Stevenson & I. E. Siegal (Eds.), *Child development research and social policy* (pp. 1–109). Chicago: University of Chicago Press.

Levine, R. (1977). Child rearing as cultural adaptation. In P. Liedermen, S. R. Tulkin, & A. Rosenfeld (Eds.), *Culture and infancy: Variations in the human experience* (pp. 15–27). New York: Academic Press.

Levine, R. (1988). Human parental care: Universal goals, cultural strategies, individual behavior. *New Directions for Child Development, 1988*, 3–12.

Levy, D. R. (1985). White doctors and black patients: Influence of race on the doctor-patient relationship. *Pediatrics, 75*, 639–43.

Lewontin, R. C. (1982). *Human diversity*. New York: Freeman & Company.

Maccoby, E. E., & Martin, J. (1983). Socialization in the context of the family: Parent-child interaction. In M. Hetherington (Vol. Ed.), *Handbook of child psychology* (pp. 1–102). New York: Wiley.

McAdoo, H. P. (1981). Upward mobility and parenting in middle-income black families. *Journal of Black Psychology, 8*, 122.

McConahay, J. B. (1983). Modern racism and the modern discrimination: The effects of race, racial attitudes, and context on simulated hiring decisions. *Personality and Social Psychology Bulletin, 9*, 551–8.

McConahay, J. B., Hardee, B. B., & Batts, V. (1981). Has racism declined in America? It depends on who is asking and on what is asked. *Journal of Conflict Resolution, 25*, 563–79.

McCubbin, H., Thompson, E. A., Thompson, A. I., McCubbin, M. A., & Kaston, A. J. (1993). Culture, ethnicity and the family: Critical factors in childhood chronic illnesses and disabilities. *Pediatrics, 91*, 1063–70.

McDermott, R., & Varenne, H. (1995). Culture as disability. *Anthropology & Education Quarterly, 26*, 324–48.

McLoyd, V. C. (1990a). Minority children: Introduction to a special issue. *Child Development, 61*, 311–46.

McLoyd, V. C. (1990b). The impact of economic hardship on black families and children: Psychological distress, parenting, and socio-emotional development. *Child Development, 61*, 311–46.

Meyer, E., García Coll, C., Lester, B., Boudykis, Z., McDonough, S., & Oh, W. (1994). Family based intervention improves maternal psychological well-being and feeding interaction of preterm infants. *Pediatrics, 93*, 241–6.

Mistry, J., & Rogoff, B. (1994). Remembering in cultural context. In W. L. Lonner & R. Malpass (Eds.), *Psychology and culture* (pp. 139–44). Needham Heights, MA: Allyn & Bacon.

Ogbu, J. U. (1981). Origins of human competence: A cultural-ecological perspective. *Child Development, 52*, 413–29.

Patterson, M., & Blum, R. W. (1993). A conference on culture and chronic illnesses in childhood: Conference summary. *Pediatrics, 91* (5- Suppl.), 1025–30.

Phinney, J. S. (1993). A three-stage model of ethnic identity development in adolescence. In M. E. Bernal & G. P. Knight (Eds.), *Ethnic identity: Formation and transmission among Hispanics and other minorities* (pp. 61–79). Albany, NY: State University Press.

Phinney, J. (1996) When we talk about American ethnic groups, what do we mean? *American Psychologist, 51*, 918–27.

Ramirez, M. (1983). *Psychology of the Americas: Mestizo perspectives on personality and mental health*. Elmsford, NY: Pergamon.

Rogoff, B. (1990). *Apprenticeship in thinking: Cognitive development in social context*. Oxford: Oxford University Press.

Rogoff, B., Mistry, J. J., Goncu, A., & Mosier, C. (1993). Guided participation in cultural activity by toddlers and caregivers. *Monographs of the Society for Research in Child Development, 58*, 7, Serial No. 236.

Rogoff, B., & Morelli, G. (1989). Perspectives on children's development from cultural psychology. *American Psychologist, 44*, 343–8.

Rogoff, B., & Waddell, K. (1982). Memory for information organized in a scene by children from two cultures. *Child Development, 53*, 1224–8.

Rowley, D. (1990). Research issues in the study of very low birthweight and preterm delivery among African American women. *Journal of the National Medical Association, 85*, 761–5.

Scott, C. (1974). Health and healing practices among five ethnic groups in Miami, Florida. *Public Health Report, 6*, 524–32.

Segall, H. M. (1986). Culture and behavior: Psychology in a global perspective. *Annual Review of Psychology, 37*, 523–64.

Siegal, I. E. (1983). The ethics of intervention. In I. E. Siegal

& L. Laosa (Eds.), *Changing families* (pp. 1–22). New York: Plenum Press.

Slaughter, D. T., & McWorter, G. A. (1985). Social origins and early features of the scientific study of black American families and children. In M. B. Spencer, G. K. Brookins, W. R. Allens (Eds.), *Beginnings: The social and affective development of black children* (pp. 5–18). Hillsdale, NJ: Erlbaum.

Slaughter-Defoe, D. T., Nakagawa, K., Takanishi, R., & Johnson, D. R. (1990). Toward cultural/ecological perspectives on schooling and achievement in African American children. *Child Development, 61*, 363–83.

Spencer, M.B., & Sanford, D. (1990). Challenges in studying minority youth. In S. Feldman & G. Elliot (Eds.), *At the threshold: The developing adolescent* (pp. 121–246). Cambridge, MA: Harvard University Press.

Stafford, A. (1978). The application of clinical anthropology to medical practice: A case study of recurrent abdominal pain in a preadolescent Mexican-American female. In E. Brauwens (Ed.), *The anthropology of health* (pp. 12–22). St. Louis, MO: C. V. Mosby.

Steinberg, L., & Fletcher, A. (1998). Data analytic strategies in research on ethnic minority youth. In V. McLoyd and L. Steinberg (Eds.), *Research on minority adolescents*. Hillsdale, NJ: Erlbaum.

Super, C. M., & Harkness, S. (1980). Anthropological perspectives on child development [Special issue]. *New Directions for Child Development, 8*.

Szapocnik, J., & Kurtines, W. M. (1993). Family psychology and cultural diversity: Opportunities for theory research and application. *American Psychologist, 48*, 400–7.

Szapocnik, J., Kurtines, W. M., & Fernandez, T. (1980). Bicultural involvement and adjustment in Hispanic-American youths. *International Journal of Intercultural Relations, 4*, 353–65.

Terrell, F. T., & Terrell, S. (1981). An inventory to measure cultural mistrust among blacks. *The Western Journal of Black Studies, 5*, 180–5.

Thomas, D. D. (1992). *Cultural diversity: Understanding the variability within*. Paper presented at the Eighth National Conference of Parent Care, New Orleans, LA.

Vasquez García, H. A., García Coll, C. T., Erkut, S., Alarcon, O., & Tropp, L. (in press). Family values of Latino adolescents. In F. A. Villarruel (Ed.), *Latino adolescents: Building on Latino diversity*. New York: Garland Press.

Weisner, T. S. (1996). *Successful pathways and the daily routine: An ecological family project*. (An outline proposal for the MacArthur research network on successful pathways through middle childhood.)

Weisner, T. S., Metheson, C. C., & Bernheimer, L. P. (1996). American cultural models of early influence and parent recognition of developmental delays: Is earlier always better? In S. Harkness & C. M. Super (Eds.), *Parents' cultural belief systems* (pp. 496–531). New York: Guilford Press.

Weiss, H. B. (1993). Home visits: Necessary but not sufficient. *The Future of Children, 3* (3), 113–28.

Whiting, B. (1976). The problem of the packaged variable. In K. F. Riegal & J. A. Meacham (Eds.), *The developing individual in a changing world*. The Hague, Netherlands: Mouton & Co.

Whiting, B. B., & Whiting, J. W. M. (1975). *Children of six cultures: A psychocultural analysis*. Cambridge, MA: Harvard University Press.

Widmayer, S. M., Peterson, L. M., Calderon, A., Carnahan, S., Wingerd, J., & Marshall, R. (1992). The Haitian perinatal intervention project: Bridge to a new culture. In M. Larner, R. Halpern, & O. Harkavy (Eds.), *Fair start for children: Lessons learned from seven demonstration projects* (pp. 115–35). New Haven, CT: Yale University Press.

Widmayer, S. M., Peterson, L. M., Larner, M., Carnahan, S., Calderon, A., Wingerd, J., & Marshall, R. (1990). Predictors of Haitian-American infant development at twelve months. *Child Development, 61*, 410–15.

Young, K. (1990). American conceptions of infant development from 1955–1984: What the experts are telling parents. *Child Development, 61*, 17–28.

参考文献

第 6 章 保护性因素和个体复原力

埃米·E. 沃纳（EMMY E. WERNER）

在不断变化的宇宙中
人的作用在于
教会自己将内心和对世界的恐惧
作为诗歌吟唱

——莉莲·史密斯《旅程》(Lillian Smith, *The Journey*)

自《儿童早期干预手册》第 1 版出版以来，越来越多关于复原力（resilience）现象以及保护性因素（protective factor）对在不利环境下出生、成长的个体所起的作用的文献开始出现（Werner, 1990, 1995）。该领域的研究大多为童年中期和青春期的短期研究。此外，对于成功克服成长过程中严酷伤害的成人生活发展史的研究兴趣日益浓厚。发表的文献通常是回顾性的或基于临床样本（Higgins, 1994; Rubin, 1996）。令人惊讶的是，尽管目前对于复原力的研究很流行，但关注婴儿期和学前期抗御能力的前瞻性纵向研究却很少。

在概念性问题上，争论的焦点是：复原力到底是一种状态还是一种特质？能成功应对不同逆境的能力是不是一种特殊能力？高危儿童成长为善于自我管理、自信、有爱心的成年人需要付出什么样的心理成本（Klohnen, 1996; Luthar & Cushing, 1999; Luthar & Zigler, 1991; Masten, Best, & Garmezy, 1990; Rutter, 1994; Zimmerman & Arunkumar, 1995）？其中一些问题可以通过为数不多的将复原力作为一种儿童及其环境之间相互作用的纵向研究得到澄清。这些研究结论可能会帮助我们更好地理解风险因素和保护性因素之间的关系（不管是内部还是外部），以及它们对不同发展阶段个体的影响。

本章在简要描述过去几年与婴幼儿复原力相关的纵向研究的基础上，厘清"复原力"和"保护性因素"的概念。接着对现在已知的内外部保护性因素在高危儿童成功适应过程中所起的作用提供一个综述。最后讨论这些研究结果对早期干预的影响，并为未来跨文化、跨代际的研究提供一些建议，这些研究将有助于我们更好地了解复原力的发展根源。

复原力和保护性因素的定义

20 世纪 80 年代中期以来，儿童发展学、儿科医学、心理学、精神病学、社会学等许多不同学科的研究者发表了他们对不利条件下成长起来的婴幼儿的纵向研究调查结果。其中一些研究为我们提供了延伸数十年的数据资料库。

有三种类型的研究使用了"复原力"这一术语。第一种类型的研究侧重于来自高风险背景的儿童克服了巨大不利从而取得良好发展成就的现象。这些研究涉及的影响儿童发展的风险因素包括：贫穷（Egeland, Carison, & Sroufe, 1993; Elder, Caspi, & Van Nguyen, 1985; Werner & Smith, 1989, 1992），父母患有精神疾病（Anthony, 1987; Musick, Stott, Spencer, Goldman, & Cohler, 1987; Radke-Yarrow & Brown, 1993; Seifer, Sameroff, Baldwin, & Baldwin, 1992），滥用药物（Johnson, Glassman, Fisk, & Rosen, 1990; Werner, 1991），被虐待及被忽视（Farber & Egeland, 1987; Herrenkohl, Herrenkohl, & Egolf, 1994），母亲未成年（Furstenberg, Brooks-Gunn, & Morgan, 1987; Werner & Smith, 1992），围产期并发症（Werner & Smith, 1989, 1992）。这类研究中的儿童经常遭受多种风险的影响，从而增加了自身的心理脆弱性。

第二种类型的研究侧重于压力条件下持续能力的探讨。许多这样的研究主要探讨离婚，这是美国儿童生活中的一种常见的压力源（Emery & Forehand, 1994）。有两个主要的纵向研究探讨了父母婚姻破裂对年幼儿童造成的长期影响（Hetherington, Stanley-Hagan, & Anderson, 1989; Wallerstein & Kelley, 1980; Wallerstein & Blakeslee, 1989）。在一项研究中，博伊斯（Boyce）及其同事对学前儿童对保育压力源（child-care stressors）适应能力减弱的心理生物学因素进行了探讨（Barr, Boyce, & Zeltzer, 1994）。

第三种类型研究关注成功从战争和政治暴力这类严重童年创伤中恢复的个体（Burnette, 1996; Richman, 1993）。值得注意的两项追踪研究的对象分别是对进入二战集中营并生存下来的儿童幸存者（Moskovitz, 1983），以及母亲在希腊内战中成为政治犯的儿童（Dalianis, 1994）。

在上述各种条件下，行为主义科学家主要关注保护性因素及其缓冲、改善儿童对压力情境或长期逆境反应的行为机制上，如果不存在保护性因素的话，那么证明他或她的适应力可能不会这么成功（Masten, 1994）。保护性因素在本文中作为一个通用术语使用，主要指缓解风险或改善逆境的因素，即能促成儿童适宜发展的因素。复原力是缓冲过程的最终产物，虽然不是完全排除风险和压力，但可以帮助个体积极有效地应对它们（Rutter, 1987）。

在本章所关注的纵向研究中，发展的结果通常包括多个维度，如没有明显的发展迟滞或严重的学习和行为问题，熟练掌握各种发展任务（Havighurst, 1972），或符合特定年龄和文化的社会心理发展阶段（Erikson, 1959），如 6 岁儿童信任感、自主性和主动性的获得。对高危儿童青春期和成年期的追踪研究表明，这些早期发展任务的掌握可以为应对以后的逆境提供强烈而持久的保护缓冲（Egeland, Carison, & Sroufe, 1993; Werner & Smith, 1992）。

有研究者（Garmezy, Masten, & Tellegen, 1984）提出，保护性因素可能有三种不同的作用机制：代偿、挑战和免疫。在代偿模式下，压力因素和保护性因素相整合，严重的压力可以被个人品质或外来支持抵消。在挑战模式下，压力有可能提高竞争力（压力程度适当的情况下），压力与竞争力的关系呈现为曲线型。在免疫模式下，压力因素和保护性因素之间呈现一种条件关系。这些因素缓和了压力对儿童适应状况的影响，但是在压力源没有出现的情况下可能不会察觉到这种影响。补偿、挑战和免疫模式不是相互排斥的。根据个体的成长发展阶段，它们可能在个体恢复适应力的过程中先后或同时产生作用。

风险因素和童年的压力可能会共同出现在某一特定人群（Seifer & Sameroff, 1987）或某一特定的发育时期内,保护性因素也有可能在一定程度上同时出现(Gore & Eckenrode,1994)。评估外部资源和内部资源的总体格局,可以提醒我们一种资源替代另一种资源应对逆境的可能性。不同的保护性因素有可能达到相同的目的,如社会支持、幼儿园的积极经验都有可能会在提高儿童自尊心方面产生类似的结果。保护性因素有助于解释不同个体应对某一时点环境或生物风险的差异,一些保护性因素可能会决定以后某个时期出现其他保护机制。例如,自尊心强的幼儿进入幼儿园或小学一年级后可以更容易交到同龄朋友。描述这种相互联系的课题应该成为高危儿童纵向研究和早期干预项目中的一个重要议程。

复原力和保护性因素的研究方法

我们对儿童复原力根源的理解主要来自美国不同区域所进行的一些纵向研究,这些区域包括夏威夷,加州中西部腹地(伊利诺伊州、堪萨斯州、明尼苏达州、密苏里州)和美国东部地区(纽约州、马里兰州、宾夕法尼亚州)。这些研究主要对亚裔美国人、非裔美国人和白人儿童从婴儿和学龄前期到童年中期、青春期、成年早期和中年进行跟踪调查。

在个人、直系亲属和所处社会背景中探索多重风险和保护性因素相互影响的数据资料仍然很少,只有少数前瞻性研究(Egeland et al.,1993;Elder et al.,1985;Furstenberg et al.,1987;Seifer et al.,1992;Werner & Smith,1992)。随着大量儿童参与的几项纵向研究的开展和多元评估时代的到来,将来适用于更复杂分析的可用数据应该有所增加。

研究人员在研究高危儿童生活中保护性因素的缓冲过程时,面临如下方法论问题:(1)选择适合儿童年龄阶段的衡量适应性的标准;(2)使用多种标准来明确高危人群的发展成功;(3)设置低风险控制组;(4)在多个测量时间点观察儿童。在许多研究中,人本主义流派对复原力的研究采取了定量和定性相结合的方法,对高危儿童的描述性资料是对基本变量分析的有利补充(参见 Moriarty,1987;Radke-Yarrow & Brown,1993;Werner & Smith,1989,1992)。

尽管这些研究具有异质性,我们可以从个体发展中识别个人性格的核心要素和有利于复原力发展的支持来源。这些保护性因素的缓冲作用似乎可以超越种族、社会阶层和地域边界。它们似乎对在逆境中长大的孩子比在具体风险因素或生活压力事件中长大的孩子具有更深远的影响。在高风险条件下成长的美国儿童可能遇到的主要保护性因素如表6.1、表6.2所示,下面将详细讨论。

表 6.1 六岁以下儿童的保护性因素、发展阶段及风险因素(个体层面)

保护性因素	发展阶段	风险因素
悲痛少/情绪稳定	婴幼儿期—成年期	被虐待/被忽视 贫困 多重风险
积极;敏捷; 活力十足;驱动力	婴幼儿期	贫困 多重风险
社交能力强	婴幼儿期	被虐待/被忽视 父母患精神疾病 贫困 多重风险

续表

保护性因素	发展阶段	风险因素
"不受拘束",迷人的气质(多情;可爱)	婴幼儿期—童年期	被虐待/被忽视 离婚 父母药物滥用 贫困 多重风险
自助技能成熟	童年早期	贫困 多重风险
平均及以上智力(语言能力和问题解决技能)	童年期—成年期	被虐待/被忽视 父母患精神疾病 父母药物滥用 贫困 多重风险
自控力; 冲动控制	童年期—成年期	父母患精神疾病 父母药物滥用 贫困 多重风险
内在控制人格	童年期—青年期	父母患精神疾病 被虐待/被忽视 贫困 多重风险
强烈的成就动机	童年期—青年期	父母患精神疾病 父母药物滥用 贫困 多重风险
特殊的才能,爱好	童年期—青年期	父母患精神疾病 贫困 多重风险
积极的自我概念	童年期—青年期	离婚 贫困 多重风险
规划;预见	青年期—成年期	青少年期的亲子关系 贫困 多重风险
强烈的宗教取向,信仰	童年期—成年期	父母患精神疾病 父母药物滥用 贫困 多重风险

表 6.2　六岁以下儿童的保护性因素、发展阶段及风险因素（家庭、社会层面）

保护性因素	发展阶段	风险因素
少于4个孩子 家庭规模小	婴幼儿期	母亲未成年 贫困 多重风险
母亲的教育水平高	婴幼儿期—成年期	母亲未成年 贫困 多重风险
母亲的能力强	婴幼儿期—青年期	被虐待/被忽视 贫困 父母患精神疾病 多重风险
与主要照料者(不一定是亲生父母)的亲密关系	婴幼儿期—青年期	被虐待/被忽视 贫困 父母患精神疾病 父母药物滥用 母亲未成年 多重风险
祖父母的支持	婴儿期—青年期	被虐待/被忽视 离婚 父母药物滥用 母亲未成年 贫困 多重风险
兄弟姐妹的支持	童年期—成年期	被虐待/被忽视 离婚 父母药物滥用 贫困 多重风险
女孩：从主要照料者获得情感情绪支持	童年期—青年期	贫困 多重风险
男孩：家庭结构和规则	童年期—青年期	离婚 贫困 多重风险
男孩和女孩：分配家务："需要对家庭有帮助"	童年期—青年期	父母患精神疾病 贫困 多重风险
与同伴的亲密关系	童年期—青年期	离婚 贫困 多重风险

续表

保护性因素	发展阶段	风险因素
教师的支持	学前期—成年期	离婚 父母患精神疾病 父母药物滥用 贫困 多重风险
成功的学校经历	学前期—成年期	离婚 父母患精神疾病 贫困 多重风险
导师(长辈,同行)	童年期—成年期	贫困 多重风险

儿童自身的保护性因素

婴儿期

考艾岛纵向研究(Kauai Longitudind Study)追踪了 698 个出生于 1955 年夏威夷岛西北部的亚洲和波利尼西亚的儿童成长,从胎儿期开始监控各种生理和社会心理风险因素、压力生活事件、保护性因素对他们的发展的影响。近一半的儿童生活在长期贫困区。研究者收集了儿童及其家庭产前,产后,1 岁,2 岁,10 岁,18 岁,32 岁和 40 岁的相关信息(Werner & Smith, 1989, 1992; Werner, Randolph, & Masten, 1996)。

1/3 的孩子在出生后的一二十年里出现了学习和行为问题。大部分有这种问题的孩子长期接触多种风险因素,包括围产期并发症、父母精神疾病、家庭不稳定和长期贫困等因素。有 72 个孩子在 2 岁前经历了 4 种或以上风险因素,却发展为有能力的、自信的、关心他人的人。大多数有复原力的男孩和女孩的共同点是非常活跃、深情、可爱、有教养并且在婴幼儿时期很好照料,很少哭闹,很少有睡眠困难。

在堪萨斯州的托皮卡实施的门宁格基金会(Menninger Foundation)的应对计划(Coping Project)中,32 名中产阶级白人的婴儿 4—32 周的临床评估报告结果惊人相似。观察者指出良好的能源资源、简单的营养功能和复原力之间保持一致的正相关关系。在这次研究中,成功应对个体的共有特质如下:强烈的内驱力和活力,对人或物有强烈的同情心(Moriarty,1987; Murphy, 1987)。

莫里亚蒂(Moriarty,1987)在对一个感官障碍男孩(听力损失和外斜视)的案例中阐明了婴儿适应能力强的特征。早在四个星期时,这个孩子就表现出很高的能量水平,他能够明确地表达出偏好,如喜欢保持直立而不是仰卧;他以哭喊表示强烈抗议,但是能很快地适应不适;他能很好地使用支撑物,对拥抱和身体接触积极响应。在他一岁时,反复的家庭观察充分证明他是一个活泼、自信的宝宝,并且通过语前方式拥有独特的自我表达能力。

明尼苏达母子计划(Minnesota Mother-Child Project)得出相似的结论(Farber & Egeland, 1987): 居住在贫困区的安全依恋型的婴儿尤其能够引起其他照料者的支持。他们表现出警觉、容易安抚和社会反应好的特性。另外还发现这些婴儿的安全感依附于可接触的成年照料者,母亲,祖母或者兄姐。

在芝加哥大学,缪齐克等人(Musick et al.,1987)在风险与复原力研究中发现,患有精神病的母亲有类似的与婴儿互动的方式,即当母亲接受治疗时,婴儿可以从治疗性质的托儿所中获益。尽管在婴儿早期几个月经历了分离和家庭不和,这些婴儿和他们母亲的关系至少在某些时候是积极且温暖的,他们也会积极地求助于父亲或是祖父母。

童年早期

考艾岛的研究对复原力强的幼儿在有潜在压力的情况下面对熟悉的成年人和陌生人的反应进行了系列测试,与慢慢发展为有学习或行为问题的同年龄、同性别的孩子相比,他们更加警觉、开朗、积极、自信和独立。考艾岛的幼儿在沟通交流、运动、自助技能及承担更多的社会任务上发展得更好。

下面是一个案例记录:詹妮(Jenny),一个早产婴儿,出生时难产。在 20 个月时,她是一个个头很小、脆弱的孩子。她看起来似乎很活跃和非常警惕。她在卡特尔婴儿智力量表(Cattell Infant Intelligence Scale)中的得分处于平均水平,为 97,但她有优越的自助技能,在文兰社会成熟量表(Vineland Social Maturity Scale)中得分 132。母亲发现詹妮偶尔找不到方法时会很不高兴,认识到詹妮是一个自信和坚定的小女孩。尽管她身体虚弱,但她很独立和自主。

法伯和埃格兰(Farber & Egeland, 1987)指出,有被虐待经历的安全型依恋儿童在 42 个月时更不易遭受来自母亲虐待的不利影响。即使在令人沮丧的情况下,他们也有能力处理与解决问题。观察者们发现这些有能力的孩子在新生儿期更加警醒和专心。

研究者(Wallerstein & Kelley, 1980; Hetheringtonet et al., 1989)发现,成功应对父母离异压力的学前儿童有着相似的特征。这些孩子没有过度焦虑和需要关注的地方。他们在社交方面比难以应对父母婚姻破裂的学前儿童更成熟,能够远离父母的纷争,为自己的生活建立良好的秩序。

一项令人兴奋的研究是将心理生理学因素作为影响幼儿抗压能力主要因素(Barr, Boyce, & Zeltzer, 1994)。值得注意的是,博伊斯及其同事在加利福尼亚大学旧金山分校儿科学系进行的两项研究。在第一项研究中,研究者对四所托儿所的儿童进行了长达 1 年的跟踪研究。在此期间,他们预测了儿童保育相关的压力源和教师报告的伤势两方面的因素。这项研究一开始就将独立的心血管反应纳入研究中。结果显示,在实验背景下夸大了高压力组儿童的心血管反应,与低压力条件下的低心血管反应的同龄人形成较强的对比,与此同时,那些在高压力环境下的儿童有显著的高受伤率。因此,低心血管反应成为儿童高压力下较少受伤害的调节变量(Boyce, Chesney, Kaiser, Alkon-Leonard, & Tschann, 1992)。

在第二项研究中,研究者对五岁的儿童进行了两次评估:一次在入学前一周进行,一次在入学后一周进行,目的是检查儿童在此期间免疫能力的变化。在完成免疫能力测定之后,对有潜在患病因素的儿童进行了为期 12 周的跟踪,以确定他们的发病率和呼吸道感染的严重性。在这一监测期间突然发生了 1989 年旧金山洛马·普里埃塔地震,因此为研究创造了一个灾难免疫能力的自然实验。那些父母报告了高度灾难压力的儿童出现了较高的发病率,低免疫反应性的儿童比高免疫反应力的儿童表现出更低的震后发病率。

心理生理学因素在压力脆弱性方面的差异可能与那些导致儿童疼痛脆弱性和疼痛耐力的因素相似。有研究者(Barr, Boyce, & Zeltzer, 1994)回顾了儿童在临床测试中忍受痛苦的不同方式。在患有癌症的儿童中,"干扰者"(即那些能把注意力从使他们产生冰冷感觉的测试和腰椎穿刺的痛苦中转移开的儿童)比"关注者"(即那些一直将注意力集中在治疗过程上的儿童)有较高的耐痛能力。"关注者"对测试焦虑更少,心率以及收缩压较稳定。"干扰者"和"关注者"内部应对方式都显示了较高的稳定性。

显然,在行为科学家们感兴趣的儿童复原力和保护性因素的研究领域中,心理生理学因素对生理和情感压力作用的进一步研究应该成为一个重要的研究项目。

童年中期

目前,与其他发展阶段相比,我们有更多关于童年中期儿童复原力的数据。在不同文化和地理环境背景下,从农村和郊区到市中心的贫民区,从太平洋海岸到中西部地区或大西洋海岸,对高能力、经历过高压力生活事件的孩子(如父母婚姻破裂的孩子)进行的纵向研究以及对生活在高风险环境条件中(如贫困、父母患有精神病)适应性较强儿童进行的追踪研究已经得出相似的结果:能力和自我效能感似乎是这些孩子的普遍特点。

在考艾岛纵向研究中,脆弱但不可战胜的 10 岁大的孩子们既非天才也非智力超常,然而他们确实有良好的问题解决和沟通能力,并且他们能较好地利用这些技能。他们的老师认为,他们不仅社交能力强而且非常独立,能够控制冲动情绪并且专注于学业,即使在他们所成长的家庭中父母长期不和、酗酒或者患有精神病。父母和孩子们的报告均表明,这些富有复原力的孩子们有着健康的不分性别的兴趣和活动,而且他们从事的爱好和活动也不受性别的狭隘限制。在逆境中这些活动能给他们提供安慰、主宰感和自豪感。这一点对于有酗酒父母的复原力强的孩子尤其正确。

有复原力的男孩和女孩有很多共同特点:(1)他们都很受同龄人和成年人的喜爱;(2)他们的主要认知方式是反思而不是冲动;(3)他们展示出内控能力,坚信自己有对环境产生积极影响的能力;(4)他们能用灵活的应对策略来克服困难。同样,安东尼(Anthony, 1987)指出,他在路易斯风险项目中研究的儿童拒绝在父母精神病中成为被吞的对象。他们很关注是什么使精神病家长困扰,对他们富有同情心但是无法接触精神病家长,而且和同学或者朋友保持同样的爱好和创造性兴趣,以此作为压力的避难所并形成自尊心。

美国心理健康研究所(National Institute of Mental Health)进行的一项对父母患有情感性精神障碍的后代长达 10 年的纵向研究中发现,最具稳定复原力的儿童自信且有高成就取向。他们比陷入困境的同伴更善于向他人寻求帮助,尤其是向教师和同伴求助(Radke-Yarrow & Brown, 1993)。

在罗切斯特纵向研究(Rochester Longitudinal Study)中,对于生活在贫穷和精神疾病家庭中的 4—13 岁的儿童来说,能力、内控人格和社会支持也是潜在的保护性因素。沃勒斯坦和凯利(Wallerstein & Kelley, 1980)的研究中,能很好地处理父母离婚压力的小学儿童显示出相似的特点，他们喜欢同学和教师，倾向于成为好学生并且有一个积极的自我概念。

青春期和成年期

在考艾岛的研究中发现，与有严重拖延症和心理问题的同龄人相比，17—18岁有复原力的高危青年的个性特征是：有更多的内控人格，更积极的自我概念，在加州心理量表（California Psychological Inventory，CPI）中的责任、社会性、进取心、男性化或女性化水平方面得分较高（Werner & Smith, 1989）。复原力强的年轻人尽管长期生活在贫困中，父母患有精神疾病或家庭不和，但仍然比陷入困境的其他年轻人更有责任心和更倾向于成功。他们社交技能更成熟并拥有内化的积极价值观，比适应困难的同龄伙伴更有教养、同情心和社会敏感性。这些特征在成年（32岁）和中年（40岁）时便把他们与同龄人分化开了。

对其他复原力强的高危人群组的调查揭示了相似的人格特征。这些群组包括能较好应对父母离异创伤的青少年和未成年时与一个男人建立稳定关系并改善了教育和经济状况的青年母亲（Furstenberg et al., 1987; Werner & Smith, 1992）。

两组年轻人与在类似环境中应对失败的同龄人相比，都有较高的责任感、较好的独立性和社交成熟性。在利哈伊纵向研究（Lehigh Longitudial Study）中，研究者跟踪研究了经历家庭虐待但有良好复原力的年轻人，发现他们具有较高的自我价值感和更多内控人格的特点。

智力与复原力

尽管没有证据表明高智力对促进儿童有效应对环境具有单独影响，但是长期研究适应性强的儿童、青少年发现，智力（尤其是沟通和解决问题的能力）和学习能力（特别是阅读技能）与克服困难能力存在正相关。从童年早期到童年中期再到青春期，智力和有效的适应措施之间的相关性不断增加（Block & Kremen, 1996）。

理论上，青少年能更好地正确评价应激性生活事件，同样也能够更好地找出有效策略来应对逆境，无论是通过自己的努力还是积极地向别人寻求帮助。这一结论在研究非裔美国人、亚裔美国人和白人儿童中得到证实，他们来自不同的社会经济群体、不同的种族背景，成长在各种高危环境下，包括贫穷、父母患精神疾病、滥用药物、家庭不和以及被虐待（Egeland et al., 1993; Herrenkohl et al., 1994; Radke-Yarrow & Brown, 1993; Seifer et al., 1992; Werner & Smith, 1992）。

总之，保护性因素在那些能够很好地应对逆境的儿童身上被反复观察到，其中至少包括平均水平以上的智商和积极的性格特征，如高活动水平、善于交际和低情绪性，这些有很强的遗传性（Scarr & McCartney, 1983）。婴儿时，这些孩子能引起别人的积极关注并能够迅速适应不适。在学龄前时期，他们已经形成了较强的自主意识，并能够在需要时寻求帮助。无论是凭借自己的能力或是他人的帮助，在童年和青春期，他们从不断地成功克服沮丧的经验中获得自我效能感和自信感，促使他们坚信自己能够积极地影响环境。这些青少年往往采用各种灵活而不是狭隘的策略。他们从环境中选择自己需要的因素并积极有效地利用，或通过改变、调整情境来满足自身的需求。

家庭内的保护性因素

尽管可能有来自父母精神病的负担、家庭不和或长期贫困的困扰,但大多数适应性强的孩子仍有机会至少与一个稳定照料者建立亲密关系,并在出生后第一年受到足够的、适当的注意(见表6.2)。考艾岛研究中,酗酒父母复原力强的后代,明尼苏达州和宾夕法尼亚州的受母亲虐待的复原力强的婴儿,芝加哥、罗切斯特和圣路易斯患精神病父母的复原力强的婴儿,他们都在形成安全依附感和基本的信任感中都获得保护性因素。复原力强的儿童成为了集中营和政治迫害的幸存者并成功适应了今后的生活(Dalianis,1994;Moskovitz,1983)。

母亲的能力

在考艾岛的纵向研究中发现,与高危儿童成功适应有关的最强大保护性因素是其母亲的教育水平和儿童一岁时接触到的有能力的照料者。在亚裔美国人中,母亲在孩子入园后,才开始工作,对孩子的成长是一个特别强有力的保护性因素(Werner & Smith,1989,1992)。

类似的结果出现在以下研究中:埃尔德等人(Elder et al.,1985)对白种人的研究,埃格兰等人(Egeland et al. 1993)对学龄前生活在大萧条时代的儿童研究,塞费尔等人(Seifer et al.,1992)对多重风险的中层阶级、父母患精神病的当代儿童研究。弗斯滕伯格等人(Furstenberg et al.,1987)在追踪研究巴尔的摩市区内的黑人青少年母亲中发现,母亲的能力与孩子的成功适应之间存在关联性。这与另外一个报道于考艾岛的纵向研究中的发现一致:低出生顺序(独生、第一或第二胎)和小的家庭规模(少于4个孩子)似乎能减少儿童在贫困和社会混乱中的发展风险,尤其是当孩子与原先环境分开至少两年时。

与替代照料者的情感联系

高风险家庭中,父母可能会一方缺席或丧失能力,儿童的发展往往来自替代照料者——亲戚朋友,在儿童发展文献中他们一直未被关注。祖父母和年长哥哥姐姐在家庭成员中扮演着重要的角色,诸如稳定的照料者和正面的榜样,他们成为许多孩子的压力缓冲区。

祖父母　在考艾岛纵向研究中,祖父母作为照料者和精神病或酗酒父母儿童的情感支持来源,扮演了重要的角色(Werner,1991)。在这些情形下,如果孩子被祖父母照料得很好,那么即使成年了,他们仍与祖父母保持较强的情感联系。

法伯和埃格兰(Farber & Egeland,1987)在明尼苏达州、赫伦科尔(Herrenkohl)及其同事在宾夕法尼亚州(1994)发现:来自虐待家庭中的适应性强的孩子常常与他们的替代照料者——祖父母形成一种安全的依恋关系。研究者(Musick et al.,1987;Radke-Yarrow & Brown,1993)关于精神病母亲复原力强的后代的纵向研究指出,如果祖父母与父亲一起给孩子提供爱的照顾,孩子能够从母亲的分离影响中快速恢复过来。

弗斯滕伯格等人(Furstenberg et al.,1987)对巴尔的摩地区低收入未成年单亲妈妈的纵向研究表明,祖父母的照料具有积极的作用。当她们的后代在3—4岁接受认知发展评定时,倘若这些孩子由一个以上的成年人照顾——在大多数情况下由外婆照顾,这些孩子往往有较高的分数。与那些不能获得长辈支持的同辈群体相比,未婚少女妈妈保持与父母的联系更有可能重返学校、从高中毕业、就业并拥有幸福(Furstenberg et al., 1987)。

几项研究已经表明,祖父母能成为离婚家庭中孩子的重要支持来源。无论是学龄前儿童还是青少年,父母离异前后,他们仍能处理好与祖父母的关系,祖父母对他们的需求有持续的关注(Wallerstein & Kelley, 1980)。当爷爷奶奶住在附近,他们可能会提供经济支持,照顾孩子和成为孩子情感的寄托。祖父在技能传授和为离异家庭中年幼的孙子提供活动时起到特别重要的作用(Hetherington et al., 1989)。

兄弟姐妹 对于高风险家庭中成长的孩子来说,兄弟姐妹的看护似乎成为了另一个保护缓冲区。观察考艾岛上复原力强的青少年发现,他们的父亲由于死亡、遗弃或离异永久性缺位,或是酗酒者,手足的看护有助于他们发展显著的责任感和社会成熟性。手足作为照料提供者或接受者是压力生活的一个主要保护性因素(Werner, 1991; Werner & Smith, 1989)。

兄弟姐妹也是父母破裂婚姻中幸存儿童情感支持的主要来源。因为在婚姻的变故中,他们是遵守承诺、保持忠诚的典范(Wallerstein & Blakeslee, 1989)。有证据表明,离婚父母的姐姐妹妹也可作为保护性因素,填补父母离异后留下的情感空白(Hetherington et al., 1989)。

手足的看护往往是有效补充而非替代养育。然而,在某些创伤的情况下(如在虐待家庭或战争中的家庭里),孩子们担当彼此的代理父母。一个典型的例子是,父母死于集中营的六个孤儿,第二次世界大战结束后,当被带到英国的一个治疗托儿所时,他们不相信任何成人。不过他们之间建立起了强烈的依附关系,绝对忠诚地照料彼此,对彼此的需求极其敏感,互相提供感情支持。作为孩子,他们养成了卓越的复原力,一直伴随他们成年(Moskovitz, 1983)。

从长远来看,成人补充资源的可用性似乎是一个关键的决定因素,决定一个哥哥或姐姐是否会帮助或阻碍一个弟弟或妹妹的发展。在考艾岛复原力强的孩子中,当父母缺位、酗酒或患精神病时,其他成人、亲戚和邻居成为保护缓冲区(Werner & Smith, 1989)。复原力强的儿童似乎特别擅长积极寻求代理家长。

社交实践

伯克利和考艾岛的研究都已认识到男孩和女孩在复原力方面存在差异(Block & Gjerde, 1986; Werner & Smith, 1989)。复原力强的女孩往往来自没有过度保护、强调冒险和独立、提供可靠的早期情感支持的家庭,而这一支持可以来自母亲、祖母、姐妹或姑姑、姨妈。另一方面,复原力强的男孩通常来自有更大结构、规则、家长监督、权威的男性角色(父亲、爷爷、哥哥、叔叔或舅舅)并且鼓励情感表达的家庭中。独立性和没有过度保护对女孩复原力的影响大于男孩(Block & Gjerde, 1986)。

帮助他人的需要

承担家务和家庭责任以及做兼职来帮助养家已经被证明是适应力强的儿童的力量和能力

来源。在考艾岛的研究中,许多高风险下复原力强的青少年担负着照顾弟弟妹妹的责任,一些当父母生病或住院时管理家庭,还有一些在课后做兼职来支持他们的家庭(Werner & Smith, 1989)。

安东尼(Anthony, 1987)关于父母患精神病的适应性强的后代的临床研究,约翰逊等人(Johnson et al., 1990;Werner, 1991)对父母酗酒的有能力的后代的研究,以及莫斯科维茨(Moskovitz, 1983)对战争中适应力强的孤儿的研究均发现了这种"帮助他人"行为。埃尔德等人(Elder et al., 1985)对大萧条时代生存的儿童的研究显示,这种富有成效的与家庭紧密相连的责任角色成为了逆境中重要的保护性因素。

信念:一致感

许多对来自不同社会经济和种族背景的复原力强儿童的研究指出,家庭的宗教信仰为儿童提供了稳定和有意义的生活,特别是在艰难和逆境时期(Anthony, 1987;Dalianis, 1994;Moskovitz, 1983;Werner & Smith, 1989, 1992)。从佛教到摩门教、天主教到新教和犹太教,这些信仰似乎给适应性强的孩子坚定感和一致性(Antonovsky, 1987),他们坚信生活是有意义的,事情最终都会解决,尽管有不利的可能性。这种坚定的意义感的存在,甚至使战争中的儿童或分散在世界各处的难民,也能够让他们爱极其讨厌的人并同情他人(Dalianis, 1994;Moskovitz, 1983)。成年和中年时期,信仰是男女克服困难的最重要的保护性因素(Werner & Smith, 1992)。

社区中的保护性因素

几项纵向研究表明,适应性强的儿童取得了来自家庭以外的很多的情感上的支持,他们往往依靠来自朋友、邻居、教师、律师的安慰和咨询来转化危机。

朋 友

尽管他们可能来自贫穷、混乱且不和谐的家庭,复原力强的孩子往往被他们的玩伴和同学喜欢,有一个或更多的亲密朋友。这些孩子往往与童年时期的朋友的关系一直维持到成年并依赖他们持续的情感支持,这一趋势在女性中比在男性中更普遍(Werner & Smith, 1992)。

与来自稳定家庭的朋友及其父母交往有助于复原力强的儿童获得一个新视角,并与自己的家庭(不和谐、父母患精神疾病或酗酒)保持建设性的距离(Anthony, 1987;Werner, 1991;Werner & Smith, 1989)。研究人员已经研究了在父母离异的孩子生活中朋友的角色,注意到同龄人可能丰富和拓展适应性强儿童的生命质量,但就像兄弟姐妹一样,他们只是更有效的补充而非替代性关系,孩子需要在家庭或社区中与至少一个成人建立起的亲密、稳定的替代关系(Wallerstein & Kelly, 1980)。

学 校

　　大多数研究指出,复原力强的孩子喜欢学校,无论是幼儿园、小学还是高中(Musick et al., 1987;Werner & Smith, 1989)。即使他们不是不寻常的天才,但是最终都表现出极大的应变能力,往往能把他们所拥有的能力很好地利用。在许多情况下,这些孩子把学校变成另一个家,成为无序家庭的避难所。

　　赫瑟林顿等人(Hetherington et al.,1989)发现了一个惊人相似的特点,家庭和学校的环境与离异家庭中复原力强的儿童具有关联性。在这两种环境里,复原力强的儿童在很大程度上都获得了一个更加敏感的养育氛围和更加有组织的、可预见的环境,有执行一贯的标准、规则和责任。事实上,与来自完整家庭的儿童相比,结构化、规则感、责任分配对于来自离异家庭的儿童来说更重要。结构和控制感在培养男孩适应性时显得更为重要,养育和承担责任对女孩更重要(Wallerstein & Kelly, 1980)。

教师和导师

　　考艾岛的孩子在家庭之外最常遇到的正面榜样是自己最喜欢的老师。对于复原力强的青少年,一个特殊的老师不只是学术技能指导者,也是知己和积极的示范者(Werner & Smith, 1989)。对教师角色的研究发现,贫困、父母患精神疾病或酗酒、父母不和的家庭中成长的儿童,教师担当着保护缓冲区的作用。研究结果一致认为,教师或导师对处于风险的儿童起着显著的积极影响(Freedman, 1993;Radke-Yarrow & Brown, 1993;Wallerstein & Blakeslee, 1989;Werner, 1991;Werner & Smith, 1992)。

　　两项研究特别值得注意。一项是追踪研究纳粹大屠杀中的 24 名幸存儿童,他们从集中营中被救出来,并在第二次世界大战结束时送往英国的孤儿疗养幼儿园(Moskovitz, 1983)。30~40 年后的后续访谈揭示了他们对生命离奇的肯定。所有这些复原力强的幸存者认为一个女人在他们的生活中起着最强有力的影响,那就是他们幼儿园的老师——为他们提供温暖和关怀,教他们"面对现实且要富有同情心"。

　　另一项追踪研究是关于中年人的,他们与母亲在希腊内战时期最坚固的监狱内度过了婴儿期和童年早期(Dalianis, 1994)。他们中的大多数失去了父亲,父亲因抵抗被杀,而母亲正在等待审判。与这些孩子相处的都是囚犯——主要是职业女性,她们教这些青少年阅读、唱歌,陪他们玩耍,维持了他们的健康和精神需求,直到他们被释放。到了中年时期,这些孩子已经成长为有能力的和有爱心的成年人,他们有了自己的孩子并在各自的社区建立根基。

保护性因素:总结

　　在诸多逆境儿童的纵向研究中重复出现一些保护性因素集群。有些保护性因素是内部资源,由他或她在遭遇应激性生活事件中带来;另一些则是来自家庭和社区的外部支持资源。

内部来说,复原力强的儿童是一个乐于帮助成人和同伴的人。他们有良好的沟通能力和解决问题的能力,能够积极寻求替代照料者。他们有才能或特殊技能、被同伴重视、对自己的行动有信心,这些使他们的生活发生积极的变化。

外部资源也能增强复原力,最重要的是情感上的联系,能鼓励孩子信任、自主和主动。这些联系通常是由替代照料者提供,其中大部分来自家庭成员。也有在社区支持系统中有爱心的邻居、老师、导师和同龄的朋友,加强和奖励这样有能力的青少年,为他们提供积极的榜样。

研究表明,这些保护性因素与那些风险因素或应激性生活事件对儿童的适应力影响相比,可能有更强烈的影响效果。这种弹性的缓冲过程在所有种族和各种社会背景的儿童中都存在。

脆弱性和复原力之间的动态平衡

正如脆弱性取决于先天因素和生活环境之间复杂的相互作用一样,复原力也取决于个体、家庭环境、社会大背景下保护性因素之间的动态平衡(Cohler,1987)。纵向追踪研究儿童从出生到成年发现,在压力性生活事件提高儿童的脆弱性和保护性因素增强他们的复原力之间存在一个动态平衡。这种平衡的变化不仅与发展阶段有关,也与性别和文化背景相关。

例如,在关于考艾岛的成人纵向追踪研究中,我们发现几个患精神病父母的后代,他们成功地应对童年和青春期时的各种应激性生活事件,但他们的心理健康状况在三十来岁时开始恶化。其他高危人群已经成长为有能力、自信、有爱心的成人,但他们仍需要将自己从父母和兄弟姐妹中持久的分离,来自父母及兄弟姐妹的家庭和情绪问题仍威胁着他们。对于那些父母酗酒的成年子女尤其如此,其中一些人在成长中身体和精神都承受着虐待(Werner,1991;Werner & Smith,1992)。在与爱人和原有家庭成员关系之间的平衡行为,诱发他们痛苦的记忆,使得他们成年生活付出代价,包括与压力相关的健康问题及人际关系障碍。安东尼指出,同样的状况也在他的关于患精神病父母的后代跟踪研究中存在(Anthony,1987)。

从积极的一面来看,我们发现重大生活转折(高中毕业、开始工作、婚姻)能够使大多数高危个体从陷入困境的青春期顺利过渡到二三十岁时期。对于这样的青少年来说,强有力的第二次机会往往来自成人教育项目、自愿军事服务、积极参与教会社区、一个支持性的朋友或婚姻伴侣。

埃尔德等人(Elder et al.,1985)关于大萧条时期成长的儿童的成年生活的研究和弗斯滕伯格等人(Furstenberg et al.,1987)关于黑人未成年母亲以后生活的研究,都发现了同样的保护性缓冲区,他们在三四十岁时生活有了改善的前景,朝着积极的方向发展,从脆弱性到复原力,这种现象多发生在女性身上。拥有平均或高于平均水平的智力、童年时更加深情且较少焦虑的个体相比于那些成年后获得外部情感支持有困难的人,更容易实现这种转变(Werner & Smith,1992)。

高危儿童和青少年中保护性因素与成功适应之间的联系

在考艾岛纵向研究中,当我们考查个体保护性因素和来自外部支持或压力之间的联系时,我们注意到出现了一定的延续性。这些高危男性和女性,成功克服了童年的种种逆境。他们的性格促使他们选择或构建环境,反过来,选择和构建的过程又促使他们更为活跃,外向性格造就了他们的能力(Werner,1993)。

虽然父母能力和童年家庭的可用资源在一定程度上与成年适应的质量有关,但是与个人能力、自尊、自我效能感和性格相比,起着极少的直接作用。许多适应性强的青少年高中毕业后,离开他们童年时恶劣的家庭环境(及社区),寻求能够共处的新环境。简而言之,他们选择了自己的生存空间。然而我们注意到,个体的保护性因素(如性格、认知能力、自尊和内外控倾向)并对高危女性成年适应质量的持续影响往往比高危男性大。相比之下,外部的支持资源对高危男性生活的作用大于高危女性。

我们的研究为斯卡尔和麦卡特尼(Scarr & McCartney,1983)关于人们如何创造自己环境的理论提供了一些实证支持。他们提出了人的基因对他们的环境三种不同的效应:被动的,唤起的,主动的。由于父母提供基因和抚养环境,儿童的基因必定与他们自己的环境相关,这是被动型的基因-环境效应。唤起的类型是指,人的部分遗传特性,如智力、气质和身体吸引力,从别人那里获得某些反馈。最后,一个人的兴趣和特殊才能(可变性状基因)可能会导致他或她选择或创建特定的环境,这是主动的基因—环境效应。按照这一理论,在考艾岛研究中,从被动到主动的转变影响了青少年和年轻的成年人离开满压力的家庭环境去寻求更兼容的、刺激的、家庭以外的环境。基因—环境的影响持续贯穿于不同的人生阶段,例如,个人的体貌特征、性格和智力能从其他人如父母、教师和同龄人中引起不同反应。

对早期干预的启示

那么,我们可以从适应性强的儿童纵向研究中得出一些什么启示?最重要的是,他们为我们提供了一个更有希望的角度,而不仅仅是从查阅文献中获得的关于儿童屈从于生物损害(如照料缺失和生态压力因素)的消极后果。研究保护性因素和个体复原力,为我们提供了自我修正意识,引导儿童在持续的不利环境下正常发展。

只要压力性生活事件和保护性因素之间的平衡是有利的,高危条件下儿童的成功适应都是可能的。然而,当压力性生活事件大于保护性因素,即使适应性最强的儿童也可能出现问题。干预企图调整脆弱性和复原力之间的平衡,要么减少暴露出的风险因素,要么增加脆弱儿童生活中的可用的保护性因素(如能力和支持的资源)。

需要牢记的是,除了极少数例外,个人复原力和保护性因素的研究主要集中于儿童在亲戚朋友的非正式支持下自己应付过去的,而不是接受早期干预服务。然而,这样的孩子可以给我们有效的早期干预提供一些启示。

(1)高危儿童在应对正面的环境和负面的环境时有较大的个体差异。事实是不利条件下的婴儿和儿童比别人需要更多的援助。

(2)如果我们不能为每个0—6岁的儿童提供长期的早期干预服务,我们需要设置优先级。这些项目需要特别关注婴儿和年幼的儿童,他们最脆弱,因为他们缺乏一些暂时性的或永久的重要的缓冲压力的社会关系。在这些脆弱的孩子中,有新生儿重症监护的幸存者,长时间与家人分离的住院儿童,酗酒或精神病父母的年轻子女,母亲全职工作不能获得稳定照顾的婴幼儿,家庭中没有其他成人的独生子女或未成年父母的孩子,年轻移民、难民、无家可归或没有扎根于一个社区的孩子。最为重要的是,我们需要关注贫穷儿童。

(3)评估和诊断是早期干预的初始部分,需要不仅关注儿童家庭中的风险因素,还要关注保护性因素,其中包括可以用来扩大儿童解决问题的能力且提高自尊水平的已经存在的能力和非正式的支持资源。

(4)对复原力强的儿童的研究一再表明,如果父母是无行为能力或无法帮助的人,儿童生活中其他重要的人,无论是爷爷奶奶、哥哥姐姐、儿童保健提供者或幼儿园教师,都可以发挥推动作用。在许多情形下,加强可利用的亲属和社区资源而不是引入额外的人员更合理,成本也更低。

(5)为使早期干预计划行之有效,儿童需要持续且包容的养育环境。对复原力强的儿童的研究已经表明,在他们的生活中,至少有一个人无条件接受他们,不管他们的气质特质、外表吸引力或智力水平如何。

(6)研究还表明,有成人关爱会提升儿童复原力,这不意味着从他们生活中完全消除压力和逆境,而是在帮助他们提高遇到挑战时的应对能力和信心。

(7)面对挑战时,儿童在有组织的和可预见的环境中,结合温暖和关怀,有明确的结构和明确的界限,适应效果最好。

开端计划(Project Head Start)是美国最大的为贫困儿童建立的早期干预计划,即使在今天,也只有1/3的人有资格参加这项计划。高品质的项目可以促进许多保护性因素,为本文的关注对象——高危儿童的生活带来积极的变化。

有研究者报道了一个基于开端计划的同伴治疗计划中有前景的案例(Fantuzzo, Coolahan, & Weiss, 1997)。在该计划中,研究者将被虐待和社交上退缩的学龄前儿童与社会适应好、反应快的同龄儿童进行配对,并由家长协助监督。研究中表明,在积极的社会互动中,在更外向的同龄人的影响下,学龄前儿童表现出了显著持久的变化,这些处于风险的儿童减少了独自玩耍的时间。

一些国家评价研究结果表明,参加家庭志愿服务对于高危青少年和祖父母都有积极的影响。祖父母抚养的婴幼儿很容易过度依恋祖母。幼儿在自动和社会发展方面有所改善,学龄前儿童认知发展和社会能力有所提高。反过来,对于抚养儿童的祖父母,他们照顾孩子的成功经验与生活满意度的提高、自身健康和活力有关(Werner, 1997)。

对年龄较大的高危儿童的一对一辅导在一个由政策研究机构实施的全国性评价研究中得到证实。1995年,大哥哥/大姐姐(Big Brothers/Big Sisters)计划在美国运营并形成了75 000对活跃的成年志愿者和孩子们之间的匹配。平均而言,成人—青年配对每次见面三四个小时,一个月三次,至少持续一年。研究人员追踪了1992年和1993年参加该计划的10—16岁的959组配对。样本中超过60%的青少年是男孩,超过一半是少数民族,多数是黑人,几乎都与单亲生活在一起。超过80%来自贫困家庭,40%来自有药物滥用史的家庭,近30%来自具有严重家庭暴力史的家庭。在计划中,一半的这些年轻人被随机分配到一个组,另一半则被分配到等待名单。

结果很惊人,加入计划一年之后,46%的人首次减少使用药物,52%降低旷课,33%减少暴力行为。计划的参与者中使用酒精、攻击别人的概率减少,更可能在学校表现好、与朋友和家人关系好。此影响涵盖不同种族和不同性别(Tierney, Grossman, & Resch, 1995)。

肖尔(Schorr,1988)分析出了早期干预项目的共同特点,为高危家庭中成长的儿童成功地防止了不良后果。项目通常在孩子的家庭背景和社区背景基础上提供一个跨越专业界限的健康、教育和家庭支援服务。这些项目为孩子们提供持续有能力和关爱的成年人,包括专业人员和志愿者。他们能够教孩子解决问题的能力,增强他们的沟通技巧和自尊,并为他们提供积极的模范作用(Pless & Stein, 1994)。

复原力强的儿童的人生故事告诉我们:能力、信心和爱心即使在不利的情况下也能蓬勃发展,如果能够为他们提供安全的人或环境,就有助于其信任感、自主性和主动性的养成。然而,我们还需要看看这些儿童实际付出的代价,一些保护性因素(把自己从不正常的家庭环境中分离的能力)在某个环境某一时刻可能会促进积极适应,但在另一个环境、以后的发展阶段可能又会有负面影响(如在青春期或成年期难以形成亲密的关系)。

未来研究风险因素和复原力时,需要一个跨文化的角度以及集中关注发展中国家儿童和从这些国家来的移民儿童,他们日常生活中都面临着许多生物学和心理风险因素,他们的脆弱性远远超出富裕的工业化国家的同龄人。我们需要超越文化的界限了解更多能在各种高风险的环境下有效运作的个人意向和支持来源。

最后,未来的研究必须利用行为和遗传策略探究风险和复原力的因果关系。紧张的经验很多,如父母不和、父母有精神疾病、药物滥用或离婚,但对同一个家庭的兄弟姐妹冲击却不相同。因此,我们需要更仔细地研究相同与不同高危家庭环境中儿童的脆弱性和复原力(Rende & Plomin, 1993)。

最终,对保护性因素和个体复原力假说最有力的证明可能来自于高危家庭中手足代际研究。不同于早期干预计划的评估研究,早期干预计划目的是要改变儿童的发展历程,使他们免于暴露在强大的生物性和/或社会心理性的风险性因素之中。在 21 世纪,这两种类型的研究应该成为最优先、最主要的研究。

参 考 文 献

Anthony, E. J. (1987). Children at high risk for psychosis growing up. In E. J. Anthony & B. J. Cohler (Eds.), *The invulnerable child* (pp. 147–84). New York: Guilford Press.

Antonovsky, A. (1987). *Unraveling the mystery of health: How people manage stress and stay well.* San Francisco: Jossey-Bass.

Barr, R. G., Boyce, T., & Zeltzer, L. K. (1994). The stress-illness association in children: A perspective from the biobehavioral interface. In R. J. Haggerty, L. R. Sherrod, N. Garmezy, & M. Rutter (Eds.), *Stress, risk, and resilience in children and adolescents* (pp. 182–224). New York: Cambridge University Press.

Block, J. (1993). Studying personality the long way. In D. Funder, R. Parke, C. Tornlinson-Keasey, and K. Widaman (Eds.), *Studying lives through time: Personality and development* (pp. 9–41). Washington, DC: American Psychological Association.

Block, J., & Gjerde, P. (1986, August). *Early antecedents of ego-resiliency in late adolescence.* Paper presented at the American Psychological Association Meeting, Washington, DC.

Block, J., & Kremen, A. M. (1996). IQ and ego-resiliency: Conceptual and empirical connections and separateness. *Journal of Personality and Social Psychology 70*, 349–61.

Boyce, W. T., Chesney, M., Kaiser, P., Alkon-Leonard, A., & Tschann, B. (1992). Child care stressors, cardiovascular reactivity, and injury incidence in preschool children. *Pediatric Research, 32*, 9A.

Boyce, W. T., Chesterman, E. A., Wara, D., Cohen, F., Folkman, S., & Martin, N. (1991). Immunologic changes occurring at kindergarten entry predict respiratory illness following the Lorna Prieta earthquake. *Pediatric Research, 29* (4), 8A.

Burnette, E. (1996). Research looks at how children fare at times of war. *APA Monitor* (January).

Cohler, B. S. (1987). Adversity, resilience, and the study of lives. In E. J. Anthony & B. J. Cohler (Eds.), *The invulnerable child* (pp. 363–424). New York: Guilford Press.

Dalianis, M. K. (1994). *Early trauma and adult resiliency: A mid-life follow-up study of young children whose mothers were political prisoners during the Greek Civil War.*

Doctoral dissertation, Karolinska Institute, Stockholm, Sweden.

Egeland, B., Carison, L., & Sroufe, L. A. (1993). Resilience as process. Special issue: Milestones in the development of resilience. *Development and Psychopathology, 5*, 517–28.

Elder, G. H., Caspi, A., & Van Nguyen, T. (1985). Resourceful and vulnerable children: Family influence in hard times. In R. Silbereisen & H. Eyferth (Eds.), *Development in context* (pp. 167–86). Berlin: Springer Verlag.

Emery, R. E., & Forehand, R. (1994). Parental divorce and children's well-being: A focus on resilience. In R. J. Haggerty, L. R. Sherrod, N. Garmezy, & M. Rutter (Eds.), *Stress, risk, and resilience in children and adolescents* (pp. 64–99). New York: Cambridge University Press.

Erikson, E. H. (1959). Identity and the life cycle. *Psychological Issues, 1*, 1–171.

Fantuzzo, J., Coolahan, K. C., & Weiss, A. D. (in press). Resiliency partnership-directed intervention: Enhancing the social competence of preschool victims of physical abuse by developing peer resources and community strengths. In D. Cicchetti & S. L. Toth (Eds.), *Rochester symposium on developmental psychopathology, Vols. 8 & 9: The effects of trauma on the developmental process.* Rochester, NY: University of Rochester Press.

Farber, E. A., & Egeland, B. (1987). Invulnerability among abused and neglected children. In E. J. Anthony & B. J. Cohler (Eds.), *The invulnerable child* (pp. 253–88). New York: Guilford Press.

Freedman, M. (1993), *The kindness of strangers.* San Francisco: Jossey-Bass

Furstenberg, F. F., Brooks-Gunn, J., & Morgan, S. P. (1987). *Adolescent mothers in later life.* New York: Cambridge University Press.

Garmezy, N., Masten, A. S., & Tellegen, A. (1984). The study of stress and competence in children: Building blocks for developmental psychopathology. *Child Development, 55*, 97–111.

Gore, S., & Eckenrode, J. (1994). Context and process in research on risk and resilience. In R. J. Haggerty, L. R. Sherrod, N. Garmezy, & M. Rutter (Eds.), *Stress, risk, and resilience in children and adolescents* (pp. 19–63). New York: Cambridge University Press.

Havighurst, R. J. (1972). *Developmental tasks and education.* New York: David McKay.

Herrenkohl, F. C., Herrenkohl, R. C., & Egolf, B. (1994). Resilient early school-age children from maltreating homes: Outcomes in late adolescence. *American Journal of Orthopsychiatry, 64*, 301–9.

Hetherington, E. M., Stanley-Ragan, M., & Anderson, E. R. (1989). Marital transitions: A child's perspective. *American Psychologist, 44*, 303–12.

Higgins, G. O. (1994). *Resilient adults: Overcoming a cruel past.* San Francisco: Jossey-Bass.

Johnson, H. L., Glassman, M. B., Fisk, K. B., & Rosen, T. S. (1990). Resilient children: Individual differences in developmental outcomes of children born to drug abusers. *Journal of Genetic Psychology, 151*, 523–39.

Klohnen, P. C. (1996). Conceptual analysis and measurement of the construct of ego-resiliency. *Journal of Personality and Social Psychology, 70*, 1067–79.

Luthar, S., & Zigler, E. (1991). Vulnerability and competence: A review of research on resilience in childhood. *American Journal of Orthopsychiatry, 61*, 6–22.

Luthar, S., & Cushing, G. (1999). Measurement issues in the empirical study of resilience: An overview. In M. D. Glantz, J. Johnson, & L. Huffman (Eds.), *Resiliency and development: Positive life adaptations* (pp.). New York: Plenum Press.

Masten, A. S. (1994). Resilience in individual development: Successful adaptation despite risk and adversity. In M. C. Wang & E. W. Gordon (Eds.), *Educational resilience in inner-city America: Challenges and prospects* (pp. 1–25). Hillsdale, NJ: Erlbaum.

Masten, A. S., Best, K. M., & Garmezy, N. (1990). Resilience and development: Contributions from the study of children who overcame adversity. *Development and Psychopathology, 2*, 425–44.

Moskovitz, S. (1983). *Love despite hate: Child survivors of the Holocaust and their adult lives.* New York: Schocken.

Moriarty, A. (1987). John, a boy who acquired resilience. In E. J. Anthony & B. J. Cohler (Eds.), *The invulnerable child* (pp. 106–43). New York: Guilford Press.

Murphy, L. B. (1987). Further reflections on resilience. In E. J. Anthony & B. J. Cohler (Eds.), *The invulnerable child* (pp. 84–105). New York: Guilford Press.

Musick, S. S., Stott, F. M., Spencer, K. K., Goldman, S. et al. (1987). Maternal factors related to vulnerability and resiliency in young children at risk. In E. J. Anthony & B. J. Cohler (Eds.), *The invulnerable child* (pp. 229–52). New York: Guilford Press.

Pless, I. B., & Stein, R. E. K. (1994). Intervention research: Lessons from research on children with chronic disorders. In R. J. Haggerty, L. R. Sherrod, N. Garmezy, & M. Rutter (Eds.), *Stress, risk, and resilience in children and adolescents* (pp. 317–52). New York: Cambridge University Press.

Rachman, S. (1979). The concept of required helpfulness. *Behavior Research and Therapy 12*, 1–16.

Radke-Yarrow, M., & Brown, F. (1993). Resilience and vulnerability in children of multiple-risk families. *Development and Psychopathology, 5*, 581–92.

Rende, R., & Plomin, R. (1993). Families at risk for psychopathology: Who becomes affected and why? *Development and Psychopathology , 5*, 529–40.

Richman, N. (1993). Children in situations of political violence. *Journal of Child Psychology and Psychiatry, 34*, 1286–1302.

Rubin, L. (1996). *The transcendent child.* New York: Basic Books.

Rutter, M. (1987). Psychosocial resilience and protective mechanism. *American Journal of Orthopsychiatry, 57*, 316–31.

Rutter, M. (1994). Stress research: Accomplishments and tasks ahead. In R. J. Haggerty, L. R. Sherrod, N. Garmezy, & M. Rutter (Eds.), *Stress, risk, and resilience in children and adolescents* (pp. 354–86). New York: Cambridge University Press.

Scarr, S., & McCartney, L. (1983). How people make their own environments: A theory of genotype–environment effects. *Child Development, 54*, 424–35.

Schorr, L. (1988). *Within our reach: Breaking the cycle of disadvantage.* New York: Anchor Press.

Seifer, R., & Sameroff, A. J. (1987). Multiple determinants of risk and invulnerability. In E. J. Anthony & B. J. Cohler (Eds.), *The invulnerable child* (pp. 51–69). New York: Guilford Press.

Seifer, R., Sameroff, A. J., Baldwin, C. P., & Baldwin, A. (1992). Child and family factors that ameliorate risk between 4 and 13 years of age. *Journal of the American Academy of Child and Adolescent Psychiatry, 31*, 893–903.

Tierney, J. P., Grossman, J. B., & Resch, N. L. (1995). *Making a difference: An impact study of Big Brothers/Big Sisters.* Philadelphia: Private/Public Ventures.

Wallerstein, J. S., & Blakeslee, S. (1989). *Second chances: Men, women, and children a decade after divorce.* New York: Ticknor and Fields.

Wallerstein, J. S., & Kelley, J. B. (1980). *Surviving the breakup: How children and parents cope with divorce.* New York: Basic Books.

Werner, E. E. (1990). Protective factors and individual resilience. In S. J. Meisels & J. P. Shonkoff (Eds.), *Handbook of early childhood intervention* (pp. 97–116). New York: Cambridge University Press.

Werner, E. E. (1991). *The role of caring adults and religious coping efforts in the lives of children of alcoholics.* Final Report to the Lilly Endowment, Inc., Indianapolis, IN.

Werner, E. E. (1993). Risk, resilience, and recovery: Perspectives from the Kauai Longitudinal Study. *Development and Psychopathology, 5*, 503–15.

Werner, E. E. (1995). Resilience in development. *Current Directions in Psychological Science, 4* (3), 81–5.

Werner, E. E. (1997). The value of applied research for Head Start: A cross-cultural and longitudinal perspective. *National Head Start Association Journal of Research and Evaluation 1* (1).

Werner, E. E., & Johnson, J. L. (in press). Can we apply resilience? In M. D. Glantz, J. Johnson, & L. Huffman (Eds.), *Resiliency and development: Positive life adaptations.* New York: Plenum Press.

Werner, E. E., & Smith, R. S. (1989) *Vulnerable but invincible: A longitudinal study of resilient children and youth.* New York: Adams, Bannister, Cox.

Werner, E. E., & Smith, R. S. (1992). *Overcoming the odds: High risk children from birth to adulthood.* Ithaca, NY: Cornell University Press.

Zimmerman, M. A., & Arunkumar, R. (1995). Resiliency research: Implications for schools and policy. *Society for Research in Child Development Social Policy Reports, 8*, 1–19. Ann Arbor, MI: Society for Research in Child Development.

参考文献

第三编 干预的理论框架

第7章 交互性调节:早期干预中的发展生态学

阿诺德·J. 萨莫洛夫(ARNOLD J. SAMEROFF)
芭芭拉·H. 费瑟(BARBARA H. FIESE)

在撰写本书第1版的内容时,预防儿童社会心理障碍还不是一个简单的任务(Sameroff & Fiese,1990),美国儿童的生活品质也还没有得到提高。美国儿童保护基金会(Children's Defense Fund,1995)统计,每年有300万~1000万的儿童正忍受着年复一年的家庭暴力。仅1993年就大约有100万起儿童遭受虐待或忽视的案件。心理健康也依旧是一个应予以关注的问题,约有20%的儿童被确认存在障碍(U.S. Department of Health and Human Services,1990)。儿童健康相关的研究表明,美国约有13.4%的儿童有情绪或行为障碍,6.5%的儿童有学习障碍,4%的儿童有发展迟缓问题(Zill & Schoenborn,1990)。要减少这些数字,就必须明确引起这些问题的原因。儿童生活品质的降低是导致儿童问题增加的一个明显因素。

儿童问题出现率增高的同时,应对这些问题的家庭资源在减少。1991年,22%的儿童生活在收入水平低于贫困线的家庭里,这是20世纪60年代以来的最高比例(Children's Defense Fund,1992)。同一时期,以母亲为主的单亲家庭比例从7%增长到了21%以上(McLanahan,Astone,& Marks,1991)。另外,20世纪70年代,有50%的学龄儿童的母亲就业,目前该比例已达到75%(U.S. Department of Health and Human Services,1993)。

支持儿童发展的家庭资源的减少,通常由社会组织提供补偿性的专业或经济支持加以弥补。不幸的是,我们目前正处于这些资源减少的历史时期。基于上述原因,我们要想最大限度地发挥现存干预资源的作用,最重要的任务就是要完全理解儿童发展中的资源问题。该手册第1版强调了儿童生活环境与儿童本身特质同等重要,二者共同决定儿童发展能否取得成功。在这一版中,我们会通过描绘一个儿童与环境互动发展的生态模型和动态过程继续这一主题。通过这些陈述,我们会提出若干要求,这些要求是成功支持儿童发展的干预所必需的。第一,我们要意识到,在儿童的生态环境内,每一个层次都有不同的因素对儿童发展造成影响。第二,在每一个层次内,这些影响都会通过家庭观念和文化标记得以体现,并且在家庭互动和社会服务中得到实现。第三,每一个干预过程,都必须针对特定文化内的特定家庭、特定家庭内的特定儿童、特定儿童身上的特定问题。世上不存在对所有儿童都适用的干预措施。

在这一章,我们会使用一个生态模型(Bronfenbrenner,1977;Garbarino,1990)来呈现影响儿童能力发展的众多因素,其中既包括对儿童产生直接影响的家庭因素,也包括通过他人活动对儿童产生影响的社会经济因素。不同学科背景的学者,对儿童发展问题的解释各有不同。经济学家将原因聚焦于贫穷和物质剥夺,认为这是儿童产生社会适应不良的根源;社会学家强调社区和家庭结构是导致儿童发展出现偏差的主要原因;教育学家致力于在学校系统中寻找修复这种问题的方法;心理学家则认为家庭发展及其成员作为环境影响者对顺利发展有深刻影响。我们认同上述所有观点,但是与其将它们看作对立关系,我们更倾向于把它们当作影响积极或消极生命历程的附加因素。

对于儿童来说,没有单一的阻碍或促进因素。相反,无论是个人影响还是其他影响,都必须通过积累才能在儿童生命中起作用。生长于存在大量负面影响家庭中的儿童,其发展水平通常低于生长在风险因素少的家庭中的儿童。这种观点反驳了那种认为只要改变了一个社会因素,就能改变儿童命运的天真想法。不同个性的儿童生活在不同类型的家庭中,不同类型的家庭又处于经济和社会资源不同的社区内,这些复杂的因素相互影响,最后导致儿童能力的形成。只有关注这些复杂性,才能对儿童能力发展有更好的理解,也才有可能帮助儿童更好地发展。

不幸的是,很少有早期干预项目具备处理所有影响儿童成功发展因素的能力。从某种程度看,同一个项目有多种选择,必须根据家庭的需要为其选择合适的内容。如果合适的内容暂时不能获得,就需要考虑家庭能从何处获取所需资源。无论哪种情况,都必须理解社会对儿童发展产生的影响,相应地,也必须理解在哪方面是可以被提高的。本章的目的在于为读者提供一个视角来帮助做这些决定。

本章一开始会对传统的干预和预防的概念进行综述。当我们使用这些概念对疾病的原因进行解释时会出现大量矛盾,要想更好地理解这些矛盾,就必须使用系统分析的方法。交互作用模型就被用来解释在环境和儿童的交互作用下,儿童最终会出现的行为结果。交互作用模型镶嵌在能表示所有发展过程特征的调节系统内。基于调节系统的观点,我们会阐释一系列既有理论基础又被实践证明的能促进儿童发展的早期干预策略。有一些观点在第 1 版中使用了较长的篇幅进行阐述,读者若要了解这些被缩减的部分,可以参考早期的文献(Sameroff & Fiese,1990)。

定 义 预 防

干预措施通常可以分为三个层次:一级干预、二级干预和三级干预(Leavell & Clark,1965)。一级干预是在疾病发生时介入;二级干预是在疾病已被诊断但尚未致残时介入;三级预防是在残疾发生后介入,目的在于减轻残疾带来的进一步伤害。

然而,当对个体的一级干预从生理疾病(预防定义的最初起源)转向心理疾病(问题复杂性增加)时,不同层次干预之间的差别就变得很模糊。尽管科学家们已发现了一些病菌和特定生理疾病相关联(如双球菌与白喉的关系),但对行为问题而言,这样的关联并不存在。类似情况主要来自于遗传学研究领域,然而如何将其转换为有效的干预措施还有待探讨。

针对心理障碍进行的一级干预,从消除一个生物因素的角度说,能受益的群体很少,但它们往往是最严重且影响深远的案例。在大部分的案例中,行为或发展性紊乱的发生通常由环境因素导致,而非个体本身的特征所致。有一个重要的对遗传性障碍进行干预的成功案例,即对苯丙酮尿症(phenylketonuria,PKU)①的干预。然而,它所使用的干预策略同样也是从环境入手,去改变儿童的饮食而非儿童本身。

传统的早期干预项目一般认为,儿童如果在生命早期被鉴定为发育不良的话,在今后的生活中也会持续发育不良。学前教育的目的就在于提高学前儿童的学习和社会交往能力,并期望这些提高能保持到成年。不幸的是,尽管一些早期干预项目减少了儿童学业失败率和其他特殊教育早期干预项目的比例(Lazar, Darlington, Murray, Royce, & Snipper, 1982; Schweinhart & Weikart,1980),但对参与启蒙计划(Head Start)的儿童的追踪研究显示,仅仅只有智力上的微弱进步能持续到青春期(Zigler, Styfco, & Gilman, 1993)。

从另一种角度来看,那些早期因为分娩并发症等生物环境因素,而被鉴定为高风险的儿童,他们的发育结果也十分不理想。但早期干预领域的纵向研究结果却表明,大部分成长环境不良的儿童在成年期并没有出现智商或社会交往问题(Sameroff, 1986; Sameroff & Chandler, 1975)。

我们可以得出两个对早期干预有重要影响的结论:第一,不管儿童的能力发展处于何种水平,也不管这种水平是通过正常发展进程得到或特别干预措施得到,都与其今后的发展没有线性关系。第二,要想对儿童今后的发展水平有更准确的预测,我们就必须对儿童的社会和家庭环境进行考虑,因为它们会促进或影响儿童持续的积极发展。总而言之,如果一个早期干预仅仅改变儿童个体,是绝对不可能取得成功的。环境变化的必然发生会提升儿童的现有能力和对未来生活压力的缓冲处理能力。

生态性风险因素

现在我们暂时将注意力转向鉴定影响儿童认知能力和社会—情绪能力发展的显著性风险因素的相关研究上来。已有研究发现,儿童上述能力的发展与其家族心理健康状态以及社会阶层有显著的相关性(Broman, Nichols, & Kennedy,1975; Werner & Smith,1982)。然而,不同社会阶层各自特点不同,他们对生活在这些环境中的儿童的发展起着促进或影响作用。这些因素范围广泛,既包含直接对儿童产生影响的变量,如母亲与儿童的互动程度;也包含间接对儿童产生影响的变量,如母亲的心理健康水平;同时还包含一些距儿童较远的变量,如家庭的经济资源等。

生态性模型强调发展的复杂性以及大量环境因素对儿童的影响。尽管过去的因果模型强调单一的变量会对儿童行为起到决定性影响,但现在不同领域的一系列研究已经表明,除了一些极个别的生理性功能紊乱外,大部分结果都由风险因素的数量而非内容决定。例如,帕米利和哈伯(Parmelee & Haber, 1973)曾发现围产期有问题的婴儿往往受到大量神经性因素的影响,而拉特(Rutter, 1979)则发现有心理问题的儿童通常受到大量家庭因素的影响。他们的研究结果都证明了上述说法的正确性。我们对儿童发展研究领域的一系列研究进行追踪,结果发现对儿童周围环境因素进行充分的了解能够帮助我们更好地勾勒出儿童的发展轨迹,并能更准确地找到儿童最需要的干预措施。

---

① 一种先天性代谢异常。——译者注

罗切斯特研究

一批研究者(Sameroff, Seifer, Barocas, Zax, & Greenspan, 1987)在纽约州罗切斯特市进行了一项纵向研究,对4岁儿童10个环境变量进行了评估。他们试图研究是能力发展不良导致了低社会经济水平,还是环境方面的风险因素在低社会经济水平儿童组出现的频率更高。这10个环境变量分别是:母亲的慢性心理疾病,母亲的焦虑,通过一系列测验得出的父母教养方式得分(能反映母亲对待儿童发展的态度、信念和价值观),母亲与婴儿自发的积极互动,家人的职业,母亲的教育程度,不利的少数民族地位,家庭支持,生活压力和家庭成员数。

研究者们将这些风险因素与儿童社会—情绪能力、认知能力得分进行比较后发现,高风险因素得分儿童与低风险因素得分儿童之间的能力有显著差异。在智商方面,环境风险因素得分为0的儿童与面临八九种风险因素的儿童相比,前者比后者智商高出30多分。儿童社会—情绪能力方面也呈现出相似的范围(Sameroff, Seifer, Zax, & Barocas, 1987)。

我们能够从这个研究中得出与早期干预相关的一些结论。第一个结论是对每个社会经济阶层的儿童来说,最终决定其发展水平的是风险因素的数量,而非社会经济阶层本身。第二个是相同的发展结果可能由不同风险因素组合造成。这是对早期干预策略而言更为重要的结论,对面临相同风险因素数量的儿童来说,他们在学龄前的认知能力并没有显著差异。没有任何一个单一因素能决定发展结果的好坏。如果这是事实的话,就真的不太可能找到能解决所有儿童所有问题的通用的干预措施。对每一个家庭而言,都需要特定的风险因素分析站在发展性模型的角度提出特定的干预策略。

费城研究

在罗切斯特进行的研究(Sameroff et al., 1987)目的在于探索儿童面临的风险因素,但其研究数据来自于已有数据库,并不能完全表现影响因素的多样性。在宾夕法尼亚州费城进行的一项关于青少年的新研究中(Furstenberg, Cook, Eccles, Elder, & Sameroff, 1999),研究者将6个不同生态领域的因素囊括了进来。他们研究了系统中存在的、可能会对青少年产生影响的各种变量,如在微观层面(Bronfenbrenner, 1977)中的变量有青少年是否积极参与活动、亲子关系的互动如何等,在中观层面中的变量有社区特征等。

他们从6个代表不同生态关系的组合中挑选出了20个变量(见表7.1),是罗切斯特研究中变量数的两倍。这样做的目的是为了让6个生态水平内都能包含多种影响因素。家庭过程是第一个生态水平,其中的变量都属于儿童直接接触的家庭微观系统,如对自主权的支持、行为控制、父母参与和家庭氛围。第二个生态水平是家长的特征,包括母亲的心理健康状况、自我效能感、智力和受教育水平等。这一水平内的变量会对儿童产生影响,但反过来却很少受到儿童的影响。第三个生态水平是家庭结构,包括父母的婚姻状况,能衡量社会经济地位的人均居住面积、福利等指标。第四个生态水平是社区中的家庭管理,家庭管理的特点通过家庭与社区之间的关系反映出来,如参与程度、非正式的社交网络、社会资源和对经济压力的适应与调整等。第五个生态水平是同伴关系,包含的变量主要属于另一个微观系统——与儿童直接接触的有亲社会或反社会倾向的同伴。第六个生态水平是社区,它也是距离儿童最远的生态水平。它包含家庭居住地区平均收入水平和受教育水平、父母对社区现有问题的看法以及青少年学校的氛围。

表 7.1 费城研究中的生态性风险变量

领域	变量
家庭过程	对自主权的支持,行为控制,父母参与度,家庭氛围
家长特征	受教育水平,效能感,智谋,心理健康状况
家庭结构	婚姻状况,人均居住面积,福利收入
社区中的家庭管理	参与程度,非正式的社交网络,社会资源,对经济压力的适应与调整
同伴关系	亲社会同伴,反社会同伴
社区	邻居的社会经济地位,邻居问题,学校氛围

在费城研究中(Furstenberg et al.,1999),除了有更多的生态性变量外,还使用了更多的评估结果变量来解释最终的发展水平。有五个评估结果变量可以作为成功青少年的特征,它们分别是:父母基于一系列心理健康问卷对青少年心理适应能力(psychological adjustment)给出的评价,青少年报告的自我能力(self-competence)测量以及与毒品、违法犯罪和性行为有关的问题行为(problem behavior)等,青少年和父母共同报告的青少年对体育运动、宗教活动、课外活动和社区活动参与程度(activity involvement),青少年和父母共同提交的能反映青少年学业表现(academic performance)的学业成绩单。

在费城研究的信息中,每个生态水平都存在能影响儿童能力的风险因素。不仅是父母或家庭对儿童能力造成影响,同伴、邻居、社区以及这三者与家庭之间的互动同样也会对儿童能力产生影响。有一些变量可能成为同时影响上述五个评估结果变量的风险因素,比如,儿童缺乏自主权、消极的家庭氛围以及较少的亲社会同伴等。有一些变量则仅对一部分评估结果变量造成影响,比如父母文化水平低、支持资源较少、单亲家庭、经济压力较大、缺乏正式的人际关系网以及较低的社会经济地位等。

一个重要问题是,在罗切斯特研究中发现的风险因素数量的影响,在费城研究中是否也同样存在。当我们将五个标准化后的评估结果变量得分与风险因素数量进行相关分析时,发现随着风险因素的增多,青少年能力得分显著下降,如图 7.1 所示,受风险因素累积影响较大的是心理适应能力和学业表现,影响相对较小的则是青少年的自我能力和活动参与度。

比值比分析 风险因素的累积是否会增加风险变量的影响,可以通过比值比分析来判断。分别生长在高、低风险环境中的发展不良儿童的得分可以进行比较。为了使研究报告更简明易懂,我们在分析青少年发展不良与环境风险因素得分之间的关系时,将其分为四个小组:一个低风险小组,风险因素为 3 个及以下;一个中等风险小组,风险因素为 4~5 个;一个多风险组,风险因素为 6~7 个;一个高风险小组,风险因素为 8 个及以上(见图 7.2)。

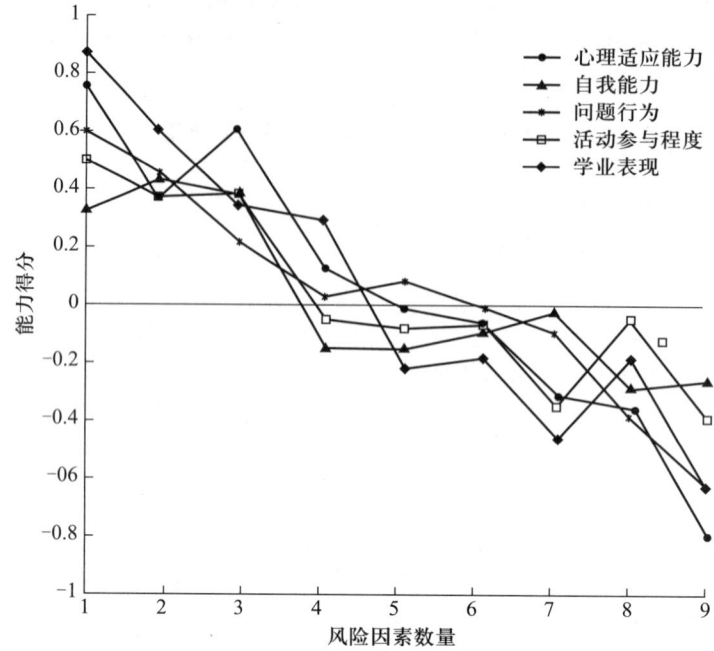

图 7.1　费城研究中风险因素与青少年发展结果之间的关系

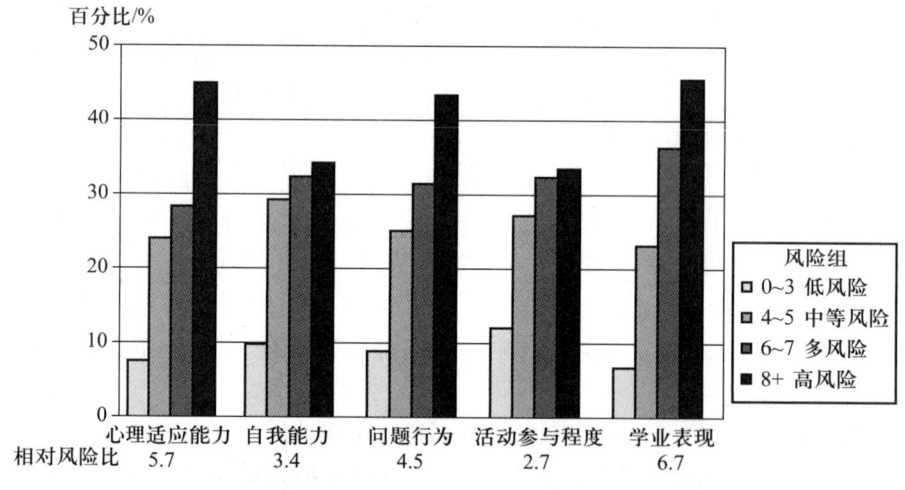

图 7.2　不同风险小组中发展结果不良青少年的比例①

高风险小组的相对风险比在五个评估结果变量上的得分都显著高于低风险小组。影响最大的是学业表现方面,低风险小组中学业不良青少年比例为7%,而高风险小组则为45%——比值比从6.7直线下降为1。影响最小的是活动参与方面,活动参与度低的青少年比例仅从12%增加到33%——比值比从2.7降为1。从某种角度来说,这并不是我们预期的结果。因为所有人都认

---

① 图7.2把费城研究中5个青少年结果中最低的四分位数百分比分为四个不同风险组。其中比值比是最低的四分位数分布在高、低风险组的概率之间的比。——译者注

同学业失败和心理状态不佳属于发展不良,但青少年不愿参加童子军、宗教活动和体育活动是否也同样属于能力欠缺,在这一点上还存在一定争议。在所有的个案中,环境因素的累积都会对青少年的认知能力和社会—情绪能力产生显著的负面影响,而这两方面能力对青少年而言恰恰又最为重要。

促进因素

在关注如何预防儿童发展失败时,我们常会感到疑虑的是,无论对何种社会阶层和种族而言,他们中的大部分儿童都不会遭遇失败。他们会获得一份工作,拥有成功的社会关系,继续养育下一代。在探寻他们获取成功的原因的过程中,我们对保护性因素的定义逐渐产生了兴趣(Garmezy, Masten, & Tellegen,1984)。然而,风险因素和保护性因素之间的具体差别目前还不是很清楚(Seifer & Sameroff,1987),如何对其进行具体定义在理论上和方法上还有很多的限制(Luthar & Zigler, 1991)。

有些学者认为,保护性因素只有在个体处于逆境时才有意义(Rutter, 1987),在大部分的个案中,保护性因素只是简单地代表风险因素中的积极部分(Stouthamer-Loeber et al., 1993)。从这个角度出发,使用促进因素来表示风险因素中的积极部分可能更加合适。为了检验这种简化性研究,我们对每个风险维度中出现率在前25%的风险因素进行分解,由此创造出了一系列促进因素(Sameroff, Bartko, Baldwin, Baldwin, & Seifer, 1998)。举例来说,如果消极的家庭氛围是一个风险因素的话,那么积极的家庭氛围就被认为是一个促进因素。同理,如果母亲心理状态不良是一个风险因素,那么母亲心理健康就是一个促进因素。接下来,我们对这些促进因素进行了总结,并且分析了其与五个评估结果变量之间的相关性。最终结果印证了我们之前对多风险因素影响的分析。家庭中包含的促进因素数为0~15,有的家庭甚至达到了20个。与生长在促进因素较少的家庭中的青少年相比,那些在有很多促进因素家庭中生长起来的青少年的能力发展水平确实好很多。然而,在费城的研究中,年轻人的表现并没有因为风险因素或促进因素的变化而表现出较大差别。风险因素越多,能力发展水平越低;促进因素越多,能力发展水平越高。简而言之,如果把对儿童发展产生影响的环境因素看作一个整体的话,家长、家庭、邻居以及更大范围内的文化都构成环境因素的一部分,儿童的哪些能力得到促进,哪些能力受到抑制,会受到它们共同的影响。

明确干预的目标

多风险因素分析强调对儿童能力产生影响的因素是众多的,但目前大部分政策都仅致力于改变儿童生活中的某个单因素。其中有两个因素受到较多的关注,一个是贫穷的影响,另一个是生活在单亲家庭的影响。尽管有人会认为这些因素会对儿童的命运产生重大影响,但事实上,如果将上述因素放在包含多风险因素的生态性模型中看待时,它们和其他风险因素并没有太大差别。当我们对家庭中存在的其他风险因素进行控制时,它们对儿童的影响也与其他风险因素一样,没有太大差别。为了研究不同经济水平的影响,我们将样本家庭分为高收入、中收入和低收入三个等级。在家庭结构的比较上,我们将样本分为双亲家庭儿童组和单亲家庭儿童组。为了进一步简化分析,我们将五个青少年时期评估结果结合另一个总体的青春期能力分数以不同青少年个性、学业和社会领域的一般适应性。当我们将面临相同风险因素数量的儿童进行比较时,发现无论他们生长环境富裕或贫穷,无论家庭结构是单亲或双亲,他们最终的能力水平都并没有差别。

家庭收入和婚姻状况之所以会被当作影响儿童发展最主要的因素,并不是因为它们本身是主导性因素,而是因为它们往往与其他风险因素或促进因素的联合相关。例如,我们发现39%的贫困家庭中的儿童生活在高风险因素的家庭中,即面临的风险因素大于7个,而仅有7%的富裕家庭中的儿童会面临相同数量的风险因素。相似的,有29%的单亲家庭处于高风险的社会环境内,而仅有15%的双亲家庭有相同处境。

我们的分析结果表明,单一的环境因素几乎不可能对儿童产生决定性的影响,相反,每个家庭在生活中各种风险因素的汇集才会决定儿童的发展。在费城的研究中,收入水平或婚姻状况单独造成的影响与大量风险因素累积造成的影响相比,前者几乎不值得一提。在贫困家庭和富裕家庭中发展能力相似的儿童,以及在双亲家庭和单亲家庭中发展能力相似的儿童,只有重叠部分才能反映出心理发展水平的本质。有很多成功人士成长于贫困家庭,也有很多失败的人出生于富裕家庭。有很多健康、快乐的成人来自婚姻破碎的家庭,也有很多失意的人被双亲抚养长大。

最终的分析结果告诉我们,收入水平和婚姻状况的确会对青少年的行为造成一定影响,但这些影响与大量风险因素累积带来的影响相比,它们的影响是微不足道的。在贫困家庭和富裕家庭中发展能力相似的儿童,以及在双亲家庭和单亲家庭中发展能力相似的儿童,这些重叠部分才能反映出心理发展水平的本质。但家庭中风险因素多的儿童与风险因素低的儿童相比,最终出现发展能力相似的情况很少。这个研究给予我们一个重要启示,即如果仅对个体的家庭特征进行关注的话,我们就只能对儿童极少一部分行为的发展变化作出解释。要想找到保证儿童成功发展的真正因素,我们就必须对包含个体和家庭在内的大量生态性因素给予关注。

交互作用模型

在之前的生态性分析中,我们已经强调了环境在影响儿童发展中的作用,也提出了要想制定有效的干预策略就必须敏锐对待包含多种因素在内的环境的影响。在这样的背景下,我们不能忽略儿童个体差异的重要性,这些差异决定了儿童会引发什么环境的何种影响以及儿童能降低什么样的环境。

有一种发展性模型被应用于很多科学领域,这个发展性模型被称作交互作用模型(Sameroff,1983,1993;Sameroff & Chandler,1975)。在这个模型中,儿童发展结果并不是由儿童个体单独决定,也不是由已有经验单独决定。儿童发展结果是个体和他/她已有经验共同作用的产物。在预测最终结果时,如果只对个体特征给予关注,这种案例中的儿童往往会得出误导性的结论。我们还需加上对儿童已有经验的分析和评估。

在交互作用模型中,儿童的发展被认为是儿童个体及其经验(由他/她的家庭和社会环境提供)持续的动态互动的结果。交互作用模型的创新之处在于,它同时对个体作用和环境作用给予相同的关注,不认为环境中的经验与儿童无关。尽管儿童自身能决定当前经验的内容,但如果不同时分析环境对儿童的影响的话,就不可能对儿童发展结果给予系统描述。图7.3给出了一个交互作用模型的具体实例。

在图7.3中,儿童最终能力水平既不是儿童自身状态的产物,也不是环境的产物,而是个体和环境长时间互动的复杂产物。例如,分娩困难可能会使一位冷静的母亲变得焦虑不安。母亲的焦虑会导致她在婴儿出生的第一个月中表现出不确定和不适宜的亲子互动。受这种养育行为的影响,婴儿可能养成不规律的进食习惯或睡眠习惯,并给人性格执拗的

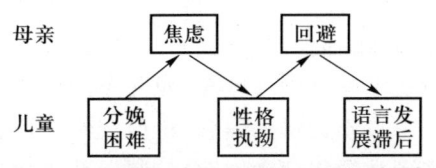

图 7.3 交互作用过程导致儿童发展问题的实例

印象。这种执拗性格会大大减少母亲从婴儿身上获取的乐趣,继而又导致母亲减少与婴儿互动的时间。如果成人不与婴儿积极进行互动,尤其是不与婴儿进行语言交流,儿童就可能达不到正常的语言发展水平,并且在之后的学前语言测试中获得低分。

在这个案例中,是什么导致了儿童的发展不良?是分娩困难、母亲的焦虑、婴儿的执拗性格还是母亲对语言和社会互动的回避导致了儿童欠佳的语言表现?如果我们试图为这个家庭设计一个早期干预项目,应该从何入手?如果我们从最近的原因入手,应该是母亲对婴儿的忽视。但是我们可以看到,这种观点明显将复杂的发展进程过于简单化了。一级预防应该用于改善婴儿执拗的性格,还是改变母亲互动方式,或者是为儿童提供额外的语言刺激?无论选择何种措施,都会在一定程度上减轻发展系统中潜在的功能失调。但是当干预结束后,这些措施能否保证儿童语言能力得到提升,更重要的是,能否保证儿童今后的持续进步?

以上描述的这一连串的交互作用是一个具体实例,用来说明儿童发展很少由当前经验单独决定,甚至也很少由长远经验单独决定。这种因果联系既随着时间不断延伸,同时也镶嵌在一个解释性框架之内。母亲的焦虑基于分娩困难,母亲的回避基于婴儿不规律喂养和睡眠习惯。为了更好地理解干预过程中父母行为对婴儿的影响,我们有必要对解释性框架进行描述。接下来我们会详细地描述解释性框架的组成和运用,并在此基础上反思过去干预策略成功率不高的原因。我们希望这些描述能为将来的干预措施设计提供理论基础,使其能站在合理的发展性调节的角度,帮助儿童在发展过程中出现预期性改变。

环 境 类 型

基因类型能调节个体生理发展水平,与这种生物性组织相似,同样存在社会性组织来对人类进行调节,帮助我们更好地适应社会。社会性组织通过家庭和文化社会化过程起作用,并且假设组织中存在与生物类型相似的环境类型(Sameroff,1995)。对调控人类发展感兴趣的群体(如预防或干预项目的成员),通常会意识到对调节人类发展的方式进行定义的重要性。即使对最宏伟的干预项目来说,要控制所有可能影响儿童发展因素的想法也是不可能实现的。可行的方案是尽可能充分地了解决定儿童发展的因素,对儿童及家庭发展阶段做出正确判断,寻找到可能的

支持,并在此基础上制定出合适、全面的解决问题的方案。干预措施失败的原因,往往就是干预者没能很好地理解这些调节系统。每个个体的环境类型都包含了这些调节模式。

在本书中,我们仅对包含文化、家庭和个体父母在内的这一层次的环境因素进行讨论。这些系统不仅与儿童发生交互作用,同样也与其他人发生交互作用。无论对何种层次的影响因素来说,其发展调控内容都会包含这样几种代码:文化代码、家庭代码和父母个体代码。这些代码能调节儿童认知能力和社会—情绪能力的发展,帮助儿童最终能担任社会所赋予的角色。它们自身的演变过程有等级差异,对儿童当前的影响同样也有等级差异。儿童发展过程中获取的经验,一部分来自于父母的信念、价值观和个性;一部分来自于家庭的互动模式及家族历史;还有一部分则受到社会化信念、社会控制以及文化支持的影响。然而,代码和行为之间有一些差异。与基因仅是对生物现象进行描述一样,环境类型也只能对经验性的环境进行描述。无论对哪个个体来说,代码都必须通过行为才能实现。尽管代码会对父母行为产生整体性和调节性的影响,但它毕竟不同于行为。

在大部分探寻环境对行为有何影响的研究中,都仅局限于对母子之间的互动模式进行研究,实际上这只是环境类型中很少的一部分。还有另一个重要组成部分是家长的信念系统(Sigel, McGillicuddy-De-Lisi, & Goodnow, 1992)。这些信念包括父母对儿童行为的理解、儿童发展性变化的来源(Sameroff & Feil, 1983)以及父母自身的养育态度(Kohn, 1969)。

总而言之,从发展性调节模式的观点出发,儿童行为是表现型(如儿童)、环境类型(如外部经验的来源)和基因类型(如生物性组织的来源)之间交互作用的产物(见图7.4)。

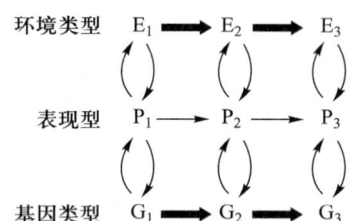

图 7.4 基因类型、表现型和环境类型交互作用的调节模型

针对儿童发展进行的传统研究,往往强调儿童如何利用自身生物性能力来获取外部经验,以及经验在儿童能力形成过程中起何种作用,但很少有研究注意到经验是如何组织的。确实,在外显经验层面,我们明确地为课程设置和行为矫正计划投入了大量心血,但在内隐的经验层面,我们对环境类型的重视程度还远远不够,这一点我们在下文还会详述。

文化代码

文化代码的组成部分包含了复杂的文化特征,包括整个社会的儿童养育系统,以及社会化和教育的元素等。这些进程与一系列社会控制和社会支持紧密联系。文化代码的价值做出贡献的既有传统的道德规范和风俗习惯,也有狂热一时的流行风尚。如果要对文化进程中所有与早期干预相关的内容都做出解释的话,就大大超出了本章的内容范围。因此,我们在这里仅强调一些能明确说明文化代码领域的观点进行强调。

在大部分文化中,共同的生物特征造就了人类发展进程的相似性。例如,在很多文化中,儿童开始接受正式教育的年龄都在6—8岁,因为这个年龄段的大部分儿童都已具备理解结构性经验的认知能力(Rogoff, 1981)。然而,历史和文化的差异也使得不同文化对儿童行为给予了不同的重视或忽视。比如说,非正式教育开始的年龄取决于儿童所处的社会地位。例如,中产阶级的父母相信胎教能够加快儿童认知能力的发展,因此在孕期就已开始对胎儿提供刺激。而其他阶层的父母则认为入学前再开始非正式教育更好。这些例子说明了人类发展环境的多样性,以及调节系统变化的开放性。

家庭代码

家庭代码通过跨代际的、多重因素来调节儿童的发展,这些因素来自多人的努力,并且为儿童提供了群体归属感。传统的调节家庭系统的方法是关注与个体适应(如敏感性、入侵性等)直接相关的家庭互动模式,或那些直接面向儿童但往往被忽视的行为(Clarke-Stewart, 1973)。在这些案例中,经常性的忽视或侵入行为会导致儿童社会适应不良。最近,延伸家庭调节及二元互动模式已被关注(Grych & Fincham, 1990; Parke & Bhavnagri, 1989)。一种新的家庭系统调节方式被提出,其基本观点为家庭信念会影响家长引导儿童行为和赋予儿童期望的方式,并且直接对儿童行为产生影响。附录中的文献可以清楚地阐述这种调节方式,并且在家庭代际影响儿童发展的相关文献中也能找到相应解释(Bowen, 1976; Main & Goldwyn, 1984)。所有的方式都可能在儿童发展过程中出现变化,也无需认为不同方式之间是不能兼容的。要想对家庭中的幼儿进行干预,我们就必须同时关注距离儿童较近(如互动模式带来的直接影响)和较远的经验(如家庭信念等)。

要更好地理解家庭互动及家庭信念对儿童发展带来的影响,最重要的是明确家庭中的核心任务。家庭生活会向外延伸到很多领域,家庭成员很多方面的发展也与家庭有关。有研究者(Landesman, Jaccard, & Gunderson, 1991)提出了家庭在六大领域的功能:(1)生理发展和健康;(2)情绪发展和稳定;(3)社会发展;(4)认知发展;(5)道德和精神发展;(6)文化和审美发展。家庭围绕这几个目标组织行为,并为达成目标不断调整。随着时间的发展,家庭成员也会因为结婚、离婚、出生和死亡发生变化,伴随而来的是成员角色和责任的变化,这些变化同样会影响儿童个体的适应(McGoldrick, Heiman, & Carter, 1993)。我们假设家庭代码调节着发展,这样家庭任务才能得以实现。

家庭表征与实践

家庭通过所持信念以及成员之间的互动方式来组织经验。赖斯(Reiss, 1989)提出,家庭的调节作用可以通过对家庭实践和家庭表征的研究来发现和观察。家庭表征强调家庭关系的内在表征以及如何通过工作记忆来保持稳定。在家庭环境中发展起来的成员关系互动模式会保留在成员的记忆中,并在很长一段时间内引导个体的行为。要研究家庭表征,我们必须探寻家庭价值观是如何表现并且对个体经验产生影响的。与此相反,家庭实践则通过可观察到的互动来稳固和调节家庭成员。这种互动是重复的,并且能帮助形成家庭一致性和同一性。家庭生活不仅存在在个体的脑海里,同时也体现在日常生活中可观察到的成员之间协调的实践中(Grych & Fincham, 1990; Reiss, 1981)。

表征是对过去经验的回忆,但这种回忆又常常受到未来经验的影响(Stern, 1989)。例如,父母对自己童年经验的回忆,可能会受到子女年龄以及当前子女养育要求的影响(Fiese, Hooker, Kotary, Schwagler, & Rimmer, 1995; Miller & Moore, 1989)。家庭实践则是一种不断重复的短暂互动。如果互动模式变得可预测、可成为评论的来源,那么家庭实践就有可能转变为家庭表征。打个比方,家庭成员每晚在餐桌旁的交流可能会成为下一代的家族故事之一(Byng-Hall, 1995)。

家庭规律性地做些什么,家庭信念和价值观如何直接灌输给儿童,这些问题与家庭代码有因果联系。在考虑家庭的生态性时,有一种方法能帮助我们探究家庭代码,即对属于家庭表征的家族故事和属于家庭实践的家族仪式进行研究。家族故事和仪式融入儿童养育和发展的过程中,并且能反映较长时间内交互作用的进程。

家族故事

家族故事涉及家族如何建构自己的世界,如何表达互动的规则,以及如何创造与亲密关系有关的信念。当家庭成员回忆某种经验时,他们会建立一种解释性的框架,以此反映出个体如何对事件进行理解、家庭成员如何共同努力,以及如何基于家庭和社会的关系信念来解释这些事件的意义。家庭成员讲述的与自身经验有关的故事,有助于建构一个有意义的家族理论,理论中包含世界的运行规则以及故事讲述者对家庭成员行为的期望(Bruner,1990)。一方面,我们可以通过主题内容来对家族故事进行了解,另一方面,也可以在故事的讲述过程中得到了解。

在成人和儿童的发展历程中,亲密人际关系的形成和为成功而进行的奋斗是两个最主要的主题(Erikson,1950;Gilligan,1982;McAdams & de St. Aubin,1992)。家庭向儿童灌输关系和成就的信念,这个过程可能被家庭发展阶段和家庭成员个人信念所调和。个体讲述的与自己童年经验相关的家族故事可能与当前养育要求相融合。另外,这些主题也与家庭内的生命循环紧密相关。有一个针对年龄最大的子女为婴儿或幼儿的家长进行的研究,研究结果显示,不同发展阶段的家庭和不同性别的家长讲述的故事主题内容有显著差异(Fiese et al.,1995)。父亲在讲述自己的童年故事时,往往强调与成就相关的主题,而母亲则更多地谈论与友好关系相关的主题。另外,婴儿的家长在讲述家族故事时更倾向于谈论友好关系的主题,而幼儿的家长则更倾向于谈论与成就相关的主题。

家长可能会将家族故事当作一种手段,用来强调对家庭成员未来发展的期望。在初为父母时,家长讲述的故事以友好关系为主,强调个体对他人和亲密关系的需要。从婴儿养育的角度出发,家长会回忆起与归属感有关的经验。然而,当长子长女到了学前阶段并且萌发出自主意识时,家长讲述的故事中开始逐渐包含个人成功和成就的主题。也许这是在为儿童即将扮演的学生角色和成就者角色做准备。除了家族故事的主题内容外,家族故事在讲述时的相对一致性也会影响儿童对这个世界的理解和掌握。早期干预十分关注高危父母讲述的家族故事的类型。在一个针对精神病父母进行的研究中,迪克斯坦及其同事发现抑郁的母亲讲述的故事通常缺乏对家庭生活的一致性描述(Dickstein et al.,1999)。从这个角度来看,生长在抑郁家庭的儿童之所以会处于高危状态,不仅是因为不一致的互动模式,还可能是感情和内容不相符的、破碎的家庭信息所致。我们可以想象,如果儿童生长在一个无法建构一致的个人经验图像的环境中,最终会发展成什么样。

家族仪式

家族仪式能有效地组织家庭生活,并且与家庭代码中的实践与象征部分都密切相关。家族仪式囊括高度仪式化的宗教活动(如圣餐仪式)、非程式化的日常交往模式(如晚餐时间)和问题解决途径(如愤怒控制)。家族仪式通过为互动模式赋予意义和情感来对家庭生活产生影响(Fiese,1992,1995)。育儿期间,在日常生活中创造和维持一些仪式是家庭生活中不可缺少的一部分(Bennett,Wolin,& McAvity,1988)。在日常实践中组织起来的仪式经验可能随着家庭发展的变化而变化,同时也有助于在转衔时期维持家庭亲密关系。抚养幼儿与抚养婴儿的家庭比较,前者比后者建立更多类似于晚餐时间、周末活动以及周年纪念等仪式。而且,养育幼儿的家庭为家族仪式赋予了更多的情感和象征意义,在家族仪式到来之前会进行更多的周密计划,并且承诺会将家族仪式延续到将来(Fiese, Hooker, Kotary, & Schwagler, 1993)。由于儿童在家庭中的角色往往更加主动和灵活,因此日常活动可能会被重新组织,以更多地促进儿童参与(Goodnow & Delaney, 1989)。随着时间流逝,这些实践变得更加有意义,也有助于家庭认同感的形成。

家族仪式也能在家族转衔时期帮助亲密关系的维持,为初为父母、对婚姻感到失望的夫妇提供保护。能在养育儿童期间参与有意义的家族仪式的夫妇对婚姻的满足感更高。相反,那些认为自己参与的家族仪式空洞、无聊的夫妇更容易对婚姻产生不满(Fiese et al., 1993)。对成员中有慢性疾病患者的家庭来说,家族仪式能帮助其建立稳定的、有意义的家庭适应。布什和帕格曼特(Bush & Pargament, 1997)曾报告,对有慢性疼痛的成人来说,有规律的家庭活动会为其提供可预测的积极适应。而对慢性病患者夫妇而言,家族仪式意味着家族能力,能让其在照顾配偶期间仍与家庭成员保持联系并感受到归属感。家族仪式对有慢性病儿童的家庭是否具有相同意义还有待讨论。总而言之,这些研究结果表明,家庭仪式的稳定性以及家庭实践所包含的意义,都与家庭适应有关。

家庭实践和家庭表征的整合

从交互作用角度出发,家族代码行为中的实践和表征都具有时间跨度,并且相互影响。家庭实践随着时间流逝逐渐被赋予意义,并被解读成能代表家庭的表征部分。相应的,家庭表征会影响成员对家庭实践的组织和解释。例如,如果家长曾经历过的晚餐时间充满了辱骂和忽视等负面感受,那么他就会认为建立亲密关系是不值得的,并且会建构起失望的、达不到自我实现的家庭表征(Cicchetti & Toth, 1995)。晚餐时间的负面情感强化了家长认为家庭互动是不值得的想法。负面情感可能会通过行为表现出来(Katz & Gottman, 1993)。这些行为反过来又会对家长信念产生强化,认为自己不可能培养出有教养的子女,并且在家族故事中为子女贴上"坏孩子"和"不受控制"的标签。这种交互作用的进程会导致儿童问题行为的增多,并且强化其认为自己不能良好适应社会交往的认知信念。在每天直接的、显性的家庭互动活动中,这些行为开始感染每一位家庭成员,最终导致家庭关系无法顺利构建(Fiese & Marjinksy, 1999)。图7.5描绘了这个交互作用的进程。

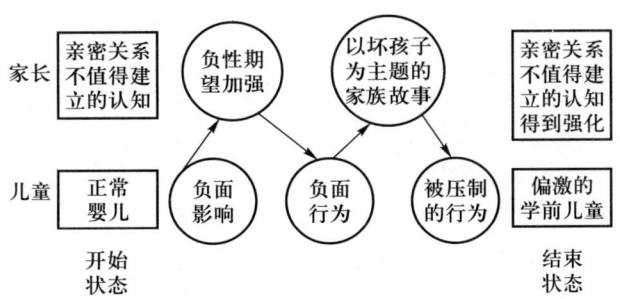

图7.5 父母持有亲密关系不值得建立的认知与儿童问题行为出现之间的交互作用

由于同时存在其他的交互作用系统,因此并不能断定家长对无意义关系的期望与儿童问题行为之间有必然联系。合适的干预措施可以带来一系列事物相互作用的改变,通过这些改变可以一定程度上调节上述关系,并且引发良性结果的出现。改变家长在晚餐时间的行为,改变家长对儿童的过低期望,改变家族故事的内容……这些都可能对儿童最终的发展水平产生显著影响。

从交互作用的角度对这个过程进行了解,可以帮助我们更好地探明儿童发展出现问题的原因以及可行的干预措施。

父母的个体代码

有明确的证据表明,家庭环境会对父母行为产生影响。当个体将自己作为家庭的一份子看待时,他的行为会发生改变(Parke & Tinsley, 1987),并且自己常常意识不到这些变化(Reis, 1981)。然而,毫无疑问的是个体行为会促进家庭互动。考虑到家长组织行为的多重水平,他们对家庭互动作出贡献的原因比儿童复杂得多。我们已经讨论了体现在文化和家庭代码中的社交制度。我们还没有讨论每位父母对这些代码进行的个性化的解释。这些解释在很大程度上受到父母自身参与家庭互动的程度的影响,同时他们也会捕捉到家庭内每个成员的独特之处。这些个体进一步影响了父母面对自己孩子时的反应。有研究者(Main & Goldwyn, 1984)明确提出了几种成人的依恋类型,反映成人对自己父母的依恋以及对这些依恋的解释。可以确定的是,这些成人依恋类型会产生跨代影响,并且能对婴儿的依恋类型进行预测。

很多临床文献详细描述了父母在亲子互动过程中表现出的健康和病理行为。在早期发展研究领域,弗雷伯格(Fraiberg, 1980)和她的同事描述了很多父母自身对养育行为的影响因素。父母自身没有得到解决的童年冲突就像一个"幽灵","何时会跑出来恶作剧取决于父母自身过去的经历"(Fraiberg, Adelson, & Shapiro, 1975, pp.387-421)。

父母的出轨行为一直以来都被公认为阻碍儿童发展的最大因素(Sameroff, Seifer, & Zax, 1982)。在当前的早期干预项目中,一个关键措施是努力促进父母的养育行为,这对儿童发展至关重要。在承认父母行为重要性的基础之上,我们还要关注父母行为出现的根源——家庭和文化代码。如果忽视了这点,那么在父母参与以儿童为中心的早期干预项目时,能够取得的成就就很有限。将父母看作儿童行为的主要影响者十分必要,同时,我们还应当注意到,父母行为本身也是在一个制度化的环境下形成的,这就可能要求我们在早期干预过程中使用更多的策略。

调 节

对发展环境进行描述是十分必要的,它能帮助我们更好地理解儿童发展过程中出现问题的原因,同时也能更有针对性地设计早期干预内容。有一篇关于儿童发展复杂系统的综述曾提到,我们可以去寻找能指导早期干预策略的关键点。这些关键点可以在儿童、家庭和文化系统中找到,当调节发生时尤其容易找到。尽管长久以来有这样一个观点,认为由于婴儿的生理发展暂时阻碍了其天赋的发挥,因此我们可以单纯地将婴儿当作一件物品看待。但事实却是,婴儿可以知觉到他人的活动,他们的心理和生理都在与他人建立关系的过程中逐渐得到发展。在图 7.6 中,个人和环境的发展性变化被描绘成一个扩大的锥形。

当儿童对自身幸福责任感增强时,他人调节和自我调节之间

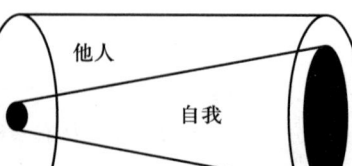

图 7.6 儿童成长过程中他人调节和自我调节之间平衡的转变

的平衡也在逐渐转换。如果外界不提供营养和温暖,初生的婴儿不可能存活。慢慢地,尽管还需要有人为其购买衣服和食物,但是儿童已经可以自己穿上夹克或去冰箱寻找食物。儿童最终长大成人,他们开始养育下一代,为新生婴儿提供外部调节。

为了完整地理解发展性系统,我们必须注意到调节过程的复杂性,这种复杂性能够从时间跨度、目的性、象征水平以及儿童贡献的本质中体现出来。在考虑上述因素的基础上,我们将调节系统分为三大类:宏观调节、中观调节和微观调节(Sameroff, 1987; Sameroff & Fiese, 1990)。宏观调节主要是对经验作出的有目的的改变,并且会在今后生活中维持很长时间——比如,断奶和入学。中观调节主要是指每天都会发生的日常养育活动,如打扮、喂养或建立规则。微观调节则大多是在短暂互动过程中的自发模式,如从积极角度来说的协调(Stern, 1977)或从消极角度来说的强制(Patterson, 1986)。

上述三个调节系统处于环境类型中的不同层次。宏观调节是处于文化代码层次的模式化调节。很多文化代码会被书写或记忆,并且以风俗习惯、信念和神话等形式传达给社会成员,与法律法规一起对儿童健康和教育进行调节。中观调节是处于家庭代码层次的模式化调节,通过家庭成员非正式的日常养育行为呈现。微观调节处于个人层次,是对儿童个体的性格和气质进行调节,使其能与人类共同的行为达到平衡。

家庭代码的呈现受到一系列固有的交互作用的影响。家长可能在发展方面持有一些特有观念,这些观念会影响其养育的实践。儿童由于被赋予了不同的角色期望,又受不同家族故事的影响,可能会发展出独特的风格。儿童受家庭角色要求而表现出来的行为会成为家族故事、家族仪式和神话的一部分。通过对家庭代码的积极转换,儿童最终可能会影响家长的养育行为,甚至对下一代的家庭代码产生影响。

有针对性的干预措施

对儿童发展复杂性的敏感认知,促进了将更多家庭成员纳入早期干预中的策略的应用(Turnbull, Summers, & Brotherson, 1983),同时也促进更多学科对学前儿童保持关注(Bagnato & Neisworth, 1985; Bricker, 1986; Bricker & Dow, 1980)。目前,越来越多的早期干预项目以团队的方式进行,以期解决儿童多方面的问题。仅关注儿童发展障碍中的单一方面已越来越不被接受,人们逐渐把儿童所处的整体环境纳入考量范畴(Sameroff, 1982)。一旦认定儿童发展问题和多种因素相关,那么使用更有针对性的方法来实施早期干预才比较妥善,这种方法是基于特定情境做出的具体决定。

设计早期干预策略的过程中,经常会遇到的问题是应该从何处入手实施集中治疗。如前文所述,发展性的调节系统包含了个人、家庭以及文化代码。因此,不仅经济和人力方面的限制会阻碍早期干预的实施,上述调节性的代码同样会对儿童发展的多个方面造成影响,继而导致不同干预策略的出现。为了确定最有效的干预途径和形式,我们有必要对调节性系统进行细致分析。文化、家庭以及个人代码被镶嵌在时间和行为环境中,并随着时间范围和行为方式的变化而变化。基于这种分析,一个最基本的观点是没有任何单一的干预策略能解决所有的发展问题。普适性的干预措施很难具有高成效,只有针对特定社会环境中的特定家庭、特定家庭中的特定儿童专门制定的个性化干预措施才会有事半功倍的效果。

在考虑调节系统时间维度的基础上,我们还应考虑干预带来的影响是什么?通常情况下,干预模型往往试图涵盖某一特定问题涉及的所有领域。一些为残疾儿童提供服务的早期项目,不仅会对儿童、家庭进行干预,有时还会涉及更广泛的社会支持系统(Dunst, Trivette, & Cross, 1986)。尽管用心良苦,但大量的努力最终可能收效甚微。对调节性系统更加准确的理解和诊断性的决定也许能提供更有效的干预形式。

交互性干预模式

交互作用模式对早期干预,尤其是对早期干预目标和策略的选择有重要影响。这个模型作出了非线性的假设,认为个人行为是一个连续的系统,而非个体单一的特征。这种假设为早期干预关注点的扩大提供了理由。根据这一模型,行为的变化是个体在特定调节原则的指导下,与周围环境发生一系列互动的结果。我们的重点应当放在变化的多向性上,一旦我们查明了调节的来源,行为变化便会自然停止。通过检视这一调节系统的优势和劣势,干预的目标很容易被确定,从而达到干预范围缩小、干预效益提高的效果。在一些个案中,让儿童行为作出小小的改变就能重建一个良好的调节发展系统。而在另一些个案中,父母对儿童期望的改变也许才是最有效的干预措施。第三种情况则可能包含这样的个案——要求父母提高自身养育儿童的能力。以上三种干预措施分别被命名为再调整(remediation)、再定义(redefine)和再教育(reeducation),或被统称为"3R 干预法"(Sameroff, 1987)。

图 7.7 是对早期干预中 3R 调节模型的概括描述。再调整可以改变儿童针对父母的行为方式。例如,有些儿童已被诊断为某种已知的功能障碍,那么主要的干预措施就是对其生物性异常进行矫正。通过自身身体状况的改善,儿童能更好地激发家长的照顾情感和行为。再定义是改变父母解读儿童行为的方式。将儿童归类为笨拙或任性可能会阻碍亲子之间的良性互动。如果父母将关注点调整到儿童其他更易接受的特征上,积极的互动就能被加强。再教育则是改变父母针对儿童的行为。为肢残儿童父母提供与定位技术相关的培训就是这种干预措施使用的实例之一。下面结合早期干预实例,对上述三种干预措施做进一步描述。

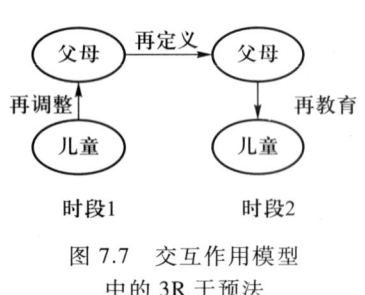

图 7.7 交互作用模型中的 3R 干预法

对低体重新生儿的干预

在本书的第 1 版本中,我们将交互性干预模型描述为适用于发育不良儿童的模型(Sameroff & Fiese, 1990)。在这一版本中,我们选择了早期干预中的另一个有趣的领域——低体重新生儿。低体重新生儿和多种发展障碍相关,并且在医疗成本中占有相当比例。低体重新生儿通常被描述为比普通婴儿更难照顾,更少回应父母的互动尝试(Field, 1987; Spiker, Ferguson, & Brooks-Gunn, 1993),有情绪调节困难(Crnic, Greenberg, Ragozin, Robinson, & Basham,

1983),并且容易存在认知能力和社会—情感能力发展困难(Achenbach, Phares, Howell, Rauh, & Nurcombe, 1990)。据估算,用于婴儿医疗保健的110亿美元中,将近35%都用在占新生儿比例7%的低体重新生儿身上(Shiono & Behrman, 1995)。目前已出现各种可满足低体重新生儿及其家庭需要的早期干预项目,这些项目可用于阐释交互性早期干预模型。上述简要的回顾强调了关注交互性干预模型中特定方面的个别化干预。将这些个别化干预综合在一起,会对今后的早期干预发展起到一定影响。

再调整 如图7.7所示,再调整策略是一个旨在改变儿童,进而带动父母发生变化的干预技术(向上的箭头)。再调整并不旨在改变家庭或文化代码。干预的目标是考虑合适的婴儿触发反应,使婴儿适应预先存在的、可以充分运作的照顾行为。再调整通常由家庭系统外的专业人员实施,最终目标是改变儿童自身条件。一旦儿童自身条件得到改善,干预也就顺利完成了。

有一项针对低体重新生儿进行的再调整措施是预防早产。然而,目前很少有行之有效的方法来安全地推迟生产。药物干预被证明能在孕期的最后阶段抑制早产,但通常这些药物的有效期很短,并且会对孕妇和婴儿产生严重的副作用(Nathanielsz, 1995; Ricciotti, Chen, & Sachs, 1995)。

低体重新生儿,一般也是早产儿,通常生下来就对子宫外的环境适应较差(Als, 1992)。被放置在新生儿重症监护病房中的婴儿会置身于一系列的感官刺激中,包括参与照料的人群、机械支持系统、全天候的活动和灯光刺激等。之前的理论认为,低体重新生儿需要额外刺激来赶上健康婴儿的发展速度,目前新生儿重症监护室的程序则说明,减少对低体重新生儿的感官刺激会优化其发展。菲尔德及其同事已经证明,对低体重新生儿来说,将其置于仰卧位进行轻柔抚摸或俯卧位进行被动肢体运动,可以有效减轻其处于重症监护室的压力(Field et al., 1986)。在随访中,那些接受了抚摸干预的婴儿与没有接受抚摸干预的婴儿相比,体重增长更多、成熟速度更快、方向性更强、保持清醒的时间也更长。出院一年后干预的积极影响仍在持续,接受干预的婴儿在贝利婴儿发展量表(Bayley Scales of Infant Development)中得分更高。菲尔德等人(Field et al., 1986)认为,这种干预促进了婴儿的主动性和警觉性,反过来又增加了婴儿与父母的互动,有助于婴儿今后的精神和心理发展。

上述再调整措施的案例旨在改变儿童,同时期望儿童在与父母的互动中更加敏感。从这个角度出发,再调整可以让孩子更充分地参与到家庭生活中。当儿童自身条件改变的期望是合理的,且家庭和文化代码也不会阻止干预的发生时,再调整措施就会起作用。如果在有限的干预时间内,儿童能获得家庭的支持和保障,当干预结束时家长能立即掌握常规的养育活动,那么这样的再调整措施就是最有效的。当然,也存在这样的情况,即文化或家庭代码使得干预不能成功运作,那么就需要实施第二种策略——再定义干预。

再定义 当已有家庭代码不适应儿童的行为时,就会使用再定义的干预策略。图7.7中时段1与时段2之间横向的箭头代表了再定义。再定义策略希望通过改变父母的信念和希望来建立更好的亲子互动。当父母已经把孩子定义为不正常,同时不能或不愿提供正常养育时,再定义的使用就非常有必要。养育困难可能由不同原因导致,包括父母无法适应孩子的残疾情况,无法分辨孩子的情绪化反应与真实行为,以及跨代抚养引起的适应不良等。第一类问题中的父母往往会主动放弃自己的照顾资格,因为他们认为身体或精神残疾的儿童只能由专业人员照料（Roskies，1972）。第二类问题中的父母对养育行为并不着迷，因为他们发现自己对儿童行为的期望与儿童真实的行为相差甚远。第三类情况中的父母被自己童年经验所限制，这种限制阻碍了他们辨别过往经验与当前养育需求的能力。

由于身体上的脆弱性，低体重新生儿很难被送回家。为了满足幼儿的需要，父母可能需要要求重症监护病房提供持续的按摩服务，监控儿童的睡眠模式，调整喂养活动。尽管父母可能觉得自己有能力抚养健康的婴儿，但是在抚养脆弱的低体重新生儿时，父母们可能会被这类儿童的需求所压倒。在这种情形下，父母认为他们不能胜任抚养婴儿这个任务。重新定义干预措施的目标是：使抚养婴儿正常化、弱化对儿童需要"特殊抚养"观点的强调。对于睡觉、吃饭和游戏等正常发展任务的强调，将父母的角色重新界定为一个大家所熟悉的形象，这种形象与抚养中的父母形象相一致。一旦父母将抚养低体重新生儿看作正常的活动，他们就能推进自己的抚养进程（Barnard，Morisset，& Spieker，1993；Papousek & Papousek，1987）。

在某些情况下，再定义的使用不仅仅局限于使父母的养育经验正常化。在这些案例中，父母对儿童行为的归因影响了他们的照顾行为。佛蒙特州低体重新生儿干预项目（Achenbach，Phares，Howell，Rauh，& Nurcombe，1990；Nurcombe et al.，1984）的主要目标即为促进母亲对新生儿性格的欣赏，增加母亲对婴儿反应的敏感度，以此提高其照料低体重新生儿的能力。通过对婴儿行为的重新定义，母亲对正常发育行为的期望与婴儿实际行为逐渐趋于一致，继而出现更多有助于婴儿发展的积极互动模式（Rauh，Achenbach，Nurcombe，Howell，& Teti，1988）。

有时候，父母可能持有根深蒂固的跨代际传承的观念，这些观念导致其不能对旨在重新定义儿童行为的干预计划作出反馈。关于依恋关系的研究已表明，父母当前的照料行为会受到自己过去与照料者之间关系的影响（Crowell & Feldman，1988；Main & Goldwyn，1984）。如果母亲自身的依恋关系中充满了矛盾、不信赖和辱骂，她们就更容易与子女之间形成不安全的依恋关系。母亲当前与子女的关系，可看作她与自己母亲关系的部分翻版；母亲目前的行为，也被跨代际的关系模式所引导。然而，依恋关系是可以被重塑的，已有旨在干预依恋关系的研究也表明，重建高危婴儿与母亲之间的关系对婴儿发展有促进作用。一些研究者（Lieberman，Weston，& Pawl，1991）为依恋类型为焦虑型的母亲和儿童提供了系列的心理辅导。焦虑型依恋的特点为父母对婴儿悲伤情绪的回应不一致，并且拒绝让熟悉的照料者来安慰婴儿。不安全的依恋类型在低体重新生儿中出现比例更高（Easterbrooks，1989；Wille，1991）。但目前还存在一个疑问，即依恋障碍是由低体重新生儿自身引起，还是由与低体重相关的其他因素（如社会经济水平低下、酒精和药物滥用或教育中断）引起？目前已有针对母婴共同进行的心理治疗，结果证明，对照料关系的重新定义可以影响母亲对子女行为的反应，同时能增加亲子之间的积极互动。再定义干预的目的在于，让母亲将自己与子女的关系从自己过去的养育经历中分离开来。通过消除"婴儿房里的幽灵"（Fraiberg，Adelson，& Shapiro，1975），当前的亲子关系可以被重新定义，更多亲密互动也会持续出现。同那些认为不可能从子女身上得到奖励和自尊的母亲相比，认为当前养育互动是值得的母亲更容易增强与子女之间积极、互惠的互动。

针对父母进行的再定义干预措施通常会涉及家庭代码中的象征方面。家族故事为我们提供了一条了解父母对子女信念的通道。父母讲述的关于子女出生的故事，可能会为我们揭示一些家庭生活的象征性画面，这些画面既与亲子关系适应相关（Oppenheim，Wamboldt，Gavin，Renouf，& Emde，1996），也能为有效的干预提供一些线索。

很可怕,我记得。真的太糟糕了。整个经历就像是……我们遇上了一个很糟糕的妇产科护士。我的子宫在收缩,我的意思是,这太可怕了。孩子不是自己出来的,他(护士)把手伸进来猛拉了一下,真的是特别用力地拉。他就像在说:"你想怎样?"而我想说:"我认为我们不是付钱给你让你来帮我做决定的。"接着我的孩子就出生了,并且出现了肺部感染。一直到第二天我才看见他。这一切都太可怕了。我仍然能够记得他们带走他的场景。我一直在想孩子到底去哪儿了。我似乎一个人在房间里待了很长时间。我当时在想:"难道不应该有人关心关心我吗?"

在这个简短的片段中,为了适应母亲被关注的需求,婴儿的形象被抹去了。再定义干预的目的就是要将婴儿重新拉回到这个场景中,并试图让母亲将婴儿的养育需求置于自身关注需求之上。正如下一个故事讲述的那样,拥有创伤性的生产经历,并不意味着父母不能将这段经历视为人生正常的一部分,也不意味着他们不能接受这个婴儿。

我的羊水真的很早就破了,我当时很害怕。因为你知道,通常情况下羊水不会破得那么早。所以我去看了医生,他让我回家卧床休养。我当时想:"我家里有两个小孩,我如何卧床休息?"然后我开始宫缩,他们让我住院,并使用了一些药物来帮助我停止宫缩。我在医院待了三天。之后我开始出现更猛烈的宫缩。我说孩子在今晚就要出生了,但是医生却说:"不,不会的。"然后他们说:"她已经扩张到三了,我们必须把她送进产房。"我不是很清楚,但是这次宫缩真的很奇怪,一会儿开始,一会儿停止,一会儿又像什么事都没发生过一样,然后她出生了。医生告诉我正确地呼吸,然后她就出生了。我很高兴,医生告诉我是个女孩。我之前以为会是个男孩,但对我来说这并不重要,生男孩和生女孩对我来说都一样。医生说早产儿不会自己呼吸,但是她却会。知道她一切正常后我真的很开心。她有五个手指和五个脚趾。

在这个案例中,这位母亲讲述的生产经历以一个正常的表述结尾——"她有五个手指五个脚趾"。这位母亲已经完成了她自己的再定义,为孩子正常地融入家庭铺平了道路。再定义干预的目的在于改变父母对孩子的信念和期望。如果孩子是不正常的这一信念被改变,正常的照料就能开始和继续。父母就可以自由地使用自己早已储备的技能。然而,还存在另外一种情况,即有些父母并不具备有效养育所必备的技能或知识。对于这些案例,就需要使用再教育干预。

再教育 再教育是指教导父母如何养育自己的子女,在图 7.7 的时段 2 中由父母指向子女的箭头表示。它为那些不知道如何使用文化代码对自己子女进行调节的父母提供指导。再教育主要针对的对象是高危的个体和家庭,他们的高危主要由环境因素或父母特征(如未成年母亲、父母酗酒、父母文化程度为高中以下)引起的。有时国家会启动公共健康方案对大部分社会成员进行再教育以改变他们的养育行为。有一本名为《养育的关键》(*Keys to Caregiving*)(Spietz, Johnson-Crowley, Sumner, & Barnard, 1990)的教材,主要内容是指导父母如何根据儿童年龄的变化调整自己的行为、指导、陈述方式和喂养行为等。再教育的一个主要目标是增加孕妇的体重。在针对低体重出生儿进行的研究中,已发现孕妇有限的体重增加和早产、低重儿的出生有密切关系。尽管如此,在最近的一项研究中,有 1/4 的孕妇在问卷中表示她们只愿意在孕期增重 9 kg 左右,因为这样胎儿更小更利于生产,而且如果增重超过 9 kg 的话,产后减肥会比较困难（Carruth & Skinner,1991）。再教育的主要目标之一就是对这些有意控制体重的孕妇进行干预以减少低体重儿的出生率。

再教育的措施主要针对家庭或个体的父母进行，为他们提供具体的、特定的养育技巧。婴儿健康与发展项目（Infant Health and Development Program, IHDP）(1990)就是这种再教育项目之一，它的目标是促进低体重早产儿的发展。它是一个跨地区的临床试验，致力于将家庭和以家庭为基础的教育干预结合起来，形成以儿童为中心的干预措施。为了对上述内容进行阐述，我们将讨论范围限制在"以家庭为中心的干预"的部分。参与这个项目的家庭会接受为期三年的干预服务。第一年里会每周到家干预一次，之后调整为每月两次。干预者会为家长提供关于如何促进儿童发展、如何使用适于儿童年龄的游戏为其提供教育，以及如何利用家庭支持解决身份认同等问题的相关信息。干预两到三年以后，结果显示儿童认知能力得到发展，并且问题行为也大大减少（Brooks-Gunn, Klebanow, Liaw, & Spiker, 1993）。另外，在实验环境中进行的评估也显示，这些干预同时提高了母亲喂养的质量、儿童的坚持性和热情度以及父母与儿童的亲密度（Brooks-Gunn, Klebanow, Liaw, & Spiker, 1993）。

与那些以中心为基础的大型干预服务不同，这种干预是基于家庭个别需要制订的。麦克唐纳（McDonough, 1993）描述了通过对家庭互动录像进行回顾和提供反馈，帮助促进积极家庭互动的方法。在为期一周的游戏时间中，对婴儿和其他家庭成员的行为进行拍摄，之后，家长和治疗者一起对录像进行回顾。在回顾中治疗者会为家长提供反馈，增强父母对儿童发展的理解，同时强化父母的积极互动行为，改变那些不愉快的互动行为。这种对互动提供指导的治疗方法关注家庭已有的互动模式并建立在家庭已有优势的基础之上。

再教育干预的关注重点属于家庭实践性的家庭代码。干预措施集中在父母和儿童之间发生的即时性的、瞬间的、能促进儿童发展的互动行为上。我们假设，一旦父母具备了如何了解子女行为的必要知识，就能够促进子女按照文化代码所要求的能力发展。迄今为止，直接改变家庭的实践和行为并不是早期干预项目的核心部分。但麦克唐纳（McDonough, 1993）曾提出，有规律、有计划的游戏活动能为秩序混乱的家庭建立起易于接受的常规。今后我们可以对其他家庭实践（如进餐时间）进行研究，看能否将其作为再教育干预的方式之一。

干预的特异性

再调整、再定义和再教育都是非常具体的干预措施，主要针对交互作用进程中的特定方面进行干预。然而，人的发展受文化、家庭和个体多方面的影响，最终的发展结果仅占整个系统中的一小部分。有的干预完全不起作用，或者相同的干预引发了不同的结果，这些事例都告诉我们，在选择干预的形式时必须考虑家庭和子女的特点和资源。有学者（Spiker, Ferguson, & Brooks-Gunn,1993）对婴儿健康和发展项目的研究结果做出了评论，他们发现，教育性的干预方法仅对一部分母亲有效。在实验室任务中表现非常不好的母亲，在亲子互动中更倾向于使用敌对、游离或矛盾的态度对待儿童。评论者们提出，参与早期干预计划的母亲至少有两类：一类是向子女提供了不合适的情感和指导的母亲，另一类则是虽然缺乏指导技能，但拥有积极的情感品质的母亲。对前一类母亲来说，再教育干预是不够的，还需要加入再定义的干预措施来改变父母对子女不恰当的情感反应。从这个角度出发，当前针对亲子互动进行的再教育干预需要更多地唤起父母的童年记忆，并从历史的角度考虑自身的养育行为（Lieberman & Pawl, 1993）。某领域功能产生的溢出效应会影响到其他领域，如家庭象征和家庭实践之间的影响，这个结论已经在家庭治疗性干预的相关文献中得到证明（Zuckerman,

Kaplan-Sanoff，Parker，& Young，1997）。早期干预领域中是否会有相同结论出现，还有待探寻。例如，在麦克唐纳（McDonough，1993）进行的亲子互动指导干预项目中，如果他们已经通过再教育干预提高了父母对亲子互动的满意度的话，那很难想象父母不会重新定义自己对子女的态度和信念。

当早期干预项目可用的资源有限时，不妨考虑使用最经济的干预形式，即对多个领域的适应都有效的干预方式。如果教育性的干预既能影响父母与子女的互动方式，又能改变其对发展所持的理念，那么今后就可以对更多的父母群体使用这种教育性的干预项目。但是，如果父母养育经验过于缺乏或社会支持不足，导致教育性干预没有效果的话，就需要使用更多再定义的干预项目。我们可以在交互作用诊断过程中呈现这三种干预形式。

交互作用诊断和环境类型代码

我们在前文已经提到过，可以通过对问题类型和环境类型代码的识别来找到更易解决问题的干预措施。这种分类方法不仅有利于设计出更好的干预项目，也有利于找到更好的评估模型和研究设计。在再调整干预的个案中，如果儿童被定义为非典型性发展，那么无论其父母为何种类型，都需要对儿童进行干预。再调整干预的重点在于改变儿童，但对其周围的文化或家庭代码的改变很小。当儿童正常生长和发展受到亲子关系阻碍时，可以运用重新定义干预措施。当特定的亲子关系，以及牵涉的家庭代码改变时（尤其是家庭象征发生改变），此时，干预是非常必要的。最后，在再教育干预的个案中，父母被认定为知识或技能不足，但不一定要改变儿童的状况。此时的干预用于改变父母对儿童的认识，或者对其子女某些特定方面的认识，同时也牵涉家庭代码的改变（尤其是家庭实践的改变）。

决策树（decision tree）能帮助我们选择合适的早期干预形式。几乎在每个个案中，儿童参与早期干预项目都是因为他/她有可观察到的问题，此时我们应做的第一个决定是判断再调整措施是否合适或可用。对婴儿来说，再调整措施可能以医疗干预的形式进行，并且通常由家庭环境以外的健康专家来实施。再调整措施在以下两种情况下是不会起作用的：一种是没有改变儿童的情况的步骤，另一种是没有发现儿童需要改变的地方。在这种情况下，我们必须了解父母对儿童发展进程知识的掌握以及与子女互动的方式。当父母表现出知道文化代码但不知如何利用的迹象时，再定义干预的使用就非常必要。当我们已经确定儿童的问题是由于父母不了解文化代码所致，那么再教育干预的使用也同样非常有必要。

再定义要求家长对比子女正常发展的领域和他们重点关注的异常发展领域。在对生理高危儿童进行再定义干预的个案中，父母需要认识到子女发展正常的方面，同时要抛弃那些受个人经验或信念影响的养育观念。在再定义的干预中，父母要认识到，自己的孩子有能力创造出高质量的互动，是值得互动的好搭档。他们目前与子女的关系应该是独一无二的，是与其自身曾受到的辱骂、得不到满足的生活不同的。

再教育干预则很明显是为家长提供直接或间接的指导。在低体重初生儿的个案中，再教育的主要内容是教给父母关于儿童发展进程的知识、适宜儿童年龄的游戏以及发掘支持资源的方法等。再教育干预允许父母在拥有足够的儿童发展信息后，完成一项养育任务，以此来证明自己的进步。

当谈到系统观点时,我们倾向于考虑早期干预往往是发生在家庭层面上的。然而,这里提到的交互作用诊断和干预主要用于强调单独发生在儿童或家庭层面上的干预是如何对干预系统中的其他部分产生影响的。表 7.2 以低体重新生儿为例,总结了我们之前描述的所有干预措施。三种类型的干预都与环境类型中的不同方面有密切联系。尽管单一的干预措施与文化、家庭或家长代码中的特定方面联系更紧密,但是我们必须明确,对某一领域进行的干预会对发展进程中的其他方面造成影响。针对儿童个体进行的再调整性干预可能会通过亲子互动的加强影响到家庭代码,继而又刺激了家长对儿童的重新定义。

表 7.2 交互作用干预在不同层次环境类型代码中的应用

环境类型编码	交互作用干预(3R)		
	再调整	再定义	再教育
文化			
家庭		重新定义过去的养育经验和当前的儿童	利用媒介促进孕妇体重增加
父母	在新生儿重症监护病房中为婴儿提供抚摸刺激		

总　　结

本章的重点在于阐述环境因素对儿童发展的影响。通过生态学分析,我们在勾勒普通儿童常规发展过程图的基础上,强调了环境类型的不同方面。这些因素包括文化和家庭代码。我们举例说明了环境是塑造儿童发展的积极力量。同时,这种力量也受到国家和个体潜力的限制(Sameroff, 1983)。我们试图将上述两方面融入一个连续的发展模型中去,因此,我们提出了实用的交互作用模型,这个模型可以用来预防认知和社会—情绪问题的发生。这些问题的发生通常被解读为在儿童养育调节系统中出现了偏差。对这些问题的预防则可以看作是调整儿童以使其更适应调节系统,或调整调节系统更好地适应儿童。

在这种调节制度中,交互作用的发生无处不在。当儿童产生某种行为后,家长会改变相应的思想反应或行为反应,交互作用就发生了。大部分的交互作用都是常规的,包含在已有的文化代码中,并对儿童发展起促进作用。只有当交互作用变得非常规时,才有必要介入干预。在探寻早期干预项目有效性的过程中,我们取得了关键性的理论突破。儿童的问题不再局限于儿童本身。我们意识到不管行为发展是正常的还是异常的,社会经验都是所有行为发展的关键组成部分,不幸的是,我们在理论和实践方面取得的成果还不成熟,还不能帮助我们确定童年问题必然会导致的成年问题。对同一个问题而言,存在很多不同的调节办法,相应的,也就存在很多不同的干预方式。未来的研究应该探寻早期干预在个体、家庭和文化三方面的效果。

这个反映当下流行的发展调节理念的复杂模型,看起来似乎很适合分析发展性障碍的病理原因。它能帮助我们将重点放在早期干预中值得关注的部分,并帮助我们理解为何初始水平不能决定最终结果,无论这种初始水平是高还是低。这个模型也有利于我们理解为何早期干预也不能决定最终的结果。儿童发展过程中存在很多关键点，它们决定了调节措施对儿童进步起促进还是阻碍作用。这个模型中有希望的一部分是，很多关键点会及时呈现，这就给我们提供了改变发展进程的机会。

总而言之，无论在研究方面还是对发展结果的调控方面，仅仅对某一个因素进行关注的模型是不够的。生活系统的演变促进了调节系统的出现，帮助我们将个体和不同调节代码之间的反馈融合。这些文化和基因代码就是发展的环境。通过了解调节系统的工作，我们能更好地把握儿童的发展，并知道如何更好地改变这种过程。

参 考 文 献

Achenbach, T. M., Phares, V., Howell, C. T., Rauh, V. A., & Nurcombe, B. (1990). Seven-year outcome of the Vermont intervention program for low-birthweight infants. *Child Development, 61*, 1672–81.

Als, H. (1992). Individualized, family-focused developmental care for the very low birthweight preterm infant in the NICU. In S. L. Friedman & M. D. Sigman (Eds.), *The psychological development of low birthweight children* (pp. 341–88). Norwood, NJ: Ablex.

Bagnato, J. J., & Neisworth, J. T. (1985). Efficacy of interdisciplinary assessment and treatment for infants and preschoolers with congenital and acquired brain injury. *Analysis and Intervention in Developmental Disabilities: Vol. 1*, 107–28.

Barnard, K. E., Morisset, C. E., & Spieker, S. (1993). Preventive interventions: Enhancing parent-infant relationships. In C. H. Zeanah (Ed.), *Handbook of infant mental health* (pp. 386–401). New York: Guilford Press.

Bennett, L. A., Wolin, S. J., & McAvity, K. J. (1988). Family identity, ritual and myth: A cultural perspective on life-cycle transitions. In C. J. Falicov (Ed.), *Family transitions*, (pp. 211–34). New York: Guilford Press.

Bowen, M. (1976). Principles and techniques of multiple family therapy. In P. J. Guerin (Ed.), *Family therapy: Theory and practice*. New York: Gardner Press.

Bricker, D. D. (1986). *Early education of at-risk and handicapped infants, toddlers, and preschool children*. Glenview, IL: Scott, Foresman and Company.

Bricker, D. D., & Dow, M. (1980). Early intervention with the young severely handicapped child. *Journal of the Association for Severely Handicapped, 5*, 130–8.

Broman, S. H., Nichols, P. L., & Kennedy, W. A. (1975). *Preschool IQ: Prenatal and early developmental correlates*. New York: Erlbaum.

Bronfenbrenner, U. (1977). Toward an experimental ecology of human development. *American Psychologist, 32*, 513–31.

Brooks-Gunn, J., Klebanow, P. K., Liaw, F., & Spiker, D. (1993). Enhancing the development of low-birthweight premature infants: Changes in cognition and behavior over the first three years. *Child Development, 64*, 736–53.

Bruner, J. (1990). *Acts of meaning*. Cambridge, MA: Harvard University Press.

Bush, E. G., & Pargament, K. I. (1997). Family coping with chronic pain. *Family, Systems, and Health, 15*, 147–60.

Byng-Hall, J. (1995). *Rewriting family scripts*. New York: Guilford Press.

Carruth, B. R., & Skinner, J. D. (1991). Practitioners beware: Regional differences in beliefs about nutrition during pregnancy. *Journal of the American Dietetic Association, 4*, 435–40.

Children's Defense Fund. (1992). Child poverty hits 25-year high, growing by nearly 1 million children in 1991. *CDF Reports*, 13(12), 2.

Children's Defense Fund. (1995). *The state of America's children: 1995*. Washington, DC: Children's Defense Fund.

Cicchetti, D., & Toth, S. L. (1995). Developmental psychopathology and disorders of affect. In D. Cicchetti & D. J. Cohen (Eds.), *Developmental psychopathology: Vol. 2* (pp. 369–420). New York: Wiley.

Clarke-Stewart, A. (1973). Interactions between mothers and their young children: Characteristics and consequences. *Monographs of the Society for Research in Child Development, 38* (5–6, Serial No. 153).

Crnic, K. A., Greenberg, M. T., Ragozin, A. S., Robinson, N. M., & Basham, R. B. (1983). Social interaction and developmental competence of preterm and full-term infants during the first year of life. *Child Development, 54*, 1199–210.

Crowell, J. A., & Feldman, S. S. (1988). Mothers' internal model of relationships and children's behavioral and developmental status: A study of mother–child interaction. *Child Development, 59*, 1273–85.

Dickstein, S., St. Andre, M., Sameroff, A. J., Seifer, R., & Schiller, M. M. (1999). Maternal depression, family functioning, and child outcomes: A narrative assessment. In B. H. Fiese, A. J. Sameroff, H. D. Grotevant, F. S. Wamboldt, S. Dickstein, & D. L. Fravel (Eds.), *The stories that families tell: Narrative coherence, narrative interaction and relationship beliefs*. Monographs of the Society for Research in Child Development (Serial No. 257, *64*, No. 2, pp. 84–104). Malden, MA: Blackwell.

Dunst, C. J., Trivette, C. M., & Cross, A. H. (1986). Mediating influences of social support: Personal, family and child outcomes. *American Journal on Mental Deficiency, 90*, 403–17.

Easterbrooks, M. A. (1989). Quality of attachment to mother and father: Effects of perinatal risk status. *Child Development, 60*, 825–30.

Erikson, E. H. (1950). *Childhood and society*. New York: Norton.

Field, T. M. (1987). Affective and interactive disturbances in infants. In J. D. Osofsky (Ed.), *Handbook of infant development*, 2nd ed. (pp. 972–1005). New York: Wiley.

Field, T. M., Schanberg, S. M., Scafidi, F., Bauer, C. R., Vega-Lahr, N., Garcia, R., Nystrom, J., & Kuhn, C. M. (1986). Tactile/kinesthetic stimulation effects on preterm neonates. *Pediatrics, 77*, 654–8.

Fiese, B. H. (1992). Dimensions of family rituals across two generations: Relation to adolescent identity. *Family Process, 31*, 151–62.

Fiese, B. H. (1995). Family rituals. In D. Levinson (Ed.), *Encyclopedia of marriage and the family* (pp. 275–8). New York: Macmillan.

Fiese, B. H., Hooker, K. A., Kotary, L., & Schwagler, J. (1993). Family rituals in the early stages of parenthood. *Journal of Marriage and the Family, 55*, 633–42.

Fiese, B. H., Hooker, K. A., Kotary, L., Schwagler, J., & Rimmer, M. (1995). Family stories in the early stages of parenthood. *Journal of Marriage and the Family, 57*, 763–70.

Fiese, B. H., & Marjinksy, K. A. T. (1999). Dinnertime stories: Connecting family practices with relationship beliefs and child adjustment. In B. H. Fiese, A. J. Sameroff, H. D. Grotevant, F. S. Wamboldt, S. Dickstein, & D. L. Fravel (Eds.), *The stories that families tell: Narrative coherence, narrative interaction and relationship beliefs*. Monographs of the Society for Research in Child Development (Serial No. 257, *64*, No. 2, pp. 52–68). Malden, MA: Blackwell.

Fraiberg, S. (1980). *Clinical studies in infant mental health: The first year of life*. New York: Basic Books.

Fraiberg, S., Adelson, E., & Shapiro, V. (1975). Ghosts in the nursery. *Journal of the American Academy of Child Psychiatry, 14*, 387–421.

Furstenberg, F. F., Jr., Brooks-Gunn, J., & Morgan, S. P. (1987). *Adolescent mothers*. Cambridge, England: Cambridge University Press.

Furstenberg, F. F., Jr., Cook, T., Eccles, J., Elder, G. H., & Sameroff, A. J. (1999). *Urban families and adolescent success*. Chicago: University of Chicago Press.

Garbarino, J. (1990). The human ecology of early risk. In S. J. Meisels & J. P. Shonkoff (Eds.), *Handbook of early childhood intervention* (pp. 78–96). New York: Cambridge University Press.

Garmezy, N., Masten, A. S., & Tellegan, A. (1984). The study of stress and competence in children: A building block of developmental psychopathology. *Child Development, 55*, 97–111.

Gilligan, C. (1982). *In a different voice: Psychological theory and women's development*. Cambridge, MA: Harvard University Press.

Goodnow, J. J., & Delaney, S. (1989). Children's household work: Task differences, styles of assignment, and links to family relationships. *Journal of Applied Developmental Psychology, 10*, 209–26.

Grych, J. H., & Fincham, F. D. (1990). Marital conflict and children's adjustment: A cognitive-contextual framework. *Psychological Bulletin, 108*, 267–90.

Infant Health and Development Program (IHDP). (1990). Enhancing the outcomes of low-birthweight, premature infants. *Journal of the American Medical Association, 263* (22), 3035–42.

Katz, L. F., & Gottman, J. M. (1993). Patterns of marital conflict predict children's internalizing and externalizing behaviors. *Developmental Psychology, 29*, 940–50.

Kohn, M. L. (1969). *Class and conformity: A study in values*. Homewood, IL: Dorsey.

Landesman, S., Jaccard, J., & Gunderson, V. (1991). The family environment: The combined influence of family behavior, goals, strategies, resources, and individual experiences. In M. Lewis & S. Feinman (Eds.), *Social influences and socialization in infancy* (pp. 63–96). New York: Plenum.

Leavell, H. R., & Clark, E. G. (1965). *Preventive medicine for a doctor in his community: An epidemiological approach*, (3rd ed.) New York: McGraw-Hill.

Lieberman, A. F., & Pawl, J. H. (1993). Infant-parent psychotherapy. In C. H. Zeanah (Ed.), *Handbook of infant mental health* (pp. 427–42). New York: Guilford Press.

Lieberman, A. F., Weston, D. R., & Pawl, J. H. (1991). Preventive intervention and outcome with anxiously attached dyads. *Child Development, 62*, 199–209.

Luthar, S. S., & Zigler, E. (1991). Vulnerability and competence: A review of research on resilience in childhood. *American Journal of Orthopsychiatry, 61*, 6–22.

Main, M., & Goldwyn, R. (1984). Predicting rejection of their infant from mother's representation of her own experience: Implications for the abused and abusing intergenerational cycle. *Child Abuse and Neglect, 8*, 203–17.

McAdams, D. P., & de St. Aubin, E. (1992). A theory of generativity and its assessment through self report, behavioral acts, and narrative themes in autobiography. *Journal of Personality and Social Psychology, 62*, 1003–15.

McDonough, S. C. (1993). Interaction guidance: Understanding and treating early infant-caregiver relationship disturbances. In C. H. Zeanah (Ed.), *Handbook of infant mental health* (pp. 414–26). New York: Guilford Press.

McGoldrick, M., Heiman, M., & Carter, B. (1993). The changing family life cycle: A perspective on normalcy. In F. Walsh (Ed.), *Normal family processes* (2nd ed., pp. 405–43). New York: Guilford Press.

McLanahan, S. S., Astone, N. M., & Marks, N. F. (1991). The role of mother-only families in reproducing poverty. In A. C. Huston (Ed.), *Children in poverty* (pp. 51–78). Cambridge, England: Cambridge University Press.

Miller, P., & Moore, B. B. (1989). Narrative conjunctions of caregiver and child: A comparative perspective on socialization through stories. *Ethos, 17*, 428–49.

Nathanielsz, P. W. (1995). The role of basic science in preventing low birth weight. *The Future of Children 5*, 57–70.

Nurcombe, B., Howell, D. C., Rauh, V. A., Teti, D. M., Ruoff, P., & Brennan, J. (1984). An intervention program for mothers of low-birthweight infants: Preliminary results. *The Journal of the American Academy of Child Psychiatry, 23*, 319–25.

Oppenheim, D., Wamboldt, F. S., Gavin, L. A., Renouf, A. G., & Emde, R. N. (1996). Couples' co-construction of the story of their child's birth: Association with marital adaptation. *Journal of Narrative and Life History, 6*, 1–21.

Papousek, H., & Papousek, M. (1987). Intuitive parenting: A dialectic counterpart to the infant's integrative competence. In J. D. Osofsky (Ed.), *Handbook of infant development* (2nd ed., pp. 669–720). New York: Wiley.

Parke, R. D., & Tinsley, B. J. (1987). Family interaction in infancy. In J. Osofsky (Ed.), *Handbook of infancy* (2nd ed., pp. 579–641). New York: Wiley.

Parke, R. D., & Bhavnagri, N. P. (1989). Parents as managers of children's peer relationships. In D. Belle (Ed.), *Children's social networks and social supports* (pp. 241–59). New York: Wiley.

Parmelee, A. H., & Haber, A. (1973). Who is the at risk infant? *Clinical Obstetrics and Gynecology, 16*, 376–87.

Patterson, G. R. (1986). Performance models for antisocial boys. *American Psychologist, 41*, 432–44.

Rauh, V. A., Achenbach, T. M., Nurcombe, B., Howell, C. T., & Teti, D. M. (1988). Minimizing adverse effects of low birthweight: Four-year results of early intervention program. *Child Development, 59*, 544–53.

Reiss, D. (1981). *The family's construction of reality*. Cambridge, MA: Harvard University Press.

Reiss, D. (1989). The represented and practicing family: Contrasting visions of family continuity. In A. J. Sameroff & R. N. Emde (Eds.), *Relationship disturbances in early childhood: A developmental approach* (pp. 191–220). New York: Basic Books.

Ricciotti, H. A., Chen, K. T. H., & Sachs, B. P. (1995). The role of obstetrical medical technology in preventing low birth weight. *The Future of Children* (Vol. 5, pp. 71–86). Los Altos, CA: The Center for the Future of Children, The David and Lucille Packard Foundation.

Rogoff, B. (1981). Schooling and the development of cognitive skills. In H. C. Triandis & A. Heron (Eds.), *Handbook of cross-cultural psychology: Developmental psychology*. Vol. 4 (pp. 233–94). Boston: Allyn & Bacon.

Roskies, E. (1972). *Abnormality and normality: The mothering of thalidomide children*. Ithaca, NY: Cornell University Press.

Rutter, M. (1979). Protective factors in children's responses to stress and disadvantage. In M. W. Kent & J. E. Rolf (Eds.), *Primary prevention of psychopathology (Vol. 3): Social competence in children*. Hanover, NH: University Press of New England.

Rutter, M. (1987). Continuities and discontinuities from infancy. In J. Osofsky (Ed.), *Handbook of infant development* (2nd ed., pp. 1256–96). New York: Wiley & Sons.

Sameroff, A. J. (1982). The environmental context of developmental disabilities. In D. Bricker (Ed.), *Intervention with at-risk and handicapped infants: From research to application* (pp. 141–52). Baltimore, MD: University Park Press.

Sameroff, A. J. (1983). Developmental systems: Contexts and evolution. In W. Kessen (Ed.), *History, theories, and methods*. In P. H. Mussen (Ed.), *Handbook of child psychology* (Vol. 1, pp. 238–94). New York: Wiley.

Sameroff, A. J. (1986). Environmental context of child development. *Journal of Pediatrics, 109*, 192–200.

Sameroff, A. J. (1987). The social context of development. In N. Eisenberg (Ed.), *Contemporary topics in developmental psychology* (pp. 273–91). New York: Wiley.

Sameroff, A. J. (1993). Models of development and developmental risk. In C. H. Zeanah (Ed.), *Handbook of infant mental health* (pp. 3–13). New York: Guilford Press.

Sameroff, A. J. (1995). General systems theories and developmental psychopathology. In D. Cicchetti & D. Cohen (Eds.), *Manual of developmental psychopathology* (Vol. 1, pp. 659–95). New York: Wiley.

Sameroff, A. J., Bartko, W. T., Baldwin, A., Baldwin, C., & Seifer, R. (1998). Family and social influences on the development of child competence. In M. Lewis & C. Feiring (Eds.), *Families, risk, and competence* (pp. 161–86). Hillsdale, NJ: Erlbaum.

Sameroff, A. J., & Chandler, M. J. (1975). Reproductive risk and the continuum of caretaking casualty. In F. D. Horowitz, M. Hetherington, S. Scarr-Salapatek, & G. Siegel (Eds.), *Review of child development research* (Vol. 4, pp. 187–244). Chicago: University of Chicago Press.

Sameroff, A. J., & Feil, L. (1983). Parental concepts of development. In I. Sigel (Ed.), *Parent belief systems: The psychological consequences for children* (pp. 83–104). Hillsdale, NJ: Erlbaum.

Sameroff, A. J., & Fiese, B. H. (1990). Transactional regulation and early intervention. In S. J. Meisels & J. P. Shonkoff (Eds.), *Handbook of early childhood intervention* (pp. 119–49). New York: Cambridge University Press.

Sameroff, A. J., Seifer, R., Barocas, B., Zax, M., & Greenspan, S. (1987). IQ scores of 4-year-old children: Social-environmental risk factors. *Pediatrics, 79*(3), 343–50.

Sameroff, A. J., Seifer, R., & Zax, M. (1982). *Early development of children at risk for emotional disorder*. Monographs of the Society for Research in Child Development, *47* (7, Serial No. 199).

Sameroff, A. J., Seifer, R., Zax, M., & Barocas, R. (1987). Early indicators of developmental risk: The Rochester Longitudinal Study. *Schizophrenia Bulletin, 13*: 383–93.

Schweinhart, L., & Weikart, D. (1980). *Young children grow up: The effects of the Perry preschool program on youths through age 15*. Monographs of the High/Scope Educational Research Foundation, No. 7.

Seifer, R., & Sameroff, A. J. (1987). Multiple determinants

of risk and vulnerability. In E. J. Anthony & B. J. Cohler (Eds.), *The invulnerable child* (pp. 51–69). New York: Guilford Press.

Shiono, P. H., & Behrman, R. E. (1995). Low birth weight: Analysis and recommendations. *The Future of Children* (Vol. 5, pp. 4–18). Los Altos, CA: The Center for the Future of Children, The David and Lucille Packard Foundation.

Sigel, I. E., McGillicuddy-De-Lisi, A. V., & Goodnow, J. (Eds.) (1992). *Parental belief systems*. Hillsdale, NJ: Lawrence Erlbaum Associates.

Spietz, A., Johnson-Crowley, N., Sumner, G., & Barnard, K. E. (1990). *Keys to Caregiving: Study guide*. Seattle: NCAST, University of Washington School of Nursing.

Spiker, D., Ferguson, J., & Brooks-Gunn, J. (1993). Enhancing maternal interactive behavior and child social competence in low birthweight premature infants. *Child Development, 64*, 754–68.

Stern, D. (1977). *The first relationship: Infant and mother*. Cambridge, MA: Harvard University Press.

Stern, D. N. (1989). The representation of relational patterns. In A. Sameroff & R. N. Emde (Eds.), *Relationships and relationship disorders* (pp. 52–69). New York: Basic Books.

Stouthamer-Loeber, M., Loeber, R., Farrington, D. P., Zhang, Q., van Kammen, W., & Maguin, E. (1993). The double edge of protective and risk factors for delinquency: Interrelations and developmental patterns. *Development and Psychopathology, 5*, 683–701.

Turnbull, A., Summers, J., & Brotherson, M. (1983). *Working with families with disabled members: A family systems approach*. Lawrence: University of Kansas Research and Training Center.

U.S. Department of Health and Human Services. (1990). *Child health USA '90*. Washington, DC: U.S. Government Printing Office.

U.S. Department of Health and Human Services (1993). *Child health USA '92*. Washington, DC: U.S. Government Printing Office.

Werner, E. E., & Smith, R. S. (1982). *Vulnerable but invincible: A longitudinal study of resilient children and youth*. New York: McGraw-Hill.

Wille, D. E. (1991). Relation of preterm birth with quality of infant-mother attachment at one year. *Infant Behavior and Development, 14*, 227–40.

Zigler, E., Styfco, S. J., & Gilman, E. (1993). The national Head Start program for disadvantaged preschoolers. In E. Zigler & S. S. Styfco (Eds.), *Head Start and beyond* (pp. 1–41). New Haven, CT: Yale University Press.

Zill, N., & Schoenborn, C. A. (1990). *Developmental, learning, and emotional problems: Health of our nation's children, United States, 1988*. Hyattsville, MD: U.S. Department of Health and Human Services, Centers for Disease Control and Prevention, National Center for Health Statistics.

Zuckerman, B., Kaplan-Sanoff, M., Parker, S., & Young, K. T. (1997). The healthy steps for young children program. *Zero-to-Three, 17*(6), 20–5.

参考文献

第8章 早期干预理论的指导原则:基于发展性精神分析的观点

罗伯特·N. 埃姆德(ROBERT N. EMDE)[①]
乔安·罗宾逊(JOANN ROBINSON)[②]

这一章阐述了一些来源于发展性精神分析(developmental-psychoanalytic)系统观点的早期干预理论的指导原则。精神分析的观点为这一理论提供了重要的支持,但是,目前的研究已经把这些观点带到了令人惊讶的方向。我们的目标是明确地陈述基本原则,把它们和传统的精神分析观点联系起来,并且,根据现在的发展科学观点对它们进行更新。

这些指导原则中包含了许多逻辑辩证主题。第一个主题是生物和文化的相互作用。发展既包含了这两个领域的各方面,也包含了它们相互之间的动态影响。所有的干预原则都包含了这一相互作用。第二个主题是接纳和控制之间的相互作用。对依恋的研究已经强调了在个人发展中接纳的作用,但是控制或儿童边界感的发展也同样重要。对早期婴幼儿来说,干预者必须兼顾这两个方面。第三个主题可以被看作科学与神秘性之间的相互作用。我们从科学中获得知识,但是因为我们作为旁观者参与了知识的创造,所以从某种程度来说,我们获得的这种知识总是具有不确定性或异常性。由于我们的回忆记录总有一些神秘区。我们通过使用多种观察途径、运用不同的方法和观点,来减少知识的不确定性。然而,由于事件的不确定性,以及许多不为我们所知的他人经验,导致这种不确定性持续存在着。作为干预者,我们必须也有必要在我们不了解的事实上保持谦虚。第四个主题是早期发展的独特性与终身发展的共性之间的相互作用。尽管,在我们的干预中,早期发展的独特性必须被考虑——包括重要的教养需要和社会情绪能力所必需的成长经验——我们在干预过程中也用到一些发展进程的一般特性。我们认为,这些因素必须是早期时显著,并且伴随一生。

此处讨论的原则集中体现了我们如何理解干预。第一部分强调我们怎样思考促进儿童的发展,第二部分强调我们如何思考与儿童的互动,第三部分强调我们如何思考干预过程本身。在讨论过程中,只要存在可能,我们都建议在发展中认识和建立优势,同时,我们作为干预者也应该认

[①] 埃姆德的研究得到了美国心理健康研究所项目(National Institute of Mental Health)基金的资助(项目号MH22803),并获得了研究科学家奖(编号5 K02 MH36808)。

[②] 罗宾逊的研究得到了科罗拉多信托资金(Colorado Trust)和约翰逊基金(Robert Wood Johnson Foundation)的资助。本章所呈现的研究获得了早期开端计划研究儿童、青年和家庭管理部的资助。

识到儿童面临的困难,并且为解决这些困难做出努力。

个体的优势及其意义

精神分析传统的持续贡献就是它专注于个体和个人意义。在特定的环境中探索对个人来说重要的东西、追求意义的复杂性,它们是以精神分析为基础的干预的中心。通过这种方式探索意义能产生尊重、增加自信以及促进新的起点的可能性,特别是当将奋斗的更广意义和个人的优势一起考虑的时候(Emde,1990,1992)。

在我们的干预中,以个人和意义优势为基础的原则通过我们不断增长的关于复杂性的知识得到了强调。发展系统著作中的观点强调,不仅可以从组织的复杂性来理解儿童的发展,而且这种复杂性也随着发展而组织起来。根据定义发展的进程"增强"从而获得结构水平的增加,这和已有的精神分析及其他主流辩证观点相悖(Freud,1920;Rapaport,1959),发展进程不会"减弱"而失去结构和浪费能量。因此,干预必须处理正在扩展、转型和重组的个人意义。而且,发展着的个人通过独特的方式融入到特定的文化组织意义中,这在一定程度上为个人的适应开辟了道路(参见强调这些观点的发展系统著作,例如 Bertalanffy,1968;Boulding,1956;Platt,1966;Werner,1957;Gottlieb,1992;Hinde,1992;Sameroff,1983;Thelen & Ulrich,1991)

精神分析临床医生用这种思路去思考他们注意到的复杂个体的健康和疾病,他们还会探讨治疗工作中的"系统灵敏度"(Fleming & Benedek,1966;Lennard & Bernstein,1960)。以他们的观点,系统灵敏度指的是临床医生关于复杂的个人子系统和这些子系统间互动质量的直觉登记器;它为临床医生提供灵敏度,使得他们在专注于某一领域的问题时能够将它和其他领域联系起来。我们非常支持这一概念,系统灵敏度能够代表早期干预者的重要创造技能。正如海因德(Hinde,1992)所提出的,当考虑辩证关系时,它让人们能够针对某一问题恰当地使用一种系统。这种技能也使我们能够反思自我以及我们参与的质量。当我们讨论"从关系中受益"原则时,将回到这一观点上来。

当我们考虑依靠个人优势基础时,有必要提醒自己关于"个人"有许多隐含的意义。在社会文化层面上,它指的是个人和其他人之间的关系体验,提醒我们个人经历中文化差异的重要性,在美国和其他国家都是这样的。实际上,文化随着个人与他人之间联系的紧密性体验而变化(Doi,1992;Gilligan,1982;Hermans,Kempen,& van Loon,1992;Sampson,1988;Shweder & Bourne,1982)。当我们思考干预时,这些事实都是重要的,因为正如埃里克森之前所提醒我们的,文化为儿童的身份感提供根基(Erikson,1950)。

"个性"的另一含义包含了生物,并通过我们快速累积的基因知识被意识到。我们正处于人类基因革命性探索的时代,它包含了个人的复杂性和我们如何依靠个人力量进行进化等内容。早期的观点已经不适用了,先天和教养,或者基因和环境的影响,在发展中共同起作用,它们不是相互分离的。然而,我们的惯性思维常常将我们引入到这些影响还存在着一些对立面的假设中。特别是当我们思索这些不同系统水平对发展个性的影响时,有两个需要矫正的短语:戈特利布(Gottlieb,1992)提出的"基因与环境共同行动"和海因德(Hinde,1992)提出的"持续性的相互作用"。这些影响间的动态关系是非凡的,它们可能也被认为是对干预者的鼓励。基因对个体发展的影响是众所周知的,它能影响人们的环境,环境也能反过来影响基因的表达(Plomin,1986;Scarr,1992)。

戈特利布(Gottlieb,1992)提醒我们,基因表达通过多种水平的交互作用受环境的影响,在基因与环境的共同作用中,有两种"隐性"的方式。一方面,有大的"表型变异的隐性基因库",它们在某种特定的环境下可能不表达(p.151)。基因相同的双胞胎分开抚养,特别是当他们在不同的营养条件下抚养时,他们就会在外貌及行为上有不同的表现。在心理素质上没有表达的基因需要依靠充分的环境因素,在这方面更细微的影响可能是明显的。斯基尔斯(Skeels,1966)在他的经典干预跟踪研究——关于孤儿院中被剥夺情绪和社会刺激的儿童的研究中,得出的结论是:在变化了的环境中给儿童提供正确的干预,他们就能在随后的收养中达到心智功能的平均水平;相反,没有获得这种干预的儿童,他们就不能达到心智功能的平均水平。另一方面,可能有隐性的环境相互作用,由于这种作用非常普遍,因此不易察觉,但对标准的基因表现是必要的。许多营养的和养育的因素也很普遍,只有在极端的或孤立的环境中,当我们发现了特定物质的缺失时,才能意识到他们对于基因表达在身体或心理上的潜在相互作用(参见 Emde,1991)。

以上可能被看作未来基因研究的指示器,这将有益于干预策略。对于生物变异(如通过基因探索)了解得越多,我们也就越能了解环境的变异,从而加强发展能力、调整弱点或预防疾病。

麦克阿瑟(MacArthur)的双胞胎纵向研究(Emde, et al., 1992; Plomin, et al., 1993)阐释了在两三岁儿童发展时期,基因和环境影响的动态变化特性。值得记住的是,在发展过程中,有许多因素引发基因改变。基因可以直接作用于改变过程,因为它们以发展为主题,引发一系列的生物事件,从而导致其他主要事件(例如直立行走或青春期的开始),以及更细微的事件(如在发展过程中儿童更大的或更少的羞愧趋势)。基因在某个年龄段也会影响某个行为而在另一年龄段则不会,这是由于发展过程中此基因作用已完成,或者受跨年龄发展系统的改变,当其他因素起作用时,一些基因就不再产生影响(Plomin, et al., 1993)。双胞胎比较研究中的"移情"就是这一观点的有效说明。例如,婴儿在 14—20 个月时,基因有影响作用——同卵双胞胎和异卵双胞胎在同理心回应对比上显示了较高的一致性,然而也有环境的影响——特别是共享方面,在两种类型的双胞胎身上没有大量的一致性——但是基因组影响结构的反应在前面提到的两个年龄上是不同的。我们的纵向研究结果是,24 和 36 个月的婴儿在移情反应(empathic response)上显示出持续的基因影响(例如,在面对他人的痛苦时显示认知的、情绪的和行为的唤醒),但是受测试条件的巨大影响(Robinson, Zahn-Waxler, & Emde,未出版手稿)。当不熟悉的测试者作为儿童痛苦的来源时,我们发现影响儿童移情反应的主要是基因。但是当母亲作为痛苦的来源时,主要的影响是共享的环境类型。换句话说,环境可以起到很大的作用。可以推测,双胞胎在他们与其父母和其他人的日常交往中共享的强社会化影响是与母亲在一起时的主要影响,而不是与测试者在一起时的主要影响。

从这里干预者们能够获得什么呢?发展中的个体是独特的,他们逐渐变得复杂。并且,在生物和社会文化环境相互影响下发展产生了。个人特征可以被塑造和重塑,天资优势融入到特定的文化价值中。将来,我们对于基因所起的作用了解得越多,以及对哪种环境会促进或阻止特定的行为优势了解得越多,干预的机会也将得到加强。

尽管我们通过一般性的术语提出剩下的原则,但是我们真心地希望干预者、阅读者在运用这些原则的时候,对特定环境下儿童的个性特征保持敏锐的观察力。儿童的独特性吸引着我们;也就是说，儿童是充满活力的，他们通过特殊的方式获得发展，他们积极地探索世界，他们通过那些由重要他人文化所提供的东西来共建意义。

早期发展的基本动机

　　精神分析传统的另一个贡献是它对动机的关注。就早期发展的干预而言，精神分析的动机理论已经带来了一些令人吃惊的发展方向。它已经不再强调性动机和攻击性动机（后面的这一动机来自于临床医生针对年长儿童和成人的工作），并且考虑到了早期发展的特征（参见，例如，Kernberg, 1993; Bowlby, 1969, 1973, 1980; Fraiberg, 1980; Mahler, Pine, & Bergman, 1975; Spitz, 1959, 1965），强调在教养关系中嵌入早期发展，直接观察和参加养护者和儿童共同工作的重要性，儿童发展自动地与其他人相互联系。鲍比（Bowlby）引进行为学的研究成果，当他研究人类婴儿通过进化产生社会互动来获得提前适应时，将这些行为和动物的行为进行比较，从而拓宽了动机。在支持性的和持续的教养互动中，依恋和探索获得了发展，这些观点在斯皮茨的观察和理论中也有出现（Emde, 1983）。弗雷伯格通过将皮亚杰的认知发展理论和其他发展观点引进到自己的精神分析经验中来拓宽动机。她如此有说服力地写关于亲子心理治疗的新方法，在这种新方法中，也许她的新动机理论显得更加含蓄，用一个常引用的短语，她批评说，在幼儿生命最初的几个月里，想到他们的快速发展"就有点像是上帝在你身边一样"（Fraiberg, 1980）。一个积极的发展推动力可能被体验、被认可和被认为是母亲教养的一部分。换句话说，这种推动力可被干预者用来帮助支持母亲的自尊，同时也可以促进她自己的发展。

　　在这种背景下，我们可以通过一系列婴儿的基本动机总结近来的多学科研究，这些动机可以建立在我们干预的基础之上（Emde, 1988a, 1988b）。这些动机具有先天倾向，在早期的儿童身上体现出来，通过有感情的养育者获得培养。然而，这些基本动机伴随人的一生，因此能够将之看作发展的基本模型（Emde, 1990）。换言之，正如弗雷伯格（Fraiberg, 1980）所指出的，我们相信这些动机是发展进程中的一部分，在早期养护经历中，这些动机得到巩固，也可以在干预中得到建立。也许列出这些动机以及指出它们的一些细节会是有益的。

　　活动是第一个基本动机。它包含在所有当代总结发展的理论中。给予儿童一个持续的养育环境，这些儿童就是积极的、有探索性的，他们积极掌控世界并实现发展进程（Emde, 1991; Emde, Biringen, Clyman, & Oppenheim, 1991）。

　　自我调节是第二个基本动机，指的是与生俱来的约束行为和生理习性。这种调节包括睡眠和注意周期，也包括个体获得的重要长期、特定的发展目标，如自我意识、具象思维和语言。

　　社会适应是第三个基本动机，即儿童为建立、保持和终止人类互动而被激发和预先适应的程度。许多研究者记录了生物对人类互动动态复杂性的准备程度，验证了看护经历能够支持和促进它的发展（参见，如 Papousek & Papousek, 1979; Stern, 1985）。

　　情感监控是第四个基本动机，它指的是关于儿童早期倾向的研究，指儿童能够通过愉快或不愉快的事物来监控自己的体验。母亲认为，儿童的情感表达引导着看护活动。读者只需要思考儿童的哭声，一个有趣的、让人警觉的表情，或者一个阳光的、愉快的微笑所传达的信息就够了。在一岁中期，婴儿会有一个重要的发展。婴儿开始用一种新方式监控他人的情感表达。当面对不确定情境时,为了获取相应的行为,婴儿会进行社会定位,找出重要他人的情感表情。因此,如果妈妈微笑,婴儿会被鼓励去接近一个具有奇怪表情的玩具或陌生人;如果妈妈看起来是恐惧的或愤怒的,婴儿则表现出退缩。社会参照为婴儿情感监控增加了一个新水平,那就是共享意义。

认知同化是第五个基本动机。它指的是那些,从开始时,为了使新事物变得熟悉,儿童有探索环境的倾向。这一动机和第一个动机——活动有重叠,但是它强调儿童更直接的使环境变得适宜的倾向。许多研究者认为认知同化来自于皮亚杰(Piaget,1952)的理论,他认为这是"生命的基本事实"。这一动机将优势动机研究(Harmon & Murrow, 1995; MacTurk & Morgan, 1995)和儿童在表现新获得的行为和技能时的愉悦体验研究结合了起来。

这些动机是正常发展的普遍特征,也许它们的普遍存在性解释了为什么我们的理论家常常假设它们存在而不是明确地将它们标为动力。然而,当这些动机通过养育者的情绪被儿童体验到时,它们能够促进0—3岁儿童重要心理结构的发展。在这之中,有一套被我们认定为可能是道德动机。这些动机也能被干预者们评估和依赖。

基本的道德动机

早期干预可以依靠的道德动机原则,提供了另一种有悖于精神分析传统背景的惊喜。经典精神分析理论认为,道德的发展始于学前儿童,在恋母情结时期,当儿童意识到家庭三角关系的迫切和挣扎时,最终导致良知或超我的发展,预期超我会在5岁或者6岁时获得。在思考修改这些传统观点时,近代精神分析理论发生了许多改变。对早期二元关系(如养育者—儿童关系)、对儿童与他人关系中的自我意识和儿童良知出现(如,Emde, Johnson, & Easterbrooks, 1987)的影响作用更为认同,而且逐渐认同道德发展的重要方面出现得比之前认为的要早,并且领域更广。道德包含积极的方面,它们成为内化的(它们可以被看作早期道德发展中"可为的");道德也包含消极的方面,它们成为内化的(它们可以被看作早期道德发展中"不可为的")。在婴幼儿的早期经验中,"可为的"为主,它们可被看作基本动机的相当自然的发展。例如,社会适应或社会交往倾向的基本动机涉及交换中的互惠性。这种倾向来自于对轮替规则的内化,儿童在游戏课程中或与照料者的互动中习得了这些规则。这些规则可以在4—5个月婴儿对于"So-o-o BIG"游戏的参与和轮替的手势顺序中观察到(Bruner, 1986; Kaye, 1982)。这方面的道德发展是怎么样的呢?人们不仅需要认识到关于轮替的预期和内化的规则是互惠的早期形式,通过这种形式他们可以发现进入所有道德模式的方式(例如,"己所不欲勿施于人"黄金法则及其变体)。同样,认知同化基本动机产生了许多规则的内化,在日常经历中,这些规则被儿童所接受。关于可为的许多早期道德内化涉及与照料者共享意义,这是在接下来的两条规则中要强调的一点。例如,在半岁到一岁期间,在不确定的环境中,婴儿忙于社会参照,用它来找寻照料者的情感引导,最终表现出对照料者要求的顺从以及抑制先前所禁止的行为。

在两岁期间,儿童发展进一步的道德倾向。当面对他人的不幸时,1岁到1岁半的儿童可能表现出移情——和不幸的人产生共鸣,并且试图去安慰、缓和不幸的他人,或者和这些人分享一些东西(Zahn-Waxler, Radke-Yarrow, & King, 1979; Zahn-Waxler, Robinson, & Emde, 1992)。当使之合理化的倾向通过新的情感方式表现出来时,早期道德的其他方面也在两岁后期变得明显。当违反自己的内在标准时，儿童有时会表现出焦虑。当面对一个彻底被改变的、有缺陷的或者弄脏了的熟悉物体时，儿童可能会表现出明显的悲痛，并且有修复或使之变好的倾向（Kagan，1981）。这种知识补充了这一年龄段早期道德发展的已有精神分析观察结果，其中包括儿童对于"不"这一语义的使用（Spitz, 1957）和"好"与"坏"的感觉的发展（Mahler et al., 1975；Sander, 1985）。

从开始行走以来，儿童的主动性和自我意识呈现出新的水平，这正如埃里克森在他的精神分析观点中较早使用的术语"自主行动对羞愧和怀疑"（Erikson, 1950）。禁止或"不可为的行为"通过与照料者重复的互动得以内化，安全规则和家庭文化从中得到加强。就儿童企图使之适宜的愿望而言，这种过程不仅包含消极的特点，也考虑"可为"的方面。社会参照进程调节需要内化的东西，促进自我控制和情绪调节的发展。研究表明，父母禁止过程中，儿童规则的内化并不是简单的过程。相反，它涉及了一个有动机的儿童，他具有前前后后重复互动的经历，在与父母情感交流的时候学会了妥协策略，同时也是这些所学策略的结果（Emde et al., 1987）。由科汉斯卡（Kochanska）及其团队所做的两岁和三岁儿童的研究具有指导意义。在一项研究中，对于"违反标准"（如当玩具被摔坏或者椅子被弄翻或者是最喜欢的毛毯被洗）的敏感性和许多儿童对于错误的感知联系在了一起（Kochanska, Casey, & Fukamoto, 1995）。在两项其他的研究中，除了"不做的要求"（例如，"不要把手放在这"或"不要把橘汁溢出来"），家长教养方式还用到许多"做的要求"（"来这里坐下吃东西"和"穿上你的衬衣"）。当家长教养方式强调"做……"，并且给予积极影响时，可以观察到儿童顺从的加强（Kochanska & Aksan, 1995；Kuczynski & Kochanska, 1995）。家庭观察结果还强调了妥协过程。邓恩（Dunn, 1988）强调，儿童与照料者和兄弟姐妹之间的冲突为期望、规则和关于怎样妥协或处理占有、分享、破坏和照料冲突的内化提供了重要的领域。

早期道德的一个显著性特征是，它的内化规则、预期和倾向大多数都是无意识的。关于轮替、互动、移情和修复的规则是在日常程序课程和与家人的练习中习得的。这些规则的学习和母语语法规则的习得方式相同。人们按照这些规则做事，尽管他们不能陈述这些规则是什么（除非一个人后来在学校中学了这种规则，在学校里，在某种程度上儿童体验到的规则就像是多余的和人造的一样）。同样，儿童学得越多，越愿意继续，这正如赖斯所提出的"实践知识"（Reiss, 1989），在家庭或集体日常活动或仪式中，当特定的人员聚集在一起时，知识就被激活了。程序性和实践性知识是无意识智力活动形式，传统的精神分析不能观测到它们；它们超出了精神动力中的前意识和动态无意识概念。因此，来自于认知科学家们（Clyman, 1991；Horowitz, 1988；Horowitz, Fridhandler, & Stinson, 1992；Kihlstrom, 1987）的近期研究提供了另一研究结果：尽管弗洛伊德（Freud）因为阐释强调超意识操作的心理学而受到了严厉的批判，然而他仍然可能低估了智力活动无意识的程度！

干预者们如何运用这一信息？又一次，儿童的个性和儿童在看护环境中共同构建姿态、话语、行为意义的经验将提供可能需要评估的变量。除了评估儿童与重要他人（在下一个原则会更详细地讨论它）的亲和水平、共享意义和情绪有效性，儿童还需要建立足够的生理和情绪状态以及行为控制的水平。我们认为，儿童道德动机（互惠、修复和遵守规则）的评估，把家庭背景和这些动机作为干预的力量是未开发的资源。许多最贫困的儿童不能获得持久的看护活动和实践来支持这些早期道德动机的发展。在这些环境下的干预工作可以从寻找基本的活动中受益，这些活动包括就餐时间、就寝时间、玩耍和其他日常活动。

最后,我们认为把价值作为文化的一个方面也是重要的。诚然,不同的文化强调不同的价值,这些价值对于界定优势和建立干预有其重要性,但是我们认为,我们所讨论的早期道德动机对于适应也是重要的,从某种程度来说,它们的基本形式具有普遍性。因此,我们相信儿童能够探索的所有文化价值对于新的经历都应该是开放的,而不是封闭的和缩小的(尽管当自我运动受到广泛地管理或限制时,一些文化可能延迟)。我们同样相信,所有的文化都有利于儿童发展关于"我们"的定位,而不是有违社会互动或交换的狭隘自我中心定位。我们相信所有的文化都有利于儿童发展适应更大视野和思考变化的世界的能力(如计划、想象、艺术和精神物质)。干预者的任务是去理解在这些领域文化变量的意义,支持它们的优势为发展贡献力量。

尽管以前的讨论集中于早年时期,但是考虑到儿童发展的广泛时间跨度,我们认为可以谈论更多的关于价值的内容(Emde, 1994)。所有的文化都涉及这些价值,如:(1)促进学习和效能;(2)促进社会互动(公平和平等观以及管理它们的规则);(3)关怀(包括儿童的父母教养,以及在人类关系中的情绪反应和移情);(4)公民价值(社区意识和对于管理社会改变的规则和传统的尊重);(5)冲突的识别和管理(如发现意义共享的条件,为了社区更大利益的妥协和协商)。最后,许多文化(包括那些所有的民主社会)强调有关尊重个性、个人诚信和差异性的价值观念(包括人权和民族的多样性)。

有效利用情绪

前面陈述的早期道德动机原则可能为干预者的工作提供额外的基础,这些早期道德动机如:社会互动、使社会正常发展的倾向、修复和纠正标准的倾向以及移情的倾向等。儿童及其家庭将会用这些动机和能力在不同程度上对环境进行干预。只要有更多的有利于改变的动力,这些动机也可能在干预者的移情工作过程中得到激发。

情绪沟通系统的调节是家长和儿童面临的最重要的一项任务。最初,父母情感的支持性为儿童提供调节的主要依据。情感的支持性指的是,沟通具有开放性,并且能够接受他人的感觉和需要(Biringen & Robinson, 1991)。情感的支持性反映了发展的关系质量,这种关系在面对面的互动中是不断再创造的,儿童能够预期什么可以减轻痛苦、什么可以带来愉悦,或当需要的时候能够获得敏感的、有效的父母回应(Emde, 1980)。调节活动最初需要家长,因为尽管出生以后许多心理和行为系统具有自我调节的生物能力,但是儿童的自我调节发展需要照料者提供外部调节。儿童的情绪信号有助于激起照料者的相应反应,随着时间的推移,他们形成动力并作用于儿童(Dix, 1991)。太多的兴奋或痛苦会使儿童变得紊乱,对于照料者来说,交流的信号也会变得厌恶和混乱。因此,在维持其与儿童之间的情感支持时,照料者面临的一大挑战是:对儿童信号的敏感度。

儿童发展的前期信任意味着:儿童和照料者间的关系将经历多次修复。在照料中,在一岁期间,婴儿的情绪变得更加复杂,并且已分化。例如,婴儿发出愉快、愤怒、害怕和吃惊等信号,对家长的反应呈现出特别的意义和期望。情绪上通过与照料者之间的重复经历,特别是在两岁期间,儿童也学会了自我控制、情绪管理和协商、移情以及助人等技能。相应地,在儿童两岁期间,自豪感和羞愧感有了特别的发展。对于干预者而言,通过加强儿童的新技能和情绪反应,早期情绪发展的丰富性为重新接触儿童或加强儿童的协调性提供反复的机会。通过有效的调节,儿童的沟通技能增加了,并且有助于提升家长的效能感和成就感。儿童日增的沟通能力使其父母的情绪表达更为丰富。

积极情感的经历和表达是交流和适应调节的重要方面。如愉快等积极情绪具有维持照料者和儿童行为的功能(Emde,1980)。积极情绪伴随着目标达成的成功进程,有助于达成和奖励父母的干预行为及儿童的积极性。积极情绪维系着长久的关系,并且父母和干预者们对积极情绪的培养为有情感支持的教养提供了基础。互动指导为更多脆弱的父母实践培养与其子女间的积极互动提供了机会。像家长教育合作关系项目(Partnership in Parenting Education,PIPE)(Dolezol,Butterfield,& Grimshaw,1994;Butterfield,Dolezol,& Knox,1995;Butterfield,Pagano,& Dolezol,1997)指出的,有的父母在怎样建立与其子女进行积极互动的方面需要具体的指导。对于这样的家长,有情感支持参与的经验基础是不存在的,必须教给他们明确的技能,他们才能对于什么是适宜的或类似适宜的情绪有一些认识。一旦体验到了来自儿童的积极反馈,内在的取悦他人的需求可以激发家长的再次尝试。通过这种方法,可以说婴幼儿的情绪奖励着父母,并且保持他们再次获得更多的反馈。

正如我们已经讨论过的,对儿童经验的移情激发照料者的行为。早期亲子关系依赖家长及新生儿社会适应的生理基础。大多数家长自觉奉献并有能力去对子女的线索做出反应,从而提供持续的看护。对于大多数家长而言,这种移情源自于他们自身体验过的来自父母的移情。对于那些在他们自己成长中没有成年看护人移情体验的人来说,移情的缺失可能会为其子女的整个发展过程带来许多风险。力图支持这种脆弱家长类型的干预有一个稳定的基础,集中于提供父母修复和参与亲子关系的机会从而促进婴儿个性的发展。

对移情进行干预的干预者们与父母探讨情感支持,帮助父母为正确经历的产生提供条件。表达对于痛苦的过去经历的理解,以及他们现在如何刺激行为从而对家庭传达理解与包容。保持持续的、支持性的关系也可能对母亲的自我认识产生挑战,当她认为不值得照顾时,她可能无意识地将此观念传达给自己的孩子。当干预者帮助家长越清晰地意识到儿童的动机和能力(也许是用更积极的观点看待他们),来自过去扭曲知觉的"幽灵"(Fraiberg,Adelson,& Shapiro,1975)可能为儿童的个性和独特性让路。因此,对于家长和发展中的亲子关系来说,干预者的支持成为了急需帮助的家长的重要参照。通过纠正父母对其子女的无效行为,能够为调节亲子关系做贡献。

有效利用关系

当我们已经描述过的动机得到提升后,儿童与照料者间的关系是允许儿童个性发展的基本手段。因此,强化这一关系是早期干预必须考虑的核心要素。早期开端计划(Early Head Start)在指导书中清晰地表明了这一观点:

儿童看护关系……对于为儿童提供支持、鼓励、连续性以及健康发展和健康依恋关系的建立所必需的情绪营养品是很重要的……在看护关系中,儿童建立起了什么是被期望的、什么是这个世界认为正确的,以及社会轮替、互动合作的技能和鼓励措施。儿童的活动可以通过合适的方式培养和引导,这样可以激发他们的主动意识和自主能力。在幼儿时期,通过与有情感支持的照料者进行反复的互动,儿童开始学习基本的技能和自我控制、情绪管理和协调。对于他人的移情和对于照顾和帮助的亲社会倾向,还有自豪与羞愧的情感也在幼儿期得到发展,体验和学习这些能力要求在生活中遇到不可避免的压力和挑战时有回应性的看护关系……愉悦、兴趣和探索意识,早期想象力,以及分享积极情绪的能力也始于婴儿时期——所有的这一切都需要有反复的和持久的看护关系经历,最终形成一个贯穿整个婴儿和学前时期的社会能力基础……(U. S. Department of Health and Human Services,1994,p.7)

精神分析传统流派强调心理发展中关系的重要性,这种重要性不仅仅体现在早期母亲养育经历以及后期的家庭冲突中,还体现在使用治疗和干预的经历中。前面已经提到过鲍比(Bowlby,1969,1973,1980)和斯皮茨(Spitz,1957,1959,1965)对于早期看护关系的重要性以及这些关系的情感基础所做的贡献。此外,精神分析还以治疗匹配和合作,以及移情和反移情等现象作为治疗过程中的焦点。最近,临床理论和研究都强调精神分析与其说是个体内的心理学,不如说是人际关系的心理学(参见 Shapiro & Emde,1994)。

当我们思索早期干预时,这些信息似乎是直接的和有用的。然而,我们仍有进一步扩展理论的空间。所有的干预——从短期到长期,从危机到分析——包含了关系与关系间的影响。我们认为至少有两个启示:一是,如果我们承认和评估这些影响,我们可以通过发现其他的支持性关系和矛盾关系来进一步加强我们的干预。二是,我们的努力可能会常常错位。在儿童工作中,我们利用自己和儿童母亲的关系,但是最重要的关系似乎应该是我们和母亲—儿童的关系。因此,我们的努力应该放在培养关系上,而不是把焦点放在母亲或儿童身上。

当我们把干预当成关系对关系的影响时,我们意识到在发展系统中有不同的层次,选择能够提供最大效益的工作层次也是有策略的。而且在不同的情形下,我们的目标也可能不同。例如,我们可能对儿童内在化的代表关系有长期目标(如提高"依恋的工作模型"),或者对母亲表象世界中的内在关系有长期目标。其他针对性的目标可能包括在我们的干预过程中,提升家庭里的父亲—子女和父—母关系。然而,因为母亲处于自己与子女的关系之中,所以其他目标可能会加强其他支持关系的水平——在家庭支持项目中,这些目标常常处于优先地位。或者我们可能将一个更直接和更及时的目标设定为任务——为了使互动更令人满意,目标集中为促进反复的母亲和孩子间的互动。在一切情况下,我们的干预关系是一种或多种关系中的一种,这似乎很明显,我们希望通过影响这些关系,从而使它们变得更好。考虑这些要点,可以获得对于家庭系统和我们与这些系统的关系的更好理解。家庭系统方法目前最有益于处理这些事件,但是也有一些特殊情况(Byng-Hall,1995;Scharff & Scharff,1987),他们很少考虑内部关系之间的联系,也通常不考虑发展。我们现在所需要的是一个能产生关系间影响效果及在特定环境下产生干预结果的干预理论,这一理论能在干预领域进行深入探索,而且能够为发展系统中的评估效率进行具体的策划。

另一个儿童—照料者关系特性值得注意。与生活中的后期关系形成对照,早期照料者关系是形成性的,是以儿童为中心的(Stern,1977)。然而,正如我们已经提到的,许多儿童的适应功能都置于这些关系中,他们不能与这些关系分隔。因此,早期看护关系经历与后期看护关系经历有着质的区别,并且从行为调节和调节异常来看,相对于单独看每一部分,它们在看护关系中常常更具特色(Sameroff & Emde, 1989)。这就通向了我们改变早期发展诊断观点的一个方面,这也是我们接下来的主题。

诊断是一个持续的过程:不断变化的定位

早期发展干预中的诊断面临一个特殊的挑战。自希波克拉底时期以来,诊断就和预后联系了起来,临床医生希望对结果进行预测。然而,婴幼儿时期是一个迅速变化的时期,干预者所有时间都在从事促进良好发展改变的工作。因此,预测疾病跨越时间的连续性,如果不是荒谬的,也是很困难的。传统诊断的另一个困难是,对于诊断的假设研究和简单的因果线索相联系,特别是有关基于生物基础的大脑失调。在儿童的心理健康问题上,简单的因果线索似乎是很少的,其中大多数是多种病理学因素的结果,这些病理学因素涉及环境和遗传,它们以不同的组合和程度相互作用。然而传统诊断中的另一个困难是大多数分类系统将障碍看作绝对概念,在这种情况下,障碍被看作有或无的。大多数早期干预人员认为,将普通的情绪和行为失调视为适应过程中持续存在比视为有或无有用(Achenbach, 1988; Rutter & Tuma, 1988)。还有一个困难是大多数以医学为基础的分类假设失调存在于个体内。家庭关系环境处在评估早期发展行为和功能的中心,需要纠正的功能紊乱常常似乎就在那样的环境中。再具体一点,当干扰存在于看护关系中,可能甚至是在特定关系中的时候,它们应该被怎样分类呢?

在这一领域,我们所提倡的原则描述了一种打算解决这些困难的方法。它反映出一种变化的定位,即不是将诊断视为不变的和最终的,而是视为持续的。根据这种观点,在诊断过程中,周期性的再评估会被期望和应用。并且,诊断过程被有效地视为两个持续的方面:(1)个体的评估;(2)障碍的分类。个体的评估包括许多的关于在家庭关系、文化和生理、环境压力下,个体功能和症状的评估。障碍的分类涉及症状模式知识的分类方式,也涉及障碍与众所周知的症状分类(这些症状分类能够把病因学、预后和治疗结果等联系起来)联系的方式,临床分类方式也考虑专家之间的交流,但是值得我们重视的是:我们是在对障碍进行分类,不是在对个体进行分类(Rutter & Gould, 1985)。

诊断过程从评估开始,然后是分类阶段。由于早期干预涉及多学科知识,干预者的教育工作背景又各不相同,这时就有必要使用不同的标准和评估方式。一些学者对早期评估做出了突出的精神分析贡献(Brazelton & Cramer, 1990; Cramer et al., 1990; Fraiberg, 1980; Gaensbauer & Harmon, 1981; Greenspan, 1981, 1997; Stern & Stern-Bruschweiler, 1987)。精神分析理论对评估和观察评级的帮助非常大,不过这些理论还都没有发展出可信、可行的分类方法。但是可以看出,家庭因素对评估影响很大(Minuchin, 1974; Scharff & Scharff, 1987)。同样,其他学科对评估工作的贡献也不容小觑,本书将在其他章节进一步详述。

《婴幼儿心理健康及发展障碍诊断分类手册》(*Diagnostic Classification of Mental Health and Developmental Disorders of Infancy and Early Childhood*, *DC*:0-3)(1994)是集结全美临床医生的力量共同完成的,以动态评估为导向,手册建议分类前需要先评估、收集资料,尤其是评估养护者关系。这个分类手册对干预者帮助极大,可以作为《精神疾病诊断与统计手册》(DSM-Ⅳ;American Psychiatric Association,1994)的补充,因为《精神疾病诊断与统计手册》没有针对低龄阶段的详细说明。

与《精神疾病诊断与统计手册》的现有方法一样,《婴幼儿心理健康及发展障碍诊断分类手册》尽可能纳入基于操作的分类,以用于评估和研究。《婴幼儿心理健康及发展障碍诊断分类手册》还增加了评估人际关系障碍这一项内容,人际关系障碍项目建议使用亲子关系通用评量标准,它为临床判断提供了锚点。人际关系障碍项目和《婴幼儿心理健康及发展障碍诊断分类手册》都是首次应用,需要等待验证信度和效度。

预防发展中的妥协与增强能力

预防发展中的妥协与增强能力是反映预防性干预变化方向的另一个原则。发展学家会以纵观全局的视角看待此类干预工作,而不是只预防可以诊断出来的疾病,包括:预防发展中的妥协和适应问题,促进个人发展的途径。这两个层面将传统的疾病防治与促进健康联系在一起。表 8.1 从五个发展领域阐述这两个层面所涵盖的范围,并将其纳入障碍分类系统。

表 8.1 预防的发展计划

我们要预防什么?
发展中的妥协和适应问题:
• 学习(如学习克制和失败)
• 人际关系的形成和维系(如人际关系紊乱——DC:0-3 轴Ⅱ)
• 情绪管理(如行为的内化问题——DC:0-3 轴Ⅰ情绪障碍)
• 行为引导(如行为的外化问题——计划能力差、难以克制的攻击行为以及互惠和移情方面的问题)
• 冒险行为和外部生理疾病(如意外伤害、免疫力差、医疗服务不当、营养不良和虐待等)
我们要加强什么?
个人发展的途径,包括:
• 探索学习和正向经验的动机
• 关心和支持人际互惠、沟通和正向经验的动机
• 合理情绪表达与情绪分享
• 个性化特征,包括计划能力、面对挑战的自信、人际互动、道德感或责任感
• 安全和健康

我们提出预防性干预心理健康的方法,而表 8.1 中除了精神病学、人际互动、心理学和作业治疗,还涉及其他领域,包括幼儿教育的干预工作,这部分内容将在后面具体讨论。

科学政策:关注早期干预长期发展的重要性

教育专家提倡应以长期发展的眼光看待早期干预是有原因的。评估计划中,建立教育指导方针的人与赞助者常常只关注眼前结果,而忽略了长远目标,这种观点会将早期干预引入歧途,这一点我们将在稍后再做讨论。不久前,我们被要求对早教领先计划中干预效果的评估制定政策性方针。最终我们得出一致结论——关注早期干预的长期发展。接下来就对我们的讨论结果进行简单介绍,因为它阐述了早期干预工作的基本准则。

康奈尔和库比施(Connell & Kubisch, 1996)倡导在评估团体早期干预结果时用循序渐进的方法。第一步是制订长期目标。例如,高中毕业这样的长期目标通常比较容易制订,也不存在争议;而为小学四年级制订学业成就方面的中期目标就不那么简单了,因为有许多不确定因素影响中期目标达成(如家庭变故与危机、社会福利政策的改变等),而且因果之间是非线性关系。因此只有找出长期目标,才能循序渐进地进入第二步,逆推到前一个目标——中期目标,再逆推到近期目标。最后一个步骤就是实施计划(如干预工作本身)。

我们发现用这种方式评估早期干预工作最合适。因为影响认知和语言领域的近期目标的不确定性因素太多,难以准确预估(尤其是针对儿童),但是这些领域的长期目标是非常明确的。

从发展的角度可以很好地理解这个问题。第一,儿童的早期发展与之后的发展有不同之处,早期发展会因为缺乏刺激而定型,许多儿童的适应能力在抚育阶段就已形成。发展的可塑性和各种不同的教育手段让制订目标更加困难。第二,发展过程的特点揭示了长期目标为什么比短期目标更好制订。发展障碍与发展结果之间的关系是非线性的,并不是障碍程度越严重,发展结果就越差。例如,一出生就失明、失聪的严重残障儿童和感知觉发育正常的儿童都能完成皮亚杰学派的智力测试并达到情绪发展的标准。残障儿童可以通过各种教育手段和方式实现发展目标,这和皮亚杰或其他学派理论的设想大不相同。第三,以前两点为基础,再加上长期目标定位。评估任何干预工作都要在环境中发现儿童有意义的变化,评估环境时还要考量贫穷和其他环境中的风险,如群体暴力。环境中的文化多样性也能给我们关于发展过程的启示。

因此,实施任何干预计划都一定要有足够的时间,才能保证干预工作应对各种生态环境的挑战并按计划进行。此外,还应尽量避免过早结束干预计划,因为干预的中期结果可能会起误导作用(例如,某些干预中期结果有暂时的迷惑性,因为它们与预想不同,似乎不存在或超出预料)。

一旦我们开始规划早期干预长期目标,许多事情就会陆陆续续出现,这些都是干预计划要考虑的因素。假设儿童是在条件最优越的家庭中长大的,当然早期启蒙教育还有其他指标掺杂其中(如充分的亲子互动、和谐的家庭关系、社会支持或成员发展)。我们进一步假设儿童的学习能力和社交能力与早期启蒙教育评估(以及早期启蒙教育的介入)密切相关,其中学习能力和社交能力是动态的,它们与个体的积极性、成就感以及融入社会的程度有很大关系。学习能力和社交能力这两个范畴中包含了多种元素,在不同环境下相互作用。在不同文化背景下,当个体逐渐向我们设定的长期目标发展时,纵向研究可以很好地评估这两个范畴。

我们所选择的长期目标的基准点在哪里？只要仔细一想，答案就显而易见了：成年早期，是评估早期启蒙教育长期目标的最佳时期。如图 8.1，成年早期可能是工作初期或高中教育后期，也是发展私人的亲密关系阶段（与特定的人之间有承诺、信任、互惠等行为）。此外，父母的养育也是这一阶段重要的结果，不论是理论研究还是实证研究都将健康和养育视作社会心理干预中最有力的结果。理论上，我们知道干预是人际关系相互影响的结果，这些结果如果对个体有意义，那么这些关系经验就会被内化；在早期启蒙教育干预工作里，人际关系通过照顾儿童的模式强化，儿童逐渐将这些经验内化。在养育方面，早期经验在人的一生中都会不断影响后期经验，这种影响已经通过了实证证明（Fonagy，1995；Main，1993；Rutter & Gould，1985；Sroufe & Fleeson，1988）。许多社交策略报告中都提到如何改善养育下一代的方式，但是大多都没有阐述清楚。临床医生中流传着这样一句发人深省的话："这么对待你的孩子时，想想你的孩子将会怎么对待你的孙子。"

按照发展曲线，中期目标可以细化并且也更容易评估出干预工作带给个体的变化，尤其是同时比较接受干预和没有接受干预的群组。发展曲线中每个阶段都针对儿童设定了普遍而持续变化的行为，儿童相对父母和其他人的角色也发生了重大变化。虽然发展曲线所表明的各阶段是干预介入的极好机会，但同时也是发展系统重组的薄弱环节。如同麦考尔（McCall，1979）所言，发展曲线的各阶段个体的变化是个体成熟和与环境相互作用的结果。所以，评估个体的早期干预效果时，要结合发展过渡期选择年龄点以追踪中期发展结果。

最后，我们发现考虑以下两点对制订每一阶段的目标非常有帮助：第一，上述各领域中强调的重点；第二，各领域中避免发生的事（发展中的妥协和适应问题）。

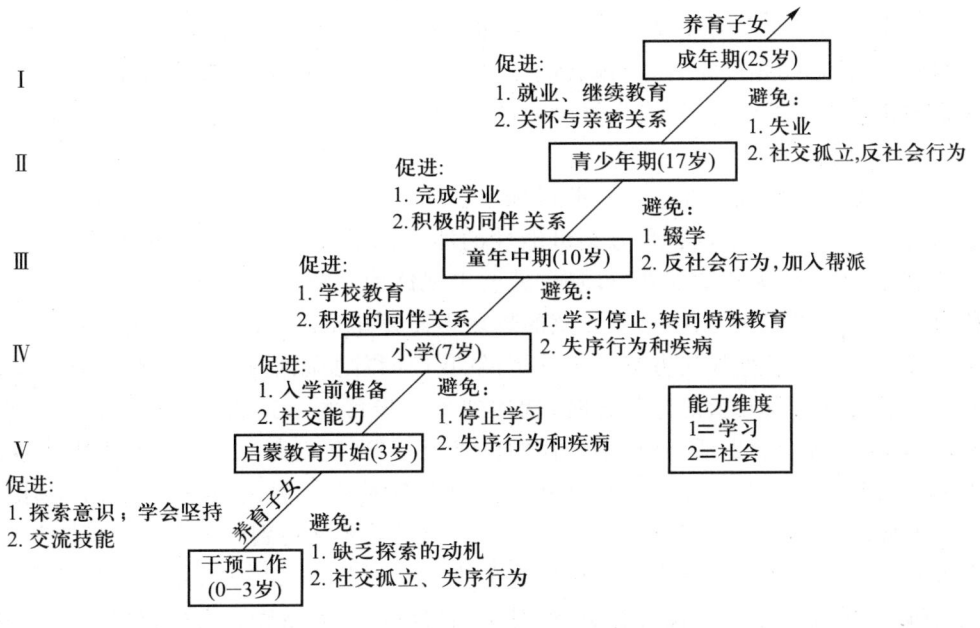

图 8.1　早期启蒙计划中父母教养发展透视

综上所述，用发展的眼光看待早期干预有以下好处：
（1）关注不同的发展途径和多样的环境，可以帮助我们突破困难与障碍，发现个体和文化的优势,也可以避免对发展中期结果的错误判断。

（2）符合动态评估的要求,从过去研究和发展学家的观点中,我们都能得知纵向研究是非常基本且必要的。但是纵向研究没有捷径可走,只有从发展的角度实施动态评估。

（3）这个观点让我们明白为什么动态评估（例如,由什么引起、导致什么结果、在什么情况下）那么重要,并且可以探寻进行干预工作时如何对干预对象产生有意义的影响。

总之,发展的视角向我们提供了一个新的关于早期干预的研究方法,通过这种观点我们可以根据文化背景来确定发展目标,可以发现其文化相关的特性。

结论:使用替代方案与鼓励想象

本章一直强调精神分析观点与早期干预密切相关,包括个性及其影响、动机和道德的重要性、情绪的重要性,以及亲子关系。发现儿童在每一个领域的能力表现,可以帮助干预者设计干预计划,避免儿童发展中的妥协与适应问题。我们都知道,儿童的早期诊断是一个动态的过程,在儿童发展过程中要根据情况评估每个儿童,找出病因并做分类。在最近的研究中,精神分析也有了新的应用。

传统的精神分析干预法强调回想过去,避免重蹈覆辙,并且强调不要一直沉溺于过去,而要努力克服困难（Fenichel,1945;Freud,1937）。最近的精神分析干预法则强调着眼于未来。心理治疗与其他干预工作要为被干预者带来"新的开始"（Loewald,1960）,并激发其动机（Emde,1990）。如同先前提到过的,新的开始包括替代的发展途径。当每个个体建立发展动机时,可以发现不同发展途径的意义。有生理障碍的儿童和面对环境压力的儿童,他们的发展途径可能大不相同。因此,从长远的角度来看,干预者的工作是以未来为导向,以替代方案为目标。干预者会利用家庭和文化环境的优势,让有发展障碍的儿童的顺利发展变成可能,达到我们预想不到的结果。

早期干预工作中的替代方案也有短期目标,就是在日常生活中为儿童找到替代性的解决方案。在临床医生看来,这种发现替代方案可能性的能力是适应力的象征。刻板和缺乏想象力是病理现象的核心,当个体无法适应新情境时,就会出现这种问题。

想象力也是一种适应能力,要培养儿童的想象力需要花费巨大的努力。通过儿童的想象力,父母和干预者可以发现各种替代方案。也就是说,我们的首要原则就是建立个体有意义的优势,当干预者可以鼓励或启发儿童的想象力时,就达到了初步目的。我们知道成年人运用想象力创造文学和艺术,丰富我们的生活,展现不一样的世界观,但当我们面对儿童时就失去了这种能力。找出各种可能的替代方案对人际关系和日常生活也非常重要。例如,儿童需要站在别人的立场上考虑问题来促进沟通;在遭遇阻碍或冲突时,儿童同样需要站在别人的立场上解决问题。

读者可能会好奇为什么想象力对儿童这么重要。干预者和家庭成员把培养想象力当作一个重点,对三岁以后儿童来说或许有意义,但对于三岁以前的儿童呢？有研究揭示了想象力发展对儿童领悟语言的重要性。大多数有叙事能力的三岁儿童,可以有意义地理解周围环境（Bretherton,1983;Bruner,1986;Wolf,Rygh,& Altshuler,1984）。两岁的儿童可以在游戏中辨别现实与想象而不被混淆,并且与养育者共同体验游戏的乐趣。这些都与传统的精神分析理论大相径庭,传统的精神分析理论认为儿童无法分清现实与想象。

我们曾用摄像机记录一个 20 个月大的儿童,这个儿童在家里坐在父母中间吃晚餐,一边吃面包一边说话。我们摘录了其中的一段,由此可见不足两岁的儿童想象力的转换能力。我们把这段影片称为《面包做的马》。有研究者(Emde, Kubicek, & Oppenheim, 1997)曾详细讨论过这段影片和其他片段。括号中的文字代表动作,其他的是对话内容,×代表的是听不懂的儿童语言。

（孩子持续不断地咂嘴、看着面包。）
母亲:迈克,你晚餐吃得真好。
孩子:(玩面包,跨过桌子奔跑)你看马,你看马,妈妈。(把面包拿向母亲)
母亲:这看起来像马吗?
孩子:对,我的面包马
母亲:(笑)这是你的面包马?
孩子:×××掉了。
母亲:哦。
孩子:把它组合起来。
母亲:我不知道啊,你把面包分开了还能组合起来吗?
孩子:×××
母亲:有点像个小肉团。

我们还记录其他诸如此类的例子。确切地说,如果儿童语言发展较早,再加上和家人有这样的语言互动,更能促进低年龄阶段儿童的想象力发展。关于儿童早期想象力及其变化的研究才刚刚起步,许多儿童(尤其是环境不良或处于压力中的儿童)在这方面的能力往往不足。处于压力中的儿童很可能无法辨别什么是想象出来的、什么是真实的,特别是当他们感到自己失去控制力、受到惊吓、生病或困倦的时候。儿童能够通过想象找出替代方案,是体现儿童适应力的重要指标,通常发生于学步期儿童将单字组合成句子的阶段。不得不承认,干预者目前无法指出早期干预对儿童想象力的影响。但是干预者会越来越了解两者间的关系,并为临床医生和家庭提出替代方案,无论这些个案是遗传物质异常还是认知神经异常,抑或是在这个日新月异相互关联的世界遇到了文化障碍。

参 考 文 献

Achenbach, T. M. (1988). Integrating assessment and taxonomy. In M. Rutter, A. H. Tuma, & I. S. Lann (Eds.), *Assessment and diagnosis in child psychopathology* (pp. 300–46). New York: Guilford Press.

American Psychiatric Association. (1994). *Diagnostic and statistical manual of mental disorders (DSMIV)*. Washington, DC: Author.

Bertalanffy, L. von (1968). *General system theory: Foundations, development, applications*. New York: Braziller.

Biringen, Z., & Robinson, J. L. (1991). Emotional availability in mother-child dyads. *American Journal of Orthopsychiatry, 61*, 258–71.

Boulding, K. (1956). General systems theory: the skeleton of science. *Management Science, 2*, 197–208.

Bowlby, J. (1969). *Attachment and loss: Vol. I (Attachment)*. New York: Basic Books.

Bowlby, J. (1973). *Attachment and loss: Vol. II (Separation, Anxiety, and Anger)*. New York: Basic Books.

Bowlby, J. (1980). *Attachment and loss: Vol. III (Loss, Sadness, and Depression)*. New York: Basic Books.

Brazelton, T. B., & Cramer, B. G. (1990). *The earliest relationship*. Reading, MA: Addison-Wesley.

Bretherton, I. (1983). Representing the social world in symbolic play: Reality and fantasy. In I. Bretherton (Ed.), *Symbolic play: The representation of social understanding* (pp. 3–41). New York: Academic Press.

Bruner, J. (1986). *Actual minds, possible worlds*. Cambridge, MA: Harvard University Press.

Butterfield, P. M., Dolezol, S., & Knox, R. M. (1995). *Love is layers of sharing*. Denver, CO: Read Your Baby.

Butterfield, P. M., Pagano, B., & Dolezol, S. (1997). *Playing is learning*. Denver, CO: Read Your Baby.

Byng-Hall, J. (1995). *Rewriting family scripts: Improvisation and systems change*. New York: Guilford Press.

Clyman, R. B. (1991). The procedural organization of emotions: A contribution from cognitive science to the psychoanalytic theory of therapeutic action. *Journal of the American Psychoanalytic Association, 39*(Suppl.), 349–82.

Connell, J. P., & Kubisch, A. T. (1996). *Applying a theories of change approach to the evaluation of comprehensive community initiatives: Progress, prospects, and problems*. Unpublished manuscript. Second Draft.

Cramer, B., Robert-Tissot, C., Stern, D. N., Serpa-Rusconi, S., DeMuralt, M., Besson, G., Palacio-Espapa, F., Bachmann, J. Knauer, D., Berney, C., & D'Arcis, U. (1990). Outcome evaluation in brief mother–infant psychotherapy: A preliminary report. *Infant Mental Health Journal, 11*, 278–300.

Department of Health and Human Services. (1994, September). *The Statement of the Advisory Committee on Services for Families with Infants and Toddlers*. Washington, DC: Author.

Dix, T. (1991). The affective organization of parenting: Adaptive and maladaptive processes. *Psychological Bulletin, 110*, 3–25.

Doi, T. (1992). On the concept of amae. *Infant Mental Health Journal, 13*, 7–11.

Dolezol, S., Butterfield, P. M., & Grimshaw, J. (1994). *Listen, listen, listen*. Denver, CO: Read Your Baby.

Dunn, J. (1988). *The beginnings of social understanding*. Cambridge, MA: Harvard University Press.

Emde, R. N. (1980). Emotional availability: A reciprocal reward system for infants and parents with implications for prevention of psychosocial disorders. In P. M. Taylor (Ed.), *Parent–infant relationships* (pp. 87–115). Orlando, FL: Grune & Stratton.

Emde, R. N. (1988a). Development terminable and interminable: I. Innate and motivational factors from infancy. *International Journal of Psycho-Analysis, 69*, 23–42.

Emde, R. N. (1988b). Development terminable and interminable: II. Recent psychoanalytic theory and therapeutic considerations. *International Journal of Psycho-Analysis, 69*, 283–96.

Emde, R. N. (1990). Mobilizing fundamental modes of development: An essay on empathic availability and therapeutic action. *Journal of the American Psychoanalytic Association, 38*, 881–913.

Emde, R. N. (1991). Positive emotions for psychoanalytic theory: Surprises from infancy research and new directions. *Journal of the American Psychoanalytic Association, 39*(Suppl.), 5–44.

Emde, R. N. (1992). Individual meaning and increasing complexity: Contributions of Sigmund Freud and René Spitz to developmental psychology. *Developmental Psychology, 28*, 347–59.

Emde, R. N. (1994). Individuality, context, and the search for meaning. *Child Development, 65*, 719–37.

Emde, R. N. (Ed.). (1983). *Rene A. Spitz: Dialogues from infancy. Selected papers* (with commentary). New York: International Universities Press.

Emde, R. N., Biringen, Z., Clyman, R. B., & Oppenheim, D. (1991). The moral self of infancy: Affective core and procedural knowledge. *Developmental Review, 11*, 251–70.

Emde, R. N., Johnson, W. F., & Easterbrooks, M. A. (1987). The do's and don'ts of early moral development: Psychoanalytic tradition and current research. In J. Kagan & S. Lamb (Eds.), *The emergence of morality in young children* (pp. 245–77). Chicago: University of Chicago Press.

Emde, R. N., Kubicek, L., & Oppenheim, D. (1997). Imaginative reality observed during early language development. *International Journal of Psycho-Analysis*.

Emde, R. N., Plomin, R., Robinson, J., Reznick, J., Campos, J., Corley, R., DeFries, J., Fulker, D. W., Kagan, J., & Zahn-Waxler, C. (1992). Temperament, emotion, and cognition at 14 months: The MacArthur longitudinal twin study. *Child Development, 63*, 1437–55.

Erikson, E. (1950). *Childhood and society*. New York: Norton.

Fenichel, O. (1945). *The psychoanalytic theory of neurosis*. New York: Norton.

Fleming, J., & Benedek, T. (1966). *Psychoanalytic supervision*. New York: Grune & Stratton.

Fonagy, P. (1995). Psychoanalytic and empirical approaches to developmental psychopathology: An object-relations perspective. In T. Shapiro & R. N. Emde (Eds.), *Research in psychoanalysis: Process, development, outcome* (pp. 245–60). Madison, CT: International Universities Press.

Fraiberg, S. (1980). *Clinical studies in infant mental health*. New York: Basic Books.

Fraiberg, S., Adelson, E., & Shapiro, V. (1975). Ghosts in the nursery: A psychoanalytic approach to the problems of impaired infant-mother relationships. *Journal of American Academy of Child Psychiatry, 14*, 387–421.

Freud, S. (1920). Beyond the pleasure principle. In J. Strachey (Ed. and Trans.), *The standard edition of the complete psychological works of Sigmund Freud* (Vol. 18, pp. 7–64). London: Hogarth Press.

Freud, S. (1937). Analysis terminable and interminable. In J. Strachey (Ed. and Trans.), *The standard edition of the complete psychological works of Sigmund Freud* (Vol. 23, pp. 209–53). London: Hogarth Press.

Gaensbauer, T. J., & Harmon, R. J. (1981). Clinical assessment in infancy utilizing a structured playroom situation. *Journal of the American Academy of Child Psychiatry, 20*, 264–80.

Gilligan, C. (1982). *In a different voice: Psychological theory and women's development*. Cambridge, MA: Harvard University Press.

Gottlieb, G. (1992). *Individual development and evolution.* New York: Oxford University Press.

Greenspan, S. I. (1981). *Psychopathology and adaptation in infancy and early childhood.* New York: International Universities Press.

Greenspan, S. (1997). *The growth of the mind.* Reading, MA: Addison-Wesley. (With Beryl Lieff Benderly.)

Harmon, R. J., & Murrow, N. S. (1995). The effects of prematurity and other perinatal factors on infants' mastery motivation. In R. H. MacTurk & G. A. Morgan (Eds.), *Advances in applied developmental psychology: Vol. 12. Mastery motivation: Origins, conceptualizations, and applications* (pp. 237–56). Norwood, NJ: Ablex.

Hermans, H. J. M., Kempen, H. J. G., & van Loon, R. J. P. (1992). The dialogical self. *American Psychologist, 47,* 23–33.

Hinde, R. A. (1992). Developmental psychology in the context of older behavioral sciences. *Developmental Psychology, 28,* 1018–29.

Horowitz, M. J. (Ed.). (1988). *Psychodynamics and cognition.* Chicago: The University of Chicago Press.

Horowitz, M., Fridhandler, B., & Stinson, C. (1992). Person schemas and emotion. In T. Shapiro & R. N. Emde (Eds.), *Affect: Psychoanalytic perspectives* (pp. 173–208). Madison, CT: International Universities Press.

Kagan, J. (1981). *The second year: The emergence of self-awareness.* Cambridge: Harvard University Press.

Kaye, K. (1982). *The mental and social life of babies: How parents create persons.* Chicago: University of Chicago Press.

Kernberg, O. F. (1993). The psychopathology of hatred. In T. Shapiro & R. N. Emde (Eds.), *Affect: Psychoanalytic perspectives* (pp. 209–38). Madison, CT: International Universities Press.

Kihlstrom, J. F. (1987). The cognitive unconscious. *Science, 237*(4821), 1445–52.

Kochanska, G., & Aksan, N. (1995). Mother-child mutually positive affect, the quality of child compliance to requests and prohibitions, and maternal control as correlates of early internalization. *Child Development, 66,* 236–54.

Kochanska, G., Casey, R. J., & Fukamoto, A. (1995). Toddlers' sensitivity to standard violations. *Child Development, 66,* 643–56.

Kuczynski, L., & Kochanska, G. (1995). Function and content of maternal demands: Developmental significance of early demands for competent action. *Child Development, 66,* 616–28.

Lennard, H. L., & Bernstein, A. (1960). *The anatomy of psychotherapy.* New York: Columbia University Press.

Loewald, H. W. (1960). On the therapeutic action of psycho-analysis. *International Journal of Psycho-Analysis, 41,* 16–33.

MacTurk, R. H., & Morgan, G. A. (Eds.). (1995). *Advances in applied developmental psychology: Vol. 12. Mastery motivation: Origins, conceptualizations, and applications.* Norwood, NJ: Ablex.

Mahler, M. S., Pine, F., & Bergman, A. (1975). *The psychological birth of the human infant: Symbiosis and individuation.* New York: Basic Books.

Main, M. (1993). Discourse, prediction, and recent studies in attachment: Implications for psychoanalysis. In T. Shapiro & R. N. Emde (Eds.), *Research in psychoanalysis: Process, development, outcome* (pp. 209–44). Madison, CT: International Universities Press.

McCall, R. B. (1979). The development of intellectual functioning in infancy and the prediction of later I.Q. In J. Osofsky (Ed.), *Handbook of infant development* (pp. 707–741). New York: Wiley.

Minuchin, S. (1974). *Families and family therapy.* Cambridge, MA: Harvard University Press.

Papousek, H., & Papousek, M. (1979). Early ontogeny of human social interaction: Its biological roots and social dimensions. In K. Foppa, W. Lepenies, & D. Ploog (Eds.), *Human ethology: Claims and limits of a new discipline* (pp. 456–89). Cambridge University Press.

Piaget, J. (1952). *The origins of intelligence in children* (2nd ed). New York: International Universities Press.

Platt, J. R. (1966). *The step to man.* New York: Wiley.

Plomin, R. (1986). *Development, genetics, and psychology.* Hillsdale, NJ: Erlbaum.

Plomin, R., Emde, R. N., Braungart, J. M., Campos, J., Corley, R., Fulker, D. W., Kagan, J., Reznick, J. S., Robinson, J., Zahn-Waxler, C., & DeFries, J. C. (1993). Genetic change and continuity from 14 to 20 months: The MacArthur Longitudinal Twin Study. *Child Development, 64,* 1354–76.

Rapaport, D. (1959). The structure of psychoanalytic theory: A systematizing attempt. *Psychological Issues, Monograph #6.* New York: International Universities Press.

Reiss, D. (1989). The represented and practicing family: Contrasting visions of family continuity. In A. J. Sameroff & R. N. Emde (Eds.), *Relationship disturbances in early childhood: A developmental approach* (pp. 191–220). New York: Basic Books.

Robinson, J., Zahn-Waxler, C., & Emde, R. N. (in press). Relationship context as a moderator of sources of individual differences in empathic development. In R. N. Emde & J. K. Hewitt (eds.), *The transition from infancy to early childhood: Genetic and environmental influences in the MacArthur Longitudinal Twin Study.* New York: Oxford University Press.

Rutter, M., & Gould, M. (1985). Classification. In M. Rutter & L. Hersov (Eds.), *Child and adolescent psychiatry: Modern approaches* (pp. 304–21). London: Blackwell Scientific Publications.

Rutter, M., & Tuma, A. H. (1988). Diagnosis and classification: Some outstanding issues. In M. Rutter, A. H. Tuma, & I. S. Lann (Eds.), *Assessment and diagnosis in child psychopathology* (pp. 437–52). New York: Guilford Press.

Sameroff, A. J. (1983). Developmental systems: Contexts and evolution. In E. M. Hetherington (Ed.), P. H. Mussen (Series Ed.), *Handbook of child psychology, Vol. 1. Socialization, personality, and social development* (pp. 237–94). New York: Wiley.

Sameroff, A. J., & Emde, R. N. (Eds.) (1989). *Relationship disturbances in early childhood: A developmental approach.* New York: Basic Books.

Sampson, E. E. (1988). The debate on individuality. *American Psychologist, 43*, 15–22.

Sander, L. (1985). Toward a logic of organization in psychobiological development. In K. Klar & L. Siever (Eds.), *Biologic response styles: Clinical implications.* Monograph Series of the American Psychiatric Press.

Scarr, S. (1992). Developmental theories for the 1990s: Development and individual differences. *Child Development, 63*, 1–19.

Scharff, D. E., & Scharff, J. S. (1987). *Object relations family therapy.* New Jersey and London: Jason Aronson.

Shapiro, T., & Emde, R. N. (Eds.). (1994). *Research in psychoanalysis: Process, development, outcome.* Madison, CT: International Universities Press.

Shweder, R. A., & Bourne, E. (1982). Does the concept of the person vary cross-culturally? In A. J. Marsella & G. White (Eds.), *Cultural concepts of mental health and therapy* (pp. 97–137). Boston: Reidel.

Skeels, H. M. (1966). Adult status of children with contrasting early life experiences: A follow-up study. *Monographs of the Society for Research in Child Development,* 31(3 Serial No. 105), 1–65.

Spitz, R. A. (1957). *No and yes: On the genesis of human communication.* New York: International Universities Press.

Spitz, R. A. (1959). *A genetic field theory of ego formation.* New York: International Universities Press.

Spitz, R. A. (1965). *The first year of life.* New York: International Universities Press.

Sroufe, L. A., & Fleeson, J. (1988). The coherence of family relationships. In R. A. Hinde & J. Stevenson-Hinde (Eds.), *Relationships within families: Mutual influences* (pp. 27–47). Oxford, England: Clarendon Press.

Stern, D. (1985). *The interpersonal world of the infant.* New York: Basic Books.

Stern, D. N. (1977). *The first relationship: Mother and infant.* Cambridge, MA: Harvard University Press.

Stern, D., & Stern-Bruschweiler, N. (1987). *The mother's representation of her infant: Considerations of its nature.* Unpublished manuscript, University of Geneva.

Thelen, E., & Ulrich, B. D. (1991). Hidden skills. *Monographs of the Society for Research in Child Development,* 56(1, Serial No. 223).

Werner, H. (1957). *Comparative psychology of mental development.* New York: International Universities Press.

Wolf, D. P., Rygh, J., & Altshuler, J. (1984). Agency and experience: Actions and states in play narratives. In I. Bretherton (Ed.), *Symbolic play: The development of social understanding* (pp. 195–217). Orlando, FL: Academic Press.

Zahn-Waxler, C., Radke-Yarrow, M., & King, R. A. (1979). Child rearing and children's prosocial initiations toward victims of distress. *Child Development, 50*, 319–30.

Zahn-Waxler, C., Robinson, J., & Emde, R. N. (1992). The development of empathy in twins. *Developmental Psychology, 28*, 1038–47.

Zero To Three: The National Center for Infants, Toddlers, and Families (1994). DC: Zero To Three (Diagnostic Classification of Mental Health and Developmental Disorders of Infancy and Early Childhood). Washington, DC: Author.

参考文献

第9章　早期干预的行为主义和教育方法[①]

马克·沃勒瑞(MARK WOLERY)

很多因素会对儿童的发展和教育产生巨大且不可逆转的不良影响,包括遗传、生理、代谢紊乱、身体病弱、传染病、中枢神经系统受损以及环境中的不利条件,这些因素会导致儿童发展障碍或增加导致发展障碍的风险。这些发展障碍反过来会影响儿童的生活和学习,还会威胁他们的家庭的稳定与和谐。社会对发展障碍儿童或者高危的发展障碍儿童所采取的措施有:提供资金支持相关研究,以了解造成儿童发展障碍的原因、历程以及治疗方式;制定政策并采取措施防止儿童发展障碍的发生;开展致力于解决儿童发展障碍的相关项目。

本章主要介绍发展障碍儿童的基本教育原理,阐述行为主义学派教育策略在实际干预中所取得的成绩与面临的困难,讨论各种感官介入的模式及其影响,以及如何在未来将这些介入方案进行统整。这一章仅讨论那些有可识别残疾的婴幼儿,因环境不利因素导致的发展障碍儿童的教育干预问题可在其他资料中找到答案(例如, Bryant, Maxwell, 1997; Guralnick, 1998; Ramey & Ramey, 1998)。

教育干预项目的基本原理

普通儿童一般是五六岁开始接受教育,那么我们不禁要问:为什么发展障碍儿童接受教育的时间延迟了呢?这在很大程度上是因为历史因素和儿童本身的需要。

早期教育定向干预项目的历史背景

针对残疾儿童的干预计划是一项相对年轻的事业,它在 1960 年之后才逐渐引起人们的关注。尽管 20 世纪 70 年代中期的公法 94-142 提出,要向全体适龄的残疾儿童提供免费的、适合的公共教育,但是直到 1986 年修正法案出现后,才逐渐受到人们的重视,美国有些州直到 20 世纪 90 年代早期才真正开始响应这一法案并实施(Gallagher, 1996)。

[①] 本章内容的研究受隶属于美国教育部(U.S. Department of Education)的特殊教育及康复服务办公室(Office of Special Education and Rehabilitative Services)资助(提供给北卡罗来纳大学教堂山分校的项目号为 HO24Q70001)。本章所陈述的观点并不一定反映美国教育部政策,也不涉及任何官方意见。

20世纪60年代,一些团体发起教育运动,致力于满足残疾儿童的特殊需要(Bailey,Wolery,1992)。首先,公民权利运动呼吁人们关注特殊群体的权利与需要,这一运动为其他群体(例如妇女和残疾人)的活动打下基础,以寻求他们应有的权利并促使政府行动。教育自然而然地被视作解决该社会问题的首选方案。例如,学校的"种族一体化"措施为避免种族隔离、促进种族融合架起桥梁。同样,来自经济不利家庭的儿童很难适应小学教育,因此,开端计划(Head Start)为减少学习挫折提供资金支持,以期望后期逐渐根除美国的贫困状况。开端计划在美国提供学龄前公共教育服务,这在美国成为先例。

残疾儿童的家庭在专业人员或专业组织的支持下,就残疾儿童的利益发起诉讼并游说立法者,促成了公法94-142的提出。然而,如同先前提到过的,这一法案没有为低龄残疾儿童争取到利益,但是它为向特殊需要儿童提供教育打下了基础。此外,联邦政府于1968年开始资助"残疾儿童早期教育项目"(Handicapped Children's Early Education Program),后来更名为"残障儿童早期教育项目"(Early Education Program for Children with Disabilities),对教育导向干预策略的发展产生了影响,为很多项目的发展提供了支持。多年以来,超过500个案例在服务、评估、教养低龄残障儿童等方面证明了这一方案的价值与意义(Smith & McKenna, 1994)。这一方案还在资助在职人员培训、向残疾儿童家庭提供拓展服务、为研究机构研究残疾儿童教育的相关问题等方面提供支持。

公民权利运动见证了异于普通大众的特殊群体一样有权利争取社会服务的过程。社会也有信心解决教育领域所存在的问题,并且向学龄期的残障儿童提供教育服务。启智计划强调儿童早期发展的重要性并表明实施教育计划带来的积极影响,而且示范项目也证明了这些服务带来的潜在好处。因此,出现为身心障碍儿童服务的教育方案也就不足为奇了。

儿童残障的本质

残障儿童在抚养期间需要得到比普通儿童更多的照料。不同类型的残障会对儿童产生不同的影响,即使是同类型的残障(如失明),所产生的影响程度也有所不同(Hatton, Bailey, Burchinal, & Ferrell, 1997),这些残障及其严重程度大致可分为以下四种情况(Wolery, Strain, & Bailey, 1992)。

第一,残障使儿童不能独立。例如,一个孩子不能自己吃饭,那么必须有人要给他喂饭。如果一个孩子不能爬行、行走或以其他方式移动,那么必须有人要在必要时帮他移动位置。如果一个孩子不能用别人能够理解的方式表达他的需要,那么其他人必须预估这个孩子的需要。虽然低幼阶段的普通儿童也要依赖于他人,但他们在安全范围内的独立行为是被鼓励的,这种独立生活的能力在不断提升。残障儿童的依赖程度会超出该年龄阶段的正常范围,安全限制和他们本身的能力导致残障儿童在变得更独立的路上阻碍重重。除了这些显而易见的后果,残障儿童过度依赖的行为会导致他们的习得性无助,这又会造成其他的消极影响(Utley, Hoehn, Soraci, & Baumeister, 1993)。

第二,儿童的残障常常导致发展迟缓,而且随着年龄的增长会愈发明显。这种发展迟缓表现在社交、智力和生理等方面,且在残障儿童中表现出较高的发生率(例如智力障碍)。残障儿童和同龄人间的差异随着年龄增加而增加,这就导致残障儿童越来越落后于同龄人。这种能力差异可能会导致受同龄人接纳程度低、社会活动参与程度低、被侮辱和被孤立的现象发生。

第三,儿童的残障常常会妨碍他们从正常的环境或人际互动中学习。例如,残障儿童不能模仿同龄人,因此,向榜样观察和学习对残障儿童来说就不是一个好的学习方式。有些残障儿童不能玩复杂的玩具,这就影响了他们探索世界和获取知识的能力。有些残障儿童不能参与同龄人的社交活动,这就影响了他们的社会学习能力。即使有些残障儿童能够玩复杂的玩具或参加社交活动,但是他们只能短时间参与其中,因此就限制了他们的能力,他们不能通过持续的参与和互动来获取有意义的技能。

第四,如果不实施干预,儿童的残障程度会加深或出现新的障碍。例如,没有接受动作训练的脑瘫儿童会出现挛缩。许多有严重沟通障碍的儿童因为不能有效沟通,就会出现更多问题行为。那些勉强能说话的沟通障碍儿童很少说话,从而导致语言和沟通技能发展迟缓(Warren & Kaiser, 1986)。

总而言之,当条件成熟、儿童具备相应能力时,我们不可能放任残障儿童一直依赖他人,也不可能任由残障儿童一直远远落后于他们的同龄人、没有学习渠道、残障程度加深或出现新的障碍。因此,我们从教育和行为角度设计的教育计划就是致力于将这些不利后果最小化。

行 为 理 论

下面将探讨行为理论的基础、贡献和干预策略,以及以行为理论为基础的干预策略所面临的挑战。

行为理论的基础

行为模式根植于斯金纳对人类行为的实验研究(Skinner,1953)。斯金纳和其他行为主义学派学者认为人类行为是心理活动、学习经验和当前情境的结果。在 20 世纪中期,行为主义理论开始在实验室以外的情境运用,被人们称作应用行为分析[(Baer, Wolf, & Risley,1968);见库珀、赫伦和霍华德(Cooper, Heron, & Heward, 1987)对这部分历史的描述]。儿童发展的行为描述已经给出,并被记录为一系列典型行为的发展(Bijou & Baer, 1961, 1965, 1978; Bijou, 1981; Kozloff, 1994a)。虽然行为主义观点常被认为很机械,但它考虑了儿童和环境间的相互影响,因此它是一个交互模式(Bijou, Baer,1978)。行为主义同样考虑到想法、期望、主意或其他心理过程,只是行为主义倾向于研究可观测的行为和行为与环境间的关系(Cooper et al., 1987)。

行为主义研究个体行为(例如儿童行为)和环境间的关系,确切地说是个体行为和环境刺激之间的关系,当然还受个体的经验与生理偏好的影响。行为可以分为应答行为和操作行为。应答行为是指被特定刺激所激发出的行为。刺激物在行为发生前呈现,引发应答行为,这种关系被称作反射。引起行为的刺激被称作非条件刺激,因为它引发的行为后果并不是因为条件或经验而导致(例如学习经验)。其他那些本来不能引起特定反应的刺激,也可以通过反应性条件来引起反应,也被称作经典条件反射。经典条件反射同时呈现非条件刺激物和中性刺激物,中性刺激物即不能引起行为的刺激物。反复呈现后,中性刺激物也会引发反应。这种情况下,刺激物就会被称作条件刺激,因为此时在该条件下中性刺激物有了非条件刺激物的诱发属性,并产生了回应。虽然应答学习很容易识别,并且常被用于一些干预教学中,但它的运用没有操作行为和学习间的联结运用得那么广泛。

就操作行为而言,行为和环境刺激在偶发环境里的关系有三种元素:第一,显示限制和反应区间的精确定义;第二,特定的结果;第三,环境的刺激等可能影响反应发生的因素(Cooper et al.,1987,p.21)。简单来说就是在特定情境中,行为发生的后果影响该行为是否还会再次发生。行为衍生的结果是一种环境中的变化,这种变化分为两种情况:增加或呈现新刺激和终止或移除旧刺激,这样做的后果也是双重的,这种行为复发的可能性也会相应地增加或降低。具体分为以下四种情况:第一,通过增加新刺激,以增加行为发生的可能性,这被称为正强化;第二,通过移除或终止现有刺激,来增加行为发生,这被称为负强化;第三,通过提供新刺激,降低行为发生的可能性,这被称为正惩罚;第四,通过移除或终止现有刺激,降低行为发生的可能性,这被称为负惩罚(Wolery, Bailey, & Sugai, 1988)。

当行为发生频率改变时,行为与后事刺激就建立起了联结。两种类型的强化会维持或增加行为的发生频率,两种类型的惩罚会降低行为的发生频率。给予刺激物可以有规律地也可能随机地改变行为发生频率,然而当行为频率没有增加时,这个刺激物就不算正强化物。只有当后事刺激对行为发生频率的影响可测量时,才能下结论说行为和后事刺激之间建立起了联结。强化物出示或移除的时机影响着行为与后事刺激能否建立联结,强化物出示或移除得越及时,越容易建立联结。

在实际运用中,有些问题值得注意(见 Cooper et al., 1987; Wolery et al., 1988)。行为主义认为在自然条件下使用行为改变技术(例如强化或惩罚)会或多或少地受主观因素影响。儿童的行为,父母、老师看待行为与后果间的关系也很主观。环境会影响儿童的行为是否会再次发生,同样,儿童的行为也会影响环境,改变大人的行为发生频率。这种情况就构成了儿童和他人(如父母、保姆、老师等)之间的双向影响。

影响行为发生频率的后果通常是行为的自然后果,与行为直接相关。例如提问的强化物就是问题本身的答案,运动的强化物就是到达目的地。简单来说,这些后事刺激并不是特意为之,也不是专门针对某个个体。所以在运用行为改变技术时,我们应该尽可能多地通过自然后果改变儿童的行为发生频率,促进儿童的适应性行为发展。

行为后果刺激对不同个体或不同时期的个体的效果是不同的。所以一个儿童的强化物可能并不是另一个儿童的强化物,一个儿童现在的强化物可能过一段时间就不再是了。强化物的选择要具体情况具体分析,因为个体的心理状态和经验都处于不断变化中,而且反复使用同种强化物可能也会造成厌倦或失效。

如同之前提到过的,行为与后果的联结所发生的环境中还有其他刺激。每次行为发生,其他刺激(不是行为的后果刺激)也会出现在该情境中。这些刺激以下两种类型为主:背景事件和前置事件。背景事件各有不同,但是背景事件的环境特征都相对稳定(更多关于背景事件的讨论详见 Carr, Reeve, & Magito-McLaughlin, 1996; Horner, Vaughn, Day, & Ard, 1996; Michael, 1982, 1993)。前置事件是行为发生前环境中的各种刺激,前置事件发生或呈现的时间与行为发生的时间间隔很短。背景事件和前置事件都具有可识别性,不论是背景事件还是前置事件,都能增加行为再次发生的可能性。当背景事件和前置事件具备可识别性时,则正强化对能改变一个人的行为就具有说服力。当背景事件或前置事件出现时,行为和后果联结的经验生效;当施加背景事件或前置事件刺激后,行为发生频率增加,刺激控制就建立起来了。刺激控制是指当背景事件或前置事件刺激出现时行为发生频率增加,当同一背景事件或前置刺激消除时行为出现频率降低。控制是复杂的行为系统的基础。

建立刺激控制分为两种情况:第一,当背景事件或前置事件发生时,持续提供一个归因事件(例如正强化物);第二,当背景事件或前置事件不发生时,不给予归因事件(Wolery, Ault, & Doyle, 1992)。例如,想要增加儿童看到某个具体事物后说出该事物名称的行为发生率,就要强化当这个物品在的时候儿童说出名称的行为,而不强化当这个物品不在的时候儿童说出名称的行为。施加刺激后,行为仅发生一次并不能代表建立起了刺激控制,直到行为发生次数足够多时才能确定刺激控制的建立。建立刺激控制是所有行为塑造的基本目标,反复多次强化教学是为了确保当给予刺激或刺激群时,新行为的发生稳定且可预测。这些新行为可能是不连续的行为、行为链或规则性行为。当然,刺激控制的建立会随着时间自然地增强或减弱,也会或多或少地受人们主观意识的影响。

总而言之,行为学派观点把个体行为视为生理机制、经验和环境相互产生作用的结果。儿童和环境、他人的行为互相影响,进一步讲就是个体行为和行为后果间的四种联结,这些联结解释了行为后果对行为是否再次发生的影响。其他环境刺激通过刺激控制同样可以影响行为发生频率,呈现环境刺激时行为被强化,反之,行为消退。

行为理论对教育定向的干预的贡献

行为理论对残障儿童的干预至少有五个非常大的贡献。

第一,解释了行为尤其是问题行为是如何被建立和维持的。同样,它解释了行为是基于学习的自然法则而直接引发出潜在的干预或行为(Baer, 1978; Kozloff, 1994a)。这也帮助家长从这一角度理解孩子的行为。

第二,强化和惩罚在处理儿童问题行为中被广泛运用(Singh, 1997),而且在使用过程中得到了大量的修正和改善。强化和惩罚等行为处理方法被直接用于行为干预中,派生出一系列在残障群体中大量使用的行为干预技术(Singh, 1997; Wolery et al., 1988)。强化包括区别强化其他行为(Repp & Deitz, 1974)、区别强化选择性行为(Ogier & Hornby, 1996)和区别强化不相容行为(Luiselli, Colozzi, Helfen, & Pollow, 1980)。惩罚包括不同类型的隔离,例如部分观察式隔离,儿童暂时到教室边缘或集体周边,而仍能看到其他儿童参与活动的情形,一段时间后再回到集体内(Mace & Heller, 1990);非排除式隔离,儿童并未从环境中离开,但将环境中的强化物转移(Yeager & McLaughlin, 1995);排除式隔离,儿童在特定时间内被排除在环境或活动外(Twyman, Johnson, Buie, & Nelson, 1994)。其他类型的惩罚还包括施加厌恶刺激(Guess, Helmstetter, Turnbull, & Knowlton, 1987)和过度矫正(Doke, Epstein, 1975; Foxx & Azrin, 1973)。过度矫正分为两种类型:积极表现和恢复式过度矫正。积极表现指当问题行为发生时,要求儿童表现良好的替代行为。例如儿童乱扔积木,那么儿童就被要求堆起一定数目的积木或在一定时间内(例如两分钟)都要堆积木。恢复式过度矫正指问题行为发生后,儿童要将环境恢复得比原来更好。例如,一个儿童抢别人的玩具,那么他会被要求还给别人两个或更多的玩具。应用这些行为改变技术,会发生以下三种结果:一,在大多数情况下,问题行为得到改善;二,个别情况下,尽管谨慎应用了所选择的行为改变技术,而问题行为仍然存在或恶化(Solnick,

Rincover, & Peterson, 1977);三,当行为改变技术运用得不恰当或不持续时,就无法得到预期的效果(Taylor & Miller, 1997)。

鉴于以上几种结果,专业人员和照料者开始质疑惩罚的实施过程,质疑的焦点是厌恶疗法是否违背了残障群体的基本人权,并且施加厌恶刺激的量受施加者的主观影响较大(Guess et al., 1987)。这些质疑促使专业组织(例如严重残障群体协会、行为分析协会和美国智力障碍协会)通过声明,允许向残障人士使用厌恶疗法这一行为改变技术(参见 Singh, Lloyd, & Kendall, 1990)。随着人们对厌恶疗法的关注增加,人们也开始意识到同样的问题行为有着并不相同的动机(Carr, 1977),并对厌恶疗法的实施和运用进行了再分析(Repp & Singh, 1990)。

再分析的主要成果是回到导致问题行为发生的根本,找出问题行为的发生受哪些因素控制。人们开始关注问题行为的交流意图(Donnellan, Mirenda, Mesaros, & Fassbender, 1984),问题行为的实用功能(Day, Horner, & O'Neil, 1994;Horner & Day,1991),以及识别和控制导致问题行为发生的事件或条件(Kennedy & Meyer, 1996)。随着对问题行为的关注增加,人们通过评估技术分析问题行为的成因,各种动机因素评量表应运而生(Durand & Crimmins, 1988)。设计观察系统,以确定在何时、何种情况下,行为才会发生(Touchette, MacDonald, & Langer, 1985),补充访谈协议,强调直接观测过程,以评估这些因素(Durand & Crimmins, 1988),找到导致行为问题的因素(Arndorfer, Miltenberger, Woster, Rortvedt, & Gaffaney, 1994;O'Neill, Horner, Albin, Storey, & Sprague,1990),并设计验证以上因素是否真的是导致问题行为发生的原因(Iwata, Dorsey, Slifer, Bauman, & Richman, 1982;Wacker et al.,1990)。

对评估的重视强调以积极的方法处理问题行为,特别是利用评估结果设计出更多的前瞻性的策略以预防问题行为的发生。这些策略包括技能训练(Dunlap, Johnson, & Robbins, 1990),给儿童提供更多可选择的活动(Dyer, Dunlap, & Winterling, 1990),功能性沟通训练即用沟通行为替代问题行为(Dyer & Larsson, 1997)和新强化策略如行为惯性(Davis & Reichle, 1996)。行为惯性指强化高发生率的行为,然后再让儿童去参与低发生率的行为(Davis & Brady, 1993)。比如一个儿童总是不按大人的要求去做清洁,那么大人可以先让这个儿童参与三到四项他会服从的活动(拥抱或击掌),强化儿童的这些行为,然后再让儿童去做清洁。除此之外,要在形式上变化施用于儿童的干预策略,并给家庭或其他养护者更多的支持,以优化儿童的生活环境(Koegel, Koegel, & Dunlap, 1996)。

第三,行为塑造有四个阶段:习得、流畅、维持和泛化(Haring, White, & Liberty, 1978)。习得阶段是学习一项技能的基础(例如了解如何操作和运用);流畅阶段是学习如何自然迅速地完成该项技能;维持阶段要求教学结束后行为还能持续表现;泛化阶段是学习如何在没有指导的情况下将技能运用到人、物或环境中(Wolery, Ault, & Doyle, 1992)。这四个阶段适用于不同类型的技能,包括社交、娱乐和认知领域。不同阶段需要不同的干预策略:习得阶段,儿童需要了解如何表现期待行为;流畅阶段,儿童需要反复多次地练习并参与实践;维持阶段,儿童需要过量学习,用自然后果强化流程;泛化阶段的策略有延迟强化、自我控制、让儿童在自然环境中使用各种类型的学习材料、提供不同的教学情境,例如自然环境和在教学情境中模拟自然环境(Wolery et al.,1988)。

在实际干预中要注意以下三个方面:第一,了解儿童现有的行为表现处于学习技能的哪一阶段;第二,干预者使用的干预方法和策略要符合学生的能力和需要;第三,直到儿童不论何时何地都能熟练运用技能才能结束干预。要做到这三点就需要额外监控儿童的行为表现,包括教学环境外的行为表现,并根据儿童的表现制订教学方法和策略。虽然在教学中给学生制订的方案各不相同(Wolery,1996),但是总的教学历程不外乎习得、流畅、维持和泛化这四个阶段(Bailey & Wolery,1992)。

第四,建立和转移刺激控制的历程也可作为教学策略(Wolery, Ault, & Doyle, 1992)。早期干预就以刺激控制为基础。例如环境中的语言教学,关注儿童在活动中的注意力或沟通意图(Kaiser, Yoder, & Keetz, 1992);以同龄人作为榜样的策略,通过团体游戏或结构化游戏活动促进社会交往或社会性游戏技能的发展(McEvoy, Odom, & McConnel, 1992);增进语言、认知和动作行为的直接教学(Wolery et al. 1992);促进应答条件反射行为和环境参与度的策略(Dunst, Lowe, & Bartholomew, 1990; Dunst, Mahoney, & Buchan, 1996)。

刺激控制指为强化期待行为或技能,因情况而异地呈现刺激或刺激群。干预者的任务是确保当刺激呈现时行为发生,这样行为就会被强化。干预者还需利用环境条件增加期待行为发生的可能性。例如要增加儿童开口说话的行为,教师在儿童可以看见的柜子上摆放儿童喜欢的玩具,然后让其他人拿走这个玩具,或者教师给儿童看故事书、讲故事以增加儿童评论的可能性(Ostrosky & Kaiser, 1991)。教师的这些行为为建立刺激控制提供了环境准备。其他建立刺激控制的方法还有运用回应塑造强化近似期待行为的行为(Cooper et al., 1987)。回应塑造不但有效而且可以用于提高现有行为的复杂度。例如,要提升儿童的创造力(例如搭积木或画画),可以用回应塑造强化多样性设计,促使儿童精心制作更多不同的作品(Goetz, 1982)。回应塑造同样可以用来启蒙儿童的初始社会行为,玩社会性游戏或回应他们在换尿布时表现出的社会性机警,会造就更多社会互动(Venn & Wolery, 1992)。

另外一个有效的方法是转移刺激控制(transfer of stimulus control),顾名思义,就是用新刺激去替代旧刺激。最常见的例子就是成人的帮助(例如提示或示范)。如果提示已经可以导致期待行为的发生,那么干预的任务就是转换新刺激。例如,一个儿童模仿大人说话,那么大人的口语示范就是儿童口语行为的刺激控制。出示新事物,示范给新事物命名,强化儿童的模仿行为,经反复练习后逐渐减少示范;当行为建立后,这个刺激控制将会由示范转移到实践中(Wolery et al., 1992)。转移刺激控制包含几个步骤,如自然语言教学、随机教学和指令教学(Kaiser & Hester, 1994; Warren & Gazdag, 1990)。随机教学指调整环境以增加儿童模仿成人的行为,在启蒙阶段使用完整精细的语言;如果儿童言语行为较少,那么就要多示范并积极回应儿童说的话。指令教学强调关注儿童的注意,问一些无关对错的问题,如果儿童没有主动回答,则做示范回答。其他转移控制的方法还有时间延迟、固定时间延迟(Holcombe, Wolery, & Snyder, 1994)和渐进时间延迟(Venn, Wolery, Werts, et al., 1993)。固定时间延迟和渐进时间延迟包含两类学习模式:零秒模式和延迟模式。在干预初期使用零秒模式,协助儿童立即做出回应。延迟模式是延迟协助出现的时间,先由儿童做回应。固定时间延迟是指固定时间后才提供协助;渐进时间延迟则是逐渐延长提供协助的时间(例如每次增加一秒)。转移刺激控制的方法还有学后引导(Choen, Lentz, & Suppa, 1988)。学后引导是在必要时才向儿童提供协助,当儿童可以独立操作时就停止协助,常用于学习一系列操作性的工作流程。最少提示也是转移刺激控制的方法(Filla, Wolery, & Anthony, 1999)。最少提示法至少给儿童提供三个层次的协助,每一层次逐渐提供更多的协助,根据儿童实际需要选择协助层次然后完成行为。

在这些转移刺激控制的方法中,成人要做的就是控制回应,协助的控制被转移为自然或目标的刺激,这就可以减少成人提供的协助。应注意的是,残障儿童的兄弟姐妹(Hancock & Kaiser, 1996)、同龄人(Venn, et al., 1993; Wolery, Werts, Snyde, & Caldwell, 1994)应该已经学会使用这些方法。

第五,这些行为原理经常结合其他方法使用,作为发展干预方案的基础。例如全套课程发展(Tawney, Knapp, O'Reilly, & Pratt, 1979)、综合评价和干预策略(Kozloff, 1994a, 1994b)、为行为问题儿童和沟通障碍儿童设计的方案(Dunlap & Fox, 1996; Fox, Dunlap, & Philbrick, 1997)和综合介入方案(Hoyson, Jamieson, & Strain, 1984; Kohler, Strain, & Shearer, 1996; Strain & Cordisco, 1994)。

教育定向的干预项目面临的挑战

除了先前讨论过的行为理论的贡献,行为主义教育干预项目还面临很多挑战。本节将具体阐述这些挑战,某些情况下这些挑战源自行为理论的运用,其他情况的挑战则存在于与教育哲学相关的早期干预方案中。

对目标和结果具体化的挑战

教育定向干预方案涉及课程,虽然人们对课程的内涵定义不同,但达成共识的有:(1)学习的内容;(2)各种教学方法或学习经验;(3)找出学习者的学习需要;(4)综合运用前三点(Bailey, Jens, & Johnson, 1983; Dunst, 1981)。行为理论主要关注教学方法或学习经验以及评估儿童在特定领域的行为表现。但是行为理论并未深入研究课程设计,所以行为理论方案首先要确定学什么。

为了解决这个问题,曾有过两种解决方法:第一,也是最常用的方法,是引用其他发展理论的方法(Bailey & Wolery, 1992)。邓斯特(Dunst)指出,行为理论可以与其他辩证的发展理论融合(例如,皮亚杰和维果茨基的理论),但不能与发展成熟的理论融合(例如,格塞尔的理论),因为它们的理论基础不同。在融合方案中,儿童接受发展评量,确定教育目标,通过任务分析(将技能划分为小步骤教学)和行为方法学习。

第二,是引用瑟曼(Thurman)的生态调和模型确定课程内容。生态调和模型关注儿童发展以及儿童特性与环境间的适应。瑟曼建议教育干预不仅要促进儿童适应环境,还要改变环境以促进儿童的发展(Thurman & Widerstrom, 1990, p.210)。此方法有三个独立维度:偏差、能力和容忍度,如图9.1所示。

偏差维度的区间由低到高,分为儿童行为、个人特质和两者与环境交互影响产生的结果。偏差不是遗传造成的,也不是固定不变的,因为行为本身不分对错。但是评估偏差是从社会角度出发的,受人为规定的社会价值和观点影响(Thurman, 1997)。能力维度也是由低到高区分,根据儿童习得的功能性行为确定(Thurman, 1997)。功能性行为指发生在特定环境中的特定任务、工作或活动。尚未表现出的功能性行为不代表儿童没能力,而是因为行为的发生受动机和环境的制约(Thurman & Widerstrom, 1990)。即使教会儿童如何表达,当缺乏动机时(内在或外在),也不会出现沟通行为。再者,当下环境中可能已经发生了预期行为,例如儿童没有表达动机,很可能就是因为养护者已经代劳了,或者儿童先前的沟通行为没有得到应有的反馈。容忍度维度同样由低到高,描述个体对环境或社会的适应性(Thurman & Widerstrom, 1990, p.211),区间差异由个体差异或事物的多样性造成。就环境而言,对差异的容忍同时体现在行为或特质异常,以及在环境中完成特定任务的能力上。当社会不能容忍偏差和能力不足时,就会产生适应不良行为。

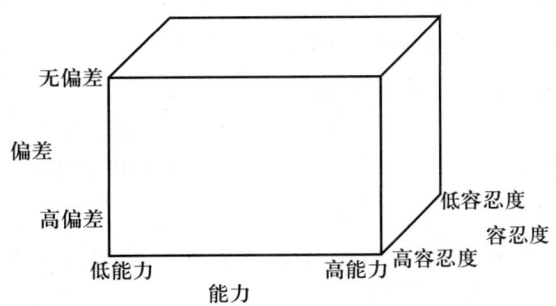

图 9.1　Thurman 的生态调和模型①

就个体而言,适应环境的程度会受具体情境中的活动性质影响,适应能力低下可能是因为个体(例如儿童)无法忍受环境,具体讲就是个体无法忍受环境中的秩序、现状或被他人操控等。

"适应性行为源于个体与环境相互接纳"(Thurman,1997,pp.11-12)。根据这个定义,调整适应性行为并非指"普通"或"常规"行为,而是指个体与环境相互适应的行为。适应性或调和性(个体和环境能产生互动)并非固定不变,随着个体和环境的变化,适应程度会随之变化,提升个体能力、促进个体融入社会,也使个体更接纳环境。

瑟曼和维德斯姆(Thurman & Widerstrom,1990)为促进生态调和所设计的干预方案有三个目标:(1)改变个体行为模式;(2)改变对个体的系统性差异的容忍度;(3)改变对个体能力和感知异常行为的容忍度。他们详细解释了以上三个目标,并将生态调和模式的干预方案分为九个步骤,详见表 9.1。

表 9.1　应用生态调和模型设计干预方案的步骤

1. 找出影响儿童的主要环境因素。
2. 列出环境中的重要任务。
3. 评估儿童完成这些任务的能力。
4. 评估动机和其他影响儿童完成任务的因素。
5. 评估儿童对环境的容忍程度。
6. 描述儿童的行为和特性,有哪些是不被社会或他人容忍的(这些行为和特性也许就是偏差行为,影响儿童发展,成为儿童无法完成重要任务的原因)。
7. 找出能促进生态调和的事物(例如儿童和环境)。
8. 找出干预策略。
9. 监控并记录干预方法,并进行效果评估。

表 9.1 中的步骤与布朗等人为青春期残障者制订的干预计划(Brown et al.,1979)类似。相对于单纯运用发展理论作为干预手段,瑟曼等人的方法至少有以下三个优势:第一,该理论要求干预者找出儿童行为和能力的特点,使干预得以促进儿童独立,帮助儿童适应情境,协助儿童与

---

①　出自 Thurman, S. K. (1997). Systems, ecologies and context of early intervention. In S. K. Thurman, J. R. Cornwell, & S. R. Gottwald (Eds.), *Contexts of early intervention: Systems and settings* (pp.3-17). Baltimore, MD: Paul H. Brookes, p.10.

环境相互适应,由此彰显出个别化教育的成效。第二,该理论帮助干预者了解环境中影响儿童接纳、独立和技能掌握的因素。找到这些影响因素后,干预者能够适当调整干预方案或改变环境,即发展性评量。第三,因为了解儿童的现有能力,干预者就能在不同环境的各种活动中分析儿童的行为。大多数残障儿童缺乏迁移或泛化的能力,干预者通过评量儿童能力和因果特性,就能找到适用于不同情境的干预技术,促进儿童掌握技能并迁移泛化。因此,在干预方案中运用生态调和模式的效果直接,且有显著的影响。

总之,行为理论自身不研究课程设计,其干预内容来自其他理论方法,一个是运用发展理论评估,另一个是分析儿童行为以适应环境。

影响儿童与环境充分互动的挑战

在复杂的生态系统中,发展是个体与社会和物质环境持续互动和转化的结果。除了基因、生态环境的影响,儿童的经验也是重要的影响因素,当然,影响有好有坏(Bijou,1981)。如此一来,为残障儿童制订干预方案时,就必须尽量减少会产生负面影响的经验,同时增加会产生正面影响的经验。从早期干预文献中可以发现,对经济不利家庭进行密集干预(延长每天、每周、每月的干预时长),比松散干预收效更显著(Bryant & Maxwell,1997;Ramey & Ramey,1998)。因此,干预者要在每天的活动中向残障儿童提供正向支持,但是如何具体实施呢?

行为理论干预方案已有两种解决方法。第一,提供密集的干预。例如,加州大学洛杉矶分校的自闭症儿童干预方案中要求治疗师每周至少在自闭症儿童家里或社区幼儿园里提供40小时的一对一干预。大约有一半儿童在七岁之后的评估结果正常(Lovaas,1987;Lovaas & Buch,1997),几年后追踪评估,大部分儿童的评估结果依然维持在正常范围(McEachin,Smith,& Lovaas,1993)。但是,自闭症儿童干预方案只是特例,大部分干预方案并没有要求进行这么密集的干预。

第二,每天在治疗中心向儿童提供干预,增加儿童经验,同时也向父母和养护者提供训练和支持,以确保儿童在不同环境都能获得正向影响。例如,LEAP计划(Project LEAP)规定儿童去的幼儿园师生比例高且以行为理论课程为基础,以满足儿童的个别化需要(Hoyson,Jamieson,& Strain,1984)。儿童的父母也要接受长期培训,以支持儿童在治疗中心外的学习(Strain & Cordisco,1994)。虽然这些干预方案成功地影响了儿童并给予家庭以支持,使儿童与环境能良好互动,但是仍然存在一些缺陷。因为,行为训练不能取代父母与孩子间的情感联系,也不能在父母与孩子的互动间强加干预治疗,虽然这么做也能达到效果,但是父母往往没有足够的时间和精力,也不够客观公正。

行为理论的干预方案为了将儿童发展中的不利影响最小化,将有利影响最大化,除了实施密集的一对一干预,还要求立足中心及进行父母训练。对儿童与环境的互动进行大范围地干预不仅仅是行为干预模式的特色,在所有教育导向的干预方法中也被采用。

反对行为主义理论的挑战

虽然很多有效的干预技术都是根据行为理论设计,行为理论也是设计干预方案的基础,但是很多专业人员对行为理论持反对态度(Strain et al.,1992)。原因如下:第一,对行为理论理解不全面;第二,反对行为理论的机械性和决定性假设;第三,偏向于智力发展理论;第四,对行为理论局限性的不当认识(例如,仅认为行为管理有效);第五,认为行为理论无法与其他观点联合使用;第六,干预实践的本质;第七,行为理论支持者毫无根据地夸大理论与实践成果。这些原因可能导致行为原理不易被接纳,也可能导致专业人员在推荐时迟疑,还可能阻碍行为理论的运用。但是研究者已经开发设计出了一些已被人们接纳并使用的行为理论干预实践方案。

来自广泛的生态环境影响的挑战

正如之前提到过的,儿童所处的自然环境远比他们所处的社会或物质环境宽泛,这些生态环境组成了复杂的交互作用系统(Bronfenbrenner, 1988, 1992; Bronfenbrenner, 1977, 1992)。一个系统改变,其他系统随之改变。在生态系统中,太多因素会造成儿童发展的正向或负向结果。众所周知,许多生态因素(例如,贫困、失业、失学和居无定所)都能使儿童处于发展风险中,尤其是儿童同时面临若干风险因素时(Sameroff, Seifer, Barocas, Zax, & Greenspan, 1987);同样有许多生态因素(例如,经济优越、母亲教育程度高和安定的居住环境)能够给儿童及家庭带来正面影响,尤其是诸多因素一起作用时(Dunst, 1993)。因此,干预方案的目标(至少是部分目标)就是最小化儿童发展风险,最大化儿童发展机遇。

尽管将行为理论与生态系统理论结合运用或许有效,常用于了解和改变儿童周围社会环境和物质环境间的相互影响,但在团体或社区干预方案中并未被广泛使用。因此,行为理论只是教育干预方案中的一部分,如果要求影响深远,还需进一步探讨。所以干预方案要尽可能多地寻求最小化风险因素、最大化机遇因素的其他理论方法。

简单来说就是尽管行为理论可以用于了解儿童所处的环境,并了解儿童在环境中的行为,但是行为导向的教育干预方案仍面临挑战。为了确定课程内容,必须兼顾行为理论和发展理论,还要分析儿童在家里或主要活动地点的行为表现是否一致且符合期望。教育和行为导向的干预方案必须最小化儿童与环境的负向互动,最大化正向互动。干预方案通过向儿童提供密集干预和治疗中心的常规干预,并对父母进行培训,保证儿童在其他环境仍能维持干预效果。行为导向的干预方案在理论和实践方面仍受到质疑,甚至被公开反对,因此行为导向的干预方案还需进一步结合生态理论,以产生更深远的影响。

其他关于环境的理论

下面将阐释另外两个关于环境的理论作为行为导向干预方案的补充或替代,这两个补充干预方案与生态系统论(Bronfenbrenner, 1992)、生态调和模型(Thurman, 1997)论调相似,却能够比行为导向干预方案提供更多的早期干预内容。

古拉尔尼克的早期发展和风险因素模式

古拉尔尼克(Guralnick,1997,1998)提出,"联结影响儿童早期发展的因素与早期干预方案内容的模式由观念和儿童障碍特质组成,儿童能力的限制影响家庭成员的互动模式,而家庭成员互动模式又会影响儿童的发展结果"(1997, p.3)。这个模式将干预方案、儿童与家庭特点和发展结果联结起来(1997, p.4)。古拉尔尼克指出,这个模式适用于组织现有知识并指导未来研究。他认为,残障儿童和面临导致障碍生理风险的儿童早期发展结果受三个因素影响:家庭模式、家庭特质和潜在压力,参见图9.2(Guralnick,1997,p.7)。家庭特质和潜在压力是影响儿童发展的远因,家庭模式则是近因。

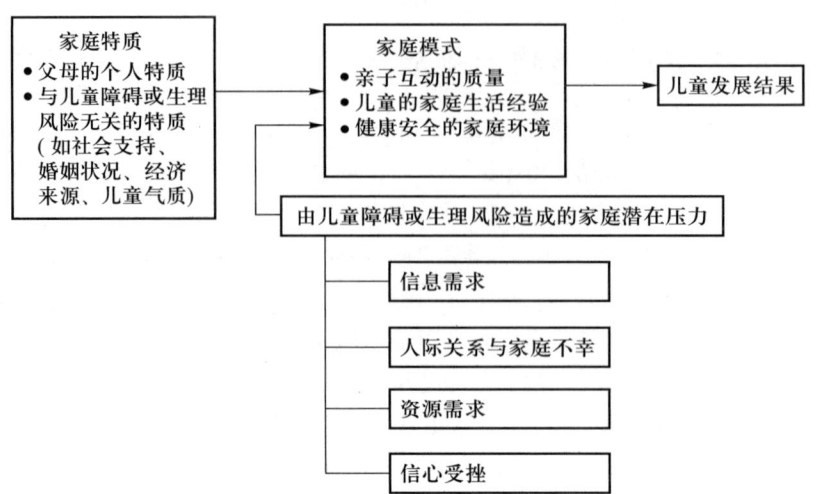

图 9.2 古拉尔尼克影响儿童发展结果的因素模型结构图

家庭模式是影响儿童发展结果的主要因素,其他因素则是借家庭模式发挥作用。家庭模式由亲子互动的质量、儿童的家庭生活经验和健康安全的环境组成。古拉尔尼克从文献中归纳出良好的亲子关系应该是"因情况而异的、鼓舞的、温暖的、非独裁的、恰当的、平等对话的和可发展的"(p.6)。家庭经验是儿童从家庭中获得的有意义经验,包括家庭提供的社会和物质环境刺激和回应,例如安排学龄前的各种娱乐活动、组织小团体游戏、参加文化庆典或观光动物园。家庭模式中第三个元素——保障安全和健康的家庭环境,包括提供体检和疫苗、优质的饮食以及良好的生活习惯(例如睡眠和活动)。以上三个元素同时存在即可保证儿童的良好发展。

然而家庭模式只是一个理想环境,它还受另外两个部分的影响,即家庭特质和潜在压力。家庭特质包括父母的个人特质和儿童的个性特质。这些家庭特质受经历、生活现状和生活条件的影响,例如,"父母的个人特质(情绪、文化水平、家庭教养、文化期许)和无关儿童障碍或潜在风险的特质(婚姻关系、儿童的天生气质、家庭资源和社会资源的支持)"(Guralnick, 1997, p.6),这些特质会影响家庭模式(之前已讨论过)。当这些特质出现问题时(例如经济贫困、社会孤立和精神状况不佳),家庭模式就会受到干扰,受干扰的程度取决于风险的严重程度和累计程度。

妨碍家庭模式建立的是潜在压力。古拉尔尼克(Guralnick, 1997)将潜在压力分为四种:第一,获取信息的压力。为了了解残障儿童,父母需要掌握残障儿童人际关系与互动、诊断与预后、照顾与治疗等各种信息。第二,可能导致残障儿童人际互动或家庭互动困难的压力,包括人际关系紧张、婚姻问题、误解、抚养残障儿童的艰辛等。第三,对各种资源的高消耗的压力,例如需要父母投入大量时间、精力和金钱来照顾残障儿童,又很难得到适合的服务帮助。第四,来自于信心的压力,儿童的残障会影响家庭的决心和信心,让家长怀疑自己的行为或决定是否正确。这些压力堆叠在一起让家庭摇摇欲坠,而建立家庭模式则能将家庭的发展引导向最佳发展状态。

古拉尔尼克提出的模式包含三个相交的部分和早期干预方案(Guralnick, 1997)。他特别指出干预方案需要涵盖资源支持、社会支持、咨询与服务支持,对应前面提到的各种压力。早期干预方案应协助家庭建立家庭模式,促进儿童的发展。

这个模式的主要特点是与早期干预方案的概念相结合,描述家庭如何影响儿童的发展。例如,残障儿童家庭的主要压力是需要某项资源,那么干预方案就要提供该项资源。从理想的角度来讲,古拉尔尼克的模式可以帮助了解儿童与家人的互动和干预结果。

邓斯特和特里维特的资源本位方案

资源本位的早期干预方案(Trivette,Dunst,& Deal,1997)是邓斯特和其他研究人员共同提出的,邓斯特对早期干预的定义如下:

> 早期干预提供给婴幼儿家庭的养育资源来自于正式或非正式的社会支持系统,对父母、家庭和儿童产生直接或间接的影响。换句话来说,早期干预是以个人或团体的形式向残障儿童家庭提供各种支持与服务的总和,可以是在家庭或服务中心提供的特殊教育服务,也可以是来自朋友的理解接纳、医生的建议、邻居的帮助、社会团体的支持以及夫妻间的分担。(Dunst,1985,p.179)

邓斯特与同事以这一定义为基础,提出资源本位模式,见图 9.3(Dunst, Trivette, & Deal, 1988,1994;Dunst,Trivette,Starnes,Hamby,& Gordon,1993)。

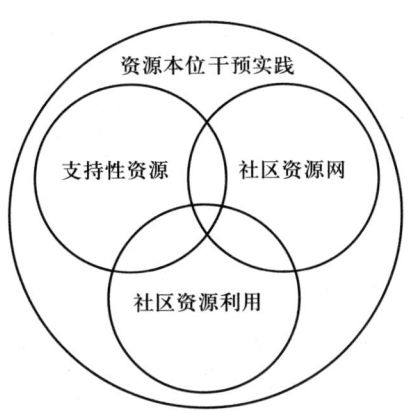

图 9.3 资源本位模式示意图

这一定义早期干预的资源本位模式建立在家庭和儿童受各种生物系统影响的假设之上,即布朗芬布伦纳(Bronfenbrenner,1977)所提出的理论。这个定义也承认"早期干预确实可以给儿童的发展和家庭的功能带来影响,尤其是那些接受早期干预的家庭"(Trivette et al.,1997,p.73)。非正式的支援和补充的资源增强了家庭的功能,家庭和社区同样拥有丰富的资源和优势。资源本位模式就是希望促进这些优势发挥作用。资源本位模式强调家庭成员间的关系,增加家庭做决定的能力,不依赖于专业人员的决定,由家庭自己选择适合自己的早期干预方案(Dunst,1985)。此外,资源本位模式证明了提供支持的多少与干预效果正相关。准确地说,支持程度可以预期干预效果(Dunst et al.,1994,第 14 章)。总之,邓斯特及其同事们确立了支持关系的重要观念、态度和行为方式。

尽管此模式指出了许多影响儿童发展的风险因素,但同时也指出了社区和干预方案可以提供给家庭的机会因素(Dunst & Trivette,1997)。机会因素促进家庭及儿童的发展,提高儿童的各种能力(Dunst,1993),这些机会因素有"母亲的正向人格和健康的社会心理、母亲的自控力、母亲的高教育程度、父亲的职业、稳定的生活、父母关系融洽"(Dunst & Trivette,1997,p.161)。这些因素直接影响儿童的发展结果(Dunst & Trivette,1997),但前提是社区资源丰富并向家庭提供支持。

资源和服务两者是有区别的,资源存在于社区,而服务以专业性为基础。社区中的资源是多样的、可更新的,而服务的类型则较少,而且提供服务的门槛较高。正如之前提到过的,资源模式有正式和非正式之分,而服务模式则强调提供正式服务;资源模式侧重实用性,而服务模式则关注人们急需的帮助。"资源模式是残障儿童家庭根据地方制度尽可能多地使用家庭以外的资源,服务模式则是由专业工作人员制订并实施"(Trivette et al.,1997,p.77)。社区是资源模式的核心,这里的社区并不仅限于地理位置上的社区资源(例如邻居),而是泛指更广泛的团体和成员,"社区资源指可为学龄期儿童家庭提供支持的社区居民、团体、组织、专员等"(Trivette et al.,1997,p.76)。大多数社区资源并非专门为特殊儿童家庭利用,而是面向全体儿童的家庭。

如图9.3中资源本位模式包括三个部分:支持性资源、社区资源网和社区资源利用。特里维特等人将支持性资源分为四个类别:个人社交网络成员、团体组织、社区和专业干预方案、特殊服务。个人社交网络可能包括家庭寻求帮助、指导的对象,例如配偶、朋友、亲戚、宗教领袖或者与家庭密切接触的人(例如工作或生活伙伴)。团体组织指社区中的各种机构,例如"教会团体、公共事务、社区支持团体、慈善组织、服务性团体等"(Trivette et al.,1997,p.82)。社区和专业干预方案包括儿童养护方案、社区大学、医院、医疗服务、职业介绍、图书馆等。特殊服务是专门提供给残障儿童及其家庭的服务,例如心理健康服务、专业人员(特殊教育专业人员和治疗师)、转介服务等。通常这四个类别的资源在早期干预方案中互相联系、互相促进。

社区资源模式的第二部分是社区资源网(Trivette et al.,1997)。一个完善的社区资源网需要开发邻近地区或乡镇的各种资源,对于残障儿童家庭来说,这些资源重要且可运用。社区资源网可与家庭合作,并向家庭提供支持。

第三部分是社区资源利用。社区资源利用从发现社区特点和资源开始,特里维特归纳出以下三个步骤:(1)发现社区居民和团体的特色;(2)明确它们如何满足儿童和家庭的需求;(3)消除运用资源过程中的各种障碍(Trivette et al.,1997,p.86)。

这些年来,资源本位的早期干预方案各有不同,资源模式不同,干预方案随之不同,但是早期干预方案很少全盘运用资源本位的方法。资源本位模式的理论依据扎实(Dunst & Trivette,1997;Trivette et al.,1997),最大的特色在于运用有效且可行的社区资源向家庭提供支持,鼓励家庭参与进来,减少风险因素的冲击。

结论:早期干预的概念

古拉尔尼克的行为理论以及邓斯特和特里维特的资源本位模式提出了不同的早期干预手段。在早期干预中运用行为理论是非常重要的,介绍行为理论和资源本位模式的原因是教育学原理中的行为理论无法满足早期干预中的广泛需求。除了行为理论外,古拉尔尼克、邓斯特以及特里维特的理论都是源自布朗芬布伦纳的生态系统理论。古拉尔尼克和邓斯特、特里维特两派的学者也认识到目前一些早期干预对家庭功能和儿童产生了不利影响,并相应提出了如何将生态系统环境运用在早期干预方案中。古拉尔尼克的理论认为家庭对儿童发展起到直接且首要的影响,然而家庭环境中仍然存在一些风险因素,那么早期干预方案势必要找出造成家庭压力的来源或造成儿童发展风险的因素,尤其是来自儿童的障碍或家庭特质的风险因素。邓斯特和特里维特的资源本位模式也认为家庭是影响儿童发展的主要来源,而早期干预就是要协助家庭运用各种资源融入社会,这比减轻家庭的压力或找出威胁家庭功能的危机更重要。古拉尔尼克的理论更侧重于向儿童或家庭提供非正式支援,而资源本位模式则更系统、更有意识地向家庭提供各种支援。这两种以布朗芬布伦纳理论为基础的理论都提出了早期干预的具体实施方案,区别在于资源本位模式更重视社区资源的运用,促进家庭融入社区,同时强调直接且有计划地向家庭提供非正式支援。

古拉尔尼克和邓斯特、特里维特都强调直接向儿童提供服务,例如治疗中心本位干预方案等。这些模式提供的指导原则让工作人员了解如何筹备或经营早期干预中心。我们可以假设,古拉尔尼克的行为理论是建议运用各种能够促进儿童发展的方法,而邓斯特和特里维特的资源本位模式则强调运用社区资源,社区中的普通儿童即是支持残障儿童正常发展的资源,早期干预工作者的工作就是统合社区资源与社区活动空间。早期干预目标是依据儿童发展阶段或瑟曼(Thurman,1977)的生态架构制订的。上述理论各具特色,不分优劣,可以兼容并蓄,合理搭配使用。

意　　义

这些理论将影响实践工作和未来的研究。下面将具体分析一些重要的意义,可能不够全面,更重要的意义还有待进一步研究提出。

对早期干预项目的意义

上述早期干预理论都有一个假设:儿童的经历是影响儿童发展的重要因素。行为理论的干预方案中影响儿童发展的部分有两个:提供一对一密集式干预;在早期疗育中心培训父母,教导父母在早期疗育中心以外的环境保持与儿童的有效互动,维持干预方案的影响力。邓斯特和特里维特的资源本位模式提供了替代性的补救方案,协助家庭运用社区资源,在早期干预介入之前,家庭就能向儿童提供正向经验刺激。古拉尔尼克认为儿童和谐幸福的成长环境可促进儿童的发展。

有些成长经历可以促进儿童正向发展,而有些经历则会导致负向的发展结果,这些经历包括长期受虐待、缺乏关照、社会参与不足、生活经历贫乏、环境中的语言刺激少以及无助。干预方案中要促进儿童增加的经验正是他们受制于障碍而缺少的经验,早期干预的原则就是运用社区中的社交支持网络,创造儿童与家人互动的机会(Dunst & Trivette,1997);减少家庭压力,促进家庭正常运作(Guralnick,1997);根据生态调和的准则制订干预目标。但是,即使是早期干预本身也可能对儿童的发展造成负面影响。干预方案常常是在特定情境中提供支持,但是提供的都是知识的片段,无法完整运用,如此一来,有些干预方案就会对儿童和家庭的发展带来负面影响。邓斯特认为,只教授知识片段、替代家长做决定以及将家庭视作造成儿童障碍的源头都是影响早期干预效果的因素。相应地,儿童的启蒙、探索与独立也会受到影响,并且过度干预反而会产生反作用(Bailey & Wolery,1992,第7章)。因此,早期干预方案中的每个步骤都要经过反复考量,判断是否符合干预目标。

除了儿童与环境互动的经验外,生态环境中的其他因素也会影响家庭功能和儿童发展。例如经济贫困、母亲教育程度低、父母失业、孕期滥用药物和长期服药、单亲家庭以及父母心智不成熟等。虽然这些不是影响儿童发展的直接因素,但是逐渐累积后同样会造成不良后果,影响儿童发展(Dunst,1993)。家庭以外的生态因素也可能促进儿童发展(例如机会因素,Dunst,1993;Dunst & Trivette,1997)。对早期干预的启示有三:(1)早期干预的目的在于减少威胁儿童发展的风险因素,尤其是若干风险因素同时存在的可能。古拉尔尼克、邓斯特、特里维特提出了如何通过早期干预方案避免这些风险因素的方法。(2)早期干预应为家庭争取儿童发展的机会因素,其中的典型代表是资源本位的早期干预方案。(3)尽管早期干预方案整合了社区中的各种资源,但对于残障儿童来说仍然不够。为了减少儿童发展的风险因素、增加机会因素,政策支持和社会支持十分必要。只是政策支持和社会支持超出了早期干预的实践内容,我们更应该关注我们能力范围内的事情。

对未来研究的意义

本章讨论的关于早期干预方案的种种问题,足以花费研究人员数年时间研究,其中有些问题格外值得关注,例如探索促进儿童发展的机会因素。对于如何通过早期干预或者如何利用社区资源帮助家庭获得支持,我们都没有一个清晰的方向。另外我们还需要把握促进儿童发展的机会因素,包括如何确定和评估这些因素,它们到底能否促进儿童的发展以及它们是如何促进儿童发展的。这些研究方向不仅影响早期干预的实践工作与政策制定,还可以增加我们对儿童及其家庭的认识。

虽然我们鼓励儿童参与社区中的各种常规活动,以增加他们的生活经验从而促进儿童发展,但是我们不能保证事事都如预想的那么顺利,虽然这些理论都能成立,但是我们仍需进一步探究儿童的发展是否与这些活动有关,这些活动是否能够一直进行下去。我们也无法保证残障儿童的家人都能够参与这些活动,当残障儿童家庭肯定这些活动的价值时,这些活动又该如何与早期干预方案相辅相成?

古拉尔尼克的理论探讨早期干预方案对家庭功能和儿童发展是否具有特别的影响。目前仍然悬而未决的问题是,目前的早期干预理论是否能满足实践的需要,知识经验是否符合特殊儿童的家庭特质,设计出的早期干预方案是否长久可行。

尽管20世纪90年代研究者都在探究早期干预的相关议题,但是研究者还是应该把重心放在如何促进残障儿童发展上。研究应以生态调和模式为基础,融入行为理论,教导干预者如何在活动中或日常生活环境中运用这些理论。我们无法为了减轻父母负担或促进儿童发展就全程协助家庭建立常规或执行活动,而且我们掌握的针对极重度残障儿童的养育方法也十分有限。

最后,为了不断发展早期干预,我们需要不断更新知识。研究和实践的差距在于如何运用和传播研究结果、如何展开实践工作以及如何通过理论来支持实践的创新与应用。造成这些差距的原因可能是研究的议题不符合实践工作者的需求，从而使研究结果不能直接用在干预实践中。此外，研究方法选取不恰当也是造成差距的原因。

未来的早期干预项目

早期干预的简短历史已经给出大量关于如何认识环境、个体与环境的相互作用如何发生、环境因素如何作用于家庭与孩子等的相关信息。同时，早期干预的简短历史也体现出环境中的个体、系统、相互作用力等因素之间的复杂性。众所周知，残障儿童及其家庭并非均匀分布，且在任何维度都有巨大的个体差异性。目前已经开始发展个别化家庭服务计划，如果理论与研究指导体系进一步发展，未来的早期干预方案会更强调个别化。强调个别化的原因有：(1) 一成不变的干预方案不能满足所有儿童和家庭的需要；(2) 家庭中来自种族、宗教信仰和价值观等方面越来越大的差异；(3) 更符合资源本位模式的要求。当机构衔接和美国人生活中的早期干预活动日趋减少时，早期干预活动将渗透进家庭所在社区。对于早期干预人员来说，解决这一棘手问题还存在较大挑战。

越来越多的家庭有托管年幼残障儿童的需要，那么托管残障儿童，尤其是重度残障儿童的服务就会被纳入早期干预方案中。各类儿童保健计划将越来越多地被要求涵盖特殊儿童，甚至有较高残障度的孩子。此时最大的挑战就是如何促进儿童体验、发展与学习，而且对工作人员的要求很高。在这种环境中使用的行为模式的初步尝试表明，这是可行的(Wolery & Wilbers, 1994)；然而，这些往往发生在儿童与工作人员有较好比例的高品质的儿童护理项目中。在美国，提供托管服务的机构良莠不齐，因此，未来早期干预的主要任务将是使有显著需求的儿童融入环境，提高残障儿童托管服务的品质。

参 考 文 献

Arndorfer, R. E., Miltenberger, R. G., Woster, S. H., Rortvedt, A. K., & Gaffaney, T. (1994). Home-based descriptive and experimental analysis of problem behaviors in children. *Topics in Early Childhood Special Education, 14,* 64–87.

Baer, D. M. (1978). The behavioral analysis of trouble. In K. E. Allen, V. J. Holm, & R. L. Schiefelbusch (Eds.), *Early intervention – A team approach* (pp. 57–93). Baltimore, MD: University Park Press.

Baer, D. M., Wolf, M. M., & Risley, T. (1968). Current dimensions of applied behavior analysis. *Journal of Applied Behavior Analysis, 1,* 91–7.

Bailey, D. B., Jens, K. G., & Johnson, N. (1983). Curricula for handicapped infants. In S. G. Garwood & R. R. Fewell (Eds.), *Educating handicapped infants: Issues in development and intervention* (pp. 387–419). Rockville, MD: Aspen.

Bailey, D. B., & Wolery, M. (1992). *Teaching infants and preschoolers with disabilities* (2nd ed.). Englewood Cliffs, NJ: Prentice Hall.

Bijou, S. W. (1981). The prevention of retarded development in disadvantaged children. In M. J. Begab, H. C. Haywood, & H. L. Garber (Eds.), *Psychosocial influences in retarded performance. Volume I: Issues and theories in development.* Baltimore, MD: University Park Press.

Bijou, S. W., & Baer, D. M. (1961). *Child development: Vol 1: A systematic and empirical theory.* New York: Appleton-Centry-Crofts.

Bijou, S. W., & Baer, D. M. (1965). *Child development: Vol 2: Universal stage of infancy.* New York: Appleton-Centry-Crofts.

Bijou, S. W., & Baer, D. M. (1978). *Behavior analysis of child development.* Englewood Cliffs, NJ: Prentice Hall.

Bronfenbrenner, U. (1977). Toward an experimental ecology of human development. *American Psychologist, 32,* 32, 513–31.

Bronfenbrenner, U. (1992). *Ecological systems theory.* London: Jessica Kingsley Publishers.

Brown, L., Branston, M. B., Hamre-Nietupski, S., Pumpian, I., Certo, N., & Gruenewald, L. (1979). A strategy for developing age appropriate and functional curricular content for severely handicapped adolescents and young adults. *Journal of Special Education, 13,* 81–90.

Bryant, D., & Maxwell, K. (1997). The effectiveness of early intervention for disadvantaged children. In M. J. Guralnick (Ed.), *The effectiveness of early intervention* (pp. 23–46). Baltimore, MD: Paul Brookes.

Carr, E. G. (1977). The motivation of self-injurious behavior: A review of some hypotheses. *Psychological Bulletin, 84,* 800–16.

Carr, E. G., Reeve, C. E., & Magito-McLaughlin, D. (1996). Contextual influences on problem behavior in people with developmental disabilities. In L. K. Koegel, R. L. Koegel, & G. Dunlap (Eds.), *Positive behavioral support: Including people with difficult behavior in the community* (pp. 403–23). Baltimore, MD: Paul H. Brookes.

Cooper, J. O., Heron, T. E., & Heward, W. L. (1987). *Applied behavior analysis.* Columbus, OH: Merrill.

Davis, C. A., & Brady, M. P. (1993). Expanding the utility of behavioral momentum with young children: Where we've been, where we need to go. *Journal of Early Intervention, 17,* 211–23.

Davis, C. A., & Reichle, J. (1996). Variant and invariant high-probability requests: Increasing appropriate behaviors in children with emotional-behavioral disorders. *Journal of Applied Behavior Analysis, 29,* 471–82.

Day, H. M., Horner, R. H., & O'Neill, R. E. (1994). Multiple functions or problem behaviors: Assessment and intervention. *Journal of Applied Behavior Analysis, 27,* 279–89.

Doke, L. A., & Epstein, L. H. (1975). Oral overcorrection: Side effects and extended applications. *Journal of Experimental Child Psychology, 20,* 496–511.

Donnellan, A. M., Mirenda, P. L., Mesaros, R. A., & Fassbender, L. L. (1984). Analyzing the communicative functions of aberrant behavior. *Journal of the Association for Persons with Severe Handicaps, 9,* 201–12.

Dunlap, G., & Fox, L. (1996). Early intervention and serious problem behaviors. In L. K. Koegel, R. L. Koegel, & G. Dunlap (Eds.), *Positive behavioral support: Including people with diffi cult behavior in the community* (pp. 31–50). Baltimore, MD: Paul H. Brookes.

Dunlap, G., Johnson, L. F., & Robbins, F. R. (1990). Preventing serious behavior problems through skill development and early intervention. In A. C. Repp & N. N. Singh (Eds.), *Perspectives on the use of nonaversive and aversive interventions for persons with developmental disabilities* (pp. 273–86). Sycamore, IL: Sycamore Publishing.

Dunst, C. J. (1981). *Infant learning: A cognitive-linguistic intervention strategy.* Hingham, MA: Teaching Resources.

Dunst, C. J. (1985). Rethinking early intervention. *Analysis and Intervention in Developmental Disabilities, 5,* 165–201.

Dunst, C. J. (1993). Implications of risk and opportunity factors for assessment and intervention practices. *Topics in Early Childhood Special Education, 13,* 143–53.

Dunst, C. J., Lowe, L. W., & Bartholomew, P. C. (1990). Contingent social responsiveness, family ecology, and infant communicative competence. *National Student Speech Language Hearing Association Journal, 17,* 39–49.

Dunst, C. J., Mahoney, G., & Buchan, K. (1996). Promoting the cognitive competence of young children with or at risk for developmental disabilities. In S. L. Odom & M. E. McLean (Eds.), *Early intervention/early childhood special education* (pp. 159–96). Austin, TX: PRO-ED.

Dunst, C. J., & Trivette, C. M. (1997). Early intervention with young at-risk children and their families. In R. Ammerman & M. Hersen (Eds.), *Handbook of prevention and treatment with children and adolescents: Intervention in the real world* (pp. 157–80). New York: Wiley.

Dunst, C. J., Trivette, C. M., & Deal, A. G. (1988). *Enabling and empowering families: principles and guidelines for practice.* Cambridge, MA: Brookline Books.

Dunst, C. J., Trivette, C. M., & Deal, A. G. (1994). *Supporting and strengthening families: Vol. 1: Methods, strategies and practices.* Cambridge, MA: Brookline Books.

Dunst, C. J., Trivette, C. M., Starnes, A. L., Hamby, D. W., & Gordon, N. J. (1993). *Building and evaluating family support initiatives: A national study of programs for persons with developmental disabilities.* Baltimore, MD: Paul H. Brookes.

Durand, V. M., & Crimmins, D. B. (1988). Identifying the variables maintaining self-injurious behavior. *Journal of Autism and Developmental Disorders, 18,* 99–117.

Dyer, K., Dunlap, G., & Winterling, V. (1990). Effects of choice making on the serious problem behaviors of students with severe handicaps. *Journal of Applied Behavior Analysis, 23,* 515–24.

Dyer, K., & Larsson, E. V. (1997). Developing functional communication skills: Alternatives to severe behavior problems. In N. N. Singh (Ed.), *Prevention and treatment of severe behavior problems: Models and methods in developmental disabilities* (pp. 121–48). Pacific Grove, CA: Brooks/Cole.

Filla, A., Wolery, M., & Anthony, L. (1999). Promoting children's conversations during play with adult prompts. *Journal of Early Intervention, 22,* (2):93-108

Fox, L., Dunlap, G., & Philbrick, L. A. (1997). Providing individual supports to young children with autism and their families. *Journal of Early Intervention, 21,* 1–14

Foxx, R. M., & Azrin, N. H. (1973). The elimination of autistic self-stimulatory behavior by overcorrection. *Journal of Applied Behavior Analysis, 6,* 1–14.

Gallagher, J. J. (1996). Policy development and implementation for children with disabilities. In E. F. Zigler, S. L. Kagan, & N. W. Hall (Eds.), *Children, families, and government: Preparing for the twenty-first century* (pp. 171–87). New York: Press Syndicate.

Goetz, E. M. (1982). A review of functional analyses of preschool children's creative behaviors. *Education and Treatment of Children, 5,* 157–77.

Guess, D., Helmstetter, E., Turnbull, H. R., III, & Knowlton, S. (1987). Use of aversive procedures with persons who are disabled: A historical review and critical analysis. *TASH Monograph Series, No. 2.* Seattle, WA: The Association for Persons with Severe Handicaps.

Guralnick, M. J. (1997). Second generation research in the field of early intervention. In M. J. Guralnick (Ed.), *The effectiveness of early intervention*. Baltimore, MD: Paul H. Brookes.

Guralnick, M. J. (1998). Effectiveness of early intervention for vulnerable children: A developmental perspective. *American Journal on Mental Retardation, 102,* 319–45.

Hancock, T., & Kaiser, A. P. (1996). Siblings' use of milieu teaching at home. *Topics in Early Childhood Special Education, 16,* 168–90.

Haring, N. G., White, O. R., & Liberty, K. A. (1978). *An investigation of phases of learning and facilitating instructional events for the severely handicapped: Annual progress report 1977–1978*. Seattle: University of Washington, College of Education.

Hatton, D. D., Bailey, D. B., Burchinal, M. R., & Ferrell, K. A. (1997). Developmental growth curves of preschool children with vision impairments. *Child Development, 64,* 788–806.

Holcombe, A., Wolery, M., & Snyder, E. (1994). Effects of two levels of procedural fidelity with constant time delay on children's learning. *Journal of Behavioral Education, 4,* 49–73.

Horner, R. H., & Day, H. M. (1991). The effects of response efficiency on functionally equivalent competing behaviors. *Journal of Applied Behavior Analysis, 24,* 719–32.

Horner, R. H., Vaughn, B. J., Day, H. M., & Ard, W. R. (1996). The relationship between setting events and problem behavior: Expanding our understanding of behavioral support. In L. K. Koegel, R. L. Koegel, & G. Dunlap (Eds.), *Positive behavioral support: Including people with difficult behavior in the community* (pp. 381–402). Baltimore, MD: Paul H. Brookes.

Hoyson, M., Jamieson, B., & Strain, P. S. (1984). Individualized group instruction of normally developing and autistic-like children: The LEAP curriculum model. *Journal of the Division for Early Childhood, 8,* 157–72.

Iwata, B. A., Dorsey, M. F., Slifer, K. J., Bauman, K. E., & Richman, G. S. (1982). Toward a functional analysis of self-injury. *Analysis and Intervention in Developmental Disabilities, 2,* 3–20.

Kaiser, A. P., & Hester, P. P. (1994). Generalized effects of enhanced milieu teaching. *Journal of Speech and Hearing Research, 37,* 1320–40.

Kaiser, A. P., Yoder, P., & Keetz, A. (1992). Evaluating milieu teaching. In S. F. Warren & J. Reichle (Eds.), *Causes and effects in communication and language intervention* (pp. 9–47). Baltimore, MD: Paul H. Brookes.

Kennedy, C. H., & Meyer, K. A. (1996). Sleep deprivation, allergy symptoms, and negatively reinforced problem behavior. *Journal of Applied Behavior Analysis, 29,* 133–5.

Koegel, L. K., Koegel, R. L., & Dunlap, G. (1996). *Positive behavioral support: Including people with difficult behavior in the community*. Baltimore, MD: Paul H. Brookes.

Kohler, F. W., Strain, P. S., & Shearer, D. D. (1996). Examining levels of social inclusion within an integrated preschool for children with autism. In L. K. Koegel, R. L. Koegel, & G. Dunlap (Eds.), *Positive behavioral support: Including people with difficult behavior in the community* (pp. 305–32). Baltimore, MD: Paul H. Brookes.

Kozloff, M. A. (1994a). *Improving educational outcomes for children with disabilities: Principles of assessment, program planning, and evaluation*. Baltimore, MD: Paul H. Brookes.

Kozloff, M. A. (1994b). *Improving educational outcomes for children with disabilities: Guidelines and protocols for practice*. Baltimore, MD: Paul H. Brookes.

Lovaas, O. I. (1987). Behavioral treatment and normal educational and intellectual functioning in young autistic children. *Journal of Consulting and Clinical Psychology, 55,* 3–9.

Lovaas, O. I., & Buch, G. (1997). Intensive behavioral intervention with young children with autism. In N. N. Singh (Ed.), *Prevention and treatment of severe behavior problems: Models and methods in developmental disabilities* (pp. 69–86). Pacific Grove, CA: Brooks/Cole.

Luiselli, J. K., Colozzi, G. A., Helfen, C. S., & Pollow, R. S. (1980). Differential reinforcement of incompatible behavior (DRI) in treating classroom management problems of developmentally disabled children. *Psychological Record, 30,* 261–70.

Mace, F. C., & Heller, M. (1990). A comparison of exclusion time-out and contingent observation for reducing severe disruptive behavior in a 7-year-old boy. *Child and Family Behavior Therapy, 12,* 57–68.

McEachin, J. J., Smith, T., & Lovaas, O. I. (1993). Long-term outcomes for children with autism who received early intensive behavioral treatment. *American Journal on Mental Retardation, 97,* 359–72.

McEvoy, M. A., Odom, S. L., & McConnell, S. R. (1992). Peer social competence interventions for young children with disabilities. In S. L. Odom, S. R. McConnell, & M. A. McEvoy (Eds.), *Social competence of young children with disabilities: Issues and strategies for intervention* (pp. 113–33). Baltimore, MD: Paul H. Brookes.

Michael, J. (1982). Distinguishing between discriminative and motivational functions of stimuli. *Journal of the Experimental Analysis of Behavior, 37,* 149–55.

Michael, J. (1993). Establishing operations. *Behavior Analyst, 16,* 191–206.

Ogier, R., & Hornby, G. (1996). Effects of differential reinforcement on the behavior and self-esteem of children with emotional and behavioral disorders. *Journal of Behavioral Education, 6,* 501–10.

O'Neill, R. E., Horner, R. H., Albin, R. W., Storey, K., & Sprague, J. R. (1990). *Functional analysis of problem behavior: A practical assessment guide*. Sycamore, IL: Sycamore Publishing.

Ostrosky, M. M., & Kaiser, A. P. (1991). Preschool classroom environments that promote communication. *Teaching Exceptional Children, 23*(4), 6–10.

Ramey, C. T., & Ramey, S. L. (1998). Early intervention and early experience. *American Psychologist, 53,* 109–20.

Repp, A. C., & Deitz, S. M. (1974). Reducing aggressive and self-injurious behavior of institutionalized retarded children through reinforcement of other behaviors. *Journal* of *Applied Behavior Analysis, 7,* 313–25.

Repp, A. C., & Singh, N. N. (1990). *Perspectives on the use of nonaversive and aversive interventions for persons with developmental disabilities.* Sycamore, IL: Sycamore Publishing.

Sameroff, A. J., Seifer, R., Barocas, B., Zax, M., & Greenspan, S. (1987). IQ scores of 4-year-old children: Social–environmental risk factors. *Pediatrics, 79,* 343–50.

Schoen, S. F., Lentz, F. E., Jr., & Suppa, R. J. (1988). An examination of two prompt fading procedures and opportunities to observe in teaching handicapped preschoolers self-help skills. *Journal of the Division for Early Childhood, 12,* 349–58.

Singh, N. N. (Ed.). (1997). *Prevention and treatment of severe behavior problems: Models and methods in developmental disabilities.* Pacific Grove, CA: Brooks/Cole.

Singh, N. N., Lloyd, J. W., & Kendall, K. A. (1990). Nonaversive and aversive interventions: Issues. In A. C. Repp & N. N. Singh (Eds.), *Perspectives on the use of nonaversive and aversive interventions for persons with developmental disabilities* (pp. 3–16). Sycamore, IL: Sycamore Publishing.

Skinner, B. F. (1953). *Science and human behavior.* New York: Macmillan.

Smith, B. J., & McKenna, P. (1994). Early intervention public policy: Past, present, and future. In L. J. Johnson, R. J. Gallagher, & M. J. LaMontagne (Eds.), *Meeting early intervention challenges: Issues from birth to three* (pp. 251–64). Baltimore, MD: Paul Brookes.

Solnick, J. V., Rincover, A., & Peterson, C. R. (1977). Some determinants of the reinforcing and punishing effects of time-out. *Journal of Applied Behavior Analysis, 10,* 415–24.

Strain, P. S., & Cordisco, L. K. (1994). LEAP preschool. In S. Harris & J. Handleman (Eds.), *Preschool education programs for children with autism.* Austin, TX: PRO-ED.

Strain, P. S., McConnell, S. R., Carta, J. J., Fowler, S. A., Neisworth, J. T., & Wolery, M. (1992). Behaviorism in early intervention. *Topics in Early Childhood Special Education, 12,* 121–41.

Taylor, J., & Miller, M. (1997). When timeout works some of the time: The importance of treatment integrity and functional assessment. *School Psychology Quarterly, 12,* 4–22.

Tawney, J. W., Knapp, D. S., O'Reilly, C. D., & Pratt, S. S. (1979). *Programmed environments curriculum.* Columbus, OH: Merrill.

Thurman, S. K. (1997). Systems, ecologies, and the context of early intervention. In S. K. Thurman, J. R. Cornwell, & S. R. Gottwald (Eds.), *Contexts of early intervention: Systems and settings* (pp. 3–17). Baltimore, MD: Paul H. Brookes.

Thurman, S. K., & Widerstrom, A. H. (1990). *Infants and young children with special needs: A developmental and ecological approach* (2nd ed.). Baltimore, MD: Paul H. Brookes.

Touchette, P. E., MacDonald, R. F., & Langer, S. N. (1985). A scatter plot for identifying stimulus control of problem behavior. *Journal of Applied Behavior Analysis, 18,* 343–51.

Trivette, C. M., Dunst, C. J., & Deal, A. G. (1997). Resource-based approach to early intervention. In S. K. Thurman, J. R. Cornwell, & S. R. Gottwald (Eds.), *Contexts of early intervention: Systems and settings* (pp. 73–92). Baltimore, MD: Paul H. Brookes.

Twyman, J. S., Johnson, H., Buie, J. D., & Nelson, M. (1994). The use of a warning procedure to signal a more intrusive timeout contingency. *Behavioral Disorders, 19,* 243–53.

Utley, C. A., Hoehn, T. P., Soraci, S. A., & Baumeister, A. A. (1993). Span of apprehension in mentally retarded children: An initial investigation. *Journal of Intellectual Disability Research, 37,* 183–7.

Venn, M. L., & Wolery, M. (1992). Increasing day care staff members' interactions during caregiving routines. *Journal of Early Intervention, 16,* 304–19.

Venn, M. L., Wolery, M., Fleming, L. A., DeCesare, L. D., Morris, A., & Sigesmund, M. H. (1993). Effects of teaching preschool peers to use the mand-model procedure during snack activities. *American Journal of Speech-Language Pathology, 2*(1), 38–46.

Venn, M. L., Wolery, M., Werts, M. G., Morris, A., DeCesare, L. D., & Cuffs, M. S. (1993). Embedding instruction in art activities to teach preschoolers with disabilities to imitate their peers. *Early Childhood Research Quarterly, 8,* 277–94.

Wacker, D., Steege, M., Northup, J., Reimers, T., Berg, W., & Sasso, G. (1990). Use of functional analysis and acceptability measures to assess and treat severe behavior problems: An outpatient clinic model. In A. C. Repp & N. N. Singh (Eds.), *Perspectives on the use of nonaversive and aversive interventions for persons with developmental disabilities* (pp. 349–59). Sycamore, IL: Sycamore Publishing.

Warren, S. F., & Gazdag, G. (1990). Facilitating early language development with milieu intervention procedures. *Journal of Early Intervention, 14,* 62–83.

Warren, S. F., & Kaiser, A. P. (1986). Incidental language teaching: A critical review. *Journal of Speech and Hearing Disorders, 51,* 291–9.

Wolery, M. (1996). Monitoring child progress. In M. McLean, D. B. Bailey, & M. Wolery (Eds.), *Assessing infants and preschoolers with special needs* (pp. 519–60). Englewood Cliffs, NJ: Prentice Hall.

Wolery, M., Ault, M. J., & Doyle, P. M. (1992). *Teaching students with moderate and severe disabilities: Use of response prompting strategies.* White Plains, NY: Longman.

Wolery, M., Bailey, D. B., & Sugai, G. M. (1988). *Effective teaching: Principles and procedures of applied behavior analysis with exceptional students.* Boston: Allyn and Bacon.

Wolery, M., Strain, P. S., & Bailey, D. B. (1992). Reaching the potentials of children with special needs. In S. Bredekamp & T. Rosegrant (Eds.), *Reaching potentials: Appropriate curriculum and assessment for young children* (pp. 92–111). Washington, DC: National Association for the Education of Young Children.

Wolery, M., Werts, M. G., Snyder, E. D., & Caldwell, N. K. (1994). Efficacy of constant time delay implemented by peer tutors in general education classrooms. *Journal of Behavioral Education, 4,* 415–36.

Wolery, M., & Wilbers, J. S. (1994). *Including children with special needs in early childhood programs*. Washington, DC: National Association for the Education of Young Children.

Yeager, C., & McLaughlin, T. F. (1995). The use of a time-out ribbon and precision requests to improve child compliance in the classroom: A case study. *Child and Family Behavior Therapy*, *17*, 1–9.

参考文献

第10章 早期干预的神经生物学基础[①]

查尔斯·A. 纳尔逊（Charles A. Nelson）

本章节主要讨论早期干预得以成功的神经生物学基础，主要观点是任何干预的效果都取决于神经系统（在细胞、代谢或组织结构层次上）被各种经历改造的能力，这一过程，也就是贯穿整章的"神经可塑性"，通常与时机有关，也就是说，通常改变神经功能都有一个关键期。然而神经系统的关键期不同，某些神经系统改变所需的时间要比其他系统更长。研究表明，神经系统的可塑性取决于时间和程度。

为了体现神经可塑性对早期干预的重要性，本章先介绍受精卵和胎儿脑部形成的过程。虽然这个过程主要受基因和内分泌的调控，但是仍有其他因素会产生影响。人类生命在这个阶段非常脆弱，特别是产前阶段（例如，营养不良）可能导致神经发展障碍。

接下来会介绍产后婴儿的脑部发育过程，之后将重点介绍早期干预中的神经生物学。早期干预的目标有很多（社交、认知、情绪等），本章关注的是两个与认知发展有关的区域：控制记忆的中枢（位于颞叶内侧）和控制执行力如计划、解决问题和工作记忆的中枢（位于前额叶皮质）。

在本章的结尾部分将讨论早期干预中的神经生物学的基础。在介绍神经可塑性的意义之后，列举一些利用神经可塑性得到的正向或负向结果（即人类的大脑如何适应恶劣或优越的环境）。讨论范围不局限于幼儿，还包括成年人，因为成年人的神经系统也具有可塑性。

人类大脑的发育

总体解剖结构上的发育

大约在第四周，人类胚胎开始分裂成外胚层、内胚层和中胚层，外胚层最后会发育成神经系统。

妊娠的第18天，一种类蛋白会催化外胚层的背侧变厚，然后形成一个梨状的神经板。神经

[①] 本章所述观点得益于我与布卢姆（Floyd Bloom）、格里诺（Bill Greenough）以及库普弗（David Kupfer）等关于神经可塑性的讨论。同时也感谢亚当（Emma Adam）、鲍尔（Patricia Bauer）、达尔（Ron Dahl）以及马斯腾（Ann Masten）审阅本章文稿。美国健康研究所（National Institute of Health）的资助（项目号 NS32755、NS32976）以及麦克阿瑟基金会（MacArthur Foundation）精神病理学与发展研究网络的支持，使得这一章的撰写得以完成。

板的中间会出现一条纵向的神经沟,不断加深向内折叠。这个过程从神经沟的中点开始,分别向前后延伸,两端保持开放。到妊娠的第 24 天,头端闭合,两天后尾端也闭合,此时神经板变成神经管,这个过程被称为神经胚形成。

不幸的是,神经胚形成的过程并不总是能顺利完成,神经管形成的时候可能发生的种种异常状况被统称为神经管缺陷。最严重的结果就是无脑症,妊娠前 24 天神经管的头端无法闭合。最常见的异常发生在前脑和脑干,如果没有接受特殊护理,大多数有此类异常的婴儿出生后都无法存活,即使接受了特殊护理,这些婴儿通常也活不过两周。无脑症的发生率大约是 0.2%(沃尔普对此有更详尽的叙述(Volpe,1995))。

另一种较轻微但更常见的疾病是脊髓脊膜膨出(又称为脊柱裂),由神经管的尾端(即脊髓)不能完全闭合导致,80%的病变部位位于腰部、胸腰部或腰骶部。导致的病症是运动障碍,影响范围依病变部位而定。发生率为 0.2%~0.4%(沃尔普对此有更详尽的叙述(Volpe,1995))。

神经管如果闭合正常,接下来的发育集中于神经管头端,最后发育成脑。在胚胎形成后的第四周,会发育出前脑、中脑和后脑(菱脑),剩下的神经管形成脊髓。妊娠的第五周前脑发育成端脑和间脑,后脑发育成脑桥和脑脊髓,中脑则变化很小。请参考图 10.1。

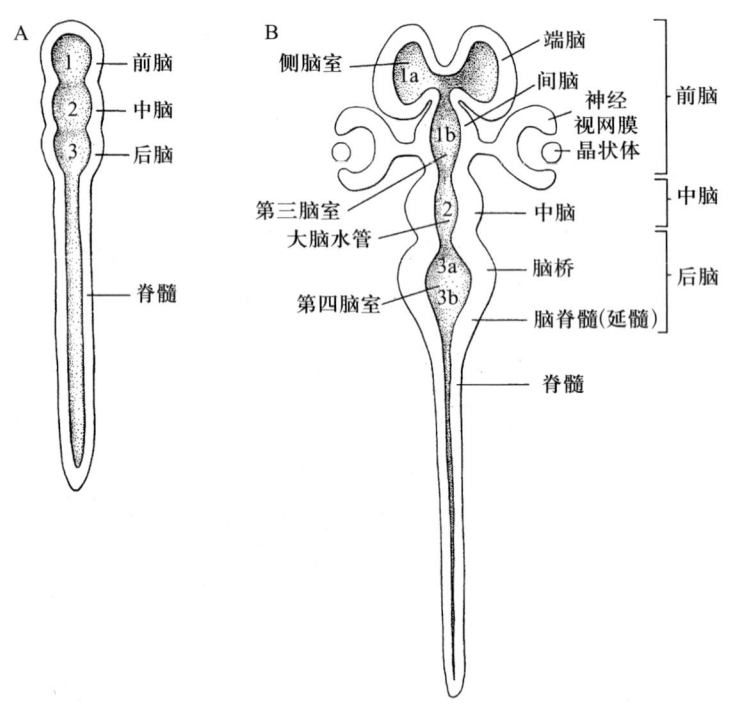

左边(顶部和底部)展示了三个原始的隆起(前脑、中脑和后脑),它们由神经管前部末端进化而来;右边(顶部和底部)展示了隆起的五个阶段(前脑进化成端脑和间脑,中脑保持不变,后脑成为脑桥和延髓)。①

图 10.1 脑的发育

---

① 选自 Kandel, E.R., Schwartz, J.H., & Jessell, T.M.(1991). *Principles of Neural Science*(3rd ed.). London: Springer-Verlag.

脑脊髓随后会发育成延髓,延髓的顶端有运动神经核。后脑壁则发育成脑桥和小脑,第四脑室也是由后脑发育而来,第四脑室顶端的脉络膜丛负责引导脑脊髓液(CSF)。在胎儿发育中期,第四脑室的顶端会成为永久的开口,脑脊髓液由此流向大脑皮层。请参考图10.2。

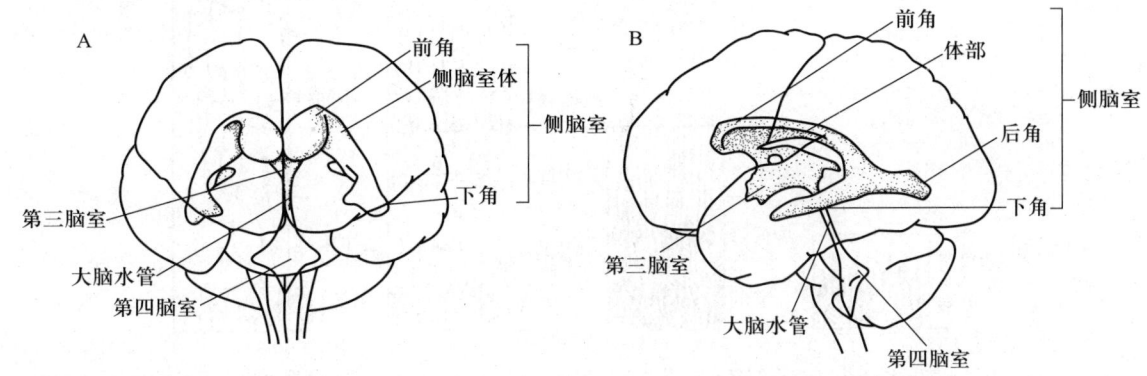

图 10.2 成人脑室系统的正视图(A)和侧视图(B)[①]

中脑在发育过程中改变较小,有些部分变为上丘(掌管视力)和下丘(掌管听力),其他部分则发育成红核和黑质,其中黑质与多巴胺的分泌有关。

接下来的内容关注由间脑和端脑组成的前脑的发育。在妊娠六周后,间脑从第三脑室的侧壁长出三个隆起,分别发育成上丘脑、丘脑和连着脑垂体的下丘脑。端脑则发育成由中枢系统75%的细胞构成的两个大脑半球。每个大脑半球的顶端发育成额叶,侧端向内发育成颞叶,尾端发育成枕叶。

细胞水平的发育

细胞迁移 前一节所描述的解剖结构的变化都是在神经管闭合后,由一系列细胞和分子水平的变化引起的。要了解产前和产后神经发育方面的主要生理变化,我们很有必要描述一下这个过程。

刚闭合的神经管壁有一层上皮细胞。上皮细胞紧紧排列,布满整个神经管壁,形成假复层上皮组织,这些细胞快速分裂,使上皮层增厚。上皮层分为两个部分:室带和边缘带,脑室带的细胞持续有丝分裂。边缘带由细胞的原始轴突组成。当这些细胞增殖并开始移动,中间带的神经细胞开始形成。妊娠8~10周后,中间带发育成大脑皮质。皮质包括两个部分,分别是皮质板和下室带(又称为室管膜下区)。下室带是真正的第二层,有些人认为下室带控制神经胶质的生成。请参考图10.3。

从发展的角度来看,位于外胚层和神经管间的神经嵴细胞由前脑沿着轴线向下延伸,两侧的细胞向神经管的背侧迁移,形成脊髓的感觉神经核(又被称为背根神经节)和部分脑神经。

皮质的发育过程是皮质细胞向最里层(第六层)移动形成皮质板,接着细胞分裂后由内而外

[①] 选自 Kandel, E.R., Schwartz J.H., & Jessell. T. M.(1991). *Principles of Neural Science*(3rd ed.). London: Springer-Verlag.

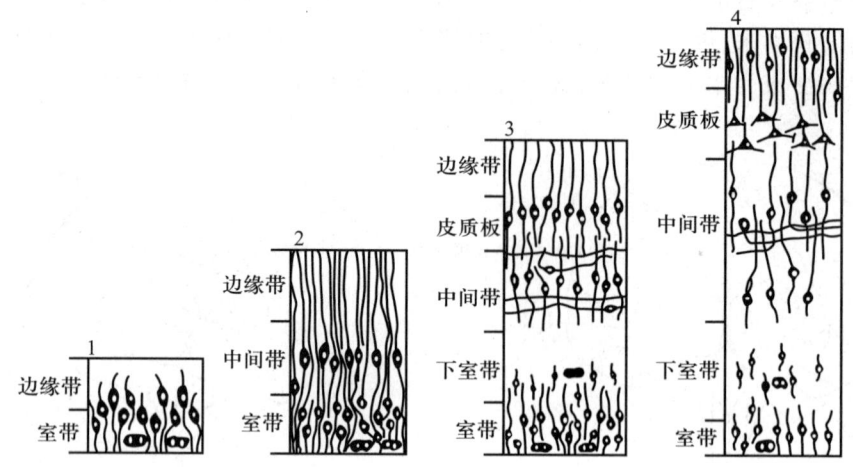

大脑皮质逐渐增厚。在阶段1中神经管壁只有单层的上皮细胞,室带由细胞体组成,边缘带由向外延伸的细胞轴突组成。一部分细胞停止分裂形成第二层中间带,见阶段2。前脑的一部分细胞形成皮质板,最后发育成大脑皮质的各层细胞,见阶段3。因为皮质细胞是向内延伸,所以是皮质最深层(第六层)的细胞先生成,而表层的细胞则需要穿过先前的细胞才能迁移到它们的位置。在阶段4中,室带发育成脑室的脑室膜,在皮质与脑室膜的无细胞区域发育成白质,神经纤维就是由此延伸出去。①

图 10.3

移动,层层堆叠。这种移动是在原始神经元(也就是成神经细胞)在径向神经胶质纤维牵引下,通过上层细胞间缝隙的过程。当成神经细胞到达应到的位置,就会与神经胶质纤维分离。按照这种模式,新生的神经元细胞通过早已形成的细胞到达最终的位置。因此,最先形成的细胞位于皮质层的最深处,最后形成的细胞位于皮质层的表面。而小脑则相反,其粒状细胞在外部细胞层形成,向内移动,导致外翻的形态。

中枢神经系统有各种不同类别的细胞(例如神经元就分为中间神经元和运动神经元,神经胶质细胞分为星状细胞和枝状细胞)。每一种细胞都有由遗传物质决定的发育规律,细胞增生区域决定产生什么细胞以及这些细胞要迁移到什么地方去(请参考 Rakic,1971,1972,1974)。

一般来说,细胞的增生和迁移情况因不同部位而异,基本上六个月就能完成,但也有个别情况,例如小脑的发育期就较长;神经胶质细胞在婴儿出生后仍在增殖,而海马回的颗粒细胞在人的一生都在不断增殖。

异常的细胞迁移

异常的细胞迁移过程并不少见,其中最普遍的就是脑回发展异常,其中最严重的例子就是脑裂畸形,脑裂最晚在妊娠的第三个月出现,可导致的症状包括癫痫、痉挛、智力障碍和运动障碍。还有无脑回畸形-巨脑回畸形,这种畸形的表现是脑回变宽、皮质增厚且只有四层。胚胎在第十三至十五周的发育正常,而当神经胶质纤维牵引的过程受到阻断时,就会发生胼胝体发育不全,也就是说,负责两个大脑半球传递信息的管道没有发育完全,这种情况常发生于孕期第三至五个月。但奇怪的是,有些儿童在解剖结构上有明显异常,但临床表现正常(更多关于这方面的信息请参考 Volpe,1995)。

---

① 选自 Kandel, E.R., Schwartz J.H., & Jessell. T. M.(1991). *Principles of Neural Science*(3rd ed.). London:Springer-Verlag.

突触形成

婴儿出生后最重要、最有意义的一件事或许就是突触的形成(其实出生前已经开始形成)。目前我们对人类大脑发育模式的了解都源自对猴子的实验研究。一些研究者(Bourgeois & Rakic,1993;Rakic et al.,1986)研究恒河猴的视觉、本体感觉、运动、前额叶和海马皮质的突触形成,并计算每一单位区域的突触数目和密度。他们推测突触的形成时间可能与其功能的重要程度有关,而与解剖结构的位置无关。因为感觉先于认知发展,所以应该是分管感觉的区域最先形成突触,而分管统合的区域(尤其是前额叶)最后形成突触。但是研究结果并非如此,研究结果表明,每一区域突触增加的速率和形成时间都相差不大,突触的密度也在妊娠后期以相近的速率快速增加,这一状态一直持续到分娩后四个月。此外,每一区域的突触数目在分娩后第二至第四个月特别多,甚至多于成年人,过了这一时期突触数目开始减少,减少的速率第一年最快,随后几年的速率较平和,直至突触的数目减少到成人水平。

研究还发现,不仅是各个区域突触形成速率相近,皮质的六层细胞中的突触形成的速率也相近。因为它们的形成时间和迁移方式都相同,所以皮质的突触密度很均匀。由此推断,突触的形成是由基因或内分泌控制。

人类突触的形成模式与猴子略有不同。研究发现(Huttenlocher,1979,1990,1994),婴儿在出生后的第三至第四个月,视觉皮质的突触快速形成,到第四个月时突触密度最大。听觉皮质(赫氏脑回,Heschl's gyrus)80%的突触在出生后的第三个月已经形成。中额回的突触密度也在一岁前达到最大。这三个区域突触减少的情况也不尽相同,视觉和听觉皮质的突触密度在2~6岁就与成人相同,而中额回的突触密度要在青少年阶段才与成人相同。出生后三个月听觉皮质的突触比语言皮质的突触多,在四岁前两个区域的突触密度相同,但仍是成人的两倍(Huttenlocher,1994)。

概括来说,突触数目的减少发生在妊娠后期和出生早期,期间中枢神经系统非常容易受环境影响。

突触形成异常 沃尔普(Volpe,1995)指出,人们对突触形成异常所知甚少,对神经回路方面的评估方法和病理学知识掌握得也不多。突触异常可见于某些疾病,例如唐氏综合征(Purpura,1975)、脆性X染色体综合征(Hinton, et al., 1991)和其他类型的智力障碍(Huttenlocher,1975)。有些婴儿在出生前后也可能因为环境中的不利因素导致轴突和树突异常。例如,有研究者(Takashima & Mito,1985)发现,一些需要呼吸机的早产儿的树突异常且数目减少。我们可以根据以上内容推测早期干预可以减轻残障儿童的障碍,只是还没有相关证据支持这一观点(Volpe,1995)。

髓鞘化

和突触一样,髓鞘在婴儿出生后一直发育。由施万细胞(神经胶质细胞的一种,也被称为少突神经胶质细胞)产生的髓磷脂(由脂质和蛋白质构成的物质)包围在轴突外面,保护髓鞘并增加髓鞘的传导速度。髓鞘形成过程由基因决定,髓鞘形成前在髓鞘化的通路周围要先有神经胶质细胞增生和分化。在脑快速发育期间,这个过程格外活跃。值得注意的是,髓鞘化的过程由基因决定,但它仍受环境影响,例如出生后的饮食。人类的髓鞘化过程大约出现在神经元分化和神经纤维生长后的两个月。

皮质的髓鞘化可分为三个阶段。初期发生在出生前,大约在神经元分化和神经纤维生长的两个月后。最先出现髓鞘化的是周围神经系统(由神经脊组织发育而来),髓鞘化顺序分别是运动根、触觉皮质、视觉皮质和听觉皮质。中期发生在出生后前三个月,髓鞘化的区域为感觉和运动皮质。末期发生在出生后第四个月到青春期中期,髓鞘化的区域是控制更高功能的皮质,主要位于额叶。虽然整个髓鞘化的过程从出生开始一直到青春期才结束,但是大部分髓鞘化过程在前十年就已完成。目前我们只知道髓鞘化可以影响神经传导速度,除此之外的功能我们还不甚了解。

髓鞘化异常　由髓鞘化异常导致的疾病有大脑白质发育不全,临床表现为癫痫和其他神经方面的异常,在特定区域(例如胼胝体)缺乏髓磷脂。这种情况很可能是基因决定的,在家族其他成员中一般也有人患相同的疾病。出生后营养不良,尤其是零到四岁的饮食中缺乏脂质也可能导致髓鞘化不足。另一种疾病是脑室周围白质软化症,常见于体重过轻的早产儿。患脑室周围白质软化症的儿童侧脑室的白质(即髓鞘化的轴突)分布中断,造成这种情况的原因可能是该区域血液供应不足,对少突神经胶质细胞造成损伤。

与早期干预有关的特定结构的发育

早期干预能否成功的关键在于记忆力和计划和策划活动力(执行功能)的发展。记忆力是将新的信息转换为记忆的能力,并能在以后唤起相关信息。目前把这种能力称为外显记忆或陈述性记忆(这类记忆的个体发展的论述详见 Nelson, 1995, 1996)。负责该类记忆的中枢位于中颞叶,包括海马回、杏仁核和顶叶皮层(详见 Meunier, Hadfield, Bachevalier, & Murray, 1996)。在婴儿后期,下颞叶皮质也可能负责控制外显记忆。

前额叶主要负责计划执行功能的发展。罗宾斯(Robbins, 1996)指出,当一个人要实施计划或安排接下来的一系列活动时就需要用到执行功能。执行功能包括:工作记忆(保持信息处于可调用状态直到动作完成的能力,详见 Goldman-Rakic, 1987),选择相关信息(Shallice, 1982),克制不当行为(Shallice & Burgess, 1993),观察他人行为(详见 Damasio, 1994; Petrides, 1996;关于执行功能更详细的阐述,包括其神经学基础,请参考 Robbins, 1996)。从神经心理学层次,前额叶皮质的不同区域负责接收来自整个脑部传来的各种信息,再将这些信息传递给各个区域,但是我们对这一过程的具体机制了解还不是太多。

内颞叶的发育　在内颞叶中,有几个结构负责控制清晰记忆,它们分别是海马回、杏仁核、内嗅皮质和下颞叶皮质。

海马回。猴子的胆碱接收器分布于边缘皮质,出生时即与成年相似,而皮质其他区域在成年后才发育成熟(O'Neil, Friedman, Bachevalier, & Ungerleider, 1986)。人类大脑边缘皮质的容量和大小在六个月到一岁时就达到成年人的程度(Kretschmann et al., 1986)。而海马回除了齿状回以外的其他内部结构在出生时都已成熟(Janas, 1994; Berger, Alvarez, & Goldman-Rakic, 1993; Berger & Alvarez, 1994)。脑下脚(负责连接内嗅皮质和海马回皮质)和其他相关结构在出生后不久就发育完成(Paldino & Purpura，1979)，海马回树突的发育还要更早(Bourgeois & Rakic，1993)。颞叶的代谢率在出生后第三个月显著增加(使用正电子放射断层造影术测量葡萄糖代谢得出)，先于前额叶几个月(Chugani，1994；Chugani & Phelps，1986)。海马回的结构中发育最慢的是齿状回，猴子的齿状回要在出生后十个月，相当于人类年龄的三四岁，才发育到成年水平(Eckenhoff & Rakic，1991；但是大部分齿状回细胞在出生前已经形成，详见 Seress & Ribak，1995)。

海马回和其周围结构在生命早期已经形成，我们可以假设它们的某些功能在出生后几个月就达到了成年人的水平(更多讨论请参考 Nelson，1995，1996)。

杏仁核。虽然杏仁核是否与记忆有关还存在争议，但已经确定杏仁核负责对刺激事件产生情绪(Aggleton & Mishkin，1986；Jones & Mishkin，1972)。我们对杏仁核的了解比海马回更少，只能推测它和海马回一样很早就开始发育。杏仁核和海马回都位于脑皮质深部，所以它们的细胞迁移早于表层细胞。目前我们只知道，杏仁核的细胞分化开始于妊娠的第三个月，到第四个月已经发育出明显的核仁，到第六个月各结构清晰易辨，出生时细胞分化大体完成(更多讨论请参考 Sidman & Rakic，1982)。

内嗅皮质。内嗅皮质对形成海马回的神经通路意义重大。对猴子的研究发现，如果内嗅皮质异常，那么不论是幼年还是成年的猴子都会丧失记忆(Webster，Ungerleider，& Bachevalier，1991a，b；1995)。猴子的内嗅皮质在妊娠中期就已经开始形成突触并产生神经传导物质，与外部的连接也开始构建(Berger & Alvarez，1994；Berger et al.，1993)。

下颞叶皮质。另一个与外显记忆有关的部位是下颞叶皮质(猴子的 TE 区)。研究发现，如果是成年动物的 TE 区出现异常，会导致记忆丧失；但如果是婴儿期的动物，则影响不大甚至毫无影响(Bachevalier，1990，1992；Bachevalier，Hagger & Mishkin，1991；Bachevalier & Mishkin，1992；Webster et al.，1995)。由此推测，下颞叶皮质的功能在个体尚未成年时并不成熟。这一推测在猴子的解剖研究中也得到了印证，研究发现，猴子 TE 区的葡萄糖利用率在出生后四个月才达到成年水平(相当于人类 12~16 个月；详见 Jacobs et al.，1995)。相反，之前的研究发现猴子出生后一个月海马回功能就发育完全了。韦伯斯特等人(Webster et al.，1991b，1995)观察到了没有机能障碍的正常猴子的 TEO 区(颞叶靠近枕叶的区域；见图 10.4)有短暂的投射到杏仁核的侧底核区域。这种投射随着生长发育逐渐减少，直至成年完全消失；但是如果在猴子刚出生后就摘除 TE 区，那么成年后还存在上述投射。韦伯斯特等人(Webster et al.，1995)推论，幼年时 TE 区被破坏的成年动物仍可以通过某些记忆测试(例如非配对延迟作业)，是因为保留了这种短暂投射。非配对延迟作业是向动物呈现一个刺激物，延迟几秒或几分钟后，再向动物呈现一个相同的刺激物和新的刺激物，如果动物将手伸向新的刺激物就算是正确反应。做这个测试之前需要进行一定量的练习，动物的表现是否达到标准还取决于研究者的考量。动物在这个试验中表现出的可塑性可以解释：为何在婴幼期遭受过严重脑伤的儿童却无明显的异常表现。

小结。大部分的海马回组织(可能除了齿状回；参见 Eckenhoff & Rakic，1991)、杏仁核和顶叶皮质附近区域发育较早，在出生后两年内就已发育完成，所以婴幼期可能就有记忆存在了(Bauer，1996；Nelson，1995，1996；Rovee-Collier，1996)。而 TE 区发展较慢，一直到六岁左右才达到成年水平。TE 区域前额叶皮质可能负责学龄前的记忆发展(例如提升记忆品质)，这也说明了我们为什么很少记得三岁前发生的事情(即婴幼儿失忆)。因此，这一阶段脑部发展仍需靠经验刺激，那么早期干预就可以促进记忆功能的发展。

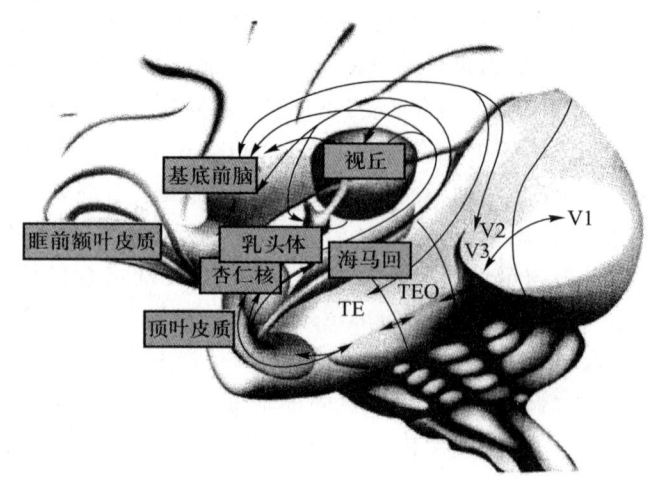

有关记忆的脑部结构图，包括海马回、异叶皮质以及 TE 区
（引自 Bachevalier, Pascalis, & Overman, 1995）
图 10.4

前额叶皮质的发育

前额叶皮质负责控制许多大脑功能，这些功能统称为执行功能，包括工作记忆、策划能力、克制不当行为，这些能力对实施早期干预非常重要。但目前我们仅了解脊外侧前额叶皮质和眶前额叶皮质，对于其他部位我们还一无所知。

背外侧前额叶皮质。背外侧前额叶皮质与空间记忆（记住某个短暂出现在眼前的物品位置的能力）有关。例如，成年后背外侧前额叶皮质发生病变，会造成延迟反应测试表现不佳，也会影响皮亚杰学派的测试表现（Diamond & Goldman-Rakic, 1989）。

延迟反应测试通常是在两个洞中的一个中放置食物，让饥饿的动物选择，然后将食物转移到另一个洞中，大约十秒后再让动物选择。如果动物选择了有食物的那个洞，就算做出了正确选择。研究者要计算动物学会这种测试所需的次数。这种测试类似于皮亚杰学派的测试，只是皮亚杰学派的测试将食物换成了其他物品，研究人员将物品藏起来后过十秒让婴儿去寻找，如果婴儿找的位置是藏物品的相邻位置就算错误选择。戴蒙德和多尔（Diamond & Doar, 1989）认为，完成该项测试就需要工作记忆。

戈德曼-拉基克（Goldman-Rakic）及其同事曾研究过前额叶皮质在猴子参加延迟反应测试中所起的作用。他们发现，如果猴子刚出生时前额叶皮质受损，八个月大的时候再参加延迟反应测试，测试结果几乎不受影响。他们（Diamond, 1990；Diamond & Goldman-Rakic, 1989）发现，如果猴子的前额叶皮质受损发生于较晚的时间段（例如四个半月），延迟反应测试的表现就会受到较大影响。虽然研究结果显示，猴子的前额叶皮质发育较早，并且影响测试表现，但是前额叶通路等其他发育成熟的结构也可能会影响猴子的测试表现（Goldman-Rakic, 1985）。

对人类前额叶皮质发育的研究显示，背外侧前额叶皮质直到婴幼儿晚期才对寻找物品位置或延迟反应测试表现有影响（Nelson, 1995, 对此有更详细的讨论），可能的原因有以下三点：第一，突触要到青春期才达到成人水平，六岁左右是突触生长高峰期，过后十年生长速率逐渐降低

(Huttenlocher,1979,1990;参见 Huttenlocher,1994)。第二,直至青春期,前额叶皮质的髓鞘化速率一直较缓慢(Jernigan & Tallal,1990;Yakovlev & LeCours,1967)。第三,使用正电子放射断层造影术发现,额叶皮质的代谢率低于其他区域,到一岁才接近成人值(Chugani,1994;Chugani & Phelps,1986)。

眶前额叶皮质。眶前额叶皮质(OFC)负责接收多种感觉信息,包括来自各个感觉皮质和调控情绪的杏仁核的信息。眶前额叶皮质负责统合这些信息,存入记忆,并指示个体将如何行动(详见 Goldman-Rakic,1987)。例如,眶前额叶皮质接收感觉刺激后,使某些自主神经、运动神经、神经体液反应兴奋或抑制,进而引发适当的行为反应。眶前额叶皮质的内部神经还负责调控情绪表达。总之,眶前额叶皮质接收环境刺激,并负责做出相应行为和表达情绪。

与脊外侧前额叶皮质相比,我们目前对眶前额叶皮质的了解还太少,过去都是以老鼠为试验对象,在分子生物水平上研究神经传导物质的释放与功能,斯霍勒(Schore,1994)对相关文献进行了析评。人们目前对眶前额叶皮质的髓鞘化发展过程几乎一无所知(Orzhekhovskaya,1975,引自 Fuster,1990)。但眶前额叶皮质的细胞发育肯定先于背侧前额叶皮质(Pandya & Barnes,1987)。根据婴儿的情绪发展规律,卢里亚(Luria,1973)和斯霍勒(Schore,1994)推测,眶前额叶皮质在婴儿出生后前两年发展最迅速。

虽然我们对脑的认识还只是冰山一角,但我们能确定的是眶前额叶皮质及相关通路在婴幼儿期就开始发展并意义重大,到了学龄期发展更加迅速(因为此时儿童的情绪控制能力大幅提升,并且能够根据记忆行事)。因此,关于执行功能的早期干预应该两岁前就开始并一直持续到学龄期。

人类大脑发育小结

脑细胞的发育从妊娠前几周开始一直持续到青春期,其中较重要的步骤,如脑回、脑沟的发育都集中在前几年。本章我们分别介绍了最初的神经管、初始神经元的形成和迁移、皮质、成熟的神经元发育以及轴突和树突的产生。而脑功能的发展则需要连接整个神经通路,形成一个类似"电路板"的系统。下面将介绍环境因素如何影响脑的发育。

影响脑部发育的环境因素

尽管本章主要讨论神经系统发育的生物学基础,但必须承认环境在调整和控制大脑发育中也起着至关重要的作用。众所周知,一些环境因素对婴儿产前或产后脑部发育和行为发展的影响意义深远。这些环境因素包括母亲的营养状况、药物的使用和压力等。

母亲营养不良的影响

母亲营养不良或营养失调都可能使胎儿神经系统发育异常。尽管由营养不良造成的缺陷程度不一,但都会影响脑部解剖结构或生化上的发展(讨论参见 Dobbing & Sands,1971)。例如,妊娠 4~6 个月时营养不良会造成神经元数目减少，妊娠最后三个月营养不良会造成神经胶质数目减少并影响神经元分化（Dickerson，1981）。儿童出生后前几年如果营养不良会影响髓鞘化过程，从而影响神经传导速度，使儿童的行为和神经系统功能随之也会受到影响（Dickerson，1981）。严重营养不良的儿童（患有消瘦症，一类能量和营养缺乏症，或夸休可尔症，一类蛋白质缺乏综合征）都会伴随脑部发育障碍。越是低年龄阶段营养不良，造成的恶劣影响越大（Morgan & Winick，1985；Winick，1976）。营养不良的儿童不仅脑容量小，而且神经元数量也少（Winick & Rosso，1969）。

关于产后营养不良的行为效应（一些可能与神经损伤有关），波利特和戈尔曼（Pollitt & Gorman，1994）做了令人信服的报告，在全球层面，缺乏蛋白质和铁会对认知发展会产生不利的影响。营养不良对儿童发展造成的有害影响不是一般性的，而是相当具体的。例如，妊娠初期缺乏叶酸可能导致神经管发育缺陷（Winick，1989）；缺乏碘或甲状腺素可能会造成智力障碍（Omaye，1993；Zhang & Mahoney，1993）。

好在大部分由营养不良造成的缺陷都是可逆的，只要在儿童出生后给予补救，向儿童持续提供充足的营养（Pollitt & Gorman，1994），尤其是配合合理的环境刺激和情感支持，会得到显著的效果（Lloyd-Still，1976；Yatkin，McLaren，Kanawati，& Sabbach，1971）。

致畸剂的影响

除了营养不良，妊娠期间还有许多致畸剂会影响胎儿行为和脑部的发展，其中最典型的就是酒精。例如，慢性酒瘾的妇女有 43% 的下一代会受到不良影响（Jones，Smith，& Hanson，1976；Dodson，1992）。80% 患有胎儿酒精综合征的儿童的中枢神经系统会受到损害，最常见的就是小头畸形症。除了神经学上的损伤，典型的胎儿酒精综合征还会有不同程度的智力障碍（Dodson，1992）。与营养不良类似，由酒精造成的影响也与剂量有关，胎儿与酒精接触得越多，受到的影响就越大。

压力的影响

已有大量研究证实心理压力与儿童早期发展的相关性，虽然不能一一列举，但其中一些研究结果需要我们格外注意。例如，经常或长期把处于哺乳期的小老鼠和母老鼠分来，会导致小老鼠出现异常的生理和行为问题，包括：第一，细胞发展受抑制，出现身体器官（如心、肺等）障碍（Lau et al.，1992）；第二，糖皮质激素（如应激激素）浓度增加（Suchecki et al.，1993b）。此外，有研究者（Robbins，Jones，& Wilkinson，1996）指出，隔离式养育会导致一系列行为障碍，例如多动、对新事物和压力反应异常和成年期认知障碍。对猴子的研究发现，即使只向母猴施加短暂的压力（突然给予巨大噪音）也会影响刚出生的小猴发育，而且这种影响严重而持续，例如注意力分散、协调性差、反应慢等（Clarke，Soto，Bergholz，& Schneider，1996；Schneider，1992）。压力所引发的不良影响不只出现于妊娠期和出生早期，向成年期的猴子施加压力如不适当的监禁，会使猴子的糖皮质激素浓度增加且海马回受损（Uno et al.，1989）。成年人遭受创伤性压力（或患有创伤性应激障碍）会出现海马回容积减小、记忆力衰退（Bremner et al.，1995）。总之，出生前和出生后的压力都会造成神经学和行为上持续而严重的影响。

小　结

许多因素都会在胎儿出生前影响脑部发育，包括酒精、其他致畸剂（如海洛因、可卡因和铅）、母亲的健康状况（如糖尿病）和胎儿自身状况（如宫内发育迟缓）等。本章主要关注影响脑部发育的产后因素，后面会具体阐述婴儿出生后的经验是如何影响脑部结构的。

神经可塑性的模式

有一个错误的神经生物学观念是说在出生前后大部分脑部发育都是经过成熟且严格的控制。通过上述例子（例如产前压力对脑部发育的影响），或者格里诺及其同事（参见 Greenough & Black, 1992）所提出的脑部受环境影响的模式，就能证明这种观点是错误的。他们提出了两种突触形成的假设。第一种是"经验—期待"模式，指突触在经历某种极小的经验后的形成过程。例如，眼睛的立体深度知觉发展的前提是眼优势柱（连接眼睛与视觉皮质的第四层）有正常的视觉输入。如果两只眼睛不在同一条直线上，那么眼睛就无法准确地聚焦于某一远方目标，从而负责立体深度知觉的眼优势柱就无法正常发展。如果这种情况发生于突触数目达到成人水平前（6岁左右），且未能及时弥补，儿童就无法发育出正常的立体视觉。

相反，"经验—依赖"模式是指突触通过特定事件促进个体适应环境的发展过程。例如，个体经过特别地学习，获得经验与常识。个体将这些经验常识储备起来，作为日后使用，因此在认知领域个体体现出了个别差异。"经验—期待"和"经验—依赖"两种模式的差异在于，两者是同种生物个体都有的发展模式，后者则体现出个别差异。

有研究者（Greenough & Black, 1992）假设"期待"的基本结构是，在发展敏感期制造过多的突触分散在相当广的区域，之后尚未形成连接和已形成的不正常连接的突触消失。这种模式会引发特定的神经元活动，合适突触被保留下来。这里假设的突触连接一开始是短暂的，且需要经过某种形式的确认才会继续保留；如果没有通过确认，突触会被淘汰，类似于与其他突触竞争的结果。已经有对人类（Huttenlocher, 1994）和猴子（Rakic, 1986）的研究支持这项假设。研究发现人类和猴子的突触在出生前几年有过度产生的现象，随后过多且无用的突触会消失（之前已经提到过）。生产过多突触的原因可能是为了让神经系统应对各种不同的环境，而出现过多的突触连接可能是为了更精准快速的反应。

可塑性的机理

在讨论神经可塑性的例子之前，先回顾一下影响脑部发育的因素。

可塑性是指神经元在解剖结构上、神经化学上或代谢上的改变。解剖结构上的改变是指突触通过轴突或树突调节活动的能力。例如，胼胝体失去轴突组织，可能会导致突触功能丧失，接着视丘突触代偿，并进入该区域，恢复两个脑半球的连接（参见 Kolb & Whishaw, 1990）。周围神经代偿也可以恢复老鼠的脊柱功能(Cheng, Cao, & Olson, 1996)。

神经化学层次上的神经可塑性指突触通过增加神经传导物质,或通过提升突触后反应调节突触活动的能力。代谢层次上的可塑性是指在脑部受伤部位的同侧或对侧所表现出的皮质或皮质下的代谢活动(例如葡萄糖利用率)的变化。如果脑部某一处受伤,其邻近部位的血液和营养物质(例如葡萄糖和氧气)的供应就会增加。

我们推测如果早期脑部受损,神经元会再生,然而目前已知哺乳类动物大脑拥有再生神经元的部位只有嗅球和海马回的齿状区。但是有证据显示,神经元可能有再生能力。有研究者将3~18个月成年老鼠的纹状体(负责动作协调的区域)移除,将纹状体细胞和表皮生长因子一起培养,虽然大量纹状细胞死亡,但仍有少量细胞分裂出新细胞。这项发现证明了神经元再生的可能性,而且该试验是发生于成年动物,而不是幼年动物身上。

总之,神经可塑性可以体现在解剖、神经化学和代谢三个层次上,但值得注意的是,脑部本身并不能自己修复或根据外界环境刺激产生新的神经元,下面将介绍一些成熟有机体和发育中有机体神经可塑性的例子。

发育中有机体的神经可塑性

已经有很多文献讨论过不同动物早期环境中正向或负向的经验对脑部结构和功能的影响。之前举过一个关于压力对幼鼠脑部发育的例子,如果将幼鼠与母鼠隔离饲养,会使老鼠的边缘多巴胺系统异常兴奋,因此造成神经系统和行为异常。隔离饲养是用非药理学的方法使老鼠感觉运动方面的敏感度降低(也就是无法有效调节感觉输入信号),这种现象也能在精神分裂患者身上看到(Geyer et al.,1993; Jones et al.,1990, 1991, 1992; Phillips et al.,1994a,b; Wilkinson et al.,1994)。研究还发现,即使将幼鼠与母鼠短暂隔离,也会永久性改变下丘脑垂体轴的敏感度(Rots et al.,1995; Suchecki et al.,1993a),造成调节压力的能力异常。有研究通过观察与母亲分离且被安置在孤儿院的儿童来确定人类的反应是否与上述假说一致(Earls,1996)。

在认知测试中(如空间认知测试),饲养在复杂实验室环境中的老鼠表现比隔离饲养的老鼠表现更好(Greenough, Madden, & Fleischmann, 1972)。饲养在刺激丰富的环境中的老鼠背侧皮质中有许多区域更厚更重,而且每个神经元的突触更多;树突的树状分支更多更长;毛细管分支更多,血流量和氧气供应也就更多(Black et al.,1989; Greenough & Black, 1992; Greenough, Juraska, & Volkmar, 1979; Greenough et al.,1972; Black et al.,1999)。

成熟有机体的神经可塑性

多年以来,我们认为神经元损伤后的重组只发生于婴儿期,成年期的重组发生可能性很小(Nelson & Bloom,1997)。后来,人们开始认为成熟有机体的神经可塑性可能并不是那么小。这种趋势源于庞斯等人(Pons et al.,1991)展开的一项研究,一些猴子的上肢传入神经在十二年前被破坏(将手臂感觉信号传输到体感觉皮质的纤维切断),研究人员一直观察猴子脑部对失去上肢感觉的反应,并从SI区(体感觉皮质区,控制手指、手掌和上肢附近的区域)引发神经反应。令研究人员吃惊的是,SI区居然对与其邻近的脸部刺激有反应,这说明体感觉皮质区重组了10~

14 cm。

这个研究表明,即使是成年动物,在脑部受伤后也能进行大规模的皮质神经重组。有些以成年人为研究对象的研究推测曾接受过截肢(例如上肢)的个体,可能在邻近截肢区的脑部投射部位有敏感反应(Ramachandran et al.,1992)。有一个左小臂被截肢的个案,他被截肢的部位仍有感觉(也就是幻肢现象),同时在体感觉皮质区和控制截肢区神经邻近的脸部控制区也有感觉。在这些研究中,神经元的重组并非直接通过检测得知,而是通过行为观察而推测出来的。但是,后来的研究通过使用脑磁图描记术和高分辨率的核磁共振成像技术证明了这一推测。例如,有研究使用脑磁图描记术对正常人(Yang et al.,1993,1994a,b)和截肢者(Elbert et al.,1994)的体感觉皮质定位,原来控制截肢部位的脑部区域一定会投射到对应截肢部位的邻近区域,例如截肢部位同侧的脸颊。

从猴子和人类的截肢试验中可以得出结论,受伤后的运动系统可以自我重整。努多(Nudo)曾在截断猴子脑部血液供应(造成脑部缺氧和组织伤害)前后用皮质内微刺激定位运动皮质。缺血导致的中风使猴子无法用手取食,向猴子提供密集的手部功能训练,使其恢复中风前的手部功能。然后再用皮质内微刺激定位运动皮质,发现脑部控制手部功能的区域出现了神经重组。这些研究都说明,成年灵长类动物脑部的肢体控制区会受经验影响,这也解释了为什么中风可以通过训练康复。

总之,现有证据支持周围神经系统受损后可能重组的推论,但至于这个观点是否局限于个案,答案是肯定的。例如,埃尔伯特等人(Elbert,et al.,1995)用脑磁图描记术定位音乐家和无音乐基础的普通人演奏乐器(例如,吉他、小提琴)时的体感觉皮质的变化,他们发现音乐家控制左手手指功能(精细动作,例如,拨弦)的体感觉皮质区域比控制右手手指功能(粗大动作,例如拉弓)的区域大,也比普通人脑部控制左手手指功能的大。这种现象在十岁前就接受音乐训练的音乐家身上更明显。他们推测,成人的脑部会因为环境的正向刺激(例如训练)和负向刺激(例如受伤)而产生重整。

为了补充这些研究结果,让我们来看看一个在语言领域的皮质重组研究,这一研究采用特殊的训练方式。塔莱尔(Tallal)及其同事曾研究过有语言学习障碍的儿童,发现这些儿童特别是在语速快的情境下分析音素有困难。导致这种缺陷的原因可能是听觉丘皮质通路存在问题,使儿童难以分辨音素,但这种缺陷不易被识别(Krauss,McGee,Carrell,Zecker, & Koch,1996)。塔莱尔还发现,只要说话时音素转换的速率变慢就可以帮助儿童分辨(Tallal & Piercy,1973)。梅尔泽尼希和塔莱尔(Merzenich et al.,1996;Tallal et al.,1996)曾让有语言学习障碍的儿童接受四周的语言训练,四周后,这些儿童在音素区辨和语言理解方面有了明显进步,而且这些进步可以延续到训练结束后六周(Tallal et al.,1996)。虽然研究者没有关注这些儿童在接受语言训练后脑部结构或生理上的变化,但我们仍然可以合理假设脑部结构和生理的变化是儿童进步的主要因素(猴子试验支持这一假设,请参见 Merzenich & Jenkins,1994,1995;Recanzone,Merzenich, & Jenkins,1992;Recanzone,Merzenich, & Schreiner,1992)。

脑部皮质重整不仅发生于儿童期,也可能发生于成年期,不仅局限于运动系统,还可能出现在认知(例如,语言)系统。那么,简单地认为出生后一年脑部发育就难以逆转的观点就值得质疑,虽然脑部发育主要集中于妊娠后期和出生后第一年,但并不代表脑部所有发育都在这一段时间完成。

对早期干预的启示

本章通过介绍神经的可塑性，阐述环境中正向和负向的经验对脑部发育的影响。即使是妊娠期间的压力都会对脑部发育产生不利影响，相对地，能够提供正向经验的、刺激丰富的环境也会促进脑部的发育。

成年个体的神经也有可塑性，研究表明，受损的运动皮质可通过日常生活训练（Ramachandran et al., 1992）和康复训练（Nudo et al., 1996）实现神经重整。其中，中风康复的研究为动物受伤后运动皮质会重整提供了有力的证据。

研究表明，生活经验引发神经生理变化，并促使脑部重整。这个论点揭示了早期干预的有效性，在神经和行为层次都能带来变化。但也有研究表明，神经系统的重整并不仅发生于生命早期。那么，早期干预工作有必要开展吗？在什么阶段开展才最合适？

要回答这个问题，首先要明确证明成年个体神经也有可塑性的研究主要局限于运动区域。运动系统长时间接受信号输入，能在整个生命阶段体现可塑性并不足为奇。换句话说，从婴儿出生，运动系统就开始接受各种刺激，但是语言刺激的获取就不那么容易了。例如，说英语的成年人如果从未听过瑞典语和泰语就无法辨别它们的不同，但是他们却能区分英语音素的不同（例如ba 和 ga）。库尔（Kuhl）曾以在英语环境长大的 6~12 个月大的婴儿为对象，研究他们对没听过的语言是否有区辨能力。他发现，6 个月大的婴儿有能力区辨泰语和瑞典语的音素的不同，但到了 12 个月大，这些婴儿就像成年人一样，失去了区辨非母语音素的能力了（Kuhl, Williams, Lacerda, Stevens, & Lindblom, 1992; Kuhl, 1993）。库尔及其同事认为，语言系统会受经验的影响，但如果长时间缺乏经验刺激，这种影响就会消失。

有人或许会认为，语言系统不像运动系统从出生就接受各种环境刺激，所以运动系统的可塑性更高。尽管如此，运动系统的可塑性仍受限制，例如，有经验的弦乐演奏家会出现皮质重整的现象，但如果在十岁前就接受音乐训练，重整现象会更加明显（Elbert et al., 1995）。也许这种限制并非来自于运动训练本身，而是乐感造成的。

除了运动系统，我们对成年个体的神经可塑性了解依然很少，因此除运动系统外，早期干预是否有关键期还不得而知。但是，我们可以推测早期干预能否成功在于给予合理的早期经验刺激（例如，适当的语言刺激）和持续刺激。如果缺乏适当的经验刺激，早期干预可能困难重重。也就是说，缺乏足够的社会-情绪刺激的儿童（例如，受虐待或被忽略）需要更早更密集的早期干预工作。如果早期有足以打下良好基础的适当环境刺激，即使后来的环境刺激不足，稍后再接受早期干预，仍然可以获得成功。当然，这样的推论还需要更多的研究证明。

此外，早期干预究竟是提供特定支持抑或是全面支持还值得商榷。如果一个儿童缺乏从认知（缺乏问题解决或计划的经验）到社会情绪（不恰当的养育或缺乏养育）一系列经验，那么早期干预就需要涵盖所有缺乏的经验。如果儿童缺乏的是某一特定经验，那么早期干预提供的就应该是特定经验。道理是显而易见的，但是设定早期干预目标和确定儿童缺失的功能或经验一样充满变数。例如，尾状核受损（可能是第三脑室内出血导致）与前额叶皮质受损（可能是缺血性栓塞导致）造成的认知障碍就不同。未来需要找到更精确的测量工具来诊断儿童的缺损（或潜在的缺损),设定相应的早期干预目标。

塔莱尔的研究假设语言分析能力缺损导致语言学习障碍,并认为这种缺损是视丘皮质通路受损导致的。克劳斯(Krauss)等人利用事件相关电位(event-related potential,EPR)来验证这一假设,他们使用语言识别测验记录语言学习障碍儿童和普通儿童的失匹性负波(match-mismatch negativity,MMN)。失匹性负波广泛使用于听觉或语言识别现象的研究,反映个体对较少或不寻常的听觉刺激的反应。研究发现,语言学习障碍儿童的 MMN 数值不正常,即这个研究结果支持塔莱尔的推测。这个研究中的测验可以作为评价早期干预效果的指标,例如,我们可以用 MMN 数值评价早期干预效果是否有效。

以上例子说明了测量工具的重要性,既可以评估缺损能力,又可以评价早期干预效果。例如,在认知方面,是否可以用事件相关电位评估记忆或执行功能的缺损和早期干预的效果?在情绪方面,是否可以用功能性核磁共振成像评估脑部结构、通路的完整性和早期干预的效果?

总之,儿童早期干预的成功和大脑的可塑性密切相关,虽然研究表明,大脑会受经验的影响,但早期干预的关键期的确存在。随着神经生物学的发展,我们能进一步了解儿童行为与神经生物学的关系,从而提高早期干预的策略设计能力和效果评估能力。

参 考 文 献

Aggleton, J. P., & Mishkin, M. (1986). The amygdala: Sensory gateway to the emotions. In E. Plutchik & H. Kellerman (Eds.), *Emotion: Theory, research, and experience: Vol. 3. Biological foundations of emotion* (pp. 281–99). New York: Academic Press.

Bachevalier, J. (1990). Ontogenetic development of habit and memory formation in primates. In A. Diamond (Ed.), *Development and neural bases of higher cognitive functions* (pp. 457–84). New York: New York Academy of Sciences Press.

Bachevalier, J. (1992). Cortical versus limbic immaturity: Relationship to infantile amnesia. In M. R. Gunnar & C. A. Nelson (Eds.), *Minnesota symposia on child psychology: Vol. 24. Developmental behavioral neuroscience* (pp. 129–53). Hillsdale, NJ: Erlbaum.

Bachevalier, J., Hagger, C., & Mishkin, M. (1991). Functional maturation of the occipitotemporal pathway in infant rhesus monkeys. In N. A. Lassen, D. H. Ingvar, M. E. Raichle, & L. Friberg (Eds.), *Brain work and mental activity* (pp. 231–40). Copenhagen: Munksgaard.

Bachevalier, J., & Mishkin, M. (1984). An early and a late developing system for learning and retention in infant monkeys. *Behavioral Neuroscience, 98,* 770–8.

Bachevalier, J., & Mishkin, M. (1992). *Dissociation of the effects of neonatal inferior temporal cortical versus limbic lesions on visual recognition in 10-month-old rhesus monkeys.* Manuscript unpublished.

Bauer, P. (1996). Development of memory in early childhood. In N. Cowan (Ed.), *The development of memory in childhood.* London: University College London Press.

Berger, B., & Alvarez, C. (1994). Neurochemical development of the hippocampal region in the fetal rhesus monkey. II. Immunocytochemistry of peptides, calcium-binding proteins, DARPP-32, and monoamine innervation in the entorhinal cortex by the end of gestation. *Hippocampus, 4,* 85–114.

Berger, B., Alvarez, C., & Goldman-Rakic, P. S. (1993). Neurochemical development of the hippocampal region in the fetal rhesus monkey. I. Early appearance of peptides, calcium-binding proteins, DARPP-32, and monoamine innervation in the entorhinal cortex during the first half of gestation (E47 to E90). *Hippocampus, 3,* 279–305.

Black, J. E., Jones, T. A., Nelson, C. A., & Greenough, W. T. (1999). Neuronal plasticity and the developing brain. In N. Alessi (Ed.), *Handbook of child and adolescent psychiatry. Part III. Developmental neuroscience.*

Black, J. E., Sirevaag, A. M., Wallace, C. S., Savin, M. H., & Greenough, W. T. (1989). Effects of complex experience on somatic growth and organ development in rats. *Developmental Psychobiology, 22,* 727–52.

Bourgeois, J.-P., & Rakic, P. (1993). Changes in synaptic density in the primary visual cortex of the Macaque monkey from fetal to adult stage. *Journal of Neuroscience, 13,* 2801–20.

Bremner, J. D., Randall, P., Scott, T. M., Bronen, R. A., Seibyl, J. P., Southwick, S. M., Delaney, R. C., McCarthy, G., Charney, D. S., & Innis, R. B. (1995). MRI-based measurement of hippocampal volume in patients with combat-related posttraumatic stress disorder. *American Journal of Psychiatry, 152*, 973–81.

Cheng, H., Cao, Y., & Olson, L. (1996). Spinal cord repair in adult paraplegic rats: Partial restoration of hind limb function. *Science, 273*, 510–13.

Chugani, H. T. (1994). Development of regional brain glucose metabolism in relation to behavior and plasticity. In G. Dawson & K. Fischer (Eds.), *Human behavior and the developing brain* (pp. 153–75). New York: Guilford Press.

Chugani, H. T., & Phelps, M. E. (1986). Maturational changes in cerebral function in infants determined by [18]FDG positron emission tomography. *Science, 231*, 840–3.

Clarke, A. S., Soto, A., Bergholz, T., & Schneider, M. L. (1996). Maternal gestational stress alters adaptive and social behavior in adolescent Rhesus monkey offspring. *Infant Behavior and Development, 19*, 451–61.

Damasio, A. (1994). *Descartes' error*. New York: Putnam Press.

Diamond, A. (1990). The development and neural bases of memory functions as indexed by the AB and delayed response tasks in human infants and infant monkeys. In A. Diamond (Ed.), *Development and neural bases of higher cognitive functions* (pp. 267–317). New York: New York Academy of Sciences Press.

Diamond, A., & Doar, B. (1989). The performance of human infants on a measure of frontal cortex function, the delayed response task. *Developmental Psychobiology, 22*, 271–94.

Diamond, A., & Goldman-Rakic, P. S. (1989). Comparison of human infants and rhesus monkeys on Piaget's AB task: Evidence for dependence on dorsolateral prefrontal cortex. *Experimental Brain Research, 74*, 24–40.

Dickerson, J. W. T. (1981). Nutrition, brain growth and development. In K. J. Connolly & H. F. R. Prechtl (Eds.), *Maturation and development: Biological and psychological perspectives* (pp. 110–30). Suffolk, England: Lavenham Press.

Dobbing, J., & Sands, J. (1971). Vulnerability of the developing brain. IX. The effect of nutritional growth retardation on the timing of the brain growth spurt. *Biology of the Neonate, 19*, 363–78.

Dodson, W. E. (1992). Deleterious effects of intrauterine drug exposure on the nervous system. In R. A. Polin & W. W. Fox (Eds.), *Fetal and neonatal physiology* (pp. 1613–23). Philadelphila: W. B. Saunders.

Earls, F. (1996, May). *Recovery from profound early social deprivation*. Paper presented at a meeting entitled Advancing Research on Developmental Plasticity: Integrating the Behavioral Science and the Neuroscience of Mental Health, Washington, DC.

Eckenhoff, M. F., & Rakic, P. (1991). A quantitative analysis of synaptogenesis in the molecular layer of the dentate gyrus in the rhesus monkey. *Developmental Brain Research, 64*, 129–35.

Elbert, T., Flor, H., Birbaumer, N., Knecht, S., Hampson, S., Larbig, W., & Taub, E. (1994). Extensive reorganization of the somatosensory cortex in adult humans after nervous system injury. *NeuroReport, 5*, 2593–7.

Elbert, T., Pantev, C., Wienbruch, C., Rockstroh, B., & Taub, E. (1995). Increased cortical representation of the fingers of the left hand in string players. *Science, 270*, 305–7.

Fuster, J. M. (1990). *The prefrontal cortex*. New York: Raven Press.

Geyer, M. A., Wilkinson, L. S., Humby, T., & Robbins, T. W., (1993). Isolation rearing of rats produces a deficit in prepulse inhibition of acoustic startle similar to that in schizophrenia. *Biological Psychiatry, 34*, 361–72.

Goldman, P. S. (1971). Functional development of the prefrontal cortex in early life and the problem of neuronal plasticity. *Experimental Neurology, 32*, 366–87.

Goldman-Rakic, P. S. (1985). Toward a neurobiology of cognitive development. In J. Mahler (Ed.), *Neonate cognition* (pp. 285–306). Hillsdale, NJ: Erlbaum.

Goldman-Rakic, P. S. (1987). Circuitry of the prefrontal cortex and the regulation of behavior by representational knowledge. In F. Plum & V. Mountcastle (Eds.), *Handbook of physiology: Section I. The nervous system: Vol. 5. Higher functions of the brain* (pp. 373–417). Bethesda, MD: American Physiological Society.

Goldman, P. S., & Rosvold, H. E. (1972). The effects of selective caudate lesions in infant and juvenile rhesus monkeys. *Brain Research, 43*, 53–66.

Greenough, W. T., & Black, J. E. (1992). Induction of brain structure by experience: Substrates for cognitive development. In M. R. Gunnar & C. A. Nelson (Eds.), *The Minnesota symposia on child psychology: Vol. 24. Developmental behavioral neuroscience* (pp. 155–200). Hillsdale, NJ: Erlbaum.

Greenough, W. T., Juraska, J. M., & Volkmar, F. R. (1979). Maze training effects on dendritic branching in occipital cortex of adult rats. *Behavioral and Neural Biology, 26*, 287–97.

Greenough, W. T., Madden, T. C., & Fleishchmann, T. B. (1972). Effects of isolation, daily handling, and enriched rearing on maze learning. *Psychonomic Science, 27*, 279–80.

Hinton, V. J., Brown, W. T., Wisniewski, K., et al. (1991). Analysis of neocortex in three males with the fragile X syndrome. *American Journal of Medical Genetics, 41*, 289–94.

Humphrey, T. (1966). The development of the human hippocampal formation correlated with some aspects of its phylogenetic history. In S. Hassler (Ed.), *Evolution of the forebrain* (pp. 104–116). Stuttgart, Germany: Thieme.

Huttenlocher, P. R. (1975). Synaptic and dendritic development and mental defect. In N. A. Buchwald & M. A. B. Brazier (Eds.), *Brain mechanisms in mental retardation*. New York: Academic Press.

Huttenlocher, P. R. (1979). Synaptic density in human frontal cortex: Developmental changes and effects of aging. *Brain Research, 163*, 195–205.

Huttenlocher, P. R. (1990). Morphometric study of human cerebral cortex development. *Neuropsychologia, 28*, 517–

Huttenlocher, P. R. (1994). Synaptogenesis, synapse elimination, and neural plasticity in human cerebral cortex. In C. A. Nelson (Ed.), *Minnesota symposium on child psychology: Vol. 27. Threats to optimal development: Integrating biological, psychological, and social risk factors* (pp. 35–54). Hillsdale, NJ: Erlbaum.

Jacobs, B., Chugani, H. T., Llada, V., Chen, S., Phelps, M. E., Pollacls, D. B., and Raleigh, M. J. (1995). Developmental changes in brain metabolism in destaed rhesus macaques and vervet monkeys revealed by positron emission tomography. *Cerebral Cortex, 3*, 222–33.

Janas, M. S. (1994). *The developing human foetal brain: A qualitative and quantitative study of the hippocampal formation in the normal, the abnormal, and the potentially abnormal human foetus*. Unpublished doctoral dissertation, Faculty of Health Sciences, University of Copenhagen.

Jernigan, T. L., & Tallal, P. (1990). Late childhood changes in brain morphology observable with MRI. *Developmental Medicine and Child Neurology, 32*, 379–85.

Jones, G. H., Hernandez, T. D., Kendall, D. A., Marsden, C. A., & Robbins, T. W. (1992). Dopaminergic and serotonergic function following isolation rearing in rats: study of behavioural responses and postmortem and in vivo neurochemistry. *Pharmacology Biochemistry and Behavior, 43*, 17–35.

Jones, G. H., Marsden, C. A., & Robbins, T. W. (1990). Increased sensitivity to amphetamine and reward-related stimuli following social isolation in rats: Possible disruption of dopamine-dependent mechanisms of the nucleus accumbens. *Psychopharmacology, 102*, 364–72.

Jones, G. H., Marsden, C. A., & Robbins, T. W. (1991). Behavioural rigidity and rule-learning deficits following isolation-rearing in the rat: neurochemical correlates. *Behavioral Brain Research, 43*, 35–50.

Jones, B., & Mishkin, M. (1972). Limbic lesions and the problem of stimulus-reinforcement associations. *Experimental Neurology, 36*, 362–77.

Jones, K., Smith, D., & Hanson, J. (1976). The fetal alcohol syndrome: Curved delereation. *Study of the New York Academy of Sciences, 273*, 130–9.

Kandel, E. R., & Schwartz, J. H. (1985). *Principles of neural science* (2nd ed.). New York: Elsevier Press.

Kandel, E. R., Schwartz, J. H., & Jessell, T. M. (1991). *Principles of neural science* (3rd ed.). New York: Elsevier Press.

Klebanoff, M. A. et al. (1989). Second generation consequences of small-for-dates birth. *Pediatrics, 84*, 343–47.

Kolb, B., & Whishaw, I. Q. (1990). *Fundamentals of neuropsychology* (3rd ed.). New York: Freeman Press.

Kraus, N., McGee, T. J., Carrell, T. D., Zecker, S. G., & Koch, D. B. (1996). Auditory neurophysiologic responses and discrimination deficits in children with learning problems. *Science, 273*, 971–3.

Kretschmann, J.-J., Kammradt, G., Krauthausen, I., Sauer, B., & Wingert, F. (1986). Growth of the hippocampal formation in man. *Bibthca Anat, 28*, 27–52.

Kuhl, P. K. (1993). Effects of linguistic experience in the first half year of life: Implications for a theory of infant speech perception. In B. de Boysson-Bardies, S. de Schonen, P. Jusczyk, P. MacNeilage, & J. Morton (Eds.), *Developmental neurocognition: Speech and face processing in the first year of life* (pp. 259–74). The Netherlands: Kluwer Academic Press.

Kuhl, P. K., Williams, K. A., Lacerda, F., Stevens, K. N., & Lindblom, B. (1992). Linguistic experience alters phonetic perception in infants by 6 months of age. *Science, 255*, 606–8.

Lau, C., Cameron, A. M., Anrolick, L. L., & Stanton, E. E. (1992). Repeated maternal seperation in the neonatal rat: Cellular mechanisms contributing to brain growth sparing. *Journal of Developmental Physiology, 17*, 265–76.

Lloyd-Still, J. D. (1976). *Malnutrition and intellectual development*. Littleton, MA: Publishing Sciences Group.

Luria, A. R. (1973). *The working brain*. New York: Basic Books.

Merzneich, M. M., & Jenkins, W. M. (1994). Cortical representation of learned behaviors. In P. Anderson, O. Hvalby, O. Paulsen, & B. Hokfelt (Eds.), *Memory concepts* (pp. 437–51). Amsterdam: Elsevier.

Merzneich, M. M., & Jenkins, W. M. (1995). Cortical plasticity, learning, and learning dysfunction. In B. Julesz & I. Kovacs (Eds.), *Maturational windows and adult cortical plasticity* (pp. 247–72). Reading, MA: Addison-Wesley.

Merzneich, M. M., Jenkins, W. M., Johnston, P., Schreiner, C., Miller, S. L., & Tallal, P. (1996). Temporal processing deficits of language-learning impaired children ameliorated by training. *Science, 271*, 77–81.

Meunier, M., Hadfield, W., Bachevalier, J., & Murray, E. A. (1996). Effects of rhinal cortex lesions combined with hippocampectomy on visual recognition memory in Rhesus monkeys. *Journal of Neurophysiology, 75*, 1190–1205.

Morgan, B. L. G., & Winick, M. (1985). Pathologic effects of malnutrition on the central nervous system. In H. Sidransky (Ed.), *Nutritional pathology – Pathobiochemistry of dietary imbalances* (pp. 161–206). New York: Dekker.

Nelson, C. A. (1995). The ontogeny of human memory: A cognitive neuroscience perspective. *Developmental Psychology, 31*, 723–38.

Nelson, C. A. (1996). The neurobiological basis of early memory development. In N. Cowan (Ed.), *The development of memory in childhood*. University College London Press: London.

Nelson, C. A., & Bloom, F. E. (1997). Child development and neuroscience. *Child Development, 68*, 970–87.

Nudo, R. J., Wise, B. M., SiFuentes, F., & Milliken, G. W. (1996). Neural substrates for the effects of rehabilitative training on motor recovery after ischemic infarct. *Science, 272*, 1791–4.

Omaye, S. T. (1993). Nutrient deficiencies and pregnancy outcome. In R. P. Sharma (Ed.), *Dietary factors and birth defects* (pp. 12–41). San Francisco: Pacific Division, AAAS.

O'Neil, J. B., Friedman, D.P., Bachevalier, J., & Ungerleider, L. G. (1986). Distribution of muscarinic receptors in the brain of a newborn rhesus monkey. *Society for*

Neuroscience Abstracts, 12, 809.
Orzhekhovskaya, N. S. (1975). Comparative study of formation of the frontal cortex of the brain of monkeys and man in ontogenesis. *Arkhiv, Anatomii, Gistologii, Embriologii, 68*, 43–9.
Paldino, A. M., & Purpura, D. P. (1979). Branching patterns of hippocampal neurons of human fetus during dendritic differentiation. *Experimental Neurology, 64*, 620–31.
Pandya, D. N., & Barnes, C. L. (1987). Architecture and connections of the frontal lobes. In E. Perecman (Ed.), *The frontal lobes revisited* (pp. 41–72). Hillsdale, NJ: Erlbaum.
Petrides, M. P. (1996). Lateral frontal cortical contribution to memory. *Seminar in the Neurosciences, 8*, 57–63.
Phillips, G. D., Howes, S. R., Whitelaw, R. B., Robbins, T. W., & Everitt, B. J. (1994a). Isolation rearing impairs the reinforcing efficacy of intravenous cocaine or intra-accumbens d-amphetamine: Impaired response to intra-accumbens D1 and D2/D3 dopamine receptor antagonists. *Psychopharmacology, 115*, 419–29.
Phillips, G. D., Howes, S. R., Whitelaw, R. B., Wilkinson, L. S., Robbins, T. W., & Everitt, B. J. (1994b). Isolation rearing enhances the locomotor response to cocaine and a novel environment, but impairs the intravenous self-administration of cocaine. *Psychopharmacology, 115*, 407–18.
Pollitt, E., & Gorman, K. S. (1994). Nutritional deficiencies as developmental risk factors. In C. A. Nelson (Ed.), *Minnesota symposia on child psychology: Vol. 27. Threats to optimal development: Integrating biological, psychological, and social risk factors* (pp. 121–44). Hillsdale, NJ: Erlbaum.
Pons, T. (1995). Abstract: Lesion-induced cortical plasticity. In B. Julesz & I. Kovacs (Eds.), *Maturational windows and adult cortical plasticity* (pp. 175–8). Reading, MA: Addison-Wesley.
Pons, T. P., Garraghty, P. E., Ommaya, A. K., Kaas, J. H., Taub, E., & Mishkin, M. (1991). Massive cortical reorganization after sensory deafferentation in adult macaques. *Science, 252*, 1857–60.
Purpura, D. P. (1975). Dendritic differentiation in human cerebral cortex: Normal and aberrant developmental patterns. In G. W. Kreutzberg (Ed.), *Advances in neurology*. New York: Raven Press.
Rakic, P. (1971). Guidance of neurons migrating to the fetal monkey neocortex. *Brain Research, 33*, 471–6.
Rakic, P. (1972). Mode of cell migration to the superficial layers of fetal monkey neocortex. *Journal of Comparative Neurology, 145*, 61–84.
Rakic, P. (1974). Neurons in rhesus monkey visual cortex: Systematic relation between time of origin and eventual disposition. *Science, 183*, 425–7.
Rakic, P., Bourgeois, J.-P., Eckenhoff, M. F., Zecevic, N., & Goldman-Rakic, P. S. (1986). Concurrent overproduction of synapses in diverse regions of the primate cerebral cortex. *Science, 232*, 232–5.
Ramachandran, V. S., Rogers-Ramachandran, D., & Stewart, M. (1992). Perceptual correlates of massive cortical reorganization. *Science, 258*, 1159–60.
Recanzone, G. H., Merzenich, M. M., & Jenkins, W. M. (1992). Frequency discrimination training engaging a restricted skin surface results in an emergence of a cutaneous response zone in the cortical area 3a. *Journal of Neurophysiology, 67*, 1057–70.
Recanzone, G. H., Merzenich, M. M., & Schreinder, C. E. (1992). Changes in the distributed temporal response properties of S1 cortical neurons reflect improvements in performance on a temporally based tactile discrimination task. *Journal of Neurophysiology, 67*, 1071–91.
Reynolds, B. A. & Weiss, S. (1992). Generation of neurons and astrocytes from isolated cells of the adult mammalian central nervous system. *Science, 255*, 1707–10.
Robbins, T. W. (1996, March). *Dissociating executive functions of the prefrontal cortex*. Paper presented at the Royal Society Discussion Meeting on Executive and Cognitive Functions of the Prefrontal Cortex, London, UK.
Robbins, T. W., Jones, G. H., & Wilkinson, L. S. (1996). Behavioural and neurochemical effects of early social deprivation in the rat. *Journal of Psychopharmacology, 10*, 39–47.
Rots, N. Y., Workerl, J. O., Sutanto, W., Cools, A. R., Levine, S., de Kloet, E. R., & Oitzl, M. S. (1995). Maternal deprivation results in an enhanced pituitary-adrenal activity and an increased dopamine susceptibility at adulthood. *Society for Neuroscience Abstracts, 21*, 524.
Rovee-Collier, C. (1996). Development of memory in infancy. In N. Cowan (Ed.), *The development of memory in childhood*. London: University College London Press.
Schneider, M. L. (1992). The effect of mild stress during pregnancy on birthweight and neuromotor maturation in Rhesus monkey infants (Macaca mulatta). *Infant Behavior and Development, 15*, 389–403.
Schore, A. N. (1994). *Affect regulation and the origin of the self: The neurobiology of emotional development*. Hillsdale, NJ: Lawrence Erlbaum Associates.
Seress, L., & Ribak, C. E. (1995). Postnatal development and synaptic connections of hilar mossy cells in the hippocampal dentate gyrus of rhesus monkeys. *Journal of Comparative Neurology, 355*, 93–110.
Shallice, T. (1982). Specific impairments of planning. *Philosophical Transactions of the Royal Society of London: B, 298*, 199–209.
Shallice, T., & Burgess, P. (1993). Supervisory control of action and thought selection. In A. Baddeley & L. Weiskrantz (Eds.), *Attention: Selection, awareness, and control* (pp. 171–87). Oxford, England: Clarendon Press.
Sidman, R. L., & Rakic, P. (1982). Development of the human central nervous system. In W. Haymaker & R. D. Adams (Eds.), *Histology and histopathology of the nervous system* (pp. 3–145). Springfield, MA: C. C. Thomas.
Suchecki, D., Mozaffarian, D., Gross, G., Rosenfeld, P., Levine, S. (1993b). Effects of maternal deprivation on the ACTH stress response in the infant rat. *Neuroendocrinology, 57*, 204–12.
Suchecki, D., Rosenfeld, P., & Levine, S. (1993a). Maternal regulation of hypothalamic-pituitary axis in the infant rat: The role of feeding and stroking. *Developmental Brain Research, 75*, 185–92.

Takashima, S., & Mito, T. (1985). Neuronal development in the medullary reticular formation in sudden infant death syndrome and premature infants. *Neuropediatrics, 16*, 76–9.

Tallal, P., & Piercy, M. (1973). Defects of non-verbal auditory perception in children with developmental aphasia. *Nature, 241*, 468–9.

Tallal, P., Miller, S. L., Bedi, G., Byma, G., Wang, X., Nagarajan, S. S., Schreiner, C., Jenkins, W. M., & Merzenich, M. M. (1996). Language comprehension in language-learning impaired children improved with acoustically modified speech. *Science, 271*, 81–4.

Uno, H., Tarara, R., Else, J. G., Suleman, M. A., & Sapolsky, R. M. (1989). Hippocampal damage associated with prolonged and fatal stress in primates. *Journal of Neuroscience, 9*, 1705–11.

Volpe, J. V. (1995). *Neurology of the newborn* (3rd ed.). Philadelphia: W. B. Saunders.

Webster, M. J., Bachevalier, J., & Ungerleider, L. G. (1995). Development and plasticity of visual memory circuits. In B. Julesz & I. Kovacs (Eds.), *Maturational windows and adult cortical plasticity*. Reading, MA: Addison-Wesley.

Webster, M. J., Ungerleider, L. G., & Bachevalier, J. (1991a). Lesions of inferior temporal area TE in infant monkeys alter cortico-amygdalar projections. *Developmental Neuroscience, 2*, 769–72.

Webster, M. J., Ungerleider, L. G., & Bachevalier, J. (1991b). Connections of inferior temporal areas TE and TEO with medial temporal-lobe structures in infant and adult monkeys. *Journal of Neuroscience, 11*, 1095–116.

Wilkinson, L. S., Killcross, S. S., Humby, T., Hall, F. S., Geyer, M. A., & Robbins, T. W. (1994). Social isolation in the rat produces developmentally specific deficits in prepulse inhibition of the acoustic startle response without disrupting latent inhibition. *Neuropsychopharmacology, 10*, 61–72.

Winick, M. (1976). *Malnutrition and brain development*. New York: Oxford University Press.

Winick, M. (1989). *Nutrition, pregnancy, and early infancy*. Baltimore, MD: Williams & Wilkins.

Winick, M., & Rosso, P. (1969). The effect of severe early malnutrition on cellular growth of the human brain. *Pediatric Research, 3*, 181–4.

Yakovlev, P. I., & LeCours, A.-R. (1967). The myelogenetic cycles of regional maturation of the brain. In A. Minkowski (Ed.), *Regional development of the brain in early life* (pp. 3–70). Oxford, England: Blackwell Scientific.

Yang, T. T., Gallen, C. C., Schwartz, B. J., & Bloom, F. E. (1993). Noninvasive somatosensory homunculus mapping in humans by using a large-array biomagnetometer. *Proceedings of the National Academy of Sciences, 90*, 3098–102.

Yang, T. T., Gallen, G., Schwart, B., Bloom, F. E., Ramachandran, V. S., & Cobb, S. (1994a). Sensory maps in the human brain. *Nature, 368*, 592–3.

Yang, T. T., Gallen, C. C., Ramachandran, V. S., Cobb, S., Schwartz, B. J., & Bloom, F. E. (1994b). Noninvasive detection of cerebral plasticity in adult human somatosensory cortex. *Neuroreport, 5*, 701–4.

Yatkin, U. S., McLaren, D. S., Kanawati, A. A., & Sabbach, S. (1971). Undernutrition and mental development: A one year follow-up. In D. S. McLaren & N. J. Daghir (Eds.), *Proceedings of the 6th symposium on nutrition and health in the Near East* (pp. 277–81). Beirut: American University.

Zhang, D., & Mahoney, A. W. (1993). Iron status during pregnancy. In R. P. Sharma (Ed.), *Dietary factors and birth defects* (pp. 73–108). San Francisco: Pacific Division, AAAS.

参考文献

第四编 评估策略

第 11 章 儿童早期评估的要素

塞缪尔·J. 迈泽尔斯（SAMUEL J. MEISELS）
萨利·阿特金斯-伯内特（SALLY ATKINS-BURNETT）

儿童早期评估正处于过渡阶段。这个领域过去主要关注年龄较大的儿童和成人的心理测量模型和测量技术，最近才开始关注专门针对婴幼儿的方法。大部分婴幼儿早期评估工作很大程度上直接用于判断一个婴儿的行为能否预测其日后的表现（Brooks-Gunn & Weinraub, 1983; Honzik, 1983）。贝利在她关于心智发展的第一部著作中，试图对那些凭经验认为与婴儿后期智力发展的有关行为进行详细的说明。她提出了这样一些问题："哪些具体行为引起了后期的心智发展结果？这些发展结果在多大程度上依赖早期的行为？婴儿的个体发展速度与发展常模是什么关系？发展速度在多大程度上是由环境因素决定的？"（Bayley, 1933, p.7）。为了回答这些问题，贝利开发了一种测量工具，并在实验版本之后进行了两次修订（Bayley, 1969, 1993）。

贝利婴儿发展量表 II（Bayley Scales of Infant Development II，BSID-II）（Bayley, 1993）主要用于抽样检查婴儿智力和运动能力的发展。该量表最成功之处在于，它根据外显的婴儿行为对婴儿进行排序、分类和评级。尽管该量表在实践中得到了广泛的应用，但包括贝利本人在内，很少有研究者相信：根据婴儿在生命前几个月和前几年的发展情况，就能准确地预测其后期的智力发展水平或行为表现（见 Bayley, 1970; McCall, 1981; McCall, Hogarty, & Hurlburt, 1972）。有研究者对婴儿个体特征的长期可预测性持不同观点（见 Fagan & McGrath, 1981; Fagan, Singer, Montie, & Shepherd, 1986）。我们能确信的是：早期出现的、前语言的认知和心理运动功能与学龄期及以后表现出的典型的智力表现之间的关系并不十分明确。

本章主要关注以下两类视角的研究：扩展当前评估中主流的标准范式、描述除标准化排名和长短期预测之外的其他评估目的。首先对有效评估的原则进行简要介绍，然后提出了几种评估儿童发展状态的方法，对儿童早期评估的以下五个要素进行了讨论：（1）评估的目标；（2）评估发生的环境；（3）传统评估方法的局限性；（4）相关人员在评估中的不同作用；（5）评估与干预之间的关系。这五个要素对于评价目前的评估方法以及开发未来的儿童评估和干预模式都至关重要。

评估的原则

1992 年，0—3 岁发展性评估工作组（Zero to Three Working Group on Developmental

Assessment)——一个由专业人员和家长共同组成的多学科工作组,集体商讨了"目前评估的范式、政策和实践中存在的问题以及未来有效评估的办法"(Meisels & Fenichel,1996,p.5)。会议讨论形成了一套指导儿童智力、情感和心理发展评估的原则(Greenspan & Meisels,1996,pp.17-25),见表11.1。这些原则就是未来儿童早期评估实践活动中的检验标准。

通常情况下,儿童早期评估的目标就是要获得家庭和社区如何促进儿童的发展与功能的有关信息,并对其进行进一步的了解。发展性评估是:

> 一个旨在对儿童的能力、能够获得的资源进行深入了解的过程,也是对最有可能帮助儿童充分实现发展潜能的养育环境和学习环境进行深入了解的过程。评估是一个持续的、协作的系统性的观察和分析的过程。这个过程包括问题的提出、信息收集、共享观察结果、解释说明,然后再提出新问题。(Greenspan & Meisels,1996,p.11)

表11.1列出的评估原则认可了评估的这个定义。下面我们将讨论这些评估原则,并提供一些实际应用这些原则的工具和案例。

表11.1 婴幼儿早期评估的原则

1. 评估必须以综合的发展模式为基础。
2. 评估应包含多方面信息和多种要素。
3. 评估必须按照一定的程序进行。
4. 儿童与其最信任的照料者之间的关系和互动是评估的基础。
5. 了解儿童发展的一般顺序和一般规律很重要,它是解释婴幼儿发展性差异的参照依据。
6. 评估应该侧重于儿童组织经验的水平和模式,还要关注儿童的功能性能力,这体现了儿童情感和认知的综合能力。
7. 评估的过程不仅要确定儿童现有的能力和优势,还要确定随着持续的发展而不断提高的能力。
8. 评估是一个合作的过程。
9. 评估的过程应该被视为潜在干预过程的第一步。
10. 对儿童发展状态的再评价应该在日常的家庭或早期干预活动中进行,或二者兼有。

引自:Greenspan & Meisels,1996,pp.17-22

发展的相互依存性

儿童是一个完整的个体——而不是一个技能、知识或要素的集合体——每个功能性发展领域之间都是相互依赖的(见 Emde,Biringen,Clyman,& Oppenheim,1991)。例如,儿童给图片命名的能力就是感觉、认知、运动能力和语言能力的综合表现。情感能力是所有这些能力的基础,它使儿童能够与他人交流,并且建构自己的世界。把其他领域撇开,孤立地只考虑发展某一领域的能力,就会看不到其他领域对它的影响,同时也可能模糊对儿童的能力和面临的挑战的理解。对儿童功能性能力的考察应该在多种环境中进行,这样,我们才能全面了解儿童如何将各种技能整合到他们的行为和反应系统中。

对儿童单个领域技能发展的深入考查是建立在对儿童的全部技能和认知能力整体了解的基础之上的,这样我们就能认识到儿童各个领域发展系统之间的相互依存关系。功能性情感评估量表(Functional Emotional Assessment Scale,FEAS)是一种以整合的方式来考查儿童功能性能力的评估工具(Greenspan,1992)。结构化和非结构化游戏观察也是,它是跨学科游戏评估法(Transdisciplinary Play-based Assessment,TPBA)的一部分(Linder,1993)。

评估的多源性与多元性

考虑评估的多源性与多元性是十分重要的,它可以保障我们全面地把握儿童的优势和能力,同时也是促进儿童进一步发展的最佳手段。我们可以用不同的工具从多种情境中获取信息,并以此来指导整个评估过程。评估组成员之间必须互相告知自己对儿童的看法以及这种看法所隐含的基本假设。评估组的每个成员,包括儿童的父母在内,都要互相分享他/她对儿童的能力、未来发展方向和面临挑战的了解,由此形成对儿童更加完整、清晰、全面的评估(McCune,Kalmanson,Fleck,Glazewski,& Sillari,1990)。对于观察到的儿童行为、正在形成中的能力以及促进新能力发展的方式,评估专业人员会给出他们各自的解读。关于评估的多源性和多元性,婴幼儿发展性评估(Infant-Toddler Developmental Assessment,IDA)就是一个例子(Provence,Erikson,Vater,& Palmeri,1995)。

评估的顺序

评估应该按照一定的顺序进行,首先要与儿童生活中的重要他人建立起相互信赖、相互配合的工作联盟。这些重要他人非常了解儿童及其能力。为了与家长建立起可靠的联盟,相互信任和尊重是非常必要的。同样重要的还有:敏锐的倾听技能,对提问和顾虑要积极回应,对父母的解读持开放性的态度,与家长互动时要真诚(Turnbull & Turnbull,1996)。与父母的相互尊重包括:理解家庭的优势、困难、问题解决策略及对评估的文化背景和专业人员建议的认识和沟通。赫什伯格(Hirshberg,1996)在介绍临床访谈时详细描述了父母与专业人员这种联盟式的关系,并指出人际沟通在评估和干预过程中很重要。在许多层面上都需要沟通:亲子之间、父母和临床医生之间以及临床医生与儿童之间。

建立了这种关系之后,评估才能真正进入实践环节。评估本身并不是目的,而是要获得儿童及其生长环境的一些有用的、准确的信息,包括环境中的资源和障碍,以便发现或营造一个支持和促进儿童发展的最佳环境。正如本章所阐述的,有很多评估方法都能协助完成这些目标。除数据收集之外,通过评估,我们还可以帮助父母和照料者解决一些重大的实际问题。简而言之,评估的顺序就是:先从家庭开始,通过多种方式收集数据,最后制订一个行动计划。最终,评估的效度还需要通过这个计划的实际应用来检验。

儿童—照料者之间的关系

儿童与照料者之间的关系和互动是儿童组织和回应自我世界的基础(Weston,Ivins,Heffron,

& Sweet,1997)。通常,父母甚至比该领域最敏锐的专业人员更擅长解读和回应儿童的行为诉求。但是,当父母与儿童之间的关系比较紧张或适应不良时,就会对儿童的发展产生长期的消极影响(Williamson,1996)。通过观察儿童与父母之间的互动,专业人员可以从父母身上了解到已经证明对家庭和儿童有效的干预方法,并提供更有效的支持互动的方法。

帕克和朱克曼(Parker & Zuckerman,1990)认为:评估过程的目标之一应该是确定什么水平的干预过程参与度对家庭来说是最有益的。对一些家庭来说,干预过程对家庭会产生积极的建设性作用。而对另一些家庭来说,父母和儿童都各自忙自己的事情,实在无法轻易承担额外的角色,那么干预过程对于他们已经很紧张的家庭环境来说就是一种额外的负担。但对于所有的家庭来说,如果干预建立在家庭已有良好亲子关系的优势之上,并支持这种优势,那么这样的干预就最有可能成功。

贝利(Bailey,1991)指出,每一次与家庭的互动都构成一次评估。更深一层地说,每一次评估都可以视为一次干预。更多地了解家庭对不同年龄段儿童现实发展状况的预期,可能是有些家庭唯一需要的干预。尽管有研究清楚地表明:家庭关系对儿童的发展至关重要(Barnard, Morisset, & Spieker, 1993; Crnic, Greenberg, Ragozin, Robinson, & Basham, 1983; Rauh, Achenbach, Nurcombe, Howell, & Teti, 1988; Sameroff, 1993; Sameroff & Fiese, 1990),但每个家庭的情况都有所不同。任何一种干预方法都不可能适用于所有的情况,这样的万能干预是毫无意义的,也不可能存在。研究者针对一些具体问题设计出了多种评估方法,其中儿童护理评估喂养与教育量表(Nursing Child Assessment Feeding and Teaching Scales, NCAFTS)(Barnard, 1994; Morisset, 1994)在突显亲子互动的不同风格时效果尤其显著。

一般发展框架

早期干预要求我们对儿童的成长和发展有一定的了解。儿童在最初几年的成长速度是很快的,随着儿童的成长,其各项能力和行为也随之发生明显的变化,但这些变化何时出现以及如何出现,每个儿童都不尽相同。文化背景可能会影响儿童的学习机会,进而导致儿童发展标志性事件的时间点及表现都不相同。纵观儿童的一般发展,我们可以用这样的视角理解多数先天残疾或发展迟缓的儿童:他们在某些领域的功能还未能如期正常运作,而不是他们无法获得正常儿童的技能。能例证这种成长发育观的评估框架为父母和干预者提供了重要的信息,因为在这些评估框架中,他们将儿童各项技能的发展视为一个正常的连续体。他们认为必须提供一系列的步骤或经验,而不是儿童无法达到的一系列标志性事件。评估成长发育的一个有效方法就是:在自然发生的游戏情境中来观察儿童的表现,这些情境可以是结构化的,也可以是非结构化的。一些基于游戏的方法(如,TPBA)较为完善,在获取孩子成长和他们对人与物认知的信息方面,这些方法都卓有成效(Linder,1993)。

强调儿童的组织和功能性能力

随着儿童逐渐学会自己积累经验,他们越来越多地了解世界并积极参与其中。没有实际功能用途的技能或行为,脱离环境的学习、测试,都不应该出现在早期干预中(Goodman & Pollak,

1993)。干预的目标应该是帮助儿童理解世界并融入其中。为此,只有在了解儿童对特定领域能力的掌握或者更好地了解孩子在学习环境中发挥了哪些聪明才智时,才能对单独的各项功能(如,听觉分辨力、视觉整合力)或各项技能(如,手指的抓握能力、使用词汇的数量)进行评估。简言之,了解儿童的技能或能力仅仅是评估的一部分,最重要的是要了解儿童如何使用这些技能和能力,什么激励着儿童,什么使儿童感到沮丧,什么使儿童感到满意,并提供经验来诱发、支持和扩展儿童使用这些技能和能力。

格林斯潘(Greenspan,1992)提出的评估儿童发展的方法——尤其是对情感发展的评估——直接关注了对儿童功能性能力的评估。这种方法被称为功能性情感评估量表(FEAS),它经常被用于结构性游戏中,是对儿童与照料者之间互动的参与式评价。它评估的儿童核心能力有:自律能力、参与能力、阐述表征和表达能力、在萌发的符号系统(感性思维)中形成逻辑推理或区分的能力(Greenspan,1996,p.232)。对儿童与成人之间互动的评估是根据一系列具体的、有预期目标的、主要的情感能力进行的。格林斯潘的目标就是用这一信息来制订一系列干预措施,使儿童与其照料者之间形成强有力的支持关系,并且提高儿童探索、使用、掌握来自家庭环境之外的挑战的核心能力。

确定当前和正在萌发的能力与优势

传统评估模式的不足之处在于它将儿童分成不同的残障或病态类型。而新开发出的评估方法中不可或缺的一部分就是鉴定儿童的各项能力,并且考察这些能力是如何形成的(Meisels & Fenichel,1996)。儿童的优势和能力提醒我们注意儿童为了满足后续的发展挑战而需要的人力和生态资源,并且还对如何使干预能够充分利用现有的优势和资源为我们提供了帮助(见Provence,Erikson,Vater,& Palmeri,1995)。

儿童如何表现出一项特定的技能或行为,这与技能是否存在,以及存在多少同等重要,有时候甚至更重要(Meisels,1994)。例如,有运动障碍的儿童或许可以走路,但是他们在环视周围环境中的障碍或在必要时停下和转弯这两种情境下都会有困难。对于这样的儿童来说,即使他会走路,但是走路这种功能可能并不十分完善。儿童技能得以表现的环境对于理解儿童的能力和困难也十分重要。孩子能够在不同地板表面随意走动吗?正常情况下儿童专注于玩耍和探索,而当遇到困惑时是否会坐着、看着或吮吸他/她的拇指呢?儿童能够在水平面上画一个圆,却不能在画架上画一个圆吗?虽然家庭成员能够应对儿童发出的不同的、他们非常熟悉的行为信号,但为了与同龄人交流,儿童是否需要掌握一套简单的手势符号系统?对以上这些问题的回答将会在很大程度上改变我们对儿童各项能力和资源的看法,并最终形成一套更加个性化的干预方法。这些定性观察也具体规划了儿童如何获得更稳定、更具适应性并且分化更良好的各种技能的途径。

本章中介绍的许多评估都采用了以下两种方法:一种是用功能性方法来鉴定儿童稳定的和正在萌发的技能和能力,如 IDA(Provence et al.,1995),FEAS(Greenspan,1992),TPBA(Linder,1993);另一种是自然游戏观察法(Segal & Webber,1996)。这两种方法都从认识儿童能够做什么和了解什么是儿童最熟悉的情境开始。我们要把儿童的功能性能力和他所处的自然环境看成一个有机整体,从中不仅可以更多地了解到在日常生活中,哪些领域对儿童来说是困难的,还能了解到孩子正在巩固和形成的技能领域。

协作过程

对儿童的评估应当建立在父母和专业人员之间的良好工作关系基础之上(Weston，Irvins，Heffron，& Sweet，1997)。专业人员的工作不是将自己对儿童的看法强加给父母，而是要多方面地融合父母与其他专业人员的意见，这样才能制订出有助于提高儿童发展水平以及充分建构他/她的世界的干预策略。

提供一些父母报告单和父母访谈协议有助于父母了解评估的过程。例如，AEPS 家庭报告单(Bricker，1993)，文兰适应性行为量表(Vineland Adaptive Behavior Scale)(Sparrow, Balla, & Cicchetti，1984)，以及明尼苏达儿童发展量表(Minne sota Child Development In ventory)(Ireton，1992)。这些评估量表为了解儿童行为提供了不同视角。多数家长都很容易读懂这些量表，为父母积极参与评估过程提供了支持，也让父母意识到专业人员如何看待儿童。父母和专业人员之间的谈话可以从这些量表开始。

在帮助专业人员了解家庭环境和文化背景如何影响儿童的各项技能时，父母起着至关重要的作用。专业人员在解释评估结果并对家庭提出建议时必须保持文化互惠性(Barrera，1996；Harry，1992；Kalyanpur，1996)。这就意味着专业人员要明确他们的解释和建议内在的价值观，确认这些价值观与家庭的价值观体系是否一致，并且在向家庭解释他们所提建议背后的设想。专业人员需要考虑客观存在的文化差异，并与儿童的家庭成员一起找到实施这些建议最有效的方法，用一种与文化相关的方式来满足儿童的需要(Barrera，1996)。当父母和专业人员在儿童的需要与优势上持相同看法时，父母最易于听从专业人员的建议，这时专业人员就会被看成是一个有同情心的人，所提供的信息也会被认为是清楚、准确的。如果可能，父母双方都会参与交流和咨询(Human & Teglasi，1993)。

总的来说，成功评估的关键远远不只是与父母"建立密切的关系"——这在大多数测试手册中被描述为第一步。在与家长建立的成功关系中，密切是必要的条件，但为了了解儿童和家庭的需要与优势，只有密切关系还远远不够。还应该包括其他的特点，如互相尊重、互惠性和灵活性。上述特征是建立一个真诚且有意义的互动环境的关键。

评估——干预的开始

一项完整的评估应该包含两项内容：一是要知道如何促进儿童的成长；二是儿童展示出令人满意的行为时所需要的支持。当评估脱离干预而独立进行时，尤其是在依据传统的常模参照量表进行评估时，其结果可能是混乱的、有误导性的，并且最终达不到预期的效果。只有检测贯穿于评估过程始终的各种假设，我们才能全面地评价评估的效度。干预不仅要证明评估中所提出的假设的对错，同时还要能引出新的假设——新信息——这本身就是对评估"现有功能"的评估(Meisels，1996)。

但是，"现有功能"的概念极其狭窄。儿童的"现有功能"时刻都在变化。成功的评估在一定程度上可以视为预测无效，也就是说，由于从一次评估中获得的信息能改变干预的情境和内容，那么儿童的"现有功能"就会发生变化和转换。为了使评估和干预这两种功能合为一体,那么与干预同时进行的评估就必须要有连续性。

再评估——一个持续的过程

本章强烈支持这一观点:评估和干预应该是两者相互沟通的过程。为了实现这一目标,就必须进行再评估。再评估已被写入联邦和州的法律中,目的是防止儿童没有经过一个更合适或更宽松的环境过渡,就被遗弃到特殊教育课堂或项目中。

但是,再评估或再评价同时也具有另外一种意义,即它对儿童的全面成长和发展更具有实用的、潜在的甚至关键性作用。再评价可以看作一个反映干预效果的机会。每个干预都提供了一些信息,这些信息可以是另一项评估的部分内容,以此来制订一个新的、更具个性化的干预方案。干预与评估的关系就好比是一组动态目标以及逐步趋近这个目标的过程,用这个比喻来说明干预与再评估的关系再合适不过了。儿童的发展就像一个动态的目标,包括能力、知识、经验、性情和人格变量。当我们开始评估儿童时,我们就在对应的各个要素或目标上画一个圆圈,但每次画圈时,我们就会发现这些标记的位置似乎发生了变化。当我们用从评估中了解到的情况来指导干预时,这种变化就尤为明显。此时,我们正在处理一组动态变量,这些变量会随时发生变化。每次干预都会对儿童的某一方面起到一定的作用——有时会更好,如儿童获得了一项新技能;有时却会更坏,如儿童连续遭遇失败和挫折的经历后学习动机下降。如果父母和专业人员想要了解接下来应该尝试对儿童做些什么,那就一定要持续不断地再评估。了解儿童以前的发展状况很有用的,但对于年龄太小的儿童来说却起不到作用。从干预过程中不断地获取新的评估信息,对于儿童、家庭和专业人员之间的关系达到最佳状态至关重要。

儿童早期评估的要素

根据相关研究成果以及前面提到的各项原则,接下来我们将描述儿童早期评估的五个要素:评估对象、评估环境、评估方法、评估人员、评估与干预的融合。这五个要素体现了新一代评估模式的研究成果和发展方向,即新的评估程序、方法和工具(关于要素的背景介绍参见 Meisels,1996)。

在介绍各个要素时,我们不仅详细说明支持这些要素的相关研究,还将利用案例说明每个要素的评估方法。

评估对象

传统上,评估主要关注儿童本身。随着《残疾人教育法案》(IDEA)的颁布,评估人员开始同时强调儿童与家庭的评估,这种方法仅将家庭视为补充,而不是将二者相整合。现在,我们认为儿童与家庭和照料者之间有着紧密的关系,任何把儿童从这个关系中孤立出来的评估都是不完整的。换言之,就是要把儿童放在家庭这个更大的生态系统中来评估。关于亲子关系对儿童发展影响的大量研究是这一观点的核心。儿童的成长发展受养育环境的高度影响,反过来儿童也会影响他与照料者之间的互动(Beckwith,1990)。多年来我们都知道,父母的社会经济地位(socioeconomic status,SES)和教育水平是预测儿童发展结果的关键参考指标(Beckwith,1990)。许多研究(Sameroff,1993;Sameroff & Chandler,1975;Sameroff & Fiese,1990;Sameroff,Seifer,Barocas,Zax & Greenspan,1987;Barnard,Morissert,& Spieker,1993;Crnic,Greenberg,Ragozin,Robinson,& Basham,1983;Rauh,Achenbach,Nurcombe,Howell,& Teti,1988)利用从长期、短期研究中收集到的多种样本和数据,重点阐述了家庭变量的重要性。

  伯恩斯坦及其同事在这方面的研究尤为突出。他们主要关注低收入、多问题的家庭。他们的研究证明,母婴互动对已经有发展障碍的儿童和得不到优育的儿童有明显的帮助(Bernstein,Jeremy,& Marcus,1986),这种亲子互动关系能降低发展障碍的风险水平。实际上,围产期的脑室出血症与社会和互动因素的关系要比与生物因素的关系更密切。伯恩斯坦等人介绍了戈德伯格(Goldberg,1997)交互能力构建的概念,其中包括父母的应急响应度以及最大程度利用环境和个人资源的尝试,以帮助儿童意识到自我的存在,并提出了自己的观点:亲子之间有效的互动和沟通模式与儿童健康成长有直接联系。这种效果在伯恩斯坦和汉斯(Bernstein & Hans,1994)实施的一项研究中可以清楚地看到。该研究中,他们抽取了42名2岁的儿童作为第一组,他们的母亲在怀孕期间服用过美沙酮;又另外抽取了42名2岁的儿童作为第二组,他们的母亲在怀孕其间没有服用过美沙酮。这两组儿童的母亲也都参与这项为期两年的追踪研究。研究人员发现,环境中长期存在的各种不利因素可能是造成儿童发展较差的原因,而非美沙酮本身所致。他们得出了这样的结论:那些服用过美沙酮且与孩子有沟通问题的母亲,她们的孩子会出现特别严重的问题。生物性风险与母亲物质滥用共同导致了儿童的发育不良。

  其他研究也提供了额外的证据,这些研究都说明只针对儿童或主要针对儿童的评估都是无效的。卡登和福尔克(Cardon & Fulker,1991)通过对208对双胞胎从7—36个月的追踪收集到的数据,建立结构方程模型来研究婴儿认知加工过程中的九种策略与童年后期智力之间的关系。在这项关于婴儿的认知策略与一般智力测试之间的关系研究中,人们发现并证明了:婴儿期的各项能力与童年后期的一般能力或智力之间没有一致性,即没有必然的联系。在婴儿期的评估中所测量的具体技能很明显没有被整合到后期的一般能力中。相反,这些技能与一般认知能力之间的关系似乎很不稳定。此外,从长远来看,无论是遗传的变异,还是环境的变异,都不能充分解释他们所观察到的结果。然而,发展的连续性的确是由儿童的遗传因素与家庭环境的特征共同决定的。只对单方面的因素进行评估不可能达到预期目标。

  通过对婴儿期以后的高危儿童的研究,研究人员发现,将儿童融入其所在的环境中进行评估是了解和评价儿童潜在学业成就的关键。福勒和克罗斯(Fowler & Cross,1986)追踪研究了210名学龄前儿童及其父母。他们采用回归分析技术来考查儿童在阅读和数学领域所取得的成绩与其母亲的学历、两种简明筛查测试的结果、儿童的年龄和性别以及家庭的学习问题史之间的关系。结果发现,母亲的受教育水平、学习问题家族史、医生对孩子在学习活动中注意力集中度的评级,以及儿童认知和视动能力的发展性筛查结果都与儿童早期的学业成绩和顺利升级之间存在着较强的相关性。这项研究表明,相对于生物或医学方面的因素,环境因素和社会经济地位变量与儿童的学业成就之间有更高的相关性。研究者通过强调对学业处境不利的学前儿童进行评估时的方法来总结他们的研究:不要将这种处境不利简单地归因于单一的变量。

戈尔曼和波利特(Gorman & Pollitt,1996)也研究了环境、医学、发展三方面的不利因素,以及它们与儿童的学业处境不利之间的关系。为了更好地了解教育在降低风险中所发挥的作用,他们对危地马拉的222名农村儿童进行了20多年的追踪,他们在生物学和环境因素方面都是高度处境不利。这项研究报告了三个主要发现:第一,儿童早期接触到不断增加的不利因素与青春期较低的学业成绩和测验分数显著相关;第二,早期接触的不利因素的风险程度和在校表现都与青春期的学业成绩有关;第三,对于接触高风险因素的儿童来说,良好的学校教育可以起到缓冲作用。正如其他研究人员所发现的那样(见 Rutter, 1987; Sameroff, Seifer, Barocas, Zax, & Greenspan, 1987; Werner, 1990),发展的结果与童年期接触到的不利因素的种数之间存在高度相关,呈线性增长的趋势。接触不利因素的种数越多,对儿童发展所造成的负面影响就越大。对于那些在生活中接触到很多不利因素的儿童来说,学校教育可以帮助其减小影响,但只靠学校教育并不能完全消除较严重的风险所带来的负面影响。这项意义重大的研究结论与之前的研究产生了共鸣:儿童的发展是由多种因素决定的,并非由单一变量或孤立因素所决定的。只有在全面考虑各种因素的情况下来研究儿童,才能了解这些因素对儿童造成影响的程度,了解它们改变儿童成长和发展轨迹的可能性,才能知道以什么方式支持这些家庭和儿童。

即使儿童在遗传因素方面的风险度较低,但是家庭的社会心理问题以及环境风险的普遍存在也会对他们的健康和发展造成负面影响。有项研究(Kemper, Osborn, Hansen, & Pascoe, 1994)调查了400多个"低风险"母亲,她们的孩子都还不到6岁,结果发现儿童的社会心理问题相当普遍。这项研究主要关注人口学变量、母亲的家族功能障碍史、母亲的抑郁症以及母亲的药物滥用。结果表明,即使儿童并不属于典型的高危人群,他们也可能因环境和家庭的困难而处境不利。在对儿童生活中的不利因素进行早期诊断时需要考虑多方面因素的影响,而不能仅仅局限于单方面因素,不论这个单因素是遗传因素、环境因素还是社会经济地位或家庭因素。在这项研究及其他研究中,研究人员都呼吁要关注构成儿童世界的广阔背景(即指儿童生长的环境),只有这样才能进一步了解风险因素,同时也能了解保护性因素。

在许多早期的诊断项目中都可以发现这种多维度评估方法的例子。有研究者(Nord, Zill, Prince, Clarke, & Ventura, 1994)根据所收集的数据,提出用综合风险指数进行全国青年追踪研究。他们的目的是要建立一个新的儿童健康指数,这一指标与儿童的入学准备有关。风险指数包括以下能在标准的出生证明中找到的信息:

(1) 妊娠晚期(怀孕九个月)才做产前检查或根本不做产前检查;
(2) 母亲体重的增加较少(低于 9.5kg①);
(3) 与上一胎间隔的时间过短(间隔 18 个月以内);
(4) 有三个或以上的兄弟姐妹;
(5) 母亲在孕期吸烟;
(6) 母亲在孕期酗酒。

研究者认为,这个指数在儿童四五岁时就能比较准确地预测其学业成绩,即使在控制了各种主要因素之后,如母亲的受教育水平、种族、民族以及心智水平,其结果也是一样的。该研究再一次证明:为了儿童的健康成长,在评估时一定要把环境和家庭因素考虑在内。

---

① 原文为 21 磅。——译者注

我们还可以从其他形式的评估中得到更多帮助,这些评估不仅包含了各种风险指数,还涵盖了其他指标。科哈内克和布卡(Kochanek & Buka,1991)介绍了一个基于人口的筛查模型,用于筛查有发展性障碍及有这种风险的婴幼儿。该模型用于了解儿童及家庭的需要,并且与社区资源和项目接轨。它包括四个部分,如表11.2所示。

表11.2 基于人口的筛查模型

1. 多元化的筛查内容(所收集的筛查数据包括:婴儿的生物环境和发展性能力,家庭的需要、优势、资源、支持系统,以及亲子关系的数量和质量);
2. 多渠道的信息来源(父母、专业人员、其他家庭成员以及熟悉儿童和家庭的社区人员);
3. 筛查的周期性(考虑到儿童在3岁之前生长发育变化非常快,成长中的潜在风险也逐渐显现,所以在3岁前应该在多种场合下对儿童进行筛查);
4. 二级筛查。第一级筛查非常简要,旨在诊断出非常严重的、肉眼就能看出来的异常,以筛出需要做进一步检查的儿童。第二级筛查是在儿童家里进行的,是一项专业的综合检查,检查的内容包括:儿童的发展能力,家庭的优势、需要和支持系统,养育环境的总体质量。

摘自:Kochanek & Buka, 1991

他们在实施该体系时发现,无论是以儿童为中心的筛查,还是以家庭为中心的筛查,都为高危儿童的甄别做出了独特的贡献。然而,家庭环境因素对那些后续表现不佳的儿童影响更大。在决定儿童后续发展的因素中,家庭相关变量与儿童相关变量之间的比值接近3∶1。因此可以说该研究达到了两个目的:首先它表明生物系统和生态系统中的不利因素都会导致儿童的脆弱性;其次,在生命的最初几年里,儿童不应该是评估的唯一目标,本研究所提出的婴儿/幼儿/家庭筛查模型正是建立在这一前提之上的。

简而言之,本章强烈支持这种观点:"传统的诊断模式、人员配置与现在的儿童早期特殊教育已经几乎没有或根本没有关系。因为传统模式只关注儿童本身,而不关注儿童生活的家庭。"(Shriver, Kramer, & Garnett, 1993, p.268)因此我们需要转变观念,理解儿童早期评估的真正意义:对儿童的评估就是对处于家庭环境中儿童的评估。脱离了家庭,就无法了解儿童。不在家庭环境中观察儿童,对儿童发展状况的评价就会不完整,对儿童一般发育发展轨迹的概括也就可能会有严重的偏差。

评估环境

传统上,对儿童的评估一般是发生在受控制的情况下,类似于发生在一个高度结构化的环境中。近年来,我们见证了强调在自然条件下实施的评估,这种评估方式使儿童感到轻松、熟悉、没有压迫感,并且能吸引儿童的兴趣(参阅 Meisels & Provence, 1989)。根据定义,这种自然的环境是不同质的,即每个家庭的情况都存在着很大的差别。考虑到评估的环境会使评估的社会效度遭到质疑。有研究者(Bagnato & Neisworth, 1994)将评估中的社会效度定义为"评估信息的生态特征,评估所用方法的可接受性,以及所得信息的重要性"(p.82)。当忽略评估的社会效度时,获得准确的评估结果的概率就降低了。

布拉肯(Bracken, 1987)将同一技能的两次或多次评估所出现的差异归因于评估的环境——评估所发生的生态系统。构成环境的要素如下:

（1）儿童的动机、觉醒的状态、性情和健康状况；
（2）主试与被试在亲和力、种族、文化、性别甚至体格方面的差异性；
（3）不同主试能力上的差异；
（4）就儿童感到生理和心理舒适来说，不同环境也存在着差异；
（5）评估中对主试和评估材料的熟悉度。

除了促进儿童发展的外因之外，与儿童的发展能力联系更紧密的其他因素在评估生态效度的评价中发挥了重要的作用。例如，在评估中，儿童对各种指令的理解能力有限。这些指令包括口头指示、视觉刺激、情境暗示或其他指令和刺激行为。这些指令很难引起年龄小的儿童的注意。在确定哪些指令对儿童最有效时，文化发挥着重要作用(Rogoff, 1990)。第一，传统的评估要求主试发起话题，儿童来回应，儿童很少能成为主导者。尤其是那些与儿童日常生活中使用的功能性语言可能有着本质性差别的指导语，因此，这种评估结果并不能代表儿童的功能性能力。第二，低龄儿童的语言和运动感知反应能力十分有限。因此，对于刚刚萌发语言能力的儿童，通常要求主试根据儿童外显的行为或父母的报告来理解儿童的话语，而不是只根据儿童直接的口头回应。第三，评估中所提的某类要求要用到复杂的信息加工技能，而这些能力是幼儿所不具备的。所以对幼儿下多步指令或连续提问都非常不合适。最后一点，在评估中儿童不能很好地理解主试提出的各种要求，因此他们也可能不会按要求做到。包括文化背景、类似的经验、与之前评估的联系在内的诸多因素都会影响儿童在评估中的行为。

以上这些因素都导致了儿童早期评估结果的不稳定性。当把社会效度这个因素考虑在内来设计评估方案时，我们发现风险因素的归类（即哪些是风险因素、哪些不是风险因素）会有明显变化。霍尔和巴尼特(Hall & Barnett, 1991)表示，对儿童是否处境不利的判断，会因采用的评估模式的不同而发生变化。把评估的重点放在家庭特征上，而不只是局限于对儿童发展性水平的了解，也会使对儿童处境的判断发生改变。简而言之，考虑了环境因素的评估为我们提供的信息，与不考虑环境和文化影响的评估所提供的信息完全不同。

我们最关注的是"族群有效性（文化胜任力）"——即"传统的评估过程与面向不同种族群体儿童的特殊教育服务之间的相关性"(Barnett, MacMann, & Carey, 1992, p.30)。总的来说，在评估儿童时我们只会冒险忽略种族因素，在对低龄儿童进行评估时，很少会同时考虑种族和文化问题。例如，大多数评估都是基于崇尚个人主义而非集体主义的文化视角来进行评估的。因此，我们常常希望一个两岁的孩子能表现出一些自我照顾的活动，如自己吃饭，甚至自己穿衣服。然而，有些民族文化却不鼓励这么小的孩子就在自我照顾方面达到独立性，而是要等到儿童足够大了才这样要求(Lynch & Hanson, 1992)。

评估的社会效度和文化效度对3—21岁儿童（青年）的诊断分类有着重要的意义。有研究者(Andrews, Wisniewski, & Mullick, 1997)指出，非裔美籍发育迟缓的儿童更有可能被归为轻度智力障碍而非学习障碍，而发育迟缓白种儿童则相反，他们更有可能被归类为有特殊学习障碍而非轻度智力障碍。换句话说，文化背景的不同会影响评估方法的选择、评估结论的得出以及最终对他们实施的干预措施。

社会生态的评估过程有时被称为"生态行为分析"——这种评估方法侧重于家庭、班级、学校和社区等自然生态系统……这种评估方式要求在问题解决的每个阶段都采用多重视角，进而创建一个广泛的评估背景来理解干预措施的调整和规划(Barnett, MacMann, & Carey, 1992, p.35)。有关如何构建评估的,从这种评估方法的定义中就可看出。当我们进行生态行为分析和背景性评估时,当我们考虑到族群效度时,评估就有了以下特征:信息来源多渠道,评估方法多元化,认识到在家庭背景下评估儿童的必要性,考虑有关家庭环境、亲子互动和家庭社会支持网络等诸多信息(Sexton,Thompson, Perez, & Rheams, 1990)。此外,评估需要随着时间的推移而不断进行,并不是一次性的评估。

有研究者采用了这种广泛的背景性分析的评估方法,得出的研究结果相当惊人。例如,关于贫穷、种族和智商之间的关系,研究者发现,当他们对诸如社区经济萧条、家庭贫困、母亲受教育程度和先前的学习经验等背景变量进行控制时,5岁的黑人和白人儿童之间的智商差异几乎就消失了。这一研究强调了针对非白人中产阶层的儿童群体在测试意义和测试项目之间的差异性。布鲁克斯-耿(Brooks-Gunn)等人认为:智力测试和其他认知测试都带有文化偏见,在跨文化运用时是不等效的。

关于这个问题,另一项研究通过考查年龄与学校教育分别对智力发展的影响之后,提出了不同的观点。卡恩和科恩(Cahan & Cohen, 1989)根据儿童的年龄和受教育年限在小学毕业时对他们的智商进行评价。他们发现,智商的增长与受教育年限高度相关,并且学校教育对语言能力的提高有显著影响,而对非言语能力的提高却没有显著影响。这些发现对讨论评估环境的意义是:就像通常在儿童生活的环境之外来评估他们那样,当我们只考虑年龄时,大量的环境因素就被忽略了,学校教育和干预就是诸多被忽略的环境因素的代表。这种年龄常模不利于那些缺少积极体验的儿童。如果不考虑这些环境因素,就不会得到准确的评估结果。由于可利用的资源很有限,所以识别出那些最需要干预的儿童和家庭十分重要,并且识别过程要在广泛的环境中用多重视角来评估儿童。

跨学科游戏评估法(TPBA)(Linder, 1993)是一种在环境中敏锐地评估儿童的方法。作为一种综合性的、跨学科的发展性评估方法,它建立在以下两个前提之上:各种发展性功能是相互依存的,儿童的发展受多种因素影响。TPBA将儿童、父母和其他专业人员积极地融入到评估和干预的自然环境中,所以对于残障儿童或发展迟缓儿童的评估来说,它是一种很有效的评估方法。评估者先从父母那里了解儿童发展状况的相关信息,以此为基础设计一个游戏活动,TPBA的实施就蕴含在这个游戏当中。游戏材料要与儿童的发展水平相适宜,这是为了鼓励儿童在游戏中使用多种不同的游戏策略和发展性技能。评估小组的一名成员会辅助儿童的游戏,并鼓励儿童展现最佳技能。评估指南用于说明如何观察儿童的认知、社会性情感、沟通和语言、感觉运动能力。这一评估的基础是它所使用的方法、材料和技术所具有的生态行为效度。

由于评估方案是和家庭一起计划的,评估信息也是从家人和其他熟悉儿童的人那里收集到的,所以评估的基线与家庭的生活习惯十分接近。在评估中,儿童有很多机会能接触到所提供的陌生的和熟悉的材料,同时为了从尽可能多的视角获取信息,许多观察者都参与到评估之中。父母在评估前先要填写一个预评估清单,帮助评估者了解有关儿童发展水平和技能的有价值的信息,为评估组创建一个评估环境提供支持,以便激发儿童的最大潜能。评估本身包含以下几个阶段:(1)非结构化的促进,在这一过程中观察者只是跟随儿童的引导并不断扩展;(2)结构化的促进,在这个过程中,测验者尝试激发出在第一阶段中没有自发出现的行为;(3)引入一个同龄人,以便观察儿童的同伴互动;(4)父母分别以结构化和非结构化的方式与儿童一起进行亲子游戏;(5)结构化和非结构化的运动类游戏;(6)吃点心,以便筛查儿童的口腔咀嚼运动能力、社交能力和适应能力。每观察完一个阶段,观察者们都要和父母一起讨论儿童的行为所代表的意义,并对部分行为以及父母对孩子行为的看法进行专业解释。在观察中,观察者们对儿童的行为进行定性和定量观察,而不是仅仅关注某一行为的出现或缺失。在完成评估之后,根据儿童的行为表现和完成情况对所提供的指南进行重新回顾,然后就形成跨学科的建议,或通过会议向父母和参与评估的其他工作人员给出反馈意见。这样设计评估的目的是要突出对儿童、儿童的家庭以及儿童所处的民族文化的尊重。

评估方法

正如 TPBA 所证实的那样,评估方法已经发生了巨大的变化,原来的评估方法存在环境上形式化、程序上高度专业化、方式上局限化的问题,而现在评估强调的是日常生活体验,这种方法能使儿童更充分地表现他们知道什么、能做什么以及正在经历着什么(Meisels,1996)。除了使评估方案在生态方面更具效度外,还有很多原因可以解释这些变化。然而,专业人员对传统的常模参照评估模式的不满则是引起评估方法论变化的原因。

一项有数百名儿童心理学家参与的研究发现:只有 4% 的儿童心理学家支持将常模参照、标准化的智力测验用于识别有发展障碍的儿童(Bagnato & Neisworth,1994)。在这一研究中,大多数心理学家认为以下三点非常重要:能灵活地选择评估方法,能修订所使用的工具,能满足多方面需求、以团队为基础的评估方法。

将常模参照测验用于发育迟缓的特殊儿童群体时会出现很多问题。其中主要的问题包括(Fuchs,Fuchs,Benowitz,& Barringer,1987):

(1) 针对某些特定的群体,测验内容不恰当;
(2) 所使用的工具不能充分体现技术特征;
(3) 对较低社会经济地位儿童的偏见;
(4) 评估和干预过程不相关;
(5) 测试者没有选对正确的测验方法;
(6) 测试者在施测和评分时的不准确性;
(7) 评估数据和干预建议之间的匹配度较差;
(8) 用于研发测验常模的样本中缺少残障儿童群体。

富克斯(Fuchs)等人认为:在证明一个测验是无歧视的、公平的之前,非常有必要证明它在测量残障儿童和正常儿童的技能和能力时具有同样的准确性。但是,众多的常模参照测试几乎没有能达到这一要求的。最好的情况下,大多数检测工具的研发中包含了对一两类残障儿童的小规模研究,其结果分析也不足以说明这些工具有将残障儿童与正常儿童相区分的能力。

传统的心理测量工具在应用于特殊群体时出现了很多问题,有研究者(Meltzer,& Reid,1994)列举了 6 项对心理测量技术的批判:(1)强调学习的最终结果,而忽略了儿童解决问题的过程和所使用的策略;(2)未能把儿童现有的能力与他/她学习和获得新技能、信息的能力区分开来;(3)未能提供对干预有用的信息;(4)忽视了动机、人格、社会因素和文化的作用;(5)没有测量由发展所带来的定性和定量的变化;(6)分类错误和不正确的特殊教育安置。

除这些问题之外,对儿童的评估——无论这些儿童是残障的,高度处境不利的,还是正常发育的——都容易受许多心理测量问题的影响。这些问题表现为各种测量工具之间缺乏内在一致性,检测工具的信度较低,标准测验的循环性(即一个测验本来是用于验证另一个测验的效度,但却反过来被那一个测验用来验证自己的效度),治疗效度方面的问题(评估和有益的治疗效果之间的关系)(Barnett, MacMann, & Carey, 1992)。

布拉肯(Bracken,1988)详细描述了与标准化常模参照测验相关的一些心理测量问题。他尤其强调了一系列对早期干预至关重要的问题。几乎所有的州都规定:合格的测验工具应该规定出发育迟缓在常模参照测验或标准参照测验中落后的百分比,或者规定一个预先确定的偏离平均数的标准差。但是,大多数看起来似乎都彼此相似的测验项目,它们的检测结果却不相似。这对如何设定合格标准有着巨大的影响。布拉肯列出了十个理由来解释这些测验中存在的心理测量上的差异。

第一,各测量工具之间可能有着不同的地板效应。地板是标准值范围内的较低部分。如果地板太高,那么智商低的儿童就不可能正确回答问题,因此也就不可能测量到他们的能力。第二,各测量工具之间通常也有不同的天花板效应。一个测验的天花板较低,也不能将高能力的儿童与平均水平附近的儿童区分开来。第三,各测量工具的梯度不同。这与测验的内容效度有关,因为一个测量工具的样本应该能够覆盖所有难度级别的内容。如果各项目之间的梯度太大,某一个范围内的能力就显现不出来,那么儿童的全部优势也就无法被挖掘出来。一些测量工具可能用7~10个测试项目来确定一名儿童的能力是否显著低于平均水平,而另一些测量工具可能只用到了一两个测试项目。第四,各测量工具的常模表不同。安排常模表的日期是建立评分等级的关键。如果测验工具的"纪念日"不同(即不同的测验工具没有在固定的时间对儿童进行测查),那么这两次测查的结果通常是矛盾的。第五,一些测量工具使用年龄或年级变量来对儿童进行比较。但是,这样的统计不具备心理测量中标准分数的特征,也不应用于诊断性的或临床方面的决策。这些变量往往来源于经验性的证据,但又不被实证数据所支持。第六,信度差异,它主要用于解释两个明显相似的心理检测,但结果却不同。相比信度高的测验,那些信度不高的测验——意味着测验结果不稳定和不一致——会出现更多的测验误差。第七,用不同的测量工具对不同的技能进行评估,所得分数明显会不同,因为每个工具所测量的具体技能之间没有重叠。第八,在同等结构或同等范围内进行的各项检测,在内容上存在着差异,这也影响到了测验内容和测验对象之间的对比。第九,各测量工具出版日期不同决定了它们的区分性能,因为常模会随时间推移而改变。第十,必须考虑到常模样本的代表性,"当所抽取的样本并不能准确地代表某一类人时,那么在常模的研发过程中就不知道会出现多少错误"(Bracken, 1988, p.164)。因为残障儿童很少能包含在这些样本中,那么在用这些测量工具来测查这类儿童时,其准确度就很低了。

简要总结这些理由之后,我们用巴特尔发展量表(Battelle Developmental Inventory, BDI)(Newborg, Stock, Wnek, Guidabaldi, & Svinicki, 1984)来说明其中的一些情况。

巴特尔发展量表

巴特尔发展量表具有参照常模,与课程可并立,因此,在儿童早期干预中,它被广泛地应用在资格标准的制订和干预项目的设计中(Bagnato, Neisworth, & Munson, 1997; Goodman & Pollak, 1993)。它由五大领域组成:适应性、认知力、沟通能力、运动能力和个性—社会性,下设341个项目。它是为数不多的将残碍儿童纳入其标准对照组的测量工具之一。BDI测量的年龄范围是0—8岁,从婴儿到学龄前这一阶段有发育滞后倾向的儿童,可以用它来进行评估。BDI 项目的施测可以直接进行,也可以通过与家长访谈的方式间接进行。BDI 还有一个筛查版本,筛查版本中的项目是从原版本中精选出来的。

尽管 BDI 在实践中已经有了广泛的应用,但是在心理测量的完整性和检测项目的适用性方面仍然存在许多问题。一些研究者认为 BDI 夸大了发育迟缓学前儿童的数量(Bagnato, Neisworth, & Munson, 1997),他们针对 BDI 存在的问题进行了探究,旨在说明其中一些比较普遍的问题。这些问题已经在常模参照测验中被证实,对它们进行探究,以便创建一套适用于特殊需要儿童的资格标准。

标准化。BDI 标准样本的年龄分布为 0—24 个月,每 6 个月为一个年龄段,每个年龄段仅包含 100 名儿童。假设这每个月所包括的样本数平均分布,那么每个月只有不到 17 名儿童来代表该月儿童的发展水平。儿童在生命头两年里的成长发展那么迅速多变,用这样小的样本量根本不足以代表全国人口的多样性。23 个月之后,每一年只有 100 名儿童来组成整个年度的标准样本;也就是说,如果按月龄平均分布,每个月只有八九名儿童来代表这个月儿童的发展水平。与此形成对比的是 BSID-Ⅱ,6 个月月龄以下每个月儿童的样本量为 100 名,6—12 个月每两个月的样本量为 100 名儿童。12—30 个月,每三个月的样本量为 100 名儿童(即第一年之后每年有 400 名儿童)。显然,相比 BDI 的常模,我们对 BSID-Ⅱ的常模更有信心。

信度。用 BDI 量表进行测验,所得分数在信度方面存在许多问题。在北卡罗来纳全州范围内实施的一项 BDI 的研究中,贝利等人(Bailey, Vandiviere, Dellinger, & Munn, 1987),与 76 名教师一起对 247 名 2—5 岁的残障儿童进行了一次调查。教师们认为 BDI 更适用于轻度残障的儿童,而不太适用于那些发展障碍较重的儿童,并且在计分时会出现许多错误。由于 BDI 复杂的评分过程,计算一次得分约需要一个半小时,而且还会有许多错误。只有 11 名教师(14.5%)和 20 份检测单(20.2%)没有出现评分错误。最常见的错误是简单计算(44.7%的教师,21.9%的检测单),其次是基准线的建立出现问题(47%的检测单,43.4%的教师)。测查那些低于基准线以下的儿童的题项上也容易出错(11.4%的检测单,28.9%的教师)。

效度。虽然对特殊需要儿童样本的独立研究指出了 BDI 和 BSID 之间的相关性,但对高度处境不利儿童样本进行测量的效度还没有得到验证。研究者(Gerkin, Eliason, & Arthur, 1994)没有发现 BSID 的标准分数和 BDI 的总分之间有显著相关,也没发现 BSID 中的心理发展指数和 BDI 高度处境不利婴儿样本组的各个领域分数之间有显著相关。这些发现与伯莱克和奥布朱特(Boliek & Obrzut, 1991)的发现一致,他们研究了 50 个发育正常的婴幼儿,并得出了 BDI 和 BSID 之间的相关系数 r 的范围是 0.097~0.683。BDI 的项目梯度太大,以致对偏离平均值两个标准差以内的儿童不易区分。另外,对低于平均值超过两个标准差的儿童,根据一个公式对这个儿童的发展商数进行推导,偶尔会发现结果是负值。

BDI 的大部分领域都建立了聚合效度(即同一个分量表下的各项目之间彼此相关,所以测量的是彼此相关的技能),但是区分效度(即将一组项目与另外一组项目区分开的属性)却有问题。在某些领域,同一个分量表下各项目之间的相关度甚至比它们与其他分量表项目之间的相关度还要低。例如,语言和认知领域之间就具有很高相关性($r=0.84$),但同时,认知领域的几个分领域与沟通领域之间的相关度要比它们与其他认知分领域的相关度更高。格金(Gerkin, 1994)等人承认在年龄较小的儿童组中,区分效度存在问题:"BDI 的各领域对 2 岁以上儿童的区分度更高,对 2 岁以下的儿童,只有三个因子具有普遍的区分度。"(p.59)尽管如此,BDI 指导手册仍然允许使用分量表的分数来识别 24 个月及以下儿童是否需要接受服务。

BDI 使用手册中报告了效标效度的一些研究,这些研究所使用的是非专门针对婴儿的量表,如韦克斯勒儿童智力量表-修订版(Wechsler Intelligence Scale for Children-Revised, WISC-R)和斯坦福-比奈量表,或者是测量独立的功能领域的工具(如文兰社会成熟量表)。这些工具在效度的研究中没有提供任何年龄数据,但是,假定这样的效标已投入使用,那么婴儿包含在研究样本中这一点就太令人难以置信了。厄希勒和埃利奥特(Ershler & Elliot,1992)也质疑了 BDI 的效度,指出 BDI 的主要问题有:最低合格标准分数、分领域跨年龄段代表性不一致、不同年龄段在不同难度水平上题目的难度不均等、缺少内容效度的证据。

常模表。许多研究者都注意到了 BDI 强大的"生日效应"(Boyd,1989;Gerkin, Eliason, & Arthur, 1994;McLinden, 1989)。由于常模表的结构组成,如果在儿童半岁前两周时用 BDI 进行测量,其得分在正常值(平均值)范围内(发展商数 = 100),那么这样的儿童一满 6 个月,就有资格得到特殊教育服务。因此,大多数儿童只要年龄接近评估的最低年龄限制,就有资格得到特殊教育服务。

BDI 使用手册为了纠正被歪曲的分数分布情况,改用中位数年龄的行为表现作为年龄当量的常模,并在 1988 年进行了常模的重新校准。但是,通过考查相应年龄常模表和百分等级数表,发现还是不断有错误出现,其主要原因是生日效应的严重影响、年龄当量与标准分数之间不协调。例如,一个 24 个月大的婴儿,在沟通领域得到 39 分的原始分数,转换到百分等级数表上是第 14 位,低于平均值超过两个标准差,如果使用常模表的话,该儿童就有资格获得特殊教育服务。但是,如果使用年龄当量的话,39 分的原始分数能够转换成 23 个月的年龄当量,这表明该儿童不符合接受服务的条件。

同样,一个 12 个月大的婴儿,在沟通领域获得 24 分原始分数,转换到百分等级数表上是第 13 位,低于平均值超过两个标准差。这将使他/她有资格享受几乎所有州的服务。但是,在年龄当量表中,他/她所对应的是在 12 个月的等级上,这表示他/她没有资格接受服务。同一个婴儿,同样的原始分数,同一时间实施的测验,但是同一种测量工具下不同的分数转换表却给出了不同的结果。

这类问题是真实存在的,不仅各领域的分数存在这类问题,总分也有。如果一个 12 个月大的婴儿,其原始总分是 173 分,转换到百分等级数表上是第 12 位,低于平均值超过两个标准差。根据一些州有关标准的规定,他/她有资格享受特殊教育服务。但是,如果使用年龄当量对照表,转换后的分数显示他/她对应的 13 个月的水平,因此她/他是没有资格接受特殊服务的。

塞克斯顿及其同事(Sexton et al.,1988)使用同一年龄 BDI 分数而非标准分数来研究有特殊需要儿童的表现,结果发现,年龄在描述儿童的实际水平方面更可靠。博伊德等人(Boyd et al.,1989)也比较了用于评定特殊需要儿童发展水平的年龄和标准分数,认为年龄与儿童发育水平之间的相关性要高于标准分数。这些结果从心理测量的角度来看是十分异常的。

生日效应随着儿童年龄的增长继续存在。在 BDI 中,标准分数是从百分等级数表中转换而来的。从出生到 3 岁的每一个时间点上,一个年龄组在百分等级数表中的平均原始分数都比下一年龄组低超过两个标准差。

分量表。在使用 BDI 的过程中,纽伯格等人(Newborg et al,1994)没有给出 BDI 任何分量表或总量表的内部一致性信度。他们认为,要计算出这些信度系数,就要保证所有的测验项目测量的是同一种技能或品质,但 BDI 各领域或各子维度并不具备这样的特点。有研究者试图为特殊需要儿童重现 BDI 的因子结构,但这一尝试没有成功(Snyder,Lawson,Thompson,Stricklin,& Sexton,1993)。研究发现只有两三个因子与手册中的因子完全不同。

把 BDI 与其他学前儿童测量工具进行比较时,分量表的问题又一次显现出来了。相比于 BDI 认知领域和沟通领域之间的相关性,BDI 精细运动领域与斯坦福-比奈量表之间的相关度更高(认知领域的相关系数 $r=0.50$,精细运动领域相关系数 $r=0.61$)。同样,WISC-R 的言语智力分数与 BDI 认知领域分数之间的相关度只有 0.43,与沟通领域分数之间的相关度只有 0.46,但它与精细运动领域之间的相关度却高达 0.68。

标准参照。如果承认用 BDI 建立资格标准是有问题的,那么用它作为一个标准参照工具有哪些优势呢?BDI 的这一用途也备受争议。在对个性化教育计划各项目的检验中发现:BDI 和其他发展性量表影响了学前儿童个性化教育计划(Goodman & Pollak,1993)。但是,有严重精神损伤儿童的个性化教育计划与中度和轻度损伤儿童的相似,这表明个性划教育计划目前还不能精确地回应个体的需要。在一项全州范围的 BDI 研究中,教师们报告称,只有 2/3 的测量项目与重要的教学目标相关(Bailey et al.,1987)。

小结。人们对这些测量工具的临床使用还存在着争议,有研究者认为它们还不够客观,有研究者认为它们不够标准化,使得依据它们所做出的判断并不可靠。多数州要求用标准化的测量工具确定儿童是否可接受特殊服务。但是,BDI 证明,只有标准化的测量还不能保证可靠、有效地评价儿童的发展水平。即使像 BDI 这样将残障儿童包含在其样本内的、试图以功能性能力为目标的测量工具,在确定儿童接受服务的资格和规划干预服务时仍然存在问题。

评估人员

传统的评估模式是双元的,包括一个被评估的被试和一个负责实施评估的主试。这种评估方式设定了一套高度结构化的、标准化的程序,不考虑评估者或被评估者的具体情况。

现在的评估模式——尤其是用于评估儿童的模式——与传统的评估模式大为不同。经过对 1975 年通过的公法 94-142 连续几十年的不断修订,现已有多学科的评估人员加入到了对残障儿童评估的工作中来。另外,这些多学科的评估团队还积极邀请儿童父母参与其中,并且会对儿童进行周期性评估,而不只是一次性评估。

在最佳实践中,多学科的团队会对每个成员观察到的情况进行讨论,并且分享各自对儿童行为的看法以便更完整地刻画出孩子的优势和能力。但不幸的是,这种合作并不经常发生。多位专业人员对儿童进行评估,他们聚在一起只是为了提供一份儿童的功能性评估报告,父母在这些会议中通常起不到积极的作用,大多只是信息的被动接受者。这种所谓的团队会议有时会让人想起盲人摸象的故事,评估团队并不总是能相互合作地开展工作。

发育监测和监督　　早期干预中的多学科评估,既是法律要求也是最佳实践方式(Beckman,1996)。但是,儿科从业者还是倾向于在初级卫生保健机构里使用一种方法来进行早期识别。该方法已经在儿科初级保健的实践中普及开来。

德沃金(Dworkin,1989,也可参看本书)认为,发育监测是指"不采用任何特殊的技术,密切关注儿童发展的过程。监测可能是定期的或是连续的,系统性的或非正式的,可能包括也可能不包括筛查、监测或评估等过程"(p.1001)。英国首先引进"发育监测"这一概念,它的引入与各种发展性筛查工具有限的效度,以及实施这些筛查所花费的时间、精力和金钱,尤其是在初级保健医疗环境下的花费密切相关(见 Bain,1989;Houston & Davis,1985;Hutchison & Nicoll,1988;Sturner,Funk,& Green,1994)。

尽管很少有人对发展性筛查的费用进行研究,还是有一项研究考查了残疾儿童各种早期检查的费用,他们研究了近 250 对父母和他们 6 岁大的孩子在各种早期检查上的花费(Glascoe,Foster,& Wolraich,1997)。情理之中的是,他们发现检查成本随着筛查工具敏感度和特异性的增加而降低。总的来说,这项研究证实了早期筛查和干预的经济价值。在一项使用年龄发展阶段问卷(Ages and Stages Questionnaire,采用家长报告的方式收集数据)的研究中(Bricker,Squires,Kaminski,& Mounts,1988),斯夸尔斯(Squires,1996)报告了许多低费用收集筛查数据的方法。

从另一个角度来看,发展性筛查的费用可以被认为是预防的一种成本和收益,发展筛查是预防的第二阶段。在发展性筛查过程中,可以采取措施阻止延缓进一步恶化,或者在某项功能开始衰弱之前就采取阻止措施(Meisels,1988)。虽然在未经筛查的学龄前儿童中只有 5%~7% 儿童是实际有风险的,但是筛查出这些儿童却意义重大,如于避免特殊教育、培养具有谋生能力的个体、为儿童和家庭提供一般性支持。

从另一个视角来看,越来越多的证据表明筛查有一定的准确性。尽管还有一些筛查工具在使用中遭到了质疑(如 Glascoe,Byrne,Ashford,Johnson,Chang,& Strickland,1992),但是已出版的各种筛查工具在敏感性和特异性上都还是可以接受的(参见 Glascoe & Byrne,1993;Meisels et al.,1997;Meisels,Liaw,Henderson,Browning,& Ten Have,1993;Squires,1996;Squires & Bricker,1991;Squires,Nickel,& Bricker,1990)。缺乏可信且有效的筛查工具不再是对年幼儿童进行数据收集的障碍。

现在对发展性监测问题的争论主要集中在评估人员上。假设多数儿科医生都能对儿童的发展情况做出准确的非正式评价。但不幸的是,这种说法缺乏有力的证据。有学者(Costello et al.,1987)对 789 名患有心理障碍的儿童进行了数据收集,这些儿童的年龄为 7—11 岁,都在标准的初级医疗诊所就医,其中大约有一半接受了详细的心理评估。这项研究表明:儿科医生和初级护理医师的临床诊断是非常不准确的。儿科医生诊断出存在情绪和行为问题的儿童只有 5.6%,只占实际患此病儿童的 17%。在科斯特洛所研究的样本中,有 83% 已被确诊的儿童被儿科医生遗漏了。

其他研究中也发现了类似的结果。在题为《儿童健康监测巡诊中的心理问题:发现了问题,然后呢?》(Psychosocial problems during child health supervision visits:Eliciting,then what?)的文章中,作者回看了 34 名儿科和家庭医学科住院医生对 34 名 5—12 岁儿童健康问诊的录像带,发现在日常健康监测问诊期间,家长会提出一些关于儿童社会心理和发展方面令他们担忧的问题,但医生对这些问题经常不予回答。他们发现:对家长所关心的信息,医生用心理安抚、指导建议、转诊等形式只做了 40% 的回答。"有趣的是,在私人诊所和预付费诊所中,有医师资格证的、经验丰富的儿科医生在有录像记录的儿童保健问诊期间,对母亲关于孩子心理问题担忧的回应还不到一半"(Sharp et al.,1992,p.622)。这些作者认为,这类无回应造成了"新的不可忽视的发病率",它们大都是早期没被检测出来的有关学习、行为和情绪等方面的问题。

一项关于私人诊所儿科医生的研究也显示出类似的结果。这些医生的诊疗对象是2—5岁的学龄前儿童。拉维尼等人(Lavigne et al., 1993)搜集了3876名儿童和68名医生的数据。这些儿童在常规的儿童健康检查期间由医务工作者对他们进行健康筛查。随后,对495名在儿童行为检核表中得分较高和较低的儿童进行了二次评估,由训练有素的临床心理学家以访谈的形式对他们进行进一步的心理测评(Achenbach & Edelbrock, 1983)。结果显示,对部分儿科医生来说,转诊率是很高的。一半以上的儿童被心理学家鉴定为有情绪—行为障碍,却都被儿科医生忽视了。这种情况一般发生在以下情况中:一年到儿科医院做一次检查的儿童和由私人医生做常规健康检测的儿童,"然而这两种情况恰恰是最容易检测出疾病的时机"(Lavigne et al., 1993, p.653)。

业内人士对评估人员的观点十分明确:对于早期评估和鉴定工作,不能说哪个单一的专业背景是适合的或不适合的。相反,父母(Diamond & Squires, 1993; Henderson & Meisels, 1994; Sexton, Thompson, Perez, & Rheams, 1990)和其他专业人员(Ireton, 1996; Meisels & Provence, 1989)应联手从多角度来观察儿童的各项技能、能力和困难,这样才能给出合理的、负责任的评价。除了在忙碌的儿科实践中开展发展性筛查的实践问题之外,发展性监测还不能完全应对早期识别的挑战。过度依赖单一的专业视角,环境(忙碌的诊所或儿科机构)、时间安排(儿童生病或因为要看医生而感到焦虑),缺乏标准化的测评(见 Kemper, Osborn, Hansen, & Pascoe, 1994),这些因素很可能导致发展性监测出现大量错误,无论高估或低估。发展性监测仅仅是作为对其他人员、视角和方法检测的补充而非替代,用这样的观点来看待它,发展性监测才能在早期评估中发挥重要作用。

临床诊断

发育监测关注它在临床诊断中的可信度,这非常符合评估发展的大趋势。有人(Fleischer, Belgredan, Bagnato, & Ogonosky, 1990)将其定义为"一种评估的类型,在这种评估过程中,儿童的父母、教师、学校心理咨询师以及接触过儿童的其他人对儿童进行的观察、评价信息被收集起来,用于对儿童的功能性能力进行评估"(pp.13-14)。医生在发展性监测过程中的诊断只是整个临床诊断的一部分,而非全部。系统地实施临床诊断——即所谓的诊断性评估(见 Neisorth, 1990)——为收集和评价一系列的信息提供了一个框架,基于这一框架可以整合来自专业人员和照料者对儿童的不同看法。使用诊断性评估能够克服不同测量工具在功能上的限制,这些限制降低了标准化测量工具在实施过程中的信效度。同时它还能根据儿童在完成给定任务中的表现(如流畅性、控制性、犹豫或者回应的自发性)进行诊断。诊断性评估要依据评估者们的各种观点,同时也要兼顾收集到的确定的、可能不同的数据来获得证据以支持临床诊断。在诊断性评估实施的过程中,需要一定的技能和细心的态度,最好由多个学科共同参与,以提升它的信度和效度。

婴幼儿发展性评估(IDA)(Provence, Erikson, Vater, & Palmeri, 1995)是一种系统性很强的早期评估量表,是传统的儿童评估方法与临床诊断方法相结合的产物。与传统评估方法相比,IDA更加强调健康、家庭和与儿童发育相关的社会因素,以及发展的维度。IDA由理论结构和临床观点共同构成,这就等于承认影响儿童健康和发展的因素的多样性和相互依存性(Erikson, 1996)。IDA 的六个阶段用来指导评估过程中团队的工作进程、决策的制订以及家长的参与。至少要有两名专业人员才能组建一个团队,他们既是发展性评估方面的通才,又是不同领域的专业人员。这个团队可以包括社会工作人员、营养师、护士、特殊教育工作人员、医生、理疗师、职业病理疗师或言语治疗师。IDA 帮助这些人整合多渠道的信息,这些信息涉及儿童及其家人的健康、发展和所得到的社会支持。IDA 可以用于诊所、学校或其他专门机构,不仅适用于有各种障碍的儿童,还适用于处境不利的儿童。团队成员共同分担责任和工作,以提高对彼此的信任度。"这种团队模式提供了合作观察和相互支持的机会,团队的目标是在合作观察和相互支持中获得较高的信度。团队成员共同分担收集、整理、汇总和综合信息的职责,共同负责解决临床工作内在的一些问题"(Erikson,1996,p.19)。团队的成员还包括负责访谈父母的人员、主要的家庭联络员、营养师、儿童评价者和评估协调员。对于正处于学习阶段的 IDA 实施人员,建议每个人都体验一下各个主要角色的工作,以及合作观察评估中的每个阶段,这样才能把跨学科和多学科的评估从理想变为现实。IDA 基于获得多元视角的评估方法,这些多元的视角面向构成儿童行为表现、学习能力和人际关系的各种要素。

评估与干预的融合

儿童早期评估领域发生的最具重大意义的变化也许就是评估与干预的融合。现在评估工作的重点已不再是年龄较大的儿童或成人,评估与干预是密不可分的,或者说是融合一体的。这一概念是在儿童最初几年的生活中,评估者在与儿童及其家人的接触(共同工作)中产生的(见 Meisels,1996,详细阐述了评估与干预的连续统一性)。本章描述的几种评估(例如,TPBA 和 IDA)在一定程度上采用了这一模型。

评估与干预融合的理念很简单,主要是基于三个基本假设。第一个假设是:评估是一个动态的过程,需要通过多渠道在不同的时间点上收集信息,这些时间点反映了儿童的各种经历和照料者对它的解释。第二个假设是:在获得有关儿童和家庭信息的过程中,评估的正式实施只是它的第一步。通过干预——将最初评估过程中提出的观点或假设付诸实践——将会获得更多的信息,这些信息又会应用于评估的细化和干预的巩固中,从而达到双重目的。第三个假设是:没有干预的存在,评估的价值也会变得十分有限。评估的意义就在于它的实效性,它可以帮助我们对实践或干预做出决策,明确儿童是否在持续进步。

我们已经提出了融合取向、关注实效性的评估模式的理由。简要回顾,就会发现,在对那些处境不利儿童和有特殊需求的儿童进行评估时,常常忽略了以下情况:评估的环境、这些儿童在学习上的特殊需求、他们早期发展的主要特征、儿童和家人可能已开发利用的弥补这些特殊需要的特殊技能(参见 Bagnato & Neisworth,1994)。针对残疾儿童或有发展障碍的儿童研发出一套评估背景丰富、敏感性高的评估模式,比研发针对正常人的更重要,因为这些儿童和家庭有着更为复杂的学习需求。

评估与干预可以融合为同一个过程的观念,与行为评估——早期干预领域之外的一种新兴评估方法——相似。这些评估方案提供了另外一种方法来记录儿童在社会、情感、生理和认知能力等方面的表现。它们依据真实的行为表现,而不像大多数传统评估那样——依据学习能力测验所得的数据来进行推理。把所有的行为表现作为评估的对象,这样的评估才是真实性的评估,只抽出一些特殊的行为表现来作为评估的对象,则是非真实性的评估。这种真实性的评估方式不带有污蔑性(设计它们的目的不是为了要对儿童进行分类或排序),这种评估方式可以调动儿童的积极性,还可以帮助父母和其他照料者在干预方面做出决定,鼓励其更有效地参与到儿童的干预过程中。

在实施评估过程中,一些常见的特点或准则对有特殊需求婴幼儿的评估可能是有价值的(Calfee,1992;Herman,Aschbacher,& Winters,1992;Shepard,1991;Wiggins,1989),例如:

(1) 记录儿童的日常活动以及他们的主动性和创造性;
(2) 用一种综合性的方式来评估儿童的表现和行为的质量;
(3) 干预措施要能体现出个性化;
(4) 评估那些会影响学习和发展的因素,这些因素往往为大多数传统评估方法所忽视;
(5) 利用干预中获得的信息进一步完善评估方案,进一步阐述儿童正在萌发的能力;
(6) 关注照料者在典型的任务测试情境之外的注意力和活动,深入到儿童的学习和干预发生的情境中。

基于认识论是行为表现评估另一个值得一说的特征(Meisels,Dorfman,& Steele,1995)。在行为表现评估实施过程中,要紧紧围绕"已知证据"(Wiggins,1989,p.705)。对儿童能力的评估,不能只依据一次行为表现,相反,要通过多种记录方法重复进行评估(例如档案袋、一套系统的检测表或者两者同时用)。随着时间的推移,根据儿童在不同场合下的不同行为表现,可以观察到"成功与失败的行为方式以及它们背后的原因"(Wiggins,1989,p.705)。这些方式构成了评估的依据。对每个儿童的评估已经尽量做到了公平,评估是根据儿童具体的表现与干预目标的符合程度,而不是他们的整体表现与标准参照组的接近程度来进行的。

从理论角度来看,这种评估方法符合建构主义的观点,但是,我们不仅关心儿童知识、技能和能力的获得,还关心评价者或干预者对儿童本身的了解——对于婴幼儿来说,这两者通常是同一个人。因此,这种评估方法既关注知者(评估者或干预者)也关注被知者(儿童)。皮亚杰说得很清楚:

> 想要认知一个物体或了解一个事件,并不是简单地看一看它,然后在头脑中形成它的印象。想要认知物体就要作用于它,修改、改造这个客体,并且了解这个过程,这样才能了解这个物体是如何被建构的。(Piaget,1964,引自 Goodman & Pollak,1993,p.200)

相对于认知物体和事件来说,"认知"儿童是一个更加动态的过程。我们和他人以不同的形式与儿童进行互动,并观察儿童的互动表现,正是通过这些行为,我们开始了解儿童的技能、知识、兴趣和成就。评估不应该只是我们作用于儿童,儿童也作用于我们。

在真正能帮助儿童发展的措施方面,干预算是最好的方法了,因为在干预实施的过程中会发生很多变化,如儿童自身的变化,干预者对儿童了解程度的变化,与儿童关系的密切度也会发生变化。因此,评估成为一个不断的、持续的过程,评估过程与干预紧密相连。没有评估,干预就是盲目的、无目的的;没有干预,评估就是静态的,其相关性和有效性都会受到限制。

人们正在开发一项新的、针对婴幼儿及其家庭的行为表现评估,起初被称为婴幼儿评价量表(Infant-Toddler Assessment Scale),现在被称为盎司预防量表(Ounce of Prevention Scale)(见 Meisels,1996)。此量表设计的初衷就是要在养育的环境中记录、评价和评估儿童的成长和发展,重点关注父母、儿童以及专业人员的发展。根据它的设计,盎司预防量表可以用于以下干预项目中:早期开端计划,针对残疾和处境不利婴幼儿的干预项目,针对分散在家庭和养护中心的正常发展的婴幼儿的普查项目。其目的包括:

（1）鼓励父母和儿童的积极参与,主要是为了实现互动,而不是为了完成各项发育指标;

（2）通过系统的记录方法、评价成长发展的方法,在他们的养育环境中评估儿童;

（3）帮助父母获得促进他们孩子健康成长的信息;

（4）所设计的干预方案要适合儿童的技能、知识、兴趣、气质和各项能力的变化;

（5）要帮助专业人员与那些关心自己孩子成长和发展的父母建立合作关系,与他们一起关注儿童的成长;

（6）运用评估信息来帮助父母和专业人员更好地了解儿童在发育上的障碍与优势,找到克服这些障碍的办法。

由于父母和照料者共同分享信息、共同观察儿童,他们之间的交流也随之加强。确实,在某种程度上,这种评估正在发展成为一个建构关系的工具,旨在加强父母和照料者之间的认知度和控制力,进而形成权利共享。益司预防量表将评估与干预融合在一起,能够帮助建构有助于婴幼儿发展的互动活动。它促进了父母和专业人员之间的积极关系,并且帮助二者形成对婴幼儿发展的、整体的、全面的看法,而不仅仅是零星的一些技能和宏观上的发展里程碑。从根本上说,该量表有助于父母和评估者有区别地、全面地看待每一个儿童,这样每个儿童都能被视为一个独立的个体来对待,这样才能欣赏与儿童关系的独特性并维护这种关系。

贝利针对那些基因或神经系统受损不严重的儿童提出:最有利于智力发展的环境是"一个支持性的、'温暖'的情感氛围,加上对具体认知上的努力和结果的积极强化"（Bayley,1970,p.1203）。这里介绍的评估方法将这一观念扩展到了儿童三岁之前的各个发展领域以及发展的各个阶段。此外,在儿童发展这场戏中,三个主要角色被赋予了重要作用:婴儿、家庭、照料者（即干预者）。三者共同确定了适合婴幼儿茁壮成长的环境,三者都是完成儿童早期评估总目标的关键人物,他们对以下问题进行了回答:怎样帮助特殊儿童?怎样提高他们的成就?怎样才能更充分地发挥他们的潜能?

结论:儿童早期评估的社会效用

在评估领域正在发生的变化中,最引人注目、影响最深远的也许就是越来越强调社会效用。评估的社会效用指的是它在设计、实施和评价一个治疗方案或干预方案时的价值。社会效用,也称为治疗效果,指的是一项评估或评估过程在有效的治疗中或在有效的干预中所起作用的大小（Hayes,Nelson, & Jarrett,1987）。

具有讽刺意味的是,享有较高地位的测试和测量与干预几乎没有任何关系。相反,测试和测量的价值主要体现在按年龄或疾病类别对儿童进行分类上。有研究者（Neisworth & Bagnato,1992）在批判儿童早期智力测验时指出:在对测试项目内容的规范和筛选过程中只保留了那些与经验一致的或在心理测量中有用的项目,但是这些项目通常很少或者根本没有指导性。心理测量的两大支柱——信度和效度——是建立在测量一致性的基础上的。一致性是质量评估的必要条件。但是,许多信效度都很高的评估工具却没有一点治疗效果。相反,很有可能一个评估过程缺乏内部一致性,达不到常规的信效度标准,但仍然很好的治疗效果。有研究者提出:建构一门只针对治疗效果的评估学科是不可能的。"要想了解对治疗结果所产生的影响,这本身就需要评估,这就意味着治疗效果必须最终通过测量来确定,而测量本身以此种方式出现时却是没有实效性的"(Hayes,Nelson,& Jarrett,1987,p.971)。

扩展效度的意义这一问题在行为表现评估的研究中已经被提出来了,一种使用和解释测量信息的方法,称为"影响效度",在行为表现评估的研究中已经成为主流。它基于梅西克(Messick,1989)的研究,超越了传统的效度分类(Moss,1992)。测试所使用的后果主要关注参与者对评估项目的反应(见 Miller & Legg,1993;Miller & Seraphine,1993)。影响可能是积极的,如教学的提高,儿童对环境控制感的增强;影响也可能是消极的,如干预方案的同质化,照料者自主性的下降。

研究者之间达成的共识越来越多:效度的替代标准能够探清行为表现评估的意义和有效性(Linn,Baker,& Dunbar,1991;Messick,1994;Moss,1992)。林恩(Linn)等人认为,这样的标准应该包括:预期的和意料之外的评估结果、将儿童在具体评估任务上的表现转移到其他情境、公平、内容质量、全面性、成本和效益、儿童表现出的认知复杂性的程度以及干预对儿童和照料者的意义。

关注影响效度和治疗效果使我们的问题从"这个诊断正确吗"转变为"这项评估在实践中有用吗"或者"这项评估有助于有益的治疗效果吗"(Hayes,Nelson,Jarrett,1987,p.964)。我们不再勉强使用内部一致性较差的心理测量模型,或者与脱离实践的外部标准做对比。相反,我们已经可以使用许多社会效用及其应用的测量了。

对评估社会效用的关注,对评估的内容产生了重大影响。随着把干预设计与发展性技能的测量相联系,我们将会对适应性和发展性测量中被忽视的方面加以考虑(Poth & Barnett,1988),包括描述获得发展性技能的环境和在具体情境中的表现。为了实现这一目的,父母和干预者的作用对评估过程来说都最根本的。

简而言之,这里推荐的评估模型是运用评估来指导干预的一个例子,另一方面干预情境中的信息也可以用于改善评估。这不是一个一过性事件:进行干预,直到一年或更久后再评估之前,都不再循环。相反,该模型是建立在一个连续的、反复的,甚至是自动催化的功能设计基础之上的。也就是说,每一次改变都提高了变化率。在一个循环模式中,每一个有助于干预的评估都提高了进一步评估的可用信息,这个循环模式提高了儿童的幸福以及对最大化利用儿童所在环境中可用资源的关注。

这种关注社会效用和影响效度的深层影响关系到本章讨论的标准的干预的类型。采取一种动态的评估观,说明干预以及评估都必须是多维度的。如果干预模型是狭隘的、一维的,那么我们对儿童的技能、学习方法、优势领域、弱势领域将会知之甚少。对于处在极端贫困经济条件下的儿童"范围有限的单一干预远远不能满足在贫困环境中成长的儿童的需要;儿童长期最佳的发展要求多方面的投入,包括婴幼儿、家庭和学校"(Gorman & Pollitt,1996,p.324)。虽然这一声明非常明确地指向贫困儿童,但它仍然适用于各种背景的儿童。如果我们的目标是构建一个敏感的基于表现的评估体系,以及根据其对发展的有益性进行评估的干预体系,那么干预本身的评估价值就显得十分关键。

本章所回顾的研究表明了一种变化:从缺乏干预的评估政策,到从干预中获得有意义的评估转变。这一转变也为大范围的评估,以及从儿童和家庭中收集信息方法的发展提供了支持。斯腾伯格(Sternberg,1991)指出,"最佳评估几乎都会涉及聚焦操作,许多不同类型的测量聚焦到一起,以便全面评估个体的行为表现。在任何一种情况下,任何一种评估方式都不是最佳的……"(p.267)。很明显,评估必须包括家庭的积极参与、关于儿童和家庭生活环境的信息、多元的数据收集的方法、包括家庭在内的多样化评估人员的参与,以及干预取向的评估数据的应用,这都将促进我们实现所有儿童和家庭发挥其潜能这一目标。随着对儿童早期评估要素的深入了解,我们对儿童了解的深入也会不断推进。

参 考 文 献

Achenbach, T. M., & Edelbrock, C. S. (1983). *Manual for the Child Behavior Checklist*. Burlington, VT: University of Vermont.

Andrews, T. J., Wisniewski, J. J., & Mullick, J. A. (1997). Variables influencing teachers' decisions to refer children for school psychological assessment services. *Psychology in the Schools*, 34, 239–43.

Bagnato, S. J., & Neisworth, J. T. (1994). A national study of the social treatment "invalidity" of intelligence testing for early intervention. *School Psychology Quarterly*, 9, 81–102.

Bagnato, S. J., Neisworth, J. T., & Munson, S. M. (1997). *Linking assessment and early intervention: An authentic curriculum-based approach*. Baltimore, MD: Paul H. Brookes.

Bailey, D. B. (1991). Issues and perspectives on family assessment. *Infants and Young Children*, 4, 26–34.

Bailey, D. B., Vandiviere, P., Dellinger, J., and Munn, D. (1987). The Battelle Developmental Inventory: Teacher perceptions and implementation data. *Journal of Psychoeducational Assessment*, 5(3), 217–26.

Bain, J. (1989). Developmental screening for pre-school children: Is it worthwhile? *Journal of the Royal College of General Practitioners*, 39, 133–7.

Barnard, K. E. (1994). What the Feeding Scale measures. In G. S. Sumner & A. Spietz (Eds.), *NCAST: Caregiver/parent–child interaction feeding manual* (pp. 98–121). Seattle: University of Washington NCAST Publications.

Barnard, K. E., Morisset, C. E., & Spieker, S. (1993). Preventive interventions: Enhancing parent–infant relationships. In C. H. Zeanah (Ed.), *Handbook of infant mental health* (pp. 386–401). New York: Guilford Press.

Barnett, D. W., MacMann, G. M., & Carey, K. T. (1992). Early intervention and the assessment of developmental skills: Challenges and directions. *Topics in Early Childhood Special Education*, 12, 21–43.

Barrera, I. (1996). Thoughts on the assessment of young children whose sociocultural background is unfamiliar to the assessor. In S. J. Meisels & E. Fenichel (Eds.), *New visions for the developmental assessment of infants and young children* (pp. 69–84). Washington, DC: Zero to Three.

Bayley, N. (1933). Mental growth during the first three years. *Genetic Psychology Monographs*, 14, 1–92.

Bayley, N. (1969). *The Bayley scales of infant development*. San Antonio, TX: Psychological Corporation.

Bayley, N. (1970). Development of mental abilities. In P. H. Mussen (Ed.), *Carmichael's manual of child psychology* (pp. 1163–1209). New York: Wiley.

Bayley, N. (1993). *The Bayley scales of infant development–II*. San Antonio, TX: Psychological Corporation.

Beckman, P. (Ed.) (1996). *Strategies for working with families of young children with disabilities*. Baltimore, MD: Paul H. Brookes.

Beckwith, L. (1990). Adaptive and maladaptive parenting–Implications for intervention. In S. J. Meisels & J. P. Shonkoff (Eds.), *Handbook of early childhood intervention* (pp. 53–77). New York: Cambridge University Press.

Bernstein, V. J. & Hans, S. L. (1994). Predicting the developmental outcome of two-year-old children born exposed to methadone: Impact of social–environmental risk factors. *Journal of Clinical Child Psychology*, 23, 349–59.

Bernstein, V. J., Hans, S. L., & Percansky, C. (1991). Advocating for the young child in need through strengthening the parent–child relationship. *Journal of Clinical Child Psychology*, 20, 28–41.

Bernstein, V. J., Jeremy, R. J., & Marcus, J. (1986). Mother-infant interaction in multi-problem families: Finding those at risk. *Journal of the American Academy of Child Psychiatry*, 25, 631–40.

Boliek, C. A., & Obrzut, J. E. (1991). Assessment of infant and toddlers: A comparison of two developmental inventories. *Proceedings of the National Association of School Psychologists*. Dallas: NASP.

Boyd, R. D. (1989). What a difference a day makes: Age-related discontinuities and the Battelle Develpmental Inventory. *Journal of Early Intervention*, 13(2), 114–19.

Boyd, R. D., Welge, P., Sexton, D., & Miller, J. H. (1989). Concurrent validity of the Battelle Developmental Inventory: Relationship with the Bayley Scales in young children with known or suspected disabilities. *Journal of Early Intervention*, 13, 14–23.

Bracken, B. A. (1987). Limitations of preschool instruments and standards for minimal levels of technical adequacy. *Journal of Psychoeducational Assessment*, 4, 313–26.

Bracken, B. A. (1988). Ten psychometric reasons why similar tests produce dissimilar results. *Journal of School Psychology*, 26, 155–66.

Bricker, D. (1993). Family report. In D. Bricker (Ed.),

Assessment, evaluation, and programming system (AEPS; pp. 295–313). Baltimore, MD: Paul H. Brookes.

Bricker, D., Squires, J., Kaminski, R., & Mounts, L. (1988). The validity, reliability, and cost of a parent-completed questionnaire system to evaluate at-risk infants. *Journal of Pediatric Psychology, 13*(1), 55–68.

Bricker, D., Squires, J., & Mounts, L. (1995). Ages and stages questionnaires. Baltimore, MD: Paul H. Brookes.

Brooks-Gunn, J., Klebanov, P. K., & Duncan, G. J. (1996). Ethnic differences in children's intelligence test scores: Roles of economic deprivation, home environment, and maternal characteristics. *Child Development, 67,* 396–408.

Brooks-Gunn, J., & Weinraub, M. (1983). Origins of infant intelligence testing. In M. Lewis (Ed.), *Origins of intelligence: Infancy and early childhood* (pp. 25–66). New York: Wiley.

Cahan, S. & Cohen, N. (1989). Age versus schooling effects on intelligence development. *Child Development, 60,* 1239–49.

Calfee, R. (1992). Authentic assessment of reading and writing in the elementary classroom. In M. J. Dreher & W. H. Slater (Eds.), *Elementary school literacy: Critical issues* (pp. 211–26). Norwood, MA: Christopher-Gordon.

Cardon, L. R. & Fulker, D. W. (1991). Sources of continuity in infant predictors of later IQ. *Intelligence, 15,* 279–93.

Costello, E. J., Edelbrock, C., Costello, A. J., Dulcan, M. K., Burns, B. J., & Brent, D. (1987). Psychopathology in pediatric primary care: The new hidden morbidity. *Pediatrics, 82,* 415–24.

Crnic, K. A., Greenberg, M. T., Ragozin, A. S., Robinson, N. M., & Basham, R. B. (1983). Social interaction and developmental competence of preterm and full-term infants during the first year of life. *Child Development, 54,* 1199–1210.

Diamond, K. E., & Squires, J. (1993). The role of parental report in the screening and assessment of young children. *Journal of Early Intervention, 17*(2), 107–15.

Dworkin, P. H. (1989). British and American recommendations for developmental monitoring: The role of surveillance. *Pediatrics, 84,* 1000–10.

Emde, R. M., Biringen, Z., Clyman, R. B., & Oppenheim, D. (1991). The moral self of infancy: Affective core and procedural knowledge. *Developmental Review, 11,* 251–70.

Erikson, J. (1996). The Infant-Toddler Developmental Assessment (IDA): A family-centered transdisciplinary assessment process. In S. J. Meisels & E. Fenichel (Eds.), *New visions for the developmental assessment of infants and young children* (pp. 147–68). Washington, DC: Zero to Three.

Ershler, J., & Elliot, S. N. (1992). Review of the Battelle Developmental Inventory Screening Test. In J. J. Kramer & J. C. Conoley (Eds.), *The eleventh mental measurements yearbook* (pp. 67–72). Lincoln, NE: Buros Institute of Mental Measurement.

Fagan, J. F., & McGrath, S. K. (1981). Infant recognition memory and later intelligence. *Intelligence, 5,* 121–30.

Fagan, J. F., Singer, L. T., Montie, J. E., & Shepherd, P. A. (1986). Selective screening device for the early detection of normal or delayed cognitive development in infants at risk for later mental retardation. *Pediatrics, 78,* 1021–6.

Fleischer, K. H., Belgredan, J. H., Bagnato, S. J., & Ogonosky, A. B. (1990). An overview of judgment-based assessment. *Topics in Early Childhood Special Education, 10,* 13–23.

Fowler, M. G., & Cross, A. W. (1986). Preschool risk factors as predictors of early school performance. *Developmental and Behavioral Pediatrics, 7*(4), 237–41.

Fuchs, D., Fuchs, L. S., Benowitz, S., & Barringer, K. (1987). Norm-referenced tests: Are they valid for use with handicapped students? *Exceptional Children, 54*(3), 263–71.

Gerkin, K. C., Eliason, M. J., & Arthur, C. A. (1994). The assessment of at-risk infants and toddlers with the Bayley Mental Scale and the Battelle Developmental Inventory: Beyond the data. *Psychology in the Schools, 31,* 181–7.

Glascoe, F. P., & Byrne, K. E. (1993). The accuracy of three developmental screening tests. *Journal of Early Intervention, 17*(4), 368–79.

Glascoe, F. P., Byrne, K. E., Ashford, L. G., Johnson, L. L., Chang, B., & Strickland, B. (1992). Accuracy of the Denver-II in developmental screening. *Pediatrics, 89,* 1221–5.

Glascoe, F. P., Foster, M., & Wolraich, M. L. (1997). An economic analysis of developmental detection methods. *Pediatrics, 99*(6), 830–7.

Goldberg, S. (1997). Social competence in infancy: A model of parent–infant interaction. *Merrill-Palmer Quarterly, 23,* 163–78.

Goodman, J. F., & Pollack, E. (1993). An analysis of the core cognitive curriculum in early intervention programs. *Early Education and Development, 4,* 193–203.

Gorman, K. S., & Pollitt, E. (1996). Does schooling buffer the effects of early risk? *Child Development, 67,* 314–26.

Greenspan, S. I. (1992). *Infancy and early childhood: The practice of clinical assessment and intervention with emotional and developmental challenges*. Madison, CT: International Universities Press.

Greenspan, S. I. (1996). Assessing the emotional and social functioning of infants and young children. In S. J. Meisels & E. Fenichel (Eds.), *New visions for the developmental assessment of infants and young children* (pp. 231–66). Washington, DC: ZERO TO THREE.

Greenspan, S. I., & Meisels, S. J. (1996). Toward a new vision for the developmental assessment of infants and young children. In S. J. Meisels & E. Fenichel (Eds.), *New visions for the developmental assessment of infants and young children* (pp. 11–26). Washington, DC: ZERO TO THREE.

Hall, J. D., & Barnett, D. W. (1991). Classification of risk status in preschool screening: A comparison of alternative measures. *Journal of Psychoeducational Assessment, 9,* 152–9.

Harry, B. (1992). Developing cultural self-awareness: The first step in values clarification for early interventionists. *Topics in Early Childhood Special Education, 12*(3), 333–50.

Hayes, S. C., Nelson, R. O., & Jarrett, R. B. (1987). The treatment utility of assessment: A functional approach to evaluating assessment quality. *American Psychologist,*

42, 963–74.

Henderson, L. W., & Meisels, S. J. (1994). Parental involvement in the developmental screening of their young children: A multiple source perspective. *Journal of Early Intervention, 18,* 141–54.

Herman, J. L., Aschbacher, P. R., & Winters, L. (1992). *A practical guide to alternative assessment.* Alexandria, VA: Association for Supervision and Curriculum Development.

Hirshberg, L. M. (1996). History-making, not history-taking: Clinical interviews with infants and their families. In S. J. Meisels & E. Fenichel (Eds.), *New visions for the developmental assessment of infants and young children* (pp. 85–124). Washington, DC: Zero to Three.

Honzik, M. P. (1983). Measuring mental abilities in infancy: The value and limitations. In M. Lewis (Ed.), *Origins of intelligence: Infancy and early childhood* (pp. 67–106). New York: Wiley.

Houston, H. L. A., & Davis, R. H. (1985). Opportunistic surveillance of child development in primary care: Is it feasible? *Journal of the Royal College of General Practitioners, 35,* 77–9.

Human, M. T., & Teglasi, H. (1993). Parents' satisfaction and compliance with recommendations following psychoeducational assessment of children. *Journal of School Psychology, 31*(4), 449–67.

Hutchison, T., & Nicoll, A. (1988). Developmental screening and surveillance. *British Journal of Hospital Medicine,* 22–9.

Ireton, H. (1992). *The Child Development Inventory Manual.* Minneapolis, MN: Behavior Science Systems.

Ireton, H. (1996). The child development review: Monitoring children's development using parents' and pediatricians' observations. *Infants and Young Children, 9,* 42–52.

Kalyanpur, M. (April 12–13, 1996). Multicultural aspects of disability and abuse: Building respect for differences. Paper presented at a conference entitled "Light the Shadows: Responding to abuse and neglect of persons with disabilities across the lifespan." Kansas City: University of Kansas Medical Center.

Kemper, K. J., Osborn, L. M., Hansen, D. F., & Pascoe, J. M. (1994). Family psychosocial screening: Should we focus on high-risk settings? *Developmental and Behavioral Pediatrics, 15,* 336–41.

Kochanek, T. T., & Buka, S. L. (1991). Using biologic and ecologic factors to identify vulnerable infants and toddlers. *Infants and Young Children, 4,* 11–25.

Lavigne, J. V., Binns, H. J., Christoffel, K. K., Rosenbaum, D., Arend, R., Smith, K., Hayford, J. R., McGuide, P. A., and Pediatric Practice Research Group (1993). Behavioral and emotional problems among preschool children in pediatric primary care: Prevalence and pediatricians' recognition. *Pediatrics, 91*(3), 649–55.

Linder, T. W. (1993). *Transdisciplinary play-based assessment* (Rev. ed.). Baltimore, MD: Paul H. Brookes.

Linn, R. L., Baker, E. L., & Dunbar, S. B. (1991). Complex, performance-based assessment: Expectations and validation criteria. *Educational Researcher, 20*(8), 15–21.

Lynch, E. W., & Hanson, M. J. (Eds.)(1992). *Developing cross-cultural competence: A guide for working with young children and their families.* Baltimore, MD: Pauett, Brookes.

McCall, R. B. (1981). Early predictors of later IQ: The search continues. *Intelligence, 5,* 141–7.

McCall, R. B., Hogarty, P. S., & Hurlburt, N. (1972). Transitions in infant sensorimotor development and the prediction of childhood IQ. *American Psychologist, 27,* 728–48.

McCune, L., Kalmanson, B., Fleck, M. B., Glazewski, B., & Sillari, J. (1990). An interdisciplinary model of infant assessment. In S. J. Meisels & J. P. Shonkoff (Eds.), *Handbook of early childhood intervention* (pp. 219–45). New York: Cambridge University Press.

McLinden, S. E. (1989). An evaluation of the Battelle Developmental Inventory for determining special education eligibility. *Journal of Psychoeducational Assessment, 7*(1), 66–73.

Meisels, S. J. (1988). Developmental screening in early childhood: The interaction of research and social policy. In L. Breslow, J. E. Fielding, & L. B. Lave (Eds.), *Annual review of public health* (pp. 527–50). Palo Alto, CA: Annual Reviews.

Meisels, S. J. (1994). Designing meaningful measurements for early childhood. In B. L. Mallory & R. S. New (Eds.), *Diversity in early childhood education: A call for more inclusive theory, practice, and policy* (pp. 205–25). New York: Teachers College Press.

Meisels, S. J. (1996). Charting the continuum of assessment and intervention. In S. J. Meisels & E. Fenichel (Eds.), *New visions for the developmental assessment of infants and young children* (pp. 27–52). Washington, DC: ZERO TO THREE.

Meisels, S. J., Dorfman, A., & Steele, D. (1995) Equity and excellence in group-administered and performance-based assessments. In M. Nettles & A. Nettles (Eds.), *Equity in educational assessment and testing* (pp. 195–211). Boston: Kluwer Academic.

Meisels, S. J., & Fenichel, E. (Eds.). (1996). *New visions for the developmental assessment of infants and young children.* Washington, DC: ZERO TO THREE.

Meisels, S. J., Liaw, F., Henderson, L. W., Browning, K., & Ten Have, T. (1993). New evidence for the effectiveness of the Early Screening Inventory. *Early Childhood Research Quarterly, 8,* 327–46.

Meisels, S. J., Marsden, D. B., Wiske, M. S., & Henderson, L. W. (1997). *The Early Screening Inventory-Revised (ESI-R).* Ann Arbor, MI: Rebus.

Meisels, S. J., & Provence, S. (1989). *Screening and assessment: Guidelines for identifying young disabled and developmentally vulnerable children and their families.* Washington, DC: National Center for Clinical Infant Programs.

Meltzer, L., & Reid, D. K. (1994). New directions in the assessment of students with special needs: The shift toward a constructivist perspective. *The Journal of Special Education, 28*(3), 338–55.

Messick, S. (1989). Validity. In R. L. Linn (Ed.), *Educational measurement* (3rd ed., pp. 13–104). New York: Macmillan.

Messick, S. (1994). The interplay of evidence and consequences in the validation of performance assessments. *Educational Researcher, 23*, 12–23.

Miller, M. D., & Legg, S. M. (1993). Alternative assessment in a high-stakes environment. *Educational Measurement: Issues and Practice, 12*, 9–15.

Miller, M. D., & Seraphine, A. E. (1993). Can test scores remain authentic when teaching to the test? *Educational Assessment, 1*, 119–29.

Morriset, C. E. (1994). What the Teaching Scale measures. In G. S. Sumner & A. Spietz (Eds.), *NCAST: Caregiver/parent–child interaction feeding manual* (pp. 53–80). Seattle: University of Washington NCAST Publications.

Moss, P. A. (1992). Shifting conceptions of validity in educational measurement: Implications for performance assessment. *Review of Educational Research, 62*, 229–58.

Neisworth, J. T. (1990). Judgment-based assessment and social validity. *Topics in Early Childhood Special Education, 10*(3).

Neisworth, J. T., & Bagnato, S. J. (1992). The case against intelligence testing in early intervention. *Topics in Early Childhood Special Education, 12*(1), 1–20.

Newborg, J., Stock, J., Wnek, L., Guidabaldi, J., & Svinicki, J. (1984). *Battelle Developmental Inventory: Examiner's Manual*. Dallas: DLM/Teaching Resources.

Nord, C. W., Zill, N., Prince, C., Clarke, S., & Ventura, S. (1994). Developing an index of educational risk from health and social characteristics known at birth. *Bulletin of the New York Academy of Medicine, 71*(2), 167–87.

Parker, S. J., & Zuckerman, D. S. (1990). Therapeutic aspects of the assessment process. In S. J. Meisels & J. P. Shonkoff (Eds.), *Handbook of early childhood intervention* (pp. 350–70). New York: Cambridge University Press.

Poth, R. L., & Barnett, D. W. (1988). Establishing the limits of interpretive confidence: A validity study of two preschool developmental scales. *School Psychology Review, 17*, 322–30.

Provence, S., Erikson, J., Vater, S., & Palmeri, S. (1995). *Infant–Toddler Developmental Assessment: IDA*. Chicago: Riverside Publishing.

Rauh, V. A., Achenbach, T. M., Nurcombe, B., Howell, C. T., & Teti, D. M. (1988). Minimizing adverse effects of low birthweight: Four-year results of early intervention program. *Child Development, 59*, 544–53.

Rogoff, B. (1990). *Apprenticeship in thinking: Cognitive development in social context*. New York: Oxford University Press.

Rutter, M. (1987). Continuities and discontinuities from infancy. In J. Osofsky (Ed.), *Handbook of infant development* (2d ed., pp. 1256–96). New York: Wiley.

Sameroff, A. J. (1993). Models of development and developmental risk. In C. H. Zeanah, Jr. (Ed.), *Handbook of infant mental health* (pp. 3–13). New York: Guilford Press.

Sameroff, A. J., & Chandler, M. (1975). Reproductive risk and the continuum of caretaking casualty. In F. D. Horowitz, M. Hetherington, S. Scarr-Salapatek, & G. Siegel (Eds.), *Review of child development research* (Vol. 4, pp. 187–244). Chicago: University of Chicago Press.

Sameroff, A. J., & Fiese, B. H. (1990). Transactional regulation and early intervention. In S. J. Meisels & J. P. Shonkoff (Eds.), *Handbook of early childhood intervention* (pp. 119–49). New York: Cambridge University Press.

Sameroff, A. J., Seifer, R., Barocas, B., Zax, M., & Greenspan, S. I. (1987). IQ scores of 4-year-old children: Social-environmental risk factors. *Pediatrics, 79*(3), 343–50.

Segal, M., & Webber, N. T. (1996). Nonstructured play observations: Guidelines, benefits, and caveats. In S. J. Meisels & E. Fenichel (Eds.), *New visions for the developmental assessment of infants and young children* (pp. 207–30). Washington, DC: Zero to Three.

Sexton, D., McLean, M., Boyd, R., Thompson, B., & McCormick, K. (1988). Criterion-related validity of a new standardized developmental measure for use with infants who are handicapped. *Measurement and Evaluation in Counseling and Development, 21*, 16–24.

Sexton, D., Thompson, B., Perez, J., & Rheams, T. (1990). Maternal versus professional estimates of developmental status for young children with handicaps: An ecological approach. *Topics in Early Childhood Special Education, 10*, 80–95.

Sharp, L., Pantell, R. H., Murphy, L. O., & Lewis, C. C. (1992). Psychosocial problems during child health supervision visits: Eliciting, then what? *Pediatrics, 89*, 619–23.

Shepard, L. A. (1991). Interview on assessment issues. *Educational Researcher, 20*, 21–3, 27.

Shriver, M. D., Kramer, J. J., & Garnett, M. (1993). Parent involvement in early childhood special education: Opportunities for school psychologists. *Psychology in the Schools, 30*, 264–71.

Snyder, P., Lawson, S., Thompson, B., Stricklin, S., & Sexton, D. (1993). Evaluating the psychometric integrity of instruments used in early intervention research: The Battelle Developmental Inventory. *Topics in Early Childhood Special Education, 13*(2), 216–32.

Sparrow, S. S., Balla, D. A., & Cicchetti, D. V. (1984). *Vineland Scales of Adaptive Behavior*. Circle Pines, MN: American Guidance Service.

Squires, J. (1996). Parent-completed developmental questionnaires: A low-cost strategy for child-find and screening. *Infants and Young Children, 9*, 16–28.

Squires, J., & Bricker, D. (1991). Impact of completing infant developmental questionnaires on at-risk mothers. *Journal of Early Intervention, 15*(2), 162–72.

Squires, J., Nickel, R., & Bricker, D. (1990). Use of parent-completed developmental questionnaires for child-find and screening. *Infants and Young Children, 3*(2), 46–57.

Sternberg, R. J. (1991). Death, taxes, and bad intelligence tests. *Intelligence, 15*, 257–69.

Sturner, R. A., Funk, S. G., & Green, J. A. (1994). Simultaneous technique for acuity and readiness testing (START): Further concurrent validation of an aid for developmental surveillance. *Pediatrics, 93*, 82–8.

Turnbull, A. P. & Turnbull, H. R. (1996). *Families, professionals, and exceptionality: A special partnership* (3d ed.). Upper Saddle River, NJ: Merrill/Prentice Hall.

Werner, E. (1990). Protective factors and individual resilience. In S. J. Meisels & J. P. Shonkoff (Eds.), *Handbook of early childhood intervention* (pp. 97–116). New York: Cambridge University Press.

Weston, D. R., Ivins, B., Heffron, M. C., & Sweet, N. (1997). Formulating the centrality of relationships in early intervention: An organizational perspective. *Infants and Young Children, 9*, 1–12.

Wieder, S. (1996). Climbing the "Symbolic Ladder": Assessing young children's symbolic and representational capacities through observation of free play interaction. In S. J. Meisels & E. Fenichel (Eds.), *New visions for the developmental assessment of infants and young children* (pp. 267–88). Washington, DC: Zero to Three.

Wiggins, G. (1989). A true test: Toward more authentic and equitable assessment. *Phi Delta Kappan, 70*, 703–13.

Williamson, G. G. (1996). Assessment of adaptive competence. In S. J. Meisels & E. Fenichel (Eds.), *New visions for the developmental assessment of infants and young children* (pp. 193–206). Washington, DC: Zero to Three.

参考文献

第 12 章 亲子互动评估：对早期干预的意义

珍·F. 凯利（JEAN F. KELLY）
凯瑟琳·E. 巴纳德（KATHRYN E. BARNARD）

传统上，特殊需要儿童的父母和相关工作人员已经认识到要帮助儿童掌握认知、语言和运动领域的目标，在帮助这些儿童的过程中使用了以功能为基础的课程。这种课程以儿童为中心，是因为父母关心的是儿童达到发展里程碑时的能力，也因为专业培训项目强调治疗儿童技能的缺陷。但是，对干预项目的评估表明：相对于只关注儿童，同时关注家庭互动和儿童的技能可能会对儿童的发展产生更大的影响（例如，Brofenbrenner, 1975；Shonkoff, Hauser-Cram, Krauss, & Upshur, 1992）。因此，鼓励相互的、积极的亲子互动得到了越来越多的认可（例如，Bernstein, Hans, & Percansky, 1991；Glovinsky, 1993；Greenspan, 1988；Kelly & Barnard, 1990；McCollum & Hemmeter, 1997；McLean & McCormick, 1993；Thorp & McCollom, 1994）。

已有研究表明：早期亲子关系的质量对儿童发展结果有重要影响（例如，Backeman & Brown, 1980；Beckwith & Rodning, 1996；Bee et al. 1982；Belsky, Goode, & Most, 1980；Brazelton, 1988；Coates & Lewis, 1984；Farran & Ramey, 1980；Hann, Osofsky, & Culp, 1996；Kelly, Morisset, Barnard, Hammond, & Booth, 1996；Papousek & Bornstein, 1992；Redding, Harmon, & Morgan, 1990；Tamis-LeMonda & Bornstein, 1989, Wachs & Gruen, 1982）。另外，有关早期干预项目的联邦立法更加强调家庭的参与，并且认可父母和其他家庭成员对早期干预工作的成功将起到至关重要作用。因此，为了开发一种适当的加强亲子关系方法，评估亲子互动的质量就显得十分重要。

本章将讨论几个关于特殊需要儿童的亲子互动评估的问题。第一，描述已有研究中已经确认的亲子互动的重要元素。第二，讨论残疾或有发展障碍婴儿的亲子互动研究，并且探讨这些研究对于形成评估和实施干预的潜在意义。第三，介绍几种可以用于指导干预工作的亲子互动评估方法。第四，讨论一些用于评估早期亲子互动的设计。第五，给出一些对未来研究和专业培训工作的建议。

尽管本章的亲子互动指的是一般性概念，但大多数研究只收集到母亲与儿童互动的数据，而没有收集父亲的。但是这并未否定父亲这一角色的重要性，只是反映出亲子互动中观察到的通常是母亲这一事实。有关亲子互动的研究指出了父亲角色的重要性（例如，Black & Logan, 1995；Bridges, Connell, & Belsky, 1988；Girolametto & Tannock, 1994；Yogman, Kindlon, & Earls, 1995），应该鼓励研究者扩大互动研究的范围，使之既包括对母亲的观察，也包括对父亲的观察。

亲子互动的重要元素

20 世纪 70 年代至 90 年代的大量研究主要集中在早期亲子互动的特点上。研究者使用了多种评估技术来识别早期亲子互动中的重要元素，并且已经证明了早期亲子互动与儿童的能力之间具有很强的相关关系（Barnard et al.,1989；Beckwith & Cohen,1984；Bee et al,1982；Bell & Ainsworth,1972；Bradley & Caldwell,1976a,1976b；Clarke-Stewart,1973；Coates & Lewis,1984；Engel & Keane,1975；Nelson,1973；Olson, Bates, & Bayles,1984；Ramey, Farran, & Campbell,1978；Snow et al.;1974；Tulkin & Covitz,1975；Wachs, Uzgiris, & Hunt,1971）。这些元素包括：儿童和父母的全部行为，以及在互动中随着双方对彼此的回应和适应而发展的互惠（reciprocity）。下面将描述一些经典的研究和新近的研究，经典研究为后来的研究提供了基础，新近的研究则增强了我们对亲子互动的认识。

儿童和父母的全部行为

20 世纪 70 年代期间的一些重要研究已经关注到儿童和父母的个体特征，并且探究这些特征与互动模式的形成如何产生关联。研究表明：婴儿独特的行为有助于亲子互动（例如，Bell,1974；Brazelton, Koslowski, & Main,1974；Cohen & Beckwith,1979；Lewis & Rosenblum,1974；Robson & Moss,1970）。早在 1959 年，就有研究者假设不同的育儿实践不仅取决于母亲的所感所做，而且也由儿童特定的行为反应模式所决定。科纳（Korner,1971）表示：婴儿在出生时不同的感知方式差异，可能会影响他们后续的发展。她建议，为了母亲与儿童之间相互关系的发展，婴儿的行为必须能够唤起母亲在育儿时的相应行为。在总结她与别人的研究时，科纳报告称：新生儿的个体特征——如哭泣行为的数量、易安抚性以及接受并统合感官刺激的能力——将会影响婴儿对环境的短期适应和长期适应。她强调父母必须了解婴儿，并且有区别地回应婴儿的行为。

斯特恩（Stern,1977）的结论是："婴儿出生时就有一系列与生俱来的知觉偏好、运动模式、认知和思维倾向、情感表达和再认的能力。"（p.10）。毕比和斯特恩（Beebe & Stern,1977）描述了婴儿的应对行为，这些行为可以让照料者了解他/她是否准备好互动。婴儿的参与使得他能够在一个舒适的范围内回应刺激，或者不舒服时提示母亲改变行为。布斯（Booth,1985）发现，社会地位和新生儿的状态（如拥抱、可安慰性、吮手行为和自我静息活动）都能够预测婴儿 10—12 个月时母子同步互动的数量。赫斯（Hess,1970）和贝尔（Bell,1974）提出婴儿的身体特征会影响母亲的回应。赫斯所描述的特征，被称为"稚气"，它提高了父母对婴儿的视觉关注度，也激起了他们对孩子其他的先天养育行为的关注。

除了婴儿个体特征的影响之外，研究者们也考察了母亲的特征对互动的影响。刘易斯和戈德伯格（Lewis & Goldberg,1969）发现，母亲对婴儿行为的回应与婴儿 3 个月时的认知发展之间存在正相关。他们分别在两种情境下观察了 20 对母亲和婴儿：一种是自然情境，另一种是实验情境。母亲的回应度通过各种出现的行为记录来测量（例如，母亲对婴儿的注视、微笑、发声、搂抱、抚摸)。每一次婴儿表现出特定的行为时(例如,睁眼或闭眼、运动、哭或发声),观察者就对母亲回应的性质和强度进行评价。数据一致表明:母亲对婴儿行为的回应与婴儿的认知发展之间存在正相关。这项研究表明,母亲作为行为的强化者的角色越来越重要,这让婴儿期待从环境的互动中获得奖励,这种行为是婴儿未来学习的基础。

斯特恩等人(Stern et al.,1973)为了对社会行为的交互影响模式有更多了解,进行了一项因素分析研究。数据是从30对母亲和婴儿的临床访谈和观察中收集到的。他们设计了79个项目来评价母亲和婴儿的特征。在整合母亲和儿童的个性、行为以及儿童智力与运动发展的基础上,对这些项目进行因素分析,产生了9个因子。研究者指出,每种情况下的因子模式都表明了母亲的个性特征、行为模式与儿童的反应和发展之间存在因果关系。例如,有一个因子代表母亲是富有爱心的、专心的、熟练的并且全情投入的,这种情况下的婴儿有一个共同点:加速发展。相反,另外一个因子表示母亲在互动中漠不关心、没有条理,她们的婴儿的行为同样缺乏目的性和计划性。

贝克维斯(Beckwith,1971)认为,中产阶级收养的婴儿,母亲的言语和身体回应与卡特尔(Cattell)分数之间存在正相关,然而母亲对探索的限制度与婴儿的发展状态呈负相关。安斯沃思(Ainsworth,1973)认为,婴儿通过出生后的头一年里与母亲无数次的互动来获得安全感。在婴儿出生后的头几个月里,母亲对婴儿表现出敏感的反应,婴儿就会形成安全的依恋,并且能够将父母当作探索时的安全基地和有压力时的安慰来源。在一项以高社会风险的母亲和婴儿为样本的研究中,用儿童护理评估远程培训(Nursing Child Assessment Satellite Training,NCAST)的教育量表对母亲和婴儿在教育互动中的行为进行测量,研究发现3个月时的分数与12个月时的安全依恋有正相关(Barnard et al.,1989)。

有证据表明:由于社会、经济条件不利导致的高社会风险家庭,更容易发生消极的母子互动模式。一般来说,在处境困难的情况下(例如,教育水平低、缺少支持、患有多种慢性病或生活压力大),母亲与婴儿的互动往往比没有这类困难的母子互动的效果差(Booth,Barnard,Mitchell,& Spieker,1987;也参见 Barnes, Gutfreund, Satterly, & Wells,1983;Crnic,Greenberg,Robinson,& Ragozin,1984; Egeland & Sroufe, 1981; Kelly, Morisset, Barnard, & Patterson,1996;Ramey,Farran,& Campbell,1978)。

亲子互动中互惠的重要性

有关研究资料证实:父母和儿童是带着各自的特征参与到互动中的。父母和儿童的个人风格共同决定了亲子互动关系的成败。一些研究者还描述了母子关系的发展。斯皮茨(Spitz,1964)谈到将互动视为有动作周期的对话。这种对话会受到无意义的交流或不恰当回应的损害。斯皮兹进一步强调,婴儿期里这种互动对话的瓦解会对以后每一步的发展产生影响。他指出,新生儿无法理解父母内在的加工过程,因此,母亲的作用就是用能理解婴儿行为的方式进行互动。父母只有用这种移情的视角,互动才可能是有意义的;否则,父母很可能会发起与儿童的需要无关的行动,或者在互动完成之前就中断回应。

斯特恩(Stern,1984)也讨论了移情,认为它是亲子关系中的一个重要方面,是了解他人主观体验的一种能力,即情感共鸣。其中一方的心理状态必须通过他/她的外显行为首先变得可见,当另一方察觉到这种状态并且发出一个有意义的回应时,共鸣就出现了。例如,当一个孩子绷紧他/她的身体为抓住一个玩具而做最后的努力时(外显行为),母亲就在这一瞬间说"uuuuuh……uuuuuh!",用声音的努力来配合儿童身体的努力,那么这时共鸣就发生了。虽然情感共鸣是一个匹配过程,但它超越了单纯的匹配而侧重理解另一方的内心状态(Beckwith,1990)。

桑德(Sander,1964)将亲子关系描述为一个适应的过程。他把婴儿头两年的主导行为划分为五个阶段。父母和儿童的活动倾向决定了积极的互惠关系的发展,它以和谐和话轮转换(turn-taking)为标志。在每一个阶段,亲子关系的标志必须重新商定。第一年里的阶段有:初级调节(从出生到3个月);社会性情感(3—6个月);主动性(6—9个月);聚焦(9—19个月)。最后一个阶段发展到一年以后,其特征是自信,并且与自主性和独立行为的发展直接相关。桑德的研究提示我们:这种独立性通过适宜的亲子互动来协调。

布雷泽尔顿等人(Brazelton et al.,1974)研究了婴儿生命前几个月里和照料者之间发展起来的沟通体系。他们用录像同时记录照料者和婴儿的行为。研究发现,主要照料者与婴儿之间的节律性是亲子关系发展中的一个本质特征。也就是说,当一方对另一方的需求做出回应时,就会发生一个积极的互动;而当一方与另一方不协调时,互动的质量会变得消极。在塑造互动中每个成员的行为时,双方的相互依存似乎比其他任何因素都强大。

托曼(Thoman,1975)也报告了母子的相互适应过程,认为每个婴儿都有向母亲提供线索的能力,每个母亲同样也都有独特的回应婴儿的方法。他将适应的过程描述为以下行为模式:婴儿给出线索—母亲对线索进行回应—婴儿对母亲行为的回应。

凯(Kaye,1975,1976)描述了话轮转换的过程。在这一过程中,一方从另一方的反馈中学会开始和结束他/她的行为的规则。母亲和婴儿的行为随着时间的推移被相互塑造,并且一方在影响另一方的行为方面变得更加出色。斯特恩(Stern,1974)观察了三四个月大的婴儿和他们母亲的注视行为,与此同时,斯特兰和维特泽(Strain & Vietze,1975)研究了3个月大婴儿及其母亲的发声行为。两个研究小组都发现了互动中母亲和儿童的行为相互调节的证据。

巴纳德等人(Barnard et al.,1989)描述了互动双方相互适应的四个必要特征。第一,双方都必须有足够的行为技能。如果任何一方缺乏重要的技能,这个过程就可能不太令人满意。在这些重要的技能中,儿童这一方需要具备以下能力:看,听,注视母亲的笑,对拥抱或身体运动的适应性、安抚性,以及有预测规律性的回应。父母方面需要具备理解和恰当回应婴儿诉求线索的意愿和能力,以及促进和参与婴儿发展的能力。第二,一方的回应需要取决于另一方。父母因情况而异的回应能力似乎在婴儿安全型依恋的发展过程中有着重要意义(Ainsworth,Blehar,Waters,& Wall,1978;Belsky et al.,1984;Blehar,Lieberman,& Ainsworth,1977;Crockenberg,1981),并且会影响后期儿童能力的发展(Beckwith & Cohen,1984;Coats & Lewis,1984;Goldberg,1977;Lewis & Coates,1980)。第三,需要有丰富的互动内容。母亲与儿童在一起所花的时间、玩具和活动的范围都是测量互动水平的例子。第四,父母和儿童之间特定的适应模式一定会随时间而改变。研究指出,母亲与儿童互动的方式也会随着儿童的发展而改变(Belsky et al.,1984;Olson et al,1984)。

一项对低体重新生儿、早产儿干预效果的研究(Liaw,Meisels,& Brooks-Gunn,1995)强调了考察父母和儿童共同参与互动活动的重要性。研究者探讨了互动接触的数量、呈现给亲子双方的活动数量以及互动中父母的兴趣和儿童对任务的掌握,并且发现预测儿童1—3岁发展结果最好的指标是活动经验——互动活动中父母的兴趣与儿童对任务掌握的结合。结果表明：考虑父母与儿童在评估和干预工作中的参与水平是非常重要的。

本章中评述的研究有助于我们理解亲子互动对实现最佳儿童发展的重要性，也有助于理解亲子互动中的具体元素。这些元素包括婴儿和家长的所有行为以及在亲子互动的过程中，亲子双方由相互回应和彼此适应而发展的互惠性。研究表明：婴儿是带着一套独有的个体特征参与到互动中的。为了发展同步的互动关系，这些个体特征必须能唤起母亲养育中的差异。例如，早产儿和母亲的互动表明：母亲需要调整她们的刺激量以适应婴儿接受感觉输入的能力（Field，1982；Lyons，1981）。除了婴儿的特征之外，父母的个体特征也会影响互动。巴纳德和马特尔（Barnard & Martell，1995）指出：父母关于儿童发展的意识以及父母运用这种意识的能力和精力的充沛度是形成成长—养育互动的主要因素。最后，作为互动双方回应和和适应彼此而发展起来的互惠是父母和儿童之间令彼此满意的关系的基础。本章评述中所讨论的研究描述了以多种方式发展互惠的过程：斯皮茨（Spitz，1964）谈到了行动周期；斯特恩（Stern，1984）讨论了共鸣；桑德（Sander，1964）提出了适应的五个阶段；布雷泽尔顿（Brazelton，1988）解释了作为反馈过程的互惠模型，考虑到了其灵活性、破坏性和组织性；托曼（Thoman，1975）之前已经描述了一个与暗示—回应序列相似的过程；凯（Kaye，1975，1976）描述了话轮交替的过程；巴纳德等人（Barnard et al.，1989）提出了"相互适应性关系"，并且描述了该关系四个必要的特征。

在这些研究中，研究者们定义了最理想的互动中发生的相互协调和适应的过程。从评估的目的来看，对这些元素的描述促进了评估程序的建构，并且使确定亲子关系中的需要成为可能。由此产生的评估信息就能够用于进一步的研究工作中，也能够用于设计适宜的干预策略中。

特殊需要儿童的亲子互动

随着儿童早期干预的重要性在20世纪70年代得到承认，研究人员已经开始考察残疾或有发展障碍儿童的亲子互动。研究人员已经发现婴儿和母亲之间互动特征的差异性，以及由此产生的互动双方的互惠性。

残障或处境不利儿童及其父母的行为系统

研究数据支持这样一种假设：发育迟缓的婴儿的暗示没有正常婴儿那么频繁但却更精细。理查德（Richard，1986）对比较正常婴儿和唐氏综合征患儿的文献进行了综述，并且发现了二者在以下几个方面存在显著差异的证据：气质（Rothbart & Hanson，1983），注视行为（Gunn，Berry，& Andrews，1979；Krakow & Kopp，1983；Rothbart，1984），姿态（Bricker & Carlson，1980；Cicchetti & Sroufe，1978；Dunst，1980；Jens & Johnson，1982），发声（Gisel，Lange，& Niman，1984；Harris，1983；Smith & Oller，1981；Stevenson，Leavitt，& Silverberg，1985）和亲近照料者（Smith & Hagen，1984）。

香克弗等人（Shonkoff et al.，1992）在对190名残障婴儿的研究中发现，发展异常的儿童会表现出延迟的互动行为。对比正常婴儿的父母，残障婴儿的母亲在解读婴儿的信号和促进其学习方面存在更大的困难。但是,香克弗等人发现了一个由23名母亲组成的小组,这些母亲对孩子表现出越来越多的成长—促进行为。尽管她们的孩子在初始测量点上的发展结果与其他孩子没有显著差异,但是一年后两者确实表现出了显著的差异。研究者们分析指出,母子互动行为的明显改善与儿童发展的不断提高之间存在关联。

对足月婴儿和早产儿之间差异的研究指出:早产儿的行为反应水平较低,并且睡眠—觉醒活动更缺乏组织性(Kang & Barnard,1979;Telzrow,Kang,Mitchell,Ashworth,& Barnard,1982)。最初,早产儿的父母试图更加努力地刺激他们的孩子,但是早产儿的反应却很少(Beckwith & Cohen,1980;Divitto & Goldberg,1979;Field,1977,1979;Goldberg,Brachfeld,& Divitto,1980)。菲尔德(Field,1983)研究了高度处境不利的婴儿在互动中是否专注力较差、是否表现出较少的积极情绪和较少的游戏行为。她收集到的数据表明:相对于足月婴儿来说,早产儿和过妊娠期的产儿不那么专注于他们的母亲,从早期互动中得到的乐趣似乎也更少。

研究人员试图通过比较发展迟滞与正常婴儿的母亲来描述两组母亲个体特征的差异。伊哈特(Eheart,1982)比较了心智发育迟缓婴儿和正常婴儿与母亲在自由玩耍过程中表现出的互动模式。她发现,心智发育迟缓婴儿的母亲更多地控制游戏的过程并且认为她们是在设法改变婴儿的行为;心智发育迟缓的婴儿对母亲发起活动的回应不那么频繁,并且他们主动发起互动的次数不到正常婴儿的一半;心智发育迟缓婴儿的母亲更具主导性;心智发育迟缓婴儿相对来说更少参与互动。布鲁克斯-耿和刘易斯(Brooks-Gunn & Lewis,1982)研究了残疾婴儿和正常婴儿的游戏行为。分析大量的研究,他们得出这样的结论:母亲根据婴儿的能力和行为来调整游戏的互动。但是,由于母亲对婴儿缺陷的了解,残疾婴儿的母亲可能不鼓励独立的或婴儿发起的游戏。例如,在残疾儿童身上,母亲更多地发起游戏活动,这也就强化了这一观念——相比正常儿童的母亲,残疾儿童的母亲控制互动的时间更长。琼斯(Jones,1977)比较了正常婴儿以及唐氏综合征患儿与其母亲之间的互动转换。他发现两组儿童在参与互动转换的频率上没有差异,但是仍然存在这样的一种趋势:与正常儿童组多是儿童发起的互动不同,唐氏综合征患儿组更多的是母亲主导的互动。

之后的研究试图揭示母亲不断增加的控制行为的根本原因及其对儿童行为的影响。观察者们表示,母亲的主导就母亲而言是对儿童发展障碍的适应性回应(Marfo,1990)。这样可能会促进发育迟缓儿童的发展(Davis,Stroud,& Green,1988),也可能对促进儿童参与互动有积极的影响(Tannock,1988)。克劳利和斯派克(Crawley & Spiker,1983)考察了2岁唐氏综合征患儿母子互动模式中的个体差异与儿童能力之间的关系,得出这样的结论:因为互动模式之间存在显著的个体差异,所以不太可能抽取出典型的互动特征。这一研究中的母亲在以下几个维度上的差异很大:指向性、敏感性和精细性。一些母亲具有高度主导的风格,而另一些母亲却用大部分的自由玩耍时间来观察和评论她们孩子的活动。这样的结果进一步表明,母亲对孩子既可以是主导的,也可以是高度敏感的,或者相反,既是不敏感的,又是非主导的。在对儿童的刺激方面得高分的母亲,她们的孩子在贝利心理发展指数(Mental Development Index,MDI)上的得分较高,既敏感又主导的母亲在对儿童的刺激方面得分也很高。或许对于唐氏综合征患儿来说,存在一种敏感性和主导性的最佳组合,也许母亲的刺激与贝利MDI得分之间的关系反映了婴儿对母亲的影响。

一些研究表明,是母亲的意愿带动了互动,而非婴儿的特点。有研究者(Mahoney,Fors,& Wood,1990)认为,母亲的主导行为在组间的差异不能够根据儿童的行为来解释,但是似乎反映了母亲互动意愿的差异。研究者们在对唐氏综合征患儿和正常儿童比较中发现,唐氏综合征患儿的母亲要求儿童采取行动的次数更多,而这些被要求的行为是相对较难的,而且母亲要求儿童注意的信息通常与儿童当前的注意焦点无关。这样的结果就支持了先前的观察结论——母亲的主导性与儿童的回应性之间存在负相关(Mahoney, Finger, & Powell, 1985; Mahoney & Powell, 1988)。

有学者(Rosenberg & Robinson, 1988)坚持认为:如果母亲的主导对发育迟缓儿童的发展有积极的影响,那么这种影响效果会受母亲回应频率的影响。也有研究(Cielinski, 1993)支持这样的观念:母亲的主导行为如果与回应行为联合使用的话,会产生积极的发展效果。为了证实母亲的主导是否会导致认知发展的下降,有学者比较了正常儿童与唐氏综合征患儿与其母亲的互动,发现唐氏综合征患儿的母亲更具主导性并且略微更具介入性,但是与正常儿童的母亲相比,他们的回应并没有减少。对于唐氏综合征患儿来说,母亲的主导行为延长了游戏期间儿童注意力的持续时间;相反,对于正常儿童组,母亲的主导行为提高了儿童游戏行为的复杂性。这一结论表明:当儿童发育迟缓时,需要同时考察双方互动中的回应和偶然的行为。

残障或处理不利儿童亲子互动的互惠

下面将综述发育迟缓儿童的亲子间相互作用发展差异的研究。先前的研究往往会将发育迟缓儿童的母亲作为无回应或过度控制的典型。为了对此进行研究,有人(Spiker, Boyce, & Price, 1996)评估了238位母亲与她们有残疾的2岁孩子之间的互动。研究者对来自美国6个州的所有参与研究的母亲和儿童都进行了早期干预的追踪研究。值得注意的是,62%的母亲在回应儿童暗示方面,被评为具有高度的发展适应性。这项研究表明,相互作用模式根据每个母亲和婴儿个体特征的不同而发生变化。也就是说,发育迟缓儿童的母亲不是一个同质的群体。基于这种认识,识别发育迟缓或处境不利儿童和母亲之间的亲子互动的潜在问题,并考察这些问题如何延续或阻碍亲子互动的过程就显得十分重要。

弗雷伯格(Fraiberg, 1974)发现,在一组10名母亲和失明婴儿的样本中,只有两位母亲能够在没有专业指导的情况下通过触觉的方式与婴儿建立良好的沟通系统。她解释到:相比视力正常儿童通过声音学习定位来说,失明儿童似乎回应更少,发声更少,动作也更缓慢。弗雷伯格的干预工作使父母对失明儿童在沟通过程中表现出的精细暗示变得敏感。这些干预策略只有在仔细观察婴儿的具体行为暗示(例如,愉快、感兴趣、不舒服或有需要的信号)之后才能用到。

在常规的互动中,话轮转换随儿童年龄的增长而不断发展,与此同时,同时发声的频率相对下降了,这表明话轮转换对于成熟沟通的发展是更适宜的形式(Schaffer, Collis, & Parson, 1977; Stern, Jaffe, Beebe, & Bennett, 1975)。伯杰和坎宁安(Berger & Cunningham, 1983)记录了6个唐氏综合征患儿和7个正常婴儿与其母亲在生命前6个月里的发声互动。他们发现了两组母子互动中话轮转换行为中的本质差异,这一发现所反映的不只是婴儿声音发展的速度差异,还表明:与正常儿童相比,唐氏综合征患儿与母亲之间的互动中存在一种不断增长的与年龄相关的趋向——用声音"冲撞"替代话轮转换。或许是由于唐氏综合征患儿迟缓的语言发展导致了母亲形成一种同时发声的模式而非话轮转换。随着儿童年龄的增长,改变已经建立的模式来适应儿童新习得的言语技能对母亲来说是很困难的。

有人（Vietze，Abernathy，Ashe，& Stich，1978）研究了正常婴儿和发育迟缓的婴儿，以识别母亲不同的行为模式。1岁时正常组和发育迟缓组婴儿的发展结果惊人相似，都表现出大量互惠的言语互动。但是，当把发育迟缓的婴儿分成两组，一组在BIDS中的得分较另一组高，低分组不能区分母亲有无发声回应，这最终影响了母亲的互动风格。研究者认为这种互动失败对发声机能较弱的婴儿而言，可能会导致母亲较少的回应。戈德伯格（Goldberg，1977）认为，随着对儿童的诉求暗示变得越来越敏感并能更好地预测儿童行为的后果，父母也会变得越来越有自信。但是她强调，婴儿所提供的暗示的清晰度仍有广泛的个体差异，如果婴儿的暗示缺乏可解读性或可预测性，即使最敏感的父母也会出现混乱的互动，甚至无法与婴儿互动。戈德伯格的研究结论与维特泽等人的研究发现类似。

因此，干预的一个重要目标就是帮助父母成为他们孩子的优秀的观察者。布朗维奇（Bromwich，1981）在描述她的干预项目时说道：伴随着对儿童游戏、语言、情感暗示、社会反应和动作行为的观察而进行的各种评论，引起了父母对揭示儿童重要发展变化的行为细节的关注，无论这个细节是多么细小。父母观察之后的讨论又进一步推动了观察，并给父母提供了另外一些思路——为了帮助母亲与孩子更愉快、更有效地互动，什么才是重要的？

菲尔德（Field，1982）从她对早产儿的研究中总结到：找到一个最佳的刺激水平十分重要，因为较低的刺激水平不能引起早产儿的反应，而较高的刺激水平则可能导致早产儿的厌恶和哭闹。通常，如果母亲能够灵敏地或有效地分辨出婴儿发出的信号，那么母亲的刺激行为最好被定义为过度刺激的、过度控制的或过度主导的。这些行为的后果只能通过对双方全体的互动来评估。巴纳德（Barnard，1994）在总结他用NCAST喂养量表对早产儿及其父母的研究时指出：父母某些特定行为的缺失可能导致婴儿较低的感觉阈限。就父母而言，他们对儿童不成熟的机体系统以及较低觉醒状态的观察可能会导致适应不良的回应。

上述研究强调了根据互动中的相互调适水平来考察互惠的重要性。或许关键的不是互动中父母主导的数量、父母控制的时间或者母亲刺激的水平，而是一方对另一方的回应在可能性、敏感性和移情方式上的程度。帮助父母识别婴儿的暗示并且进行有效的回应可能是最重要的干预目标之一。另外，将亲子评估概念化为干预工作中一个持续不断的过程也十分重要。随着儿童的不断成熟，父母应该识别不断变化的暗示，同时相应地调整其行为和互动。互惠性的发展不是一个静态的过程，而是根据父母和儿童的个体行为特征而不断变化的。

家庭处境不利时的亲子互动

在儿童早期的环境特征中，已经确定能导致儿童发育不良的早期不利因素有：母亲智力低下（Kelly，Morisset，Barnard，& Patterson，1996；Longstreth et al.，1981；Yeates，MacPhee，Campbell，& Ramey，1983）；母亲低学历（Dubow & Luster，1990；Furstenberg，Brooks-Gunn，& Morgan，1987；Sameroff，Serifer，Barocas，Zax，& Greenspan，1987；Werner，1985）；母亲抑郁或低自尊（Dubow & Luster，1990；Sameroff et al.，1987；Werner，1985）；母亲早孕（Baldwin & Cain，1980；Dubow & Luster，1990；Furstenberg，Brooks-Gunn，& Morgan，1987）；家庭成员多（Blake，1989；Dubow & Luster，1990；Rutter，1978；Sameroff et al.，1987）；贫穷（Dubow & Luster，1990；Furstenberg et al.，1987；McLoyd，1990；Werner，1985）。同时处于几种不利因素中的儿童尤其容易导致发展中的

学习和行为困难(Dubow & Luster,1990;Furstenberg et al.,1987;Lester et al.,1995;Sameroff & Seifer,1995)。

在已经确定存在环境风险因素的家庭中,研究者试图通过观察亲子互动中父母的行为来描述儿童是如何经历风险的。因此,互动研究更多地关注对父母行为模式的识别,而非儿童。例如,研究者指出:相对于中产阶级的母亲来说,来自不利的社会经济环境的母亲对儿童需要的刺激更少、回应也更少(Barnes, Gutfreund, Satterly, & Wells, 1983;Ramey, Farran, & Campbell, 1978;Tulkin & Cohler, 1973),但是约束、控制却更多(Bee, Van Egren, Streissguth, Nyman, & Leckie,1969;Clarke-Stewart, 1973)。在有精神病史的家庭中,这个不利因素足以限制母亲在回应婴儿时情感和技能的发挥(Emde, 1983)。有认知缺陷的父母在提供使人有活力的家庭环境以及用发展适宜性的、培育性的方式进行互动方面都有困难(Feldman, 1994)。研究发现,未成年母亲的口头表达更少,敏感性不强,更少表达积极情感,并且经常地呈现出惩罚性的教育态度和消极情感(Culp, Applebaum, Osofsky, & Levy, 1988;Field, Widmayer, Stringer, & Ignatoff, 1980;Garcia-Coll, Hoffman, & Oh, 1987;Hann, Osofsky, Barnard, & Leonard, 1994;Osofsky, Hann, & Peebles, 1993;Reis,1989)。

通过巩固个性化的发展途径对高社会风险家庭进行预防性干预旨在尽力预防发展障碍和适应性问题(Emde,1996)。有关儿童面对逆境时的复原力的研究表明:积极的亲子互动和依恋与儿童复原力的发展结果之间存在相关(Easterbrooks, Davidson, & Chazan, 1993;Werner,1985)。干预者逐渐认识到,巩固发展结果是建立在强有力的早期亲子关系的基础之上的,这种强有力的早期亲子关系是儿童后续社会性情感发展的基础(Early Head Start Guidelines, 1994;Emde, 1996)。

小　结

在解释评估信息和设计干预结果时慎用理论知识十分重要。但是,在目前研究的基础上得出一些初步的结论是可能的。

第一,需要考察父母和儿童的个体特征。研究表明,发展迟缓的儿童不经常主动发起互动,并且所提供的暗示通常也更精细、更难解读。在互动中父母往往通过指令性较强的行为来补偿儿童的行为。处于不利环境条件中的父母在与儿童的互动中回应性和敏感性更少。因为互动中的任何一方都是带着独有的特征参与互动的,这些个体特征必须作为干预过程的一部分来进行仔细观察和讨论。

第二,必须对父母和儿童之间的互惠进行评估。相关文献表明:婴儿和父母的个体行为线索会影响他们之间的互动,而且他们将其独特的风格融入互惠关系的能力决定了互动的成功。将每一次互动都看作一个系统,在这个系统中各个元素之间都是相互依存的,这一点十分重要。因此,父母调整自己的行为来回应儿童参与与否的暗示是互动成功的决定性因素,同时也有助于确定干预目标。

第三,一段时间后,评估必须测量亲子互动的适应情况和变化情况。一些研究表明,亲子互动会在第一年里发生改变(Barnard et al.,1984;Beckwith & Cohen,1983;Berger & Cunningham, 1983;Vietze et al.,1978);儿童和父母的个体特征会影响互动双方的行为,而且一段时间之后,如果双方的相互关系没有建立起来，就会消极地影响亲子互动。此外，婴儿和父母的个体特征和相互适应的程度都不是静止的，亲子互动改变的程度也会影响互动中的其他元素。因此，对个体的评估必须定期重复进行，这样促进和保持亲子关系的干预策略才能适应当前的互动。

评估早期亲子互动的方法

我们运用评估这一途径来提高对于互动本质及其重要性的经验性认识，并以此来设计和评价干预工作。在这一部分中，我们先简要地讨论亲子互动评估中的环境问题。然后，我们推荐一些最佳实践，它们将评估信息与旨在促进令双方都满意的亲子互动的干预设计相整合。最后，我们将用一些实例分析来说明这些评估和干预实践如何适应父母和儿童的个人需要。

关于评估环境和情境的讨论

环　境　在熟悉的家庭环境（setting）中评估亲子互动，反映了评估领域逐渐意识到并尊重在儿童日常生活的环境中自然发生的家庭互动、模式和关系（Miller & Robinson, 1996）。凯利等人（Kelly et al., 1996）认为，为了形成一个包括重构物理环境和家庭习惯在内的适应性干预目标，家庭是最佳的评估场所。评估应该包括由母亲参与的评估及干预计划，并结合客观的访谈和家庭观察技术。对于干预的目的，布朗维奇（Bromwich, 1983）指出，为了收集信息用于持续进行的干预项目，与家庭建立密切关系、观察自发的亲子互动、与父母交谈这三点就显得十分重要。她认为，评估过程应该包括两次家访，这样能够在自然的环境中观察并与家庭互动，然后在第三次诊断性的会话中收集额外信息。

尽管家庭观察提供了一个具有生态效度的家庭日常互动的描述，但是这可能会花费更高并且难以安排（Segal & Webber, 1996）。另外，伯曼和肖（Berman & Shaw, 1996）指出，虽然有一些家庭非常欢迎专业人员到他们家里，但是还有一些父母可能更愿意与专业人员在项目基地见面。由此他们得出的结论是：家庭在环境、时间和人员方面具有选择权，这一点对于所有的评估实践来说都十分重要。

情　境　有研究者（Mahoney, Spiker, & Boyce, 1996）指出，观察的情境（context）对父母和婴儿的表现会产生重大影响。例如，父母在游戏和教育互动中的行为非常不同。同样，父母在安抚烦躁的婴儿时所使用的方式也可能会不同于他们与快乐、满足的婴儿互动时的方式。另外，观察的持续时间、父母和婴儿之间的熟悉度以及实施观察的人员都可能会造成不同的结果。卡尔曼森（Kalmanson, 1996）认为，以干预为目的的评估应该被视为治疗过程的第一步。评估过程应该持续4~5周，还应该包括许多对母亲的访谈，以展现母亲对教养方式的传统看法以及当前她对婴儿以及她们之间互动的看法。

总之，对于干预目的来说，让行为在多种情境中自然发生、观察者与父母和孩子建立起和谐信任的关系，这两点对观察来说十分重要。最好运用前面所叙述的关于互动双方的知识来丰富评估信息并且提高干预活动的适宜性。

对亲子互动评估的建议

在一篇探讨评估工具的信度和效度问题的文章中,有研究者(Mahoney,Spiker,& Boyce,1996)提醒到:我们可能并没有充分地开发标准化的评估程序,使其成为发展性评估过程的一部分,这可能会导致关于亲子关系大量的错误判断和结论,并且可能会潜在地伤害父母之间以及父母与评估专业人员的关系。研究者指出,由于亲子关系的私人性质,所以有必要用最得体、最尊重和最敏感的方式来处理这一关系。与此同时,如前所述,评估专业人员越来越认识到将儿童视为社会环境一部分的重要性,这里所说的社会环境包括主要照料者和家庭环境。的确,通常亲子互动会在出生前3年里对认知、语言、社会性情感的发展产生影响,并且如果一个项目的目标要支持儿童的发展,那么它就必须考虑对积极的亲子关系进行鼓励。前面讨论的研究满足了需要设计的干预实践,以促进并维持最理想的亲子关系。另外,专业人员的培训项目应该包括促进亲子互动的能力(Thorp & McCollum,1994)。因此,开发一套指南在以下方面具有重要作用:帮助专业人员运用文化适宜的、敏感的评估方法,以有助于父母的方式来解释评估结果,将评估信息转化为父母和专业人员共同设计的干预目标和服务。

认识到所有的儿童都是在伙伴关系中成长的,对于儿童的发展至关重要,项目开发者和服务提供者在干预工作中不能忽视这一重要关系。对于用敏感的、适宜性的方式来获取亲子互动的评估信息和随后干预工作中的评估信息,我们提出以下建议。

承认父母—专业人员关系的重要性

父母和服务提供者之间的关系是干预成功最有效的预测指标(Kalmanson & Seligman,1992;Kalmanson,1996)。父母—专业人员关系的成功可能取决于移情和回应的能力。我们应该首先正视并处理项目中的主要问题,这样才能有助于亲子互动的顺利进行。例如,如果父母担心的是婴儿的健康或者是其获得必要的医疗服务、休息或儿童保健的能力,干预者应该听取并帮助父母解决这些顾虑,然后再来关注亲子互动。听取父母的主要困难、证实它们的重要性、帮助父母获得其他服务这三方面的能力对于干预工作的成功十分关键。

赫什伯格(Hirshberg,1996)强调专业人员应记住:评估过程中的人际沟通是必不可少的。如果父母和专业人员之间不能形成私人关系,那么父母与专业人员之间就不可能形成信任感或分享各自的感受和观察,而这些对准确的评估和治疗计划的发展都十分重要。如果父母选择依据评估结果进行治疗,那么就一定会成功。如果父母感到被指责、批评、拒绝、不被倾听等,那么他们将不太可能完成治疗计划。赫什伯格多次对此提醒:专业人员不应让时间限制、专业知识匮乏、无助感挡住真诚倾听父母的道路。他建议,评估的重要问题是确定父母将如何处理这种情况,他/她想做什么以及所采取的方式是什么。最后,如果专业人员对父母持有强烈的否定态度,那么专业人员就要考虑将这作为自己需要认真反思自己经验、历史和家庭经验的信号。

明确所需要的帮助

如前所述,第一,专业人员应该听取父母的主要问题并帮助父母将其解决,然后才是关注亲子互动。第二,专业人员必须认识到虽然亲子互动都存在风险与问题,但不是所有的家庭都要求进行早期干预服务。专业人员应该准备好承认并且支持一个充满敏感、回应和成长—促进的互动关系。第三,当日常生活中出现破坏性事件时,当父母方面的互动特别呆板或迟钝,或者亲子关系明显是儿童发展的障碍时,专业人员应该协助父母做好亲子互动。

评估父母和儿童的个体特征与互惠

干预工作应该遵循评估惯常做法的指导,并且将其用于考察互动双方的个体特征。目前我们仍然只能部分理解干预的各种元素的前概念(如父母指导性行为或表扬的作用),这会妨碍我们对互动的认识。我们认为父母和儿童的个体特征以及互惠性的发展应该是评估关注的焦点,尤其应该考察父母和儿童的发起、回应行为,以及互动中表现出的不确定性和互动性:儿童游戏行为的暗示是否象征兴趣、警觉、满意、反抗、分离或痛苦?儿童是否表现出缺乏活力或过于活跃的迹象?儿童自我调节的整个过程是顺利完整的还是无组织的、不可预测的?对听觉和视觉刺激的反应,儿童是乐在其中还是过于兴奋,或很难引起活动中儿童的兴趣?儿童的机能特征是如何影响互动的?(例如,有视觉障碍的儿童可能需要更多的听觉和触觉线索来帮助他/她认识环境。)父母亲如何证明自己是否理解对现实的发展预期?父母的回应是由婴儿的暗示和特征决定的吗?父母的介入是由儿童对自己行为的消极回应所造成的吗?父母对冲突和愤怒有什么样的反应?父母如何表达爱与情感?父母与儿童之间兼容的程度是多少?这种关系是双方都满意,进而促进发展继续前进,还是停滞不前,变得消极,进而无法沿着发展的轨迹前进?

尊重个体的价值与偏好

关于什么对儿童的发展是适宜的问题,不是每个人都持有共同的看法。专业人员普遍认同的一些重要的问题,实际上也可能会与某些家庭的观念以及他们对孩子的期望发生冲突(Berman & Shaw,1996)。有学者(Hanson,Lynch,& Wayman,1990)在尊重个体文化差异的基础上讨论了发展的四个关键要素:(1)澄清干预者自身的价值观和假设;(2)收集并分析与家庭所在社区相关的人口学信息;(3)确定家庭跨文化的程度;(4)考察家庭对于具体的儿童养育问题的基本取向。

专业人员不论是参与评估还是治疗计划,都必须具有能够与不同文化背景的父母建立起积极关系的技能。这些技能包括:尊重个体差异,为了理解这些差异而做出持续不断的努力,用新的知识和理解来调整自己的预期,用尊重的、开放的和灵活性的态度来代替原有的观念。

最后,儿童的经验必须在儿童和家庭的文化背景中来理解(Greenspan & Meisels,1996)。互动的具体方法以及互动的内容可能会因文化的不同而存在显著差异。

让父母与儿童保持接触

传统的评估和干预方法通常是专业人员直接测试儿童,同时父母观察专业人员与儿童的互动。这种方法被认为是父母可以在家庭环境中进行模仿的教育模式。设计父母而非专业人员能够与儿童一直保持接触的评估和干预的模式,可以强化这样的观念:父母与儿童之间的关系是最重要的,而非一个在文化上与父母无关的模式。另外,这同样也巩固了父母的观念:父母而非专业人员是儿童最重要的知识来源。的确,除非父母是儿童互动的伙伴,否则想要准确地评估儿童的相关能力将会十分困难。

使用父母—专业人员联合评估的方法

我们认为,评估是一个父母和专业人员联合进行的过程。在这个过程中,父母在访谈中给予的反馈以及他们对自己与儿童之间关系的评价在亲子互动的评估中都会有用。这种方法建立在父母提供信息的基础之上,能够避免文化偏见和错误的假设。格林斯潘和迈泽尔斯(Greenspan & Meisels,1996)指出,评估应该包括父母对儿童能力和发展史的描述以及父母对儿童在家庭环境中的观察。专业人员与父母进行讨论,能够帮助父母确定已经发现的支持儿童发展的方法以及对儿童来说具有重要意义的互动模式。

在非正式的、开放性的访谈中,专业人员会问父母:你对孩子有什么样的看法?你如何看待与孩子之间的关系?你认为专业人员应该如何进行帮助?等等。在访谈中,专业人员应该避免使用专业术语,并且要以真诚的态度来提问。可以用追问来探索父母的深层看法。专业人员要向父母阐明他们具有对儿童独特的见解,这一点对干预至关重要。换句话说,父母是用不同于他人的方式在了解儿童,这样专业人员就能从父母的这种专门见解中获得有价值的信息。反过来,专业人员同样也是用自己的专业知识帮助父母。

我们认为,联合评估互动的方法与之前评估和干预工作中成功运用的方法相类似(如,Bernstein,Hans,& Percansky,1991;Glovinsky,1993;Kelly,1982;Koniak-Griffin,Verzemnieks,& Cahill,1992;McDonough,1993)。运用这种方法,在短暂的亲子互动期间将对父母和儿童进行录像。之后父母和专业人员一起来回顾这段录像,让父母来评论互动过程中的积极方面,以及他们喜欢互动和亲子关系中的哪些方面。对录像的回顾由父母控制速度,如果他/她愿意可以补充额外的信息。当父母对亲子互动的录像没有任何问题的时候,父母与专业人员再来一起回顾这段录像。这时候由专业人员做补充,在强调互动中存在的问题之前,专业人员应该首先关注积极的方面,对父母和儿童互动的整个过程进行分割,并对具有积极行为表征和互动的例子进行阐释。父母也可以就整个评价过程中的感受和评论进行讨论。

综合录像的信息以及父母在访谈中提到的信息,父母和专业人员可以联合设计干预的目标。干预的成功与否可以用录像和父母的报告进行监控。如果父母和专业人员一起来设计干预目标,那么二者更有可能在相互尊重和共同目标的情况下形成一个紧密的联盟。

强调积极方面

在向父母反馈有关互动的信息时应该尽可能积极和客观,总体性的消极评价不应出现。在亲子互动期间,专业人员对父母的反馈应该足够敏感,父母的行为线索也可用作反馈。关于儿童发展信息的说明应该在互动的情境中进行,而不是作为专业人员说教式课程。专业人员们应该避免独断专行,在评估和随后的干预中应该将父母当作伙伴,一起带着探索的精神进行评估和干预工作。

赫什伯格(Hirshberg,1996)认为,在评估期间挑选出与婴儿互动评论中具有积极作用和情感依恋的经历,并且与父母一起对这些经历进行探索尤其重要。父母可能在识别这些积极的亲密感时存在困难,而对这些片段细节的探究能提高父母的自尊、自信以及他/她与儿童之间的关系等重要方面的认识。

认识基于评估信息的干预的局限性

父母和专业人员对干预目标、干预成功以及干预局限性的定义都应该明确。专业人员需要认识到自身的局限性,如果出现了属于父母自己没有解决的冲突而引起的问题,专业人员应该认真倾听并确认这些问题对父母和儿童的重要性。在评估过程中,父母—专业人员关系的成功可能取决于专业人员的移情能力和回应能力。然而,提出治疗方案来解决冲突和改善关系(如夫妻婚姻中的问题)的能力常常是超出了专业人员专业知识的范围,也超出了干预项目本身的范围。我们要把评估和促进亲子互动作为干预项目的总目标,在这一点上,不能因为专业人员的局限性而犹豫不决。然而,如果专业人员不能提供由评估过程所决定的干预方案,那么就应该提供一系列的资源和资金用于转诊。这对于专业人员第一次接触父母并对其进行协助时是有帮助的。

使评估持续下去

评估是整个干预过程的第一步,并且应该是一个贯穿整个干预的持续的过程。父母的需求和亲子之间的关系都会随着时间的推移发生变化。专业人员要不断地了解父母对正在发生的事情的看法,还要仔细观察干预中的各种行为变化,以及这些变化可能会对亲子关系产生怎样的影响。专业人员应该询问父母对孩子的认识是怎样随着时间发生变化的,以及这个变化又如何影响着他或她的育儿实践。通过观察和谈话,专业人员可以评估出家长是否使用了灵活恰当的方法来回应这些变化;或者儿童行为上的变化是否出现了我们不愿意看到的各种行为问题。父母最初可能不愿意谈论他们对孩子的感受以及与孩子的关系。当家长还在犹豫是否谈论这一话题时,专业人员要善解人意;当父母决定相信专业人员并告知专业人员更多的信息和感受时,专业人员要积极回应;当有虐待或被忽视行为出现时,专业人员应该毫不犹豫地与父母探讨这些问题,并提出合适的做法作为参考。

案例分析

下面三个案例简要描述了前面谈到的方法是怎样应用到早期干预实践中的。因为专业人员可以采用不同的视角和观点,所以在确定家庭需要的基础上选择了这些案例继续说明。第一个案例:一位母亲要求专业人员在互动方面提供帮助,那位专业人员立刻结合评估与干预目标的进展对母亲提供了帮助。第二个案例:一位母亲对最近的一次诊断感到焦虑和担心,专业人员先对家长的需求进行回应,然后与父母一起改善亲子关系。第三个案例:一名儿童的发展受到阻碍,这时专业人员需要对环境进行评估,并与母亲进行一次深入的访谈。在这个案例中,专业人员发现良好的亲子互动是被干预项目范围之外的人际关系问题破坏的。在这位母亲与专业人员一起确定了需要做的事情之后,专业人员才认识到了干预项目的局限性,并提出了合适的转介建议。

克瑞斯和帕蒂:在认识并回应儿童诉求的基础上把评估与干预联系起来。 克瑞斯(Chris)是一个9个月大的男孩,患有唐氏综合征,他和母亲、父亲、两个哥哥(或姐姐)住在一个农村社区。他的母亲帕蒂(Patti)每周要花1.5个小时去参加一个母婴活动项目。在家长讨论会上,她说克瑞斯变得越来越烦躁不安。在调查时,她叙述到在努力教他新技能时她挫折渐多,她还说自己享受他们在一起的时间越来越少。帕蒂感觉在他们的互动中克瑞斯也有受挫感。帕蒂还担心他的身体状况,因为他经常患呼吸道感染疾病,最近还做了眼外科手术,虽然手术恢复良好,但他需要一直戴一个眼罩来遮盖那只眼。她感觉她需要的医疗服务已经得到了,但还是担心克瑞斯长期的身体健康状况,并且她由于他们之间越来越多的沟通问题而感到沮丧。

专业人员证实了帕蒂对克瑞斯健康的担心,并表示他对帕蒂的担忧感同身受。专业人员要避免简单的评论,如"我相信他会好的"或"你已经尽力了,你不要再担心了"。另外,专业人员可以与她谈论最近的手术及其影响,以及因居住地远离医院对这个忙碌的家庭产生的影响。专业人员问到帕蒂和克瑞斯是否已经适应了那个眼罩,以及那个眼罩对他们之间互动有什么样的影响。然后,专业人员又问帕蒂是否愿意每周花时间专心进行一次亲子互动,专业人员还向帕蒂解释了视频反馈法——即他们一起看视频中的互动,并设计一个干预方法。帕蒂似乎松了一口气,因为她认为这样做她所担心的事似乎可以解决了,她只想马上开始。克瑞斯和帕蒂之间10分钟的互动录像准备好了,帕蒂通过游戏开始了与克瑞斯的互动,当帕蒂收到专业人员提示的信号时,互动就转入教育情境。互动结束后,帕蒂和专业人员一起观看了录像,并且专业人员要求帕蒂指出互动中积极的地方和有问题的地方。

从帕蒂的叙述中可以清楚地了解到她已经尽全力要处理好与儿子的关系,并能用语言表达出她对儿子的担心和爱。她说克瑞斯似乎很快就厌倦了互动,尤其是在教育环节,在这一环节中克瑞斯甚至最后都哭了,并要求抱着他。专业人员对帕蒂仔细观察的能力进行了评价,并和她一起再次观看了录像。这次专业人员指出了在游戏过程中帕蒂对克瑞斯发出的兴趣和参与信号进行恰当回应的次数,还指出了克瑞斯在教育环节不想参与的信号。帕蒂很快就看出了克瑞斯的动作变化——从细微的诉求信号(头转向一边或皱眉),到强有力的信号(烦躁或哭喊)。通过一起改变教育环节的节奏、增加玩具或者停止互动,他们一起讨论了识别并回应这些信号的重要性。专业人员指出了克瑞斯在互动中诉求信号的清晰度以及明确回应的能力。首次会话结束后,帕蒂能够更好地观察这些诉求信号,并且也能够更好地调节自己行为。在接下来的干预中,帕蒂学会了放慢自己的节奏,使克瑞斯能够更舒适;通过调节自己的行为来回应克瑞斯的诉求信号,并且让克瑞斯率先决定活动的重点。从一开始她就积极地了解克瑞斯的行为,而专业人员的工作就是引导这个过程。在六期的干预后,专业人员对帕蒂与克瑞斯的互动给出了口头的反馈意见,并制作了另一个录像,帕蒂很激动地看到他们两个相处似乎比以前融洽多了。后来她描述了她的感受:以前,因为他眼部手术之后能力的退步,她觉得有必要"让他赶上来",而现在她认识到,在互动环节中他们之间"给予与索取"的协调一致比多教他一种技能要重要得多。

这个案例是前面提到的一些建议的具体运用。首先,评估应该被视为持续进行的干预项目的一部分。提供干预的专业人员要及时认识到帕蒂和克瑞斯在互动中各自的变化,并及时倾听母亲的担忧。其次,专业人员首先要清楚父母与儿童在互动中的优点,然后再制订评估方案和干预策略。专业人员认为帕蒂是儿童信息的最佳提供者,并认为帕蒂的担心是她全身心投入亲子关系的一个表现。专业人员指出克瑞斯表示诉求信号的清晰度是由他的发育程度所决定的,另外专业人员还帮助帕蒂识别这些信号,帮助帕蒂相应地调整自己的行为。在父母—专业人员的联合评估过程中,用到了帕蒂和克瑞斯一起互动的录像带,这对识别他们各自互动的特点很有帮助。最后,这次干预不但在整个干预项目范围之内的,而且母亲担心的事也及时解决了。

劳拉和特里萨:先处理父母的主要问题,再转入对互动的联合评估及干预。 劳拉(Laura)是一个4个月大的女孩子,最近被诊断出患了罕见的遗传病综合征,导致认知和运动能力的发展显著迟缓。她与母亲特里萨(Teresa)、哥哥住在一起,他们家离一个诊疗中心很近,她就是在那家诊疗中心查出患有此病的。劳拉和特里萨很快就注册加入了一个以家庭为中心的地方性干预项目。特里萨是一个单身母亲,在初次会面中,尽管她看上去有点不热情和冷静,但还是很欢迎专业人员来到她家。在初次会面期间,专业人员与特里萨谈论她对劳拉的看法。专业人员问特里萨:劳拉喜欢什么、不喜欢什么,她们在一起喜欢做的事情,以及在一天当中,她和劳拉会制订什么样的日程计划。对特里萨来说,描述劳拉的情况是一件很困难的事。她不知道劳拉到底喜欢什么,她觉得描述劳拉和她哥哥的区别更容易些。特里萨在谈到她们的日常活动时显得有些犹豫,但还是很愿意谈论劳拉的诊断以及这场病对劳拉来说意味着什么。

专业人员意识到要对劳拉和特里萨之间的关系做出任何直接的论断都不太可能,因为特里萨很难说清她对劳拉的感觉。此时,专业人员的工作就是要与特里萨建立密切的关系,得到她的信任,并且尝试在家访中取得特里萨的认同。特里萨向专业人员索取更多有关劳拉发展迟缓的病历和相关读物,专业人员答应下次会面时带来。在接下来的一次会面中,专业人员主动与特里萨一起读完了节选出的资料,并积极地回答她提出的任何问题。随着他们对材料的阅读,劳拉残障的程度以及以后的不良问题变得清晰了,这是自从劳拉被确诊以来一直困扰特里萨的问题。她质疑自己照顾劳拉的能力,以及劳拉的病会给她们已经经济拮据的家庭所带来的影响。听了她的谈话,专业人员清楚地感受到特里萨的忧伤和焦虑,即使她能够得到专业人员的帮助,但她还是感到孤独和害怕。她想知道她到底能让劳拉的生活发生什么改变。随着这种感觉的蔓延,她对专业人员能改变劳拉或她的生活这一点也表示出了怀疑。此时,专业人员证实了这位母亲的担忧,并主动提出要为特里萨联系一个家长支持网站,然后继续倾听特里萨的疑虑和痛苦。专业人员告诉特里萨:在接下来的几周里,他们将更多地商讨一些她能帮助到劳拉的方法。专业人员还意识到特里萨需要密切关注,并且告诉她在一个人忙不过来的时候,可以随时向顾问求助。

在接下来的几周里,特里萨得到了朋友、亲戚以及家长网站的帮助,并继续和专业人员讨论她对劳拉的感受。特里萨精心地照顾着劳拉,但特里萨承认她对劳拉投入的感情没有她想得那样多。她开始对自己情感投入的缺乏而感到内疚,并且她说对劳拉的依恋和对大儿子的依恋有很大的不同。专业人员问特里萨是否有兴趣通过她和劳拉互动的录像来考察她们之间的互动。特里萨犹豫了一下,但还是同意试一试。在评估过程中,特里萨认为劳拉不能识别她发起或回应的任何活动,这一点变得清晰了。尽管劳拉发出的诉求信号很微弱,但这些信号还是表现出来了,专业人员和特里萨努力解读这些信号,并想出合适的回应方法。渐渐地,特里萨发现观察劳拉的诉求信号是值得的,尽管劳拉发起活动的能力还和以前一样,但她回应的能力变得更强了。在三个月的干预结束之前,特里萨的内疚感少了,与此同时对她和劳拉互动的满意度更高了。特里萨意识到她是劳拉生活中最重要的人,并且现在她感觉自己更有能力,也更愿意来满足劳拉的需求了。特里萨还认识到尽管劳拉的发展是迟缓的,但总是在向着好的方向不断前进。

专业人员意识到了和特里萨建立长期积极关系的重要性,并且干预工作的成功取决于父母—专业人员之间关系的质量。专业人员满足了特里萨的基本需求:消除苦恼和得到帮助,同时在特里萨与劳拉建立关系的过程中,专业人员也给予了时间和鼓励,坚定不移地认为特里萨和劳拉的融洽关系是劳拉健康成长的基础。专业人员和特里萨没有采取建立互动模型的方法进行干预,而是一起花了大量时间来联合评估母子互动,并且在此基础上制订了干预计划。专业人员让母亲制订日程表,并且在干预的过程中按照母亲的步调进行。在提供母亲需求的信息的同时,专业人员也留心观察并为母亲提供额外的帮助。

丽萨和黛博拉:对干预项目局限性的认识和持续评估的需求。丽萨(Lisa)是一个2岁半的女孩,她和妈妈黛博拉(Deborah)、继父生活在一起。由于她在6个月大时就被诊断出患有脑瘫,现在的运动能力受到了极大的损害,目前她已经注册参加一个中心型的干预项目有两年时间了。在她被确诊为脑瘫后没多久,她的父母就离婚了。丽萨和母亲黛博拉一起生活到她2岁,之后黛博拉再婚了。丽萨和她的母亲已经建立起了亲密的互惠关系,并且她与生活中其他成年人(她的祖父、祖母、治疗中心的专业人员)的关系也都很亲密、融洽。尽管丽萨有非常严重的运动发展障碍阻碍了她坐、伸展四肢、抓握或交谈的能力,但是她的认知能力却接近正常。她能够向她周围的人们发出清晰的信号。在快到2岁半的时候,丽萨得了进食障碍,她拒绝在家里或治疗中心吃饭。黛博拉不能确定是不是因为她的生活环境出了什么问题,医生检查后也不能确定是什么健康问题导致了这一结果。丽萨的四肢运动能力进一步恶化,离她家最近的一名干预者要求到家里来拜访丽萨和黛博拉。在接下来两周的家访中,干预者要求黛博拉详细地描述丽萨的日常活动和互动情况:当丽萨早上醒来时都干了些什么?是谁把她放到床上的?她睡了多长时间?她在哪里睡觉?她在哪里吃饭?黛博拉如何看待丽萨以及她们目前的关系?丽萨的沟通能力有没有变化?丽萨喜欢什么样的活动?什么活动使丽萨感到痛苦?最近丽萨在这些活动上花费的时间有没有变化?丽萨是怎样表达快乐或痛苦的?

在这两周的家访中,黛博拉认识到:从她再婚开始,丽萨的日常生活就发生了实质性的变化,丽萨的进食问题和行为表现就是这些变化的体现。黛博拉意识到她花了很多时间来陪她的新丈夫,而和丽萨在一起的时间变少了。丽萨的亲生父亲曾经很关心丽萨的抚养,但还是抛弃了黛博拉,这对黛博拉造成了很大的打击,这次黛博拉决定要维系好和新丈夫的关系。她的新任丈夫对黛博拉在丽萨的生理需求以及与丽萨的情感关系上花费了大量时间非常不满。黛博拉现在很矛盾,她是应该更多地满足丽萨,还是应该更多地满足她的新任丈夫?丽萨也陷入了这些冲突当中,所以她就表现出了她最有力的抵抗方式——拒绝进食。专业人员意识到了在帮助黛博拉解决她的情感问题时的局限性。黛博拉的情感问题有:曾经的被抛弃感,现在应该怎样分配她的精力,怎样协调与丽萨和丈夫之间关系的矛盾冲突感。专业人员谈到可以介绍黛博拉认识另一位她熟悉且信赖的心理健康专业人员。这个心理学家先私下与黛博拉进行了沟通,随后又与家庭中的三位成员进行了沟通。黛博拉的家庭问题得到了解决,丽萨的进食问题也有了好转。丽萨和黛博拉的感情沟通也得到了修复,尽管各位家庭成员还需要做出调整来彼此适应,但这不仅是为了丽萨,也为了黛博拉和她的新任丈夫。

在开始对丽萨的发展迟缓进行干预之前,专业人员应该首先评估丽萨和黛博拉各自的需求,这一点十分重要。专业人员知道父母是最了解孩子的,为了深入了解儿童的情况就必须进行家访,并找出家庭环境中具体详细的变化。专业人员意识到了问题的所在,证实了母亲所担心的问题,同时专业人员也意识到了自己在提供干预服务时的局限性。在继续帮助黛博拉和丽萨进行干预的同时,专业人员及时介绍了另外一名受过专业训练的专业人员加入到了干预工作中。

这个案例说明了家庭需求的多样性,要根据家庭独特的需求来制订评估策略。专业培训工作的目标就是要培训出各类项目专业人员来有效地开发和实施这些策略。关于评估人员的储备问题将在本章的最后一部分进行讨论。

用于评估亲子互动的具体方法

亲子互动标准化评估的使用

在评估以及早期干预计划中都包含亲子互动的内容,我们认为这样做很有价值。我们的指导原则是将个性化方法作为亲子互动干预的最好方法。然而,许多项目都在努力提供一个更具普遍性的评估方法。为了达到使评估方法个性化的目的,首先要考虑什么样的标准方法最适宜某一特定人群或最适合某一特定项目,这种思考是很有帮助的。

尽管在亲子互动的发展和测量量表方面已经做了大量的工作,但这些量表在早期干预项目中的应用并不广泛。一些研究者把有特殊需求的儿童或发展迟缓的儿童纳入这些评估工具的测量范围内,这对儿童早期评估领域的发展极为重要。芒森和奥多姆(Munson & Odom,1996)综述了大量已发布的评估量表,提供了相关量表及其信效度和培训问题的有关信息。他们认为:对于从事儿童早期干预的工作人员或研究人员来说,对一种干预方法(即观察工具)的适用性进行鉴定的过程本身就是一个很好的学习体验。我们早就强调父母行为的两个方面:控制性或指令性、回应性。对儿童来说,被强调最多的行为就是注意、准备和回应行为。

对于参加早期干预项目的儿童来说,已有的研究成果能够让我们了解这些儿童与其父母的亲子互动效果吗?目前有关发展迟缓儿童的亲子互动评估的研究越来越多。在一个多场所的研究中,博伊斯等人(Boyce et al.,1996)对以下几个评估量表的功能进行了评价:母亲行为评定量表(Maternal Behavior Rating Scales)(Mahoney,1992),母婴评定量表(Mother-Child Rating Scale)(Crawley & Spiker,1982)和多维发育评估系统(Multi-Pass system)(Marfo,1991)。有238对母亲和孩子参与了研究,研究对母亲和孩子在家或在儿童早期干预中心玩耍的情境进行录像并分析。在对儿童发展水平的检测中,所有的儿童都显示出发展迟缓,并且低于平均值超过两个标准差。这些儿童的平均年龄是31.7个月。博伊斯等人运用因素分析法对量表中的项目进行了分析,得到了有关父母的因子分别是影响力、回应性、敏感度、指令性、话题控制力等。有关儿童的因子分别是游戏成熟度、情感回应性、顺应性和话题控制力等。这一结果表明,儿童的发展水平与母亲的回应性呈中度正相关,而与母亲的指令性呈负相关,亲子互动的方法与儿童的发展水平之间不存在相关性。

同样,香克弗及其同事运用儿童护理评估教育量表(Nursing Child Assessment Teaching Scale,NCATS)对190名发展迟缓儿童的亲子互动及其家庭进行非实验性追踪研究。这些儿童来自马萨诸塞州和新汉普郡两地的儿童早期干预项目,参与干预项目时的平均年龄是10.6个月,其中包括54名唐氏综合征儿童、77名肢体运动障碍儿童、59名不明病因的发展迟缓儿童。数据来源两次家访:一次是在项目启动后六周之内,另一次是在第一次家访一年之后,两次家访都运用智力量表和贝利婴幼儿发展量表以及对教育和游戏期间亲子互动的观察来进行评估。在第一次家访中,这些儿童在 NCATS 中的得分均显著低于同龄正常儿童的得分。在第二次家访中,这些儿童的得分已经有了明显的提高,接近正常儿童的平均值。儿童的发展结果还与第二次家访时亲子互动测量得分有显著正相关。第二次家访中儿童智力年龄、自发游戏水平和适应性行为的提高都与儿童在 NCATS 中的较高得分有着显著相关。儿童在 NCATS 中得分的变化与儿童病情发作有负相关。有趣的是,母亲在第二次家访量表测查中的得分与儿童的得分也有密切相关。有学者(Palisano et al.,1993)在对一组运动发展迟缓的婴儿进行研究后也得出了相似的发现:根据婴儿 NCATS 的得分就可以预测其母亲在互动量表中的得分。

在三个独立的、互不相同的样本组中——第一组是发展正常的儿童,第二组是社会处境不利的儿童,第三组是早产婴儿,这些儿童在12个月和24个月时的 NCATS 得分都与其智力发展和语言能力相关(Morisset,1994)。第二组儿童在12个月时母亲的得分与其36个月时的语言发展有正相关,第二组和第三组儿童在12个月时母亲的得分与其5岁时认知发展的得分有正相关,但正常组的儿童与母亲之间却没有这种相关。在儿童24个月大时母亲互动水平的得分与其 2 岁时在贝利婴幼儿发展量表上的得分呈正相关、与其 36 个月时的语言能力呈正相关、与其 60 个月时韦斯勒学龄前儿童/小学生智力量表（Wechsler Preschool and Primary Scale of Intelligence, WPPSI）的得分呈正相关。三组儿童在 24 个月时母亲互动水平的得分与儿童 60 个月大时的智商之间的相关系数都为 0.45~0.52。很明显，正如在互动中的测试那样，父母与儿童的行为都与儿童以后的智商有关，这一结论也同样适用于正常组的儿童。因此，对亲子互动的评估应该视为帮助父母制订对儿童后期发展有帮助的互动评估方案，这才是亲子互动评估的价值所在。对儿童的学习来说，亲子互动是一个动态变化的过程，这种观点似乎也验证了亲子互动的价值。

接下来，我们总结了四个互动评估的量表，它们可以用于早期干预的各种训练中。之所以选择这些量表，是因为它们都包含有特殊需求儿童样本的基本心理测量数据，并且已经开发出了适合其他人学习评估程序的方法，而且已有研究对这些量表的评估效度都进行了研究。第一个量表是关于亲子互动的测量，它主要用于在养育和教育时对亲子双方沟通的结构和过程进行评估。这个量表是儿童护理评估喂养与教育量表（Nursing Child Assessment Feeding and Teaching Scales）（Sumner & Spietz, 1994）。第二个评估量表是早期亲子关系评估量表（Parent-Child Early Relational Assessment）（Clark, 1985）。开发这个量表的主要目的是对亲子相处时的体验以及双方情感隔阂进行评价。另外两个量表是母婴评定量表（Crawley & Spiker, 1982）和母亲行为评定量表（Mahoney, 1992），专门针对残障儿童开发，主要关注与儿童游戏互动中的家长风格、回应性及儿童的参与度。

对互动双方沟通的结构和过程的测评：亲子互动评定量表

儿童护理评估喂养与教育量表开发于 20 世纪 70 年代后期，当时是作为一种测量亲子互动动态过程的工具。从那时起，它就被广泛地应用于许多调查研究和临床研究之中。它的样本不仅包括发展迟缓的儿童，还包括生物和环境因素处境不利的儿童（Barnard, 1994; Morisset, 1994）。

喂养量表和教育量表的模式是相同的，都基于这样一个前提：亲子之间的沟通过程具有交互性，任何一方都需要有一套行为系统，并且亲子互动既是一个相互了解的平台，也是一个让认识更广阔的平台。这两个量表与早期干预领域有直接联系，因为儿童从出生到学龄前这几年中主要是与其看护人——父母进行互动，这种互动体验促进了儿童的大脑发育。父母通过让儿童多听多看来调节其所处的环境，并且给儿童提供了一个体验、接触其他人和事的场所。这些体验会依次刺激大脑皮层的通道，而这反过来又会促进儿童行为的发展和建构。

喂养量表和教育量表的项目都是围绕着亲子互动模式而开发的。喂养量表共有 76 个项目，教育量表共有 73 个项目。每个项目都采用"是"或"否"来评定行为标准。每个量表中一半以上的项目都用来反映亲子之间的互惠性或应变性，因为这对儿童早期的学习过程非常重要。学习别人如何回应你的行为是发展掌控感的基础。

这个测量模式含有六个因子，其中四个因子是父母或照料者方面的维度：对儿童诉求信号的敏感性、对痛苦的回应、促进儿童社会性情感的发展以及促进儿童认知的发展，这是针对作为养育者的家长来设计的分量表。另外两个儿童方面的因子是：诉求信号的清晰度和对照料者的回应性。当儿童有发展障碍时,儿童发出清晰的诉求信号的能力以及对照料者进行回应的能力通常也是有问题的。例如,一个控制力较差或肌张力减退的婴儿通常不能表达出父母能理解的饥饿、高兴或悲伤的诉求信号。

父母方面的检测项目与其学历、年龄以及其他能力,如社会生活能力的水平和情感健康状况之间存在正相关。父母的总得分与儿童在 3—5 岁时的智商和语言能力得分之间存在相关。虽然对于正常组儿童来说,得分并不能预测他们以后的认知和语言能力,但是仍有数据表明,对生物或环境因素处境不利的儿童来说,他们的得分可以预测以后的智商和语言能力。这可能是因为这些儿童在得分上方差减少。虽然早产儿父母的得分特别高,但这些婴儿作为社会参与者最初都会受到伤害,这是因为他们不能维持一个好的清醒的意识状态。在早期干预中,部分家庭在执行计划和实现教育目标的过程中发现,父母在和不成熟或有发展障碍的儿童的配合上出现了问题。这两个量表对于了解父母在养育有沟通问题儿童时遇到的困难是一个很好的工具,这里儿童的沟通问题是由于控制力、运动失调、注意困难或觉醒状态下的感知加工而引起的。许多临床医生都报告说:这样的标准化互动量表很有用,可以帮助父母了解亲子互动中的困难,并帮助指导家长进行实际操作。

喂养量表对儿童的一系列特征上都进行了区分,包括:儿童的性格(Zeanah et al.,1986);早产儿(Barnard et al.,1983;Kirgis,1989;Lyons,1981);非正常发育(Lobo et al.,1992);唇腭裂(Stock,1993);先天性心脏病(Lobo et al.,1992);围产期高危环境和社会心理高危环境(Farel et al.,1991)。但是,并非所有的研究都分别报告出父母和儿童的得分,其中那些报告出得分较低的儿童分别是早产儿、非正常发育儿童、患唇腭裂或患先天性心脏病的儿童。对于教育量表来说,得分较低的儿童是那些没有在后续项目中受到监测的早产儿(Slater et al.,1987)和有发展性障碍的儿童(Shonkoff et al.,1992)。

对不同特征的父母进行测量的结果也存在差异。在喂养量表中得分较低的父母分别是:西班牙裔母亲(Barnard,1994);受教育程度较低的母亲(Barnard,1994);具有干扰型游戏风格的母亲(Houck et al.,1991);产前环境不利的母亲(Britton & Gronwaldt,1988);青春期早孕的母亲(Ruff,1987;Ruff,1990;von Windeguth & Urbano,1989);有药物滥用问题的母亲(Blackwell & Kaiser,1994)。在教育量表中,另一组有相似特征的父母得分也较低,她们分别是:西班牙裔母亲(Barnard,1994);受教育程度较低的母亲(Blackwell & Kaiser,1994);虐待儿童的母亲(Bee et al.,1981);家庭压力大的母亲(Barnard,Spieker,& Morisset,1990,Farelet et al.,1991;Grace,1990);低智商的母亲(Spieker,1989)。在所有这些例子当中,家长在所有父母项目中的较低得分都与她们的特征相关。

儿童护理评估量表是使用最为广泛的亲子互动量表。尽管该量表最初是为护士设计的,但是现在已被广泛地应用到各个学科领域中,心理学家、精神病学家、理疗专业人员、营养学家、职业理疗师、社会工作者和儿童早期教育者都在使用。大约有 16 000 人接受了喂养与教育量表的培训。在美国的许多州,如北卡罗来纳州和加利福尼亚州,全州的项目把此量表作为早期干预项目中的一部分来使用。量表使用的培训包括 40 小时的视频教学,并配有教学、实践、信度测试的录像带。培训资料的设计非常适合自学,然而已经证明由有资质的指导教师来讲授,学习效果会更好。要想了解有关美国以及许多其他国家指导教师的资质情况,可以联系华盛顿大学 NCAST 培训办公室。

关系的评估:早期亲子关系评估量表

早期亲子关系评估量表(Clark,1985)是评价亲子关系的一个标准化途径。它不仅仅评价亲子互动的现状,而且能揭示亲子互动从过去到现在,甚至到未来所发生的和可能发生的变化。这和安斯沃斯的陌生情境范式相类似,但它更多的是要揭示父母和儿童的过去经验,而不是他们现在的互动细节。关系评估背后的一个重要概念是,母亲的影响好像是一个调节器,掌控着婴儿的社会能力的发展。

亲子关系评估的过程包括四段互动情节的录像,每段 20 分钟。这些互动情节应包括:喂食;一项指定的、与儿童年龄相适宜的任务;由评估者选择玩具,儿童自由玩耍;亲子短暂分离和重聚。选择这四段情节是为了了解与父母在一起时儿童的体验,以及与儿童在一起时父母的体验。从这四段不同情节中就可以了解儿童和儿童不同方面的体验。喂食是一个反复的、习惯性的体验,从中可以清楚地了解到父母的控制力、敏感性和回应度。教育情境稍微有点新颖性时,为了完成一项不熟悉的任务,可以给儿童提供一些支架行为。自由玩耍可以根据父母和儿童的日常活动来选择,短暂的分离主要是考察当父母不在身边时,儿童是怎样回应这种压力的。这四段情节为我们提供了丰富的临床资料,可供儿童早期干预工作人员来评估父母育儿的优势和劣势。

在与家长进行访谈时,可以回放这些录像片段。访谈者既要有很高的心理和临床感受性,还要接受过专门训练。录像的回放使评估者或干预者可以从中选取一些片段,以此来引发家长积极思考或"想象"她与儿童的关系、儿童某些特定行为的意义、儿童使她想起了谁、她作为一个家长的胜任感,以及亲子互动时哪些地方感到愉快、哪些地方感到有困难。这些技术类似于我们推荐的指南中所描述的技能。然而,这四种情节测评的应用为促进互动性主题的多样化提供了一个更加标准化的方法。

这四种情境的目标评价由训练手册和评估方案开发者提供援助(Clark,1985)。对父母的评估,有一个评级量化表,其项目包括:行为的总量,行为持续的时间,父母的影响强度,对待儿童的态度,融入度以及互动风格。有关家长参与的项目包括:肢体接触(主动的或被动的),眼神接触,语言表达(数量和质量),交往的主动性,应急响应力,环境的建构和调节,对儿童诉求信号的理解和回应,相互关联性,反射或情感投入度。对儿童进行评估的项目有:情感,运动和沟通交流能力,交往的主动性以及回应性。对互动双方的评估包括:相互融入度,对任务的共同关注度,相互作用的数量,互动中的快乐和不安。评估者必须是接受过培训并获得了作为评估者(即观察者)的资质证书,这样的评估者可以通过观察亲子关系评估的四段视频和计算 65 项总结性测评数据来实施评估。一般来说,评估者至少要看 8 遍录像,每看完一遍在打分时不能超过 10 项。

尽管这种亲子关系评估过程的构建最初是针对那些患有精神疾病的家长而研发的,但是其中所用到的四段录像和行为测评的原则都具有普遍的适用性。这些测评项目对互动时相互之间的情感表达进行了定义,比大多数现有的定义更好、更详细。有研究证明,通过该量表不仅能够区分高危母亲和称职的母亲(Clark,1983;Musick,Clark,& Cohler,1981),还可以区分安全型依恋和非安全型依恋的婴儿(Teti,Nakagawa,Das,& Wirth,1991)。该量表的六个维度描述了 4 个月的喂养片段/情节和 12 个月的自由玩耍片段:(1)父母积极的情感,参与性,敏感度和回应性;(2)父母消极的情感和行为;(3)婴儿积极的情感,沟通和社交技能;(4)婴儿的调节障碍和烦躁;(5)双方的相互关系和互惠性;(6)双方的紧张不安。所有的这些维度中有65%以上的部分要经过自动操作和分析系统的处理,所以建议所有项目的测量要有统一的行为建构(Clark,1985)。

针对有发展障碍儿童的亲子互动量表

专门针对有发展障碍儿童研发的观察亲子互动的两个量表包括:母亲行为评定量表(Mahoney,1992;Mahoney,Finger,& Powell,1985)和母婴评定量表(Crawley & Spiker,1983;Spiker,Crawley,& Ferguson,1995)。马奥尼(Mahoney)根据母亲行为的风格构建了母亲行为评定量表,其测评的项目包括:以儿童为中心、刺激量和控制度。在评估中,母亲用评估者所提供的玩具,以她所选择的任何一种方式和儿童一起玩耍,评估者把母亲的行为录下来,并用利克特(Likert)式评分对其进行评定。原始量表有18项针对母亲总体行为的测评和4项针对儿童行为的测评。经因素分析法的分析,形成了三种母亲方面的因素:以儿童为中心时母亲的快乐度、刺激的质量和控制度。用贝利心理发展指数(MDI)对60名智障儿童进行测评,这三种因素占到了总变异数的23%。MDI最高的那些儿童的母亲,她们的互动风格在以儿童为中心这一因子上的程度高,而在控制力和刺激质量这两个因子上的程度较低(Mahoney & Powell,1988)。

1992年修订后母亲行为评定量表有12个行为维度:表情丰富,快乐,热情,对儿童兴趣点的敏感度,负责任,成功取向,创造力,赞美,有效性,接受度,节奏和指导性。在一项研究中,对来自美国5个州的238对母亲和儿童进行了录像,并用母亲行为评定量表对每位母亲进行了测评(Boyce et al.,1996)。测到的因子有:情感因子(表情丰富、快乐、热情、创造力和接受度);回应性因子(敏感度、有效性和回应能力);指导性因子(指导性和节奏)。情感因子与儿童的年龄呈正相关,而回应性因子与以下因素呈正相关:母亲的受教育程度;儿童的发展水平和游戏成熟度;儿童后期个人交往能力、认知能力和沟通能力的发展水平。指导性因子与以下因素呈负相关:儿童的发展水平;游戏成熟度;话题控制能力;儿童后期认知和沟通能力的发展水平。这项研究确认了早先研究的方向,强调了父母行为在影响儿童发展水平上的重要性。该量表还配有行为编码标准和培训手册,培训时间估计需要50个小时(Mahoney,1992)。

母婴评定量表(Crawley & Spiker,1983)是针对发展迟缓的儿童与其母亲在游戏环节中的表现而研发的。该量表测量母亲在两个维度上的行为表现:控制维度和情感表达维度,重点关注母亲的指导性和敏感度。因为根据这两方面的特征可以对有特殊需求儿童的母亲和发展正常儿童的母亲进行区分。测量母亲行为的项目有:指导性,细心程度,敏感度,刺激效果,情绪,节奏,游戏的发展适宜性,理解力,介入性和母亲的吸引力。对儿童进行测评的主要项目有:在游戏互动中的交互和认知能力,情感表达能力和兴趣度。还要测评这两组变量之间的相互关系。该量表采用了整体评级法,而不是行为计数的方法。另外,此套测量表采用利克特式评分(5~7分)。每项得分的依据是:由评估者提供一套玩具,对儿童玩玩具的过程进行录像,然后评估者根据录像的内容进行打分。研发者提供编码手册,除此之外,不再提供其他培训信息。

在早期母婴评定量表的使用中,仅有少量的案例($N = 16$)证明母亲的敏感度和指导性是行为的两个不同维度,只有母亲的刺激效果和双方相互关系的密切度才与儿童的智力表现相关(Crawley & Spiker,1983)。随后在对150对母婴的研究中,研究者们验证了发展迟缓儿童的得分都低于平均值超过两个标准差,还验证了母亲的行为与儿童的智力表现之间的相关性。母亲的敏感度与儿童现在和将来在巴特尔发展测验(Battelle Developmental Test)中的总得分呈正相关,然而母亲的指导性则与巴特尔发展测验的得分呈负相关(Boyce et al.,1996)。儿童在以下各项上的得分都与巴特尔发展测验的总得分之间存在相关:游戏熟练度,交往的主动性,交往中的回应力,玩玩具时的主动性,对目标的主动性,运动能力,活跃程度和求助能力(Spiker, Crawley, & Ferguson, 1995)。

小　结

这四个评估量表描述了不同测评体系之间的相同之处和不同之处。重要的是,研究者们要继续努力去识别研究亲子互动中的要素,因为这些要素对于儿童的健康和家庭的和谐来说是最为重要的。在对干预和评估目标的效度研究的基础之上,研究者们还要努力去完善这些评估量表。

未 来 方 向

尽管人们日益接受早期干预项目应该关注亲子互动的观点,但是从研究结果的应用到干预项目的实践却是一个漫长的过程。确定未来的方向是很重要的,这需要进行充分的研究和人员准备,以帮助将早期干预的焦点从"以儿童为中心"的实践转变为"以家庭为中心"的干预,这种转变包括了促进健康的亲子互动。

首先,有必要向项目推进者和服务提供者,即那些通过推动亲子互动从而对孩子的成长以及家庭功能都会产生重要积极作用的人,展示不断的科研成果。从传统意义上来讲,项目推进者最初会通过婴幼儿发展标准测试来衡量儿童的发展水平,再通过儿童显示出的变化来衡量干预的影响。另外,项目旨在改善或维持亲子互动的质量,这需要同时考量成员的社会性、情感以及沟通效果。事实上,一些早期干预的综述已经呼吁在评估项目效果时应进行一些调整,建议减少对幼儿智商以及发展水平测试结果的重视,更多地关注幼儿在早期社会(互动)环境中更广泛的方面(Bricker, Bailey, & Bruder, 1984; Dunst, 1986; Fewell & Vadasy, 1987; Shonkoff et al., 1992; White & Casto, 1985; Zigler & Rescorla, 1985)。正如坎宁安(Cunningham, 1986)所提出的:"在我们的干预中,可能有一些重点是错误的。我们已有的数据显示,家庭在相互作用、适应情况、依恋过程以及一些社会性发展方面的影响是十分重要的。"因此,项目的有效性需要专注于家庭的表现,如育儿压力、对教养角色和满意度的看法,以及孩子的表现,如依恋、沟通水平、社会性等。如果评估工作包括这些方面,将更有可能证明干预的效果。

评估早期干预的另一个考虑是要从早期互动干预中考量潜在影响因素的重要性。香克弗等人(Shonkoff et al., 1992)指出,在先前有关高危婴儿群体的研究中(如 Rauh, Achenbach, Nurcombe, Howell, & Teti, 1988; Ramey, Yeates, & Short, 1984),在幼儿感知运动阶段出现之前,养育环境对发展测试成绩的影响都没有显现。因此,用以解释早期养育环境影响认知收益的评估模式应该持续到学龄前时期。

其次，专业人员培训项目需要将评估和促进亲子互动的方法纳入专业能力。幼儿教育服务提供者应该对幼儿发展以及亲子关系有一个清晰的理解。亲子关系各方面，如依恋的形成、状态，情绪调节，理解婴儿的暗示，利用游戏和教学作为学习的途径，积极进行训练等，应该成为职前和在职课程的一部分。除了亲子关系发展的知识之外，专业人员需要拥有互动评估及促进互动的能力与技巧。沟通的能力技巧使一些注重关系和具有文化敏感性的干预问题得以解决。此外，项目推进者和管理者还需拥有识别这些领域知识缺口的能力，以及填补这些缺口的培训策略。

最后，专业人员需要适应他们作为亲子互动促进者的角色。评估和促进亲子互动往往被视为过度干预和超越早期干预项目的范围。如果专业人员相信他们与家长的关系在干预工作中至关重要，就会对自己进行评判或批判，这样的角色也许是令人生厌且不专业。尽早提供建议进行指导，可以避免这些专业冲突。同时，亲子关系仍是解决早期干预的一个关键性问题。承认家长拥有为他们幼小的孩子做决定的自治权，在实践设计中非常重要。另外，为了避免武断的和批判性的评估，评估和干预过程应该始终保持积极，并与家长一起设计和参与。家长应该被视为合作伙伴，且在任何干预工作中，授权于家长应作为一个非常重要的目标。沟通工作建立在相互的信任和坦诚之上，并以相互达成一致意见为目标，这些都是成功干预所必需的基础（关于家长与专业人员的协作关系的讨论，参见 Able-Boone，1996；Dinnebeil，Hale，& Rule，1996）。要建立伙伴关系，家长的知识水平与关注点就应得到尊重和重视。重视个体灵活性的非正式评估与干预工作比常规的访谈或问卷评估或以课程为基础的干预策略更加有效。

1986 年实施的公法 99-457 认可家长在儿童干预项目中发挥着不可或缺的作用。这些修正是以生态原则为基础的，与前面对未来研究和人员培训工作提出的建议相一致。为了使儿童在社会环境中发展最大化，项目目标与成果必须扩大到家庭，尤其应关注亲子互动。此外，专业人员培训项目需要包括发展亲子关系以及家长—专业人员关系的能力和培训活动。

总　　结

本章所提及的研究表明，亲子互动和幼儿后期的社会及认知发展有重要的关联。影响亲子互动的特定因素源于婴儿和父母双方个体全部行为，以及双方在相互回应和适应中得以发展的互惠性。这些被证实的影响因素非常重要，因为它们不仅影响着亲子双方满意关系的建立，还影响着幼儿能力的发展。已有的研究证实对这些因素的识别与描述有助于评估的实施，因为它们反映了干预和项目评估的需求。

多项研究已经表明，当婴儿残疾或是有残疾风险时，亲子互动将有所不同。有证据表明，特殊需要儿童的母亲支配着内在变化，她们的孩子似乎比那些非残疾孩子更少参与到母子互动中。而且，相关数据表明，大多数时间内，残疾或早产的婴儿和母亲在相互适应彼此的行为上比那些没有特殊需要的母婴更困难。最后，经历过不良环境和不良条件的母亲往往在亲子互动中表现得更加不敏感和不积极。

尽管仍需要大量的研究来证实为什么在亲子互动中会出现这样的差异，怎样评估这些差异带来的积极或消极的影响。但是已有的数据已经能够得出一些结论，并能在选择和解释评估策略时作为理论依据。在这一章,我们已经就如何灵敏、恰当地获取亲子互动信息和随后干预工作中的评估信息给出了一些建议,包括:设计评估策略,用于证明家长与专业人员的关系及其合作伙伴关系的重要性;利用与发展相关的、积极的、文化适宜的策略;将评估视为一个不间断的过程。我们介绍了一些案例来阐明对这些建议的运用,还描述了几种应用于研究和临床的测量方法,用以设计个人干预策略和测量它们的结果。

随着对亲子互动重要性的普遍接受,当前重要的是要以更多的方式推进研究,包括常规性地促进亲子互动、制订干预目标、选择最有效的评估策略。此外,专业人员的培训项目需要对亲子互动评估和促进能力进行考量,并且专业人员需要使用那些能够在促进和辅助亲子互动时给他们带来舒适感和胜任感的评估策略。随着我们对如何考量个体优势领域及对亲子关系中的侧重点的进一步理解,家长和专业人员将共同合作,从而保证为孩子们提供能使其充分发挥发展潜能的养育环境。

参 考 文 献

Able-Boone, H. (1996). Ethics and early intervention: Toward more relationship-focused interventions. *Infants and Young Children, 9*(2), 13–21.

Ainsworth, M. D. (1973). The development of the infant-mother attachment. In B. Caldwell & H. Ricciuti (Eds.), *Review of child development research* (Vol. 3). (pp. 1–94). Chicago: University of Chicago Press.

Ainsworth, M., Blehar, M., Waters, E., & Wall, S. (1978). *Patterns of attachment: A psychological study of the strange situation.* Hillsdale, NJ: Erlbaum.

Bakeman, R., & Brown, J. V. (1980). Early interaction: Consequences for social and mental development at three years. *Child Development, 51,* 437–47.

Baldwin, W., & Cain, V. (1980). The children of teenage parents. *Family Planning Perspectives, 12,* 34–43.

Barnard, K. E. (1994). What the Feeding Scale measures. In G. S. Sumner & A. Spietz (Eds.), *NCAST: Caregiver/parent–child interaction feeding manual* (pp. 98–121). Seattle: University of Washington NCAST Publications.

Barnard, K. E., & Martell, L. K. (1995). Mothering. In M. H. Bornstein (Ed.), *Handbook of parenting: Status and social conditions of parenting* (Vol. 3) (pp. 3–26). Hillsdale, NJ: Erlbaum.

Barnard, K. E., Bee, H. L., & Hammond, M. A. (1984). Developmental changes in maternal interactions with term and preterm infants. *Infant Behavior and Development, 7,* 101–13.

Barnard, K. E., Eyres, S., Lobo, M., & Snyder, C. (1983). An ecological paradigm for assessment and intervention. In T. B. Brazelton & B. M. Lester (Eds.), *New approaches to developmental screening of infants.* New York: Elsevier.

Barnard, K. E., Hammond, M. A., Booth, C. L., Bee, H. L., Mitchell, S. K., & Spieker, S. J. (1989). Measurement and meaning of parent–child interaction. In F. Morrison, C. Lord, & D. Keating (Eds.), *Applied developmental psychology* (Vol. 3). New York: Academic.

Barnard, K. E., Spieker, S., & Morriset, C. E. (1990). *Unpublished raw data.* University of Washington, School of Nursing, Seattle, WA.

Barnes, S., Gutfreund, M., Satterly, D., & Wells, G. (1983). Characteristics of adult speech which predict children's language development. *Journal of Child Language, 10,* 65–84.

Beckwith, L. (1971). Relationships between attributes of mothers and their infants' IQ scores. *Child Development, 42,* 1083–98.

Beckwith, L. (1990). Adaptive and maladaptive parenting: Implications for intervention. In S. J. Meisels & J. P. Shonkoff (Eds.), *Handbook of early childhood intervention* (pp. 53–77). New York: Cambridge University Press.

Beckwith, L., & Cohen, S. E. (1980). Interactions of preterm infants with their caregivers and test performance at age 2. In T. M. Field, S. Goldberg, D. Stern, & M. Sostek (Eds.), *High-risk infants and children: Adult and peer interactions* (pp. 155–178). New York: Academic Press.

Beckwith, L., & Cohen, S. E. (1983, April). *Continuity of caregiving with preterm infants.* Paper presented at the meeting of the Society for Research in Child Development, Detroit, MI.

Beckwith, L., & Cohen, S. E. (1984). Home environment and cognitive competence in preterm children during the first 5 years. In A. W. Gottfried (Ed.), *Home environment and early cognitive development* (pp. 235–71). New York: Academic Press.

Beckwith, L., & Rodning, C. (1996). Dyadic processes between mothers and preterm infants: Development at ages 2–5 years. *Infant Mental Health Journal, 17*(4).

Bee, H. L., Barnard, K. E., Eyres, S. J., Gray, C. A., Hammond, M. A., Spietz, L. A., Snyder, C., & Clark, B. (1982). Prediction of IQ and language skills from perinatal status, child performance, family characteristics, and mother-infant interaction. *Child Development, 53*, 1334–56.

Bee, H. L., Disbrow, M. A., Johnson-Crowley, N., & Barnard, K. E. (1981). *Parent–child interaction during teaching in abusing and nonabusing families*. Paper presented at the biennial meeting of the Society for Research in Child Development, Boston.

Bee, H. L., Van Egren, L. F., Streissguth, A. P., Nyman, B. A., & Leckie, M. S. (1969). Social class differences in maternal teaching strategies and speech patterns. *Developmental Psychology, 1*, 726–34.

Beebe, B., & Stern, D. (1977). Engagement-disengagement early object experiences. In N. Freeman & S. Grand (Eds.), *Communicative structures and psychic structures* (pp. 35–55). New York: Plenum Press.

Bell, R. Q. (1974). Contributions of human infants to caregiving and social interaction. In M. Lewis & L. A. Rosenburg (Eds.), *The effect of the infant on its caregiver* (pp. 1–19). New York: Wiley.

Bell, S. M., & Ainsworth, M. D. S. (1972). Infant crying and maternal responsiveness. *Child Development, 43*, 1171–90.

Belsky, J., Goode, M., & Most, R. (1980). Maternal stimulation and infant exploratory competence: Cross-sectional, correlational, and experimental analyses. *Child Development, 51*, 1163–78.

Belsky, J., Rovine, M., & Taylor, D. G. (1984). The Pennsylvania Infant and Family Development Project, 3: The origins of individual differences in infant-mother attachment: Maternal and infant contributions. *Child Development, 55*, 718–28.

Berger, J., & Cunningham, C. C. (1983). Development of early vocal behaviors and interactions in Down syndrome and non-handicapped infant–mother pairs. *Developmental Psychology, 9*, 322–31.

Berman, C., & Shaw, E. (1996). Family-directed child evaluation and assessment under the Individuals with Disabilities Education Act (IDEA). In S. J. Meisels & E. Fenichel (Eds.), *New visions for the developmental assessment of infants and young children* (pp. 361–90). Washington, DC: Zero to Three.

Bernstein, V. J., Hans, S. L., & Percansky, C. (1991). Advocating for the young child in need through strengthening the parent–child relationship. *Journal of Clinical Child Psychology, 20*(1), 28–41.

Black, B., & Logan, A. (1995). Links between communication patterns in mother–child, father–child, and child-peer interactions and children's social status. *Child Development, 66*(1), 255–71.

Blackwell, P., & Kaiser, M. (1994). *The collaborative approach to nurturing: Mother–infant interaction in cocaine affected dyads*. Unpublished manuscript, Tulane University, New Orleans.

Blake, J. (1989). Number of siblings and educational attainment. *Science, 245*, 32–6.

Blehar, M. C., Lieberman, A. F., & Ainsworth, M. D. S. (1977). Early face-to-face interaction and its relation to later infant–mother attachment. *Child Development, 48*, 182–94.

Booth, C. L. (1985, April). *New and old predictors of cognitive and social outcomes in high social-risk toddlers*. Paper presented at the meeting of the Society for Research in Child Development, Toronto, Ontario, Canada.

Booth, C. L., Barnard, K. E., Mitchell, S. K., & Spieker, S. J. (1987). Successful intervention with multiproblem mothers: Effects on the mother–infant relationship. *Infant Mental Health Journal, 8*, 288–306.

Boyce, G. C., Marfo, K., Mahoney, G., Spiker, D., Price, C., & Taylor, M. J. (1996, March). *Parent–child interaction in dyads with children at risk for developmental delays: A factor analytic study*. Poster presented at the Gatlinberg Conference, Gatlinberg, TN.

Boyce, G. C., Taylor, M. J., Casto, G., Mahoney, G., Spiker, D., Marfo, K., & Wilfong-Grush, E. (1996, July). *An investigation of the individual and contextual factors that relate to maternal interaction behaviors and subsequent child development: A study of mothers and their children with disabilities*. Poster presented at WAIMH.

Bradley, R. H., & Caldwell, B. M. (1976a). Early home environment and changes in mental test performance in children from 6 to 36 months. *Developmental Psychology, 12*, 93–7.

Bradley, R. H., & Caldwell, B. M. (1976b). The relation of infants' home environments to mental test performance at fifty-four months: A follow-up study. *Developmental Psychology, 47*, 1172–4.

Brazelton, T. B. (1988). Importance of early intervention. In E. Hibbs (Ed.), *Children and families: Studies in prevention and intervention* (pp. 107–20). Madison, CT: International Universities Press.

Brazelton, T. B., Koslowski, B., & Main, M. (1974). The origins of reciprocity: The early mother–infant interaction. In M. Lewis & L. A. Rosenblum (Eds.), *The effects of the infant on its caregiver*. New York: Wiley.

Bricker, D., Bailey, E., & Bruder, M. B. (1984). Efficacy of early intervention and the handicapped infant: A wise or wasted resource. *Advances in Developmental and Behavioral Pediatrics, 5*, 373–423.

Bricker, D., & Carlson, L. (1980). *The relationship of object and prelinguistic social-communicative schemes to the acquisition of early linguistic skills in developmentally delayed infants*. Paper presented at the Conference on Handicapped and At-Risk Infants: Research and Applications, Asilomar, Monterey, CA.

Bridges, L. J., Connell, J. P., & Belsky, J. (1988). Similarities and differences in infant-mother and infant-father interaction in the Strange Situation: A component process analysis. *Developmental Psychology, 24*(1), 92–100.

Britton, H., & Gronwaldt, V. (1988). *Birth settings and mother–infant interaction*. Final report Grant MCJ-040523-03-0. National Technical Information Service, U.S. Department of Commerce, Springfield, VA.

Bromwich, R. (1981). *Working with parents and infants: An interactional approach*. Baltimore, MD: University Park Press.

Bromwich, R. (1983). *Parent Behavior Progression – manual*

and 1983 supplement. Northridge, CA: The Center for Research Development and Services, Department of Educational Psychology, California State University.

Bronfenbrenner, U. (1975). Is early intervention effective? In U. Bronfenbrenner & M. A. Mahoney (Eds.), *Influences on human development*. Hinsdale, IL: Dryden Press.

Brooks-Gunn, J., & Lewis, M. (1982). Development of play behavior in handicapped and normal infants. *Topics in Early Childhood Special Education, 2*, 14–27.

Chess, S., Thomas, A., & Birch, H. (1959). Characteristics of the individual child's behavior responses to the environment. *American Journal of Orthopsychiatry, 29*, 791–802.

Cicchetti, D., & Sroufe, A. (1978). An organizational view of affect: Illustration from the study of Down's syndrome infants. In M. Lewis & L. A. Rosenblum (Eds.), *The development of affect* (pp. 309–49). New York: Plenum Press.

Cielinski, K. L. (1993). *Differential effects of mother's directive behavior on the play of Down syndrome and normally developing children*. Paper presented at the meeting of the Society for Research in Child Development.

Clark, R. (1983). *Interactions of psychiatrically ill and well mothers and their young children: Quality of maternal care and child competence*. Doctoral Dissertation, Northwestern University.

Clark, R. (1985). *The parent-child early relational assessment instrument and manual*. University of Wisconsin Medical School, Department of Psychiatry, Madison.

Clarke-Stewart, K. A. (1973). Interactions between mothers and their young children: Characteristics and consequences. *Monographs of the Society for Research in Child Development, 38*(153), 6–7.

Coates, D. L., & Lewis, M. (1984). Early mother–infant interaction and infant cognitive predictors of school performance and cognitive behavior in six-year-olds. *Child Development, 55*, 1219–30.

Cohen, S., & Beckwith, L. (1979). Preterm infant interaction with the caregiver in the first year of life and competence at age two. *Child Development, 50*, 767–76.

Crawley, S., & Spiker, D. (1982). *Mother-child rating scale (M-CRS)*. Chicago: University of Illinois. (Available from ERIC Document Reproduction Service No. ED 221 978.)

Crawley, S. B., & Spiker, D. (1983). Mother–child interactions involving two-year-olds with Down syndrome: A look at individual differences. *Child Development, 54*, 1312–23.

Crnic, K. A., Greenberg, M. T., Robinson, N. M., & Ragozin, A. S. (1984). Maternal stress and social support: Effects on the mother-infant relationship from birth to eighteen months. *American Journal of Orthopsychiatry, 54*, 224–35.

Crockenberg, S. B. (1981). Infant irritability, mother responsiveness, and social support influences on the security of infant–mother attachment. *Child Development, 52*, 857–65.

Culp, R. E., Appelbaum, M. I., Osofsky, J. D., & Levy, J. A. (1988). Adolescent and older mothers: Comparison between prenatal maternal variables and newborn interaction measures. *Infant Behavior and Development, 11*, 353–62.

Cunningham, C. (1986, April). Patterns of development in Down's syndrome. Paper presented at the Third International Down's Syndrome Congress, Brighton, England. As cited in Fewell, R. R., and Vadasy, P. F. (1987). *Measurement issues in studies of efficacy. Topics in Early Childhood Special Education, 7*, 85–96.

Davis, H., Stroud, A., & Green, L. (1988). Maternal language environment of children with mental retardation. *American Journal of Mental Retardation, 93*, 144–53.

Department of Health and Human Services. (1994). *The statement of the advisory committee on services for families with infants and toddlers*. Washington, DC.

Dinnebeil, L. A., Hale, L. M., & Rule, S. (1996). A qualitative analysis of parents' and service coordinators' descriptions of variables that influence collaborative relationships. *Topics in Early Childhood Special Education, 16*(3), 322–47.

Divitto, B., & Goldberg, S. (1979). The effects of newborn medical status on early parent-infant interaction. In T. M. Field, A. Sostek, S. Goldberg, & H. H. Shuman (Eds.), *Infants born at risk*. New York: Spectrum Publications.

Dubow, E. F., & Luster, T. (1990). Adjustment of children born to teenage mothers: The contribution of risk and protective factors. *Journal of Marriage and the Family, 52*, 393–404.

Dunst, C. (1980, April). *Developmental characteristics of communicative acts among Down's syndrome infants and nonretarded infants*. Paper presented at the biennial meeting of the Southeastern Conference on Human Development, Alexandria, VA.

Dunst, C. J. (1986). Overview of the efficacy of early intervention programs: Methodological and conceptual considerations. In L. Bickman & D. Weatherford (Eds.), *Evaluating early intervention programs for severely handicapped children and their families* (pp. 79–147). Austin, TX: PRO-ED.

Easterbrooks, M. A., Davidson, C. E., & Chazan, R. (1993). Psychosocial risk, attachment, and behavior problems among school-aged children. *Development and Psychopathology, 5*(3), 389–402.

Egeland, B., & Sroufe, L. A. (1981). Developmental sequelae of maltreatment in infancy. In R. Rirley & D. Cicchetti (Eds.), *Developmental perspectives on child maltreatment: New directions for child development*. San Francisco: Jossey-Bass.

Eheart, B. K. (1982). Mother-child interactions with non-retarded and mentally retarded preschoolers. *American Journal of Mental Deficiency, 87*, 20–5.

Emde, R. N. (1983). The pre-representational self and its affective core. *The Psychoanalytic Study of the Child, 38*, 165–207.

Emde, R. N. (1996). Thinking about intervention and improving socio-emotional development: A clinical perspective and recent trends in policy and knowledge. *Zero to Three, 17*(1), 11–16.

Engel, M., & Keane, W. M. (1975, April). *Black mothers and their infant sons: Antecedents, correlates and predictors of cognitive development in the second and sixth year of life.* Paper presented at the biennial meeting of the Society for Research in Child Development, Denver, CO.

Farel, A., Freeman, V. A., Keenan, N. L., & Huber, C. (1991). Interactions between high-risk infants and their mothers: The NCAST as an assessment tool. *Research in Nursing and Health, 14*, 109–18.

Farran, D., & Ramey, C. (1980). Social class differences in dyadic involvement during infancy. *Child Development, 51*, 254–7.

Feldman, M. A. (1994). Parenting education for parents with intellectual disabilities: A review of outcome studies. *Research in Developmental Disabilities, 15*(4), 299–332.

Fewell, R. R., & Vadasy, P. F. (1987). Measurement issues in studies of efficacy. *Topics in Early Childhood Special Education, 7*, 85–96

Field, T. (1977). Effects of early separation, interactive deficits, and experimental manipulations on infant–mother face-to-face interaction. *Child Development, 48*, 763–71.

Field, T. (1979). Interaction patterns of high-risk and normal infants. In T. M. Field, A. Sostek, S. Goldberg, & H. H. Shuman (Eds.), *Infants born at risk* (pp. 333–356). New York: Spectrum Publications.

Field, T. (1982). Interaction coaching for high-risk infants and their parents. *Prevention in Human Services, 1*, 5–54.

Field, T. (1983). High-risk infants "have less fun" during early interactions. *Topics in Early Childhood Special Education, 3*, 77–87.

Field, T. M., Widmayer, S. M., Stringer, S., & Ignatoff, E. (1980). Teenage, lower-class, black mothers and their preterm infants: An intervention and developmental follow-up. *Child Development, 51*, 426–36.

Fraiberg, S. (1974). Blind infants and their mothers: An examination of the sign system. In M. Lewis & L. A. Rosenblum (Eds.), *The effect of the infant on its caregiver* (pp. 215–232). New York: Wiley-Interscience.

Furstenberg, F., Brooks-Gunn, J., & Morgan, S. P. (1987). *Adolescent mothers in later life.* Cambridge, England: Cambridge University Press.

Garcia-Coll, C. T., Hoffman, J., & Oh, W. (1987). The social ecology and early parenting of Caucasian adolescent mothers. *Child Development, 58*, 955–63.

Girolametto, L., & Tannock, R. (1994). Correlates of directiveness in the interactions of fathers and mothers of children with developmental delays. *Journal of Speech and Hearing Research, 37*, 1178–91.

Gisel, E., Lange, L., & Niman, C. (1984). Tongue movement in 4- and 5-year-old Down syndrome children during eating: A comparison with normal children. *American Journal of Occupational Therapy, 38*, 660–5.

Glovinsky, I. (1993). The use of videotaping in the evaluation of preschool-aged children and their parents. *Infants and Young Children, 6*, 60–6.

Goldberg, S. (1977). Social competence in infancy: A model of parent–infant interaction. *Merrill-Palmer Quarterly, 23*, 163–77.

Goldberg, S., Brachfield, S., & Divitto, B. (1980). Feeding, fussing, and play: Parent-infant interaction in the first year as a function of prematurity and perinatal medical problems. In T. M. Field, S. Goldberg, D. Stern, & M. Sostek (Eds.), *High-risk infants and children: Adult and peer interactions* (pp. 133–154). New York: Academic Press.

Grace, J. (1990). Empirical cluster scores and the Nursing Child Assessment Teaching Scale. *NCAST National News, 6*(1), 2–5.

Greenspan, S. (1988). Fostering emotional and social development in infants with disabilities. *Zero to Three, 9*(1), 8–18.

Greenspan, S. I., & Meisels, S. J. (1996). Toward a new vision for the developmental assessment of infants and young children. In S. J. Meisels & E. Fenichel (Eds.), *New visions for the developmental assessment of infants and young children* (pp. 11–26). Washington, DC: Zero to Three.

Gunn, P., Berry, P., & Andrews, R. (1979). Vocalizations and looking behavior of Down syndrome infants. *British Journal of Psychology, 70*, 259–63.

Hann, D. M., Osofsky, J. D., Barnard, K. E., & Leonard, G. (1994). Dyadic affect regulation in three caregiving environments. *American Journal of Orthopsychiatry, 64*, 263–9.

Hann, D. M., Osofsky, J. D., & Culp, A. M. (1996). Relating the adolescent mother–child relationship to preschool outcomes. *Infant Mental Health Journal, 17*.

Hanson, M. J., Lynch, E. W., & Wayman, K. I. (1990). Honoring the cultural diversity of families when gathering data. *Topics in Early Childhood Special Education, 10*(1), 112–31.

Harris, S. (1983). *Improving oral-motor control in young children with motor handicaps: A neurodevelopmental treatment approach.* Unpublished paper.

Hess, E. H. (1970). Ethology and developmental psychology. In P. H. Mussen (Ed.), *Carmichael's manual of child psychology* (Vol. 1). New York: Wiley.

Hirshberg, L. M. (1996). History-making, not history-taking: Clinical interviews with infants and their families. In S. J. Meisels & E. Fenichel (Eds.), *New visions for the developmental assessment of infants and young children* (pp. 85–124). Washington, DC: Zero to Three.

Houck, G. M., Booth, C. L., & Barnard, K. E. (1991). Maternal depression and locus of control orientation as predictors of dyadic play behavior. *Infant Mental Health Journal, 12*, 347–60.

Jens, K., & Johnson, N. (1982). Affective development: A window to cognition in young handicapped children. *Topics in Early Childhood Special Education, 2*, 17–24.

Jones, O. H. M. (1977). Mother–child communication with pre-linguistic Down's syndrome and normal infants. In H. R. Schaffer (Ed.), *Studies in mother-infant interaction* (pp. 379–401). San Diego, CA: Academic Press.

Kalmanson, B. (1996, September). *Overcoming challenges in working with families: A relationship based perspective.* Presentation at Infant Development Association of California, Pleasanton, CA.

Kalmanson, B., & Seligman, S. (1992). Family–provider relationships: The basis of all interventions. *Infants and Young Children, 4*, 23–32.

Kang, R., & Barnard, K. (1979). Using the Neonatal Behavioral Assessment Scale to evaluate premature infants. In *Birth defects: Original article series* (Vol. 15, no. 7, pp. 119–44, The National Foundation). New York: Alan R. Liss.

Kaye, K. (1975, September). *Toward the origin of dialogue.* Paper presented at the Loch Lomond Symposium, University of Strathclyde.

Kaye, K. (1976). Infants' effects on their mothers' teaching strategies. In J. Glidwell (Ed.), *The social context of learning and development.* New York: Gardner Press.

Kelly, J. F. (1982). Effects of intervention on caregiver-infant interaction when the infant is handicapped. *Journal of the Division for Early Childhood, 5*, 53–63.

Kelly, J. F., & Barnard, K. E. (1990). Assessment of parent-child interaction. In S. J. Meisels & J. P. Shonkoff (Eds.), *Handbook of early childhood intervention* (pp. 278–302). New York: Cambridge University Press.

Kelly, J. F., Morisset, C. E., Barnard, K. E., Hammond, M. A., & Booth, C. L. (1996). The Influence of early mother-child interaction on preschool cognitive/linguistic outcomes in a high-social-risk group. *Infant Mental Health Journal, 17*(4), 1–11.

Kelly, J. F., Morisset, C. E., Barnard, K. E., & Patterson, D. L. (1996). Risky beginnings: Low maternal intelligence as a risk factor for children's intellectual development. *Infants and Young Children, 8*(3), 11–23.

Kirgis, C. A. (1989). *Nurse facilitation of mother–preterm infant acquaintance.* Final Progress Report to the National Center for Nursing Research, National Institutes of Health.

Koniak-Griffin, D., Verzemnieks, I., & Cahill, D. (1992). Using videotape instruction and feedback to improve adolescents' mothering behaviors. *Journal of Adolescent Health, 13*, 570–5.

Korner, A. F. (1971). Individual differences at birth: Implications for early experience and later development. *American Journal of Orthopsychiatry, 41*, 608–19.

Krakow, J., & Kopp, C. (1983). The effects of developmental delay on sustained attention in young children. *Child Development, 54*, 1143–55.

Lester, B. M., McGrath, M. M., Garcia-Coll, C., Brem, F. S., Sullivan, M. C., & Mattis, S. G. (1995). Relationship between risk and protective factors, developmental outcome, and the home environment at four years of age in term and preterm infants. In H. E. Fitzgerald, B. M. Lester, & B. Zuckerman (Eds.), *Children of poverty: Research, health, and policy issues* (pp. 197–231). New York: Garland.

Lewis, M., & Coates, D. L. (1980). Mother–infant interaction and cognitive development in twelve-week-old infants. *Infant Behavior and Development, 3*, 95–105.

Lewis, M., & Goldberg, S. (1969). Perceptual-cognitive development in infancy: A generalized expectancy model as a function of the mother–infant interaction. *Merrill-Palmer Quarterly, 15*, 81–100.

Lewis, M., & Rosenblum, L. A. (1974). *The effect of the infant on its caregiver. (Introduction).* New York: Wiley-Interscience.

Liaw, F., Meisels, S. J., & Brooks-Gunn, J. (1995). The effects of experience of early intervention on low birth weight, premature children: The Infant Health and Development Program. *Early Childhood Research Quarterly, 10*, 405–31.

Lobo, M. L., Barnard, K. E., & Coombs, J. B. (1992). Failure to thrive: A parent–infant interaction perspective. *Journal of Pediatric Nursing, 7*, 251–61.

Longstreth, L. E., Davis, B., Carter, L., Flint, D., Owen, J., Rickert, M., & Taylor, E. (1981). Separation of home intellectual environment and maternal IQ as determinants of child IQ. *Developmental Psychology, 17*, 532–41.

Lyons, N. B. (1981). *Behavioral differences in premature and fullterm mother-infant pairs during a feeding interaction.* Master's thesis, University of Washington, Seattle, School of Nursing.

Mahoney, G. (1992). Maternal behavior rating scale (MBRS) (Rev. Ed.). (Available from Family Child Learning Center, 90 W. Overdale Dr., Tallmadge, OH 44278.)

Mahoney, G., Finger, I., & Powell, A. (1985). Relationship of maternal behavioral style to the development of organically impaired mentally retarded infants. *American Journal of Mental Deficiency, 90*(3), 296–302.

Mahoney, G., Finnegan, D., Fors, S., & Wood, S. (1985). *Transactional intervention program suggested activities.* Ann Arbor: University of Michigan.

Mahoney, G., Fors, S., & Wood, S. (1990). Maternal directive behavior revisited. *American Journal on Mental Retardation, 94*(4), 398–406.

Mahoney, G., & Powell, A. (1988). Modifying parent-child interaction: Enhancing the development of handicapped children. *The Journal of Special Education, 22*(1), 82–96.

Mahoney, G., Spiker, D., & Boyce, G. (1996). Clinical assessments of parent–child interaction: Are professionals ready to implement this practice? *Topics in Early Childhood Special Education, 16*(1), 26–50.

Marfo, K. (1990). Maternal directiveness in interactions with mentally handicapped children: An analytic commentary. *Journal of Child Psychology and Psychiatry, 31*, 531–49.

Marfo, K. (1991, April). *Maternal directiveness in interactions with developmentally delayed children: A correlational analysis.* Paper presented at the Biennial Meeting of the Society for Research in Child Development, Seattle, WA.

McCollum, J. A., & Hemmeter, M. L. (1997). Parent-child interaction intervention when children have disabilities. In M. J. Guralnick (Ed.), *The effectiveness of early intervention* (pp. 549–76) Baltimore, MD: Paul H. Brookes.

McDonough, S. C. (1993). Interaction guidance: Understanding and treating early infant-caregiver disturbances. In C. H. Zeanah (Ed.), *Handbook of infant mental health* (pp. 414–426). New York: Guilford Press.

McLean, M., & McCormick, K. (1993). Assessment and evaluation in early intervention. In W. Brown, S. K. Thurman, & L. F. Pearl (Eds.), *Family centered early intervention with infants and toddlers: Innovative cross-disciplinary approaches* (pp. 43–79). Baltimore, MD: Paul H. Brookes.

McLoyd, V. C. (1990). The impact of economic hardship on black families and children: Psychological distress, parenting and socioemotional development. *Child Development, 61,* 311–46.

Miller, L. J., & Robinson, C. C. (1996). Strategies for meaningful assessment of infants and toddlers with significant physical and sensory disabilities. In S. J. Meisels & E. Fenichel (Eds.), *New visions for the developmental assessment of infants and young children* (pp. 313–28). Washington, DC: Zero to Three.

Morisset, C. E. (1994). What the Teaching Scale measures. In G. S. Sumner & A. Spietz (Eds.), *NCAST: Caregiver/parent–child interaction feeding manual* (pp. 53–80). Seattle: University of Washington NCAST Publications.

Munson, L. J., & Odom, S. L. (1996). Review of rating scales that measure parent-infant interaction. *Topics in Early Childhood Special Education, 16*(1), 1–25.

Musick, J. S., Clark, R., & Cohler, B. J. (1981). The Mother's Project: A clinical research program for mentally ill mothers and their young children. In B. Weissbourd & J. Musick (Eds.), *The social and caregiving environments of infants* (pp. 11–127). Washington, DC: NAEYC.

Nelson, K. (1973). Structure and strategy in learning to talk. *Monographs of the Society for Research in Child Development, 38*(149), 12.

Olson, S. L., Bates, J. E., & Bayles, K. (1984). Mother–infant interaction and the development of individual differences in children's cognitive competence. *Developmental Psychology, 20,* 166–79.

Osofsky, J. D., Hann, D. M., & Peebles, C. D. (1993). Adolescent parenthood: Risks and opportunities for mothers and infants. In C. Zeanah (Ed.), *Handbook of infant mental health* (pp. 106–19). New York: Guilford Press.

Palisano, R. J., Chiarello, L. A., & Haley, S. M. (1993). Factors related to mother–infant interaction in infants with motor delays. *Pediatric Physical Therapy, 5*(2), 55–60.

Papousek, H., & Bornstein, M. H. (1992). Didactic interactions: Intuitive parental support of vocal and verbal development in human infants. In H. Papousek, U. Jurgens, & M. Papousek (Eds.), *Nonverbal vocal communication: Comparative and developmental approaches* (pp. 209–29). Cambridge, England: Cambridge University Press.

Ramey, C. T., Farran, D. D., & Campbell, F. (1978). Predicting IQ from mother–infant interaction. *Child Development, 50,* 804–14.

Ramey, C., Yeates, K., & Short, E. (1984). The plasticity of intellectual development: Insights from preventive intervention. *Child Development, 55,* 1913–25.

Rauh, V., Achenbach, T., Nurcombe, B., Howell, C., & Teti, D. (1988). Minimizing adverse effects of low birth weight: Four-year results from an early-intervention program. *Child Development, 59,* 544–53.

Redding, R., Harmon, R., & Morgan, G. (1990). Relationships between maternal depression and infants' mastery behaviors. *Infant Behavior and Development, 13,* 391–5.

Reis, J. (1989). A comparison of young teenage, older teenage, and adult mothers on determinants of parenting. *The Journal of Psychology, 123,* 141–51.

Richard, N. B. (1986). Interaction between mothers and infants with Down syndrome: Infant characteristics. *Topics in Early Childhood Special Education, 6,* 54–71.

Robson, K. S., & Moss, H. A. (1970). Patterns and determinants of maternal attachment. *Journal of Pediatrics, 7,* 967–85.

Rosenberg, S., & Robinson, C. (1988). Interactions of parents with their young handicapped children. In S. Odom & M. Karnes (Eds.), *Early intervention for infants and children with handicaps* (pp. 159–77). Baltimore, MD: Paul H. Brookes.

Rothbart, M. K. (1984). Social development. In M. Hanson (Ed.), *Atypical infant development* (pp. 207–36). Austin, TX: PRO-ED.

Rothbart, M. K., & Hanson, M. (1983). A caregiver report comparison of temperamental characteristics of Down syndrome and normal infants. *Developmental Psychology, 19,* 766–9.

Ruff, C. (1987). How well do adolescents mother? *American Journal of Maternal–Child Nursing, 12*(4), 249–53.

Ruff, C. (1990). Adolescent mothering: Assessing their parenting capabilities and their health education needs. *Journal of National Black Nurses Association, 4*(1), 55–62.

Rutter, M. (1978). Family, area, and school influences in the genesis of conduct disorder. In L. A. Hersov, M. Berger, & D. Shaffer (Eds.), *Aggression and anti-social behavior in childhood and adolescence* (pp. 95–113). Oxford, England: Pergamon Press.

Sameroff, A. J., & Seifer, R. (1995). Accumulation of environmental risk and child mental health. In H. E. Fitzgerald, B. M. Lester, & B. Zuckerman (Eds.), *Children of poverty: Research, health, and policy issues* (pp. 233–58). New York: Garland.

Sameroff, A. J., Seifer, R., Barocas, R., Zax, M., & Greenspan, S. (1987). Intelligence quotient scores of 4-year-old children: Social–environmental risk factors. *Pediatrics, 79,* 343–50.

Sander, L. W. (1964). Adaptive relationships in early mother–child interaction. *Journal of the American Academy of Child Psychiatry, 3,* 231–63.

Schaffer, H. R., Collis, G. M., & Parson, G. (1977). Vocal interchange and visual regard in verbal and pre-verbal children. In H. R. Schaffer (Ed.), *Studies in mother-infant interaction* (pp. 291–324). London: Academic Press.

Segal, M., & Webber, N. T. (1996). Nonstructured play observations: Guidelines, benefits, and caveats. In S. J. Meisels & E. Fenichel (Eds.), *New visions for the developmental assessment of infants and young children* (pp. 207–30). Washington, DC: Zero to Three.

Shonkoff, J. P., Hauser-Cram, P., Krauss, M. W., & Upshur, C. C. (1992). Development of infants with disabilities and their families. *Monographs of the Society for Research in Child Development, 57*(6).

Slater, M. A., Naqvi, M., Andrew, L., & Haynes, K. (1987). Neurodevelopment of monitored versus nonmonitored very low birth weight infants: The importance of family influences. *Developmental and Behavioral Pediatrics, 8,* 278–85.

Smith, B. L., & Oller, D. K. (1981). A comparative study of pre-meaningful vocalizations produced by normally developing and Down syndrome infants. *Journal of Speech and Hearing Disorders, 46*, 46–51.

Smith, L., & Hagen, V. (1984). Relationship between the home environment and sensorimotor development of Down syndrome and non-retarded infants. *American Journal of Mental Deficiency, 89*, 124–32.

Snow, C. E., Arlman-Rupp, A., Hassing, Y., Jobse, J., Joosten, J., & Vorster, J. (1974). *Mothers' speech in three social classes*. Unpublished paper, Institute for General Linguistics, University of Amsterdam.

Spieker, S. (1989). Adolescent mothers: Parenting skills measured using the NCAST and the HOME. *NCAST National News, 5*(4), 3–4, 8.

Spiker, D., Boyce, G. C., & Price, C. (1996). *Individual differences in the interactions between mothers and their two-year-olds with disabilities*. Poster presented at the International Conference on Infant Studies, Providence, RI.

Spiker, D., Crawley, S. B., & Ferguson (1995, March/April). *The Mother-Child Rating Scales: Use with young children with disabilities*. Poster presented at the Society for Research in Child Development, Indianapolis, IN.

Spitz, R. A. (1964). The derailment of dialogue. *Journal of American Psychoanalytic Association, 12*, 752–75.

Stern, D. N. (1974). Mother and infant at play: The dyadic interaction involving facial, vocal, and gaze behaviors. In M. Lewis & L. A. Rosenblum (Eds.), *The effect of the infant on its caregiver* (pp. 187–214). New York: Wiley-Interscience.

Stern, D. N. (1977). *The first relationship: Infant and mother*. Cambridge, MA: Harvard University Press.

Stern, D. N. (1984). Affect attunement. In J. D. Call, E. Galenson, & R. L. Tyson (Eds.), *Frontiers of infant psychiatry* (pp. 3–14). New York: Basic Books.

Stern, D. N., Jaffe, J., Beebe, B., & Bennett, S. L. (1975). Vocalizing in unison and in alternation: Two modes of communication within the mother–infant dyad. In D. Aaronson & R. W. Rieber (Eds.), *Developmental psycholinguistics and communication disorders*. New York: New York Academy of Sciences.

Stern, G. G., Caldwell, B. M., Hersher, L., Lipton, E. L., & Richmond, J. B. (1973). Early social contacts and social relations: Effects of quality of early relationship. In L. J. Stone, T. Smith, & L. B. Murphy (Eds.), *The competent infant* (pp. 1097–111). New York: Basic Books.

Stevenson, M. B., Leavitt, L. A., & Silverberg, S. B. (1985). Mother-infant interaction: Down syndrome case studies. In S. Harel & N. J. Anastasiow (Eds.), *The at-risk infant: Psychosocial aspects* (pp. 389–95). Baltimore, MD: Paul H. Brookes.

Stock, J. (1993). The NCAFS and NCATS: Promising research tools in children with craniofacial anomalies, *NCAST National News, 9*(1).

Strain, B. A., & Vietze, P. M. (1975, April). *Early dialogues: The structure of reciprocal infant-mother vocalization*. Paper presented at the meeting of the Society for Research in Child Development, Denver, CO.

Sumner, G. A., & Spietz, A. (Eds.). (1994). *Caregiver/Parent-Child Interaction. Feeding Manual* (pp. 1–176). NCAST Publications, University of Washington, Seattle, WA.

Tamis-LeMonda, C., & Bornstein, M. (1989). Habituation and maternal encouragement of attention in infancy as predictors of toddler language, play, and representational competence. *Child Development, 60*, 738–51.

Tannock, R. (1988). Mothers' directiveness in their interactions with their children with and without Down syndrome. *American Journal on Mental Retardation, 93*, 154–65.

Telzrow, R. W., Kang, R. R., Mitchell, S. K., Ashworth, C. D., & Barnard, K. E. (1982). An assessment of the behavior of the preterm infant at forty weeks conceptional age. In L. P. Lipsitt & T. M. Field (Eds.), *Perinatal risk and newborn behavior*. Norwood, NJ: Ablex.

Teti, D. M., Nakagawa, M., Das, R., & Wirth, O. (1991). Security of attachment between preschoolers and their mothers: Relations among social interaction, parenting stress, and mother's sorts of the Attachment Q-Set. *Developmental Psychology, 27*(3), 440–7.

Thoman, E. B. (1975). *Mother–infant adaptation: The first five weeks*. Paper presented at the Proceedings of Perinatal Nursing Conference, Battelle Seattle Research Center, Seattle, WA.

Thorp, E. K., & McCollum, J. A. (1994). Defining the infancy specialization in early childhood special education. In L. J. Johnson, R. J. Gallagher, M. J. LaMontague, J. B. Jordon, J. J. Gallagher, P. L. Hutinger, & M. B. Karnes (Eds.), *Meeting early intervention challenges: Issues from birth to 3* (pp. 167–83). Baltimore, MD: Paul H. Brookes.

Tulkin, S. R., & Cohler, B. J. (1973). Childrearing attitudes and mother–child interaction in the first year of life. *Merrill-Palmer Quarterly, 19*, 95–106.

Tulkin, S. R., & Covitz, F. E. (1975, April). *Mother–infant interaction and intellectual functioning at age six*. Paper presented at the biennial meeting of the Society for Research in Child Development, Denver, CO.

Vietze, P. M., Abernathy, S. R., Ashe, M. L., & Stich, F. (1978). Contingent interaction between mothers and their developmentally delayed infants. In G. P. Sackett (Ed.), *Observing behavior* (Vol. 1). Baltimore, MD: University Park Press.

von Windeguth, B. J., & Urbano, R. C. (1989). Teenagers and the mothering experience. *Pediatric Nursing, 15*, 517–520.

Wachs, T. D., & Gruen, G. E. (1982). *Early experience and human development*. New York: Plenum.

Wachs, T. D., Uzgiris, I. C., & Hunt, J. (1971). Cognitive development in infants of different age levels and from different environmental backgrounds: An explanatory investigation. *Merrill-Palmer Quarterly, 17*, 283–317.

Werner, E. (1985). Stress and protective factors in children's lives. In A. R. Nicol (Ed.), *Longitudinal studies in child psychology and psychiatry* (pp. 335–55). New York: Wiley.

White, K., & Casto, G. (1985). An integrative review of

early intervention efficacy studies with at-risk children: Implications for the handicapped. *Analysis and Intervention in Developmental Disabilities, 5*, 7–31.

Yeates, K. O., MacPhee, D., Campbell, F. A., & Ramey, C. T. (1983). Maternal IQ and home environment as determinants of early childhood intellectual competence: A developmental analysis. *Developmental Psychology, 19*(5), 731–9.

Yogman, M. W., Kindlon, D., & Earls, F. (1995). Father involvement and cognitive/behavioral outcomes of preterm infants. *Journal of the American Academy of Child & Adolescent Psychiatry, 34*(1), 58–66.

Zeanah, C. H., Keener, M. A., & Anders, T. T. (1986). Developing perceptions of temperament and their relation to mother-infant behavior. *Journal of Child Psychology and Psychiatry, 27*(4), 499–512.

Zigler, E., & Rescorla, (1985). Social science and social policy: The case of social competence. In R. Kasschau, L. Rehm, & L. Ullman (Eds.), *Psychology research, public policy and practice: Toward a productive partnership* (pp. 62–94). New York: Praeger.

参考文献

第 13 章　早期干预项目中的家庭评估

马蒂·温加登·克劳斯(MARTY WYNGAARDEN KRAUSS)

本章主要探讨有关残疾或发育迟缓儿童的早期干预项目中家庭评估的背景和过程。十五六年前,家庭评估在早期干预项目中是常规的,实际上是强制进行的。体现残疾儿童家庭评估价值的原因主要有三个:一是家庭评估明确地指出有必要考察幼儿最为重要的成长环境——家庭。这一要求认同了幼儿的发展不是先天决定的,而是在很大程度上与其所处的环境相关(Bronfenbrenner,1992)。二是家庭评估的基本信念是通过关注怎样为孩子,特别是身患残疾的孩子提供一个周到的养育环境,家长一定能从中受益。在面对非常规发展的儿童时,通过对该家庭现有的优势、资源和需要进行有组织的家庭评估,可以帮助该家庭获得所需要的信息、指导及保障。三是人们日益认识到,早期干预项目的强度和针对性应根据幼儿残疾或风险的实际情况,结合家庭的特征和运作情况来确定(Guralnick,1998)。

尽管基本原理是清晰的,但是家庭评估的实施揭示了家长与早期干预专业人员之间根深蒂固的矛盾心理。从传统形式上来说,家庭评估是对一个家庭是否有能力为幼儿提供最佳的生长发育环境进行评价和专业判断的过程。如家长或参与到幼儿保育中的专业人员所定义的,这样一个评估的目标是试图找到一些能够给家庭提供外部帮助的具体方式,以期激发父母先天或后天的鼓励、养育、扶持孩子发育与发展的能力。当各方在为孩子提供最佳的发育条件上达成一致时,评估通常会进行得很顺利,且结果往往反映出一些协商度极高的观点。当有关各方意见不一致,如阐述了各自的目标及达成这些目标的不同途径时,家庭评估将经历一场战争:各方在坚持各自有关家庭影响和实践的理念中产生分裂,随后这些分裂又不得不在相互妥协中达成一致意见。

许多家庭的,早期干预项目的家庭评估代表着一种新的现象,他们对此持怀疑态度。另一些家庭可能会欣然接受家庭评估,明确承认孩子的最佳发展需要一个全方位的正面方法。如何开发出一系列的评估方法或策略去实现家庭评估的目标,且这些方法要与专业干预人员的能力相一致,并能应对不同家庭的选择,成为该领域的一大挑战。

本章回顾了早期干预项目中家庭评估的已有实践。首先讨论了家庭评估的法律基础和项目基础并描述了他们现有的要求。然后分析了加强选择和侧重家庭评估策略的三个角度,包括人类发展生态理论、父母适应的压力和应对方法、公共服务的家庭赋权观点。接下来着重于家庭评估方法的介绍,包括非正式的非标准化策略以及正式的标准化模式。本章还对未来儿童早期干预项目的家庭评估进行了展望,尤其关注对家庭评估进行合法授权的价值与需要,从而提出各种理论和实际相关的问题。

家庭评估的法律问题及项目框架

1986年通过的《残疾人教育修正法案》(Individuals with Disabilities Education Act Amendments)(公法99-457)标志着儿童早期干预从"儿童导向"向"家庭导向"的合法转化。法律规定早期干预计划应在家庭环境下开展,因而最终制订了个性化家庭服务计划(individualized family service plan,IFSP)。个性化家庭服务计划是早期干预项目必须准备的一份有家长共同参与的书面文件,它描述了干预项目计划是如何满足孩子及其家庭评估需要的。

在为幼儿提供的服务中日益增多的家长参与在其他地方已被描述过(Krauss & Hauser-Cram,1992)。公法99-457在强制性的家长参与的要求下,将最初把儿童作为服务的焦点转向把家庭作为服务的焦点(Krauss,1990)。在法律上,现在要求针对幼儿服务的早期干预项目需要结合幼儿的家庭优势领域来审视孩子的需求,因此,需要给家庭提前提供家庭治疗评估及相关事项的信息,这是强制性的要求,就如之前要求把家庭治疗和项目相关问题的评估提前提供给孩子一样。

个性化家庭服务计划的实施和内容描述有具体的要求。它必须以45天为周期进行准备,并且必须包含儿童在五大领域的当前表现的描述,五大领域包括:身体发育、认知发展、语言及言语发展、心理发展及自理能力。它还需包含已设计的家庭评估的结果,以此来决定家庭的关注点、优先选择和资源,从而促进儿童的发展。所有的评估行为都是家庭自愿的,在"个性化家庭服务计划"中,孩子和家庭的需要都被包含其中。

尽管许多早期干预项目以正式或非正式的形式先于修正法案而实施家庭评估(Krauss & Jacobs,1990),但这个具有里程碑意义的立法及其后续的重新修订(例如公法102-119)迎来了一个新的时代,这意味着家庭评估需要在所有残疾儿童早期干预项目中实施。从而,强制性的评估取代了非正式的过往实践,家长参与项目活动被寄予了明确的期待,这一转变给儿童早期项目带来了相当大的冲击(Slentz & Bricker,1992)。研究者(Bailey,Edmondson,& Smith,1992)指出,儿童早期干预项目在实施个性化家庭服务计划时所经历的困难主要有以下几点:(1)这一转变被认为是有意义的;(2)早期干预项目的专业人员在儿童发展方面比在家庭系统方面更专业;(3)向家庭放弃专业的决策权的阻力是存在的;(4)许多项目都隶属于更大的机构,这些机构并不需要一个明确的家庭评估与服务。因此,"个性化家庭服务计划"的要求带来了一系列实际的挑战,这些挑战极大地影响了家庭评估的目的和作用。有趣的是,该领域的回应一直是很务实的。评估策略的设计依靠家庭实际需要和信息需求。尽管多数实用的家庭评估方法已经开始实施(后面会具体讨论),但在某种程度上,家庭评估的基础有赖于理论发展的整合。这些理论涉及与儿童发育有关的家庭因素、养育环境中的压力及压力应对过程以及作为公共服务原则之一的家庭赋权问题。

家庭评估的理论基础

当前家庭评估实践的理论根源可以追溯到三个关键理论。第一个是承认环境影响的人类发展理论,如家庭对孩子发展的影响(Bronfenbrenner,1979)。而对于发展迟缓儿童,基因或体质失常的表现也是随幼儿发展环境的变化而变化并且受环境制约(Hodapp,1997)。古拉尔尼克(Guralnick,1998)关于早期干预有效性的实证文献总结出幼儿发展的理论模型,该模型集合了家庭特质的重要性、家庭互动模式和残障儿童家庭受到的具体压力。

第二个理论更明确地侧重于发展中的孩子所处的最直接的环境,即家庭。已有理论试图阐释最有利于幼儿发展的家庭环境特征。这项工作旨在说明对非常规事件的个体适应机制,特别是考察未成年家庭成员的照料环境,这里的研究主题是照料者以及照料者适应非寻常照料环境的过程。在许多研究过该问题的理论中,皮尔林及其同事(Pearlin, Mullan, Semple, & Skaff,1990)的工作对那些面对挑战事件的家庭如何有效地描述压力并调用应对机制是很有用的。

第三个主要理论是明确服务应该基于家庭赋权的原则。这些原则坚持认为,怎样提供服务与提供什么样的服务同样重要。以家庭为中心的服务体系,如早期干预项目,是由家庭赋权的承诺促成的。在阐述基本原理的最早一批研究者中,邓斯特及其同事(Dunst & Trivette,1986; Dunst, Trivette, & Cross,1986; Dunst, Trivette & Deal,1988)以及特恩布尔(Turnbull,1986,1995)提出了基于家庭中心服务促进家庭赋权的策略。每一种理论根源都将会在接下来的部分中讨论。

家庭对儿童发展的影响

儿童早期项目中的家庭干预是基于这样的理念:对幼儿发展的理解必须结合其生长环境。尽管一些理论认为幼儿的发展直接受环境特征和突发性事件的影响(Sameroff & Feil,1985),布朗芬布伦纳的人类生态学理论指出,幼儿及其生长的多重环境之间是交互作用的,环境对其产生了由近及远的影响(Bronfenbrenner,1992)。除了强调幼儿生长环境的重要性外,布朗芬布伦纳还关注幼儿与多重环境交互作用的特征,发现幼儿不同行为特征会引发不同的反应(Sontag,1996)。在该理论中,幼儿与环境互动的互惠性也许是最引人注目的一方面,且为评估幼儿及对其有最直接影响的家庭提供了基本理论支撑。

古拉尔尼克(Guralnick,1998)提出了一个关于幼儿成长的发展性理论,该理论包含了家庭互动模式的三个方面:亲子互动的质量、家庭精心安排的幼儿经验以及家庭保障的健康与安全。这些互动模式本身就受到家庭特征(如家长的态度、理念、心智机能、应对方式、社会支持及资源等)的影响。古拉尔尼克指出,当家庭特征在常规水平之内时,幼儿发展结果通常都以预期的方式出现。不利的特征——如母亲抑郁,养育缺失,等等——消极地影响着家庭模式的交互作用,导致儿童发展受阻。古拉尔尼克的家庭对幼儿发展结果影响模型为确保早期干预项目对家庭质量和特点进行评估提供了一个非常重要的理论框架。

家长适应的压力和应对理论

第二个对家庭评估提供理论基础的研究源于过去数十年来研究者们对某些影响因素产生的新兴趣,这些因素影响着家长对抚养残疾或发展迟缓儿童任务的适应性(Crnic,Friedrich,& Greenberg,1983;Ramey,Krauss,& Simeonsson,1989;Seltzer & Krauss,1994)。令人印象深刻的众多的理论与实证研究都关注个体成功或失败地适应压力源或非正常的、多余的、异常的需要的机制(Blacher,1984;Dunst,Trivette,& Jodry,1997;Olson & Lavee,1989;Ryff & Seltzer,1996)。基于布朗芬布伦纳有关人类发展的理论,这些工作主要探究由幼儿主要照料者组成的微观系统,由家庭生活的其他系统组成的中观系统以及这些系统对制约幼儿发展的家庭养育实践的影响。

皮尔林及其同事(Pearlin,Mullan,Semple,& Skaff,1990;Pearlin & Schooler,1978;Pearlin,Lieberman,Menaghan,& Mullan,1981)开展了一项关于照料者压力及其应对方式的综合性理论与实证研究。他们侧重于研究老年痴呆症患者的照料者的经历,关注照料者与被照料者之间的关系逐渐发生转化而引起的许多问题。对老年痴呆症患者的照料最终替代和主导病前关系的全部或主要方面。尽管他们的研究与家长对残障儿童的适应性研究在对象上存在差异,但是概念模型对于发展异常幼儿的早期家庭经历的研究仍具有普遍的适用性。发展异常幼儿可能会对正在参与的或早已存在的父母和家庭的日常生活发起了挑战。

皮尔林的模型与麦卡宾及其同事提出的双向 ABCX 模型(McCubbin & Patterson,1981)在压力和应对范例的三个主要组成的定义上具有一定的相似性:(1)压力源的特征(成分 A);(2)照料者所理解的压力源的含义(成分 B);(3)可用来应对压力事件的资源(成分 C)。麦卡宾和皮尔林的模型都反映了照料者适应性(心理的和行为的)的质量。

皮尔林的模型为照料过程中压力的产生过程提供了一幅地图(Pearlin et al.,1990)。他及其同事具体指出压力过程的演变从开始就一直受到照料者的背景和照料环境的影响,包括照料者的人口学及社会学特征,特定家庭的照料历史,家庭网络,以及帮助提供照料服务及其他资源的可获得性。他们指出,实际上,我们想知道的有关家庭照料及其后果的任何情况都潜在地受到照料者主要特征的影响,如年龄、性别、种族等身份特征以及教育、职业、经济收入带来的影响会贯穿整个压力过程(Pearlin et al.,1990,p.585)。

皮尔林的研究把压力源分为主要和次要两个等级。主要压力源包括受照料者受损程度的客观指标(如认知状态、适应行为、问题行为)和照料者护理负担的主观指标(如超负荷照料的感觉以及关系剥夺)。次级压力源则是指那些由照料要求引发的但又不直接关系到受照料者护理的需要或不给照料者带来直接护理负担的压力。这样的压力源包括由照料需求引起的家庭关系紧张、工作与照料的冲突、照料带来的经济负担以及照料者社会生活的减少。皮尔林也对由于主要和次要压力源的出现导致照料者产生的次级内部紧张感概念做出了界定。内部紧张感源自照料的情况(如丧失自我、角色禁锢、胜任力及收获)和照料的时间和强度对全部心理资源的挑战(如自尊和控制感)。最终,压力会对照料者的心理和生理健康产生影响(如绝望、焦虑、易怒、认知失调、身体健康和角色屈从)。

根据皮尔林及其同事的研究,压力过程的结构要素受限于两个主要的中介因素,即压力应对和社会支持。"这些中介因素通常用于解释结果差异"(Pearlin et al.,1990,p.589)。例如,在解决压力事件时,具有有效的应对策略的个体(Turnbull et al.,1993),或者拥有强大社会支持网络可以从感情上更好地得到帮助的个体(Dunst,Trivette,& Jodry,1997),比那些缺乏应对策略或社会支持网络薄弱的照料者能更好地应对照料过程中的起起伏伏。根据这个模型,在高压力的照料情境下,有效的应对策略和令人满意的社会支持可以缓解压力源,并减少次级压力源的产生。

皮尔林及其同事的理论框架已经被多种新开发的工具和方法所应用(Pearlin et al.,1990)。其他标准化的心理测量学的可靠方法也可以用到这个模型中(Bailey & Simeonsson,1988a,1988b;Krauss & Jacobs,1990)。尽管大多数儿童早期项目并没有计划或期待去检验家庭适应性理论,但是皮尔林的理论要素强有力地应用于识别具体的家庭和家长的特性或资源,并保证了干预项目的开发。事实上,在20世纪80年代至90年代,围绕早期干预项目展开的研究所涉及的最普遍的问题便是应对策略和社会支持这两个强大的中介影响(Bromwich & Parmelee,1979;Crnic,Greenberg,Ragozin,Robinson,& Basham,1983;Krauss,1997)。

公共服务中的家庭赋权

对当今家庭评估策略的发展产生重大影响的第三个理论是家庭赋权模型的产生,尤其是邓斯特及其同事(Dunst,Trivette,& Deal,1988)以及特恩布尔等人(Turnbull & Turnbull,1995)提出的家庭赋权模型。这个赋权模型侧重于家庭在援助下确定和达成自我界定的目标。这个模型的前提是:最有效的干预是那些对服务"消费者"看重的事情做出回应的干预。家庭赋权模型认为,只有允许和帮助家庭明确他们自己的资源、优势和需求,才能为服务的开展提供有效的基础。最重要的是,模型有效地对包括专业人员和家庭成员在内的资源进行了重新的配置(Turnbull,Turbiville,& Turnbull,本书)。

邓斯特及其同事在吸收布朗芬布伦纳(Bronfenbrenner,1975,1979)、拉帕波特(Rappaport,1981)、霍布斯等人(Hobbs et al.,1984)和戈特利布(Gottlieb,1983)的研究的基础上,提出了早期干预项目的家长—专业人员关系模型,以期通过家庭赋权的过程加强家庭的功能。他们确定了构成这个过程的三个核心条件(Dunst et al.,1988):(1)辅助关系上的前瞻性立场,以假设人们已经胜任或已具备胜任能力为基础;(2)创造有利经验,使胜任的行为得以展现;(3)对赋权的承认,寻求帮助者必须将其行为的改变归功于他(她)自己的举措。

赋权模型的症结在于重新探究专业人员与家庭互动的方式(Turnbull,Turbiville & Turnbull,本书)。一个基本原则是家庭最重要的需求是由家庭自己确定的而不是由专业人员认定的。此外,赋权模型也基于这样的目标:家庭要获得自我维持和自我适应,并且强调所有家庭成员的成长。与促进家庭成员对专业协助者依赖的干预实践相比,家庭赋权模型试图激活假定存在于所有家庭中的内在能力并利用家庭环境中许多的自然与正式资源,来支持和维持他们确定的目标和能力。正如加谢里斯和麦康奈尔(Garshelis & McConnell,1993)提到的:"通过关注那些直接关系到家庭的需要,干预者可以与家庭维持一种可靠又协作的关系,帮助家庭实现功能性目标,且最终加强残障儿童与其他家庭成员的融合。"(p.37)

公共服务中的赋权模型巧妙地满足了早期干预项目以家庭为中心的要求。正如一些研究者(McBride,Brotherson,Joanning,Whiddon,& Demmitt,1993)提到的,以家庭为中心的项目是基于家庭作为服务单位而建立的,支持且尊重家庭的抉择,并提供有意强化家庭功能的服务。这一模型也挑战了依赖标准化常模评估对家庭功能诸方面进行家庭评估策略的效用,其中许多评估最初是以科研为目的而非用于服务项目(Bailey & Henderson,1993)。

贝利等人(Bailey et al.,1998)提出了一个理论框架来评估基于家庭赋权模型的早期干预的家庭成效。他们认为,决定早期干预是否实现了以家庭为中心的内在目标需要回答八个问题。其中三个问题集中于家庭对其在早期干预中经历的理解:(1)家庭是否看到了早期干预给孩子生活带来的适当改变?(2)家庭是否看到了早期干预对其家庭生活带来的影响?(3)家庭对专业人员和服务体系是否持积极的看法?第二组问题则关注早期干预在不同家庭生活领域的影响:(1)是否促进了家庭对幼儿成长、学习、发展的帮助?(2)是否增强了家庭与专业人员共事以及共同维护服务体系的感知能力?(3)是否协助家庭建立强大的支持系统?(4)是否增加了对未来的乐观态度?(5)是否提高了家庭生活品质的认知度?尽管贝利等人承认需要借助心理测量学上可靠的测量工具来测量成效,但他们指出:"对于大多数家庭,成效只是个人体验,只有家庭成员自己有发言权……可以通过访谈或直接观察来获得对成效更好的理解,但这些方法在执行和解释上都太耗时。"(pp.315-316)

小　结

布朗芬布伦纳提出的影响儿童发展的环境系统特别有用,它解释了这样一个事实:对家庭有重要影响的环境还包括非物理环境。

对早期干预者来说,布朗芬布伦纳的研究特别重视对家庭环境中的儿童以及社会环境中的家庭的观察。古拉尔尼克的儿童发展模型说明具体的家庭互动模式和特质在儿童成长中起到了关键作用。因此,早期干预项目中家庭评估的一个目的是鉴定儿童最接近的环境中的风险因素和保护性因素。

皮尔林提出,照料随时间的增加而充满压力。这很好地说明了为什么社会支持网络和应对策略对照料者起着至关重要的作用。很多早期干预项目关注强化家长支持网络和帮助家长成为孩子熟练的拥护者。这些目标反映了皮尔林假设的照料压力的缓冲区。在压力过程模型中对应对策略和社会支持的强化与家庭赋权模型大致相符,这种模型使公众注意到强大的社会支持网络和适应性应对带来的有益影响。

家庭赋权模型在早期干预项目中具有很强的根基。它强调家庭是家庭服务及服务理念的决策者,服务提供者应该引导且支持家庭,家庭制订的目标要与以家庭为中心的服务原则相一致。家庭赋权模型,尤其是邓斯特及其同事(Dunst,Trivette,& Deal,1988)提出的模型,关注家庭与服务提供者之间互动的性质和方式。鉴于大多数与家庭合作的早期干预者缺乏正规的培训,赋权模型还提供了有用的实践指导。

儿童发展理论、照料者的压力与应对模型、家庭赋权模型等三大理论为以家庭为中心的服务的合法化奠定了坚实的基础。然而研究指出,早期干预存在的主要问题已经发生了转变。20世纪80年代的快速扩张期,早期干预领域试图解决这样的问题:早期项目的实施对家庭产生了什么样的影响?调查家庭影响的研究主要借鉴了有关家庭过程、家庭系统以及家长对特殊儿童照料需求的适应等理论文献。存在的主要问题是:家庭在多大程度上实现了目标。

从专业人员界定结果到家庭制订目标的转变也许看起来微不足道,但对评估策略的意义却很重大。下面将讨论早期干预项目怎样解决存在的问题以及对家庭评估的挑战。

家庭评估的挑战

在1986年的公法99-457通过之前,早期干预项目中的家庭评估并不是强制性的。可以肯定的是,许多项目把正式和非正式的家庭评估作为是以家庭为中心的服务的一部分。然而,很少有项目是在家庭发展或行为理论的指导下进行的。这导致了家庭评估成为一种非理论方法(Krauss & Jacobs,1990)。许多项目宣称重视家庭参与,以家庭为中心提供服务,但对为什么这样的服务应该或能够带来特定的结果却缺乏清楚的认识和理解。正如哈尔宾(Harbin,1993)指出的,我们需要一个概念框架,将家庭研究的结论转化为全面系统的家庭干预观。早期干预者们仍然在为家庭开发更多基于生态学视野的个性化评估和干预项目而努力奋斗着(Beckman,1996)。

随着家庭评估在早期干预项目中的强制实施,广泛而集中的活动促进了有意义的家庭评估指南的开发(Bailey & Simeonsson,1988a,1988b;Beckman,1996)。这些指南最主要的任务是开发评估家庭需要的策略,为早期干预专业人员提供实用的信息。由于法律要求"个性化家庭服务计划"明确陈述家庭的需要、资源以及优势,干预项目也努力明确家庭评估的工作机制。这些机制要符合法律的规定,要能够被那些也许不太适应家庭评估的家庭接受,要能够为干预项目带来有实用价值的信息,还要适合那些通常没有受过专门家庭评估培训的项目员工的能力和培训工作。

早期干预项目面临的基本问题是要在实施家庭评估过程中使用家庭临床医生、心理治疗师以及社会工作者的专业知识、方法和经验,还是要在干预项目的基本目标相一致的情况下开发出关于家庭评估的不同方法和目标。大多数早期干预项目选择了后者,结果是强调以家庭为中心的评估策略,即允许家庭对他们的优势、资源及需要进行自我评估,而不是强调专业人员驱动的评估策略,即基于幼儿发展、家庭发展及照料适应性模型理论的策略(Simeonsson,Edmondson,Smith,Carnahan,& Bucy,1995)。在早期干预系统中缺乏训练有素的专业人员实施正规的家庭评估是出现这一趋势的原因之一(Krauss & Jacobs,1990)。更为重要的原因是希望缩小评估程序与项目效用之间的差距。正如贝利和亨德森(Bailey & Henderson,1993)所指出的,许多非常复杂的和发展较成熟的家庭评估方法并不适合早期干预项目,因为这些方法要么出于研究的目的而设计,要么为家庭系统的治疗性干预而设计。此外,正规的家庭评估策略通常专注于发现家庭功能领域的问题,从而向早期干预项目家庭发出警示信息而非强调家庭的优势与能力(Slentz & Bricker,1992)。早期干预项目的家庭评估需要用到明确的、无偏见的常用方法和策略,这些方法和策略可以供未经家庭评估培训的专业人员使用,并且能为项目带来易于理解的有用信息。

贝利和西蒙森(Bailey & Simeonsson,1988a,1988b)列举了为早期干预开发有用的家庭评估程序存在的三个主要问题。第一个问题是家庭评估的基本领域。基于先前的研究,涉及的领域非常广泛,包括心理属性(如态度、理念和个性),多种形式的家庭关系,家庭生态系统,具体的家庭需要,家庭资源,已有的和潜在的支持来源,目前家庭压力的表现,等等。对那些干预者来说,在这些领域的改进非常重要。对家庭隐私和容忍评估的尊重,成为项目的主要挑战。

第二个问题涉及如何进行家庭评估。与早期干预项目传统的正式的、标准化的有常模参照的儿童入门评估相比,家庭评估的指导方针不太固定。可以提供多种选择,从非常不正式的有关家庭需求的谈话,到对家庭实践与家庭互动的直接观察,以及家庭成员填写正式的等级评估量表。时间的要求、干预的程度以及收集信息的质量都因所运用的方法不同而大相径庭。此外,选择的方法必须与参与评估的专业人员的专业性与技能相匹配,他们大多数并没有在家庭评估或家庭工作方面接受过专门的培训。

第三个问题是确保无论选择哪种方法,获取的信息都应有明确的效用(Bailey et al.,1998)。由于目标是将家庭评估与家庭服务相关联,因此评估策略若仅仅是在家庭发展的研究中具有理论价值而不能很好地与实践应用联系起来,这样的策略是不太可能被采用的。相反,我们面临的挑战是要研发出一些方法来识别特定的家庭需要领域,以及早期干预项目可以优先发挥作用的地方。

尽管家庭评估的重点强调家庭赋权,由家庭明确自身的需求并匹配满足这些需求的特定服务,但人们对家庭需要的专业评估与家庭自我评估之间缺乏一致性仍然忧心忡忡(Blackard & Barsh,1982;Simeonsson et al.,1995;Turnbull & Turnbull,1985;Wikler,Wasow,& Hatfield,1981)。事实上,缺乏一致性为以家庭为中心的评估提供了强有力的依据。与其在专业人员假定的家庭需要上下工夫,还不如让"消费者"直接参与到评估和服务提供过程中更加有效。关于这个假设,有研究者(Garshelis & McConnell,1993)做了一项有趣的测试,他们选择早期干预项目的一组家庭,从三个方面比较了家庭需要的等级(利用"家庭需求调查"(Family Needs Survey),后面会介绍):母亲、服务于跨领域干预团队的个体专业人员以及跨领域团队。他们发现,总的来说,个体专业人员和跨领域团队认定的母亲的需要比母亲实际认定的需要要多得多。他们还发现,尽管跨领域团队比个体专业人员对母亲需要的认定更加一致,但是团队与母亲的家庭需要一致水平却低于60%。研究者建议专业人员根据母亲对调查工具的回应,来指导稍后进行的有关服务计划的个人访谈。一篇相关的报道(Bailey & Blasco,1990)指出,一半的父亲和40%的母亲更愿意通过书面调查而不是家访与早期干预专家分享信息。

早期干预领域更加专注于"怎样"实施家庭评估,而不是"为什么"要进行家庭评估。开发出令家庭感到更舒适且对项目有用的评估方法仍是一个主要的挑战。应该评估"什么"似乎主要以具体的需要为中心,家庭宣称应该评估孩子的发展和他们自己尽可能为孩子提供健康环境的需要。

家庭评估策略:非正式的方法

在早期干预项目中没有一个标准的或统一的方法来实施家庭评估。然而在评估中通常存在三个主要问题:(1)统一家庭评估的"立场";(2)决定评估的内容;(3)从服务提供的角度解释评估结果。第一个问题在学术界已经引起了相当多的讨论,尤其是对家庭多样性保持一种尊敬的、无偏见的、开放的态度的讨论。第二个问题强调,家庭评估活动的内容,既要关注与早期干预项目相适应的特定方面,又要关注当前家庭最关心的方面。第三个问题强调家庭评估过程与干预项目提供的相关性。

至于在家庭评估实施中所持有的立场,指南建议从业者在评估过程中不要太正式,但要清楚评估的目的、范围以及结果。评估不是要"对"或"向"家庭做什么,而是"与"家庭一起做什么。评估不是揭露家庭缺陷的过程,而是帮助家庭确定目标的过程。评估不是要为矫正家庭问题开处方,而是要帮助早期干预者与家庭建立起对家庭需要哪种帮助(如果有的话)的理解,并且最终由家庭来做决定。事实上,也许应该更准确地将家庭评估称为"家庭信息采集"。伯曼和肖(Berman & Shaw,1996)指出:"早期干预专业人员并不会被要求去侵犯家庭的隐私,而是要负责为家庭提供机会去选择他们想要让谁来帮助和支持他们一起分担挑战。"(p.365)

服务提供者接近家庭的方式已经枚举过了。一些研究者(Beckman, Frank & Newcomb,1996)提出了与家庭建立关系所需的六项具体技能,包括:(1)融入家庭(不予批判地倾听);(2)积极倾听(既倾听说了什么,也注意是怎样说的);(3)有效地提问(平衡需要真实答案的问题和那些开放性的问题);(4)反馈和澄清(重新阐述及详述家长的评论);(5)提供信息(提供具体的帮助);(6)重构(以积极的方式重新定义问题和信息)。其他研究者则提出对家庭进行"调入"的策略,即专业人员悬置假设家庭需要什么或家庭如何感受评估过程(Stepanek, Newcomb, & Kettler, 1996)。由于很多家庭在与专业人员讨论个人和家庭问题时感到很不自在,因此重视专业人员对待家庭的立场已经受到相当大的关注(Slentz, Walker, & Bricker,1989)。

这些策略是要帮助清除服务提供者与家庭成员的关系中出现的障碍。贝克曼(Beckman,1996)确定了三个主要策略:(1)对家庭给予真正的尊重;(2)采取无偏见非批判的态度;(3)对家庭问题感同身受。家庭评估活动通常是家庭与服务提供者长期关系的开始,因此建立一种协作的关系尤为重要。事实上,早期干预者担心的主要问题是如何确保家长在"个性化家庭服务计划"的开展过程中成为同等的参与者。正如一些学者(Campbell, Strickland, & LaForme,1992)所指出的:"一个有质量的个性化家庭服务计划即是利用个性化的家庭服务过程来制订一份书面的计划,该计划满足法律的基本要求且对孩子的家庭关注、家庭资源以及家庭优先权做出回应。只有当家长和专业人员一同参与到个性化家庭服务计划的拟订中时,一份高质量的计划才能被制订出来。"(p.113)

例如,哈钦斯和科尔(Hutchins & Cole,1992)指出,诸如"为什么那个会议让你心烦"之类的问题可能会引起防御心理,那么简单地改问"那个会议上发生了什么让你心烦",就为获取必要的信息提供了一个简单的情境。在某种程度上,关注如何收集信息反映了这样的理念:如果家庭确信他们将会受到尊重和理解,那么家庭会更加自在、更好地做出回应,且更加主动。这还反映了服务提供者对工作的基本规则和指南的需要,因为他们大多数没有接受过关于家庭评估的培训。

第二个在学术界讨论较多的问题便是家庭评估的内容。除了基本的常被引入评估程序的社会人口学信息的收集之外,在家庭评估活动中"什么是我们应该关注的"这个问题尚未解决。一方面,这反映了实施家庭评估的非理论背景。另一方面,内容的选取也反映了评估应该注重磨合和平衡。刚进入一个干预项目时要经历一段脆弱的磨合期,这期间需要明确家庭重点关注什么问题,家庭愿意或能够去讨论什么问题。

在学术界,关于家庭评估内容有两种方法被讨论过。一种方法依赖于家庭,揭示日常生活,并通过直接的家庭活动模式和养育风格来确定评估内容。这种方法基于这样的理念:以"讲故事"的形式可能会反映出在改善家庭问题、不令人满意的日常生活及父母关注的问题中,哪些干预是有效的。第二种方法则依赖干预者,他们根据预先假定的残障儿童家庭中可能会存在的担忧来组织和收集信息。例如,贝利(Bailey,1987)建议服务提供者通过关注具体的类别,如财政的、身体的、社会的、情感的、医疗的、发展的和信息的问题,来组织有关资源和关注点的讨论。这两种方法并不是相互排斥的,都可能会有效地运用在早期干预项目中。

非正式或非标准化的家庭评估通常是从开放式的谈话开始的,这些谈话侧重于家庭优势、资源以及需求(Beckman & Bristol,1991;Winton & Bailey,1988)。实践指南建议这种谈话应该遵循家庭的引导,并首先关注孩子及父母有关发展、管理和预后的问题,然后转向影响家庭的有关问题(Stepanek,Newcomb,& Kettler,1996)。例如,干预者可能会询问有关家庭日常生活、家庭成员养育工作分配、一天中最难管理的时间或家庭成员一起放松的方式等问题,以便形成对详细的家庭功能、家庭的价值观和需要大体的了解。通过描述家庭环境中的孩子,这些讨论主张以幼儿为中心,但同时也尊重家庭的关注点。这些关注点稍后会被用来探究有关早期干预项目如何帮助家庭,或者用以研究那些可能会对干预有帮助的其他支持来源。

伯恩海默和基奥(Bernheimer & Keogh,1995)描述的有关家庭评估的生态文化方法基于这样的理论:家庭通过维持支持他们目标和优先权的日常生活来积极主动地回应他们的生活环境。他们的方法是基于布朗芬布伦纳对幼儿的描述:幼儿生活在一个相互关联的家庭环境系统中,这种环境可能会被具体的社会人口学特点所调节,但不会被控制。生态文化方法关注家庭"讲故事"的能力,以此确定对家庭有意义的价值、目标以及家庭模式。基于对不同样本的纵向研究,伯恩海默和基奥(Bernheimer & Keogh,1995)确定了家庭日常生活的十大领域,它们在保证干预项目的模式问题上尤为突出:家庭生活、服务、家庭/社区安全与便利、家庭工作量、养育任务、幼儿同伴群体、婚姻角色(婚姻作用)、工具的/情感的支持、父亲/配偶角色、育儿知识。他们指出,"可持续"的干预是那些与家庭日常生活和目标相一致的干预。在早期干预项目环境下,他们研究的两个方面尤其引人注目。第一,访谈法。这个方法能够通过非正式的讨论、对话和讲故事来收集家庭信息,从而反映家庭的需要(Beckman & Bristol,1991;Winton,1988)。第二,这些方法可应用于拥有不同文化和人口学特征的家庭(Barnwell & Day,1996)。

也有人指出,尽管家庭访谈或对话的目的可能是获得直接影响服务或支持系统的信息,但是他们具有与传统的治疗访谈相似的意图,即关注家庭成员间的互动,从而揭示关于亲子或其他家庭内部关系的心理动力资料。赫什伯格(Hirshberg,1996)提出了一种关于父母访谈的有说服力的描述,以此揭示影响残障儿童家庭角色的各种问题。鉴于其访谈目标是基于对以往互动模式的理解,构建一种合乎未来愿望的方案,他将过程分为"历史创造"(history making)和与其相对照的"历史采集"(history taking)。他的家访方法的复杂性阐明了两种家庭干预之间存在的差异,一种是由技能高超的家庭治疗师领导的、一种是由怀有美好意愿跻身于"家庭工作"领域却没有受过适当培训的干预者领导的。

第三个问题是需要厘清家庭评估与项目目的之间的关系,即假设对家庭有针对性的帮助会得到一些想要的改变。正如西蒙森(Simeonsson,1988)所指出的,"潜藏在评估中的基本问题是临床上的和项目中的责任"(p.251)。决定评估与结果之间的联系无疑是很复杂的,早期干预服务中针对家庭项目的结果从未被清楚地说明过。尽管承认满意度不能等同于有效,大多数项目仍然将对服务满意度的测评作为监测结果最普遍的方式。如果"为"家庭确定的目标和"由"家庭确定的目标是相匹配的,那么该项目定会收获一定程度上的影响或效果。采用非正式家庭驱动方式确定家庭需要极有可能保证高满意度,因此也加强了个性评估与项目规划程序。

总之,在早期干预项目中,非正式的评估程序构成了最普遍的家庭评估方法。研究者广泛地研究了保持家庭立场的问题,并在以下方面提供了大量的指导意见:如何使家庭在接受服务时更自在,如何形成良好的倾听和反馈技能,如何对家庭各自的历史予以尊重。研究还对家庭谈话应包括哪些方面话题给出建议,尤其应关注家庭的基本需要和幼儿的养育环境。项目活动与结果的联系很脆弱且大多普遍地依靠一般的满意度测量。相比讨论什么或评估应该导向什么结果,如何以非正式的方式处理家庭评估受到了更多的关注,这反映了这个领域的关注点在于过程而非结果。

考虑到家庭评估和家庭干预中的早期干预专业人员没有受过专门培训,因此有必要提供一些工具给这些被要求完成如此敏感且重要任务的工作者。本着为这些人员提供足够的方法技巧的精神,一些容易操作且具有临床效力的评估方法可用于疑似或确诊为发展迟缓儿童家庭的评估中。下面将会对其中一些工具进行讨论。

家庭评估策略:正式的方法

针对家庭评估的正式方法通常是与非正式访谈联合使用的,而不是替代非正式的访谈。目前有各种标准化工具测量家庭功能的不同方面(如养育压力、非正式支持、应对策略、家庭凝聚力、婚姻满意度等),其中许多最初是运用于研究,而不是直接运用于临床实践。这些工具的选择受到以下三方面的影响:服务项目取向,不同评估协议的时间、精力和费用,项目员工的技能和培训。另一个影响因素是评估家庭对测量工具的接受度。关于如何利用大量现存的心理测量学上的标准测量工具已被给予了高度的关注。其中一些测量工具被批评为"更为关注儿童缺陷的、缺乏价值的、侵入式的,因为这些工具涉及有关生活方式、配偶的支持、个人价值及感受等问题。这些信息在项目规划中很少用得到,收集这些信息可能会给家庭带来不满和不信任感,从而导致预期目标无法达到"(Bailey & Simeonsson,1988a,p.7)。为了应对这些问题,研究者们开发了多个与项目相关联的工具。

期望结合标准化、结构化的评估策略和非正式的信息收集方法的项目如今已获益,因为专门应用于早期干预项目的测评工具已被开发出来。其他的标准化工具可能对早期干预项目也有效,但并不是专门为测量养育压力、社会支持、应对策略以及家庭环境的早期干预项目而设计的,它们还可用于评估别的项目(Bailey & Simeonsson,1988a;Claflin & Meisels,1992;Krauss & Jacobs,1990)。在最新研制的众多工具中,适合早期干预项目的是用于测评亲子互动、家庭需要和优先事项、家庭功能以及社会支持的工具。

亲子互动

康福特和法兰(Comfort & Farren,1994)开发了父母/养育者参与量表(Parent/Caregiver Involvement Scale,P/CIS)用以监控社会行为的发展情况和影响,并以此确定可能会影响日常生活和健康的人际关系的问题。这项观察策略也提供了有关养育者互动方式和幼儿发展知识的信息。P/CIS可以用于家访、实验室研究或临床研究中,主要对养育者与幼儿(3—60个月)自由活动的互动情况进行20分钟的观察。观察者针对11项行为(身体参与、口头参与、养育者的反应、游戏互动、教育行为、对幼儿活动的控制、指令、活动中的关系、积极报告、消极报告/惩罚、目标设置),对数量、质量和适宜性三个要素做出评级。P/CIS在家庭环境下进行评测时,信度为0.77~0.87;在录播的观察下进行测评时,信度为0.54~0.93。P/CIS评估中显示的效度表现出亲子行为与亲子特征(如场所、支持、气质)具有中等到高度相关,这与相关文献的研究结论是一致的(Farren et al., 1987)。

P/CIS的使用培训包括4小时的介绍,附带一盘培训录像和工作手册。研制者建议在培训过程中配备一名顾问,并且实践期可被用来获得评分人员内部一致性的信度。P/CIS的结果必须在家庭环境中去解读,且应当基于大量的观察。鉴于家庭在有关他们的养育方式或技能方面往往不太情愿被观察或评价,这使得P/CIS量表(或其他任何亲子观察量表)只在家长或养育者对他们与孩子的关系的质量表示出关注或担忧时才使用(Comfort, 1988)。

家庭需求和优先事项

为了弥补现有测评工具的不适宜性,研究者们开发出了新的测量工具,专门用来确定家庭需求和优先事项。在这方面,"家庭需求调查"是最有前景且被广泛采用的正式评估工具之一(Bailey & Simeonsson, 1988b)。该量表包含35个题项,可由父亲和母亲双方(或其他的家庭成员)自行完成。该工具能够获得以下六方面的信息:(1)对信息的需求;(2)对支持的需求;(3)对别人的解释;(4)社区服务;(5)财政需求;(6)家庭功能。每个题项都以这样的表述开始,"我需要更多的……(有机会去与其他残障儿童的父母结识和交谈)",然后给出1("完全不需要")至3("完全需要")之间的评分。这样表述的优点在于它积极地陈述了基于父母自己的优先事项的个体需要,并且直接适用于服务项目。总量表间隔六个月后的重测信度系数,母亲样本为0.67,父亲样本为0.81。

有学者(Sexton, Burrell, & Thompson, 1992)报告了一组"家庭需求调查"信度分析与验证性因素分析的结果。总量表的内部一致性系数(即α系数)为0.91,各分量表系数为0.65~0.86。另一些学者(Bailey, Blasco, & Simeonsson, 1992)报告的因素分析是对父亲和母亲分开实施的,两组都产生了独立的结果。例如,母亲组,八个社会支持题项都归于一个因素,而对父亲组,这八大题项归于两个因素(对个人需要的支持和对家庭需要的支持)。他们指出,母亲比父亲更强烈地表达她们的需求,尤其是有关向别人解释孩子的情况的需求。其他一些研究也发现"家庭需求调查量表"的结果会因家长的性别不同而存在差异。

特恩布尔等人(Turnbull & Turnbull, 1986)开发的"家庭信息偏好量表"(Family Information Preference Inventory, FIPI)是一个包含5大领域37个题项的测量工具:(1)在家中教孩子;(2)倡导并与专业人员一起工作;(3)计划未来;(4)帮助整个家庭放松和享受生活;(5)寻找和利用更多的支持。FIPI要求应答者标明每一个题项的需求程度,采用四级计分法(从"对这个信息完全没兴趣"到"对该信息有极高的兴趣"),以此确定家长想要通过什么途径来接受信息(如与其他家长的小组会议、个别会议、书面材料等)。没有任何信息显示该量表心理测量学方面的特征。FIPI最初并不是专门为早期干预项目设计的,它还包含一些有关性别和职业问题的题项。然而,它的结构很灵活,涉及幼儿家长关注点的其他题项很容易被添加上去。

"家庭资源量表"(Family Resource Scale, FRS)(Dunst & Leet, 1987)是用来衡量物质资源和人力资源充足性的,包括食物、住所、交通、与家庭和友人相处的时间、卫生保健、支付账单的资金、幼儿养育等。该量表由31个题项组成,列举了从最多到最少的要素。每一个题项都用五级计分法进行评定,从"完全不够"到"总是充足"。这些题项反映了需要层级,从基本的营养资源到人际间的发展机会。题项中评级为"完全不足"或"很少充足"的可以在临床上用作家庭需要的指标。

量表信效度的数据是基于对45位在早期干预项目中有特殊需求的幼儿母亲的研究。量表的 α 系数为0.92,"家庭资源量表"的稳定性为0.52,数据来自于两三个月后的重新测量(Dunst & Leet, 1987)。

"家庭需要量表"(Family Need Scale, FNS)(Dunst, Cooper, Weeldreyer, Snyder, & Chase, 1985)的格式类似于FRS,但是特别侧重于家庭所需的41项资源。这些资源被分为九大类(财政、食宿、职业、幼儿养育、交通、通信等)。每一个题项都采用五级计分法从"几乎从不需要"到"几乎总是需要"进行评定。FNS是专门以干预为目的,以引出家庭所认同的需要而设计的。FNS的信效度基于对45位早期干预项目中残障儿童家长的研究。总量表的 α 系数为0.95。量表总分与场所、父母幸福感及决策呈现显著相关。

家庭功能

"家庭功能风格量表"(Family Functioning Style Scale)(Dunst, Trivette, & Deal, 1988)是一个自我报告式的测量工具,可以应用于干预项目并以此引发有关家庭特定品质的讨论,包括家庭优势、信息分享模式及应对/解决策略。根据研制者的观点,强大家庭的存在是源于具体项目中的12种品质,包括:(1)保证全体家庭成员的成长与发展;(2)对个人的努力予以赞许;(3)合理安排家庭活动的时间;(4)顺境与逆境时的目标感;(5)家庭内部目标的一致;(6)注重积极互动的交流;(7)有关可接受行为的规则和价值标准;(8)积极的应对策略;(9)解决问题以满足集体需要;(10)面对问题时积极的态度;(11)需求满足的灵活性和适应性;(12)满足需求时平衡利用内外资源。该量表由26个题项组成,用五级计分从"完全不喜欢我的家庭"到"几乎总是喜欢我的家庭"进行评定。该量表既可以由个人完成,也可以以家庭为单位来完成。尽管研制者坚持该量表对确定家庭优势与资源在临床上有望得以应用,却没有提供信效度数据。

"家庭适应力与凝聚力评估量表"(Family Adaptability and Cohesion Evaluation Scales, FACES Ⅰ/Ⅱ/Ⅲ)(Olson, 1986; Olson, Portner, & Bell, 1982)是基于家庭行为的环状模型而编制的。该工具用以评定家庭系统的适应力和凝聚力,也可用于确定家庭的现实与理想的差距。家庭凝聚力被定义为家庭成员间的情感联系,适应力被定义为夫妇或家庭系统能够改变其权力结构、角色关系以及应对环境和发展压力的能力(Olson, Portner, & Bell, 1982)。根据环状模型,家庭凝聚力有四个等级(从"已脱离"到"完全投入"),适应力也有四个等级(从"死板的"到"灵活的")。每个维度的平衡水平被假设为健全家庭最可行的运作方式。

凝聚力和适应力分别由16个和14个题项进行独立测量,都是采用五级计分从"几乎从不"到"几乎总是"进行评定。凝聚力题项的内部一致性信度系数为0.87,适应力的为0.78,总量表的 α 系数为0.90。总量表间隔四五周的重测信度为0.84(Olson, Portner, & Bell, 1982)。

社会支持

"社会支持量表"（Inventory of Social Support）（Dunst, Trivette, & Deal, 1988）旨在确定不同个体、团体及机构给予个人帮助的类型。该量表反映了过去几个月给予支持的频率（从"完全不"到"几乎每天"）及受访者和不同支持来源之间的联系方式（面对面、小组或电话），并且用来确定哪种支持来源可被大量地用于不同的目的。受访者也被询问向谁寻求 12 种不同类型的帮助或支援。回应被绘制成矩阵模型，它提供了一个图解用以显示个体的支持来源与支持类型的个人支持网络。有关该量表的心理测量学数据还没有被报告。

"家庭支持量表"（Family Support Scale）（Dunst, Jenkins, & Trivette, 1984）侧重于把家庭作为一个单位（单元）进行测量，从而得到为幼儿家庭提供帮助的支持来源。支持来源包括 8 种潜在的来源，如父母、公婆、配偶/伴侣、孩子、家长团体、教会、医师、服务项目及专业机构。每一种来源都按照五级计分，从对养育"完全没有帮助"到"极有帮助"进行评定。在一个干预项目中，"家庭支持量表"可以被用作探讨的基础，探讨的内容是有关家庭支持网络的成员为什么及如何帮助家庭满足其基本需求。该量表的 α 系数为 0.77。间隔一个月的重测信度为 0.75。

个性化家庭服务计划的实施要求评估必须包括与家庭的访谈（Winton & Bailey, 1990），但是单独个人访谈或与其他标准化工具联合使用的效果的研究却一直很少。有学者（Sexton, Snyder, Rheams, Barron-Sharp, & Perez, 1991）比较了早期干预项目中的 48 位幼儿母亲与 25 位服务提供者对分享信息偏好的观点，这项研究通过个人访谈或书面调查来完成。这些调查使用了"家庭需求调查"（Bailey & Simeonsson, 1988a, 1988b）、"家庭需要量表"（Dunst, Cooper, Weeldreyer, Snyder, & Chase, 1988）以及"家庭功能风格量表"（Deal, Trivette, & Dunst, 1988）。母亲们也同个性化家庭服务计划的服务提供者一起参与到以家庭为中心的访谈中。他们发现，有约一半的母亲首选书面调查，另一半则更倾向于个人访谈。除了对评估方法的个人偏好，绝大多数母亲都认为这三个书面调查（纸质问卷）对她们更有帮助且比服务提供者更加"友善"。在一项相关研究中，研究者（Bailey & Blasco, 1990）要求来自 10 个州的 230 位母亲评价"家庭需求调查"的效用。他们发现，母亲们在向专业人员传达她们的需求、项目计划信息的效用以及完成调查的舒适度三方面给予了高度的评价。这些结果与来自少数民族和低收入群体的母亲们的调查结果相似。研究者还发现，60%的父亲和 40%的母亲更愿意通过书面调查而不是家访来与早期干预专业人员分享信息。这些结果可能归因于完成调查和个人访谈所需时间的不同，还可能归因于标准化的问题与开放性的访谈之间的观念差异以及安全性的考虑。

对未来家庭评估的展望

早期干预项目的家庭评估实践已经变得非常复杂。多种因素影响着项目使用的策略、家庭所表达的偏好、项目规划和服务交付的效用评估，有些因素常常是相互抵触的。一方面，家庭评估的强制性源于复杂的儿童发展观。受布朗芬布伦纳研究的影响，尤其是它所指出的家庭系统角色，有较强的理论依据支撑评估与幼儿最接近的家庭环境的质量和能力。理解家庭作为孩子成长的中介能让我们对家庭如何运作、如何激发幼儿健全发展的潜能以及如何使养育发展异常孩子的认识更为理性。深入理解现有家庭如何有效地作为一个整体（单元），父母作为个体如何控制特殊的照料压力，人们期望更加正式的以理论为根基的评估策略，该策略关注家庭生活的具体方面，并以此解释家庭环境的变化性。事实上，正如我们所知，许多家庭对养育残障儿童需求的适应能力都是在早期干预项目中习得的，这些项目在过去已被大力地且全面进行了研究。

尽管早期干预项目承诺，项目是研究家庭及其发展属性的基地，但是该领域已经有了不同的任务。家庭评估策略专注于确认残障儿童家庭的需求，以此帮助家庭理解服务提供系统需要依赖很多人，帮助家庭适应"残障"可能对未来生活的影响。这样的评估机制常常是非正式的、非标准化的和高度灵活的。与家长的伙伴关系是重要且开放的，同时吸收早期干预文献的研究成果。这种方法已被家庭热忱地接受。与早期干预的项目人员合作的家庭对家庭的正式评估感到很不自在。

21世纪初的家庭评估方案有两个重要的缺陷。第一，关于家庭评估策略与服务结果之间联系的研究很不够充分。以往的研究只关注通过非正式、非结构化的谈话或更标准化的测量工具得出家庭的直接需求。在"个性化家庭服务计划"中强制性要求进行家庭评估引发了对于家庭需求与服务匹配的多种方式的有益投入。我们不知道是提供了令家庭满意的服务还是引发了家庭功能的改变。与其他公共服务一样，这样的服务也不可避免地要体现公共资源使用的有效性和合理性。因此，未来也许会从更专业的角度细致地考量早期干预项目能为家庭做些什么，家庭如何区分他们离开这些项目时与开始有什么变化，以及当前项目可能带来的变化的效率。研究可能会很好地在如何实施家庭评估方面带来变化，也可能引出更多经验性的有关早期干预项目如何融入、支持和帮助家庭的基本原理。

第二，承认当前儿童早期项目中专业人员都缺乏家庭评估的培训是很重要的。儿童早期项目往往会吸引那些拥有幼儿发展知识而不是家庭功能技能的员工。如果形势发生改变，将实质性的家庭内容纳入未来早期教育专业人员的研究生培养项目的课程中也是不可避免的。在研究生教育中，课程设置从关乎儿童的内容扩展到关乎他们生活的家庭的内容是很自然的，但却时常被忽视。我们不能期望儿童早期项目员工去完成他们没有受过培训的工作。家庭评估及其目前尚不完善的研究方法成为当前专业人员培训项目的重要议题。

总之，早期干预项目的家庭评估还需一定程度上证明其在实践或目标设定方面的一致性，虽然这是自公法99-457颁布以来就一直期望实现的。尽管承认家庭是孩子成长的重要环境的观点依然强烈，但承认家庭需求与项目功能是有联系的评估程序的支持证据还很不充分。开发家庭评估程序能被家庭所接受。这是符合项目功能的，对服务设计和提供也很有用。项目选择的是特定的评估策略而不是全国公认的标准评估。针对不同环境下的服务，家庭评估缺乏对可靠且有效方法的共识，因而谨慎监控家庭评估策略十分重要。持续的实验应该被视为能促使早期干预项目更好地服务于发展异常儿童及其家庭的举措。

参 考 文 献

Bailey, D. B. (1987). Collaborative goal-setting with families: Resolving differences in values and priorities for services. *Topics in Early Childhood Special Education, 7*, 59–71.

Bailey, D. B., & Blasco, P. M. (1990). Parents' perspectives on a written survey of family needs. *Journal of Early Intervention, 14*, 196–203.

Bailey, D. B., Blasco, P. M., & Simeonsson, R. J. (1992). Needs expressed by mothers and fathers of young children with disabilities. *American Journal on Mental Retardation, 97*, 1–10.

Bailey, D. B., Buysse, V., Edmondson, R., & Smith, T. M. (1992). Creating family-centered services in early intervention: Perceptions of professionals in four states. *Exceptional Children, 58*, 298–309.

Bailey, D. B., & Henderson, L. W. (1993). Traditions in family assessment: Toward an inquiry-oriented, reflective model. In D. M. Bryant & M. A. Graham (Eds.), *Implementing early intervention: From research to effective practice* (pp. 124–47). New York: Guilford Press.

Bailey, D. B., McWilliam, R. A., Darkes, L. A., Hebbeler, K., Simeonsson, R. J., Spiker, D., & Wagner, M. (1998). Family outcomes in early intervention: A framework for program evaluation and efficacy research. *Exceptional Children, 64*, 313–28.

Bailey, D. B., & Simeonsson, R. J. (1988a). *Family assessment in early intervention*. Columbus, OH: Merrill.

Bailey, D. B., & Simeonsson, R. J. (1988b). Assessing needs of families with handicapped infants. *The Journal of Special Education, 22*, 117–27.

Bailey, D. B., Winton, P. J., Rouse, L., & Turnbull, A. P. (1990). Family goals in infant intervention: Analysis and issues. *Journal of Early Intervention, 14*, 15–26.

Barnwell, D. A., & Day, M. (1996). Providing support to diverse families. In P. Beckman (Ed.), *Strategies for working with families of young children with disabilities* (pp. 47–68). Baltimore, MD: Paul H. Brookes.

Beckman, P. (Ed.). (1996). *Strategies for working with families of young children with disabilities*. Baltimore, MD: Paul H. Brookes.

Beckman, P. J., & Bristol, M. M. (1991). Issues in developing the IFSP: A framework for establishing family outcomes. *Topics in Early Childhood Special Education, 11*, 19–31.

Beckman, P. J., Frank, N., & Newcomb, S. (1996). Qualities and skills for communicating with families. In P. Beckman (Ed.), *Strategies for working with families of young children with disabilities* (pp. 31–46). Baltimore, MD: Paul H. Brookes.

Berman, C., & Shaw, E. (1996). Family-directed child evaluation and assessment under the Individuals with Disabilities Education Act (IDEA). In S. J. Meisels and E. Fenichel (Eds.), *New visions for the developmental assessment of infants and young children* (pp. 361–90). Washington, DC: Zero to Three: National Center for Infants, Toddlers, and Families.

Bernheimer, L. P., & Keogh, B. K. (1995). Weaving interventions into the fabric of everyday life: An approach to family assessment. *Topics in Early Childhood Special Education, 15*, 415–33.

Blacher, J. (Ed.). (1984). *Severely handicapped young children and their families: Research in review*. Orlando, FL: Academic Press.

Blackard, M. K., & Barsh, E. T. (1982). Parents' and professionals' perceptions of the handicapped childs' impact on the family. *Journal of the Association for the Severely Handicapped, 7*, 62–70.

Bromwich, R. M., & Parmelee, A. H. (1979). An intervention program for pre-term infants. In T. M. Field (Ed.), *Infants born at risk* (pp. 389–411). New York: Spectrum.

Bronfenbrenner, U. (1992). Ecological systems theory. In R. Vasta (Ed.), *Annals of child development. Six theories of child development: Revised formulations and current issues* (pp. 187–249). London: Jessica Kingsley.

Bronfenbrenner, U. (1975). Is early intervention effective? In B. Friedlander, G. Sterritt, & G. Kirk (Eds.), *Exceptional infant: Vol. 3. Assessment and intervention* (pp. 449–75). New York: Brunner/Mazel.

Bronfenbrenner, U. (1979). *The ecology of human development: Experiments in nature and design*. Cambridge, MA: Harvard University Press.

Campbell, P. H., Strickland, B., & LaForme, C. (1992). Enhancing parent participation in the individualized family service plan. *Topics in Early Childhood Special Education, 11*, 112–24.

Claflin, C. J., & Meisels, S. J. (1992). Assessment of the impact of very low birthweight infants on families. In N. J. Anastasiow & S. Harel (Eds.), *At-risk infants: Interventions, families, and research* (pp. 57–79). Baltimore, MD: Paul H. Brookes.

Comfort, M. (1988). Assessing parent-child interaction. In D. Bailey & R. Simeonsson (Eds.), *Family assessment in early intervention* (pp. 65–94). New York: Macmillan.

Comfort, M., & Farran, D. C. (1994). Parent–child interaction assessment in family-centered intervention. *Infants and Young Children, 6*, 33–45.

Cooper, C. S., & Allred, K. W. (1992). A comparison of mothers' versus fathers' needs for support in caring for a young child with special needs. *The Transdisciplinary Journal, 2*, 205–21.

Crnic, K. A., Friedrich, W. N., & Greenberg, M. T. (1983). Adaptation of families with mentally retarded children: A model of stress, coping, and family ecology. *American Journal of Mental Deficiency, 88*, 125–38.

Crnic, K. A., Greenberg, M. T., Ragozin, A. S., Robinson,

N. M., & Basham, R. B. (1983). Effects of stress and social support on mothers and premature and full-term infants. *Child Development, 54,* 209–17.

Deal, A. G., Trivette, C. M., & Dunst, C. J. (1988). Family Functioning Style Scale. In C. J. Dunst, C. M. Trivette, & A. G. Deal (Eds.), *Enabling and empowering families: Principles and guidelines for practice* (pp. 179–84). Cambridge, MA: Brookline Press.

Dunst, C. J., Cooper, C. S., Weeldreyer, J. C., Snyder, K. D., & Chase, J. H. (1988). Family Needs Scale. In C. J. Dunst, C. M. Trivette, & A. G. Deal (Eds.), *Enabling and empowering families: Principles and guidelines for practice* (p. 151). Cambridge, MA: Brookline Press.

Dunst, C. J., Jenkins, V., & Trivette, C. M. (1984). Family Support Scale: Reliability and validity. *Journal of Individual, Family, and Community Wellness, 1,* 45–52.

Dunst, C. J., & Leet, H. E. (1987). Measuring the adequacy of resources in households with young children. *Child: Care, Health, and Development, 13,* 111–25.

Dunst, C. J., & Trivette, C. M. (1986). Looking beyond the parent–child dyad for the determinants of maternal styles of interaction. *Infant Mental Health Journal, 7,* 69–80.

Dunst, C., Trivette, C., & Deal, A. (1988). *Enabling and empowering families: Principles and guidelines for practice.* Cambridge, MA: Brookline Press.

Dunst, C. J., Trivette, C. M., & Cross, A. H. (1986). Mediating influences of social support: Personal, family, and child outcomes. *American Journal of Mental Deficiency, 90,* 403–17.

Dunst, C. J., Trivette, C. M., & Jodry, W. (1997). Influences of social support on children with disabilities and their families. In M. Guralnick (Ed.), *The effectiveness of early intervention* (pp. 499–522). Baltimore, MD: Paul H. Brookes.

Farren, D. C., Kasari, C., Yoder, P., Harber, L., Huntington, G. S., & Comfort-Smith, M. (1987). Rating mother–child interactions in handicapped and at-risk infants. In T. Tamir (Ed.), *Stimulation and intervention in infant development* (pp. 297–312). London: Freund Publishing House.

Garshelis, J. A., & McConnell, S. R. (1993). Comparison of family needs assessed by mothers, individual professionals, and interdisciplinary teams. *Journal of Early Intervention, 17-*1, 36–49.

Gottlieb, B. H. (1983). *Social support strategies: Guidelines for mental health practice.* Beverly Hills, CA: Sage.

Guralnick, M. J. (1998). Effectiveness of early intervention for vulnerable children: A developmental perspective. *American Journal on Mental Retardation, 102,* 319–45.

Harbin, G. L. (1993). Family issues of children with disabilities: How research and theory have modified practice in intervention. In N. J. Anastasiow & S. Harel (Eds.), *At-risk infants: Interventions, families, and research* (pp. 101–14). Baltimore, MD: Paul H. Brookes.

Hirschberg, L. M. (1996). History-making, not history-taking: Clinical interviews with infants and their families. In S. J. Meisels & E. Fenichel (Eds.), *New visions for the developmental assessment of infants and young children* (pp. 85–124). Washington, DC: Zero to Three, National Center for Infants, Toddlers and Families.

Hobbs, N., Dokecki, P. R., Hoover-Dempsey, K. V., Moroney, R. M. Shayne, M. W., & Weeks, K. H. (1984). *Strengthening families.* San Francisco: Jossey-Bass.

Hodapp, R. M. (1997). Direct and indirect behavioral effects of different genetic disorders of mental retardation. *American Journal on Mental Retardation, 102,* 67–79.

Hutchins, D. E., & Cole, C. G. (1992). *Helping relationships and strategies.* Pacific Grove, CA: Brooks/Cole Publishing.

Krauss, M. W. (1990). New precedent in family policy: The individualized family service plan. *Exceptional Children, 56,* 388–95.

Krauss, M. W. (1997). Two generations of family research in early intervention. In M. Guralnick (Ed.), *The effectiveness of early intervention* (pp. 611–24). Baltimore, MD: Paul H. Brookes.

Krauss, M. W., & Hauser-Cram, P. (1992). Policy and program developments for infants and toddlers with disabilities. In L. Rowitz (Ed.), *Mental retardation in the Year 2000* (pp. 184–196). New York: Springer-Verlag.

Krauss, M. W., & Jacobs, F. (1990). Family assessment: Purposes and techniques. In S. J. Meisels and J. P. Shonkoff (Eds.), *Handbook of early childhood intervention* (pp. 303–25). New York: Cambridge University Press.

McBride, S. L., Brotherson, M. J., Joanning, H., Whiddon, D., & Demmitt, A. (1993). Implementation of family-centered services: Perceptions of families and professionals. *Journal of Early Intervention, 17,* 414–30.

McCubbin, H. I., & Patterson, J. M. (1981). *Systematic assessment of family stress, resources and coping: Tools for research, education and clinical intervention.* St. Paul, MN: Family Social Science.

Olson, D. H. (1986). Circumplex model VII: Validation studies and FACES III. *Family Process, 25,* 337–51.

Olson, D. H., & Lavee, Y. (1989). Family systems and family stress: A family life cycle perspective. In K. Kreppner & R. M. Lerner (Eds.), *Family systems and life-span development* (pp. 165–96). Hillsdale, NJ: Erlbaum.

Olson, D. H., Portner, J., & Bell, R. (1982). *Family Adaptation and Cohesion Evaluation Scales.* Unpublished rating scales. School of Family and Social Sciences, University of Minnesota, St. Paul.

Pearlin, L., Lieberman, M., Menaghan, E., & Mullan, J. (1981). The stress process. *Journal of Health and Social Behavior, 22,* 337–56.

Pearlin, L., Mullan, J., Semple, S., & Skaff, M. (1990). Caregiving and the stress process: An overview of concepts and their measures. *The Gerontologist, 30,* 583–94.

Pearlin, L., & Schooler, C. (1978). The structure of coping. *Journal of Health and Social Behavior, 19,* 2–21.

Ramey, S. L., Krauss, M. W., & Simeonsson, R. (1989). Research on families: Current assessment and future opportunities. *American Journal on Mental Retardation, 94,* ii–vi.

Rappaport, J. (1981). In praise of paradox: A social policy of empowerment over prevention. *American Journal of Community Psychology, 9,* 1–25.

Ryff, C. D., & Seltzer, M. M. (1996). The unchartered years

of midlife parenting. In C. D. Ryff & M. M. Seltzer (Eds.), *The parental experience at midlife* (pp. 3–28). Chicago: University of Chicago Press.

Sameroff, A. J., & Feil, L. (1985). Parental concepts of development. In I. E. Sigel (Ed.), *Parental belief systems: The psychological consequences for children* (pp. 84–104). Hillsdale, NJ: Erlbaum.

Seltzer, M. M., & Krauss, M. W. (1994). Aging parents with co-resident adult children: The impact of lifelong caregiving. In M. M. Seltzer, M. W. Krauss, & M. P. Janicki (Eds.), *Life course perspectives on adulthood and old age* (pp. 3–18). Washington, DC: The American Association on Mental Retardation Monograph Series.

Sexton, D., Burrell, B., & Thompson, B. (1992). Measurement integrity of the Family Needs Survey. *Journal of Early Intervention, 16*, 343–52.

Sexton, D., Snyder, P., Rheams, T., Barron-Sharp, B., & Perez, J. (1991). Considerations in using written surveys to identify family strengths and needs during the IFSP process. *Topics in Early Childhood Special Education, 11*, 81–91.

Simeonsson, R. J. (1988). Evaluating the effects of family-focused interventions. In D. B. Bailey & R. J. Simeonsson (Eds.), *Family assessment in early intervention* (pp. 251–68). Columbus, OH: Merrill.

Simeonsson, R. J., Edmondson, R., Smith, T., Carnahan, S., & Bucy, J. E. (1995). Family involvement in multidisciplinary team evaluation: Professional and parent perspectives. *Child: Care, Health, and Development, 21*, 199–215.

Slentz, K. L., & Bricker, D. (1992). Family-guided assessment for IFSP Development: Jumping off the family assessment bandwagon. *Journal of Early Intervention, 16*, 11–19.

Slentz, K. L., Walker, B., & Bricker, D. (1989). Supporting parent involvement in early intervention: A role-taking model. In G. H. S. Singer & L. K. Irvin (Eds.), *Support for caregiving families: Enabling positive adaptation to disability* (pp. 221–38). Baltimore, MD: Paul H. Brookes.

Sontag, J. C. (1996). Toward a comprehensive theoretical framework for disability research: Bronfenbrenner revisited. *Journal of Special Education, 30*, 319–44.

Stepanek, J. S., Newcomb, S., & Kettler, K. (1996). Co-ordinating services and identifying family priorities, resources, and concerns. In P. Beckman (Ed.), *Strategies for working with families of young children with disabilities* (pp. 69–90). Baltimore, MD: Paul H. Brookes.

Turnbull, A. P., Patterson, J. M., Behr, S. K., Murphy, D. L., Marquis, J. G., & Blue-Banning, M. J. (Eds.). (1993). *Cognitive coping, families, and disability*. Baltimore, MD: Paul H. Brookes.

Turnbull, A. P., & Turnbull, H. R. (1985). *Parents speak out: Then and now*. Columbus, OH: Merrill.

Turnbull, A. P., & Turnbull, H. R. (1986). *Families, professionals, and exceptionality: A special partnership*. Columbus, OH: Merrill.

Turnbull, A. P., & Turnbull, H. R. (1995). *Families, professionals, and exceptionality: A special partnership* (3rd ed.). Upper Saddle River, NJ: Merrill.

Wikler, L., Wasow, M., & Hatfield, E. (1981). Chronic sorrow revisited: Parent vs. professional depiction of the adjustment of parents of mentally retarded children. *American Journal of Orthopsychiatry, 51*, 63–70.

Winton, P. J. (1988). The family-focused interview: An assessment measure and goal setting mechanism. In D. B. Bailey & R. J. Simeonsson (Eds.), *Family assessment in early intervention* (pp. 185–206). Columbus, OH: Merrill.

Winton, P. J., & Bailey, D. B. (1988). The family-focused interview: A collaborative mechanism for family assessment and goal setting. *Journal of the Division for Early Childhood, 12*, 195–207.

Winton, P. J., & Bailey, D. B. (1990). Early intervention training related to family interviewing. *Topics in Early Childhood Special Education, 10*, 50–62.

参考文献

第 14 章 对社区特征的评估

费尔顿·艾尔斯（FELTON EARLS）
史蒂芬·布卡（STEPHEN BUKA）

研究社会环境是一件费钱费力的事，所以要有能够承担精准测量社区性能的理论与实践保证。本章所涉及的内容强调两个关注点：一是有关社区研究的基本原理，当然，这不是最主要的目的，二是怎样做，这其实是更主要的问题。基于勒温（Lewin, 1954）和布朗芬布伦纳（Bronfenbrenner, 1979）的理论贡献及巴克和赖特（Barker & Wright, 1949）的实证方法，人们对于社区和街坊对许多发展结果（从低体重儿和低智力儿到高中毕业率和暴力犯罪率）的影响问题的研究经历了复兴和增强的过程（Brooks-Gunn, Klebanov, & Duncan, 1996; Ensminger, Lamkin, & Jacobson, 1996）。这些研究仍处于早期阶段，而且还有一些方法论和分析法上的问题需要解决，并且需要系统地纳入研究计划中。同样，针对社区水平影响的干预，很少基于以科学为基础的信息和经验。在评论针对以社区为基础的举措所面临的挑战时，罗斯沃特（Rosewater）指出："很明显，这些活动是……超过他们的知识和概念框架的。如果这些举措是为了履行他们的诺言，那么一方面，有必要深刻地思考一下有关社区的发展，另一方面，满足儿童及其家庭的需要并考虑这两者的关联。"（引自 Aber, 1995, p.264）

为了阐明如何最好地研究社区的影响，本章将重点描述从芝加哥社区人类发展计划（Project on Human Development in Chicago Neighborhoods, PHDCN）中所借鉴的经验（Earls & Buka, 1997; Earls & Reiss, 1994）。在某种程度上，选择这项研究是因为它代表一个特别大胆和创新的有关认识社区水平影响的尝试，它涵盖了发展心理学、儿科学、儿童精神病学、犯罪学和公共卫生等传统研究，以此检验在健康和行为结果方面的个体差异。

鉴于经济、地理及文化因素关系到人类的发展，社区是很值得研究的。如何决定哪些发展结果的影响是最重要的，以及何时发展会对他们带来最大的影响，构成了导致社区研究复兴的实证问题。这些问题对基本理解社区影响力及其发挥作用的特殊方式起到了重要作用。它们对评价干预的效用也很重要，这些干预更多的是针对环境和经验品质来设计的，它们对个体开放，但却很少与作为主要影响目标的个体在一起。在一个看重个人努力与成就的社会中，存在一种不可否认的倾向，即把健康结果和教育成就的影响归因于性格、动机或智力方面的个体差异。尽管关注点经常扩展到对家庭影响的考虑，但行为科学家也很少对超出家庭单元发挥作用的问题进行深刻的思考。临床医生也遭受了同样的指责，他们在病史采集中，针对那些当事人感到为难的问题，很少详细询问病人除了当前家庭环境以外的社会及物质环境情况。

这个问题甚至延伸到那些以社区为基础的干预中，无论是在社区层面为影响个体改变而努力的项目,还是那些社区本身就是关注焦点的项目。在大多数情况下,干预是基于特定的场所且旨在完善发育、卫生和发展的环境,而不是基于大量有关传递社区对个体家庭和孩子影响的知识。比如,在过去的60多年里,有三大社区的干预研究都旨在降低心血管病的风险因素和提高成人的健康状态。这些大型活动的适度影响也许可以用研究者的观察来作解释,"低估社区活动的复杂性,错综复杂的形式,非正式的社区结构以及抵消影响变化过程的社会经济因素"(Feinlieb,1996)。因此,过去的经验得出可利用的知识库也许并不足以有效地改变中产阶级社区成年人的吸烟和饮食行为。那么,要影响处境不利社区中的家庭和儿童复杂的社会行为和家庭行为,这样的发展过程需要多充足的知识库呢?

对社区作用的信息和知识的缺乏并没有阻止我们想要居住得更好的愿望和努力。然而,在整个20世纪90年代,人们逐步认识到社会的传统观念已被社会和物质环境的改变所颠覆。这些改变反映在劳动力市场和工作场所,城市,郊区、农村人口的再分配,社区的物质环境,大量交通系统引入城市社区,以及大批电子技术的引入所导致的日益增多的人们用来接近彼此的、有价值的商品以及信息设备。这导致了社区干预的第二大类关注点,它首先关注社区的功能和社会历程,其次关注公民的健康和行为结果(Freudenberg,1997)。

人们普遍认为,公民社会中的传统机构(如警局、学校和儿童福利机构)不能独立完成它们的任务。在理想的情况下,由政府发起的自上而下的策略需要与来自地方社区自下而上的策略相联系。对社区警务新的重视,例如,通过专业培训和实践的方式系统地使警力更好地融入聚居地,预示着也许最终我们也能够在其他服务部门看见这样的重视和改变(University of Maryland,1997)。同样,早期开端计划(Early Head Start)强调被资助的项目应该把社区能力建设作为任务之一。然而,所谓的立法或能力建设并不能代表一个社区。尽管以社区改变为目标,但努力的焦点几乎仅仅源于对儿童的关注。在某种程度上,这反映了人们对指定特征犹豫不决,它可能由于改变太大而妨碍项目的实施。但它也反映了现有研究的匮乏以及对关乎人类发展的社区性质与功能的新的富有创新精神的探究的需要。

本章所提出的方法和程序将帮助评估和建立社区能力,以支持儿童的发展。对于这些社区实践层面的工作,本章将了解测量一个社区对发展结果的贡献在某种意义上可以区别于家庭与儿童个体特征带来的影响。因为这是芝加哥社区人类发展计划(PHDCN)的主要目标,所以为在设计与执行中处理早期发展的多级影响提供了一些参考。

环境理论与发展理论

通过考虑社会环境中的近端或私密的特征,许多行为、认知和情感发展理论把人类能力或缺陷的演变放在一个适当的位置。监护者的特征以及家庭环境所提供刺激的多样性通常被认为是开始发展的充分条件。至少在某种程度上,这种观点反映了存在于社会学和心理学之间的学术分歧。多年来,通过专业化学科产生的现实分裂已经部分地补充了心理学家的研究。勒温(Lewin,1954)的场理论(field theory)强调个人与环境的交互作用。他发展了通过向量和心理子系统来显示的正式机制,以使环境对行为所起的因果作用概念化。布朗芬布伦纳的生态理论(Bronfenbrenner,1979)详细阐述了环境影响的区域:从近端且私密的影响到远端且相对疏远的力量。他的理论充分而全面地包含了在儿童身上起作用的所有方面:从家庭、同伴、学校的影响到物质环境和文化氛围的影响。虽然该理论承认在组织层级间的相互向量,但它主要还是看重日常亲子经验的交互作用。例如,考察儿童受虐的社区影响研究也专注于可利用的朋友和邻里所提供的社会支持问题(Earls,McGuire,& Shay,1994;Garbarino & Sherman,1980)。随着另一种科学主义,巴克和赖特的实证方法(Barker & Wright,1994)从众多占主导地位的心理学家的理论中分离出来,并将思维作为一种内在心理现象概念化,他们由此设立了一门被命名为"行为生态学"的新学科。按这种方法,儿童人格被大大小小的来自环境所有方面的交互作用所限制。

三种常见的心理学理论都确信儿童的思维与行为强烈地受制于外部环境力量。布朗芬布伦纳对有关外部环境是如何组织的问题进行了最完整的论证,但仍存在挑战,即针对它的复杂性,选用一个好的接近的法进行测量,并考虑其对人类发展独特的且有条件的影响。在布朗芬布伦纳的开创性论文(Bronfenbrenner,1977)的观点8中所引用的生态理论很值得在这里引证:

人类发展的生态学研究要求调查超越包含个体的直接环境,以正式和非正式的方式去考察更大环境下影响直接环境的事物。(p.527)

科尔顿(Coulton,1995)在推动有关处境不利社区的研究时,认为从一般理论的建构到以实证为基础的调查尤其重要。她阐述了四种可能会帮助解释社区是如何直接影响儿童或间接地通过家庭、同伴和地方组织影响儿童的视角。它们包括:(1)构成的影响;(2)产生压力的社区环境;(3)有效养育的社区环境;(4)社区社会组织。我们在这里简要描述并指引读者了解她关于这个话题更全面的讨论(Coulton,1995,1996)。

数十年的研究已经验证了社区的社会经济因素超越了个人和家庭因素而影响个体的幸福感。最近,许多研究发现,富裕邻居的存在似乎对一些儿童和成人,包括青少年生育、低体重儿和智商(Brooks-Gunn,Duncan,Klebanov,& Sealand,1993)以及学业完成(Brooks-Gunn et al.,1993;Crane,1991;Duncan,1993;Ensminger et al.,1996)在发展结果上有积极的影响。当考虑家庭特征时会参考这些结果。尽管逐渐增加的证据支持社区构成的影响超过家庭层面作为一个整体的影响,这项研究"指出社区组成混淆了家庭特征,并且当家庭特征被控制时,社区影响就会变得相当薄弱"(Coulton,1996,p.91)。然而,通过经济社会一体化的社区来提高发展结果却不应该被排除在外。

在许多城市社区中,物质条件和制度资源(如教会、学校和娱乐设施)戏剧化的侵蚀已经引导人们日益关注恶化的和产生压力的社区环境对儿童发展的潜在影响。从越来越多地接触到造成智力和行为后果的物理毒素(如土壤和油漆中所含的铅),到更多地关注到与社会和心理环境相对的情形,尤其是有大量的证据都表明(无论是目击者还是受害者)社区暴力对儿童和青少年造成了有害的影响。最近,我们的研究表明,接近25%的城市青年称在自己的一生中目睹过他人被谋杀(Buka et al.,2001)。同样,在一个来自波士顿的小儿科初级保健诊所病人的样本中研究者(Taylor,Zuckerman,Harik,& Groves,1992)预测到每十个儿童中就有一个在他6岁之前目击过暴力事件。结合14个研究的主要研究结论,我们发现男性、少数民族和城市居民目睹暴力事件的风险在不断增加。各种精神问题,包括创伤后应激障碍、攻击性行为和外化行为障碍在目睹过暴力事件的儿童和青少年中更加常见(Cooley-Quille,Turner,& Beidel,1995;Singer,Anglin,Song,& Lunghofer,1995)。

科尔顿还描述了社区明显不同的育儿风格如何间接地影响儿童的发展。"拥有更多权威家长的社区似乎对儿童产生了更好的影响;这些有利影响可能也同样作用于那些家庭结构受到损害的孩子,如单亲家庭的孩子或其他的'缺陷孩子'"(Coulton,1996,p.95)。现有证据表明,有效的养育风格对儿童的成长有很大的影响,不同养育模式社区中的糟糕邻里环境会引起更少的有效养育,邻居的育儿风格可能会弥补特殊家庭的局限(Coulton,1996;Furstenberg,1993)。因此,社区养育模式及其实践的影响可能会贯穿整个社区并改善儿童的发展结果。

最后,科尔顿描述了通过警局、学校和教会等正式组织体系,以及邻里、家庭以及同辈之间的非正式组织体系,社区的社会组织结构是如何提供社会中的宏观变化与儿童及青年个体之间的联结纽带的。社区的社会组织指向这样一个程度,即定位于这个组织体系能够在这个社区完成户籍管理目标及进行社会控制(Sampson,1992)。这个观点已经有了更大的发展,从用来调查犯罪和流氓行为,到最近扩展用来解释别的结果,如青年的亲社会行为(Freudenwend,1986)和参加自愿性组织(Figueira-McDonough,1991)。

有必要指出,存在一个完全不同的平台用于理解为什么社会环境看起来像他们表现出的那样。假设的个体层面的首要因果关系理论广泛地出现在社会选择模型的标题之下(Scarr,1992)。这里假设基因、气质或早期经验会在思想和行为的层面烙下很沉重的印记,因而环境影响便不那么重要或它们基本上成为次级影响因素。对于儿童智力和气质的功能而言,假设他们在寻找符合其倾向的关系、技能和课余活动上做出了积极的努力,因而只要选择在这些问题上起作用,那么学校或社区环境就不那么重要了。

我们有必要记住社会因果和社会选择之间的元理论。与其说一个是正确的而另一个是错误的,不如说更有可能的是,两者都是对的但却导致了不同的结果。例如,由于精神分裂症与经济损失有联系,社会选择也许可以用来解释社会经济停滞时期和患有精神分裂症病人的处境,这些病人远离他们出身的家庭和社区而选择居住在过渡性生活边缘的社区(Dohrenwend & Lavav,1992)。另一方面,物质滥用也是一个问题,商品的实用和使用功能产生了滥用行为。这些产品并不是随机地分散在环境中的,因此时间和空间的定位可能成为影响结果的主要决定性因素。但是也可以理解为实用和使用并不是单独存在的。一个人仍然必须选择(或被说服选择)药物,并且不是每个人都会那么明显地做出这样的决定。这表明行为是被那些既针对于环境又特定于个人的因素所影响的。现有的理论在解释个人与环境的相互作用的性质上仍存在局限。

关于环境与发展的现有理论的不完善也引发了另一个问题,事实上,社会与物质环境处于一个不断变化的不稳定状态,因此就很难详细解释说明这个动态环境中的事物。经济的、政治的、文化的以及物质的力量常常作用于社区,却没有特别与它们相协调的要求。以劳动力市场为例,在20世纪的大多数时间里,工作场所已经越来越多地远离居民区。与此同时,参加工作的妇女的比例也与日俱增。这两大因素导致父母在平时的工作日会与他们的孩子分开很长时间。如果存在为填补父母缺席而设置的活动和关系,这种情形其实并不需要令人担忧。但另一方面,如果这种替代经验并不存在,那么孩子将存在被剥夺社交的风险。

现代社会的新生科技将会以大量的、我们不能预期的方式继续改变我们的环境。从汽车到电脑,这些发明给我们提供了更少依赖别人的途径。当传统的相互依赖减少时,我们必须问,其他的社会组织形式是否也将会被取代(如基于电脑的网站)。当我们转向测量和分析社区对早期人类发展的影响时,如果我们能够理解如何改变环境对孩子发展的影响,并且从另一种意义上限制旨在引导和支持那种发展的机构和体系,那么社会环境方面就会处在一个持续不断的最重要的创造与再创造的过程中。

芝加哥社区人类发展计划的社区设计

　　美国医学研究所(Institute of Medicine,1996)组织的研讨会提出了一些建议,"青年发展与社区影响:挑战与机遇"概括了本章的内容。在社区测量方法方面,要求详细审查以下五个关键问题并确定改进措施:(1)建立相关界限以促进纵向研究;(2)创建可靠且有效的措施以获得社会资源(包括正式和非正式两种方式);(3)选择适当的社区样本以获得有效的居民经历的测量;(4)检验通过影响社会设置的社会经济地位、种族/民族以及居住稳定性的途径;(5)评价联系社区物质与社会环境的机制。所有的这些建议都已纳入芝加哥社区人类发展计划的社区设计中。

　　芝加哥社区人类发展计划已经明确建立了理论框架以引导有关儿童发展的研究。首先,该计划确定了对比社会选择与社会因果关系假设的含义。要做到这一点,在同一时间内要对同样的社区进行测量,以捕捉人口的统计学和社会经济成分的变化。其次,该计划采用由社会学芝加哥学派提出的社区社会组织的生态逻辑理论(Sampson,1992,1994;Shaw & McKay,1942),它着重设计测量工具和提出有关社区如何与家庭和个人的特征相互作用的正式测量假设。该理论明确揭示了作为解释异常行为发展重要因素的社区的结构特征。三大最重要的结构特征分别是居住的流动性、种族隔离以及贫困居民的密集。这些结构性条件反过来对促进社区作为有组织的实体起了作用。该理论进一步假设存在正式和非正式的途径去有系统地管理和支持居民的活动。正式途径与有组织的政治进程、学校、教会、警方及贸易有关。非正式途径在社区中自发出现,且反映信任、互惠、友谊及对儿童的集体责任。这些过程也显示出应对大面积居民造成不利影响的危机的潜力。当一个区域成为某些非法企业的目标时,这样的危机会是灾难性的,它会以自然灾害的或更长期的形式出现。

　　读者会注意到,术语"社区"的使用已经过渡到聚焦在作为利益单位的街坊邻里。在包含个体及其家庭的社会环境的研究中,社区多层面的含义必须被窄化并提炼成操作性定义。在芝加哥社区人类发展计划中,社会组织的生态逻辑理论是指导社区结构性和功能性特征测量的选择和发展的一个主要组成部分。但是首先需要一个对特定群体的有界限的地理空间进行定位和划分的策略。我们假设,由于这些居民分享共同的生活空间,因此在他们之中存在一种反映他们的共同利益,也许甚至是共同价值观的联系。重要的是,不要考虑作为符合调查最初假设的这个单位的定义,而要灵活地从更小的单位迁移到更大的单位,这才是可取的。如图14.1所呈现的即是代表社区所描述的模型,后面会详细介绍。

　　生态逻辑理论没有提供太多关于"儿童的发展是如何通过抚育他们的环境受到影响"的解释。为了完成理论框架,一个更加明确的发展理论需要结合正式和非正式的社会组织思想。而对这个话题的详尽讨论超越了本章的范围,更为重要的是要指出从非正式社会网络中派生出的兼具社交能力发展的"互惠"与"信任"的概念。因此,社区的经济环境和教育水平也许会以主要的方式促进个体的智力发展和学业成就。从理论角度看,社区生态和发展结果之间,最强的联系可能会存在于社交能力、自我效能及道德行为这些领域。成长带来的消极影响是在某一区域内破坏社区这一作为人类发展的环境,这不仅会反映出学校明显的低学业成就,还会反映出高犯罪

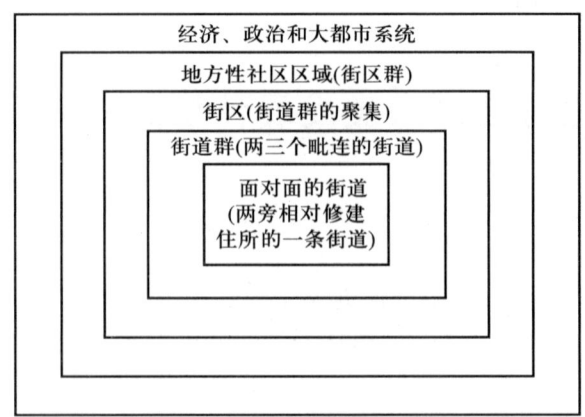

图 14.1　城市区域的组织水平

率、资产滥用及早期乱性行为。这些用以表示亲社会态度和行为的病态行为可能被视为反映了促进和维持发展轨迹的失败。

下面将介绍实施芝加哥社区人类发展计划的前期准备经验。测量社区特征所用的方法及分析策略要重点阐明。虽然在这里，有些方法范围会被限制在一定范围，但是这个研究项目是在与广泛的行为学家和社会学家经过长期磋商后才最终达成的，承认这点是很重要的（Earls & Buka，1997；Earls & Reiss，1994；Tonry et al.，1991）。

测量单位的选择：定义街区

正如有人警告的那样，"不要研究少量的儿童就概括出有关儿童发展的性质"，这在研究社会单位（如街区）时也同样适用。在设计调查街区对儿童发展所做贡献的研究中，在选择研究领域时应注意多个初步决策。街区可能被随机选取，以此来代表包含城市、郊区、农村地区的全国概况。另外，一些大区域可能会用作重要的文化或地域差异对比。在经过对各大领域的调查后，芝加哥社区人类发展计划最终选择了能够提供充足对比数量的一个城市作为研究对象，这些对比产生于一定范围的街区中，需要在多层设计中调查街区对于发展结果的影响的变化性。由于芝加哥既有大量存在的社会经济差异，又有大范围的种族结构，因此这座城市被选定为研究对象，且把这些区域从一个到另一个进行了很好的地理划分。

在研究一个拥有百万居民和数百街区的城市时，历史学及人口学视角将很有用。旧街区衰落，新街区出现，其他街区被重建。任何对街区的横向研究都必须牢记一点：在理想的情况下，数据收集工作应该找到至少能够捕捉这个研究领域变化的方向。图 14.2 显示了芝加哥从 1970 年至 2000 年间戏剧性的人口变化水平。来自南方的黑人移民、大批移向郊区的白人和中产阶级以及拉丁美洲移民（尤其是来自墨西哥的）表现了美国在第二次世界大战后的主要人口学变化。这些特征表明研究芝加哥的街区生活应该比研究其他大都市更加有用。这一发现也帮助这座城市构筑了未来发展的图景，且提出了确定中心城区与已成为其一部分的更大的都市区域的主要关系。

从幅员辽阔但人口稀疏的定居型农场区域，到以地理面积狭小但人口稠密来代表城市中心

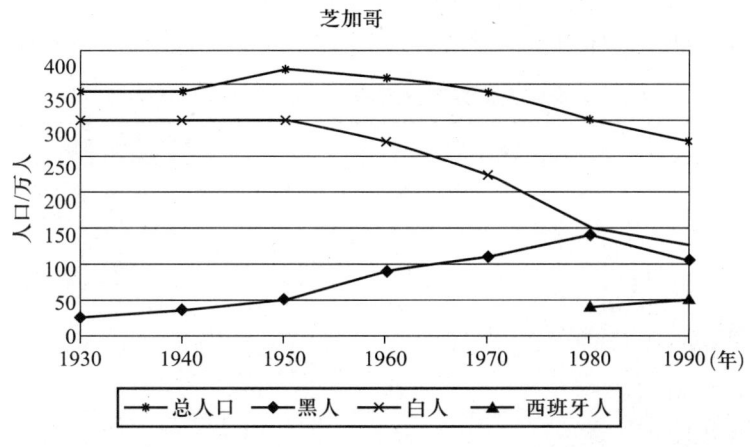

图 14.2　芝加哥人口（1930—1990 年）

公共住房发展的区域，社区在规模和功能上存在很大的差异。如图 14.1 所示，通过一个嵌套模型的方式在广大的城市范围内安排这些区域，其最小的单位为住户面对面的街道，最大的单位是官方定义认可的大都市区域。最基本的单位是面对面的街道，其被定义为：允许邻居在同一条街的街对面看见彼此的住房或公寓。街道群是由数个毗连的城市街道和类似的单位所组成的，大多数居民把其称为他们的街区。美国人口统计局（U.S. Bureau of the Census）把 4 000~5 000 个居民作为一个人口普查统计的区域单位。这些普查单位通常由数个街道群组成。更大的区域的定义通常是出于行政原因（如政治、学校及公园区），当地居民也不要求什么功能的完整。因此，居住在街区的居民对其所下的定义可能与市政部门提供的地方服务不尽相同，且每个行政机构对其的定义也与其他市政部门的定义不尽相同。例如，学校与警区就很少一致。

面对社区和街区数据收集的一个挑战是在这些多种定义方式下不停变化的边界划分。如果谁对街区对儿童的影响感兴趣，那么面对面的街道也许是最具有意义的研究单位，但这个单位也许在儿童进入青春期后就渐渐失去了意义。因为许多婴儿和学步儿童离开了他们的场所，进入育儿机构，他们对交通系统、安全设备、娱乐设施及不同语言、食物、风俗的经验也许比传统式理论（把孩子视为嵌套在家庭中的私人设置）对其发展的影响更加显著。更大的社区单位也许包含成千上万的居民，这可能会引发服务供应、学校教育和劳动力市场等问题。在任何情况下，测量工作必须对在这些多层面定义的街区边界采用高水平的渗透，且必须试图在积累数据方面实现一定程度的全面性和灵活性，即允许在敏感的易暴露的儿童和青少年发展的不同时期对其进行分析。

在芝加哥社区人类发展计划中，最重要的是要考虑城市社会生态学如何通过种族的人口特征和社会经济地位来划分区域。人口普查为该分析提供了一个便利且有用的起点。通过对这座城市的 847 位居民进行人口普查，研究其收入水平和种族构成的分布，结果分为 21 种合理的类型（见表 14.1）。人口普查的区域根据收入水平被三等分。这样专门的划分把贫困集中的区域从那些以中高收入水平为主的区域中分离出来。当这种社会阶层划分通过街区同一种族的交叉分类时，几乎包括所有类型的可能排列都在表 14.1 的网格中呈现。该表揭示了非裔美国人街区占贫困总量的绝大多数，而白人街区则处于高社会阶级。与此同时，大范围地实行种族隔离的非裔美国人街区（和小范围的拉美地区）中的社会经济水平对常常混杂影响种族和社会阶级的种族隔离目标有着重要的意义(参见 García Coll & Magnuson,本书)。对于一个城市被广泛认为在美国最具种族隔离特色时,同样值得注意的是,相当多的街区种族/民族构成都是混杂的。

表 14.1　芝加哥人口普查分层样本地区分布,1990($N=847$)

种族/民族	社会经济地位			
	低	中	高	总量(百分比)
黑人,75%以上	205	81	27	313(37.0%)
白人,75%以上	0	12	162	174(20.5%)
西班牙人,75%以上	25	28	1	54(6.4%)
西班牙人/白人,20%/20%以上	8	105	37	150(17.7%)
西班牙人/黑人,20%/20%以上	18	6	0	24(2.8%)
黑人/白人,20%/20%以上	5	10	25	40(4.7%)
其他混合人种	22	39	31	92(10.9%)
总计	283	281	283	847

根据该结果,值得我们思考的是如何通过人口学特征来进行地理区域划分。这里有两个相关问题。第一,如果芝加哥整个大都市区域都包含在内,那么这个划分是否需要改变。因为居住在郊区的主要居民不能代表所有的最低的社会阶层或少数种族/民族群体,所以这不太可能发生。第二,芝加哥与其他美国城市的相似问题。在这里再次指出鲜有证据表明这样的划分会截然不同。因此,一个谨慎的结论可能是:通过在芝加哥整座城市对一大批社区进行大范围的系统取样,从而来反映美国社会的人口结构。

方法和手段

由于对街区存在不同且复杂的定义和理解,因此需要多重途径来收集这些街区单位的数据。芝加哥社区人类发展计划以收集明显的不同类型的数据为目标。这包含来自地方的官方和管理记录,对街区物质环境和社交活动的直接观察以及对居民、专业人员及街区工作在第一线感知生活质量的服务提供者的采访。有限的环境也被选作深入的种族志研究,在当今剧变的情形下(如开发区、移民社区、公共住房发展及经历着快速中产阶级化的区域),该研究旨在对这些区域可能发展成什么样有更进一步的理解和认识。

如前所述,普查数据为根据地理及人口特征来定义街区提供了基础,但是这个定义在多大程度上接近居民自己认可的定义方式却仍然是个公开的疑问。事实上,普查数据已成为使用最广泛的,提供丰富的人口密度信息、家庭结构差异以及居民受教育程度与收入水平等的信息来源。一些其他类型的信息可以用来获得表征土地使用、实际房产价值、紧急呼叫警署和消防部门、刑事事件和逮捕、入学与学业成就水平、发病率的健康数据及死亡率趋势等方面的数据。但是这些官方和管理的数据来源应该被视为街区功能作为居住或间接测量单位的未加工的指标,也可能是更深的社会过程中的原始指标。

我们需要采用观察法和访谈法,以收集从事更直接的活动、居民与其政治领导及其他街区机构的关系的数据。在芝加哥社区人类发展计划中,收集这些类型的数据将成为其重要的义务。

管理或记录数据补充了三大类信息,这些信息来源于对居民直接的观察和访谈以及其他一些重要信息提供者。

观察数据的收集使用了被称为系统社会观察(systematic social observation,SSO)的方法。这种方法被用作记录一定人口或其样本单位的外貌特征和社交行为,且观察者是经过训练的,要求他们执行标准协议。SSO 的基本模型类似社会调查样本(Reiss,1971,1975)。选取一个样本框架和样本计划,选用一个或多个样本,创建并前测标准化数据收集协议,并进行观察者培训。SSO 与人口普查或样本调查的基本区别在于,经过培训的观察者的直接观察代替了对调查受访者的回答记录(Reiss,1968)。SSO 也不同于针对所有单位进行系统数据收集的人种志研究。

训练有素的观察者通过记录商业活动的类型、房产保养程度、涂鸦或破坏公物的证据、娱乐设施的外观和质量、毒品贩卖和其他非法活动以及成人监管孩子的程度等,来寻找街区社会组织的标志和客观生活质量指标体系。在对芝加哥的研究中,研究过程要求,用一辆厢式货车对 80 个街区的 27 000 条街道进行面对面街道两边的录像,每个录像都有两个观察者完成观察记录,每个观察者负责录制街道一边的情况。该研究被分为 35 个客观题项(如,这里有可使用的公用电话吗?)和 21 个主观题项(如,你能描述一下作为一个帮派的同伴群体的特征吗?)。

随机选取家庭居民的结构化访谈用来收集如何使居民感知和利用所在街区的信息。社会组织的生态理论定义了维度,如表 14.2 中所描述的,为了这个目的所执行的调查工具、评价该研究信效度所采用的具体步骤、直接调查美国主要城市街区中社会组织等多方面的工具实用性(Barnes et al.,1997)。为了方便管理,对访谈问题都进行了排序(编码)。最初的问题是关于街区人际关系的,紧接着是街区物质和可观察的属性、机构的存在和组织成员、街区居民的价值观,最后是家庭人口统计信息。主要的题项都以"李克特五点计分"进行评定,当设定了计分方向后,这些问题以高得分代表更好的结果进行计分。拥有最大内部一致性的量表是那些描述式的非正式社会控制($\alpha=0.85$)及社会凝聚力($\alpha=0.89$)。如表 14.2 所示,这些问题包括人们乐意以切实的方式帮助邻居,例如,借给邻居一小笔钱、关注邻里问题、帮忙照顾街区的小孩(社会凝聚力);邻居间相互熟识且给予彼此建议(社会参与);当发现有反社会行为时(如,爆发冲突、胡乱涂鸦或看见孩子逃学),邻居能够主动干预(非正式监控)。发现其他的量表(没有呈现在表中的)在街区服务和住宅稳定性等方面也拥有一致的描述(健康服务,0.74;街区稳定性,0.79)。

表 14.2 有关街区社会组织量表的因素分析和内部一致性检验(α 系数)结果

街区社会组织	α 系数
非正式社会控制	$\alpha=0.85$
地方社会参与	
0.75① 互相帮助的频率	
0.62 看守财产的频率	
0.65 要求给予建议的频率	
0.63 去参加邻居派对的频率	

① 题项/总皮尔逊相关系数

续表

街区社会组织		α 系数
0.67	看望邻居的频率	
社会凝聚力		
社会资本		α = 0.89
0.76	人们乐意帮忙吗？	
0.73	邻居们留意孩子吗？	
0.70	这是一个紧密结合的街区吗？	
0.69	邻居们关心邻里问题吗？	
0.67	你从你的邻居那儿借过30美元吗？	
0.65	如果这儿有个问题，你的邻居会主动解决吗？	
0.60	成人们互相尊重吗？	
0.56	邻居们值得信赖吗？	
0.49	人们会互相利用	
0.46	没有人得到街区照料（反向计分）	
0.38	人们一意孤行（反向计分）	
娱乐和支持服务		α = 0.81
0.67	街区有娱乐或课余项目吗？	
0.66	街区有课余项目吗？	
0.62	街区有夏日娱乐项目吗？	
0.52	街区有像样的公园吗？	
0.48	青少年只能到处闲逛	
0.48	街区有日托服务吗？	
0.45	只能在大街上玩耍而无处可去	
0.33	街区有社区中心吗？	

内部一致性分析表明这些理论构建导致个体反应的一致模式。关于邻居互相帮助及社交的方式和在当地困境中可能受到干预的问题等都可以归并到可靠的心理量表中。当地提供的服务报告、稳定水平和街区的变化也呈现明显的可靠性。这些结果为非正式社会控制、街区社会凝聚力及住宅稳定性的理论构建提供了基础。有关社会凝聚力因素的强负荷题项进一步表明非正式社会控制与社会凝聚力之间的理论区别，也许在很大程度上，邻居们互相帮助或者愿意监督别人的孩子胜过自己的孩子。这些发现表明，生活在互相帮助街区里的人们，可以依赖来去监控青少年，或者以此显示街区活动的高参与度（Sampson et al.，1997）。

关键信息提供者被定义为拥有关于街区专业知识的人。这些人包括长期居民或作为活动家、公民领袖、获得美誉的人,以及提供服务或在社区中经营生意的大范围的专业群体代表。后一组则由学校行政人员、社区警察、宗教领袖、民选官员和企业家组成。除了名誉领袖,各个组都被系统地从由各类别团体组成的花名册中取样。在这个类别的花名册中,每个专业团体都被提名并在达成共识的基础上进行选取。在家庭居民调查中,使用访谈方法对那些对比样本进行了谨慎的前测。每个团体被问及数个类型的问题,激发他们对社会政治影响的意识及调动他人回应影响他们街区生活质量的重要问题的水平。

第四个方法则是人种志的设计。这个方法为我们提供了一种比通过调查方法更能够深入考量街区进程的方式。许多人种志学家通过驻扎在一个街区一段时间(也许是几年)来完成研究,而其他人则通过生活在这个研究区域的代理人来完成数据收集工作。这一类型的问题已被城市人种志学家解决,他们关注穷困社区的非正规经济和帮派的作用,以及生活在这样街区的拥有控制感的居民对政治决策的影响。更新的关注点也出现了。在芝加哥社区人类发展计划中,大家关注的目光直指社区接收的大量新移民。在这方面,其目的旨在增强对青少年的态度和价值观以及有关同化到美国文化中的年轻人的理解,且增强理解的过程是如何与正在恶化的某一健康结果有关的,例如婴儿死亡率、低体重儿、由人与人之间的暴力冲突而导致的死亡(Singh & Yu, 1996)。另一项有关人种志的研究在正在进行重建的复杂的大型公共住宅区域进行。该研究的关注点在于了解当地居民,尤其是年轻人如何适应和参与到规划过程中。在回顾广泛的研究时,很有趣的一点是注意到人种志方法已不再被用作研究中产阶级或种族(民族)混合街区了。

我们面临的挑战是把这些不同来源的数据整合到一个综合的、动态的、把街区作为社会单元的示意图中,与此同时捕捉横向与纵向的关系。横向的联系反映了邻居间特有的互动,尤其是关于对孩子的监管和支持。纵向关系则反映的是那些存在于当地街区和大型政治、行政、经济单位的联系。根本的问题在于街区能力,即街区要拥有产生和维持符合生活标准要求的资源的能力。

分析策略

对可用于研究社区对发展的影响作挑战性分析和统计模型的完整描述已超过了本章的范畴。对此有兴趣的读者可以直接阅读描述芝加哥社区人类发展计划所面临的主要问题的专门报告(Raudenbush,1997)。当改进过的测量被开发并纳入到多层级的,允许精确探测并直接作用于邻居、家庭和学校研究时,研究者将更有信心获得如何更好地设计干预和参加提升幸福感的活动。这些要求已被引入芝加哥社区人类发展计划,还承诺及时提供重要的新信息。为了指导分析一个全面的计划,需要考虑下面五个问题。每一个问题都是执行的早期阶段制订和实施的准则。这些问题的解决和改进关乎越来越多的数据,这些数据将成为研究中所参考的指标。

(1)确定测量的信效度——在所有情况下,每一个观察都基于不同程度的主观理解,需要建立并报告评价工具的测量特征。在芝加哥社区人类发展计划的初始阶段,该准则就已建立起来了(Raudenbush & Sampson,1999)。

(2)在街区变量之中或街区变量之间获得信息——因为街区被专门定义为一个分析单元,在单位水平内的变化可能是功能的大小,而在街区水平内的变化也许掩饰了被定义为更小单元的场所之间的真正差异。

(3)确定街区变量的结构与过程的独立和整体的解释力——这里指的是,标记或指示变量之间的差异,如那些反映人口或管理的信息(如,平均收入或少数民族比例),以及那些反映真实社会关系的信息。换句话说,最重要的是确定典型的人口标记变量在多大程度上能够捕捉到真实的社会进程。由于管理及普查数据定期收集且广泛可用,并且没有调查人种志数据那么耗费财力,因此重要的是,要了解它们的局限和如何最好地加以利用。

(4)发展结果的调节和中介作用——都可以作为描述街区对个体和家庭的间接影响的方式。街区所影响的调节作用机制要么放大,要么抑制了其他关系(如强大帮派的存在);而中介作用则表明,影响人类发展而作用于街区的因素必须通过一些其他结构或条件的设置来过滤(如社会凝聚力)。

(5)确定超过测量中存在的阈限值,街区则无法支持人类发展——这里指的是规定一个最小设置条件的生活水平指数。

总结及未来的应用

由于社区影响人类发展的正式研究还处于系统改进的初级阶段,因此把关于未来应用的考虑作为本章的总结是有用的,特别是它们支持我们最关注的问题——儿童早期发展。这些兴趣很可能以继续努力提炼"关于作为研究与社区影响相联系的不同结果的最适当的分析单位"的概念开始。这依赖管理提供的相对粗糙的信息数据资源对环境影响作出的推论。芝加哥社区人类发展计划已大量投资于创建新的测量,以直接观察街区地带和与邻居共处的活动类型,并且系统地对居民和工作在这些区域的人们的生活质量进行访谈(Raudenbush & Sampson, 1999; Sampson, Morenoff, & Earls, 1999),这作了大量投入。但是仍存在使城市生活的重要特征复杂化的问题。人们由于不同的原因频繁地搬迁。家长常常在离家很远的地方工作,通勤问题给家庭生活造成了日常的压力。家庭成员工作或上学的地点、托幼机构、教堂都在不同街区的情况应该并不少见,更不用说他们去购买食物和其他重要物品的地方了。这种流动性也许会通过聚集和控制资源的高水平来进行调节,以至于随着收入和教育程度的增长,街区的意义反而减弱了。如果是这样的话,则表明街区对中产阶级的重要性不及低收入阶层,但这当然是一个经验性的假设。

第二个关注点是需要扩大特定资源和活动类型的标准以构成一个宜居环境。在这个方向,卫生和房屋法典代表第一个明显的步骤。它们被加入组成健康风险的标准中,例如铅污染和有毒废物。但是,有大量处境不利家庭却生活在同一区域,这些家庭可能出现成人对儿童的监管减少、青年团伙在规模和权威上的增加与增强、安全感的严重缺失而导致生活质量的降低等社会风气。所有这些破坏家长养育孩子能力的风气可能会为孩子们选择不良事物提供机会。成年人与青年人经历的这种降低生活质量的可能性会向孩子们传播绝望的态度和不安全的感觉。芝加哥社区人类发展计划所服务的地区之一已集中其力量努力研究儿童对暴力的接触(Kindlon et al., 1996; Selner-O'Hagen et al., 1998)。访谈法正是为此目的而开发的,该方法会询问所有孩子的父母和稍大一点的孩子关于在家庭环境内外成为暴力事件的受害者和目击者的感受。现有的数据显示,儿童远离了孤立或免受了发生在街区环境的暴力事件(Buka et al., 2001)。

所有涉及街区的研究都关注街区促进、限制或损害儿童健康和社交能力发展的方式。贫困也许不会单独作用于限制或破坏街区产生好孩子的能力。因此,对不同环境的观察,为结合正式和非正式的过程以定义街区的社会组织提供了一个更广阔的视野。在捕捉广泛的信息时,必须牢记街区影响会通过广泛的家庭社会经济范围得以扩展,而不只是那些贫困的家庭。肖尔(Schor,1995)指出:

> 缺乏正式与非正式的参与式公民论坛,加之将政治权力集中于专业精英,已经降低了一般意义上的公民义务。个人几乎没有动机和机会为他们自己及其家庭和街区负责——更不用说那些陌生人了——且在社会环境中,对自己和他人会为自己的行为负责持有很低的期望。(p.440)

我们已经了解或知晓大多数有关社区对青少年在人类发展方面产生的影响。该研究总结了本章有关社会选择和社会原因的理论以及社区社会组织对行为不良者及其亲社会行为的影响,这些几乎都是针对青少年和年轻人的。虽然有限,但数据存在于更大的地理单位中,如街区和社区。现成的有关影响学前儿童发展环境的信息更少,如幼儿托管设置、公寓楼房、面对面街道和城市街区。许多研究仍停留在运用和修正现有的儿童发展理论和方法上。首先,我们需要描述那些在这个发展时期特别显著的环境因素。新的理论需要包括对养育子女的社会支持、供娱乐使用的本地资源、家庭与孩子间的互动及相关构想的共同态度。其次,现有的测量已经证明,对年长孩子发展的研究必须在较小的地理单位上进行,如面对面街道或城市街区。在美国人口普查中收集到的许多变量仅仅在普查的层面上能够使用——一个地理单位太大以至于无法描述更小的地区,而这些地区集聚了世界上婴儿和学步儿童的所有特征。合计到面对面街道这一级的普查数据可能会增进调查的深度。在理想的情况下,在此描述的社会进程信息也体现在微观层面——包括互惠、信任、支持等类似的信息。

再次是专门的研究设计被要求彻底解释环境对儿童早期发展的影响。就像芝加哥社区人类服务项目一样,在理想的情况下会包括一个足够丰富而多样的环境(如幼儿照料中心或城市街区),且在每一个环境中都拥有足够丰富而多样的儿童样本,并且对儿童个体及其家庭,也对环境本身进行测量。

这些领域的所有进展都被编到了两卷研究集中(Brooks-Gunn, Duncan, & Aber, 1997a, b)。越来越多的研究包含了假设环境变量对儿童的影响,包括物理环境的指标(土壤铅含量)、社会环境的指标(暴力和接触暴力的水平)、育儿态度和社会支持的集体水平。最后,最近的主要研究,如联邦政府赞助的有关虐待儿童的研究已经实施了新的设计,这当中既有环境测量,又包含儿童在这些环境中发展的纵向研究(Runyan et al., 1998)。

如果本章所描述过的任何类型的方法都朝着策略的方向进化,我们将有趣地看到快速评估街区的社会和物质特征会得到允许。地方组织可采用这种技术伴着一定程度的自治和信心,用来评估和监管他们自己的区域。诸如学校安全、儿童照顾实施及其他公共服务、邻里间信任和互惠的水平、游戏和娱乐区域的质量以及许多其他的问题都可以进行评估、讨论,最后通过公民组织和其他团体(包括那些可能由孩子自己发起的组织)来定期实施。

尽管这个问题值得单独与重点研究,但是道德问题也非常重要,同样需要在收集社区数据之前和之后进行考虑。目前,这些问题还没能通过正式的方式设置在传统程序中,来保护该研究所涉及的个体。但是社区或街区作为有组织的实体应得到尊重和保护的概念将明确出现在这类研究过程中。为推进这个问题,假定有组织的研究项目和社区存在潜在的相互作用,有四个可供选择的参与水平:(1)社区/街区作为开放的领域不受限制地使用;(2)不受限制地使用,但是要与社区/街区进行磋商;(3)在社区/街区层面获得知情和同意;(4)社区/街区成员作为联合调查人员参与其中。尽管饱受争议,但社会科学的传统已经更接近第一个步骤。研究者频繁抛出的现实问题是:决定"谁代表社区"是一个难题。事实上,这个问题可能需要单独的一系列的调查,且会消耗大量的时间和精力,跟踪未来十年有关道德标准领域的发展将会很有意义。

虽然本章一直强调单一的研究,但可以使用它作为一个例子以促进对"因果影响是如何在大都市系统、街区、家庭和个体之间起着嵌套和分级体系安排作用"的研究和解释。为此,需要大量的投入用于设计多重方法以测量作为社会和物质实体的街区。结果表明,街区的重要性正在开始显现,但能证明街区的生活质量确实对孩子的发展做出了突出和重要贡献的实质性证据的研究依旧停留在初级阶段。鉴于此,阿博(Aber,1995)的建议很重要:

> 我们不该过早得出个体和家庭因素比社区因素对决定儿童成长更重要的结论(反之亦然)。相反,我们需要解决个体、家庭和社区因素的对比和互动影响问题的策略。在这个意义上,新一代更好的设计和分析性研究存在很高的实际风险。(p.263)

涵盖整章的概念和方法代表了有关人类发展的社区影响研究的最前沿发展。从这些研究中可预测到结果,且类似的研究将会产生新的知识来推进政策和实践,从而提高街区生活水平及提升孩子们的幸福感。

参 考 文 献

Aber, J. L. (1995). Poverty, violence, and child development: Untangling family and community level effects. In C. Nelson (Ed.), *Threats to optimal development: Integrating biological, psychological and social risk factors*. The Minnesota Symposium on Child Psychology (Vol. 27, pp. 229–72). Hillsdale, NJ: Erlbaum.

Barker, R., & Wright, H. F. (1949). Psychological ecology and the problem of psychosocial development. *Child Development*, 20, 131–43.

Barnes, J., Sampson, R. J., Kindlon, D., & Reiss, A. J., Jr. (1997). A community approach to ecological assessment: Results from a pilot study. In F. Earls & S. Buka (Eds.), *Project on human development in Chicago neighborhoods: A technical report* (pp. 34–45). Washington, DC: The National Institute of Justice.

Bronfenbrenner, U. (1977). Toward an experimental ecology of human development. *American Psychologist*, 32, 513–31.

Bronfenbrenner, U. (1979). *The ecology of human development*. Cambridge, MA: Harvard University Press.

Brooks-Gunn, J., Duncan, G., & Aber, J. L. (Eds.). (1997a). *Neighborhood poverty: Context and consequences for children* (Vol. 1). New York: Russell Sage Foundation Press.

Brooks-Gunn, J., Duncan, G., & Aber, J. L. (Eds.) (1997). *Neighborhood poverty: Policy implications in studying neighborhoods* (Vol. 2). New York: Russell Sage Foundation Press.

Brooks-Gunn, J., Duncan, G. J., Klebanov, P. K., & Sealand, N. (1993). Do neighborhoods influence child adolescent development? *American Journal of Sociology*, 99, 353–95.

Brooks-Gunn, J., Klebanov, P. K., & Duncan, G. (1996). Ethnic differences in children's intelligence test scores: Role of economic deprivation, home environment, and maternal characteristics. *Child Development*, 67, 396–408.

Buka, S., Birdthistle, I., & Earls, F. The epidemiology of witnessing violence in childhood and adolescence (in preparation).

Cooley-Quille, M. R., Turner, S. M., & Beidel D. C. (1995). Emotional impact of children's exposure to community violence: A preliminary study. *Journal of American Academy of Child and Adolescent Psychiatry*, 34, 1362–8.

Coulton, C. C. (1995). Using community-level indicators of children's well-being in comprehensive community initiatives. In J. P. Connell, A. C. Kubisch, L. B. Schorr, & C. H. Weiss (Eds.), *New approaches to evaluating community initiatives*. Washington, DC: The Aspen Institute.

Coulton, C. C. (1996). Effects of neighborhoods on families and children: Implications for services. In A. J. Kahn & S. B. Kamerman (Eds.), *Children and their families in big* cities. New York: Cross-National Studies Program.

Crane, J. (1991). Effects of neighborhoods on dropping out of school and teenage childbearing. In C. Jencks & P. E. Peterson (Eds.), *The urban underclass*. Washington, DC: The Brookings Institution.

Dohrenwend, B., & Lavav, I. (1992). Socioeconomic status and psychiatric disorder: The causation-selection issue. *Science, 255*, 946–51.

Duncan, G. J. (1993). *Families and neighbors as sources of disadvantage in the schooling decisions of white and black adolescents*. Ann Arbor: University of Michigan.

Earls, F., & Buka, S. (Eds.) (1997). *Project on human development in Chicago neighborhoods: A technical report*. Washington, DC: The National Institute of Justice.

Earls, F., McGuire, J., & Shay, S. (1994). Evaluating a community intervention to reduce the risk of child abuse: Methodological strategies in conducting neighborhood surveys. *Child Abuse and Neglect, 18*, 473–85.

Earls, F., & Reiss, A. J. (Eds.). (1994). *Breaking the cycle*. Washington, DC: The National Institute of Justice.

Ensminger, M. E., Lamkin, R. P., & Jacobson, N. (1996). School leaving: A longitudinal perspective including neighborhood effects. *Child Development, 67*, 2400–16.

Feinleib, M. (1996). Editorial: New directions for community intervention studies. *American Journal of Public Health, 86*, 1696–7.

Figueira-McDonough, J. (1991). Community structure and delinquency: A typology. *Social Service Review, 65*, 69–91.

Freudenburg, W. R. (1986). The density of acquaintanceship: An overlooked variable in community research. *American Journal of Sociology, 92*, 27–63.

Freudenberg, W. (1997). *Health promotion in the city*. Atlanta, GA: U.S. Centers for Disease Control.

Furstenberg, F. F. (1993). How families manage risk and opportunity in dangerous neighborhoods. In W. J. Wilson (Ed.), *Sociology and the public agenda* (pp. 231–58). Newbury Park, CA: Sage.

Garbarino, J., & Sherman, D. (1980). High-risk neighborhoods and high-risk families: The human ecology of child maltreatment. *Child Development, 51*, 188–98.

Institute of Medicine. (1996). *Youth development and neighborhood influences: Challenges and opportunities*. Washington, DC: National Academy of Sciences Press.

Kindlon, D. J, Wright, B. D., Raudenbush, S. W., & Earls, F. (1996). The measurement of children's exposure to violence. *International Journal of Methods in Psychiatric Research, 6*, 187–94.

Lewin, K. (1954). Behavior as a function of the total situation. In L. Carmichael (Ed.), *Manual of child psychology* (pp. 918–70). New York: Wiley.

Raudenbush, S. (1997). Hierarchical linear models and growth models. In F. Earls & S. Buka (Eds.), *Project on human development in Chicago neighborhoods: A technical report*. Washington, DC: The National Institute of Justice.

Raudenbush, S., & Sampson, R. (in press). "Ecometrics": Toward a science of assessing ecological settings, with application to the systemic social observation of neighborhoods. *Sociological Methodology*.

Reiss, A. J., Jr. (1968). Stuff and nonsense about social surveys and observation. In H. S. Becker, B. Greer, D. Riesman, & R. S. Weiss (Eds.), *Institutions and the person* (pp. 351–67). Chicago: Aldine.

Reiss, A. J., Jr. (1971). Systematic social observation of natural social phenomena. In H. Costner (Ed.), *Sociological methodology* (pp. 3–33). San Francisco: Jossey-Bass.

Reiss, A. J., Jr. (1975). Systematic observation surveys of natural social phenomena. In A. W. Sinaiko & L. A. Broedling (Eds.), *Perspectives on attitude assessment: Surveys and their alternatives* (pp. 132–50). Washington, DC: Smithsonian Institution. Reprinted (1976, pp. 123–41). Champaign, IL: Pendelton Publications.

Reiss, A. J., Jr. (1986). Why are communities important in understanding crime? In A. J. Reiss Jr. & M. Tonry (Eds.), *Communities and crime* (pp. 1–34). Chicago: University of Chicago Press.

Runyan, D. K., Hunter, W. M., Socolar, R. S., Amaya-Jackson, L., English, D., Lansverk, J., Dubowitz, H., Browne, D. H., Bangdiwala, S. I., & Mathew, R. M. (1998). Children who prosper in unfavorable environments: The relationship to social capital. *Pediatrics, 101*, 12–18.

Sampson, R. J. (1992). Family management and child development: Insights from social disorganization theory. In J. McCord (Ed.), *Advances in criminological theory* (Vol. 3, pp. 69–93). New Brunswick, NJ: Transaction.

Sampson, R. J. (1994). The community. In J. Q. Wilson & J. Petersilia (Eds.), *Crime* (pp. 193–216). San Francisco: ICS Press.

Sampson, R. J., Raudenbush, S. W., & Earls, F. (1997). Neighborhoods and violent crime: A multilevel study and collective efficacy. *Science, 277*, 918–24.

Sampson, R. J., Morenoff, J., & Earls, F. (in press). Beyond social capital: Neighborhood mechanisms and structural sources of collective efficacy for children. *American Sociological Review*.

Scarr, S. (1992). Developmental theories for the 1990s: Development and individual differences. *Child Development, 63*, 1–119.

Schor, E. L. (1995). Developing communality: Family-centered programs to improve children's health and well-being. *Bulletin of the New York Academy of Medicine, 72*, 413–42.

Selner-O'Hagen, M. B., Kindlon, D. J., Buka, S. L., Raudenbush, S. W., & Earls, F. (1998). Assessing exposure to violence in urban youth. *Journal of Child Psychiatry and Psychology, 39*, 215–24.

Shaw, C. R., & McKay, H. D. (1942). *Juvenile delinquency and urban areas*. Chicago: University of Chicago Press.

Singer, M. I., Anglin, T. M., Song, L., & Lunghofer, L. (1995). Adolescents' exposure to violence and associated symptoms of psychological trauma. *Journal of the American Medical Association, 273*, 477–82.

Singh, G. K., & Yu, S. M. (1996). Adverse pregnancy outcomes: Differences between US- and foreign-born women in major US racial and ethnic groups. *American Journal of Public Health, 86*, 837–43.

Taylor, L., Zuckerman, B., Harik, V., & Groves, B. (1992). Exposure to violence among inner city parents and young children. *American Journal of the Diseases of Children, 146*, 487.

Tonry, M., Ohlin, L., & Farrington, D. (1991). *Human development and criminal behavior: New ways of advancing knowledge*. New York: Springer-Verlag.

University of Maryland, Department of Criminology and Criminal Justice. (1997). What works, what doesn't, what's promising. *Office of Justice Research Report*. Washington, DC: U.S. Department of Justice.

参考文献

第五编 服务提供的模式与体系

第15章 预防性卫生保健与先期指导

保罗·H. 德沃金(PAUL H. DWORKIN,医学博士)

儿科逐渐成为有别于成人的、强调儿童健康问题的医学领域。在20世纪初期,医生只关注对疾病的治疗,仅在儿童患病时努力医治,并不重视对儿童健康的保护(Cone,1979)。另外,医生对儿童的卫生监督也是有限的,最多对疾病传染迹象进行粗略的检查。在美国,儿童健康保健最早起源于牛奶站和城市儿童健康集市,人们把婴儿带到集市上接受专门的哺育、称重、体检、免疫接种(Hoekelman,1997)。

20世纪中叶,人们通过引入抗菌药物、加强卫生监督及实施有效的公共卫生措施来加强对疾病传染的控制,并开发了一系列有效的免疫接种,从而使儿童健康服务发生了巨大的改变。随着儿童发病率及死亡率的急速下降(1900年儿童的死亡率比现在几乎多了25倍),大家的注意力从对疾病治疗的广泛关注转移到了促进健康和预防疾病上。事实上,预防保健的重要性是美国儿科学会(American Academy of Pediatrics,AAP)成立的一个主要动因,而且该学会推动了儿科从医学领域分化出来(Hoekelman,1997)。1955年,美国公共卫生协会(American Public Health Association)下属的儿童健康委员会(Committee on Child Health)把"儿童健康"定义为"儿童身体、心理及社会适应良好的状态,而不仅仅是疾病的消失或身体的强壮"。儿童健康监管的目标是保证"儿童健康的良好状态,并尽可能提高其健康水平"(Committee on Child Health,1955)。同样,美国儿科学会已经制订了儿童健康监管的目标,即促进儿童的最佳生长及发育(AAP,Committee on Standards of Child Health Care,1972)。

哈格蒂及其同事发现,行为问题、发育问题及心理问题成为儿科实践中的"新病症"(Haggerty, Roughman, & Pless, 1975)。后来的研究证实:在初级保健实践环境中,这些问题已经相当具有普遍性(Hickson, Altemeier, & O'Connor, 1983)。因此,儿童预防保健越来越关注儿童在行为和社会方面的健康。

诸如"光明未来"(Bright Futures)之类的活动承认了儿童健康监管的必要性并回应了家庭和社会中发生的深刻变化。多个部门联合为婴儿、儿童及青少年的健康监管制订了指导纲要(Green, 1994)。全面的儿童健康监管服务面临的挑战包括家庭关系普遍弱化、父母陪伴孩子的时间减少、与祖父母及大家庭的直接接触日益减少、地理环境变迁、社区凝聚力和社会支持减少(Green & Kessel, 1993)。"光明未来"的指导方针强调"在具体环境中考察儿童健康"以及"快速回应儿童及其家庭个性化需求"的重要作用。

研究表明,在实践中,儿科医生有1/3~1/2的工作时间致力于健康儿童的保健和健康监管(Hoekelman, 1983)。尽管有大量时间的保证,但并不确定这样的服务在多大程度上成功促进了儿童的发展。本章的目标旨在批判性地考量在进行儿童健康监管期间，儿科从业者（即儿科医生、家庭医生和护士）在促进儿童发展时所起的作用。本章讨论的重点是儿童预防保健服务的内容选择以及服务提供的环境和过程。最后，本章会提出改善健康儿童保健的创新性策略。

发 育 监 测

儿童健康监管服务传统上包括病史询问、体检、测量、知觉筛查、发育和行为监测、免疫和实验室程序性筛查以及特定年龄的咨询（即先期指导，anticipatory guidance）(AAP, 1995)。所有这些服务都有利于促进儿童健康，其中影响最大的是"发育监测"（developmental monitoring）和"先期指导"。

儿童健康监管的一个目标是：尽可能早地确保为有发展性障碍和有潜在障碍风险的儿童提供适当的服务和支持（Chamberlin, 1987a）。由于儿科从业者有能够接近幼儿及其家庭的优势，他们被指定参与发展性问题的早期监测。然而，如何较好地完成这样的监测尚未确定。

儿科从业者使用了各种技术来监测儿童的发展，包括与家长一起回顾孩子的发育历程；让儿童完成用非正式的方法从不同的发展计划中筛选出的适宜其年龄的任务；基于病史、体检信息和诊室观察的临床判断；用标准化测试进行正式筛查（Shonkoff, Dworkin, Leviton, & Levine, 1979; Dobos, Dworkin, & Bernstein, 1994）。过去的研究已表明，儿科医生很少使用发育筛查测验（Smith, 1978）。仅有大约30%的儿科医生会使用标准化工具，如使用丹佛发育筛查测试（Denver Developmental Screening Test）进行正式筛查（Dobos, Dworkin, & Bernstein, 1994）。

许多发展性筛查工具都具有很强的局限性，如信效度的问题以及缺少有效的常模（Meisels, 1988）。即使是修订后的"丹佛发育筛查测试Ⅱ"也因为低精确度（即无法准确识别发育正常的儿童）和由此导致的转诊率过高而受到批判（Glascoe et al., 1992）。虽然巴特尔发展量表筛查测试（Batelle Developmental Inventory Screening Test）、布里根斯筛查（Brigance Screens）以及早期筛查量表（Early Screening Inventory, ESI）等工具在不同程度上为心理测试制订了传统的标准（Glascoe, Martin, & Humphrey, 1990; Glascoe, 1995; Meisels, Henderson, Liaw, Browning, & Ten Have, 1993），但是还需要有研究来证实这些工具对儿科门诊的适用性，因为通常门诊的时间有限且儿童都不太配合。

发展性监控

目前儿科从业者运用的发育监测方法与发展性监控（developmental surveillance）的过程最为一致。发展性监控在英国被定义为：知识渊博的儿科专业人员在儿童健康遭遇问题时，对孩子进行的有技巧的观察，这种观察常常是一个灵活的、追踪性的持续过程（Dworkin, 1989）。监控过程包括：引发家长的关注、获得相关发育病史、对儿童进行精确且有益的观察、与其他相关专业人员（如儿童照料者、巡访护士及幼儿园老师）分享观点并一起解决问题。发展性监控强调在儿童感到满意的环境内进行监测，而不是在筛查过程中被孤立地审视（Dworkin, 1992）。一些儿童保健服务提供者选择通过定期进行筛查测试作为临床观察的补充，以提高监控的准确性。这些测试由专业人员或家长通过标准化工具(如丹佛发育筛查测试Ⅱ)完成,如发展性状况家长评价(Parents' Evaluation of Development Status, PEDS)、儿童发展性评价库(Child Development Inventories)、年龄和发展阶段问卷(Ages and Stages Questionaires)(Glascoe & Dworkin, 1995; Glascoe, Martin, & Humphrey, 1990)。当对测试结果产生怀疑时,儿科从业人员也可以选择这样的测试进行第二阶段的筛查(Frankenburg, 1973; Meisels, 1988)。

发育监测最重要的目标之一就是有效地引发父母的观点和关注。从父母那里得到的临床信息也许可以分成两大类:评估和描述。评估(即对儿童发展的意见)包括父母的关注点和预测,描述包括回忆和报告。每一类信息在监测儿童发展方面都显现出独特的优势和一定的劣势(Glascoe & Dworkin, 1995)。

父母对孩子发展的关注已显示出他们对真实的发展性问题的精准指向(Bagnato & Neisworth, 1991; Henderson & Meisels, 1994)。他们所关注的某些领域都非常具有预测性。例如,一项在儿科候诊室进行的研究表明,对言语和语言、良好动作技能或更广泛能力的关注都精确指向了可测量的困难点。相反,对自助技能或相关行为领域的关注并不能作为发展性问题的敏感指标(Glascoe, Altemeier, & MacLean, 1989)。

研究表明,父母对自己孩子的发展性水平能够进行合理的评估。当他们被问道:"与其他孩子相比,你的孩子现在表现得像几岁的孩子?"父母的回应通常与孩子行为发展水平有很大的关联(Glascoe & Sandler, 1995)。然而,父母的预测并不是最准确的,反而更有可能高估了孩子的发展。众所周知,回忆孩子的发展性经历并不可靠,对识别发展性迟缓也没有帮助。相反,父母实时报告孩子当下获得的技能和成就既准确又有用(Knobloch, Stevens, Malone, Ellison, & Risemberg, 1979; Sonnander, 1987)。发展性监控符合专家们对监测儿童发展的主张。"光明未来"项目强调,专业人员和家庭通过发展性监控,观察孩子当下表现出的能力是非常重要的(Green, 1994)。美国儿科学会残疾儿童委员会(Committee on Children with Disabilities)得出结论:发展性问题在早期能够被成功识别,需要儿科医生熟练地使用筛查技术,进行发展性监控,并且他们还要积极引发家长对社区资源的关注(AAP, 1994)。像成长图表一样,丹佛发育筛查测试Ⅱ可以用来辅助监测儿童发展。测试结果不应该被孤立地解释,而应随时间的推移,在包含儿童及周围环境的背景下进行分析(Frankenburg et al., 1992)。

发展性监控的效度需要通过大规模人群的研究进行检验。监控最终是否达到儿童健康监管的目标,取决于它的实施在多大程度上通过临床实践、培训和研究得到了落实(Dworkin, 1989)。

先 期 指 导

在初级保健环境中,儿童保健提供者通过先期指导向家长提供促进儿童发展方面的指导和支持。研究者把先期指导定义为:向家长或孩子提供信息以期改变家长的态度、知识或行为,且强调父母与保健提供者共同参与讨论"父母关于发展性标准的想法和主张"(Telzrow, 1978, p.14)。也有人把先期指导描述为促进儿童发展潜力的一种机制(Brazelton, 1975)。

仅有少数研究对先期指导在儿童健康监控中的效果进行了评估。其中的大多数研究已检验了在特定问题（例如伤害预防和养育行为）上咨询服务所起的作用（Miller & Galbraith，1995；Sege et al.，1997）。但很少有研究检验先期指导对儿童行为和发展产生的更广泛的影响。

20世纪70年代，在华盛顿，研究者向47位母亲及其婴儿提供了大量包括先期指导在内的儿童健康监管服务，而控制组仅得到了有限的建议。实验组在儿童饮食和就餐习惯，一些发展性和行为领域，如起夜、如厕训练、分离困难和自信心方面，都表现出了积极的效果（Gutelius，Kirsch，MacDonald et al.，1977）。此外，父母的儿童观及育儿观，如与孩子进行交流和户外活动量和频率，也朝着良好的方向改变。

几年后，在纽约的罗切斯特，研究者们考察了儿科从业者在不同的实践环境中所进行的努力——他们教给母亲关于儿童发展和照料行为方面的知识。如果儿科医生进行适度努力，如提供咨询等，母亲们反映学到了更多关于儿童发展的知识，她们对孩子更加饱含真情且能够与孩子一起进行促进发展的活动，并且觉得自己在养育孩子方面得到了更多的帮助（Chamberlin & Szumowski，1980；Chamberlin，Szumowski，& Zastowny，1979）。

第三项研究是在北卡罗来纳州的农村地区进行的，该研究也指出了先期指导在儿童发展方面产生的积极影响。研究者（Casey & Whitt，1980）向32位母亲及其婴儿提供了基于婴儿发育阶段的特殊咨询服务。相对于接受常规护理的控制组的母亲，干预组的母亲表现出更多的发展性刺激行为，包括更适当的互动、合作和对孩子的敏感度。此外，婴儿们在口头语言发展中也表现出发展性优势。

这些研究结果支持了先期指导在促进儿童发展方面的价值。然而，在过去的研究中，期望对发展性导向的先期指导进行系统性的实施却因咨询内容的差异性而困难重重。例如，在前面提到的三个研究中，先期指导的内容范围从对有关特定日常情况管理的建议（Gutelius et al.，1977）到对儿童发展进行有计划的讨论（Chamberlin et al.，1979），再到强调"在社会环境中婴儿行为的常规发展顺序"（Casey & Whitt，1980，p.816）。

随后的研究试图具体评估先期指导中某一项内容的效果。许多研究者建议把对发展阶段的讨论作为先期指导的一个常规组成部分（Brazelton，1975；Telzrow，1978）。为了检验该内容的作用，83位城市母亲及其健康的头胎婴儿被随机分配到控制组或干预组。在对每个健康婴儿的前6个月的访问中，先期指导针对所有母亲来讨论适合这个年龄段婴儿的问题，如营养、安全、睡眠和普遍的问题行为。向干预组的39位母亲仅解释了特定年龄阶段关于情感、认知和身体发育等知识。例如，在为期两周的访问中，讨论婴儿行为"可预测的不可预见性"来阐明在这个年龄阶段组织的不稳定性，并解释婴儿波动的睡眠—觉醒周期、喂食和消退模式。父母对婴儿表现出的饥饿、疲乏或尿布湿了的细微线索的反应被作为婴儿和照料者关系默契的例子予以肯定和赞扬。讨论婴儿与父母的安全依恋的重要性，从而阻止孩子对于分离不必要的恐惧。描述婴儿活动水平时，他们饥饿时哭泣的强度以及洗澡时的情绪表现都可以解释孩子的气质或行为风格。

发展阶段的这些讨论并没有对以下方面产生重大的影响：母婴相互作用，母亲对婴儿气质的觉察，家庭对婴儿出生后的适应与调整，母亲对婴儿行为和发展的满意度，母亲对儿科服务的满意度。研究者得出结论：没有必要总是强调与年龄相适应的建议和指导（Dworkin，Allen，Geertsma，Solkoske，& Cullina，1987）。

由于缺乏那些决定先期指导具体内容的证据,因此将继续基于有限的研究结果和专家共识给出建议。然而研究结果确实支持对先期指导内容进行个性化处理,并在父母认知、文化和心理准备水平上讨论相关问题的建议(Korsch,1984)。引发父母的观点和关注,鼓励他们为讨论孩子的发展设定日程,也许比坚持在一系列指定话题内进行讨论更加行之有效。这样开放式的父母引导的形式应得到更深入的研究。

卫生保健服务中儿童早期干预的创新策略

尽管儿童健康监管服务的内容很重要,但是提供这一服务的环境是直接影响其服务效果的决定性因素(Dworkin,1993)。为此,"光明未来"鼓励儿科卫生保健专业人员使用与环境有关的方法,敏锐地感知孩子的整个世界(Green,1995)。为促进儿童的最佳发展,关于儿童健康监管的环境、过程和内容的各种创新都值得考虑。家访、分组护理、候诊室阅读项目以及父母进行儿童健康记录被初步证明具有有效性。

家 访

在欧洲,家访已经存在了一个多世纪。许多国家都把家访看作儿童健康监管服务的必要组成部分(European Health Committee,1985)。例如,在英国和丹麦,通过训练有素的探访护士(或健康随访员)为家庭提供预防服务已成为一项常规工作(Chamberlin,1987a)。在这些国家,普遍的家访计划被看作向家庭提供的经济和社会支持网络中的一项重要组成部分(Kamerman & Kahn,1993)。一般来说,这样的计划不用通过正式的评估方式来证明其有效性。

尽管部分研究已表明,对社会处境不利的妇女和儿童进行产前和婴儿期的家访是有益的,但美国没有广泛和普遍的家访传统。有研究证实,由护士和非专业人员作为服务提供者的项目有效地影响着妇女孕期的健康行为、妊娠期长度、婴儿出生体重、亲子互动、儿童发育状况、儿童的行为问题、儿童被虐待和忽视的发生率(Olds & Kitzman,1990,1993)。这样的益处是否能持续多年并不确定(Olds,Henderson,& Kitzman,1994)。尽管如此,1991年,美国防止儿童被虐待和被忽视咨询委员会(U.S. Advisory Board on Child Abuse and Neglect)建议联邦政府应在新生儿期实施全国性的普遍家访项目(Krugman,1993)。托管照料机构强烈要求那些看上去健康的新生儿在24小时内办理出院,这让更多家庭有接受普遍家访项目的需要。

欧洲的经验和美国的研究结果表明,家访应作为提高儿童健康监管服务效果的策略得到进一步的考虑。由于贫困、有限的个人资源及社会资源,家访作为综合方法的一个组成部分,对满足处境不利家庭的需要可能非常有效(Chamberlin,1989)。

分组护理

在幼儿分组护理访问中,4~6名年龄相似的孩子及其父母会与他们的儿科医生共同讨论与该年龄组相关的问题(Osborn & Wooley,1981)。在45~60分钟的讨论会议后,孩子们单独接受检查和指定程序的免疫接种。幼儿分组护理是为帮助父母解决在传统单独访问中出现的"讨论教养方式和预防问题时间紧张"等问题而专门设计的。分组访问也有利于儿科从业人员成为父母的支持团队。

在犹他州的盐湖城进行的小规模研究中，这种儿童健康监管方式已经产生了积极的效果。与传统个人访问形式对比，分组进行的方式已被证明更加有效率，有更广范围的覆盖面，被美国儿科学会认为是重要的(Dodds, Nicholson, Muse, & Osborn, 1993)。此外，母亲们在分组过程中更坚定和自信了，她们愿意提出更多的问题并开始对更多的话题进行讨论，既有被建议讨论的话题也有没被建议讨论的话题(Osborn & Wooley, 1981)。一个更早的研究发现，父母在访问中寻求建议的频次降低，这也表明了分组讨论的有效性。

华盛顿州西雅图的两所城市大学儿科诊所将高危儿童分为小组照料和个别照料两组，进行随机控制实验。符合研究条件（贫困、单身、高中以下学历、20 岁以下、先前虐待过孩子或自己有被虐待经历）的母亲及其四个月的婴儿都被认定为高危。在为期 15 个月的访问后，他们在发育结果、母婴互动、健康保健知识运用或孩子的健康状况等方面并没有发现差异(Taylor, Davis, & Kemper, 1997a, 1997b)。研究人员得出结论，对于高危儿童，分组照料可作为个别照料的替代选择。

在这些初步的研究结果的基础上，分组照料儿童作为提升儿童健康监管效果与效率的一种途径是值得进一步考虑的。此外，父母愿意讨论的话题倾向于非常规性建议（常规与非常规性建议比例约为 1:2），这正说明了鼓励父母为先期指导设定计划的重要性(Dodds, Nicholson, Muse, & Osborn, 1993)。

候诊室阅读项目

促进儿童的入学准备已被确定为一个全国性的议题(National Governors' Association, 1990)。1991 年，卡内基教学促进基金会(Carnegie Foundation for the Advancement of Teaching)为了解儿童入学准备，对超过 7 000 名幼儿园教师进行了调查，结果发现，根据教师的主观印象，美国有 35% 的儿童（估计有 150 万名儿童）还没有做好进入学校学习的准备(Boyer, 1991)。为了努力解决在阅读时出现早期障碍问题，波士顿城市医院的儿科初级保健诊所开发了一种创新的、基于临床的促进读写能力的干预项目(Needlman, Fried, Morley, Taylor, & Zuckerman, 1991)。这个干预项目被命名为"阅读推广计划"(Reach Out and Read)，它以教育研究的结果为基础——如果父母为孩子们阅读，那么孩子们就更容易获得读写能力(Goldfield & Snow, 1984)。

该项目包括三大部分：在候诊室为孩子提供大声朗读的志愿者、儿科医生提供有关读写能力发展的咨询服务、每次访问都向 6 个月到 6 岁的儿童分发免费的读物。试点研究发现，之前接收过读物的家长更有可能与孩子一起阅读或将阅读作为最喜爱的一项活动(Needlma et al., 1991)。

这些初步研究结果表明，儿科从业者在丰富儿童早期读写经验方面发挥了重要的作用。这一干预项目也许对来自贫困环境的孩子（他们更容易出现学业失败）有着特殊的意义。

父母进行儿童健康记录

如何更好地鼓励父母与保健服务提供者一起成为提供儿科预防保健的积极合作伙伴,目前尚不明确。但父母对儿童进行健康记录有利于促进这种伙伴关系的发展。父母对其子女进行健康记录说明父母在满足孩子的健康方面需要发挥关键作用,这也加强了父母与儿童健康专业人员之间的交流与合作(Hall,1989)。这些健康记录也许能够作为父母与儿科医生一起讨论有关发育问题、行为问题或常见的卫生保健问题的基础(Saffin & Macfarlane,1988)。讨论中有价值的健康推广和教育资料也可以为父母服务。初步的评估表明,这样的记录也许能够提高健康监管的访问频次和免疫接种率,改善实验室筛查程序(O'Flaherty, Jandera, Llewellyn, & Wass, 1987)。由父母进行儿童健康记录已在英国、法国、葡萄牙、瑞典、芬兰、丹麦、新西兰、澳大利亚和一些非洲国家进行运用(Johnson, 1988; Macfarlane, 1986; O'Flaherty, Jandera, Llewellyn, & Wass, 1987)。世界卫生组织(World Health Organization,WHO)也已经提出建议:父母应该保留其孩子的健康与发育记录(WHO European Working Group,1985)。

纽约和波士顿一直试图让父母对儿童进行健康记录作为儿童健康监管计划的组成部分(Goldberg, Harris, & Pirani, 1989)。实施"丹佛儿童健康护照"(Denver Child Health Passport)是科罗拉多州儿童保健计划创新模式的一大特色(Frankenburg, 1994)。在访问每个孩子之前,父母都被要求完成一个表格,其中涉及发育问题和他们可能会产生的各种顾虑或问题,还包括家庭社交史、家族病史。通过六年健康监管访问得到 16 项健康评估,包括牙齿评估,咨询报告,当前疾病、创伤、手术、住院、过敏等情况,以及记录每次预防服务机构上门访谈的汇总表。该评估要求父母挑出先期指导部分中对发育变化预期和促进儿童发育的相关建议,并将此作为"每日提醒"贴在家里的冰箱上。评估表一式两份,一份由儿科医生保留,一份送到当地社区协调员进行数据录入(存档,编入提供服务的数据库)。

父母对儿童进行健康记录已经得到有限的批判性评价。一般来说,国际经验表明,这样的记录父母乐于接受,保健专业人员也认为有用,很少有父母会拒绝(Saffin & Macfarlane, 1988; O'Flaherty et al., 1987; Macfarlane, 1990)。在对"丹佛儿童健康护照"的实施调研中发现了父母和服务提供者对它的高接受度,而且它 85%~90% 的信息在儿科门诊中也是可用的(Frankenburg, 1994)。使用该记录实质性地帮助儿科医生丰富了儿童发育障碍记录。

由父母进行儿童健康记录前景广阔但却有局限,仍然需要进一步的研究。研究应该考虑这些记录将在多大程度上会获得一些潜在收益,如在儿童健康监管期间提高家长对访问规程的服从,增加父母关于促进孩子发育和安全的相关知识。

其他策略

其他一些提高儿童健康监管有效性的策略也值得考虑,例如 PRECEDE-PROCEED 模型。PRECEDE 的组成要素包括在教育因素和环境因素诊断和评估中的诱导、强化和建构。这种诊断和需求评估方式可以帮助儿科从业者识别影响儿童发展状态的多种因素,从而更聚焦家庭和儿童的个性化需求。PROCEED 的组成要素包括教育因素和环境因素发展中的政策、法规和机构,可以为干预、政策制定和项目评估提供策略(Osborn,1994)。

在访问期间,以家庭为中心的系统的方法应该使儿科从业人员能够更好地评估家庭结构和功能,进而更有效地与父母一起建立一个治疗联盟(Cohen,1995)。在与少数民族的家庭一起工作时,承认和体现文化信仰和风俗,可以提升对照料的满意度以及对传统预防性干预措施的接受度(Pachter,Cloutier,& Bernstein,1995)。

儿科初级保健诊所或办公室也许是一个适宜将儿童健康服务与其他以社区为基础的项目相关联的环境。例如,法律援助和辩护服务可以保证家庭收到医疗补助福利,为有特殊需要的孩子提供社保福利,以及保护家庭免受非法房屋拆迁和非法停止天然气供应的遭遇(Zuckerman & Parker,1995)。儿童早期教育者可以帮助监管儿童发展,建议家长该如何促进孩子的入学准备。另外,也可以在已经有儿童健康服务的社区环境中提供儿童健康监管,如儿童护理中心和学校等。我们仍需要不断地研究这些新方法在多大程度上加强了预防性儿童健康服务的效果。

不断发展的卫生保健体系面临的挑战

儿童健康监管的新方法在提高儿科服务的效果上是值得肯定的。此外,研究结果表明,预防性儿童健康服务的内容、环境以及程序上的改变带来了潜在的收益。然而,这些改变的实现还需要解决难以克服的障碍。尽管对儿童健康服务的关注点转移到了托管照顾的初级和预防性服务上,但仍没有证据可以证明财务问题是急诊室和专业医师服务减少的结果(Freund & Lewitt,1993)。某些被推荐的新方法能大大减少财务负担,例如,提供先期指导、发育监测以及分组护理等。其他一些新方法,例如候诊室阅读项目,只需要有限的资金支持和志愿者服务。更广泛的方法,如家访和父母进行儿童健康记录则需要较多的财力和人力支持。示范项目记录了新方法在何种程度上提高了儿童健康监管的效果,以证明获得资金和支持的合理性。例如,一个保健组织已同意为丹佛儿童健康护照项目出资,因为该评估支持高质量的预防性健康服务并简化图表审查。科罗拉多州最大的保险公司为儿科医生实施卫生保健合作伙伴项目提供奖励,因为这个项目促成了全面、清晰和及时的服务记录(Frankenburg,1994)。

加强儿童健康监管效力必须考虑所处的社会政治环境,这一点非常重要。例如,在 20 世纪 90 年代末期,在美国联邦和州层面进行的福利改革很可能会影响到儿童健康服务的提供和儿童健康状况。在改革之前,许多符合医疗补助条件的儿童可能得不到相应的服务。例如,1994 年,480 万 11 岁以下符合补助条件的儿童未能在"医疗补助计划"中登记。因为福利登记对很多儿童来说是获得公共健康保险的最主要途径,新福利资格的条件增加了更多儿童入保和选择医疗补助的可能性。此外,补充保障收入(Supplemental Security Income,SSI)中对残障儿童的重新定义导致某些种类的儿童行为问题被排除,这可能直接导致近 10%~12% 正在接受 SSI 资助的儿童的福利被取消(Perrin,1997)。福利改革将通过减缩食品券项目和"妇女、婴儿和儿童特殊营养补给项目"(Special Supplemental Nutrition Program for Women,Infant and Children,WIC)的财政投入,从而影响贫困家庭可得到的食品数量与种类。这将导致儿童出现营养不良,从而导致许多儿童营养不良,如儿童缺铁性贫血患病率的增加(Willis,Kliegman,Meurer,& Perry,1997)。

一些激动人心的加强儿童健康服务的新途径被提出来。1994年,由联邦基金启动的"幼儿健康阶梯"项目(Healthy Steps for Young Children),与其他资助者一起在美国的近20个地区共同运用和评估这个创新方法(Zuckerman, Kaplan-Sanoff, Parker, & Taaffe Young, 1997)。该项目在传统的儿童健康服务团队中增加了新的专业人员——健康阶梯专家。他们的职责包括:引导办公室的访问,评估儿童发育发展过程,帮助家长预防和管理常见的儿童行为问题,向家庭提供有用的社区资源参考,帮助家长团体,配备电话信息专线,协调"阅读推广计划"活动。此外,"幼儿健康阶梯"项目鼓励儿童健康从业人员抓住"可教育的时刻"对儿童的行为和发育发展进行信息交流。书面材料包括父母手里的文字资料、在健康监管访问前发放的提示表和儿童健康与发育发展记录表。该计划向所有参与的机构提供培训和技术帮助,该计划的实施效果也会在全国范围内被评价。

　　"儿童服务"(ChildServ)是加强儿童健康监管的一个地方性举措。它于1998年在康涅狄格州的哈特福德启动。该项目由五个部分组成:(1)对儿童保健提供者进行培训;(2)建立以社区为基础的支持家长和孩子发展的项目数据库;(3)建立儿童及其家庭、资源和支持服务的协调系统;(4)收集儿童发育发展状态的数据;(5)宣传候诊室阅读项目。评估将确定"儿童服务"是否增加了接受发育监测、发育和医疗服务的儿童数量。

　　加强儿童健康监管效果对儿科培训有着重大的意义。例如,关于儿童健康监管的新方法要求儿科医生能够支持父母作为合作伙伴参与儿童健康监管的过程,引发和回应父母的意见和问题,巧妙地观察儿童的行为和发育发展,与其他服务儿童的专业人员一同深入分享他们的观察和感受,在考虑文化敏感性的前提下应用健康教育模型和家庭系统理论实施健康服务,为居民和医学生提供流动的、基于社区的经验,为强化儿童预防性服务所需要的知识和技能创造机会(Recchia, Petros, Spooner, & Cranshaw, 1995)。

　　最后,对儿童健康监管的期望应该与"对因复杂的社会政治和行为因素所致的当今青年面临的最紧迫问题的领悟"相一致(Murray-Garcia, 1995)。这些问题包括故意及无意伤害、药物滥用、自杀、艾滋病、与学校相关的学习问题和行为问题以及暴力。拥有广泛基础的方法必须解决儿童及其家庭的现实需求,这一点已远远超越传统预防性儿童健康服务的范围(Kamerman & Kahn, 1993)。因此,儿科工作者也必须承担儿童支持者的角色,支持那些在社区、州以及国家层面的项目,以促进儿童发展及入学准备(Sia, 1992)。

　　尽管过去的研究做了很多的努力,但在儿科预防性保健过程中如何更好地促进儿童发展的问题却尚无定论。各种不同的有发展前景的策略已经拥有初步证明其效果的证据,但这些策略都值得进一步研究。在精心设计的研究中需要确定哪种新方法应该在未来儿童健康监管服务中成为重要的组成部分。

参 考 文 献

American Academy of Pediatrics, Committee on Standards of Child Health Care (1972). *Standards of child health care* (2nd ed.), Evanston, IL: American Academy of Pediatrics.

American Academy of Pediatrics, Committee on Children with Disabilities (1994). Screening infants and young children for developmental disabilities. *Pediatrics, 93*, 863–5.

American Academy of Pediatrics, Committee on Practice and Ambulatory Medicine (1995). Recommendations for pediatric preventive care. *Pediatrics, 96*, 373–4.

American Academy of Pediatrics, Task Force on Integrated School Health Services. (1994). Integrated school health services. *Pediatrics, 94*, 400–2.

Bagnato, S., & Neisworth, J. (1991). *Assessment for early intervention: Best practices for professionals*. New York: Guilford Press.

Boyer, E. L.(1991). *Ready to learn: A mandate for the nation*. Princeton, NJ: The Carnegie Foundation for the Advancement of Teaching.

Brazelton, T. (1975). Anticipatory guidance. *Pediatric Clinics of North America, 22*, 533–544.

Casey, P., & Whitt, J. (1980). Effect of the pediatrician on the mother-infant relationship. *Pediatrics, 65*, 815–20.

Chamberlin, R. (1987a). Developmental assessment and early intervention programs for young children: Lessons learned from longitudinal research. *Pediatrics in Review, 8*, 237–47.

Chamberlin, R., (Ed.). (1987b). *Beyond individual risk assessment: Community-wide approaches to promoting the health and development of families and children*. Washington, DC: National Center for Education in Maternal and Child Health.

Chamberlin, R. (1989). Home visiting: A necessary but not in itself sufficient program component for promoting the health and development of families and children. *Pediatrics, 84*, 178–80.

Chamberlin, R., & Szumowski, E. (1980). A follow-up study of parent education in pediatric office practices: Impact at age two and a half. *American Journal of Public Health, 70*, 1180–8.

Chamberlin, R., Szumowski, E., & Zastowny T. (1979). An evaluation of efforts to educate mothers about child development in pediatric office practices. *American Journal of Public Health, 69*, 875–86.

Cohen, W. (1995). Family-oriented pediatric care: Taking the next step. *Pediatric Clinics of North America, 42*, 11–20.

Committee on Child Health. (1955). *Health supervision of young children*. New York: American Public Health Association.

Cone, T. Jr. (1979). *History of pediatrics*. Boston, MA: Little, Brown.

Dobos, A., Dworkin, P., & Bernstein, B. (1994). Pediatricians' approaches to developmental problems: Has the gap been narrowed? *Journal of Developmental and Behavioral Pediatrics, 15*, 34–8.

Dodds, M., Nicholson, L., Muse, B., & Osborn, L. (1993). Group health supervision visits more effective than individual visits in delivering health care information. *Pediatrics, 91*, 668–70.

Dworkin, P. (1989). British and American recommendations for developmental monitoring: The role of surveillance. *Pediatrics. 84*. 1000–10.

Dworkin, P. (1992). Developmental screening: (Still) expecting the impossible? *Pediatrics, 89*, 1253–5.

Dworkin, P. (1993). Ready to learn: A mandate for pediatrics. *Journal of Developmental and Behavioral Pediatrics, 14*, 192–6.

Dworkin, P., Allen, D., Geertsma, A., Solkoske, L., & Cullina, J. (1987). Does developmental content influence the effectiveness of anticipatory guidance? *Pediatrics, 80*, 196–202.

European Health Committee. (1985). *Health: Child health surveillance*. Strassbourg, France: Council of Europe, Publications Section.

Frankenburg, W. (1973). Pediatric screening. *Advances in Pediatrics, 20*, 149–75.

Frankenburg, W. (1994). Preventing developmental delays. Is developmental screening sufficient? *Pediatrics, 93*, 586–93.

Frankenburg, W., Dodds, J., Archer, P., Shapiro, H., & Bresnick, B. (1992). The Denver II: A major revision and restandardization of the Denver Developmental Screening Test. *Pediatrics, 89*, 91–7.

Freund, D., & Lewitt, E. (1993). Managed care for children and pregnant women: Promises and pitfalls. *The Future of Children 3*, 92–122.

Glascoe, F. (1995). *A validation study and the psychometric properties of the Brigance Screens*. (Tech. report). North Billerica, MA: Curriculum Associates, Inc.

Glascoe, F., Altemeier, W., & MacLean, E. (1989). The importance of parents' concerns about their children's development. *American Journal of Diseases of Children, 143*, 855–8.

Glascoe, F., Byrne, K., Ashford, L., et al. (1992). Accuracy of the Denver II in developmental screening. *Pediatrics, 89*, 1221–5.

Glascoe, F., & Dworkin, P. (1995). The role of parents in the detection of developmental and behavioral problems. *Pediatrics, 95*, 829–36.

Glascoe, F., Martin, E., & Humphrey, S. (1990). A comparative review of developmental screening tests. *Pediatrics, 86*, 547–54.

Glascoe, F., & Sandler, H. (1995). The value of parents' age estimates of children's development. *Journal of Pediatrics, 127*, 831–5.

Goldberg, D., Harris, C., & Pirani, S. (1989). *Piloting a parent-held child health record for New York City*. Presented at the annual meeting of the American Public Health Association, Boston, Massachusetts.

Goldfield, B., & Snow, C. (1984). Reading books with children: The mechanics of parental influence on children's reading achievement. In J. Flood (Ed.), *Promoting reading comprehension*. Newark, DE: International Reading Association.

Green, M. (Ed.). (1994). *Bright Futures. Guidelines for health supervision of infants, children, and adolescents*. Arlington, VA: National Center for Education in Maternal and Child Health.

Green, M. (1995). No child is an island. Contextual pediatrics and the "new" health supervision. *Pediatric Clinics of North America, 42*, 79–87.

Green, M., & Kessel, S. (1993). Diagnosing and treating health: Bright Futures. *Pediatrics, 91*, 998–1000.

Gutelius, M., Kirsch, A., MacDonald, S., et al. (1977). Controlled study of child health supervision: Behavioral results. *Pediatrics, 60*, 294–304.

Haggerty, R., Roughman, K., & Pless, I. (1975). *Child health and the community*. New York: John Wiley and Sons.

Hall, D. (Ed.). (1989). *Health for all children: A programme for child health surveillance*. Oxford, England: Oxford University Press.

Henderson, L., & Meisels, S. J. (1994). Parental involvement in the developmental screening of their young children: A multi-source perspective. *Journal of Early Intervention, 18*, 141–54.

Hickson, G., Altemeier W., & O'Connor, S. (1983). Concerns of mothers seeking care in private pediatric offices: Opportunities for expanding services. *Pediatrics, 72*, 619–24.

Hoekelman, R. (1983). Well-child visits revisited. *American Journal of Diseases in Children, 137*, 17–20.

Hoekelman, R. (1997). Child health supervision. In R. Hoekelman (Ed.), *Pediatric primary care*. St. Louis, MO: Mosby-Year Book.

Johnson, F. (1988). Personal health record. *Medical Journal of Australia, 148*, 544.

Kamerman, S., & Kahn, A. (1993). Home health visiting in Europe. *The Future of Children, 3*, 39–52.

Knobloch, H., Stevens, F., Malone, A., Ellison, P., & Risemberg, H. (1979). The validity of parent reporting of infant development. *Pediatrics, 63*, 872–8.

Korsch, B. (1984). What do patients and parents want to know? What do they need to know? *Pediatrics, 74* (suppl), 917–19.

Krugman, R. (1993). Universal home visiting: A recommendation from the U.S. Advisory Board on Child Abuse and Neglect. *The Future of Children, 3*, 184–91.

Macfarlane, A. (1986). Child health services in the community: Making them work. *British Medical Journal, 293*, 222–3.

Macfarlane, A. (Ed.). (1990). *Report of the joint working party on professional and parent-held records used in child health surveillance*. London: British Paediatric Association.

Meisels, S. J. (1988). Developmental screening in early childhood: The interaction of research and social policy. *Annual Review of Public Health, 9*, 527–50.

Meisels, S. J., Henderson, L., Liaw, F., Browning, K., & Ten Have, T. (1993). New evidence for the effectiveness of the early screening inventory. *Early Childhood Research Quarterly, 8*, 327–46.

Miller, T., & Galbraith, M. (1995). Injury prevention counseling by pediatricians: A benefit-cost comparison. *Pediatrics, 96*, 1–4.

Murray-García, J. (1995). African–American youth: Essential prevention strategies for every pediatrician. *Pediatrics, 96*, 132–7.

National Governors' Association (NGA). (1990). *Consensus for change. Educating America: State strategies for achieving the nation's education goals (The Report of the Task Force on Education)*. Washington, DC: National Governors' Association.

Needelman, R., Fried, L., Morley, D., Taylor, S., & Zuckerman, B. (1991). Clinic-based intervention to promote literacy. A pilot study. *American Journal of Diseases in Children, 145*, 881–4.

O'Flaherty, S., Jandera, E., Llewellyn, J., & Wass, M. (1987). Personal health records: An evaluation. *Archives of Diseases of Childhood, 62*, 1152–5.

Olds, D., Henderson, C., Jr., & Kitzman, H. (1994). Does prenatal and infancy home visitation have enduring effects on qualities of parental care giving and child health at 25 to 50 months of life? *Pediatrics, 93*, 89–98.

Olds, D., & Kitzman, H. (1990). Can home visitation improve the health of women and children at environmental risk? *Pediatrics, 86*, 108–16.

Olds, D., & Kitzman, H. (1993). Review of research on home visits for pregnant women and parents of young children. *The Future of Children* (Center for the Future of Children), *3*, 53–92.

Osborn, L., & Wooley, F. (1981). The use of groups in well-child care. *Pediatrics, 67*, 701–6.

Osborn, L. (1994). Effective well-child care. *Current Problems in Pediatrics, 24*, 306–26.

Pachter L., Cloutier, M., & Bernstein, B. (1995). Ethnomedical (folk) remedies for childhood asthma in a mainland Puerto Rican community. *Archives of Pediatrics and Adolescent Medicine, 149*, 982–8.

Perrin, J. M. (1997). The implications of welfare reform for developmental and behavioral pediatrics. *Journal of Developmental and Behavioral Pediatrics, 18*, 244–66.

Recchia, K., Petros, T., Spooner, S., & Cranshaw, J. (1995). Implementation of the community outpatient practice experience in a large pediatric residency program. *Pediatrics, 96*, 90–8.

Saffin, K., & Macfarlane, A. (1988). Parent-held child health and development records. *Maternal and Child Health, 13*, 288–91.

Sege, R., Perry, C., Stigol, L., Cohen, L., Griffith, J., Cohn, M., & Spivack, H. (1997). Short-term effectiveness of anticipatory guidance to reduce early childhood risks for subsequent violence. *Archives of Pediatrics and Adolescent Medicine, 151*, 392–7.

Shonkoff, J., Dworkin, P., Leviton, A., & Levine, M. (1979). Primary care approaches to developmental disabilities. *Pediatrics, 64*, 506–14.

Sia, C. (1992). Abraham Jacobi award address, April 14, 1992. The medical home: Pediatric practice and child advocacy in the 1990's. *Pediatrics, 90*, 419–23.

Smith, R. (1978). The use of developmental screening tests by primary care pediatricians. *Journal of Pediatrics, 93*, 524–7.

Sonnander, K. (1987). Parental developmental assessment of 18-month-old children: Reliability and predictive value. *Developmental Medicine and Child Neurology, 29*, 351–62.

Taylor, J., Davis, R., & Kemper, K. (1997a). A randomized controlled trial of group versus individual well child care for high-risk children: Maternal–child interaction and developmental outcomes. *Pediatrics, 99,* 864.

Taylor, J., Davis, R., & Kemper, K. (1997b). Health care utilization and health status in high-risk children randomized to receive group or individual well child care. *Pediatrics, 100,* 379.

Telzrow, R. (1978). Anticipatory guidance in pediatric practice. *Journal of Continuing Education in Pediatrics, 20,* 14–27.

Willis, E., Kliegman, R. M., Meurer, J. R., & Perry, J. M. (1997). Welfare reform and food insensitivity. *Archives of Pediatrics and Adolescent Medicine, 151,* 871–75.

World Health Organization European Working Group. (1985). *Today's health – tomorrow's wealth. New perspectives in prevention in childhood. Summary report. Kiev, 21–25 October 1985.* Geneva, Switzerland: World Health Organization.

Zuckerman, B., Kaplan-Sanoff, M., Parker, S., & Taaffe Young, K. (1997, June/July). The Healthy Steps for Young Children Program. *Zero to Three,* 20–25.

Zuckerman, B., & Parker, S. (1995). Preventive pediatrics – new models of providing needed health services. *Pediatrics, 95,* 758–62.

参考文献

第 16 章　早期养育:当前问题和未来策略

莎伦·L.卡根(SHARON L. KAGAN)
米歇尔·J.纽曼(MICHELLE J. NEUMAN)

　　20 世纪 90 年代,公私领域给予最年幼公民的关注和支持程度都显著提高。在美国,研究者、决策者、商界领袖、媒体从业者以及家长们都意识到了早期养育在促进儿童早期学习和发展方面的重要性。尽管对早期养育及其相关活动的关注越来越多,但为幼儿及其家庭提供服务时,还存在着持续不断的挑战。在美国历史上,我们在为儿童及其家庭呼吁权益的同时,也积累了为数不多、零零碎碎、千奇百怪的服务,从而不断强化(而非减弱)了早期养育系统的不公平性、无组织性。虽然我们已经进行了各种改革和努力来改善这一状况,如直接为儿童及其家庭提供服务,但是这些改革和努力并没有起到明显的协调作用,也没有与之相应的合作。

　　鉴于对早期养育服务的需求越来越大,社会对幼儿的关注也越来越多,公众相比以前也越来越愿意为之积极行动,那么我们如何才能建立起一套策略来提高美国的早期养育质量呢?在本章,我们首先讨论当今美国早期养育的现状,尤其是人口统计学、服务提供模式和公众态度方面的改变。其次,探究长期困扰这个领域的普遍问题,并对当前在早期养育方面所做的改革与努力进行阐述。在阐明这些改革与努力的若干不足之后,本章提出一个可替代的分析和行动框架。最后,我们提出一些建议,当这些建议被全面贯彻时,将实现综合性的、长期的、基于研究的早期养育系统这一美好愿景。

　　本章中,我们使用"早期养育项目"(early care and education programs)这一概念来指代为儿童提供非父母养育的中心式和家庭式服务。中心式服务项目包括非营利性的和营利性的儿童保育机构、开端计划等综合性发展项目、学校式幼儿园前项目以及非全天式托儿所;家庭式服务项目是在家庭环境中养育儿童。"早期养育"(early care and education)这一术语的含义表明:所有责任者都应为幼儿的发展提供照料和教育两重责任,关键是他们怎样才能很好地完成这项任务。

美国早期养育的现状

　　早期养育的现状主要是以下两种力量的产物:(1)社会动力学问题带来的挑战;(2)持续了几十年的历史遗留问题。在过去的时间里,社会动力学问题已经尤为显著,这些问题重塑了早期养育服务的需求和供应。这些问题包括人口统计学、服务提供模式以及公众态度上的改变。这类易变的、前后关联的响应变量,与更加持久的历史遗留问题一起构成当前的背景。那些更加持久的历史遗留、根深蒂固的问题包括质量问题、公平问题和结构问题等。就其自身价值来看,每一种类型的问题都很重要,如果要想取得积极的变化,两类问题都必须解决。

社会动力学问题

目前,早期养育领域主要受到社会动力学三大领域问题的影响。首先,在过去数十年里,儿童和家庭的人口数量和人口统计数据发生了变化,导致早期养育服务的需求激增。其次,服务提供模式的改变意味着儿童在各种不断变化、宽松的环境下得到照顾。最后,公众态度的改变使我们给予了儿童及其家庭比历史上任何时候都多的积极关注,同时也让整个国家有机会精心打造早期养育系统。

人口统计学变化

在美国,大约有 60% 小于 6 岁的儿童(超过 1 290 万)定期接受某种类型的非父母的早期养育(West, Wright, & Germino Hausken, 1995)。事情并非总是如此,实际上,早期养育服务的需求在激增。在整个 20 世纪 80 年代和 90 年代,中心式养育机构的登记人数翻了两倍(Love, Schochet, & Meckstroth, 1996)。这种增长可以部分归因于人口数量的改变。例如,仅在 20 世纪 80 年代,全国 5 岁以下儿童数量就增加了 28%(U.S. General Accounting Office, 1993; West, Germino Hausken, & Collins, 1993)。早期养育服务需求的增长还归因于就业趋势的变化,因为越来越多有孩子的妇女进入了有偿劳动力市场。一半以上的妇女在孩子 1 周岁之前重返工作,使得婴幼儿组在儿童早期养育项目中发展最快(Hofferth, Brayfield, Deich, & Holcomb, 1991)。

到底哪些儿童在接受早期养育服务呢?正如我们所预期的那样,接受早期养育服务的儿童比例变化取决于儿童年龄和一系列的家庭变量(如家庭收入、教育状况、种族、父母的就业状况)。年龄是儿童接受早期养育服务的一个关键因素,尽管定期护理的 1 岁以下的儿童仅占这个年龄段的一半,但是接受早期养育的 4 岁儿童占到了其年龄段的 78%,5 岁的儿童占到其年龄段的 84%(West et al., 1995)。由于母亲的就业状态的改变,进入早期养育服务的儿童比例也发生了很大变化,当母亲工作时,儿童更倾向于接受早期养育。全职母亲的孩子有 88% 定期接受早期养育服务,兼职母亲的孩子有 75% 定期参与早期养育。相反,没有工作的母亲,她们的孩子仅有 32% 定期接受非父母早期养育(West et al., 1995)。

早期养育项目中的登记人数,受家庭收入、父母教育水平和种族的影响。随着家庭收入的增长,参与早期养育的人数增加。收入低于 10 000 美元的家庭中,有一半的儿童接受了定期的早期养育;而收入超过了 75 000 美元的家庭,这一比例是 77%(West et al., 1995)。受教育程度较高的母亲的孩子更有可能参与早期养育项目。受过大学教育的母亲的孩子中有 70% 参与过早期养育,而没有读完高中或者同等学力的母亲的孩子中,这一比例仅有 38%(West et al., 1995)。早期养育的儿童的参与率也受种族因素的影响。相比其他儿童,不管其家庭收入如何,参与早期养育的西班牙裔儿童较少(U.S. Department of Education, 1996; West et al., 1993),接受早期养育服务的仅有 46%,而白人儿童是 62%,黑人儿童是 66%(West et al., 1995)。总之,早期养育背景中的关键问题之一是参与早期养育的儿童数量增多,且不同人群的参与率差异很大。

服务提供模式的变化

为这些儿童提供有效服务的模式也在发生变化。美国的儿童有的在自己家里由照顾家庭的人照顾,有的在儿童护理中心被照顾,还有的在家庭养育机构被照顾。家庭养育机构是照料者在自己家中照看别人的孩子。据统计,美国大约有 80 000 个早期养育中心,可以容纳 420 万学龄前儿童(Kisker, Hofferth, Phillips, & Farquhar, 1991)。中心式的早期养育类型发生了很大变化,大约 2/3(65%)为学龄前儿童提供服务的中心是非营利性的,约 1/3(35%)是营利性的。更加具体地说,8%的中心是公立学校,9%是开端计划项目,6%是营利连锁机构的一部分,29%是独立的营利机构,25%是独立的非营利机构,8%是其他人赞助的非营利机构,15%由教会赞助(Kisker et al., 1991)。

大约有 11.8 万个受监管的家庭式儿童养护提供者在自己的家中养护儿童,可服务于 86 万儿童,但实际上只服务了 70 万儿童(Kisker et al., 1991)。尽管不受监管的家庭儿童养护提供者的数量有 55 万~110 万,但是并没有直接的统计数据可以证实该数量(Hofferth et al., 1991)。大约有 23%受监管的和 2%不受监管的家庭式儿童养护项目接受社区家庭养护团体的赞助(Willer et al., 1991)。

服务利用的分配是有益的。大约有 1/3 的 6 岁以下儿童接受中心式养护,18%定期接受家庭式儿童养护(West et al., 1995)。但是,和儿童接受养护的总体情况一致,不同类型的早期养育服务的参与情况与儿童的年龄相关。据粗略计算,1 岁以下的儿童有 17%在家庭式儿童养护项目中注册,只有 7%选择中心式机构,而两岁的儿童在这两种养育方式的选择数量上基本是相同的。随着儿童的成长,他们更可能参加中心式项目。4 岁已经上幼儿园的儿童在中心式项目中的参与率骤升至 65%,然而在家庭式儿童养护和其他家庭中心项目中保持平稳(West et al., 1995)。

母亲的就业状况影响其对养护中心的选择。母亲有工作的家庭更多地依靠机构中心环境而不是家庭式儿童养护环境(31%对 17%)(Casper, 1996)。有兼职工作的母亲比全职工作的母亲更少依靠机构儿童养护(23%对 34%)和家庭式儿童养护(14%对 18%)(Casper, 1996)。有兼职工作的母亲和全职工作的母亲比没有工作的母亲更可能会使用中心式早期养育(39%和 35%对 22%)和家庭式儿童养护(27%和 20%对 3%)的安排(West et al., 1995)。

不论进入中心式还是家庭式项目,在某种程度上来说,受种族、民族群体的影响。六岁以下的白人和黑人儿童参加中心式养护的比例相当(33%)。然而,和其他民族相比,西班牙裔儿童较少参加中心式项目(17%)。与其他种族—民族的人群相比,白人儿童(21%)更可能从不相关的私人家庭中接受养育(West et al., 1995)。人口学因素不但影响接受儿童护理服务的人数,也影响儿童护理的性质,以及所提供的服务性质等。这些服务在早期养育的无系统状况下,实际上是由市场驱动的。

公众态度的改变

公众对早期养育的态度与人口学因素和服务的接受率一样处于不断的变化中。现在公众提高了对早期养育的关注,人们开始关注儿童早期的生活条件,这必然涉及早期养育的质量。

三股推动力提高了公众对早期教育的关注。第一,研究结果表明,高质量的早期养育,短期而言对儿童的成长发展会产生重要的影响,长期来说会节约社会成本。这一研究与神经科学家所发布的研究一致,神经科学家们的研究强调了早期大脑发展的可塑性,以及进行早期干预的需要(Carnegie Task Force on Meeting the Needs of Young Children, 1994; Education Commission of the States,1996；Shore，1997）。受白宫大脑发展会议的催化,好莱坞卷入了早期儿童公共参与活动,新闻媒体对这些问题进行了史无前例的报道,越来越多的家长和政策制定者意识到了早期生活对儿童长期发展的重要性,并在早期养育上表现出极大的兴趣。

第二,全球竞争对美国儿童的入学准备提出了更高的要求。作为回应,国家呼吁所有的儿童应该进行入学准备,并认识到为儿童学业成就进行准备的早期养育的重要性（Kagan，Moore & Bredekamp，1995）。一些享有盛誉的国家团体提出了国家的教育需求,他们中的许多领导人也参与了早期养育的规划、筹资和支持工作中。州政府和地方当局通过确定许多新项目作为回应。事实上,1979—1992年,运行早期儿童项目的州增加了三倍（Adams & Sandfort，1994）。整个美国及其政治家都认识到,为取得学业成功,面对全球化竞争,对幼儿进行入学准备已经成为美国一项重要工作。

第三,美国福利系统的巨大变化导致低收入家庭对儿童早期养育的高度关注。贫困家庭临时援助（Temporary Assistance for Needy Families，TANF）取代了抚养未成年儿童家庭援助计划（Aid to Families with Dependent Children，AFDC）。父母若想获得公共援助必须工作,并且接受的现金或服务援助只能持续五年。TANF严格的工作要求和时间限制将驱使上百万低收入家庭妇女接受培训并进入劳动力市场,由此创造了前所未有的早期养护需求。尽管为支持妇女就业或培训,联邦法律划拨了额外的资金给早期养护,但是这些资金无法满足社会需求（Adams & Poersch，1996）。此外,因为工作时断时续,那些没有福利的家庭面临的困难不仅仅是支付养护费用,而且还有确保儿童接受早期养护的困难。许多这样的家庭最后只能依靠不正规的养护机构为其子女进行养护（Hofferth，1995）。依据法规,儿童养护已经成为了一个主要受监管的服务,以确保父母远离公共援助。在影响儿童的成长和发展方面,新的福利法规也有潜在的重要性（Collins & Aber，1997）。那些可以让家庭获得高质量儿童养护的政策,对儿童有积极的影响;那些导致儿童进入低质量养护机构的政策,可能对儿童产生非常不利的影响（Collins & Aber，1997）。

总之,人口统计学因素的变化,服务提供模式的变化以及公众态度的转变等,将早期养育放在了政治和政策日程的首要和中心位置。然而,隐藏在辉煌外表下的是该领域的一些需要长期面对的问题。接下来,我们将讨论这些问题,了解目前的情况有助于解决这些问题。

长期存在的问题

仅就教育、健康、社会服务领域改革的数量而言,20世纪90年代可以被看作社会服务改革的一个纪元。然而,早期养育所面临的挑战是复杂的,因为社会动力学的改变推动了许多社会改革,而这些改革又产生了一系列持久的、深层次的问题——单就早期养育而言,即便不是置之不理,也是长期处于被忽略的状态。特别要认识到早期养育面临的三个长期性问题:质量、公平、结构。第一,早期养育项目的质量仍然参差不齐,服务范围从促进儿童的健康发展和学习,延伸到有限的少数人群,这些可能危害青少年儿童。第二,系统中缺少公平,不同收入背景的儿童和家庭没有平等享有服务的权利,更不用说高质量的服务了。第三,结构的挑战也是很重要的一方面。对早期养育系统的组成部分,没有进行整合,也没有支持性的措施。了解该领域的状况刻不容缓,每一个挑战都值得仔细考察。

质量问题的挑战

一些研究已经将全体儿童的早期养育的质量与健康、认知发展、社会性发展和情绪发展相联系（Cost, Quality, and Child Outcomes Study Team（CQCO），1995），还特别与低收入家庭儿童后天的社会性、认知性功能相联系（Barnett, 1995; Gomby, Larner, Stevenson, Lewit, & Behrman, 1995; Phillips, 1995; Schweinhart, Barnes, &, 1993; Yoshikawa, 1995）。接受高质量早期养育的幼儿，他们更可能表现出较好的认知和语言能力，在出生后的前三年，他们更能体验积极的亲子互动（NICHD, 1997）。在一个高质量的养育环境中，发展了推理和问题解决能力的儿童，可能更善于合作，更能考虑他人，也更有自尊心。这些积极影响可能使得这些儿童提高认知能力、促进积极的课堂学习行为、长期的学业成就，甚至会促进他们发展长期的社交和经济自足能力（Gomby et al., 1995; Poersch, Adams, & Sandfort, 1994; Schweinhart et al., 1993）。相反，参加低质量项目的儿童，他们更可能面对语言和社会性发展困难，难以掌握与年龄相符的行为，也难以达到预期的发展水平（Whitebook, Howes, & Phillips, 1989）。

尽管有儿童发展的相关研究，但还是缺少高质量早期养育的研究。四个州关于"支出、质量和儿童发展"的研究表明，大部分中心（86%）提供中等偏下质量的养护（CQCO, 1995）。特别是，70%的中心都提供中等的养护，低劣的服务可能危害儿童学习准备的能力。1/8的中心养护的质量低到可能危害儿童的健康和安全。只有1/7的中心提供高质量的养护，促进了儿童的健康发展（CQCO, 1995）。美国也面临家庭式儿童养护的质量危机。另一项研究表明，16%的受监管家庭式儿童养护中心和近一半不受监管的家庭中心提供了不合规范的养护（Galinsky, Howes, Kontos, & Shinn, 1994）。

婴幼儿的养护质量甚至更糟糕。研究显示，40%的婴幼儿中心的房间环境威胁着儿童的健康和安全（CQCO,1995）；一个较小规模的研究指出这一比例在60%以上（Burchinal, Roberts, Nabors, & Bryant, 1995）。这些数据特别令人不安，因为在儿童早期养育项目中，婴幼儿组是最快的发展群体。

公平的问题

上百万的儿童应从高质量的早期养育中获益，但他们却没有获得早期养育的途径。不同的地区和不同经济能力的家庭所提供的早期养育的质量有所不同。较富裕的地区所提供的早期儿童养育项目数量是不太富裕地区的2～3倍（Fuller & Liang, 1995）。在有许多依靠福利的家庭的社区以及有许多单亲家庭的社区中，很难发现早期养育项目。低收入家庭的儿童最不可能参加早期养育项目。1990年，在3岁和4岁的贫困儿童中，只有35%参加了学前项目，相比较而言，将近60%的高收入人群的子女参加过这一项目（U.S. General Accounting Office, 1993）。

政府津贴使一些低收入家庭的儿童参与早期养育项目，但是资金毕竟是有限的。例如，随着不利条件下的3～4岁儿童数量的增加，开端计划没有跟上成长需要的步伐。1994年的一项调查显示，6个州中有5个州的父母在等候补贴来支付早期养育，但是因为资金缺乏，补助并不容易得到。另一研究表明，至少有38个州和哥伦比亚特区的低收入家庭列在等待名单中，他们需要资金支持来使自己的子女接受早期养育，只有这样，父母才可能参加工作（Adams & Poersch, 1996）。

并且，大多数来自低收入家庭的儿童（59%）参加了学前项目，但是那些项目不太可能给他们提供全面的儿童发展、健康和支持入学准备所需要的父母服务（U.S. General Accounting Office,

1995a)。来自高收入家庭的儿童,比低收入家庭的儿童可使用的受监管的家庭儿童养护中心的数量要多两倍;从低收入家庭招收儿童的早期养育提供者对这些孩子不太敏感,而且对孩子有更多约束性行为(Love et al., 1996)。工人阶级和低、中收入家庭也只能更多地依靠不充分的养护(Hofferth, 1995; Phillips, Voran, Kisker, Howes, & Whitebook, 1994)。总之,早期养育服务在整个人口中的分布是不平等的。

结构问题的挑战

与深远的结构性问题相比,低质量和不公平的项目分布等问题都比较好理解。结构性问题可能会带来长久的质量、公平问题。简而言之,结构的挑战有两种表现形式:第一,没有整合儿童养护、早期教育和早期干预三个领域。三个不同的领域应运而生,带来严重的负面影响。第二,这些领域是如此分散,没有单独或共同支持它们的基础。第二种结构问题强化了第一个问题。接下来我们将讨论结构问题的这两种表现形式。

养护、教育和早期干预:毫无关联的三大领域。儿童养护、早期教育和早期干预的目的不同,这就决定了他们各自的使命。从历史上看,美国儿童的养护和教育被看作家庭的首要责任。公立和私立的机构仅仅是家庭失败或被认为养护不充分的时候才进行干预。儿童养护和早期干预服务是从这种以缺失为导向的方法中产生的。例如,儿童养护最初是被设计来服务低收入家长的,这些家长为了能工作,需要有人对儿童提供监管性的养护。来自低收入(和不太富裕)家庭的儿童在私立的幼儿学校就读,那些学校不仅提供养护,而且在母亲教育方面也提供指导,其目标是使来自贫困和悲惨家庭的儿童更好地发展(Cahan, 1989)。19世纪末20世纪初,出于私人的慈善努力,同样是为了帮助贫困家庭平衡母亲就业和儿童养护的需求,托儿所开始出现(Kagan, 1991)。对于大部分托儿所而言,它们更关注的是家长而不是儿童的需要。然而,除了监管性的养护外,为了防止贫困儿童的制度化,也为了维持家庭,一些托儿所机构提供社会服务。因为关注的焦点是成人,是为支持他们的就业,而不是儿童,所以服务质量较低也不足为奇了。日托的照料者因为资质不够,设施不充分(Cahan, 1989),开启了贫困儿童接受低质量养护的局面。

婴儿学校和托儿所为贫困的参加工作的家长提供服务,同时另一种支持特殊儿童教育和发展的项目由此产生。早期教育项目从保育学校和幼儿园的运转中产生,它们的首要关注点是,提供服务的多样性(Cahan, 1989)。当贫困儿童在儿童养护中心或托儿所中接受低质量的养护时,越来越多的来自受过教育的、富裕家庭的儿童入读了受福禄培尔影响的幼儿园(Kagan, 1991)。20世纪初,在学院、专科大学和高校关于儿童发展研究的高涨势头下,保育学校运动兴起。大多数保育学校——类似于今天的幼儿园——有很强的教育重点,它们是半日制的,为中上层社会家庭服务(Kagan, 1991)。儿童在幼儿园和保育学校获得的经验质量通常比较高(Kagan, 1991),这与贫困儿童接受的养护质量完全不同。

与儿童养护或早期教育不同,早期干预有不一样的历史,它是隐藏于早期养育服务中的第三条线。早期干预吸收人权运动的行动主义,为分散的和特定的人群——残疾幼儿提供服务。这些残疾儿童的家长不满于自己的孩子被孤立、接受较差的服务,他们在20世纪60年代末70年代初发起了运动。由于政府官员、政策制定者和政治家的支持,新制定的《全体残疾儿童教育法案》(Education for all Handicapped Children Act,1975)指出,所有3—21岁的残疾儿童(青年)有权利获得合适的公共教育和相关的服务(Kagan, 1991)。在回归主流目标下,学龄前儿童进入了早期教育环境,该法律试图用于以学校为基础的项目,大力支持早期儿童。但是儿童养护继续保持分离,甚至当残疾儿童教育回归主流目标时,占统治地位的常常是出于礼貌的接纳——而不是完全的项目一体化。

这一历史遗留问题的结果是儿童及其家庭早期服务的分层。除了对低收入家庭儿童的补偿性项目外(如开端计划),富裕家庭的儿童从高质量的早期教育和社会化的项目中受益,然而贫困家庭的儿童却没有从中获益。残疾儿童在这一分层的系统下,尽可能地生存。

受不同的意图和术语的强化,儿童养护、早期教育和早期干预领域出现完全不同的景象,引发公众不同的反应。冠以"儿童养护"的项目常常被认为,当父母工作时,他们只为儿童提供监管性的服务;早期教育项目则为儿童提供丰富的学习环境;早期干预被认为是另外一种完全不同的项目——为残疾儿童提供服务。它常常比儿童养护或早期教育提供更丰富的支持和个性化的指导。事实上,以"教育性"为宗旨的服务在提供监管性的养护方面做得十分有限(Carnegie Task Force on Learning in the Primary Grades, 1996),反之亦然。我们需要区分的是服务提供的质量,而不是术语。高质量的教育在儿童养护、早期教育和早期干预项目上不存在差别。尽管"早期养育"术语在这一领域盛行,但是缺少清晰的、广泛认可的官方定义,所以不同的态度继续存在,三大领域毫无关联的状态也依然存在。

有限的基础设施支持服务。迄今为止,大多数儿童养护、早期教育和早期干预公共政策以提供直接的服务为焦点——这些项目涉及儿童及其家庭日复一日的生活。然而,高质量早期养护和教育项目不能孤立地被获得,必须得到一系列要素的支持,这些要素在幕后支持着高质量早期养育系统。有学者已经指出了五个关键的要素,也就是基础设施的必要功能:(1)家长的信息和参与;(2)专业人员的发展;(3)设施许可、强化和认证;(4)资金和融资;(5)管理和规划(Kagan, 1993)。

与其他任何的服务系统一样,高质量的早期养育——这一术语用于表达儿童养护、早期教育和早期干预服务之间的联系——只有当所有要素共同运作时才会发挥功效。例如,在没有增加资金(和特别补助)的情况下,对专业人员的更高要求将导致员工离职,长远来看,将降低而不是提升项目的质量(Morgan et al., 1993)。同样,如果设施许可和认证得到加强,而没有注意家长的基本信息和参与,那么家长就可能无法区分项目质量的高低,也就无法刺激项目向高水平发展。尽管各要素间的整合很重要,但是大部分正在进行的行动仍然主要关注一个领域,没有充分利用更综合的改革发挥潜在的协同作用。

展望:刻不容缓的行动

目前主要面临两个方面的挑战:第一,需要找出短期问题;第二,为了以更全面和更有远见的方式来解决质量、平等、结构等长期存在的问题,需要采取哪些措施?长期的问题需要在短期内得到解决时,如何在资源受限时做到最好呢?为了解决这些问题,我们需要采取综合性的和系列性的解决措施,才可能有能力给质量、公平、结构以及改善即时性服务方面带来基础性的改革。具体来说,我们提出了七个急需改变的决定性领域:儿童发展结果、家庭参与、个人许可、专业人员的发展、设施许可、资金和融资、管理。每个领域都需要找出问题的本质和一些可能的解决方案。

对结果的关注不足

对儿童服务质量的评估经历了一些改革。过去,研究者和从业者以投入,质量评估(如儿童—工作人员比、小组规模、人员培训和教育),以及服务提供方式(如成人—儿童互动的性质)为研究焦点。与投入相比,一些研究者对于质量与结果(或者产出)更感兴趣(Council of Chief State School Officers, 1995; Schorr, 1994)。以结果为目标是值得的,因为它可以满足许多目的:识别那些可能有健康和发展问题的高危儿童,确定合适的补救措施、教育计划和发展目标,便于评估与监测(Meisels & Fenichel, 1996)。通过确定可能的目标和结果,与儿童一起工作的从业者能够计划和设计早期教育的行为,促进儿童个体的发展。除此以外,具体的目标和结果能够为各种项目提供反馈,用于评估工作的有效性并明确进一步发展的领域。把结果用于监测,也能评估社区、州和国家幼儿的整体状况(Schorr, 1994)。有了评估与监测的信息,在为早期养育进行投资时,家长、从业人员和公众都能成为决策者(Kagan, Rosenkoetter, & Cohen, 1997)。

尽管基于儿童发展结果的质量评价有许多优势,由于一些顾虑,该领域不太情愿采用这种方法。第一,儿童评估所产生的信息,常导致给儿童错贴标签、错分类和污名化(Agee & California State Department of Education, 1988; Bredekamp & Rosegrant, 1992; Kagan et al., 1997; Meisels, 1987; National Association for the Education of Young Children, 1988)。第二,对儿童来说,最重要的结果是什么以及怎样测量这些结果,尚无定论。第三,以下三种情况需要特别关注:当测量3岁以下以及那些民族、种族、语言不同的儿童时;当这些数据可能用于对儿童的安置做出重大决定时;当进行以这些结果作为教师绩效工资或项目报销等资源分配的决定基础时(Kagan et al., 1997)。

同时也有解决这些顾虑的策略。采取以结果为中心的方法时,为避免结果被错用,家长、从业者、政策制定者以及公众需要一起考虑促进儿童发展的因素——儿童、家庭和社区条件,明确对三、四岁儿童的期望。应开发合适的评估工具用于评估所有发展领域的具体成就。研究者必须从孩子的视角来考虑结果——跳过项目和时间——以获得早期养育的经验。信息还需要与公众进行共享以增加公众对儿童发展结果与有效的早期养育服务、公共资金投入间的理解(Kagan et al., 1997)。

家庭参与不充分

家庭参与是高质量早期养育重要保障。研究显示,家长和家庭成员参与儿童的早期养育项目会促进儿童的发展,在儿童的学校教育和以后的生活中,它能提高儿童取得成功和获得成就的可能性,降低消极结果产生的可能性(Bronfenbrenner, 1974; Bronson, Pierson, & Tivnan, 1984)。对于那些母亲文化水平相对较低的儿童来说,频繁的父母参与对他们的发展极其重要(Bronson et al., 1984; Laosa, 1980)。当家长参与时,家长和工作人员有机会分享有关儿童的具体信息;他们有机会发展相互间的关系,在这种关系中,家长的价值与知识得到尊重,工作人员得到信任;他们有机会促进交流,因此每天大部分时间共处的成人与孩子能够在基本目标和方法上达成一致(Parker et al.,1992;Powell,1989)。

父母和家庭成员也会从参与早期养育项目中获益。当父母和家庭成员参与项目时,他们获得直接的服务和教育,能与其他家庭发展支持性网络和联系。此外,当家长承担决策制定者角色时——组织家长活动、运行参与项目、制订预算和政策决定——他们常常能形成更积极的自我认知和生活满足感(Powell, 1989)。另外,早期养育项目能满足成人和儿童的需求,它们更可能提高家长的自我幸福感,减少工作和家庭生活之间的冲突(Shinn, Galinsky, & Gulcur, 1990)。

尽管家庭参与非常值得去做,但是由于许多原因,作为早期养育项目的一个实际组成部分,家长参与却难以实现。许多家长不愿意或是没有能力参与早期养育项目。他们可能背负工作和家庭的重任,这阻碍了他们为早期养育项目投入时间和精力。父母也有可能认识不到他们的参与和投入对子女早期发展和学习的价值。此外,如果家长在与项目工作人员的互动中感到不舒服,或对项目采用的教育方法不认可时,他们将不太可能参与其子女的早期养育。

让父母作为有效的参与者也是困难的,因为父母在寻找和选择项目方面面临着许多障碍:可能没有充足的时间进行调查,可能没有许多方便的、负担得起的、高质量的项目进行选择,可能不知道自己真正要寻找什么,可能觉得自己对项目的质量没有足够的判断力。结果,他们依靠朋友和邻居提供的信息,仅仅只有约9%的家长使用资源和推荐服务来研究项目 (Hofferth et al., 1991)。

为了扫除这些障碍,需要从多方面考虑家庭的多样化需求和利益。项目需要确保自己有足够的工作人员,这些工作人员要有兴趣从事这项工作,受过专门训练,善于与父母共事(Larner, 1995)。工作人员需要致力于在从业者和父母之间建立定期沟通,让双方在沟通中都感到平等,并且都为讨论增加有价值的信息。项目需要提供多样化的活动,让父母参与其中(Epstein, 1995;Henderson, Marburger, & Ooms, 1986),使那些不愿意参加某种类型活动的父母,可能有机会参加其他类型的活动(Larner, 1995)。项目还需要针对父母和家庭的多样性来设计和安排活动,如有工作的父母或在家的全职父母,双亲家庭和单亲家庭,未成年父母和年龄较大的父母,以及在学习和工作中的父母(Lee & Seiderman, 1994)。通过让父母参与早期养育项目的管理,工作人员也能更好地满足父母的需求(Kagan, 1994)。来自机构并致力于父母教育的成熟的工作人员,能帮助父母了解和评估他们的早期养育选择。

最后,父母需要得到雇主的支持,才能成为子女项目的参与者、早期养育服务的有效消费者、有效率的员工(Galinsky, Bond, & Friedman, 1993;Staines & Galinsky, 1991)。雇主能够也应该通过为他们的雇员提供一些便利来支持这些项目,如灵活的时间选择,让父母能够寻找、监督和参与子女早期教育项目,处理家庭事件。公司可以也应该在所有福利的使用中提供弹性机制,包括病假、事假,以及带薪休产假、亲子假。

工作人员获得许可证的需求

个人许可证——许多工作都需要它——已经得到讨论但尚未被系统地考量。目前,整个早期养育领域还没对个人许可证提出要求,因此,也没有设立制度来授予此种许可证(Mitchell, 1995;Morgan et al., 1993)。尽管事实上创建许可证和许可证授予系统不仅可以确保项目的质量(American Public Health Association & American Academy of Pediatrics,1992),而且还能帮助工作人员提升专业化程度,提高员工薪酬,增加职业提升和流动的机会,提高培训和教育的质量。

明白许可证意味着什么,以及弄清楚为何在早期养育中个人许可证如此虚幻但却是非常重要的。个人许可证是指个人通过主管部门,通常是政府,获得从业或参与活动的许可。没有许可证,从事相应的活动将是违法的。许可证如此重要,它为什么会在早期养育领域缺失呢?这些结果反映出我们根深蒂固的观点。首先,家长和社会常常将幼儿的教育等同于养护;因为养护不需要特殊的训练或教育,那么为什么要为从业人员创立这种许可证呢?有人认为,这种许可证可能使非正式服务过于正式。其次,这一领域自身的价值观很开放,只要认识到早期养育角色的重要性,愿意为早期儿童工作的所有人,都可以进入这一领域。结果,这一领域在个人许可的价值和保证雇员自由进入该领域的权利之间难以达成一致意见。最后,在现如今的专业发展背景下,工作人员可能难以达到许可证书的要求(Morgan et al., 1993)。个人许可证的最后一道壁垒是,它需要更高层次的人员培训和教育,这可能会导致工资和福利的增加,进而可能会提高项目的支出。

在那些需要实践者接受更多培训和教育的大多数西欧国家和日本,从业者需要获得早期养育许可证(Pritchard, 1996)。在芬兰,学前教育的老师要求至少有三年相关的大学学历培训(Ojala, 1989);在日本,他们需要有两年的大学学历培训(Lassegard, 1993);在瑞典,他们需要有两年半的大学学历培训(Gunnarsson, 1993);在英国,他们要有四年的大学学习准备(Pascal, Bertram, & Heaslip, 1991);法国也许是这一领域的先导者,他们要求小学教育和学前教育的老师都要有硕士学位(Richardson & Marx, 1989)。一些国家关注早期养育项目中管理者和指导者的资格认证。在新西兰,以中心为基础的项目中的管理者必须完成在小学教育或养育方面的培训(Smith & Swain, 1988);在挪威,领导教师和指导者必须接受三年大学层次有关早期儿童的教师培训(Bo, 1993)。一些工业化国家在家庭儿童养育上对实践者也有标准。在英国,家庭儿童养育的照料者需要完成职前职业培训(Cohen, 1993);在芬兰,他们必须完成16小时的急救课程以及250小时的训练课程(Ojala, 1989)。在其他工业化国家,对早期养育工作者的资格认证标准越严格,提供培训的系统就越协调有序(Pritchard, 1996)。

在美国,许多职业也建立了完善的体系来支持个人资格认证。联邦政府要求许多专业和业余的社会工作都需要被认证,包括辅助专业人员(如社会工作者、注册护士、获得许可的实习护士以及教师)、技术专业人员(如建筑师和工程师)、技术工人(如电工),甚至是服务人员(如美容师)。其他职业的工作者的收入是早期养育人员收入的2~6倍也就不是偶然的了(Mitchell, 1996)。此外,个人许可证要求对教育培训设置目标,可以促进职业流动。其他国家和美国的其他行业已经成功地设立了连贯一致的个人许可系统。这表明,为了获得高质量的儿童项目,为个人设立连贯许可系统的障碍是可以被克服的。

从业者准备不充分

从业者的培训和教育经历是第四个领域,它需要付出额外的努力。研究表明,从业者接受越多的培训和教育(包括一般教育和与儿童相关的培训和教育),在帮助儿童茁壮成长和潜力开发方面,就越熟练(Arnett, 1989; CQCO Study Team, 1995; Fosberg, 1981; Phillips & Howes,

1987；Ruopp，Travers，Glantz，& Coelen，1979；Schweinhart et al.，1993；Whitebook et al.，1989）。与准备不足的从业人员相比，获得良好培训和教育的从业者不太严厉，很少限制儿童（Arnett，1989；Berk，1985；Howes，1983；Ruopp et al.，1979；Whitebook et al.，1989）。在家庭儿童养育中，越来越多的培训已经促使儿童和照料者保持着安全依恋关系，他们花更多的时间积极参加活动，很少无目的地闲逛（Galinsky，Howes，& Kontos，1995）。与早期儿童相关的培训和教育似乎对从业者与婴儿（Phillips et al.，出版年不明）、幼儿（Whitebook et al.，1989）特别重要。获得良好训练的工作人员更能与父母建立积极的关系，进行更频繁的交流，提高服务和活动，从而满足父母的需求。

尽管为早期养育工作人员进行准备，为他们提供持续的培训对项目质量很重要，但是早期养育专业发展服务还是不充分、不协调。在中心式项目中，大约40%的早期养育教师为高中及高中以下学历，大约10%的老师仅仅拥有两年制的大学学历（Willer et al.，1991）。在机构中的教师每年只接受约十小时的不间断培训，通常是在自己的机构或社区大学中接受培训（Kisker et al.，1991）。粗略计算，在机构中，约一半的辅助教师和助手拥有高中或以下学历（Whitebook et al.，1989）。在受监管的家庭式儿童照料者中，平均受教育程度是一年左右的学院教育，但课程可能与幼儿没有关联，其中1/3没有接受过任何专门培训（Kisker et al.，1991）。未受到监管的提供者的培训和教育情况尚不明确。该领域还没有能力提供足够的接受过良好培训的人员：全美国毕业于大学早期儿童养育专业的学生，可能刚能满足马萨诸塞州和纽约州早期养育中心的需求（Morgan et al.，1993）。

期望接受培训的员工，必须向不一致的、无序的服务妥协。在多数情况下，完成修习课程后，工作人员不能获得学分。即使能获得学分也要将这些学分从一个机构换到另一个机构，这对他们而言也比较困难。而且，许多培训偏向满足最低的标准，它们反复提供入门培训（Morgan et al.，1993），很少进行中级和高级的培训。一项由高瞻教育研究基金会（High/Scope Educational Research Foundation）指导的研究显示，在职培训的数量和质量（如持续的职业培训和发展）是项目质量的一个重要预测因素（Epstein，1993）。然而，那些职前课程不能适应已经入职的从业者。改善早期养育工作人员（从业者、管理者和领导等）的教育和培训，是创造高质量早期养育系统的基础。

设施许可不充分

设施许可——第五个工作领域——对于早期养育设施的质量保障以及这些设施对儿童的作用评估是必不可少的。设施许可与个人许可互补，不仅使儿童受益，而且能够为家长提供保障，保障他们的子女的安全、保护他们的子女免受伤害。设施许可，是指法规章程必须保证多数的早期养育项目合法运作。研究已经证明，对于设施许可要求越多的州，就有越多的中心通过促进儿童认知、社会、语言、行为、对教师的依恋感，来促进儿童的发展（CQCO，1995）。

尽管设施许可很有价值，但是目前这方面做得仍然不够充分。在许多场所，设施许可做得比较差，甚至是对主要质量变量的漠视（U.S. Advisory Commission on Intergovernmental Relations（ACIR），1994）。不仅在哪些地方需要规定以及哪些项目需要规定这两个问题上存在变数，而且与设施许可相配套的标准是否能够实施也存在变数。许多州只有对设施许可的最低要求，也有些州有具体的法规和提升质量的规定。一些州让大部分的家庭式儿童养育中心、教堂赞助项目、兼职项目和学校赞助项目等免于许可要求。事实上，在美国参加早期养育项目的儿童中，有40%参与的项目是合法地免于州立法规的约束的（Adams，1990）。在38个州中，许多家庭式儿童养育中心不受设施许可要求限制；23个州中的半日私人养护学校，以及九个州中的教堂运作中心也免于设施许可约束（Morgan et al.，1993）；30个州的公立学校运作的中心完全或部分免于设施许可约束（U.S. ACIR，1994）。至于强制执行设施许可的问题，有研究表明，减少对设施许可的监控和强制是一种趋势（Morgan et al.，1993；Phillips, Lande, & Goldberg，1990）。在调查项目时，如果发现他们违反许可要求，政府极少对他们施加严重处罚（Gormley，1995；Scurria，1996）。在设施许可方面缺少有效性和一致性，导致州与州之间在关于怎样用法规来保护儿童的问题上，存在着巨大的差异。任何提高质量的努力都必须解决这些监管违规行为。

公共投资需求

由于每个孩子都有权享有高质量的早期养育项目，公共投资必须充分资助这个最重要的领域。早期养育的低公共投资会危害儿童，因为这意味着强迫项目在缺少资金的情况下提供高质量服务。虽然政府为每个公立学校的孩子一年平均花费5800美元，但这只是每周30小时、每年40周的教育费用。父母和政府一起，每年为每个儿童的全日制早期养育花费3 000~5 000美元，支付的是每周35~50小时、每年50~52周的早期养育费用（Casper，1995；CQCO，1995；Hofferth et al.，1991；Sugarman，1995）。与学校教育相比，早期养育时间投入多，而资金投入少，大多数早期养育项目的质量较低也就不足为奇了。

公共投资不足加重了父母的负担，早期养育占了家庭支出的大部分，从而导致了不平等的服务提供。粗略计算，家庭承担了80%的早期养育费用，余下的20%由政府（通过项目和消费者津贴）、基金会和企业承担（CQCO，1995）。低收入家庭承担着过高比例的早期养育负担——却只能接受低质量的服务。一项全国调查显示，月收入低于1 200美元的家庭，他们花在早期养育上的花费占工资的25%左右（平均每周47美元），然而，月收入在4 500美元及以上的家庭，在早期养育上的花费占工资的6%左右（平均每周92美元）（Casper，1995）。那些不能全额支付早期养育费用的家庭，必须依靠微薄的国家补贴才能让子女进入早期养育项目。有限的补贴限制了父母对早期养育的选择。没有财政资助，低收入父母通常被迫为子女选择低质量的养育。

所有在高质量的项目中的儿童都比在低质量项目中的儿童要表现得好，而这些项目的花费也稍微有点多（CQCO，1995）。而且，如前所述，支持高质量系统的基础设施，也依赖充足的资金。因此，在早期养育中，资金不足阻碍了高质量早期养育系统的发展，也阻碍了美国儿童获得所需的服务。

管理不善

基于前面所述的早期养育的历史，早期养育中存在不协调一致的管理方法也就不足为奇了，没有政府或准私人组织为规划、协调、公平地提供服务、监管和质量控制负责。而这些都是健康、福利和社会服务等领域的常规运作方式，也就是说，早期养育没有受到监管。有的服务受个别项目的管理,这些项目又归州立教育部门、卫生部门、福利或社会服务部门管辖(Kagan, Goffin, Golub, & Pritchard, 1995)。一项研究提到,90 个不同的涉及早期养育的联邦项目,分属于 11 个联邦机构和 20 个独立的办事机构(U.S. General Accounting Office,1995b)。

这些项目之间互不关联,也极少有协调机制。因此,在政策、服务资格、费用和规划方面,存在着数不清的重叠和缺口。公司资格取消、儿童家庭收入、工作状态或住所等的些许变化,都常常会导致服务项目出现中断和不一致性(U.S. General Accounting Office, 1994)。稀缺的资金导致项目为了资源和孩子而竞争。更糟的是,父母被迫在各种服务中兜兜转转,削弱他们选择高质量项目的能力,无法成为他们子女的坚强后盾。

总而言之,为了确保指定的州或者当地所提供的项目,与居住在此的家庭的需求之间得到良好的匹配,需要一个有效的管理系统。这种管理能帮助缩小父母早期养育需求与社区服务之间的差异。他们能够加强和协调基础设施各组成部分,使资源以一种高效率和高效益的方式得到分配和使用。这些部门能够采取激励措施来提高质量,创造较好的项目公平性,以及产生前面已经论述过的结果。

在不同时期、不同地域,早期养育管理的角色被分派给不同层次的政府(Marzke & Both, 1994),虽然早期养育的管理责任从未被清晰地划分过,但是已经出现了许多令人兴奋的管理措施,也出现了其他为解决素质提升问题所进行的努力。他们让我们一睹未来机遇。

改 革 方 向

为了解决上述挑战和提高早期养育质量,已经采取了哪些措施呢?在美国,已经出现了新的举措,这表明有创造性的策略和改革措施将被实施。下面将通过案例讨论哪些措施能使前面讨论过的领域获得较高的质量:专业发展和个人许可,设施许可,筹资和融资,管理、责任和规划,父母参与。除此之外,也会强调一些综合性的措施,并讨论这些措施所面对的挑战。

专业发展和个人许可

整个 20 世纪 90 年代,提升早期养育工作者专业发展的举措已经开始实施,并且范围逐渐扩大(Azer, Capraro, & Elliott, 1996)。国家措施——例如那些由惠洛克学院早期养育职业发展中心所提供的措施,已经在一些州集中设立职业发展系统,形成可供其他州参考的模式。早期养育职业发展中心提出了一系列具体要求,这些要求可以包含在各州的许可要求中,从而促进职业发展(Azer et al., 1996),包括:(1)专门的早期儿童职前和持续的培训;(2)提供多途径职前资格证书认证;(3)对从业者有较高的资格要求;(4)在培训中覆盖一个以上的主题范围(如儿童发展、特殊需要、多样性、急救、父母关系和适龄项目);(5)经验要求(Azer & Eldred, 1997)。马萨诸塞、堪萨斯、佛蒙特和科罗拉多等州就是例子,他们已经将这些概念包含在相应的培训需求之中了(Azer & Eldred, 1997)。

美国黑人儿童发展组织(National Black Child Development Institute,NBCDI)采取的措施是,通过开发全面的、综合的方法促进领导能力的发展,增加儿童早期教育的领导者数量(Moore,

1997)。该组织收集了有关非裔美国人在早期养育领导能力方面的数据,提出了具体的提高非裔美国人在该领域领导者地位的建议(NBCDI,1993)。就各州而言,至少有八个州在开发新的从业人员认证或资格认定。有一个州已经为早期养育的从业人员、管理者和培训者提出了多种职业发展技能。其他州通过提高以社区为中心的培训、职业的儿童保育、社区大学和四年制学院/大学间的联系,以简化这些机构间的学分转换,从而提高该领域的职业流动性。康涅狄格州的课程表就是该措施的一个例子。

设施许可

提高早期养育环境的设施许可,是几个改革措施的焦点。一种方法是不要求项目完全具备资格认证,他们只需关注设施安全、监管和职员水平就可以了。以个人项目跟踪记录的访问数量为基础,使用指标清单对早期养育教学设备进行监控,是另一种有效提高设施许可的改革措施。提高家庭作坊式儿童养育家庭的许可(Gormley,1995),加强激励机制,以及考虑改善设施许可相关法规从而允许参加了更多培训的教师去照顾数量稍微多的儿童(Miller,1995),这些都是各州设施许可改革措施的。为了给消费者在管理过程中更加有效的回应,一些措施也在实施中。一些州正在采取措施确保更多的父母意识到许可标准与项目的符合程度,少数州也正在致力于确保消费者拥有联络点,在那里他们所关注的事能够被传达和处理(Kagan & Cohen,1997)。

筹资和融资

许多政策制定者、机构和立法者现在正在面临早期养育领域的筹资和融资挑战。在全国范围内,政策研究和发展、政策制定者论坛以及公共教育活动,都以提高教育和其他儿童服务的公共支出的效率、效益和公平为焦点。在州和当地范围内,税收激励被探索为一种为儿童及其家庭融资的方式。金融工程(Finance Project,1997)记下了税收激励能够采用的许多不同的形式,包括减少税收、免除税收、授信,这些形式是为大多数人提供服务的有效方式。例如,科罗拉多州使用税收授信来为工业发展区的早期养育项目筹集自愿捐款(Mitchell, Stoney, & Dichter, 1997)。其他一些改革税收政策的例子包括使用一部分的税收收入创造儿童养护信用基金,来自这部分基金的利息将来会让儿童项目持续获益(Mitchell et al.,1997);设立当地税区,从财产税中为儿童服务创造额外资金。在好几个州,通过债券和贷款为项目筹集资金,从而修建和更新早期养育的设施(Mitchell et al., 1997)。北卡罗来纳州和俄亥俄州已经从州立基金中为早期儿童养育拨付资金:北卡罗来纳州的智慧开端(Smart Start)计划每年主动投资 6 800 万美元;俄亥俄州花 14 500 美元来补助开端计划(Head Start),3 100 万补助学前项目(Knitzer & Page, 1996)。此外,还有几个州为父母提供带薪产假等福利。

管理、责任与规划

20 世纪 90 年代后半期,早期养育领域采取了各种各样的革新管理和问责措施(Center for the Study of Social Policy, 1996; Kagan et al., 1995; Knitzer & Page, 1996)。在国家层面,这些

措施包括家庭和工作协会(Families and Work Institute)的早期教育质量提升计划(Early Education Quality Improvement Project,EEQIP),该项目用于评估早期养育系统的质量。当各州为幼儿及其家庭开发综合性项目系统和服务时,家庭和工作协会、贫困儿童国家中心(National Center for Children in Poverty)和美国州长协会(National Governors' Association)联合为各州提供技术援助。《儿童养育促进联系倡议》(Child Care and Education Forging the Link Initiative)、州立学校校长理事会(Council of Chief State School Officers)以及儿童养护运动(Child Care Action Campaign)以社区为单位,为当地将儿童养护和教育及其他服务相联系提供技术援助。

规划工作也正在美国各地进行,在地图和跟踪文档中都有记载(Knitzer & Page,1996)。其他从教育角度出发的资料,在美国教育部出版的名为《七个社区的早期儿童改革》(Early Childhood Reform in Seven Communities,1996)一书中有所描述。这些文献强调需要进行一些改进,以提供更加系统化和精细化设计的社会策略,提升基于社区的合作型早期养育服务。

早期养育在服务的可靠性和有效性方面也取得了一定的进步。通过儿童计数(Kids Counts)——早期养育年度数据,表明服务提供逐渐常规化。全美国都在采取相关的措施。例如,在加利福尼亚州,一份早期儿童服务摘要,以县为单位,提供了每个社区所提供的服务的概要和性质,包括儿童养护的工资和花费(CCR & RN,1997)。

在各州层面上,俄勒冈基准项目(Oregon Benchmarks)(Cutler, Tan, & Downs, 1995)和明尼苏达州里程碑项目(Minnesota Milestones)(Knitzer & Page,1996)制订了明确的标准,用于评价州和社区提升儿童及其家庭的幸福感。政府机构间已经形成了伙伴关系,各州和各地公民参与其中,为达到标准一起为儿童及其家庭的服务。最后,马萨诸塞州的"为了儿童的社区合作"项目(Community Partnerships for Children),批准开端计划和学校可以选择当地的儿童养护提供者建立合作伙伴关系,使他们能够发展和完成合作计划,整合为对儿童及其家庭提供的服务(Kagan & Cohen,1997)。

父母参与

一系列国家举措已经强调了父母参与的重要性(Miller & Anderson,1995)。6个州中已有超过300个支持家庭成员参与的早期养育项目。家长服务计划(Parent Services Project,PSP)已经将父母纳为其子女项目的参与者。例如,通过组织父母和家庭活动来提升父母对早期养育重要性的认识、减少亲子隔离感、提高父母育儿技能,并帮助他们获得所需的资源。在州和地区层面上,许多儿童养护资源中心和转接机构正致力于采用创造性的措施,帮助父母成为有效的早期养育项目参与者。例如,已有12所大型的儿童养护资源中心和转接机构联合起来开发了出版物,用于回答机构最常被幼儿父母所问到的问题。此外,在社区内,许多项目围绕一系列早期养育问题解决父母的疑问。例如,康涅狄格州儿童委员会(Commission on Children)下属的父母领导力协会(Parent Leadership Institute)为父母提供领导能力培训,让他们成为在学校系统和当地政府社区活动家和儿童代言人(Kagan & Cohen,1997)。

综合性措施

一些改革措施提出,早期养育是为幼儿及其家庭提供更全面的家庭支持服务。纽约卡内基公司的起点项目(Starting Points)已经在四个城市(巴尔的摩、波士顿、匹兹堡和旧金山)和十大州(科罗拉多州、佛罗里达州、佐治亚州、夏威夷州、明尼苏达州、北卡罗来纳州、俄亥俄州、罗得岛州、佛蒙特州和西弗吉尼亚州)设立了满足三岁以下儿童需求的项目(Kagan & Cohen, 1997)。这些城市和州立项目提出了早期养育、全面的家庭支持、卫生保健和家访、经济发展和就业刺激等需求,并利用各种策略(如公众教育、社区动员、新的管理机制、创造州立基准)来评价项目进展和评估。16 个州的 500 多所学校参与了"21 世纪学校"倡议(School of the 21st Century)(Finn-Stevenson, Desimone, & Chung, 1998)。该倡议将家长参与、资金和管理问题融入学校,在学校中为儿童及其家庭提供一系列服务:早期养育项目、为幼儿家庭提供信息和转介服务,以及其他家庭支持服务(Kagan & Cohen, 1997)。

面临的挑战

尽管这些措施具有创造性,但只有一些取得了有限的成功。这些措施主要的缺点如下。

第一,它们彼此不相关。聚焦改变早期养育的措施之间极少有协调和交流。通常,这些措施的领导者来自儿童发展、社会政策、卫生、心理健康、教育或者是社会工作等部门。跨机构和跨学科界限的联盟几乎没有。尽管这种现象不足为奇,早期养育和其他改革措施(如医疗改革、福利改革、教育改革和社区发展)也几乎没有联系,但是,没有合作,就难以消除重复的服务,也难以确保目标群体获得尽可能高效的服务。此外,改革家不能共享资源、资金和专业知识,也无法达成帮助幼儿和家庭的共同目标。

第二,很少有改革使用综合性的措施来改善早期养育。任何举措都是针对问题的某些部分,如补偿、培训、资格认证或者资金。极少有人注意这些部分是如何相互作用从而形成一个系统的。如前所述,要产生全面的、持久的变化,必须要求该领域成为一个整体,不仅要促进基础设施间的联系,还要促进基础设施和服务之间的联系。

第三,大部分措施都是短期努力,他们集中于提供短期解决措施。例如,该领域愿意采取新的附加项目,但是并不知道这些项目会不会对长期目标做出贡献,或者会不会偏离附加项目的目标。在短期在职培训中有可用的资金,但是并没有了解培训的长期需求。然而,这些努力常常只是严重性问题的一小点补救措施,但是它们很流行,因为它们能确保充足的财政支持。基金会可能不愿意投钱到长期的或不会产生积极结果的研究和项目。政府也支持短期的问题解决措施(这些问题也是多年演变的结果),因为它们更符合那些面临频繁再选的政客们的"口味"。同样的,长期规划和策略不能捕获媒体的注意力,因为它不够吸引人,不足以获得新闻报道。这种所有利益相关人目光短浅的行为,阻碍了改革家的设想,也阻碍了他们创新的和影响深远的决策。早期养育领域将来的举措,应该更可能产生彻底的改变和持久的影响。最后,尽管早期养育系统的愿景已列入了考虑范畴(Kamerman & Kahn, 1995;Sugarman, 1993),但是还没有一个共同认可的高质量的早期养育系统。如果此种愿景获得重构,那么会带来更多的好处。当各领域围绕着早期养育共同的目标联合在一起的时候,共同愿景将会引导该领域向着它的目标方向发展。这时可以用一种系统的方式来认真处理前面讨论到的那些痼疾,为早期养育系统创造和实现共同愿景,带来诸多好处。如果能够肃清该领域长久以来隐藏的问题,将使该领域发展更加协调、综合、长远。

转变的框架结构

其中一个转变的框架结构是耶鲁大学布什儿童发展和社会政策研究中心(Bush Center in Child Development and Social Policy)的"质量 2000 倡议"(Quality 2000 Initiative)(Kagan & Cohen,1997)。"质量 2000 倡议"由几个基金会组建,负责为早期养育创造长期的、综合的和协调一致的愿景——当它实施时将大大提高儿童生活经历和结果的质量。成百上千的父母、儿童早期教育家、心理学家、政治学家、政策分析家、经济学家、金融专家、社区组织者和媒体专家,通过一系列的委托文件、跨国文献综述、任务小组和工作小组等活动,把他们的知识和专长贡献给了该倡议。

20 世纪 90 年代,"质量 2000 倡议"已经考虑到了人口统计学因素、服务提供的模式和公众态度的变化。"质量 2000 倡议"以及任何成功的改革都应该解决早期养育的质量、公平和结构性问题。为此,该倡议提出了八条建议来确保到 2010 年高质量的早期养育项目能够实现,并且能够为所有 0—5 岁的孩子提供服务。将用有充足的资金支持、连贯和协调一致的基础设施来支持这些服务,它们也将和推进儿童健康发展的其他服务相联系(Kagan & Cohen,1997)。"质量 2000 倡议"工作提出的八条建议是经过整体和长期的设计的。

(1) 在所有的项目上取得高质量。以家庭和中心为基础的儿童养护项目(开端计划、非营利的儿童养护、幼儿园以前项目、托儿所)必须设计成高质量的,允许员工创造性地、符合成本效益地、灵活地使用资源,允许员工自由地使用先进方法。

(2) 关注结果。依据儿童发展领域(社会-情绪、身体运动、认知、语言和学习方法)确定的评估结果和解释必须详细并能用于指导 3—4 岁儿童的个别计划。

(3) 获得家长和社区的帮助。家长必须在某种程度上,参与到子女的项目中,项目应为这种参与提供多种机会。在为子女选择项目时,家长需要有效的信息支持,父母需要成为有效的消费者。政府必须为父母参与到子女学习和早教中提供政策支持。

(4) 所有员工都有证书,证书和他们的职位相关联。所有在早期养育项目中面向儿童的工作者必须持有证书或者是在积极地获得证书的过程中。早期养育项目必须鼓励所有的员工进行持续的培训和教育(终身学习)。

(5) 改善培训和职前准备机会。早期儿童工作人员的所有培训必须以儿童和家庭为中心,反思和考虑文化和语言的多样性。所有获批的培训必须有学分,以增加早期儿童工作人员的学分,以多样和先进的培训武装个人。

(6) 所有的项目要获得认证。除依据法律免于认证的项目以外,其他所有早期养育项目都必须获得认证。认证程序需要得到改进和加强,从而确保所有的项目都能促进儿童的安全、健康和发展。另外,所有项目还应提供完善设施的激励措施。

（7）投资质量。根据每个儿童的水平，幼儿的早期养育必须由公共的或私立的部门提供，并与小学教育具有相当的资金。政府必须拨出10%的资金用于专业人员和职员的发展，强化补救措施，家长参与，项目资格认证，资源和转介服务，评估，数据收集和研究，规划，许可以及加强设施建设。

（8）合理管理早期养育。在每一个社区和州，必须确立或者建立相应机制（委员会和董事会）来进行早期养育规划、管理和问责。

总　　结

2000年左右的人口统计学、服务提供模式和公众态度等方面的改变，影响到了早期养育领域。这些改变导致人们对早期养育服务的需求增多和社会积极发展早期养育的趋势。同时，公众态度的改变给儿童和家庭的需求带来了前所未有的积极关注。此外，从古至今，早期养育面临着来自质量、公平和结构化等问题的挑战。因此，服务的质量不均衡，家庭获得各种高质量的服务权利也不均衡。而且，早期养育也没有一个统一的领域来协调儿童养护、早期教育和早期干预，同样，早期养育服务也没有获得充分的基础设施支持。

解决社会动态问题以及影响早期养育的持久性问题，需要在以下几个领域采取行动：基于儿童结果的质量评价、家庭参与、个人资格认证、专业发展、设施认证、公共投资以及管理。幸运的是，在美国，一些改革措施已经集中解决了一些早期养育所存在的长久性问题。尽管这些措施具有前途和创造性，但是却只获得了有限的成功。通常，这些措施支离破碎、缺少综合性策略、只关注短期目标、缺少共同的愿景，削弱了措施的影响力。为了提高早期养育服务，"质量2000倡议"提出了一个协调一致的、综合的、长期的方法。它也许能为其他改革措施提供一个范式。

本章讨论了正处于关键时期的美国早期养育。在该领域，随着公共知识和投资的增加，早期养育发展的机会也前所未有。我们所面临的挑战不是浪费机会，而是如何通过集思广益、长远考虑、思考和实践，来使机会获得最大化。这里所提出的建议就是迈向这个目标的台阶。

参　考　文　献

Adams, G. (1990). *Who knows how safe? The status of state efforts to ensure quality child care.* Washington, DC: Children's Defense Fund.

Adams, G., & Poersch, N. O. (1996). *Who cares? State commitment to child care and early education.* Washington, DC: Children's Defense Fund.

Adams, G., & Sandfort, J. (1994). *First steps, promising future: State prekindergarten initiatives in the early 1990s.* Washington, DC: Children's Defense Fund.

Agee, J. L., & California State Department of Education. (1988). *Here they come: Ready or not! A report of the School Readiness Task Force.* Sacramento: California State Department of Education.

American Public Health Association and American Academy of Pediatrics. (1992). *Caring for our children: National health and safety performance standards – guidelines for out-of-home child care programs.* Washington, DC, and Elk Grove Village, IL: Author.

Arnett, J. (1989). Caregivers in day care centers: Does training matter? *Journal of Applied Developmental Psychology, 10,* 541–52.

Azer, S. L., & Eldred, D. (1997). *Training requirements in child care licensing regulations.* Boston, MA: The Center for Career Development in Early Care and Education, Wheelock College.

Azer, S. L., Capraro, K. L., & Elliott, K. A. (1996). *Working toward making a career of it: A profile of career development initiatives in 1996.* Boston, MA: The Center for Career Development in Early Care and Education, Wheelock College.

Barnett, W. S. (1995). Long-term effects of early childhood programs on cognitive and school outcomes. *The Future of Children: Long-term outcomes of early childhood programs*, 5(3), 25–50.

Berk, L. (1985). Relationship of educational attainment, child-oriented attitudes, job satisfaction, and career commitment to caregiver behaviors towards children. *Child Care Quarterly*, 14, 103–29.

Bo, I. (1993). Norway. In M. Cochran (Ed.), *International handbook of child care policies and programs* (pp. 391–414). Westport, CT: Greenwood Press.

Bredekamp, S., & Rosegrant, T. (Eds.). (1992). *Reaching potentials: Appropriate curriculum and assessment for young children*. Washington, DC: National Association for the Education of Young Children.

Bronfenbrenner, U. (1974). *A report on longitudinal evaluations of preschool programs, Vol. II: Is early intervention effective?* Washington, DC: Office of Child Development, Department of Health, Education, and Welfare.

Bronson, M. B., Pierson, D. E., & Tivnan, T. (1984). The effects of early education on children's competence in elementary school. *Evaluation Review*, 8, 615–29.

Burchinal, M. R., Roberts, J. E., Nabors, L. A., & Bryant, D. M. (1995). *Quality of center child care and infant cognitive language development*. Unpublished manuscript. Frank Porter Graham Child Development Institute and University of North Carolina at Chapel Hill.

Cahan, E. D. (1989). *Past caring: A history of U.S. preschool care and education for the poor, 1820–1965*. New York: National Center for Children in Poverty, School of Public Health, Columbia University.

California Child Care Resource and Referral Network [CCR and RN]. (1997). *The California child care portfolio*. CA: Author.

Carnegie Task Force on Learning in the Primary Grades. (1996). *Years of promise: A comprehensive learning strategy for America's children*. New York: Carnegie Corporation of New York.

Carnegie Task Force on Meeting the Needs of Young Children. (1994). *Starting points: Meeting the needs of our youngest children: The report of the Carnegie Task Force on meeting the needs of young children*. New York: Carnegie Corporation of New York.

Casper, L. M. (1995). What does it cost to mind our preschoolers? *Current population reports: Household economic studies*. (pp. 70-52). Washington, DC: U.S. Department of Commerce.

Casper, L. M. (1996). Who's minding our preschoolers? *Current population reports: Household economic studies* (P70-53). Washington, DC: U.S. Department of Commerce.

Center for the Study of Social Policy. (1996). *Beyond lists: Moving to results-based accountability*. Washington, DC: Author.

Cohen, B. (1993). The United Kingdom. In M. Cochran (Ed.), *International handbook of child care policies and programs* (pp. 515–34). Westport, CT: Greenwood Press.

Collins, A., & Aber, J. L. (1997). *Children and welfare reform issue brief 1: How welfare reform will help or hurt children*. New York: National Center for Children in Poverty.

Committee for Economic Development. (1993). *Why child care matters: Preparing young children for a more productive America*. New York: Committee for Economic Development.

Cost, Quality, and Child Outcomes Study Team. (1995). *Cost, quality, and child outcomes in child care centers*. Denver, CO: Department of Economics University of Colorado at Denver.

Council of Chief State School Officers. (1995, Summer). *Moving toward accountability for results: A look at ten states' efforts*. Washington, DC: Author.

Cutler, I., Tan, A., & Downs, L. (1995). *State investments in education and other children's services: Case studies of financing innovations*. Washington, DC: The Finance Project.

Education Commission of the States. (1996). *Bridging the gap between neuroscience and education. Summary of a workshop*. Denver, CO: Author.

Epstein, A. S. (1993). *Training for quality: Improving early childhood programs through systematic inservice training*. Ypsilanti, MI: High/Scope Press.

Epstein, J. L. (1995, May). School/family/community partnerships: Caring for the children we share. *Phi Delta Kappan*, 701–12.

The Finance Project. (1997). *Revenue generation in the wake of welfare reform: Summary of the pilot learning cluster on early childhood finance*. Washington, DC: Author.

Finn-Stevenson, M., Desimone, L., & Chung, A. (in press). Linking child care and family support services with the school: Pilot evaluation of the School of the 21st Century. *Children and Youth Services Review*.

Fosberg, S. (1981). *Family day care in the United States: Summary of findings – Final report of National Day Care Home Study (Vol. 1)*. Cambridge, MA: Abt Associates.

Fuller, B. F., & Liang, X. (1995). *Can poor families find child care? Persisting inequality nationwide and in Massachusetts*. Cambridge, MA: Harvard University Press.

Galinsky, E., Bond, J. T., & Friedman, D. E. (1993). *The changing workforce: Highlights of the National Study*. New York: Families and Work Institute.

Galinsky, E., Howes, C., & Kontos, S. (1995). *The family child care training study: Interim report*. New York: Families and Work Institute.

Galinsky, E., Howes, C., Kontos, S., & Shinn, M. (1994). *The study of children in family child care and relative care*. New York: Families and Work Institute.

Gomby, D. S., Larner, M. B., Stevenson, C. S., Lewit, E. M., & Behrman, R. E. (1995). Long-term outcomes of early childhood programs: Analysis and recommendations. *The future of children: Long-term outcomes of early childhood programs*, 5(3), 6–24.

Gormley, W. T. (1995). *Everybody's children: Child care as a public problem*. Washington, DC: Brookings Institution.

Gunnarsson, L. (1993). Sweden. In M. Cochran (Ed.), *International handbook of child care policies and programs* (pp. 491–514). Westport, CT: Greenwood Press.

Henderson, A. T., Marburger, C. L., & Ooms, T. (1986). *Beyond the bake sale: An educator's guide to working with parents*. Columbia, MD: The National Committee for Citizens in Education.

Hofferth, S. L. (1995). Caring for children at the poverty line. *Children and Youth Services Review, 17*(1–2), 1–31.

Hofferth, S. L., Brayfield, A., Deich, S., & Holcomb, P. (1991). *National child care survey, 1990*. Washington, DC: The Urban Institute Press.

Hofferth, S. L., & Chaplin, D. (1994). *Child care quality versus availability: Do we have to trade one for the other?* Washington, DC: The Urban Institute Press.

Howes, C. (1983). Caregiver behavior in center and family day care. *Journal of Applied Developmental Psychology, 4*, 99–107.

Kagan, S. L. (1991). *United we stand: Collaboration for child care and early education services*. New York: Teachers College, Columbia University.

Kagan, S. L. (Ed.). (1993). *The essential functions of the early care and education system: Rationale and definition*. New Haven, CT: *Quality 2000*, Yale University.

Kagan, S. L. (1994). *Defining America's commitments to parents and families: An historical-conceptual perspective*. Commissioned paper for The Ewing Marion Kauffman Foundation, Kansas City, MO.

Kagan, S. L., & Cohen, N. E. (1997). *Not by chance: Creating an early care and education system for America's children*. New Haven, CT: Bush Center in Child Development and Social Policy, Yale University.

Kagan, S. L., Goffin, S., Golub, S., & Pritchard, E. (1995). *Toward systemic reform: Service integration for young children and their families*. Falls Church, VA: National Center for Service Integration.

Kagan, S. L., Moore, E., & Bredekamp, S. (Eds.). (1995). *Reconsidering children's early development and learning: Toward shared beliefs and vocabulary*. Washington, DC: National Education Goals Panel.

Kagan, S. L., Rosenkoetter, S., & Cohen, N. E. (Eds.). (1997). *Considering child-based results for young children: Definitions, desirability, feasibility, and next steps*. New Haven, CT: Bush Center in Child Development and Social Policy, Yale University.

Kamerman, S., & Kahn, A. (1995). *Starting right: How America neglects its youngest children and what we can do about it*. New York: Oxford University Press.

Kisker, E., Hofferth, S., Phillips, D., & Farquhar, E. (1991). *A profile of child care settings: Early education and care in 1990: Vol. I*. Princeton, NJ: Mathematica Policy Research.

Knitzer, J., & Page, S. (1996). *Map and track: State initiatives for young children and families*. New York: National Center for Children in Poverty.

Laosa, L. M. (1980). Maternal teaching strategies in Chicano and Anglo-American families: The influence of culture and education on maternal behavior. *Child Development, 51*, 759–65.

Larner, M. (1995). *Linking family support and early childhood programs: Issues, experiences, opportunities*. Chicago: Family Resource Coalition.

Lassegard, E. (1993). Japan. In M. Cochran (Ed.), *International handbook of child care policies and programs* (pp. 313–32). Westport, CT: Greenwood Press.

Lee, L., & Seiderman, E. (1994). *Elements for success: Replicating Parent Services Project*. Fairfax, CA: Parent Services Project.

Love, J. M., Schochet, P. Z., & Meckstroth, A. L. (1996). *Are they in any real danger? What research does – and doesn't – tell us about child care quality and children's well-being*. Princeton, NJ: Mathematica Policy Research.

Marzke, C., & Both, D. (1994). *Getting started: Planning a comprehensive services initiative*. Falls Church, VA: National Center for Service Integration.

Meisels, S. J. (1987). Uses and abuses of developmental screening and school readiness testing. *Young children, 42*, 4–6, 68–73.

Meisels, S. J., & Fenichel, E. (Eds.). (1996). *New visions for the developmental assessment of infants and young Children*. Washington, DC: Zero to Three.

Miller, L. (1995). *Strategies to build and sustain good child care quality during welfare reform*. CCAC Issue Brief #1. New York: Child Care Action Campaign.

Miller, L., & Anderson, C. (1995). *Empowering parents: Developing support, leadership, advocacy, and activism*. CCAC Issue Brief No. 2. New York: Child Care Action Campaign.

Mitchell, A. (1995). *A proposal for licensing individuals who practice early care and education*. New Haven, CT: *Quality 2000*, Bush Center in Child Development and Social Policy, Yale University.

Mitchell, A. (1996). Licensing: Lessons from other occupations. In S. L. Kagan & N. E. Cohen (Eds.), *Reinventing early care and education: A vision for a quality system* (pp. 101–23). San Francisco: Jossey-Bass.

Mitchell, A., Stoney L., & Dichter, H. (1997). *Financing child care in the United States: An illustrative catalog of current strategies*. Kansas City, MO: The Ewing Marion Kauffman Foundation and The Pew Charitable Trusts.

Moore, E. K. (1997). Race, class, and education. In S. L. Kagan & B. T. Bowman (Eds.), *Leadership in early education* (pp. 69–74). Washington, DC: NAEYC.

Morgan, G., Azer, S. L., Costley, J. B., Genser, A., Goodman, I. F., Lombardi, J., & McGimsey, B. (1993). *Making a career of it: The state of the states report on career development in early care and education*. Boston: The Center for Career Development in Early Care and Education, Wheelock College.

National Association for the Education of Young Children. (1988). Position statement on standardized testing of young children 3 through 8 years of age. *Young Children, 43*(3), 42–7.

National Black Child Development Institute. (1993). *Paths to African American leadership in early childhood education: Constraints and opportunities*. Washington, DC: Author.

National Institute of Child Health and Human Development [NICHD]. (1997, April). *Mother-child interaction and cognitive outcomes associated with early child care: Results of the NICHD study*. Poster symposium presented at the biennial meeting of the Society for Research in Child Development, Washington, DC.

Ojala, M. (1989). Early childhood training, care, and education in Finland. In P. P. Olmsted & D. P. Weikart

(Eds.), *How nations serve young children: Profiles of child care and education in 14 countries* (pp. 87–118). Ypsilanti, MI: High/Scope Press.

Parker, F. L., Robinson, R., Sambrano, S., Piotrkowski, C., Hagen, J., Randolph, S., & Baker, A. (Eds.). (1992, January). *New directions in child and family research: Shaping Head Start in the 90's.* Conference Proceedings. Washington, DC: Administration on Children, Youth and Families, the Administration for Children and Families, Department of Health and Human Services.

Pascal, C., Bertram, T., & Heaslip, P. (1991). *Comparative directory of initial training for early years teachers.* Worcester, England. Association of Teacher Education in Europe, Early Years Working Group.

Phillips, D. A. (Ed.). (1995). *Child care for low-income families: Summary of two workshops.* Washington, DC: National Academy Press.

Phillips, D. A., & Howes, C. (1987). Indicators of quality in child care: Review of research. In D. Phillips (Ed.), *Quality in child care: What does the research tell us?* (pp. 1–19). Washington, DC: NAEYC.

Phillips, D. A., Lande, J., & Goldberg, M. (1990). The state of child care regulation: A comparative analysis. *Early Childhood Research Quarterly, 5,* 151–79.

Phillips, D. A., Mekos, M., Scarr, S., McCartney, M., & Abbott-Shim, M. (in press). *Within and beyond the classroom door: Defining quality in typical child care.*

Phillips, D. A., Voran, M., Kisker, E., Howes, C., & Whitebook, M. (1994). Child care for children in poverty: Opportunity or inequality? *Child Development, 65,* 440–56.

Poersch, N., Adams, G., & Sandfort, J. (1994). *Child care and development: Key facts.* Washington, DC: Children's Defense Fund.

Powell, D. R. (1989). *Families and early childhood programs.* Washington, DC: National Association for the Education of Young Children.

Pritchard, E. (1996). Training and professional development: International approaches. In S. L. Kagan & N. E. Cohen (Eds.), *Reinventing early care and education: A vision for a quality system* (pp. 124–41). San Francisco: Jossey-Bass.

Richardson, G., & Marx, E. (1989). *A welcome for every child: How France achieves quality in child care – Practical ideas for the United States.* New York: The French–American Foundation.

Ruopp, R., Travers, J., Glantz, F., & Coelen, C. (1979). *Children at the center: Final results of the National Day Care Study.* Boston: Abt Associates.

Schorr, L. B. (1994). The case for shifting to results-based accountability. In N. Young, S. Gardner, S. Coley, L. Schorr, & C. Bruner (Eds.), *Making a difference: Moving to outcome-based accountability for comprehensive service reforms* (pp. 13–28). Falls Church, VA: National Center for Service Integration.

Schweinhart, L. J., Barnes, H. V., & Weikart, D. P., with Barnett, W. S. & Epstein, A. S. (1993). *Significant benefits: The High/Scope Perry Preschool Study through age 27.* Ypsilanti, MI: High/Scope Press.

Scurria, K. L. (1996). Regulation: Alternative approaches from other fields. In S. L. Kagan & N. E. Cohen (Eds.), *Reinventing early care and education: A vision for a quality system* (pp. 142–57). San Francisco: Jossey-Bass.

Shinn, M., Galinsky, E., & Gulcur, L. (1990). *The role of child care centers in the lives of parents.* New York: Department of Psychology, New York University.

Shore, R. (1997). *Rethinking the brain: New insights into early development.* Executive summary. New York: Families and Work Institute.

Smith, A. B., & Swain, D. A. (1988). *Childcare in New Zealand: People, programs, politics.* Wellington, New Zealand: Allen & Unwin/Port Nicholson Press.

Staines, G. L., & Galinsky, E. (1991). *Parental leave and productivity: The supervisor's view.* New York: Families and Work Institute.

Sugarman, J. (1993). *Building local strategies for young children and their families.* Washington, DC: Center on Effective Services for Children.

Sugarman, J. (1995). *Thinking about new strategies for programs that serve children, youth and families.* Washington, DC: Center on Effective Services for Children.

U.S. Advisory Commission on Intergovernmental Relations. (1994). *Child care: The need for federal-state-local coordination.* Washington, DC: Author.

U.S. Department of Education. National Center for Education Statistics. (1994). *National public education financial survey for fiscal year 1993.* Washington, DC: Author.

U.S. Department of Education. Office of Educational Research and Improvement. (1996). *Early childhood reform in seven communities.* Washington, DC: Author.

U.S. General Accounting Office. (1993). *Poor preschool-aged children: Numbers increase but most not in preschool.* Washington, DC: Author (93-111).

U.S. General Accounting Office. (1994). *Child care: Working poor and welfare recipients face service gaps.* Washington, DC: Author. (94-87).

U.S. General Accounting Office. (1995a). *Early childhood centers: Services to prepare children for school often limited.* Washington, DC: Author (95-21).

U.S. General Accounting Office. (1995b). *Early childhood programs: Multiple programs and overlapping target groups.* Washington, DC: Author (95-4FS).

West, J., Germino Hausken, E., & Collins, M. (1993). *Profile of preschool children's child care and early care and education participation.* Washington, DC: U.S. Department of Education (NCES 93-133).

West, J., Wright, D., & Germino Hausken, E. (1995). *Child care and early care and education participation of infants, toddlers, and preschoolers.* Washington, DC: U.S. Department of Education (NCES 95-824).

Whitebook, M., Howes, C., & Phillips, D. (1989). *Who cares? Child care teachers and the quality of care in America: Final report of the National Child Care Staffing Study.* Oakland, CA: Child Care Employee Project.

Willer, B., Hofferth, S., Kisker, E., Divine-Hawkins, P., Farquhar, E., & Glantz, F. (1991). *The demand and supply of child care in 1990: Joint findings from the National Child Care Survey 1990 and a profile of child care settings*. Washington, DC: National Association for the Education of Young Children.

Yoshikawa, H. (1995). Long-term effects of early childhood programs on social outcomes and delinquency. *The Future of Children: Long-term outcomes of early childhood programs*, 5(3), 51–75.

参考文献

第 17 章 对低收入儿童及其家庭的早期干预

罗伯特·哈尔彭（ROBERT HALPERN）

本章回顾了低收入家庭及其儿童早期干预的历史经验、进展，以及该领域还存在的问题。讨论包括评估个别方法的有效性证据；学习到的经验和关于项目设计的持续性问题；在各州层面上儿童早期干预系统一致性发展的进程评估。本章还从人类服务这一更大的环境角度，对儿童早期干预进行了考察。

本章主要讨论对 0—3 岁儿童家庭的服务，这些服务的主要目的是加强儿童的养护和发展，在一些案例中还涉及提高母亲的幸福感和儿童的健康。这些传统的儿童早期干预目标，以及根据这些目标所提供的服务，越来越多地与其他方面相关联，如成人的受教育程度和就业，甚至社区的发展。事实上，将儿童早期干预与相关领域的幼儿家庭服务相区分变得越来越困难了，在某些方面也作用甚微。

作为一个独立的领域，儿童早期干预正处于发展的关键时期。20 世纪 90 年代出现了大量新的理论、项目方法以及模式。我们从众多大大小小的项目中积累了大量的实践智慧和经验。0—3 岁时期在儿童生命中的重要性也受到了新的关注。尽管仍然较少，但是研究者对于婴儿期与贫困相关问题的关注已经日益增加。例如，曝光婴幼儿及其家庭、工作人员所遭受的暴力。许多州和地区已经成立了委员会和办事处等，来解决这些零散的儿童早期干预难题。一些城市和州成立区域性的协调机构（如，区域委员会和跨机构委员会）来讨论给 0—3 岁儿童提供服务，即通常所说的儿童早期干预服务。一些方案致力于提供超越母亲和儿童卫生保健、儿童福利和儿童早期特殊教育的界限的服务方法。

同时，支持儿童早期干预的量化研究结果仍然或多或少地存在着忽视具体项目目标、范围或特定方法的问题（例如，Halpern，1990b；Barnes，Goodson，& Layzer，1996）。抚养幼儿的贫困家庭的处境，特别是城市中心不断增加的这类家庭，如今仍与过去任何时期一样危险。对更大儿童发展的研究一直视贫困为研究中的复杂变量，是儿童和家庭的生活的基础组织者，而不是一种有着深远和普遍影响的因素。全美国只有少数教育机构在培养为有 3 岁以下儿童的脆弱家庭服务的专业人员。

没有一个州或城市建立起了连贯的 0—3 岁服务体系，或者为已有的服务提供足够的资金。实际上，为 0—3 岁贫困儿童提供的服务没有形成有明确目标和项目的系统。在城市，综合性社区倡议如春笋般破土而出，但发展或加强儿童早期干预服务的具体计划却为之甚少。卡内基公司做了一个题为《转折点》（*Turning Points*）的报告，指出"为 3 岁以下儿童家庭提供的社区服务少而零碎"（Carnegie Corporation，1996，p.xvi）。

换言之，到 20 世纪末，我们取得了进步，但是距离一个发展良好的、一致的、充分细化的、为贫困婴幼儿家庭提供服务和支持的系统还很远。事实上，儿童早期干预的发展愿景和计划应该属于哪个领导机构，并不清楚。现在我们对当地社区在设计、管理和实施干预上参与的重要性的认识更加敏感。然而，我们还不清楚不同社区利益相关者在这些任务中的最佳角色。我们知道，不能再将贫困家庭的儿童早期干预从政策、优先权等方面剥离出来，也不能再将它排除在公共援助、儿童福利、公共卫生、教育和精神健康等主要的家庭支持系统的实践之外。但是，从历史来看，大多数为贫困家庭提供的儿童早期干预服务都发生在这些系统以外。尽管对这些家庭的公共投入有所增加，但是关键问题仍然没有得到解决。哪些家庭应该优先获得服务措施和资金资助尚不清楚。如何运用这些可用的方法和模式、经验和更广泛的法则（如，综合性的、一体化的、授权的、以家庭为中心的），并将它们转化为一个连贯的系统并不容易。关于儿童早期干预的范围和目的等许多待解的问题，都没有唯一答案。

抚养幼儿的贫困家庭：一个简单的描绘

在任何时期，美国都有大约 1200 万 3 岁以下的儿童。根据政府标准，其中有 300 万的贫困儿童（Carnegie Corporation，1996），另外有 100 万~150 万在贫困边缘徘徊或刚超过贫困标准。怀孕妇女也是早期干预服务的潜在目标人群，在任何时期都有超过 100 万的贫困妇女怀孕。大约 2/3 的贫困婴幼儿居住在单亲母亲家庭。到抚养未成年儿童家庭援助项目（Aid to Families with Dependent Children，AFDC）结束的时候，大约 2/3 的婴幼儿家庭享受福利支持。（从福利系统的观点来看，接受援助期间，大约 60% 的 AFDC 家庭至少有一个 3 岁以下的儿童。）超过一半的贫困婴幼儿的父母没有完成高中学业，大约一半的母亲未成年（National Center for Children in Poverty，1990）。

不得不指出的是，贫困婴幼儿一出生就处于充满许多问题的高危环境中。贫困大大地增加了在母体内接触有毒物质的危险性，也容易造成令人惋惜的分娩结果和体质脆弱（如，精细中枢神经系统受损、营养不良、新生婴儿后期死亡、哮喘和其他慢性健康问题），血铅水平升高和其他一些健康问题（Klerman，1991）。贫困和与之相关的因素容易造成父母疏于照顾孩子或不稳定的家长养护等情形（Halpern，1993）。更极端的情形是，因虐待或疏于照顾，孩子被迫从家庭环境进入寄养环境。3 岁以下儿童，特别是婴儿，是进入养护机构中数量增长最快的群体，这些儿童大部分都来自贫困家庭。在美国，5 万左右被寄养的 2 岁以下儿童，大约 70% 来自贫困家庭。纽约城的一项研究发现，最贫穷环境下的儿童有 1.45% 被寄养，而在最富有环境下，这个比例只有 0.29%（Wulczyn，1996）。

抚养婴幼儿贫困家庭居于城市贫民窟的比例在上升，已达到 40%。大多数这类家庭，在极端困难的环境下，能够尽他们所能去确保其子女的发展需要得到满足（Anderson，1994；Hans，Ray，& Halpern，1995；Nightingale，1993）。然而市中心的贫困及其产物可能削弱最具适应性和资源最丰富的家长的努力（Halpern，1993）。此外，居住在市区的年轻父母的比例很大（20%~30%），他们甚至缺少最基本的个人和社会资源来满足其子女的需求。这些年轻家长的个人成长就充满不幸，如自己早期成长受损；营养不良，被抛弃，或者是两者都有；家长滥用药物；家庭暴力以及学业困难。这些个人过去经历的困难所造成的影响被带到了现在的生活中,这不仅影响了对子女的教养,还影响了其他方面,如成人关系、完成学业和坚持工作的能力、身心健康和管理家庭资源的能力。

大多数脆弱的家庭面临的困难多且艰巨,居住在城市贫民窟并非偶然。存在多样问题家庭导致了当地社区的沉重压力,这种压力又使他们的困难激化,形成恶性循环。贫困并不总是带来家庭的脆弱性,但是它基本上总是加剧家庭脆弱性的影响,有时候会激发这种脆弱性。

儿童早期干预领域的演变:1960—1990 年

在美国,作为一种规则,儿童的早期经历是和家庭相联系的——这是一个许多政策制定者不愿强行进入的私人领域(Carnegie Corporation,1994,p.xiv)。然而,对于贫困家庭来说,更多的是违背而不是遵循这个规则。慈善机构、社会工作者、养护者、家庭经济学家、家长教育者、儿童发展专业人员和其他一些人士介入抚养幼儿的贫困家庭的生活已经有 100 多年的历史了。贫困家庭儿童养育实践在许多方面受到了责难,如在监管上没有反映普遍性(如中产阶级标准)、幼儿管理和训练、抚养、疾病照管、如厕训练、睡眠安排和言语互动等(Halpern,1998)。贫困的家长被指责忽略了其子女,没有使他们为适应工业社会的需求做好准备,把他们放在了恶劣的环境影响之下(Halpern,1998)。实际上,贫困的家长自己也是弱势群体,也需要管理。克罗克(Crocker,1992,p.50)引证了亚当斯(Leander Adams)的观点。亚当斯在 1910 年进行了一项关于印第安纳波利斯移民生存环境的研究,研究指出:"正如幼儿一样,应该有权威机构来管理他们(移民)的行为,直到他们达到理解的程度。"

在较宽泛的历史框架下,儿童早期干预的概念和实践到目前为止只有数十年的历史。该领域产生于 20 世纪 60 年代戈登(Ira Gordon)、维卡尔特(David Weikart)、莱文斯坦(Phyllis Levenstein)以及马丁(Martin)和辛西娅·多伊奇(Cynthia Deutsch)(参见 Eller,1979)。这些项目以两个理念为前提:第一,心理学上有大量的基础研究表明,早期经历对于后期的能力有重要的影响,0—3 岁时期是发展中的一个关键时期,此时智力尚未成形,具有发展性和可塑性。第二,贫困母亲在促进、塑造和支持其子女的认知和语言发展上发挥的作用不够,因此,为其子女受教育所做的准备工作也不充分。

这些儿童早期干预的先驱们采用的普遍方法是试图教母亲成为其子女更好的老师,自己为儿童提供直接的刺激,或者两者兼具。教给母亲游戏和活动,这样她们就可以与子女轮流共同参与;鼓励母亲们把哺育、洗浴、换尿布和相关的活动看成学习的机会;鼓励母亲与其子女尽可能多地交谈。一些项目主要关注认知的发展,如感知觉动机技能、目标的持久性、探究性行为等,还有一些关注语言。例如,莱文斯坦的言语干预项目的焦点就是"通过描述物体的标签、图表、颜色和尺寸来提供信息……引发儿童对问题做出(言语)反应"(Beller,1979,p.858)。一些项目也聚焦于鼓励母亲说和做,从而增强其子女的成就感和自尊心。

这些早期项目的目标家庭和服务对象,绝大部分是非裔美国人,这导致一些评论者提出,他们反映的更多的是"制度上的种族主义"。有学者(Baratz & Baratz,1971)认为,"正在扩大的关注网"从根本上质问处于贫困状态的非裔美国人社区的生活模式:"如果干预项目没有解决一个问题,那么就会导致发现更基础的和更根本的问题。调整或丰富逐渐扩大了它的关注范围,从培养语言能力扩大到整个文化系统的重建。"(p.117)

在20世纪60年代,有关家长教育干预的理论和假设在建构新的儿童早期干预方面产生了影响。从实践来说,它们被开端计划(Head Start)的产生和发展夺去了光彩。(尽管直到1995年,开端计划都不关注0—3岁儿童的家庭,在20世纪七八十年代,它的早期历史为这类家庭发展服务提供了重要的基础。)开端计划中的前提假设和实验的家访项目比较相似(如,关于早期作为儿童发展的"关键期"的研究,以及有关贫困儿童早期家庭生活赤字的"贫困文化"研究结果)。然而开端计划的设计目的是补偿贫困家庭早期儿童教养不足,以及尽可能加强早期儿童教养。它的假设是贫困家长没有足够的资金来为其子女的学校生活做准备。

开端计划由一系列事件相互影响而产生。肯尼迪家族基金会资助苏珊·格雷(Susan Gray)在田纳西州的纳什维尔启动早期训练计划(Early Training Project)。这一学前项目旨在阻止贫困的非裔美国儿童的发展迟滞(如,促进IQ),用来帮助他们做好入学准备。格雷的方法在齐格勒和明肖(Zigler & Muenchow,1992,p.5)所写的逸事中被阐释为:"儿童喜爱骑三轮车,但是只有当他们被恰当地要求要那样做,并且识别出他们想要骑的特定的三轮车时,他们才可以去骑。"这一项目中的教师每天为儿童阅读数次。格雷的工作被全国大量"实验性的"学前干预项目所效仿,也被由福特基金会支持的格雷领域(Gray Areas)的项目所效仿,后者为贫困城市社区的开端计划项目提供了雏形(Halpern,1995,pp.93-100)。

萨金特·施莱弗(Sargent Shriver)是经济机会办公室(Office of Economic Opportunity,OEO)的领导,该机构负责反贫困运动(War on Poverty)。他认为,即使对那些最保守的支持者来说,关注学前儿童的项目也非常有吸引力。在1965年早期,OEO召集了一群社会科学家规划早期干预策略模型。最终提出了一个综合性的项目。它以3—4岁儿童学前教育为核心,涵盖健康服务(包括筛查和免疫)、营养、家庭社会服务(主要是个案管理)以及社区发展活动等方方面面。家长在项目中起着重要的作用,不仅是把家长作为教育的目标,而且是专业人员的合作伙伴。指导者们进行了一次小的试点,为数百儿童提供了服务。然而,政界要求产生更引人注目的效应,开端计划因此被启动,准备为将近50万名儿童提供为期八周的暑假服务。

成百上千的贫穷社区受到感染去申请开端计划补助,几个月内培训了大约4万名教师。最初的申请者大多是学区。实施两个周期以后,开端计划转变成为期十个月的项目,由于OEO的支持和督促,成百上千以社区为基础的组织,特别是新的社区活动机构,准备协助实施开端计划。大多数当地实施者先起草一个方案,在申请项目的过程中或申请之后,将社区代表聚集在一起,精心设计当地项目实施方案。这种创造项目的新自由——也有当地实际需要相结合的现实——在当时既令人愉悦又令人麻痹。负责项目设计的社区居民常常非常抗拒接受早期儿童专业人员的援助。这对于后者来说是一个痛苦的时期,他们感到自己被迫去观察那些似乎无须努力去创造和改善的家庭,因为那些已经被创造和改善了的典型项目已经有了成熟的理念、课程和教师培训方法。

专家常常被定位为拥有资源的人,他们自身也有许多要学习的地方。在项目规划会议上,他们不得不学习把他们的疑问转达给社区项目设计问题的人,"经过上百年的渗透和吸收,却从未被人问过"(Greenberg,1990,p.96)。开端计划的某些方式上,与他们所熟悉的专业人员运作的托儿所项目有着巨大的不同。它既着眼于成人和社区的发展,也着眼于儿童的发展。大多数早期儿童专家在前一领域并没什么经验。开端计划成为一种制度，它从社区获得自己的生命和能量，把不是来自社区的专家置于一个含混的地位。

开端计划实施初期，人们普遍担心质量问题，这一担心持续到了现在。开始，它的快速增长主要是政治原因，导致其不可能仔细斟酌项目基础。在开端计划初期，人们常常见到的是生搬硬套的机械训练，漫无目的地进行游戏（参见 Zigler & Muenchow，1992, pp.40-48）。教师很少或者没有学习如何通过游戏和活动加强儿童的语言技能、词汇技能、听觉的和视觉的辨别能力、问题解决能力以及其他方面的能力。科学、数学或艺术活动只有极少的材料，甚至没有材料。项目规划、员工监管和资金管理等，也都极不规范。

对于开端计划质量的潜在关注，实际上是对于什么才是开端计划最重要的目的的关注：是为儿童提供最有用途的学前课堂体验，还是家长、其他社区成员或社区组织的就业和授权许可？通过这样或那样的方式，这些问题与家长的参与目的和家长在项目中所起的作用相联系。一种极端的观点认为，开端计划的主要目的是为贫困儿童创造可供选择的环境，它和那些家庭甚至社区服务不一样。一种中立的观点认为，开端计划试图通过一天几小时、一周几天的服务来逆转儿童较广泛的社会生态状况（家长、家庭和社区）是徒劳的。当然，项目不得不考虑这种生态并且加强它。所采取的措施包括对家长进行哺育儿童及相关事务的教育，为家长自身的成长和发展努力提供支持。另一种极端的观点是，那些相信开端计划能做的最重要的事，是让家长享有政治权利，这也是唯一一件有效的事。最能帮助贫困儿童的事，将是让他们看到自己的父母（这些人毕竟是他们最重要的角色榜样）成为决策者，共同组织和参与解决社区问题，满足自身需求。后面的两种差异是，让家长参与开端计划是重要的，但是主要是在其子女的教育上。从此，儿童将能够看到和感受到父母恪守教育的承诺，父母将能以新的观点看待子女及其行为（Zigler & Muenchow，1992，p.101）。例如，家长会注意到教师对孩子美术作品的赞扬，并区别对待美术作品和孩子的技能，明白自己的孩子对于赞扬的反应是多么肯定。

除了教学管理的质量问题和对目的的关注外，开端计划发挥了很多优势。它是一项国家项目——其设立的目标和标准都在当地社区范围以外——虽然如此，它也要努力满足社区自身的需要。对于它的周边社区，它是非正式的和开放的，而非隔绝的。它为一些家长开启了职业道路。开端计划提供了急需的健康和营养服务，帮助了被多种现实问题困扰的家庭。开端计划是一个生机勃勃的制度，它加强了贫困社区的社会联系，这些是在资金长期不足的情况下做到的。员工薪水很低，致使贫穷的员工摆脱贫困。

在开端计划的早期（1965—1966），它承受着国会要求评估其对于儿童影响的压力。经济机会办公室进行了一系列研究，大多数是高质量的项目。尽管这一项目的目的很宽泛，早期研究主要关注对智力的影响，这些研究发现短期项目的成效会很快消失（参见 Zigler & Muenchow，1992，第3章）。1968年，威斯汀豪斯学习公司启动了一项全国性的研究，通过使用一群儿童作为被试，试图发现开端计划对小学低年级学生的积极影响（Cicirelli，1969）。研究进行了大量的取样，然而方法却存在缺陷。例如，70%样本儿童只参加了暑假项目，而那时开端计划已是十个月的项目了。

回过头来看，考虑到当地项目的多样性，把开端计划作为一个整体来推断是很不恰当的，同样，这么快对一个项目的影响做出明确判断也是不恰当的。因此，开端计划的支持者处于一个微妙的位置。在一个非常保守、厌战的政治环境下，项目本身的任何弱点都是减少资金支持的理由。尽管有这些障碍,开端计划还是生存下来了。官方使用早期研究中模棱两可的结论时声称,开端计划真的是有效的,不得不将其作为一项国家项目成为新的帮助贫困儿童及其家庭的途径。他们认为,也许三四岁太晚了,已经不能帮助到处于贫困中的儿童了,干预不能改变儿童的家庭环境,它所起的作用也注定有限。这些思考思路表明,需要发展和尝试新的方法,这些方法应该关注更早的时期,也应该关注家长自身(Skerry, 1983, p.22)。开端计划领导者启动了一个为0—3岁贫困家庭的儿童服务的研究和开发项目。这个项目大约持续30年,但是为了保证这一学前项目的有效性,需要提供更多的科学依据。

儿童早期干预的新主题

一些学者提出的家长教育模式已经为新的公众服务干预类型提供了大纲和标准。20世纪七八十年代期间,许多理论的发展和社会的主要关注点反过来促进了儿童早期干预方法的发展。作为一个独特的、不太一样的公众服务的分支,它逐渐被确定了下来。

这一时期对婴儿的研究和临床关注产生了本质上的大爆发,主要是在心理学和精神病学方面(如Call, Galenson, & Tyson, 1983)。研究和临床工作高度重视大量出现于婴儿时期的发展活动,不仅包括认知的发展,还包括社会情绪的自我监管能力、自我与他人关系感知能力的发展。婴儿被重新定义为活跃的、有感知觉的社会人。研究发现了一些婴儿期导致危险的因素,如母亲抑郁、感情障碍以及调节和感知觉障碍。一小部分研究者探索了婴儿促进亲子关系的因素。这些新的研究路线又一次引发了干预专业人员对0—3岁时期婴儿的关注,加强了20世纪60年代产生的全球信念——早期经验是儿童后期生活成就一个最重要的决定因素。

同时,由布朗芬布伦纳领导的一些研究人员开始采用一种生态学模式来研究儿童发展(如Bronfenbrenner, 1979)。他们研究了母亲—儿童关系以外的因素,如其他家庭成员,家长的社会支持网络,社区特点,以及更广泛的种族、阶级和经济状况等因素如何影响儿童的发展和母亲—儿童关系,以及这些不同类型的因素如何相互影响。与生态学的儿童发展研究多少有点关联的是那些相对较新的家庭研究和家庭治疗领域。这些领域也提出自己的观点,如建议少关注些家长和亲子关系,而多关注些整个家庭。这为研究者和干预专业人员提供了新的看待贫困和脆弱家庭的视角。正如欧姆斯(Ooms, 1996)指出的,与传统的线性思考的研究者相比,系统理论是"非指责性的",是更少线性的、更少以因果为导向的。至少从论调上导致了对家庭优势关注的增加。

临床婴儿项目

在20世纪70年代初期,最重要的理论和研究关注的是脆弱的亲子关系家庭的治疗工作,这是进行儿童早期干预新的临床线索,尽管新的临床婴儿项目服务的还是贫困家庭,但是和这些家庭一起工作时,贫困是一个综合的压力而不是核心问题。临床婴儿事业有一些开拓者,首先是塞尔玛·弗雷伯格(Selma Fraiberg)和她在密歇根大学儿童发展项目的同事们。他们发展了一种三重干预方法,包括发展指导/支持性干预、简单的危机干预和一种称作家长—婴儿心理疗法的新的辅助程序(Fraiberg, Shapiro, & Cherniss, 1983)。依据临床评估家庭的情况、家庭教养困难的明显成因、基本家庭教养能力、进入正式治疗关系的心理准备等因素,家庭接受其中的一个、两个或所有三个程序。

这三个程序的最大创新是家长—婴儿心理疗法,它基于儿童发展和心理分析的相关理论。像传统的精神动力学治疗一样,治疗师对求助者使用正移情和反移情来阐释问题和促进改变。但这种治疗的目标不是自身的改变,而是以培养能力为目标。治疗师帮助家长认识一些成长经验所带来的影响,如迷失、抛弃、不能回应自己孩子的反应、不能描述自己孩子的状态等。通过这一认知过程,在某种程度上,家长可以从过去中解放出来,从而找到"解决旧问题的新方法"(Fraiberg et al., 1983, p.60;参见 Fraiberg, Adelson, & Shapiro, 1975)。治疗期间婴儿的参与不仅可以提供关于关系的实际质量信息的额外来源,还可以提供一些其他的干预基础。治疗师不仅从所了解到的家长自己的抚养历史、婴儿对家长的意义(如儿童所诱发的家长的情感)等方面获得线索,还可以同时近距离观察家长和婴儿。

通过家访,一些家庭在自己的家中获得了大部分的帮助。研究人员坚持和那些失约的家庭联系。必要时,治疗师为婴儿照料提供具体的指导,并且帮助他们解决现实的家庭压力(如公共援助或租房问题)和家庭危机。换言之,与传统的治疗相比,治疗师的角色更加积极和灵活。

其他临床婴儿工作并不采用家长—婴儿心理治疗,而是将它的原则渗入对家长的支持工作中。例如,萨利·普罗旺斯(Sally Provence)及其同事推行了耶鲁儿童福利研究项目(Yale Child Welfare Research Program)。该项目是一个跨学科的精英团队,成员由临床社会工作者、护士、儿科医生、日托工作者和心理学家组成,他们为正经历教养困难的年轻家庭提供个别化的、有针对性的混合型支持性服务(Provence & Naylor, 1983)。这一项目包括了社会工作者每月两次的家访,主要是健康养护、高质量的日托和发展性检测。在家访期间,社会工作人员在参与家庭居住地附近的改造房中进行非正式的活动。他们主要关注母亲自身的"心理需要和心理压力"(Provence & Naylor, 1983, p.20)。这个项目的理念是:一些家长在能够抚养其子女之前,或者忍受自己的孩子由他人(如,日托中心)照料之前,他们不得不先培养自己。

20世纪七八十年代,儿童早期干预的临床方法保持了适度的规模和影响,以一些临床/学术中心为焦点,那里的工作需要提供精心安排的培训。对婴儿工作感兴趣的、来自医药和心理健康领域的实践者,从临床婴儿项目国家中心(National Center for Clinical Infant Programs,后改为"美国0—3岁婴幼儿和家庭中心"(Zero To Three: The National Center for Infants, Toddlers and Families)),以及许多学术中心的活动中了解了一些婴儿工作所需要的婴儿心理健康理论、原则和方法。下面这些方法中更易获取一些元素和思考:一起观察家长及其子女来获取干预的线索;与儿童交谈,帮助家长领会儿童的观点或感觉;认识到在满足具体需要时保持积极和可靠的重要性,这不仅对于其自身很重要,而且还会影响家长体验关系的方式——渗入更广的儿童早期干预领域。然而,以社区为基础的社会服务和儿童福利的提供者,他们与数量日益增多的幼儿、贫困社区中多重脆弱性家庭接触最多,却很少有机会接触这些理念及模式本身。

生态学导向和系统论方法

如果说婴儿临床观察和研究表明了对每一对亲子关系独特的动力因素和问题进行深入对于

干预的重要性,那么生态学和系统论理论则告诉我们,应超越这一关系进行研究。20 世纪 60 年代,人们已经提出了早期养育干预在界定和实施时脱离环境的问题。以此为基础,布朗芬布伦纳等人为他们所谓的"生态有效干预"争论不休。例如,关注整个家庭的需要,加强家长社会支持网络的价值,联系家庭与社区资源的价值(Bronfenbrenner, 1987, p.xiii)。系统论导向的理论强调事物都是相互联系的。这意味着,不论好坏,干预需要更有雄心壮志和整体性(最终导致对综合性干预的关注)。

人们可以通过比较那一时期两个知名的联邦示范项目,来追踪生态的、系统理论的持续影响。一个是家长儿童发展中心(Parent Child Development Center, PCDC),包括伯明翰、休斯顿和新奥尔良等地的家长儿童中心(Parent Child Center, PCC);另一个是儿童和家庭资源项目(Child and Family Resource Program, CFRP),这是一个有 11 个示范点的项目。(PCDC 试验起源于 PCC 项目。)PCC 的最终目标是成为一个全国范围内的家庭中心网络,为有 0—3 岁儿童的贫困家庭提供家长教育、健康和社会支持。许多因素,尤其是资金短缺,阻碍了这一愿景的实现。在 PCDC 有可能看到生态学和系统论观点的萌芽。项目材料承认解决"贫困家庭复杂问题"的重要性(Andrews et al., 1982)。三个 PCDC 项目给家庭提供保健、社会及其他延伸服务,或把家庭和这些服务联系起来。拥有共同框架的三个项目,可以基于当地的需求和环境,设计自己的项目方案。同时,他们的干预以改变母亲的知识、行为和态度为焦点。具体的方法包括为母亲提供教养和儿童发展课程,母亲观察和参与婴儿养护活动,以及家访(Andrews et al., 1982)。

CFRP 更全面地反映了生态学和系统论观点的影响。该项目的理念是,对于教养项目,为了促进儿童发展,他们不得不既关注具体的教养能力,又关注那些影响教养的所有家庭和环境因素(Hewett, 1982)。项目的核心是由专门培训的社区人员提供每月一次的家访,持续两年时间。家访人员常常致力于帮助家庭获得其他服务与资源,帮助解决家庭所面临的主要问题,还时常支持家庭处理事务。CFRP 的一个关键假设是,假以时日,家庭能成为自己的服务代理人、问题管理者,到时候,他们和家访人员能够把自己的注意转向教养和儿童发展。然而,这种假设却没能实现。大多数家访人员在以教养和儿童发展为中心的工作中能力是有限的,或者还没有做好准备。如此一来,简单地解决项目参与者所面临的无尽的直接而具体的问题,这样更令人舒服。

20 世纪 70 年代末,儿童早期干预作为家庭支持的观点,凝聚在一个以此命名的新项目运动的旗号下。当时面临的社会现实是,社会结构在崩溃——家庭生活日益恶劣,公共支持系统也日益恶化,人们对现有的辅助服务和专业人员的信任也丧失殆尽。公共服务由于支离破碎、不连贯、无反馈以及受危机驱动,受到攻击和批评。服务提供者们由于家长式作风,把自己的利益凌驾于家庭利益之上、把家庭归于病态、不尊重家庭的文化传统等相关过失饱受诟病(Halpern, 1998)。家庭支持项目预期成为一种加强家庭间非正式支持的纽带,同时创造一种新的服务模式。他们将使家庭聚在一起,围绕教养和其他任务,互相提供支持。项目充分重视家庭的力量,并遵循家庭的引领作用。工作人员将尊重家庭的文化传统和教养传统,成为当地儿童教养规范与更广泛社会意义上的规范间的桥梁。项目间沟通方便,没有参与资格等问题的阻碍(Family Resource Coalition, 1996; Weiss & Halpern, 1988)。

家庭支持运动最初不以贫困家庭为焦点。相反,它的建立者认为,家庭通过收入分组扩大了与传统的支持信息资源间的隔离。因此,这一运动迅速地开始影响关于贫困家庭的儿童早期干预领域的理念和项目设计。家庭支持原则使得低收入社区有成百上千的以社区为基础的小项目重新焕发活力,有些项目是整体设计的。它们成为了数量不断增加的联邦和州针对特定目标人群项目的模板,如未成年家长和被虐待、忽视儿童的家长。

同时,家庭支持运动给儿童早期干预领域带来了新的张力。例如,它含蓄地指出了对于加强儿童养护焦点所存在的普遍的问题,在某些方面,忽视了干预项目的初衷。家庭支持运动降低对专业知识、技能和方法的要求,让辅助专业人员打着它的旗号进行服务,但这些人却未准备好评估、告知和处理许多家庭所存在的艰难处境。对于它是不是一个正式的辅助服务这一点,家庭支持项目是矛盾的。许多支持者认为,家庭支持项目是一个新的社区机构,它能够代替社会服务的历史角色。从这一点来说,这种项目中的工作人员被看作社区成员来帮助其他社区成员,他们不太需要扎实的知识基础、培训或监管。20世纪80年代,当家庭支持项目在低收入社区开始关注并且服务更多极度弱势家庭时,他们模糊的认同感和目的感,以及零散的原则和方法等,导致了其内在压力的增加。缺少各种概念性工具、详细的过程描述和案例记载的支持,临床婴儿项目的一线工作者被密集培训和工作强度所困,压力与日俱增。

尽管存在着理论上的不同意见和实践中的挣扎,在20世纪七八十年代出现的儿童早期干预项目非常重要。它们将人类发展理论和研究工作更直接地引入社会工作中。它们具有多样性,从临床婴儿项目到家庭支持项目,为弱势的年轻家庭提供持续性服务。同时,儿童早期干预项目所具备的辅助原则,对于各种服务和服务条件都有用:他们接触到人们的居住环境,不仅从身体上而且从心理上。大多数项目和服务提供者把接触被孤立的或不信任的家庭并培养他们利用支持的能力作为自身的责任。在家庭自身努力掌握教养和其他发展任务,处理与贫困相关的困难时,项目为他们提供情感的支持、鼓励和援助。在塑造独特的压力处理模式、支持不同社区环境下的不同人群方面,他们具有灵活性。最后,这些项目本身非常乐观,以促进发展而不是以治疗功能紊乱为焦点,以那些仍有未来的年轻家庭工作为焦点。

20世纪九十年代:新理念、新目标、新方法

"新"概念和关注点

在儿童早期干预领域,尽管总是有许多观点和特定语言进进出出,但是每一个时期都有一些关键概念。新概念不是简单地取代已有的概念,而是丰富它使之成为复杂的混合物。更早的时候,在20世纪80年代末90年代初期,人们呼吁以家庭为中心的、得到授权的或以优势为导向的、文化敏感的服务。后来则更倾向综合性的和持续性的服务,关注服务提供者之间的合作和一体化。一些研究者和实践者也促进那些被称之为以两代人为焦点的服务。

也许现在使用最多的概念就是综合性服务。它的普及可能源于肖尔(Schorr,1988)将它作为有效服务的关键因素。这个概念也植根于残障儿童早期干预的发展中(也就是公法99-457呼吁的综合性服务)。"综合性"这一概念在采用它的倡议和项目中有不同的含义。最普遍地,它意在直接提供一些服务和指导或把儿童和家长与大多数人联系起来,这些项目经常采取个案管理方式。还有一些不太常见的,意为与其他提供者达成合作协议或者签订合同,或者安排特殊

服务提供者提供特别的服务等。直接提供的服务要么是一直提供的,或提供得最好的,或其他资源不能提供的。

在许多倡议中发现的另一个概念是0—5岁的持续性服务,或"无缝衔接"。(这一概念也在公法99-457中有出现。)大概的观点是,从儿童出生到进入学校的这段时间,对贫困儿童及其家庭的关注或服务不应该有任何中断;特定家庭的服务应该发展与他们的紧急支持需要之间的关系。这一概念可能起源于锡拉库扎家庭示范计划(Syracuse Family Demonstration Project)(Lally, Mangione, & Honig, 1988),它被 CFRP 所采用。从那时起,它成为了许多示范性的开端计划项目的原则。与之相关的概念,当地服务联合体,更多的是指作为整体的服务系统。这个概念指的是在任何时刻,当地社区应该有年轻家庭可以获得的各种服务(如一般性的支持服务,精神健康、滥用物质治疗等专门服务)。

影响儿童早期干预领域的另一个概念是"两代人项目"(two generation programs)(Smith, 1995)。在儿童早期干预中,一开始就存在着悖论:贫困儿童,像比他们更优越的同代人一样,不能等待父母或家庭生活环境的改变。当他们需要时,他们需要获得自己所需的东西——爱、保护、始终如一的关注,以及常规结构。然而儿童发展的现实需要与环境形成鲜明对比,他们获得有影响、有质量的照料都难,更不用说家庭基本生活环境了。此外,与围绕在婴幼儿生活中的关键人物一起工作,这既不可能也不太可取。

20世纪80年代末90年代初,这一悖论在设计儿童早期干预时时浮现出来。一些研究者将他们所看到的作为支持具体干预方法的薄弱证据,包括学前教育、家长的支持度与受教育水平(和它的堂表兄弟妹,家庭支持)、成人发展/工作福利。研究人员认为,问题是每个人都缺少其他人所拥有的。由于自身的具体原因,每一个分散的方法都太有局限或者不直接。学前教育没有影响儿童的基本环境和生活状况,与一两年的学前教育相比,这些项目对儿童的幸福感和将来的机会有更大的影响。单独的教养干预太薄弱了,因为改变父母的教养信念和实践相当复杂和困难。即便是最有技巧的干预,如前面讨论的临床婴儿项目,几年时间才产生微弱的影响。让贫困家长工作,然后帮助他们成为稳定的工作者,同样既困难又缓慢,通常要花好几年时间(Herr & Halpern, 1993)。几乎没有文献讨论家长努力离开福利支持对幼儿幸福和发展的影响。

由此可见,如果将上述方法结合起来,它们互为补充,弥补相应的缺陷,将是一种强有力的办法。在很大程度上,这就是"两代人项目"由来的根本原因。此外,有人认为,"两代人项目"更直接地处理更大范围的风险因素,为协同作用创造可能,并为家庭生活的积极变化创造更多途径(Smith & Zaslow, 1995)。

从儿童早期干预领域的观点来看,"两代人项目"的方法极可能将成年人的目标,尤其是将父母推入工作岗位直截了当地纳入工作重点,同时增加儿童护理或学前教育作为计划中的要素,以确保儿童发展需求得到满足。20世纪70年代和80年代的一些示范项目,例如 CFRP,则较少关注成年人的发展目标。人们对将父母推向工作岗位感到非常矛盾——担心这将对孩子产生不利影响。

新项目

随着新概念的产生,20 世纪 90 年代诞生了一波新的实验性的多现场示范项目(由联邦政府或大的基金会赞助),还有此消彼长的计划模型。前者包括儿童综合发展项目(Comprehensive Child Development Program,CCDP)、新机遇(New Chance)、公平开端(Even Start)、婴儿健康与发展项目(Infant Health and Development Program,IHDP)及健康开端(Healthy Start,健康资源服务部一个降低婴儿死亡率的项目)。流行的计划模型包括 AVANCE 和"美国健康家庭(Healthy Families America,以夏威夷健康开端(Hawaii's Healthy Start)模型为基础,目的是防止儿童受虐待、被忽视)。与以前一样,儿童早期干预领域中的新计划和方法不仅反映本时代的语言,而且保留了理念、目标和内容的多样性。

儿童综合发展项目(CCDP)

CCDP 始于 1989 年,位居联邦儿童、青年和家庭部门发起的示范性项目名单第二位(Smith & Lopez,1994)。项目包含 21 个地点(16 个位于城市,5 个位于乡村),计划为选定的低收入家庭中 0—5 岁的孩子提供持续、综合、集中的服务。总体计划模型涵盖广泛的服务:针对儿童,有筛查和评价、个人计划、初级卫生保健、儿童发展"经历"以及儿童护理;针对父母,有身心健康服务、父母教育(常常使用课程)和工作准备;针对家庭,有常规家访和个案管理。本地 CCDP 项目"建立在已有服务基础上,而不是创造一套全新的服务"(St. Pierre, Layzer, Goodson, & Bernstein, 1997, pp.2-1),根本原因在于试图避免重复已有的服务。

尽管 CCDP 是一项长期干预项目,但大部分家庭只参加了一两年。最初几个月,每个家庭每一两周会被访问一次,随后访问越来越少。家访之外的大多数服务由其他项目提供(设计项目时已经预见到这一点),而不是直接提供给家庭的。大部分代理的服务(51%)都被转交;26%通过合同,23%通过合作协议(St. Pierre, Goodson, Layzer, & Bernstein, 1997)。换句话说,CCDP 并未测试这些综合服务的有效性。

对 CCDP 的评估使用的是实证设计,由阿布特协会(Abt Associates)实施(St. Pierre, Goodson, Layzer, & Bernstein, 1997)。评估涉及的领域极为广泛——教养方式、亲子交互、父母问题解决策略、父母心理健康、父母就业状况、儿童认知发展和语言发展、儿童行为、儿童社会性情绪问题、家庭独立水平、母亲和孩子健康状况和保健利用,涉及 5 岁以下各个不同时间点。评估基本上没有发现支持项目的结果。其中有一个例外,与对照组相比,参与项目的母亲在婴儿身上花费的时间更多,对孩子的提示更加敏感。为观察特定特征人群或更高参与度所产生的积极影响而设计的分析,也没有有效结果出现。地点层面的分析只发现 21 个地点中的 1 个有一些积极结果。有争论认为,评估者应该选择已参加三四年(即项目设计年限)的家庭进行分析。且不说在平均的条件下(即参加时间达到标准的家庭)检查项目效果很重要,就算评估者检验了条件更严格的组的效果,从中发现了一些微小的项目乐见的差异,也"没有什么教育意义"(St. Pierre et al., 1997, pp.7-3)。

新机遇项目

新机遇示范项目由人力示范研究公司(Manpower Demonstration Research Corporation)设计、实施和评估(Quint, Polit, Bos, & Cave, 1994)。它针对年龄较大的青少年和申请福利的年轻父母,提供结构化程度高、排序严格、强度大的干预服务,持续 18 个月,在阶段一,所有参加者都参加一项类似学校教育的项目,从上午 9 点到下午 3 点,每周 5 天。教学重点是成人基础教育和高中同等学力证书(General Educational Diploma,GED)准备、"可雇性发展"、父母教育和一些技能训练。阶段二包括行业准备、工作实习和工作布局帮助。该项目并不强调对孩子的直接发展服务,现场发展性儿童护理"受到鼓励但非必需"(Quint & Egeland,1995,p.111)。事实上,参加者的孩子接受的儿童护理水平不一。家庭也接受个案分析服务。新机遇项目的目标在于让父母为工作做好准备,并将他们与工作联系起来,改善教养方式,促进儿童发展,同时鼓励参加者推迟生育下一胎。

新机遇项目的评估与 CCDP 一样,使用了多种方式,涵盖众多方面。新机遇项目在与工作相关的结果、教养方式、母亲良好的情绪、母亲文化程度、母亲健康状况和自我保健行为等方面没有起到什么作用。其中一个支持项目的结果是参与者的 GED 成就(参与者占 43%,而控制组只有 30%)、缺勤率和人员消耗比较高。研究者注意到,在许多地点,只有一半的注册者全勤参与(Quint,Polit,Bose,& Cave,1994,p.61)。因为参加者只有完成阶段一,才能进入阶段二的服务,许多期望找工作的人便得不到阶段二的服务。很明显,项目单位不想修正项目,因为该模型明显不适合很多参加者。

婴儿健康与发展项目

这个项目致力于提高贫困和其他弱势的低龄儿童的认知发展和语言发展,提高智商。项目的焦点是出生时体重偏轻的婴儿,因为他们认知能力发展面临很高风险(Brooks-Gunn, Klebanov, Liaw, & Spiker, 1993; Brooks-Gunn et al., 1994)。项目干预包括:对 0—3 岁儿童的常规家庭访问(由专业人员进行),访问频率逐渐减少;中心实施的对 1 岁儿童的日常项目,将持续到 3 岁;父母每三个月集会一次;有常规儿科检查和发展评估。在三年干预期间,家庭平均接受了 67 次家访,儿童平均每年有 267 天参加中心实施的项目(McCarton et al., 1997,p.127)。研究小组发现三年干预对儿童智商和接受性词汇有积极效果,对父母报告的儿童行为也有积极效果,对出生时体重偏轻、现在增重的婴儿效果更加明显。这些效果大部分到 5 岁时便消失了。到 8 岁时的后续调查,在认知、儿童行为和学校学习进步等方面,并没发现干预组与控制组有何区别(McCarton et al., 1997)。

早期开端计划

开端计划主要关注 4 岁儿童(占接受调查服务儿童人数的 2/3)和 3 岁儿童(占 1/4)。这个项目持续为成千上万的儿童提供重要的医疗和牙科护理,向数千位贫困父母提供就业岗位,现在仍然是数千个贫困社区重要的社区机构。与此同时,该项目也致力于提高项目质量、员工素质和补偿机制,回应要求向更多三四岁儿童提供服务的政治压力,以及满足迅速回应在职父母的需要。在这些长期存在的压力背后,不断有人提议,将项目延伸至 0—3 岁儿童。这项需要早在克林顿政府时期就成立了一个咨询委员会,它们建议启动一个新项目——早期开端计划(Early Head Start,EHS)。

早期开端计划最初是一个示范项目,与 PCDC 和 CFRP 性质一致,是补充开端计划的重要力量,以便形成涵盖从出生至 5 岁儿童的持续服务。这个项目在开端计划的评价标准框架内运作,强调父母参与管理项目和提供服务。项目始于 1995 年,批准了 68 个项目(机构),包括 22 个开端项目、24 个原家长儿童中心(PCC)和 15 个原儿童综合发展项目(CCDP)。每年扩展的项目数量与此相当。(开端计划基金总量的 3% 单独用于 EHS,金额逐年增长。)早期开端计划的特点,被其设计者称为"四个着重点":儿童发展、家庭发展、社区发展和员工发展。核心服务包括儿童护理/儿童早期教育、发展性检查/早期筛查、父母教育和家庭支持。服务方式包括家访等活动,主要的保健服务、精神健康服务和提升经济独立的服务。与其他综合性的两代人项目一样，其中一些服务可以通过合同或转交提供。新泽西州普林斯顿的数学政策研究所(Mathematical Policy Research Institute)在全国范围内对这个项目进行了评估。

健康开端/美国健康家庭

1975年，夏威夷开始进行健康开端项目，以防止儿童被虐待和被忽视(Hawaii Family Stress Center, 1994)。20世纪90年代早期，美国防止儿童被虐待和被忽视委员会(National Committee for the Prevention of Child Abuse and Neglect)与这个项目的领导层一起启动了美国健康家庭项目，试图将健康开端的模式扩展到整个美国。项目开始时，工作人员将筛选医院记录以确定潜在风险较高的家庭。风险标准包括未婚母亲、单职工家庭、低收入、没有电话、母亲接受的教育少于12年、有实质意义上的虐待史、流过产和接受过精神护理。工作人员未得到家庭允许为什么可以筛选医院记录至今仍不清楚。被视为高风险的家庭生育小孩后，研究者会用设想或已知的预测儿童虐待和忽视的因素指数来采访尚在医院的刚生产完的母亲。采访内容包括：父母儿时受虐待或被忽视的经历，父母犯罪经历，滥用违禁药品，精神疾病，存在多种压力源，脾气控制问题，对新生儿不实际的期望和对教规的信念。

项目向高风险父母提供的服务长达5年，主要是由接受过专门培训和严格督导的辅助专业人员进行家访。这些辅助人员有课程材料指导自己对家庭的工作。健康开端计划可以提供咨询、评估、危机干预或者简要的专业咨询(Wallach & Lister, 1995, p.170)。有些项目中出现了娱乐、支持和治疗小组。服务对象根据所需服务级别和弱势程度进行划分，这决定了家访的次数。依据风险水平不同，每位个案工作人员要负责15~25个个案。每个家庭还与一个医疗中心(即有资格进行初级护理的提供者)相联系。

AVANCE

这个项目模型大体上基于父母儿童发展中心(PCDC)的模型，始于20世纪70年代得克萨斯州的圣安东尼奥，后扩散到该州大约40个地方。它向0—3岁的儿童家庭提供服务，大部分在西班牙裔聚居地(Walker, Rodriguez, Johnson, & Cortez, 1995)。AVANCE有两个阶段：首先，父母每周参加一次中心举办的父母教育班，而他们的孩子则接受儿童护理。这些课程包括特定儿童发展主题的讲座/讨论和玩具制作。后一活动中伴随大量围绕监护等家庭问题的非正式讨论、分享和相互支持。每月还有一次家访和个案处理。9个月后，完成第一阶段的父母继续下一阶段，主要关注其自身发展和教育，包括成人基础教育、GED准备、英语作为第二语言课程、公民课程和社区学院。AVANCE中心可以接送人员。

20世纪80年代末对AVANCE进行了一次两地评估(Johnson & Walker, 1991)。调查者在一个地点使用随机评估，在另一个地点使用相应的控制评估。研究发现，对考德威尔HOME量表(Caldwell HOME Inventory)①中的一些因素，项目起到些许积极作用；对母亲对儿童发展的知识几乎没有什么作用，这有点意外，因为这些知识出现在每周课程中；利用贝利婴儿发展量表(Bayley Scales of Infant Development)测验发现，对儿童发展没有作用。在研究样本基线处发现母亲抑郁比例较高，但未发现项目这个变量有影响。项目人员流失较多，研究期间有245个家庭在两地开始项目，只有108个完成项目。(中途退出的家庭不在项目效果分析范围内。)

---

① 一种评价家庭中和母子交互中与认知发展和动机发展有关联的因素量表。——译者注

健康开端/降低婴儿死亡率项目

过去数十年中,儿童早期干预有一条鲜明的发展轨迹,就是依靠社区力量降低婴儿死亡率和提高低收入人口中母亲和孩子的健康水平。这条干预轨迹与致力于防止婴儿出生时体重过低有重合。大多数项目要求保健人员向高危人群伸出援手,向他们提供信息和社会支持,以便改变他们的自我保健行为并与保健服务和其他资源建立联系,比如,妇女、婴儿和儿童食品项目(Women, Infants and Children's Food Program, WIC项目)。许多项目对影响婴儿死亡率的因素界定比较广泛,包括母亲情绪状态、居住条件、缺少就业机会和社区无社会组织等间接因素。1991年,联邦健康资源服务部(Health Resources Services Administration)启动了这项极其重要的示范项目,它的另一个重点在于提高临床护理水平。

健康开端的示范基地有16个,由数学政策研究所负责评估(Devaney et al., 1996; Howell, 1994)。其目标地点都是婴儿死亡率较高的城市聚居区,最初计划在项目实施5年内将每个地区的婴儿死亡率降低50%。每个城市的项目基金拨到所在城市、村镇或州卫生部门,它们要么自己运作项目要么与社区健康中心等其他服务提供者签订合同。项目要求包括以下内容:(1)扩大服务范围、评估和个案管理,主要由护士指导辅助专业人员进行;(2)加强临床干预(即增加护理人员,延长时间,增加家庭计划,增加门诊点);(3)支持服务,直接提供或由合同机构提供,包括交通、实质性虐待的治疗、心理健康服务、健康及营养教育;(4)婴儿死亡率分析;(5)公开信息。联邦政府还要求社区参与项目规划和管理(Thiel, Van Dyck, & McGann, 1992)。

对健康开端的评估表明,通过该项目提供的主要服务是扩大服务范围和个案管理,但高工作负荷打乱了家访规律。像其他综合服务一样,从属服务主要通过外包提供。该项目促进了地方创新,比如,一些地方想出用移动方法提供临床服务。联邦医疗补助计划得到创造性运用,其对应费用用来支持运行综合项目必需的行政系统。项目基金也支持向服务缺失的街区和社区提供更多医护人员,并延长出诊时间。

教训:现状

儿童早期干预的总体效果

1990年,我考察了25年来被评估的贫困家庭儿童早期干预项目,尤其关注概念化程度高、已完成项目而精心设计的研究(Halpern, 1990b),如家长儿童发展中心(PCDC)、儿童和家庭资源项目(CFRP),以及大量实证性和类实证性设计的区域研究。在选定结果标准上,项目支持的适当而短期的效果是一种持续的模式,这些标准常常与项目强调的内容关系密切,如母亲的表扬、回应、约束或者教育行为,父母的努力或者效果。一些研究里还包括儿童语言发展或者认知发展。7个项目中有两个服务到儿童进入学龄期:耶鲁儿童福利研究项目(Provence & Naylor, 1983; Seitz, Rosenbaum & Apfel, 1985)和锡拉库扎家庭发展研究项目(Lally, Mangione, & Honig, 1988)。不同的项目策略有所不同。使用专业人员效果十分突出,对儿童提供直接的发展性服务,长短期效果都更明显,这一点并不意外。尽管如此,总体情况不容乐观。

新的示范项目、模型和方法让效果相对有限原有模式得到加强。没有一个新的示范项目——公平开端项目、儿童综合发展项目、新机遇项目、婴儿健康与发展项目——对儿童发展有太大效果。考虑到概念、焦点和所用标准的范围,很难总结对父母和监护的效果,况且这些因素的分布也不稳定。有个项目报告对考德威尔 HOMO 量表中的一些因素有效果,另一项报告对家庭使用社区资源有效果,而还有一项报告对父母"态度"有效果。几乎没有文献证明项目对母亲心理健康、后来怀孕或者母亲素养有效果。只有为数不多的研究中,测量了对母子依恋的效果,但结论是相反的(见 Gowen & Nebrig, 1997;对儿童早期干预结果的综述见 Barnes, Goodson, & Layzer, 1995, 1996)。

项目效果的新发现,再加上以前的文献,让人不免灰心丧气,尤其是那些希望用经验的方式确定有效模型以便在全州甚至更大范围复制的研究者。后来的一波评估结果中蕴含大量暗示信息。首先是这个领域使用的评估方法。很明显,这些方法对大规模、多址实证性示范性项目不怎么适用。一般看来,它会导致草率的结果评估,不允许(至少看来不允许)渐进的项目发展、实地测试和逐步完善,这些示范性项目也可以证明不存在孤立的项目模型,而只有具体情况中的模型。比如,新机遇项目实施一两年后,发现它的设计不如人意,不满足许多参与者的需要。但项目模型没有基于一线员工和参与者的反馈信息进行调整,否则可以产生更适合的模型。

除了停止研究和发展过程,总结性评估开始得太快,限制了评估者花时间逐步理解项目,从而选择最能反映项目人员和家庭工作情况和效果的测量指标。与之相对,使用复杂的测量组合,有时应用在多个时间点上,能发现一两个测量点有积极结果,有时在不同时间点会发现有不同的积极结果。即使在统计上有意义,在绝对层面上效果也比较有限。评估者面对跨地点总结结果的两难问题,也许这是试图增加统计的效果,但常常创造出极难解释的数据包,或者不得不从不同机构和社区的多个项目中得出推论。

对不同项目的持续研究发现,项目对教养方式的效果甚微,对儿童发展的效果更有间断性,这表明急需降低对儿童早期干预项目效果的期望。特意显著地改变教养方式,并不一定是好的选择。如前所述,早期亲子关系的质量和本质在大程度上受父母自己的成长经历影响,这又反过来影响父母对自己是什么样的人及他们与子女关系如何等问题的看法。亲子关系也深受家庭、群体传统和当前社会环境的影响。社会环境可能强化个人对已有的自我观念和行为方式的看法。通过展示父母教育课程、特意构建的社会支持或者通过提供所需资源减少家庭压力,亲子关系和养育子女的模式也只能有表面上的改变。家庭成员生活状况得到重大改善可能使这些情况得到加强,比如父母之一有了稳定工作而不再依靠福利生活。但是对许多家庭来说,脱离福利政策而依靠工作是一个漫长而不稳定的过程,还有许多困难甚至遭遇反复,不是一次即可连续完成的。此外,无论这个过程是否稳定,我们并不了解由此带来的家庭生活的变化有何影响。

这并不是说没有其他有效的理由来为儿童早期干预项目中这些年轻父母提供积极支持。比如,被问到参与项目的最大价值是什么时,许多父母认为是能与一位提供支持的人交往,这个人能交谈、会鼓励,会倾听还可信赖。也可能某些儿童早期干预方法具有长期效果,但由于"休眠效应",可能效果要到儿童后期或青少年时期才会出现。但这尚需观察。

一致意见

抛开现行评估设计中的问题和对变化的期望不谈,与项目设计和实施相关的许多问题还是能形成一些实质性的一致意见。本章没有足够篇幅进行全部阐述,下面只强调一些比较重要的经验教训和持续争论的问题。

- 一项早期评论总结认为,"有些将父母支持和对低龄儿童的直接发展服务结合在一起,似乎对提升儿童长期发展结果潜力巨大,同时也没有忽视父母自身发展性和支持性需要"(Halpern, 1990b, p.300)。随后的证据和经验强化了将直接服务纳入儿童范围的重要性——如果对支持儿童发展感兴趣的话,可以自己了解这方面的内容。这也是儿童综合发展项目的评估者做出的一个重要推论。(此外,此项发现一致认为,对接受福利的那些正努力寻找工作的参与者而言,对高质量婴儿护理的需求一定会增加。)

- 大量研究(如 IHDP 和 CCDP)发现对项目服务参与程度(如,持续时间和规律性)与项目对全勤参与家庭的影响之间有关联。这里没有涉及全力参与者的能力和家庭特点,只是说参与程度越高,从项目获得的越多。即使家庭是结构最明确、最不灵活的干预,这项发现也很难与家庭独特的生活方式相协调。不仅如此,它还表明大多数示范项目得出的微弱平均效果可能掩盖对某些家庭而言更显著的效果。

- 有人认为,提供(或者为提供而安排)各种服务以实现一系列目标将使服务更加有效,关于这一点目前并没有证据。能确定的是,大多数项目只在名称上表现出综合性;越来越明了的是,试图通过转交、个案管理或者合作协议达到综合的目的并没有效果。除此之外,考虑到发展领域和角色在家庭生活中相互交错,项目选择一些焦点地区以集中力量做好是合情合理的,效果也可能更好。如果项目旨意更加深远——比如,主要力量用于教养支持的项目同时也致力于帮助父母从领取福利到进入工作。反之亦然——另一服务不能简单视为一项粗略的附属服务,或者转交任务,而应该同任何其他重要的项目服务一样得到发展和实施。

- 一篇早期文献综述(Halpern, 1990b)认为,专业人员及辅助专业人员都有自己独特的优势,聘用谁只是个平衡的问题。从那以后,越来越多的证据证明使用专业人员的项目比使用辅助专业人员的项目取得的效果更加明显。然而,从能接触的证据得出的结论认为,某些目标(如儿童发展和教养效果)比其他(如为社区居民提供就业、就业途径或者建立社会资本)更加重要。

- CCDP 等示范性项目的经验证实了肖尔(Schorr, 1988)的观察:贫困家庭越来越多,稀疏的服务(如几周一次家访或者每周一次课)不足以作为干预的基础。困境在于尽管有可能支持一些弱势家庭参与一项需要的干预,尤其提供交通和相关援助时,但许多其他家庭不接受或者应付不了更密集的服务。

- 对于到底是风险系数更高还是更低的人群参与儿童早期干预项目服务受益更大的问题,还没有一致意见。任意一方都可以找到支持自己观点的研究结果。但是,就一些项目而言,争论这个问题毫无意义——基金要求、位置和其他环境要求他们为更弱势的家庭服务。

更具体的经验

从儿童早期干预文献中可以找到一些互不相关的经验,作为项目设计的原则。它们大多来自项目开发者和运作者的经验反思,而不是评估文献。有些关注项目质量,有些关注服务提供者的资格或者辅助关系;有些是不言而喻的,有些则比较抽象。然而它们都集中体现了某一领域的智慧。

第一个规则是形成一个明晰的理论框架非常重要。理论框架要解决的问题包括儿童需要什么，什么是教养方式和亲子关系中最重要的，良好的帮助关系意味着什么，如何发展这样的关系以及他们如何引发变化在更具体的层面上。项目目标也需要仔细考虑，尤其是那些由特定帮助和正在变化的机制引起的、理应在父母或家庭中发生的变化（例如，Bromwich, 1978；Provence & Naylor, 1983）。尽管似乎有些抽象，理论框架帮助提供者明确他们在观察什么，了解家庭需要什么，决定干预方式和地点。理论框架可以提供一种共同话语体系，让员工在工作中使用，使他们可以分享彼此对帮助目标和问题的理解，为表达帮助关系中正在发生的事提供工具。当提供者遵循一致的理论框架工作时，有助于她与服务对象的沟通，让对方明白她正在努力理解她学习的东西。

即使是灵活实施的项目，与清晰的理论框架的重要性密切相关的是明确的任务和界限的重要性。当接受服务的家庭有多种支持需要，或感到其他社区或者社会机构没有满足那些需要（这很常见），试图对每件事做出回应成为普遍趋势。然而个人援助者，以及大型项目和机构，都并不能满足所有人的要求。如果他们尝试做太多，会发现很难建立或者保持身份，他们的员工将充满无力感。这个原则正面临考验，因为一些家庭支持项目将其范围扩展到经济安全和社区建设方面。比如，一些项目和机构正在创建和运行邻里资源交换的办法；一些正在与社区发展公司合作，让人们为求职做准备，帮助人们找到工作；还有的在社区发展规划中承担领导工作（Stokely, 1996）。

干预必须从家庭有发展性的地方开始——父母能在帮助关系和自己的生活中投资什么、贡献什么，必须从父母对自己处境的看法和当务之急开始。这个观点看起来与前两个规则矛盾，但实际上是它们的补充。这两个观点在一些项目中通过使用合同或者月计划得以体现。这些方式有助于表达出对对方的期待。目标是逐渐提升期望，为不同方面的进步创造"途径"（Herr, Wagner, & Halpern, 1996）。这两项规则都要求将援助者的工作安排与家庭的当前状况相联系。如果援助者想到一个话题，比如喂养婴儿，她可以从向父母提问开始：父母怎样看待这件事？说到喂养时联想到了什么，等等。

另一个规则存在于这样的观点中：个人成长和变化是由关系促成并通过关系加速的。学习、教育、模型制作、问题解决和自我意识的完善在良好关系中或通过良好关系能更有效地实现。干预者只有了解一个家庭后，才能理解与这个家庭的相关信息以及分享信息的最佳时机和方式。此外，如何理解、分析信息以信息提供者与接受者的关系为基础。援助者及其努力完成的工作，对服务对象十分重要。由此可知，建立良好关系需要时间也是可以理解的。对教养困难（由于个人受虐待或被忽视的经历）程度较高的父母进行家访时，埃格兰和埃里克森（Egeland & Erickson, 1990, p.7）注意到，访问者有时担忧他们在之前访问期间所做的工作不够充足。但是建立关系这项缓慢的工作对后续重要工作具有关键意义。实际上开始几周许多事情就开始了：试探援助者的可靠性和信用、相互了解和为表情达意提供指南。

在儿童早期干预领域，越来越多的人认为不需否定家庭的脆弱性和困难。这意味着帮助父母承认问题并开始解决问题，意味着承认他们所做的事是积极的合理的。援助者也无需否认对服务对象复杂而不完全积极的感情纠缠。事实上，不承认这些感情可能损害援助者观察和感知积极因素的能力（Musick & Stott, 1990）。

儿童早期干预领域越来越重视观察家庭环境中的儿童和聚焦于家庭时不忽略儿童。在历史上,一些为婴幼儿提供替代性护理和发展经历的观点,消解了以家庭为中心的规则,忽视了家庭或者弱化了父母的身份感。越来越多的援助者将直接护理婴儿视为对父母的支持,也对婴儿自身有益。

总体看来,这个领域已总结的规则表明了几对平衡的重要性:项目本身的世界观、使命和首要任务与家庭的世界观、使命和首要任务之间的平衡;父母需要与儿童需要之间的平衡;对强度的认知与对脆弱的关注之间的平衡;为家庭做事与鼓励家庭为自己做事之间的平衡。服务提供者想让对方知道自己值得信赖,但与此同时,他们不愿削弱父母成长和承担风险的动机。他们想将自己的部分生活和节奏与工作所在的社区相联系,同时又保持自己的独立身份。他们想让家庭知道,他们可以是意义丰富的资源,但是又不愿做出能力以外的承诺。许多项目不得不在吸引和保持脆弱家庭参与其中,同时又不将项目资源摊得太薄而削弱其为更易协调的家庭服务的能力之间做出平衡。

早期讨论的援助思想和规则中还有一点比较明确,即对影响和变化适度温和的期望的重要性。在与家庭有关的所有工作中,除了专门处理养护等基本问题的工作以及为数量日益增长的年轻脆弱家庭的工作外,变化是渐进的、脆弱的,也是可逆的。进步必须概念化,必须用小单位衡量。变化要花时间,因为像前面提到的那样,部分或多数变化通过与援助者建立的关系发生,这样的关系只能逐步获得必要的独立和地位。变化之难,部分原因在于个人思考和适应方式与其身份观念相关联。变化之难,是因为人们受困于社会环境——社会环境会强化已有的自我观念、适应方式和关联方式。

与脆弱人群工作的挑战

儿童早期干预领域的服务提供者,尤其在内城社区,报告说他们服务的家庭中受以下不利因素影响的比例不断上升:实质性虐待,家庭或社区暴力,在养育儿童和其他方面出现困难的复杂历史,儿童福利部门。比如,家庭第一项目(Family First)——加利福尼亚州马林城一个基于社区的项目,通过专门训练后的辅助专业人员为年轻家庭提供家访。家访人员在接受服务的家庭中面临两大问题:"一个是日常生存环境,包括住房、经济和食物;另一个就是实质性虐待及其对儿童、成人和家庭所在的环境的整体影响。"(Stokely,1996,p.37)

为极其脆弱的年轻家庭服务的干预者面临许多不同的挑战。他们必须解决家庭中父母因麻烦缠身而不关注孩子需要的问题,解决家庭成员不断买卖毒品的问题,或者人际暴力问题。在经历过家庭成员被杀害、成人间相互使用暴力,甚至暴力对待儿童的家庭工作时,他们不得不协调处理这对其自身的影响。当工作人员与处在这些情况下的家庭建立并保持联系时,常常感到很困难。这些家庭中的父母可能很难信任别人,包括那些提供帮助的人,而提供服务的工作人员也因此被反复试探(Halpern,1997)。每天去街区工作时,他们的行动都被黑社会人员监视,因而,这些工作人员的健康和人身安全受到威胁,长此以往,会让部分服务者的压力更加严重。

不出所料的是,在基于社区的项目里工作的人会感到为自己工作范围里最脆弱的家庭服务的设施不够完善。在一些情况下,服务者只是拒绝承认和拒绝直接、充分地讨论这些问题——无论是母亲的虐待行为,还是家庭内部成员间的暴力问题。然而他们却在很多方面受到影响:他们可能极希望避免与某位父母工作;可能感到解决几乎不可解决的问题有很大压力;可能感到生气、失望,甚至怀疑自己的能力(Provence & Naylor,1983;Weider, Drachman, & DeLeo, 1992)。

很明显,与脆弱的家庭工作的服务者需要努力有规律地工作,比如通过案例会议和个人督导这样的机制让工作更有效果;找出接近复杂情况的途径;最重要的是,反思特定家庭和情境引发的情感(和在他们帮助下产生的这些感情的影响)。就像保尔(Pawl,1988)所说的,一线员工需要时间"保持距离,放慢速度,进行思考、探究和形成概念"(p.291)。

还有一个问题值得一问:在婴儿心理健康文献中,基于社区的为脆弱家庭工作的服务者是否能从接触助人关系的相关概念中受益。比如,转移和反转移,复原力及保持助人关系等(Seligman,1994)。婴儿心理健康框架与儿童发展理论、心理动力理论、家庭系统因素及危机干预方法在一起,包含着对与脆弱家庭工作有潜在效用的理论基础。这是建立在一种敏感方式之上的、涉及父母的过去和现在,而将现在(包括与贫困相关的困难和破坏,以及社区困难处境的压力)视作重要的现实。隐含的理论有效地提醒服务者儿童和父母的兴趣有重叠,并不完全一致。

如果已经清楚对专业辅助人员恰当的期待范围,社区项目问题的一大部分转化为缺少足够的适合脆弱家庭的临床服务。然而,一小部分儿童发展临床医生和研究者以临床婴儿工作的原则和方法为基础,将注意力集中到对极其脆弱群体的特殊干预模型的需要上。比如,现在对有毒瘾的母亲和婴儿有很多方法。芝加哥的 HOPE 计划就是一个例子,长期、每周5天、多个部分组成的门诊模型——包括一个"上午组"、个人治疗、教养方式支持小组、匿名的嗜酒组、医疗保健和婴幼儿治疗性托管——所有这些都整合到一个环境框架中。

项目由三条相互交叉的规则引导:首先,接受服务的妇女及其孩子是主要对象。其次,跟大家一样,这些妇女为实现发展任务而努力。她们的问题尽管真实存在而且需要专业人员关注,却不能限定她们,也不能忽视有关发展任务的支持的重要性,尤其是教养方式。最后,儿童发展需要刻不容缓,而满足这些需要并不意味着忽视母亲。相反,母亲满足孩子需要的动力被视作她们成长的重要力量。每个部分,或环境的一部分,与不同员工之间的不同关系,为解决一些发展问题提供了机会;而环境作为整体提供了持续、稳定、综合的背景。出乎意料的是,治疗性托管的出现、孩子,对更大的项目起到了深刻作用。托管已经成为更大项目的出发点,对员工和父母都如此。员工通过观察儿童的表现、父母如何与子女建立关系和托管来了解父母做得如何、进步如何。父母观察负责托管的员工如何交流、与孩子关系如何,然后抓住机会在安全而积极的环境中实践新技巧和情绪。

针对存在暴力的家庭的方法和帮助规则还在发展初期阶段。一些婴儿研究者和干预者组成的小组将其重点放在向家庭和社区展现暴力的影响之上(Osofsky,1996;Zeanah & Scheeringa,1996)。通过将文献中创伤后的应激理论框架与年轻家庭的临床工作和研究相联系,这些研究者已经确定了与婴儿所受创伤(如,睡眠障碍,感情和行为退缩)相关的行为。他们认为,太早接触暴力的影响比较持久,会在整个家庭生活中反复出现(Lewis,1996)。有研究者(Zeanah & Scheeringa,1996)注意到,"在这个国家千万个在家庭或社区里经历过或见证过暴力的婴儿和低龄儿童中,几乎没有谁向心理健康专业人员寻求改善或治疗"(p.9)。一方面,可能为婴儿寻求帮助的人恰好常常涉及犯罪或者是受害者,他们倾向于否认暴力对小孩的影响。在不涉及父母和其他护理者时,他们会认为孩子太小而"不理解""不记得"或者"将会克服"或者会在见证家庭或社区暴力的创伤之外成长(Osofsky,1996,p.6)。

儿童早期干预中的系统问题

贫困家庭的儿童早期干预没有形成一个涵盖各类目的和项目的混合系统。州与州之间、城与城之间、街区与街区之间各不相同,有些地方比较完整,有些地方几乎没有。它包括一些公共系统活动,主要是为母亲和儿童健康服务,因应公法 99-457 而发展起来的一些早期干预服务,部分州半公立的家庭支持项目网,以及由各种资金支持的私立机构运作的儿童发展项目中的个人养护支持。项目此起彼伏。新项目与旧项目没有关联。在一些州、市和街区,多个项目相互抵触。一些贫困社区可能有两三个甚至更多个案管理项目,都以同样的年轻家庭为目标,但是出发角度略有差别。

描述这些不是暗示说州与州、社区与社区的早期干预"系统"应该相同。儿童早期干预网络应该和其他任何服务一样甚至更多地反映当地的特色和现实,以当地可信任的机构为基础。似乎明确的是,那些来自社区以外的机构,不能再走进社区,也不再能把自己的服务视线投放到这些社区上。然而,目前几乎没有州或地区意识到,良好发展的、连贯的、相互区分的区域性儿童早期干预系统是什么样的,更不用说为了这样的远景应该采取什么样的步骤和机制了。大量现存的或潜在的协调一致的系统仍然没有联系,有时甚至不一致。有学者(Knitzer & Page,1996)指出,这样的问题如此盛行,是由于管理的分化、不一致的或矛盾的资格认证方式、重复的报告要求、缺乏获得特殊化服务的简单方法(如,心理健康和物质滥用)、稀缺的专业发展资源利用不足。

各州和地方举措

虽然如此,20 世纪 90 年代对系统的建构有零星的支持。州长和州立法机构开始回应媒体对 0—3 岁儿童的关注,他们制定了新的倡议。如前所述,人们能看到跨机构委员会、协调机构、合作关系、伙伴关系等数量的增加。卡内基公司提出的起点项目(Starting Points)为城市和州进行的包括系统建设等改革措施提供了资金支持。有学者(Knitzer & Weiss,1998, p. 39)提到,"拥有先存的并非特别针对婴幼儿的体制改革系统的三个州(佐治亚州,罗得岛州,西弗吉尼亚州)利用起点计划,在一个更大的支持背景下,发展出更加明确的以幼儿及其家庭为中心的体制"。有学者认为,一项给波士顿的基金,用以支持选定的贫困街区发展更综合的 0—3 岁服务,它使得许多城市和州倡导一起更好地整合他们的活动(Knitzer & Weiss,1998, p.13)。霍华德·海因茨基金(Howard Heinz Endowment)和联合之路(United Way)给匹兹堡拨款增加了 4 000 万美元,用于扩大早期儿童服务,使该服务惠及 0—5 岁的大多数贫困儿童。对于贫困儿童及其家庭,儿童养育是扩展的儿童早期干预服务的核心。一项给俄亥俄州的拨款支持创建当地的合作性委员会,以监管早期儿童项目的规划、资金和发展。

许多州没有这样建构的系统,而是通过利用一种核心项目模式或类型来扩大服务。明尼苏达州在努力以学校系统基础,普及家庭支持和教育项目(即早期儿童家庭教育项目),以适应较多贫困家庭的需求。挑战还包括联系不参与的家庭,开发强度适当的服务,为特别弱势家庭提供服务计划。密苏里州依靠父母作教师,肯塔基州依靠以学校为基础的家庭资源中心,夏威夷州依靠健康开端项目网络协作平台,佛蒙特州依靠家长儿童中心。一些州选择和复制其他地方的模式。俄勒冈州和缅因州选择了健康起点/健康家庭美国模式。科罗拉多州、康涅狄格州和马里兰州等少数州则利用已有的家庭资源中心模式作为服务的基础(Knitzer & Page,1996)。

在每一个例子中,当地的服务点或项目可能作为提供大量服务的基地。例如,佛蒙特州的16个家长儿童中心拥有八种核心服务,包括儿童养护、家访、小组活动、危机干预、信息、转介、顺便拜访、社区发展工作(Knitzer & Page,1996,p.136)。有些案例有明确的或隐含的优先目标人群。健康开端/美国健康家庭项目关注在儿童虐待和忽视等方面的高危家庭。在佛蒙特州,未成年父母及其子女都是最优先的人群。大多数州的策略是努力创建全州的网络,以确保公众和立法机构对于项目的支持,以确保最脆弱的家庭能够恰当地获得和接受服务。这一策略要求最好的平衡,但是也许在政治上是最现实的。

资金问题

某种程度上,由于为贫困家庭提供的儿童早期干预不受任何公共系统的管辖,因此也没有明确的有保障的资金来源。尽管为早期儿童服务的州立资金数目在增长,但大多数州的服务中大笔新增的公共资金(可能有80%)进入了公立学校的幼儿园前(pre-K)项目。例如,在某一财政年,佐治亚州花了70万美元用于健康家庭项目,1.75亿美元用于幼儿园前项目;科罗拉多州花了90万美元在家庭中心项目上,还有1 200万美元在幼儿园前项目上。伊利诺伊州在预防项目上花了200万美元,在幼儿园前项目上花了1亿美元(Knitzer & Page,1996)。肯塔基州是个例外,该州花了3 700万美元在幼儿园前项目上,但是在以学校为基础的家庭资源中心上,该州投入了大致相同的资金。

儿童早期干预系统的建构不得不吸收和利用主要的联邦母亲和儿童健康项目的资金,这些资金主要为0—3岁的贫困家庭的儿童服务。如WIC项目,早期及定期筛查、诊断与治疗项目(Early and Periodic Screening, Diagnosis and Treatment Program,EPSDT),以及医疗补助计划。开端计划的潜在作用还不清晰。它是美国为贫困儿童及其家庭所建立的最完善和最广泛的早期儿童网络。家长参与准则以及扎根于所在社区是它较强的优势。早期开端计划最初是为0—3岁儿童在开端计划系统中确定一个滩头阵地,旨在建立一个可以进一步发挥的经验主体。有几个州把开端计划看作是帮助贫困幼儿家庭的重点制度了,为项目的扩大提供了补助资金。然而,开端计划仍然需要解决3—4岁儿童的基于中心基础项目的质量问题。它真的能作为一个0—3岁儿童服务的基础吗?最后,公共资助儿童养护系统将演化成为任何早期干预资金的一部分,更不用说纲领性、策略性方面了。贫困婴幼儿在机构或家庭儿童养护中心长大,这种情况呈稳定增长趋势。有意无意之中,对于那些正在工作或者准备工作的贫困家长而言,儿童养护项目的工作人员成为了重要的社会支持资源。

儿童早期干预似乎还有潜力吸纳儿童福利资源,但是那些潜力从未实现过。在纽约市的南布朗克斯,来自莫特黑文街区的数据戏剧化地阐释了这些可能性。如前所述,脆弱家庭倾向于聚集在最贫穷的街区,莫特黑文就是这样的一个街区。1990年期间,299名来自莫特黑文的婴儿被带离自己的家庭安置在了一些养护中心。其中,182名婴儿被寄养,人均花费33 000美元(包括行政开支),111名婴儿寄养在亲属处花费43 000美元的养护中心,6名婴儿被集中寄养,人均花费 51 000 美元（Wulczyn，1996）。一年中仅在这个社区，婴儿养护的花费就超过 1 100 万美元。如果一个好的儿童早期干预项目只要能够避免为哪怕是很小比例（10%~20%）的幼儿提供安置，就既能省钱，又能节省不必要的人力。

也许在公众服务领域，对于较大的儿童早期干预资金，最麻烦的发展是对成本控制的持续关注。正如德洛塔（Drotar，1996）指出，越来越多的儿童早期服务提供者提供讲求效益的服务时，服务可能仅仅是便宜的或简洁的，而开发个性化的、综合性的服务时，只是增加人群类别。备受争议的是，尽管还未实施，但是成本控制是管理者的关注点。管理者关注的是，投给某个确定的服务提供网络（或者是个人提供者）的资金，能够满足多少特定人群（如，在特定社区或街区任何有 0—3 岁儿童的贫困家庭）可能提出的任何服务需求。资金准则依靠传统经验，考量特定人群中某种风险因素或脆弱性的发生率，以及支持这样的儿童及其家庭的成本。

你能轻易发现在儿童早期干预领域运用这种模式的困难。对于服务哪些家庭以及怎样界定和减少风险因素和脆弱性，我们没有清晰的概念，更不用说如何去测量他们在特定的当地人群中的发生率，或估算为他们提供恰当服务的成本。对于特定家庭或风险因素而言，什么才算是恰当的服务，也没有一致意见。因为经验告诉我们，不同的家庭，使用服务的方式不同，利用帮助并从帮助中获益的能力不同，受益的方面不同，受益的方式也不同。使儿童早期干预服务标准化——使关键因素保持不变以便测量——是极其困难的。

福利改革的影响

外部领域的发展极大地影响儿童早期干预项目的工作——例如，家庭环境变化、低收入街区的变化情况、公众服务的大力发展、社会问题和人口结构改变，以及政策的命令和约束。在较大背景下，儿童早期干预的一个最重要的发展是终止对抚养未成年儿童家庭的援助，取而代之的是贫困家庭临时援助（Temporary Assistance to Needy Families，TANF）。TANF 没有把婴幼儿发展的需要作为从福利到工作项目设计的一个潜在标准。在这一点上，唯一可以确定的是，该法案将会使移民家庭和难民家庭处于更大的危险中，对婴幼儿养护的需求将大大增加。其他方面仍是一个开放性问题，依赖各州如何使用该法案所提供的灵活性。一个与儿童早期干预相关的关键问题是，各州是否将令人满意的工作要求所支持的活动包括进去，不管是满足照料所有幼儿的基本养护责任（如，将婴儿纳入推荐的保健服务），还是参与父母教养支持项目。另一个是前面所提到的问题，如何分配刚重组的儿童照料资金。最后一个未被回答的问题，是关于开发各种支持最脆弱的年轻家庭（包括未成年父母）发展的策略。

总　　结

正如这一章开篇所述，为贫困儿童及其家庭提供儿童早期干预处于转折期。关于将来，有许多乐观的理由，主要是来自早期儿童发展的丰富知识，这些知识累积起来不易，并且来源于实地经验，支撑起了该领域。围绕最好的实践原则产生了一致——例如，早期干预项目应该包括儿童直接发展的服务，在他们的艰难工作中，应该包括支持一线服务提供者的机制。关于大多数重要问题,人们开诚布公地进行了讨论。例如,一些关于项目是否需要变得更加综合、辅助专业人员是否需要提高素质等问题。(尽管有理由质疑持续依赖辅助专业人员存在的必要性,但是美国仍然有相对少量的一线服务者,他们为0—3岁儿童及其家庭工作并会接受专门的培训,他们中的许多人不在低收入社区中的社区型项目里工作。)

尽管有丰富的知识和经验作为基础,儿童早期干预领域面临着三大重要任务。第一大任务是取得较好的一致性。儿童早期干预不是一个单一系统,而是包含了许多多样的、重叠的不同系统,这些系统是相互竞争的,有些有优先权。部分地,出于这个原因,"代表幼儿及其家庭的宽泛领导中没有明确的焦点。政策制定者、服务提供者和当地社区领导者等,这些不同的利益相关者,他们不在一起制订计划、集思广益,也不一起研究共同愿景"(Knitzer & Weiss, 1998, p.42)。该领域可能仍然是多样的、流动地、持续地独特展开。因此,在每一系统或服务领域中(母亲和儿童健康、心理健康、社会服务、教育),将来联邦或州的项目将不得不关注如何与其他服务领域相适应,如何适应已有的社区服务。当地的(社区层面)规划和管理主体后面可能会发挥着日益突出的作用,这也要求财政支持和技术援助。

第二个重要的任务是诚实地处理儿童早期干预中出现的那些模棱两可的定量证据。这类证据可能引发有关目的和期望、项目设计和实施,以及获得政治家和基金资助等各类问题。为将来拟订一个研究日程,以及未来项目的设计、系统的建立等都是至关重要的。形成明智的理论基础,符合实际的期望表达,以及明确儿童早期干预项目如何起作用、从哪些方面介入家庭生活,将是对该领域的一种现实描绘。

这一领域所面临的第三个任务是反思项目的目的和策略,对持续增长的贫困幼儿家长寻找和坚持工作的需求做出反馈。在这一背景下,在帮助父母从领取社会福利走向稳定工作方面,儿童早期干预项目可能将会感到压力不断。那种压力将充满了目的和使命等问题。家庭将需要持续的儿童养育支持,但是那种支持可能不得不以不同的形式组织。有可能,也许是期望,作为一个实现儿童早期干预目标的策略,高质量的婴幼儿养护可以发挥更重要的作用。高质量的儿童发展项目可以实现和延伸父母的努力,从而满足他们婴幼儿的发展需求,这些累积的证据使得这种可能性更具有吸引力。特别是对于压力较大的家庭,中心式养护机构能够为幼儿提供可预测的日常生活和安全的环境,这些都是家长可能没有精力提供的。当家长发现自己的子女健康成长时,那也能成为他们为自己的孩子投入精力的动力。以中心为基础养护儿童的潜力,可以成为早期干预的一个更重要的部分,但它被提供高质量婴幼儿养护所需的大量花销所限制。然而,作为社会福利改革的副产品,这一新的儿童养护基金流,可能是一种支持来源,特别是对那些需要参加工作的年轻母亲来说。

参 考 文 献

Anderson, E. (1994). The code of the streets. *Atlantic Monthly*, May, 81–94.

Andrews, S., Blumenthal, J., Johnson, D., Kahn, A., Ferguson, C., Lasater, T., Malone, P., & Wallace, D. (1982). The skills of mothering: A study of the Parent Child Development Centers. *Monographs of the Society for Research in Child Development, 47*, 1–81.

Baratz, J., & Baratz, S. (1971). Early childhood intervention: The social science base of institutional racism. *Harvard Education Review*, Reprint Series No. 5, 111–32.

Barnes, H., Goodson, B., & Layzer, J. (1995, 1996). *Review of research on supportive interventions for children and families*

(Two volumes). Cambridge, MA: Abt Associates.
Beller, K. (1979). Early intervention programs. In J. Osofsky (Ed.), *Handbook of infant development* (pp. 852–94). New York: Wiley.
Bromwich, R. (1978). *Working with parents and infants.* Austin, TX: Pro-Ed.
Bronfenbrenner, U. (1979). *The ecology of human development.* Cambridge, MA: Harvard University Press.
Bronfenbrenner, U. (1987). Forward: Family support: The quiet revolution. In S. Kagan, D. Powell, B. Weissbourd, & E. Zigler (Eds.), *America's family support programs* (pp. xi–xvii). New Haven, CT: Yale University Press.
Brooks-Gunn, J., Klebanov, P., Liaw, F., & Spiker, D. (1993). Enhancing the development of low birth weight, premature infants: Changes in cognition and behavior over the first three years. *Child Development, 64,* 736–53.
Brooks-Gunn, J., McCarton, C., Casey, P., McCormick, M., Bauer, C., Bernbaum, J., Tyson, J., Swanson, M., Bennett, F., Scott, D., Tonascia, J., & Meinert, C. (1994). Early intervention in low birth weight premature infants. *Journal of the American Medical Association, 272*(16), 1257–62.
Call, J., Galenson, E., & Tyson, R. (1983). *Frontiers of infant psychiatry* (Vols. I & II). New York: Basic Books.
Carnegie Corporation. (1994). *Starting points: Meeting the needs of our youngest children.* New York: Author.
Carnegie Corporation. (1996). *Starting Points: State and community partnerships for young children.* New York: Author.
Cicirelli, V. (1969). *The impact of Head Start.* Athens: Ohio University, Westinghouse Learning Corporation.
Crocker, R. (1992). *Social work and social order: The settlement movement in two industrial cities, 1889–1930.* Urbana: University of Illinois Press.
Devaney, B. et al. (1996). *National evaluation of Healthy Start: Year 2 Annual Report.* Princeton, NJ: Mathematica Policy Research Institute.
Drotar, D. (1996). But where are the data? Planning services for infants and families in an era of managed care. *Infants and Young Children, 9*(2), vi–vii.
Egeland, B., & Erickson, M. (1990). Rising above the past: Strategies for helping new mothers break the cycle of abuse and neglect. *Zero to Three, 11*(2), 29–35.
Family Resource Coalition. (1996). *Guidelines for family support practice.* Chicago: Author.
Fraiberg, S., Adelson, E., & Shapiro, V. (1975). Ghosts in the nursery: A psychoanalytic approach to the problem of impaired infant–mother relationships. *Journal of the American Academy of Child Psychiatry, 14,* 387–422.
Fraiberg, S., Shapiro, V., & Cherniss, D. (1983). Treatment modalities. In J. Call, E. Galenson, & R. Tyson (Eds.), *Frontiers of infant psychiatry* (pp. 56–73). New York: Basic Books.
Gowen, J., & Nebrig, J. (1997). Infant–mother attachment at risk: How early intervention can help. *Infants and Young Children, 9*(4), 62–78.
Greenberg, P. (1990). *The devil has slippery shoes.* Washington, DC: Youth Policy Institute.
Halpern, R. (1990a). Parent support and education programs. *Children and Youth Services Review, 12,* 285–308.
Halpern, R. (1990b). Community-based early intervention. In S. J. Meisels & J. P. Shonkoff (Eds.), *Handbook of early childhood intervention* (pp. 469–98). New York: Cambridge University Press.
Halpern, R. (1993). Poverty and infant development. In C. Zeanah (Ed.), *Handbook of infant mental health* (pp. 73–86). New York: Guilford Press.
Halpern, R. (1995). *Rebuilding the inner city: A history of neighborhood initiatives to address poverty.* New York: Columbia University Press.
Halpern, R. (1997). Good practice for multiply vulnerable young families: Challenges and principles. *Children and Youth Services Review, 19*(4), 253–75.
Halpern, R. (1998). *Fragile families, fragile solutions: A history of supportive services for families in poverty.* New York: Columbia University Press.
Hans, S., Ray, A., & Halpern, R. (1995). *Caregiving in the inner-city.* Chicago: University of Chicago, Unit for Research in Child Psychiatry.
Hawaii Family Stress Center. (1994). *Healthy start.* Honolulu, HI: Department of Health.
Herr, T. & Halpern, R. (1993). Changing what counts: Rethinking the journey out of welfare. *American Behavioral Science Review, 1*(2), 113–64.
Herr, T., Wagner, S., & Halpern, R. (1996). *Making the shoe fit: Creating a work prep system for a large and diverse welfare population.* Chicago: Project Match, Erikson Institute.
Hewett, K. (1982). Comprehensive family service programs: Special features and associated measurement problems. In J. Travers & R. Light (Eds.), *Learning from experience* (pp. 203–53). Washington, DC: National Academy Press.
Howell, E. (1994). *Implementing a community-based initiative: The early years of Healthy Start.* Princeton, NJ: Mathematica Policy Research.
Johnson, D., & Walker, T. (1991). *Final report of an evaluation of the AVANCE parent education and family support program.* San Antonio, TX: AVANCE.
Klerman, L. (1991). *Alive and well?* New York: National Center for Children in Poverty.
Knitzer, J., & Page, S. (1996). *Map and track: State initiatives for young children and their families.* New York: National Center for Children in Poverty, Columbia University.
Knitzer, J., & Weiss, H. (undated). *Starting points: Challenging the quiet crisis.* New York: National Center for Children in Poverty.
Lally, R., Mangione, P., & Honig, A. (1988). The Syracuse University Family Development Research Program: Long range impact of an early intervention with low-income children and their families. In D. Powell (Ed.), *Parent education as early childhood intervention* (pp. 79–104). Norwood, NJ: Ablex.
Lewis, M. (1996). Trauma reverberates: Psychosocial evaluation of the caregiving environment of young children exposed to violence and traumatic loss. *Zero to Three,* April/May, 21–8.
McCarton, C., Brooks-Gunn, J., Wallace, I., Bauer, C., Bennett, F., Bernbaum, J., Broyles, S., Casey, P., McCormick, M., Scott, D., Tyson, J., Tonascia, J., Meinert,

C. (1997). Results at age 8 years of early intervention for low-birth-weight premature infants: The Infant Health and Development Program. *Journal of the American Medical Association, 277*, 2, 126–132.

Musick, J., & Stott, F. (1990). Paraprofessionals, parenting, and child development. In S. J. Meisels & J. P. Shonkoff (Eds.), *Handbook of early childhood intervention* (pp. 651–67). New York: Cambridge University Press.

National Center for Children in Poverty. (1990). *Five million children*. New York: Author.

Nightingale, C. (1993). *On the edge*. New York: Basic Books.

Ooms, T. (1996). *Where is the family in comprehensive community initiatives for children and families?* Washington, DC: Family Impact Seminar.

Osofsky, J. (1996). Introduction. *Zero to Three*, April/May, 5–8.

Pawl, J. (1988). Toward a comprehensive infant mental health program for a community. In E. J. Anthony & C. Chiland (Eds.), *The child in his family* (pp. 263–89). New York: Wiley.

Provence, S., & Naylor, N. (1983). *Working with disadvantaged parents and their children: Scientific and practice issues*. New Haven, CT: Yale University Press.

Quint, J., & Egeland, B. (1995). New Chance: Comprehensive services for disadvantaged young families. In S. Smith (Ed.), *Two generation programs for families in poverty* (pp. 91–134). Norwood, NJ: Ablex.

Quint, J., Polit, H., Bos, H. & Cave, G. (1994). *New Chance: Interim findings on a comprehensive program for disadvantaged young mothers and their children*. New York: Manpower Demonstration Research Corporation.

Schorr, L. (1988). *Within our reach: Breaking the cycle of disadvantage*. New York: Doubleday.

Seitz, V., Rosenbaum, L., & Apfel, N. (1985). Effects of family support intervention: A ten year follow up. *Child Development, 56*, 376–91.

Seligman, S. (1994). Applying psychoanalysis in an unconventional context: Adapting infant-parent psychotherapy to a changing population. *Psychoanalytic Study of the Child, 49*, 481–500.

Skerry, P. (1983). The charmed life of Head Start. *The Public Interest, 71*, 18–39.

Smith, A., & Lopez, M. (1994). *Comprehensive Child Development Program*. Washington, DC: U.S. Department of Health and Human Services.

Smith, S. (Ed.). (1995). *Two generation programs for families in poverty*. Norwood, NJ: Ablex.

Smith, S., & Zaslow, M. (1995). Rationale and policy context for two-generation interventions. In S. Smith (Ed.), *Two generation programs for families in poverty* (pp. 1–36). Norwood, NJ: Ablex.

Stokely, J. (1996). *The emerging role of California's family support programs in community economic development*. Oakland, CA: National Economic Development and Law Center.

St. Pierre, R., Goodson, B., Layzer, J., & Bernstein, L. (1997). *National impact evaluation of the Comprehensive Child Development Program*. Cambridge, MA: Abt Associates.

St. Pierre, R., Layzer, J., Goodson, B., & Bernstein, L. (1997). *National impact evaluation of the Comprehensive Child Development Program: Final report*. Cambridge, MA: Abt Associates.

Thiel, K., Van Dyck, P., & McGann, T. (1992). *Healthy Start: Assessing efforts to develop comprehensive systems of perinatal care to reduce infant mortality*. Paper presented at the annual meeting of the American Public Health Association, October 1993.

Travers, J., Nauta, M., & Irwin, N. (1982). *The effects of a social program: Final Report of the Child and Family Resource Program's infant toddler component*. Cambridge, MA: Abt Associates.

U.S. Department of Health and Human Services (1993). *Creating a 21st century Head Start*. Washington, DC. Author.

Walker, T., Rodriguez, G., Johnson, D., & Cortez, C. (1995). AVANCE Parent–Child Education Program. In S. Smith (Ed.), *Two Generation Programs for Families in Poverty* (pp. 67–90). Norwood, NJ: Ablex.

Wallach, V., & Lister, L. (1995). Stages in the delivery of home-based services to parents at risk of child abuse: A Healthy Start experience. *Scholarly Inquiry for Nursing Practice, 9*(2), 159–73.

Weider, S., Drachman, R., & DeLeo, T. (1992). A developmental/relationship in-service training model. In E. Fenichel (Ed.), *Learning through supervision and mentorship* (pp. 100–12). Washington, DC: National Center for Clinical Infant Programs.

Weiss, H., & Halpern, R. (1988). *Family support and education programs: Something old or something new?* New York: National Center for Children in Poverty.

Wulczyn, F. (1996). Child welfare reform, managed care, and community reinvestment. In A. Kahn & S. Kamerman (Eds.), *Children and their families in big cities* (pp. 199–229). New York: Columbia University School of Social Work.

Zeanah, C., & Scheeringa, M. (1996). Evaluation of post-traumatic symptomatology in infants and young children exposed to violence. *Zero to Three*, April/May, 9–14.

Zigler, E., & Muenchow, S. (1992). *Head Start: The inside story of America's most successful educational experiment*. New York: Basic Books.

参考文献

第18章 为残障儿童及其家庭提供的服务

格洛里亚·L. 哈尔宾（GLORIA L. HARBIN）
R. A. 麦克威廉（R. A. MCWILLIAM）
詹姆斯·J. 加拉格尔（JAMES J. GALLAGHER）[①]

在为残障儿童开发综合协调服务方面，我们已经取得了显著的进步（Smith & McKenna, 1994）。数十年前，早期干预项目几乎是不存在的。现在，全美国的家庭都能利用早期干预服务，来满足他们子女的发展需求，并支持他们强化其子女的发展。各种因素间的相互作用使得服务获得了增长和发展（Harbin, 1993; Meisels & Shonkoff, 1990）。研究、技术支持、倡议以及政治环境、社会环境联合促成了联邦法律的修订（Garwood & Sheehan, 1989; Harbin, 1993）。这一公共政策现在被命名为《残疾人教育法案》（Individuals with Disabilities Education Act, IDEA）C部分，它以增加接受服务的儿童数量、尽可能早地鉴别出需要服务的儿童为目的。它还通过使服务更加综合、协调以及以家庭为中心等，来提升为儿童所提供的服务。法律要求，改善服务提供方式，并在实施项目的专业人员数量方面做出许多改变（Bailey, 1989; Dokecki & Heflinger, 1989; Gallagher, Harbin, Thomas, Clifford, & Wenger, 1988; Hanft, 1989; Hurley, 1989）。

许多政策研究者和倡导者发现，法律的实施和修订是迥然不同的过程（Campbell & Mazoni, 1976; Elmore, 1978; Harbin, Gallagher, & Batista, 1992; Meisels, 1985, 1989; Weatherly, 1979）。1986年，当美国开始实施这一里程碑式的联邦政策时，需要提供的服务数量巨大、类型多样（Meisels, Harbin, Modigliani, & Olson, 1988）。到1992年，所有的州都制定了政策来贯彻这一法令，政策的实施也在社区层面展开了（Harbin et al., 1992; Smith & McKenna, 1994）。

这一章介绍了按照联邦法律的要求，在服务提供方面发生的主要改变，并介绍了一些服务提供模式，呈现了影响这些服务模式的因素，以及这些模式为儿童及其家人服务的本质。影响服务提供的因素相互作用，有助于解释服务提供的复杂性。这一章以讨论改善残障儿童及其家庭服务将要面临的挑战来收尾。

联 邦 政 策

在一段相对短的时期内，早期干预"已经从原始的以经验为基础的、缺少资金和几乎无公共

[①] 感谢肖（Dave Shaw）、韦斯特（Tracey West）、惠蒂克（Michele Whiteaker）对本章做出的宝贵贡献。

管理的新兴服务,转变成了集理论、研究和实践于一体的新兴领域"(Meisels & Shonkoff, 1990, p.xv)。早期干预的理念和服务提供方式发生了根本性改变,这些变化是以下五个方面相互作用的结果:(1)学者和理论家的理论贡献;(2)技术娴熟、经验丰富的实践者的改革理念和观念;(3)不同学科的研究结果(如医学、心理学、特殊教育、社会工作等);(4)社会政治因素;(5)家长、服务提供者、国家和地区层面的项目管理者以及研究者的合力倡导(Harbin, 1993)。

在20世纪80年代,美国颁布了一项联邦政策(公法99-457),要求全国的相关服务进行不断地改善。1988年,这一立法被重新命名为《残疾人教育法案》,被重新编号为公法102-119。其中H部分对为残疾婴幼儿提供的项目提出了相关要求。1997年修订了该法律,现在,C部分含有为婴幼儿提供服务的规定(公法105-107)。表18.1呈现了该法律所规定的在公共政策和服务提供方面的主要转变。

表18.1 公法99-457的制定所带来的服务提供范式改变

方面	以前的服务	设想的服务
入门条件	只服务符合条件的部分儿童	服务所有符合条件的儿童
资格	只服务残障儿童,儿童的发展迟缓要可测量	服务有诊断的孩子,无论发展迟缓是否可测量;可能为高危儿童服务以预防发展迟缓
早期识别	等到孩子来参与项目时	尽早发现儿童可能存在的问题
服务系列	局限于项目所提供的服务	通过不同的项目提供一系列的服务
系统	提供分离的、有自主权的项目	提供综合的、协调的、相互协作的服务体系
焦点	以儿童为中心	以家庭为中心
个性化	提供群体化的服务	提供个性化的服务
融合	制订隔离的、自治的项目	提供融合的项目,使用社区资源
学科	各学科自行其是	协同工作,整合所有学科间的、跨学科的服务
治疗方法	提供孤立的,有时治疗方法不足	提供充分的一体的治疗方法
程序保障	家长没有投诉渠道	适当的程序保障
转衔	无计划性,痛苦的转衔	从婴儿项目到幼儿项目到学前项目有计划的转衔
经费	单一的原始经费来源	协同和使用所有可能的经费来源

这一联邦政策的实施,需要在表18.1所提到的13个方面进行重大的变革,这些变革与服务的提供方式密切相关(Gallagher et al., 1988; Gallagher, Trohanis, & Clifford, 1989; Harbin, Gallagher, Clifford, Place, & Eckland, 1993; Smith & McKenna, 1994)。首先,在这一立法之前,项目仅局限于为那些确诊的残障儿童提供服务。而像唐氏综合征等症状的儿童,在婴幼儿时期的发展是正常的,但是最终可能会表现出发展迟缓,却得不到服务。这一立法要求,服务提供者对于那些符合诊断条件的儿童应立即开始实施干预。此外,法律允许各州为发展迟缓的高危儿童提供服务。最近的一次修正案鼓励各州将服务扩展到三岁以下儿童。如果这些儿童没有接受早期干预服务,他们未来很有可能出现发展迟缓。然而,对于这一部分儿童的服务,各州情况有所不同。第二,尽管许多州确定了孩子有权利接受这些服务,但是由于资金有限,只有其中一部分孩子能够得到服务。这就导致了排队的等待服务的儿童很多。目前,所有符合条件的儿童都

有权利获得服务。

　　改变的第三个方面是识别的时机。在该法律之前，大多数早期干预项目仅仅依靠其他机构（如卫生部门和社会服务）来推荐符合要求的孩子，而不独立地寻找目标儿童。现在，为了尽可能早地对孩子进行识别，早期干预项目有责任实施综合性的、协调一致的目标儿童寻找活动。之前，当儿童进入早期干预服务中时，仅限于相关项目所提供的服务。每一个机构各自为政，为符合条件的儿童提供一整套服务，不同的服务互不关联。然而，残障儿童及其家长往往需要不同机构提供的涉及多个科目的服务。《残疾人教育法案》C 部分要求建立综合的、协调的、一体化的早期干预服务系统。这个系统由一系列满足儿童及其家庭个别化需要的服务和资源组成（Trivette, Dunst, & Deal, 1997），它要求服务协调人员要确保不同服务的协调。为了鼓励服务的进一步协调，该法律要求，来自不同机构的个人应该综合所有的服务和治疗方法。

　　这一法律也要求服务受助方发生变化。之前，服务只面向儿童。《残疾人教育法案》C 部分明确，不仅儿童，儿童的家庭也有接受服务的权利。该法律呼吁，为每一服务受助者发展个性化家庭服务计划（individualized family service plan, IFSP）。以前，评估以儿童为中心，常常是在不熟悉的环境中进行，有时还错误地使用评估工具，如使用标准参照考试，就好像它是常模参照测验一样，或者使用筛查工具来决定如何安置（Greenspan & Meisels, 1996; Meisels, 1996）。该法律条款规定，除了评估儿童以外，还应通过评估家庭的实际情况和需要，从而希望转变这些已有的实践方式，引导多环境的评估，使用多样化的资源和设备，来完成他们想要达成的目标（Meisels & Provence, 1989）。

　　在这一立法以前，儿童在家里或者在一些只为残障儿童服务的专门中心接受服务。新的法律规定，儿童及其家长要在正常儿童的养育机构进行评估、接受服务。如果不能在常规环境中提供服务，必须说明原因。

　　《残疾人教育法案》C 部分也为残障儿童及其家庭提供程序保障。之前，如果家长对服务不满或者被拒绝列入候选名单时，他们没有地方申述。程序保障部分赋予了家长权利。在实施该法律之前，当儿童不得不从一个项目转到另一个机构负责的项目时，转衔时所产生的责任由儿童的家庭承担。转出和转入机构都没有任何责任，也没有制订计划的义务。该法律要求，转出机构要在儿童两岁半之前通知接收机构（常常是公立学校），还需要制订一个转衔计划。最后，过去很少尝试认定和使用所有可能的资金资源。现在的法律规定，将所有可能的资金来源融入到一个金融体系中，这样不同的资金资源相互补充而不重复。

服务提供模式

　　许多文献对服务提供模式的描述，都只陈述了单一的发展干预项目，常常关注以下方面：干预的地点——是以家庭为中心还是以机构为中心（Bailey & Wolery, 1992; Odom & Fewell, 1983）；干预的目标——是儿童、家庭还是其他方面（Bricker & Veltman, 1990; Gilkerson, Gorski, & Panitz, 1990; Seitz & Provence, 1990; Simeonsson & Bailey, 1990）；干预的过程——如何发现儿童，如何对他们进行评估，如何制订个性化家庭服务计划（IFSP）等（Bagnato & Neisworth, 1981; Beckman, Robinson, Jackson, & Rosenberg, 1986; Bricker & Veltman, 1990; Frankenburg,

Emde, & Sullivan, 1985; Odom & Shuster, 1986; Sheehan, 1982; Vincent et al., 1980); 早期干预项目的理论基础——行为主义、皮亚杰理论、生态学理论或发展论(Bagnato & Neisworth, 1981; Bricker & Veltman, 1990)。

然而,残障婴幼儿及其家庭的特殊需要,常常要求多样化的公立、私立项目和资源的共同参与。麦克奈特(McKnight,1987)等人认为,除了传统的公共机构(卫生、教育、社会服务等)所提供的服务外,社区中许多项目和组织(例如,教堂、图书馆、基督教女青年会、儿童养护和社会组织)也是非常有价值的资源。因此,从更广和更正常化的服务系统的视角出发,特里维特等人(Trivette et al., 1997)将一系列的社区资源划分成了12个大类(例如,儿童教育、保健、家长教育和信息、住房、法律等)。利用所有相关资源发展一个综合性的、协调一致的服务系统,涉及以下关键要素:(1)明确所有相关的项目和资源;(2)了解每一种服务,包括服务提供的方式;(3)描述各种服务如何形成整体系统。联邦法律说明什么是"综合性的",结果,识别相关服务的任务和对"系统"的界定依靠当地早期干预协调者以及其他地区委员会成员的观点(Garland & Linder, 1994)。例如,公平开端(Even Start)项目的主旨是提高家长和儿童的读写能力。它能否进入系统中首先取决于当地早期干预协调者或地区协调委员会的人是否了解这一项目,继而取决于是否被作为相关的重要资源。

随着政策的改变,服务提供模式也有所不同(Meisels et al., 1988)。在许多社区,提供发展干预的项目(如社会的、认知的、运动的、语言活动的)各自为政,对于特定儿童而言,它们与其他机构围绕特定事件或环境的社区资源(如,外科、疗法或卫生保健)的协调不够。然而,在其他一些社区,来自不同机构和项目的专业人员,已经开始将卫生、教育和社会服务等融入一个有机系统。毫无疑问,在一项涉及九个不同社区的调查中,尽管联邦要求综合协调的服务提供模式,然而,考虑到不同服务系统的机构和组织在决策中的参与范围不一,目前的服务提供模式仍各不相同(Harbin & West, 1998)。

对服务提供的研究

服务提供模式研究只是一系列旨在描述为婴儿、幼儿和学前儿童及其家庭提供服务研究的一部分(Harbin & Kochanek, 1992, 1998)。有研究者(Harbin & Kochanek, 1998)特意从不同的州、社区、儿童、家长和服务提供者等方面选取样本。他们选取了三个州,东北部的农业和工业衰退州(宾夕法尼亚州),位于南大西洋、有着纺织和烟草历史、不断发展的州(北卡罗来纳州),位于落基山脉风景优美的西部州(科罗拉多州)。这三个州在社会人口学因素(如规模、所处区域和经济状况)、资格政策、领导机构、服务提供历史、资金支持来源和提供服务的方法等方面均存在着差异。每一个州的研究点,都包括高、中、低人口数量和资源密度的社区。社区大小从拥有2 403 676人口数量的大城市环境,到只有2 838人的偏远乡村社区。

在每一个社区中,从有目的的抽样群体中($N=300$)中选取75名儿童进行为期两年的个案研究。研究采用了调查、问卷和服务使用协议方法,以及其他定性和定量策略,来收集相关州、社区和项目层面的服务提供和利用信息。这些策略包括公共政策和预算文件分析,对个性化家庭计划和个性化教育计划的分析;以及与家长、服务提供者、管理人员和每个社区的重要领导者之间的小组讨论和访谈。

哈尔滨和韦斯特(Harbin & West,1998)特别关注使用多渠道的信息来描述和理解服务提供模式。如采访项目管理者、服务提供者、家庭成员,分析相关文件。通过横向分析,他们为早期干预服务提供确定了六种性质不同的组织模式,从传统的单一项目模式到为社区所有孩子提供服务的综合模式。表18.2描述了六种模式各自的关键要素。有一些要素包含于每一模式中:引导服务提供的整体组织结构;各部门间决策的数量和性质;目标人群的范围;使用的服务资源的范围和性质。

表 18.2 婴幼儿服务系统模式

模式特征	单一项目	开始协作的项目网络	松散结合	适度结合	强组合	综合性系统
			首先和干预机构合作,然后和其他机构合作	在牵头机构的部分领导下形成多机构系统	多机构系统,不同机构共同领导和决策制订	LICC是针对所有儿童的综合性和协作性系统的领导机构
可视化描述						
组织结构	单一干预项目提供大多数服务,必要时,与其他项目合作 与其他项目的联系较弱或一般工作安排和协议常常是非正式的	多种机构组成项目网络,计划和实施项目有一定自发性,但是成立了区域跨机构合作委员会(Local Interagency Coordinating Council, LICC),并且已经开始尝试一些合作性的和协作性的规划;系统和服务由牵头机构控制 协议和工作安排通常是非正式的,但是也形成了一些协议或程序	主要的合作存在于两个或以上的干预项目之间,它们为所有残障儿童或者是特定残障类型儿童(如,语言和动作)提供一般性的发展干预 LICC有助于所有提供者所采用的干预程序要素(如IFSP,评估和干预)的合作性设计 与教育干预和健康福利项目的完全合作相比,更关注教育干预的进程	在多样化群体中,牵头机构或机构的核心群体不仅要关注教育干预而且在某种程度上要关注健康和福利需求 正式的LICC促进了正式的一体化服务提供程序的发展	LICC主席、牵头机构或项目/机构核心群体促进合作计划和服务提供 许多或大部分干预活动是合作性事业 多种教育干预项目密切工作,就好像是一个项目中的员工或某个项目的一部分一样。 工作非常顺利	LICC由一系列儿童及其家庭服务组成 所有项目和提供者(公立的和私立的)有相同的价值观,能平等参与规划 系统是中心,所有项目共同形成一个紧密结合的整体 给没有获得资金的公共机构提供补充津贴 以家庭为中心,提供持续的、协同定位的项目

续表

模式特征	单一项目	开始协作的项目网络	松散结合	适度结合	强组合	综合性系统
			首先和干预机构合作，然后和其他机构合作	在牵头机构的部分领导下形成多机构系统	多机构系统，不同机构共同领导和决策制订	LICC是针对所有儿童的综合性和协作性系统的领导机构
决策	牵头机构做决策，很少征求其他机构的意见，通常是通知他们。牵头机构主导决策	牵头机构控制决策权，其他机构参与，这样他们能知晓牵头机构的决定/政策 围绕公众关注的事，形成一些合作性的协议 决策往往关注服务责任的划分	多样化的干预项目为LICC的决策（主要是教育的干预）提供领导/指导，其他机构做出贡献，但是次要的	机构平等地享有决策权，然而，牵头权和指挥权来自牵头机构	对于所有的参与者来说，强合作性LICC是有平等话语权的工具，私立项目和提供者同样可以参与决策	合作的、平等的决策权
目标群体	以残障婴幼儿为主导	婴幼儿	以残障婴幼儿为主导	以残障婴幼儿为主导，也涉及高危儿童	以残障婴幼儿为主导，也涉及高危儿童，但是一些活动关注所有儿童	所有的儿童及其家庭
资源范围	项目序列主要是为残障婴幼儿设计的项目	关注的项目系列和关联均取决于领导机构可能涉及：贫困、残疾、健康、教育	项目序列主要是为残障婴幼儿设计的项目	设计大量的项目，不仅满足儿童教育的需求，而且还满足他们健康和福利需求，以及潜在的家庭需求	大量的项目和资源关注满足儿童及其家庭教育、健康和福利的需要	包括专门化的和自然的社区项目和资源在内的综合性的项目集合

单一项目

这一模式和《残疾人教育法案》H或C部分实施前的服务提供模式相近。单一的发展干预项目关注儿童认知的、社会的、语言的和运动的需要。项目中的干预人员很少将家庭的需要作为他们的关注点。他们大部分时间和孩子单独在一起，主要使用直接教学方法。偶尔，干预人员会教家长一些特定的能与儿童共同完成的教育活动，从而争取家长（通常是母亲）的帮助。

单一项目导向的服务提供模式中，所有其他项目都被认为是提供发展干预项目的补充，干预人员意识到儿童可能有医疗的需求或者家庭有住房需求,但是这些问题被看作早期干预项目以外的事。也可能有一些时候,发展干预人员感觉有必要和其他机构(如卫生部)的专业人员或管理人员交流。然而,从本质上来说,这些与其他机构专业人员的互动和会面通常是非正式的。因为干预人员的大部分时间与儿童在一起,很少的时间与其他专业人员一起工作和协作。

单一项目模式提供服务的目标人群是被鉴定为残疾或发展迟缓的儿童。因此,由发展性干预项目组成的服务序列,也许只有一些极少数项目是专门为残疾儿童设计的。结果,当服务不是在儿童家里提供时,这些专门化的服务常常在隔离的环境下进行。

项目网络

在项目网络模式中,不同机构(如,健康、社会服务和心理健康)提供项目合作,共同参与一些综合性的规划。在许多情形下,这一组织的成员努力决定如何一起工作,试图决定他们活动的合适关注点。围绕公共意识和互惠的转介过程,这一网络常致力于一些合作协议上。在一些社区,这些努力的产物是一本合作性开发的宣传手册,用于提醒公众关于各种服务及其所在位置、提供服务的一般信息以及每一项目或服务机构的电话号码。

在项目网络模型中,每一机构或项目自发地持续规划和实施自己的服务,然而,每一机构也更加关注其他机构所提供的服务。这些非正式的联系和关系得到了加强,因此,这种项目网络可能也会形成一些正式的协议。然而,因为这些机构代表习惯于自己的运作方式,他们进行合作的第一步往往倾向于分清责任,以便减少重复和提高效率。

项目网络的首要任务是为残障儿童提供服务,组内成员取决于牵头机构的背景和与他们有着天然联系的项目。例如,如果牵头机构原先为贫困的儿童服务,那么参与机构可能也是为贫困孩子提供服务的项目(如开端计划,公平开端项目和卫生部)。然而,如果发展干预项目是为智力障碍儿童开发的,如,之前的智障市民协会(Association for Retarded Citizens,ARC)项目,就可能会邀请其他类别的残障儿童项目加入,如脑瘫联合会(United Cerebral Palsy)和其他为残疾儿童提供专门服务与治疗的项目或诊所。牵头机构(发展干预项目)仍然掌握决定权,他们为小组的选择和决策设定日程和标准。相应地,项目网络把牵头机构作为责任机构,来遵守法律,维持正常运转。其他机构被看作服务提供的附属机构。

松散结合系统

当多样化项目把自己组成一个单一的、更大组织或系统时,这些新生的组织在统一性或者联系的紧密性方面,范围更大。"松散结合"这一短语,最先由格拉斯曼(Glassman,1973)在生物学中提出,然后被马奇和奥尔森(March & Olson,1975)以及韦克(Weick,1974,1976)分别用于一般意义上的组织机构中和特定的教育组织中。一般来说,这些学者描述了这一系统的以下一些特征:(1)影响在项目之间传播较慢;(2)缺少合作或松散合作;(3)管理缺失;(4)规划的内容没有反馈;(5)独立;(6)分散;(7)缺少联系。哈尔宾和韦斯特(Harbin & West,1998)指出,结合的概念和结合的程度有助于描述公众服务机构之间一体化合作的复杂性和细微差别。他们应用上述特征来区分系统中四种不同结合水平的项目,从松散结合到为了所有儿童的紧密结合系统。

在松散结合系统中，儿童发展干预仍然是服务提供的中心。然而，存在一个这几年处理这类问题的区域跨机构合作委员会（LICC）或小组，这一小组的工作已经从唤醒公众意识和串起转接程序，发展到了合作设计和实施干预程序的一些专门部分（如组织多学科的评估）。像卫生部这样的参与机构，会为发展干预提供支持，但关注儿童的教育需要仍是首要任务，这也是牵头机构（发展干预项目）的责任。

在这种系统下，一些社区保留着多样化的发展干预项目。他们可能是私有或准私有项目，最初都是为特定的残障类型儿童服务的（如脑瘫联合会或 ARC），并且以前也是自发运作的。在一些情况下，这些项目获得了州立资金支持，因此有义务遵守州的要求。作为松散结合系统的组成部分，这些发展干预项目同意放弃一些自主权，从而满足联邦和州的新指导方针。为了确保所有的评估都按照程序的要求，也为了确保各种项目制订的个性化计划就是所谓的个性化家庭服务计划（IFSP），LICC 成为了项目间达成协议的促进机制。每一个项目持续使用已有的评估工具和程序，除非有一个跨机构的评估过程让所有项目都参与其中。类似地，每一个发展干预项目通常设计它自己的个性化家庭服务计划，而其他机构（如健康与社会服务）就很少参与，也很少为儿童或家庭选择所需的资源。

适度结合的跨机构系统

如前所述，一些学者（Glassman，1973；March & Olson，1975；Weick，1974）提出了一个观点：在一个系统的项目中，结合的程度是一个连续体。基于前面已经列出的那些特征，这一模式拥有更大数量的结合。与前面的松散结合系统相比，这一模式中的项目展现出更强的联合。在这一模式中，LICC 合作开发了正式的服务提供程序。除了提供发展干预以外的那些机构（如健康和心理健康）在规划干预项目中拥有重要的话语权，拥有对儿童及其家庭干预做出贡献的重要资源。在适度结合系统中，一些机构被看作有重要地位——不仅仅是牵头机构。许多时候，牵头机构一直主持委员会，但是三四个来自不同机构的代表组成的核心小组制定日程，以及领导项目。机构间平等享有决策权。因此，在这一模式中的一系列项目，既包括那些满足儿童教育需要的项目，又包括满足他们健康、福利需要的项目。这种跨机构模式也认可和吸收了一些满足家庭需要的项目和服务。

紧密结合的跨机构系统

与前面两种模式相比，这一模式下的机构间拥有了更强的联系和结合。在这种模式下，一些机构为协调规划和服务提供负责。LICC 主席可以是任何一个机构的代表，通常依据领导能力选举产生，而不是因为他/她所代表的某个特定机构。在一些情形下，LICC 主席由每个机构轮流担任。

在紧密结合的跨机构系统中，许多或者说大多数干预活动都是合作性的。在这些活动中每一个机构发挥着同样重要的作用。所有机构参与讨论和分享对于一些术语的共同理解，如筛查、以家庭为中心的实践、融合和服务协调等。服务提供系统就像是加满了油的机器。来自不同项目的人员密切合作，就好像他们是单一项目中的成员一样。私有项目和提供者也融入到合作性的决策及服务提供过程中。

在这一模式中，许多项目和资源关注满足儿童及其家庭的教育、健康和福利的需要。服务的人群包括残疾儿童和发展迟缓的高危儿童。在这一模式中，LICC 也将活动扩展到社区中的所有儿童。这种更广泛的关注点导致了一个所有家庭都可使用的家庭中心的形成。它可以是一个健康集市，在这里筛查发展迟缓只是其中的一部分。也许健康集市包括许多游戏或者木偶表演来招待儿童，他们的展台或站点的设计都可以提醒家长，在社区中他们有各种各样可利用的资源，这些资源能够促进儿童的发展，促进家庭功能的发挥。

为了所有儿童的综合性系统

这一模式在以下两个重要的方面不同于前面提到过的模式：(1) 群体的范围被确定了，因此大量的机构包含其中；(2) 组织结构。在这一模式中，参与者为社区中的所有儿童及其家庭设计服务系统。这一普遍服务的哲学理念意识到，所有儿童和家庭都属于社区，因此在这一事业中，支持和促进所有儿童的发展，支持所有的家庭式社区的责任。

在这些社区中的个人相信，提供普遍服务将产生四个重要结果。第一，将会识别出有需要的儿童，使他们尽早接受服务（早期识别）。第二，由于所有儿童都接受服务，发展性问题将会减少或者避免（预防）。第三，接受服务的标签被废弃了，因为在社区中利用资源被视作一件自然而然的事；寻找帮助的人没有任何过错，因为取得帮助是他们的权利和利益。第四，这一模式更易于接触自然环境、资源和活动。这一服务系统的较大视域带来的结果是，更多的机构和项目参与到了社区中所有儿童和家庭需要的范围中，这一模式也常常包括来自更大社区的项目或组织的服务，但是它们常常不包含前面讨论过的更多地以残障儿童为中心的服务提供模式。

这一模式和紧密结合系统的第二大不同是其组织结构。在这一模式中，LICC 被当作牵头机构，经常包含更广泛的社区代表（如，商业领域和城市管理）。除了作为服务规划的牵头机构外，LICC 可能也接收资金，使得它有时也是财务代理。LICC 在社区中有一定的知名度，他们通常有一个正式的名字，而且也被看作满足家庭需要的首要力量和工具，甚至把单个项目看作该事业的附属品和赞助品。为了实现资源最大化，所有的项目和参与者合作性地参与决策补充社区资源（如家庭中心的发展），LICC 给基金会、州立和联邦机构的示范项目做预算和募捐。此外，当某个机构必须向他的资助机构申请拨款时，LICC 作为申请单位，会有同样甚至更多的投入参与这一拨款的设计和构想中。

这一综合性的方法要求社区的接纳和支持，也要和传统的公共机构（健康、教育、发展障碍及社会服务），商业机构（如商会），以及当地政府官员（如镇长和市长）等保持较强的联系。它也需要一群合作的领导者，他们有能力搭建组织和机构间的桥梁，有能力组建发展工作团队。

小结：如何合作？

《残疾人教育法案》的 C 部分要求合作性项目。该法律没有限定哪些项目应该合作，应该出现什么样的合作，或者通过何种机制合作才能达成。然而，分析家长向国会残疾人小组所提出的意见类型（U.S. Senate Report 99-315, 1986）发现，家长倾向于合作性的而不是自发性的服务项目。前面提到过的三种服务提供模式——适度合作、紧密合作和为了所有儿童和家长的综合性系统,满足了家长的愿望。然而,哈尔宾和韦斯特(Harbin & West,1998)在九个社区的调查显示,只有四个社区拥有三种模式中的一种,其他五个社区完全没有所谓的更综合和更协调的服务系统。

合作性服务的困难在文献中有所描述(Brewer & Kakalik, 1979; Gans & Horton, 1975; Harbin & McNulty, 1990; Kagan, Goffin, Golub, & Pritchard, 1995; Martinson, 1982; Peterson, 1991; Rogers & Farrow, 1983; Weis, 1981)。哈尔宾及其同事的研究(Harbin & McNulty, 1990; Harbin et al, 1995; Harbin et al., 1998)指出了在开发和实施合作性服务供应结构中的两个重要因素。首先,当地需要政策指导,从州的角度考虑怎样建立一个跨机构组织,因为这一任务不是某一传统部门培训的一部分。事实上,在哈尔宾和韦斯特(Harbin & West ,1998)的研究中,北卡罗来纳州3/4的社区使用一种更综合的协作的模式。在社区中使用跨机构组织时,该州的政策为跨机构组织的发展和操作提供指导。其次,为了实现开发综合性和协作性的服务系统的目标,当地需要就怎样实施大量必要的任务进行培训。其中首要的任务就是集中大量有自发权的项目和资源,把它们集合成一个有机系统。

<u>服务提供的要素:服务到底是什么样的?</u>

除了寻找一个协作的综合性的服务系统外,联邦政策制定者也致力于使服务更加以家庭为中心、一体化和更具融合性(参见表18.1)。这些要素被包含在联邦政策之内,在一段时间内一直被看作最佳实践(Bruder & Chandler, 1993; McWilliam & Strain, 1993; Odom & McLean, 1993; Vincent & Beckett, 1993)。这里讨论的要素还包括家庭对服务的总体满意度,尤其是对转衔的满意度,以及各个家庭所建议项目应改进的地方。

以家庭为中心

对以家庭为中心的实践的定义随着时间推移而演变(Bailey, 1987; Barber, Turnbull, Behr, & Kerns, 1988; Dunst, 1985; Dunst, Johanson, Trivette, & Hamby, 1991; Fewell & Vadasy, 1986; Rosenberg, 1977; Odom & McLean, 1993)。一些研究者(McWilliam, Tocci, & Harbin, 1995)利用文献以及家庭访谈的对话分析,提出了一个更全面的定义,明确了以家庭为中心的原则、政策及实践的四个维度:(1)对家庭事宜予以优先权;(2)对家庭成员赋权;(3)对家庭采取整体的(生态性的)方法;(4)对家庭要有洞察力并保持敏感性。

一些研究者(Kochanek & Brady,1995;Gallagher,1997d;McWilliam,Tocci,& Harbin,1995)分别采用问卷调查、群体聚焦、深入访谈的方法进行研究,均发现家庭期望服务多关注残障儿童的需求。这正是他们愿意参与儿童早期干预项目的原因所在。对个性化家庭服务计划(IFSPs)的分析显示,计划中的大多数目标(86%)确实考虑到了这些孩子的需要(Gallagher,1997b)。对75个家庭和49个服务机构的案例访谈研究也发现,这些服务均以为儿童导向(McWilliam, Tocci, & Harbin, 1995)。因此,尽管立法和被广泛接受的观念,强调要建立更生态化、更全面以及以家庭为中心的干预模式,但绝大多数干预项目的重点仍是关注孩子。为了理解这种现象,麦克威廉等人(McWilliam et al.,1995)对访谈资料对话进行分析,并得出了结论:服务提供者没有对以家庭为中心的模式"敞开大门"。尽管《残疾人教育法案》规定"要评估家庭的长处、当务之急以及后顾之忧",但专业人士并没有常规地或有效地了解家庭是否在其他方面需要帮助。没有调查清楚,他们也就不会对家庭"敞开大门"或提供更广泛的干预服务。这个项目的代表与家庭的早期互动主要围绕以下几个方面:对孩子需求的正式评估、为孩子选定目标以及孩子的安置问题。鉴于此,麦克威廉等人得出这样的结论:尽管还有很多潜在的家庭服务需求,但专业人士仍为儿童中心的模式创造了条件,因为所有的前期项目活动和问题都是关注于儿童本身的。

实际上,因为家庭都希望服务系统能针对他们的孩子,所以解决孩子的需要是向家庭中心模式敞开大门的主要方法。麦克威廉等人(McWilliam et al.,1995)认为,服务提供者必须展示出自己在满足孩子需要方面所具备的能力,从而为与家长建立信任打下基础。通过这个过程,家长更愿意表达自己的需求(McWilliam, Harbin et al.,1995)。然而,只有当父母意识到这可能会解决家庭需要时,才会表达出来。这些情况通常是偶然发生。遗憾的是,因为服务提供者事先没有做好相应的宣讲,许多家庭根本意识不到还可以获得更多服务,这样强调以家庭为中心的服务模式仍旧无法实现。

如果以家庭为中心提供服务的方法被认为是最佳的实践模式(McWilliam & Strain,1993; Odom & McLean,1993),那么,为什么服务提供者推行这种做法的进展一直如此缓慢呢?在麦克威廉和朗的一项调查($N=198$)和加拉格尔的群体调研($N=67$)中,服务提供者描述了很难推行以家庭为中心的模式的原因,包括:(1)缺乏解决复杂的敏感的家庭问题的训练;(2)怕冒犯或造成家庭不和;(3)社区缺乏利用社区资源满足家庭需要的知识;(4)认为社区现有资源不能满足家庭需要(Gallagher,1997c; McWilliam & Lang,1994)。

然而,尽管面临很多挑战以家庭为中心的服务模式总体上尚未实现,一些个案研究(McWilliam, Tocci, & Sideris,1997)中仍发现有一些服务提供者采取了以家庭为中心的模式。这些服务提供者也总结出这一模式的以下特征:(1)全身心投入并能胜任照顾孩子的工作;(2)尊重每个家庭的价值观,并全身心投入到为家庭服务当中去;(3)根据共同特征来建立家庭之间的相互联系;(4)向家庭提供信息和情感支持;(5)服务提供者的个人风格,包括积极、负责、友好、敏锐。这些发现支持了邓斯特等人(Dunst et al.,194)所描述的帮助—给予模式的特征,他们认为这一模式能够促进以家庭为中心的模式,继而为儿童和家庭带来积极影响。

在实施以家庭为中心的模式这一模糊又复杂的建构过程中,一些项目模式比其他模式取得了更多的进展。这些项目具有以下共同特征是:综合性,协调性,灵活性,快速回应,项目领导者在以家庭为中心的实践领域具有丰富经验。这些领导者不仅能理解这种模式,而且认可它的价值,在项目和服务体系方方面面的设计中凸显其价值,并聘用最可能实施以家庭为中心模式的员工,在该领域中提供持续的培训与督导(Harbin & West,1998)。

整体疗法

一些残疾儿童出生时伴有感觉障碍(即视觉障碍和听觉障碍)、运动障碍(如脑瘫)或沟通障碍(即言语语言障碍)。国会发现了这类儿童的各类需要,为其提供物理治疗、职业治疗、言语和语言治疗,并把这些传统治疗方式列为必备的儿童早期干预项目中(公法 102-119,IDEA 修正案,1991)。除了这些传统的治疗外,法律还规定了多种其他服务(例如,营养学,听力学及家庭辅导)。因此,每个社区都有这些服务,并为需要这些服务的儿童提供服务。但法律没有规定治疗的数量以及该如何提供这种服务。

许多学者都提到治疗师的稀缺,特别是物理治疗师和职业治疗师(American Occupational Therapy Association,1985;Dockery,1988;Hyman,1985;McWilliam,1996b;Meisels et al.,1988;Physical Therapy Bulletin,1988;Yoder & Coleman,1990)。尤其在农村地区,专业治疗师的缺乏一直困扰特殊教育的整体发展,特别是早期干预领域(Yoder & Coleman,1990)。由于每年治疗师的从业人数有限,所以根本没有足够的治疗师为儿童提供所必需的治疗性干预(Department of Education,1995;Yoder & Coleman,1990)。

由于人员短缺,加上专家对有关儿童发展内在关联性的理解(Cicchetti & Wagner,1990;McCune Kalmanson,Fleck,Glazewski,& Sillari,1990;Woodruff et al.1985),所以许多专业人士开始建议跨学科的治疗模式(Bailey,1989;Bruder,1993;Bruder & Bologna,1993;Garland,McGonigel,Frank,& Buck,1989;Gilkerson,Hilliard,Schrag,& Shonkoff,1987;Haynes,1976;Klein & Campbell,1990;Linder,1990;McGonigel & Garland,1988;McWilliam,1991;Woodruff,Hanson,McGonigel,& Sterzin,1990;Woodruff & McGonigel,1988;Yoder & Coleman,1990),或将治疗师作为顾问,指导那些经常照顾孩子的人(McWilliam,1996b)。该领域的专家认为,治疗要发挥作用就必须与儿童的自然活动和每日常规相结合(McWilliam,1991,1996a;Williamson,1994)。这种改变需要调整传统的治疗环境和治疗方式。治疗师需要咨询其他与孩子相处的人(如父母、老师、照料者),协助他们将治疗目标整合到日常生活中,而不是治疗师单独与孩子在一起实施治疗(Bruder,1996;McWilliam,1991;Odom & McLean,1993)。在跨学科的团队里,各成员打破学科边界,致力于教、学、协作,一起规划并提供整体性服务。家庭也被认为是重要的团队参与成员。

然而,研究表明,孩子最常接受的仍然是采取隔离的治疗方式(Gallagher,1997a;McWilliam,1995;McWilliam,Young,& Harville,1996)。项目管理者认为,这是因为治疗师时间的限制以及治疗师对继续使用传统方式的偏好所导致的。因此,要达成更为整体的治疗模式,管理者在项目建构以及现有人员的培训方面均需要支持,并且需采取策略说服治疗师,新的方法不会对孩子照成伤害(McGonigel,Woodruff,& Roszmann-Millican,1994)。国家和各州相关组织对现有治疗师进行的培训和宣讲会起到很大的帮助(Dunn,1996;Hanft,1989;Rainforth & Roberts,1996)。最后,政策制定者可以用自己的权力来强制要求提供整体性治疗方式,以便获得国家资金(Gallagher,1997a)。

融 合

长期以来,许多家长和专业人士主张在自然的环境中,为正常和非正常发展的儿童提供服务(McWilliam & Strain,1993;Odom & McLean,1993)。《残疾人教育法案》中关于学前儿童和婴幼儿阶段的规定也赞同这种做法。

一项在九个社区开展的研究在将孩子从自给自足、隔离的项目转移到更融合的环境中取得了一些进展(Kochanek & Buka, 1995b; Kochanek & Buka, 1997)。参与该项研究的300名儿童中有34%接受了一些儿童发展干预,包括儿童照顾、开端计划和团体游戏活动(Kochanek & Buka, 1995b)。三个州中有一个州(北卡罗来纳州)比其他两个州显示出更高比例的孩子在融合环境中生活。这个州的政策制定者在全州范围的培训中强调儿童融合的重要性,并在政策上要求隔离的培训中心实行融合,才能继续接受政府资金。

虽然有几个社区采用了融合环境,但其他社区很少有这样的环境。这些社区继续使用相对传统的方法,主要侧重于对孩子的教育需求。在这些方案中,干预人员只能在家中或者在机构中对残疾儿童实施团体干预。

尽管,在融合的教育机构和保育机构中生活的儿童数量有所增加,但将儿童和家庭融入到正常发展儿童及其家庭参与的其他社区项目和活动方面,还没有取得明显进步。如前所述,研究者们主张协助家庭成员参与并充分利用各种社区资源(McKnight, 1987; Trivette et al., 1997)。儿童的活动包括(但不限于)体操、游泳、骑马、到图书馆读书、在公园玩耍和参与宗教活动。家庭可能的选择包括宗教机构、公民和政治组织、俱乐部、基督教青年会、图书馆以及教育、就业培训和娱乐节目。

转　衔

尽管婴儿、幼儿和学龄前儿童的需求相似,但联邦政府仍然应该对残障婴幼儿(《残疾人教育法案》C部分)和残障学龄前儿童(《残疾人教育法案》B部分)提供单独的、有针对性的服务。因此对于残障儿童,在3岁的时候就被要求离开早期干预机构,进入残障儿童学前教育系统。许多专业人员和家庭(Harbin et al., 1995; McWilliam, Lang et al., 1995)都公开反对这种做法。联邦法律中也包含了一些促进转衔过程的规定。

参与哈尔宾和科哈内克(Harbin & Kochanek,1992)项目的三个州的政策制定者预测到项目转衔过程中的问题后,努力探索出完整的从出生到五岁的儿童服务系统。尽管当地的项目符合法律要求以及州政府的政策制定者的努力方向和意图,但参与群体研究(Gallagher, 1997d; McWilliam, Harbin et al., 1995)和个案研究的家长 (Tocci, McWilliam, Sideris, Melton, & Clarke, 1997)仍然对项目过程表示不满意。婴幼儿家长们的解释是,需要花很多时间来了解对她们孩子的项目和服务,刚开始对这一系统稍感适应。当孩子3岁时,他们又要面临新的项目、安置和规则,需要接受新的讯息。毫无意外,结果往往是挫折和不满。

对于家庭来说,从儿童早教机构到学前机构的转衔既没有必要,又知之甚少。转衔过程从政府层面看是可以顺利进行的,但从个人角度来看,可能对家庭有伤害。转衔计划强行切断了服务提供者和家庭之间花时间建立起来的治疗性关系,他们只能被迫突然终止这种关系。

可以理解的挫折感,再加上缺乏联系,使得在残障学前儿童项目中,服务提供者和家庭之间很难发展出积极的关系。有些项目管理者努力克服这些障碍,为家庭举办信息交流会,列出可提供的服务和安置选择,并陪同父母去参观儿童未来的活动场所。在一些社区里,当家庭必须要转到其他机构时,学前特殊教育项目也会扮演服务协调者的角色为其提供必要的帮助。但对于家庭来说,这就像拿创可贴来包扎他们原本不该承受的大创伤,毫无帮助。

法律在这一领域似乎需要做出适当的改变。但在这种转变出现之前,我们似乎应该查阅那些经典的治疗情感关系的专业文献(例如,精神病学、临床心理学和社会工作),才能让服务者和管理者更敏感地发现切断了他们与主要服务提供者之间的治疗关系为家庭所带来的创伤。

家庭满意度

历史上,家长对服务的满意度一直被视为计划成功的一个重要指标(Wiegerink & Posante,1977)。在《残疾人教育法案》C 部分实施的背景下,很多州都进行了早期干预服务的家长满意度调查(Able-Boone, Goodwin, Sandall, Gordon, & Martin, 1992; McWilliam, Lang et al.,1995; Upshur, 1991)。

来自三个州九个早期干预项目的 195 名父母接受了这项调查,调查包括 21 个项目,涉及三大领域:(1)对家庭提供儿童相关信息以及服务提供者的胜任能力;(2)家长与服务者之间的沟通与共同参与;(3)服务的可获得性及其适切性。结果与之前的调查结果相似,接受服务的家庭对服务和提供服务的工作人员给予了很高的评价(Kochanek & Brady, 1995)。值得一提的是,母亲们普遍反应,参与早期干预使自己更清楚地了解自己孩子的需求和发展,并且知识得以增长,也更有自信使用各种策略促进孩子的发展(Kochanek & Brady, 1995)。母亲们也认为,服务提供者非常真诚、充满爱心、能力非凡、尊重他人、坦诚实在、细心周到。此外,被访谈的 75 个家庭及参与团体研究的 45 个家庭认为,虽然家庭对服务者给予很高的评价,也把他们当作朋友而不是专业人员,但他们还是希望能够得到比现有状况下更多的服务(Gallagher, 1997a; McWilliam, Tocci, & Harbin, 1998)。

除了想要更多的服务,家长满意度还受他们对被推荐的服务的了解程度的影响。研究者(McWilliam, Lang, Vandiviere, Angell, Collins, & Underdown, 1995)得出的结论是,在某些情况下,如果家庭对服务越了解,对这些服务的某些方面的满意度会越低。研究者把家长称为"不知情的消费者"。以上研究结果和之前报道的在儿童保育机构做的调查结果相似,两者差别在于一个是家长满意度,而另一个是独立观察者对项目适切性的评分。

研究者(McWilliam, Lang et al., 1995)早期在北卡罗来纳州做的家长满意度调查揭示了另一个重要的现象。在这项研究中,项目的满意度评价很高。然而,后续访谈的对象却提出了很多不满意的地方。例如,有家庭认为服务协调性有明显障碍。同样,科哈内克和布雷迪(Kochanek & Brady, 1995)利用问卷在他们调查的 195 个家庭中发现相对较高的满意度。然而,用其中一些相同的家庭($N=45$)进行群体聚焦访谈时,他们却给服务提出了很多问题(Gallagher, 1997a, 1997b)。虽然对提供的服务总体满意,在参与深度访谈的 75 个家庭中,大多数都认为早期干预有三个主要问题需要较大改进:(1)家庭对信息的可获得性以及传播途径;(2)与其他家庭的沟通;(3)服务的协调性(Tocci et al., 1997)。家长对这三方面的观点,简略表述如下:

父母需要所有可用的专门性和普适性资源的综合信息,并且希望有一个便于获取和阅读的家庭资源指南。父母往往要花大量的时间通过服务系统来寻找相关的资源和服务(Tocci et al., 1997)。他们希望在需要的时候能够获得自己想要的信息,而不是靠专家来确定什么信息可以给他们。

虽然父母都认为服务提供者非常有帮助,也很看重他们的支持,但他们还是希望能够与有相同状况的其他父母多聊聊、多联系(Tocci et al., 1997)。这些家长都更喜欢需要时与个别家长互动或者进行非正式的小组聚会,如野餐等(Gallagher, 1997c, 1997d; Krauss, Upshur, Shonkoff, & Hauser-Cram,1993)。许多家长认为,传统的用以反映临床或治疗取向的家长支持团体使他们不舒服(Gallagher, 1997d)。

服务协调员在告知家长可以获得的服务,以及帮助协调相关的服务和资源方面发挥着重要作用(Zipper, Weil, & Rounds,1991)。在对 195 个家庭进行满意度调查问卷时,其中一项是调查对协调服务的满意等级(Kochanek & Brady, 1995)。该研究为从 1 分(低满意度)到 7 分(高满意度)的 7 分量表,这个项目的平均得分为 5.6 分,由此可见,定量测量反映出了相对较高的满意度。

然而,参与到个案访谈的 75 名家长中,大部分都表示服务协调工作没有为家庭有效地提供信息,也没有为儿童和家长做好服务协调(Tocci et al., 1997)。一些家庭甚至不知道他们的服务协调员,尽管其名字应该出现在个性化家庭服务计划上。

有研究者将四种不同的服务协调方法在九个社区进行实践(Tocci et al.,1997)。这些服务协调员可以是以下角色:(1)儿童或家庭服务的主要提供者;(2)不是服务的主要提供者,但在同一机构里面充当着主要的干预人员;(3)来自其他机构的干预人员;(4)来自不为儿童提供服务的独立机构。参与个案研究的家庭反映,第三类和第四类效果最差,因为用这两种方式进行服务时,服务协调员与家庭接触很少,他们的经验很难发挥作用。

影响服务提供的因素

尽管更广泛而多元的生态学因素的重要性已经被广泛接受(Bronfenbrenner, 1975; Garbarino, 1990; Odom & McLean, 1993),但尚无充分证据支持这个观点。哈尔宾等人(Harbin et al.,1998)收集了来自 3 个州 9 个社区的 120 个家庭、116 位服务提供者、37 位项目管理者和 60 位社区领导的资料,找出了影响 9 个社区服务的一些最重要因素,建构了一个社区模型。这项跨地区的量化研究发现,对儿童提供的服务存在很大的差异,更重要的是不同社区之间的差异也很大(Yin,1989)。比如,服务的儿童比例有所不同,所提供服务类别也不一样,家长获得服务的难易程度也不同。其中最主要的发现之一就是没有哪一种因素能够独立解释儿童或社区存在的这种差异。事实上,提供服务的差异可能与多种因素相关,这也支持了前述的儿童发展的生态学理论(Bronfenbrenner, 1979; Garbarino, 1990)。哈尔宾等人(Harbin et al.,1997)提出了 7 个相互制约的影响服务提供的因素:(1)各州和社区的环境;(2)各州的政策;(3)服务提供模式;(4)领导力;(5)服务提供者;(6)家庭特征;(7)服务提供者与家庭的关系。本章前面已经讨论了其中一些因素,但由于这些相互制约的因素在理解服务本质上都起到重要的作用,所以下面将一一陈述。早期干预措施"系统性"的本质要求我们在每个社区里对每一项因素都进行系统性评价,以促进服务水平的显著提高。

各州和社区的环境

社区是"生活在一定空间关系里的人们组成的一个社会系统,共享公共设施和服务,以地区标志代表共同的心理认同,并共同建立公共沟通网络"(Chekki, 1979, p.5)。社区所在的环境被称为"社区环境"(community context)(Bronfenbrenner, 1979)。之前一些其他联邦项目政策实施意图改变公共事业服务系统,对它们实施政策的研究发现了几种社区环境的元素,它们使得各社区在政策实施过程中有着本质的不同(Elazar, 1984; Foster, 1978; Mazmanian & Sabatier, 1983; Walker, 1969;Weatherly, 1979)。

在全州范围来看,也存在某些影响因素,对单个社区造成影响(Marshall, Mitchell, & Wirt, 1985)。例如,某州经济衰退时,财政对社区的投入就会减少。同样,联邦政府职能下放可以导致对社区领袖和社区服务体系新的期待。各州政策的一些变化,比如福利改革计划,将会对社区公众服务系统的其他因素产生一定的影响。

肖和哈宾(Shaw & Harbin, 1997)对 9 个社区的研究发现,7 个因素会对儿童和家庭所接受的服务产生一定影响。这些因素包括领导力、文化、历史、资源、经济、政治环境和地理位置。这组环境因素在九个社区里,以不同的方式相互作用。只是在某一社区里,服务机构领导者、服务提供者和家庭都会接收到不同的、有影响力的讯息,从而左右其想法和行为,并影响他们对社区里的个人和机构的期望值。例如,受社区环境影响,设计和实施早期干预项目的人,可能希望通过合作解决问题,并产生相应的资源,尽管这个社区经济水平较低,他们还是相信社区里的所有人都能共同努力解决困难。相反,在另一个社区里,由于社区负责人领导不力,人们可能会觉得公众服务问题是不可逾越的,导致他们期望值降低,被动地接受现有的服务。

然而,在其他社区,不顺应民情的政府官僚作风,让社区家庭对服务系统持怀疑态度,认为只有自己争取才能获得服务。因此,这种社区的文化价值观和领导力,尤其是家庭对这种价值观的信念和对高质量服务的期待,为社区里的所有人提供了强大的项目启动及后续互动框架。

因此,那些在服务系统设计上寻求改变的人,需要了解他们所渴望的改变将如何适应社区环境。如果他们所追求的服务系统的这些改变与社区主流的态度、价值观和社区的期望有很大差距,那么就应该处理好这些差距,否则提供服务的人和接受服务的人都将面临很大的障碍。

各州的政策

政策是为了分配稀缺的公共资源以满足特定的社会需要而建立的规则和标准(Gallagher, Harbin, Eckland, & Clifford, 1994)。各州的政策有三个方面与服务体系相联系:广泛性、关注重点和独特性。总体上讲,各州政策的宽泛性与三个州接受服务的儿童比例紧密相关(Harbin & West, 1998)。三个州的资格政策水平各不相同(宽松、中等、限制)。在政策最宽松的州,接受服务的残障婴幼儿比例最高,反之亦然。但是,对每个州的三个社区进行调查发现,接受服务的儿童比例也有差异,这表明各州政策只是影响具有资格并接受服务的儿童比例因素之一。

尽管这三个州的政策均依据联邦法律而定,但各州政策的关注重点以及政策制定者所强调的政策领域都有所不同,导致各州所提供的服务也有差异。如前所述,在政策制定者最强调融合环境的那个州,孩子在融合环境中接受服务的比例比其他两个州更高(Kochanek & Buka, 1995b)。同样,该州有政策特别强调跨机构组织和运行机制,在本项研究中该州的社区就采用了更加综合而富有凝聚力的跨机构服务模式。

最后,其中一个州的政策用语非常注重繁文缛节,实施过程与其他两个社区政策更加烦琐。

这种对繁文缛节的强调，导致社区服务模式更加狭隘和累赘，并且在建立跨机构系统或对家庭需求做出回应时缺乏必要的灵活性。在这个州的家庭比其他两个州的家庭更容易"碰壁"。

其中一个州比其他两个州规定了更为具体的评估过程。因此，这个州的评估实践更接近于最佳效果。虽然我们把政策的关注重点和独特性分开讨论，但它们往往是密不可分的。政策以及政策制定者所强调的方面，往往有专门的政策与之相对应。政策关注重点和独特性的数量和本质，塑造了社区服务提供模式和过程。

服务提供模式

如前所述，哈尔宾和韦斯特（Harbin & West, 1998）研究的那9个社区里运用了6种不同的服务模式。这项跨地区的比较研究发现，似乎不同的服务提供模式与服务提供结果之间存在某些联系，例如接受服务的儿童比例与所提供的服务序列有关（Harbin，Tocci et al.1998）。服务提供模型以下六个方面的不同导致服务存在差异：(1)服务模型的结构和组织；(2)项目与资源之间、项目之间的联系；(3)项目的灵活性；(4)项目政策和程序中包含最佳实践；(5)员工实践能力；(6)组织者的领导力。虽然技术上说，领导力只是早期干预项目的一部分，但这方面需要引起高度重视，后面会再次强调。

总的来说，服务系统综合性越高，凝聚力越强，对儿童和家庭带来的效果越好。在更有凝聚力的系统里，服务的类别会更广，由公共服务部门提供的项目之间的联系越紧密，公共服务部门与私立机构之间的联系也会更密切。在凝聚型服务系统模型中，工作人员往往更频繁地采用该领域专家所推崇的方式去实践（例如，以家庭为中心，融合）。相反，服务提供模式越孤立，服务类别越狭窄，与其他项目和资源的联系越少，其结果也越差（例如，提供的服务不符合儿童和家庭的需要致使家庭感到受挫）。这些项目通常没有运用全国公认的最佳实践，其政策和程序也常被认为更烦琐和僵化。

值得注意的是，这里所列出的服务提供模式和前面描述以家庭为中心的干预方案几乎如出一辙。因此，在参与研究的9个社区中，该项目力图提供以家庭为中心的服务模式，但同时也带来了其他更好的结果（例如，更广泛的服务，更个性化的服务，更充足的服务以及更融合的环境）。

领导力

早期干预项目领导者的能力和学识是确定服务提供模式性质和方向的一个重要指标。在那些为孩子和家庭带来更好结果的社区里，其领导力有些共同特质。这些成功的领导者都有明确的使命感，更广泛而综合的服务系统观，并且更有能力去和各种财团表达这些服务观（Bennis，1984；Garland & Linder，1994；Harbin et al.，1993；Larson & LaFasto,1989）。他们将分散在政府部门和民间机构的各种服务和资源汇总起来，不仅满足残障儿童的教育需要，还满足儿童和家庭的健康、娱乐和福利需求。成功的领导者非常了解最佳实践方式，并根据自己的理解建立起服务体系的基础。他们还把相关哲学思考与员工分享，并希望员工与儿童、家庭采用最佳实践方式互动。这些领导人足智多谋、处事灵活。他们利用一切可利用的社区资源，有需要的时候还会寻求外部支持(例如,社会福利基金),给社区带来更多的新资源。此外,成功的领导者还是关系的纽带,他们与家庭、自己的工作人员、其他机构的工作人员、其他管理者以及社区领袖沟通良好,并建立起良好的关系。成功的领导者都善于洞悉复杂的情况,在管理上创新求变,并能充分放权——这便是与时俱进的领导者(Garland & Linder, 1994; Harbin et al., 1993; Hersey & Blanchard, 1988; McNulty, 1989)。

服务提供者

哈尔宾等人(Harbin et al., 1998)的研究发现,通常来说,在那些服务数量和质量均取得积极成果的社区里,其服务提供者都具备一些重要的特点,这些特点与家庭服务模式的实践有些相似,包括:(1)对家庭和文化背景的敏锐性;(2)对最佳实践的了解和使用;(3)积极主动、足智多谋;(4)处事灵活;(5)对各种需求积极响应;(6)为家庭赋权提供帮助。这些提供帮助的技能和态度与邓斯特等人(Dunst et al., 1991)提出的基本一致。

这项研究最有趣的发现就是,发展干预项目服务提供者的素质和能力与其领导者(通常是指项目协调者)的素质和能力之间的联系。一般来说,倘若领导者的技能过硬、学识渊博,那么其雇佣的所有或者大部分服务提供者也是如此。这项跨场所的研究表明,成功的领导者聘用的员工通常掌握了最佳实践知识(即,以家庭为中心的服务,融合模式,等等),拥有团队合作的技能和态度,足智多谋且处事灵活(Garland & Linder, 1994)。他们还为员工提供在职培训、持续的监督管理以及情感、信息上的支持,来促进员工知识和技能的持续发展。

这些协调者不是传统的那种只关注政府文件和各种会议、远离员工的官僚。相反,成功的项目协调者还是员工的良师益友。例如,一位项目协调员不仅为员工提供了在职培训机会,还与州里的一所大学合作,把社区作为一个培养研究生的校外基地。因为这个社区离最近的大学培训基地都有两个半小时车程,如果不这样做,那么员工基本不可能晚上去上课。将这个研究生项目带到社区,也算是项目协调者为员工谋福利,提高了员工知识和技能,进而增强了对儿童和家庭服务的质量。

家庭特征

托茨等人(Tocci et al., 1997)对75个家庭进行案例研究,揭示出影响所服务提供数量和质量的三个家庭特征,以及家庭对所提供服务的管理理念:(1)对服务系统的了解和参与其中的能力;(2)对满足孩子和家庭需要的资源的了解,并有能力去寻求这些资源(即,足智多谋);(3)坚持主张家庭的需要,包括残疾儿童的特殊需要。这些家庭技能往往会带来不断增加的服务或服务选项,若家庭缺乏这些技能,尤其是当家庭所在社区所提供的早期干预服务项目非常有限并且不太协调时,会导致服务数量的减少或者零散。因此,早期干预系统,尤其是发展干预项目,被看作影响家庭服务的中介变量。

需要注意的是,这三种家庭技能是可以学习并得以增强的。项目政策和程序、服务提供者的行为以及联邦政府和各州政府拨款建立的家长培训中心所做出的改变,都可能帮助家长提高这些方面的知识和能力。

服务提供者与家庭的关系

家庭进入到服务系统时带着很多期望和能力的,服务提供者有责任建立并巩固双方的关系(Dunst & Trivette, 1990)。毫无疑问,服务提供者率先建立并巩固双方关系,往往会取得更好的服务成果。家庭不仅有更积极的体验,还会更有成就感(Harbin et al., 1998)。若双方关系建立在相互信任、合作的基础上,那么每一位合作伙伴都会共同奉献,互利互惠,相互关爱,并培养出独立自主能力(Harbin, Shaw, McWilliam, Westheafer, & Frazier, 1997)。

相反,如果这种关系是全盘控制、"家长作风"(指为不幸的家庭事事代劳),并固守自己的服务的范围、"专业"角色,那么将会导致家庭被动、萎靡不振或勉强接受所提供的服务。一个大儿童样本($N = 300$)的研究发现,服务提供者与家庭的共同点可能会导致服务数量的增加(Kochanek & Buka, 1995b)。对 72 个家庭的案例研究也证实了这一点。一位服务者这样描述这种共同点:"我想最重要的一点就是找到与他们的共同点。能与家庭建立的最强有力的联系就是,能否立刻找到和他们过往经历或者现在生活的共同点……我认为这是与家庭关系破冰的最主要环节。"

小结:互动的影响因素

虽然每一个因素都可以单独讨论,但许多因素交互影响着服务系统。图 18.1 总结了前面讨论的因素。这些要素的相互作用是理解服务体系的关键:(1)服务提供模式,包括发展干预项目和项目所在的更广泛的服务系统;(2)服务提供者(们);(3)家庭。每个要素相互作用,影响着家庭和服务者之间的关系。这种关系的质量对服务和资源的提供、使用以及服务结果都有很大影响。

发展干预项目以及早期干预服务系统的领导者,对项目、系统和服务者都有很大影响。领导者的视野、能力和学识在很大程度上决定了服务提供模式的综合性、协调性、以家庭为中心以及融合的程度。领导者还会对最佳实践的使用(Odom & McLean, 1993)、服务提供者提供帮助的方式(Dunst et al., 1994; McWilliam, Tocci, & Sideris, 1997)产生重大影响,而这种方式将对服务者及其家庭的关系产生直接联系。

项目和服务系统的领导者在一定程度上是他们所生活的社区塑造出来的(例如,价值观、重点发展的领域、社区领导的智慧和解决问题的方式)。他们对系统的见解在一定程度上受到政府政策、培训的质量和内容以及本人经验的影响。各州政策为服务系统设定了标准和重点,从而也会影响服务提供模式的方方面面。各州政策还会通过文凭教育和继续教育要求直接影响服务提供者。

显然,否认服务的"系统"特性是短视的。根据系统理论,必须了解每个组成部分的特性,因为每个部分都对系统产生影响(Garbarino, 1990)。试图去寻找最重要的某一种因素并只关注它,不如系统地处理好每个部分并预见到其相互作用的结果。

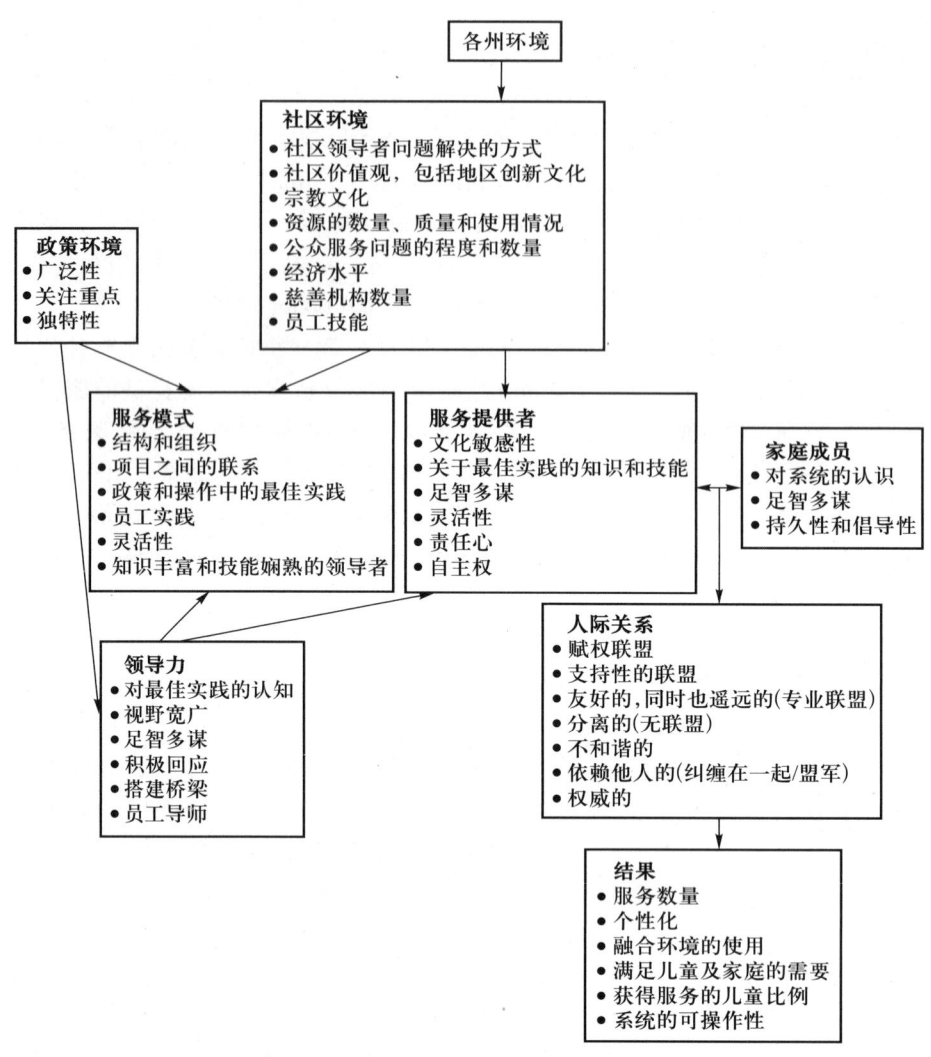

图 18.1 影响服务提供及服务结果的因素

结 论

《残疾人教育法案》试图改进残障儿童及其家庭服务的质量,该法案的颁布为许多父母实现孩子的梦想带来了希望。前述研究表明,社区在实施这一联邦政策方面,总体上取得了一定的进展。例如,接受服务的孩子数量有所增加,越来越多的孩子被及早发现了问题(Kochanek & Buka,1995a)。相反,这些研究同样发现,虽然《残疾人教育法案》C部分的实施已经取得了一定进步,但仍有很多需要改进的地方。例如,虽然有更多的儿童接受服务,但其所占的比例表明,并非所有有资格的残障儿童都接受到了服务。如果我们想继续在为所有残障儿童及其家庭提供优质服务方面取得进步,就必须在政策、实践和培训方面做出改变。

有研究者（Shonkoff & Meisels，1990）在社区实施这项法律之前，提出达到法律目的及其字面意义所面临的四大挑战：(1)重新设计服务提供系统；(2)反思传统的学科界限；(3)反思父母与专业人员之间的关系；(4)匹配服务目标和对象。本章前述的研究结果表明，当地的项目开发人员和执行人员一直在努力应对这些挑战。

重新设计服务提供模式

目前一些社区所使用的服务提供模式，比以前的模式更加复杂。在这些社区里，社区领导者设计了一个由许多项目所构成的协调服务系统。然而，在一些社区里，全面协调的服务系统还没有实现。对九个社区的研究发现，综合性和凝聚力更强的服务系统能为儿童及其家庭提供更好的服务。遗憾的是，许多社区管理者和服务提供者所接受到的有关服务系统应包含哪些内容以及如何组织系统的指导非常少。显然，开发综合性、协调性服务系统的负责人，若接受更多的政策及培训的指导，将获益良多。各州的政策制定者（例如，项目管理人员和各州跨机构协调委员会）在开发一个综合系统时，应该把一系列的项目，如妇女、婴儿与儿童食品项目（WIC）、早期及定期筛选、诊断与治疗项目（EPSDT），和资源（如儿童护理、基督教女青年会等）都考虑进去。特里维特等人（Trivette et al.，1997）开发的资源分类方法，对建立项目和资源的系列非常有用，可以用来建立一系列更广泛的项目和资源。当地的项目管理者也可以作为跨机构团队进行培训，共同探讨如何设计一个服务系统以及如何建立一个服务系统，包括采用什么合适的结构和机制，哪些过程有助于实现这些目标。领导的共享过程对提供更为协调的服务提供模式非常重要，也支持了前面提到的核心领导小组对服务系统发展非常重要的观点（Bennis，1984；Dyer，1987；Ends & Page，1977；Harbin & McNulty，1990）。最后，还需要进一步研究确定服务提供模式的特征及其结果（如儿童的进步和家庭应对能力的提高）的明确关系。

反思传统的学科界限

最佳实践很重视团队服务模式的重要性和必要性（McGonigel et al.，1994；Odom & McLean，1993）。或许过去的研究中，最令人失望的发现便是所提供的服务中很少有团队合作。对任务和角色的协调，对促进幼儿的综合发展至关重要。态度上的障碍、庞大的病例数以及不适当的管理结构，仅仅是以综合协调、跨学科模式来提供服务所面临的部分障碍。只有提高了每位直接提供服务的服务者行动的综合性，机构才能提供更加协调的服务，否则很难满足孩子及其家庭的需要，最大限度地促进其发展。

反思家长—专业人员关系

家长们纷纷表示服务提供者是有求必应的，并提供了极为宝贵的支持（Gallagher，1997d；McWilliam，Tocci，& Harbin，1995）。但是，也有多种原因导致服务提供者没有打开家庭需要的大门，因为这些残障儿童的需要已经远超他们的考虑范围。这可能在一定程度上是由于各州政策对孩子的需求提出了具体的指导：评估什么，如何评估，等等。然而，这些政策缺乏对家庭需求的具体说明:评估什么需求,何时评估,如何评估。也许,对各州政策和各项目指南更为具体的描述和关注会对项目负责人和服务提供者有所帮助,使他们知道如何以及何时"打开这扇大门"。要实现以家庭为中心的模式并建立起充分放权的关系是家庭和服务提供者互动过程的一部分,所以,为他们提供培训机会,学习并尝试与不同类型家庭建立关系是非常必要的。(在这一过程中,让家长作为培训者非常重要。)由哈尔宾、肖等人(Harbin, Shaw et al., 1998)开发的关系类型学,可能对服务机构了解如何建立起充分放权并有助于能力培养的关系有所帮助。该研究也可以用于管理者对下属的评估过程中。这项研究还可用于确定不同培训策略(如个案教学法(McWilliam, 1992)、角色扮演、个别辅导等)的有效性上。

这些研究还提出了需要解决的另一种需要。采用以家庭为中心的模式,若只是询问家庭更广泛的需求和现实问题,只能部分实现这一目标。以家庭为中心的实践还需要与家庭合作(Dunst & Paget, 1991)。这些研究中的家庭都一再呼吁,其他许多家庭也需要更多可获得的服务和资源的信息。许多父母都属于不知情的消费者,也可以说是不公平的"合作者"。当信息和知识并不充足时,作为服务提供的合作者,他们很难对孩子提供足够照顾并有效维护孩子权益。

匹配服务目标和接受者

哈尔宾等人(Harbin et al., 1997)通过多项研究汇总的数据表明了服务系统和资源的设计质量对满足所有儿童及其家庭需要的重要性。那些为残障儿童及其家庭所提供的最全面、协调的服务,往往出现在对所有的孩子和家庭设计了全面服务系统的社区里。从这项综述可以看出,在更广泛的系统支持下,更容易利用现有资源和项目满足孩子的需求。这一更广泛的系统似乎更能为参与服务的所有人提供更多知识,从而提高其选择和利用社区资源的能力。相反,服务越分散,越难找到资源满足儿童及其家庭的个性化需求。需要注意的是,早期干预项目协调员应该领导开展工作,建立起更广泛的服务系统。如果早期干预系统的领导者不实质性参与设计这些广泛系统,那么残障儿童更可能被忽略或被排除在系统外。

许多社区都有一系列举措应对各领域存在的实际问题。为残障儿童建立高质量、更协调的服务,仅仅是众多举措其中之一。北卡罗来纳州建立了一个州政府资助体系,即智慧开端计划(Smart Start),为每个社区的幼儿增加各种资源,并提高资源质量。所有感兴趣的人或者利益相关者齐聚一堂,计划为所有儿童设计一套服务体系,明确实现这个目标需要做什么。最终,智慧开端计划为所有孩子建立了公私营机构合作机制(Bryant, Maxwell, Burchinal, & Lowman, 1997a; Bryant, Maxwell, Burchinal, & Lowman, 1997b; Cornish & Noblit, 1997; Smart Start, 1994; Smart Start, 1995)。对智慧开端计划的评估表明,由于它的实施,学前儿童的看护中心已取得一定改善。智慧开端计划只是这类举措之一。其他各州也通过政府办公室或者基金、机构资助,探寻提高和完善幼儿服务的举措(Knitzer & Page, 1996)。

智慧开端计划以及哈尔宾和韦斯特(Harbin & West, 1998)所提出的为所有儿童及其家庭提供服务的系统,需要各种社会领域的支持,并呼吁进行社区环境的评估:价值观,存在的问题,障碍和优势(Shaw & Harbin, 1997)。领导者还必须熟悉社区发展战略,包括学习如何向政府和商业领袖争取必要的支持和参与。然而,缺乏合适的社区发展模式来启发社区领导者。很显然,对这些模式的开发,对它们效果的研究将会对领导者们产生极其有益的影响。

成功地解决前面所述的四个方面的挑战,需要同时注意多种因素。但是,这也表明,要积极解决和改善服务,领导者的作用至关重要。领导者的素质与服务提供模式的质量,服务者的知识、技能和行为以及服务者与家庭的关系类型紧密相连。鉴于项目领导对项目的重大影响,我们需要比现在更重视相关培训和研究。

当前的职前和在职培训计划都忽略了关键领导技能的训练,而是将重点放在直接的服务上。许多项目协调者需要长期的持续培训,使他们成为项目中的教育领导者(Garland & Linder, 1994),就像校长是学校的教育领导者一样。此外,他们还必须具备系统领导层面的能力,这往往是他们不具备的另一种能力。

如果要实现《残疾人教育法案》中的承诺,那么我们需要继续改进为残障幼儿提供的服务本身并创新服务的提供模式。现在,所提供的服务越来越多样化,一些社区里的儿童及其家庭比其他社区的所接受的服务更好,导致"公平"这一重要问题的出现。回顾前述提到的各种问题,如果早期干预服务要有所改进,就必须解决几个相互作用的因素:没有单一的因素能改善服务。虽然发展全面、协调的服务系统是一项复杂和具有挑战性的工作,迎接这一挑战是必要的,只有这样,才能实现家庭的梦想和希望,发掘出最年轻公民的潜能。

参 考 文 献

Able-Boone, H., Goodwin, L. D., Sandall, S. R., Gordon, N., & Martin, D. G. (1992). Consumer-based early intervention services. *Journal of Early Intervention, 16,* 201–9.

American Occupational Therapy Association. (1985). *Occupational therapy manpower: A plan for progress.* Rockville, MD: Author.

Bagnato, S. J., & Neisworth, J. T. (1981). *Linking developmental assessment and curricula: Prescriptions for early intervention.* Rockville, MD: Aspen Systems.

Bailey, D. B. (1987). Collaborative goal-setting with families: Resolving differences in values and priorities for services. *Topics in Early Childhood Special Education, 7*(2), 59–71.

Bailey, D. B. (1989). Issues and directions in preparing professionals to work with young handicapped children and their families. In J. J. Gallagher, P. L. Trohanis, & R. M. Clifford (Eds.), *Policy implementation & P.L. 99-457: Planning for young children with special needs* (pp. 97–132). Baltimore, MD: Paul H. Brookes.

Bailey, D. B., & Wolery, M. (1992). *Teaching infants and preschoolers with disabilities* (2nd ed.). New York: Macmillan.

Barber, P. A., Turnbull, A. P., Behr, S. K., & Kerns, G. M. (1988). A family systems perspective on early childhood special education. In S. L. Odom & M. B. Karnes (Eds.), *Early intervention for infants and children with handicaps* (pp. 198–9). Baltimore, MD: Paul H. Brookes.

Beckman, P. J., Robinson, C. C., Jackson, B., & Rosenberg, S. A. (1986). Translating developmental findings into teaching strategies for young handicapped children. *Journal of the Division for Early Childhood, 10,* 45–52.

Bennis, W. (1984). The four competencies of leadership. *Training and Development Journal, 38*(8), 15–19.

Brewer, G., & Kakalik, J. (1979). *Handicapped children: Strategies for improving services.* New York: McGraw-Hill.

Bricker, D., & Veltman, M. (1990). Early intervention programs: Child-focused approaches. In S. J. Meisels & J. P. Shonkoff (Eds.), *Handbook of early childhood intervention* (pp. 373–99). New York: Cambridge University Press.

Bronfenbrenner, U. (1975). *Influences on human development.* Hinsdale, IL: Dryden Press.

Bronfenbrenner, U. (1979). *The ecology of human development: Experiments by nature and design.* Cambridge, MA: Harvard University Press.

Bruder, M. B. (1993). The provision of early intervention and early childhood special education within community early childhood programs: Characteristics of effective service delivery. *Topics in Early Childhood Special Education, 13*(1), 19–37.

Bruder, M. B. (1996). Interdisciplinary collaboration in service delivery. In R. A. McWilliam (Ed.), *Rethinking pull-out services in early intervention: A professional resource* (pp. 27–48). Baltimore, MD: Paul H. Brookes.

Bruder, M. B., & Bologna, T. (1993). Collaboration and service coordination for effective early intervention. In W. Brown, S. K. Thurman, & L. F. Pearl (Eds.), *Family-centered early intervention with infants and toddlers: Innovative cross-disciplinary approaches* (pp. 103–27). Baltimore, MD: Paul H. Brookes.

Bruder, M. B., & Chandler, L. K. (1993). Transition. In S. L. Odom & M. McLean (co-chairpersons), *DEC recommended practices: Indicators of quality in programs for infants and young children with special needs and their families* (pp. 96–104). DEC Task Force on Recommended Practices: The Council for Exceptional Children.

Bryant, D., Maxwell, K., Burchinal, P., & Lowman, B. (1997a). *North Carolina Smart Start Initiative: 1996–97 annual evaluation report.* Report to the Department of Human Resources by the Smart Start Evaluation Team, University of North Carolina at Chapel Hill.

Bryant, D., Maxwell, K., Burchinal, P., & Lowman, B. (1997b). *The effects of Smart Start on the quality of preschool child care.* Report to the Department of Human Resources by the Smart Start Evaluation Team, Frank Porter Graham Child Development Center, University of North Carolina at Chapel Hill.

Campbell, R., & Mazoni, T. (1976). *State policy making for the public schools.* Berkeley, CA: McCutcheon Publishing Corp.

Chekki, D. A. (1979). *Community development: Theory and method of planned change.* New Delhi, India: Vikas.

Cicchetti, D., & Wagner, S. (1990). Alternative assessment strategies for the evaluation of infants and toddlers: An organizational perspective. In S. J. Meisels & J. P. Shonkoff (Eds.), *Handbook of early childhood intervention* (pp. 246–77). New York: Cambridge University Press.

Cornish, M., & Noblit, G. (1997). *Bringing the community in the process: Issues and promising practices for involving parents and business in local Smart Start partnerships.* University of North Carolina Smart Start Evaluation Report.

Cryer, D. (1994). *Parents as informed consumers of child care: What are their values? What do they know about the product they purchase?* Unpublished doctoral dissertation, University of North Carolina at Chapel Hill.

Dockery, J. L. (1988). *Council on medical education report.* Reported to Reference Committee C, Donald T. Lewers, M. D., Chairman.

Dokecki, P. R., & Heflinger, C. A. (1989). Strengthening families of young children with handicapping conditions: Mapping backward from the "street level." In J. J. Gallagher, P. L. Trohanis, & R. M. Clifford (Eds.), *Policy implementation & P. L. 99-457: Planning for young children with special needs* (pp. 59–84). Baltimore, MD: Paul H. Brookes.

Dunn, W. (1996). Occupational therapy. In R. A. McWilliam (Ed.), *Rethinking pull-out services in early intervention: A professional resource* (pp. 267–314). Baltimore, MD: Paul H. Brookes.

Dunst, C. J. (1985). Rethinking early intervention. *Analysis and Intervention in Developmental Disabilities*, 5, 165–201.

Dunst, C. J., Johanson, C., Trivette, C. M., & Hamby, D. W. (1991). Family-oriented early intervention policies and practices: Family-centered or not? *Exceptional Children*, 58, 115–26.

Dunst, C. J., & Paget, K. D. (1991). Parent–professional partnerships and family empowerment. In M. J. Fine (Ed.), *Collaboration with parents of exceptional children* (pp. 25–44). Brandon, VT: Clinical Psychology Publishing Co.

Dunst, C. J., & Trivette, C. M. (1990). Assessment of social support in intervention programs. In S. J. Meisels & J. P. Shonkoff (Eds.), *Handbook of early childhood intervention* (pp. 328–51). New York: Cambridge University Press.

Dunst, C. J., Trivette, C. M., Davis, M., & Cornwell, J. C. (1994). Characteristics of effective help-giving practices. In C. J. Dunst, C. M. Trivette, & A. G. Deal (Eds.), *Supporting and strengthening families: Volume 1: Methods, strategies and practices* (pp. 171-86). Cambridge, MA: Brookline Books.

Dyer, W. (1987). *Team building: Issues and alternatives* (2nd ed.). Reading, MA: Addison-Wesley.

Education for Handicapped Children Act of 1986, P. L. 99-457.

Elazar, D. J. (1984). *American federalism: A view from the states* (3rd ed.). New York: Harper & Row.

Elmore, R. F. (1978). Organizational models of social program implementation. *Public Policy*, 26(2), 185–228.

Ends, E. J., & Page, C. W. (1977). *Organizational team building.* Cambridge, MA: Winthrop.

Fewell, R., & Vadasy, P. (Eds.). (1986). *Families of handicapped children: Needs and supports across the life span.* Austin, TX: Pro-ed.

Foster, J. L. (1978). Regionalism and innovation in the American states. *The Journal of Politics*, 40(1), 179–87.

Frankenburg, W. K., Emde, R. N., & Sullivan, J. W. (1985). *Early identification of children at risk: An international perspective.* New York: Plenum Press.

Gallagher, J. (1997a). *The million dollar question: Unmet service needs for young children with disabilities.* Chapel Hill, NC: Early Childhood Research Institute: Service Utilization, Frank Porter Graham Child Development Center, University of North Carolina at Chapel Hill.

Gallagher, J. (1997b). *Planning for young children with disabilities and their families: The evidence from IFSP/IEPs.* Chapel Hill, NC: Early Childhood Research Institute: Service Utilization, Frank Porter Graham Child Development Center, University of North Carolina at Chapel Hill.

Gallagher, J. (1997c). The role of the professional working with children with disabilities and their families. In *Services for young children with disabilities: An ecological perspective.* Chapel Hill, NC: Early Childhood Research Institute: Service Utilization, Frank Porter Graham Child Development Center, University of North Carolina at Chapel Hill.

Gallagher, J. (1997d). Service delivery for young children with disabilities: Focus group data from parents and providers. In *Services for young children with disabilities: An ecological perspective.* Chapel Hill, NC: Early Childhood Research Institute: Service Utilization, Frank Porter Graham Child Development Center, University of North Carolina at Chapel Hill.

Gallagher, J. J., Harbin, G. L., Eckland, J., & Clifford, R. (1994). State diversity and policy implementation: Infants and toddlers. In L. J. Johnson, R. J. Gallagher, M. J. Montagne, J. B. Jordan, J. J. Gallagher, P. L. Hutinger, & M. B. Karnes (Eds.), *Meeting early intervention chal-*

lenges: Issues from birth to three (2nd ed.) (pp. 235–50). Baltimore, MD: Paul H. Brookes.

Gallagher, J., Harbin, G., Thomas, D., Clifford, R., & Wenger, M. (1988). *Major policy issues in implementing Part H – P. L. 99-457 (Infants and Toddlers)*. Chapel Hill, NC: Carolina Institute for Child and Family Policy, The University of North Carolina at Chapel Hill.

Gallagher, J. J., Trohanis, P. L., & Clifford, R. M. (Eds.). (1989). *Policy implementation & P.L. 99-457: Planning for young children with special needs*. Baltimore, MD: Paul H. Brookes.

Gans, S. P., & Horton, G. T. (1975). *Integration of human services: The state and municipal levels*. New York: Praeger.

Garbarino, J. (1990). The human ecology of early risk. In S. J. Meisels & J. P. Shonkoff (Eds.), *Handbook of early childhood intervention* (pp. 78–96). New York: Cambridge University Press.

Garland, C. W., & Linder, T. W. (1994). Administrative challenges in early intervention. In L. J. Johnson, R. J. Gallagher, M. J. Montagne, J. B. Jordan, J. J. Gallagher, P. L. Hutinger, & M. B. Karnes (Eds.), *Meeting early intervention challenges: Issues from birth to three* (2nd ed.) (pp. 133–66). Baltimore, MD: Paul H. Brookes.

Garland, C. W., McGonigel, M. J., Frank, A., & Buck, D. (1989). *The transdisciplinary model of service delivery*. Lightfoot, VA: Child Development Resources.

Garwood, S. G., & Sheehan, R. (1989). *Designing a comprehensive early intervention system: The challenge of Public Law 99-457*. Austin, TX: Pro-ed.

Gilkerson, L., Gorski, P. N., & Panitz, P. (1990). Hospital-based intervention for pre-term infants and their families. In S. J. Meisels & J. P. Shonkoff (Eds.), *Handbook of early childhood intervention* (pp. 445–68). New York: Cambridge University Press.

Gilkerson, L., Hilliard, A. G., Schrag, E., & Shonkoff, J. P. (1987). *Report accompanying the Education of the Handicapped Act Amendments of 1986 and commenting on P. L. 99-457*. Washington, DC: National Center for Clinical Infant Programs.

Glassman, R. B. (1973). Persistence and loose coupling in living systems. *Behavioral Science, 18*, 83–98.

Greenspan, S. I., & Meisels, S. J. (1996). Toward a new vision for the developmental assessment of infants and young children. In S. J. Meisels and E. Fenichel (Eds.), *New visions for the developmental assessment of infants and young children* (pp. 11–26). Washington, DC: Zero to Three National Center for Infants, Toddlers and Families.

Hanft, B. (1989). Early intervention: Issues in specialization. *American Journal of Occupational Therapy, 43*, 431–4.

Harbin, G. L. (1993). Family issues of children with disabilities: How research and theory have modified practice in intervention. In N. J. Anastasiow & S. Harel (Eds.), *At-risk infants: Interventions, families and research* (pp. 101–14). Baltimore, MD: Paul H. Brookes.

Harbin, G. L., Gallagher, J., & Batista, L. (1992). *Status of states' progress in implementing Part H of IDEA: Report No. 4. The final status report on state progress towards implementation of Part H*. Chapel Hill, NC: Carolina Policy Studies Program, Frank Porter Graham Child Development Center, University of North Carolina at Chapel Hill.

Harbin, G., Gallagher, J., Clifford, R., Place, P., & Eckland, J. (1993). *Case study report #2: (Systems change: Case studies of six diverse states)*. Chapel Hill, NC: Carolina Policy Studies Program, Frank Porter Graham Child Development Center, University of North Carolina at Chapel Hill.

Harbin, G. L., & Kochanek, T. T. (1992). *Service patterns and utilization: A collaborative and systems-based investigation*. (Submitted under Early Education Programs for Children with Disabilities CFDA 84.024.)

Harbin, G. L., & Kochanek, T. (1998). *Early Childhood Research Institute on Service Utilization: Final report*. Chapel Hill, NC: Early Childhood Research Institute: Service Utilization, Frank Porter Graham Child Development Center, University of North Carolina at Chapel Hill.

Harbin, G. L., & McNulty, B. A. (1990). Policy implementation: Perspectives on service coordination and interagency cooperation. In S. J. Meisels & J. P. Shonkoff (Eds.), *Handbook of early childhood intervention* (pp. 700–22). New York: Cambridge University Press.

Harbin, G. L., McWilliam, R. A., Porter, P., Vandiviere, P., Mittal, M., & Munn, D. (1995). *An evaluation of family-centered coordinated Part H services in North Carolina: Part 2-Interagency coordination of services*. North Carolina Department of Human Resources, Division of Developmental Disabilities Section and University of North Carolina at Chapel Hill, Frank Porter Graham Child Development Center.

Harbin, G. L., Shaw, D., McWilliam, R. A., Westheafer, C., & Frazier, H. (1997). Lessons learned about the family–service provider relationship. In *Services for young children with disabilities: An ecological perspective*. Chapel Hill, NC: Early Childhood Research Institute: Service Utilization, Frank Porter Graham Child Development Center, University of North Carolina at Chapel Hill.

Harbin, G. L., Shaw, D., Tocci, L., McWilliam, R. A., Gallagher, J. J., West, T., & Sideris, J. (1998). Lessons learned about the importance of the broader ecological context. In *Services for young children with disabilities: An ecological perspective*. Chapel Hill, NC: Early Childhood Research Institute: Service Utilization, Frank Porter Graham Child Development Center, University of North Carolina at Chapel Hill.

Harbin, G. L., & West, T. (1998). *Early intervention service delivery models: What are they like?* Chapel Hill, NC: Early Childhood Research Institute: Service Utilization, Frank Porter Graham Child Development Center, University of North Carolina at Chapel Hill.

Haynes, U. (1976). The National Collaborative Infant Project. In T. D. Tjossem (Ed.), *Intervention strategies for high risk infants and young children* (pp. 509–34). Baltimore, MD: University Park Press.

Hersey, P., & Blanchard, K. H. (1988). *Management of organizational behavior* (5th ed.). Englewood Cliffs, NJ: Prentice-Hall.

Hurley, O. L. (1989). Implications of PL 99-457 for preparation of preschool personnel. In J. J. Gallagher, P. L. Trohanis, & R. M. Clifford (Eds.), *Policy implementation & P. L. 99-457: Planning for young children with special needs* (pp. 133–45). Baltimore, MD: Paul H. Brookes.

Hyman, C. S. (1985). The 1985 omnibus survey: Implications for strategic planning. *ASHA, 28*(4). Rockville, MD: The American Speech-Language Hearing Association.

Individuals with Disabilities Education Act (IDEA), Amendments of 1991, P. L. 102-119.

Individuals with Disabilities Education Act (IDEA), Amendments of 1997, P. L. 105-17.

Kagan, S. L., Goffin, S. G., Golub, S. A., & Pritchard, E. (1995). *Toward systematic reform: Service integration for young children and their families*. Falls Church, VA: National Center for Service Integration.

Klein, N. K., & Campbell, P. (1990). Preparing personnel to serve at-risk and disabled infants, toddlers, and preschoolers. In S. J. Meisels & J. P. Shonkoff (Eds.), *Handbook of early childhood intervention* (pp. 679–99). New York: Cambridge University Press.

Knitzer, J., & Page, S. (1996). *Map and track: State initiatives for young children and families*. NY: National Center for Children in Poverty, Columbia University School of Public Health.

Kochanek, T., & Brady, A. (1995). *Maternal satisfaction with infant/toddler and preschool services: Components, outcomes, and correlates*. Early Childhood Research Institute: Service Utilization, Rhode Island College.

Kochanek, T. T., & Buka, S. L. (1995a). *The Early Childhood Research Institute on Service Utilization: Study environments and a portrait of children, families and service providers within them*. Early Childhood Research Institute: Service Utilization, Rhode Island College.

Kochanek, T. T., & Buka, S. L. (1995b). *Socio-demographic influences on services used by infants with disabilities and their families*. Early Childhood Research Institute: Service Utilization, Rhode Island College.

Kochanek, T. T., & Buka, S. L. (1997). *Influential factors in inclusive versus non-inclusive placements for preschool children with disabilities*. Early Childhood Research Institute on Service Utilization, Rhode Island College.

Krauss, M. W., Upshur, C. C., Shonkoff, J. P., & Hauser-Cram, P. (1993). The impact of parent groups on mothers of infants with disabilities. *Journal of Early Intervention, 17*(1), 8–20.

Larson, C. E., & LaFasto, F. M. (1989). *Teamwork: What must go right/What can go wrong*. Newbury Park, CA: Sage.

Linder, T. W. (1990). *Transdisciplinary play-based assessment: A functional approach to working with young children*. Baltimore, MD: Paul H. Brookes.

March, J. G., & Olson, J. P. (1975). *Choice situations in loosely coupled worlds*. Unpublished manuscript, Stanford University.

Marshall, C., Mitchell, D. E., & Wirt, F. (1985). Assumptive worlds of education policy makers. *Peabody Journal of Education, 62*(4), 90–115.

Martinson, M. C. (1982). Interagency services: A new era for an old idea. *Exceptional Children, 45*(5), 389–94.

Mazmanian, D. A., & Sabatier, P. A. (1983). *Implementation and public policy*. Glenview, IL: Scott, Foresman and Co.

McCune, L., Kalmanson, B., Fleck, M. B., Glazewski, B., & Sillari, J. (1990). An interdisciplinary model of infant assessment. In S. J. Meisels & J. P. Shonkoff (Eds.), *Handbook of early childhood intervention* (pp. 219–77). New York: Cambridge University Press.

McGonigel, M. J., & Garland, C. W. (1988). The individualized family service plan and the early intervention team: Team and family issues and recommended practices. *Infants and Young Children, 1*(1), 10–21.

McGonigel, M. J., Woodruff, G., & Roszmann-Millican, M. (1994). The transdisciplinary team: A model for family-centered early intervention. In L. J. Johnson, R. J. Gallagher, M. J. Montagne, J. B. Jordan, J. J. Gallagher, P. L. Hutinger, & M. B. Karnes (Eds.), *Meeting early intervention challenges: Issues from birth to three* (2nd ed.) (pp. 95–131). Baltimore, MD: Paul H. Brookes.

McKnight, J. (1987). Regenerating community. *Social Policy* (Winter Issue), 54–8.

McNulty, B. (1989). Leadership and policy strategies for interagency planning: Meeting the early childhood mandate. In J. Gallagher, P. Trohanis, & R. Clifford (Eds.), *Policy implementation & P. L. 99-457: Planning for young children with special needs* (pp. 147–67). Baltimore, MD: Paul H. Brookes.

McWilliam, P. J. (1992). The case method of instruction: Teaching application and problem-solving skills to early interventionists. *Journal of Early Intervention, 17*, 431–44.

McWilliam, R. A. (1991). Integrated therapy: Why are we still debating? *INTAC Tribune, 4*(9), 1–3.

McWilliam, R. A. (1995). Integration of therapy and consultative special education: A continuum in early intervention. *Infants and Young Children, 7*(4), 29–38.

McWilliam, R. A. (1996a). Implications for the future of integrating specialized services. In R. A. McWilliam (Ed.), *Rethinking pull-out services in early intervention: A professional resource* (pp. 343–72). Baltimore, MD: Paul H. Brookes.

McWilliam, R. A. (Ed.). (1996b). *Rethinking pull-out services in early intervention: A professional resource*. Baltimore, MD: Paul H. Brookes.

McWilliam, R. A., Harbin, G. L., Porter, P., Vandiviere, P., Mittal, M., & Munn, D. (1995). *An evaluation of family-centered coordinated Part H services in North Carolina: Part 1-Family-centered service provision*. University of North Carolina at Chapel Hill/Frank Porter Graham Child Development Center and the North Carolina Department of Human Resources/Division of Developmental Disabilities Section.

McWilliam, R. A., & Lang, L. L. (1994). *What North Carolina professionals think of early intervention services*. Report for the Children and Families Committee of the North Carolina Interagency Coordinating Council for Children with Disabilities Ages Birth to 5 and Their Families.

McWilliam, R. A., Lang, L., Vandiviere, P., Angell, R., Collins, L., & Underdown, G. (1995). Satisfaction and struggles: Family perceptions of early intervention services. *Journal of Early Intervention, 16*, 360–73.

McWilliam, R. A., & Strain, P. S. (1993). Service delivery models. In S. L. Odom & M. McLean (co-chairpersons), *DEC recommended practices: Indicators of quality in programs for infants and young children with special needs and their families* (pp. 40–6). DEC Task Force on Recommended Practices: Council for Exceptional Children.

McWilliam, R. A., Tocci, L., & Harbin, G. L. (1995). *Services are child-oriented and families like it that way – but why?* Chapel Hill, NC: Early Childhood Research Institute: Service Utilization, Frank Porter Graham Child Development Center, University of North Carolina at Chapel Hill.

McWilliam, R. A., Tocci, L., & Harbin, G. L. (1998). Family-centered services: Service providers' discourse and providers. *Topics in Early Childhood Special Education, 18*(4), 206–221.

McWilliam, R., Tocci, L., Harbin, G., & Sideris, J. (1997). *Large-sample case studies: The best of both worlds*. Chapel Hill, NC: Early Childhood Research Institute: Service Utilization, Frank Porter Graham Child Development Center, University of North Carolina at Chapel Hill.

McWilliam, R. A., Tocci, L., & Sideris, J. (1997). Case study interpretations of family-service provider relationship. In *Services for young children with disabilities: An ecological perspective*. Chapel Hill, NC: Early Childhood Research Institute: Service Utilization, Frank Porter Graham Child Development Center, University of North Carolina at Chapel Hill.

McWilliam, R. A., Young, H. J., & Harville, K. (1996). Therapy services in early intervention: Current status, barriers, and recommendations. *Topics in Early Childhood Education, 16*(3), 348–74.

Meisels, S. J. (1985). A functional analysis of the evolution of public policy for handicapped young children. *Educational Evaluation and Policy Analysis, 7*, 115–126.

Meisels, S. J. (1989). Meeting the mandate of Public Law 99-457: Early intervention in the nineties. *American Journal of Orthopsychiatry, 59*, 451–60.

Meisels, S. J. (1996). Charting the continuum of assessment and intervention. In S. J. Meisels & E. Fenichel (Eds.), *New visions for the developmental assessment of infants and young children* (pp. 27–52). Washington, DC: Zero to Three: National Center for Infants, Toddlers and Families.

Meisels, S. J., Harbin, G., Modigliani, K., & Olson, K. (1988). Formulating optimal state early childhood intervention policies. *Exceptional Children, 55*(2) 159–65.

Meisels, S. J., & Provence, S. (1989). *Screening and assessment: Guidelines for identifying young disabled and developmentally vulnerable children and their families*. Washington, DC: National Center for Clinical Infant Programs and National Early Childhood Technical Assistance System.

Meisels, S. J., & Shonkoff, J. P. (Eds.). (1990). *Handbook of early childhood intervention*. New York: Cambridge University Press.

Odom, S. L., & Fewell, R. R. (1983). Program evaluation in early childhood special education: A meta-evaluation. *Educational Evaluation and Policy Analysis, 5*, 445–60.

Odom, S. L., & McLean, M. (co-chairpersons). (1993). *DEC recommended practices: Indicators of quality in programs for infants and young children with special needs and their families*. DEC Task Force on Recommended Practices: Council for Exceptional Children.

Odom, S., & Shuster, S. (1986). Naturalistic inquiry and the assessment of young handicapped children and their families. *Topics in Early Childhood Special Education, 6*, 68–82.

Patton, M. (1980). *Qualitative evaluation methods*. Beverly Hills, CA: Sage.

Peterson, N. L. (1991). Interagency collaboration under Part H: The key to comprehensive, multidisciplinary, co-ordinated infant/toddler intervention services. *Journal of Early Intervention, 15*(1), 89–105.

Physical Therapy Bulletin, March 23, 1988. ASAHP study foretells serious shortage of PT.

Rainforth, B., & Roberts, P. (1996). Physical therapy. In R. A. McWilliam (Ed.), *Rethinking pull-out services in early intervention: A professional resource* (pp. 243–66). Baltimore, MD: Paul H. Brookes.

Rogers, C., & Farrow, F. (1983). *Effective state strategies to promote interagency collaboration: A report of the handicapped public policy analysis project*. Washington, DC: Center for the Study of Social Policy.

Rosenberg, S. (1977). *Family and parent variables affecting outcomes of a parent-mediated intervention*. Unpublished doctoral dissertation, George Peabody College for Teachers, Nashville, TN.

Seitz, V., & Provence, S. (1990). Caregiver models of early intervention. In S. J. Meisels & J. P. Shonkoff (Eds.), *Handbook of early childhood intervention* (pp. 400–27). New York: Cambridge University Press.

Shaw, D., & Harbin, G. L. (1997). Community contextual influence of service delivery: A multi-method perspective. In *Services for young children with disabilities: An ecological perspective*. Chapel Hill, NC: Early Childhood Research Institute: Service Utilization, Frank Porter Graham Child Development Center, University of North Carolina at Chapel Hill.

Sheehan, R. (1982). Infant assessment: A review and identification of emergent trends. In D. Bricker (Ed.), *Intervention with at-risk and handicapped infants: From research to application* (pp. 47–61). Baltimore, MD: University Park Press.

Shonkoff, J. P., & Meisels, S. J. (1990). Early childhood intervention: The evolution of a concept. In S. J. Meisels & J. P. Shonkoff (Eds.), *Handbook of early childhood intervention* (pp. 3–31). New York: Cambridge University Press.

Simeonsson, R. J., & Bailey, J. B. (1990). Family dimensions in early intervention. In S. J. Meisels & J. P. Shonkoff (Eds.), *Handbook of early childhood intervention* (pp. 428–44). New York: Cambridge University Press.

Smart Start. (May 1994). *Giving North Carolina's children a 'Smart Start' in life*. Raleigh, NC: North Carolina Department of Human Resources, Public Affairs Office.

Smart Start. (Fourth Quarter 1995). *Report to the North*

Carolina General Assembly. Raleigh, NC: North Carolina Department of Human Resources.

Smith, B. J., & McKenna, P. (1994). Early intervention public policy: Past, present and future. In L. J. Johnson, R. J. Gallagher, M. J. Montagne, J. B. Jordan, J. J. Gallagher, P. L. Hutinger, & M. B. Karnes (Eds.), *Meeting early intervention challenges: Issues from birth to three* (2nd ed.) (pp. 251–64). Baltimore, MD: Paul H. Brookes.

Tocci, L., McWilliam, R., Sideris, J., Melton, S., & Clarke, B. (1997). *Straight from the source: Enhancers of and barriers to service utilization.* Chapel Hill, NC: Early Childhood Research Institute: Service Utilization, Frank Porter Graham Child Development Center, University of North Carolina at Chapel Hill.

Trivette, C. M., Dunst, C. J., & Deal, A. G. (1997). Resource-based approach to early intervention. In S. K. Thurman, J. R. Cornwell, & S. R. Gottwald (Eds.), *Contexts of early intervention: Systems and settings.* Baltimore, MD: Paul Brookes.

U.S. Department of Education. (1995). *To assure the free appropriate public education of all children with disabilities: 17th annual report to Congress on the implementation of the Individuals with Disabilities Education Act.* Washington, DC: Author.

U.S. Senate Report, Committee on Labor and Human Resources. (1986). *Education of the Handicapped Amendments of 1986 (Report No. 99-315).* Washington, DC: U.S. Government Printing Office.

Upshur, C. C. (1991). Mothers' and fathers' ratings of the benefits of early intervention services. *Journal of Early Intervention, 15,* 345–57.

Vincent, L. J., & Beckett, J. A. (1993). Family participation. In S. L. Odom & M. McLean (co-chairpersons), *DEC recommended practices: Indicators of quality in programs for infants and young children with special needs and their families* (pp. 19–25). DEC Task Force on Recommended Practices: Council for Exceptional Children.

Vincent, L. J., Salisbury, C., Walter, G., Brown, P., Grunewald, L. J., & Powers, M. (1980). Program evaluation and curriculum development in early childhood special education: Criteria of the next environment. In W. Sailor, B. Wilcox, & L. Brown (Eds.), *Methods of instruction for severely handicapped students* (pp. 303–28). Baltimore, MD: Paul. H. Brookes.

Walker, J. (1969). The diffusion of innovation among the American states. *American Political Science Review, 63,* 880–99.

Weatherly, R. A. (1979). *Reforming special education: Policy implementation from state level to street level.* Cambridge, MA: MIT Press.

Weick, K. E. (1974). Middle range theories of social systems. *Behavioral Science, 19,* 357–67.

Weick, K. E. (1976). Educational organizations as loosely coupled systems. *Administrative Science Quarterly, 21,* 1–19.

Wiegerink, R., & Posante, R. (1977). Consumerism. In J. Paul, D. Stedman, & G. Neufield (Eds.), *Deinstitutionalization* (pp 63–79). Syracuse, NY: Syracuse University Press.

Weis, J. A. (1981). Substance vs. symbol in administrative reform: The case of human services coordination. *Policy Analysis, 7,* 21–45.

Williamson, G. (1994). Assessment of adaptive competence. *Zero to Three, 14*(6), 28–33.

Woodruff, G., Hanson, C. R., McGonigel, M., & Sterzin, E. D. (1990). *Community-based services for children with HIV infection and their families: A manual for planners, service providers, families and advocates.* Brighton, MA: South Shore Mental Health Center.

Woodruff, G., & McGonigel, M. (1988). Early intervention team approaches: The transdisciplinary model. In J. B. Jordan, J. J. Gallagher, P. L. Hutinger, & M. B. Karnes (Eds.), *Early childhood special education: Birth to three* (pp. 163–81). Reston, VA: Council for Exceptional Children.

Woodruff, G., McGonigel, M., Garland, C., Zeitlin, S., Chazkel-Hochman, J., Shanahan, K., Toole, A., & Vincent, L. (1985). *Planning programs for infants* (State Series Paper No. 2). Chapel Hill: Technical Assistance Development System, University of North Carolina at Chapel Hill. (ERIC Document Reproduction Service No. ED 266-573.)

Yin, R. K. (1989). *Case study research: Design and methods* (revised edition). Newbury Park, CA: Sage Publications.

Yoder, D. E., & Coleman, P. P. (1990). *Allied health personnel meeting the demands of Part H, P. L. 99-457.* Chapel Hill, NC: Carolina Policy Studies Program, Frank Porter Graham Child Development Center, University of North Carolina at Chapel Hill.

Zipper, I. N., Weil, M., & Rounds, K. (1991). *Service coordination for early intervention: Parents and professionals.* Chapel Hill, NC: Carolina Institute for Research on Infant Personnel Preparation.

参考文献

第19章 儿童早期心理健康服务：政策与系统发展

简·耐泽（JANE KNITZER）

在过去的几十年里，关于儿童如何成长和发展的知识在不断更新。同样，关于环境和生物学风险因素如何影响儿童的认知、体格和社会发展的知识也在发展（Meisels & Shonkoff, 1990）。这方面的知识成为特殊教育法律、法规的基础，激励为发展迟缓、残疾或者在某些情况下有这种风险的儿童提供以家庭为中心的服务。从理论上讲，这些法律还应该关注青少年的社交和情绪问题。但事实上，几乎没有政策或者实践项目为那些情绪或行为障碍（高危）儿童提供以家庭为中心的服务（Knitzer, 1996a, b）。换句话说，正因为很少有人关注这方面的问题，本章才以"儿童早期心理健康服务"作为主标题。本章讨论了我们对儿童早期心理健康服务政策和系统发展的迫切需要。为了分析这一问题，本章将实践报道的知识和所有可用的经验、数据进行分析和总结。（遗憾的是，因为这是公众关注的新领域，还没有得到比较深入的研究。）本章还关注儿童早期干预目标和解决儿童早期心理健康问题之间的潜在联系。最后，本章认为制定基于民意的政策和扶植相关实践项目所受到的阻碍和干扰是相当大的，并提出了一些总体上的行动指导。

为了为本章内容奠定基础，虽然我们承认，对于儿童早期心理健康领域的具体界限或者重点尚未达成共识，但还是先阐述了儿童早期心理健康的观点。接着就儿童早期心理健康越来越受关注的基本原理进行基于实践、基于研究、基于政策的考量。然后，我们以有发展前途的项目以及系统层面的举措和问题为重点，考查当前服务提供系统的状态。本章最后总结了一个适切的未来议程，强调引导系统和项目发展的原则，并从国家、州和社区层面为促进儿童早期心理健康提供建议。

什么是儿童早期心理健康？

儿童早期心理健康计划的目标是通过巩固与照料者的关系以及提高适合其年龄水平的社交和情绪管理技能，来提升儿童和家庭的社交及情绪健康状态。儿童早期心理健康策略建立在儿童和家庭发展的相关知识上，临床的观点可丰富这些知识。当家人或照料者的行动不能有效地促进儿童的积极行为、减少挑衅行为或干扰行为时，就非常需要这样的策略。儿童早期心理健康措施可以阐述为如下策略和观点：

- 促进儿童的情绪行为健康，特别是那些情绪发展受到贫困或其他环境或生物风险因素影响的孩子。

- 帮助儿童家庭解决所面临的任何困难,确保儿童的情绪发展不受损害。
- 尽力提高非家庭成员的照料者和其他人的能力,促进儿童和家庭的心理健康状态,特别是那些处于环境或生物因素高危风险下的儿童。
- 确保那些情绪行为发展处于非正常状态的儿童及家庭能够获得所需的服务和支持。

儿童早期心理健康服务,与年龄较大的儿童和家庭心理健康服务一样,应识别出一些儿童患有严重的心理问题,有明显的情绪或行为紊乱。该服务最主要的预防重点是致力于帮助那些有情绪行为问题的高危儿童(Zeanah,1993)。由此可见,心理健康服务体现了预防医学的核心原则(Coie et al.,1993; Mrazek & Haggerty,1994)——早期强化干预对许多问题最严重的儿童来说(如果不是全部),可以避免或减少将来的障碍以及将来公共和个人的成本。

本章使用的专业术语为"儿童早期心理健康",因为一些更普遍使用的其他术语不够全面。"婴儿心理健康"主要针对从出生到3岁的儿童。"儿童和青少年心理健康"主要考查6岁及以上的儿童。因此,儿童早期心理健康这一术语,从儿童发展以及临床需求的角度,凸显了对从出生到6岁(甚至8岁)的儿童情感、社会和行为需要的服务系统的需求。

为什么要关注儿童早期心理健康?

有三组观点从政策和系统发展的角度支持我们对儿童早期心理健康的关注:(1)教师、照料者和心理健康服务人员所表达的担忧;(2)研究表明,情感发展和与照料者关系的早期中断会带来长期的负面影响;(3)儿童早期心理健康的观点对儿童实现公认的社交目标有潜在的重要性,特别是让所有孩子在进入学校学习时就已经做好了充分的入学准备。以上每一项观点都将进行简要的讨论。

基于实践的观点

儿童在安全的物理和心理环境中探索世界,这一理想的画面将继续成为多数儿童的现实。但对于一小部分儿童来说,童年的经历则完全不同。对于这些处于弱势的儿童,有一种普遍的看法,即他们"带着较少的智力上、社交上和心理上的入学准备技能"进入到广阔的儿童环境中,"并且他们过早地面对了生活的问题,却没有足够的心理和认知能力来理解和整合这些问题"(Edelfsen & Baird,1994,p.567)。那些儿童面临着的不再是单纯的安全与成长问题,而是面临"双重危机"(Kaplan-Sanoff,Parker,& Zuckerman,1991; Shonkoff,1982),即贫困伴随着环境和生物风险因素,无论是单独或组合发生都会是严重的风险源。

例如,开端计划一直被视为预防性发展项目的最早范例,这一计划中提出了对儿童、家庭和工作人员心理健康越来越多的担忧(Yoshikawa & Knitzer,1997)。最有代表性的就是,各种抱怨主要集中在儿童的刺激性的、不合适的以及挑衅的行为。在某些项目中,家庭的心理健康需要远超过工作人员的心理健康需要,这对开端计划中加强家长参与这一承诺的核心内容提出了挑战。父母高水平的抑郁状况并不少见。开端计划的一项研究报告显示,有47%的家长由于贫困而导致沮丧、情绪低落和其他方面的绝望(Parker,Piotrkowski,Horn,& Greene,1995),在其他没有进入开端计划的样本中也存在这一状况(Johnson & Walker, 1991)。在一些项目中,大量的家长陷入药物滥用、家庭或社区暴力,也对工作人员的工作提出了巨大的挑战。

类似的报告在社区儿童保育中心不断涌现。比如,虽然没有系统的数据,包括开端计划在内的全国各地的社区儿童保育员报告了越来越多的儿童被"驱逐"出项目(Knitzer, 1996b)。像追求儿童保育服务本身一样,这是一个私密的问题。与年龄较大的儿童所遇到的情况不一样,既没有文献又没有案例提出要求心理健康或特殊教育机构这么做。教师关于儿童入园问题的报告证实了这一令人不安的局面。报告表明,与过去相比,越来越多的儿童没有做好应对环境要求的准备。对 7 000 名幼儿园教师做的一项全国性调查报告显示,35%的老师表示他们的学生没有做好入学准备,42%的教师报告在近五年里情况有所加剧(Boyer, 1991)。另一个州的调查数据显示了相同的状况:在佛蒙特州,28%的入园儿童都被视为没有做好入学准备(Vermont Agency of Human Services, 1997)。低收入儿童和家庭是最脆弱的,但有迹象表明,其他儿童的家庭也正在承受更大的压力(Love & Logue, 1992)。尽管这些研究中存在方法上的缺陷,但这些现状却很令人担忧(并且也与各种传闻一致)。

心理健康机构的散在数据(虽然并非有代表性的样本)结果,也证实了有心理健康问题的儿童和家长的风险程度。该数据明确否定了儿童不存在心理健康问题这一刻板说法。例如,在佛蒙特州,尽管只有12%的6岁以下儿童被送入心理健康机构,但有接近半数的儿童(45%)达到了严重的情绪问题的诊断标准(Vermont Agency of Human Services, 1997)。一项对来自于21个心理健康机构的 1 000 名 0—7 岁的儿童进行的分析显示,接受服务的儿童中有38%都在5岁以下(0—3岁的儿童占11%,4—5岁的儿童占27%),78%的儿童家庭收入低于贫困线。但最发人深省的是,56%的父母有药物滥用史,51%的家庭有家庭暴力史,31%的儿童有身体被虐待的经历,26%的儿童遭受过性侵犯,20%的父母犯罪,19%的儿童父母住院,9%的儿童有精神科住院史,20%的儿童有兄弟姐妹被寄养看护。从婴幼儿心理健康服务中得到的临床数据,证实了家庭的压力和失调(Luby & Morgan, 1997)。

基于研究的观点

很多流派的研究都认为应重视所有儿童,尤其是那些具有"临床显著"问题的儿童(Campbell, 1996)以及处于发展临床显著问题的高危儿童的情绪发展。虽然对这些文献进行透彻分析已经超出了本章的范围,但就这些汇集而来的证据进行大致审视还是很有必要的。

对儿童大脑发育的研究表明,在重视认知发展的早期经验培养的同时,情绪发展也要引起重视。一名儿童控制情绪的能力,与其生物系统与早期的经验和依恋之间的相互作用有关。一些证据也表明,儿童早期承受较大的压力会危害其脑的发育(Perry, Pollard, Blakley, Baker, & Vigilante, 1995; Shore, 1997)。因此,儿童早期缺少温暖和被剥夺养育关系会造成终生的不良后果,如在学校的不良表现,无法控制的情绪带来的高犯罪率,特殊教育的过度使用,以及其他负面结果。患有抑郁症的父母尤其难以与孩子建立起温暖的养育关系(Belle, 1982)。抑郁症已被证实与惩罚性教养行为,以及儿童的焦虑和侵犯性行为有关(Downey & Coyne, 1990; Lyons-Ruth, Botein, & Grunbaum, 1984)。父母有其他精神性疾病,或有药物滥用情况(Luthar & Suchman, 1999),或者自己没有经历过良好的养育关系(Barnard, Morisset, & Spieker, 1993),也可能有不良亲子关系的危险。一些研究者（McLoyd,1990；Halpern, 1993；Hardin, 1997）认为，贫穷本身以及与贫穷相关的慢性和偶发危机，和社区风险因素一样，也可能为养育方式带来负面影响（Aber, 1994；Gephart, 1997）。

婴幼儿心理健康的新兴研究领域，带来了许多对婴幼儿及其照料者关系受损方式的令人瞩目的临床和理论上的新解释（Greenspan, Wieder, & Nover, 1985；Sameroff & Emde, 1989；Zeanah, 1993），实际上，这也为脑科学研究提供了相应的佐证。这些婴幼儿心理健康的先驱们，也为如何帮助那些亲子关系严重受损的家庭带来了新见解（Greenspan, Wieder, & Nover, 1985；Lieberman & Pawl, 1993；Zeanah, 1993）。发展精神病理学领域虽然对各发育阶段与精神病相互作用也有了一些新发现（Luthar, Burack, Cicchetti, & Weisz, 1997；Tolan, Guerra, & Kendall, 1995），但对6岁之前儿童的高危行为及其如何影响之后行为的研究解释仍然非常有限。而恰恰是对6岁之前的高危行为表现的研究为所谓的"早发型行为障碍"提供了依据。有数据表明，这一障碍开始时间早、持续时间长（Kazdin, 1993；Loerber & Hay, 1994；Lochman & Conduct Problems Prevention Research Group, 1995；Patterson, DeBaryshe, & Ramsey, 1989），其后果为违法犯罪、情绪和行为障碍，甚至最终对社会产生严重后果（Constantino, 1992）。

对儿童特定创伤（如遭受暴力或虐待、早期关爱的缺失）的研究结果也证明了早期经验会对情绪行为发展产生不良影响的观点。临床数据显示，儿童（包括婴儿）的一系列不良行为意味着他们曾经受过创伤。这些症状包括漫无目的的行为，攻击性、发泄性行为，注意力不集中以及与成年人依恋关系不良，不期望大人帮助或保护他们（Gaensbauer & Siegel, 1995；Lewis, 1996；Osofsky, 1995；Vig, 1996）。虽然并没有受到创伤影响的儿童数量的确切数据，但是对波士顿城市医院6岁以下患儿做的抽样调查显示，10%的儿童在六岁前都遭受过枪击或刀伤（Groves, Zuckerman, Marans, & Cohen, 1993）。

还有一组研究直接关注有情绪和行为障碍的学前儿童。其中一部分探讨受情绪行为问题影响的学龄前儿童的行为模式（Campbell, 1995），另外一部分研究相关问题的筛查与评估（Feil, Walker, & Severson,1995；Forness & Finn, 1993；Sinclair, Del'Homme, & Gonzalez, 1993）。一些研究针对年龄较大的儿童（Kupersmidt, Coie, & Dodge, 1990），提供了很多干预方式来促进这些儿童建立积极的早期同伴关系，这些研究甚至还把高风险的儿童和家庭包括在内（Fantuzzo, Coolahan, & Weiss,1997）。

尤为重要的是，从实践的角度来看，尤其需要注意的是儿童沟通问题与情绪行为问题的同时出现（Prizant, Wetherby, & Roberts, 1993）。对这些合并症的认知不仅会影响言语和语言治疗师对儿童的训练，而且还会影响到心理健康工作者。此外，这种认识也有助于正确看待一种众所周知的现象：不愿鉴别儿童的情绪和行为障碍，而把这一问题贴上语言和言语障碍的"标签"。例如，在全国范围来看，在开端计划中鉴定为有残疾的儿童中，67%的儿童被诊断为言语障碍，而被诊断为有情绪或行为障碍的儿童仅4%。然而，针对在开端计划中被鉴定为残疾的159名儿童的一项功能性评估发现，29%的人有严重的情绪或行为障碍，仅有18%的儿童有言语障碍（Sinclair, 1993），这一发现似乎非常典型。这一结果有助于解释另一种长期非正式记录，而最近开始正式记录（Duncan, Forness, & Hartsough, 1995）的情况，即年长儿童初次被鉴别出障碍和开始接受合适的治疗之间，存在明显的滞后。

对风险因素、保护性因素和弹性因素的理论和实证研究又为提升儿童早期心理健康服务系统增加了另一个研究维度。这些文献证实和阐述了多年前就被拉特着重强调过的情况(Rutter, 1979)。受到两个风险因素影响的儿童患精神障碍的概率,是没有受到任何风险因素或只受到一种风险因素影响的儿童的四倍。受到四种风险因素影响的儿童患精神障碍的概率,是仅受一种风险因素影响或没有受到影响的儿童的十倍。在拉特的研究中,风险因素包括父母不和、社会经济地位较低、家庭规模大、父母犯罪、母亲精神障碍以及儿童接受社会救助等。随后的研究又发现了多种生物和环境风险因素,包括缺乏围产期护理、怀孕期间药物滥用、父母抑郁、亲子脾气不合、被虐待或忽视以及家庭以外的安置。最重要的是,从政策和服务的角度来看,这一规律并不因特定风险因素而有所变化(Sameroff & Fiese,本书)。

当然,对风险因素的关注,只是这一问题的一部分。拉特和其他研究人员也注意到了保护性因素、弹性因素等,发现儿童经历过"缓冲"后(比如温暖、关怀的亲子关系),风险因素的影响会逐渐减少。消极模式可以得以转化这一证据,对结合了心理健康观点的儿童和家庭支持计划的设计,以及嵌入儿童早期项目的集中预防干预措施的设计有直接影响(Mrazek & Haggerty, 1994),甚至对有严重问题的儿童和家庭的心理健康策略也有重要意义。

相关研究逐渐提供有关情绪行为问题在儿童中的发生率的相关数据。用以估算被诊断为患有情绪行为问题的儿童数量或该类问题的高危儿童数量的流行病学数据还非常有限。以较小样本对学龄前儿童进行的散在研究指出,学龄前儿童罹患情绪行为问题的概率为7%~22%(Campbell, 1996; Earls, 1980; Webster-Stratton, 1996)。另一些研究指出了鉴别率被低估的现象(Beare & Lynch, 1986)。最近,一项对样本量超过3 800名学龄前儿童进行的大型儿科调查发现,21%的学龄前儿童达到了精神障碍的诊断标准,其中9.1%为严重障碍(Lavigne et al., 1996)。这些数据也证实了其他研究提出的类似理论。精神障碍的风险水平在儿童中并非均匀分布的,在低收入家庭的孩子中相对更为集中(Duncan, Brooks-Gunn, & Aber, 1997; McLoyd, 1990)。鉴于低收入家庭的儿童数量较多,因此对这些儿童的干预任务艰巨。人口统计数据表明,1979—1996年,在美国贫困家庭的6岁以下儿童人数从350万增加至550万(National Center for Children in Poverty, 1998)。此外,这些贫困儿童中,一半的儿童生活在极其贫困的家庭中(即家庭收入只达到贫困线的一半或不到一半)。在美国,43%的6岁以下的儿童的家庭收入,达到或低于贫困线的185%[①](National Center for Children in Poverty, 1998)。在这些群体中,有大量的儿童处于情绪障碍和社交障碍的高危风险之下。

现有研究大多缺乏有关不同的干预方法对提高儿童的社交能力和情绪调整能力的效果的数据。对高质量儿童早期项目的纵向研究发现,减少儿童长期负面结果(比如违法犯罪)最有效的方法,是在以儿童为焦点结合家庭高参与度的项目中出现的(Barnett, 1995; Yoshikawa, 1994, 1995)。然而遗憾的是,这些研究没有探讨具体的情绪行为的结果,也没有分析这些儿童小时候问题行为的程度。大多数这些研究都是在20世纪70年代初进行的,当时的经济和社会背景与现在完全不同,并且他们对报道出来的各种行为问题的关注程度并不如现在。这表明,我们迫切需要设计并评估一种新的集中强化的预防和干预措施,确定在儿童身上最常出现的情绪行为问题的程度,特别是在那些关注贫困家庭的儿童的项目中尤为重要。审阅以减少儿童攻击性行为的干预措施为焦点的研究,符合这一标准的只有4项,这迫使研究者将研究的范围扩大到8岁儿

---

① 原书如此。——译者注

童,扩展之后发现了另外 13 项研究(Bryant, Vizzard, Willoughby, & Kupersmidt, 1998)。但这似乎也意味着我们越来越认识到有必要设计出能够测试儿童早期心理健康的方法。在过去的几年里,开端计划资助了少量的大学参与开端计划的心理健康研究。同样,联邦药物滥用、心理健康服务部(Substance Abuse, Mental Health Services Administration)通过一项名为"早开始早聪明"(Starting Early Starting Smart)的措施,资助了 13 个项目,研究将行为服务(包括心理健康和药物滥用)纳入初级卫生和儿童保健项目。此外,对学龄早期儿童进行新一代综合性、多元化预防干预措施的评估数据也已出炉(Conduct Problems Prevention Research Group, 1992, 1997; Walker et al., 1998)。这些数据能巩固我们的知识基础,或许还有机会采用这些设计挽救尚且年幼的儿童。

总之,多流派的研究集中指出了建立一个儿童早期心理健康服务系统的重要性,这个系统须有能力来应对表现为可诊断的心理问题的,或者有较高风险会发展出心理健康问题的儿童和家庭。然而,这些研究所提供的关于患病率的信息,以及不同干预措施对防止儿童将来出现障碍或者减少对已被鉴别出的孩子的影响的信息非常有限。

基于公共政策的观点

关注儿童早期心理健康的第三个原因,即它可能有助于满足那些为大众所遵循的、对青少年儿童和家庭有益的政策目标。特别是有两点含蓄地强调了要关注对儿童早期心理健康的研究。第一点是国家的目标,通过联邦立法授权设立的顾问小组规定"所有的孩子都要做好入学准备"。虽然美国教育目标小组(National Education Goals Panel)正式通过的入学准备领域包括了个人和社会发展,但促进入学准备的措施还是被主要视为认知问题(例如,促进数学和阅读素养)或社区问题(Love, Aber, & Brooks-Gunn, 1994)。儿童的情绪状态会影响其学习所需的社交和认知能力水平,这一点被大多数研究者所忽视,当然,也有例外(Greenspan & Wieder, 1993; Smith, Brooks-Gunn, & Klebanov, 1997; Zero to Three, 1993)。然而,事实上早在儿童伴随着各种高代价的学业失败风险(如,反复留级、频繁地接受特殊教育、低就业潜质以及许多其他不如意后果)入学之前,积极的情绪行为模式就可以被鉴别、促进,抑或被阻碍。这些事实表明,为那些有学习失败风险的儿童提供早期儿童心理健康干预,可能是取得成功的重要方式。

第二点不太明显,但同样非常重要。在 1996 年,美国颁布了一项政策,即《个人责任与工作机会协调法案》(Personal Responsibility and Work Opportunity Reconciliation Act, PRWORA),要求所有低收入妇女必须工作,并将这一要求作为接受公共福利的条件,1997 年被修正为《平衡预算法案》(Balanced Budget Act)。这也包括了那些有孩子的妇女,尽管各州有权免除婴儿最长一年的税收。对此,各州都努力对最弱势群体"降低就业门槛",包括药物滥用、有精神疾病和受到家庭暴力影响的成年人。这些成年人作为孩子的父母,也同样可能需要额外的支持。很讽刺的是,这意味着为成功实施福利改革而做的努力,可能成为公众越来越关注以家庭为中心的儿童早期心理健康服务的合理解释。事实上,如后所述,有一些证据表明,这种做法会有明确的回报。

构建儿童早期心理健康服务提供系统

下面主要探讨儿童早期心理健康服务系统的现状,主要集中在三个问题:(1)对好的儿童早期心理健康策略的了解有多少?(2)社区和各州有没有促进幼儿心理健康服务发展的先例用来借鉴?(3)发展幼儿的心理健康服务体系的过程中,有哪些系统问题是必须解决的?

儿童保健、家访、家庭支持环境中的儿童早期心理健康策略

有证据表明,越来越多的决策者意识到对儿童保健、早期开端计划、幼儿园前计划、家访、家庭支持项目进行投资的重要性(Knitzer & Page,1996,1998)。实际上,虽然远没有普遍接受,但似乎有越来越多的人达成共识,应该给所有的家庭或所有高风险儿童的家庭提供服务。鉴于本章的目的,我们把这一系列服务称为初级支持系统(尽管事实上,从社区和全州的层面来说,这些服务都是支离破碎的,远远没有为所有家庭提供,基本上也没有评估)。

事实上,在这些类型的项目中,儿童、家庭和工作人员所面临的许多问题都已经很明确了。不过到目前为止,只有一些零星的力量来帮助这些儿童和家庭创建一个适当的支持系统。事实上,在几乎所有情况下,这些力量要么是一些小规模的基于研究的实践,或者是实践者创造的一些方法,把这些力量聚在一起,希望通过这种形式的努力来增大规模,为更加系统化地评估奠定基础。

将心理健康的原则整合进核心健康、家庭访问及早期保健和教育项目

将心理健康的原则整合进核心健康、家庭访问及早期保健和教育项目的方法之一,是建构初级支持项目(或项目组成部分),并将心理健康原则整合进该项目的核心程序,尤其是那些关注关系建构的原则。一些数据也证实了这种观点,例如,儿童护理的关键是建立在心理健康关系原则基础上的家访计划。这是研究者(Barnard,Morisset,& Spieker,1993)发现为一组家庭的新生儿头三个月提供家访式护理服务并没有效果之后发起的提议。大部分家庭中的女性几乎没有朋友,支持很少,家庭问题也很多。对此,研究人员设计了一个周密的调查来测试两种不同服务项目对这些群体的效果。第一个案例,心理健康模式,要求护士重点关注亲子关系的建构,促进母亲与孩子之间的互动和沟通交流,减少母亲的社会隔离,并着重培养她作为家长的能力和为人处世的能力。另一种服务模式,是由护士提供教育和资源信息。这一结果证实了以关系为核心的心理健康模型的有效性。当时,健康相关的家访项目快速增长,但又忽视家访人员工作内容、缺乏临床监督、对干预强度缺乏关注,在这种背景下,这是一项非常重要的发现(Center for the Future of Children,1993)。

第二个将心理健康的核心原则融入项目策略的组织结构的案例是家长服务计划(Parent Services Project,PSP)。家长服务计划发起于20世纪80年代,是最早的家庭支持项目之一,也是为数不多的试图将父母纳入儿童护理的项目之一。这一项目最初由心理健康工作小组发起,其目标是创建一个非介入性的预防策略来减少儿童的保健问题对低收入家庭的压力(Link,

Beggs, & Seiderman, 1997)。该项目的目的是通过开展活动,带动父母在家长群体中共同创造非正式的支持网络,为自己提供决策机会,让父母自己来决定愿意参加的活动类型(如,家庭社交活动,针对父母开展的活动,等等),从而加强儿童保健项目的建设。尽管家长服务计划没有包含正式的心理健康要素,但早期研究从儿童保健项目中选择了一组没有加入家长服务工程的与之匹配的父母群体作为对照组,发现加入了家长服务计划的父母与没有加入的一组父母相比,抑郁症状减轻了,孤立无援的状况也好转了(Stein & Associates, 1988)。现在,家长服务计划有了蓬勃的发展。根据一份报告,相关理论和实践已经被运用到六个州,开展了超过 500 个项目(Link, Beggs, & Seiderman, 1997)。然而,可惜的是,没有进一步评估其对心理健康的影响。

第三个案例是合作伙伴计划(Partners Project),强调努力将核心的心理健康原则纳入开端计划中家长参与的部分(Yoshikawa & Knitzer, 1997)。与巴纳德等人(Barnard et al., 1993)提出的模型相似,这种干预策略建立在儿童发展知识和关系建构理论的基础上。然而,其重点是用录像呈现出日常情境下和问题情境下的亲子互动,来引导团体讨论,从而努力促进家长团体中积极的亲子关系。运用家庭支持模式是尤为有效的;父母们聚在一起,分享他们的反应、策略和挫折并解决问题。总共有 8 所中心的 362 名父母参与调查,2/3 的家长为干预组,另外 1/3 为对照组(Webster-Stratton, 1996)。训练有素的家庭服务工作者,最初与临床医生组成团队,并在父母中选出领导者,推动团队维持了 8 周的讨论。同样,也有教师培训的内容。通过书面和观察两种方式,评估对儿童的效果(即,行为问题减少,社交能力提高)和对父母的效果(例如,更好的限制,减少严厉的惩罚,更积极的互动)。干预结束时以及六个月后的效果都非常积极,干预组的父母在实施教育的能力上受益颇多。家长的参与度本身就说明问题,这与每月进行的开端计划中家长教育活动的参与度相比,高出十倍以上。此外,干预组儿童的幼儿园教师还提到,其父母在幼儿园的参与度也比对照组的家长表现得更积极,这表明这一模式还与学生的入学准备有关。颇具启发性的是,对一些被诊断为患有精神病的父母来说,这一方式是没有用处的。对他们来说,干预还不够有效。这种方法特别引人注目的地方在于,这是由为数不多的通过实证检验、能够在临床情境下有效帮助那些早发型行为问题儿童的父母的方法之一改编而来的版本(Bryant, Vizzard, Willoughby, & Kupersmidt, 1998; Webster-Stratton, 1996; Webster-Stratton & Hammond, 1997)。

加强对初级系统工作人员的临床监督

如前所述,很多为儿童家庭服务的员工都没有受过良好的训练或指导。所以,若要求他们处理比较复杂的儿童和家庭问题,他们可能帮不了什么忙。现场心理健康工作人员的加入,在情绪行为问题的解决方式上提供持续的帮助,并提供临床监督,这不失为一个在幼儿和家庭的初级支持系统中建立心理健康支持的好策略。以下提到的两个案例,既体现了这一策略的潜在作用,也显现出所面临的挑战。夏威夷健康开端计划(Hawaii Healthy Start),旨在预防儿童被虐待和忽视,采用辅助专业人员作为家访计划的重点(Wallach & Lister, 1995)。这一项目因极具开创性、高质量的模式被广泛接受,现在这一模式正被更大范围地推广到美国健康家庭(Healthy Families America)工作中。然而,夏威夷健康开端计划中的一项对所服务的人群调查发现,大约 1/3 的母亲自己在生活中经历了许多伤痛、遭受了无数虐待、承受了极度抑郁,使得这些基本的家访策略根本不能满足家庭的需要。因此,项目聘请了心理学家来帮助家访者更好地理解他们所看到的行为,并通过小组讨论和指导来促进共同学习和解决问题。在一些特殊的情况下，心理学家也亲自做家访。虽然工作人员宣称这一注重临床监督和支持的做法使其获益良多，但心理学家并没有进入夏威夷健康开端计划基本的人员配备模式，并且这个项目也没有获得资金来维持这一策略（Wallach，1994）。

另一个在项目内建立心理健康支持的例子是波士顿开端计划（Boston Head Start）服务网络，有超过2 000名不同文化背景的儿童在18个服务中心接受服务。该项目的家庭人员报道说，他们与父母相处得非常痛苦，尤其是那些疑似忽视或虐待孩子的父母。对此，管理团队决定加强对工作人员的临床指导。要做到这一点，管理团队做出了艰难的决定，即减少聘用家庭服务人员，并聘请经过临床培训的员工来指导和培训家庭服务人员。指导者与家庭服务人员在小组会合，解决这些人员的焦虑和愤怒，提供更多其他方式来解决各种棘手的问题，并提高服务人员为儿童和家庭服务的技能（Yoshikawa & Knitzer，1997）。

虽然没有对这一措施进行正式的评估，但有非正式的报告表明，依靠指导者的支持，家庭服务人员已经转移了自己的目标。他们不再一味要求疑似被虐待和被忽视的儿童进入儿童保护机构，他们也很乐意和家长一起参与到开端计划项目中，教给他们管教和支持儿童的新方法。在心理学家的指导下，他们还能够对有家庭暴力的家庭建立支持小组（Yoshikawa & Knitzer，1997），从而更有效地服务于之前在开端计划中不能接受到很好服务的家庭和儿童。这种方法的重要性不仅体现在它代表了一个引人注目的新治疗方法，而且因为很少有儿童早期项目涉及临床经验或专业知识，并且不需要很严密的设计或开发，就能在一般项目中显著地提升员工技能，并且还重视这些项目的整体质量。

采用不间断的现场咨询

在儿童早期项目中，加强工作人员、儿童和家长的临床专业指导的另一种方式是，确保该计划能够获得儿童早期心理健康专家的现场持续咨询。令人沮丧的是，即使在开端计划的执行标准中有这样的规定，这种情况却很少发生（Yoshikawa & Knitzer，1997）。咨询方式有许多种形式（Bernstein，Percansky，& Wechsler，1996；Donahue，1997；Johnston，1990；Yoshikawa & Knitzer，1997）。一些方法强调与员工共同努力，在项目中帮助他们满足儿童的需要；一些方法关注家庭；还有一些提供一系列的服务，包括个人和家庭干预措施、项目咨询、员工培训和发展活动、以服务团队形式参与到最复杂的项目中。一个相对独特的方法现在正在俄亥俄州的克利夫兰进行试验。日托附加项目（Day Care Plus）是集合了当地儿童保健资源、中介机构、起点项目（Starting Point）、凯霍加县心理健康委员会（Cuyahoga County Mental Health Board）、积极教育项目（Positive Education Program）早期干预中心（Early Intervention Centers）（一个当地的心理健康机构）的一种合作性项目（Knitzer，1996b）。（下文会详述早期干预中心。）1997年开始采用培训项目中心（train-the-center）（而不是个人）的模式，目的是为一组儿童护理中心提供至少一年的集中式员工咨询，之后再减少咨询的次数，同时对新加入的中心提供更为集中的咨询服务。一年之后，由两个全职顾问为10个机构提供服务。与之前的流行病学研究结果一致，18%～20%的儿童被工作人员或父母确定为有行为或情绪问题。员工培训的领域，包括持续的、基于课堂的教师间咨询。此外，还会组织中心内部和跨中心的团体培训，多用来应对复杂的行为问题；建立资源互借图书馆，其书籍内容由中心和当地儿童早期教育专家来选择；建立一个专家网络提供同伴支持。

该方案的几个方面值得注意：首先，相对于使用典型的心理健康变量进行评价的方法，日间保健附加项目采用关键项目质量变量来评价项目的作用，例如降低员工流失率，减少员工压力，促进员工教育（如，在儿童发展合作项目中员工的参与度）。该项目还会在下一轮资助目标的十个服务中心之间进行比较。因此，这项评估与提升儿童保健质量指标的心理健康策略直接相关。这点非常重要，因为尽管全美国的服务提供者和政策制定者的核心政策目标都是支持质量改进策略，但心理健康咨询及相关策略通常被认为不能发挥这样的作用。其次，程序的支持系统反映了这种三方合作的模式是保证项目取得早期成功的关键因素。当地的儿童保健资源和中介机构的参与尤为重要。因为各种资源和中介机构深得儿童保健团体信任，从而减少了心理健康团体在儿童保健提供者中获得准入并赢得信任所花的时间。再次，除了顾问之外，家长也可以作为助手在课堂帮忙并协助领导家长团体。这些助手都是那些在早期干预中心获得成功服务经验的问题行为儿童的家长。最后，虽然大部分资金都用于员工开支和业务开展，但社区心理健康委员会还会提供额外的弹性资金，这对满足各种机构的需求非常重要，比如图书馆资源、儿童保健中心与社区药物滥用和心理健康治疗机构相关的会议。

在初级系统中，对问题较为严重的儿童采用非传统的心理健康策略

儿童心理健康服务往往被狭隘地定义为：门诊服务、住院服务（包括精神病住院治疗和家庭质量）和日间治疗（包括治疗幼儿园）。在20世纪90年代，我们努力改善服务，以解决年龄较大的儿童和青少年的严重问题，从而促成了被称为"全方位服务"的发展（Lourie，Katz-Leavy，& Stroul，1996；Vandenburg，1993）。这种新的治疗方式，是将以疾病为导向的儿童心理治疗模式转向以家庭为中心、以优势为基础的治疗模式这一大工程的一部分，这种治疗方式试图让治疗和服务更加灵活，以最大限度地提供治疗机会，避免高成本安置儿童以及儿童与家庭和社区的不必要的分离（Knitzer，1996a）。这种被称为"保健系统"的模式（Stroul，1996），有五个核心原则来加强这些转变：（1）将父母视为合作伙伴，而不是负担；（2）与其他系统协作，而不是孤立地提供心理健康服务；（3）提供基于家庭目标和需求的、灵活的、全方位的服务，而不是局限于传统的住院、门诊和日间治疗服务；（4）尽可能在日常环境中提供治疗，而不是把孩子"拎出来"放在陌生的环境中治疗；（5）顺应文化和社会背景（Isaacs-Shockley，Cross，Bazron，Dennis，& Benjamin，1996；Knitzer，1996a）。

这些原则的实施焦点是学龄儿童和青少年，事实上，心理健康系统的主要关注点也集中在这些群体。但是，也渐渐出现了一些声音，试图把这些观念介绍给幼儿及其家庭。例如，俄亥俄州的斯塔克县儿童和家庭中心（Child and Family Center），其下属的心理健康机构率先实现保健系统模式，为年长的儿童和青少年服务，并努力向更年幼的儿童推广。为此，中心已开始与当地开端计划形成合作，并为一个由专家型临床医师领导的三个专家助理组成的现场干预小组提供支持。该小组提供传统的开端计划中的心理健康服务，还运用全方位心理健康理念与家长和相关工作人员合作。因此，团队所执行的典型的开端计划心理健康活动，包括课堂观察、员工培训（在该项目中特别强调围绕学科和转衔问题）以及提供参考意见。但他们也做家庭访问，并为家庭提供非传统的服务，包括居家行为帮助和临时看护（Yoshikawa & Knitzer，1997）。使用这些新的治疗方法，开端计划避免了把问题儿童进行家庭外安置的情况，从而降低了县和州政府的潜在成本投入。

斯塔克县所做的合作模式取得显著成功有两个原因。第一，这些项目在儿童早期团队中提高了对以家庭为中心的心理健康治疗策略的认识，该治疗策略在儿童早期的大团队中并不为人所知（Piotrkowski，Collins，Knitzer，& Robinson，1994）。第二，该努力方向也向儿童早期团体展

示了,这些治疗策略的原则其实是与他们熟悉的策略和原则一致的,都是通过家庭支持运动(Kagan & Weissbourd,1994)和早期干预活动,来努力营造家庭推动系统(Dunst,Trivette,& Deal,1989)。

二级支持服务中的儿童早期心理健康策略

第二类新兴的儿童早期心理健康策略主要集中在儿童和家庭所要求的二级支持系统中的专业服务,无论是儿童的需要还是家长的需要,都应关注。结合这一章的目的,我们将二级支持系统界定为包括成人为中心的项目,关注其心理健康、药物滥用、家庭暴力,并且通常在治疗成人客户时不考虑他们作为父母的角色;儿童保护服务以及针对儿童发育迟缓和障碍的早期干预服务。这个二级支持系统还包括为被鉴定为情绪行为障碍的儿童提供的专业项目,比如治疗性幼儿园项目。迄今为止,在二级支持系统中成功融合儿童早期心理健康策略的案例非常有限,仅在研究文献或实践者中有所报道。以下三个案例是个例外。

在心理健康机构中发展儿童早期心理健康项目

前期计划(Project Before)包括为婴儿、幼儿和学龄前儿童的高危母亲开展家访计划(Rast,1997a,b)。这是名为"堪焦点"(Kan Focus)措施的一部分,就像斯塔克县一样,这个项目也为年长儿童的问题提供保健服务。在1996年,"堪焦点"项目收到一笔拨款,用于创建一个年幼儿童保健系统,这些儿童的母亲患有精神病或曾经被滥用药物,或有精神疾病或药物滥用的风险。项目的目标是确保参与项目的儿童和母亲得到适当的医疗保健;为药物滥用和精神障碍的家长提供支持;减少家庭风险因素;为儿童建立保护性因素。为每个家庭分配在处理药物滥用、精神病方面有经验的家访人员,同时对儿童早期问题进行补充培训(Rast,1997b)。虽然这一项目仍处于起步阶段,但早期项目结果对儿童和家庭的作用,已经达到甚至超过了预期(Rast,1997b)。在项目开始时,有55%的儿童接受治疗,35%的儿童获得免疫。在三个月内,接受治疗的儿童超过95%,70%的儿童获得免疫。在母亲方面,最初只有60%的母亲接受了妇女保健,低于25%的孕妇接受过产前检查。三个月内,健康保健的利用率上升到了85%。同样,相应治疗的利用率以及接受药物滥用服务父母的数量也在增加,其中一些父母是重新接受治疗,另一些则是第一次接受治疗。最重要的是,先前所确定的关于加强家庭自给自足能力的公共政策目标取得了意料之外的效果。三个月内,被认为是最难服务的母亲中有75%已经进入工作岗位了。这些母亲都接受公共援助,而且她们都被认为是不可能如此之快就能做好准备去工作。

在把该保健系统为年幼儿童和家庭(而并非他们所熟悉的成年人)进行改进的过程中,该项目的领导提出了三个重要的议题。第一,合作者网络都是不同的,其中包括儿童健康和儿童保健提供者,以及儿童保护和药物滥用工作人员。第二,借鉴或者创建一个非正式的支持网络对年幼儿童家庭的意义,比对年长儿童家庭更重要。第三,对于各个家庭的优先考虑因素是不同的。对于年龄较大的儿童,重点一般是在避免家外安置,提高学校的出勤率,并减少家庭内压力。通常,这些家庭已经使出浑身解数来确保他们的孩子接受适当的特殊教育以及各种评估,等等。而对于年纪较小的儿童来说,重点放在加强亲子关系,确保父母获得营养服务、健康护理和儿童保健,帮助家庭解决经济问题以及家庭暴力有关的安全问题来保护家庭和孩子(Rast,1997a)。

为陷入困境的儿童和家庭提供以家庭为中心的、专业化的儿童早期心理健康项目服务

这里强调的第二个项目，积极教育项目早期干预中心是专门为有严重情绪和行为问题的儿童设计的早期干预计划（Knitzer，1996b）。一般来说，这样的项目很少。前文在讲到与日托附加项目的联系时强调过，早期干预中心是俄亥俄州克利夫兰的一个父母驱动的针对幼儿的情绪和行为问题的早期干预计划。本质上，它将父母作为严重问题儿童干预的代理人。这与传统的"拎出来"治疗的方式形成鲜明对比，传统方式有时有家长参与，有时没有家长参与。该方案结合了父母的个别化学习、团体支持、参与有关儿童发展正规课程的机会（如，可以作为联合领导者，也可以是参加者）以及家长和资源协调者提供服务的儿童团体活动。首先，家长在观察室里，在教练的帮助下，通过排练和角色扮演进行学习；然后在真实的环境下，如家庭、杂货店和课堂中测试所学到的新知识。通常情况下，教练是已成功通过该方案的家长，在资源顾问的帮助下进行工作，这些顾问可能是早期教育工作者或心理健康专业人员（Knitzer，1996b）。这种人力资源模式为那些苦苦挣扎着的问题儿童父母提供了强有力的支持。众多父母反馈说，通过这种"亲身经历"的方式，有机会通过其他家长进行辅导，诚实面对自己的挫折和困惑，以及从专业的工作人员那里获得持续的鼓励，这些都带来了长期的巨大改善。这些资金来自心理健康、社会服务以及特殊教育机构。不幸的是，还没有对这个项目展开正式的评估。但该项目主管称，该项目在连续的特殊教育安置方面有很大偏差。在项目初始，有2/3的儿童被归类为"有特殊需求"，但只有1/3接受特殊教育安置。

将心理健康整合到药物滥用母亲的家庭支持策略中

药物滥用（通常与暴力有关）在幼儿家庭中是普遍存在的。然而，当前很少有项目基于治疗的背景，解决吸毒成瘾的父母的子女教育问题。虽然"相关心理治疗母亲团体"（Relational Psychotherapy Mothers' Group，RPMG）并非仅关注幼儿，但在药物滥用服务方面对父母问题关注仍然过少（Luthar & Suchman，1999）。药物滥用会影响家庭各方面的正常运作。通常，孩子们上学、社会关系、自我形象都会受到影响。通过对婴儿和母亲的观察发现，吸毒成瘾的母亲相比对照组来说，与孩子的关系相对疏离，较少回应孩子的举动，并且很少主动吸引孩子的注意（Luthar，Burack，Cicchetti，& Weisz，1997）。还有数据表明，母亲滥用药物的孩子到了青春期，有65%都会有明显的精神障碍（Luthar，Burack，Cicchetti，& Weisz，1997）。这些父母悲伤、内疚，并且感到没有人相信他们真的很爱自己的孩子。尽管如此，传统的治疗通常只关注药物成瘾而不是育儿问题。

"相关心理治疗母亲团体"是一种基于数据和理论的干预方式，着眼于育儿的需求，是对成瘾治疗的补充治疗。这种方法强调以下两个事实：一是在低收入的吸毒者中普遍存在精神疾病。在一项研究中，研究者报道89%的女性在某种情况下，被诊断出患有明显的情感或焦虑障碍（Luthar & Suchman，1999）。二是外伤，尤其是暴力在成瘾的妇女生活中的影响。事实上，药物滥用反映了一系列的严重问题，成瘾只是其中的一部分。该计划的目的是为妇女提供育儿经验，以帮助他们成为更好的父母，并发挥自己的优势。干预以六个月的团体会议形式开展，由临床医生和药物顾问共同管理。这种方法值得注意的，并且有别于其他结构化治疗、更多说教方法（包括家长教育）的是，在每一次结构化的会议中，都让母亲们通过头脑风暴和角色扮演主动探索最适合自己生活方式的解决方案。这种方法在之前的开端计划中经过合作伙伴计划验证，对那些

没那么严重的父母也非常有效（Webster-Stratton，1996）。从"相关心理治疗母亲团体"的早期结果中我们看到了希望。对关键变量评估（如，母亲的虐待、积极与孩子互动、满足母性角色）发现，随着时间的推移，被试母亲的表现比传统治疗中的表现明显要好（Luthar & Suchman，1999）。

社区和州级措施

虽然记录和评估最佳的临床和项目策略非常关键，但从本文明显可以看出创建儿童早期心理健康系统面临着系统开发的巨大挑战。发展儿童早期心理健康服务能够扩展现有的儿童早期项目，并能补充现有的二级支持系统服务，其面临的系统问题和挑战将在后文详述，但这里将展示为数不多的鲜活案例，对我们解析各社区和各州水平的系统发展策略非常有用。

社区层面的项目，前期计划，在前面基于心理健康的家访策略里面已经描述过了（Rast，1997a,b），但它也有一套系统建构的组成部分。在开发家访模型的过程中，项目负责人指出，即使在低收入的堪萨斯农村，也已经有多个针对性的家访项目，但没有特定的顺序，所有家庭统一对待。所以，前期计划的一个战略方向是与现有的儿童早期规划团队合作，将社区现有的初级和二级支持系统服务纳入服务计划和服务提供的改良进程中。这一努力方向带来了培训资源共享，减少了该社区以及两个目标社区里最严重家庭的过度服务，并建立覆盖全社区的家庭资源中心。同时，这项目的努力不仅促进了儿童早期服务团体内部网络的发展，也为该团体和提供专业服务的团体之间建立了沟通网络。

几个州也在努力开发关于儿童早期心理健康的全州规划，试图为发展更广阔的服务平台提供整体概览，以便更好地满足所有幼儿和家庭情绪行为问题的需要，尤其是那些有可能出现发展问题的高危儿童（Knitzer & Page，1998）。这些项目中，发展最好、评价最高的是密歇根婴儿心理健康项目（Michigan Infant Mental Health Program）（Tableman，1995）。该项目是基于婴儿发展和依恋关系理论的发展，主要通过经常性的家访来促进婴幼儿行为的改善，加强母亲积极的育儿策略，提高家长对自己能力的信心，并减少家庭的压力。项目目前在43个地点开展，由医疗补助、州属预防拨款、州内心理健康基金联合支持，当地配套10%的资金。其中，接受服务的父母中有80%都是单身，77%接受现金援助，而且有接近60%的母亲在怀孕早期或在他们的孩子出生的时候就参加了该项目。那些在福利改革中免除了履行社会服务要求的1岁以下婴儿的家庭，也可以参加进来作为社会福利的一部分。

其他几个州（如密西西比和科罗拉多）提到了为数不多的几个社区心理健康中心的资助项目，主要是为了促进儿童早期心理健康，尤其是儿童保健的环境问题（Knitzer & Page，1998）。佛蒙特州着手制定一个区域系统发展战略。该州的目标是联合当地的儿童早期服务机构、家庭资源中心，与当地的心理健康服务机构、家庭、推行福利改革和解决家庭暴力的部门，为佛蒙特州的家庭和儿童建构起更好的心理健康支持网络（Vermont Agency of Human Services，1997）。内华达州开发了一个被称为儿童早期支持服务（Early Childhood Support Services）的项目，可以提供精细的服务，并把服务扩展至发育迟缓的儿童、情绪行为障碍的高危儿童及其家庭和非亲属照料者（Knitzer & Page，1998）。虽然这些项目已经尽了很大的努力，但需要注意的是，对该类策略与社区更广阔发展联系的关注仍然很少，诸如授权或以企业园区或社区为重点的基础措施。这一领域对于创新性关系来说已经非常成熟，特别是可以通过培训当地居民，为其他儿童早期服务团体提供所需的支持和技能。

成功的项目和实践的共同特质

在本节所强调的干预和治疗策略涵盖一系列内容（如，儿童保健、家访计划、开端计划），以及更传统的治疗内容（例如，儿童早期干预计划和药物滥用项目）。这些策略有七个重要的共同点：第一，它们均以优势为基础，认为就算承受压力最大的父母也知道一些孩子和他们自己的需要，并有一定育儿能力。第二，他们认为帮助父母是最有效和最持久的帮助儿童的方式。第三，当那些家长对自己的需要和意愿作出负责的回应时，他们才和父母一起开始进行项目。第四，他们认识到需要为工作人员提供机会，探索自己对各种复杂情况的感受（如，暴力和虐待儿童），帮助工作人员采用同伴间解决问题的方式，并提高工作人员在处理复杂的情感和行为问题方面的专业知识和能力。第五，他们试图不仅仅为那些被诊断为情绪和行为障碍的儿童，还有那些面临这些风险和有任何危机的儿童提供帮助，满足其需要。第六，只有在别无他选的情况下，他们才采用传统的"拎出来"治疗的医学模式。第七，他们创造性地将传统意义上不会合作的系统联系起来。例如，将心理健康和药物滥用机构与儿童保健项目相联系，或者让儿童保健资源和中介机构与心理健康和药物滥用机构成为合作伙伴关系。

系统发展所面临的挑战

本章中所强调的项目和实践都非常特殊。他们分散在全国各地，通常缺乏评价。对大多数儿童和他们的家人或照料者来说，还没有成熟的服务提供系统为他们的情绪行为问题或相关问题提供所需要的帮助。尽管儿童早期心理健康有明确需求和潜在功效，但它仍不被认为是儿童和家庭初级支持系统（即，预防保健性家访计划，早期保健和教育，家庭支持方案）或二级支持系统的主要部分，如心理健康、药物滥用和早期干预、特殊教育服务。因此，必须建立一个功能性基础体系来投资、扩展、评估这些项目。建立这一基础设施将需要至少解决以下5大系统问题。

理念的挑战 其中一个理念上的挑战来自儿童早期服务团体。传统儿童早期发展的观点认为，除了一小部分儿童之外，对大部分儿童来说，要促进其情感、社会和行为的健康发展，唯一需要的就是一个富有各种刺激的儿童早期环境。例如，一位研究者提出，由全美幼儿教育协会制定的广泛使用的儿童早期教育计划标准（Bredekamp & Copple, 1997），在如何处理儿童的问题行为上表述非常模糊（Bryant et al., 1998）。与此相关的是，许多儿童早期工作从业人员对心理健康观点整合到儿童早期服务持怀疑态度，他们担心这会给儿童贴上不恰当的标签，这种做法弊大于利（Yoshikawa & Knitzer, 1997）。然而，正如本章表明，典型的儿童早期实践（即使是最好的）以及家长的支持和父母的教育实践，在帮助那些可能没有表现出积极的早期心理发展的儿童家庭或帮助儿童早期服务工作人员来为这些儿童和家庭服务时，并不总是足够有效。因此，就会丧失早期有效加强预防和干预的机会。

非常讽刺的是，另一个理念上的挑战来自专业的心理健康团体，具体反映在各州和社区的心理健康机构的政策和程序上。这些程序和实践几乎统一地忽略了儿童会有情绪和行为问题的事实。事实上，一些州立机构已明确指出，对儿童的心理健康服务要从6岁开始。最为常见的情况是，无法满足儿童和家庭的心理健康需求意味着当地的心理健康机构和当地心理健康机构的工作人员没有掌握适当的临床和儿童发展的知识或技能来帮助这些人群。虽然没有相关的实证数据，但这种情况很可能是由于这一被大家广泛认同的观点，即6岁之前的儿童不会有那么明显的情绪和行为障碍，以至于需要心理健康干预。显然，我们有足够的证据来反驳这一观点，其中一些证据前面已经进行说明，但是从系统开发的角度来看，年幼儿童没有严重心理行为问题这个神话，已经明显影响了心理健康服务与儿童早期服务团队的合作发展。

第三个理念上的挑战存在于儿童早期服务和心理健康从业者之中，主要反映在对干预措施的重点应该在治疗或预防干预的争论。专业的心理健康系统，即使它要回应所有儿童的需求，它的设计主要还是为了应对那些问题最严重的儿童。儿童早期服务团体往往关注早期干预和预防策略，但绝大多数情况下，这类团体在运作过程中，并没有包含本章所强调的必要的临床专业知识框架。我们需要的是一个专业结构，跨越这些不同的观点，将焦点放在所有儿童的情绪发展（预防）、高风险儿童（早期干预）以及那些被诊断为严重障碍的儿童（治疗）。然而，尽管有证据表明有这种需求，但除了极少数的例外（Forness, Kavale, MacMillan, Asarnow, & Duncan, 1996; Hoagwood & Koretz, 1996），儿童早期心理健康系统几乎没有获得支持，这类系统既包括在正常发展环境下对已经处于高危风险之下的儿童进行高强度的预防性干预，也包括在正常发展环境下对已经鉴定出问题的儿童提供治疗性干预。

跨系统协作的挑战

如本章所述，很少有情绪行为问题儿童或高危儿童的家庭仅面临单一的问题：药物滥用与暴力并存；儿童行为和情绪障碍与言语和语言问题并存；等等。这意味着必须有广泛的跨部门合作，不仅是为了儿童和家庭本身，而且从系统层面来看，要形成儿童早期心理健康的系统，也必须合作。然而，在儿童早期情绪发展和心理健康问题上建立起与《残疾人教育法案》或者儿童青少年心理健康服务系统所期望的跨系统联合还非常少（Skiba & Polsgrove, 1996; Stroul, 1996）。解决这一问题的新策略是加强对儿童和家庭在社区层面努力发展跨系统联合的关注。研究者（Knitzer & Page, 1998）最初在纽约州发起的研究发现，27个州已经有了类似的举措，其中有14个州明确关注甚至是只关注儿童和他们的家庭的需要。同样，建立这种协作可以以现有的早期干预服务网络和关注年龄较大的儿童保健系统的合作关系为基础（Skiba & Polsgrove, 1996）。

经费的挑战

目前的筹资机制并不适合儿童早期心理健康的实践和原则。有四个方面问题非常大：第一，尽管心理咨询以及儿童早期服务计划和非亲属照料者的延伸服务，可能是最重要的儿童早期心理健康策略，但现行的筹资机制并不适合为这些干预措施提供支持。从20世纪70年代开始，心理咨询就不再是儿童心理健康服务中正式的一部分。从那时候开始，社区心理健康中心就被规定以社区组织的扩展服务和预防的形式提供咨询和教育，而关注的往往是儿童早期服务计划（Greenspan, Nover, & Brunt, 1975; Knitzer, 1982）。

第二，获得心理健康服务的途径是诊断证明。这是一个两难的困境，因为如前面所讲到的，在儿童早期心理健康领域的内容非常多，儿童早期心理健康从业者对传统的诊断和分类的概念提出了质疑。年幼儿童甚至较大年龄的儿童获得服务的途径，不仅取决于是否存在障碍，还取决于是否存在导致障碍的诱发因素。最近提出的诊断分类系统为0—3岁的婴儿提供了一个评估框架（Zero to Three, 1993, 1994）。然而，迄今为止，没有一个州采用这个系统。同样，还出现了新的筛查工具用来识别学龄前儿童发展过程中是否有社交和情感障碍的风险（Feil, Walker, &

Severson, 1995；Wittmer, Doll, & Strain, 1996）。虽然还需要进一步细化,这些方法的目的是为儿童提供服务,防止他们的问题变得更严重。不过,到目前为止,还没有协调一致的努力来设计并为服务准入系统买单,而这一服务准入途径体现了预防性和早期强化的心理健康干预措施对幼儿的重要性。

第三个挑战也是一个长期存在的挑战。即使是儿童和青少年,心理健康系统仍然在太多的方面不是以家庭为中心的系统,而是以儿童为中心的系统,在这样的系统中,他们的服务对象是儿童而不是家庭。这种方式仅仅对年龄较大的儿童起作用。对于年幼的儿童,这是毫无意义的。事实上,考虑到巩固亲子关系对治疗过程的重要意义,以上方式可能会导致荒谬的结果。在一个心理健康中心,没有以父母—婴儿为一个客户并提供"治疗号",而以婴儿的名字命名患者,审计员非常担心,因为婴儿不能签署治疗协议。(有提议指纹作为签字,但被驳回了。)

第四个问题在某些方面是最重要的,即应该由谁来买单的困扰。在过去,儿童青少年保健系统的发展一直依靠多个系统筹集资金（Knitzer, 1996b；Stroul, 1996）。这种方法提供了更好的、更划算的服务,对于成本的节约反映在系统中入学率的提高、少年犯罪情况的减少以及较低的家外安置成本。类似的框架可以用来将各种儿童和家庭服务系统的资金集中起来,包括那些面临风险的儿童,这种方式能够促进儿童适应幼儿园,减少特殊教育安置,并降低医疗成本。到目前为止,还没有开始实施这种集资方式。更复杂的是,管理式医疗是为发展儿童早期心理健康服务带来了机遇还是带来了风险,这一点还不确定。通过医疗补助以及各州的补充性儿童健康保险计划的支持,来加强幼儿健康服务,这显然为其提供了机遇,努力确保心理健康服务能平等提供、全面覆盖,适合于所有的儿童和家庭。

人员的挑战

儿童早期心理健康服务需要有跨学科的知识基础和特有的综合性技术和能力;要掌握幼儿和家庭发展的核心知识,特别强调对婴儿、幼儿和学龄前儿童的了解;对精神病理学及其发展的充分了解,并有高水平的临床技能;了解家庭动力学,与家庭成员以及其他学科或专业系统的人员协同工作的能力。虽然一些人员挑战与《残疾人教育法案》中为发育迟缓儿童服务的人员所面临的挑战是相同的,但显然还需要代表对心理健康服务具有潜在独特贡献的心理健康临床技能。除了要求综合的能力之外,还需要能够自在地与低收入和不同文化背景、不同民族传统的家庭一起工作。这就不难看出,为什么像开端计划这样的项目都很难找到心理健康工作人员来协助他们工作,因为实在太缺乏激励和培训机会来发展心理健康专业骨干,使他们掌握这一广泛的专业技能。同样,尽管各州已经通过专业人员发展策略、公共质量改善基金以及公私合作模式来努力提高早期养育人员的技能,但帮助儿童保健主管、家庭访问和家庭支持人员解决他们将面对的可预见的情绪和行为问题,还没有提上国家儿童早期服务专业发展的议程。

研究的挑战

如前所述,大量的研究与心理健康的相关认识问题有关。然而,非常清楚的是,这些研究的结论千差万别,特别是对于不同类型的强化预防和治疗干预措施对不同危险程度幼儿和家庭带来的效果以及这些干预的费用和益处而言。要维持儿童早期心理健康服务系统,以此支持儿童早期初级服务和补充现有二级服务,就必须解决这些问题。为了更全面地了解成功的途径以及生命早期社交和情感功能受损的情况,儿童早期心理健康研究必须继续。

面向未来:原则和建议

本章认为迫切需要将政策和实践的注意转移到幼儿、家庭和照料者的心理健康需求。本章总结了九项原则来指导儿童早期心理健康系统的发展,并在国家、州和社区层面提出了一些建议来加速儿童早期心理健康问题的发展议程。

儿童早期心理健康服务体系的九项原则①

由本章所强调的主题出发,提出以下九条原则为发展儿童早期心理健康的战略方针提供指导。

(1) 以家庭为中心的儿童早期心理健康服务系统,包括心理健康及相关服务,应该用来支持幼儿父母与孩子建立和培育亲密关系。隐含在这一原则中的假设对儿童早期心理健康服务至关重要:幼儿发展的基石,似乎是他们所接受的照顾和养育的质量。因此,任何儿童早期心理健康干预的核心目标都保证父母拥有情感支持和必要的知识来培养他们与孩子的关系。考虑到家庭中父母都在工作和家庭的经济状况,即使对于有良好的心理和物质资源的家庭来说,这也是一个挑战。对于经济资源有限或孩子有特殊需求的家庭,或同时存在以上两种情况的家庭来说,阻碍将更大。因此,获得有利于家庭的心理健康干预,不论是对于初级的早期养育还是二级支持系统(即药物滥用、心理健康等),都非常重要。

(2) 以家庭为中心的儿童早期心理健康服务体系,包括心理健康及相关服务,其设计应支持幼儿的非父母照料者与孩子建立和培育亲密关系。孩子的大部分时间都在儿童看护中心或与非亲人照料者一起度过,而且这个时间还在逐渐增加。因此,不仅在家庭和看护中心中对儿童的照料方式要保持一致,对非父母的照料者所提供的解决各种困难的帮助也要一致。家长和照料者之间的沟通也是必要的,服务系统应该为此提供便利。

(3) 以家庭为中心的儿童早期心理健康服务体系,包括心理健康及相关服务,应该最大限度地在自然环境中提供服务,包括家庭、儿童护理、健康保健以及家庭支持环境。可能在一些情况下,家庭成员更喜欢在办公环境下接受服务,但实地报告显示,在一般情况下,在舒适的环境下,家庭成员和专业人员对心理健康服务的回应更加积极。有学者(Yoshikawa & Knitzer,1997)建议,在开端计划中,应该通过增强临床监督或提供顾问的形式提供现场心理健康服务,这可以触发积极的雪球效应,从而提高项目总体质量,尤其是为特殊的儿童和家庭带来更好的结果。以家庭为中心的儿童早期心理健康服务系统的设计应遵循发展过程、灵活应对并因材施教。这一原则包含两个主题。任何有效的儿童早期心理健康系统必须整合儿童早期发展原则和专业知识,以及非典型发展和发展精神病理学的知识,作为其核心途径。对年龄稍大的儿童来说,心理健康服务要灵活调整,其设计应满足家庭和照料者的需求。这点直接反映了为年长儿童的利益所进行的心理健康改革(Stroul,1996)以及家庭支持原则(Kagan & Weissbourd,1994)、临床实践

---

① 原文此处为"十"项原则,从正文修改。——译者注

(Sax,1997)方面取得的经验。

（4）以家庭为中心的儿童早期心理健康及相关服务体系应该对文化、社会和家庭伦理价值观非常敏感。儿童和家庭是社会中最具多元文化性的群体。儿童和家庭的人口统计学资料的多样性(National Center for Children in Poverty,1998)，服务体系对种族问题、文化多样性和社会地位的特殊敏感性，对于服务体系与家庭构建信任关系非常重要。反过来，这也是建立一个有效的儿童早期心理健康服务体系的关键(Greenfield & Cocking,1994;Yoshikawa & Knitzer,1997)。

（5）为婴儿、幼儿和学龄前儿童工作的照料者、家访人员、家庭工作者和管理人员，应该有机会获得临床服务、个案咨询和临床指导，以提高其促进所有儿童、具有发展问题风险的儿童和已经被诊断为有问题的儿童的情绪发展的能力。传统的心理健康服务通常仅对家庭和非家庭成员（如教师）提供服务。这种模式并不适合年幼的儿童，因为对他们来说，与成年人建立良好的关系是情感健康发展的关键。另外，家庭成员和照料者同样需要帮助，以观察和掌握引发儿童情绪和行为障碍的原因，在处理各种困难问题时，促进儿童情绪适应性的发展，减少不良情绪对儿童的影响。

（6）与婴儿、幼儿和学龄前儿童及其家人一起工作的家庭服务人员、家访人员和其他人员（包括亲属和养父母、祖父母和无监护权的父亲），应获得心理健康方案咨询、个案咨询以及为那些需要高强度干预的家庭提供的后援支持，特别是为药物滥用、家庭暴力、虐待儿童、抑郁或其他精神疾病给予相应支持。家庭服务人员经常被要求处理大量复杂的家庭问题。提供服务的工作人员亲身经历后强烈建议，在临床的支持下，帮助家庭发展更多的技巧和能力，可能会提高核心项目的效果，也能让员工知道什么时候需要更大强度的服务。

（7）与婴儿、幼儿和学龄前儿童一起工作的照料者、家访人员、家庭工作者和管理人员，也需要获得临床指导和支持，来应对其他员工面临的如职业倦怠、文化和职场冲突等问题。儿童保健计划频繁指出员工关于如何解决如组织纪律、文化差异和压力管理等持续问题方面的意见分歧，以及不确定如何处理一些危机情况，例如孩子身患绝症，暴力影响工作人员，家庭暴力或者其他灾害。心理健康顾问能够为员工提供机会，分享对于所面临的问题的反思和解决问题的方法，从而改善整体项目环境。

（8）对于那些经历有关暴力、社区灾害或家庭剧变等危机的儿童、家庭，应该有快速的必要途径接受危机干预和支持，来解决问题。儿童早期心理健康系统应该帮助主要照料者习得应对心理问题、健康问题和自然灾害的技能。初级保健系统的环境，特别是早期养育、家庭支持的环境，应该有适当的应对危机的预案，类似于那些现在许多学区所使用的预案。对那些身处避难所、家人卷入官司或没有任何正式护理场所的弱势婴儿、幼儿、学龄前儿童和他们的家庭应提供特殊的额外服务。

（9）要建立以家庭和照料者为中心的儿童早期心理健康服务体系，需要在社区和国家层面，在初级和二级支持服务间建立伙伴关系。这意味着将儿童早期服务团队（包括儿童保健、幼儿园、家庭访问等）、心理健康和药物滥用服务提供者，以及其他二级支持服务整合到一个战略合作的进程中，制订计划、设定目标、规划资源，尤其是要特别关注健康管理和行为健康护理的新挑战所带来的财务问题。

建　议

在以上原则、相关科研项目成果和本章内容梳理的基础上,我们制订出在全国、各州和社区可以实施的合适议程。例如,在国家层面上,儿童早期心理健康可以被纳入联邦心理健康立法中,通过在联邦机构集中示范和研究资金推动,加入相关培训和技术战略的支持,来促进儿童早期项目质量的提高,并且可以在计划中要求药物滥用和心理健康机构接受联邦资金的支持。同样,也可以吸引国家团体加入儿童早期服务、家庭支持、心理健康以及早期干预等公众所关注的策略制定中,以提高儿童早期心理健康服务的质量及其系统的发展。最重要的是,需要落实具体的工作来开发和推广有关一系列干预措施效果的研究,包括咨询专业人员,多元化的预防干预措施,全方位的策略,以及预防和减少儿童和家庭情绪和行为障碍的其他方法。

虽然这些类型的工作在州政府和国家层面都可以进行,但各州才是开发新策略的潜在研究基地(例如,制订明文规定的奖励,以鼓励当地心理健康、滥用药物、早期干预和早期儿童服务项目各团体的合作)。目前,已有24个州政府资助了婴幼儿项目,34个州资助了学前儿童项目,25个州为0—6岁的儿童和家庭支持项目提供资助(Knitzer & Page, 1998)。鉴于各州对早期养育机构的专业发展策略很有兴趣,州政府也开始加强对儿童护理和早期教育服务者的培训,将心理问题最严重的儿童和家庭作为重点关注对象,加大在社会工作、心理学和相关学科的培训计划中对儿童早期心理健康问题的重视程度。

在社区层面,建立在已有的幼儿和家庭网络及社区的基础上,努力运用心理健康理论中的新兴治疗策略为儿童和家庭服务方面,本地的实践还有很大的发展空间。

结　论

幼儿和家庭所面临的情绪问题和发展问题为服务系统和社会政策发展提供了一个成熟的舞台。研究数据和实地考察描绘出一幅迫切需要支持的场景。对年幼儿童,尤其是那些处于情绪行为障碍高危影响下的儿童,甚至已经被诊断为有情绪和行为问题儿童的情绪行为发展的关注,有助于实现有关学校福利和早期顺利发展的政策目标。各种新兴治疗和干预策略的出现,如果扩大其使用范围,可能会对大量儿童和家庭产生短期和长期的积极影响。将这些可能实现的宏伟蓝图转化成为可行的服务和支持系统,这一挑战是相当大的,需要多层次的战略合作。然而,忽视这些挑战,在短时间内会让幼儿、家庭和他们的照料者付出更高的代价,从长远来看,学校和其他机构只能去改变更难纠正的不适应模式。

参 考 文 献

Aber., J. L. (1994). Poverty, violence and child development: Untangling family- and community-level effects. In C. Nelson (Ed.), *Threats to optimal development: Integrating biological, psychological and social risk factors.* The Minnesota symposium on child psychology, 27, Hillsdale, NJ: Erlbaum.

Barnard, K. E., Morisset, C. E., & Spieker, S. (1993). Preventive interventions: Enhancing parent–infant relationships. In C. Zeanah, Jr. (Ed.), *Handbook of infant mental health* (pp. 386–401). New York: Guilford Press.

Barnett, W. S. (1995). Long-term effects of early childhood programs on cognitive and school outcomes. *The Future of Children: Long-term Outcomes of Early Childhood Programs*, 5(3) 25–50.

Beare, P. L., & Lynch, E. C. (1986). Under identification of preschool children at risk for behavioral disorders. *Behavioral Disorders*, 11, 177–83.

Belle, D. (1982). *Lives in stress: Women and depression*. Newbury Park, CA: Sage Publications.

Bernstein, V. J., Percansky, C., & Wechsler, N. (1996). Strengthening families through strengthening relationships: The Ounce of Prevention Fund developmental training and support program. In M. C. Roberts (Ed.), *Model programs in child and family mental health* (pp. 109–33). Hillsdale, NJ: Erlbaum.

Boyer, E. L. (1991). *Ready to learn: A mandate for the nation*. Princeton, NJ: Carnegie Foundation for the Advancement of Teaching.

Bredekamp, S., & Copple, C. (Eds.) (1997). *Developmentally appropriate practice in early childhood programs* (Rev. ed.). Washington, DC: National Association for the Education of Young Children.

Bryant, D., Vizzard, L. H., Willoughby, M., & Kupersmidt, J. (1998). *A review of interventions for preschoolers with aggressive and disruptive behavior*. Unpublished manuscript. University of North Carolina at Chapel Hill, Frank Porter Graham Child Development Center, Maternal and Child Health, Department of Psychology, Chapel Hill, NC.

Campbell, S. B. (1995). Behavioral problems in preschool children: A review of recent research. *Journal of Child Psychology and Psychiatry and Allied Disciplines*, 36(1), 113–49.

Campbell, S. B. (Ed.). (1996). *Journal of Clinical Child Psychology: Special Section on the Development of Psychopathology in Young Children*, 25(4).

Center for the Future of Children. (1993). *Home Visiting (3)3*. Los Altos, CA: Center for the Future of Children, The David and Lucille Packard Foundation.

Coie, J. D., Watt, N. F., West, S. G., Hawkins, J. D., Asarnow, J. R., Markman, J. J., Ramey, S. L., Shire, M. B., & Long, B. (1993). The science of prevention: A conceptual framework and some directions for a national research program. *American Psychologist*, 4(8), 1013–22.

Conduct Problems Prevention Research Group. (1992). A developmental and clinical model for the prevention of conduct disorder. The FAST Track Program. *Development and Psychopathology*, 4, 509–27.

Conduct Problems Prevention Research Group. (1997, April). *Prevention of antisocial behavior: Initial findings from the Fast Track Project*. Symposium presented at the Society for Research in Child Development Biennial Meeting, Washington, DC.

Constantino, J. (1992). On the prevention of conduct disorder: A rationale for initiating preventive efforts. *Infants and Young Children*, 5(2), 29–41.

Donahue, P. J. (1997, June). *Mental health collaborations in Head Start*. Paper presented at the Roundtable on Head Start Research, Washington, DC.

Downey, G., & Coyne, J. C. (1990). Children of depressed parents: An investigative review. *Psychological Bulletin*, 108, 50–76.

Duncan, B. B., Forness, S. R., & Hartsough, C. (1995). Students identified as seriously emotionally disturbed in school-based day treatment: Cognitive, psychiatric, and special education characteristics. *Behavioral Disorders*, 20(4), 238–52.

Duncan, G., Brooks-Gunn, J., & Aber, J. L. (Eds.). (1997). *Neighborhood poverty: Context and consequences for child and adolescent development*. New York: Russell Sage.

Dunst, C. J., Trivette, C. M., & Deal, A. (1989). *Enabling and empowering families: Principles and guidelines for practice*. Cambridge, MA: Brookline Books.

Earls, F. (1980). Prevalence of behavior problems in 3-year-old children: A cross-national replication. *Archives of General Psychiatry*, 37(10), 1153–57.

Edelfsen, M., & Baird, M. (1994). Making it work: Preventive mental health care for disadvantaged preschoolers. *Social Work*, 39, 566–73.

Fantuzzo, J., Coolahan, K., & Weiss, A. (1997). Resiliency partnership-directed intervention: Enhancing the social competencies of preschool victims of physical abuse by developing peer resources and community strengths. In D. Cicchetti & S. L. Toth (Eds.), *Rochester symposium on developmental psychopathology, Vol. 8: Developmental perspectives on trauma* (pp. 463–480). Rochester, NY: University of Rochester Press.

Feil, E. G., Walker, H. M., & Severson, H. H. (1995). The Early Screening Project for young children with behavior problems. *Journal of Emotional and Behavioral Disorders*, 3(4), 194–202.

Forness, S. R., & Finn, D. (1993). Screening children in Head Start for emotional or behavioral disorders. *Severe Behavioral Disorders Monograph*, 16, 6–14. Arizona State University, Teacher Educators for Children with Behavioral Disorders, and Council for Children with Behavioral Disorders.

Forness, S. R., Kavale, K. A., MacMillan, D. L., Asarnow, J. R., & Duncan, B. B. (1996). Early detection and prevention of emotional or behavioral disorders: Developmental aspects of systems of care. *Behavioral Disorders*, 21(3), 226–40.

Gaensbauer, T., & Siegel, C. (1995). Therapeutic approaches to post-traumatic stress disorder in infants and toddlers. *Infant Mental Health Journal*, 16, 292–305.

Gephart, M. (1997). Neighborhoods and communities as contexts for development. In G. Duncan, J. Brooks-Gunn, & J. L. Aber (Eds.), *Neighborhood poverty: Context and consequences for child and adolescent development* (pp. 1–43). New York: Russell Sage.

Greenfield, P. M., & Cocking, R. R. (1994). *Cross-cultural roots of minority child development*. Hillsdale, NJ: Erlbaum.

Greenspan, S. I., Nover, R. A., & Brunt, C. H. (1975). Mental health consultation to early child care. In F. V. Manaino (Ed.), *Mental health consultation*. [DHEW Pub. No. (ADM) 74-112 (pp. 105–27)] Washington, DC: U.S. Government Printing Office.

Greenspan, S. I., & Wieder, S. (1993). Regulatory disorders. In C. H. Zeanah (Ed.), *Handbook of infant mental health* (pp. 280–90). New York: Guilford Press.

Greenspan, S. I., Wieder, S., & Nover, R. A. (1985). Diagnosis and preventive intervention of developmental and emotional disorders in infancy and early childhood: New perspectives. In M. Green (Ed.), *The psychological aspects of the family: The new pediatrics* (pp. 13–52). Lexington, MA: Lexington Books.

Groves, B., Zuckerman, B., Marans, S., & Cohen, D. (1993). Silent victims: Children who witness violence. *Journal of the American Medical Association, 269,* 262–4.

Halpern, R. (1993). Poverty and infant development. In C. H. Zeanah (Ed.), *Handbook of infant mental health* (pp. 73–86). New York: Guilford Press.

Hardin, B. (1997, February/March). You cannot do it alone: Home visitation with psychologically vulnerable families and children. *Zero to Three: Bulletin of Zero To Three: National Center for Infants, Toddlers, and Families, 17*(4).

Hoagwood, K., & Koretz, D. (1996). Embedding prevention services within systems of care: Strengthening the nexus for children. *Applied and preventative psychology: Current scientific perspectives, 5*(4), 225–34.

Isaacs-Shockley, M., Cross, T., Bazron, B. J. Dennis, K., & Benjamin, M. P. (1996). Framework for a culturally competent system of care. In B. A. Stroul (Ed.), *Children's mental health: Creating systems of care in a changing society* (pp. 23–39). Baltimore, MD: Paul H. Brookes.

Johnson, D. L., & Walker, T. B. (1991, October). *Final report of an evaluation of the AVANCE Parent Education and Family Support Program.* Submitted to the Carnegie Corporation.

Johnston, K. (1990, October). *Mental health consultation.* Paper presented at the Conference on early challenges: Caring for children birth to three, Infant Toddler Consortium of the San Francisco Psychoanalytic Institute, Haywood, CA.

Kagan, S. L., & Weissbourd, B. (Eds.) (1994). *Putting families first: America's family support movement and the challenge of change.* San Francisco: Jossey-Bass.

Kaplan-Sanoff, M., Parker, S., & Zuckerman, B. (1991). Poverty and early childhood development: What do we know, what should we do? *Infants and Young Children, 4*(1), 68–76.

Kazdin, A. E. (1993). Treatment of conduct disorder: Progress and directions in psychotherapy research [Special issue]. Toward a developmental perspective on conduct disorder. *Development and Psychopathology, 5*(1–2) 277–310.

Knitzer, J. (1982). *Unclaimed children: The failure of public responsibility to children and adolescents in need of mental health services.* Washington, DC: Children's Defense Fund.

Knitzer, J. (1996a). Children's mental health: Changing paradigms and policies. In E. F. Zigler, S. L. Kagan, & N. W. Hall (Eds.), *Children, families, and government: Preparing for the twenty-first century* (pp. 207–32). New York: Cambridge University Press.

Knitzer, J. (1996b). Meeting the mental health needs of young children and their families. In B. A. Stroul (Ed.), *Children's mental health: Creating systems of care in a changing society* (pp. 553–72). Baltimore, MD: Paul H. Brookes.

Knitzer, J., & Page, S. (1996). *Map and track: State initiatives for young children and families.* New York: National Center for Children in Poverty, Columbia University School of Public Health.

Knitzer, J., & Page, S. (1998). *Map and track: State initiatives for young children and families.* New York: National Center for Children in Poverty, Columbia University School of Public Health.

Kupersmidt, J., Coie, J., & Dodge, K. (1990). The role of poor peer relationships in the development of disorder. In S. Asher & J. Coie (Eds.), *Peer rejection in childhood* (pp. 274–308). New York: Cambridge University Press.

Lavigne, J. V., Gibbons, R. D., Christoffel, K. K., Arend, R., Rosenbaum, D., Binns, H., Dawson, N., Sobel, H., & Isaacs, C. (1996). Prevalence rates and correlates of psychiatric disorders among preschool children. *Journal of the American Academy of Child and Adolescent Psychiatry, 35*(2), 204–14.

Lewis, M. D. (1996). Trauma reverberates: Psychosocial evaluation of the caregiving environment of young children exposed to violence and traumatic loss. In J. Osofsky & E. Fenichel (Eds.), *Islands of safety: Assessing and treating young victims of violence* (pp. 21–8). Arlington, VA: Zero To Three: National Center for Infants, Toddlers, and Families.

Lieberman, A. F., & Pawl, J. H. (1993). Infant-parent psychotherapy. In C. H. Zeanah (Ed.), *Handbook of infant mental health* (pp. 427–42). New York: Guilford Press.

Link, G., Beggs, M., & Seiderman, E. (1997). *Serving families.* Fairfax, CA: Parent Services Project, Inc.

Lochman, J. E., & Conduct Problems Prevention Research Group. (1995). Screening of child behavior problems for prevention programs at school entry. Special section: Prediction and prevention of child and adolescent antisocial behavior. *Journal of Consulting and Clinical Psychology, 63*(4), 549–59.

Loerber, R., & Hay, D. F. (1994). Developmental approaches to aggression and conduct problems. In M. Rutter & D. F. Hay (Eds.), *Development through life: A handbook for clinicians* (pp. 488–516). Boston: Blackwell Scientific.

Lourie, I. S., Katz-Leavy, J., & Stroul, B. A. (1996). Individualized services in a system of care. In B. A. Stroul (Ed.), *Children's mental health: Creating systems of care in a changing society.* Baltimore, MD: Paul H. Brookes.

Love, J. M., Aber, J. L., & Brooks-Gunn, J. (1994). *Strategies for assessing community progress toward achieving the first national education goal.* Princeton, NJ: Mathematica Policy Research Institute.

Love, J. M., & Logue, M. E. (1992). *Transitions to kindergarten in American schools: Executive summary.* Final report of the National Transition Study. Portsmouth, NH: RMC Research Corporation.

Luby, J., & Morgan, K. (1997). Characteristics of an infant/preschool psychiatric clinic sample: Implications for clinical assessment and nosology. *Infant Mental Health Journal, 18*(2), 209–20.

Luthar, S. S., & Suchman, N. E. (1999). Developmentally informed parenting interventions: The Relational Psychotherapy Mothers' Group. In D. Cicchetti & S. L. Toth (Eds.), *Rochester symposium on developmental psychopathology, volume X: Developmental approaches to prevention and intervention* (pp. 271–309). Rochester, NY: University of Rochester Press.

Luthar, S. S., Burack, J. A., Cicchetti, D., & Weisz, J. R. (1997). *Developmental psychopathology: Perspectives on adjustment, risk, and disorder*. New York: Cambridge University Press.

Lyons-Ruth, K., Botein, S., & Grunbaum, H. U. (1984). Reaching the hard to reach: Serving isolated and depressed mothers with infants in the community. In B. Cohler & J. Musick (Eds.), *Intervention with psychiatrically disabled parents and their young children* (pp. 95–121). San Francisco: Jossey-Bass.

MACRO. (Spring 1997). Personal communication. Preliminary results for Systems of Care evaluation, Atlanta, GA.

McLoyd, V. C. (1990). The impact of economic hardship on black families and children: Psychological distress, parenting, and socioemotional development. *Child Development, 61*, 311–46.

Meisels, S. J., & Shonkoff, J. P. (Eds.). (1990). *Handbook of early childhood intervention*. New York: Cambridge University Press.

Mrazek, P. J., & Haggerty, R. J. (Eds.). (1994). *Reducing risks for mental disorders: Frontiers for preventive intervention research*. Washington, DC: National Academy Press.

National Center for Children in Poverty. (1998). *Young children in poverty: A statistical update*. New York: National Center for Children in Poverty, Columbia School of Public Health.

Osofsky, J. D. (1995). The effects of exposure to violence on young children. *American Psychologist, 50*, 782–8.

Parker, F. L., Piotrkowski, C. S., Horn, W., & Greene, S. (1995). The challenge for Head Start: Realizing its vision as a two-generation program. In I. Sigel (Series Ed.) & S. Smith (Vol. Ed.), *Advances in applied developmental psychology: Vol. 9. Two-generation programs for families in poverty* (pp. 135–59). New Jersey: Ablex.

Patterson, G. R., DeBaryshe, B. D., & Ramsey, E. (1989). A developmental perspective on antisocial behavior. *American Psychologist, 44*, 329–35.

Perry, B. D., Pollard, R. A., Blakley, T. L., Baker, W. L., & Vigilante, D. (1995). Childhood trauma, the neurobiology of adaptation, and "use-dependent" development of the brain: How "states" become "traits." *Infant Mental Health Journal, 16*, 271–96.

Piotrkowski, C. S., Collins, R. C., Knitzer, J., & Robinson, R. (1994). Strengthening mental health services in Head Start: A challenge for the 1990s. *American Psychologist, 49*(2), 133–9.

Poulos, J. (1996, February). Personal communication. Child and Adolescent Service Center Preschool Community Services Program, Stark County, OH.

Prizant, B. M., Wetherby, A. M., & Roberts, J. E. (1993). Communication disorders in infants and toddlers. In C. H. Zeanah (Ed.), *Handbook of infant mental health* (pp. 260–79). New York: Guilford Press.

Rast, J. (1997a, June). Lessons from the village. *KanFocus*, 4.3.

Rast, J. (1997b, July). More village lessons. *KanFocus*, 4.4.

Rutter, M. (1979). Protective factors in children's responses to stress and disadvantage. *Social competence in children* (pp. 49–74). Hanover, NH: University of New England.

Sameroff, A. J., & Emde, R. N. (1989). *Relationship disturbance in early childhood: A developmental approach*. New York: Basic Books.

Sax, P. (1997). Narrative therapy and family support: Strengthening the mother's voice in working with families with infants and toddlers. In C. Smith & D. Nylund (Eds.), *Narrative therapies with children and adolescents* (pp. 111–46). New York: Guilford Press.

Shonkoff, J. P. (1982). Biological and social factors contributing to mild mental retardation. In K. Heller, W. Holtzman, & S. Messick (Eds.), *Placing children in special education: A strategy for equity* (pp. 133–81). Washington, DC: National Academy Press.

Shore, R. (1997). *Rethinking the brain: New insights into early development*. New York: Families and Work Institute.

Sinclair, E. (1993). Early identification of preschoolers with special needs in Head Start. *Topics in Early Childhood Special Education, 13*, 12–18.

Sinclair, E., Del'Homme, M., & Gonzalez, M. (1993). Systematic screening for preschool behavioral disorders. *Behavioral Disorders, 18*, 177–88.

Skiba, R., & Polsgrove, L. (1996). *Developing a system of care: Interagency collaboration for students with emotional and behavioral disorders*. Reston, VA: Council for Exceptional Children.

Smith, S., Brooks-Gunn, J., & Klebanov, P. (1997). Consequences of living in poverty for young children's cognitive and verbal ability and early school achievement. In G. J. Duncan & J. Brooks-Gunn (Eds.), *Consequences of growing up poor* (pp. 132–89). New York: Russell Sage Foundation.

Stein, A., & Associates. (1988). *Parent services project evaluation: Final report of findings*. Fairfax, CA: Parent Services Project.

Stroul, B. A. (Ed.). (1996). *Children's mental health: Creating systems of care in a changing society*. Baltimore, MD: Paul H. Brookes.

Tableman, B. (1995). *A review of infant mental health services in the context of systems reform*. Lansing: Michigan Department of Mental Health.

Tolan, P. H., Guerra, N. G., & Kendall, P. (1995). A developmental-ecological perspective on antisocial behavior in children and adolescents: Toward a unified risk and intervention framework. *Journal of Consulting and Clinical Psychology, 63*(4), 579–84.

Vandenburg, J. E. (1993). Integration of individualized mental health services into the system of care for children and adolescents. *Administration and Policy in Mental*

Health, 20(4), 247–57.

Vermont Agency of Human Services. (1997). *CUPS (Children's UPstream Services)*. A proposal to the Department of Health and Human Services, Center for Mental Health Services, for the Child Mental Health Initiative, GFA No. SM 97-007 CFDA No. 93.104. Vermont Agency of Human Services, Department of Developmental and Mental Health Services, Division of Mental Health, Child, Adolescent and Family Unit.

Vig, S. (1996). Young children's exposure to community violence. *Journal of Early Intervention, 20*(4), 319–28.

Walker, H. M., Kavanagh, K., Stiller, B., Golly, A., Severson, H. H., & Feil, E. G. (1998). First step to success: An early intervention approach for preventing school antisocial behavior. *Journal of Emotional and Behavioral Disorders, 6*(3), 66–80.

Wallach, V. A. (1994). Healthy Start Hawaii: A clinical consultation model within a prevention model. In the *First Healthy Families American Conference: Getting Families Off to a Good Start*. Presentation at the meeting of the Healthy Families America Conference, Oakbrook, IL.

Wallach, V. A., & Lister, L. (1995). Stages in the delivery of home-based services to parents at risk of child abuse: A Healthy Start experience. *Scholarly Inquiry for Nursing Practice: An International Journal, 9*(2), 159–73.

Webster-Stratton, C. (1996, November). *Preventing conduct problems in Head Start children: Strengthening parenting competencies*. Paper presented at the APHA Pre-Conference Workshop, New York City.

Webster-Stratton, C., & Hammond, M. (1997). Treating children with early-onset conduct problems: A comparison of child and parent training interventions. *Journal of Consulting and Clinical Psychology, 65*(1), 93–109.

Wittmer, D., Doll, B., & Strain, P. (1996). Assessment of social and emotional development in early childhood: The identification of competence and disabilities. *Journal of Early Intervention, 20*(4), 299–317.

Yoshikawa, H. (1994). Prevention as cumulative protection: Effects of early family support and education on chronic delinquency and its risks. *Psychological Bulletin, 115*(1), 28–54.

Yoshikawa, H. (1995). Long-term effects of early childhood programs on social outcomes and delinquency. *The Future of Children, 5*(3), 51–75.

Yoshikawa, H., & Knitzer, J. (1997). *Lessons from the field: Head Start mental health strategies to meet changing needs*. New York: National Center for Children in Poverty, Columbia University School of Public Health, and American Orthopsychiatric Association.

Zeanah, C., Jr. (Ed.). (1993). *Handbook of infant mental health*. New York: Guilford Press.

Zero To Three. (1993). *Heart Start: The emotional foundations of school readiness*. Arlington, VA: Zero To Three: National Center for Clinical Infant Programs.

Zero To Three. (1994). *Diagnostic classification of mental health and developmental disorders of infancy and early childhood*. Washington, DC: Zero To Three: National Center for Infants, Toddlers and Families.

参考文献

第 20 章　辅助专业人员的回顾与反思

朱迪思·缪齐克(JUDITH MUSICK)
弗朗西斯·斯托特(FRANCES STOTT)

  我认为我为客户提供的是直接的个人服务。我恰好居住在我服务的小区并且全天都有时间,包括周末。因为住在这个社区,我有机会提供很多资源与服务,就像同住在这个中产阶级社区的医生、律师和其他专业人士一样。很多人如我一样,其实并没有为这个贫困的社区发展做出自己的贡献。因此,我想最直接、有效的方式就是像我这样住在这个小区为贫困的小区居民提供自己力所能及的服务。我来自我服务的社区,并与小区内大多数居民互相熟知。我了解他们的问题,因为我也曾经被这些问题困扰过。我了解这些贫困的人们,因为我也是他们中的一员。
(Specht, Hawkins, & McGee,1968, p.10)

  本章阐释了在以城市社区为基础的早期干预项目中工作人员的角色及其发挥的作用,这类项目以改善有发育风险的婴幼儿护理环境、促进其生长发育为主要目标。在这些项目中,发育风险被视作以下一种或几种因素组合所导致的后果:生长在存在高贫困率、高犯罪率、高失业率和暴力频发等问题的社区里;父母未成年或有生活困难;存在发展障碍或迟缓。这类项目里,很少有类似于医师这样受过专业训练的专业人员来担任改善本小区护理环境的责任。尽管专业人士可以提供咨询或指导,但在这些项目中的大多数直接服务还是由那些住在小区里或者附近的辅助专业人员提供。正是这些与项目参与者私交甚密的"外行"工作人员,为他们做家访、定期看望他们,并确保他们可以获得和利用其他医疗、教育、就业和社会服务。这些工作人员形成了组织严密的社会救助体系,这便是城市里以社区为基础的早期干预方法的本质。

  在本书第1版中,我们关注的是辅助专业人员的角色,即当出现问题时,他们可作为亲子关系的调节者;或者理想状态下,他们亦可作为父母教育观念变化的推动者。当获知这些工作人员在进行如此复杂的工作所面临的挑战时,我们并没有因他们的学识而质疑他们是否能胜任这一角色。后来有篇文章反映出了我们对这样的观念越来越感到不安,我们开始意识到不能过于依赖这些辅助专业人员了,尤其是那些未经专业训练且没有接受专业指导,而又要在项目中面临处理多种危险的儿童家庭的工作人员。在那一章中,我们注意到呈现的问题就是"项目管理者对辅助专业人员不切实际的过高期望,这一错误远远大于辅助人员本身的问题"(Stott & Musick,1994, pp.199-200),是这些管理者让这些工作人员来承担他们根本无法胜任的角色。

  对此问题的持续关注让我们重新思考辅助专业人员在育儿过程中所扮演的干预角色,并促使我们重新转向关注他们发挥有效的、真实的作用。这些角色会更加有效和真实,是建立在辅助专业人员的优势之上,充分利用了他们的人生经历和智慧。这些经历和智慧同样为辅助专业人员以及他们服务的城市低收入家庭带来了社交的、个人的和经济的发展。

在公众服务中启用辅助专业人员

谁是辅助专业人员?

所谓辅助专业人员,或者说业余助手,是那些没有在传统大学、研究院所或专业培训机构中接受过培训的个体。这些工作人员一直都在参与提供社会服务,但是他们发挥的广泛作用仅始于20世纪60年代中期的反贫困运动(War on Poverty)。最初使用辅助专业人员的动力来源于公众服务项目的快速发展,而与之相应的接受过培训的工作人员严重缺乏(如,Albee,1968;Austin,1978;Gartner,1971)。在那个时代,本地工作人员都受雇于当地医疗护理中心(长期住院的病人和药物滥用项目)、心理健康机构、开端计划以及其他儿童早期项目、教育、青少年改造、福利与法律、社区行动项目。与此同时,对辅助专业人员的使用被视为提高服务效率与效果的方法(Austin,1978),因为这减轻了专业人士的工作压力,有些任务可以由较少技能与训练的人完成。最后,辅助专业人员所提供的服务被视为更具性价比。这些理由不仅现在看来是有根据的,而且作为一个有效的实践方案与经济发展策略,对辅助专业人员的安排部署也重新受到关注。

为什么启用辅助专业人员?

经济因素

为什么要在早期干预项目中雇佣辅助专业人员?我们需要从最显而易见的因素谈起:找到足够多的、接受过良好训练的专业人员,并且他们愿意到一个不安全、薪水较低、福利较少的环境中工作是很困难的——而为低收入的城市社区服务的许多项目都具有这样的特征。就连原本来自这些社区的专业人员都不情愿在此工作。此外,雇佣辅助专业人员可以为当地失业人员创造工作机会,为他们提供就业的新途径。

对很多人来说,辅助专业人员的出现提供了更具性价比的服务,尤其是在资源不足和资金匮乏的年代。然而,事实上,如果辅助专业人员尽心尽力地完成他们的工作,这些项目也不太可能节约很多钱。招聘、训练和雇佣一批有能力、能发挥作用的辅助专业人员需要大量的时间、金钱和精力,尤其是对那些为极其贫困社区家庭提供服务的项目。要花费大量的精力和技巧,才能确定某人是否有潜力成为合格的服务提供者。以艾达(Ida)为例,她负责协调缪齐克所研究的儿童保健示范项目的招聘、培训、选拔、督导工作。尽管这些儿童保健服务人员将自己视作专业服务的提供者,但没有一人获得了专业学位,很少有人上过大学,有人甚至没有完成中学学业。在项目最初几年,有大约160名妇女参加了艾达的招聘工作。艾达最后面试了100多位,拜访了40多位,筛选出20~25名应聘者。其中,有4人被录取并接受培训,但最后没有坚持下来;2名被筛选出来后又拒绝入职;有两人在培训期间被淘汰(Musick,1996)。

显而易见的是,招聘过程的工作强度很大但很有必要,也是值得的。那些通过筛选过程的是一群有能力、有热情的女性。她们为儿童提供的照顾非常周到,有些甚至可以用出色来形容。在父母身上展现出来的效果同样也是出色的。尽管花费巨大,招聘并留住这些女性是一项十分重要的任务(Musick,1996)。

对以孩子从出生到接受学前教育的家庭作为目标的家庭支持项目进行成本分析,提出了在该领域使用辅助专业人员的成本-效益问题。例如,对儿童生存(Child Survival)、美好开端(Fair Start)项目的成本分析发现,使用辅助专业人员的支出与使用专业人员的支出的差距并没有想象得那么大(Harkavy & Bond, 1992)。成本分析显示,这些项目支付了大量的时间和金钱在对辅助专业人员的在职指导和培训上,而且对辅助专业人员而言,当地的工资结构也存在很大的变数。类似的情况也会出现在其他家访式家庭支持项目中(例如,Olds & Kitzman, 1993)。

通向更广泛社区的"桥梁"

使用辅助专业人员的有力证据之一是我们认为辅助专业人员对自己的客户有更加深刻的理解,因为他们自己也有类似的境遇。辅助专业人员被看作项目与客户之间的桥梁,因为他们有共同的文化背景,并且居住在相似的社区。在美好开端干预项目的讨论中,哈卡维与邦德(Harkavy & Bond,1992)阐释说,"文化相似性让他们(即辅助专业人员)可以读懂客户一些行为背后的隐喻,以一种可以接受和理解的语言来为客户设计项目信息,避免违反社区规则"(p.186)。

毋庸置疑,桥梁角色将辅助专业人员视作项目实现美好意愿和意图的使者,尊重成员及履行项目承诺的活标志。此外,辅助专业人员不依赖那些让服务者与客户产生距离感的角色和技术,因此他们更容易走进那些形形色色可能不好接近的人的内心,并与他们建立密切的关系(Kalafat & Boroto, 1977)。这些难以走进的家庭往往更相信、更愿意接受辅助专业人员,因为他们来自同一地区,知道相同的街道、人和故事。那些存在诸多问题的父母甚至不觉得他们和自己有多大差别,觉得自己能够被他们接受,而不会因为他们不是专业人员而看轻他们。

辅助专业人员作为受益人

在早期干预项目中,使用辅助专业人员的最后一个主要原因在于这能让他们自身受益。其中之一便是为穷人和长期失业人员提供工作机会。该目标在1964年的《经济机会法案》(Economic Opportunity Act)等类似的法案中已经有所暗示(Austin, 1978)并维持至今。就业动机可以延伸为一门强调持续就业和个人发展"新事业"的哲学(Riessman, 1965)。莱斯曼(Riessman,1965)的"助人者治疗原则"(helper therapy principle)认为,辅助专业人员通过自己的训练和尝试来帮助他人,同时自己也能体验到显著的个人成长。这种成长来源于他们不断获得新机会去丰富发展自身的技能,在心理健康方面得到提高,如自尊心、强烈的愿望、有效改善人际关系的能力。当辅助专业人员意识到这些获益时,往往会变得更加积极,而这种转变会对项目参与者产生更积极的效果。

辅助专业人员的孩子也会成为受益人,这不仅因为他们母亲的经济地位提高,也因为母亲新增长的知识与技能。通过培训与体验,辅助专业人员获得了新的理解与能力,这让她们重新思考并改变自己的教养方式(Halpern & Convey,1983;Musick,1996)。两名参加儿童保健示范项目的服务提供者陈述了自己发生的变化:

> 我并不以此为傲。以我曾经的所作所为,对七岁的儿子而言,我仅仅是一个惩罚者。我打他,狠狠地打他的屁股和腿。有时候我会为此感到沮丧,我应该打动他,因为那曾经是我的家人对待我的方式。通过这个工作、机构和项目传递给我的信息,我明白了要用我的语言和感情打动我的孩子。这对我而言是奇迹,我不再打孩子了。我以前一直在打,我丈夫也如此。现在他正在向我学习。

> 最开始,在参加这份工作之前,我认为孩子们——我不是说虐待儿童,别误会——我是说孩子们需要对你有畏惧感,他们才会尊重你,按照你告诉他的去做。我的大儿子很活跃,因此有时候我会给他点教训。之后我学到了一些东西,我意识到打他没什么好处,我会一直坐下去和他们解释清楚,我已经选择了我的解决方式……好,让我们共同解决。(Musick,1996)

父母教养行为的这种变化对孩子的发展有深远的影响。赫尔(Toby Herr)是匹配计划(Project Match)的创始人和领导者。这是一项在芝加哥发起并得到全国认可的从福利到工作(welfare-to-work)的项目。他发现,对很多辅助专业人员来说,这一社区项目是继他们接受了多年的公共援助之后的第一份工作。赫尔指出,这样的工作往往是从福利到工作过渡的理想方式,因为新工人不必突然从一个熟悉的环境进入到完全陌生的世界。她可以留在感到舒适的社区,并习惯与这种和自己类似的人一起工作的环境。她可以做她自己,周围的人理解她的经历并支持她,而她的工作经验会逐步塑造其新角色和新形象。

儿童早期项目中的辅助专业人员:不同的角色和不同的目标

同时为父母和孩子服务

有两种基本的干预项目同时为父母和儿童提供服务:针对发展迟缓儿童和残疾儿童的项目(Bricker & Veltman,1990),以及为生活在高危环境下的儿童所提供的服务项目(Barnes,Goodson, & Layzer,1995,1996)。在第一类项目中,人们发现在许多基于社区(作为对比,还有基于医院)针对残障或发展迟缓幼儿的项目中都有辅助专业人员的身影,以发展综合干预系统来最大限度地发挥有资格进入干预系统的残障或发展迟缓婴幼儿和学龄前儿童的潜能,并协助他们的家庭,就像《残疾人教育法案》(Individuals with Disabilities Education Act,IDEA)中所规定的个体权利。在这一过程中,各个州和地区都将辅助专业人员整合到对这一群体的服务系统中,有的州和地区还为辅助专业人员创立了新的职业类别。造成这一现状的三个主要原因是:(1)持续的人才短缺;(2)更多的以家庭为中心提供服务的项目以及对文化素养的强调;(3)预算和财政的限制导致各州开始将辅助专业人员纳入员工系统(Striffler,1993)。

与那些试图减少环境风险的项目相比,发展障碍儿童项目的目标和任务更为直接。第一,从一开始,对父母来说,他们参加这个项目的原因就非常明确;第二,各级员工都清楚地知道自己要做什么；第三，孩子更可能取得明显的进步。在这些项目中，主要强调的是孩子所面临的困难，当父母需要帮助来应对困难时，更容易获得帮助，因为这些目标更具体、更清晰（Farran，1990）。

相反，由于其本身的性质，那些针对处于高危环境的儿童项目，包括未成年父母的项目（Brown & Eisenberg，1995；Cohler & Musick，1996），通常都用"改善教养方式"概括其模糊而又野心勃勃的减少风险因素的目标（Halpern，1990）。这个目标的假设是，通过这种项目，父母将能够更好地培养孩子以促进其社会情绪和智力的发展（Musick，1993）。为了实现这一目标，第二类项目采用了诸如家长教育课程、儿童发展小组、亲子活动等方法。而这些方法往往是由辅助专业人员来实施或主导的。到目前为止，这一努力甚至还没有对孩子产生任何重大或持久的效果（Barnes，Goodson，& Layzer，1995，1996）。如前所述，教养过程中的干预措施是一个复杂的、从根本上将是治疗性的努力过程。这种努力需要在育儿方面训练有素的、富有经验的、既有知识又懂实践的工作人员，并且知道在什么情况下，需要做出何种改变。此外，他们还需要良好的监督指导。

拯救苦苦挣扎的家长

项目和社区之间的桥梁并不是辅助专业人员在基于社区的项目中所扮演的唯一可行和具有意义的角色。他们还实现了其他同样很有价值而又实用意义的功能。这些功能对父母和教养方式都有很积极的影响，虽然其作用方式不同于前面所强调的辅助专业人员在育儿过程所扮演的转变推动者的角色。值得一提的是，我们将服务提供者与父母的关系视为建立或重建教养优势的脚手架——转变高风险儿童护理环境的最佳手段（Musick & Stott，1990）。

许多基于社区的家庭支持计划将其使命定义为预防或早期干预。在这些项目中，辅助专业人员的工作通常包括为那些压力过大、负担过大的家长提供一系列物质和社会资源保证。这也许意味着帮助未成年母亲为其孩子找到合适的儿童看护，好让她们留在学校学习，指导她们接受适当的教育或培训项目，当别人打击她们时鼓励她们努力获得成功（Quint，Musick，& Ladner，1994）。辅助专业人员在调节父母教训孩子和危机境遇方面也很有效，从而避免这种情况升级而伤害父母和孩子。例如，他们能够帮助那些在有害关系中苦苦挣扎的年轻母亲从中摆脱出来，不管是朋友关系、同事关系，还是家庭成员关系（Musick，1993）。

同样，辅助专业人员也为未成年母亲提供持续的支持与"母亲般的照顾"，这些情感上需要关爱的年轻妇女经常寻找她们年幼时缺少的母爱和认可。一位辅助专业人员这样描述她与她在家照顾的孩子的未成年母亲的关系：

> 我服务的父母非常年轻，我不得不扮演这位未成年母亲的母亲的角色。这个女孩的妈妈打电话给我说："你做得很好。"与她相比，她的女儿更服从我，也更听我的话。我感到很高兴，这件事鼓励我继续与她合作。（Musick，1996）

这样的养育过程对许多年轻母亲来说，是积极改变的基础，这在由接受救济到实现就业的示范项目中的一些未成年母亲样本身上体现得非常明显。在这些样本的追踪调查中，研究（Quint，Musick，& Ladner，1994）发现，一些更成功的参与者都找到并依靠她们的男性搭档，这些男性搭档通常都有坚强而慈爱的母亲。显然她们这样做是为了确保自己成为更能干的新母亲——能够提供指导、榜样和鼓励，她们知道自己需要继续前进——尤其在前进中不能丢下自己的孩子。以下是两个年轻母亲所描述的她们观察到的同伴家庭与自己的家庭有着怎样的不同：

> 他让某人坐下来，问道："你今天感觉怎么样？……你的情况怎样？"没有多少人会问我这些问题……基本上都是我自己坐下，自言自语道："你今天好吗，安德里亚（Andrea）？你觉得怎么样？"卢（Lou）的妈妈、姐妹们，她们都对我很好。她们一直努力工作，总是在工作。她（卢的妈妈）真的很好。她是一个基督教徒。我认为她真的把孩子们都培养得很好……她做得很好。我希望我有这样的妈妈。（Quint & Musick，1994，p.106）

这些年轻的女性不仅为自己找到了新搭档，还成为更好的新母亲（和家庭）。即使经常意识不到，她们凭直觉就明白，这样的关系是她们为自己和孩子建立更好生活的关键要素。当辅助专业人员承担起代理母亲的角色，他们帮助年轻母亲消除过去的痛苦，让她们走出不良教养方式的怪圈，找到新的解决方案，比她们自己的母亲做得更好（Fraiberg，Shapiro，& Cherniss，1983）。

照顾孩子，也关爱家长

除了那些明确界定为干预措施的项目之外，还有另一类为年幼儿童提供的"干预"，特别是那些在困难环境下成长的孩子。在适当的条件下，高品质的幼儿护理（无论是在中心或基于家庭）可以促进婴儿和学龄前儿童的发展，为他们的父母提供必要的支持和帮助（Musick，1997）。正是在这一领域内发现了辅助专业人员另一种适当的身份。儿童保健服务非常适合没有专业学位的社区内工作人员，这与其技能和经验相匹配，为他们提供力所能及的工作，并且他们能做得很好。但是，这一前提是他们都受过良好的训练并能由训练有素的专业人员提供指导和资源。这一节呈现的大部分数据来自缪齐克（Musick，1996）对家庭儿童护理关系项目（Family Child Care Connection）中的儿童保健服务者、父母、儿童的一项研究。设计这一项目是为了提高生活在芝加哥低收入社区中的婴幼儿的家庭护理质量。

优质的儿童护理就是早期干预，为低收入父母提供前进的机会，又不以牺牲自己的孩子为代价，尤其是年轻母亲（通常是单亲母亲），要帮助她们完成学业，进入或者重新步入工作岗位。高效而积极的服务者不仅仅为这些压力过大、苦苦挣扎的年轻父母照顾孩子，还为他们树立了有效教养方式的榜样，与他们分享社会化能力的训练经验，例如，如厕训练、断奶或戒掉奶嘴、与他人相处、学习正确的餐桌礼仪，等等。

当服务者帮助哭闹的婴儿和躁动的幼儿放松安定下来，解决他们吃饭、睡觉和纪律问题时，他们也间接地促进了积极的亲子关系，预防或减少了冲突（Caldwell，1991）。父母认为这种共享的角色减轻了他们的负担，并非常感激他们接受的帮助。

> 我觉得她真的帮了帕特丽夏（Patricia）。我觉得是因为我和雪儿（Sheryl，她孩子的照料者）抚养了这三个男孩，这让照顾他们的工作似乎变得容易些，她教帕特丽夏这么多，所以我的工作并没有那么困难。

父母非常看重能在孩子身上观察到的积极变化，并将这些收获归功于孩子的照料者：

> 因为丽纳（Rena，孩子的照料者），她不再害怕虫子了。我知道也是因为丽纳，莫伊拉（Moira）不再用奶嘴了。

第一周,她还不会走呢。这周末,她竟开始与罗尼(Ronnie,孩子的照料者)一起走路。我问:"你是怎么做到的?"她跟她在一起是如此快乐。她学习了很多东西。她给了我一个惊喜。

我确实把他(孩子)绝大多数的改变归功于和她(孩子的照料者)的相处……比如,分享,还有他说的一些话……例如,他说"我爱所有的动物,我爱所有的颜色"……他能数到十了。他认识所有颜色,他知道所有形状。他还能自己穿好衣服了,除了系鞋带。

服务提供者也注意到这些积极的改变,找到他们的个人成就感:

我看到了这些变化。最让我欣慰的是,父母也同样有积极改变……这个两岁的小家伙,她什么事都哭……她一直想要奶瓶。她知道一旦她哭了,就能得到奶瓶。我给她戒掉了奶瓶……她知道了她不用哭闹就能得到东西。她的语言表达能力好了很多,她做事情也越来越好。她的母亲刚找到一份新工作……但不大顺路,要花很多时间带她来这里(服务提供者的家)……我们商量了一个解决方式,让她可以待在这里,因为她的妈妈不想带她离开这里。她已经学会了很多东西。她祖父母完全反对她的妈妈带她,而现在他们看到她学到了很多东西,很高兴她把她送过来。这使我感到非常欣慰。当我第一次接触吉娜(Gina),就是那个孩子,她不能坐起来……那时候她八个月……她的变化对我来说是奖励。我知道,我教她,甚至她妈妈对此也是颇为赞赏的。两个星期之内,我让她爬行、坐立……我做了所有的练习,帮她坐起来,让她站起来……她妹妹开始时有点孤僻害羞,后来也开朗了很多……这让我感觉真的很棒,他们每天早上穿过门口时都会拉住我说,"你好,埃姆(Em)"。

最重要的是,好的儿童保健提供者会把孩子白天的生活安排得妥妥当当,否则这些孩子的生活会毫无规律、缺乏结构。在温暖的养育关系的背景下,他们还要建立规矩。

孩子们需要知道他们的规则、规矩。你告诉他们,他们照做就好了。

在适应作息表的过程中(当然作息常规中也会有些许变动),年幼的儿童会内化形成秩序感并开始理解次序——一件事接着另一件。这种能力为其适应学校的作息规律做好准备。合格的儿童护理提供者还能够支持并鼓励家长做好工作和家庭生活之间的平衡(Musick,1996)。他们照顾父母和孩子的同时,还提供各种建议和帮助:

我们(妈妈和她的孩子的护理提供者)坐下来畅谈人生。她经历的事情,我经历过的事情。她给我提建议。她有虔诚的宗教信仰,所以我喜欢听她说话。她真的对我很好。如果她有什么想对我说,就会对我说。她非常诚实。我喜欢她这一点。

为了庆祝节日或生日,一些儿童照顾提供者也会做一顿大餐,或仅仅是给工作疲惫的父母特殊优待。

(儿童照顾提供者:)圣诞节、感恩节或其他什么类似节日时,我会为(他们的父母)准备一顿晚餐。他们不需要同时回来,下班回来就行……我会为他们准备一份不是特别丰盛的晚餐。曾经有几次,我只是在晚上为他们做了通心粉和意大利面之类的东西……你可以看到家长们也会看着其他孩子,他们的孩子和其他孩子在一起玩耍。父母们很高兴看到孩子们这样子。此时他们感到自己的责任更重了。

（父母:）前几天我和孩子们一起进来坐在桌前,然后孩子们开始吃早餐。我通常早上会花10~15分钟和他们一起吃早餐。丽纳也过来把早餐递给我。她为我做了一片烤面包和一杯咖啡。我觉得她已经为我做了很多。

儿童照顾提供者和家长之间建立的这种互相尊重的养育关系,对处境不利的家长们,特别是对单亲母亲们来说,具有非凡的意义。睿智而成熟的儿童护理提供者对那些忙着工作（或完成学业）的父母而言,扮演着他们孩子的替身母亲、奶奶、顾问、老师和教练等角色,并且用有限的社会和经济资源培育孩子们。毫无疑问,他们很快就成为那些不幸的、几乎没有相关支持的低收入年轻父母的家庭（人力）资源。

高素质的、有积极性的、受过良好培训的儿童护理提供者也是一种重要的社区资源。一个辅助专业人员说道:

当给我们提供各种培训时,其实我们也是为社区而受训。这样的培训使我们能培养有用的孩子。我们得到了我们的回报,甚至比应得的还要多。

当儿童护理被承认,并被褒奖为有价值的工作,儿童护理项目也组织得有序且非常稳定时,将会有更多的人受益,即使是没有直接参加项目的其他社区成员也能受益。

在此之前,我常常照顾那些可能会去我去的教堂的人,那样的一个小圈子。现在,我更关心我的社区。即使我一直都参加社区事务,但现在我更关心自己的社区了。因为通过这个项目,我更了解它了……因为人们都知道这个项目,他们呼吁这个项目,他们呼吁我、询问我、告知我:"我们有这样的需求;这是我们想要做的,我们希望你这样做帮助我们。"

通过这种方式,儿童护理提供者把自己当作社区所有婴幼儿的管理员。一些人也这样看待他们。类似地,在早期干预项目中,辅助专业人员担任了家访人员、父母权益倡导者,同时还履行着为社区建设服务的功能,帮助低收入家庭通过救助机构获得服务。

如何用好辅助专业人员

对新目标的培训与督导

一旦启用辅助专业人员被明确后,辅助专业人员的成功运用就依赖于两个核心假设。一是明智地招募新成员。如同专业人员和服务对象是一个异质群体一样,辅助专业人员也是如此。对年轻的工作人员来说,受聘于这一项目也许仅仅是自己职业生涯中择业和就业的第一小步。中年和老年女性也许是想在成功抚养自己的孩子之后,为社区里的其他孩子做些事。她们也许是想为家庭带来一些额外收入。也许他们是单身父母亲,这是有生以来第一次不依靠政府救济独立生活。尽管这样的多样化是令人满意的,反映出对每个社区多样性的敏感程度,但有一些个人特质是不可或缺的。辅助专业人员,如同专业人员一样,应该是有同情心、直觉敏锐的人,应善于与他人保持良好积极的关系。同时,他们必须易于接受新的思考和行为方式,而且也要乐于反思自己和自己的工作。最重要的是,作为与高压下苦苦挣扎的家庭一起密切工作的人,他们需要有丰富的常识并且内心强大。这些素质条件都必须在招募新员和早期督导阶段仔细观察和留心。这些素质条件为成功启用辅助专业人员奠定了基础(Musick & Stott, 1990)。

二是很好地构思和实施培训和督导,并且完全与项目及其目标整合。这种培训和督导模式为辅助专业人员创造了掌握新角色、新的工作身份和新知识的氛围,让辅助专业人员保持自我学习和个人发展的步调,并且适合他们的学习风格和经验。例如,角色扮演是一种高效的培训技术,它提供了积极的与实践直接挂钩的学习方法。此外,一个构思良好的培训和监督模式提供了持续发展的机会,增加了个体(即辅助专业人员)运用知识和技能的能力和自豪感,这些在个体行为上都有所体现。

这种模式的充分执行取决于对专业人员的特别培训。以社区为基础的辅助专业人员,尤其是那些进入或重新进入工作领域的人,往往在工作中会有很多实际困难。当他们应付新的角色和责任带给他们的转变和挑战时,有些人也几乎得不到周围人的支持和鼓励。许多人还需要承担各种各样照顾家庭的责任——这是需要花费时间和精力。如果工作和家庭的需求发生了冲突,细心并且知情的督导者可以及时出面处理。如果未能得到解决,这样的情况很有可能会不断恶化,干扰到服务提供者对项目参加者提供服务的有效性,甚至影响和同事之间的关系。不加以控制的话,这些情况最终可能会干扰到她在工作中的熟练度和积极性。在早期干预项目中,与父母一起工作的辅助专业人员的监管主要涉及以下三个关键主题:沉默领域、反移情作用以及低期望值。这几个方面是辅助专业人员在谈论自己的孩子或者项目中的家长和孩子时应该注意的。

沉默领域

在很多以社区为基础的项目中,大多数直接服务都是由生活在社区内或附近的辅助专业人员执行的。有研究者(Halpern, 1990)提出"沉默领域"(domains of silence)这一概念,恰如其分地描述了一种在辅助专业人员之间广为流传的现象。这个概念是指辅助专业人员可能要避免和项目参与者讨论某些话题或问题,因为他们发现这些参与者会被自己吓坏或者有些文化上的禁忌。例如,在很多未成年父母的项目中,家访服务者和父母团体服务者几乎不会肆无忌惮或者持续不断地谈论性行为、家庭计划、收养、家庭暴力、性侵犯等沉重的话题,或是那些会影响孩子发展的育儿措施和决策(Musick, 1993)。

沉默领域现象体现为辅助专业人员不愿以父母的立场处理和受助父母的关系,而是以孩子们的照料者和社会化促进者身份工作。那么沉默领域现象究竟是怎么起源的呢?当然,一个主要因素是对这个领域以及允许公开讨论的文化和群体规范缺乏足够认识,尤其是涉及诸如收养、儿童体罚之类的话题。另外,还可能有些私人因素,导致一些辅助专业人员不敢涉入。例如,一个服务提供者能够揭开年轻父母过去和现在的伤疤吗?尤其是那些给父母的育儿实践与亲子关系产生消极影响的伤痛,可能她自己都没有处理好相似的经历和伤痛。如果她并没有察觉到自己成长过程中的怨恨或者隐藏了她养育自己孩子过程中的内疚,她还能有效地对待未成年父母艰难的育儿实践吗?如果她否认或抑制自己的经历或被侵害的感受,她能够理解或是干预周围的性侵犯事件吗?如果她自己的生活中没能与他人建立起互相尊重的关系,她还能为年轻的母亲(父亲)形成良好的尊重关系提出建议吗?如果她自己都困在这些挣扎中,她还能够持之以恒、直截了当地指导年轻父母负责任的性行为和家庭计划吗？由于不敢公开承认自己内心的这些挣扎，可能会使她们在需要说话或行动时保持沉默。

反移情作用

"反移情作用"（countertransference）这个术语在这里是指辅助专业人员对参与者和他们的处境保持心理距离时可能遇到的困难。最初，这个术语被用来指代精神分析学家对病人的移情这种情感反应。它被认为是治疗师客观对待患者的干扰因素（Gitelson，1952）。然而，现在这个术语更广泛地被用来指治疗师情绪上的扭曲或干扰，导致共情的失败，不能注意、理解或者不能完全解释病人的情况，包括把一些患者理想化或不喜欢某些患者。反移情现象来源于多种多样外在和内在的心理学现象。这里的反移情是指服务提供者自己没有意识到的一些感受，可能会无意中伤害或者没有帮到服务对象（Richan，1978）。例如，知道了年轻妈妈对孩子的态度或行为实际上是有害的，假如这就是你被抚养长大的方式或者你感受和对待自己小孩的方式，这可能对服务提供者来说非常痛苦。有关依赖性、自主性、违拗症、分离、过分自信、攻击性的发展问题以及强烈情感的表达方式，都可能造成亲子关系范围内的冲突，尤其是在那些有问题或者问题很多的家庭。这些问题可能极大地影响服务提供者的反应，因为他们在情感上已经严重超负荷，可能把他们带入到一直否认或压抑的痛苦意识中。

从理论上讲，专业的临床训练会考虑到这样的心理现象。社会工作者、精神病医生或其他公众服务专家应该具备能力，识别出是反移情作用干扰了治疗关系，从而妨碍治疗师看清实际情况，造成扭曲的临床认知和行为解释。一般情况下，这些培训并不是辅助专业人员的工作经历，我们也不提倡完全像专业人员一样为他们提供这样的培训。然而，当问题引起了辅助专业人员对自己问题的反复思考时，为了防止问题被忽视或严重恶化，按照这一本质精心设计和精确执行的培训是非常有用且有必要的。此外，这样的培训能够以不破坏辅助专业人员为高风险家庭带来的真正福利的方式进行。

低期望值

第三个妨碍辅助专业人员应对项目参与者（例如父母）能力的因素是过低的期望值，这主要表现在两个水平：(1)辅助专业人员曾经或现在对自己孩子的低期望；(2)他们对服务对象（包括父母和孩子）的低期望。较低的期望通常是由贫穷和歧视的经历内化导致的。无力感和无助感是一系列相互关联的因素内化所导致的结果。它可以由过去或现在的经历而直接显露出来，也可以通过观察某父母应对所处特定生活环境的方式而间接明晰。

少数民族身份或贫穷的心理体验太频繁会降低他们对孩子以及过上优越生活的期望。特别是当家庭成员遭受过心灵上毁灭性的经历、无休止的心灵创伤、众多生活事件的压力和极其有限的社会支持时，这种感觉更强烈（Clark，1983）。在描写他研究的低成就高中生的父母时，克拉克（Clark）写到，这些父母"在人生的早年就已经遭受到了严重的心灵打击。过去（或现在）在家里和生活中经历的影响还在不断渗透，留下的心灵伤疤如此之深，以致他们不能也不愿意全情投入，发挥做优质父母的能力"（p.192）。克拉克提到，他们有"持久的、不可估量的负担和伤痛，他们现在人格精神匮乏"(p.192),他们觉得不会有生活得更好的机会,即使很关注自己的孩子,他们也缺乏希望、毫无力量,也不会期待自己能给孩子带来积极影响,让孩子比仅仅活着过得好一些。这些父母"只是难以发觉他们怎样才能做到更好"(p.190)。有趣的是,这些父母的生活背景并不都比那些克拉克教授用来作为对照组的父母差。不过,他们的"无力感和无助感的差别具有显著性"(p.191)。

根据这样的观点,使用辅助专业人员的最大好处之一就是他们和参与者有着共同的背景、互相理解,但这同时也被视为社区项目组织结构的一个潜在劣势。许多辅助专业人员都发现与她们共事的年轻母亲和不久之前的自己十分相似。尽管他们在学习、工作以及社交方面都取得了一些成绩,但与之相比,他们作为父母的角色则要逊色很多。例如,有研究(Brooks-Gunn & Furstenberg,1986)发现,有一组曾经的未成年妈妈成年后都取得了一定成就,但她们孩子的发展还是跟那些成年人孩子的发展差许多。而且这个差距随着孩子成长愈发明显。如果一个人想让自己脱离世代的贫困,在不借助近亲或远亲帮助的情况下,肯定会影响他在促进孩子成功以及为孩子带来最大利益方面的能力。尽管长大后孩子取得了不错的成绩,但儿时留下的负面阴影会让他们在心理和行动上都给自己定下相对低的期望。总之,项目策划人员的挑战在于把辅助专业人员变成有效的变革推动者,要意识到有些辅助专业人员自身也需要以社会情感资源的支持来完成眼前的任务。

坦率地说,辅助专业人员如果开始的时候就怀抱着较高的期望,对所服务的父母的积极发展是最好的。当然,有的辅助专业人员对自己、自己的孩子和服务的家庭都有着良好的期望,但他们可能仅有高的期望,却缺乏实现期望的方法或让别人实现期望的方法。幸运的(并且熟练的)项目策划人将会招募到这样一些工作人员,他们的训练和指导集中于获得新知识、新资源,或者提升他们已有的技能。遗憾的是,这些特质在大多数辅助专业人员中并不典型。对他们来说,期望这个问题必须以一种有意义的方式出现,因为如果与项目策划人所持的有关父母和儿童的观点截然相反的话,对孩子发展的教养原则都不会有效。解决辅助专业人员对家长和孩子低期望问题的第一步是采用新的培训方法。

培训问题

我们曾认为那些为高危父母和儿童提供服务的辅助专业人员提供理念好、实施好的培训,在某种程度上可以打破代代循环的适应不良和发展不利的教养模式。如今我们仍然认为,培训和督导可以解决这些问题,但我们认为让辅助专业人员承担实质上的临床任务是不明智的,也是不合适的。虽然临床监督是专业人员推动问题父母和不良亲子关系心理变化不可或缺的工具,但那些为非临床病人提供服务的辅助专业人员有一套不同的工作目标。与问题群体一起工作的时候,在临床问题出现后的指导中,有关于反移情或沉默领域等问题的自我认知非常重要,因为在早期干预中,这些问题会不可避免地时不时出现。然而,这种能力不应该是辅助专业人员培训和指导中的重点。

在以社区为基础的早期干预中,这些家庭可能面临着日常生活中的许多挑战和危机,但他们不是"临床"人群。从事儿童工作的人员以及参与家庭支持和未成年家长项目、儿童护理中心和家庭式儿童护理之家,以及开端计划和学龄前项目的家长,需要足够的时间和机会来观察和学习与项目目标紧密相关的书面材料和知识基础。他们也要求有关当地实际情况的基础性、实践性指导。在这种监督模式下,导师的角色就是保持辅助专业人员的"工作方向"——帮助她们理解应该做什么,为什么这样做,以及预期的结果是什么。最后,培训和督导应该以直接的、系统的、具体的和相互尊重的方式,向辅助专业人员提供支持和信息,通过定期会议明确和强化预期目标。

诸如开端计划、早期开端计划、儿童护理中心以及0—3岁发展问题儿童干预计划等直接为儿童提供服务的项目,培训目标可以相对直观地反映项目的目标。如果目标是为儿童做好入学准备,最后顺利入学,那么除了育儿护理之外,辅助专业人员需要有一整套正规知识,以适合儿童发展的方式应用在幼儿身上。因此,辅助专业人员丰富的本地知识和生活经验,应与专业知识和专业培训内容结合起来。虽然在这样的背景下,辅助专业人员需要了解关于儿童行为和发展、父母、教养方式以及辅助关系方面的知识,但单凭他们自己无法成功地引领幼儿学习核心学科知识。在不利环境下成长的儿童,需要用到每一个可能的优势——包括高素质的教师来帮助他们在学校取得成功。

辅助专业人员和专业人员的配合是互惠的,后者从前者获得启发,防止自己在实施干预措施时出现错误。一位经常为以社区为基础的0—3岁儿童项目提供咨询的专家提到:

> 在这个早期干预项目中,我们与父母配对工作。我们发现,那些与我们搭档的社区里的辅助专业人员帮我们在父母那里树立了威信。他们另一个很重要的角色就是帮我们解释父母某些行为的意义,这有助于我们了解它们在特定情况下的含义。也就是说,我们已经学会了和社区里的工作伙伴一起,检验我们对父母行为所表达的意思是否理解正确,他们做出相应的反应,"是的,当她说(或做)这个的时候,就是这个意思"或者说"不,这不是这位母亲要表达的意思"。我们的合作伙伴,有时给我们重新解释、澄清其含义,让我们理解或按正确的意思去做。

项目结构和辅助专业人员的成功

清晰的理念和明确的目标程序,准确的角色定义和工作说明,为项目提供了把握全局的环境——一种适合于各级员工的指导结构。在这样的环境中,辅助专业人员了解对他们的期望是什么以及如何去实现;培训和督导是项目目标下的自然产物。遗憾的是,在对父母和儿童同时干预的项目里,这些目标、培训和督导都没有得到很好的落实,特别是针对环境高危儿童和父母的项目(Stott & Musick, 1994)。辅助专业人员不能确切知道对他们的期望是什么,因为对他们的培训和督导都未能建立和维护相关的执行标准、应尽的职责和要达到的目标。以社区为基础的家庭支持计划的理论基础来源于社会支持相关文献,这些文献(如,Weiss & Jacobs, 1984)强调通过辅助婴儿的临床干预原则来解决如何胜任育儿过程中的具体困难(如,Fraiberg, 1980; Greenspan, 1981)。

在这样的项目中,为辅助专业人员确定一个清晰的角色非常困难。非正式的社会支持及临床干预不容易精确地定义。除此之外,辅助专业人员需要"创造"新的角色,调整角色以使不同类型的家庭都可以接受(Halpern & Larner, 1988)。他们必须这样做才能平衡参与者个人的需求和项目目标和计划的顾虑。

大多数环境高危儿童早期干预和预防方案的最高目标一直是优化儿童发展,提升其可教育性,并保证以后教育的成功(Farran,1990)。实现这些目标在很大程度上依赖于对环境的处理。我们知道在婴儿期和幼儿期,父母是儿童主要的环境,这些项目总体上强调父母是孩子生命中的"窗口",而教养是促进(或抑制)儿童发展的形式。然而,目前还没有确切的证据证明干预项目对父母的行为或婴儿的发展变化能够保持长期的效果(Halpern,本书)。

教养方式是一种关系,一种与儿童互动、养育并引导这个年轻而有依赖性小生命的方式。因此,我们不能以了解一个学科的方式去学习,也不可能通过职业能力去获得。这似乎是不言而喻的,但许多早期干预方案似乎把教养方式当作了一种工作来定义,也就是说,在最初没"学会"的情况下,可以被教或反复地教。事实上,我们对父母教养能力的正常发展过程还知之甚少。因此,不能带来显著变化非常普遍,也不足为奇。学者和从业者进行了技术上的比较,但他们很少去分析所设置的目标到底能带来什么样的改变。

如果改变早期的教养环境包括改变家长,这可以在与父母有合作关系的背景下完成。围绕着与父母的合作关系展开的问题,其变革推动者并不是方法或课程,而是另一些人。这些人及其建立的关系的质量,在任何干预中都是最重要的因素。这些关系是建立或重建父母教养能力的脚手架。在最好的情况下,把职业目标设定为"发展关系"这一非常模糊的表述时,我们很难确定精确的职位描述。

很显然,在早期干预项目中辅助专业人员需要一定的知识和实践基础。这可以通过职前和在职培训获得,也可以通过有关儿童发展、早期教育、儿童保健、育儿、干预策略等指导获得。理想情况下,培训和指导会促进服务提供者知识和技能的不断提升,如同维果茨基(Vygotsky,1978)提出的"最近发展区"一样,通过管理和激励的方式,个体可以超越自己已有水平。辅助专业人员也需要不断反思自己和自己工作的机会和平台。这样的机会包括定期的团队例会和互动工作坊,以及经验和观察的日志。

显然,辅助专业人员的效率随着她的态度和行为而改变。她们可能在合作关系中过分强调和突出自己的问题,将自己的价值观强加给参与者,或者难以与父母分工合作,与其他员工不合,或者兼而有之。督导这种激励机制,对自我反思和自身工作反思非常重要,但我们并没有为专业训练有素的心理学家、社会工作者、顾问等提供典型的临床督导模型。

辅助专业人员,教养方式和社会化改变

虽然我们不再认为将辅助专业人员定位为父母的临床治疗角色是合适的,其实还有其他一些很有意义的与父母合作的方式,特别是这些项目里的大多数父母都没有生病而不需要临床干预时。在这些模型中,有一些是前面所描述的,如为困难的父母提供支持,指导和培养年轻母亲自主掌握育儿技巧,帮助父母照顾孩子,以及为社区孩子的父母提供资源支持。辅助专业人员为父母的生活带来积极影响的另一种方式是:通过促进社会化改变来促进孩子的发展。在这里我们用"社会化改变"(social change)一词来表示诸如婴幼儿说话和阅读等活动,找出学龄前儿童并使其参与开端计划和幼儿园前强化项目,以及确保孩子接种了疫苗并有规律地进行了身体健康检查等。这种行为最好是由与孩子的父母背景相似的辅助专业人员来进行,这样的人更容易出现行为上的积极变化,特别是当他们坚信这些活动的时候。父母可以选择性地做出这些变化,

在某种程度上,这是因为他们会受到与服务提供者之间关系的影响。他们接受服务提供者提出的价值观和信仰,是因为信任她,想变得跟她一样。教养行为的改变通过父母影响到另一个社交网络,包括她接触的辅助专业人员和其他家长。相反,辅助专业人员或大或小的成功取决于她与专业人员之间的关系,这些专业人员给她做培训、提供指导以及使她社会化进而进入新角色和职业身份,这些专业人员还传授新知识,启发她们更快地进入自己的社会化改变。这种多级过程运行正常时,便创建了一个"支持链"(Musick & Stott, 1990),促进服务提供者积极的成长发展,从而带动父母群体类似的成长,然后这些父母用他们所获得的能力来促进其自身和孩子们的成长。

如果个人社会化改变会影响其实践,从而影响服务的接受者,那么了解这些改变为什么在某些情况下比另一些情况下更容易出现就非常重要。为什么辅助专业人员在健康保健系统中比在社会服务中更成功(这些社会服务系统包括了许多早期干预项目)?难道是卫生保健机构往往有更清晰和固定的行为准则,更清晰的职位、规则和职责定位么?刚开始在医院或诊所工作时,辅助专业人员(如,医疗和护理助理)经常发现自己在这个系统中会有不同的社会价值观和信仰。例如,在医院里探望表姐时,一个女人问助理一个问题却被忽略了。一个与助手、病人和访客种族背景相同的护士,直接肯定地对助手说,"当访客提问题的时候,你应该回答"。要想在这个新的环境中取得成功,这个助手需要适应和改变,护士也知道这一点。从某种意义上说,护士已为助手指明了个人社会化改变的方向,使她在自己选择的工作中做得更好。

类似地,社会服务提供者坚定地告诉未成年母亲"喂婴儿牛奶,而不是苏打汽水"或"当你喂他的时候,抱紧你的宝宝",鼓励父母的社会化改变,并帮助年轻的母亲成功育儿,通常是其他领域取得成功的激励人心的第一步(Musick, 1993)。与未成年父母一起工作很难,然而,一些服务提供者把他们视为挑战,而且很同情这些未成年父母和他们的孩子:

> 我服务的一个未成年母亲,已经有两个孩子……不久前刚满 15 岁,他们都很不容易……你真的跟这些孩子相处试试……我真的想让他们成为大人,但在他们的立场,他们还得听他们父母的话,他们和父母生活在一起,他们还是父母的孩子。(Musick, 1996)

和前面描述的护士和助理事件相似,服务提供者在为未成年母亲服务时,最有效的方法是明确而坚决地引导他们朝着必要的社会化方向发展。

> 我会告诉她,"听着,当你不能按时去做(带她的孩子去儿童护理中心),如果你要迟到了或者将要发生什么,我不想让你妈妈给我打电话,也不希望是你的妹妹、爸爸、叔叔、阿姨。你为这几个孩子负责,我想你用成年人的方式处理问题"。她只是笑了笑,害羞地点点头,说:"好吧。"那个孩子就再没迟到过。

以这种直截了当的方式,在这些目标非常明确的情况下或许更容易些。儿童护理的环境对父母和儿童来说似乎比其他家庭支持项目和早期干预计划有更直接的指向性。

结　　论

本章所表达的内容包括在儿童和家庭项目中所观察和研究到的关于辅助专业人员的大量材料,主要是在极低收入的大城市地区。如前所述,当辅助专业人员的工作明显急需时是最有效的,这是我们再三思考的结果。这就是说,这项工作是真正明确的,扎根于实际日常问题的解决,提供真正服务,如儿童护理或健康护理等。作为早期干预团队的一部分,辅助工作人员可以通过间接发挥工具作用来影响教养方式,例如提供物质和社交的资源。尊重关系的培育是实施这种功能的工具,并且使他们自身受益。与此同时,他们不应把这种关系视为结束。

本章介绍了辅助专业人员如何才能最有效地发挥作用。他们很少有过成功的情况,但这并不是由于自己的个性缺点而主要是由于两个程序性的因素。首先,辅助专业人员的服务来源于项目理念和目标,这些目标和理念经常没有明确定义或者过分不切实际。诸如改善亲子关系、预防青少年怀孕和加强家庭之类的目标,显示了对社会服务过分幼稚的理解。把项目焦点放在家庭关系和个体心理健康上,本身不能防止或治愈什么本质上的社会问题,如贫困、失业和犯罪。

第二个因素是辅助专业人员的不合理使用。当为家庭或个人提供心理压力方面服务时,最好由受过专业训练的人员进行。清晰的角色界限不仅对项目参与者有利,也为那些将来想继续深造成为专家的辅助专业人员提供了激励。

总之,对儿童早期干预项目中的所有人员来说,辅助专业人员应该得到仔细规划和执行的培训和督导。这意味着它充分整合了项目及其目标,为辅助专业人员创造一个获得新知识、新技能和新职业身份的环境。现实的目标以及在专业人员指导下基于个人经验的反思是促进辅助专业人员不断进步、能力不断提高、获得工作成就感的两大支柱。

参 考 文 献

Albee, G. W. (1968). Conceptual models and manpower requirements in psychology. *American Psychologist, 23,* 317–20.

Austin, M. J. (1978). *Professionals and paraprofessionals.* New York. Human Sciences Press.

Barnes, H., Goodson, B., & Layzer, J. (1995, 1996). *Review of research on supportive interventions for children and families, 1*(2). Cambridge, MA: ABT.

Bricker, D., & Veltman, M. (1990). Early intervention programs: Child-focused approaches. In S. J. Meisels & J. P. Shonkoff (Eds.), *Handbook of early childhood intervention* (pp. 373–99). New York: Cambridge University Press.

Brooks-Gunn, J., & Furstenberg, F. (1986). Antecedents and consequences of parenting: The case of adolescent motherhood. In A. Fogel & G. Melson (Eds.), *Origins of nurturance* (pp. 233–58). Hillsdale, NJ: Erlbaum.

Brown, S., & Eisenberg, L. (Eds.). (1995). *The best intentions: Unintended pregnancy and the well-being of children and families.* Washington, DC: National Academy Press.

Caldwell, B. (1991, June). Educare: New product, new future. *Journal of Developmental and Behavioral Pediatrics, 12*(3), 199–205.

Clark, R. (1983). *Family life and school achievement: Why poor black children succeed or fail.* Chicago: University of Chicago Press.

Cohler, B., & Musick, J. (1996). Adolescent parenthood and the transition to adulthood. In J. A. Graber, J. Brooks Gunn, & A. Petersen (Eds.), *Transitions through adolescence: Interpersonal domains and context* (pp. 201–31). Hillsdale, NJ: Erlbaum.

Farran, D. C. (1990). Effects of intervention with disadvantaged and disabled children: A decade review. In S. J. Meisels & J. P. Shonkoff (Eds.), *Handbook of early childhood intervention* (pp. 501–39). New York: Cambridge University Press.

Fraiberg, S. (Ed.). (1980). *Clinical studies in infant mental health.* New York: Basic Books.

Fraiberg, S., Shapiro, V., & Cherniss, D. (1983). Treatment modalities. In J. Call, E. Galenson, & R. Tyson (Eds.), *Frontiers of infant psychiatry* (pp. 56–73). New York: Basic Books.

Gartner, A. (1971). *Paraprofessionals and their performance.* New York: Praeger.

Gitelson, M. (1952). The emotional position of the analyst in the psychoanalytic situation. *International Journal of Psycho-Analysis, 33,* 1–10.

Greenspan, S. (1981). *Psychopathology and adaptation in infancy and early childhood: Principles of clinical diagnosis and preventive intervention.* New York: International Universities Press.

Halpern, R. (1990). Community-based early intervention. In S. J. Meisels & J. P. Shonkoff (Eds.), *Handbook of early childhood intervention* (pp. 469–98). New York: Cambridge University Press.

Halpern, R., & Convey, L. (1983). Community support for adolescent parents and their children: The parent-to-parent program in Vermont. *Journal of Primary Prevention, 3*, 160–73.

Halpern, R., & Larner, M. (1988). The design of family support programs in high-risk communities: Lessons from the child survival/fair start initiative. In D. Powell (Ed.), *Parent education as early childhood intervention: Emerging directions in theory, research and practice* (pp. 181–207). Norwood, NJ: Ablex.

Harkavy, O., & Bond, J. T. (1992). Program operations: Time allocation and cost analysis. In M. Larner, R. Halpern, & O. Harkavy (Eds.), *Fair start for children* (pp. 179–97). New Haven, CT: Yale University Press.

Kalafat, J., & Boroto, D. R. (1977). The paraprofessional movement as a paradigm community psychology endeavor. *Journal of Contemporary Psychology, 5*, 3–12.

Olds, D., & Kitzman, H. (1993). Review of research on home visiting for pregnant women and parents of young children. *Future of Children, 3*(3), 53–92.

Musick, J. (1993). *Young, poor and pregnant: The psychology of teenage motherhood*. New Haven, CT: Yale University Press.

Musick, J. (1996). *Uncovering the many sides of family child care: A study of the family child care connection*. Chicago: YWCA of Metropolitan Chicago.

Musick, J. (1997, January). *Having to work and paying to work: Low income parents view day care costs*. A report prepared for the Illinois Department of Public Aid.

Musick, J., & Stott, F. (1990). Paraprofessionals, parenting and child development: Understanding the problems and seeking solutions. In S. J. Meisels & J. P. Shonkoff (Eds.), *Handbook of early childhood intervention* (pp. 651–67). New York: Cambridge University Press.

Nittoli, J. M., & Giloth, R. P. (1998). New careers revisited. In R. P. Giloth & J. M. Nittoli (Eds.), *Jobs and economic development: Strategies and practice* (pp. 152–76). Beverly Hills, CA: Sage.

Quint, J., & Musick, J., with Ladner, J. (1994). *Lives of promise, lives of pain: Young mothers after new chance*. New York: Manpower Demonstration Research Corporation.

Riessman, F. (1965). The "helper" therapy principle. *Social Work, 10*, 26–32.

Richan, W. (1978). Training of lay helpers. In F. Kaslow (Ed.), *Supervision, consultation and staff training in the helping professions* (pp. 115–32). San Francisco: Jossey-Bass.

Specht, H., Hawkins, A., & McGee, F. (1968). Excerpts from the casebooks of subprofessional workers. *Children, 15*(1), 7–12.

Stott, F., & Musick, J. (1994). Supporting the family support worker. In L. Kagan & B. Weissbourd, *Putting families first: America's family support movement and the challenge of change* (pp. 189–215). San Francisco, CA: Jossey-Bass.

Striffler, N. (1993). *Current trends in the use of paraprofessionals in early intervention and preschool services*. Chapel Hill, NC: National Early Childhood Technical Assistance System.

Vygotsky, L. (1978). *Mind in society*. Cambridge, MA: Harvard University Press.

Weiss, H., & Jacobs, F. (1984). *The effectiveness and evaluation of family support and education programs*. Final report to the Charles Stewart Mott Foundation.

参考文献

第21章　儿童早期干预项目人员准备

南希·K. 克莱因（NANCY K. KLEIN）
琳达·吉尔克森（LINDA GILKERSON）

1986年修订通过的《全体残疾儿童教育法案修正案》(Amendmends of the Education of All Handicapped Children's Act)①（公法99-457）的 H 部分（现在被称为 C 部分）重点关注婴儿及幼童，B 部分重点关注学前教育，给专业人员及家庭带来了新的挑战和机遇。在这个立法中存在一个哲学框架，强调以家庭为中心、跨学科、协作性的儿童早期服务。虽然立法为儿童和家庭创造了新的介入教学的机会，但该领域面临一个主要挑战：是否存在充足的高素质人才储备，来为社区大范围的有特殊需要的幼儿及其家庭提供服务。

合格的儿童早期干预人员是那些训练有素的，在融合环境中（Miller & Stayton, 1996）以有特殊需要的婴儿、幼儿和学龄前儿童及其家人为工作对象的，采用以家庭为中心的服务提供模式（McCollum & Bailey, 1991）的跨学科团队（Bailey, 1996）。联邦法律规定，无论哪个专业的工作人员，都需符合最高的国家入门标准，并且规定国家需制订人力资源发展综合系统（Comprehensive System of Personnel Development, CSPD），以满足各专业对高素质工作人员的需求。培训计划必须保证人员不仅满足州政府和联邦政府的要求，还要满足作为该领域建议的专业实践质量标准（Bredecamp & Copple, 1997; McCollum & Maude, 1992; NAEYC, 1996; Odom & McLean, 1996）。专业人员必须取得特定学科的知识和更多的专业知识、能力、个人才能，以满足各年龄阶段的服务对象：婴儿、幼儿、学龄前儿童及其家庭的特殊需要（Thorp & McCollum, 1994）。此外，持续的反省监督和满足其专业成长的继续教育对提高工作满意度、表现和保留各个层次的员工是必要的（Fenichel, 1992）。

本章的目的是探索儿童早期干预专业人员培养过程中的机遇、挑战和有效措施。我们认为，人才培养问题中的不同理念主要体现在婴儿期的服务提供和儿童早期设定的现行做法以及有争议的相关问题。虽然该领域是跨学科的，但本章的重点是强调早期教育工作者的作用：特别是研究从出生到3岁孩子的儿童发展专业人员以及学前教育中的儿童早期特殊教育者。有研究者（Bricker & Widerstrom, 1996）描述了8个学科门类的专业人士，以及参与基于社区的儿童早期干预团队的助教人员。

这一章节阐述了对合格人才的需求，并描述了目前的人才短缺情况。我们探讨的哲学框架基础上的服务提供是从出生到5周岁的儿童，并在基于该领域的价值观念和做法的基础上，提出

---

① 原文如此。——译者注

人员准备的指导原则。接下来,我们介绍婴幼儿和学龄前儿童训练人员的角色和能力,并描述职前和在职培训计划的基本内容和形式,突出介绍了创新实践,并特别突出强调成人学习者的需求。最后,我们归纳了相关的挑战和建议、措施,以实现人员准备有利于儿童早期干预服务的立法目标。

对合格专业人员的需求

为婴幼儿和学龄前儿童提供单独服务的训练有素的专业人员的严重短缺在《残疾人教育法案》(Individuals with Disabilities Education Act,IDEA)中已经有据可查(Bruder, Lippman, & Bologna, 1994;Meisels, 1989;Meisels, Harbin, Modigliani, & Olson, 1988)。这一短缺预计将持续到21世纪,发生在特殊教育(Office of Special Education Program/OSERS, 1989)、物理治疗及职业治疗(National Easter Seal Society, 1988)、护理学、言语和语言干预(Yoder, Coleman, & Gallagher, 1990)等诸多领域。短缺的原因归纳在IDEA的C部分,规定了成功地为婴幼儿以及学龄前残疾儿童服务的人员所具备的技能和知识(Bailey, 1989;Bailey, Farrel, O'Donnell, Simeonsson, & Miller, 1986;McCollum & Thorp, 1988)。此外,C部分要求从几个学科的专业角度(比如,物理、职业、言语治疗,护理,心理学和社会工作)进行协同培训,以评估儿童和家庭,并提供服务(Bruder, Lippman, & Bologna, 1994)。这一要求提出了特别的挑战,这要求他们拥有充裕而全面的相关服务专业人员(即言语、职业和物理治疗师)。这些人员对于一个跨学科的团队是至关重要的。与运动医学等新领域相比,治疗师的短缺可能源于在早期干预领域工作的人员处于一个较低的薪级水平,随着治疗服务需求的不断增加,有更复杂的医疗和发展需求的儿童也会增多(Widerstrom & Abelman, 1996)。

对大量准备从事婴幼儿工作的专业人员来说,一个巨大的障碍是许多专科及大学的人员职前准备程序不能提供满足其需要的课程(Bailey, Palsha, & Huntington, 1990;Bailey, Simeonsson, Yoder, & Huntington, 1990),而且也不打算提供这些课程。有学者(Gallagher & Staples, 1990)调查教育学院院长后发现,他们没有培训从事早期儿童工作的专业人员的方案。对这样的调查结果有不同的解释,在许多大学教师培养计划和实施方案中重要的问题是缺乏培养为特殊需要婴幼儿及其家庭提供服务的人才的技能和知识(Bailey, 1989;Fenichel & Eggbeer, 1991;Thorp & McCollum, 1988)。此外,许多高校的儿童早期特殊教育(early childhood special education, ECSE)储备人员不具备言语、职业或物理治疗训练方案,使跨学科的培训非常困难(Kilgo & Bruder, 1997)。

另一个导致C部分和B部分项目问题出现的原因是融合性的高质量实习下良好从业人员的不足。在大多数社区,绝大多数针对婴幼儿的项目尚未把残疾儿童纳入。虽然在大多数社区有为正常发展儿童提供的学前教育计划,但是高质量的融合的设置很少,因为缺乏员工培训、可利用的跨学科咨询和资源来支持合作计划(Bricker, 1995)。最后,许多大学都无法提供资源支持教师通过自身的努力,去根据提供的单独或群体监督和学员实践反映的机会进行培训。这些都是劳动力密集型的、昂贵的活动,需要大量的资源,而许多高等教育机构正在削减预算(Kilgo & Bruder, 1997)。

儿童早期干预的目标人群

在人员准备的早期干预计划的组成部分中,要解决的首要问题是目标人群的性质。拥有和即将确定拥有服务的儿童主要包括以下几种:(1)确定具有残疾的婴幼儿和学龄前儿童(如唐氏综合征、脊柱裂、视觉障碍);(2)在日益增加的风险环境中的婴幼儿和学龄前儿童(例如,极端贫困和未成年的父母);(3)在生物风险增加中的婴幼儿、学龄前儿童(例如,极低出生体重和窒息史)。这类儿童的早期干预计划旨在"通过提供发展及治疗的儿童和家庭支持和指导服务,最大限度地减少潜在的发育迟缓,修复存在的问题,并防止制度化"(Meisels,1985,p.115)。越来越多的儿童通过项目的 C 部分参与了国家儿童保护机构。这些孩子和他们家庭的需要跨越了学科、项目和服务体系的界限,要求整合残疾、早期教育、儿童福利的新领域。

哲 学 基 础

特殊教育领域出现了公平性的承诺,并被很强的哲学取向塑造着。在本节中,我们描述了三种 0—5 岁儿童早期干预服务项目背后的哲学框架:(1)以家庭为中心的服务;(2)儿童发展和学习的互动方式;(3)自然主义干预方法。接下来,我们描述不同的哲学框架对专业人员储备的意义。

以家庭为中心的服务

儿童早期干预中最深远的转变是对家庭作用的重塑。虽然该项目曾以家庭为辅,但新的范式是将家庭放在服务中心的。这种革命性的理念变化被正式立法予以保障。法律规定,家长和专业人员应携手合作,发展个性化家庭服务计划(individual family service plan,IFSP)。IFSP 强调满足家庭以及孩子的需要。因此,家庭在早期教育过程中成为受人尊敬的合作伙伴(Bennett, Nelson, & Lingerfelt, 1992)。这种范式转变对父母—专业关系的性质产生了深远的影响,并对人员准备有明显的影响。

将家庭系统导向介绍到特殊教育中是这一转变的核心。家庭系统方法挑战干预人员,把家庭看作一个动力系统,在这个系统中,一个家庭成员的相互作用会对所有其他成员产生"涟漪效应"(Minuchin,1974)。这里强调家庭的复杂性和个性。关注家庭关系、家庭结构和层次结构、文化背景以及家庭成员的个人资源等多个决定因素(Barber, Turnbull, Behr, & Kerns, 1988)。家庭系统理论引入了"家庭生活周期"的概念(Carter & McGoldrick, 1980)。特恩布尔(Turnbull,1987)敦促干预者采取较长的时间框架,以帮助家庭发展"马拉松技能",比如,认识自己和家人,建立人际关系,无条件爱你的孩子,经历并从情绪中受益,预测未来,并寻求平衡。他指出,早期干预的领域,需要寻求目标和方法的平衡点,因为平衡是家庭发展所追求的。

家庭系统理论把注意力集中在家庭含义和个别家庭应对及适应风格上(Olson, McCubbin, Barnes, Larsen, Muxen, & Wilson, 1983;Winton, 1990)。承认家庭的多样性和家庭的复杂性要求干预人员通过自我意识(Lynch & Hanson,1992),对不同文化的信息知识以及对这方面知识的敏感度成功相互作用的有效运用来发展跨文化能力(Chan,1990)。悲痛和缺失模型作为理解残疾人家庭生活的唯一框架是一种挑战(Lynch & Hanson,1992;Wikler,Wasow,& Hatfield,1981),并被一系列的适应模式所取代(Miller,1994)。家庭导向通过实施家庭权力和家庭中心的护理框架被纳入干预计划模型。区别这些模型与其他模型的基本变量是:(1)家庭是决策者;(2)项目有稳定的基础;(3)服务针对儿童或更宽泛的家庭问题(Dunst,Johanson,Trivette,& Hamby,1991)。以家庭为中心的方法完全是一种客户导向和能力增强的体现。有学者(Summers et al.,1990)发现,父母亲在早期最想从专业人员处了解的是与情感的敏感性紧密相关的信息。因此,专业人员应该转变角色,在互相尊重的环境中去分享他们的知识,以便提高孩子和家庭的能力。

儿童发展和学习的互动方式

致力于儿童早期干预的研究主要集中在通过儿童集中刺激模式,改善其发展缺陷(Simeonsson & Bailey,1990)。"修复方法"是在传统干预观点指导下对残疾儿童有效的解决方法。有学者(Turnbull & Turnbull,1986)描述了这种方法的四种构成要素:(1)儿童被看作有缺陷的;(2)儿童的差异价值是通过完成了多少发展进步来衡量的;(3)指令是每个人与儿童交互的主要模式;(4)儿童的完整人性可以达到近似常态。

针对残疾人的修复方法假设"注入"模式是发展完成所必需的:儿童成为成人干预控制的被动接受者。与该种模式形成鲜明对比的是当前发展理论,它强调发展的交互性质(Sameroff & Chandler,1975)、早期关系的应答质量(Sameroff & Emde,1988;Stern,1977,1985)和固有的社会属性的学习(Vygostsky,1978)。儿童自我意识的发展不仅来自他自己,还来自其他人对他的看法和评价。儿童的掌控感不仅被他或她的成就感所推动,也被他或她周围人的期望和赞同所推动。对于残疾儿童,其发展的主要不足是自我获得性行为较少,导致其拥有较多的被动行为和较少的自我应对技能(Mahoney & Powell,1988;Zeitlin & Williamson,1990)。

格林斯潘(Greenspan,1992)指出,对于一些显著延迟发展的儿童,主要目标是让他们形成自我认知,也就是自己的人格——感觉到自己是互动、独特的个体。为此,他建议每个干预项目,无论是运动、认知、语言还是自助项目,都应该包含社会情感目标。这个命题的前提是强调没有所谓的纯技术干预,所有目标的变化都是根据儿童来的(Kalamson & Seligman,1992)。从儿童的视角出发就意味着应该考虑儿童的发展目标和特性。重要的是要记住父母经常用专业人员与他们的孩子交往的方式来模式化自己的行为。"当父母认为干预者是在要孩子做事情多过于理解孩子正在做的事情时,他们将以更加侵入式的交互方式来与自己的孩子交往,尽管有时感觉有些奇怪。"(Kalamson & Seligman,1992,p.50)

自然主义干预方法

干预模式是跨学科的,是在哲学思想的指导下形成了规划儿童干预更加自然、互动、综合的方法(Bricker & Cripe,1992;Greenspan,1992;Linder,1993;McCollum & Yates,1994;

McWilliam,1992,1995;Zeitlin & Williamson,1994)。有研究者（Zeitlin & Williamson,1994)提出,习得特定的发展技能(如区域堆积)是发展中的一种资源而不是一个终点。布里克和克里普(Bricker & Cripe,1992)提出了一个基于活动的干预模型,认识到利用学习者动机、兴趣和行动让儿童积极参与到活动中来对于活动的意义和作用。遵循儿童的发展特点内置程序、计划和儿童自发性活动是干预的关键。他们分析案例后指出,对处于低发展水平和更重大残疾的儿童来说,其泛化能力和学习迁移能力更有限,对于这些儿童,间接利用儿童兴趣的策略更有意义。林德(Linder,1993)以评估与诊断为基础的游戏干预方法要求父母和专业人员成为儿童发展、学习风格和互动模式的指导者。林德(Linder,1993)和麦克威廉(McWilliam,1995)提出,干预措施应该是儿童自然生活中围绕愉悦交互和功能性活动而组织的。

治疗方法从职业疗法、物理疗法到言语和语言疗法经历了一个更加重视自然发生学习的机会,即更加强调儿童的参与积极性和较少的动手便利化的平行转变的过程(Harris,1980,1997;Kaiser & Hester,1994;Warren,1992)。

儿童早期教育：发展适宜性实践

在儿童早期教育（early childhood education, ECE)的通用领域中,发展适宜性实践(developmentally appropriate practices,DAP)已经成为学前教育机构所广泛采用的框架模型,强调学习和发展的相互影响(Bredekamp,1987)。DAP课堂强调使用游戏积极地探索和与材料的交互作用。采取让每个学生感兴趣且适用于多样化儿童团体的学习活动(Fox, Hanline, Vail, & Galant,1994)。DAP 来自于维果茨基（Vygotsky,1978)的建构主义理论,其意义在于促进每个儿童的独立性发展。DAP课堂为其员工提供了根据儿童的个别差异和发展需要运用多种教育教学行为的环境。

在宽泛意义上,DAP既不以教师为中心也不以学习者为中心,既不以任务或课程为中心也不以儿童为中心。当然啦,DAP是以儿童的敏感和互动为中心的。

尽管外界普遍支持让学生使用DAP,但不是所有的早期教育工作者都支持这个观点(Safford,1989)。持强烈批评DAP观点的人主要基于该方法缺乏识别作为关键利益相关成员的文化和语言多样化的能力。反对者也表达了一种担心,文化问题不是被看成环境而是特点,而这正在降低在社区可能听到父母意见的程度。

儿童早期特殊教育最佳/推荐实践：DAP的补充

一些儿童早期特殊教育研究者倡导对特殊需要儿童全面实施 DAP 方法（Berkeley & Ludlow,1989；Mahony, Robinson, & Powell,1992)。其他人则认为应谨慎督促和维护,并提出对于有特殊需要的儿童是可以采用 DAP 的,但是还需要适应和调整(Bredekamp,1993)。总而言之,DAP课堂为特殊需要儿童提供了一个恰当的环境。然而,基于单独指导的程序将不足以满足许多高危特殊需要儿童和这些儿童的特殊教育。

《早期干预/儿童早期特殊教育：推荐实践》（*Early Intervention/Early Childhood Special*

Education: Recommended Practices)（Odom & McLean,1996）提供了实践者们在 ECSE 中的实践综述。这些为 ECSE 提供的实践,为 ECE 提供的 DAP 指导原则能够被用来作为个体练习和课堂实践活动的基础。由此产生的推荐实践方法描述的基本内容,应该包括知识和技能,这对准备高度熟练的儿童早期特殊教育从业人员的工作是至关重要的,同时也应该包含在私人准备项目中。

DAP 修订

最新版本的《早期儿童项目中的发展适宜性实践》（*Developmentally Appropriate Practice in Early Childhood Programs*）由布雷迪坎普和科普尔（Bredekamp & Copple,1997）编辑,是美国幼儿教育协会（National Association for the Education of Young Children, NAEYC）和特殊儿童理事会（Council for Exceptional Children, CEC）早期儿童部（Division for Early Childhood, DEC）成员的合作成果。与早期版本相比较,该版本涉及了更多的高危和非典型性儿童。特别地,在 1997 年版本里面清楚地探讨了发展适宜性实践的定义,包括对每个儿童个性的了解和回应。

布雷迪坎普和科普尔（Bredekamp & Copple,1997）在十二原则（表 21.1）中指出,教师在包容性较高的课堂中,对儿童可以采用引导其做出决定的方式。这些原则基于儿童的发展、涵盖较广泛的发展领域,适用于所有儿童,包括对高危和特殊需要儿童的研究。专业干预策略,利用 ECSE 操作规程建议,可以为那些发育迟缓,还有高危发展性的儿童,人为地以及适当地单独设定视觉、听觉和物理障碍的干预策略。DAP 及其修订方案为许多早期儿童设定中的特殊需要儿童提供了非常有利的条件。

表 21.1　体现发展适宜性教学法的儿童发展和学习的原则

- 儿童发展的领域——身体、社交、情绪和认知——都是紧密相关的。一个领域的发展会与其他领域的发展相互影响。
- 儿童发展具有相对稳定的顺序性,后续能力、技能和知识的获得常以已有的为基础。
- 不同儿童的发展速度存在差异,每个儿童在不同领域中发展也是不平衡的。
- 早期经验对每个儿童的发展都可能起到促进或阻碍作用。某一特定类型的发展和学习都有最佳发展期。
- 儿童发展朝着可预测的方向进行,会更加复杂、有组织和内在化。
- 发展和学习出现在多元社会和文化背景中,并受其影响。
- 儿童是主动的学习者,根据直接的身体体验、社会经验以及文化传承的知识,来建立他们自己对周围世界的认知。
- 发展和学习是儿童与环境互动的结果。环境包括儿童生活的物理环境和社会环境。
- 游戏是儿童社交、情绪和认知发展的重要工具,同时也能反映出儿童的发展水平。
- 当儿童有机会实践新近掌握的技能时,或他们正好处于"最近发展区"时,发展会加速出现。
- 儿童会呈现出不同的认识和学习模式,并以不同的方式展示他们所学到的东西。
- 儿童在安全、受重视、身体需求得以满足以及感觉到心理安全的社区环境中,会发展和学习得最好。

摘自：Bredekamp & Copple,1997,pp.10-15

自然环境的融合

IDEA 所倡导的在最少受限制的环境中融合,对学龄前残疾儿童的教育实践一直是一种催化剂。学龄前儿童的融合意味着在社区项目引入一个高危或者有特殊需要的儿童。"融合属于一个社区——一群朋友、一个学校社区,或者一群邻居"(Allen & Schwartz, 1996, p. 2)。这些环境包括但不限于家庭支持项目、育儿计划、托儿所和幼儿园、开端计划和娱乐项目。许多高危儿童参加了开端计划及其他学前教育和育儿计划。婴幼儿的融合可能涉及家庭的服务、相对的护理、家庭育儿或者托儿中心的环境。

融合环境的目标是让儿童有机会完全成为一个群体的成员,因此享受社会和物理整合。这些儿童参与所有的项目或课堂活动,通过修改,以满足他们各自的需求,并且可以从专业人员那里获得咨询以帮助员工做适当的修正(File & Kontos, 1992)。

基于哲学、伦理、教育和法律依据,残疾儿童的融合包含有力的支持者和批评者(Fuchs & Fuchs, 1994)。布里克(Bricker, 1995)鼓励仔细思考融合并关注有关的专业人员,其看重的是概念层次的东西,但似乎忽视了对儿童个人的真正意义。她认为成功的融合应该包括以下三个因素:(1)成人对有特殊需要的儿童积极和建设性的态度;(2)一些相关的资源,比如协作规划时间、材料、设备以及资源的获取;(3)课程设置。

融合项目提供了在适当的实践发展情境中,保存实现残疾儿童发展目标和目的的个性化方法以及评估结果的机会。在20世纪90年代早期的儿童早期特殊教育和儿童早期教育中有所变化,正如前面所说的,让融合教育变成现实是有希望的。儿童早期特殊教育课程整合的教学策略现在更多强调的是儿童自主的活动,教师扮演的是一个反馈者而不是一个指导者的角色(Mahoney, Robinson, & Powell, 1992)。在DAP课堂中还有一个开放性弹性设置,考虑了一个直接或者间接的混合策略去满足每个儿童更全面的学习需要。虽然这些正在发生缓慢的变化,但是有证据显示,融合作为一种实践正在被广泛认可和接受(Wolery et al, 1993)。

专业人员准备的意义

在儿童早期特殊教育的多种方法中,融合环境下以家庭为中心的交互式方法对人员准备有重要的意义。这种转变对大学教师和社区教练是极大的挑战,其很有可能需要重新审视自己对职业家庭关系,对家庭、儿童和有障碍儿童的教学方法的信仰和经验。因此,专业人员准备采用新框架构建学习者的能力、课程内容和教学形式。这里我们描述的专业人员暗指的是与家庭、儿童有关的工作人员,以及在一系列早期干预和早期儿童设置范围内形成的团队。(对于更广泛的关于家庭中心的人员准备方法,参见 Beckman, 1996; Bennett, Nelson, & Lingerfelt, 1992; Edelman, 1991; McBride & Brotherson, 1997; Roberts, Rule, & Innocenti, 1998; Winton, 1992。)

与家庭发展尊重、协作的关系

以家庭为中心的服务要求从业人员应该具备协作、支持和谈判方面的技能(McBride & Brotherson, 1997)。人员准备强调跨学科,理解以家庭为中心原则和显性培训交流——包括听力和口语、认真聆听的能力以及能够明白家长的观点,是家庭中心的实践核心(Seligman & Darling, 1989)。对家庭优势、偏好和关注的回应需要专业人员学习去理解和尊重家庭安排并能够意识到他们自己的目标和动机。因此,当务之急是对儿童早期特殊教育的教师进行训练,主要包括作为专业能力的自知之明的积累(Bowman,1989)。萨默斯等人(Summers et al.,1990)认为,父母优先关系以一种从容不迫的气氛,用一种非正式对话风格来进行一定程度的相互批驳。因此,专业的核心家庭的沟通能力包括学习评价和欣赏家庭的故事,用吸引人的、自然的方式提供信息,当你敏感地意识到你在人际交往中处于人与人之间界限的时候,你要学会分享自己。以家庭作为合作伙伴的职前和在职教育被证明是在早期干预中输送家庭中心地位,证明家长—专业人员合作力量最有效的手段之一(Capone,Hull,& DiVenere,1997)。早期干预中,父母和专业人员的亲密接触要求对儿童早期的专业性特殊教育工作者进行一个新的定义,由此导致人员准备的新方法的产生。

从以优势为基础的角度工作

家庭中心和家庭赋权模型假设他们的优点和能力已经存在于家庭和孩子当中,并且这种工作的干预是和这些现有的、可扩展的能力相匹配的。有学者(Dunst,Trivette,& Deal,1988)定义的家庭优势是家庭功能风格,也就是说,是家庭组织解决问题和满足其成员需求的方式。C 部分要求将家庭优势纳入 IFSP 过程。人员准备的努力以多种方式集中在家庭上,从教授关于家庭优势的知识到应用活动,例如,在家庭访谈中学习倾听优势(American Association for Marriage and Family Therapy,1995),或者学习询问强调家庭优势的问题(Bennett,Lingerfelt,& Nelson,1990)。优势观点并不是忽视家人或孩子的脆弱性(Hirshberg,1998);相反,它的观点是把脆弱性视为画卷中的一个部分,把有些优势当作起始点来进行改进。然后,职业教育的目标是提高干预从业者的舒适程度,提供全方位的人类情感和经验——包括积极的和消极的——干预从业者的工作方向是以综合的方式强调优势、合作弱势(Shanok,1992)。这种学习最好是通过持续的工作指导和临床监督来完成。

成为系统的思想家

采用家庭中心的方法时,干预从业者必须系统地思考问题。这意味着以儿童为导向的专业人士得理解系统是以一个整体工作的,造福儿童的干预措施必须衡量各个子系统在家庭的相关影响:夫妻、父母、兄弟姐妹。在这种框架下,干预从业者不是去偏袒而是广泛地看待系统,并找到最好的方式使特定的家庭系统发生变化。如前所述,干预从业者需要领会原有的家庭风格——家庭沟通、解决问题、面对孩子成长和社区相关联的方式,并与之协同,这是了解一个家庭如何最好地组织自身来解决期望的早期干预目标的关键。一个系统方法伴随着以优势为基础的模型;从系统的角度来看,残疾被看作一个健康的家庭功能的延伸。

以家庭为中心的服务意识到家庭角色是最终的决策者,需要灵活的领导模式来利用每个人的技能和资源(Turbiville,Turnbull,Garland,& Lee,1996)。基于系统方法的培训为干预从业者准备了分享权力和避免极化。系统方法将当前的即时性问题引向更大的图景。因此,专业人员应考虑干预的强度和干预的时机,以及与参与者利益相关的干预需求。

发展反思和自我认知的能力

反思是指不断知觉一个人在观察什么、做什么、感觉什么的能力（Fenichel，1991）。反思既是一种手段也是一个目标。反思既是检查一个人与儿童和家庭工作状况的一种方法，也是一种与"行动中反思"和"行动后反思"接近的工作方法（Schon，1983）。处理关系不仅依靠情感而且依靠智力。基本能力包括理解别人的价值观和信仰、文化习俗和专业偏见；培养一种个人风格的意识（如性格和应对机制）；学习认识自己的反应并对自己的反应和相互作用负责。在面向家庭的服务中，当角色转变时，专业工作人员能妥当地区分人际关系中内在固有的复杂情感和动力机制是至关重要的（Shanok，1992，p.37）。监督关系为这种类型的发现和学习提供环境。费尼切尔（Fenichel，1992）描述了三个元素必须出现在监督中：可靠性、合作、沉思的机会。有学者（Pawl，1995b）指出，监督在各个学科都应该，或者至少，给个人机会发现他或她自己的信念、态度和特征反应，并且意识到他或她同样会成为别人灵感的接受者。个人或团体可以提供机会反思和监督。杂志写作、与同事共享的反思性随笔，甚至电子在线监督可以提供机会给参与者以检查他们的实践。尽管是心理健康学科的要求，但是这种传统类型上的反思监督没有包括教育工作者的职前或在职培训。加拉赫（Gallacher，1997）用一个广泛的审查监督、指导和辅导方法得出结论：这样的机会必须是早期干预中个人全面发展项目的一部分，这些成功的过程取决于引导者的技能。"对监督、指导、训练的个体来说，专业指导和持续的全员发展必须优先考虑"（Gallacher，1997，p. 209）——早期干预人员准备中需要努力的另一方面。早期干预领域的研究生培养已成功探索了让家长做合作导师的实践经验（McBride，Sharp，Hains，& Whitehead，1995）。

主要强调儿童发展

在儿童早期，一般特殊教育工作者的培训的内容应该是发展的方向，包括所有的儿童发展领域相关的研究：认知、语言、社会情感和正常发展儿童及高危或残疾儿童的生理。把发展方法放在每个儿童连续统一的发展进程中，并与那些处于危险中的儿童和残疾人进行联系，沿着每个人的发展谱都能看到。从发展的角度认为，儿童目前的身体机能涉及在所有领域普通或规范预期的顺序下完成发育技能（Safford，1989）。教师培训使用的发展方法被概括为拥有对发展需求、儿童的特点和适当的互动能力的准确理解（Day & Drake，1986）。发展方法的中心前提是"通过有适合发展的材料和活动的直接经验学得最好的儿童是主动学习者"（Safford，1989，p.43）。

尊重儿童的贡献

走向更自然的干预规划要求专业人员学会考虑在执行观察和干预计划时，对儿童来说什么是重要的：什么是儿童的发展议程（Als，1978）？什么是儿童要完成的以及他们目前使用的是哪种方式？儿童能为自己做什么和他们需要从环境中获得什么？在这个框架中，残疾被理解为发展过程的一个方面。从学生在训练中要掌握的程度看，直接观察和建模是必不可少的。学生需要充足的机会去观察并与教师和导师谈论那些儿童。他们需要听到和看到，考虑把儿童的观点作为干预规划过程的一个重要特征意味着什么。有父母参与的观察是一个共同确定儿童的兴趣、优势、动机和挑战的强大论坛。帮助学生了解如何提供家庭指导、国际服务（Slentz & Bricker，1992）是最具挑战性的任务之一。

发展儿童参与的协调能力

自然主义的干预需要高度的协调以及儿童的高参与度。对许多儿童来说，这种相互作用是一种非语言水平的。人员准备项目必须为儿童提供多种观看施教者行动的机会，通过支持和指导，开发他们的能力来有效地吸引儿童，先逐一进行然后是一个小群体一起。ECSE人员需要接受专门的训练以便掌握能够让他们敏锐发现非常细微的信息和每个儿童的发展需要的观察技术（Cohen，Stern，& Balaban，1997）。学生需要有许多在行动中自我观察的机会：看儿童对他们提议的反应，或者看他们对儿童参与度的反馈。这种类型的相互作用的观察和反馈是所有儿童干预技巧的基础，同样应该作为职前培训以及对经验丰富的从业者进行持续监督的核心。

使用跨学科/协作教学和学习

跨学科的方法是儿童从出生到5岁早期干预服务的基本组成部分。全面实施一个个性化家庭服务计划（IFSP）或者个性化教育计划（individualized educational plan IEP）需要一个团队所有成员承诺以共同的目标工作。因此，跨学科的价值观和实践是最初级的和正在进行的人员准备的基本特征，并且能够通过运用在一定背景下的这些概念进行人员培训（Bailey，1996）。ECSE、ECE的学科以及相关服务学科的教师分担了理解自然的一体化发展和多个学科视角的重要性的专业人士的责任。高等教育的跨越学科边界提供了专业培训访问多个知识库关于融合教育的第一手经验。跨学科培训可以采取多种方式，但不限于客串讲座、跨学科学位项目（Bailey，1996；McCollum，Rowan，& Thorp，1994；Rosenkoetter & Stayton，1997）。除了新的教师的伙伴关系，职前项目必须与社区提供商建立新连接，包括创造了家庭中心模式的经验丰富的一系列学科从业者，在融合学习环境下准备下一代的早期教育工作者。父母、管理人员和相关服务人员的参与一起合作形成跨学科团队，提供了学生协作实践的成功案例。学习借鉴经验丰富的同事和父母是一种能力，将支持终身职业发展的目标。

使用更加适用的和活跃的教/学形式

以家庭为中心和融合服务的职前和在职准备，涉及探索的态度和价值观以及相应的知识和技能。当合成和应用性与一个以价值观为基础的方法一样复杂时，就要求采用通过真实的生活问题来吸引学习者积极参与的教学方法（Harris，1980）。这些包括角色扮演、现场应用、案例研究、引导反思、自我心理分析以及临床指导。家庭作为合作伙伴参与这些类型的人员准备活动可以加深学习经验，提供家庭中心复杂性和在支持环境下从家庭获得反馈的第一手见解。

把职前、在职、职后监督放在同样重要的位置

因为儿童和家庭角色的复杂性,以及融合的挑战,关于早期干预的专门教育必须被视为一个包括职前、在职和持续监督的连续体。有研究者(Fenichel & Eggbeer, 1991)确定了婴儿早期、童年早期专业发展的四个元素:(1)在一个适用于所有关心婴儿、幼儿和家庭框架的概念基础上建立知识库;(2)获得直接观察、与儿童和正在工作的家庭互动的机会;(3)个性化地监督学生去反思自己的学习;(4)同事内部的支持和早期训练中的跨学科会贯穿人的整个职业生涯。

大学和学校日益采用专业发展学校(professional development school, PDS)作为整合职前和在职培训的一个基本模式,并且作为提高教学和学习的一种策略(Darling-Hammond, 1994)。PDS 的主要目的是通过一个专业发展和研究的计划项目增强儿童的学习。职前学生被放在 PDS 所有现场经验中,以团队的形式进行教学,包括教师、构建到 PDS 议程中的专业发展和研究。

    PDS 模型的意图是为职前和在职的参与者、大学和其他参与者提供协作教学经验,让他们站在平等的地位。它使教育专业人员通过参与大学的实习研讨会以及协助新从业者来提高儿童和家庭服务质量。(Wesley & Buysse, 1997, pp.68-69)

尽管 PDS 模型现在主要在中小学中运用,但是它有用于儿童早期教育环境,如儿童保健和能够进行在网站交费后的跨学科培训的先行中心的巨大潜力。

专业角色、能力素质和基本内容

尽管达成共识的核心领域知识被从事婴儿、幼儿和学龄前儿童的专业人员分享,但仍然存在婴儿早期干预训练人员要求的信息和技能不同于学龄前儿童干预训练人员的准备,以及提供给两个年龄组的训练项目应该反映出这种不同的强烈观点(Bricker & LaCroix, 1996; Bricker & Slentz, 1988)。接下来,我们将重点分析儿童早期干预中婴幼儿和学前教育专业化中的角色、技能和基本内容。

婴幼儿阶段的专业化

基本原理 在有直接关系的职业角色和人员准备项目方面,婴儿、幼儿和他们家人的需要不同于学龄前儿童。婴幼儿期是家庭生活重组的一个重要时期。作为家庭系统中的父母将迈向新的身份和新的角色来适应一个家庭新成员。对残疾的早期诊断将增加新生儿时期的规范。在任何干预努力中相信父母的能力和自我价值的能力都是必须的(Cardone & Gilkerson, 1990)。因为婴幼儿的发展发生在最初的关系环境中,许多婴幼儿的干预都是间接地通过主要照料者进行的(Bromwich, 1997; Weston, Ivins, Heffron, & Sweet, 1997)。因此,支持在婴幼儿生活中对其发展有重大意义的成年人是婴幼儿成长和发展的基本方面。对婴儿、幼儿和他们家庭的服务是高度个性化的,是根据婴幼儿的特点和家庭的需要,且应该响应

文化因素对家庭的重要性。在起步阶段,有一个不断增长的健康和跨学科合作,医疗辅助人员解决早期诊断和管理复杂的医疗需求。相比学龄前阶段,对婴幼儿的服务结构要求更多的跨部门协作和服务协调。早期关系的情感内容以及亲密的家访都会在成人中唤起强大的情感体验(Fenichel,1992;Foley,Hochman,& Miller,1994)。干预项目必须为医生提供解决在婴幼儿或者家庭工作中产生的复杂情绪问题的机会(Fenichel,1992;Shanok,Gilkerson,Eggbeer,& Fenichel,1995)。正如前面指出的,人员准备为自我认知和反思性实践能力提供了基础。

婴幼儿服务人员

婴幼儿及学前教育中不同的人员配置模式反映了 IDEA 里两个有明显区别的部分(Widerstrom & Abelman,1996)。法案的第三部分要求各州提供针对婴幼儿及其家庭需要的社区本位的、多部门合作的服务,超过一半的州已经指定卫生及社会服务机构为各部门的领导者(引自 Widerstrom & Abelman,1996)。法案第二部分着重强调了 3—5 岁儿童的教育需求。这一服务都是由本州的教育机构提供的,当然,并不一定都是公立学校。那么,哪些人员应当囊括在这些项目当中?

有研究者(Widerstrom & Abelman,1996)归纳了由美国特殊教育项目办公室(Office of Special Education Programs,OSEP)在 47 个州和司法管辖区收集的有关早期干预项目中人员配置类别的资料。在婴幼儿的服务者中,辅助专业人员和特殊教育人员占的比例最大,为 35.2%,护士、医生、心理师、听力矫正师、营养师则组成了剩余的 64.8%。由于缺乏统一的类别标准(特别是辅助专业人员和特殊教育者类别),这些资料仅仅提供了近似的人数。如前所述,所有类别的人员配置都很匮乏,辅助专业人员、特殊教育人员、言语和语言治疗师、物理和职能治疗师、护士以及社工的缺口更为明显。伊利诺伊州的一项调查证实了儿童发展方面的专业人员(例如,儿童或幼儿特殊教育人员)是各类跨学科项目的代表(McCollum,Cook,& Ladmer,1993)。

相对于学前教育,从事婴幼儿项目的工作人员是跨学科的,他们需要更多地关注家庭和非教育的需求,成人与婴幼儿的比率较高。另外,还要经常进行个人工作,而不是小组作业,人员配置模式也较为复杂,包括了一个重要的治疗师合约服务的部分(Widerstrom & Abelman,1996)。尽管幼儿园的教师主要以班级授课进行教学,但是,婴幼儿服务的专业人员必须习惯于这样一种模式——其包括家访、与婴儿或婴儿及父母进行的中心或医院的个别化会议、亲子活动、幼儿小组活动。幼儿园的工作人员通常由当地学区、公立或私立的学校以及儿童保育中心聘请。婴幼儿服务机构的工作人员则是由一些发起综合项目的社区机构或者专业化的、服务某一类儿童的社会团体(例如,盲、聋等发生率较低的障碍类别)聘请,这些工作人员也在医院门诊或者住院部工作。在一些州,私人提供的婴幼儿服务项目越来越多,他们大多提供发展障碍治疗方法。婴幼儿专业人员或许将成为跨学科团队服务的一员,直接为团队服务,或参与医学导向诊断团队(Thorp & McCollum,1994)。

儿童越小,越需要成人提供帮助。在婴幼儿时期,专业人员需要为婴幼儿的父母、亲戚朋友提供直接的服务。婴幼儿专业人员则要与自己的团队成员以及其他婴幼儿—家庭服务机构的专业人员密切合作(例如,家庭和服务中心为本的儿童养护机构、家庭支持项目、家庭读写中心、公共健康诊所及扩展服务项目、医院诊所、专业医药服务机构、儿童生活项目)。另外,婴幼儿专业人员要和社会服务、心理健康以及公共援助机构的相关人员进行合作。

由于针对以往被滥用或忽视的婴幼儿发展需要的早期干预服务的增加,早期干预工作人员必须与儿童保护服务机构建立紧密联系。事实上,像伊利诺伊州,早期干预工作人员(特别是城市地区的）的很多服务对象是寄养家庭或者接受保护服务的完整家庭（Gilkerson，Zvetina，Turbiville，& Turnbull，待发表）。婴幼儿专业人员必须做好准备,直接与那些社会背景复杂、教育水平受限、身心状况较差的家庭接触。另外,他们也须做好准备和家庭支持方面的专业人员合作。职前教育、在职培训以及相关行政和管理人员需要为服务人员说明这方面的责任。

角色和能力

婴幼儿专业人员主要扮演什么样的角色？应具备哪些能力？最早的一个关于婴幼儿早期干预人员角色的描述来自于惠洛克学院的早期干预硕士项目（Geik，Gilkerson，& Sponseller，1982）。这个项目关注了多学科背景的参与者,他们最初构思了五个跨领域的角色和资格——促进者和顾问、婴幼儿专业人员、父母的教育者、团队合作者以及项目的开发者和推动者。

这个项目强调了婴幼儿专业人员的两方面角色：一是通过间接的方式支持亲子关系及提供干预策略；二是在了解婴幼儿兴趣和表现的基础上关注其发展并为婴幼儿创造一个愉快的环境。亲职教育者的角色在这一项目中被设计得比较宽泛,包括：了解家庭系统和成人发展,理解父母双方不同的抚养观念,设计灵活的服务模式（这一模式需尊重不同家庭的角色及个人表现）。团队合作者的角色强调跨学科的沟通能力,尤其是与医学专业人员和学前项目人员的合作。项目发起者的角色应当有专业的领导才能,包括法律知识、支持科研的态度、项目设计和评估的方法以及发起社区行动的技能。

婴幼儿专业化的基本内容

有学者（Thorp & McCollum，1994）提出了一个关于婴幼儿服务人员专业化培训标准的模式,其中有三个基本的水平：水平Ⅰ,专业学科水平——掌握一般的生理知识和某一个学科的专业技能；水平Ⅱ,婴幼儿服务的专业水平——掌握婴幼儿阶段的专业学科内容；水平Ⅲ,婴幼儿服务的核心水平——掌握早期干预当中所有学科的知识和技能。表21.2呈现了对各学科背景的婴幼儿服务者的共同能力要求,表21.3呈现了更关注儿童早期特殊教育/儿童发展的服务者的能力要求。他们强调,婴幼儿专业人员的角色和早期干预服务系统中各个独立的方面,以及婴幼儿不同发展阶段所需的服务结构,是紧密联系在一起的。他们还指出,和早期干预中的其他学科相似,完整地勾勒出婴幼儿服务人员所需的能力是不太容易实现的。戈弗雷（Godfrey）认为："我们必须时常提醒自己或他人,早期干预是一个非常年轻的专业,发展和变化是不可避免的。"（1995，p.81）

表21.2 婴幼儿服务者的共同能力要求

婴幼儿相关
从观察中学习的能力
了解典型和非典型的儿童发展
了解婴幼儿的医学知识
家庭相关
对家庭系统的意识
了解不同的养育方式
了解脆弱性的来源
支持家庭的优势和自然系统
支持健康的亲子关系
团队相关
共同的话语体系
合作模式

表21.3 儿童早期特殊教育/儿童发展服务者能力要求

婴幼儿相关
婴幼儿认知及社会/情绪发展的知识
了解儿童发展领域的相互关系
从婴幼儿的视角理解经验的能力
正式和非正式的发展性评估技能
指导家长进行评估的能力
了解婴幼儿学习的气质、情感风格
设计学习环境,为婴幼儿提供机会以达成家长认可的目标
支持亲子互动的能力
数据收集和评估的能力
家庭相关
成为家庭的合作者和顾问人员
掌握将家庭成员纳入设计和实施干预的策略

21.2　续表

- 整合其他学科知识的能力
- 将计划和问题解决策略相关联
- 冲突解决技巧

机构间的,倡议的
- 国家立法的知识
- 跨部门的项目合作
- 关于父母的权利的知识
- 去学科化和去项目化以利用大量社区资源的能力

个人特质
- 人际交往能力
- 灵活性
- 成熟
- 独立性和主动性
- 自我认知

参见：Thorp & McCollum,1994。

21.3　续表

- 促进亲子互动能力以帮助家庭在亲子互动和日常环境中确认学习机会的策略
- 家访技巧
- 机密性

团队相关
- 整合知识和将多学科推荐进儿童和家庭的日常生活的技巧
- 将相关教育知识教给其他学科背景人员的能力
- 对教育者角色界限的了解

与机构相关的
- 特殊教育和早期服务提供系统的知识
- 安全保障的程序
- 州与联邦政府关于影响服务提供、迁移、协调的政策知识

参见：Thorp & McCollum,1994。

有人之所以质疑家庭导向的婴幼儿干预服务模式是否在不断地变化，是因为以儿童干预结果为导向的组织原则和发展目标并没有改变。维斯顿等人（Weston et al.,1997）认为，组织的人际关系的中心应当是共同为了面向早期干预，即愿景需要渗透到整个组织，认识到团队的人际关系对员工行为和表现的作用。为了完成对早期干预的这样一个设想，他们建议服务提供和员工发展应以下列几项原则为基础：

(1) 把团队关系当作组织发展和所有干预的基础；

(2) 同时关注干预的过程和内容；

(3) 自觉回应各个水平的需要,为家长和儿童做好准备。

这些原则意味着对婴幼儿专业人员新的能力要求，另外，职前和在职培训的内容和流程也要重新设计。例如，满足不同水平的需要以及为家长做好准备就要求专业人员们努力去了解内在的行为感受，而不只是看他们的外在表现（Lieberman, 1998）。赫什伯格（Hirshberg, 1998）就描述了这样一个过程，"试图对他人的遭遇感同身受，理解其内心的复杂、迷茫和挣扎"（p.19）。这就要尝试了解家长在将专业干预人员的能力扩展并应用到家庭中时的全部感受，例如，要理解一位妈妈为她刚被诊断为身心障碍者的孩子送上第一份生日礼物时的痛苦和希望。对他人内心挣扎和焦虑的移情能力将使得专业干预人员和例子中的这位母亲保持良好的关系，进而帮助他们进行客观的判断、保持情感上的敏感性，这样的话，这项工作就更加有希望了。

值得注意的是，对家庭中心从业者的沟通和建立关系的能力的期望是非常高的（McGonigel, Kauffman, & Johnson,1991）。如果不强调医学健康领域的原则和实践的话，在职前和在职培训项目中为婴幼儿专业人员提供这类能力等级的训练或许不太可能。早期干预包含了一个服务于传递和个人准备的跨学科的方法（Bailey, 1996；Bricker & Widerstrom, 1996）。然而，婴幼儿领域的理论研究及临床实践的整合才刚刚开始（Foley & Hochman,1998；Ivins & Sweet, 1992；Moss & Gotts, 1998；Weatherston, 1998）。这些跨学科领域的成果为新的干预服务关系和职前、在职培训发展带来了希望。

学前教育的专业化

工作人员的标准

整个20世纪90年代,学前教育机构人员的专业标准在逐渐更新,并对实践经验的要求更为严格。在很大程度上,这些意识的出现应归于为婴幼儿、学前教育人员以及身心障碍者提供最少限制环境的立法需求(Kontos & Diamond,1997)。为此,儿童早期教育和培训以及教师资格方面的四个主要组织——美国幼儿教育协会(NAEYC),特殊儿童理事会早期儿童部(DEC),教师教育者联合会(Association of Teacher Educators,ATE),美国专业教学标准委员会(National Board for Professional Teaching Standards,NBPTS)——联合颁发了《早期儿童专业人员培养指南》(Guidelines for Preparation of Early Childhood Professionals)(NAEYC,1996)。指南中的建议来自ATE、DEC和NAEYC为儿童(包括特殊需要儿童)营造高质量的发展环境这一职责中共同利益的一致认同(NAEYC, 1996,p.31)。他们认为,专业人员的能力标准来源于建立有效的早期教育和干预的可靠实践经验和理论设想(NAEYC,1996,p.33),除此之外,指南还阐述了儿童早期教育、儿童早期特殊教育以及对和服务相关的工作人员的专业要求(如物理治疗师、职业治疗师、言语和语言治疗师、护士和社工等)。指南涉及了儿童早期教育和儿童早期特殊教育所要求的早期教育人员在相关培训项目中应获得的知识、绩效和性情。

角色和能力的变化

儿童早期特殊教育专业人员的角色和职责在以下两个方面有了重要的转变(Bruder,1993;Buysse & Wesley,1993)。一是和家庭成员的关系向"以家庭为中心"服务模式的转变。这就要求工作人员必须重构项目服务(包括计划、执行和评估)以及其与家庭的关系。现在,工作人员需要改变以往新手专业人员的角色,以授权家长的方式与家庭通力合作(Turnbull & Turnbull,1996)。

第二个转变结果源于服务提供模式和社区项目中身心障碍儿童登记的变化(File & Kontos, 1992)。为了支持特殊需要儿童的社区融合,儿童早期特殊教育专业人员充当着间接的服务角色,包括与儿童早期教育人员进行商议、与家长保持合作以及技术支持和训练其他专业人员(Bruder,1993;File & Kontos,1992)。因此,相对于为儿童提供直接的服务而言,ECSE教师会更多地与成人一起工作。他们将摆脱被隔离的教室的束缚,把他们自己融合到社区项目中(Peck,Furman,& Helmstetter,1993)。

以相应的方式,儿童早期教育人员、启蒙教师将对特殊需要儿童提供更多的直接服务。此外,这些教师必须与特殊教育及相关服务人员通力合作来执行个性化教育计划(IEP)的目标,为儿童的发展提供帮助(File & Kontos,1992)。

成功的特殊儿童早期融合需要利用促进整合的相关服务咨询模式(Jones & Meisels,1987; Klein & Sheehan,1987;Kontos,1988)。有学者(McWilliam,1995)建议,服务模式应整合职业治疗、物理治疗、言语和语言治疗以及儿童早期教育的相关人员。这个全方位的模式涉及了很多传统的学科领域,也将治疗师带入了教室,和教育人员合作工作。

有学者(Buysse & Wesley,1993)曾指出,随着儿童早期教育及特殊儿童干预的实践从以往的自足式班级扩展到融合更多、更复杂的社区,这些角色改变就像是一个"身份危机"。对在特殊教育环境中服务多年的人员来说,这些改变需要一个新的专业发展理念。另外,为了成功地与融合环境下的教育人员合作,他们还需更新自己的知识和技能(File & Kontos,1992)。正如斯特兰(Strain,1990)所言,"融合意味着谁来做、为谁做以及做什么等基本原则的改变,因而推行起来不是那么容易"(p.94)。

有学者(Buysse & Wesley,1993)根据儿童早期特殊教育人员专业要求的重构理念,提出了若干预测:(1)特殊教育人员将在社区融合儿童教育项目中提供主要的咨询服务;(2)随着越来越多的家长选择让特殊需要儿童就近进入融合学校,咨询工作的需求在日益增加;(3)特殊教育人员需要提供各种形式的直接和间接的服务。作为教育者,他们要与其他专业人员以及家长共同工作;作为评价者,他们要为有效的融合教育收集信息;作为融合教育的倡导者,他们还要推行这一理念。这也对专业人员的培训提出了挑战,培训项目不仅要面向新手工作人员,也要依据《早期儿童专业人员培养指南》中提出的专业要求对在职人员进行再教育(NAEYC,1996)。

基本内容　　ECSE 工作人员从事 3—5 岁儿童的干预,将专注于学龄前儿童的相关特征、行为及其学习活动,促进其认知和语言发展,激发其动机和疑问,以及一些适应课堂发展的基本要素。在这个框架内,学生学习策略修改活动,以适应高危和残疾儿童的特殊需要,参加跨学科的团队,并实施个性化的干预措施(Kontos & Diamond,1997)。DAP 和 ECSE 推荐实践的内容反映了整合的发展方向,为课程发展提供了坚实的基础。学生将需要在 ECE 和 ECSE 背景下通过直接或间接的教学实践发展其能力。

表 21.4 列出了儿童早期特殊教育专业人员知识基础的指引(NAEYC,1996),比如,提供了学前教育专业人员鉴定内容的基本框架。一般的内容可以由专门的模块补充(例如,手语,用适应的设备,或治疗复杂的儿童)。表 21.5 列出了指引建议必要的培训经验。表 21.4 和表21.5中知识和流程的描述将使 ECSE 人员准备规划者为训练有素的幼教人员设计培训计划,以便培养出符合指引描述标准的、能有效地在融合教育背景下从事工作的训练有素的人员(Miller & Stayton,1996)。

表 21.4　ECSE 知识基础

儿童早期特殊教育专业人员应具备以下知识:
- 认识到儿童早期是其成长发育的一个独特阶段。
- 了解所有的发展领域,能将发展理论应用于高危和特殊需要儿童,能根据不同的发展状况制订干预措施。
- 知晓家庭系统理论,了解家庭和社区的动力学系统、作用以及相互关系。
- 理解作为家庭主要决策者和全面合作伙伴在早期干预中的重要作用。
- 在儿童早期特殊教育中,以发展适宜性和个别适宜性为框架来组织课堂活动。
- 基于儿童的个性化需要实施课程开发,并采取适当的教学策略。
- 理解文化习俗和跨文化差异对儿童和家庭的影响(参见 Barrera & Kramer,1997)。
- 意识到人际关系、协作以及专业的跨学科团队成员的行为的重要性,知道如何建立并维持高绩效团队。
- 掌握儿童、家庭评价和项目评估的策略,包括以行为表现为基础的真实评估。
- 了解为正常和异常儿童服务的历史、法律和哲学基础,以及代表儿童发出倡议的策略。
- 具有专业精神,了解坚持最高水平的专业实践技能的意义和应用,因为它与父母、子女和其他专业人士的工作相关。

表 21.5　ECSE 专业人员应经历的培训

儿童早期特殊教育专业人员应经历以下培训，包括：
- 提供广泛的现场培训，让参与者了解干预内容、流程和所需技能，以满足不同生活环境中的高危儿童和残疾儿童发展和学习的需要。
- 现场观察、访谈和与经验丰富的从业者的互动，与儿童的亲身体验，在督导下使用材料，使用录像活动进行反思和反馈。
- 通过阅读了解早期干预研究、观察、访谈以及良好的团队的互动运作，使参与者成为跨学科团队的成员。
- 强调家庭和社区关系的重要性，提供与专业人士、利益相关者和辅助专业人员及社区代表在社区环境中的交流策略（Wesley & Buysee, 1997）。
- 让参与者选择和管理所有儿童发展领域和家庭评价、项目评估，包括以发展为基础的真实的行为表现评估。
- 使参与者有效运用评价和项目评估数据与跨学科的团队成员、家长和社区利益相关者进行沟通。
- 使参与者与家长和专业人员协作开发、监测和评估个性化家庭服务计划（IFSP）、个别化教育计划（IEP）和个性化的过渡计划（ITP），为早期儿童专业人士提供培训。
- 在社区环境中为计划和监测过渡到下一种环境或补充服务做准备。
- 参与反思性实践和协作问题解决作为专业成长和持续专业发展策略的多重机会。

在职培训的问题和模式

为婴幼儿提供的服务，采用以家庭为中心的方式，融合性的方法是一个相对较新的服务提供模式，对服务人员来说，是一种非传统的，需要创新的方法。有研究者（Winton, McCollum, & Catlett, 1997）描述了早期干预人员准备改革中的一些问题、模式和实践策略，以充分满足 ECSE 人员的职前和在职方案的需求。虽然传统的服务力度，经常吸引很多仅有几年教学经验的个体参加在职培训，但是他们中的许多人将成为 ECE 和 ECSE 的专业人士去学习新的方式从事成人和儿童工作。要准备人员提供有效的服务，获得知识、技能和经验对他们来说是必需的，其不再是简单地在单独的环境中为高危幼童与残疾人及其家属提供 ECSE 的服务。ECSE 专业人员需要确切了解发展中的儿童具有的不同能力，以及如何为他们设计方案，以便能使其在融合背景下与 ECE 专业人士成功合作。此外，他们在与家庭相互作用中还需要新的竞争力。正如贝利（Bailey, 1989）和布里克（Bricker, 1989）所描述的，他们必须开始承担众多角色，这些是在 DEC/CEC 标准中描述的儿童早期特殊教育人员角色的基础（NAEYC, 1996）。显然，ECE 专业人士需要有效地与 ECE 同事沟通交流的机会，以便在新的模式里提供 ECSE 服务。同样的原则适用于在职教育中在婴儿家庭和学龄前儿童环境下工作者的持续培训（Winton, 1991）。

与职前模式不同，在职参与者需要周密安排，以适应几个学科的专业人员和非专业人员有限的时间、资源以及不同的时间表（Kontos & Diamond, 1997）。由于服务活动指向该领域有丰富经验的从业者，将他们纳入规划、实施和评估工作中是重要的，可以从尽可能广泛的角度确定服务计划的成效。

在早期儿童特殊教育和普通教育中，以社区为基础的在职项目培训方法需求已在一些文献中（Buysse & Wesley, 1993; Wesley & Buysse, 1997）有所描述。根据这些文献，一个以社区为基础的培训方法能将超出社区范围的成员聚在一起规划员工发展活动。此外，培训强调战略规划和解决问题的能力,并汇集了来自不同背景的参与者接受培训。这些社区的培训提供了一个机会,让广大的利益相关者共同努力,以确定共同关心的问题,以满足双方的成人和孩子们在现场设置方面的需求。有学者(Guskey & Peterson,1996)认为,家长和工作人员共同培训是在有效的学校中发展高素质的员工队伍至关重要的因素。

在职培训内容的确定需根据需求评估潜在的参与者,考虑员工开展活动的具体设置,采访员工和家庭,并使用最具创新性的研究方法(Snyder & Wolfe, 1997)。只要有可能,引导者就应该广泛地从有经验的和被 ECSE 和 ECE 高度重视的从业者、高等学校的 ECSE 和 ECE 专业人员、社区中受过高等教育的专业人员和父母中选拔。清晰的评估策略对评估工作的有效性和确定指令怎样被改善有重要的作用(Wesley & Buysse, 1997)。来自参与者的详细反馈,在职培训、咨询跟踪评估的好处,以及观测都可以用来确定在职培训对实践者和专业领域的专业人员影响的程度(Wolfe & Snyder, 1997)。

关于 ECSE 的人员准备的研究强调后续活动中支持培训由讲习班向工作环境转移的重要作用(Caffarella, 1994)。然而,几乎没有发表的证据显示,系统地使用策略培育使工作人员获得新的内容和技能的工作环境(Caffarella, 1994)。

然而,一些后续的策略已经被用来促进培训向参与者的工作环境的转移。其中,同伴支持团体和教练已经被证明能够促进培训迁移。同伴支持团体带来的同事互相帮助,他们通过提供支持和反馈来提高彼此的专业能力(Killion & Kaylor, 1991)。另一方面,指导需要确定具体的个人通过分析和实际观察的课堂行为的反馈帮助参与者获得新技能(Showers, 1985)。有一些研究记录了教练作为一个后续策略的有效性(Ackland, 1991; Showers, 1985)。有学者(Wolfe & Snyder,1997)提供了一些用来跟踪员工发展报告的附加策略——回家计划,主要包括参与者的家庭环境、导师、作业、工作帮助、讲义、进修课程、后续电话和通信信息。显然,时间、金钱和人力资源因素对参与者在选择后续活动的可用和有用的资源来说更为现实。

技术是一个担任新角色的初学者发展为有经验的专业人员的另一种很有潜力的工具。那些愿意分享问题,提供有效的咨询活动或富有成效的干预策略的专业人士可以创立电子支持网络。这样的网络联系为 ECSE 以及分散在整个社区的早期儿童准备人员提供了访问互动和协作的机会。为父母创建电子支持网络可能需要付出特别的努力。最后,远程教育已被证明对那些不能使用更多的传统教育模式,但有兴趣追求专业发展活动的人来说,是一个有效的教学模式(Hughes & Forest, 1997)。

婴幼儿和学前教育人员准备面临的挑战

ECSE 这些即将专业从事婴儿、幼儿、高危学前儿童以及那些特殊需要儿童和他们家人服务的人员面临着诸多挑战。培养专业的准备人员拥有必需的技能和知识去满足美国幼儿教育协会/ DEC 标准,提供干预服务以促进儿童最大限度的发展,这些挑战需要通过深思熟虑、有计划的、及时的方式来解决。

构建大学教师的专业知识

高等院校在人员准备、开发和评估有效的服务模型中起着关键的作用。在学龄前儿童和婴幼儿两个领域，许多教师面临的挑战是他们没有做好充分的准备。在初级阶段，许多教师没有机会直接从事与婴幼儿有关的职业。通常地，他们关于学龄前儿童的临床经验更加缺乏。另外，许多特殊教育教师几乎没有使用家庭中心方法的经验去从事这些有高社会环境压力家庭的工作，这些环境包括高风险虐待、忽视或者其他将儿童置身于风险中的环境。

在这样的环境里，高等教育机构帮助教师识别和获得机会，从而获得新知识和技能是必须的。除了传统的教师专业发展活动——公假、学术会议以及自学——新的方式需要创造。与当地社区或者其他具有专业知识的地方的高等院校建立协作的伙伴关系具有特别的意义。有研究者（Bruder, Lippman, & Bologna, 1994）在纽约提供了一个模型，提高高等教育在特定地区为若干婴幼儿早期干预提供课程、实习以及特殊系列课程方面的能力。这个多学科教师培训机构可以复制到其他拥有若干高等教育机构的地区，其中一部分高等教育机构拥有专业的知识培训。其他联邦政府资助的教师培训机构也提供了大量的跨学科发展、课程资源标志和互助性的网络体系资源（Winton, 1996）。缺乏这种机会的州，C 部分领导机构与州教育厅（机构 B 部分）合作以及在一个方便的地方与高校建立一年一度的暑期教师协会。研究所不仅可以解决教师专业发展的需要，还可以为当地的教委和协调员提供项目基础培训和监督。此外，一些专业协会，如美国幼儿教育协会等每年组织教师协会举行教师会议。

大学、服务机构建立伙伴关系，提供了创建专业发展社区的机会，这让医生和教师从中受益，与前面描述的 PDS 模式类似。在芝加哥的埃里克森学院，儿童发展研究生院和预防基金，一个大型社区服务机构，接受当地基金会资助进行参与式行动项目的研究（Gilkerson & Stott, 1997）。这个项目使教师与母亲、祖母、父亲、祖父与早期干预项目员工一起去识别社区"足够好的教养"的观点以及项目对家庭最有帮助的方式。参与基层研究加深了教师对问题的理解，给教师提供了一个与生活在高风险环境中的家庭建立伙伴关系的机会。因此，教师可以从对家庭的教学中去分享他们从家庭中学到的东西。

在学前教育领域，ECSE 教师可能在常规 ECE 环境中没有经验。因此，跨学科的儿童早期特殊教育教师至关重要。从历史观点来说，ECE 和 ECSE 从期刊发表、参加的会议、同事合作、在计划和实施中使用的术语以及评估来看已经是独立的学科。米勒（Miller, 1992）主张 ECE 中的人员准备应该与 ECSE 合并。这种策略可以鼓励团队教学、为学生提供合作的典范，与教师专业发展同步（Kontos & Diamond, 1997）。ECE 教师和 ECSE 教师的合并是实现高质量的关键第一步，包括人员准备项目。在西肯塔基大学，跨学科儿童早期教育项目（Interdisciplinary Early Childhood Education, IECE）为儿童早期教育和儿童早期特殊教育提供了统一的证书。学生有资格作为儿童早期教育者和儿童早期特殊教育者以及可以从事婴幼儿和学龄前儿童两个层次的教育工作。课程是跨学科的，项目内容包括跨学科的内容（McCollum & Stayton, 1996）。凯尔郭和布鲁德（Kilgo & Bruder, 1997）描述了项目部分或全部的其他几个跨学科培训的模式，尽管几乎没有研究停留在专业人员准备模式的有效性上（Bricker & Slenz, 1988; Klein & Campbell, 1990），采用这样的新范式还是为这样的研究计划提供了很好的机会。

明确和创建高质量的田野研究环境

在婴儿阶段和学前阶段教育中,迫切需要高质量的田野研究环境,特别是有效融合的环境。尽管纵观 20 世纪 70 年代、80 年代和 90 年代,融合一直是提倡的做法,但是在许多社区还没有实现。因此,这就为当前和未来 ECSE 的专业人员提供了在田野研究环境中观察高质量融合项目的局限性的机会。一个有效的解决方法可能是创建社区、大学项目模式,如父母与婴儿互动实习(Parents Interacting with Infants Practicum,PIWI)(McCollum, Rowan, & Thorp, 1994)。PIWI 是由伊利诺伊大学、当地公园区联合主办的,是一个跨学科的实习课程,为学生专案团队提供了一个基于哲学理念、设计独立干预服务的机会。在残疾或者没有残疾的婴幼儿家庭享受亲子游戏的同时,学生可以通过亲子关系的支持和跨学科团队获得经验。随着融合被越来越多的人接受,以社区为基础的伙伴关系在服务提供者和大学之间建立。密切监测田野研究的部署来确保课程的联系和曝光服务质量将确保学生获得提供高质量的早期干预服务的必要准备。通过这样的协作资源和技术专长的整合,使学生、家庭和同行从中获益。

为专业人员与成人有效工作的准备

为家庭中心视角的婴幼儿、学龄前儿童工作,融合服务要求 ECSE 人员与成人和孩子一起工作。干涉主义要能够与父母亲、他们自己的员工和其他学科以及非专业人士建立良好的关系,这就必须在职前准备中得到确认,通过在职继续教育及正在进行的反思监督机会得到增强。这个建议对人员准备设计、直接服务和政策行动有许多影响。

第一,应该向候选人员解释儿童早期特殊教育对成人的重要作用。当他们加入了这个领域后,职前教育必须平衡教学和实习时间以便为学生提供开始从事儿童、家庭和跨学科团队工作的能力。关于婴儿期和儿童早期特殊教育的研究生项目必须提供入门级专业知识以及为经验丰富的实践者提供先进训练和专业化发展(比如,埃里克森学院婴儿专业化项目,惠洛克学院的两个项目:早期干预和儿童早期特殊教育)。越来越多的人关注在研究生阶段提供情境训练。跨学科研究生项目(比如,关于婴儿和社会工作的银行街研究生项目;德保罗大学关于儿童发展和咨询的早期干预双硕士学位;西肯塔基大学的 ECE 和 ECSE 中的项目)和跨学科实践(比如,伊利诺伊大学含有 ECSE 院系以及语言和听力的 PIWI 项目)提供了丰富的机会将多个知识库和与成人以及儿童工作相关的跨学科知识混合在一起。涉及以父母为中心角色的培训项目可能会为真正理解家庭中心实践的从业者提供最有利的保障(佛蒙特大学教育和佛蒙特州的父母)。本科和研究生培训项目必须评估监督学生的本质(Gallacher, 1997;Gilkerson, 1995),确保每个参与者有机会变成会反思的实践者——一个专业人员,并能基于自我和他人的意识提高自己的实践能力。

在职和继续教育在为从业者提供继续成长机会方面至关重要。布里克(Bricker,1995)注意到在 ECE 社区环境中影响儿童成功融合的重要因素是专业人员和父母在融合环境中的态度。在职培训可以为 ECSE 和 ECE 提供专业的机会去探索角色、实践、态度和他们自己的信仰以及其他学科。这些培训经验必须包括咨询策略(File & Kontos, 1992, 1993),对文化和语言多样性的敏感（Lynch & Hanson,1992；Mallory & New, 1994），培养人际交往能力以便来自不同规则、文化和经验级别的成人能够有效地交流。比如，家庭主妇相比大型学前项目中的具有硕士学历的教师，需要不同的互动或者协作风格。很少有数据表明，特定的在职和咨询策略已经有效地运用在家庭主妇身上，目前只包括相当近期的实践。提供者表示担心，ECSE 专业人员是否会尊重他们和他们从事的工作以及 ECSE 咨询者是否帮助他们满足需要花费很多时间照顾的儿童的复杂需求。我们面临的任务是去设计培训程序和咨询程序，培养对没有正规培训经验去照顾残疾儿童以及努力满足他们复杂需求的保姆的尊重。

对与成人一起工作的人来说，可能最相关的继续教育资源是对他们正在进行的工作的监督和咨询。监督可能是一种学习关系，但也可能是发生在一个组织中的事情。有学者（Gilkerson & Young-Holt,1992）认为监督的必要条件包括：（1）必须有一个组织理念和承诺去为所有员工提供监督；（2）必须留出资金和时间；（3）监督者必须获得认同和支持；（4）监督的关系必须在工作中详细规定；（5）可靠的支持和咨询对项目总监必须是可用的。

由于在早期干预中增加了家庭环境的多样性和复杂性，因此迫切需要基于项目的机会，构建和完善一个人的能力，和父母及其他的团队成员一起工作。增加的早期干预计划项目和婴儿精神卫生服务的合作为项目 C 部分的员工提供了一种新的咨询和监督。这种合作使员工准备参与理解家庭成员的情感体验，也因此增加他们对面临多重挑战家庭的同情心和帮助（Foley & Hochman, 1998；Hirshberg, 1998；Ivins & Sweet, 1992；Weatherston,1998）。

满足成人学习者的需要

有经验的婴幼儿和学前教育的专业人员通过在专业发展活动中将理论与实践的整合获得了新的角色和责任。在整个 20 世纪 80 年代和 90 年代，关于成人学习和发展的大量文献（Knowles, 1980；Lawler, 1992；Schaie & Willis,1996）能够被用来指导职前和在职参与者的培训流程和策略。选择基本内容，基于成人学习文献的数据的主动学习策略的使用，通过满足相关参与者的发展需求、兴趣和能力提高培训工作的价值。在很大程度上，越来越多的研究建议适合成人发展的实践应类似于适合儿童发展的 DAP（Knowles,1980）。

诺尔斯（Knowles,1980）引用了关于成人学习的四个假设来区分成人、青少年和儿童。使用"成人教育"这一术语，意味着成人与儿童学习的不同并且需要指示去响应他们的需求，他概括成人学者的学习方式如下：

（1）拥有自我概念，从一个具有依赖人格的人向一个自主人转变；
（2）成为积累越来越多经验的容器，拥有日益丰富的学习资源；
（3）定位适合他们的社会角色的、易于学习的发展任务；
（4）改变他们的观点，从一个延迟应用知识的人到一个看中知识直接应用的人。

成人的学习特点应该在专业发展计划中作为构建培训内容和程序的框架。这个前提提出的挑战需要准备人员从以下几个方面进行努力：

（1）成人是一个多元化的学习群体，其背景、经验、变成学习者的动机、作为学生角色的责任以及影响学什么和如何学的文化和价值体系均是不同的。这些差异会影响成人的学习方式，同时这些多样性是一个重要的特征，必须在项目计划中集中体现。

（2）成人认为在生活的许多领域能够胜任学习任务，但是对他们作为学习者的角色可能会没有安全感和焦虑。因此，理解和减少成人学习者的焦虑是进行成功培训的关键（Lawler，1992）。提供机会来讨论他们的担忧，明确预期，提供学术援助可能会减少他们的焦虑。

（3）成人教育是以学习者为中心的，与儿童一样，成人教育始于参与者，必须考虑哪种学习活动对他们最有意义，以及为他们提供与其他人分享经验和专业知识的机会。

（4）需求评估，跟我们对儿童做的评估很相像，协助规划者确保呈现材料的方式是与学习者的需要相关的。这种评估需要采用访谈、调查、绩效评估的形式（Lawler，1992），或者是为特定情况设立的某种程度的预先技能和知识。

（5）职前和在职 ECSE 的经验应该组织成"集群的经验"，这比传统的课程更广泛，并且包括基于成人发展文献的几种学习方式（参见 Lawler，1992）：讲授式的课堂互动、实地考察以及录像演示、小组讨论、父母和提供者采访、角色扮演、与教师和同伴共同浏览网站、案例研讨会、合作解决问题的机会、个别督导、会议以及技术和互联网的使用。深思熟虑地创建支持类似于银行街大学（Ayers，1991）和埃里克森研究所（Stott & Bowman，1996）的那些团队，他们创造凝聚力使成人向他人学习和相互学习。

（6）成人学习者的生活都很忙碌。他们需要较大的同伴支持，但可利用的时间可能是有限的。对于那些能够阅读电子邮件，有持续的沟通和合作条件的参与者来说，他们能够建立电子化的、容易访问的解决问题的智库和支持网络。

多元化劳动力

鉴于早期干预服务中家庭的复杂性和多样性，人员准备拓展项目必须努力去鉴定和培训来自不同文化、宗教和种族背景的人员。应该制订和实施有针对性的招聘策略告知传统的弱势群体获得从事早期干预职业以及职前和在职教育的机会。与社区大学的早期儿童、精神健康辅助性专业人员项目的合作协议，包括个性化的建议，为转移学分去四年制机构提供便利，强烈希望在新领域招聘具有丰富早期儿童经验的实践者。扩大财政援助的可用性、学术帮助、认真的建议和就业服务对协议的成功是必须的。社区学院、本科、研究生院之间的新联系，便于确定一致的有前途的候选人以及提供持续的指导，这个指导包括需要开启个体新职业道路的指导。

准备迎接变革

人员准备的努力反映并且在某种程度上，促进了这个领域的变化。正如前面所描述的，儿童早期特殊教育领域仍然在演变。范式转变、服务传递模式发生变化和职业角色演变。同样的，出现了基于社区和高等教育教学的新模式，包括创新和远程学习（Hughes & Forest，1997；Ludlow，1994），专业发展社区（Darling-Hammond，1994），网络教育（Kilgo & Bruder，1997）。教师和在职培训者必须保证即将从业的人员持有学习的兴趣，对改变保持开放，既质疑目前接受的知识和实践，又接受知识和实践的指引。

此外，教师和从业人员必须扩大对儿童、家庭和社区的影响范围。健康、社会服务、教育、就业、心理健康服务的界限正在逐步消失。福利改革，比如影响家庭参与干预服务的可行性，对融合性的儿童保育的需求,家庭支持服务的本质——最有帮助的是什么?为谁服务?理解更大的社会系统的变化对具体的儿童和家庭服务的影响是一种专业能力。这种能力在21世纪人员准备中将变得越来越重要。

对未来研究的意义

在本章中,我们试图解释以家庭为中心的儿童早期特殊和普通教育中特别流行的对比鲜明的理念,融合的早期教育日益成为公认的实践。在许多方面,这些理念在发展对儿童学习所起的核心作用上形成了鲜明对比。此外,对学习环境的结构和组织、角色、期望、教师和其他员工的能力以及儿童在学习环境中的自由和期望有着不同的观点。我们鼓励学者和实践者构建一个多视角的、可以评价所有儿童的理论体系。这种理论为应用研究和测试与儿童发展有关的理论、家庭适应、以家庭为中心的实践和融合背景下的有效干预策略提供了一个框架。基于活动方法的早期干预(Bricker & Cripe, 1992;Greenspan & Weider 1998)例证了基于理论的干预类型,承诺干预策略对不同能力的儿童是有效的。更多的基于理论的干预措施,伴随着精心设计的研究,可以提供一个对早期干预和人员准备有价值的研究基础。

关于学校教师效能,尤其是早期儿童融合课堂中教师效能的相关研究较缺乏,为本研究提供了一个新的研究视角。在一本名为《早期干预人员准备的改革》(*Reforming Personnel Preparation in Early Intervention*)(Winton, McCollum, & Catlett, 1997)的书里,包含了丰富多样的关于早期干预人员准备的信息。这些材料的价值必须被认真评估以确定为所有儿童提供教育的人员准备策略的有效性。验证人员准备模式需要一系列的努力,探讨各种职前和在职培训模式在实施方面的关系,检验在融合和专业背景下儿童和家庭实施结果的关系。实证研究显示,能力强的儿童—家庭专业人员和教师可以为人员准备提供指导。对干预过程研究的考察也有助于确定干预人员的质量和有助于成功结果的父母—干预者关系中的一些基本要素。

研究努力的方向应该是基于理论的学习方法的研究和采用融合方式培养高危婴幼儿和残疾儿童的课程。概念模型的生成应该是在该测试假说中理论模型提供的框架中进行的。同样,研究相关的有效咨询策略以满足农村地区、家庭育儿院和在城市的大型早期儿童中心不同发展需要的提供者和行业的成功咨询模式,中心话题就是需要一个经验数据库指导人员准备实践。

最后,在一个纵向研究中,指定适当的对比组,确定有效的和可靠的发展结果,结合成本因素、项目特点,以及 ECSE 和 ECE 人员的能力将允许跨地区的比较,并对早期干预知识库做出显著贡献。这样的努力应该对接受者的类型问题进行区分(如低出生体重、生长迟缓或发育不良、视觉障碍、唐氏综合征、人口和家庭因素),并确定从事儿童和家庭教育的准备人员的具体能力。

该政策要求为儿童早期融合教育提供一个宝贵的机会,让专业人员和家长用现有的知识来帮助婴儿和年幼的高危儿童和残疾人,并推进 ECSE 和 ECE 人员在当前的培训实践中产生新的知识。希望目前的立法作为新理论的催化剂,建立创新的干预措施,积累新机构的应用研究,并设计有利于为接受者直接服务的人员准备模式的数据库。

参 考 文 献

Ackland, R. (1991). A review of the peer coaching literature. *Journal of Staff Development, 12*, 276–8.

Allen, K., & Schwartz, I. (1996). *The exceptional child: Inclusion in early childhood education* (3rd ed.). Boston: Delmar Publishing.

Als, H. (1978). Assessing an assessment. In A. Sameroff (Ed.), Organization and stability of newborn behavior: A commentary on the Brazelton neonatal behavioral assessment scale. *Monographs of the Society for Research in Child Development, 43*, 14–29.

American Association for Marriage and Family Therapy. (1995). *Listening to families: Videotape series*. Van Nuys, CA: Author.

Ayers, W. (1991). Spreading the roots: Bank Street advisement and the education of teachers. *Thought and Practice, 3*(1), 25–8.

Bailey, D. (1989). Issues and directions in preparing professionals to work with young handicapped children and their families. In J. Gallagher, P. Trohanis, & R. Clifford (Eds.), *Policy implementation and P.L. 99-457: Planning for young children with special needs* (pp. 97–132). Baltimore, MD: Paul H. Brookes.

Bailey, D. (1996). An overview of interdisciplinary training. In D. Bricker & A. Widerstrom (Eds.), *Preparing personnel to work with infants and young children and their families: A team approach* (pp. 3–21). Baltimore, MD: Paul H. Brookes.

Bailey, D., Farrel, A., O'Donnell, K., Simeonsson, R., & Miller, C. (1986). Preparing infant interventionists: Interdepartmental training in special education and maternal and child health. *Journal of the Division for Early Childhood, 11*, 67–77.

Bailey, D., Palsha, S., & Huntington, G. (1990). Pre-service preparation of special educators to serve infants with handicaps and their families. Current status and training needs. *Journal of Early Intervention, 14*(1), 43–54.

Bailey, D., Simeonsson, R., Yoder, D., & Huntington, G. (1990). Preparing professionals to serve infants and toddlers with handicaps and their families: An integrative analysis across eight disciplines. *Exceptional Children, 57*(1), 26–35.

Barber, P. A., Turnbull, A. P., Behr, S. K., & Kerns, G. M. (1988). A family systems perspective on early childhood special education. In S. L. Odom & M. B. Karnes (Eds.), *Early intervention for infants and children with handicaps: An empirical base* (pp. 179–98). Baltimore, MD: Paul H. Brookes.

Barrera, I., & Kramer, L. (1997). Monologues to skilled dialogues: Teaching the process of crafting culturally competent early childhood environments. In P. Winton, J. McCollum, & C. Catlett (Eds.), *Reforming personnel preparation in early intervention: Issues, models, and practical strategies* (pp. 217–51). Baltimore, MD: Paul H. Brookes.

Beckman, P. (Ed.). (1996). *Strategies for working with families of young children with disabilities*. Baltimore, MD: Paul H. Brookes.

Bennett, T., Nelson, D. E., & Lingerfelt, B. (1992). *Facilitating family-centered training in early intervention*. Tucson, AZ: Communication Skill Builders.

Bennett, T., Lingerfelt, V. V., & Nelson, D. E. (1990). *Developing individualized family support plans*. Cambridge, MA: Brookline Books.

Berkeley, J., & Ludlow, B. (1989). Toward a reconceptualization of the developmental model. *Topics in Early Childhood Special Education, 9*(3), 51–66.

Bertacchi, J., & Stott, F. (1992). A seminar for supervisors in infant/family programs: Growing versus paying more for staying the same. *Zero To Three, 12*(2), 34–9.

Bowman, B. T. (1989). Self-reflection as an element of professionalism. *Teachers College Record, 90*(3), 444–451.

Bredekamp, S. (Ed.). (1987). *Developmentally appropriate practice in early childhood programs serving children from birth through age 8*. Expanded edition. Washington, DC: NAEYC.

Bredekamp, S. (1993). The relationship between early childhood education and early childhood special education: Healthy marriage or family feud. *Topics in Early Childhood Special Education, 13*(3), 258–273.

Bredekamp, S., & Copple, C. (Eds.). (1997). *Developmentally appropriate practice in early childhood programs* (rev. ed.). Washington, DC: NAEYC.

Bricker, D. (1989). *Early intervention for at-risk and handicapped infants, toddlers, and preschool children* (2nd ed.). Palo Alto, CA: VORT Corp.

Bricker, D. (1995). The challenge of inclusion. *Journal of Early Intervention, 19*(3), 179–94.

Bricker, D., & Cripe, J. (1992) *An activity-based approach to early intervention*. Baltimore, MD: Paul H. Brookes.

Bricker, D., & LaCroix, B. (1996). Training practices. In D. Bricker & A. Widerstrom (Eds.). *Preparing personnel to work with infants and young children and their families: A team approach* (pp. 43–67). Baltimore, MD: Paul H. Brookes.

Bricker, D., & Slentz, K. (1988). Personnel preparation: Handicapped infants. In M. Wang, M. C. Reynolds, & H. J. Walberg (Eds.), *Handbook of special education: Research and practice* (Vol. 3, pp. 319–45). Elmsford, NY: Pergamon Books.

Bricker, D., & Widerstrom, A. (1996). *Preparing personnel to work with infants and young children and their families: A team approach*. Baltimore, MD: Paul H. Brookes.

Bromwich, R. (1997). *Working with families and their infants at risk* (2nd ed.). Austin, TX: Pro-Ed.

Bruder, M. B. (1993). The provision of early intervention and early childhood special education within community early childhood programs: Characteristics of effective service delivery. *Topics in Early Childhood Special Education, 13*, 19–37.

Bruder, M., Lippman, C., & Bologna, T. (1994). Personnel preparation in early intervention: Building capacity for program expansion within institutions of higher education. *Journal of Early Intervention, 18*(1), 103–10.

Buysse, V., & Wesley, P. (1993). The identity crisis in early childhood education: A call for professional role clarification. *Topics in Early Childhood Special Education, 13*(4), 418–29.

Caffarella, R. S. (1994). *Planning programs for adult learners: A practical guide for educators, trainers, and staff developers.* San Francisco: Jossey-Bass.

Capone, A., Hull, K. M., & DiVenere, N. J. (1997). Parent–professional partnerships in preservice and inservice education. In P. J. Winton, J. A. McCollum, & C. Catlett (Eds.), *Reforming personnel preparation in early intervention: Issues, models and practical strategies* (pp. 435–52). Baltimore, MD: Paul H. Brookes.

Cardone, I., & Gilkerson, L. (1990). Family administered neonatal activities: An exploratory method for the integration of parental perceptions and newborn behavior. *Infant Mental Health Journal, 11*(2), 127–41.

Carter, E. A., & McGoldrick, M. (Eds.). (1980). *The family life cycle: A framework for family therapy.* New York: Gardner Press.

Chan, S. Q. (1990). Early intervention with culturally diverse families of infants and toddlers with disabilities. *Infants and Young Children, 3*(2), 78–87.

Cohen, D. H., Stern, V., & Balaban, N. (1997). *Observing and recording the behavior of young children* (4th ed.). New York: Teachers College Press.

Darling-Hammond, L. (1994). *Professional development schools.* New York: Teachers College Press.

Day, B., & Drake, K. (1986). Developments in experimental programs: The key to quality education and care for young children. *Educational Leadership, 44*(3), 24–7.

Dunst, C. J., Johanson, C., Trivette, C. M., & Hamby, D. (1991). Family-oriented early intervention policies and practices: Family-centered or not? *Exceptional Children. 58*, 115–26.

Dunst, C. L., Trivette, C. M., & Deal, A. G. (1988). *Enabling and empowering families: Principles and guidelines.* Cambridge, MA: Brookline Books.

Edelman, L. (Ed.). (1991). *Getting on board: Training activities to promote the practice of family-concerned care.* Bethesda, MD: Association for the Care of Children's Health.

Fenichel, E. (1991). Learning through supervision and mentorship to support the development of infants, toddlers and their families. *Zero to Three, 12*(2), 1–26.

Fenichel, E. (Ed.). (1992). *Learning through supervision and mentorship to support the development of infants, toddlers and their families.* Arlington, VA: Zero to Three.

Fenichel, E. S., & Eggbeer, L. (1991). Preparing practitioners to work with infants, toddlers, and their families: Four essential elements of training. *Infants and Young Children, 4*(2), 56–62.

File, N., & Kontos, S. (1992). Indirect service delivery through consultation: Review and implications for early intervention. *Journal of Early Intervention, 16*(3), 221–33.

File, N., & Kontos, S. (1993). The relationship of program quality to child's play in integrated early intervention settings. *Topics in Early Childhood Special Education, 13*(1), 1–18.

Foley, G. M., & Hochman, J. D. (1998). Programs, parents and practitioners: Perspectives on integrating early intervention with infant mental health. *Zero to Three, 18*(3), 13–18.

Foley, G., Hochman, J., & Miller, S. (1994). Parent–professional relationships: finding an optimal distance. *Zero to Three, 14*(4), 19–22.

Fox, L., Hanline, M., Vail, C., & Galant, K. (1994). Developmentally appropriate practice: Applications for young children with disabilities. *Journal of Early Intervention, 18* (3), 243–57.

Fuchs, D., & Fuchs, L. (1994). Inclusive school movement and the radicalization of special education reform. *Exceptional Children, 60*, 294–309.

Gallacher, K. K. (1997). Supervision, mentoring, and coaching. In P. Winton, J. A. McCollum, & C. Catlett (Eds.), *Reforming personnel preparation in early intervention: Issues, models, and practical strategies* (pp. 191–224). Baltimore, MD: Paul H. Brookes.

Gallagher, J., & Staples, A. (1990). *Available and potential resources for personnel preparation in special education: Dean's survey.* Chapel Hill: Carolina Policy Studies Program, University of North Carolina at Chapel Hill.

Geik, I., Gilkerson, L., & Sponseller, D. (1982). An early intervention training model. *Journal of the Division for Early Childhood, 5*, 42–52.

Gilkerson, L. (1995). Reflections on the process of supervision. In R. Shanok, L. Gilkerson, L. Eggbeer, & E. Fenichel, *Reflective supervision: A relationship for learning.* Arlington, VA: Zero to Three.

Gilkerson, L., & Stott, F. (1997). Listening to the voices of families: Learning through caregiving consensus groups. *Zero to Three, 18*(2), 9–16.

Gilkerson, L., & Young-Holt, C. (1992). Supervision and the management of programs serving infants, toddlers, and their families. In E. Fenichel (Ed.), *Learning through supervision and mentorship to support the development of infants, toddlers, and their families: A source book.* Arlington, VA: Zero to Three.

Gilkerson, L., Zvetina, D., Turbiville, V., & Turnbull, R. (in preparation). Abuse and neglect of young children with disabilities: Issues for the early intervention specialist.

Godfrey, A. B. (1995). Preservice interdisciplinary preparation of early intervention specialists in a college of nursing: Faculty reflections and recommendations. *Infants and Young Children, 7*(3), 74–82.

Greenspan, S. I., & Weider, S. (1998). *The child with special needs: Encouraging intellectual and emotional growth.* Reading, MA: Addison-Wesley.

Greenspan, S. I. (1992). *Infancy and early childhood: The prac-*

tice of clinical assessment and intervention with emotional and developmental challenges. Madison, CT: International University Press.

Guralnick, M. J. (1986). Recent developments in early intervention efficacy research: Implications for family involvement in P.L. 99-457. *Topics in Early Childhood Special Education, 9*(1), 1–17.

Guskey, T. R., & Peterson, K. D. (1996). The road to classroom change. *Educational Researcher, 15*(5), 5–11.

Harris, B. M. (1980). *Improving staff performance through inservice education.* Needham, MA: Allyn & Bacon.

Harris, S. R. (1997). The effectiveness of early intervention for children with cerebral palsy and related motor disabilities. In M. J. Guralnick (Ed.), *The effectiveness of early intervention* (pp. 327–348). Baltimore, MD: Paul H. Brookes.

Hirshberg, L. M. (1998). Infant mental health consultation to early intervention programs. *Zero to Three, 18*(3), 19–23.

Hughes, M., & Forest, S. (1997). Distance education in early intervention personnel preparation. In P. Winton, J. McCollum, & C. Catlett (Eds.), *Reforming personnel preparation in early intervention: Issues, models, and practical strategies* (pp. 453–74). Baltimore, MD: Paul H. Brookes.

Ivins, B., & Sweet, N. (1992). Supervision as a catalyst in the evolution of an integrated infant mental health/developmental intervention program. In E. Fenichel (Ed.), *Learning through supervision and mentorship to support the development of infants, toddlers and their families: A source book* (pp. 76–83). Arlington, VA: Zero to Three.

Jones, S., & Meisels, S. J. (1987). Training family day care providers to work with special needs children. *Topics in Early Childhood Special Education, 7*, 1–12.

Kaiser, A. P., & Hester, P. P. (1994). Generalized effects of enhanced milieu teaching. *Journal of Speech and Hearing Research, 37*, 1320–40.

Kalmanson, B., & Seligman, S. (1992). Family–provider relationships: The basis of all interventions. *Infants and Young Children, 4*(4), 46–52.

Kilgo, J., & Bruder, M. (1997). Creating new visions of higher education: Interdisciplinary approaches to personnel preparation in early intervention. In P. Winton, J. McCollum, & C. Catlett (Eds.), *Reforming personnel preparation in early intervention: Issues, models, and practical strategies* (pp. 81–101). Baltimore, MD: Paul H. Brookes.

Killion, J. P., & Kaylor, B. (1991). Follow up: The key to training for transfer. *Journal of Staff Development, 12*(1), 64–7.

Klein, N., & Campbell, P. (1990). Preparing personnel to serve at-risk and disabled infants, toddlers, and preschoolers. In S. J. Meisels & J. P. Shonkoff (Eds.), *Handbook of early childhood intervention* (pp. 679–99). New York: Cambridge University Press.

Klein, N., & Sheehan, R. (1987). Staff development: A key issue in meeting the needs of young handicapped children in day care settings. *Topics in Early Childhood Special Education, 7*, 13–27.

Knowles, M. (1980). *The modern practice of adult education* (rev. ed.). Cambridge, MA: Adult Education Co.

Kontos, S. (1988). Family day care as an integrated early intervention setting. *Topics in Early Childhood Special Education, 8*, 1–15.

Kontos, S., & Diamond, K. (1997). Preparing practitioners to provide early intervention services in inclusive settings. In P. Winton, J. McCollum, & C. Catlett (Eds.), *Reforming personnel preparation in early intervention: Issues, models, and practical strategies* (pp. 393–410). Baltimore, MD: Paul H. Brookes.

Lawler, P. (1992). *The keys to adult learning: Theory and practical strategies.* Philadelphia: Research for Better Schools.

Lieberman, A. (1998). An infant mental health perspective. *Zero to Three, 18*(3), 3–5.

Linder, T. W. (1993). *Transdisciplinary play-based intervention: Guidelines for developing meaningful curriculum for young children.* Baltimore, MD: Paul H. Brookes.

Ludlow, B. L. (1994). Using distance education to prepare early intervention personnel. *Infants and Young Children, 7*(1), 51–9.

Lynch, E., & Hanson, M. (1992). Steps in the right direction: Implications for interventions. In E. Lynch & M. Hanson (Eds.), *Developing cross-cultural competence: A guide for working with young children and their families* (pp. 355–70). Baltimore, MD: Paul H. Brookes.

Lynch, E. W., & Hanson, M. J. (1992). *Developing cross-cultural competence: A guide for working with young children and their families.* Baltimore, MD: Paul H. Brookes.

Mahoney, G., & Powell, A. (1988). Modifying parent–child interaction: Enhancing the development of handicapped children. *Journal of Special Education, 22*, 82–96.

Mahoney, G., Robinson, C., & Powell, A. (1992). Focusing on parent–child interaction: The bridge to developmentally appropriate practices. *Topics in Early Childhood Special Education, 12*(1), 105–20.

Mallory, B., & New, R. (1994). *Diversity and developmentally appropriate practices: Challenges for early childhood education.* New York: Teachers College Press.

McBride, S. L., & Brotherson, M. J. (1997). Guiding practitioners toward valuing and implementing family-centered practices. In P. J. Winton, J. A. McCollum, & C. Catlett (Eds.), *Reforming personnel preparation in early intervention: Issues, models and practical strategies* (pp. 253–76). Baltimore, MD: Paul H. Brookes.

McBride, S. L., Sharp, L., Hains, A. H., & Whitehead, A. (1995). Parents as co-instructors in pre-service training: A pathway to family centered practice. *Journal of Early Intervention, 19*, 377–89.

McCollum, J., & Bailey, D. (1991). Developing comprehensive personnel systems: Issues and alternatives. *Journal of Early Intervention, 15*(1), 51–6.

McCollum, J. A., Cook, R. J., & Ladmer, L. A. (1993). The staffing of early intervention programs in Illinois: A descriptive study of current personnel. *Illinois Council for Exceptional Children Quarterly, 43*(1), 15–28.

McCollum, J., & Maude, S. (1992). *Comparison of professional competencies for early intervention personnel.* Reston,

VA: Division of Early Childhood, Council for Exceptional Children.

McCollum, J., Rowan, L., & Thorp, E. (1994). Philosophy as training in infancy personnel preparation. *Journal of Early Intervention, 18*, 216–26.

McCollum, J., & Stayton, V. (1996). Preparing early childhood special educators. In D. Bricker & A. Widerstrom (Eds.), *Preparing personnel to work with infants and young children and their families: A team approach* (pp. 67–90). Baltimore, MD: Paul H. Brookes.

McCollum, J., & Thorp, E. (1988). Training of infant specialists: A look to the future. *Infants and Young Children, 1*(2), 55–65.

McCollum, J. A., & Yates, T. (1994). Dyad as focus, triad as means: A family-centered approach to supporting parent–child interactions. *Infants and Young Children, 6*(4), 54–63.

McGonigel, M., Kauffman, R., & Johnson, B. (1991). *Guidelines and recommended practices for the individualized family service plan* (2nd ed.). Bethesda, MD: Association for the Care of Children's Health.

McWilliam, R. (1992). *Family-centered intervention planning: A routines-based approach.* San Antonio, TX: Communication Skill Builders.

McWilliam, R. (1995). Integration of therapy and consultative special education: A continuum in early intervention. *Infants and Young Children, 7*(4), 29–38.

Meisels, S. J. (Ed.). (1979). *Special education and development: Perspectives on young children with special needs.* Baltimore, MD: University Park Press.

Meisels, S. J. (1985). A functional analysis of the evolution of public policy for handicapped young children. *Educational Evaluation and Policy Analysis, 7*, 115–26.

Meisels, S. J. (1989). Meeting the mandate of Public Law 99-457: Early childhood intervention in the nineties. *American Journal of Orthopsychiatry, 59*, 451–60.

Meisels, S. J., Harbin, G., Modigliani, K., & Olson, K. (1988). Formulating optimal state early childhood intervention policies. *Exceptional Children, 55*(2), 159–65.

Miller, N. (1994). *Nobody's perfect: Living and growing with children who have special needs.* Baltimore, MD: Paul H. Brookes.

Miller, P. (1992). Segregated programs of teacher education in early children: Immoral and inefficient practice. *Topics in Early Childhood Special Education, 11*(4), 39–52.

Miller, P., and Stayton, V. (1996). Personnel preparation in early education and intervention: Recommended pre-service and inservice practices. In S. Odom & M. McLean (Eds.), *Early intervention/early childhood special education: Recommended practices* (pp. 329–58). Austin, TX: Pro-Ed.

Minuchin, S. (1974). *Families and family therapy.* Cambridge, MA: Harvard University Press.

Moss, B., & Gotts, E. A. (1998). Relationship-based early childhood intervention: A progress report from the trenches. *Zero to Three, 18*(3), 24–32.

National Association for the Education of Young Children. (1996). *Guidelines for preparation of early childhood professionals.* Washington, DC: Author.

National Easter Seal Society. (1988). *Crisis ahead: Recruitment and retention of rehabilitation professionals in the nineties and beyond.* Chicago: Author.

Odom, S., & McLean, M. (1996). *Early intervention/early childhood special education: Recommended practices.* Austin, TX: Pro-Ed.

Office of the Special Education Program/OSERS. (1989). *Eleventh annual report to Congress on the implementation of the Education of Handicapped Act.* Washington, DC: U.S. Department of Education.

Olson, D. H., McCubbin, H. I., Barnes, H., Larsen, A., Muxen, M., & Wilson, M. (1983). *Families: What makes them work.* Beverly Hills, CA: Sage.

Pawl, J. (1995a). The therapeutic relationship as human connectedness: Being held in another's mind. *Zero to Three, 15*(4), 2–5.

Pawl, J. (1995b). On supervision. In R. Shanok, L. Gilkerson, L. Eggbeer, & E. Fenichel, *Reflective supervision: A relationship for learning* (pp. 41–9). Arlington, VA: Zero to Three.

Peck, C., Furman, G., & Helmstetter, E. (1993). Integrated early childhood programs: Research on the implementation of change in organizational contexts. In C. Peck, S. Odom, & D. Bricker (Eds.), *Integrating young children with disabilities into community programs: Ecological perspectives on research and implementation* (pp. 187–206). Baltimore, MD: Paul H. Brookes.

Roberts, R. N., Rule, S., & Innocenti, M. S. (1998). *Strengthening the family-professional partnership in services for young children.* Baltimore, MD: Paul H. Brookes.

Rosenkoetter, S. E., & Stayton, V. (1997). Designing and implementing innovative, interdisciplinary practice. In P. J. Winton, J. A. McCollum, & C. Catlett (Eds.), *Reforming personnel preparation in early intervention: Issues, models and practical strategies* (pp. 453–74). Baltimore, MD: Paul H. Brookes.

Safford, P. L. (1989). *Integrating teaching in early childhood: Starting in the mainstream.* White Plains, NY: Longman.

Sameroff, A., & Chandler, M. (1975). Reproductive risk and the continuum of caretaking causality. In F. D. Horowitz, M. Hetherington, S. Scarr-Salapatek, & G. Siegel (Eds.), *Review of child development research* (Vol. 4, pp. 187–244). Chicago: University of Chicago Press.

Sameroff, A., & Emde, R. (1988). *Relationship disturbances in early childhood.* New York: Basic Books.

Schaie, K., & Willis, S. (1996). *Adult development and aging* (4th ed.). New York: HarperCollins.

Schon, D. A. (1983). *The reflective practitioner: How professionals think in action.* New York: Basic Books.

Seligman, M., & Darling, R. (1989). *Ordinary families, special children. A systems approach to childhood disability.* New York: Guilford Press.

Shanok, R. S. (1992). The supervisory relationship: Integrator, resource, guide. In E. Fenichel (Ed.), *Learning through supervision and mentorship: A sourcebook.* Arlington, VA: Zero to Three.

Shanok, R., Gilkerson, L., Eggbeer, L., & Fenichel, E. (1995). *Reflective supervision: A relationship for learning.* Arlington, VA: Zero to Three.

Showers, B. (1985). Teachers coaching teachers. *Educational Leadership* 42(7), 43–8.

Simeonsson, R., & Bailey, D. (1990). Family dimensions in early intervention. In S. J. Meisels & J. P. Shonkoff (Eds.), *Handbook of early childhood intervention* (pp. 428–44). New York: Cambridge University Press.

Slentz, K., & Bricker, D. (1992). Family-guided assessment for the IFSP development: Jumping off the family assessment bandwagon. *Journal of Early Intervention, 16* (1), 11–19.

Snyder, P., & Wolfe, B. (1997). Needs assessment and evaluation in early intervention personnel preparation: Opportunities and challenges. In P. Winton, J. McCollum, & C. Catlett (Eds.), *Reforming personnel preparation in early intervention: Issues, models, and practical strategies* (pp. 127–71). Baltimore, MD: Paul H. Brookes.

Stern, D. N. (1977). *The first relationship: Infant and mother*. Cambridge, MD: Harvard University Press.

Stern, D. N. (1985). *The interpersonal world of the infant: A view from psychoanalysis and developmental psychology*. New York: Basic Books.

Stott, F., & Bowman, B. (1996). Child development knowledge: A slippery base for practice. *Early Childhood Research Quarterly, 11*, 169–83.

Strain, P. (1990). LRE for preschool children with handicaps: What we know, what we should be doing. *Journal of Early Intervention, 14*(4), 291–6.

Summers, J. A., Dell'Oliver, C., Turnbull, A. P., Benson, H. A., Santelli, E., Campbell, M., & Siegel-Causey, E. (1990). Examining the individual family service plan process: What are family and practitioner preferences? *Topics in Early Childhood Special Education* 10(1), 78–99.

Thorp, E. K., & McCollum, J. A. (1988). Defining infancy specialization in early childhood special education. In J. Jordan, J. Gallagher, P. Hutinger, & M. Karnes (Eds.), *Early childhood special education: Birth to three* (pp. 147–60). Reston, VA: Council for Exceptional Children.

Thorp, E. K., & McCollum, J. A. (1994). Defining the infancy specialization in early childhood special education. In L. J. Johnson, R. J. Gallagher, M. J. Montagne, et al. (Eds.), *Meeting early intervention challenges: Issues from birth to three* (pp. 167–83). Baltimore, MD: Paul H. Brookes.

Turbiville, V., Turnbull, A., Garland, C., & Lee, I. (1996). Development and implementaion of IFSPs and IEPs: Opportunity for empowerment. In S. Odom & M. McLean (Eds.), *Early intervention/early childhood special education recommended practices* (pp. 77–100). Austin, TX: Pro-Ed.

Turnbull, A. (1987). *Accepting the challenge of providing comprehensive support to families*. Paper presented at Early Childhood Development Association of Washington annual conference, Seattle, WA.

Turnbull, A. P., & Turnbull, H. R. (1986). Stepping back from early intervention: An ethical perspective. *Journal of Division of Early Childhood, 10*(2), 106–17.

Turnbull, A., & Turnbull, H. (1996). *Families, professionals, and exceptionality: A special partnership*. Columbus, OH: Merrill.

Vygotsky, L. S. (1978). *Mind in society*. Cambridge, MA: Harvard University Press.

Warren, S. F. (1992). Facilitating basic vocabulary acquisition with milieu teaching procedures. *Journal of Early Intervention, 16*(3), 235–51.

Weatherston. D. (1998). She needed to talk and I needed to listen: An infant mental health intervention. *Zero to Three, 18*(3), 6–12.

Wesley, P. W., & Buysse, V. (1997). Community based approaches to personnel preparation. In P. Winton, J. McCollum, & C. Catlett (Eds.), *Reforming personnel preparation in early intervention: Issues, models, and practical strategies* (pp. 53–80). Baltimore, MD: Paul H. Brookes.

Weston, D. R., Ivins, B., Heffron, M. C., & Sweet, N. (1997). Formulating the centrality of relationships in early intervention: An organizational perspective. *Infants and Young Children, 9*(3), 1–12.

Widerstrom, A., & Ableman, D. (1996). Team training issues. In D. Bricker & A. Widerstrom (Eds.), *Preparing personnel to work with infants and young children and their families: A team approach* (pp. 23–42). Baltimore, MD: Paul H. Brookes.

Wikler, L., Wasow, M., & Hatfield, E. (1981). Chronic sorrow revisited: Attitude of parents and professionals about adjustment to mental retardation. *American Journal of Orthopsychiatry, 51*(1), 63–70.

Winton, P., McCollum, J., & Catlett, C. (Eds.). (1997). *Reforming personnel preparation in early intervention: Issues, models, and practical strategies*. Baltimore, MD: Paul H. Brookes.

Winton, P., & DiVenere, N. (1995). Family professional partnerships in early intervention personnel preparation: Guidelines and strategies. *Topics in Early Childhood Special Education, 15*, 296–313.

Winton, P. J. (1990) Promoting a normalizing approach to families: Integrating theory with practice. *Topics in Early Childhood Special Education, 10*(2), 90–103.

Winton, P. J. (1991). *Working with families in early intervention: Interdisciplinary perspectives*. Chapel Hill: University of North Carolina, Frank Porter Graham Child Development Center.

Winton, P. J. (1992). *Communicating with families in early intervention: A training module*. Chapel Hill: University of North Carolina at Chapel Hill, Frank Porter Graham Child Development Center.

Winton, P. J. (1996). A model for supporting higher education faculty in their early intervention personnel preparation roles. *Infants and Young Children, 8*(3), 56–67.

Wolery, M., Holcombe-Ligon, A., Brookfield, J., Huffman, K., Schroeder, C., Martin, C., Venn, M., Werts, M., & Fleming, S. (1993). The extent and nature of preschool mainstreaming: A survey of general early educators. *Journal of Special Education, 27*, 222–34.

Wolfe, B., & Snyder, P. (1997). Follow up strategies: Ensuring that instruction makes a difference. In P. Winton, J. McCollum, & C. Catlett (Eds.), *Reforming personnel preparation in early intervention: Issues, models, and practical strategies* (pp. 173–90). Baltimore, MD: Paul H. Brookes.

Yoder, D. E., Coleman, P. P., & Gallagher, J. J. (1990). *Personnel needs: Allied health personnel meeting the demands of Part H, P.L. 99-457*. Chapel Hill: University of North Carolina, Carolina Policies Study Program.

Zeitlin, S., & Williamson, G. G. (1990). Coping characteristics of disabled and non-disabled young children. *American Journal of Orthopsychiatry, 60*, 404–11.

Zeitlin, S., & Williamson, G. G. (1994). *Coping in young children: A model for early intervention*. Baltimore, MD: Paul H. Brookes.

参考文献

第六编 服务影响的评估

第 22 章　儿童早期干预项目评估[①]

彭尼·豪泽-克拉姆（PENNY HAUSER-CRAM）
马吉·埃里克森·沃菲尔德（MARJI ERICKSON WARFIELD）
卡罗尔·C. 厄普舍（CAROLE C. UPSHUR）
托马斯·S. 韦斯纳（THOMAS S. WEISNER）

从开端计划项目的第一份量化评估报告开始（如，Westinghouse Learning Corporation，1969），人们便对早期儿童项目中使用量化研究的有效性和局限性进行了激烈讨论。其中的一些问题也涌现出来，如多样的干预结果，大范围干预预期的显著改变和这些干预结果对儿童、家长、学校和社会整体的价值（Center for the Future of Children，1995；Farran，1990；Hamburg，1994）。正是对儿童早期干预有效性充满争议的观点和理念使得拓展评估成为可能，这样也为有需要的读者提供有意义的信息。

以下几个基本问题给扩大评估研究提出挑战：(1) 发展变化的本质；(2) 传统科学范式的不可动摇；(3) 定量方法与定性方法之间的分离。同时，随着评估系统在政治背景下的运作和计划本身随时间推移而日趋复杂。本章我们将通过整合多维度方法的研究，拓展儿童早期干预计划评估的视角，探索上述问题。

发展变化的理论

与其他研究者相似，项目评估者是根据他们对发展变化的本质及过程理论、元理论进行工作（Lerner，Hauser-Cram, & Miller，1998）。对发展的关键原理的理念会影响评估小组的观点，甚至会影响对研究设计和研究方法的决策。尤其是，评估者对发展功能的四个关键点会影响评估的设计：(1) 机械主义或建构主义理论能够充分描述儿童学习的过程；(2) 在何种程度上获取认知过程是普遍的；(3) 在发展功能上个体的可塑性；(4) 在社会文化背景下个体的发展程度。我们认为，尽管这些观点不够明确，但还是会影响研究者对早期干预和其他儿童项目进行概念化评估

[①] 美国卫生与公众服务基金卫生资源部孕产妇和儿童健康局对本研究给予了部分支持（项目号 MCJ-250644）。韦斯纳（Thomas S.Weisner）在行为科学高级研究中心（Center for Advanced Study in the Behavioral Sciences）完成了部分章节，他受到了美国科学基金会（项目号 SBR-9022192）和格兰特基金会（项目号 95167795）的资助。作者向格林（Jennifer C.Greene）、勒纳（Richard M.Lerner）和莫道斯（George F.Madaus）对本章初稿所提出的意见与建议表示感谢。

的方式。

学习模式

长期以来，儿童心理学对儿童的学习过程有不同的观点。机械模式倾向于元素论，并强调对技能的定量吸收（Lerner & Tubman,1989）。这类模式由斯金纳（Skinner,1953）提出，并应用于儿童发展的行为主义研究（如对刺激、反应和强化的研究）（Bijou & Baer,1966），尤其是在特殊教育环境中（如,Snell,1987）得到了很好的展现。相反,建构主义倾向于广泛的探讨并聚焦于儿童思考和理解现象的方式变化（Lerner & Tubman,1989）。这类模型引导在儿童早期教育的设置上集中于发展适当的练习（Bredekamp & Copple,1997）。这些模型会对不同的评估结果进行适当的考虑而产生不同影响。例如，受机械模型影响的评估工作可能会选择聚焦于具体技能的获得,如儿童计算。相反,受建构主义影响的评估者可能会选择能够说明儿童在学校环境中"做有意义的事"的结果，例如儿童参与社会性游戏的类型。

发展的普遍性

发展心理学长期存在的争论集中于认知过程发展的普遍性问题。大多数的争论在于围绕着皮亚杰（Piaget,1952）提出发展阶段的普遍性，以及他提出的发展阶段是否适用于所有文化背景下的儿童（Dasen & Heron,1981;Jahoda,1980）问题。从这个角度讲，普遍性概念的现象被认为是一个是否在所有文化中都出现的问题,例如,质量守恒定律的获得。

一个不同却相对重要的观点是，普遍性涉及了对残疾儿童发展的理解（Hodapp & Burack,1990）。20 世纪 60 年代后期，关于智力落后儿童的发展与其他儿童的发展结构存在差异,还是结构相同却相对落后，这两个观点存在很大的争议（Cicchetti & Beeghly,1990；Weisz, Yeates, & Zigler,1982;Zigler,1969）。从残障儿童（如，智力落后的儿童）的视角出发，评估者们会聚焦在不同结果的评估选择上，他们认为这些残障儿童的发展从本质上不同于其他正常儿童。例如，前者可能会选择测量发展的结构，如基于皮亚杰认知的测量（Cicchetti & Pogge-Hesse, 1982），然而后者会选择很少用于正常儿童的测量标准,例如持续行为的测量（Sandson & Albert,1984）。

发展的可塑性

心理学中另一个长久争论的问题是发展的可塑性。从历史上讲，这些讨论使得对生物学和行为学指标在发展轨迹中的变化开展了调查（Lerner,1984）。对中枢神经系统在损伤后的修复能力和对早产并发症的修复能力的研究表明，机体在一定程度上能够改变行为。对儿童颅脑损伤后的恢复功能的调查显示的结果是乐观的,其恢复程度取决于儿童的年龄和受伤的程度（Spreen,Risser, & Edgell,1995）。此外，研究表明来自中等收入家庭早产儿的发展在两岁左右有"追赶"同龄儿童的迹象（Greenberg & Crnic,1988）。相信早期发展是可塑的研究者们可能会关注发生过巨大变化的发展领域，比如社会性发展（Damon,1983）。相反，那些认为早期发展是对外界影响之抵抗的研究者们则会关注心理运动的技能，他们认为在儿童发展的早期，机能成熟比社会经验更重要（McCall,1987）。

社会文化环境

除了上述三个问题,第四个问题对干预项目的评估有着重要的影响,即全面的发展（和发展变化）如何植入社会文化环境之中。在整个20世纪80年代和90年代,发展心理学家越来越认可多元系统在儿童的发展过程中的重要性。布朗芬布伦纳（Bronfenbrenner,1979）从生态的角度出发,认为发展存在于多元的环境中,近到家庭间的相互交流,远到国家政策的制定。萨莫洛夫（Sameroff,1995）在交互作用模型中强调发展过程中各种力量的相互作用。勒纳（Lerner,1991）提出双向转换的模型,儿童在发展中受多元环境和变化系统的影响。

布朗芬布伦纳（Bronfenbrenner,1979）和勒纳（Lerner,1991）从系统的角度指出任何干预项目都是影响儿童发展的众多因素之一,这也可能是对其他系统相互作用的有效性做出的最好的解释。尽管有些项目通过单向服务对儿童产生直接影响,但是更多项目是通过对家庭微系统或家庭-项目的关系微系统对儿童产生间接的影响（McCartney,Howley,1991）。从系统观的角度出发,将干预或者是早期儿童项目看做是对儿童发展的唯一影响,并且是最直接的因素,这种看法过于简单和肤浅。因此,研究者们在儿童、家庭和项目系统的关系网络中构建评估模型。韦斯和格林（Weiss & Greene,1992）描述了几例反映家庭支持和儿童所有社会文化环境之间关系的项目评估。了解项目的有效性必须先了解环境,因为系统中某一个方面的变化都会牵涉其他方面的变化（Hetherington & Baltes,1988）。古拉尔尼克（Guralnick,1997）重新关注社会文化环境的评估类型,并将其视为第二代研究。

相反,认为计划对儿童有独立影响的评估者倾向于从实验的框架,而不是生态的框架进行评估。卡斯托和怀特（Casto & White,1993）描述了情商研究中一系列具体项目组成部分的有效性。博伊斯、怀特和克尔（Boyce,White, & Kerr,1993）研究了横跨两个地点的附加服务和家庭会议对儿童和家庭的影响。结果发现这个项目的研究因素对儿童和家庭的结果并没有直接影响,且它与儿童和家庭所建立的多元系统之间的关系也不是此次调查的主要特征。因此,尽管没有明显的主效应,但是社会效应的可能性在这里也没有去探讨。

文化环境是培育儿童的重要组成部分,当前对于发展理解的重要性也日益增加（Rogoff & Morelli,1989）。这也部分反映为家庭提供的儿童早期教育项目在不断变革。拉丁美洲和亚洲人口的不断增长,以及社区中社会经济的变化（如单亲家庭,失业等）（Hanson & Carta,1995）导致了儿童教育方式的不断发展和多元化。想为儿童及其家庭提供服务的机构和个体需要了解这些多元的教养方式。

为了理解发展与变化在日常生活中是如何发生的,研究者们提出了生态文化的框架（Super & Harkness,1986;Tharp & Gallimore,1988;Weisner,1984,1996b;Weisner, Gallimore, & Jordan,1988）。他们强调父母为孩子设定目标和愿望以及如何在父母和儿童参与的活动中实现这些目标和愿望。例如,有研究者（Reese, Balzano, Gallimore, & Goldenberg,1991）描述了低收入的墨西哥裔美国儿童的父母想让孩子有好出路的决心,并提出一些方法指导孩子的活动来实现这个目标。研究发现生态文化因素（父母的工作量、残疾人与非残疾人社会网络的整合以及父母为残疾儿童寻找到的服务信息）比传统的对家庭环境的测量更能预测儿童的发展（Nihira,Weisner,&

Bernheimer,1994)。

从宏观上讲,社会文化确定了"什么重要,什么有价值"的信念和价值观。组织机构,例如家庭,正是围绕着这些信念和价值观组织行为(Gordon & Armour-Thomas,1991)。从微观上讲,社会文化通过社会干预在教与学的过程中起中介作用。虽然在托儿所、早教机构或者早期干预项目中,会与儿童发生教与学的互动,但更多的互动发生在儿童与家庭或者邻里间。

如果我们从社会文化重要性的角度去看待发展,那么设计项目评估的含义是什么？首先,评估者需要考虑已经存在于社区的项目。这就需要了解在对应的文化中是如何看待早教计划的(Nieto,1992)。从文化视角看待残疾的含义与价值导致早教之类的服务价值之间差别很大(Lynch & Hanson,1992)。例如,家庭可能会把此类服务当做是恩惠、负担或是耻辱。其次,父母和其他社会成员所支持的价值观和信仰被认为是重要的。有学者(Sigel, Stinson, & Flaugher, 1991)描述了父母对儿童如何学习及社会化的观念是怎样变化的。一些父母认为儿童通过直接指导去学习效果最好,而另一些父母认为儿童通过自己找到解决问题的办法去学习效果最好。这些不同的观点可能会影响父母与建构儿童的活动提供者的合作方式。在儿童家庭与学校环境之间在教育方面的社会文化间断性(Heath,1982)研究中,旨在评估以儿童为目标的社会项目的评估者仍然需要考虑社会文化间断性。最后,评估者需要考虑发生在儿童、父母、服务提供商以及儿童生命中的重要成人或兄弟之间教与学的相互作用。

尽管干预计划评估从来不是一项简单的任务,但是评估者从生态和文化相互作用形成的发展框架中进行评估,在我们看来,是一项更为复杂且必要的任务。在儿童与家庭所居住的文化背景下,他们必须尝试去理解项目的影响与意义(Weisner, Matheson, & Bernheimer , 1996)。他们对于测量方法的选择必须与项目的目标和对父母意愿和社区文化相符。研究什么和怎样研究需要整合一系列的观点。主流(主要是白人、中产阶级)的设想不是在所有背景中都能成立,项目的目标和意愿是为了所有的儿童和家庭。

综上所述,正如人类发展的理论模型试图将文化与人们的生活相结合一样,项目评估的任务变得越来越复杂。评估者的评估设计若想有效并得到有用的信息,就需要检验他们自己对发展的假设,并对实施干预,提供服务,参与一个项目进行假设并检验。

在儿童发展领域中向着更具情境性的发展模型趋近,引出了一些关于设计评估的基本特性的关键性问题。如果我们相信发展和变化融于社会之中,现有的标准化的评估就显得不足了。这些模型的基础是对科学探索本质的假设。

对科学探究本质的信念

多数对儿童早期干预的评估使用的是传统的科学研究模型,包括实验设计、准实验设计和相关设计。总体来说,人们从儿童早期干预计划的成果中积累了有用的信息,但是这些信息通常会遭到公众和政策制定者的质疑。人们怀疑科学的真相,并怀疑实证主义研究范式(例如传统的实验设计)不适宜反映当代社会(Humphries & Truman, 1994; Lincoln, 1994; Meenaghan & Kilty, 1994)。对科学实验的实用性的争论来源于:低估其价值的群体(Fetterman,1994);对环境元理论的讨论(Overton,1998);自然科学的新发现对能否进行无污染的实验表示质疑(Meenaghan &

Kilty,1994;Shadish,1995);在所有的评估和认识中对价值偏见的识别(Fischer,1995;Lincoln & Guba,1989)。

传统的实验范式很难对儿童早期干预项目进行评估,尤其是在福利服务已经建立的大多数州或对于合乎条件的个体,基于伦理原则不能拒绝服务时。为了实验控制,对不同情况的处理,随机分配是科学范式的基础。一旦被认可,承认传统实证主义范式的局限性就蓬勃发展起来。

实证主义框架对儿童早期干预项目的评估表明,通过科学的方法可以最终决定在干预中哪些因素起作用,哪些因素不起作用,哪些效应量(干预组和对照组的标准不同)是可以获得的。由此可以评估一个计划是否还值得继续下去。然而,这个对客观真理的见解在哲学中经历了长久的争论和批评(Boyd,1984;Dolby,1979;Knorr-Cetina,1984)。当前,后实证主义范式已成为科学论述的前沿(Overton,1998)。后实证主义范式认为科学不是没有价值的;知识是由社会建构的,并受限于历史、文化和时间;对于真理可以有多种见解。实际上,后实证主义研究者认为背景和价值对建构和理解科学研究非常重要,对理解研究中的现象也非常重要(Fischer & Forester,1987;Habermas,1973)。

在后实证主义框架内,基本的问题包括对谁进行评估,进行评估的目的是什么。正如费希尔(Fischer,1995)指出,一个干预计划可以通过许多不同的层面进行评估。第一个层面是验证,传统的科技范式,用来阐释计划是否符合规定的目标。例如,服务对适当人群是否合适,提出的影响是否达到?第二个层面是证实,目标本身是否有用或有效,这样的问题被证实。也就是说,特别的目标能满足特定的需要或问题吗?这些目标可能会全部实现,但可能会错过对目标人群最有用的标志。对这个层面分析的一个案例来自于改变残疾儿童的智商,或者是帮助他们更好地适应学校环境中的挑战性任务,是否比持久性促进学业目标更重要的争论(Hauser-Cram & Shonkoff,1995)。第三个层面是对计划的社会性验证。计划对参与者、其他的利益相关者和他们的集体社区是否有价值?计划对整个社会是否有价值?计划是否能促进对价值的公认?儿童早期教育得到了广泛有力的支持,忽略可计的价值,还有难以估量的利益为包括残疾儿童在内的儿童提供标准的活动,并为父母缓解压力、提供支持。父母评估服务及其积极性是否充分(Upshur,1991)?

最后,计划可以看做是在社会选择框架内,他们是否支持公平、自由、民主的广泛竞争目标。计划在多大程度上能促进公民社会的发展?公民社会的哪些看法应该被支持?这个争论焦点在于公共事业和权利:例如,对残疾儿童不成比例的财政支出和服务是否会危害到其他儿童的资源的获取?这一层面的分析常常引起对该理论的争论,但重要的是,它能将计划的普世观点与被干预的世界观联系起来。

费希尔(Fischer,1995)框架指出了很多与评估计划及政策相关的研究类型。最近被提出的新评估实践模型阐述了与后实证主义的关系,也承认了由费希尔提出的框架的基本价值。三个例子分别构成了一个评估范式、一个权利评估和一个参与评估。古巴和林肯(Guba & Lincoln,1989)对评估范式的建构进行了讨论。他们的研究指出,一个评估者角色是界定目标及需要与员工、经理、投资者、政策制定者和接受者关系的问题,并为这群人提供信息以达成共同的目标和计划以此达成协议。由于关注的领域由专业的群体转移到以家长为中心的服务供应模式,因此建构主义提出了儿童早期计划的适应性(Dunst,Trivette, & Deal,1988;Friedman,1996)。例如,父母为孩子设置的目标和为了实现这些目标的准备,可能与使用标准化发展程序一样重要。如果帮助一个容易分心的儿童提高注意力,即使一个标准化的测量结果并没有表现出明显的进步,父母也会认为这个计划是成功的。每个有力的观点都应该包含在评估中。

由古巴和林肯(Guba & Lincoln,1989)提出的与评估框架相似并相关的评估策略称为权利评估(Fetterman,1994;Fetterman, Kaftarian, & Wandersman, 1995;Weiss & Greene,1992)和评估参与度(Cousins & Earl,1992;Upshur & Baretto-Cortez,1995)。权利模型引导被试者本人进行评估。那些想要通过干预得到改变的人话语权必须得到重视,这样才能判断他们的需求和干预的方式是否满足了他们的需要。评估的标准由被试制定,而不是研究者以及其他人。权利模型延缓了残疾领域的复苏,转而更关注对家庭的支持运动(Weiss & Greene,1992)。从哲学上说,权利评估帮助被试识别他们自己内在固有的能力,并通过整合资源和计划满足他们的需求。由此来看,权利评价低估了为儿童和家庭提供早期干预服务的模型价值。

参与评估与权利评估相关。参与评估的基础是员工的经验和有被试参与的服务,参与评估寻求提供实用的、结构化的及有用的信息来提供项目成果。与权利评估相似,参与评估不仅有被试的参与,而且要从评估经验和评估结果的实施中寻找活动,那些评估结果存在于处理能力和知识问题的关键意识中。参与评估与权利评估一样,更加重视服务接受者而不是服务出资者或是决策制定者。这些新的研究范式代表了各种想要解决传统实验设计及其计划评估衍生物的固有局限的方法。这些方法的另外一个特征是它们对定性和定量研究方法的区别做了重新思考。

对定性和定量研究的不同观点

在当前的研究中,定性和定量研究被看做是研究方法中的两个对立面。定性研究在日常的学术研究模型中与定量研究极为不同,自然研究与实验研究不同。背景、文化的比较研究与单一的文化(即无法做到文化中立)研究相反,相比之下,我们提出了使这些方法更为概括化的方式,即假设互补(Weisner,1996a, 1997)。

与特殊的研究相比,定性或者是整体研究更为有用。定性研究更多地涉及对一个现象的整体研究,包括行为主体的含义和解释。具象的方法认为,导致这一现象的原因是为了某一个具体目的,故意断章取义的评估,或是出于时间、金钱、设计等其他原因。定量不是定性的对立面,但对研究来说它与可用的或适当的测量方法有关。测量定量水平(顺序、间隔和比)能更准确有效地与名义上的或分类水平的测量进行区分,例如一个社区可把季节分为旱季和雨季,或分为春夏秋冬四季,或认知一个事物,把它们称为狗、猫和金鱼等宠物。这些都是有意义的,并不是天生的排名或缩放所有文化类别。

一个关于认识论的方法需要互补的方法的概述(Shweder,1996),提出一个有用且强大的对世界做出的假设:它由"量子"和"质性"组成。量子是对象、事件和过程减去主观世界;他们有权独立于我们的经验去认识他们的东西。量子的例子包括人口学情况(如生育率和迁移周期)、资源的可用性(如气候和生态)、社会过程(如依恋关系及自我和他人的评价)、认知或心理能力(如记忆过程和神经系统的成熟)以及历史和路径依赖条件(在一个社区的氏族,先前存在的经济阶级和种姓以及交易网络,例如,其中,虽然有社会条件的意义,但也在一定程度上从过去的固定功能形成不可避免的做事方式)。相反,质性的东西通常是主观的,通过他们的意思、表示或暗示在一个特定地点,他们是如何经历、记忆和付诸实施的。量化研究通常会进行以下程序,如点数、计数、测量、抽样、计算;质性研究则通常是利用移情、研究解释、主位化/情节化叙事语境进行例证,量化研究和质性研究虽然都是有用的分析方法,但它们并不纯粹。例如,人口和资源条件(如人口密度和国民生产总值,财富和收入分配)受结构上的限制,但总是通过我们的解释和理解回应他们。质性研究是受社会规律和法律的一般条件影响的,即使这些规律和条件是不直接被人知晓或经历的。例如,即使我们不是直接了解这样的过程,记忆过程和记忆的不同类型会约束我们的回忆并影响我们如何记起事件。公共卫生条件(例如,由于更好的卫生条件而降低感染率)直接影响我们如何保护孩子和我们所担心的孩子的健康和安全问题,但我们可能并没有意识到公众健康环境的影响。事实上,我们可以把很多这样的环境理所当然地当成"自然"。因此,互补是用来表示和理解这个充满量化和质性的世界的方法。

甚至在一个研究被展开之前,对评价来说至关重要的是,对定量测量的专门使用可能会无意中导致对现象理解的窄化和封闭。因此,我们认为定量和定性相结合、相互补的方法应该成为被默认的评价儿童早期教育项目的设计标准(即,什么是正常的、常规的预期)。

矛盾的是,有意义地定量评估儿童早期教育项目可能需要那些不同于被视为传统定量测量的策略方法设计(即,问卷调查、测试和评估、调查、观察者的评级和预编码的行为等)。而这些量化的指标对评价工作并不是没有用的,相反,它们是很必要的。然而,定量的方法不可能没有补充方法,在理解主观经验、环境、表达、意义和理解上也不可能是充分的。

尽管视角主义、参与性和赋权模型可以突出主观经验的重要性,但并不适用于所有不同程度的评价模型。参与性以及评价的赋权模型有一个共同的认识:某些利益相关者的意见最为重要。利益相关者包括所有个人和群体,通过评估的实施和结果受到直接或间接的影响(即,员工、管理者、投资者、政策制定者和受益者;Rossi & Freeman,1993)。一个项目的参与者认为,相比传统的评价设计,这样的设计已经促使了更多的政策制定者和投资者关注措施的实施。项目参与者有什么经验?工作人员和家长该持有什么样的文化信仰去看待相关领域,如性别、种族或能力?项目目标及个人参与的意义和道德价值是什么?不同的参与者如何理解项目活动?工作人员和项目参与者如何看待项目的反面性和批判性方面?对一些元素,他们存在多少矛盾?这些问题涉及任何评估儿童早期干预措施而进行的社会调查至少具有以下三个基本特征:(1)参与者在一个程序中的主观经验;(2)这些经验发生的局部语境;(3)项目的表达以及文化经验形成的脚本和模型(即,世界为什么及怎样运行图案化共享模式)存在于参与者和他人的头脑中(Andrade & Trauss,1992;Harkness,1996;Holland & Quinn,1987)。

定性的方法是全面的,包括事件和经验的感受。这些可以包括任何文本、访谈或访谈记录、图示、故事或经历,或者是告诉研究人员的或观察到的。种族志方法包含更全面的主题以及方法。种族志方法包括参与和未参与者的观测,各种类型的访谈(随意的、非正式的、探测式的和结构化的等),以及更正式的方法,如网络抽样方法,利用档案材料和群落进行分析。种族学家试图抓住一个人、家庭和社区的生活,在一定环境中了解周围特定的家庭或个人的,或对一个社会和文化世界进行干预项目的研究。在了解这些主观经验、背景和表现方面,定性方法和人种学方法是特别有用的。因此,定性方法和人种学方法比纯粹的定量方法更经常地被参与者用于相关评价模型,这并不是偶然的。

一个与这些评价模型相似的观点适用于利用自然环境去进行评价。以我们每日生活为背景进行的自然主义研究,与在某种程度上由研究者或他人所设计的研究形成对比。那些试图推断原因的实验工作与试图发现一致性、相关性、模式型的相关研究形成有用的对比。不论是定性研究还是定量研究都掺杂着试图推断原因的人为干预,同时也包括模式分析与形成原因可能被间接获得的一些关系。

定量研究与定性研究都有一个背景。而有背景审查步骤的研究与那些少有或根本没有背景审查步骤的研究之间的对比是最为有用的。由特定组完成的问卷调查通常有未经审查的背景。当他或她在纸上圈出一个数字或对一个确定问题有肯定答案时,我们几乎不可能知道报告者或参与者的脑袋中究竟想些什么。种族学的研究有一个已知的背景,与其他学科相比,这个背景经过了更为认真的思考,很少受人为控制。所有研究本质上都隐含着一些比较框架——在与文化地域相关的背景下,是否以文化比较为目的本质(Weisner,1996)。

互补性作为一种"混合法"的设计被提出。有学者(Caracelli & Greene,1997)描述了一些混合方法,其目的是试图整合定性研究与定量研究以产生评价计划。这些方法包括:推论、互补性、发展、成长和扩展(Greene,Caracelli,& Graham,1989)。虽然只有少数评估采用这个框架(例如,Mark,Feller,& Button,1997),但已经显示出了未来探索儿童早期评估策略中的一些有用概念。

三角测量包括识别不同方法论怎样得出相似的结果。例如,深入、开放式的家长访谈可能帮助他们发现一些在照顾孩子的工作中最为费力的任务,而更标准化的家务负担测量工具也可能发现与此相关的影响。

按照格林等人(Greene et al.,1989)的定义,互补方法的含义是用一种方法来强化、提高或证明另一种方法的结果。例如,假设一项定量分析的结果表明,父母支持组的参与与一些家长压力的减轻和另一些家长压力的增加有关。家长支持团队和讨论组对体验过不同的压力后果的样本家庭的观察也能够解释这个发现。

另外还构建了发展设计以便于继续使用不同的方法。例如,假设一个评估者对进行一系列家访的参与式观察感兴趣,家访是由服务项目中残疾儿童及其家庭的早期干预专业人士的参与者实施的。先前的定量资料是从家访会话的各个方面收集的。例如家访的时间长短、提供的服务类型(如,主要是对家长以及孩子治疗的建议)以及家庭成员参与家访的数量,我们能够对此进行分析以便为观察筛选出一个具有代表性的访问样本。

当使用两个不同的方法出现矛盾时,就建构了一个使用综合方法的不同的途径,并且产生矛盾的假设会在后期的评估中进行检测,称为启动设计(Greene et al., 1989)。这些是为了使用一种方法来激起用不同途径收集数据的问题。例如,假设访谈中的家长报告称,在基于家长的服务中儿童表现出更好的学习,但是通过收集对标准绩效测量平均数的分析表明,儿童在基于中心的活动中表现出更显著的增加。一些假设源于这样一个发现:在家访期间,家长可能有更多的观察孩子学习的机会,并且他们认为这样有益于孩子的发展,或者对亲子双方都有益。

最后,当任意一种方法被用于详述这个研究的宽度和深度时,扩张计划(Greene et al.,1989)出现了。有学者(Caracelli & Greene,1993)指出,定量的评估通常是审查结果的主要方法,而定性的方法则是审查过程。如果两种途径被用于两种诊断类型,那么一个诊断可能被膨胀化。例如,定量分析能够说明项目的要素,这是家长和提供者认为对促进同伴互动最有价值的方法,另外访谈能调查为什么他们认为这些是有价值的。此外,对同伴互动的观察研究以及对儿童绘画的内容分析或许能揭示早期干预组中儿童的经验与幼儿园更成功的同伴互动之间关联的程度。

最终,可以选取"极端案例"的分析(如在交朋友方面非常成功的儿童或者在同伴关系中有极大困难的儿童)来进行深入的研究,这将能够帮助我们理解儿童是如何与这些关系进行协商和互动的。

总之,我们谨慎地采用传统科学,但在我们的科学观当中,又包括整体的、名义的、情境的、对比的、合乎环境的、主观丰富的资料和构想。这些方法为了解儿童以及旨在帮助他们的项目提供了基本知识。定量方法强调了某些标准的准确性和可信度,即信度和效度。因而,信度和效度标准也可以有效地应用于定性数据(Bernard,1988;Maxwell,1992;Miles & Huberman,1994)。这些对于科学是重要的,但对于可信度却不是唯一的标准。定性方法中也发现了其他对科学来说是重要的标准,但在定量方法面前却往往是不足和无力的(Becker,1996)。这些也包括一个问题范围的宽度;理解水平的深度(包括主观经验),时间和复杂的背景;通过调查者和参与者观察和解释的汇集;在一定情境中数据的真实性和准确性(即在真实的空间和时间里现象是怎样真实发生的);以及观察的精确度。我们主张儿童早期评估从一开始就应该进行规划以满足尽可能多的标准,使我们能够更深入地了解更好、更真实的科学。

理解评估的政策环境的价值

对社会项目感兴趣的不同个人和团体,关于人类发展以及科学探究方法所做出的不同假设,对评估的设计来说都是至关重要的成分。毕竟评估是根据项目利益相关者的需要来构思、设计和实施的,以对一些社会项目或服务的提供策略做出一些判断。尽管利益相关者往往要求"公正"的评估项目,但他们也会将主观判断带到评价过程当中。

利益相关者包括四组主要的个人和组织:(1)项目赞助商;(2)项目管理者和员工;(3)项目参与者;(4)评估者和其他政策研究者、学术界成员(Rossi & Freeman,1993)。每个组与任何一项评估都有着不同程度的"利害关系",无论是他们的财务资源,还是他们作为有效提供者的声誉。他们渴望以一项特定的服务满足他们的需求以及他们的职业理想,关于这个方面只占少数(Guba & Lincoln,1981)。鉴于这些利益相关群体所评估的项目有着不同的关系,因此对于评估的目标以及应该如何实施,他们往往有着观点上的冲突(Thomas & Palfrey,1996)。所以,评估的终极形式和设计都受到评估开发时所处的政策环境的影响(Weiss,1975)。

利益相关者及其信息需要

周围政策动态的评估要根据不同需求评估的起源、利益相关者的类型以及个人利益相关者参与的性质和程度的不同而发生变化。一项评估的需求可能有各种不同的来源。从历史上看,评价实践开发针对高层决策者的需要以及证明评估有效性两方面(如,实现其目标了吗?)和有效性(如,它在预计的开支水平上实现其目标了吗?)(Weiss & Greene,1992)。然而在过去的二十年里,评估实践所考虑的问题,除了功能和有效性以及使用更多种类的方法之外,已经扩展到考虑项目的实施和运作问题。这一扩张鼓励其他利益相关者要求评估,以满足其特殊的信息需要。为了了解评估的政策环境,我们必须描述是如何通过项目的评估、他们的信息需要以及他们能够影响评估目标的程度,来影响四个利益相关者团体的。

项目赞助商 这群利益相关者包括三个不同类型的个人或组织。第一,政策制定者和决策者是政府官员,他们不仅能够决定最初是否实施一个项目,也能够决定项目将实施多长时间以及什么时候应该扩大或削减。第二,项目赞助商,如最初资助被评估的项目的私人基金会。第三,各种组织的项目赞助商,例如发起并资助评估的私人资金会或联邦政府。在某些情况下,这些团体中的个人或组织可能会重叠。例如,早期开端计划项目是由联邦政府赞助的,但是项目的评估却是由威斯汀豪斯学习公司和俄亥俄大学实施的(Westinghouse Learning Corporation,1969)。

这些利益相关者通常对了解项目是否正在付出,服务是否提供给了目标人群,这些服务是否达到了预期的效果以及该项目在经济上是否可行感兴趣。他们对这些底线问题的关注源于他们投资的这个项目的经济效力,他们对最终效益的担忧遏止了他们已经投资的金融资源以及对公众负责的需要,对官员的选拔,对私人组织的董事会成员负责(Usher,1995)。这些利益相关者通过未来基金的积存在一项评估的设计和结构方面有着大量的投入,以确保达到绩效标准或者其他评估的要求(Thomas & Palfrey,1996)。

项目管理者和员工 这些利益相关者对整个项目的运作以及对参考者实际提供服务都负有责任。尽管管理者和员工都将评估视为一条潜在的能够提高他们所提供服务的途径,但是他们特殊的信息需求可能会有所不同,因为每个人主要负责不同的方面(Chambers,Wedel,& Rodwell,1992)。管理者和行政人员负责项目投资者,他们必须不断关注积极结果的呈现,这样能证明项目的开支以及员工、资源的配置是合理的。一般来说,经理对评估是感兴趣的,这使得他们能比较服务提供和监控项目运作的替代性方案具有有效性,以此来确保实施的服务模式是否恰当,并且完成那些他们预先设计的服务(Usher,1995)。

项目员工不仅对他们的主管负责,同时也关注干预是如何从积极、消极两方面影响参与者的。这些"基层官员"(Lipsky,1980)有可能是对评估最感兴趣的群体,他们集中精力了解干预服务对参与者来说是否能够接受,以及是否与其需求相关(Thomas & Palfrey,1996)。

项目管理者和员工能在很多方面影响到评估的目标。作为最了解项目日常运作以及获得项目和其他文件的人,他们掌握着一项评估计划得以开展的最关键的信息。因此,这些利益相关者在项目的这些方面提供了必要的投入,我们可以对此进行研究,另外,问题的类型是最需要强调的。除此之外,项目的员工持有关于干预原则的信念,这些信念可能会影响项目参考者参与的过程。例如,在一项早期干预服务利用率的研究中发现(Kochanek & Buka,1996),服务提供者比项目中的母亲对家庭型服务的原则有着更强烈的信念。最后,作为项目信息的守门人,员工之间的合作比任何评估的努力都重要。

项目参与者 尽管项目参与者最关乎评估的结果,但他们对评估的方向和性质几乎没有影响,这是因为他们通常不能很好地组成一个团队(Rossi & Freeman,1993),并且传统的评估模式也不承认他们参与的重要性。多数项目参与者所担忧的问题评估仅仅关注于客户满意度的测量(Thomas & Palfrey,1996)。

然而,正如先前所描述的那样,研究者已经设计了新的评估途径,通过让参考者参与评估的过程来赋予其权利(Greene,1988)。根据《残疾人教育法案》(IDEA)1990、1991、1997年的修正案,这些评估途径在早期干预服务以及一般的家庭支持服务方面尤为突出,因为这些项目强调参与者许可,并且把家长—专家的合作关系作为一个中心目标(Weissbourd & Kagan,1989)。

评价者、调查者和政策团体

利益相关者团体包括特定评估设计和实施负责的评估者,也包括与公共政策、社会科学研究和项目发展有关的其他个人和组织。正如前文的讨论,评估者对发展变化的本质、模型、调查方法以及经验和技巧的假设影响着任何一个独立评估计划的范围和形态。

总之,正如社会文化背景的项目操作一样,评估本身反映了自己发展和实施的政治背景。一个评估的主要目标受到不同利益相关群体中个人对迎合信息需求研究成功建议程度的影响。评论可能从事与提出某个问题的责任制,为项目改善收集信息,发展和测验标准教学大纲,为项目和服务是怎样影响孩子、家庭或者赋权参与者的行为和发展获得更好的理解。

理解项目演变的价值

项目在具体的实施过程中不仅仅体现在不同的社会文化和政治背景中,而且还体现在他们的不断发展中。事实上,并不是每一个项目都有一个特定的分类标签(如家庭支持程序和早期干预计划)在其组织、操作、资源的水平和服务的人都是相同的,这说明评估必须根据个人项目量身定制。

韦斯(Weiss,1988)的家庭支持项目与新的旗舰项目有着巨大的差距,相比其他的小项目来说距离就更大了。旗舰项目是那些已设置为资金充足的研究和示范模式,他们的目的是测试具体传递策略服务的功效。与此相反,小的项目由更小的社区为本的项目组成,其资金不确定,为了满足当地家庭的需要而提供各种不断创新的服务。

尽管许多早期儿童项目可能处在旗舰和小型项目两种连续介质之间的某处,这个比喻强调评估的重要性,要考虑到每个项目的独特特征,如它经营了多长时间,其目标是否清楚、服务的定位及其数据采集功能(Jacobs,1988)。这些信息对确定一个程序是否已准备好被评估是至关重要的。

项目评估的可评估性

考查系统的评估性方法是可评估性评估。可评估性评估设计收集以下三方面的信息:(1)目的;(2)项目;(3)技术的可行性(Chambers et al.,1992)。

评估目的

依据项目评价源自不同的利益相关者群体的信息需要,这些团体之间可能会出现冲突。比如,厄舍(Usher,1993)在描述一个项目的评价性评估时发现服务传递是不一致的。因此,尽管国家和地方政策制定者想要进行评估以评估过程的有效性,但是通过与项目经理讨论,决定推迟支持设计一个更精确的模型服务类型的研究,开发一个数据库来追踪实现信息、评估目标和交付服务。从观念上来说,一个评估的目的是由利益相关群体之间的相互妥协决定的(Chen,1989)。其他两个领域的评价评估(如程序和技术可行性的评估)也适用于这个结果并且能够帮助解决与客观评价的冲突。

项目评估

项目评估的目的是确定项目的组件是如何定义的,项目目标是多么清楚,在构思和设计上项目之间是否有差异并且它是怎样实际操作的。这个阶段的研究提供了一个"具体情况知识"的评价和确定评价类型中非常重要的定性判断(Campbell,1987)。四个迭代步骤被用来收集一个完整的项目评估的数据。首先,所有的书面文件(比如,授权立法、补助金申请书和手册等)必须审查。这些文件将广泛地识别授权程序以及它的使命和目标。

第二,一个更详细的项目描述必须是采访政策制定者、项目经理和管理员后完成的。关键的问题主要集中在理解提供信息者项目的短期和长期目标计划,可能实现这些目标的哪些机制需要到位,为什么项目的输入和活动将导致目标的达成,什么样的信息是可用的,什么种类的形式不可用但是对评估这个项目又是必需的。

第三,构造了一个流模型,它形象化地描述了每个项目的组件和项目的整体,怎样使工作基于从文件和采访中收集的数据。这个模型,被看成是该项目的"变革理论",其中应该详细地给出将项目的每个方面联系起来制作出如何以及为什么干预能产生预期效果的假设(Weiss, 1995)。

第四,目前的流模型应该通过访问流程去测试、观察其运行,面试人员负责其日常的操作并面试项目的参与者。

项目评估阶段应该生成一个清晰的项目定义进行评估和阐明理论,及其阐明这个项目背后的理论。虽然项目定义在某些情况下可能是很明显的,界定清楚什么将被评估,什么将不会被评估是很重要的。比如,早期干预项目经常提供各种不同的服务。评估是针对一个具体的部分(如家访)还是针对为孩子和家庭直接提供的所有的服务,这一点也是非常重要的。此外,公法102-119 的子项目早期干预项目都必须协调其他当地提供者的服务,以便全面满足孩子和家庭的服务需要。评估能否将搜集到的孩子和家庭样本的所有的服务(早期干预的内部和外部)集中起来,或者只是直接为孩子和家庭提供服务的一个项目。什么语境体系的服务应该被评估,评价结果应该怎样被解释,这些都由利益相关群体决定。

在项目评估阶段,流模型的开发应该强调理论是该项目的理论基础。建立在理论框架上的评估更能为项目的改进提供重要的参考信息(Chen & Rossi, 1989)。以下两个方面可能得到改善。第一,通过询问决策者、管理者、服务提供者以及参与者,明确他们关于项目将如何产生预期变化的假设,可以显露出相互冲突的观点。讨论解决这些冲突能突出他们是否缺乏一致性的服务以及应该做哪些变化。第二,通过设计评价去检查不同的假设在多大程度上符合,从而确定项目哪些特定方面应该被修改(Weiss, 1995)。

技术的可行性评估

四种主要的技术可行性问题必须检查。第一,用于评估信息的可行性必须被评估。判断项目目前搜集的数据类型,数据的准确性和完整性,数据搜集了多久,数据是由谁记录的,以及这些数据是如何与被要求的评价问题相关的,这些都是至关重要的。第二,使用不同的研究设计和方法的可行性必须评估各种各样的问题,比如侵入程序流程,承担团队和参与者,抽样过程和控制或对照组的完整性。第三,专业技术和计算机设施需要分析收集来的必须评估的数据。第四,进行项目评估所需要的资源必须被估计。为了补充已维护的程序信息而搜集的原始数据的数量、评估计划的范围、进行研究所要求的技术都将严重影响评估的成本。

总之，评价评估是对项目目标获得清晰理解的一种有用的技巧，如何用日常活动组织去实现这个目标，项目在何种程度上以系统化的方式记录自己的活动。这些信息用于识别特定项目的独特方面以便设计和实施一个适当和有用的评价。评价者使用这种方法认识到程序不是静态的，而是随时间变化的，评估一个在其成熟期的程序应该不同于早期阶段进行的评估。

我们从评估中学到了什么？

虽然我们认为在各种各样的政治背景中它描述的只是一种理想的评估模式，目的是为了在实证主义和数字的光环基础上，超越传统的观点，拓宽他们的范围，并且能采用有意义的方式，来认识嵌入一个社会文化语境是如何变化的，我们也认识到无论是现在还是将来，没有一个评价能囊括未来我们所有的观念。在本节中，我们将呈现一些新的关于评估的例子，大部分已经采用了一系列方法并取得了有价值的发现。那些例证演示了怎样在下面四个主题中运用广泛的策略来解决相似的问题：(1)项目的启动，(2)项目的操作，(3)项目的成效，(4)项目的成本和效率。我们也会鉴定一些能补充和加强未来评估效果的更新的技术和方法。

项目参与者的进入要求

项目工作人员关心的关键问题是项目参与者是不是目标人群。如果他们有服务的资格，但不进入系统或没有充分发挥其服务资格，个人力量是不足够的（Arcia，Keyes，Gallagher，& Herrick，1993）。因为很难去准确地估计目标人群的大小，所以也就不能比较出谁应不应该参加，相关的研究采用了不同的策略去估计谁可能将会接受服务。

有研究者（Sontag & Schacht，1993）分析了关于服务使用率的调查问卷，涉及536个参与早期干预项目的家庭。他们调查了接受不同服务者的族裔、收入以及孩子的年龄，发现了少数民族、低收入家庭以及18个月以下的孩子在早期干预服务使用率中的主要阻碍。将服务未得到充分利用的目标人群标记出来是非常重要的，因为不同种族背景下，5岁以下的孩子以及来自低收入家庭的低年级孩子的百分比正在不断增长（Arcia et al.，1993）。此外，许多家庭正在经历风险条件的增长和持续（Dunst & Trivette，1997）。这意味着部分目标人群不仅规模在增加，而且存在早期干预服务利用不足的风险。

了解如何在缺少足够服务的风险下提高家庭招募的一种方法是采用视角主义模型来鉴定吸引个人加入项目来提供服务的这些方面。比如，法里斯和莱文（Pharis & Levin，1991）采访了30位参与临床婴儿发展项目（Clinical Infant Development Program，CIDP）的高风险的养育孩子有困难的母亲。研究者使用开放式的问题，让那些母亲描述了项目是怎样为他们提供服务的，以及对他们来说意味着什么。使用内容分析法去归类这些回答，法里斯和莱文发现母亲特别喜欢他们提供的与自己的孩子交流以及观摩婴儿评估会议机会的项目程序。一般而言，与会者更加倾向于关系方面的服务而不是具体的援助，比如他们接受的各地交通运输、住房和资金管理方面的具体服务。

今后的评估旨在了解一个项目在制订、执行、评估宣传策略时，怎样增加他们的目标人群，这些目标人群之间可能涉及各种利益相关者（比如目前的参加者和当地的社区领导）。这些策略可能用不同的方法去宣扬一个项目中参与者认为最有利的程序。这种类型的评估也阐明成功的参与者指的是项目试图触及的那些人。

项目运行

评估项目如何为孩子和他们的家庭能集中在各种重要事件上运转。早期干预合作研究（Early Intervention Collaborative Study, EICS）是关于残疾儿童的发展及其家人适应性的纵向调查（Shonkoff, Hauser-Cram, Krauss, & Upshur, 1992）。在马萨诸塞州和新罕布什尔州，早期干预项目的第一年里有 190 个孩子和家庭，他们每个月接受的服务类型和数量都记录在案。

分析 EICS 的数据显示，每个月接受的服务平均总量为七个小时。尽管孩子和家人每月平均有三个小时的家访，但是他们接受的其他种类的服务每个月少于两个小时（比如，子组、父母支持组、个别服务中心）。然而，在接受服务的数量和类型方面存在一个巨大的变异量。比如，平均接受的服务时间每个月从几分钟到 21 小时不等。孩子的残疾类型和残疾程度，严重影响观察到的获取服务的变异强度的水平。另外，在分析服务类型的变化的基础上揭示了近一年研究期间的在 1~3 个月的基础上给定的儿童和家庭服务的过程强度和组合服务类型（Erickson, 1991）。

适度的服务水平和提供服务的可变性为其他早期干预评估提供了重要的见解，并认为应该重点评估服务的影响。虽然个性化服务是早期干预计划的标志之一，它超越了传统的评价方法（Powell, 1988）。问题类型的效果可以从对不同特点的孩子的不同干预这个层面来预见，查询儿童接受早期干预外的服务数量和类型对考虑这些研究结果来说也很重要（Guralnick, 1993）。

评估项目的运行也可以集中在观察参与者对干预措施不同功能的反应，以确定模型是否按原来设计的样子工作。布林克尔（Brinker, 1992）描述了一个实验方案，其中公共援助支持的家庭被随机分配到干预组，当他们参加节目时，他们收到了实实在在的激励措施（例如，个性化的帮助与住房、食品、婴儿奶粉、婴儿衣服等），但对照组没有收到任何有形的激励。初步结果表明，参与者加入激励组家庭和对照组出席率之间没有显著的差异，两组家庭参加了 40%~50% 的每周例会。由于激励措施似乎没有任何效果，工作人员试图使程序更容易满足参与者需要。例如，项目人员将项目扩大到包括社区领袖和有经验的个人实施公共援助的家庭自救方案。扩大干预队伍，提高员工关于社区内基础设施和方法的知识资源，以便在家庭中控制其有限的资源。这些变化使建立与家庭的关系更加成功，并提高程序的参与率。这种方法评价包含了一些混合方法设计开发风格的要素，在里面缺乏通过外展服务激励员工更好地了解参与者的需求。所获得的知识，投入下一轮的实施和评价中使用。

项目运行的另一个重要方面是评估可以检查影响服务供应商与家庭相互作用的因素。有学者（DeGangi, Wietlisbach, Poisson, Stein, & Royeen, 1994）采访了 26 位早期干预专业人员去评估文化多样性和社会经济地位对家庭专业协作影响的看法。采访中既包括封闭式和开放式问题，也包括两个案例分析。他们发现，服务提供者对家庭文化背景与自己不一样的，以及家庭背景更差的反应不同，收入不同的群体对服务提供者的反应也不同，这些见解进一步表明每个家庭的背景在早期干预是如何变化的。

这三个研究强调了测量孩子和家庭实际收获的复杂性。除了服务的数量和类型外，每个人的收获都因下列因素而有微妙的不同：服务提供者的培训、态度和目标；儿童和家庭不断变化的需求；系统与服务提供者、社区和家庭及儿童之间的相互作用（Telzrow，1993）。如果评价是为了最终澄清服务如何影响儿童和家庭发展的多个系统，那么就需要特别关注过程中提供给孩子和家庭的实际内容。

关注不同干预措施如何影响参与者及其行为的评价模型可以帮助确定在今后的研究需要测量的具体方面。这种模式也是汇聚资源维持有效的和有价值的项目的关键。

项目的有效性

在本书的其他章节（参见 Farran，Brooks-Gunn，Berlin，& Fuligni）介绍了更多评估服务对孩子和家庭产生的影响的研究。下面将主要讨论评价项目有效性的三个中心问题：
(1) 项目的有效性主要表现在哪些方面？
(2) 如何测量结果？
(3) 如何测量变化？

项目的有效性表现

人类发展的生态模型表明，项目可能会影响孩子、家庭和社区层面的成果（Bronfenbrenner，1979；Bronfenbrenner & Morris，1998）。直到最近，对年幼的孩子和他们家庭的评估才集中在孩子的成果项目的评估（Shonkoff & Hauser-Cram，1987），虽然研究也已经开始注重家庭层面的影响（如，Shonkoff et al.，1992；Trivette，Dunst，Boyd，& Hamby，1995）。流模型强调一个特定项目的运行效果是可以预期的，因为这是在制定和协商的过程中就予以明确的（Lelaurin & Wolery，1992）。

如何测量结果

一旦潜在的项目影响领域被确定，用来测量每个结果的有关的适当仪器和技术必须被决定。对父母、家庭和社区进行测量的不同测量策略的优势和缺点将在本书中其他章节详细描述（参见 Meisels & Atkins-Burnett；Kelly & Barnard；Krauss；Earls & Buka）。评估有可能进一步从早期教育真实的评估方法和目前的利用率获利，这种方法主要是使用孩子的典型工作和活动作为认识到改变的一种方法。有学者（Schwartz & Olswang，1996）建议儿童早期特殊教育项目开发孩子们的活动文档，如儿童游乐的录像带、按时间间隔抽取的儿童同伴交往的观测数据、家长报告，以及教师笔记。迈泽尔斯（Meisels，1993）的作品取样系统提供了一种全面的方法来真实评价在幼儿和小学教室的孩子。虽然这种方法还没有很好地在项目评价中使用，但是它提供的承诺，要求那些评估的影响结果对参与者有实际的意义。

如何测量变化

精确量化随时间变化的结果，以及把总变化的某部分归因于一些特定的干预和治疗，对早期儿童项目的评估者来说是一个挑战。有多种方法来衡量变化，然后分割成它的各个组成部分被提出和应用。这些方法包括常模参照、指数的变化、差异分数和剩余变化分数。这些方法的优点和缺点已经在其他地方讨论过（Hauser-Cram，1990；Hauser-Cram & Krauss，1991）。

一种相对较新的和有用的方法被越来越多地应用于认识纵向研究的变化，这种方法是分层线性模型（hierarchical linear model, HLM）。研究者（Bryk & Raudenbush，1992）主张要真正了解变化，数据收集必须超过两个时间点（参见 Baltes，Reese，& Nesselroade，1977）。HLM 最大限度地利用聚集在几个时间点的数据，并且利用一个两步骤的过程。首先，估算出成长轨迹和每个正在分析的样品的整体增长速度。其次，对不同的个体增长率的差异进行评估。这种分析包括检查变化的差异是否影响孩子特征的选择（如性别及残疾类别）、家庭（如收入）或服务（如强度）。

HLM 运用到早期干预服务的评估中的优势是它允许测量的方式是按照直线的方式还是曲线的方式进行。这是相对于其他方法假设的一个线性模型。另外，HLM 允许研究者去测试在一个特定点开发方法是否呈水平渐近线（如稳定状态），如果这样，是否会发生在特定子组而不是其他组（Burchinal, Bailey, & Snyder, 1994）。

有学者（Dunst & Trivette, 1994）用 HLM 去检查染色体异常（大多数唐氏综合征的孩子）和物理损伤（大多数脑瘫患儿）儿童心理年龄增长的预测因子，大多数人是接受早期干预服务的。心理年龄测量使用贝利婴幼儿发展量表（Bayley Scales of Infant Development）和斯坦福-比奈智力量表（Stanford-Binet Intelligence Scale）。主要搜集从出生到 48 个月大的孩子的相关数据。在此期间使用贝利或者斯坦福比奈量表对每个孩子进行 4~5 次评估。

以下三组变量被纳入模型作为心理年龄增长的预测因子：(1) 背景变量，包括父母亲的受教育程度、婚姻状况、职业、种族以及兄弟姐妹数量；(2) 因变量，包括家庭成员数量，或者有心理健康问题的亲属，以及孩子住院的数量；(3) 干预变量，包括进入早期干预的年龄和干预的长度。控制背景和应激变量，入学年龄就是预测染色体异常儿童心理增长的一个重要因子但不能作为物理损伤孩子的预测指标。进入早期干预服务的年龄较小的染色体异常患儿比年龄较大的患儿的进步较快。

未来早期儿童的评估项目也将可能从利用 HLM 的另一个特征中获益：准确评估影响孩子具体特点的环境。比如，有研究者（Lee & Bryk, 1989）将 HLM 应用于检查儿童在学校不同的班级结果是否有差异，或者学校系统是否可能由特定变化的环境影响。

项目成本和效益

大多数分析早期儿童项目的成本和效益采用的是传统的实验或者孩子和家庭成员被分配好的准实验设计，运用多元方法去干预、控制或比较组以及提供一个预先确定的并一段时间里不变的服务（Barnett & Escobar, 1990）。服务的经济评估在联邦或州立法规定下由项目操纵有限的资源来进行，但是这将面对独特的分析挑战。无法标准化服务交互和保持一个控制或者对照组，这要求这些评估强调某些不同但是重要的问题。本节的目的是描述成本效益研究的三个目标，这与早期干预合作研究（EICS）是相连接的（Shonkoff et al., 1992）。如前所述，EICS 考查了公共支持的早期干预服务项目。每个接受服务的孩子和家庭都是量身定做的，以满足他们不断变化环境的特定需求。

成本效益研究的第一目标是识别服务成本的预测（Erickson, 1992）。大多数成本研究仅简单地集中在决定一个特定项目或州的每个客户的平均成本。在一个系统中提供符合个性化需求的服务，但是，这种方法掩盖了成本差异所需的服务于具有广泛差异特点的儿童和家庭。

埃里克森（Erickson, 1992）用实际服务利用率开发模型去鉴别显著影响服务成本的孩子和家人的特征。研究结果表明，孩子进入一个早期干预项目，年龄差异和残疾程度都会严重影响成本。不同组孩子在这两个特征上有分歧，对他们的评估显示出提供一年的早期干预服务相关的开支在数量上差别很大。

第二个目标是比较在同一组级别的资源下儿童在各种措施中的结果收益（Warfield,1994）。通过控制资源水平不变,比较儿童不同的特征识别领域中最大的变化以及产生的收益。研究结果表明,轻度残疾的行为适应有更大的改变,而程度严重的孩子从孩子互动中获得更大的收益。这些结果凸显了相对一个共同的投资资源来说,拥有不同特征的孩子将走向不同的目标。这些信息将帮助服务提供者和家庭成员设置实现特定结果的相对重要性的优先权。

第三个目标是通过定义残疾的严重程度和入学年龄,比较家访中心组与服务子组的效率（Warfield, 1995）,用最具成本效益的不同子群和测量结果来确定服务。比如,在所有子组中,家访对于减轻父母压力最具有成本效益;然而,在改善母子互动方面,群体服务对于年龄小于一岁的加入早期干预服务的孩子更具有成本效益,而家访对超过一岁的入学的孩子更具有成本效益。

对 EICS 三个目标结果的成本效益的研究表明,关于成本和效益的关键问题可以通过选择不同子组中不同孩子和家庭的特征来解决。未来的研究将基于更多样化的样本,利用更广泛的一系列措施,来提高该技术的有效性。

评估研究的未来

从开端计划开始,我们评估结果的知识和评估设计的方法已经有了极大的增长。随着时间的推移,我们已经开发了与模型相应的方法,以便能测试影响发展的关键因素。我们已经学会识别不同的观众,这些人包括参加评价结果以及欣赏评估发生的政治背景的人。我们已经意识到项目本身的变化和评估需要符合其发展阶段。我们探讨实证主义的局限性,为其建立了定量评估的基础。我们在评估方法的阈限中变化。

现在的挑战是找到整合评估计划成功经验的方法。面对这样的挑战,需要将那些对发展有不同利益的人,那些有不同信息需求的人,以及那些支持不同科学询问方法的人形成新的伙伴关系。评估涉及多种利益者,利用大量的方法,将生成关于未来儿童早期干预项目必要的、有意义的信息。

参 考 文 献

Arcia, E., Keyes, L., Gallagher, J. J., & Herrick, H. (1993). National portrait of sociodemographic factors associated with underutilization of services: Relevance to early intervention. *Journal of Early Intervention*, 17, 283–97.

Baltes, P. B., Reese, H. W., & Nesselroade, J. R. (1977). *Life-span developmental psychology: Introduction to research methods*. Monterey, CA: Brooks/Cole.

Barnett, W. S., & Escobar, C. M. (1990). Economic costs and benefits of early intervention. In S. J. Meisels & J. P. Shonkoff (Eds.), *Handbook of early childhood intervention* (pp. 560–82). New York: Cambridge University Press.

Becker, H. S. (1996). The epistemology of qualitative research. In R. Jessor, A. Colby, & R. Shweder (Eds.), *Ethnography and human development: Context and meaning in social inquiry* (pp. 53–71). Chicago: University of Chicago Press.

Bernard, R. H. (1988). *Research methods in cultural anthropology*. Newbury Park, CA: Sage.

Bijou, S. W., & Baer, D. M. (1966). *Child development. Vol 2: The universal stage of infancy*. New York: Appleton-Century-Crofts.

Boyce, G. C., White, K. R., & Kerr, B. (1993). The effectiveness of adding a parent involvement component to an existing center-based program for children with disabil-

ities and their families. *Early Education and Development*, 4, 327–45.
Boyd, R. N. (1984). The current status of scientific realism. In J. Leplin (Ed.), *Scientific realism* (pp. 41–82). Berkeley, CA: University of California Press.
Bredekamp, S., & Copple, C. (1997). *Developmentally appropriate practice in early childhood programs*. Washington, DC: National Association for the Education of Young Children.
Brinker, R. P. (1992). Family involvement in early intervention: Accepting the unchangeable, changing the changeable, and knowing the difference. *Topics in Early Childhood Special Education*, 12, 307–32.
Bronfenbrenner, U. (1979). *The ecology of human development: Experiments by nature and design*. Cambridge, MA: Harvard University Press.
Bronfenbrenner, U., & Morris, P. A. (1998). The ecology of developmental processes. In R. M. Lerner (Ed.), *Theoretical models of human development: The handbook of child psychology* (Vol. I, 5th ed., pp. 993–1028). New York: Wiley.
Bryk, A. S., & Raudenbush, S. W. (1992). *Hierarchical linear models for social and behavioral research: Applications and data analysis methods*. Newbury Park, CA: Sage.
Burchinal, M. R., Bailey, D. B., & Snyder, P. (1994). Using growth curve analysis to evaluate child change in longitudinal investigations. *Journal of Early Intervention*, 18, 403–23.
Campbell, D. T. (1987). Problems for the experimenting society in the interface between evaluation and service providers. In S. L. Kagan, D. R. Powell, B. Weissbourd, & E. F. Zigler (Eds.), *America's family support programs: Perspectives and prospects* (pp. 345–51). New Haven, CT: Yale University Press.
Caracelli, V. J., & Greene, J. C. (1993). Data analysis strategies for mixed-method evaluation designs. *Educational Evaluation and Policy Analysis*, 15, 195–207.
Caracelli, V. J., & Greene, J. C. (1997). Crafting mixed-method evaluation designs. In J. C. Greene & V. J. Caracelli (Eds.), *Advances in mixed-method evaluation: The challenges and benefits of integrating diverse paradigms* (pp. 19–32). San Francisco: Jossey-Bass.
Casto, G., & White, K. R. (1993). Longitudinal studies of alternative types of early intervention: Rationale and design. *Early Education and Development*, 4, 224–37.
Center for the Future of Children. (1995). *The future of children: Long-term outcomes of early childhood programs*. Los Altos, CA: David and Lucile Packard Foundation.
Chambers, D. E., Wedel, K. R., & Rodwell, M. K. (1992). *Evaluating social programs*. Boston: Allyn & Bacon.
Chen, H. T. (1989). The conceptual framework of the theory-driven perspective. *Evaluation and Program Planning*, 12, 391–6.
Chen, H. T., & Rossi, P. H. (1989). Issues in the theory-driven perspective. *Evaluation and Program Planning*, 12, 299–306.
Cicchetti, D., & Beeghly, M. (1990). An organizational approach to the study of Down syndrome: Contributions to an integrative theory of development. In D. Cicchetti & M. Beeghly (Eds.), *Children with Down syndrome: A developmental perspective* (pp. 29–62). Cambridge, England: Cambridge University Press.
Cicchetti, D., & Pogge-Hesse, P. (1982). Possible contributions of the study of organically retarded persons to developmental theory. In E. Zigler & D. Balla (Eds.), *Mental retardation: The developmental-difference controversy* (pp. 277–318). Hillsdale, NJ: Erlbaum.
Cousins, J. B., & Earl, L. M. (1992). The case for participatory evaluation. *Educational Evaluation and Policy Analysis*, 14, 397–418.
Damon, W. (1983). *Social and personality development: Infancy through adolescence*. Cambridge, England: Cambridge University Press.
D'Andrade, R., & Strauss, C. (Eds.). (1992). *Human motives and cultural models*. New York: Cambridge University Press.
Dasen, P. R., & Heron, A. (1981). Cross-cultural tests of Piaget's theory. In H. Triandis & A. Heron (Eds.), *Handbook of cross cultural psychology: Vol. 4. Developmental psychology* (pp. 295–341). Boston: Allyn & Bacon.
DeGangi, G. A., Wietlisbach, S., Poisson, S., Stein, E., & Royeen, C. (1994). The impact of culture and socioeconomic status on family–professional collaboration: Challenges and solutions. *Topics in Early Childhood Special Education*, 14, 503–20.
Dolby, R. G. A. (1979). Reflections on deviant science. In R. Wallis (Ed.), *On the margins of science: The social construction of rejected knowledge*. Sociological Review Monograph 27 (pp. 9–47). Keele, Staffordshire, England: University of Keele.
Dunst, C. J., & Trivette, C. M. (1997). Early intervention with young children and their families. In R. Ammerman and M. Hersen (Eds.), *Handbook for the prevention and treatment of children and adolescents: Intervention in real world context* (pp. 157–80). New York: Wiley.
Dunst, C. J., & Trivette, C. M. (1994). Methodological considerations and strategies for studying the long-term effects of early intervention. In S. L. Friedman and H. C. Haywood (Eds.), *Developmental follow-up: Concepts, domains, and methods* (pp. 277–313). San Diego, CA: Academic Press.
Dunst, C. J., Trivette, C. M., & Deal, A. (1988). *Enabling and empowering families*. Cambridge, MA: Brookline Books.
Erickson, M. (1991). *Evaluating early intervention services: A cost-effectiveness analysis*. Unpublished doctoral dissertation, Brandeis University, Waltham, MA.
Erickson, M. (1992). An analysis of early intervention expenditures in Massachusetts. *American Journal on Mental Retardation*, 96, 716–29.
Fals-Borda, O., & Rahman, M. A. (Eds.). (1991). *Action and knowledge: Breaking the monopoly with participatory action research*. New York: Apex Press.
Farran, D. C. (1990). Effects of intervention with disadvantaged and disabled children: A decade review. In S. J. Meisels & J. P. Shonkoff (Eds.), *Handbook of early childhood intervention* (pp. 501–39). New York: Cambridge University Press.
Fetterman, D. M. (1994). Empowerment evaluation. *Evalu-

ation Practice, 15, 1–15.

Fetterman, D. M., Kaftarian, S. J., & Wandersman, A. (Eds.). (1995). *Empowerment evaluation: Knowledge and tools for self-assessment and accountability.* Thousand Oaks, CA: Sage.

Fischer, F. (1995). *Evaluating public policy.* Chicago: Nelson-Hall.

Fischer, F., & Forester, F. (Eds.). (1987). *Confronting values in policy analysis: The politics of criteria.* Newbury Park, CA: Sage.

Friedman, D. (1996). *Parenting in public: A study of helpgiving practices to support parenting and child well-being in Massachusetts' congregate family shelters.* Unpublished doctoral dissertation, Brandeis University.

Gordon, E. W., & Armour-Thomas, E. (1991). Culture and cognitive development. In L. Okagaki & R. J. Sternberg (Eds.), *Directors of development: Influences on the development of children's thinking* (pp. 83–99). Hillsdale, NJ: Erlbaum.

Greenberg, M. T., & Crnic, K. A. (1988). Longitudinal predictors of developmental status and social interaction in premature and full-term infants at age two. *Child Development, 59,* 554–70.

Greene, J. C. (1988). Stakeholder participation and utilization in program evaluation. *Evaluation Review, 12,* 91–116.

Greene, J. C., Caracelli, V. J., & Graham, W. F. (1989). Toward a conceptual framework for mixed-method evaluation designs. *Educational Evaluation and Policy Analysis, 11,* 255–74.

Guba, E. G., & Lincoln, Y. S. (1989). *Fourth generation evaluation.* Newbury Park, CA: Sage.

Guba, E. G., & Lincoln, Y. S. (1981). *Effectiveness evaluation: Improving the usefulness of evaluation results through responsive and naturalistic approaches.* San Francisco: Jossey-Bass.

Guralnick, M. J. (1993). Second generation research on the effectiveness of early intervention. *Early Education and Development, 4,* 366–78.

Guralnick M. J. (1997). Second generation research in the field of early intervention. In M. J. Guralnick (Ed.), *The effectiveness of early intervention* (pp. 3–20). Baltimore, MD: Paul H. Brookes.

Habermas, J. (1973). *Legitimation crisis.* Boston: Beacon Press.

Hamburg, D. A. (1994). *Today's children: Creating a future for a generation in crisis.* New York: Times Books.

Hanson, M. J., & Carta, J. J. (1995). Addressing the challenges of families with multiple risks. *Exceptional Children, 62,* 201–12.

Harkness, S., & Super, C. M. (Eds.). (1996). *Parents' cultural belief systems: Their origins, expressions, and consequences.* New York: Guilford Press.

Hauser-Cram, P. (1990). Designing meaningful evaluations of early intervention services. In S. J. Meisels & J. P. Shonkoff (Eds.), *Handbook of early childhood intervention* (pp. 583–602). New York: Cambridge University Press.

Hauser-Cram, P., & Krauss, M. W. (1991). Measuring change in children and families. *Journal of Early Intervention, 15,* 288–97.

Hauser-Cram, P., & Shonkoff, J. P. (1995). Mastery motivation: Implications for intervention. In R. H. MacTurk & G. A. Morgan (Eds.), *Mastery motivation: Origins, conceptualizations, and applications* (pp. 257–72). Norwood, NJ: Ablex.

Heath, S. B. (1982). Questioning at home and at school: A comparative study. In G. Spindler (Ed.), *Doing the ethnography of schooling: Educational anthropology in action* (pp. 102–31). New York: Holt, Rinehart and Winston.

Hetherington, E. M., & Baltes, P. B. (1988). Child psychology and life-span development. In E. M. Hetherington, R. M. Lerner, & M. Perlmutter (Eds.), *Child development in life-span perspective* (pp. 1–19). Hillsdale, NJ: Erlbaum.

Hodapp, R. M., & Burack, J. A. (1990). What mental retardation teaches us about typical development: The examples of sequences, rates, and cross-domain relations. *Development and Psychopathology, 2,* 213–36.

Holland, D., & Quinn, N. (Eds.). (1987). *Cultural models in language and thought.* New York: Cambridge University Press.

Humphries, B., & Truman, C. (1994). Rethinking social research: Research in an unequal world. In B. Humphries & C. Truman (Eds.), *Rethinking social research: Antidiscriminatory approaches in research methodology* (pp. 1–21). Aldershot, England: Avebury.

Jacobs, F. H. (1988). The five-tiered approach to evaluation: Context and implementation. In H. B. Weiss & F. H. Jacobs (Eds.), *Evaluating family programs* (pp. 37–68). Hawthorne, NY: Aldine.

Jahoda, G. (1980). Theoretical and systematic approaches in cross-cultural psychology. In H. C. Triandis & W. W. Lambert (Eds.), *Handbook of cross-cultural psychology* (Vol. 1, pp. 69–142). Boston: Allyn & Bacon.

Knorr-Cetina, K. (1984). The fabrication of facts: Toward a microsociology of scientific knowledge. In N. Steher & V. Meja (Eds.), *Society and knowledge: Contemporary perspectives in the sociology of knowledge* (pp. 223–4). New Brunswick, NJ: Transaction Books.

Kochanek, T. T., & Buka, S. L. (1996). *Utilization rates of early intervention services by infants/toddlers and their families.* Rhode Island College, RI: Early Childhood Research Institute.

Lee, V. E., & Bryk, A. S. (1989). A multilevel model of the social distribution of high school achievement. *Sociology of Education, 62,* 172–92.

LeLaurin, K., & Wolery, M. (1992). Research standards in early intervention: Defining, describing, and measuring the independent variable. *Journal of Early Intervention, 16,* 275–87.

Lerner, R. M. (1984). *On the nature of human plasticity* (2nd ed.). New York: Random House.

Lerner, R. M. (1991). Changing organism–context relations as the basic process of development: A developmental contextual perspective. *Developmental Psychology, 27,* 27–32.

Lerner, R. M., Hauser-Cram, P., & Miller, E. (1998). Assumptions and features of longitudinal designs. Implications for early childhood education. In B. Spodek, O. N. Saracho, & A. D. Pelligrini (Eds.), *Yearbook in early education* (Vol. 8, pp. 113–138). New York: Teachers College Press.

Lerner, R., & Tubman, J. G. (1989). Conceptual issues in studying continuity and discontinuity in personality development across life. *Journal of Personality, 57*, 343–73.

Lincoln, Y. S. (1994). Tracks toward a postmodern politics of evaluation. *Evaluation Practice, 13*, 299–309.

Lincoln, Y. S., & Guba, E. G. (1989). *Fourth generation evaluation*. Newbury Park, CA: Sage.

Lipsky, M. (1980). *Street level bureaucracy*. New York: Russell Sage.

Lynch, E. W., & Hanson, M. J. (1992). *Developing cross-cultural competence: A guide for working with young children and their families*. Baltimore, MD: Paul H. Brookes.

Mark, M. M., Feller, I., & Button, S. B. (1997). Integrating qualitative methods in a predominantly quantitative evaluation: A case study and some reflections. In J. C. Greene & V. J. Caracelli (Eds.), *Advances in mixed-method evaluation: The challenges and benefits of integrating diverse paradigms* (pp. 47–59). San Francisco: Jossey-Bass.

Maxwell, J. A. (1992). Understanding and validity in qualitative research. *Harvard Educational Review, 62*, 279–300.

McCall, R. (1987). Developmental function, individual differences, and the plasticity of intelligence. In J. Gallagher & C. Ramey (Eds.), *The malleability of children* (pp. 25–35). Baltimore, MD: Paul H. Brookes.

McCartney, K., & Howley, E. (1991). Parents as instruments of intervention in home-based preschool programs. In L. Okagaki & R. J. Sternberg (Eds.), *Directors of development: Influences on the development of children's thinking* (pp. 181–202). Hillsdale, NJ: Erlbaum.

McNaughton, D. (1994). Measuring parent satisfaction with early childhood intervention programs: Current practice, problems, and future perspectives. *Topics in Early Childhood Special Education, 14*, 26–48.

Meenaghan, T. M., & Kilty, K. M. (1994). *Policy analysis and research technology: Political and ethical considerations*. Chicago: Lyceum Books.

Meisels, S. J. (1993). Remaking classroom assessment with the Work Sampling System. *Young Children, 48*, 34–40.

Miles, M., & Huberman, A. M. (1994). *Qualitative data analysis* (2nd ed.). Thousand Oaks, CA: Sage.

Nieto, S. (1992). *Affirming diversity: The sociopolitical context of multicultural education*. New York: Longman.

Nihira, K., Weisner, T. S., & Bernheimer, L. P. (1994). Ecocultural assessment in families of children with developmental delays: Construct and concurrent validities. *American Journal on Mental Retardation, 98*, 551–66.

Overton, W. F. (1998). Developmental psychology: Philosophy, concepts, and methodology. In R. M. Lerner (Ed.), *Theoretical models of human development: The handbook of child psychology* (Vol. I, 5th ed. pp. 107–88). New York: Wiley.

Pharis, M. E., & Levin, V. S. (1991). "A person to talk to who really cared": High-risk mothers' evaluations of services in an intensive intervention research program. *Child Welfare, 70*, 307–20.

Piaget, J. (1952). *The origins of intelligence in children*. New York: International Universities Press.

Powell, D. (1988). Challenges in the design and evaluation of parent-child intervention programs. In D. R. Powell (Ed.), *Parent education as early childhood intervention: Emerging directions in theory, research and practice* (pp. 229–37). Norwood, NJ: Ablex.

Reese, L., Balzano, S., Gallimore, R., & Goldenberg, C. (1991). *The concept of "educacion": Latino family values and American schooling*. Paper presented at the annual meeting of the American Anthropological Association, Chicago.

Rogoff, B. (1990). *Apprenticeship in thinking: Cognitive development in social context*. New York: Oxford University Press.

Rogoff, B., & Morelli, G. (1989). Perspectives on children's development from cultural psychology. *American Psychologist, 44*, 343–8.

Rossi, P. H., & Freeman, H. E. (1993). *Evaluation: A systematic approach* (5th ed.). Newbury Park, CA: Sage.

Sameroff, A. J. (1995). General systems theories and developmental psychopathology. In D. Cicchetti & D. J. Cohen (Eds.), *Developmental psychopathology, Vol. I: Theory and methods* (pp. 659–95). New York: Wiley.

Sandson, J., & Albert, M. L. (1984). Varieties of perseveration. *Neuropsychologia, 22*, 715–32.

Schwartz, I. S., & Olswang, L. B. (1996). Evaluating child behavior change in natural settings: Exploring alternative strategies for data collection. *Topics in Early Childhood Special Education, 16*, 82–101.

Shadish, W. R. (1995). The quantitative–qualitative debates "DeKuhnifying" the conceptual context. *Evaluation and Program Planning*, 18, 47–9.

Shonkoff, J. P., & Hauser-Cram, P. (1987). Early intervention for disabled infants and their families: A quantitative analysis. *Pediatrics, 80*, 650–8.

Shonkoff, J. P., Hauser-Cram, P., Krauss, M. W., & Upshur, C. C. (1992). Development of infants with disabilities and their families: Implications for theory and service delivery. *Monographs of the Society for Research in Child Development, 57*(6, Serial No. 230).

Shweder, R. A. (1996). Quanta and qualia: What is the "object" of ethnographic method? In R. Jessor, A. Colby, & R. Shweder (Eds.), *Ethnography and human development. Context and meaning in social inquiry* (pp. 175–82). Chicago: University of Chicago Press.

Sigel, I., Stinson, E. T., & Flaugher, J. (1991). Socialization of representational competence in the family: The distancing paradigm. In L. Okagaki & R. J. Sternberg (Eds.), *Directors of development: Influences on the development of children's thinking* (pp. 121–44). Hillsdale, NJ: Erlbaum.

Skinner, B. F. (1953). *Science and human behavior*. New York: Appleton-Century-Crofts.

Snell, M. E. (Ed.). (1987). *Systematic instruction of persons with severe handicaps* (3rd ed.). Columbus, OH: Merrill.

Sontag, J. C., & Schacht, R. (1993). Family diversity and patterns of service utilization in early intervention. *Journal of Early Intervention, 17*, 431–44.

Spreen, O., Risser, A. H., & Edgell, D. (1995). *Developmental*

neuropsychology. New York: Oxford University Press.
Super, C. M., & Harkness, S. (1986). The developmental niche: A conceptualization at the interface of child and culture. *International Journal of Behavior Development, 9*, 1–25.
Telzrow, C. F. (1993). Commentary on comparative evaluation of early intervention alternatives. *Early Education and Development, 4*, 359–65.
Tharp, R. G., & Gallimore, R. (1988). *Rousing minds to life: Teaching, learning, and schooling in social context*. New York: Cambridge University Press.
Thomas, P., & Palfrey, C. (1996). Evaluation: Stakeholder-focused criteria. *Social Policy and Administration, 30*, 125–42.
Trivette, C. M., Dunst, C. J., Boyd, K., & Hamby, D. W. (1995). Family-oriented program models: Helpgiving practices and parental control appraisals. *Exceptional Children, 62*, 237–48.
Upshur, C. C. (1991). Mothers' and fathers' ratings of the benefits of early intervention services. *Journal of Early Intervention, 15*, 345–57.
Upshur, C., & Barreto-Cortez, E. (1995). What is participatory evaluation (PE)? What are its roots? In *The evaluation exchange: Emerging strategies in evaluating child and family services*. Cambridge, MA: Harvard Family Research Project.
Usher, C. L. (1993). *Building capacity for self-evaluation in family and children's services reform efforts*. Paper presented at the annual meeting of the American Evaluation Association, Dallas, TX.
Usher, C. L. (1995). Improving evaluability through self-evaluation. *Evaluation Practice, 16*, 59–68.
Warfield, M. E. (1995). The cost-effectiveness of home visiting versus group services in early intervention. *Journal of Early Intervention, 19*, 130–48.
Warfield, M. E. (1994). A cost-effectiveness analysis of early intervention services in Massachusetts: Implications for policy. *Educational Evaluation and Policy Analysis, 16*, 87–99.
Weisner, T. S. (1984). A cross-cultural perspective: Ecocultural niches of middle childhood. In A. Collins (Ed.), *The elementary school years: Understanding development during middle childhood* (pp. 335–69). Washington, DC: National Academy Press.
Weisner, T. S. (1996a). Why ethnography should be the most important method in the study of human development. In R. Jessor, A. Colby, & R. Shweder (Eds.), *Ethnography and human development. Context and meaning in social inquiry* (pp. 305–24). Chicago: University of Chicago Press.
Weisner, T. S. (1996b). The 5 to 7 transition as an ecocultural project. In A. Sameroff & M. Haith (Eds.), *The five to seven shift: The age of reason and responsibility* (pp. 295–326). Chicago: University of Chicago Press.
Weisner, T. S. (1997). The ecocultural project of human development: Why ethnography and its findings matter. *Ethos, 25*, 177–90.
Weisner, T. S., Gallimore, R., & Jordan, C. (1988). Unpackaging cultural effects on classroom learning: Native Hawaiian peer assistance and child-generated activity. *Anthropology and Education Quarterly, 19*, 327–51.
Weisner, T. S., Matheson, C., & Bernheimer, L. (1996). American cultural models of early influence and parent recognition of development delays: Is earlier always better than later? In S. Harkness, C. M. Super, & R. New (Eds.), *Parents' cultural belief systems* (pp. 496–531). New York: Guilford Press.
Weiss, C. H. (1975). Evaluation research in the political context. In E. L. Struening & M. Guttentag (Eds.), *Handbook of evaluation research* (pp. 2–26). Beverly Hills, CA: Sage.
Weiss, C. H. (1995). Nothing as practical as good theory: Exploring theory-based evaluation for comprehensive community initiatives for children and families. In J. P. Connell (Ed.), *New approaches to evaluating community initiatives: Concepts, methods, and contexts* (pp. 65–92). Queenstown, MD: Aspen Institute.
Weiss, H. B. (1988). Family support programs: Working through ecological theories of human development. In H. B. Weiss & F. H. Jacobs (Eds.), *Evaluating family programs* (pp. 3–36). Hawthorne, NY: Aldine.
Weiss, H. B., & Greene, J. C. (1992). An empowerment partnership for family support and education programs and evaluations. *Family Science Review, 5*, 131–48.
Weissbourd, B., & Kagan, S. L. (1989). Family support programs: Catalysts for change. *American Journal of Orthopsychiatry, 59*, 32–48.
Weisz, J. R., Yeates, K. O., & Zigler, E. (1982). Piagetian evidence and the developmental-difference controversy. In E. Zigler & D. Balla (Eds.), *Mental retardation: The developmental-difference controversy* (pp. 213–76). Hillsdale, NJ: Erlbaum.
Westinghouse Learning Corporation. (1969). *The impact of Head Start: An evaluation of the effects of Head Start on children's cognitive and affective development*. Athens, OH: Ohio University.
Whyte, W. F. (Ed.). (1991). *Participatory action research*. Newbury Park, CA: Sage.
Zigler, E. (1969). Developmental versus difference theories of mental retardation and the problem of motivation. *American Journal of Mental Deficiency, 73*, 536–56.

第 23 章 低收入或残障儿童干预的十年历程：我们知道些什么？[①]

戴尔·C. 法兰（DALE C. FARRAN）

从 1987 年到 1996 年的十年见证了对于入学前需要特殊准备的幼儿的服务的激增。开端计划重新获得授权，资金也获得了大幅增长。1998 年，公平开端（Even Start）被资助在全国展开服务。事实上，各种类似项目层出不穷，如美好开端（Fair Start）、健康开端（Healthy Start）、光明开端（Bright Start），甚至北卡罗来纳州的智慧开端（Smart Start）。公法 99-457 为残疾儿童授权教育服务，并鼓励各州为孩子制订 0—3 岁的干预计划。越来越多的资金被用于建立学前班教室，许多州甚至用州财政来进行处于危机中的儿童的幼儿园前项目（Marx & Seligson，1988）。

与此同时，干预项目的试点工作更难以获得科研经费；20 年的典型示范教室和科研项目已经接近尾声。20 世纪 90 年代的研究主要是从 70 年代开始的项目的后续报告、实施方案在全国范围内的评估、针对残障儿童新项目的小型研究，其中被广泛报道的是一个关于低出生体重婴儿的教育计划。

20 世纪 90 年代被称为"大脑的十年"，重点是增加早期经验对大脑发展的重要性的认识（Carnegie Task Force on Meeting the Needs of Young Children，1994；Shore，1997）。随着越来越先进的科研技术，神经科学家证明了在生命的早期幼儿的大脑对刺激是如何反应的。这项工作主要是描述性的，如内维尔（Neville，1991）对失聪父母所生的失聪孩子、失聪父母所生的听力正常的孩子和听力正常的父母所生的听力正常的孩子的对比研究。她对这三个群体的感觉、认知和语言的微分响应研究证实了她的想法，即儿童的大脑经历从出生到 2 岁的突触数量的迅速增加，2—15 岁期间形成"修剪"突触标记。这些修剪会稳定某些连接，并在持续和重复感官刺激的基础上排除或抑制他者。换句话说，婴儿似乎准备全身心地响应周围世界对他们的刺激，然后花上相当长的一段时期，更精确地了解与他们格格不入的学龄前和早期学年的环境。老鼠实验表明，被安置在实验室的简易笼子里可能直接导致老鼠脑的质量降低（如，Greenough et al.，1993）。

然而，正当科学界开始更多地了解早期经历的重要性时，美国却似乎将更多的年轻公民都置于危险境地中。6 岁以下儿童生活在贫困里的比例每年都在增长，直到 1995 年稳定在 24%（Children's Defense Fund，1996）。贫困是一种主要的高危险环境，它在许多方面都发挥了还没被完全理解的副作用（Starfield，1992）。越来越多的儿童的早年时光是在群体看护的环境中度过

[①] 特别感谢麦家哈（Cindy McGaha）帮我们查找并总结了本部分中有关残障儿童干预的文章。另外也非常感谢弗劳尔（Laura Flower）耐心核对并校正本部分的引文，并且提供了十分有益的编辑工作。

的。在对儿童看护中心的全国性研究中发现,在成本、质量、产出方面,对婴儿的群体性看护是非常糟糕的,只有1/7的看护中心被认为具备好的成长环境(Helburn et al., 1995)。卡内基公司根据婴儿养护与脑的发育关系发布了《起点》(*Starting Points*)报告(Carnegie Task Force on Meeting the Needs of Young Children, 1994)。有研究者(Clarke & Clarke, 1989)警告说:"我们必须去面对这个悲惨的事实,在发达国家中,有不计其数的儿童生活在恶劣的环境中、不达标的机构中。"(p.294)

在20世纪90年代,被诊断为需要特殊教育的儿童的数量稳定上升,特别是在学习障碍和行为混乱领域(Farran & Shonkoff, 1994)。然而,可以有把握地说,对特殊教育在最合适的干预领域的理解并不像过去几十年那么统一(Brantlinger, 1997)。在讨论中,涉及了在干预行动中的"病原学的特异性"的必要性(Meisels, Dichtelmiller, & Liaw, 1993)。尽管对儿童的许多类型的缺陷的治疗是难以区分的,但是一种方法并不能适合所有的情况(Reynolds, Wang, & Walberg, 1987; Salisbury, 1991)。在治疗效果数据缺乏的情况下,程序更多地支持基础的意识形态而不是效果(Siegel, 1996)。

因此,这份综述的撰写环境与数十年前的撰写环境在许多方面已经不同了(Farran, 1990)。关于增强儿童环境的直接科学信息急剧增多,儿童的生存环境却越来越灰暗,并且威胁到其最佳成长。尽管鲍麦斯特(Baumeister, 1997)警告说,科学并不能决定公共政策,或许持续的评估却能在未来几十年里让科学和实践更有目的地结合起来。

本章首先讨论面向经济状况不佳儿童的项目,然后是面向残障儿童的项目。本章关注的是这两类儿童的共同主题。除了少数未发表的、大型干预项目的报告以外,本章主要关注发表在学术期刊、书籍、专著上的研究,时间跨度为1987—1997年。上次综述涉及的早期干预项目要么是关于贫困儿童的,要么是关于残障儿童的,并且部分关注认知发展的结果。儿童的年龄从出生到6岁,干预的时间发生在他们正式读一年级之前,大多数是在幼儿园的时候。在对这十年研究进行讨论之前,先简要介绍一些上次综述的结论。

上次综述的结论概要

因贫困而弱势的儿童

1977—1986年,关于贫困弱势儿童研究中的儿童全部都是黑人。干预的种类很多,但是所有的项目都聚焦于认知矫正。干预的行动通常是在中心里面由受教育的员工来实施的。父母是其次的干预来源。回顾已发表的数据,超过5 000个儿童通过2 000个控制题目接受过干预,上次综述得出了以下结论:

- 学前教育和像学校任务的干预经验似乎会立即提高检测表现,尤其在3岁时早期干预似乎有些膨胀,但不可持续发展的测试成绩——没有对学校生活产生持续的影响。
- 作为对照组的儿童以第二、第三、第四的成绩逐渐地赶上了实验对象,他们之间的差异在统计学上和教育上都没有意义。
- 单独的家访对特殊需要孩子而言似乎不是有效的干预策略。实际上,相关结果显示,这样的干预策略似乎还有一些消极的影响。
- 在婴儿期就开始的早期干预似乎没有在学前教育期开始的早期干预对学生后期的学校表现有意义。
- 社会效益（比如更好的成绩进步以及减少青少年犯罪）可能预示着未来研究的新方向，但是这些都没有被充分地研究，并且目前发现的影响也还不足以得出弱势群体从干预中获利的结论。

残障儿童

上次综述覆盖了42个关于残障儿童的干预项目：其中有29个是为多重残障儿童服务的，有13个是专门为唐氏综合征儿童开设的（越来越多的唐氏综合征儿童被养在家里而不是在机构里，他们作为独特的干预群体，干预人员的兴趣很大）。在所有的干预项目里，年龄差异很大，所以治疗的时间也很长。与贫困儿童的研究相比，尽管事实上残障儿童更经常是干预工作的主要对象，但是对残障儿童家庭的信息提供较少。下面的结论是在上次综述中得出的：
- 一般而言，使用前评估的干预组的研究显示项目最后能够增加孩子的技能。这些增加不总是像期望的一样，也不是在所有发展领域都增加。
- 许多因素决定了项目的成功是极其困难的：

(1) 关于如何去测定孩子获得的技能是不是典型的没有一致的意见，并且所有的方法都是困难重重。

(2) 项目为混合组孩子提供服务；对其中一种残疾类型有重要影响的服务可能对其他组都失去统计学意义。

(3) 项目广泛地运用各种评估工具，包括标准化工具和项目组自创的工具。大多数的标准化测试都没有在他们的标准化样本里包含特殊需要孩子。

(4) 很难用科学研究工具去对特殊需要孩子进行干预，随机分配等策略以及建立对照组进行比较这些都是不可能进行的。

(5) 几乎没有后续的干预发生。
- 似乎没有专门针对特殊需要儿童比其他任何方法都成功、特别的方法，尽管家庭对提供早期干预组持普遍的、积极的支持态度。

贫困弱势儿童干预综述：1987—1997

在上次综述中的几个主要的项目始于20世纪70年代，为了获得更多关于干预效果的持续信息，他们持续地跟踪自己的服务对象。下面将首先对这些研究进行综述（有消息显示，对开端计划也出现了进一步的研究）；接下来综述这些数据；最后，在20世纪90年代实施和报告了几个新项目，包括婴儿健康与发展项目（Infant Health and Development Program，IHDP），它适合由贫穷导致的低出生体重婴儿；一些涉及两代人的项目，如公平开端和家长为师（Parents as Teachers，PAT），芝加哥的儿童家长中心（Child Parent Centers）也被评论为新的举措。这些评论主要集中在旧项目的新数据和新项目上。

以往的贫困儿童项目：新数据

初学者/关爱计划

初学者计划(Abecedarian Project)是由一个大学的四个中心式早期婴儿干预群体组成的(Campbell & Ramey, 1994)。在考虑各种风险因素(低收入、家里没有父亲、母亲教育程度低，等等)并结合对高危指数比较大的产妇的访谈，选择出接受干预的孩子，然后在其出生时就被随机分配到干预组和控制组。这项干预在西南大学城进行，基于风险的基础上产生了一个包含97%的非裔美国人的样本。

数据已经通过12岁和15岁的孩子呈现出来了(Campbell & Ramey, 1994)。实验者一直在不知疲倦地寻找和评估改变了家庭、学校甚至有些是改变了国家的孩子。初学者项目的中心式干预是从婴儿开始的，干预方法似乎是立即建立一个对儿童发展有积极影响的干预方法。当对照组的成绩开始稳步增加时，中心式干预的孩子成绩在4岁左右出现高原反应。对于初学者项目中的儿童，进入公立学校的两组儿童相差半个标准差。大部分对学前干预的影响主要是智力，这种影响在12岁的时候就会消失，但是在15岁的时候，有韦氏儿童智力量表(Wechsler Intelligence Scale for Children, WISC)测试显示平均差无意义但干预组高出4.6分。在12岁，在伍德科克·约翰逊心理-教育测试中的(Woodcock Johnson Psycho-Educational Battery)阅读和知识单项成绩上，学前干预组的儿童分数明显要高。在15岁时，学前干预组儿童在伍德科克·约翰逊阅读和数学单项的成绩明显要高。在12岁时，学前干预组儿童需要留级或特殊教育的可能性要小，相关报道显示，在15岁时有显著差异。需要指出的是，只有学前干预持续产生影响，学龄期(一个家校合作的版本)的干预从来不会显示任何额外的积极影响。

这些数据表明，20世纪70年代在大量的出版物上都能看到的这个广为人知的干预项目，(例如，Campbell, Goldstein, Schaefer, & Ramey, 1991; Campbell & Ramey, 1990; Feagans & Farran, 1994; Feagans, Fendt, & Farran, 1995; Horacek, Ramey, Campbell, Hoffmann, & Fletcher, 1987)，充分展现了干预对来自非常贫困家庭的孩子的价值。尽管许多早期的效果很快就消失了，但是一些效果一直持续到了孩子的青春期。其中一个最有趣的、源于这个项目的出版物是弗农-费根斯(Vernon-Feagans, 1996)的书，包括了项目研究结果的完整描述，以及参与该项目的研究人员观点的演变过程。她得出的结论是，20世纪60年代和70年代的哲学取向可能导致对这个大学社区里非常贫穷的儿童学前干预的错误聚焦，对随后进入公立学校的经验也无法掌控。弗农-费根斯认为，项目的重点是"修复"孩子的缺陷，让孩子们为学习做好准备。她清楚地记录了尚未准备好的学校系统是如何与初学者项目的参与儿童相互影响从而促进持续发展的。弗农-费根斯的书为地点改变的重要性提供了强有力的支持，认为应关注学生群体而不是只关注学生个体。

与初学者项目有关的广泛评论提出了一些警告。首先，在后来的许多出版物中，评估措施的平均分不是由研究人员提供的。数据通常以图像的方式呈现，数据中有一个倾向小群体差异的视觉膨胀。简明的演示表比较的不仅仅是平均数还有组的方差。同样，在同一个出版物中，通过不同方式评估的儿童数量各不相同。因为呈现给每个人的图标都有一个分数，很难确定平均得分来进行纵向准确分析。

这些看似微不足道的问题其实很重要,因为作为评估这个项目的出版物的语料库,报告的主试数量并不一致。在最低限度上,一些差异的解释是有益的。这些变化可能导致操纵读者的印象而不是简单地报告一个重要的项目。斯皮茨(Spitz,1992)和其他人对初学者项目数据的解释表示担心,回应这些担心最好的办法是展示平均数和标准差以及只对有完整数据的群体进行分析。

因为初学者项目已经研究得如此彻底,从许多不同的角度来看,这是一个关于贫穷对南方年轻的非裔美国儿童发展影响的宝贵的信息来源。学校系统作为接收环境的重要性最近才受到持续的关注,有关证据表明,这对贫困孩子来说不是一个积极的环境。对初学者项目的孩子来说,学校系统被白人掌控,与大学相关的家庭,在他们的语言风格和其他学生之间创建了一个文化沟壑。这个种族的一系列事件就是其中之一,这对未来的干预努力有很大的影响,并且也是希望规划者考虑的一个重要信息。早期干预可以改善贫困孩子进入学校的技能,但是随后的学校环境必须能够维持在学前教育中的增长轨迹。目前还没有做过任何关于入学后与入学前的经验和技能发展之间的关键时刻的研究。

关爱计划(Project Care)是第二代初学者项目,在以中心为基础的早期婴儿干预中增加了家庭教育成分,同时创建一种新型的干预方案,该方案只包括通过家访的家庭教育(Ramey, Bryant, Campbell, Sparling, & Wasik, 1990)。这个变化是一些研究者(Wasik, Ramey, Bryant, & Sparling, 1990)经过 54 个月的讨论提出来的,他们指出,没有接受中心式照顾的儿童家庭的平均每个月受访 2.5 次,接受中心式照顾的儿童家庭平均每个月受访 2.7 次。孩子们在 4—5 岁时,两组的家访频率下降到每个月一次。

研究结果发现,有额外家访的中心项目从 36 个月大开始成功地影响孩子的发展。这比只提供家庭教育或什么都不做(对照组)更成功,但它不比原始的初学者项目更成功。在 18 个月时,只接受家庭教育组的平均分实际上低于控制组,虽然没有对这个比较的实际意义的数据的报告。(像初学者项目一样,结果以图形化的方式呈现,没有提供三组的平均数和标准差。)在 48 个月和 54 个月时,中心式照顾+家庭教育组的分数显著高于只接受家庭教育组,但是没有显著高于控制组。中心组的考试成绩与家庭教育组和控制组之间的分数没有区别,这样看来对照组开始赶上干预组了。因为报告显示中心组和仅有的家访组有显著差异,第二个推论似乎是仅对家访组有影响,分数低于控制组,并且这些负面的影响将持续整个学前时期。

该项目应仔细审查家庭教育的要素。但出人意料的是,这似乎削弱了中心式项目的影响力。在初学者项目中,单独审查家庭教育的要素要比与家访结合在一起进行效果更好,至少在学前阶段是这样的。此外,它在单独提供的时候可能会产生负面的影响(参见 Ramey, Bryant, Sparling, & Wasik, 1985)。有学者(Wasik et al., 1990)将家庭教育计划作为一种解决问题的方法,在这个方法里,家访者和父母讨论家庭目前关心的问题以及利用策略解决问题的方式。鉴于与贫困相关的许多问题都相当棘手(太少的钱、居住环境差、不健康、交通不便以及就业机会少),我们只能推测,这种方法对父母来说更加令人沮丧而不是有用。即使如此,这确实是发人深省的,它有可能会减缓孩子的发展,证据显示,在高危风险下进行干预需要谨慎(虽然这是一个小样本,影响可能是没有回应的,但是研究人员会犹豫是否要研究这个)。

总之,初学者项目和关爱计划可能是在社会科学中最被科学设计和全面报道的早期干预项目,当然是与 20 世纪六七十年代的其他项目相比的。总的来说,他们的研究结果显示,适度的成功中心式学前干预对适度改善来自低收入、高压力环境下婴儿的认知测验分数是有意义的。父母似乎没有为中心式干预提供任何有附加意义的东西。关爱计划没有提供幼儿园以后的数据。一些学前干预的影响可以持续到儿童15岁，但是学龄干预项目没有发现什么效果。大部分衰减的差异是通过对那些正有着普通幼儿园和学校经历的控制组的孩子的成长来计算的，尽管比试验组的孩子稍微晚点。

父母儿童发展中心

父母儿童发展中心（Parent Child Development Center, PCDC）是一个于20世纪70年代早期在美国几个地点开始的针对贫困儿童及其父母进行干预的项目。得克萨斯州的试点（休斯敦、圣安东尼奥和皇冠）一直保持最活跃的状态。在圣安东尼奥和皇冠，从1991年开始继续允许项目招收孩子，研究人员评估程序也进行了后期的影响休斯敦PCDC项目的研究。得克萨斯州的项目主要是为拉美裔家庭服务。项目的总体目标是"通过帮助父母成为其孩子的有效教师来提升幼儿的发展"（Walker & Johnson, 1988, p.378）。

项目的影响在上次综述的项目中是适度的（Farran, 1990），但比其他一些项目的影响要稍微弱些（如，Honig & Lally, 1982, Ramey & Campbell, 1984），这种模式保存在后续评估中。研究者（Walker & Johnson, 1988）跟进了年轻和年长的个案后做出的结论是："在项目结束后，PCDC项目在孩子1—6岁时对其智力没有显著的影响。"（p.380）两组被试都有正常的智力水平，并且对大一点的孩子来说，该组意味着几乎是完全相同的。在随后的文章中，研究者（Johnson & Walker, 1991）报道了二至五年级的孩子们。早期干预组与对照组在各科成绩、留级、特殊教育安置、学年期间教师与父母的联系等任何方面都没有显著的不同。在三项基本技能（词汇、阅读和语言）测试上，干预组的得分高于控制组，低于参与双语教学干预的孩子们。研究人员总结，两组儿童在学校以50.1和C+级别的分数，整体做得不错。

后续的PCDC数据被一些研究者（Walker, Rodriguez, Johnson, & Cortez, 1995）报道，其中一章集中关注对父母的影响；没有有效的关于孩子的数据被报道；包含对项目本身的详细描述。父母教育课程在婴儿9个月之前，每周为父母提供一次，紧随其后的干预的第二阶段是成人基础教育，英语作为第二语言学习，以及为高中同等学力文凭（General Equivalent Diploma, GED）做准备。儿童保健和交通支持在第二阶段继续提供。作者提供了关于项目的数据，实验组几乎是对照组的两倍。在第一年的计划中，53%的实验组被保留，对照组为90%。更多的对照组第二年将退出，但额外的损失也在实验组。这个项目使用了抑郁自评量表（Center for Epidemiologic Studies-Depression Scales, CES-D）作为中介变量；大约一半的母亲测出了抑郁症。也许这些精神状态使得父母对关注儿童发展的育儿课程不怎么感兴趣。

尽管家长儿童发展中心的创建大张旗鼓，并持续支持了其中的一部分，数据并没有显示对孩子有显著强大或持久的影响，只对父母有适度的影响。这对项目进行系统和客观的分析是有用的，也可以用参与者的家庭特征来分析为什么项目似乎对许多人都有用却只产生了这样小的影响。

高瞻课程

另一个继续出版的"旧"项目数据是密歇根伊斯兰提的高瞻（High/Scope）课程。接下来将呈现两个独立样本。一个是佩里学前教育（Perry Preschool），这个项目的数据包含在纵向研究联盟（Consortium for Longitudinal Studies）里（Lazar & Darlington, 1982），另一个是三套课程的比较研究，最初是由希维哈特、维卡尔特和拉纳（Schweinhart, Weikart, & Larner, 1986）报道的。正如希维哈特、巴尔内斯和维卡尔特

(Schweinhart, Barnes, & Weikart, 1993)描述的,高瞻课程方法根据皮亚杰的儿童发展观将学生看作积极的学习者。高瞻课程鼓励主动学习,鼓励孩子们参与包括计划—行动—复习等一系列活动在内的日常工作。高瞻基金会(High/Scope Foundation)认证课程培训师和教师。到1992年年底,基金会已经在11个国家注册了1 100位培训者,这些培训者已经为大约28 500位教师和助理提供了高瞻课程方法的培训(Schweinhart et al., 1993)。

1993年,高瞻基金会跟踪研究佩里幼儿园的毕业生至27岁,并出版专著详细记录了这一研究过程(Schweinhart et al., 1993)。研究者非常持久地确定和访谈毕业生,研究结果的误差相对较小。在27岁时,原来的123位实验对象中的117位被确定并接受了采访。尽管几种测验显示实验对象的智力差异在8岁时已经消失,对他们27岁时的访谈反映出,相比对照组,佩里学前项目的毕业生多接受了近一年的学校教育(11.9年对11.0年)。两组被试在留级上没有明显的差异,并且在学校使用的都是等量的特殊教育服务。但是实验组比控制组倾向花更多的时间在补偿教育项目上,他们更有可能被安排进接受智力受损儿童的专门班级。但是在学校,与控制组学生相比,实验组学生取得了明显更高的平均分,并在加利福尼亚学业水平测试的阅读、算术和语言测试中取得了更好的成绩。重要的是,实验组和控制组学生的GPA分别为2.09和1.68,尽管两组被试各不相同,两者学业水平测试结果均高于20%。

受到更多关注的数据是与犯罪相关的项目数据。很明显,这是一个有高风险犯罪行为的群体;大约1/4的实验组被试和1/3的控制组被试在27岁之前有入狱的经历。控制组是实验组入狱人数的两倍(4.6对2.3)。但是,此些结果的F值和p值没有被报道。这不禁让人怀疑,这么明显的差异有没有统计学的意义。

追踪一组被试直至其成年的研究表明,研究者可以调查研究对象的职业生涯,对于一些研究者来说,这是一项早期干预项目的重要实验。数据显示,在27岁时,实验组的月收入高于控制组。奇怪的是,两组在当前或五年内的雇用率上并没有显著的差异。这组对象的不同展现了一个多变的就业历史,两组间有许多的工作变动。接受访谈的被试,尽管在27岁接受采访的时候,控制组没有获得更多的特别援助,但是在受访后的十年间,控制组比实验组更多地利用了社会服务。

我们通过多种渠道收集了数据,选取实验组学生参与详细的访谈,他们的控制组在其27岁时令人印象深刻。在许多分类上,对实验组有很多明显不同的支持,对其支持也有一定的连续性趋势。主流出版物或同行审阅杂志或同时通过这两种途径将研究数据出版成书,可能导致分析策略展示其他关于实验组早期干预影响的重要信息。例如,研究者(Schweinhart et al., 1993)没有报告任何均值的标准差,当均值有显著差异的时候,p值才被列出来(但是没有给出F值)。大部分分析集中在多重分类的卡方检验对比上。这种方法存在着几个问题。对小样本使用多重卡方检验会导致利用偶然性的危险。同时存在着一个自比问题——一种类别上百分比的改变必定会影响其他类别百分比的变化。最后,如果两组差异必须很高,那么其中一组更可能被看作调查中的子群体。例如,受调查的小组中的一组是不是更有成效(如,女性和男性对比时)?那些完成学业的人,他们的平均学分是不是更高?他们是不是有更好的工作?是不是不会入狱?是不是不使用社会服务?如果是这样的话,找出他们的特征将是有用的。

随后进行了一项相关的研究,研究了学前时期学习不同课程的三组儿童,他们分别接受高瞻课程、直接指导课程和传统的幼儿园课程。在这一研究和佩里项目中,都打算采用科学研究方法中的随机分配方式。但在每一组中,都有违反随机分配的样本存在。两个研究都把兄妹分在同条件的小组中。课程研究中最初有 68 名儿童,这影响了研究中的 9 个孩子(Schweinhart & Weikart,1997)。在佩里学前教育研究中,有工作的单亲家长被分到了控制组。在课程研究中,传统幼儿园课程组包含了有极高社会经济背景的人,这表明,在父母的选择和分配上也存在着一些变化。

在后续的课程研究中,当 68 名曾经的参加者到 23 岁时,采访和搜集了其中的 52 个样本。从每一个参与者那里都获得了大量不同的数据,因此需要对样本量大小进行一次又一次的测量。将 52 个样本分到三种干预模式结果中,由少部分个体代表每一组。通过多年的学校学习以及几年的特殊教育,或者因学习失败而留级的,这三组被试在 23 岁时并没有表现出学业成就上的差异。他们在特殊教育安置环境中有不同的表现,获得直接指导的学生更可能被界定为有情绪障碍的人。受直接指导的成员似乎更容易入狱,但是这种可能性并不显著。实际上,总的来说,不同的小组间的成就结果有着显著的相似性,相似性多于差异性。在这一研究中没有不受干预的小组,因此我们没办法知道没有干预的情况下会有怎样的结果。

总之,高瞻佩里学前项目是早期干预项目,它获得了大量的纵向数据。它已经成为一个拥有自己的基地、出版系统和教师培训项目的小型产业项目。美国或其他地区广泛地使用高瞻课程。尽管最初的小研究样本在界定高瞻课程对干预的可能优势时特别有用,但是它的广泛使用可能需要一个更大的、系统化的影响调查。高瞻课程在 20 世纪 60 年代发展起来,在数十年的发展中给贫困儿童带来了许多改变。确定这一课程的作用是重要的,希维哈特和维卡尔特(Schweinhart & Weikart,1997)功不可没。

开端计划

开端计划是另一项始于 20 世纪 60 年代中期的项目,那是一个对教育结束贫穷这一观点抱有积极乐观期待的时代。不幸的是,贫穷并没有止于那个时代。恰恰相反,青少年的贫穷比例从那时起以令人惊慌的速度在增长。确定这一项目实施至今日的效果如此困难以至于看上去像是不可能的。一方面,评价在压倒性的政治氛围中围绕着项目本该做到的信念,一股强烈的想要完成自身目标的渴望,以及在项目中挑战议会信念的不情不愿。正如卡斯鲍姆(Kassebaum,1994)所说的,开端计划"是少有的一个议会很有信心的儿童干预项目"(p.126)。对研究者来说,保持议会信心的同时,为项目的发展所需提供较为客观的信息是很困难的。

另一个牵涉评价开端计划效果的问题是,国内实行的开端计划利用了各种各样没有预先可用质量指标的课程方法和计划,只有极少数关于已毕业学生的纵向研究数据和针对计划的有效评价工具和技术顾问。类似的许多问题都可以在一项关于开端计划中 32 个教室变量控制的研究中得到说明(Bryant, Burchinal, Lau, & Sparling, 1994)。利用儿童早期环境量表(Early Childhood Environmental Rating Scale, ECERS)测量,32 个教室中只有三个因考虑到了发展适应性而达到了标准(Harms, Cryer, & Clifford, 1990)。此外,无论儿童的家庭环境如何,高质量课堂的儿童在学业前技巧和成果的成效测量上得分较高,这也说明课堂质量的那些变量是非常重要的。

有学者(Lee, Brooks-Gunn, & Schnur, 1988)通过分析新泽西州的特伦顿、俄勒冈州的波特兰开端计划的纵向研究数据调查了项目进展。数据库里存储的是那些没有进过任何幼儿园或是进过不同于开端计划的幼儿园的幼儿的分数。三组儿童实际上没有可比性:参加开端计划项目的儿童大多是黑人,而且参加开端计划的幼儿在初始测验中落后其他两组很多。随后所进行的项目效果的协方差分析都将儿童的性格特征纳入考虑范围。李等人(Lee et al., 1988)总结出开端计划的某些措施有一定的成效,但这些成效更多地发生在那些在参与项目之前存在着认知迟缓的黑人儿童身上。研究者（Lee，Brooks-Gunn，Schnur，& Liaw，1990）在一项针对这些儿童的后续追踪研究中发现，参与开端计划的孩子在幼儿园结业能力测验中获得了明显较高的分数，但是这些明显的成效在某种程度上在一年级结束的时候就减弱了。

理解开端计划作为一个干预项目的长期效应牵涉两个重要问题。第一个相关的问题是参加计划的儿童度过幼儿园和公立学校生活的人口统计学环境条件。正如一些学者（Takanishi & DeLeon，1994）所说的那样，"当前的舆论一致认为，1965年创设的开端计划的社会和经济环境已经恶化了"（p.120）。有人（Lee & Loeb，1995）利用1988年的纵向研究对八年级时的开端计划参与者进行研究。每一个测试都说明，参加开端计划的孩子和其余的样本相比在人口统计学条件上处于不利地位。从学业成就质量和安全方面的测量来看，开端计划的毕业生依然属于低水平。"无论参与开端计划的孩子从他们的参与经历中获得的提升有多大，事实上他们后续的教育都是在低质量的学校里接受的（而且在这些学校里，他们的学习水平仍属于下游），这似乎会削弱任何早期的效益"。（Lee & Loeb，1995，p.74）

第二个与开端计划课程相关的令人困扰的议题是20世纪60年代中期由苏珊·格雷（Susan Gray）提供的范例。格雷的DARCEE计划在南部的偏远乡村市社区实行（Gray & Klaus，1968），那时候电视还没有现在这么流行。课程的焦点是与学校相关的基础信息：颜色、数字、街道标志和在学校的适当行为。这些课程对那些在认知和入学准备测试中最落后的学生产生了持续性的积极影响（Lee et al.，1988）。然而，这也许对那些面对暴力、在恐惧中成长，或者那些通过电视能够获得更多信息却没有空闲时间处理或综合这些信息的孩子来说不会那么有效（Takanishi & DeLeon，1994）。需要给予开端计划的关注不仅包括在21世纪为开端计划教室提供更加适当的课程，也包括监测评估开端计划项目的运行实施效果（Kassebaum，1994）。

为了贫困或高危儿童的新项目

婴儿健康与发展项目　　　　一般描述。20世纪90年代在儿童早期干预领域最卓有成效的事件之一就是婴儿健康与发展项目（IHDP）的创造、实施和大范围的传播。虽然这个项目并没有明确说明是为贫困儿童设计的，但是贫困母亲的婴儿出生时的低体重是较普遍的现象，而且本项目所用的干预方法是依据初学者项目和关爱项目——两者都是为贫困儿童及其家庭设计的项目。与先前干预项目不同的是，IHDP计划被看作一个随机对照实验（Spiker，Kraemer，Scott，& Gross，1991），此实验中相同的干预方法同时应用于许多监测地点。该策略的理念是对干预已经有足够的了解，可以将它归为一套系统的方法，就像一种新药上市的前期准备一样。这一策略对科学的潜在贡献似乎从一开始就得到了认可。

8个医疗机构被选中参加"提高低出生儿体重和早产儿的认知、行为和健康状态的早期干预的随机对照疗效试验"（Ramey et al.，1992，p.454）。所有的医疗机构都是大型大学的教学医院，多数在大城市里（纽约、波士顿、达拉斯、小石城、迈阿密、纽黑文、费城和西雅图）。斯坦福大学被选定为协调中心，北卡罗来纳大学教堂山分校的弗兰克·波特·格雷厄姆儿童发展中心负责方案的开发和监测。为关爱项目和初学者项目开发课程方法的也是该中心。研究者改良了IHDP项目中家访部分（Wasik，Bryant，& Lyons，1990；Wasik & Lyons，1984）并设计了施行的中心式课程（Sparling & Lewis，1984；Sparling，Lewis，& Neuwirth，出版年代不明）。拉米等（Ramey et al.）学者认为："初学者项目和关爱项目一起为 IHDP 干预项目提供了蓝本"（1992，p.460）。因此，这是一项应用于新样本之上的专为贫困儿童开发的干预项目。

参与的儿童。正如研究者（Brooks-Gunn，Liaw，& Klebanov，1992）所描述的，干预的焦点着眼于低出生体重婴儿，即体重等于或小于2500g 的婴儿，和早产儿，即胎龄等于或小于37周的婴儿。八个试点中满足以上标准的1302个婴儿中的75.7%（985名婴儿）参与了项目。拒绝方案的原因主要是部分家长不愿接受根据项目要求随机分配。1/3 的成员被随机分配到干预组，只有2/3 的成员被分配到医疗随访组。参与儿童的平均出生体重为1800g，平均胎龄为33周，一半是男性，53%是黑人，10%是西班牙裔美国人（Ramey et al.，1992）。来自贫困家庭的婴幼儿是不均衡的，因此他们处于"生物和环境因素造成的双重风险之中"（Spiker et al.，1991，p.388）。

干预。拉米等人（Ramey et al.，1992）曾描述过试点的监测和干预细节。干预计划在头12个月时每周家访被干预的婴儿，12 个月以后改为两月一次。家访人员是有着家访经验的大学毕业生（不像关爱项目中亲职教育部分的家访人员是和家长一样的当地人）。在12个月龄的时候，婴儿开始参加一个儿童发展中心；大多数婴儿被送到监测试点。中心干预利用同伴辅助课程学习（Sparling & Lewis，1984）直到孩子3岁，也就是干预停止的时候。项目的最终部分是让参加项目的家长团组每两个月碰一次面。

不同于其他的干预项目，IHDP 项目是一个在每个监测试点施行精确的干预法，并严格遵循项目设计实施监控的随机对照试验。因此，IHDP 项目可以报告出相当完整的参与率（Ramey et al.，1992）。每个参与家访活动的儿童（98%的样本）平均接受了67次家访（可能为84次）；86%参与了儿童发展中心498天中平均267天的课程；78%的父母平均参与了12次家长团组会面中的3.7次。从这些数据中可以清晰地看出，一小部分家庭没有全部参加或部分参与干预的组成活动；不同形式的干预的参与率也并非高度相关的。拉米等人（Ramey et al.，1992）声称，参与的多样性使项目复杂化，导致了高水平的初始参与率。

早期结果。参与项目的儿童2—3岁时的干预项目测试结果被广泛报道。（Bradley et al.，1994；Brooks-Gunn，Gross，Kraemer，Spiker，& Shapiro，1992；Brooks-Gunn，Liaw，& Klebanov，1992；Brooks-Gunn，Klebanov，Liaw，& Spiker，1993；McCormick，McCarton，Tonascia，& Brooks-Gunn，1993；Ramey et al.，1992）。在2岁的时候，参与干预项目的儿童在贝利量表（Bayley Scales）的心理发展指数成绩显著提高，这种不同持续体现在斯坦福-比奈量表（the Stanford-Binet）和皮博迪图片词汇测试（Peabody Picture Vocabulary Test，PPVT）的得分上直至他们3岁（Brooks-Gunn，Liaw，& Klebanov，1992）。无论是干预组或跟踪组的儿童，在头三年里获得的发展和智力在日后均有所下降，但对照组儿童的下降更显著（Brooks-Gunn et al.，1993）。

因为样本量足够大，也包含了丰富性，这使得亚群组分析成为可能。干预组和控制组的不同可以通过教育和种族两个亚类分析比较（Brooks-Gunn，Liaw，& Klebanov，1992）。干预看起来对黑人和西班牙裔美国人更成功，因为对这些孩子来说干预组和控制组的区别更大。然而需要注意的是，干预组的黑人儿童3岁时在 PPVT 测试中的平均分比对照组的白人儿童低十个百分点。一般来说，干预对严重低出生体重的婴儿、女孩和母亲接受了更多大学教育的儿童更加有效（Ramey et al.，1992）。深入分析显示，无论接受干预与否，母亲的受教育水平越高，儿童的得分越高，无论母亲是否上过大学，白人儿童的得分较高（Brooks-Gunn, Gross, Kraemer, Spiker, & Shapiro, 1992）。即使当他们 3 岁的时候，其母亲受过大学教育的儿童也没用在干预上显示出任何积极（或消极）的效应。

干预后结果。参与 IHDP 项目的儿童被持续追踪到 8 岁，主要发表的是他们 5 岁（Brooks-Gunn et al., 1994）和 8 岁（McCarton et al., 1997）时的评估结果。在 5 岁的评估结果中，调查者保留了 82% 的样本。3 岁时对照组和干预组 9.4 的智商分数差异在 5 岁时的 WPPSI 测试中缩小为 0.02 分。干预组的分数大约减少了两个百分点，但大多数早期发现的组间差异减小了，因为对照组的得分大约高 7 个百分点（正如其他早期干预项目持续报道的那样；见 Farran, 1990）。两组儿童 3 岁时最大的分差是在出生体重较重的儿童身上发现的，他们的收益在 3—5 岁时达到最大化（3 岁时得分 83.6，5 岁时得分为 91.7）。对于低出生体重儿童组，5 岁时的平均分干预组确实低于控制组。

智力测试以外的测试对儿童来说收益颇多。例如，PPVT 的得分与其他更一般的智力测试稍有不同——3—5 岁的干预组和控制组儿童的得分都不高，但 5 岁儿童的干预组会在 $P = 0.07$ 水平上表现出显著差异。行为和健康的测试表明干预的效果没有差异。实际上，8 岁时参与测验的儿童数量多于 5 岁（89% 的初始样本在他们 8 岁时参加了测验）。干预组和控制组在 WPPSI、PPVT 或者伍德科克·约翰逊心理-教育测试上没有表现出差异，在留级和特殊教育安置方面差异也不显著。从母体获得营养或住院、外科手术等卫生措施以及缺课的行为评分中，两组差异不显著。干预组身体功能量表评分显著低于对照组，这意味着他们的身体活动更有限。

对于被试 8 岁以后情况的追踪文章展示了 IHDP 项目唯一的成本估算。麦卡顿等人（McCarton et al., 1997）报告了根据迈阿密一个试点所作的成本估算的数据，数据显示，每年用于三项主要项目内容上的人均花费为 15 146 美元。尽管并不清楚在项目开始时（即 1988 年）是否只用了 1997 美元。但是，项目的成本明显很高。

对发现的解释。如此具有宏伟目标、运作良好且花费昂贵的项目却收效甚微，实在是出人意料、让人忧心。由于牵涉其中的试点和收集到的数据都非常多，关于项目各个方面的公开出版物可能会提供一些"没有效果"的结果理解。

一种可能的解释是干预本身对样本来说并不合适，因为样本是由贫困家庭中的低出生体重儿童组成的。在一项分析医疗随访组的儿童所面临的风险因素的分析中，利奥和布鲁克斯-耿（Liaw & Brooks-Gunn, 1994）认为，干预必须依据家庭所面临的风险数目，随着风险因素的增加而更加密集。研究者（Liaw, Meisels, & Brooks-Gunn, 1995）在与这种解释密切相关的重要文章中，对干预项目进行了广泛分析，包括项目参与者以及他们 3 岁时不同的测验得分。在众多关于项目的出版物中首次揭示了 81 名儿童退出了有效干预——他们一天也没有参与过中心干预，也没有接受过一次家访。这些退出干预的家庭中以白人家庭居多。

广泛收集到的、与参与项目相关数据的价值在利奥等人（Liaw et al., 1995）的这篇文章中得到了很好的说明。在家访期间，家访人员对家长对呈现的活动的响应度进行评分；在中心式干预中，教师为儿童对干预活动是否反应做出评分。利奥等人于是把样本划分成 2×2 矩阵：高/低父母反应和高/低儿童反应。正如猜测的那样，儿童收效最好的组是父母和儿童的反应度都高的组，尽管此组与低父母反应和高儿童反应组之间不具有显著性差异。与此相关，利奥和布鲁克斯-耿（Liaw & Brooks-Gunn, 1994）设计了目标相关干预，利奥等人发现反应度的级别与家庭贫困水平相关。在参与率最低的组别中,84%的家庭是样本中最贫困的,干预对这组来说最不合时宜。利奥等人总结出,"只是给低出生体重儿童和他们的父母提供一个参加干预的机会并不一定能带来改变"(p.426)。另外一些研究者(Yogman, Kindlon, & Earls,1995)也利用 IHDP 项目数据检验了父亲参与的效果(测量在任务期间父亲是否出现在家中)。较少参与的父亲具有以下特征:贫穷、年轻、黑色人种、青少年女性结婚。

此干预项目收效甚微的原因之一是干预的特殊形式和方法是依据专为不具备健康风险的国家单一区域的非城市贫困儿童和家庭所开发的方法设计的。在 IHDP 项目的样本中,由于贫困为家庭带来的一般困难因为一个伴随健康问题的孩子的降生而更加复杂化。对儿童发展中心所提供课程的描述使得大家很清楚该课程以传统领域的发展为依据和方向,而缺少有关经验作为后期运作最重要基础的理论根据(Liaw et al.,1995)。IHDP 项目中运用的家访课程是根据关爱项目改编的。对参与关爱项目儿童进展的后续报告表明,这门课程对贫困家庭只有很小的或者说没有影响(Wasik et al.,1990),甚至可能产生显著的负面影响(Ramey et al.,1985)。

项目组本身提出一种解释,干预也许更适合高出生体重儿而不是低出生或者极低出生体重儿(McCormick, McCarton, Tonascia, & Brooks-Gunn, 1993)。干预组中出生体重较高儿 8 岁时在韦克斯勒量表上的得分仍然高于控制组儿童四个百分点(McCarton et al., 1997)。对整个组别来说,出生体重可以显著预测智商测试分数(Duncan, Brooks-Gunn, & Klebanov,1994)。研究组总结出,低出生体重儿可能会因为神经病学问题而需要"设计更加结构化和专业化的解决方法"(McCarton et al., 1997, p.131)。

麦卡顿等人(McCarton et al.,1997)提出的另一个争论是干预的时间不够持久。在被试 3 岁时就停止干预无论是从理论还是实证的观点来说都是站不住脚的。其他的干预项目在被试 3 岁时显示了最佳效果确实属实,但是这个发现被当作在此年龄进行测试的内容的一部分而不是在 3 岁后停止干预的理由。尽管继续干预可能会带来更显著的效果,但需要记住的是,组别差异是由于控制组的强劲攀升而不是实验组的巨大降幅导致的。唯一可以假设的是,控制组的分数不管因为任何不清楚的原因而有所增长,对照其他干预方案持续到 5 岁的先例可知,如果干预方案保持不变则会给干预组带来持续的改善。

科学和教育团体耗费巨大的人力和财力收集到如此众多的数据,却并没有得出有效改良后续干预行为的可行建议。IHDP 项目两个隶属小组的研究人员均独立发布了调查数据,但在样本的大小和流失方面却不经常使用相同的数据(Blair, Ramey, & Hardin, 1995, article compared to Liaw et al., 1995)。人们希望该项目能够成为一次公开、透彻讨论的催化剂,讨论的主题是对于有健康风险的处境不利儿童,科学界目前都了解了什么,接下来将会做什么。

儿童家长中心

雷诺兹等人(Reynolds et al.,1995, 1996, 1998)调查了一个类似开端计划的学前教育项目,这是由芝加哥公立学校的 20 个儿童家长中心(CPC)发起的从儿童 3—4 岁开始持续 1~2 年的项目。参与这个项目的家庭需要满足一些条件,参加者是自愿的,项目开始时也没有为评估效果所设立的对照组。尽管没有统一的课程,它关注的是一般学校准备,特别关注阅读和语言技巧(Reynolds, Mehana, & Temple, 1995)。参与项目的家长被要求每周至少参与半天学校学习。

雷诺兹等人(Reynolds et al.,1995, 1996;Reynolds, 1995)的研究始于 1992 年,在儿童结束六年的学校学习的时候。为评估幼儿园参与 CPC 项目的效果,调查者汇集了同一所幼儿园中没有学前教育经历的 130 个儿童样本。他们的报告发现具有学前教育经历的儿童在六年后的学校学习中,在数学和阅读方面取得了更好成绩(Reynolds et al., 1995),两年的学前教育经历并不比一年的经历具有更深远的影响(Reynolds, 1995),入园时附加的认知测试以及随后的家长参与使得学前教育准备产生了一定的效果。

雷诺兹及其同事(Reynolds, Mavrogenes, Bezrucko, & Hagemann, 1996)的报告可以从理论和实践意义上来运用。很多学校系统运用第一章或者标题 1 的结论来提供学前经历,关于这些项目的效应,外界知之甚少(Farran, Son-Yarbrough, Silveri, & Culp, 1993)。雷诺兹描述了他使用的对照组(Reynolds, 1995;Reynolds et al., 1995),但这显然是一组简易样本。当公立学校免费为城市社区中极低收入家庭提供学前教育,哪些孩子会拒绝参加呢?他们可能是那些父母生活情况过于杂乱无章、太不稳定以致不能参加的儿童。此外,雷诺兹的成果与其说是必要的,不如说是令人困惑的。发表的三篇成果中每一篇的样本量都不尽相同(样本量分别为 887、757 和 360),尽管它们以同样的方式被描述出来,但是研究者没有提供关于这些数目之间关系的解释。

有一篇论文纠正了早期的一些问题使之更加清晰(Reynolds & Temple, 1998)。这篇论文清晰地呈现出干预组经历了学前教育、幼儿园直至二三年级的后续服务,对照组的儿童是完成幼儿园干预后离开的。幼儿园之后持续 2~3 年参加干预与七年级的较高的阅读成绩有关。那些继续参加干预的儿童也很少留级或被置于特殊教育之中。令人鼓舞的是,大家认识到,学校系统可以从小学低年级开始创设一套持续的干预,进而对中学产生影响。也许这样的努力可以成为其他学校系统的参照。

两代人项目

到目前为止,几乎所有新创建的方案与 20 世纪 70 年代那些包含养育成分的干预都不尽相同。为来自弱势环境的儿童扩大干预范围,是 20 世纪 80 年代和 90 年代干预成就的标志之一。这个新的焦点成为后来人们熟知的两代人项目(Smith & Sigel, 1995),接下来让我们来回顾它的效果。

公平开端。 1991 年,国会要求公平开端项目进行改良,将儿童早期教育和针对父母的成人教育融合为社区机构之间的合作项目(St. Pierre, Swartz, Murray, & Deck, 1996)。公平开端项目结合了儿童早期教育、成人素养以及养育方式培养。参与项目的家庭中必须有一名可以参加成人教育的成年人(尤其是那些未曾接受高中教育和需要接受普通教育的成年人)以及一名小于 8 岁的儿童,他们必须住在一些特定的区域。1989—1990 年和 1990—1991 年参与公平开端项目的大多数家庭的(71%)收入都在 $10 000 以下;77% 的成年人没有完成高中学业(St. Pierre & Swartz, 1996)。

对公平开端项目做出的评估主要来源于阿布特协会(Abt Associates)。此机构的报告(St. Pierre et al., 1996;St. Pierre & Swartz, 1996)提供了唯一可用的项目效果的概观,接下来,应该使包含这些信息的研究期刊更易获得。阿布特协会从五个公平开端项目中选择了 200 个家庭,它们被随机分配进实验组或控制组。参与儿童的学业成绩和父母的学业完成情况的相关数据分别在项目开始时和随后的第 9 个月和第 18 个月收集。

项目初期,参与计划的儿童得分高于控制组儿童(St. Pierre et al., 1996),但是这些优势在 18 个月以后就消失了,因为控制组的儿童在 PPVT 和阿布特协会开发的一项有关学校准备的学龄前测试的成绩都追赶上了参与项目儿童。父母之间的唯一区别是参与公平开端项目组中的 22.4% 的成人完成了他们的普通教育而控制组成人的完成率仅有 5.7%。然而,两组在识字量测试上并没有表现出差异。参加公平开端项目对一些测试没有影响,比如,家庭环境质量、父母—儿童阅读期间的互动以及父母对孩子的期望。还没有发现参与项目对就业率和收入的影响。而且,参与项目中46%的母亲在一开始被划分到有较高水平的抑郁症组,这些症状并没有因为参与项目而受到影响。"公平开端项目的服务在部分领域为儿童和他们的父母带来一定的收获,但是一般来说,他们的收获并没有比那些出于相似动机利用本地可用服务家庭的收获多多少。"(St. Pierre et al., 1996, p.18)

随着其他项目的边缘化或效果的消失,找到解释效果消退的原因才是至关重要的。总体来说,圣·皮埃尔和同事们发现三个纲领性元素都定义不明确。本地试点控制了早期教育成分,但未指明教育的具体结构和内容(St. Pierre & Swartz, 1996)。大约1/3的项目成员在第一年选择使用高瞻课程。试点内的成人教育也没有指定教育内容并系统实施。项目没有在白天儿童在校时间设置成人教育课程,或者在晚上安排课程以适应有工作的成年人的需要。他们关注的焦点应该是普通教育或基本技巧的一般性指导。家长教育的内容缺乏原理性指导;许多试点采用的是市面上销售的材料。至少14%的家庭在参与项目的头一年就退出了,因为"普遍缺乏兴趣"(St. Pierre & Swartz, 1995, p.25)。为了留住参与家庭,许多项目组给出类似书、风扇、T恤衫和可以用来在项目商店里换取食物等生活必需品的实物奖励。大多数父母被项目吸引是为了给他们的孩子做入学准备。"参与养育教育似乎很少被作为公平开端项目吸引人的招牌。"(St. Pierre & Swartz, 1995, p.63)。

养育教育过多的学习内容增加了参与者的消耗,这是造成高流失率的可能原因之一(Walker et al., 1995)。类似的高比例也出现在各组母亲的产后抑郁症发生率上。有人会好奇"市面有售"的养育项目对于那些身处贫困、没有工作希望、前景惨淡的绝望母亲是否恰当。同时,这些父母会如何看待那些受过良好教育并拥有正式工作的协调员表现出的将贫穷归结于父母的无知而非其他因素的观点。

家长为师。家长为师(PAT)项目起源于密苏里州并在当地得到了广泛施行(Winter & Rouse, 1990)。它算不上是一个经典的早期干预项目,但为全州任何选择加入的新生儿父母提供全面的支持(Ehlers & Ruffin, 1990)。所有的加入者都是自愿的;很难找到任何关于其效用明确且客观的证据。尽管PAT或者NPAT(New Parents as Teachers)可能是首批在自己的网站上设置"评估"标签的项目之一,但其内容并未发布。事实上,该项目并未公开研究数据,也没有证据显示评估总结中参与评估的父母是如何被选中评价的以及与谁比较。

PAT项目所采用的方法依据的是怀特(Burton White)在20世纪60年代以及70年代早期所做的研究(Hausman, 1989; Meyerhoff & White, 1986)。最初的干预包括负责家长教育人员每月一次的家访,但密苏里州立法机关通过的是只保证四次单独访问和四次小组聚会的最低标准。家长教育者为儿童的发展提供信息,并且帮助父母成为他们孩子的观察者(Ehlers & Ruffin, 1990)。这种模式的广泛施行直到堪萨斯州欧弗兰帕克研究与培训协会1985年进行了一次效果评估(Ehlers & Ruffin, 1990)以后才得到立法机关的支持。此项评估比较了75名参与项目的3岁儿童和对照组75名3岁儿童的表现。评估的真实数据没有公开发表。研究者(Ehlers & Ruffin, 1990)发现,参与PAT项目的儿童在语言、问题解决、其他智力能力、应对技巧和与成人的积极关系上显著优于控制组。这些可能与另外一些学者(Pfannenstiel & Seltzer, 1989)报告的数据是一致的。他们还报告了形成控制组的难度以及PAT项目组成员的社会经济状况要优于控制组。

覆盖全面且出于自愿,支持初为人父人母的项目是州郡可以提供的非常好的服务,何况无须为追求显著的效果而背负重大压力。正如豪斯曼(Hausman,1989)所断言,干预模式并不会轻易让州郡买账——"相对于复制来说,顺应是最重要的教训"(p.39)。然而这种州郡范围内适当的支持不该与那些旨在帮助极有可能学业失败的儿童的项目等同。密苏里州 PAT 项目的危险在于妄想创造出比其本身更多的东西,并且使得其他州相信自愿为新生父母提供支持与干预与对深受贫困和混乱困扰的家庭的儿童进行干预是一样的。

小 结

回顾过去几十年与处境不利儿童相关的工作,从某些程度上来讲是令人沮丧的。花费巨大的项目却并不比什么都不做更有效(如,IHDP 和公平开端项目);研究者和教育者想要再次得到议会的注意去组建其他大型干预项目的努力看起来非常困难。尽管儿童和家庭的境况仍然一样或者事实上可能变得更坏——1996 年联邦救济改革署要求贫困的母亲去工作,但是没有钱被分配给他们以便为年幼的孩子提供足够的看护。

在目前为止所做的干预努力中,主要问题很有可能是缺乏对于前后联系的全面关注。即使获得父母支持的时候,项目目标还是固化了家长的教养方式以及儿童的发展。对父母教养方式和环境之间的紧密联系还缺乏清楚的认知;教养方式来源于家庭作用的环境。改变环境则教养方式就会随之改变。这里回顾的项目都不曾在收入、居住条件或者父母就业上带来任何改变,尽管事实是经常被选中的家庭都具有极低的家庭收入。如果类似问题还不被干预项目处理,那么最好的干预就是提供干净、积极、高成人/儿童比的儿童看护中心。在当地设立类似的中心并且保证它们的可用性将允许至少一部分父母在不用担心儿童看护的情况下去计划和组织他们的生活(例如重回学校和找到工作)。

最后,教育、科学团体需要创造进而评估关于为了在三、四年级学校课程发生深刻变化之时获得学业成功所需的那些基础性的技巧和经验的可供选择的点子(Chall, Jacobs, & Baldwin, 1990; Snow, Barnes, Chandler, Goodman, & Hemphill, 1991)。大部分提到干预项目教给儿童具体的技巧以及使得他们在进入学校之初的学业准备测验上表现更好的零碎信息。为了日后在学校取得成功,一套完全不同的技能是必需的,这套技能应有助于对材料内容的理解。发展并不是事实、技巧和信息的直线增长。为达目的,儿童必须知道如何获得和联结信息以及通过上下文综合信息,而不仅仅只是理解单个字词所表达的意思。干预研究者很少在理论上关注后一种技能,希望在接下来几十年的干预研究中会有人致力于做这样的努力。

残障儿童干预综述:1987—1997

干预环境的变化

与为年幼的残障儿童服务相关的一个重要事件是 1986 年《残疾人教育法修正案》(Education of the Handicapped Act Amendments)颁布(公法 99-457)。这部法案包括两个基本部分。B 部分(619 章)在 1991—1992 年给那些为 3—5 岁可以上学的残障儿童提供公立教育的州郡以基金奖励；H 部分（即现在周知的 C 部分）给那些为 0—3 岁残障儿童提供早期干预的州以帮助和鼓励，但并不要求它们必须这样做（Trohanis，1994）。

公法 99-457 背后的设想是早期干预是划算的，在早期干预上节省的资金迟早也是要花出去的。由美国教育部 1985 年发布的《残疾人教育法案》实施的国会报告预测，如果从出生时而不是 6 岁时才给予干预，则会平均在每个儿童身上节省 16 000 美元（USDOE，1985）。下面是与此次预算相关的引述：

> 普遍相信早期干预可以降低特殊教育每学年的花费，这是形成节省的资金可以大大抵消项目花费这一争论的基础（Florian，1995，p.248）。
>
> 国家政策的根本立足点是传统智慧认为的早期干预服务是公共资金的"良好"投资（Chambers，1991，p.144）。

这是法律的一个不同基础而不是公法 94-142 条款的一个实例——这种差异可能导致潜在重要的结果差异。公法 94-142 来源于公民权利中对为残障儿童提供免费且适当的教育的条款的争论（Allen，1992）。尽管存在着教育的公共资金系统，儿童却会因为他们的残疾被排除在外。由于适当教育的预定进程和法定含义遵循公法 94-142 法中章节的内涵，法庭当局普遍支持关于第十四条修正案条款的宪法立场。

公法 99-457 是作为预防措施通过的。无论当时还是现在，美国都没有广泛覆盖年幼儿童看护的公共资金系统。一般来说，学校系统不负责 3—5 岁儿童的教育，对从出生到 3 岁儿童的服务也很罕见。即刻有人表示了担忧："除了早期干预的大量文献，当前对综合项目和资源会为特定种类儿童带来什么样的长期收益的理解和认识是不够的。"（Chambers，1991，p.171）为了给残障儿童提供全面的服务，学校系统不得不创造出可以识别和招收残障儿童的服务系统。

20 世纪 80 年代的思想观念反映出对早期干预和对残障儿童及其家庭的社会性承诺的效用持有的强烈信念（Shonkoff & Meisels，1990）。1996 年和 1997 年对 IDEA 修正案的论战在某种程度上由于公法 99-457 思想基础的潜在消逝而加剧了。如果思想的支持被侵蚀了，那么为条款寻找宪法基础也许会变得困难，尽管美国司法部门规定社区儿童看护中心是一个公共设施（就像餐馆），而且正因为如此，不允许歧视残障儿童（U.S. Department of Justice, Civil Rights Division, Disability Rights Section, 1998）。然而，20 世纪 90 年代为了支持法律条款而证明花费效益的研究者和倡导者担负着更沉重的负担（Guralnick，1991）。不幸的是，过去几十年中只有少部分研究者分析了成本效益；没有人论证过 1985 年美国教育部向国会报告的经费节省情况。

20 世纪 80 年代晚期和 90 年代早期发表的几项著名的研究呼吁第二代早期干预研究的出现。一些研究者（Shonkoff，Hauser-Cram，Krauss，& Upshur）提出："除了询问像早期干预工作是否有效这样简单（以及相当无意义）的问题，应该提出更重要的（并且更富建设性的）讨论问题，例如，什么样的服务在哪些类型的家庭的哪些类别的儿童身上会产生何种影响？"（p.87）。有人（Marfo & Dinero，1991）认为 20 世纪 80 年代是分析早期干预的关键十年，并断言 20 世纪 90 年代将会开启一个"在概念和方法论上都得到极大丰富的效用研究的时代"（p.301）。迈泽尔斯等人（Meisels et al.，1993）曾断言，考虑到家庭和残障的异质性，关注的焦点应该放在家庭和儿童所处的环境中。这得到古拉尔尼克（Guralnick，1991）的支持，他认为现存的 20 世纪 90 年代以前的研究是全面但不准确的。香克弗（Shonkoff，1992）曾要求"询问为什么有的儿童和家庭比其他的表现得更好"（p.9）。通过这些曾经的研究发现，实际需要的是对这类项目中疗法或调查，即对特定家庭和残障者最适合的那些项目类型的评估。

接下来回顾的一些文献是1987年以后发表的。首先，呈现的是一系列检视公法99-457的实施，尤其是H部分（现在的C部分）服务的研究。接下来综述一系列各类干预项目，其中大部分是未曾被复制的小型研究。第三部分关注以特定残障类型为特征的干预项目，并将自闭症儿童作为详细研究的范例。最后一部分综述了三组项目的系统化研究，这些研究强调干预研究的复杂性。

公法99-457的实施

B部分（3—5岁儿童） 20世纪80年代，研究者（Markowitz, Hebbeler, Larson, Cooper, & Edmisten, 1991）在马里兰州蒙哥马利县发起了一项关于为残障儿童提供服务的全面分析。蒙哥马利县公立学校系统合作为出生到5岁儿童提供早期干预。他们对接受服务的489名儿童进行评估；他们的诊断类别为学前教育那几年谁有可能被确诊提供信息。489名儿童中将近一半（220名）患有语言障碍，还有123名患有言语障碍；146名儿童因为在两个及以上的领域表现出显著迟缓而被贴上多重残障的标签。后者年龄平均低于前两组一岁半。

三类诊断组分别接受不同的干预服务。多重残障组的儿童几乎全部（98%）接受伴随附加治疗的以课堂为基础的服务（每周2~5天、每天2~5小时）。大约一半的语言障碍组儿童接受课堂环境中的服务。另外一半接受每周1~3次、每次40分钟的巡回言语/语言治疗。至于那些被诊断为言语障碍儿童的组，96%接受到的唯一干预是每周1~3次的言语治疗。全部498个样本中，有3名儿童接受以家庭为基础的服务；描述中再没有提到包括家长参与其中的干预服务。并没有出现融合残障儿童和普通儿童的课堂。

马科维茨等人（Markowitz et al., 1991）通过增值分析评估了效果。增值分析与其他许多比较前后测的增长率的方法相同。一些人（Rosenberg, Robinson, Finkler, & Rose, 1987）认为，所有这些方法显示了相似的结果，没有哪一种方法是比较优越的。儿童在接受了一年的干预后采用巴特尔发展量表进行评估。（20世纪七八十年代研究所采用的变化多端的发展测试在20世纪90年代被几乎完全值得信任的巴特尔发展量表所代替，参见本书第11章对此工具的介绍。）

目前为止进步最大的是语言障碍组。进步最小组是言语障碍组。多重障碍组在除了精细运动技能和粗大运动技能之外的所有发展领域都取得了超出期望的进步。考虑到三组的干预方法如此不同，很难对结果做出解释。值得注意的是，取得最少进步的组在课程环境中花费的时间最少。对这些言语障碍儿童的干预是相当少的，正如他们的进步一样。不幸的是，除了一年的干预外再也没有提供其他的数据。因此，也没有办法知道这些儿童中有多少能够回归主流去公立学校或者随后被诊断为不再适合所提供的服务（也就是，无法知道节省的资金可能是多少）。

另外两项致力于定义和描述干预实施的研究被作为B部分的结果呈现。研究人员（Schwartz, Carta, & Grant, 1996）认为，语言障碍儿童的收获与课堂上进行的语言练习直接相关。一项相关研究（Liebman & Goodman, 1995）认为，即使符合个性化教育计划（individualized education plan, IEP）的目标，这些技能的保持和迁移也是充满变数并且与发育年龄紧密相关的。

这种可变性对IEP目标的适当性提出了质疑。当公立学校承担了教育更年幼儿童的责任时,必须注意的是确定为孩子建立的目标确实是恰当的。研究者(Liebman & Goodman,1995)发现,数学运算目标(也就是说,数到 20 或者数到 10 的目标)的完成和大与小概念的教学最难推广;这些概念是同龄的、发育正常的学前儿童难以掌握的。显然,习惯于教导较为年长儿童的特殊教育教师在为学龄前残障儿童制订恰当目标上需要援助。

先前引用的研究涉及学校系统管理下的以隔离教室为基础的干预。接下来的一系列研究调查了如何为参加以社区为基础的关爱项目的学龄前儿童提供干预。尽管社区基础项目有多种多样的资金来源和管理结构(约有一半是私立的,以营利为目的)(Deiner,1997),他们代表了没有残障的学龄前儿童可利用的资源。

两项研究利用儿童早期环境量表(ECERS)(Harms et al.,1990)评估安置残障儿童的教室。ECERS 是唯一公开出版的、标准化的早期儿童教室评定量表(Deiner,1997),在这个七点标准参照量表上得分为五分及五分以上被认为是恰当的。有人(File & Kontos,1993)评估了招收残障儿童的社区基础教室。他们发现那些在 ECERS 得分更高的教室里的教师对课堂上的全部学生更投入并能更好地支持教室里的认知游戏(这些教室的平均分为 4.6 分)。

布鲁德(Bruder,1993)将 ECERS 的分数作为选择可以安置残障儿童教室的步骤之一,但是她没有规定她使用的分界值或者那些更好的教室的得分。布鲁德的计划看起来与另外一些研究者(Brown, Horn, Heiser, & Odom, 1996)所开发的 BLEND 项目十分相似。这些方法都为培训学龄前教育职员、建立干预策略模型,以及与家人互动提供人员支持。然而两种项目至今都没有公开发表综合、详细的评估数据。两者都断言他们的项目在儿童、父母和职员身上都取得了成功。布朗等人(Brown et al.,1996)表示,他们模式的花费与一个中心式早期干预项目相当,学校系统可能相信的重要一点是,以社区为基础的干预实施起来花费可能较少。

学龄前儿童的父母希望他们的孩子参加早期干预计划可能是因为他们相信,像国会所说的那样,早期干预可以让他们的孩子"迎头赶上"(Harry, Allen, & McLaughlin, 1995)。B 部分的服务与入学间的过渡受到的关注比我们预计得要少。哈里等人在这个过渡时期对家长做了纵向走访发现,他们对此越来越不抱幻想。早期标签没能帮助他们的孩子迎头赶上,而是使他们的孩子在学龄期间固定地参与特殊教育。如果这是真实的趋势,那它也许意味着早期干预的整个成本实际上是早期干预加上学龄期特殊教育安置的成本之和。

C 部分(出生到 3 岁的服务)

与得到相对较少研究的 B 部分相比,H 部分(现在 IDEA 的 C 部分)服务的儿童和家庭受到了更多的关注。公法 99-457 实施期间完成了几项关于父母的大型调查,其中一项主要的纵向研究绘制出了为期一年的服务利用情况。

家庭调查以下等地进行:在科罗拉多州、北卡罗来纳州和宾夕法尼亚州(Kochanek & Buka, 1995);密歇根州(Thompson, Lobb, Elling, & Herman, 1997);西南部(Sontag & Schacht, 1994);北卡罗来纳州、南卡罗来纳州、弗吉尼亚州、佐治亚州和佛罗里达州(Mahoney & Filer, 1996)。全国各地家庭的反应是相当一致的,引出了如下结论。

- 具有高学历、正向家庭特征和较少支持需要的家庭可能收获最大数量的服务(Kochanek & Buka, 1995; Mahoney & Filer, 1996; Sontag & Schacht, 1994)。接受了更多教育和具有更为牢固经济基础的父母明显更能意识到并且为他们的孩子要求服务。接受较少教育的低收入母亲可能有更大的协调服务需求但是看起来较不可能接受服务。

- 家庭表示他们希望早期干预系统提供更多的有关现有服务的组织化和连贯化信息(Sontag & Schacht,1994)以及服务协调者更及时的反应(Thompson et al.,1997)。四项研究中有两项研究的父母被问及家庭需求的评估,作为个性化家庭服务计划(individualized family service plan, IFSP)的一部分。每项调查中的多数家庭不希望把调查他们的需要作为干预过程的一部分,这使得一些研究者(Sontag & Schacht,1994; Mahoney & Filer,1996)质疑 H 部分是否应该考虑家庭需求导向或者重新定义一个家庭决策模型。

有研究者(Shonkoff, Hauser-Cram, Krauss, & Upshur,1992)的纵向研究提供了接受 H 部分干预服务儿童家庭的最为综合化的描述。他们在一年里追踪了来自 29 个社区基础早期干预项目的 190 个儿童和家庭(25 个社区来自马萨诸塞州,4 个社区来自新罕布什尔州)。样本反映了出生到 3 岁期间儿童在接受早期干预时出现的最普遍的三种问题:唐氏综合征($N=54$),运动障碍($N=77$),发育迟缓($N=59$)。唐氏综合征儿童倾向于在十分年幼的时候(三四个月)接受早期干预;发展迟缓儿童在初次接受干预时就年长得多(16 个月)。

总的来说,香克弗等人(Shonkoff et al.1992)发现障碍类型和严重程度相似的儿童会接受完全不同数量的干预。正如其他调查显示的那样,一些提供服务的变动与家庭状态相关——低教育背景的母亲会接受较少的服务。平均而言,每个家庭一个月会接受共计 6.9 小时的三种不同类型的服务。具有较严重精神运动障碍儿童的家庭比中等障碍程度儿童的家庭接受更多的早期干预。此外,障碍程度较严重的孩子在一年内取得的进步少于中等障碍儿童。

干预密度与障碍严重程度的关系看起来是合乎逻辑的,但它同时也是难以解释早期干预效果的原因之一。如果儿童具有更严重的迟缓和障碍程度,那么尽管他们接受更多的干预,但是改善仍然较少,早期干预看起来似乎是无用的。很有必要对这种交互作用做仔细的考虑,因为干预项目是由政策制定者评估的。

香克弗等人(Shonkoff et al.1992)的研究提供了儿童和家庭变化的细致、综合的描述并将这些变化归结于早期干预服务。大体来说,几乎很少有测量能够预测儿童在一年里发生的变化。家庭特征比其他任何事情都更能预测家庭的正向变化。在这些家庭特征中,最初母亲较高的受教育程度和高质量的家庭环境与比预期更多的正向变化相关。儿童和家庭特征比早期干预服务的特定方面更能预测儿童和家庭的变化。

干预的某些方面以预期之外的方式被发现是重要的。接受单一训练的儿童和家庭比接受多重训练的儿童和家庭收获更多的积极变化。除此之外,单一的个性化服务形式比混合组结合个性化服务形式带给儿童和家庭更多的积极变化。服务输送的地点主要是基于中心还是基于家庭不会对干预结果产生影响。

香克弗等人(Shonkoff et al.1992)的研究提供了大量关于 C 部分服务的潜在影响的信息,并且强调了评估新公共政策实施的很多难点。例如,作者在他们的结论中指出,为了评估优化早期看护环境的价值,需要长期的追踪调查。众所周知,在感觉运动发展期间预测随后的发展能力是不可信的(Farran & Harber,1989; McCall, Eichorn, & Hogarty,1977)。因此,那些看起来是低进步率,或者甚至是在出生头三年评估期间对早期干预缺乏责任的行为,可能是学龄期更好表现的基础。很显然,儿童家庭的特征与早期干预服务之间的关系是复杂的。更多类似的研究将会为服务提供者和协调者提供支持他们计划更至关重要的信息。

单一干预项目

这一部分中回顾的多数研究可以在较短的时间框架里评估干预效果,以 7~12 个月为典型,只有两项研究包括追踪评估。因此,这些研究不能有效地解释一些研究者(Guralnick,1991;Marfo & Dinero,1991;Meisels, Dichtelmiller, & Liaw,1993;Shonkoff et al.,1988)关于儿童和家庭特征与具体方案之间对接的担忧。项目本身在社会经济水平和服务的儿童混合障碍类型以及分别提供的服务上都不尽相同。大多数情况下,关于提供干预的描述十分松散以致无法得知效果的差异性是否与治疗方案的不同相关。项目也没有说明成本-效益的问题,尽管有一些评估了相关的问题,例如开始干预的年龄和可供选择的干预模式。根据提供服务的试点大致可以将研究归结为两种类型:主要通过教室环境提供服务和主要以家庭为基础提供服务。

基于教室的干预　　有一些研究评估了通过教室环境提供干预的效果。四个项目为教室中的少数年幼儿童提供一周 20~40 小时的服务。弗维尔和格利克(Fewell & Glick,1996)、罗斯和卡尔霍恩(Rose & Calhoun,1990)关于谁在干预中获益最多的研究得到了明显相互矛盾的结果。弗维尔和格利克认为,对整个组别来说,干预期间(7 个月)的进步与干预前的进步是大致相同的,但是当 44 名儿童按照障碍严重程度分类后,障碍程度较轻的儿童比程度严重的儿童收获更多的进步。相反,为重度和极重度婴幼儿服务的夏洛特环形计划(Charlotte Circle Project),以及罗斯和卡尔霍恩的研究发现,儿童的发展速度比预期的要快两倍。这个差异突出了总结那些来自小而多样的样本和项目中的不同类型儿童的干预效果的困难之处。

在一个为出生到 3 岁儿童提供的全时和部分时段干预的比较研究中,迪霍夫等人(Dihoff et al.,1994)还发现生物基础症状较轻的儿童在各类干预模式下都取得了较多改善,使得弗维尔和格利克的结论(Fewell & Glick,1996)更为可信。迪霍夫等人在对他们干预中的 6 和 12 个月大的儿童的评估中发现了一组有趣的关系。首先,两组(全时和部分时段组)在 12 个月的干预后都没有在认知发展上胜出,这其中包括一个相似儿童候补控制组的对照组。两组在运动技能的发展上有所差异,全时组在 6 个月的干预后显示出进步而部分时段组在 12 个月后才有所进步。部分时段组类似的落后结果也在语言理解和表达技巧上被说明。一直到 12 个月以后,两个组在社会适应技巧的提升上都没有表现出明显差异。这是一个概念化良好的研究,提出了关于应该何时进行干预评估的重要问题。许多结果被公开发表的干预在 5~7 个月的时间内评估项目效果。迪霍夫等人(Dihoff et al.,1994)得到的结果建议,考虑到干预密度,这样的时间框架对效果预测来说太简短了。

另外两个研究也为促成内部比较而设计,这可能是干预研究中的一个重要策略。控制组和对照组的取样十分困难,这就证明对残疾儿童群体干预模型中的变量进行调查可能会更好。一些研究者(Burchinal, Bailey, & Snyder,1994)比较了 1—4 岁被安置在同龄幼儿或者混龄幼儿的教室中的残障儿童的发展进步。两种类型的教室都招收典型发展中的同龄幼儿。随着时间的变化,两个治疗组的儿童没有显示出不同。然而这些在大学项目里的微型课堂(六人课堂)得到了许多个性化关注,但在混龄与同龄学生比较问题上没有进行足够的测试。有学者(Rittenhouse, White, Lowitzer, & Shisler,1990)比较了年龄在 18 个月到 5 岁之间被划分到两个指导组的重度听力障碍儿童的进步。一组接受英语手语教学,而另一组接受只有听说的口头教学方法。两组都接受每天 2.5 小时的教学，一周四天，而且每间教室都包括五名儿童，配备一位教师和一位助教。9 个月后两组在巴特尔发展量表上的得分没有差异。从提供的说明中我们不清楚如何将两种教学方法组分离开来。而且，9 个月的时间对于评估将情感倾注于聋人教育社区的这一干预选择的效果似乎很短暂。

干预模式总是需要处理"代际影响"（Farran，1990）的。几乎所有的项目在开发的初期都是有效的，尤其是当他们建立在认为找到了解决发展性问题新方法的信念高涨的期间。当项目被开发者传递到第二代研究者的手中，其意义很少能得以延续。从这种现象中可以吸取重要的教训。首先是对于一个项目效果和儿童学习潜能及取得迅速进步的信念是任意一种干预策略的最为关键的要素。然而信念很难传递。在训练新的实施者时，比起将他们是办事有力的、改变是可能发生的这种强烈感觉渗透给他们，为他们培训精细的课程是次要的。

弗维尔和奥尔温（Fewell & Oelwein，1990，1991）的两个研究代表了采用开发的干预模式并将其运用到其他试点以检测是否能收获同样效果的努力尝试。学龄前项目模式（Model Preschool Program，MPP）是由弗维尔开发的作为 1968 年颁布的《残疾儿童早期教育援助法案》（Handicapped Children's Early Education Assistance Act）支持的 24 个早期干预项目原始试验之一。MPP 项目是一个以何为最好的教师指导为焦点的教室基础模式。14 个复制试点为 8 个月到 12 岁不等的儿童提供服务（Fewell & Oelwein，1991）。总的来说，相比参与干预之前，参与干预的九个月期间儿童在巴特尔发展量表上得分更高。对于样本中在 7 项巴特尔发展测验中的 3 项表现出明显进步的唐氏综合征患儿，情况就变得更为复杂了。这一重复实验的另一个方面也许可以帮助解释这一发现。正如弗维尔和奥尔温在 1990 年报告的那样，复制试点因其主流程度或参与儿童的典型性程度而有所差异。在上述研究中，未经整合的试点的唐氏综合征儿童在语言表达技巧上取得了较大进步。

最后，一项研究追踪调查了参与通过教室环境提供的早期干预服务的儿童（Urwin, Cook, & Kelly, 1988）。这些教室招收具有严重语言理解或表达障碍（不是由神经功能障碍或听力损害造成的）、智商高于 80 的学龄前儿童。项目周期持续 40 周，每天早晨干预 2 个小时。厄温（Urwin）等人在儿童 8 岁的时候选取了最初参与干预的 38 人中的 25 人，发现他们中的 84% 在主流教育中表现良好，并能够很好地融入他们的课堂。父母反应孩子在表达复杂观点上仍然存在一定困难而且阅读速度更慢，但他们并不十分担忧。这项研究的主要发现是揭示了在早期生活中患有严重语言障碍的儿童在主流教育之中遭到孤立，仅得到极少的教育支持（Urwin et al., 1988, p.142）。有意思的是，厄温等人的发现与前面提到的由马里兰州蒙哥马利县学校系统提供早期干预的学龄前语言障碍儿童身上获得的短期效益的发现（Markowitz et al., 1991）相似。这些发现表明，也许有好的理由像其他人建议的那样去为 2—3 岁儿童进行密集的语言技巧训练（Rescorla, Roberts, & Dahlsgaard, 1997）。为特定组儿童提供的集中服务看起来对他们的后续发展大有益处。

基于家庭的干预

下面将介绍六个为不同形式的家庭干预效果进行评估的小型研究。参与的儿童都十分年幼，干预开始时他们的年龄在 9—22 个月之间。一些研究（Diamond & LeFurgy，1992；Mahoney & Powell，1988）都没有将干预结果作为主要关注点，尽管它们都呈现了前后测的数据。这两项研究也没有说明干预课程实施后经贝利量表评估所得的智力发展的变化。实际上，有的研究（Diamond & LeFurgy，1992）确实显示，幼儿在贝利量表的精神运动发展得分上显著下降。两项研究都没有对缺乏效果做出解释。这使我们发现,干预本身对儿童发展的改变是多么微小。

帕尔默和他的同事(Palmer et al.,1990;Palmer et al.,1998)调查了两种针对脑瘫儿童的干预方法。一组儿童从 2 岁时开始接受为期 12 个月的神经发育疗法(neuro-developmental therapy,NDT)。另外一组接受 6 个月的一般婴儿刺激活动和 6 个月的神经发育疗法。两种形式的干预方法都教给了父母,其中婴幼儿刺激干预更多的涉及互动游戏而不是物理疗法。父母被要求每天对他们的孩子实行干预;父母和孩子每隔一周与治疗师见面一次。6 个月结束之后,第二组的儿童具有较好的认知和动作发展。奇怪的是,12 个月之后,第二组儿童在动作发展得分上仍然较高,尽管两组的认知发展是相当的。这个结果出人预料而且很难解释。帕尔默等人(Palmer et al.,1990)在一项追踪研究里调查了是否父母的改变导致了儿童的变化(比如,如果第二组儿童的父母因为学习了婴幼儿刺激方法而明显改变了教养行为)。两组儿童在 HOME 量表、凯利气质量表(Carey Temperament Scales)或者母亲反应测试上的得分都没有差异。在 1997 年的一篇神经动作干预综述中,帕库拉和帕尔默总结道:"神经发育疗法的常规使用在有明显的痉挛性双侧瘫痪的婴儿的刺激中,不具有短期的优势。"(Pakula & Palmer,1997,p.103)。这是一个很有意思的研究,它测试了干预的一个重要方面。有研究进一步检视了医学物理疗法和看起来是依照顺序的普通婴儿刺激间的相互关系。

接下来的两个基于家庭的干预研究更难评估。一个是贝利等人(Bailey et al.,1986)对概念化的家庭中心干预模式实施的研究。婴幼儿在生理年龄为 22 个月但发育年龄在 8 个月的时候开始接受干预(Caro & Derevensky,1991)。在实施干预课程以外,还有持续 5 个月的每周 1~2 小时的家访,儿童的发育年龄平均提升了 4 个月,暗示了贝利等人的推断"大多数的婴幼儿在 5 个月的干预期后的进步率近似于正常速率"(p.76)。然而这些儿童在接受家庭中心干预之前正在接受哪些服务并不明确。所有儿童通常都是在婴幼儿时期被诊断出患病,包括唐氏综合征、结节性硬化症、脑性麻痹以及其他严重障碍。实际上,如果这些 22 个月大的幼儿在开始他们的家庭中心计划之前没有接受过干预,取得的成果很有可能是某种常常伴随干预初始影响爆发的结果。明确 5 个月的干预后发生了什么以及这些儿童的发展轨迹是否会得到持续改善是很重要的。

与之相反,一个包括每周一小时的家庭干预服务的早期干预项目与每个父母每月仅仅参加一次支持小组的较低频度的项目相比,并没有显示出更显著的效果(Behl,White,& Escobar,1993)。参加项目的儿童都是视力障碍儿童。贝尔(Behl)等人对儿童的进步追踪了三年。不幸的是,同样适用于其他干预模式,这项研究在障碍严重程度和干预频度上存在困惑。项目初始,经巴特尔量表测量具有较严重发展问题的儿童接受较高频率的干预。研究没有给出关于视力状况的比较信息。干预程度较轻的组明显包含更多儿童看护中心的儿童以及更多在较高水平工作的母亲。因为这些从一开始就存在的差异,很难知道如何去利用他们的发现再次说明早期干预的复杂性。

三项以家庭为基础的研究评估了干预是否开始得越早就越好的问题(Boyce,Smith,Immel,Casto,& Escobar,1993;Mastropieri,1987;Watkins,1987)。早期干预似乎一般都与儿童发展的很多积极变化联系在一起,但在某些情况下它并没有造成铺天盖地的效应,甚至连显著也算不上。有研究者(Mastropieri,1987)利用一个可得到的样本,发现干预时长和后测分数呈负相关,如果是合理的则意味着没有取得进步或那些具有更严重问题的儿童保持干预的时间较长。应该尝试做进一步的研究去理顺干预长度中的起始年龄,并控制障碍的严重程度。

小结 这些研究是如此不同以致很难做出一般性结论。虽然如此,第一,那些学龄前鉴定的障碍类型,全部形式和全部地点的干预看起来会使得参与干预的儿童中那些障碍程度较轻的比程度较重的在标准化测试上得分更高。第二,集中在言语和语言障碍的学龄前儿童(3—5岁)身上的干预一般来说比较有效,而且能使他们在小学期间回归主流教育。第三,在感觉运动发展期关注医疗的干预较之一般通用的关注正向家庭互动的婴幼儿干预似乎更低效。20世纪90年代与80年代相比较,很少有可供选择的各种干预形式的实验发生。也许促成早期实验和大量公开研究的动机是为实验提供资金支持的、因20世纪七八十年代大量成果发表而颁布的《残疾儿童早期教育援助法案》。除了少数例外,我们没有见到研究文献里有关于测试干预不同哲学取向的讨论,也没有发现利用有助于该领域发展的方法分析影响干预有效性的多种因素的努力。

关注特定障碍的研究:自闭症

概述 在古拉尔尼克(Guralnick,1997)编辑的《早期干预的有效性》(*The Effectiveness of Early Intervention*)一书中,综述了一套全面的针对不同障碍类型儿童的干预策略。研究综述包括了个案研究和针对特定群体关注微小干预的单一被试实验设计。书中对诸如唐氏综合征、脑瘫、行为障碍、视觉障碍、自闭症、听力障碍和沟通障碍这些障碍种类划分了单独章节。尽管著作本身没有包括总结章节,加拉格尔(Gallagher,1997)提供了他认为的章节说明的总结,其中两个是特别关系到不同障碍类型的不同干预效果的问题。首先,综述中根据障碍类型分组的干预的结果是正向但程度有限的。残障儿童取得了一些进步但大部分远低于平均水平。其次,研究者建立和所真正实践的方案间仍然存在明显的差距;项目应该更加具有"研究敏感性"(Gallagher,1997,p.90)。

古拉尔尼克(Guralnick,1997)的书中分章节综述到的大多数障碍群体实际上是在多种障碍类型混合的群组里接受干预。按照惯例,专业化的治疗者(例如物理、言语或者职业治疗师以及流动的专业人员)与儿童在教室里或者在诊所里抑或在家里都是一对一工作的,尽管干预的一般形式倾向与前几章节中描述的小型干预项目大致相同。所有儿童不论其障碍种类都接受相似的干预。然而,不同常规的一种障碍类型是儿童自闭症。这种障碍的患者在过去十年中作为特定群体得到更多的关注。就是这类群体在当前项目中存在着截然不同的差异。下面将对20世纪90年代有关自闭症的研究做述评。

儿童自闭症 道森和奥斯特林(Dawson & Osterling,1997)在他们对自闭症或者广泛性发育障碍(pervasive developmental disorder,PDD)的亚类型的综述中估计儿童患此病的概率为15/10 000。PDD儿童比其他障碍类型的儿童更晚确诊。因此,他们参与学龄前干预的年龄范围为3.5—4岁。道森和奥斯特林回顾了干预PDD的主要方法,并推断项目之间难以做出有意义的比较。有些项目给出了发展能力增长上的定位数据和信息,并且声称约有一半的毕业生随后进入了普通学校,而且儿童智商平均增长了20个百分点。(项目初始对儿童的平均智商在55左右。)然而,项目通常没有提供关于普通学校或者在普通学校中儿童需要何种程度的特殊教育支持的描述。此外,提供的能力发展的方式非常不同,项目之间无法比较。道森和奥斯特林通过说明"诸如这种干预是否比那种干预更有效以及什么是干预的最佳频度之类的问题需要下一代的干预研究者来回答",对他们的综述做了总结(1997,p.314)。

自闭症干预方法的一般特征是相对于其他障碍群体的干预频度更高。所有典型项目的干预每周都超过20个小时,而且父母几乎是合作治疗者,因此干预被延伸到家中。干预因各组相信的有效方法的不同而不同,其中最大的分歧产生于由洛瓦斯(Lovaas,1987)及其同事所代表的行为主义方法与由罗杰斯(Rogers)、邓拉普(Dunlap)和福克斯(Fox)为代表的基于游戏的方法。由于这些视角采用的不同干预方法都可能使自闭症儿童获得成功,同时家长在情感上接受一种观点或另一种观点并作为其倡导者,因此,下面将对每一种方法进行综述。

洛瓦斯(Lovaas,1987)行为主义方法背后的基本假设是普通儿童从他们的日常环境中学习,而自闭症儿童没有。因此,为了让自闭症儿童在一年级时"迎头赶上"他们的同龄人,必须创造出一种特殊的、高频度的综合训练。这种训练发生的情境几乎是"被试清醒着的所有时间里"(Lovaas,1987,p.5)。治疗专家每周接触儿童40个小时,父母也在家里受训持续进行此系统训练。这种高频度要持续两年或者更长时间。第一年干预主要关注于减少自我刺激和攻击行为,第二年集中在语言教学和与同龄人的交际上,第三年是学业前任务和情感表达。洛瓦斯相信的法则是将学习定律应用于自闭症儿童,这样他们才能够像其他人一样学习,他们由于中枢神经系统和环境不协调导致的问题可以通过操控环境来解决(Lovaas & Smith,1989)。

洛瓦斯(Lovaas,1987)最初创立的研究包含接受全面干预的实验组和两个控制组:一组接受最少的干预(10小时及以下的治疗)、一组不接受干预。尽管群组不是随机分配的(实际上对这个方式有争论性的反对意见,参见 Schopler,Short,& Mesibov,1989),其他一些行为主义学家和像贝尔(Baer,1993)一样的方法论者曾就初始设计的合法性和说服力进行争论。洛瓦斯在儿童13岁时做了追踪调查。6岁时所做的追踪调查显示,实验组以平均智商增长30个百分点而显著高于控制组。实验组(所谓的效果最佳群组)中有9人一年级时成功进入了普通公立学校就读。洛瓦斯认为最初的实验组实际上包含因病因不同而有区别的两组,尽管他们入组时表现出的特征是一样的。康复儿童中的一组在干预后没有表现出持续的智力、语言或者行为缺陷;另一组的反映较差。13岁的时候,实验组仍然比控制组得分高出30个百分点而且在文兰适应性行为量表(Vineland Adaptive Behavior Scales)上表现较好(McEachin,Smith,& Lovaas,1993)。那9个表现最好的儿童之中,一个由普通学校转去接受特殊教育,一个最初反应较差的儿童由特殊教育转去普通学校。控制组中没有儿童进入普通学校就读。这些追踪研究的发现被视为"行为主义学家和行为主义科学临床应用的胜利"(Baer,1993,p.373)。

尽管有人认为洛瓦斯等人(Lovaas 1987;Lovaas & Smith,1989)的研究是一场胜利的反应,干预的行为主义本质与另外一些人所认为的对年幼残障儿童的最佳实践却是相互对立的。克林格和道森(Klinger & Dawson,1992)曾认为,在自闭症儿童的发展中,技巧应该仿照自然发生的典型的社会互动模式而不是通过明确的教导。在他们可供选择的模式中,儿童被他或她所接受的激励所控制而不是洛瓦斯(Lovaas,1987)模式中被成年人任意操控的被动接受者。罗杰斯和同事们(Rogers & DiLalla,1991;Rogers & Lewis,1988)开发的模式反映了这种观点。罗杰斯和刘易斯(Rogers & Lewis,1988)认为,自闭症儿童具有"全方位"(p.207)的社交缺陷,可以利用游戏、人际关系来修复,并通过特殊活动来培育语言和象征性思维。他们所持观点与行为主义模式相反:"发展框架与治疗目标的不匹配可能会导致技能之间互相孤立而使得情境转换能力很弱。这样限制技能迁移到其他领域的一般化。"(Rogers & Lewis,1988,p.212)不过他们没有控制组,没有像洛瓦斯一样对儿童做那么长时间的追踪,也没有提供儿童随后的教育安置信息。对比评估治疗期间发展率与初始入组时发展率,罗杰斯和刘易斯发现,认知、语言、社会情感和动作发展方面的差异显著。他们的数据显示,项目初期发展率急剧上升和随之而来的上升率逐步降低。

邓拉普及其同事(Dunlap, Johnson, & Robbins, 1990; Dunlap, Robbins, Morelli, & Dollman, 1988; Fox, Dunlap, & Philbrick, 1997; Robbins & Dunlap, 1992)提出了另一种变式。此种方法的前提是自闭症儿童展现的古怪的社交行为并不是危险的,这些变化实际上是具有功能性和交际作用的。干预的目的就是要帮助儿童建立替代的、并且能够与问题行为一样尽可能有效和高效地提供相同功能的沟通方式。邓拉普及其同事的干预方法牵涉到整个家庭;支持是高度个性化的,没有提前设定好的脚本和序列,依据家庭本身的资源、价值和偏好而定。他们的方法有高强度的干预时间段,但是这个阶段仅仅持续4~5个月,一周平均12小时。此项目对儿童的追踪研究强度不如洛瓦斯所做的研究。他们提出项目发生地——佛罗里达州仅为严重残疾儿童进入普通学校提供了少量机会。整体来说,邓拉普及其同事声称,项目充分提升了家长的互动技巧和儿童的发展率,同时减少了问题行为(Fox et al., 1997)。

补救性 VS 发展性干预模式

洛瓦斯与罗杰斯等人开发的干预方法之间截然不同的哲学取向说明了一般儿童早期特殊教育中存在的一个更加普遍的分歧。儿童早期教育中的发展性方法比比皆是;儿童早期特殊教育以补救性方法为特征(Stafford & Green, 1996)。特殊教育有前人开发的行为主义方法根源,其中许多已经成为惯例。随着这一领域中牵涉到的越来越年幼的儿童越来越多地被安置在融合式的早期养育中,教师主导和儿童主体之间的争论越来越明显(Goodman, 1994; Lifter, 1995)。双方观念的持有者都认为他们的信仰是绝对的,其实并没有充分的数据作证明。如布里克(Bricker, 1995)所言,在儿童早期特殊教育领域中,"项目的主张往往模糊了儿童和家庭的个性化需求"(p. 179)。

早期干预领域将来必然会做出的重要贡献是将这两种方法结合起来。特殊障碍儿童事实上也许没法利用日常的早期经验,因为动作、语言或者认知存在差异。例如,患有自闭症的孩子可能会被暴露在"正常的"但是会极其干扰他们对社交线索的理解和同化的环境中。与之相反,孤立环境中的儿童确信他们将较典型环境中学习到的东西泛化到一般事物时存在困难。接下来的一系列研究项目说明了对各种干预形式要素进行详细、系统研究的重要性,明确哪些因素对哪些人起作用,而且可能提供实践者需要的关于如何结合补救性和发展性方法的信息。

系统化研究:三个案例

早期儿童研究和干预项目

塞费尔、克拉克和萨莫洛夫(Seifer, Clark, & Sameroff, 1991)创造了一个以交互方法促进发展(Sameroff & Fiese, 1990)为哲学基础的设计复杂的小型项目,另外一项报告(Brinker, Seifer, & Sameroff, 1994)也曾提到它的结果。这是一个基于中心的模式,在这个模式里残障儿童(开始时的平均年龄为10个月)和他们的家人参加为期10个月、每周2小时的干预。第一个小时里,母亲在跨学科团队干预者的指导下与婴儿互动。每一个干预阶段后都紧跟着全组分享信息和计划下一步干预的集会。第二个小时里,父母参加家长互助小组,与此同时课堂干预组直接作用于儿童。

参与研究的 144 名婴幼儿代表了儿童早期诊断的大致障碍类型:40%患有唐氏综合征,33%是脑瘫患儿,还有剩下的被分为遗传异常和不明原因的严重发育迟缓两组。然而参与家庭的社会经济和道德状况很复杂,比很多干预项目都更多样化,包括了更多的黑人(27%)和西班牙裔(12%)家庭以及那些来自中低社会经济地位(scoioeconomic status, SES)的家庭。项目的损耗较多来自于那些父母婚姻破裂、低 SES 和未经明确诊断的儿童(与其他干预项目由于贫困儿童导致的损耗趋势相一致)。

分析这个项目收集的数据可以作为调查干预的一个模式。布林克尔等人(Brinker et al., 1994)认为,数据支持家庭系统、家庭适应和儿童效果间存在复杂关系。总的来说,儿童在干预中没有取得明显进步。10 个月的干预课程实施之后,发展率看起来与干预开始前相同,同时贝利 MDI 平均分确实增长了。干预参与者的社会经济状况和家庭压力存在复杂关系。与期望相反,经受较大压力的低 SES 母亲参与得很积极,同时,她们孩子的得分没有最初预测得那么好。另一方面,参与者中较低压力的低 SES 母亲的孩子表现出比预测更好的结果。不论初始压力如何,中等 SES 母亲参与干预对儿童的结果产生积极影响。压力最低的中等 SES 母亲和没有参加干预母亲的儿童结果更差。显然,干预根据母亲的现有情况以不同方式被纳入她们的生活中。早期干预至少是一所中心提供的看起来好像是给困苦环境下已经饱受压力的母亲的一项额外压力,而且对于她们的孩子来说可能成为一项风险因素而不是一种帮助。这些分析代表了设计干预评价时需要考虑不同家庭与儿童特征的一个很好的例子,它的结果应该能够影响提供干预的实践。

环境教学和前语言环境教学研究

20 世纪 90 年代最系统的早期干预调查关注的焦点是有发展障碍(不仅是语言障碍,也有直接影响语言及其他领域发展的发展迟缓)儿童的语言发展,而且研究者的兴趣一直在环境教学(milieu teaching)上。环境教学是一个包含以下要素的自然干预策略:追随孩子的倾向或兴趣,给予儿童语言以明确提示,自然发生结果的奖励以及干预者与儿童间持续互动的嵌入式干预(Kaiser, Yoder, & Keetz, 1992)。

环境教学对发展性障碍儿童语言获得效果的探索已经系统化,其结果也应用并且扩大了原有的理论框架。在两个研究中,环境教学方法与一个可选的策略进行了比较。研究者(Yoder, Kaiser, & Alpert, 1991)将 40 个学龄前儿童——沟通年龄(communication age, CA)为 52 个月,平均话语长度(mean length of utterance, MLU)为 2.19——随机分配到两个语言干预治疗组,即环境教学或沟通培训项目(Communication Training Program, CTP)。CTP 是一个具有预先的草案、练习和做法的直接指导模式。明确地教授理解力,并且利用具体的奖励。职员被随机分配到干预组,两名工作人员管理两种类型的干预。与预期相反,CTP 组儿童得分最高。更多具体的比较揭示出环境语言方法使不常与人交谈、不常自我启发以及起初思维并不清晰的儿童受益;反之,CTP 方法对起初语言能力较好的儿童更有效。

对环境教学方法所做的进一步调查将其与另一种自然语言干预方法——响应互动做了对比(Yoder et al., 1995)。这个比较是在纳什维尔和匹兹堡的课堂中实施的,包括 102 个 MLU 平均分约在 2.4 的学前儿童。没有发现支持任何一种干预方法的整体组别差异显著;然而,此结果有先前约德等人(Yoder et al., 1991)得到的结果作为佐证。处于较早语言发展阶段的儿童对环境教学法反映较好。约德等人(Yoder et al., 1995)推测环境教学对难以掌握较为复杂语法的儿童很难实施,因此其他任何干预方法(直接指导或是响应互动)在语言获得的更早阶段会更有效。

约德和他的同事们之后调查了语言获得的一个特定阶段——前语言到语言沟通的过渡,沃伦和约德(Warren & Yoder,1998)具体描述如下:

> 前语言到语言沟通的过渡可能代表了一个过渡效应会大幅影响发展的时期。成年人需要应对比较戏剧性的变化而儿童行为和脑的发展可能是最富变化的,受环境输入和社交反应或积极或消极的影响。(p.371)

沃伦和约德开发的干预成为环境教学的改良形式,被称为前语言环境教学(prelinguistic milieu teaching,PMT)。两项研究的焦点是从开始提供语言干预一直持续到这一特殊的发展时刻期间所发生的过渡效应。对儿童的干预引起儿童行为上的变化,导致与其互动的成年人的变化。这些成年人反过来更有助于儿童的语言的发展,从而使儿童的改变稳定化。

研究者(Warren,Yoder,Gazdeg,Kim,& Jones,1993)发现,PMT在干预期间增加了儿童有意的前语言需求行为。同时也发现有意的需求行为在课堂上得到泛化而且指向没有参与干预的教室中的教师。此外,观察得知,教师干预之后更多地参与到了解儿童社交行为的活动中来。在对这些发现的复述和延伸中,研究者(Yoder,Warren,Kim,& Gazdeg,1994)选择了来自基于大学的干预项目中弱智、没有言语能力和有意需求行为延迟的四名儿童。训练期为每天25分钟,每周4天;训练阶段的数量为35~61不等。儿童的母亲参与泛化阶段干预。正如先前的研究所发现的那样,干预和泛化效果通过儿童做出的有意需求数量来观察,泛化情况将同时反馈给母亲和教师。两组数据的应急分析显示出天真的成年人(母亲和老师)更有可能对儿童的有意交际行为而不是前有意行为建立语言的映射(将儿童的行为与有意义的单词相联系),这提供了群组倡导方法的凭证。暗含的意思是,在此过渡期定时作用于儿童的干预更有可能得到自然环境下随之发生的行为的支持。

天资与治疗的交互作用

另一项长期且富有成效的研究是在科尔(Cole)、戴尔(Dale)和米尔斯(Mills)的合作下展开的。他们的纵向调查对比了始于20世纪80年代后期针对学龄前残障儿童的早期干预形式(Dale & Cole,1988)。在第一项研究中,83名年龄在3—8岁具有中等障碍的儿童被分配到学前学校(N=61)或者基于大学的实验学校的幼儿园教室(N=22)。学生被随机分配接受中介学习(mediated learning,ML),一个是强调普遍化的认知导向项目,或者是直接教学法(direct instruction,DI),另一个是明确、系统地教授学术技能的方案。

为了确保不同的教学方案按照要求的那样被实施,戴尔和科尔(Dale & Cole,1988)设计了一个课堂观察系统。在14类的9类中,课程中不同的教学方案在预测方向上存在显著差异。两种教学形式的效果在两个年龄组间是不同的。对学前学校儿童来说,经历6~10个月的ML干预后,他们在麦卡锡量表(McCarthy Scales)六个分测验的四个中得到较高分数,其MLU得分也较高接受直接教学法的学前儿童在早期语言发展测试和基本语言概念测试上得分较高。然而在幼儿园里,两组的后测只发现在麦卡锡量表的一般认知指数和感知觉分测验两方面存在显著差异,DI组的表现始终较好。在这项早期研究中,调查者总结出两种干预形式都有效,但是注意到当儿童为学习内容做好准备时,DI可能更适合他们。调查者还注意到在ML幼儿园项目中出现更多的行为紊乱。

第二项研究扩大了对ML和DI作为可选择的早期干预的调查。更多儿童的加入使样本总量达到110名儿童,他们参加了1~3年的干预。在一项后续比较研究中,找到并测试了样本总量中的84名完成一年干预的儿童以及76名完成两年干预中的46名儿童参加测试。(两年样本中的所有被试也同样在一年组中。)尽管一年组的后测分数与预测方向一致,但只发现少量显著差异,两年组的后期干预里发现的差异甚至更少。一年 ML 干预后的儿童趋向于在斯坦福—比奈量表上得分较高,而接受 DI 干预的儿童倾向于在皮博迪个人成就测试(Peabody Individual Achievement Testing,PIAT)上得分较高,这是一个与预测一致的发现。研究者(Cole, Mills, & Dale,1989)总结到两个项目方案在略有区别的领域里都有效,所以精明的教师应该利用各个项目的不同要素。他们还注意到在低年级发现的与针对低收入家庭儿童的干预努力相似的失败效果。

对增加样本的相同的随机分配的比较教学团队的后续分析和进一步的追踪调查产生了对这两种方法的效果的更清晰的理解(Cole, Dale, & Mills, 1991; Cole, Dale, Mills, & Jenkins, 1993; Mills, Dale, Cole, & Jenkins, 1995)。这些研究者通过干预(比如 ML 或 DI)的相互作用调查了能力倾向的问题(例如儿童的性格特征)。在四年的实验之后,206 名儿童参与了两种教学形式中的一种。后续研究基于总体样本中的子样本。科尔等人(Cole et al., 1991)选择了 107 名语言迟缓的儿童并通过 6~10 个月的对比形式的干预(ML 与 DI)评估他们的反应。尽管在很多测试上整体群组都有显著提升(没有倾向于两种干预形式中的任意一种),但有趣的发现却是天资与治疗之间的交互作用。令人意外的是,前测中表现较好的学生对 DI 的反应较好,而同时表现较差的学生从 ML 干预中的收获更多。

同样是 206 人的总样本,科尔等人(Cole et al., 1993)检视了其中 164 名残障儿童组成的更多样的群组(80% 是语言障碍,其中一些是 1991 研究的一部分)的反应。他们确信表现较好的学生从直接教学法中获益更多,低技巧儿童对更关注过程的中介学习的反应更好。"在这些研究中,机能更健全的学生从将学习时间最大化的干预中获益较多,同时机能较弱的学生从有针对性的具体学习策略的干预中获益较多。"(Cole et al., 1993, p.26)米尔斯等人(Mills et al., 1995)从原始样本中追踪了 141 名 9 岁的儿童,并且在同一方向上发现了相同的天资与治疗的交互效果。因为这是少数的对参与早期干预儿童的追踪研究中的一个,注意到两组群体被安置在特殊教育中的可能性不存在差异是很重要的。到 9 岁时,2/3 的样本被安置在特殊教育学校中。追踪研究中儿童的平均智商为 80 左右,和他们参加学前学校或者幼儿园的干预之前一样。

科尔等人(Cole, Mills, Dale, & Jenkins,1991)也利用了同一样本的一个子群体来比较隔离的和融合的早期干预设置。一组包括 100 名残障儿童的群体被随机分配到隔离或者融合的教室中。一组 24 名典型发展中的儿童被随机分配到融合的教室中。总的来说,研究没有获得后测分数上有利于任何一种干预的显著差异。然而发现了能力倾向和治疗方法的交互作用,即高机能学生在融合教育背景中表现较好而低机能学生在隔离情境中反应较好。科勒等人总结道"融合的影响可能非常复杂",可能会受到学生个性特征的影响。

这一研究路线印证了一句老话:一把尺子不会适合所有人。结果比这还有趣得多。历年来,研究者们和干预者们都曾推测,同一个干预在不同的儿童身上不会产生同样的效果。科尔等人(Cole et al.,1991)曾帮助识别儿童对不同干预形式的反应类型。不幸的是,这些工作都是在同样的儿童样本身上所做的,而且从某种程度上来说我们利用了特定样本的偶发性特征。下一步的重要工作是将这些发现以与中介教学工作同样系统的方式复制和延伸。科尔等人(Cole et al.,1989)对应该继续研究哪种性格特征作出了鉴定。低机能的儿童可能需要一种不同的干预形式。他们的争论是,为了使直接教学法获得成功,儿童必须能够追随和聆听教师的引导。在中介教学中,儿童的导向更多的时候是形成教师行为的基础(Cole et al.,1993)。如果低机能学生越依赖教师读懂他们的暗示,融合教室的差异就越大,这可能会使在实现这种背景下和解释他们较慢的进步更加困难。

小　结

这些案例表明了从事残障儿童早期干预研究的复杂性和困难性。正如这里述评到的三组研究一样,只有系统地、有步骤地打好理论基础的研究项目才有可能回答领域中现在需要回答的问题。这些尝试需要被重视并给予资金支持以便持续下去并被应用到干预的真正实践中去。

结　论

这个综述使得为残障儿童及其家庭所做的最大干预努力的效果受到了较少的系统关注更加明确。C 部分现在在联邦范围实施。在大多数情况下,公立学校负责对 3—5 岁的残障儿童提供干预服务。对于年幼儿童的责任是多样的。不幸的是,对这一重大尝试的有效性,我们现在还知之甚少。至少在接下来的几年必须投入一些关注去了解全国不同的学校系统为了满足 C 部分的要求在做什么以及可选择的策略产生了什么效果。不同州郡的学校系统在决定学前儿童的教育方案应该包括哪些要素以及他们应该在何种程度上切实负责和提供干预方面存在困难。针对低于 3 岁儿童的干预系统存在类似的巨大差异,但是与这些差异相关的成果并未出现。

C 部分实施时的父母调查突出了如何定义早期干预的重要问题。它的强度应该是多少？针对贫困儿童和那些自闭症儿童的干预趋向比其他障碍儿童的干预强度更大。大多数残障儿童一个月只接受几小时的干预(受影响最严重的接受得更多)。随着 C 部分的广泛实施,可能会讽刺性地导致更多的儿童接受到更少的干预。干预在什么时候因为它太有限而变得不再有用,这成为一个解释家庭依赖学校系统和其他服务机构的关键问题。

这里涉及各种项目调查的另一个要点是评估是在如此短的时间之后进行的,可能还来不及显示干预效果。大多数研究没有追踪数据,即使是最基本的那些也没有。随着学校系统现在负责学龄前儿童的干预服务,决定接受学前服务的儿童随后安置在何处以及持续需要的服务是哪种的记录应该出现。

此类追踪调查工作的结果之一也许可以用来鉴别比其他方法更有效的方法。还有一件具有讽刺意味的事情是,负责学前干预服务的学校系统也许并不想要鉴别父母认为有效的具体的干预方法。例如,相信针对自闭症儿童的洛瓦斯干预方法的父母情绪冲动地、坚定地承诺一直使用提供给他们孩子的那种服务。只要对于各种类型的障碍的干预大致相同且没有一种特定干预被证明是有效的,那么家庭极端支持信赖某种干预的现象就可以被避免。

本章综述的最后三种系统化方法提供了家庭、儿童和干预特征间的实际作用有多复杂的证据。提供正确的干预也许有助于找到一种单独的可采用的方法(正如洛瓦斯的研究里所说),也有利于决定在发展序列里什么时候给予特定形式的干预是合适的以及促进特定干预形式的管理。最后两组研究的研究者都解释了更加年幼和低机能的儿童可能需要在他们发展的关键期提供专业化的干预类型。这种天资与治疗交互的模式能否由学校系统来实施,目前尚未可知。最后,大规模的干预是否能被调整以适应家庭的生态环境也仍是未知的。

常见问题

被忽视/治疗不足的群体

对因贫穷和残障而处于劣势的儿童提供干预的研究都发现了一个现象，对遭受明显个人压力的家庭来说，尤其是那些低收入群体，似乎没有一种方法是有效的。父母通过行动对各种干预项目表现出抵制。在报告有耗损的每一种情境中，低收入、单亲和少数民族父母在很大比例上会放弃项目。多数评述到的残障儿童干预研究的人口统计数据显示，包含了比预期更多的白人中产阶级家庭。尽管在针对劣势背景下或低出生体重儿童的干预项目中，最终样本依然包含大量的贫困家庭，实际上，全部两代人项目和 IHDP 中的损耗都很高。因此，了解从那些留下来的人中得到的发现是否真正适用于其他群体是困难的。

尽管对生活和居无定所的应激可能是阻止贫苦家庭参与干预的主要原因，也可能是项目没有设计完好以至于无法满足他们的需要。针对贫苦家庭的项目中没有影响到任何妨碍教养的主要的不良生态因素——例如压力（导致沮丧）、无所事事（导致对系统的愤怒失业等）。几近一半的 PCDC 母亲和公平开端项目母亲患抑郁症的临床水平升高。然而这些项目没有明确地关注如何帮助无法脱离因贫困导致沮丧的母亲。在公平开端项目中得到普通教育水平也没能有所帮助，也许是因为对于超过最低薪资水平的工作，就业市场要求的不仅是一个高中同等学力文凭。国际上已经普遍承认：母亲较高的教育水平对孩子有着显著的积极影响（Stein，1997）——不管这个国家母亲受教育的基础比率是多少。在 IHDP 项目中，母亲的受教育程度能够作为预测儿童结果的主要影响而且不会与干预产生相互作用。这表明下一轮的干预努力应该认真采取生态的方法，调查如何为家庭改变儿童的养育环境而不是主要关注孩子的改变。实际上，改变这个环境包括提供运行良好的、普遍可用的和易于得到的儿童保健计划，以及其他支持父母的措施。

与此相似的，对残障儿童来说，能够获得大多数服务的家庭来自中产阶级且接受过教育。来自穷困家庭的残障儿童的情况处于双重危险的境地。他们会受到强加于家庭之上与贫穷有关的压力和有限地接近特别关注残障的干预机会的双重威胁。现在的早期干预系统取决于知道如何为他们的孩子争取哪些服务的、有见地和高要求的家长们。那些不了解服务而且被其他压力干扰而分心的家长们为他们的孩子接受较多干预的可能性较小。

项目特征

作者一开始就明确表示，IHDP 的根本前提是发展心理学和早期干预领域已经得到了充分发展，以至于它们可以像给出一种新药一样提供项目方案。实际上，社交干预在行政部门的严密管理下可能永远不会逼近医疗干预；恰恰相反，儿童与家庭生活中的干预在临床上会表现出更加复杂的特性并且依赖于强大的生态环境。无论是经济弱势群体还是残障儿童的干预方法的比较研究，都很少得出一种干预方法显著优于另一种方法的结论。更加合理的结论可能是在特定时间，我们必须依赖特定的干预形式（Warren & Yoder，1998），或者在分析他们家庭面临的风险的基础上改变为贫困儿童提供干预的形式和强度(Liaw & Brooks-Gunn,1994)。

由于意识到干预的复杂性以及为了提高干预效果而不得不更明确地与儿童和家庭的特点相匹配,政策制定者可能会完全放弃社交干预。例如,一个在早期干预著作中没有得到关注的治疗方案几乎完全依赖于改变孩子的内部特征。特别是利他林(Ritalin)正在被用到越来越年幼的儿童身上,尤其是贫困和高度好动的儿童,来作为改变他们行为的重大干预(Brett,1997;McGinnis,1997)。仅仅在1990年和1995年间,对青少年使用利他林的管理增长了250%(Safer, Zito, & Fine, 1996)。1997年间,食品和药物管理局(Food and Drug Administration)公开声明已经开始调查用于被认为患有抑郁的儿童的液态百忧解(Prozac)(Strauch, 1997)。考虑到现在对产后大脑漫长发育过程的了解,这类在儿童生命早期的药物试验看起来是站不住脚的(Livingston,1997),特别是当这么做的原因是更多生态干预不被当前的政治意愿所支持时。

总　　结

不幸的是,很多先前关于早期干预的述评得出的结论(Farran,1990)必须在这篇关于随后十年对贫困和残障弱势儿童干预研究的综述结尾得到回应。克拉克等人(Clarke & Clarke,1988)信奉两种发展轨迹:生物学的和社会学的。对于生理残障儿童来说,生物学轨迹可能会限制他们对干预的反应,正如这篇评论中通过一致发现说明的那样:程度较严重的残障儿童对干预反应较小,所获进步较少。然而障碍程度较严重的儿童家庭需要并得到了更多的服务是合情合理的。对于有更显著生物学需要的儿童家庭来说,若是孩子待在家中,则需要更多的来自社会和教育服务系统的帮助。在不远的将来,更加恰当的举措是将这些儿童作为一个独立的群体调查他们的干预需要。通过混合群组的儿童是否取得进步来判断干预是否有效是不合理的。实际上,也许有更强烈需要的儿童会得到更有效的干预,但是这种需要必须被患有严重残障的儿童和他们的家人群组证明。在一个大型混合群组中,对于子群体的潜在干预效果可能会消失。

对于面临不适当的社会环境潜在风险的儿童来说,大多数干预努力都关注改变儿童。当家庭成员被纳入干预时,他们会被一直视作问题的一部分。他们被安置进家长教育课堂(几乎很少参加),被家访以帮助他们学习解决问题,或者同时采用两种方式。现在仍然缺乏对贫困人口的教养环境的持续性认识。造成初学者项目较关爱项目更加有效的原因之一可能是,尽管后者包括了家访成分,但初学者项目的家长知道他们的孩子在中心会被照顾得很好,并且从婴儿到入学前给予足够的儿童看护的压力消除。上次综述时呼吁对"针对家长的职业训练、成人识字课程、家长支持团体和PAT项目中低收入学校赋予而非剥夺父母权利"(Farran,1990,p.533)进行关注。尽管20世纪90年代有些项目做了增加成人识字率的努力,但其他方面很少受到关注。

最后,对于两种轨迹(生物学的和社会学的)来说,需要更多地了解公立学校对这些儿童的接收情况。没有研究真正追踪残障儿童至他们入学并检视一旦他们完成过渡后所接受的教育项目以及他们的反应类型。一项关于贫困儿童的研究表明,干预的持续影响实际上在小学开始的2~3年而不是学前学校或者幼儿园实现了干预效果(Reynolds & Temple, 1998)。研究者(Vernon-Feagans,1996)对初学儿童的技能与他们小学低年级老师的技能之间不匹配的有力描述引起人们对处境不利儿童学前期以后的发展进行关键且必要的思考。美国应该超越将儿童问题认为是与儿童无关的他人在儿童早期予以治疗或改变儿童生活场所即可治愈的，而不需要其他系统做出相应改变的观点。对于生命开始的前 12~15 年的发展的关注可以是一个良好的开始。

参 考 文 献

Allen, K. (1992). *The exceptional child: Mainstreaming in early childhood education* (2nd ed.). Albany, NY: Delmar Publishers, Inc.

Baer, D. (1993). Quasi random assignment can be as convincing as random assignment: Commentaries on McEachin, Smith and Lovaas. *American Journal on Mental Retardation, 97*, 373–5.

Bailey, D., Simeonsson, R., Winton, P., Huntington, G., Comfort, M., Isbell, P., O'Donnell, K., & Helm, J. (1986). Family-focused intervention: A functional model for planning, implementing, and evaluating individualized family services in early intervention. *Journal of the Division for Early Childhood, 10*, 156–71.

Baumeister, A. (1997). Behavioral research: Boom or bust? In W. MacLean (Ed.), *Ellis' handbook of mental deficiency, psychological theory and research*. Hillsdale, NJ: Erlbaum.

Behl, D., White, K., & Escobar, C. (1993). New Orleans early intervention study of children with visual impairments. *Early Education and Development, 4*, 256–74.

Blair, C., Ramey, C., & Hardin, M. (1995). Early intervention for low birthweight, premature infants: Investigating the age-at-start question. *Early Education and Development, 4*, 290–305.

Boyce, G., Smith, T., Immel, N., Casto, G., & Escobar, C. (1993). Early intervention with medically fragile infants: Investigating the age-at-start question. *Early Education and Development, 4*, 290–305.

Bradley, R., Whiteside, L., Mundfrom, D., Casey, P., Caldwell, B., & Barrett, K. (1994). Impact of the Infant Health and Development Program (IHDP) on the home environments of infants born prematurely and with low birthweight. *Journal of Educational Psychology, 86*, 531–41.

Brantlinger, E. (1997). Using ideology: Cases of nonrecognition of the politics of research and practice in special education. *Review of Educational Research, 67*, 425–59.

Brett, V. (1997, November 2). Today's school routine: Readin', ritin', and Ritalin. *The Los Angeles Times*, p. 30.

Bricker, D. (1995). The challenge of inclusion. *Journal of Early Intervention, 19*, 179–194.

Brinker, R., Seifer, R., & Sameroff, A. (1994). Relations among maternal stress, cognitive development and early intervention in middle- and low-SES infants with developmental disabilities. *American Journal on Mental Retardation, 98*, 463–80.

Brooks-Gunn, J., Gross, R., Kraemer, H., Spiker, D., & Shapiro, S. (1992). Enhancing the cognitive outcomes of low birth weight, premature infants: For whom is the intervention most effective? *Pediatrics, 89*, 1209–15.

Brooks-Gunn, J., Klebanov, P., Liaw, F., & Spiker, D. (1993). Enhancing the development of low-birthweight, premature infants: Changes in cognition and behavior over the first three years. *Child Development, 64*, 736–53.

Brooks-Gunn, J., Liaw, F., & Klebanov, P. (1992). Effects of early intervention on cognitive function of low birth weight preterm infants. *The Journal of Pediatrics, 120*, 350–9.

Brooks-Gunn, J., McCarton, C., Casey, P., McCormick, M., Bauer, C., Bernbaum, J., Tyson, J., Swanson, M., Bennett, F. C., Scott, D., Tonascia, J., & Meinert, C. (1994). Early intervention in low birth-weight premature infants. *Journal of the American Medical Association, 272*, 1257–62.

Brown, W., Horn, E., Heiser, J., & Odom, S. (1996). Project BLEND: An inclusive model of early intervention services. *Journal of Early Intervention, 20*, 364–75.

Bruder, M. (1993). The provision of early intervention and early childhood special education within community early childhood programs: Characteristics of effective service delivery. *Topics in Early Childhood Special Education, 13*, 19–37.

Bryant, D., Burchinal, M., Lau, L., & Sparling, J. (1994). Family and classroom correlates of Head Start children's developmental outcomes. *Early Childhood Research Quarterly, 9*, 289–304.

Burchinal, M., Bailey, D., & Snyder, P. (1994). Using growth curve analysis to evaluate child change in longitudinal investigations. *Journal of Early Intervention, 18*, 403–23.

Campbell, F., Goldstein, S., Schaefer, E., & Ramey, C. (1991). Parental beliefs and values related to family risk, educational intervention, and child academic competence. *Early Childhood Research Quarterly, 6*, 167–82.

Campbell, F., & Ramey, C. (1990). The relationship between Piagetian cognitive development, mental test performance, and academic achievement in high-risk students with and without early educational experience. *Intelligence, 14*, 293–308.

Campbell, F., & Ramey, C. (1994). Effects of early intervention on intellectual and academic achievement: A follow-up study of children from low-income families. *Child Development, 65*, 684–98.

Campbell, F., & Ramey, C. (1995). Cognitive and school outcomes for high risk African-American students at middle adolescence: Positive effects of early in-

tervention. *American Educational Research Journal, 32*, 743–72.
Carnegie Task Force on Meeting the Needs of Young Children. (1994). *Starting points.* New York: Carnegie Corporation of New York.
Caro, P., & Derevensky, J. (1991). Family-focused intervention model: Implementation and research findings. *Topics in Early Childhood Special Education, 11*, 66–80.
Chall, J., Jacobs, V., & Baldwin, L. (1990). *The reading crisis: Why poor children fall behind.* Cambridge, MA: Harvard University Press.
Chambers, J. (1991). A cost analysis of the federal program for early intervention services: A case study of Part H of PL 99-457 in California. *Journal of Education Finance, 17*, 142–71.
Children's Defense Fund. (1996). New data show gains. *Children's Defense Fund Reports, 17*(12), 5–6.
Clarke, A. M., & Clarke, A. D. (1988). The adult outcome of early behavioral abnormalities. *International Journal of Behavioral Development, 11*, 3–19.
Clarke, A. M., & Clarke, A. D. (1989). The later cognitive effects of early intervention. *Intelligence, 13*, 289–97.
Cole, K., Mills, P., & Dale, P. (1989). A comparison of the effects of academic and cognitive curricula for young handicapped children one to two years post-program. *Topics in Early Childhood Special Education, 9*, 110–27.
Cole, K., Dale, P., & Mills, P. (1991). Individual differences in language delayed children's responses to direct and interactive preschool instruction. *Topics in Early Childhood Special Education, 11*, 99–124.
Cole, K., Dale, P., Mills, P., & Jenkins, J. (1993). Interaction between early intervention curricula and student characteristics. *Exceptional Children, 60*, 17–28.
Cole, K., Mills P., Dale, P., & Jenkins, J. (1991). Effects of preschool integration for children with disabilities. *Exceptional Children, 58*, 36–45.
Dale, P., & Cole, K. (1988). Comparison of academic and cognitive programs for young handicapped children. *Exceptional Children, 54*, 439–47.
Dawson, G., & Osterling, J. (1997). Early intervention in autism. In M. J. Guralnick (Ed.), *The effectiveness of early intervention* (pp. 307–26). Baltimore, MD: Paul H. Brookes.
Deiner, P. (1997). *Infants and toddlers: Development and program planning.* Fort Worth, TX: Harcourt Brace.
Diamond, K., & LeFurgy, W. (1992). Relations between mothers' expectations and the performance of their infants who have developmental handicaps. *American Journal on Mental Retardation, 97*, 11–20.
Dihoff, R., Brosvic, G., Kafer, L., McEwan, M., Carpenter, L., Rizzuto, G., Farrelly, M., Anderson, J., & Bloszinsky, S. (1994). Efficacy of part- and full-time early intervention. *Perceptual and Motor Skills, 79*, 907–11.
Duncan, G., Brooks-Gunn, J., & Klebanov, P. (1994). Economic deprivation and early childhood development. *Child Development, 65*, 296–318.
Dunlap, G., Johnson, L., & Robbins, F. (1990). Preventing serious behavior problems through skill development and early intervention, In A. C. Repp & N. N. Singh (Eds.), *Positive behavioral support: Including people with difficult behavior in the community* (pp. 31–50). Baltimore: Paul H. Brookes.
Dunlap, G., Robbins, F., Morelli, M., & Dollman, C. (1988). Team training for young children with autism: A regional model for service delivery. *Journal of the Division for Early Childhood, 12*, 147–60.
Ehlers, V., & Ruffin, M. (1990). The Missouri Project – Parents as Teachers. *Focus on Exceptional Children, 23*, 1–14.
Farran, D. C. (1990). Effects of intervention with disadvantaged and disabled children: A decade review. In S. J. Meisels & J. P. Shonkoff (Eds.), *Handbook of early intervention* (pp. 501–39). New York: Cambridge University Press.
Farran, D. C., & Harber, L. (1989). Responses to a learning task at 6 months and I.Q. Test performance during the preschool years. *International Journal of Behavioral Development, 12*, 101–14.
Farran, D. C., & Shonkoff, J. P. (1994). Developmental disabilities and the concept of school readiness. *Early Education and Development, 5*, 141–51.
Farran, D. C., Son-Yarbrough, W., Silveri, B., & Culp, A. (1993). Measuring the environment in public school preschools for disadvantaged children: What is developmentally appropriate? In S. Reifel (Ed.), *Advances in early education and day care* (pp. 75–93). Greenwich, CN: JAI Press.
Feagans, L., & Farran, D. C. (1994). The effects of daycare intervention in the preschool years on the narrative skills of poverty children in kindergarten. *International Journal of Behavioral Development, 17*, 503–23.
Feagans, L., Fendt, K., & Farran, D. C. (1995). The effects of day care intervention on teacher's ratings of the elementary school discourse skills in disadvantaged children. *International Journal of Behavioral Development, 18*, 243–61.
Fewell, R., & Glick, M. (1996). Program evaluation findings of an intensive early intervention program. *American Journal on Mental Retardation, 101*, 233–43.
Fewell, R., & Oelwein, P. (1990). The relationship between time in integrated environments and developmental gains in young children with special needs. *Topics in Early Childhood Special Education, 10*, 104–16.
Fewell, R., & Oelwein, P. (1991). Effective early intervention: Results from the model preschool program for children with Down syndrome and other developmental delays. *Topics in Early Childhood Special Education, 11*, 56–68.
File, N., & Kontos, S. (1993). The relationship of program quality to children's play in integrated early intervention settings. *Topics in Early Childhood Special Education, 13*, 1–18.
Florian, L. (1995). Part H early intervention program: Legislative history and intent of the law. *Topics in Early Childhood Special Education, 15*, 247–62.
Fox, L., Dunlap, G., & Philbrick, L. (1997). Providing individual supports to young children with autism and their families. *Journal of Early Intervention, 21*, 1–14.

Gallagher, J. (1997). We make a difference: No Nobel Prizes though. *Journal of Early Intervention, 21,* 88–91.

Goodman, J. (1994). Early intervention for preschoolers with developmental delays: The case for increased child collaboration. *Psychological Reports, 75,* 479–96.

Gray, S., & Klaus, R. (1968). The early training project and its general rationale. In R. D. Hess & R. M. Bear (Eds.), *Early education: Current theory, research and action* (pp. 63–70). Chicago: Aldine.

Greenough, W., Wallace, C., Alcantara, A., Anderson, B., Hawrylak, N., Sirevaag, A., Weiler, I., & Withers, G. (1993). Development of the brain: Experience affects the structure of neurons, glia, and blood vessels. In N. Anastasiow & S. Harel (Eds.), *At-risk infants: Interventions, families, and research* (pp. 173–85). Baltimore, MD: Paul H. Brookes.

Guralnick, M. (1991). The next decade of research on the effectiveness of early intervention. *Exceptional Children, 58,* 174–83.

Guralnick, M. (Ed.). (1997). *The effectiveness of early intervention.* Baltimore, MD: Paul H. Brookes.

Harms, T., Cryer, D., & Clifford, R. (1990). Early childhood environmental rating scale. New York: Teachers College Press.

Harry, B., Allen, N., & McLaughlin, M. (1995). Communication vs. compliance: African-American parents' involvement in special education. *Exceptional Children, 61,* 364–77.

Hausman, B. (1989). Parents as teachers: The right fit for Missouri. *Educational Horizons, 67,* 35–9

Helburn, S., Culkin, M., Morris, J., Mocan, N., Howes, C., Phillipsen, L., Bryant, D., Clifford, R., Cryer, D., Peisner-Feinberg, E., Burchinal, M., Kagan, S., & Rustici, J. (1995). *Cost, quality and child outcomes in child care centers.* Final report available from R. Clifford, University of North Carolina at Chapel Hill.

Honig, A., & Lally, R. (1982). The family development research project: A retrospective review. *Early Child Behavior and Care, 10,* 41–62.

Horacek, J., Ramey, C. T., Campbell, F., Hoffmann, K., & Fletcher, R. (1987). Predicting school failure and assessing early intervention with high-risk children. *Journal of Child and Adolescent Psychiatry, 26,* 758–63.

Johnson, D., & Walker, T. (1991). A follow-up evaluation of the Houston Parent–Child Development Center: School performance. *Journal of Early Intervention, 15,* 226–36.

Kaiser, A., Yoder, P., & Keetz, A. (1992). Evaluating milieu teaching. In S. F. Warren & J. Reichle (Eds.), *Communication and language intervention series: Vol. 1. Causes and effects in communication and language intervention* (pp. 9–47). Baltimore, MD: Paul H. Brookes.

Kassebaum, N. (1994). Head Start: Only the best for America's children. *American Psychologist, 49,* 123–6.

Klinger, L., & Dawson, G. (1992). Facilitating early social and communicative development in children with autism. In S. F. Warren & J. Reichle (Eds.), *Communication and language intervention series: Vol. 1. Causes and effects in communication and language intervention* (pp. 157–86). Baltimore, MD: Paul H. Brookes.

Kochanek, T., & Buka, S. (March, 1995). *Socio-demographic influences on services used by infants with disabilities and their families.* Unpublished paper from the Early Childhood Research Institute on Service Utilization. (available from Thomas T. Kochanek, Early Childhood Research Institute: Service Utilization, Rhode Island College, Providence.)

Lazar, I., & Darlington, R. (1982). Lasting effects of early education: A report from the Consortium for Longitudinal Studies. *Monographs of the Society for Research in Child Development, 47* (2–3, Serial No. 195).

Lee, V., Brooks-Gunn, J., & Schnur, E. (1988). Does Head Start work? A 1-year follow-up comparison of disadvantaged children attending Head Start, no preschool, and other preschool programs. *Developmental Psychology, 24,* 210–22.

Lee, V., Brooks-Gunn, J., Schnur, E., & Liaw, F. (1990). Are Head Start effects sustained? A longitudinal follow-up comparison of disadvantaged children attending Head Start, no preschool, and other preschool programs. *Annual Progress in Child Psychiatry and Child Development,* 600–18.

Lee, V., & Loeb, S. (1995). Where do Head Start attenders end up? One reason why preschool effects fade out. *Educational Evaluation and Policy Analysis, 17,* 62–82.

Liaw, F., & Brooks-Gunn, J. (1994). Cumulative familial risks and low birthweight children's cognitive and behavioral development. *Journal of Clinical Child Psychology, 23,* 360–72.

Liaw, F., Meisels, S. J., & Brooks-Gunn, J. (1995). The effects of experience of early intervention on low birth weight, premature children: The Infant Health and Development Program. *Early Childhood Research Quarterly, 10,* 405–31.

Liebman, J. L. & Goodman, J. F. (1995). Learning in early intervention programs: The generalization and maintenance of IEP objectives. *Early Education and Development, 6,* 127–43.

Lifter, K. (1995). Strategies that make sense. *Journal of Early Intervention, 19,* 106–7.

Livingston, K. (1997). Ritalin: Miracle drug or cop-out? *Public Interest* (pp. 3–18). Washington DC: National Affairs.

Lovaas, O. I., (1987). Behavioral treatment and normal educational and intellectual functioning in young autistic children. *Journal of Consulting and Clinical Psychology, 55,* 3–9.

Lovaas, O. I., & Smith, T. (1989). A comprehensive behavioral theory of autistic children: Paradigm for research and treatment. *Journal of Behavior Therapy and Experimental Psychiatry, 20,* 17–29.

Mahoney, G., & Filer, J. (1996). How responsive is early intervention to the priorities and needs of families? *Topics in Early Childhood Special Education, 16,* 437–57.

Mahoney, G., & Powell, A. (1988). Modifying parent–child interaction: Enhancing the development of handicapped children. *Journal of Special Education, 22,* 82–96.

Marfo, K., & Dinero, T. (1991). Assessing early intervention outcomes: Beyond program variables. *International Journal of Disability, Development and Education, 38,* 289–303.

Markowitz, J. B., Hebbeler, K., Larson, J. C., Cooper, J. A., & Edmisten, P. (1991). Using value-added analysis to examine short term effects of early intervention. *Journal of Early Intervention, 15,* 377–89.

Marx, F., & Seligson, M. (1988). *The public school early childhood study: The state survey.* New York: Bank Street College of Education.

Mastropieri, M. A. (1987). Age at start as a correlate of intervention effectiveness. *Psychology in the Schools, 24,* 59–62.

McCall, R. B., Eichorn, D. H., & Hogarty, P. S. (1977). Transitions in early mental development. *Monographs of the Society for Research in Child Development, 42* (3, Serial No. 171).

McCarton, C., Brooks-Gunn, J., Wallace, I., Bauer, C., Bennett, F., Bernbaum, J., Broyles, S., Casey, P., McCormick, M., Scott, D., Tyson, J., Tonascia, J., & Meinert, C. (1997). Results at age 8 years of early intervention for low-birth-weight premature infants. *Journal of the American Medical Association, 277,* 126–32.

McCormick, M., McCarton, C., Tonascia, J., & Brooks-Gunn, J. (1993). Early educational intervention for very low birth weight infants: Results from the Infant Health and Development Program. *The Journal of Pediatrics, 123,* 527–33.

McEachin, J., Smith, T., & Lovaas, O. I. (1993). Long term outcome for children with autism who received early intensive behavioral treatment. *American Journal on Mental Retardation, 97,* 359–72.

McGinnis, J. (1997, September 18). Attention deficit disaster. *Wall Street Journal,* pp. A, 14:4.

Meisels, S. J., Dichtelmiller, M., & Liaw, F. R. (1993). A multidimensional analysis of early childhood intervention programs. In C. H. Zeanah (Ed.), *Handbook of infant mental health* (pp. 361–85). New York: Guilford Press.

Meyerhoff, M., & White, B. (1986). New parents as teachers. *Educational Leadership, 44,* 42–6.

Mills, P., Dale, P., Cole, K., & Jenkins, J. (1995). Follow-up of children from academic and cognitive preschool curricula at age 9. *Exceptional Children, 61,* 378–93.

Neville, H. (1991). Neurobiology of cognitive and language processing: Effects of early experience. In K. R. Gibson & A. Peterson (Eds.), *Brain maturation and cognitive development.* New York: Aldine de Gruyter.

Pakula, A., & Palmer, F. (1997). Early intervention for children at risk for neuromotor problems. In M. Guralnick (Ed.), *The effectiveness of early intervention* (pp. 99–108). Baltimore, MD: Paul H. Brookes.

Palmer, F. B., Shapiro, B. K., Allen, M. C., Mosher, E., Bilker, S. A., Harryman, S. E., Meinart, C. L., & Capute, A. J. (1990). Infant stimulation curriculum for infants with cerebral palsy: Effects on infant temperament, parent-infant interaction and home environment. *Pediatrics, 85,* 411–15.

Palmer, F. B., Shapiro, B. K., Wachtel, R. C., Allen, M. C., Hiller, J. E., Harryman, S. E., Mosher, B. S., Meinert, C. L., & Capute, A. J. (1988). The effects of physical therapy on CP: A controlled trial in infants with spastic diplegia. *New England Journal of Medicine, 318,* 803–8.

Pfannenstiel, J., & Seltzer, D. (1989). New parents as teachers: Evaluation of an early parent education program. *Early Childhood Research Quarterly, 4,* 1–18.

Ramey, C., Bryant, D., Campbell, F., Sparling, J., & Wasik, B. (1990). Early intervention for high-risk children: The Carolina Early Intervention Program. *Prevention in Human Services, 7,* 33–57.

Ramey, C., Bryant, D., Wasik, B., Sparling, J., Fendt, K., & LaVange, L. (1992). Infant Health and Development Program for low birth weight, premature infants: Program elements, family participation, and child intelligence. *Pediatrics, 3,* 454–65.

Ramey, C., Bryant, D., Sparling, J., & Wasik, B. (1985). Project CARE: A comparison of two early intervention strategies to prevent retarded development. *Topics in Early Childhood Special Education, 5,* 12–25.

Ramey, C., & Campbell, F. (1984). Preventive education for high-risk children: Cognitive consequences of the Carolina Abecedarian Project. *American Journal of Mental Deficiency, 88,* 515–23.

Rescorla, L., Roberts, J., & Dahlsgaard, K. (1997). Late talkers at 2: Outcomes at age 3. *Journal of Speech, Language and Hearing Research, 40,* 556–66.

Reynolds, A. (1995). One year of preschool intervention or two: Does it matter? *Early Childhood Research Quarterly, 10,* 1–31.

Reynolds, A., Mavrogenes, N., Bezrucko, N., & Hagemann, M. (1996). Cognitive and family support mediators of preschool effectiveness: A confirmatory analysis. *Child Development, 67,* 1119–40.

Reynolds, A., Mehana, M., & Temple, J. (1995). Does preschool intervention affect children's perceived competence? *Journal of Applied Developmental Psychology, 16,* 211–30.

Reynolds, A., & Temple, J. (1998). Extended early childhood intervention and school achievement: Age thirteen findings from the Chicago Longitudinal Study. *Child Development, 69,* 231–46.

Reynolds, M., Wang, M., & Walberg, H. (1987). The necessary restructuring of special and regular education. *Exceptional Children, 53,* 391–8.

Rittenhouse, R., White, K., Lowitzer, C., & Shisler, L. (1990). The costs and benefits of providing early intervention to very young, severely hearing-impaired children in the United States: The conceptual outline of a longitudinal research study and some preliminary findings. *British Journal of Disorders of Communication, 25,* 195–208.

Robbins, F., & Dunlap, G. (1992). Effects of task difficulty on parent teaching skills and behavior problems of young children with autism. *American Journal on Mental Retardation, 96,* 631–43.

Rogers, S., & DiLalla, D. (1991). A comparative study of the effects of a developmentally based instructional model on young children with autism and young children with other disorders of behavior and development. *Topics in Early Childhood Special Education, 11,* 29–47.

Rogers, S., & Lewis, H. (1988). An effective day treatment model for young children with pervasive developmental disorders. *Journal of the American Academy of Child and Adolescent Psychiatry, 28*, 207–14.

Rose, T. L., & Calhoun, M. L. (1990). The Charlotte Circle Project: A program for infants and toddlers with severe/profound disabilities. *Journal of Early Intervention, 14*, 175–85.

Rosenberg, S. A., Robinson, C., Finkler, D., & Rose, J. (1987). An empirical comparison of formulas evaluating early intervention program impact on development. *Exceptional Children, 54*, 213–19.

Safer, D., Zito, J., & Fine, E. (1996). Increased methylphenidate usage for attention deficit disorder in the 1990s. *Pediatrics, 98*, 1084–8.

Salisbury, C. (1991). Mainstreaming during the early childhood years. *Exceptional Children, 58*, 146–55.

Sameroff, A., & Fiese, B. (1990). Transactional regulation and early intervention. In S. J. Meisels & J. P. Shonkoff (Eds.), *Handbook of early childhood intervention* (pp. 119–49). New York: Cambridge University Press.

Schopler, E., Short, A., & Mesibov, G. (1989). Relation of behavioral treatment to "normal functioning": Comment on Lovaas. *Journal of Consulting and Clinical Psychology, 57*, 162–4.

Schwartz, I., Carta, J., & Grant, S. (1996). Examining the use of recommended language intervention practices in early childhood special education classrooms. *Topics in Early Childhood Special Education, 16*, 251–72.

Schweinhart, L., Barnes, H., & Weikart, D. (1993). *Significant benefits: The High/Scope Perry Preschool study through age 27*. Monographs of the High/Scope Educational Research Foundation, number 10. Ypsilanti, MI: The High/Scope Press.

Schweinhart, L., & Weikart, D. (1997). The High/Scope preschool curriculum comparison study through age 23. *Early Childhood Research Quarterly, 12*, 117–44.

Schweinhart, L., Weikart, D., & Larner, M. (1986). Consequences of three preschool curriculum models through age 15. *Early Childhood Research Quarterly, 1*, 15–45.

Seifer, R., Clark, G., & Sameroff, A. (1991). Positive effects of interaction coaching in infants with developmental disability and their mothers. *American Journal on Mental Retardation, 96*, 1–11.

Shonkoff, J. P. (1992). Early intervention research: Asking and answering meaningful questions. *Zero To Three, 12* (3), 7–9.

Shonkoff, J.P., Hauser-Cram, P., Krauss, M., & Upshur, C. (1988). Early intervention efficacy research – what have we learned and where do we go from here? *Topics in Early Childhood Special Education, 8*, 81–93.

Shonkoff, J. P., Hauser-Cram, P., Krauss, M., & Upshur, C. (1992). Development of infants with disabilities and their families. *Monographs of the Society for Research in Child Development, 57* (6, Serial No. 230).

Shonkoff, J. P., & Meisels, S. J. (1990). Early childhood intervention: The evolution of a concept. In S. J. Meisels and J. P. Shonkoff (Eds.), *Handbook of early childhood intervention* (pp. 3–31). New York: Cambridge University Press.

Shore, R. (1997). *Rethinking the brain: New insights into early development*. New York: Families and Work Institute.

Siegel, B. (1996). Is the emperor wearing clothes? Social policy and the empirical support for full inclusion of children with disabilities in the preschool and early elementary grades. *Society for Research in Child Development Social Policy Report, 10*, 2–17.

Smith, S., & Sigel, I. (Eds.). (1995). *Two generation programs for families in poverty: A new intervention strategy* (pp. 251–70). Norwood, NJ: Ablex.

Snow, C., Barnes, W., Chandler, J., Goodman, I., & Hemphill, L. (1991). *Unfulfilled expectations: Home and school influences on literacy*. Cambridge, MA: Harvard University Press.

Sontag, J. C., & Schacht, R. (1994). An ethnic comparison of parent participation and information needs in early intervention. *Exceptional Children, 60*, 422–33.

Sparling, J., & Lewis, I. (1984). *Partners for learning*. Lewisville, NC: Kaplan Press.

Sparling, J., Lewis, I., & Neuwirth, S. (in press). *Partners for learning: Curriculum kit*. Lewisville, NC: Kaplan Press.

Spiker, D., Kraemer, H., Scott, D., & Gross, R. (1991). Design issues in a randomized clinical trial of a behavioral intervention: Insights from the Infant Health and Development Program. *Developmental and Behavioral Pediatrics, 12*, 386–93.

Spitz, H. (1992). Does the Carolina Abecedarian Early Intervention Project prevent sociocultural mental retardation? *Intelligence, 16*, 225–37.

St. Pierre, R., & Swartz, J. (1995). The Even Start Family Literacy Program. In S. Smith & I. Sigel (Eds.), *Two generation programs for families in poverty: A new intervention strategy* (pp. 37–66). Norwood, NJ: Ablex.

St. Pierre, R., & Swartz, J. (1996). *The Even Start family literacy program: Early implementation*. Cambridge, MA: Abt Associates.

St. Pierre, R. G., Swartz, J., Murray, S., & Deck, D. (1996). *Improving family literacy: Findings from the national Even Start evaluation*. Cambridge, MA: Abt Associates, Inc.

Stafford, S., & Green, V. (1996). Preschool integration: Strategies for teaching. *Childhood Education, 72*, 214–18.

Starfield, B. (1992). Effects of poverty on health status. *Bulletin of the New York Academy of Medicine, 68*, 17–24.

Stein, J. (1997). *Empowerment and women's health: Theory, methods and practice*. London, UK: Zed Books.

Strauch, B. (1997, August 10). Use of antidepression medicine for young patients has soared. *New York Times*, p. 1.

Takanishi, R., & DeLeon, P. (1994). A Head Start for the 21st century. *American Psychologist, 49*, 120–2.

Thompson, L., Lobb, C., Elling, R., & Herman, S. (1997). Pathways to family empowerment: Effect of family-centered delivery of early intervention services. *Exceptional Children, 64*, 99.

Trohanis, P. (1994). Early intervention: A national overview. *The Exceptional Parent, 24*, 18–20.

United States Department of Justice, Civil Rights Division, Disability Rights Section (1998) (on-line). Commonly asked questions about child care centers and the Americans with Disabilities Act. (Http://www.usdoj.gov/crt/ada/chldq%26a.htm)

United States Department of Education. (1985). *Seventh annual report on the implementation of the Education of the Handicapped Act*. Washington, DC: U.S. Government Printing Office.

Urwin, S., Cook, J., & Kelly, K. (1988). Preschool language intervention: A follow-up study. *Child Care, Health and Development, 14*, 127–46.

Vernon-Feagans, L. (1996). *Children's talk in communities and classrooms*. Cambridge, MA: Blackwell.

Walker, T., & Johnson, D. (1988). A follow-up evaluation of the Houston Parent–Child Development Center: Intelligence test results. *Journal of Genetic Psychology, 149*, 377–81.

Walker, T., Rodriguez, G., Johnson, D., & Cortez, C. (1995). AVANCE Parent-Child Education Program. In S. Smith & I. Sigel (Eds.), *Two generation programs for families in poverty: A new intervention strategy* (pp. 67–90). Norwood, NJ: Ablex.

Warren, S., & Yoder, P. (1998). Facilitating the transition from preintentional to intentional communication. In A.M. Wetherby, S. Warren, & J. Reichle (Eds.), *Communication and language intervention series: Vol. 7. Transitions in prelinguistic communication*. Baltimore, MD: Paul H. Brookes.

Warren, S., Yoder, P., Gazdeg, G., Kim, K., & Jones, H. (1993). Facilitating prelinguistic communication skills in young children with developmental delay. *Journal of Speech and Hearing Research, 36*, 83–97.

Wasik, B., Bryant, D., & Lyons, C. (1990). *Home visiting*. Newbury Park, CA: Sage.

Wasik, B., & Lyons, C. (1984). *A handbook on home visiting*. Chapel Hill, NC: Frank Porter Graham Child Development Center, University of North Carolina.

Wasik, B., Ramey, C., Bryant, D., & Sparling, J. (1990). A longitudinal study of two early intervention strategies: Project CARE. *Child Development, 61*, 1682–96.

Watkins, S. (1987). Long term effects of home intervention with hearing-impaired children. *American Annals of the Deaf, 132*, 267–71.

Winter, M., & Rouse, J. (1990). Fostering intergenerational literacy: The Missouri Parents as Teachers program. *The Reading Teacher, 43*, 382–6.

Winter, S. (1997). "SMART" planning for inclusion. *Childhood Education, 73*, 212–18.

Yoder, P., Kaiser, A., & Alpert, C. (1991). An exploratory study of the interaction between language teaching methods and child characteristics. *Journal of Speech and Hearing Research, 34*, 155–67.

Yoder, P., Kaiser, A., Goldstein, H., Alpert, C., Mousetis, L., Kaczmarek, L., & Fischer, R. (1995). An exploratory comparison of milieu teaching and responsive interaction in classroom applications. *Journal of Early Intervention, 19*, 218–42.

Yoder, P., Warren, S., Kim, K., & Gazdag, G. (1994). Facilitating prelinguistic communication skills in young children with developmental delay. II: Systematic replication and extension. *Journal of Speech and Hearing Research, 37*, 841–51.

Yogman, M., Kindlon, D., & Earls, F. (1995). Father involvement and cognitive/behavioral outcomes of preterm infants. *Journal of the American Academy of Child and Adolescent Psychiatry, 34*, 58–66.

参考文献

第 24 章　儿童早期干预项目：关于家庭[①]

珍妮·布鲁克斯-耿（Jeanne Brooks-Gunn）
丽莎·J. 伯林（Lisa J. Berlin）
艾利森·西德尔·弗里格尼（Allison Sidle Fuligni）

　　儿童早期的发展（从出生或出生前到六七岁）越来越多地被认为是青少年认知能力和情感机能的基础。在 20 世纪 90 年代的上半叶，关注促进早期发展的证据包括：卡内基公司的报告——《起点》（*Starting Points*，1994）和《多年的承诺》（*Years of Promise*，1996），国家目标研讨组 1990 年发起、1994 年完成立法的 2000 年目标（Goals 2000）（重点是"到 2000 年的时候，所有孩子在进入学校教育以前都已经具备了学习的能力"），以及克林顿总统关于幼儿早期教育的倡议。以上组织的研究努力都有一个共识就是孩子的早期经验对后来的发展的重要性——尤其是支持关系和智力的刺激（Brooks-Gunn，1997）。

　　1997 年秋之前，早期教育领域洋溢着积极的气息，总统和第一夫人刚刚开完了两个关于幼儿早期教育的白宫会议，第一个是关于早期的发展，重点是脑的生长以及激励和关系的重要性；第二个是关于儿童的养护，重点关注高质量养护的需求。《新闻周刊》（Newsweek）制作了一个关于早期教育的完整的主题。一些习惯于匿名发表意见的学者在电视脱口秀节目中露面，成为红极一时的名嘴。演员和导演罗伯·瑞恩纳拍摄的关于早期发展的纪录片在电视的黄金时段播出。

家长在当前儿童早期教育中的角色

　　在所有这些宣传中，缺少了一个关键要素。父母和家庭在哪里？当然他们曾被提到过，但他们几乎被认为是理所当然的。美国教育部（U.S. Department of Education）的 2000 年目标不仅包

[①]　我们在此对儿童、青少年和家庭管理局（ACYF）和美国心理健康研究所（National Institute of Mental Health，NIMH）对 ACYF-NIMH 联合研究的支持表示感谢。我们非常感激以下机构的支持：儿童健康研究所，人类发展关于儿童和家庭福利的研究网，ACYF 早期开端计划研究和评估项目，约翰逊基金会和皮尤慈善信托基金。我们还要感谢早期儿童健康和教育领域的许多同人的远见卓识，特别是：Cecelia McCarton，Marie McCormick，April Benasich，John Love，Helen Raikes，Ellen Kisker，Craig Ramey，Ruth Gross，Kathryn Barnard，JoAnn Robinson，Robert Emde，Urie Bronfenbrenner，Beatriz Chu Clewell，Hirokazu Yoshikawa，Jeffrey Evans。本书主编为我们提供了许多帮助，在此对他们的支持表示感谢。感谢以下各位在书稿准备上的协助：Colleen O'Neal，Christy Brady，So-Yun Lee，Claudia O'Brien。

括了为上学做好准备,也包括支持父母成为孩子首位教育者。即便如此,一些家庭相关的主题还是缺失了或者被扭曲了。

第一,几乎所有的讨论都围绕着入学准备,它成为国家教育的首要目标,被解释为"所有将进入学校的孩子做好了学习的准备"。其中暗含的假设是项目主要是为儿童设计的,忽视了几乎所有儿童早期教育项目针对的不仅仅是儿童,还包括家庭的事实。也就是说,提供的服务使得处于环境或生物学因素不利处境的儿童能够像面对较少风险的孩子一样平等地做好入学准备。他们也打算在很多不同方面(Clarke-Stewart & Fein, 1983; Olds & Kitzman, 1993; Yoshikawa, 1995)给家长和学校带来好处。其结果是,入学准备可以被解释为让家庭、家长和孩子做好入学准备。本章的目的是,讨论入学准备应该被看作学校为准备入学的儿童做好准备,还是儿童和父母应为学校认为获取成功所必要的因素上做好准备(Kagan, 1995; Lewitt & Baker, 1995; Love, Aber, & Brooks-Gunn, 1994)。

1997年媒体热议的话题中很少提到关于儿童早期教育项目是否增加了父母和家庭幸福感的话题。与此相反,对此类项目中家庭的关注曾引起学者和从业者的激烈争论(Benasich, Brooks-Gunn, & Clewell, 1992; Bronfenbrenner, 1979; Brooks-Gunn, 1995)。但问题在于作为影响家庭幸福感的目标之一的最终理想的讨论仍在进行中。在这些项目中成功的定义是什么?如果一个项目(或者一系列项目)减少了儿童被虐待、被惩罚和被严厉对待的情况,减少了父母的抑郁症状,减少了家庭对救济福利的依赖或者社会孤立,(正如本章所讨论的,早期干预项目针对父母和家庭幸福感的方方面面)政策的制定者会满意吗?如果项目没有提高儿童的学业成就或者降低儿童的留级率,这样的结果对家庭会有多大的重要性呢?一个振奋人心的消息是普遍的家访(或者针对具有高虐待或恶劣养育风险的家庭的家访)受到了越来越多的关注;在孕期或者儿童第一年生活中进行此类家访的目标是支持和提升家长行为,而不是影响儿童本身的行为(Council on Child and Adolescent Health, 1998; Gomby Larson, Lewitt, & Behrman, 1993; Krugman, 1993; U.S. Advisory Board on Child Abuse and Neglect, 1991)。

第二,1997年,在关于早期项目的争论中经济状况受到了比以往更多的关注。例如,经过多年公开发行,由美国威斯康星大学贫困研究所(Institute for Research on Poverty)发行的期刊(Focus)首次展示了早期幼儿教育。考虑到这本杂志的读者群,"年幼儿童的调查"的主题提供了一个较儿童早期教育著作(其中格外引人关注的是巴尼特——一位经济学家的著作,1993,1995)中典型的更加体现经济导向的视角。另一个值得注意的是首次为1997年两次白宫会议准备材料的经济顾问委员会(Council of Economic Advisors)对早期幼儿教育表示出的兴趣。从经济学视角强调父母的角色,如发展心理学的观点。父母所做的选择影响年幼儿童的幸福感;这些选择通常受到限制(如低收入父母在物品的购买和提升子女的发展上受到局限),或目标相互冲突(如父母不得不做出许多利弊权衡,是花更多的时间工作还是花更多时间陪伴孩子)(Duncan & Brooks-Gunn, 1997; Haveman & Wolfe, 1994; Wilson, Ellwood, & Brooks-Gunn, 1995)。哈夫曼和沃尔夫(Haveman & Wolfe, 1994)总结了决策和投资时发挥作用的因素:

> 儿童的成功取决于以下三个主要因素:社会的选择——主要是政府所做的选择,关于儿童及其父母能够利用的机会(即社会对儿童的投入);父母对他们孩子可利用的资源所做的选择(即父母对儿童的投入);儿童自身对他/她能得到的投入和机会所做的选择。(p.26)

于是对年幼儿童投入的选择会因政府和父母的决定不同而不同,其中部分取决于社区中可得到的一系列服务(或项目)以及家长在这些项目中代他们的孩子所做的投入。父母可利用的公众支持主要有两类:实物援助项目和现金援助项目(Brooks-Gunn & Duncan, 1997; Currie, 1997)。本章重点关注前者。实物援助项目包括那些关注健康、教养方式教育、素养计划、家庭支持和学前教育的项目。以上项目都是依赖于父母能够获取的健康服务,参与需要他们参加的项目或者确保儿童得到基于中心的教育资源(Leventhal, Brooks-Gunn, McCormick, & McCarton, 2000)。然而,对父母选择和偏好的关注在儿童早期教育著作中常常是缺失的(尽管补充性主题确实存在,例如服务的可利用性、干预的可获得性以及父母对项目的了解)。

第三,国家层面的讨论没有充分关注早期幼儿教育项目如何使幼儿受益。教育项目文献普遍被指责是"黑匣子"(Berlin, 1998; Berlin, O'Neal, & Brooks-Gunn, 1998)。这是学龄前以及学龄期干预行动的真实情况。项目到底通过什么方式起作用?虽然布朗芬布伦纳(Bronfenbrenner, 1979)将家长描述为早期干预中变化的驱动力,但这个复杂体制的作用在很大程度上尚未被发掘(Brooks-Gunn, 1995)。我们在本章中讨论的问题与其他学者讨论的一样,项目对父母有直接作用吗?项目会通过对父母的影响而直接影响儿童吗?这些常被问及的问题在全国性讨论中没有受到足够的关注。在现存的大量研究中也没有找到答案,这使得它成为该领域中经常被提起并有待进一步研究的问题之一。

因为父母和家庭对于任何一个早期幼儿教育、幼儿养护或者其他关注幼儿的投资调查策略来说都是一个整体,本章突出强调了家庭对于参与项目的关键作用和项目影响家庭幸福感的方式。我们将家长技能和能力的提高以及帮助儿童获取和保持竞争力看作干预的成功。另一个前提是,如果父母的幸福感已被影响到,那么项目对儿童的影响更有可能持续下去;也就是说,对儿童的影响效果会部分地被项目对父母的影响所调节。最后,我们相信早期干预项目中父母的参与(或投资)是任何好的项目所依赖的基础,这可以部分地通过父母、项目工作人员与儿童之间的关系反映出来。

这一章被分为四部分。在第一部分从父母和家庭的视角评述了以下四种项目的效果:(1)关注父母的基于家庭的项目;(2)关注父母的基于中心和家庭的项目;(3)代际素养项目;(4)关注父母的素养项目。在第二部分中,我们更加深入地检视了早期干预中将父母作为改变的动力的观点,主要讨论以下三个问题:一是三种最有可能成为变化介质的家庭结果;二是将这些结果作为中间介质的实证检验;三是检视父母参与或牵涉其中如何成为项目有效性的先决条件。第三部分关注早期干预项目政策和实施对父母的影响。总结部分对下一波项目以及它们的评估提供了意见和建议。

针对父母的早期干预项目的效果

儿童早期项目对父母影响的评述主要涉及以下四种服务类型:(1)关注父母的家访项目;(2)关注父母的基于中心和家庭的项目;(3)代际素养项目;(4)关注父母的素养项目。当然其他分类也是有可能的。本章不同于以前的评论(尤其是 Benasich et al., 1992; Yoshikawa, 1995),只考虑仅关注父亲或母亲的项目。因此,不包括家访或定期家长集会的基于中心的项目没有被综述。代际素养和父母素养项目被综述是因为他们强调父母以及孩子的技能发展。

项目的效果可以从不同方面来讨论,特别是:(1)家长教育、就业和自给自足;(2)家长的心理和身体健康;(3)观察到的亲子互动/关系的质量;(4)使用儿童相关服务;(5)父母的教养态度、知识和家庭环境的质量;(6)儿童被粗暴对待的指标。几乎所有的评价研究都关注母亲,而不是父亲或母亲和父亲。在以前的综述中可以发现略有不同的分类。父母行为与家庭环境是分开的,因为前者通常着眼于实际的亲子互动;而对家庭环境的评价,往往是基于环境的家庭观察测量(Home Observation Measure of Enviornment,HOME 量表)(Caldwell & Bradley,1984),包括面试者利用直接的父/母调查提高评级的可靠性。这些措施与研究人员使用结构化或半结构化研究以了解二者关系时所观察到的父母与子女之间的相互作用有所不同(Berlin,Brooks-Gunn,Spiker,& Zaslow,1995)。与其他综述不同的是,考虑到对父母投资和选择的关心,服务的使用作为一个独立的类别被包括进来。当孩子急性疾病发作时,父母要带孩子去看医生,肯定会选择专门的婴儿诊所,或者妇幼保健院,等等。孩子生病时父母要决定是否带他们去看医生,然而他们的选择受到服务的可用性、收入、社区的规范以及许多其他因素的限制(Brooks-Gunn,McCormick,Klebanov,& McCarton,1998)。将母亲的教育和就业作为一个单独的维度,目的是突显基于中心的教育项目所取得的这些成果的重要性,此类项目在关注儿童教育效果之外为在职家长提供了儿童保育服务(Chase-Lansdale & Brooks-Gunn,1995;Hofferth,1995)。

所有综述到的项目始于胎儿期或幼儿3岁前的生活,不包括开始于第四或五年的学前教育项目(关于此类项目的研究参见:Clarke-Stewart & Fein,1983;Lazar,Darlington,Murray,Royce,& Snipper,1982;Lazar,Hubbell,Murray,Rosche,& Royce,1977;McKey et al.,1985)。此外,在我们的综述中出现的绝大多数项目采用了随机分配。那些没有使用实验设计的项目在附表里以星号标记出来。综述也只选择了提供至少六个月服务的项目,因为短期项目不大可能显著改变家庭生活,只有一个家访项目是例外(Achenbach,Phares,Howell,Rauh,& Nurcombe,1990;Rauh,Achenbach,Nurcombe,Howell,& Teti,1988)。

关注父母的基于家庭的项目

许多专家认为,项目长期的成效并不取决于它们直接地改变孩子的发展能力,而在于它们改变孩子的生活环境的能力,尤其是改变父母和家庭的功能(参见 Bronfenbrenner,1979;Woodhead,1988)。下面我们讨论一类特殊的项目——关注父母的基于家庭的干预项目及其对父母和家庭各方面的影响(总体情况见附录 24.A)。我们先讨论孕期或出生第一年的项目,再讨论 1—3 岁婴儿的项目。正如前面提到的,这些项目必须至少提供六个月以上的服务而且评估结果晚于 1975 年发表(也可参见《儿童未来》(Future of Children)1999 年关于家访的专题)(Behrman,1999)。

如附录 24.A 所示,我们检视的项目在服务范围和提供模式方面差异很大。一些干预措施,如约翰·霍普金斯儿童和青年项目(John Hopkins Children and Youth Program)(Hardy & Street,1989)、产前和婴儿早期计划(Prenatal and Early Infancy Project)(例如,Olds et al.,1997)以及孟菲斯新手母亲计划(Memphis New Mothers Project)(Kitzman et al.,1997;Olds et al.,1999),产生于传统的公共卫生领域,旨在为"完整的人"(即父母)提供全面综合的服务。其他项目更多地关注父母教育和心理健康,以此作为增强儿童早期发展的途径(参见 Barrera, Rosenbaum, & Cunningham, 1986; Booth, Mitchell, Barnard, & Spieker, 1989; Larson, 1980; Madden, O'Hara, & Levenstein, 1984)。另有一些项目针对亲子依恋关系展开(例如,Erickson, Korfmacher, & Egeland, 1992; Jacobson & Frye, 1991; Lieberman, Weston, & Pawl, 1991; Lyons-Ruth, Connell, Grunebaum, & Botein, 1990)。

同时,项目结果评估方式也有相当大的差异。一些研究讨论了项目过程以及项目成功和失败背后的机制,但很多没有。因此,关于结果的一个重要警示是项目富有影响(或缺乏影响力)但并没有被很好地记录在案。

我们检视了 14 个始于孕期或者在婴儿出生到一岁期间进行的关注父母的基于家庭的项目以及 3 个始于 1—3 岁的项目。项目对父母和家庭功能的所有六个方面的影响都被考虑进来。

对母亲教育和就业的影响

在述评的 17 个项目中,有 3 个讨论了项目对父母的教育、就业和自给自足的影响。最强的影响来自最综合化的项目——产前和婴儿早期计划。参与项目可能会导致减少使用福利和食品券,母亲工作参与增加,后续怀孕减少(Olds, Henderson, Chamberlin, & Tatelbaum, 1986, 1988; Olds, Henderson, & Kitzman, 1994; Olds, Henderson, Kitzman, & Cole, 1995; Olds, Henderson, Tatelbaum, & Chamberlin, 1986; Olds et al., 1997, 1999)。相似但不一致的研究结果出现在随后的城市地区的产前和早期婴儿项目和孟菲斯新手母亲计划中(Kitzman et al., 1997)。参与专注于发展婴幼儿和父母依恋关系的 STEEP 计划(Project STEEP),发现这与母亲强大的"生活管理"技能的发展相关(Erickson et al., 1992)。

对母亲身心健康的影响

在述评的 17 个项目中,有 5 个讨论了项目对父母身心健康的影响,对照组和实验组的结果往往没有表示出显著的差异(Barth, Hacking, & Ash, 1988; Lyons-Ruth et al., 1990)。在一个案例中发现一种消极的项目效果,是因为实验组母亲的血压比控制组的要高(Field, Widmayer, Stringer, & Ignatoff, 1980)。然而,在产前和婴儿早期项目干预结束后两年的追踪调查中,医生的报告显示,实验组的母亲在"解决问题"方面少于对照组(Olds et al., 1994)。在 STEEP 计划中,实验组的母亲比控制组的更少地表现出抑郁和焦虑症状(Erickson et al., 1992)。

对观察到的亲子互动/关系质量的影响

在这些项目评估中,观察到的亲子互动/关系质量最可能用来评估家庭效果。在 17 个项目中,13 个项目检视了亲子互动及其关系,只有 2 个项目没有显示在这个领域进行干预的益处(Erickson et al., 1992; Gray, Cutler, Dean, & Kempe, 1979)。有 11 个项目或多或少显示出对亲子互动的积极影响。支持实验组的效果包括更少粗暴或负面的养育行为(Olds et al., 1988, 1994);更加敏感、支持性或积极的育儿行为(例如,Barrera et al., 1986; Field et al., 1980; Gray & Ruttle, 1980; Larson, 1980; Lieberman et al., 1991; Madden et al., 1984; Olds et al., 1988, 1994);以及更有可能增进亲子间安全型依恋(Jacobson & Frye, 1991; Lieberman et al., 1991; Lyons-Ruth et al., 1990)。值得注意的是,大部分的项目相关影响集中在更大程度或更高发生率的敏感教养方式上。这一模式符合基于依恋项目影响的元分析所揭示的规律(van Ijzendoorn, Juffer, & Duyvesteyn, 1995),这些项目在改变父母的不敏感性方面比改变关系本身的质量更有效。

两个评估指出项目对亲子互动关系的影响依附于项目参与的质量。具体地说,在门宁格婴儿计划(Menninger Infancy Project)中(Osofsky, Culp, & Ware, 1988),在第6、13、20个月进行的实验室评估中发现,母婴互动干预和控制组在若干测量中一开始没有组别差异。然而,第二个系列的分析比较了被家访的接受干预的母亲和没有接受干预的母亲,"接受"定义为保持家访的任务和按照既定的目标活动。在第6个月和第13个月,"接受的"母亲在喂养和与婴儿玩耍、互动方面比不接受干预的母亲表现出更积极的成效。试图确定影响母亲是否积极参与家庭干预的因素时发现,不接受者的年龄明显比接受者小,并且比接受者更有可能有短的妊娠期且年龄小的婴儿。

同样,临床护理模式(Clinical Nursing Models)研究(Barnard, Magyary, Booth, Mitchell, & Spieker, 1988; Booth et al., 1989),比较了"信息/资源"项目和"心理健康"干预,初步分析显示,母子互动的群体没有差异。然而,依据家访者的记录,进一步地分析表明,在信息/资源治疗组,几乎一半的母亲实际得到更多与心理健康的方法一致的服务。随后的分析检查了参与者接受治疗的频率和治疗目标。分析显示,干预的目的是增强社会技能和社交技巧,进而引发更积极的母子互动。此外,当考虑到治疗前的社交技能,这些结果对在项目开始时只有较低社交技巧的母亲有重要意义,但他们对项目开始时有较好社会技能的母亲没有影响。

综上所述,这两个项目的结果突出了项目参与者参与项目服务质量的重要性以及参与者的特点与其可能受益之间的相互影响(也可参见 Berlin et al., 1998; Liaw, Meisels, & Brooks-Gunn, 1995)。总之,母子互动的质量是一种常见的家庭结果。然而,影响母子关系的项目过程并没有被详细说明。

对利用儿童相关服务的影响

在这17个项目中,有5项检视了利用儿童相关服务的影响。早期干预项目期待增加或减少家长使用儿童相关服务的情况,如增加对健康婴儿的访问量和接受免疫接种量,减少急诊就医和住院。虽然5项评估中只有2项揭示了使用与儿童有关的服务的效果,这些影响都在这些研究里被提到(Barth et al., 1988; Hardy & Street, 1989)。

对育儿知识、态度和家庭环境质量的影响

育儿知识、态度以及家庭环境的质量是项目评估中最有可能出现的第二个家庭结果。在这17项评估中,12项评估检验了这些变量。11项评估采用了 HOME 量表(Caldwell & Bradley, 1984),其中至少8项显示出干预对家庭环境的影响(Barrera et al., 1986; Erickson et al., 1992; Field et al., 1980; Gray & Ruttle, 1980; Larson, 1980; Olds et al., 1994; Osofsky et al., 1988; Ross, 1984)。对父母关于儿童发展的知识和培养孩子的态度的影响没有那么频繁,只有1/4的项目产生了影响(Field et al., 1980)。

对虐待儿童指标的影响

此处述评的17个项目中的6个检视了虐待儿童的指标结果。所有这6个项目都找到虐待的迹象或症状,例如,未经治疗的严重尿布疹、闭合性颅脑损伤、急诊、或被证实了的虐待报告本身(Barth et al., 1988; Gray et al., 1979; Hardy & Street, 1989; Kitzman et al., 1997; Larson, 1980; Olds, Henderson, Chamberlin et al., 1986; Olds et al., 1988, 1994, 1995, 1997; see also Duggan et al., 1999)。一个引人注目的例外是产前和婴儿早期计划(Olds et al., 1988),在15年的追踪调查中,在干预组家庭中发现少于控制组家庭的被证实的虐待儿童报告记录(尽管调查结果基于极少数

量家庭的儿童治疗记录）。

关注父母的基于中心和家庭的项目

这种早期干预项目既包含家访或者其他关注父母的服务，又包含针对幼儿的基于中心的服务。基于这种干预方式的理论研究可以在布朗芬布伦纳构建的生态模型和家庭支持运动中找到（如，Zigler & Weiss, 1985）。这些干预致力于为处于环境危机中的家庭和孩子提供干预，以共同促进他们（在家庭以及早期儿童中心）的健康发展，以及寻求增加社会对这些家庭支援的途径。

附录24.B总结概括了10种项目研究，它们同时包括基于中心的早期幼儿教育或者促进儿童发展的护理元素以及关注父母的元素：不管是家访还是其他形式的父母教育或支持。只有研究检验出一定形式的家庭结果后的项目才会被包含在附录中。三种类型的家庭结果得到检验：(1)家长教育、就业和自给自足；(2)观察到的亲子互动/关系的质量；(3)家长的态度、知识和家庭环境的质量。

许多项目在孩子出生前或者孩子一岁期间的某个时间段开始为家庭提供服务。它们根据孩子年龄的差异提供不同的服务，在孩子一岁期间，服务以家访的形式开始，之后提供一些基于中心的服务；有些项目提供持续的基于中心的服务，并结合了家访及其他基于家长的服务。这种综合性的交互服务中的一个重要模式是联邦家长儿童发展中心（Parent Child Development Center, PCDC）项目，这个项目始于1970年。PCDC模式引进了利用家长教育帮助家长促进和维持孩子发展的理念。PCDC采用以下三种主要方法实现其目的：(1)通过家长教育促进家长积累关于孩子发展的典型知识；(2)提升母亲个人的发展；(3)提供适当的家庭支持服务（Andrews et al., 1982）。在三个不同试点（伯明翰、休斯顿和新奥尔良）的示范下，特定的服务形式是多种多样的（参见附录24.B）。

尽管PCDC的服务倾向于从目标儿童几个月大时就开始，但是其他项目会从妊娠期或者婴儿一出生就展开。在1985年，婴儿健康与发展项目（Infant Health and Development Program, IHDP）在孩子出生后每周提供家访一直持续到孩子一岁，当孩子在两岁或者三岁准备接受中心提供的学前服务时变为每两周一次家访（Brooks-Gunn, Klebanov, Liaw, & Spiker, 1993; Brooks-Gunn et al., 1994; McCormick, McCarton, Brooks-Gunn, Belt, & Gross, 1998; Ramey et al., 1992）。同样，青春期妊娠干预项目（Teenage Pregnancy Intervention Program）（Field, Widmayer, Greenberg, & Stoller, 1982）、关爱计划（Project CARE）（Wasik, Ramey, Bryant, & Sparling, 1990）以及密尔沃基计划（Milwaukee Project）（Garber, 1988），从孩子出生后几个月就开始进行家访服务，然后为孩子提供早期教育，为母亲提供工作训练或者其他家长支持服务。佩里学前教育高瞻课程（High/Scope Perry Preschool）项目是唯一直到孩子三岁才开始提供服务的项目；那些在儿童一两岁时每周受到一次家访的家庭的孩子都参加了每周四天的学前教育。

其中一些项目代表了真正综合性的家庭支持项目（如Zigler & Weiss, 1985所描述），因为除了家访关注育儿和提供基于中心的儿童保健外，他们的服务还包括其他一些社会支持。例如，耶鲁儿童福利计划（Yale Child Welfare Project）提供社会工作、心理咨询服务以及为参与项目的家庭提供私人的儿科保健服务。布鲁克莱恩早期教育计划（Brookline Early Education Project,

BEEP)（Weiss，1979；Zigler & Weiss，1985）包含了儿科检查、发育筛查以及家长教育和支持等服务。

对母亲教育和就业的影响

这些项目把注意力集中在提升母亲个体的成效上，因为这被看作提高幸福指数和维持家庭生活的一条重要途径，一些项目对参与母亲的就业、教育以及自给自足的收效进行评估和监控。这些综合的育儿支持项目希望通过增加父母的教育和就业的机会而使孩子和家庭都能有所获益，这反过来也可以提高作为一个整体的家庭的社会经济地位。所有的研究结果都揭示了参与项目的积极影响。那些参与伯明翰PCDC项目的母亲更倾向于走进学校或者社区，抓住一切有利的条件来帮助她们解决所遇到的问题（Andrews et al.，1982）。当项目接近尾声时，IHDP干预组母亲的就业率高于控制组母亲的（Brooks-Gunn，McCormick，Shapiro，Benasich，& Black，1994），在青少年孕期干预项目和耶鲁儿童福利计划中的母亲因持续不断地接受教育而降低了生育率（Seitz & Apfel，1994）。

对母亲身心健康的影响

除了在育儿、家庭环境、母亲的教育和就业领域内的积极研究结果，伯明翰PCDC的研究表明，实验组的母亲比控制组的母亲有更高的生活满意度。佩里幼儿园的高瞻课程评估结果发现，参与项目的母亲立即对孩子的抚养产生更加积极的态度（Schweinhart，Barnes，Weikart，Barnett，& Epstein，1993）。此外，IHDP的研究也表明，干预组的母亲在孩子1—3岁时较少出现消极抑郁的情绪（Klebanov，Brooks-Gunn，Lee，& McCormick，2000）。这些积极的影响在IHDP组的母亲身上更加明显，因为她们以前经历了很多负面的生活事件。

对观察到的亲子互动关系/质量的影响

在综述的7项关于教养行为的研究报告中，6项报告的结果显示了实验研究的积极影响，另外1项（关爱项目计划）（Wasik et al.，1990）没有发现实验组和控制组父母之间的差异。PCDC评估（Andrews et al.，1982）对母子互动给予了广泛的测量，结果发现，实验组母亲有更高质量的交际行为。伯明翰项目试点后持续三到四年的追踪表明，相比控制组的母亲，实验组的母亲在管理孩子上更倾向于运用说服教育而非身体上的体罚。新奥尔良项目两至三年的追踪揭示了实验组的母亲相比控制组的母亲，在与孩子相处的过程中会采用更加敏感的、易接受的、合作的方式，运用更加积极的而不是消极的语言与孩子沟通。休斯顿项目发现，实验组的母亲更善于运用情感、褒扬、恰当的管理手段并对孩子的言语给予适时鼓励，以此来与孩子进行相处和互动。

在青春期妊娠干预项目中（Field et al.，1982），母婴的互动会在临近家庭服务结束的四个月中受到评估。互动方面的所有评估都显示出显著的项目效果：母婴之间的眼神交流、面部表情、声音以及敏感性；母亲的语言；母亲回避婴儿注视的时间量。加伯（Garber，1988）也发现，参与密尔沃基项目对母亲的教养方式产生了显著影响。IHDP干预组的母亲在孩子30个月大的时候，基于问题解决任务的评级得到较高质量的帮助和支持表现分数。

对育儿知识、态度和家庭环境质量的影响

孩子所在的家庭环境的影响在四项研究中被评估的，其中两项研究的结果显得非常保守（IHDP和休斯顿PCDC项目）（Andrews et al.，1982；Bradley et al.，1989；Brooks-Gunn et al.，1994）。关爱计划（Wasik et al.，1990）和青春期妊娠干预项目（Field et al., 1982)发现实验组和控制组的家庭环境没有差异。造成低评估率和效果不明显的原因之一是,家庭环境也许仅仅被认为间接地与干预项目产生联系。而育儿技能和交往技巧往往被看作直接与这些项目中的家长教育相关联的。人们认为,提供鼓励性的、丰富的家庭环境通常被解读得过于笼统(IHDP 和关爱计划例外)。因此,少数研究者在评估实验结果时把家庭环境这个因素搁置一边,这样就不会使研究结果错乱(虽然没有研究结果发现控制组家庭有较高的家庭环境分数)。

对虐待儿童指标的影响

上述所列的各项研究没有报告虐待儿童的相关内容,但 IHDP 实验组的母亲比对照组的母亲对男孩的身体惩罚率更低(Smith & Brooks-Gunn,1997)。

代际素养项目

以家庭素养项目或者代际素养项目为标签的儿童早期干预涉及了两个独立而又互补的命题:(1)相对缺乏传统成人教育在减少成人文盲、低教育水平和失业方面的成功经验;(2)隐匿在诸多颇有成效的儿童早期项目综合性服务背后的理论。家庭素养项目中基于以下观念的拓展:身处薄弱学校且在未来发展上处于危险环境的幼儿的需求可以通过为幼儿以外的家庭成员提供服务来更好地满足。在这些项目中,成年家庭成员是教育服务以及其他支持服务的明确对象。因此家庭素养项目被设计成为家庭中的孩子和成人共同提供教育和素养训练,以此来提高整个家庭的幸福感和对未来的期望(St. Pierre, Lazyer, Goodson, & Bernstein, 1997)。

传统的家庭素养项目,至少为家庭提供以下三种类型的服务:(1)儿童早期教育;(2)成人教育;(3)教养方式教育。家庭素养项目的理论原理是,孩子会直接地从他小时候接受的教育中获益,间接地从以父母为中心的服务中受益。成人教育也被期望能够提高那些参与项目的成人的教育水平和职业地位,从而提高整个家庭的物质生活水平和一般意义上的幸福感。教养方式教育通常被设计成能够提升素养的交互活动,孩子和家长利用并增加家庭环境中可用的与素养相关的素材(St. Pierre et al., 1997)。所以,家庭素养项目强调提高孩子的生活水平和未来前景,这个目标是通过帮助整个家庭愈来愈自给自足(通过增加教育机会和优化就业)以及为儿童提供更具支持性的学习环境来实现的。

成人或者其他成人监护人员参与家庭素养项目的收益,经常被视为一种目的,并为儿童积累人生体验和提高未来期望提供了一种途径。研究对家庭素养项目的评估不仅关注对年幼儿童的影响,也包括因为参与项目而得到收益的家庭和父母。对成年人来说,这些成效包括,作为教育成效和收益的成就测验表现、就业收益(影响家庭收入和环境)以及教养行为的改变(包括亲子互动的素养教学活动和提供支持素养活动的家庭环境)。

如果对年幼儿童和成年监护人都直接提供教育要素以及其他形式的养育教育的话,两代人早期干预项目一般被认为是家庭素养项目(Smith, 1995a, 1995b)。这种模式相对于 20 世纪 80 年代中后期的首个家庭素养项目来说是比较新颖的。有些项目并不专门提供成人教育元素,同时还把它们看作家庭素养项目的一部分,因为它们的目标是通过加强亲子素养互动和改善家庭素养环境,以提高儿童的素养与学业水平。这种方案关注父母自身或者亲子互动,这个话题稍后再讨论。下面简要说明家庭素养项目模型的演变背景,以及家庭素养项目的概况(参见附录 24.C)。

创建于 1986 年的肯塔基州亲子教育（Parent and Child Education，PACE）项目以及联邦公平开端家庭素养项目（Federal Even Start Family Literacy Program）（Heberle，1992）被认为是最初的几种家庭素养项目，一直以来被当作很好的措施并予以实行。由于肯塔基州亲子教育项目的早期成功，凯南慈善信托（Kenan Charitable Trust）成立凯南家庭素养计划（Kenan Family Literacy Project），现在俗称 PACE/凯南模式，在全国范围内重制，扩大影响面，并对它们的执行情况进行有效的评估。家庭素养国家中心（National Center for Family Literacy，NCFL）被创建来对家庭素养项目进行宣传、研究、技术援助和传播（包括丰田学习家庭 Toyata Families for Learning）的家庭素养计划，这项计划已经在美国 15 个城市设立了超过 50 个试点）（Philliber，Spillman，& King，1996）。

1988 年的联邦立法（霍金斯-斯塔福德中小学促进修正案（Hawkins-Stafford Elementary and Secondary School Improvement Amendments，公法 100-297)，1991 年修订的《国家素养法案》（National Literacy Act，公法 102-73)，都呼吁成立联邦家庭素养项目机构。1991 年立法启动了公平开端项目，该项目有三个指导目标：(1) 帮助家长成为教育子女的全面合作伙伴；(2) 帮助孩子充分发挥自己的潜力学习；(3) 为家长提供素养培训。这些目标通过提供三项核心服务来实现：提供从出生到 8 岁的儿童教育服务、成人教育指导和家长教育服务。如果家庭中有一个 8 岁以下的儿童，那么这个家庭就拥有接受公平开端服务的资格，并在学区接受资助。1994—1995 项目年中，共有 513 个当地的公平开端项目为大约 3.1 万个家庭服务（St. Pierre & Swartz，1995)。综合起来，NCFL 和公平开端项目代表了数以百计关注成人素养培训、家庭教育以及早期幼儿教育的干预项目。然而每个项目各有独到之处，量身定制以解决满足特定社区的具体需求并提供相应的服务。

NCFL 项目的活动已经促使很多家庭素养项目的评估成为可能。公平开端项目也进行了实施和成效评估。然而，家庭素养的成效对控制或对照组的研究并不广泛。这里报告的 PACE、凯南信托和丰田家庭学习项目进行了小范围的评估，但是因为缺乏严格的控制方法，限制了他们得出的结论。这些项目和两个全国性的公平开端项目评估是数据的主要来源。这里谈到的评估通常缺乏随机分配控制组研究，因为很少有家庭素养项目包括控制组。重要的例外是第一个全国性的公平开端项目评估（St. Pierre & Swartz，1995)，其中载有对十项公平开端项目和五项随机分配的控制组的深入研究。其他的大多数评估报告与以往的计划相比都在测出的能力上有很大的变化，并且认为这些变化是预期的或是在其他非参与组中已经测量过的。

对母亲教育和就业的影响

就项目对父母和家庭的影响来说，最为普遍的评估结果是父母的教育收获。因为家庭素养项目包括针对成年家庭成员的直接教育干预，成年人和其他教育努力的收获是项目参与和设计人员共同的兴趣领域之一。这些一般都是通过标准化测试来测量的（参见 St. Pierre et al., 1997)，例如，成年学生综合评估系统（Comprehensive Adult Student Assessment System，CASAS；Rickard, Stiles, & Martois, 1989）和成人基础教育测试（Test of Adult Basic Education，TABE）（CTB/McGraw-Hill, 1987)。其他对成人教育项目成果的测试包括高中毕业证的获得，或者指向这一目标的活动参与率。评估趋向于报告微小但显著的进步。首个全国性公平开端项目评估（St. Pierre & Swartz，1995）报告指出，干预组（22%）GED 的获得率高于控制组（6%)，但是 CASAS 测试中，公平开端项目参与者的阅读得分并没有显著提高。

在第二个四年资助期,公平开端项目评估发布了一个临时报告(Tao, Swartz, St. Pierre, & Tarr, 1997)。这个研究没有包括控制组,但是包括 57 个公平开端项目子样本的前测和结果数据(样本研究)。此样本的读写能力得分在阅读和算术成就测试上都显示出进步。在所有的公平开端项目中,GED 的获得率是 8%;样本研究中的获得率是 24%(研究者对于原因尚不清楚,对大部分参与者来说得到 GED 是一个教育性目标,这可能会解释他们的高获取率)。

成人素养得分的进步也被肯塔基州的 PACE 项目评估和公平开端项目的家庭代际素养模式(Family Intergenerational Literacy Model, FILM)(Richardson & Brown, 1997)记录在册。PACE 项目中的父母在 TABE 阅读测试中的平均得分为 0.22,算术为 0.16,语言为 0.16(Heberle, 1992)。参加 FILM 项目的父母在 CASAS 阅读测试上得到 7 分——这是一个显著的提高,大幅超过同年进行的全国性的公平开端项目样本研究所报告的 4.9 分(Richardson & Brown, 1997)。FILM 也记录了 GED 获取率的持续增长,1991—1992 年为 10%,1996—1997 年上升至超过 40%。

研究者对成人素养感兴趣的一个重要问题是家庭素养项目是否比不包括更加综合性的聚焦于家庭的成人教育项目更成功。一些研究通过对比传统的成人教育项目和那些成人参与的家庭素养项目的前后测结果。在肯塔基州 PACE 项目的这种比较中,成人 GED 的获得率有显著差异(PACE 项目的 37% 对比成人基础教育的 15%)(Heberle, 1992)。同样的,有研究者(Philliber, Spillman, & King, 1996)报告了丰田家庭学习项目中成人参与率与加利福尼亚和纽约市关注成人的教育项目的数据对比。加利福尼亚州超过 1 500 名的成人在 CASAS 阅读测试量表中得到 2.3 分的平均分,然而丰田项目中 111 名成人的 CASAS 测试平均分为 4.5 分——统计学上存在显著差异。TABE 被用来评估纽约成人素养项目(人数未知)和丰田项目中的 133 名成人。参与家庭素养项目的成人在阅读上的等级是 1.15;关注成人项目中成人的等级是 0.75。虽然这里比较的样本在很多方面都存在差异,但是成人教育的样本的年龄都大于家庭素养项目的样本。此外,由于年龄趋向与成人教育成就相关,家庭素养项目获益较大的推论就被加强了。

对母亲身心健康的影响

大多数家庭素养项目断定他们会对家庭整体产生积极影响,但是只有少部分项目选择记录下这些影响中的一些。首个公平开端项目的国家评估通过测试抑郁症状和参与项目后的控制轨迹评定项目对母亲幸福感的影响。并没有观察到公平开端项目组和控制组间存在差异。在公平开端项目的评估中,测试了家庭收入在参与前后的水平、接受的社会支持、家庭资源的充足性和父母的就业状态。没有发现这些家庭水平变量的显著项目效果。

对观察到的亲子互动/关系质量的影响

几乎没有家庭素养项目关注观察亲子互动。圣·皮埃尔和施瓦茨(St. Pierre & Swartz, 1995)进行了公平开端项目评估,发现了与项目参与相关的教养方式的有趣改变。他们注意到尽管教养支持和教育成分不是趋向于吸引家庭参与项目的组成部分(大多数被成人教育吸引,其余的被早期幼儿教育吸引),但一些父母指出,他们发现了项目对自己的教养方式的影响最大。圣·皮埃尔和施瓦茨也注意到对孩子较有耐心的父母较少使用体罚,并且学会了与孩子游戏的新方式。

对教养方式、知识、态度和家庭环境质量的影响

在首个公平开端项目的国家评估中,圣·皮埃尔和施瓦茨(St. Pierre & Swartz, 1995)发现对教养方式的最大影响是儿童家中阅读材料的数

量。公平开端干预组在此项指标上较控制组高 0.40。此研究中其他项目干预组与控制组间的比较没有发现亲子阅读互动或者教育期望变化上的显著差异。基于原有评估中缺乏显著的发现,公平开端项目评估采用了一组更小型的教养测验。评估中利用 HOME 筛查问卷(HOME Screening Questionnaire,HSQ)评定教养方式(Coons, Gay, Fandal, Ker, & Frankenburg, 1981),这是一个有关家庭环境和亲子活动的自我报告式测试。项目中 3 岁以下孩子的父母在 HSQ 上的前后测标准分数增加了 0.60,3—6 岁儿童的父母增加了 0.48(Tao et al., 1997)。

NCFL 主导研究的摘要预测了主要参与家庭素养项目的父母在教养方式上的大量质性收获。例如,父母觉察到自己被武装成更为优秀的父母(Brizius & Foster, 1993);花费更多时间帮助他们的孩子完成家庭作业或者为他们阅读;参加更多学校远行或者教师—家长会议;对教育、教师和管理者有了更好的理解(Potts & Paull, 1995)。父母还指出,他们更加专注于让孩子继续在学校学习(Potts & Paull, 1995)。肯塔基州 PACE 项目中的父母对孩子的教育成就期望显著提高,相信他们的孩子会完成高中学习父母的比例从参与项目前的 44% 增长到参与后的 57%(Heberle, 1992)。此外,项目工作人员注意到,几乎所有的父母在教养方式上都有所进步,他们认为在给孩子树立更好的角色模式中"进步很大"的父母比例为 40%(Brizius & Foster, 1993)。

在丰田学习家庭项目中对三个城市的 67 个家庭的评估发现,一些仅仅参与项目 4~6 个月父母的学习经验领域得到改善(Mikulecky, Lloyd, & Brannon, 1994)。唯一被测量却没有发现显著提升的领域是家长关于儿童发展概念和父母素养行为模型的知识。

关注父母的家庭素养项目

如先前提到的,其他一些项目也可能被描述为家庭素养项目,在那些项目里他们意识到家庭互动和提升读写能力发展的环境的重要性。然而,这些项目没有达到代际家庭素养项目的严格定义,因为他们没有提供全部要素的服务(即早期儿童教育、成人教育以及教养方式培训和支持)。当然,这些项目关注对教养方式的教育,其目标是帮助提升家庭中的亲子学习活动。下面描述的是这些关注家庭教养方式教育项目的两个例子。它们是学前幼儿家庭指导项目(Home Instruction Program for Preschool Youngsters,HIPPY)(Baker, Piotrkowski, & Brooks-Gunn, 1998, 1999)和家长为师项目(Parents as Teacher, PAT)(参见 Wagner & Clayton, 1999; Winter & Rouse, 1990)。每一个项目都有包含对比组和控制组的成果评估。

HIPPY 是一个为两三岁至五岁儿童的父母提供具体的教养支持方式以增进亲子互动的早期干预项目。项目的中心成分是由训练有素的专业人员每周进行一次家访,他们会带来一些设计好的活动并指导父母与孩子一起利用这些素材。项目因为希望提高儿童的入学准备和成功率但是并不直接给儿童提供服务而显得独一无二。HIPPY 的附加和补充性目标是提高父母对他们孩子教育成就的期望来增加与学业成功相关的亲子活动的频度。

一项对 HIPPY 的双位双组评估始于 1990 年和 1991 年并对其进行了追踪,控制组家庭从参与项目时起到儿童进入幼儿园一年后也进行了后续的追踪(Baker et al., 1998,1999)。控制组在一个地点而不是其他地点是随机分配的。第二个地点是来自同一社区的比较样本,因为完全随机分配是不可行的。虽然评估关注儿童学业成果(发现了一些显著差异),但是也评定了一些家庭素养环境和父母期望的测量。结果并不突出但是暗示出积极的项目效果。在一个地点中,HIPPY 家庭在参与项目后拥有比控制组更大量的家庭素养素材。在另一个地点中，父母对儿童学业成就和表现的期望受到了积极的影响，尽管这些结果在两组中没有显示出一致性。第二个地点中得到的项目效果特别有趣，因为在这一地点中项目组和控制组都参与了同样高质量的发展性学前项目。所以，相比早期幼儿改进的影响，HIPPY 项目的父母期望得到了更大程度的提升。

起源于密苏里州的 PAT 项目作为一个家长教育和支持项目，针对来自不同社会经济背景的 0—3 岁儿童的家庭。它得到了政界强有力的支持，在密苏里州和明尼苏达州已经是全州范围内施行的项目并且在其他许多州中也有小范围的存在。PAT 项目的中心要素是由具有家长教育资格证书的人员进行一系列家访，为家长提供促进儿童社交、情感、智力和身体健康等领域发展的信息和支持。许多家长在孩子出生前就开始参加此项目，家访人员提供指导以帮助家长做好拥有新生儿的准备（Wagner & Clayton, 1999; Winter & Rouse, 1990）。家访遵循规定的学习活动课程，其中教育者将儿童当作课程活动的示范。家访包括家长在孩子的各个年龄有什么期望以及如何处理不同教养情况的讨论。除了家访之外，参与 PAT 的家庭参加由其他家庭一起组成的分组聚会，在儿童出生的头三年接受儿童发展筛选并且可以获得任意所需的社区服务的转介。项目对所有公立学校校区的家庭开放，没有收入或其他风险相关要素的资格要求。

得克萨斯州三个试点的评估是独一无二的，因为它用到了父母个性特征的基线水平测试，包括来自相似背景没有接受 PAT 服务的家庭对照组，参与项目三年的家庭的纵向研究，以及父母和儿童的结果评估（Owen & Mulvihill, 1994）。家庭影响测试包括父母了解的儿童发展相关的知识、父母对儿童养护的态度、父母压力、感知到的社会支持、教养满意度以及家庭环境质量。对大多数成果来说，中产阶级样本没有可测量的 PAT 项目效果。然而，利用 HOME 量表所作的家庭环境评定存在显著差异。尽管 PAT 项目组和对照组家庭都在 HOME 量表上得分较高，但 PAT 项目组家庭在参与项目结束之时得到了明显更高的分数。研究表明，样本中具有强烈动机的中产阶级父母已经为他们的孩子提供了发展性的激励环境。在了解儿童发展知识和提供发展性激励环境（换句话说就是，在教养方面需要更多信息和援助）方面低于基线水平的家庭更有可能从 PAT 提供的家长教育和支持中获益（Owen & Mulvihill, 1994）。关于 PAT 两个随机实验组的一个较新的评估揭示出相似的结果（Wagner & Clayton, 1999）。这个评估也表明了对儿童动作、认知、语言发展，尤其是对西班牙裔说拉丁语的家庭和接受更高强度服务的家庭儿童的影响（Wagner & Clayton, 1999）。

小　结

这里综述的项目表明了一些早期干预对父母影响的积极和混合的发现。导致这些多变结果的原因可能有以下三个：第一，尽管所有项目都关注父母，或者包括关注父母的要素，但对父母的干预却是变化多端的。有些项目集中于教养方式，旨在增加父母作为儿童家长和第一任教师的自信，增进对儿童发展的理解，以及鼓励积极的亲子互动。另外一些项目更多地关注提升其他生活领域的教养技巧，例如学业和职业成就或寻求多样化社会服务的能力。很多项目尝试着从不同维度解释教养方式和成人生活技巧。教养态度、行为、家庭环境和自我满意度的影响取决于特定干预项目对各个领域服务的关注程度。

第二，关于提供服务的方式、服务的强度、家长参与以及员工—家长之间的关系，这些问题都与家长项目的有效性有关,后面将进行描述。

第三,这个领域一直被已实施的研究持续驱使着,许多干预缺乏严格控制的实证评估。此外,那些进行评估的研究者往往没能测量出(或者是报告出)父母的结果。

家庭作为早期干预改变的动力

距布朗芬布伦纳(Bronfenbrenner,1979)将家庭描述为早期干预项目改变的动力已有数十年了。当然他的意思是,早期干预项目不大可能成功,除非将父母或者整个家庭牵涉其中。然而,几乎没有评估研究检视过这个推断。这就好像是家长主导地位已经到了无需实证检验的程度。可供选择的一种解释是,大多数评估没有可用于测试推断的数据。我们的信念是父母参与被看作是早期干预的公理,这导致了对它的重要性的绝对接纳。

婴幼儿家庭服务咨询委员会(Advisory Committee on Services for Families with Infants and Toddlers)(DHHS,1994)的陈述敦促早期开端计划(Early Head Start)支持婴幼儿与父母关系。家庭是项目的四大基石之一(其他三个是儿童、工作人员和社区)。实际上,开端计划以家长参与为前提并且十分成功地促进了参与率。例如,1996年接近1/3的项目工作人员是正在参与或参与过该项目的儿童的父母,几乎所有儿童的父母都参与了当地项目的志愿活动。

关于父母在早期干预中的角色,至少有三个问题需要强调:第一个是项目效果与家庭相关;第二个与项目对家庭和儿童的效果相联系;第三个与项目中父母参与率以及项目在提升父母参与率的角色相关。前面提供了关于家长参与项目效果的细致述评。下面将简要讨论家庭变化的三个主要维度:(1)母亲心理健康;(2)提供刺激的家庭经验(主要是认知和读写活动);(3)母亲在互动中的敏感度/反应度。有研究证明这三个维度可能受项目参与的影响,同时也会对儿童的发展结果造成影响。然后我们考察了早期干预对儿童的影响是否能够通过这三个家庭维度进行部分调节,尽管目前很少有研究强调这个问题。最后考虑了父母参与项目的重要性。这部分的重点不仅是如何测量父母参与度也包括可能增加父母参与度的项目和成员的特征。

项目对父母的影响

早期干预项目——无论是家访(由护士、社工或者教育者完成)、基于中心的儿童养护还是家庭资源中心——在可以改变父母行为的信念方面都已被证实。一些项目关注的焦点是将家庭系统和家庭成员间的关系作为改变父母和儿童成果的中心点(Barnard et al., 1988;Booth et al., 1989;Egeland & Erikson, 1990;Greenspan, 1990;Ramey & Ramey, 1998)。饶有趣味的结果包括父母的心理健康、家中的学习经历和父母与孩子的亲子互动。

母亲的心理健康 父母的心理健康可能被定为一个目标结果,因为抑郁症状已经与儿童结果联系在一起。抑郁症状得分较高的母亲的孩子可能会表现出较高水平的行为问题(Downey & Coyne, 1990;Egeland, Kalkoske, Gottesman, & Erickson, 1990;Lyons-Ruth, Zoll, Connell, & Grunebaum, 1986)。相似的发现是青少年的行为障碍(Fergusson, Lynskey, & Horwood, 1993)以及较大龄儿童和青少年的抑郁症状或者障碍

（Downey & Coyne，1990；Hammen，Burge，& Adrian，1991）。有少量的研究发现母亲抑郁症和儿童认知与学校竞争力之间存在显著相关（Downey & Coyne，1990；Goodman & Brumley，1990；Klebanov，et al.，1998；Zahn-Waxler，Iannotti，Cummings，& Denham，1990）。

很少有早期干预项目报告母亲抑郁症的影响。我们的假设是大多数评估都没有包含此类测试（不检查抑郁症，找不到差异或不报告这个事实）。然而有三项研究值得注意。在一个指向只有少量社会支持的孕妇项目中，实施了两类家访模式（Barnard et al.，1988；Booth et al.，1989）。一类模式集中于在家访者与母亲间建立关系，通过这种关系，母亲可以学到更多处理个人境况和解决适应性问题的有效方式。另一类模式严格依赖于给母亲提供的促进健康生活方式的信息和资源。报告显示，接受心理健康课程的母亲抑郁症状显著少于接受教育性课程的那些母亲。心理健康治疗中受益最大的是面临多重风险的母亲。

在 IHDP 项目中，当儿童年龄在 1—3 岁时，干预组的抑郁症得分低于控制组，这些效果同样见于最低教育水平的母亲身上（Klebanov et al.，1998）。IHDP 项目中干预组的母亲在家访期间接受了一门问题解决课程（Wasik，Bryant，Lyons，Sparling，& Ramey，1997）。第三个非随机的研究关注患有严重抑郁症的母亲，发现情感支持对改善抑郁症状的明显效果（Lyons-Ruth et al.，1990）。因此，关注母亲日常生活的项目——帮助她们习得更具适应性的问题解决技巧，提供情感支持，或者两者兼而有之——有减少抑郁症的可能。

学习经验　　家庭提供学习经验已经反复被证明与儿童认知和学业竞争力有很大关系（Bradley，1995；Bradley et al.，1989；Duncan，Brooks-Gunn，& Klebanov，1994；Klebanov et al.，1997；Klebanov et al.，1998）。这里引用的研究利用了 HOME 量表，以家访期间的观察和访谈为依据（也就是，观察家中游戏材料的类型，询问母亲阅读材料和为儿童阅读所花费的时间量）。早期提供的认知刺激在一些研究中通过观察教学策略的方式得到检验，也与报告中的儿童幸福感相联系。例如，相比家庭阅读的数量，父母为儿童阅读的方式与他们的学前儿童语言技巧更相关（例如，Snow，1986；Whitehurst et al.，1994）。在一个相关的层面中，母亲在问题解决评估期间提供的"帮助和支持"与年幼儿童对任务的激情和坚持度有关（Bornstein，1989；Crowell & Feldman，1988；Spiker et al.，1993）。

许多项目评估包括家庭刺激的测量，其中 HOME 成为最常用的测量工具（参见附录 24.A、24.B 和 24.C）。一些（但不是全部）评估报告了项目对 HOME 得分的影响。此外，家庭素养项目给出了一些关于在家庭中增加阅读和其他素养活动的证据。指向素养和学习游戏的项目最有可能改变 HOME 的分数。

亲子互动　　父母行为与儿童幸福感相联系，正如数以百计的研究著作中表明的一样（Bornstein，1995；Lamb，1998；Maccoby，1992；Maccoby & Martin，1983）。无需惊讶的是，更多的项目评估检视了亲子互动而不是家庭生活的其他方面，如本章中前面提到的一样。某些情况下，评估利用的是相对直接的测试，例如母亲的温暖和惩罚可以从 HOME 量表或者调查问题中推断得到。一般来说，家庭温暖分量表没有发现干预效果（Bradley，Casey，& Caldwell，1997）。少有研究检视了惩罚和斥责。但研究这些行为的研究中报告了显著的影响（Olds et al.，1994；Smith & Brooks-Gunn，1997）。

亲子互动的质量最有可能作为改变的动力在许多项目中被提及（Berlin et al.，1998；Clarke-Stewart & Fein，1983；Woodhead，1988；Yoshikawa，1995）。父母的情感支持，尤其是敏感度，被认为是有益于安全的亲子关系以及稍后儿童幸福感的一个主要维度（Ainsworth, Blehar, Waters, & Wall, 1978; Belsky & Cassidy, 1994; Thompson, 1998）。在亲子关系中，敏感度是指两个维度：(1) 父母对幼儿需要的意识和读取婴幼儿提示的准确度；(2) 父母对婴幼儿不同提示和需要的不同反应。父母的感觉迟钝可以通过数种形式表现出来，包括侵扰、分离和消极的关心/恶意。如先前提到的，许多项目报告了母亲敏感度测试的积极影响。

父母维度对儿童结果的间接影响

早期干预项目指向母亲心理健康、父母行为以及早期干预项目提供学习和读写经历的原理大部分源于期望儿童所得收益。为了印证这个推断，很有必要说明一个干预影响父母结果而那些结果与儿童的结果相联系。也就是说，干预对儿童的部分影响是以干预对父母的影响为中介的（参见 Baron & Kenny, 1986）。鉴于这个模式是直接的，这类研究的缺乏令人吃惊，甚至可以说令人不安。据我们的了解，只有三个相关分析被提及。

利用南加利福尼亚的初学者项目和关爱项目的早期干预数据，布奇纳尔及其同事（Burchinal et al., 1997）呈现了针对贫困儿童认知测试分数的干预过程的优秀的示范。他们提出的模式表明，项目的家访成分也许会通过影响父母的权威态度和家庭环境质量而影响到儿童认知测试的分数。此外，项目的儿童养护成分被假定会对儿童测试分数有直接影响，并对婴幼儿反应——反应通过评定员利用贝利婴儿发展量表（婴幼儿行为记录）对活动水平、社交能力和任务导向进行评级——产生间接影响。增长曲线分析是利用分层线性模型（hierarchical linear modeling, HLM）来做的，从中发现了影响婴幼儿反应度的干预。干预组的 6—18 个月大的婴幼儿反应度分数得到增长，而控制组没有增长（例如，那些接受基于中心养护的婴幼儿），而且这个干预效果是显著的（例如，它减少了儿童反应度和测试分数之间的系数）。家庭环境质量直接影响着儿童测试的分数，但这些影响都不是以干预对家庭环境的影响为中介起作用的。父母的权威态度对儿童结果没有直接影响（所以这个中介效应没有被检测到）。因此，考虑到中介效应的缺乏，教养方式看起来不是改变的动力之一。这是否应归结于所用的教养方式测量工具（即没有包括观察性的评估）、样本特征或者提供的干预服务（单一的家访、家访结合基于中心、单一的基于中心，致使任一干预组的样本量都很小）是未可知的。然而，这个研究成为需要在早期干预领域复制的研究类型的一个范例。

利用 IHDP 项目的数据集合，我们也检测了对父母的影响是否为通过早期干预影响儿童贡献了一个通道（Brooks-Gunn et al., 1993; Brooks-Gunn et al., 1994）。第一个模式中的部分内容依据麦克罗德（McLoyd, 1990, 1998）以及康格等人（Conger et al., 1994, 1997）的研究而来，其中对经济状况（贫穷、失去工作和财政紧缩）可能会影响儿童的方式进行了探索（参见 Elder, 1998）。儿童结果（大多数研究关注情感和社会竞争力而不是认知和学业成就竞争力）被认为会受到父母的情感机能和教养行为的影响；心理健康被认为主要通过它对父母行为的影响起作用的。出于对早期干预的尊重，我们改变了这个模式以测试儿童干预效果是否通过母亲抑郁症状和教养行为这个中介而受到影响（Linver, Brooks-Gunn, & Kohen, 1999）。有充足的证据表明，在控制了人口学变量和家庭收入以后，父母是儿童早期干预项目影响的最重要变量。干预影响母亲的抑郁症状，从而影响了教养行为，最终影响儿童测试分数。教养行为也受到干预组参与率的影响。对于教养行为有所不同的发现来源于布奇纳尔等人（Burchinal et al., 1997）的研究。我们推断,教养方式测量(通过录像带观察父母在自由活动期间的权威和独裁主义行为)对早期干预的影响更为敏感(Berlin et al.,1995;Chase-Lansdale,Brooks-Gunn,& Zamsky,1994)。

另一系列分析检测了抑郁症状、应对技巧和生活事件之间的联系(Brooks-Gunn,Smith,Berlin,& Lee,in press;Klebanov,Brooks-Gunn,McCarton,& McCormick,1998)。推断是依据著作中表明的抑郁症状是应对压力性生活事件的部分机能,而且对此类事件的反应会被应对技巧缓和(Park & Folkman,1997)。参与到一个家庭导向的、支持性的、问题中心的早期干预,通过提升母亲的应对技巧方式可能会直接或间接地影响母亲的情感健康。干预的直接影响被发现作用于抑郁症状而不是应对技巧,而且没有发现母亲应对抑郁症的技巧和干预间的相互关系。因此,直接而不是间接的影响可以在母亲的心理健康中被看到。此外,干预只影响到了那些遭遇大量压力性生活事件数量的母亲。我们发现了一条通过干预家长影响儿童结果的途径,即对母亲有高生活压力和高抑郁分数的儿童进行干预,这些儿童要比有类似情况的对照组母亲的儿童有更高的学业成绩和较轻的抑郁/焦虑症状。这些分析控制了各种各样的社会、经济和人口统计学变量。

简单来说,早期干预项目影响儿童幸福感的通路之一牵涉父母。在三个相关分析中,两个对父母作为干预效果的中介提供了支持,另外一个则没有。

家长参与项目

除非家长参与到项目之中,否则不大可能意识到父母直接的受益或通过父母间接地对儿童产生的影响。参与,在我们看来,是建立在家庭成员和项目成员的联系之上的。在《儿童早期干预手册》第1版中,西蒙森和贝利(Simeonsson & Bailey,1990)讨论了项目参与者和那些他们称作干预者之间关联的关键性质。他们建议用六种量表来测试关联,范围从选择性不参与到心理参与。最后一类牵涉界定的价值观冲突与被参与者和项目工作人员解释为指向行为变化的进步(变化可能是个人的、二元的或是家庭水平的)之间的交互作用。此类参与被认为最有可能导致变化,尤其是持久的变化。

工作人员—家庭关系情境中的参与问题还未被研究过。参与量通常是根据中心记录的家访次数或天数推断而来的——假设参与很大程度上取决于心理卷入。所谓剂量型的研究,其结果只关注了项目组(干预组),这很容易受到一些早已存在的参与者特征的影响,而非项目本身导致了参与者的结果(如,选择效应)。结果发现,为什么有些家庭的参与率较高并不清楚。(例如,心理参与之外的因素可能会起作用;参见有关IHDP的文章,其中收集了大量关于基于中心的养护和完成家访数量的数据。)(Liaw,Meisels,& Brooks-Gunn,1995;Ramey et al.,1992;Sparling et al.,1991)这三项研究预示着人口统计学变量会少量影响参与率的变化。然而,项目数量与儿童结果相联系,即使家庭人口统计学变量受到了控制。这些结果说明项目数量(或者说服务的数量)比一些与家庭接受到的服务程度相联系的家庭特征更重要。

因为参与量只是参与率的一个未经加工的代表,可供评估参与率的其他方法是什么?在一项对IHDP的研究中,我们在基于中心的儿童保育和家访项目中定义了"积极参与"(Liaw,Meisels,& Brooks-Gunn,1995)。家访者采取三点量表形式对母亲在当天活动中的参与情况计分。将这些家庭评估总结起来得出参与量表。被评定为家访中参与率较高的母亲的儿童三岁时的智商测试分数较高,即使控制了人口统计学变量(母亲年龄、教育背景、婚姻状况和种族),儿童特征(性别、初生体重和出生时的健康状况），以及参与情况（家访数量和在儿童养护中心的天数）。在儿童养护中心的儿童也被评定了参与情况，并在结束中心养护后得出分数。三岁时高参与率与认知测试分数相联系，再次控制各种可能的协变量（这些结果不是随机得来的，所以由不可测量的变量引起的选择性偏见也许可以对一些或者全部影响做出解释）。值得注意的是，测试分数最高的儿童是在母亲和儿童高参与率组中得到的，说明这两个因素共同导致了这种结果。我们曾经建议参与者对项目的积极参与应该作为早期干预努力的一个主要目标（Berlin et al., 1998）。

其他检测参与率的方法集中在工作人员和父母的关系上。治疗联盟被用来描述这种关系，尤其是在强调心理参与的项目中（Horvath & Luborsky, 1993；Kazdin, 1997）。实际上，多数项目将工作人员—父母关系作为可能达到的提升教养方式的一种途径（Egeland & Erickson, 1990, 1993；Erickson et al., 1992；Lieberman et al., 1991）。虽然有限的结果数据被混合了（参见 van Ijzendoorn et al., 1995），但类似之前讨论过的巴纳德和同事（Barnard. et al., 1988）开发的项目很有希望。有趣的是，早期开端项目将工作人员作为基石之一，而且早期开端项目的国家评估正在研究工作人员—父母的关系（参见 Elicker, Noppe, Noppe, & Fortner-Wood, 1997；Pianta, 1992）。

工作人员特征也可能与参与率有关。瓦斯科等人（Wasik et al., 1997）定义了作为高质量家访的核心特征：个人沟通和社交技巧、成熟、温暖和开放。有这一系列能力的家访者很有可能被认为比没有这些特征的家访者更具情感支持力。虽然可以论证此推断的数据很少，但孟菲斯新手母亲项目的研究提供了一个有趣的发现（Korfmacher, Kitzman, & Olds, 1998）。母亲在项目结束时利用互助关系量表（涉及感受到的信任、理解和家访者的敏感度）（Barnard, 1998）评定家访护士。对那些有着较高水平心理资源的母亲来说，母亲对护士移情能力的评定与母亲直接针对儿童的移情能力相关（但是这两种方法都是母亲报告的）。丹佛的家访 2000 项目（Home Visiting 2000 Program）将会从更多细节上检视这些联系（Olds et al., 1997）。

工作人员和儿童之间的关系也需要被考虑。早期干预著作没有考虑到这些关系，至少没有以评估的形式考虑。我们假设这与教师和其他工作人员对所看护儿童的积极响应、非惩罚性、温暖的认知激励相关。然而儿童养护文献给出不同的图景，因为中心的教师—儿童关系变化很大（Hayes, Palmer, & Zaslow, 1990；Love et al., 1994；Phillips, 1995）。有一个可以推断那个变化的原因在早期干预项目中也很普遍（而且是时候用文件证明类似的变化了）。高质量的教师—儿童关系与较好的儿童结果相联系（Howes, 1997；Love et al., 1994）。

我们对参与率的讨论的最后一点与参与者的需要和项目服务之间的匹配度有关（Berlin et al., 1998）。正如迈泽尔斯（Meisels, 1992）和巴纳德（Barnard, 1998）曾指出的那样，毫无疑问，父母参与率和项目的成功与项目服务是否与一个儿童或者家庭特定的弱点以及父母意识到的需要相关。一个可能匹配的例子来自巴纳德（Barnard, 1998）开发的项目。高风险母亲从心理健康课程而不是教育性课程中受益更多，反之低风险母亲从教育性课程中受益更多。在一项 IHDP 的分析中（Liaw & Brooks-Gunn, 1994），对贫困家庭按风险因素（例如，低教育背景的母亲、没有工作的父母、单亲状况、青少年母亲、高水平的抑郁症状和低社会支持）的数量分组时，干预对来自家人面临一些或者少量的额外风险因素家庭的贫困儿童是有效的。然而，来自面临大量风险因素家庭的贫困儿童并没有被这个干预提供的一系列服务所影响。可能这些面临多样问题的贫困家庭需要不同形式的服务，一种更加密集的形式，或者更大剂量的服务。

儿童早期项目的实践意义和政策影响

本部分简要地考查了针对父母和家庭的研究结果对实践和政策影响。项目工作人员的观点认为,父母和家庭成员也是早期干预项目的组成部分。这个观点可能也预示着评估和项目目标间的不相关。我们从政策视角提出了福利改革可能给儿童早期干预带来的问题。

实践意义:变革理论

早期干预项目通常都有多重目标,其中有些制定得明确而另外一些非常模糊。在本章中,我们曾提到父母常常理所当然地被作为关注的焦点。在明确项目目标和能够产生积极结果的方式上更加深思熟虑,有助于解开早期干预的黑匣子(Berlin,1998;Klebanov et al.,1998)。至少有五个项目要素需要被检视:(1)项目的哲学取向或者变革理论(theory of change);(2)服务的首要目标或者对象;(3)项目课程或具体活动;(4)项目提供服务的方法;(5)服务的质量和时机(Berlin et al. 1998)。这里讨论的是首要要素——变革理论。本书其他章节会讨论到其他要素(参见 Halpern;Harbin, McWilliams, & Gallagher;Kagan & Neuman;Knitzer;Musick & Stott)。

一个项目的哲学取向是指它的重点、目标、期待达到的结果和具体实践。一个项目独特的哲学取向和项目对这个取向明确表述的程度是重要的项目特征。明确的项目目标、期望和实践可以促进服务的提供和接收。这被称为一个项目的变革理论,它指导着实践者的工作(Weiss,1995)。对变革理论的广泛关注是从基于社区的倡议中生成的。常常会有许多目标不同、赞助者不同以及多样化的指向综合性的整合服务(Leventhal, Brooks-Gunn, & Kamerman, 1997)。在儿童早期教育领域这种方法受到越来越广泛的应用(Kagan & Pritchard, 1996)。

在某种意义上,项目通常不会只有一个变革理论。通常来说,对于一个项目的服务目标和期望的改变途径,不同工作人员会有不同的感受。例如,特定项目中的家访者可能会认为提高亲子互动的主要途径是提供情感支持或者问题解决技巧(尽管同一项目中的家访者通常可能在将支持或技巧提升作为增强父母竞争力的最关键之处上有不同重点)。项目管理者可能强调财务紧张的减缓作为教养的最关键点,提出当家庭处于经济重压之下时,灵敏的教养方式是不可能的(或者难以实现的)。一位言语和语言学家也许会将亲子交流技巧的改善作为灵敏教养的关键。当然,强调通过以上任何途径改变教养方式都可能是正确的。问题是,从全局的观点来看,如何打造一个不同项目工作人员的兴趣和侧重点相融合的哲学取向。我们认为工作人员在如何影响家庭成员上拥有明确一致的哲学取向的项目才最有可能是成功的。尽管现在没有数据去证明这个推断,早期开端项目的国家评估对17个试点的项目工作人员进行了访谈和小组会议以获得感受到的变革理论的信息(Mathematica Policy Reseach,Inc.,1998)。

变革理论方法有改变评估研究如何进行的潜力(Berlin et al., 1998;Green & McAllister, 1998)。如果一个项目将一系列途径和目标连接起来,这个理论提供了建构评估的蓝图。例如,我们与早期开端项目工作人员关于期待的途径和结果的交谈表明,亲子关系通常是获得儿童发展结果的一条途径,也是发展结果的中心。因此,国家评估中包含了比开端计划中更多对关系的具体测量。另外一个例子可以从早期开端项目的四个基石中得到,四个基石指的是工作人员、儿童、家庭和社区。在这种环境下,很少有著作关注工作人员结果或者工作人员与父母间的关系,即使项目工作人员认为他们是成功的中心(Greenstein,1998;Korfmacher,1998)。所以,作为这个焦点的结果,工作人员—家长关系的测量是从工作人员和家长两方面进行的。

也许更关键的是评估过程中研究者和实践同伴之间合作建立的评估目标(Chen & Rossi,1983)。格林和麦克阿利斯特(Green & McAllister,1998)称此为基于理论的参与评估。他们将评估的两种方法结合——"(a)基于理论的评估,建立在将项目模式和这个项目作为评估指导框架的紧密连接的基础之上;(b)参与评估,需要评估者和项目管理者、工作人员以及家庭在评估发展中、实施中和转化中的密切合作。"(p.30)在呈现他们在家庭支持项目中的工作案例中,这些作者建议此类评估更加综合化,更加立足于项目实施的现实和家庭生活环境基础,与较为传统的评估相比更加动态化。我们期望这类方法的采用可以更明显地凸显家庭和父母被项目影响的方式。

政策影响:福利改革和早期干预

本章中综述的大多数项目关注贫困或者几近贫困的家庭。诸如联邦早期开端项目,利用联邦贫困基准线作为参与资格的筛选指导(记住开端项目中10%的机会是预留给残障儿童的,那些儿童也许达到或者没有达到收入资格线的要求)。其他项目对象为低教育背景、青少年时生育子女、未能就业的、单身或者同时具备以上特征的父母。所有这些人口统计学变量都与收入较少和福利收入低有关(Brooks-Gunn & Duncan,1997;Duncan & Brooks-Gunn,1997;Duncan et al.,1994;Liaw & Brooks-Gunn,1994;McLoyd,1998)。因此,许多接受儿童早期教育项目服务的家庭都有可能被福利改革所影响(Brooks-Gunn et al.,出版年代不明)。福利规则(限制和工作要求条款)、儿童养护供应和医疗补助的改变会影响父母的早期干预项目的运行方式、家庭接受的服务和项目期望家长所做的投入(Brooks-Gunn & Duncan,1997;Chase-Lansdale & Brooks-Gunn,1995;Currie,1997;Devaney,Ellwood,& Love,1997;Duncan & Brooks-Gunn,1998)。

更多孕育着年幼儿童的贫困母亲要求开始工作,因为1996年的福利改革停止给未就业单身父母发放补助津贴。贫困家庭临时援助(Temporary Assistance to Needy Families,TANF)被限制为60个月。州郡有权选择缩短这个时限,而且它们很有可能会这么做。同时,符合条件的父母在享受24个月的TANF后必须工作或者接受工作培训。此外,许多州郡对寻找工作有更多的严格要求。福利改革正在快速地施行,部分是因为在1996年改革通过前45个州已经准备让获得福利的要求比1988年实施《家庭支持法案》(Family Support Act)所允许的更严格。

随着更多的母亲进入工作,她们与早期干预项目的工作人员的关系会发生怎样的改变?鉴于她们的时间限制,她们如何保持项目活动的高参与率?项目对此限制会做何反应(例如,家访形式、家长互助小组、转向其他服务,等等)?考虑到贫困父母更多地参与到劳动力市场,项目是否会重新设计?父母参与率是不是会下降,就像低家访完成率所证明的那样,出现更少的家庭互助组和骤减的家长志愿者数量?

改变甚至会发生在父母让他们的孩子参与早期干预的数量上。例如,不提供全时段、灵活时间或者两者皆是的儿童养护项目对工作的母亲来说是不现实的。大多数开端项目持续半天就没有考虑到工作母亲的需要。许多针对婴幼儿的项目提供了家访服务和中心里的父母—幼儿群组。这些服务对母亲的吸引力会减弱。很明显,这些改变必须严密监控,不管是父母选择的形式还是服务投入的水平。

本着为贫困家庭提供更加整合和综合性项目的精神,政策需要注意结合成人和家庭的关注焦点(Aber, Brooks-Gunn, & Maynard, 1995; Smith, 1995a,b; St. Pierre et al., 1997)。我们回顾了一些融合性家庭素养项目的方法。这些项目可以被标榜为关注成人和家庭的项目,因为他们关注的焦点是典型的女性作为劳动力的成人和养育儿童的母亲(Chase-Lansdale & Brooks-Gunn, 1995; Smith, Brooks-Gunn, & Jackson, 1997)。随着福利改革的实施,有可能产生更多的包括家庭和工作要素的项目。

结　　论

事实上所有儿童早期干预项目都采取了一些家庭导向的方法。这些项目的评估有着数十年不尽相同的历史。1960—1970年间设计和实施的婴幼儿项目都将提高父母(和教养方式)功能作为主要目标。然而,已发布的评估较少地报告了父母的结果,这与对儿童的报告恰恰相反(Benasich et al., 1992; Clarke-Stewart & Fein, 1983; Lazar et al., 1982; McKey et al., 1985)。引起这个疏忽的原因不甚明确,但是所有的可能性不外乎以下几种因素:侧重于让孩子做好入学准备;缺乏对普遍的社会和情感支持(同时包括儿童和父母)的关注;相对缺乏设计完成的、受到广泛承认的测量父母结果的工具(与广泛应用的幼儿认知测试相比较)(Clarke-Stewart & Fein, 1983; Lewis, 1983);应用于父母的多种项目方法。此外,检视儿童结果是固定的逻辑。早期项目设计者希望说明儿童身上可能会产生的显著效果;一些人认为中介效应(例如父母的影响)是短期的政策相关问题。

然而,随着儿童早期教育项目的前期结果可能造成的影响得到证明,1980年和1990年间的评估尝试转向了对干预对父母的影响进行更为严格的审视,正如本章中综述到的那样。在某种程度上,这种侧重可能要归功于20世纪80年代晚期和90年代早期评估者发现,一些项目设计相对于其他项目来说对提升儿童语言和认知功能的可能性较小。例如,初学者项目的成功是不能复制的,如果关爱项目只有家访而不是与基于中心的养护结合起来时就难以达到同样的效果(Campbell & Ramey, 1994)。奥尔兹和同事们(Olds et al., 1994)关于家访项目的述评也表明,儿童的认知测试分数通常不会改变。同时,一项关于家访和基于家庭与基于中心结合的项目效果的述评显示父母结果得到了提升(Benasich et al., 1992)。

另外一个促进因素与用于父母身上的新课程材料的发展有关。关注母亲问题解决和应对技巧、反应度、幼儿养育知识(包括健康、安全和对幼儿养育的态度)、母亲的支持、情感健康和学习游戏的项目得到发展——这其中提及了一些应用最为广泛的方法(Barnard et al., 1988; Benasich et al., 1992; Lyons-Ruth et al., 1990; Olds et al., 1997; Sparling et al., 1991; Wasik et al., 1997)。整合化的素养课程也得到了发展(Brizius & Foster, 1993; Potts & Paull, 1995; St. Pierre et al., 1997),并且将父母行为作为项目目标之一。如本章提到的,这些方法提高了母子互动、家庭环境质量以及儿童导向服务的利用率。

意识到家庭在大多数早期干预项目中起作用常会促进其他教育和福利服务对于父母结果的关注(Smith, 1995a,b),所谓的两代人项目(儿童与父母)得到了开发,抱着将早期干预的最优处与训练和研究项目的最优处结合的希望。相信对父母和儿童的共同关注可以极大地减少贫困带来的弱势(Brooks-Gunn, 1995; Chase-Lansdale & Brooks-Gunn, 1995)。这些理想与早期幼儿教育的先驱者所支持的观点类似,他们看到项目为家庭而不仅仅是儿童服务(Zigler & Valentine, 1979)。

我们对21世纪早期幼儿教育项目的预测包括以下几点:

首先,至少会出现两种项目类型:一种将主要关注儿童养护,因为母亲的就业,尤其是在低收入家庭中会因为这样的养护的缺乏而受到严格限制(Kisker & Ross, 1997)。开端项目转向全天项目和"全方位的"护理就是这种趋势的一个范例。考虑到预期中母亲参与工作的增多,至于父母在这些项目中投入的类型和程度还未明确。鉴于通过父母对儿童产生的直接和间接影响的可能性,如果联合了父母投入,此类项目对儿童的影响有巨大的潜力。两个此类干预的例子在本章中得以呈现(Linver et al., 1999; Klebanov et al., 年份不明)。另一趋势将强调教养方式的实践,减少家庭压力以及提高父母心理健康和应对技巧。这些项目会依赖于家访模式,并伴随着父母被期待的投入。对父母的影响是预料之中的,通过这章可以得到解释。同时,此类项目会对儿童有何种影响尚未明确。迄今为止,没有现存证据证明家访对父母的影响是影响儿童的一条途径。

其次,儿童、家庭和成人要素在单一项目中的整合将会持续,但对于所谓的代际项目的早期激情可能需要缓和。同时提供这些要素是特别困难的。已经进行的项目,除了公平开端项目和其他代际素养项目,只提供了关于教养方式的少数实践(Aber et al., 1995; Brooks-Gunn, Berlin, Aber, & Carcagno, 1998)。除非早期幼儿教育项目中的教育者在研究项目中成为平等的合作者,否则改变父母行为(与成人工作行为相反)的概率就不高。

最后,随着项目工作人员对于变革理论越来越明确,他们将会同时与研究者和家庭成员合作去联接项目侧重点、目标、预期成效以及实现这些预期的具体实践。此外,这种方法在促进项目设计和评估时给予家庭更为中心的角色,突出项目工作人员和家庭成员间关系的重要性。项目服务的益处不会全部被意识到,除非参与者实实在在地参与其中。我们已经讨论过,这种参与取决于项目与参与者之间的关系,尤其是项目服务与家庭需要相匹配的程度。随着项目功能相关的明确观点提供了越来越多基于理论的项目评估的基础,变革理论方法也有助于将研究者检测项目效果的能力最大化。

总的来说,项目工作人员总是对他们的服务给家庭和儿童带来的影响有所想法。当想法被明确,变革理论的构想可以使个别项目被期望影响效果的方式得到评估,从而导致项目方法更加具体,干预策略更有目标。

附　　录

附录24.A、24.B、24.C总结了三种儿童早期项目的父母/家庭结果。附录24.A总结了关注父母的基于家庭的项目对父母/家庭的影响。附录24.B总结了关注父母的基于中心和家庭的项目的结果。附录24.A和附录24.B可以分为两个部分:(1)始于产前至1岁儿童的项目;(2)始于12—36个月儿童的项目。附录24.C总结了代际和关注父母素养项目的结果。所有的附录都对以下有可用数据的结果进行报告:父母的教育/就业/自给自足;父母的身心健康;观察到的亲子互动/关系品质;利用儿童相关服务;育儿态度、知识和家庭环境质量;虐待儿童指标。使用随机分配的研究用星号(*)进行了标注。

附录24.A 儿童早期项目对父母/家庭的影响:关注父母的基于家庭的项目

研究 (*表示随机分配)	儿童年龄/ 干预持续时间	干预描述	结果(T代表干预组;C代表对照组; $T1$、$T2$代表不同的干预方式)
A1部分:开始于产前至1岁儿童的干预项目			
*Barrera et al.,1986	出生 12个月	1—4个月每周一次家访,5—8个月每两周一次家访,9—12个月每月一次家访;平均访问23次 $T1$:亲子互动干预 $T2$:儿童发展干预	观察到的亲子互动/关系质量:16个月时,母亲的反应上,$T1>C$,$T2>C$ 育儿态度、知识和家庭环境质量:16个月时,HOME评分,$T1>C$
*Barth et al.,1988; (Child-Parent Enrichment Project,亲子强化计划)	孕期 6个月	每月两次家访	父母的身心健康:在产妇健康和社会支持上,$T=C$ 利用儿童相关服务:关于健康宝宝照顾,后测时$T>C$ 虐待儿童指标:关于急诊就诊、将儿童赶出家门、让邻居照顾儿童等方面,$T<C$;关于虐待儿童报告,$T=C$
*Field et al.,1980	出生 1年	每两周一次家访	父母的身心健康:8个月时,母亲血压,$T>C$ 观察到的亲子互动/关系质量:"最佳的"面对面互动,$T>C$ 育儿态度、知识和家庭环境质量:4个月时,在现实发展性预期和抚育儿童的态度上,$T>C$;8个月时,母亲的反应和参与度HOME评分,$T>C$
*Gray et al.,1979	出生 2年	每周一次家访,每两周一次拜访儿科医师,每两周一次电话咨询儿科医师	观察到的亲子互动/关系质量:17和35个月时,在"非常规养育"上,$T=C$ 利用儿童相关服务:在接种免疫方面,$T=C$ 虐待儿童指标:17和35个月时,关于事故和虐待儿童的报告,$T=C$;儿童由于严重疾病就医,$T<C$

续表

研究（*表示随机分配）	儿童年龄/干预持续时间	干预描述	结果（T代表干预组；C代表对照组；T1、T2代表不同的干预方式）
*Hardy & Street, 1989（约翰·霍布金斯儿童和青年项目）	出生 2年	基于社区的综合项目，其中关于家长教育的家访10次	利用儿童相关服务：在2岁时，儿童接种免疫方面，T>C；进医院，T<C 虐待儿童指标：2岁时，严重皮疹，靠近头部的创伤，T<C
*Jacobson & Frye, 1991	第九个月 1年	30次家访	观察到的亲子互动/关系品质：14个月，Q分类"依恋评分"，T>C 育儿态度、知识和家庭环境质量：HOME评分，T=C
*Larson, 1980	T1：孕期第7个月到出生后15个月 T2：孕6周到出生后15个月	T1：一次产前和产后家访；从6周到6个月共7次家访；从第6个月到第15个月共15次家访 T2：从第6周到第6个月共7次家访；从第6个月到第15个月共3次家访	观察到的亲子互动/关系品质：12和15个月时，母子互动"问题"和父亲参与照料，T1<T2；6周、6个月和18个月，母亲（敏感）行为量表，T1>T2=C；12个月母亲（敏感）行为量表，T1=T2=C 利用儿童相关服务：18个月，宝宝健康状况和接种免疫方面，T=C 育儿态度、知识和家庭环境质量：6周、6个月、12个月、18个月 HOME评分，T1>T2=C 虐待儿童指标：6个月、12个月时，事故发生率，T1<C，T2<C；18个月急诊就诊，T=C
*Lyons-Ruth et al., 1990	出生到9个月 到儿童18个月为止	几乎每周一次家访 C1：高风险 C2：低风险	父母的身心健康：在母亲社会分离感方面，T=C 观察到的亲子互动/关系质量：18个月时，非组织的母子依恋，T<C1；母子互动，T=C1=C2
*Kitzman et al., 1997（孟菲斯新手母亲计划）	孕期 2年	孕期平均7次家访，从出生到24个月共26次家访	父母的教育/就业/自给自足：后继妊娠方面，T<C；学业成绩和就业方面，T=C；使用公共救助方面，T=C 虐待儿童指标：儿童中毒和受伤，T<C

续表

研究（*表示随机分配）	儿童年龄/干预持续时间	干预描述	结果（T代表干预组；C代表对照组；T1、T2代表不同的干预方式）
*Olds, Henderson, Chamberlin et al., 1986; Olds, Henderson, Tatelbaum et al., 1986; Olds et al., 1988, 1994, 1997, 1999；产前和早期婴儿计划	孕期 24个月	产后6周每周一次家访，然后逐渐减少到每6周一次；平均31次家访	父母的教育/就业/自给自足：对于贫困、未婚的青少年，开始的24个月，依赖公共救助天数，$T<C$；在46个月时，参加工作，$T>C$；随后妊娠方面，$T<C$；15年后的随访，在后续生育子女数方面，$T<C$；第一个和第二个孩子时间间隔上，$T>C$；使用AFDC或食物救济方面，$T<C$ 父母的身心健康：25个月到50个月间，医生对于父母处理问题的报告上，$T<C$ 观察到的亲子互动/关系质量：对于贫困、未婚青少年，在10个月、22个月、46个月受惩罚和限制方面，$T<C$；提供合适的游戏材料方面，$T>C$；34个月时母亲的温暖和克制方面，$T=C$，母亲参与方面，$T>C$；46个月时母亲的温暖、克制、参与方面，$T=C$ 利用儿童相关服务：25个月到50个月间，住院次数，$T=C$ 育儿态度、知识和家庭环境质量：在34个和46个月时，HOME评分，$T=C$；在46个月时，家庭伤害方面，$T<C$；家庭语言刺激和提供学习材料方面，$T>C$ 虐待儿童指标：在24个月时，儿童虐待，$T<C(p=0.07)$；25个月到50个月时，儿童虐待，$T=C$；受伤和中毒方面，$T<C$；在第一年期间，急诊就诊，$T<C$；在第二年期间，急诊就诊、发生事故、中毒，$T<C$；在46个月时，儿童暴露在污染中环境中，$T=C$；急诊就诊，$T<C$；15年后随访发现，关于虐待的各种报告，$T<C$
*Osofsky et al., 1988（门宁格婴儿计划）	出生 18个月	21次家访	观察到的亲子互动/关系质量：6个月和13个月时，"接受者"（更多参与服务的人）母亲在游戏和喂食中的（敏感）行为方面，$T>C$ 育儿态度、知识和家庭环境质量：36个月时，"接受者"HOME评分，$T>C$
Ross, 1984	出生 12个月	15次家访	育儿态度、知识和家庭环境质量：12个月时，HOME评分，$T>C$；母亲的儿童抚育态度，$T=C$
*Barnard et al., 1988; Booth et al., 1989（临床护理模式干预）	孕22周之前 12个月	T1：信息/资源模式（平均13.7次家访） T2：心理健康模式（平均19.1次家访）	观察到的亲子互动/关系质量：12个月时，对社会技能低的母亲，T1和T2包含的干预目标≥支持母亲的教学

续表

研究（*表示随机分配）	儿童年龄/干预持续时间	干预描述	结果（T代表干预组；C代表对照组；T1、T2代表不同的干预方式）
*Erickson et al., 1992（STEEP计划）	孕6个月 18个月	大约36次家访	父母的教育/就业/自给自足：母亲人生管理技能方面，T>C 父母的身心健康：母亲沮丧和焦虑方面，T<C；母子依恋稳定性方面，T=C 育儿态度、知识和家庭环境质量：HOME评分，T>C
A2部分：始于儿童12—36个月的干预项目			
*Gray & Ruttle, 1980（DARCEE Family-Oriented Program，DARCEE家庭导向项目）	17到24个月 9个月	每周一次家访	观察到的亲子互动/关系质量：1岁时，教学策略效果方面，T>C 育儿态度、知识和家庭环境质量：在10、20、32个月，HOME评分，T>C
*Lieberman et al., 1991	一岁 一年	每周一次家访	观察到的亲子互动/关系质量：12个月时，母亲移情、母亲发起互动，T>C；24个月时，Q分类母子依恋品质，T=C 育儿态度、知识和家庭环境质量：12个月时，母亲的儿童抚养态度上，T=C
*Madden et al., 1984（Mother-Child Home Program，母子居家项目）	2—3岁 2年	每周两次家访（两年中平均每年大概46次家访）	观察到的亲子互动/关系质量：两年后随访2/3的参与者，母子互动标记和表述，T>C；表达感情和口头表扬方面，T=C

附录24.B 儿童早期项目对父母/家庭的影响：关注父母的基于中心和家庭的项目

研究（*表示随机分配）	儿童年龄/干预持续时间	干预描述	结果（T代表干预组；C代表对照组；T1、T2代表不同的干预方式）
B1部分：始于产前或儿童出生后第一年的干预项目			
*Andrews et al., 1982（伯明翰家长儿童发展中心）	3—5个月大 3年	第一年：每周在中心母子共度3~4个半天 第15—36个月：每周4个半天母亲代替老师进行实地演练；第五天上课	父母的教育/就业/自给自足：后测中返校的可能性，T>C；使用社区可用资源处理问题，T>C 父母的身心健康：后测中的一般生活满意度，T>C 观察到的亲子互动/关系质量：36和48个月时，母子互动的积极行为，T>C；后测中的儿童管理技术：更多的使用讲道理而不是体罚，T>C

续表

研究（*表示随机分配）	儿童年龄/干预持续时间	干预描述	结果（T代表干预组；C代表对照组；T1,T2代表不同的干预方式）
*Andrews et al., 1982（新奥尔良家长儿童发展中心）	2个月 3年	每周两个半天在中心；儿童照料和父母小组	观察到的亲子互动/关系质量：36和48个月时，父母评估，$T>C$；24和36个月时，积极的母亲反应：更敏感、可接受、合作，$T>C$；24个月时，使用负面语言，$T<C$
*Andrews et al., 1982（休斯顿家长儿童发展中心）	1岁 两年	第一年：90分钟的家访30次 第二年：每周4个半天的儿童照顾教育和父母课堂 每周可选英语课；四个休息日的家庭工作坊	观察到的亲子互动/关系质量：后测的父母评估：喜爱、赞美、合理控制和鼓励儿童的言语表达，$T>C$ 父母的教育/就业/自给自足：36个月时，HOME评分，$T>C$
*Brooks-Gunn et al., 1994; Gross, Spiker, & Hayes, 1997; McCormick et al., 1998; Smith & Brooks-Gunn, 1997; Berlin, Brooks-Gunn, McCarton, & McCormick, 1998; IHPP	出院 3年	第一年：每周一次家访 第二、三年：每两周一次家访；每周至少五个半天学前教育；每两个月父母小组会面	父母的教育/就业/自给自足：第3年，母亲就业方面，$T>C$；母亲问题解决，$T>C$ 父母的身心健康：第1年，母亲的抑郁症状，$T>C$ 观察到的亲子互动关系质量：30个月时，问题解决期间母亲获得的支持质量，以及母子"亲密度"，$T>C$ 利用儿童相关服务：生病看医生，$T>C$；在医院住院时间、外科手术治疗、看急诊，$T=C$ 育儿态度、知识和家庭环境质量：第三年，HOME评分，$T>C$；母亲儿童养育知识和态度，$T=C$ 虐待儿童指标：第3年，打和严厉责骂（只针对男孩），$T<C$
*Field et al., 1982（青春期妊娠干预项目，只有T2组）	出生 6个月	T1：每两周一次家访，抚育训练 T2：有偿职业教师对婴儿护理进行训练	父母的教育/就业/自给自足：在第1、2年，再次怀孕，$T1<C, T2<C$；母亲就业、学业，$T2>T1>C$ 观察到的亲子互动/关系品质：4个月时，"最佳"面对面互动，$T1=T2>C$；母亲对婴儿说话，$T2>T1=C$ 育儿态度、知识和家庭环境质量：在8个月、第1年、第2年时HOME评分，$T=C$
Garber, 1988（密尔沃基项目）	出生 5年	项目开始时密集家访（每周9~15小时）；每周五天的全日儿童照顾；工作咨询和对父母的有偿训练	父母的身心健康：后测，母亲内控点，$T>C$ 观察到的亲子互动/关系质量：在后测的教养方式测评（结构化互动中更多言语和心理积极反馈），$T>C$；母亲教育能力，$T=C$

续表

研究（*表示随机分配）	儿童年龄/干预持续时间	干预描述	结果（T代表干预组；C代表对照组；T1,T2代表不同的干预方式）
Seitz & Apfel,1994（耶鲁儿童福利项目）	孕期产后30个月	平均28次家访；可选的儿童照顾教育；社会工作、心理服务、个性化儿童护理；发展性测验	父母的教育/就业/自给自足：在随后10年的追踪中，母亲教育和推迟下次怀孕，T>C；接受AFDC和家庭规模，T<C
*Wasik et al.,1990；Burchinal et al.,1997（关爱计划）	出生5年	T1：107次家访T2：110次家访和每周5天的全天儿童照顾	育儿知识、态度和家庭环境质量：6、12、18、30、42、54个月和第7年时，HOME评分，T1=C，T2=C；36个月和第8年时，儿童教养态度，T1=C，T2=C
*Weiss,1979；Zigler & Weiss,1985（布鲁克莱恩早期教育项目）	新生儿入学	家访、游戏组、幼儿园前项目、发展性测验和儿科检查、父母教育和支持	观察到的亲子互动/关系质量：在幼儿园和二年级期间，与教师的密切接触，T>C
B2部分：始于12—36个月的干预项目			
*Schweinhart et al.,1993（高瞻佩里学前项目）	3—4岁直到5岁	每周家访；每周5天，每天2.5小时在学前班级	育儿知识、态度和家庭环境质量：在4—5岁，儿童教养态度，T>C

附录24.C 儿童早期项目对父母/家庭的影响：代际和关注父母素养项目

研究（*表示随机分配）	儿童年龄/干预持续时间	干预描述	结果（T代表干预组；C代表对照组；T1,T2代表不同的干预式）
*St. Pierre et al.,1995（公平开端）	出生到7岁一年或更长	从出生到7岁的儿童早期教育；成人教育服务，包括有成人基础教育，英语为第二外语和GED准备；父母教育服务	父母的教育/就业/自给自足：后测中GED获得率，T>C；CASAS阅读得分，T=C观察到的亲子互动/关系质量：后测的亲子阅读互动，T=C；前后测居家亲子互动、教养方式、学习活动和"父母为师"量表得分均有提高育儿知识、态度和家庭环境质量：后测中在家为儿童增加阅读材料的数量，T>C；父母对儿童教育期待，T=C，但前后测结果显示，父母对儿童在校表现期待和高中成绩期待有明显提升

续表

研究（*表示随机分配）	儿童年龄/干预持续时间	干预描述	结果（T代表干预组；C代表对照组；T1，T2代表不同的干预式）
Tao et al.，1997（公平开端）	出生到7岁 一年或更长	从出生到7岁的儿童早期教育；成人教育服务，包括有成人基础教育，英语为第二外语和GED准备；父母教育服务	父母的教育/就业/自给自足：CASAS阅读和数学测试结果显示，后测相比前测有提升；TABE得分有提升；总体中有8%完成GED（研究样本中是24%） 育儿态度、知识和家庭环境质量：前后测HSQ标准分；孩子小于3岁的家长得分0.60，3—6岁孩子家长得分0.48
Heberle，1992（亲子教育）	3—5岁 1或2年	高瞻课程；成人教育课程；儿童早期教室中的亲子活动时间；父母支持和教育	父母的教育/就业/自给自足：GED获得率，T>C；37%获得；TABE得分显著提高 育儿态度、知识和家庭环境质量：家长对儿童的教育期待，后测比前测有提升
Brizius & Foster，1993（凯南/丰田学习家庭）	未详细说明	儿童早期教育；成人教育；父母支持和教育	父母教育/就业/自给自足：个人教育目标的发展：获得GED，认同理想工作所需的某种继续教育，追求教育深造 观察到的亲子互动/关系质量：工作人员报告，参加完项目的父母，有40%在儿童养育和当更好的榜样上有所提高 育儿态度、知识和家庭环境质量：父母认为自己为成为好父母做了更好的准备
Richardson & Brown，1997（FILM）	未详细说明的学前期	成人教育；父母讨论组；家访；亲子互动的幼儿活动组；早期学习中心	父母的教育/就业/自给自足：后测CASAS得分比前测有提高；超过40%获得GED 育儿态度、知识和家庭环境质量：HSQ和HOME评分的前后测显示出提高；大部分家长报告认识到为儿童读书、开展恰当游戏和培养他们长处、指导和训练儿童的新技能和新策略的重要性
Philliber, Spillman, & King，1996（丰田学习家庭）	3—4岁 1~2年	儿童早期教育；成人读写训练；父母支持小组；亲子互动 对比的两组在纽约和加利福尼亚参加传统成人素养项目	父母的教育/就业/自给自足：CASAS阅读得分和TABE得分，T>C

续表

研究（*表示随机分配）	儿童年龄/干预持续时间	干预描述	结果（T代表干预组；C代表对照组；T1，T2代表不同的干预式）
Mikulecky, Lloyd, & Brannon, 1994（丰田学习家庭）	3—4岁 4~6个月	儿童早期教育；成人读写训练；父母支持小组；亲子互动	观察到的亲子互动/关系质量：前后测对比显示，父母更频繁陪孩子阅读及去图书馆 育儿态度、知识和家庭环境质量：前后测对比显示，在家的读写材料、父母展示孩子作品以及通过主动活动实现父母在儿童学习的价值增加；在父母读写榜样活动或儿童发展知识方面没有增加
Owen & Mulvihill, 1994（父母为师）	出生或胎儿期到3岁 3年	家访；父母小组会议；儿童发展筛查和转介	父母的身心健康：父母压力，对社会支持的认知或教养满意度，T=C 育儿态度、知识和家庭环境质量：HOME环境和教养评分，T>C；项目没有显示对儿童发展知识或儿童养育态度的效果
*Baker, Piotrkowski, & Brooks-Gunn, 1998, 1999学前儿童家庭指导项目	4—5岁 1~2年	家长教育工作者每周一次家访	育儿态度、知识和家庭环境质量：后测中在家不同的读写材料，T>C；父母对儿童受教育程度和表现的期待，T>C

参 考 文 献

Aber, J. L., Brooks-Gunn, J., & Maynard, R. (1995). Effects of welfare reform on teenage parents and their children. *The Future of children: Critical issues for children and youth*, 5, 53–71.

Achenbach, R. M., Phares, V., Howell, C. T., Rauh, V. A., & Nurcombe, B. (1990). Seven-year outcome of the Vermont Intervention Program for Low-Birthweight Infants. *Child Development*, 61, 1672–81.

Ainsworth, M., Blehar, M. C., Waters, E., & Wall, S. (1978). *Patterns of attachment*. Hillsdale, NJ: Erlbaum.

Andrews, S. R., Blumenthal, J. B., Johnson, D. L., Kahn, A. J., Ferguson, C. J., Lasater, T. M., Malone, P. E., & Wallace, D. B. (1982). The skills of mothering: A study of Parent–Child Development Centers (New Orleans, Birmingham, Houston). *Monographs of the Society for Research in Child Development*, 47 (6, Serial No. 198).

Baker, A., Piotrkowski, C. S., & Brooks-Gunn, J. (1998). Home Instruction Program for Preschool Youngsters: A multi-site longitudinal evaluation. *Early Childhood Research Quarterly*, 13, 571–88.

Baker, A., Piotrkowski, C., & Brooks-Gunn, J. (1999). The Home Instruction Program for Preschool Youngsters (HIPPY). *The Future of Children*, 9, 116–33.

Barnard, K. E. (1998). Developing, implementing, and documenting interventions with parents and young children. In L. J. Berlin (Ed.), Opening the black box: Understanding how early intervention programs work [Special Issue]. *Zero To Three*, 18, 23–9.

Barnard, K. E., Magyary, G. S., Booth, C. L., Mitchell, S. K., & Spieker, S. (1988). Prevention of parenting alterations for women with low social support. *Psychiatry*, 51, 248–53.

Barnett, W. S. (1993). Economic evaluation of home visiting programs. *The Future of Children*, 3(3), 93–112.

Barnett, W. S. (1995). Long-term effects of early childhood programs on cognitive and school outcomes. *The Future of Children*, 5, 25–50.

Baron, R. M., & Kenny, D. A. (1986). The moderator–mediator variable distinction in social psychological research: Conceptual, strategic, and statistical considerations. *Journal of Personality and Social Psychology*, 51, 1173–82.

Barrera, M. E., Rosenbaum, P. L., & Cunningham, C. E. (1986). Early home intervention with low-birth-weight infants and their parents. *Child Development*, 57, 20–33.

Barth, R. P., Hacking, S., & Ash, J. R. (1988). Preventing

child abuse: An experimental evaluation of the Child Parent Enrichment Project. *Journal of Primary Prevention, 8,* 201–17.

Behrman, R. E. (Ed.). (1999). Home visiting: Recent program evaluations. *The Future of Children, 9*(1).

Belsky, J., & Cassidy, J. (1994). Attachment: Theory and evidence. In M. Rutter, D. Hay, & S. Baron-Cohen (Eds.), *Developmental principles and clinical issues in psychology and psychiatry* (pp. 373–402). Oxford, England: Blackwell.

Benasich, A. A., Brooks-Gunn, J., & Clewell, B. C. (1992). How do mothers benefit from early intervention programs? *Journal of Applied Developmental Psychology, 13,* 311–62.

Berlin, L. J. (1998). Introduction. In L. J. Berlin (Ed.), Understanding intervention processes in early interventions [Special issue]. *Zero To Three, 18,* 1–3.

Berlin, L. J., Brooks-Gunn, J., McCarton, C., & McCormick, M. C. (1998). The effectiveness of early intervention: Examining risk factors and pathways to enhanced development. *Preventive Medicine, 27,* 238–45.

Berlin, L. J., Brooks-Gunn, J., Spiker, D., & Zaslow, M. J. (1995). Examining observational measures of emotional support and cognitive stimulation in black and white mothers of preschoolers. *Journal of Family Issues, 16,* 664–86.

Berlin, L. J., O'Neal, C. R., & Brooks-Gunn, J. (1998). Understanding the processes in early intervention programs: The interaction of program and participants. In L. J. Berlin (Ed.), Opening the black box: Understanding how early intervention programs work [Special issue]. *Zero To Three, 18,* 4–15.

Booth, C. L., Mitchell, S. K., Barnard, K. E., & Spieker, S. J. (1989). Development of maternal social skills in multiproblem families: Effects on the mother–child relationship. *Developmental Psychology, 25,* 403–12.

Bornstein, M. H. (1989). Between caretakers and their young: Two models of interaction and their consequences for cognitive growth. In M. H. Bornstein & J. S. Bruner (Eds.), *Interactions in human development* (pp. 197–214). Hillsdale, NJ: Erlbaum.

Bornstein, M. H. (Ed.). (1995). *Handbook of parenting.* Mahwah, NJ: Lawrence Erlbaum Associates.

Bradley, R. H. (1995). Environment and parenting. In M. Bornstein (Ed.), *Handbook of parenting* (pp. 235–61). Mahwah, NJ: Lawrence Erlbaum Associates.

Bradley, R. H., Caldwell, B. M., Rock, S. L., Ramey, C. T., Barnard, K. E., Gray, C., Hammond, M. A., Mitchell, S., Gottfried, A. W., Siegel, L., & Johnson, D. (1989). Home environment and cognitive development in the first three years of life: A collaborative study involving six sites and three ethnic groups in North America. *Developmental Psychology, 25,* 217–35.

Bradley, R. H., Casey, P. H., & Caldwell, B. M. (1997). Quality of home environment. In R. T. Gross, D. Spiker, & C. W. Haynes (Eds.), *Helping low birth weight, premature babies: The Infant Health Development Program* (pp. 242–56). Stanford, CA: Stanford University Press.

Brizius, J. A., & Foster, S. A. (1993). *Generation to generation: Realizing the promise of family literacy.* Ypsilanti, MI: High/Scope Press.

Bronfenbrenner, U. (1979). *The ecology of human development.* Cambridge, MA: Harvard University Press.

Brooks-Gunn, J. (1995). Children and families in communities: Risk and intervention in the Bronfenbrenner tradition. In P. Moen, G. H. Elder, & K. Lusher (Eds.), *Examining lives in context: Perspective on the ecology of human development* (pp. 467–519). Washington, DC: American Psychological Association Press.

Brooks-Gunn, J. (1997). Introduction. *Focus, 19.* Madison, WI: University of Wisconsin, Institute for Research on Poverty.

Brooks-Gunn, J., Berlin, L. J., Aber, J. L., & Carcagno, G. J. (1998). *Moving from welfare to work: What about the family?* Manuscript submitted for publication.

Brooks-Gunn, J., & Duncan, G. J. (1997). The effects of poverty on children. *The Future of Children, 7,* 55–71.

Brooks-Gunn, J., Klebanov, P. K., Liaw, F., & Spiker, D. (1993). Enhancing the development of low birth weight, premature infants: Changes in cognition and behavior over the first three years. *Child Development, 64,* 736–53.

Brooks-Gunn, J., McCarton, C., Casey, P., McCormick, M., Bauer, C., Bernbaum, J., Tyson, J., Swanson, M., Bennett, F., Scott, D., Tonascia, J., & Meinert, C. (1994). Early intervention in low birth weight, premature infants: Results through age 5 years from the Infant Health and Development Program. *Journal of the American Medical Association, 272,* 1257–62.

Brooks-Gunn, J., McCormick, M. C., Klebanov, P. K., & McCarton, C. (1998). Health care use of 3-year-old low birthweight premature children: Effects of family and neighborhood poverty. *The Journal of Pediatrics, 132,* 971–975.

Brooks-Gunn, J., McCormick, M. C., Shapiro, S., Benasich, A. A., & Black, G. (1994). The effects of early education intervention on maternal employment, public assistance, and health insurance: The Infant Health and Development Program. *The American Journal of Public Health, 84,* 924–31.

Brooks-Gunn, J., Smith, J., Berlin, L. J., & Lee, K. (in press). Familywork: Welfare changes, parenting, and young children. In G. R. Brookins (Ed.), *Exits from poverty.* New York: Cambridge University Press.

Burchinal, M. R., Campbell, F. A., Bryant, D. M., Wasik, B. H., & Ramey, C. T. (1997). Early intervention and mediating processes in cognitive performance of children of low-income African American families. *Child Development, 68,* 935–54.

Caldwell, B., & Bradley, R. H. (1984). *Home observation for measurement of the environment (HOME).* Little Rock, AR: University of Arkansas at Little Rock.

Campbell, F. A., & Ramey, C. T. (1994). Effects of early intervention on intellectual and academic achievement: A follow-up study of children from low-income families. *Child Development, 65,* 684–98.

Carnegie Task Force on Learning in the Primary Grades. (1996). *Years of promise: A comprehensive learning strategy for America's children. The report of the Carnegie Task Force on Learning in the Primary Grades.* New York: Carnegie

Corporation of New York.

Carnegie Task Force on Meeting the Needs of Young Children. (1994). *Starting points: Meeting the needs of our youngest children. The report of the Carnegie Task Force on Meeting the Needs of Young Children.* New York: Carnegie Corporation of New York.

Chase-Lansdale P. L., & Brooks-Gunn, J. (1995). *Escape from poverty: What makes a difference for children?* New York: Cambridge University Press.

Chase-Lansdale, P. L., Brooks-Gunn, J., & Zamsky, E. S. (1994). Young African–American multigenerational families in poverty: Quality of mothering and grandmothering. *Child Development, 65*, 373–93.

Chen, H., & Rossi, P. (1983). Evaluating with sense: The theory-driven approach. *Evaluation Review, 7*, 283–302.

Clarke-Stewart, K. A., & Fein, G. G. (1983). Early childhood programs. In P. H. Mussen (Series Ed.), *Handbook of child psychology, Vol. 4.* Socialization, personality, and social development (pp. 918–99). New York: Wiley.

Conger, R. D., Conger, K. J., & Elder, G. (1997). Family economic hardship and adolescent academic performance: Mediating and moderating processes. In G. J. Duncan & J. Brooks-Gunn (Eds.), *Consequences of growing up poor* (pp. 288–310). New York: Russell Sage Foundation.

Conger, R. D., Ge, X., Elder, G., Lorenz, F., & Simons, R. (1994). Economic stress, coercive family process and developmental problems of adolescents. *Child Development, 65*, 541–61.

Coons, C. E., Gay, E. C., Fandal, A. W., Ker, C., & Frankenburg, W. K. (1981). *The Home Screening Questionnaire reference manual.* Denver, CO: John F. Kennedy Child Development Center, School of Medicine, University of Colorado Health Sciences Center.

Council on Child and Adolescent Health. (1998). The role of home-visitation programs in improving health outcomes for children and families. *Pediatrics, 101*, 486–9.

Crowell, J. A., & Feldman, S. S. (1988). Mothers' internal models of relationships and children's behavioral and developmental status: A study of mother-child interaction. *Child Development, 59*, 1273–85.

CTB/McGraw-Hill. (1987). *Tests of Adult Basic Education: Examiner's Manual.* Monterey, CA: CTB/McGraw-Hill.

Currie, J. M. (1997). Choosing among alternative programs for poor children. *The Future of Children, 7*, 113–31.

Department of Health and Human Services (1994). *Statement of the advisory committee on services for families with infants and toddlers* (DHHS Publication No. 1994-615-032/03062). Washington, DC: U.S. Government Printing Office.

Devaney, B. L., Ellwood, M. R., & Love, J. M. (1997). Programs that mitigate the effects of poverty on children. *The Future of Children, 7*, 88–112.

Downey, G., & Coyne, J. C. (1990). Children of depressed parents: An integrative review. *Psychological Bulletin, 108*, 50–76.

Duggan, A. K., McFarlane, E. C., Windham, A. M., Rohde, C. A., Salkever, D. S., Fuddy, L., Rosenberg, L. A., Buchbinder, S. B., & Sia, C. C. J. (1999). Evaluation of Hawaii's Healthy Start program. *The Future of Children, 9*, 66–90.

Duncan, G. J., & Brooks-Gunn, J. (Eds.). (1997). *Consequences of growing up poor.* New York: Russell Sage Foundation Press.

Duncan, G. J., & Brooks-Gunn, J. (1998). Welfare's new rules: A pox on children. *Issues in Science & Technology, 14*, 67–72.

Duncan, G. J., Brooks-Gunn, J., & Klebanov, P. K. (1994). Economic deprivation and early-childhood development. *Child Development, 65*, 296–318.

Egeland, B., & Erickson, M. F. (1990). Rising above the past: Strategies for helping new mothers break the cycle of abuse and neglect. *Zero To Three, 11*, 29–35.

Egeland, B., & Erickson, M. (1993). Attachment theory and findings: Implications for prevention and intervention. In S. Kramer & H. Parens (Eds.), *Prevention in mental health: Now, tomorrow, ever?* (pp. 21–50). Northvale, NJ: Jason Aronson.

Egeland, B., Kalkoske, M., Gottesman, N., & Erickson, M. F. (1990). Preschool behavior problems: Stability and factors accounting for change. *Journal of Child Psychology and Psychiatry, 31*, 891–909.

Elder, G. H., Jr. (1998). The life course and human development. In W. Damon (Ed.), *Handbook of child psychology. Vol. 1: Theoretical models of human development* (pp. 939–92). New York: Wiley.

Elicker, J., Noppe, I. C., Noppe, L. D., & Fortner-Wood, C. (1997). The Parent-Caregiver Relationship Scale: Rounding out the relationship system in infant child care. *Early Education and Development, 8*, 83–100.

Erickson, M. F., Korfmacher, J., & Egeland, B. (1992). Attachments past and present: Implications for therapeutic intervention with mother–infant dyads. *Development and Psychopathology, 4*, 495–507.

Fergusson, D. M., Lynskey, M. T., & Horwood, L. J. (1993). The effect of maternal depression on maternal ratings of child behavior. *Journal of Abnormal Child Psychology, 21*, 245–69.

Field, T., Widmayer, S., Greenberg, R., & Stoller, S. (1982). Effects of parent training on teenage mothers and their infants. *Pediatrics, 69*, 703–7.

Field, T. M., Widmayer, S. M., Stringer, S., & Ignatoff, E. (1980). Teenage, lower-class, black mothers and their preterm infants: An intervention and developmental follow-up. *Child Development, 51*, 426–36.

Garber, H. L. (1988). *The Milwaukee Project: Preventing mental retardation in children at risk.* Washington, DC: American Association on Mental Retardation.

Gomby, D. S., Larson, C. S., Lewitt, E. M., & Behrman, R. E. (1993). Home visiting: Analysis and recommendations. *The Future of Children, 3*, 6–22.

Goodman, S. H., & Brumley, H. E. (1990). Schizophrenic and depressed mothers: Relational deficits in parenting. *Developmental Psychology, 26*, 31–9.

Gray, J. D., Cutler, C. A., Dean, J. G., & Kempe, C. H. (1979). Prediction and prevention of child abuse and neglect. *Journal of Social Issues, 35*, 127–39.

Gray, S. W., & Ruttle, K. (1980). The Family-Oriented Home Visiting Program: A longitudinal study. *Genetic Psychology Monographs, 102*, 299–316.

Green, B. L., & McAllister, C. (1998). Theory-based, participatory evaluation: A powerful tool for evaluating family support programs. *Zero To Three, 18,* 30–6.

Greenspan, S. I. (1990). Comprehensive clinical approaches to infants and their families: Psychodynamic and developmental perspectives. In S. J. Meisels & J. P. Shonkoff (Eds.), *Handbook of early childhood intervention* (pp. 150–72). New York: Cambridge University Press.

Greenstein, B. (1998). Engagement is everything. *Zero To Three, 18,* 16.

Gross, R. T., Spiker, D., & Haynes, C. W. (Eds.). (1997). *Helping low birth weight, premature babies: The Infant Health and Development Program.* Stanford, CA: Stanford University Press.

Hammen, C., Burge, D., & Adrian, C. (1991). Timing of mother and child depression in a longitudinal study of children at risk. *Journal of Consulting & Clinical Psychology, 59,* 341–5.

Hardy, J. B., & Street, R. (1989). Family support and parenting education in the home: An effective extension of clinic-based preventive health care services for poor children. *Journal of Pediatrics, 115,* 927–31.

Haveman, R. H., & Wolfe, B. L. (1994). *Succeeding generations: On the effects of investments in children.* New York: Russell Sage Foundation.

Hayes, C., Palmer, J. L., & Zaslow, M. J. (Eds.). (1990). *Who cares for America's children?* Washington, DC: National Academy Press.

Heberle, J. (1992). PACE: Parent and child education in Kentucky. In T. B. Sticht, M. J. Beeler, & B. A. McDonald (Eds.), *The intergenerational transfer of cognitive skills. Vol. I: Programs, policy and research issues* (pp. 1261–348). Norwood, NJ: Ablex.

Hofferth, S. L. (1995). Caring for children at the poverty line. *Children and Youth Services Review, 17,* 61–90.

Horvath, A. O., & Luborsky, L. (1993). The role of the therapeutic alliance in psychotherapy. *Journal of Consulting and Clinical Psychology, 61,* 561–73.

Howes, C. (1997). Teacher sensitivity, children's attachment, and play with peers. *Early Education and Development, 8,* 41–9.

Jacobson, S. W., & Frye, K. F. (1991). Effect of maternal social support on attachment: Experimental evidence. *Child Development, 62,* 572–82.

Kagan, S. L. (1995). *By the bucket: Achieving results for young children.* Issue Brief. Washington, DC: National Governor's Association.

Kagan, S. L., & Pritchard, E. (1996). Linking services for children and families: Past legacies, future possibilities. In E. F. Zigler, S. L. Kagan, & N. W. Hall (Eds.), *Children, families, and government: Preparing for the twenty-first century* (pp. 378–93). New York: Cambridge University Press.

Kazdin, A. E. (1997). A model for developing effective treatments: Progression and interplay of theory, research, and practice. *Journal of Clinical Child Psychology, 26,* 114–29.

Kisker, E., & Ross, C. (1997). Arranging child care. *The Future of Children, 7,* 99–109.

Kitzman, H., Olds, D. L., Henderson, C. R., Hanks, C., Cole, R., Tatelbaum, R., McConnochie, K. M., Sidora, K., Luckey, D. W., Shaver, D., Engelhardt, K., James, D., & Barnard, K. (1997). Effect of prenatal and infancy home visitation by nurses on pregnancy outcomes, childhood injuries, and repeated childbearing: A randomized controlled trial. *Journal of the American Medical Association, 278,* 644–52.

Klebanov, P. K., Brooks-Gunn, J., Chase-Lansdale, L., & Gordon, R. (1997). The intersection of the neighborhood and home environment and its influence on young children. In J. Brooks-Gunn, G. Duncan, & J. L. Aber (Eds.), *Neighborhood poverty: Context and consequences for children. Six studies of children in families in neighborhoods* (Vol. 1). New York: Russell Sage Foundation Press.

Klebanov, P. K., Brooks-Gunn, J., McCarton, C., & McCormick, M. C. (1998). The contribution of neighborhood and family income upon developmental test scores over the first three years of life. *Child Development, 69,* 1420–36.

Klebanov, P. K., Brooks-Gunn, J., Lee, K., & McCormick, M.C. (in press). Enhancing maternal social and emotional health via family-oriented early intervention. *Developmental Psychology.*

Korfmacher, J. (1998). Examining the service provider in early intervention. *Zero To Three, 18,* 17–22.

Korfmacher, J., Kitzman, H. K., & Olds, D. L. (1998). Intervention processes as conditioners of home visitation program effects. *Journal of Community Psychology, 26,* 49–64.

Krugman, R. D. (1993). Universal home visiting: A recommendation from the U.S. Advisory Board on Child Abuse and Neglect. *The Future of Children: Home Visiting, 3,* 184–91.

Lamb, M. E. (1998). Nonparental child care: Context, quality, correlates, and consequences. In W. Damon (Ed.), *Handbook of child psychology. Child psychology in practice* (Vol. 4), (pp. 73–134). New York: Wiley.

Larson, C. P. (1980). Efficacy of prenatal and postpartum home visits on child health and development. *Pediatrics, 66,* 191–7.

Lazar, I., Darlington, R., Murray, H., Royce, J., & Snipper, A. (1982). Lasting effects of early education: A report from the Consortium for Longitudinal Studies. *Monographs of the Society for Research in Child Development, 47,* (2–3, Serial No. 195).

Lazar, I., Hubbell, R., Murray, H., Rosche, M., & Royce, J. (1977). *The persistence of preschool effects: A long-term follow-up of fourteen infant and preschool experiments* (Final report to Office of Human Development Services, Grant No. 18-76-07843). Ithaca, NY: Community Services Laboratory, Cornell University.

Leventhal, T., Brooks-Gunn, J., & Kamerman, S. (1997). Communities as place, face, and space: Provision of services to poor, urban children and their families. In Brooks-Gunn J., Duncan G. J., & Aber, J. L. (Eds.), *Neighborhood poverty: Context and consequences for children. Conceptual, methodological, and policy approaches to studying neighborhoods* (Vol. 2), (pp. 181–205). New York: Russell, Sage Foundation Press.

Leventhal, T., Brooks-Gunn, J., McCormick, M. C., & McCarton, C. M. (in press). Patterns of service use in preschool children: Correlates, consequences, and the role of early intervention. *Child Development.*

Lewis, M. (1983). *Origins of intelligence: Infancy and early childhood.* New York: Plenum Press.

Lewitt, E. M., & Baker, L. S. (1995). School readiness. *The Future of Children, 5,* 128–39.

Liaw, F., & Brooks-Gunn, J. (1994). Cumulative familial risks and low birth weight children's cognitive and behavioral development. *Journal of Clinical Child Psychology, 23,* 360–72.

Liaw, F., Meisels, S. J., & Brooks-Gunn, J. (1995). The effects of experience of early intervention on low birth weight, premature children: The Infant Health and Development Program. *Early Childhood Research Quarterly, 10,* 405–31.

Lieberman, A. F., Weston, D. R., & Pawl, J. H. (1991). Preventive intervention and outcome with anxiously attached dyads. *Child Development, 62,* 199–209.

Linver, M., Brooks-Gunn, J., & Kohen, D. (1999). *Parenting behavior and emotional health as mediators of family poverty effects upon young low birth weight children's development.* Manuscript submitted for publication.

Love, J. M., Aber, L., & Brooks-Gunn, J. (1994). *Strategies for assessing community progress toward achieving the first national educational goal.* Princeton, NJ: Mathematica Policy Research, Inc.

Lyons-Ruth, K., Connell, D. B., Grunebaum, H., & Botein, S. (1990). Infants at social risk: Maternal depression and family support services as mediators of infant development and security of attachment. *Child Development, 61,* 85–98.

Lyons-Ruth, K., Zoll, D., Connell, D., & Grunebaum, H. (1986). The depressed mother and her one-year-old infant: Environmental context, mother–infant interaction and attachment, and infant development. In E. Tronick & T. Field (Eds.), *Maternal depression and infant disturbance* (pp. 61–82). San Francisco: Jossey-Bass.

Maccoby, E. E. (1992). The role of parents in the socialization of children: An historical overview. *Developmental Psychology, 28,* 1006–17.

Maccoby, E. E., & Martin, J. A. (1983). Socialization in the context of the family: Parent–child interaction. In P. H. Mussen & E. M. Hetherington (Eds.), *Handbook of child psychology, Vol. 4: Socialization, personality, and social development* (pp. 1–102). New York: Wiley.

Madden, J., O'Hara, J., & Levenstein, P. (1984). Home again: Effects of the mother-child home program on mother and child. *Child Development, 55,* 636–47.

Mathematica Policy Research, Inc. (1998, January). *Overview of the Early Head Start research and evaluation project.* Princeton, NJ: Author.

McCormick, M., McCarton, C., Brooks-Gunn, J., Belt, P., & Gross, R. T. (1998). The Infant Health and Development Program: Interim summary. *Journal of Developmental and Behavioral Pediatrics, 19,* 359–70.

McKey, R. H., Condelli, L., Granson, H., Barrett, B., McConkey, C., & Plantz, M. (1985). The impact of Head Start on children, families and communities. *Final report of the Head Start Evaluation, Synthesis and Utilization Project.* Washington, DC: CSR, Inc.

McLoyd, V. C. (1990). The impact of economic hardship on black families and children: Psychological distress, parenting, and socioemotional development. *Child Development, 61,* 311–46.

McLoyd, V. (1998). Children in poverty: Development, public policy, and practice. In W. Damon (Ed.), *Handbook of child psychology: Child psychology in practice* (Vol. 4), (pp. 135–210). New York: Wiley.

Meisels, S. J. (1992). Early intervention: A matter of context. *Zero To Three, 12,* 1–6.

Mikulecky, L., Lloyd, P., & Brannon, D. (1994, May). *Evaluating parent/child interactions in family literacy programs.* Paper presented at the National Conference on Family Literacy, Louisville, KY.

Olds, D. L., Eckenrode, J., Henderson, C. R., Kitzman, H., Powers, J., Cole, R., Sidora, K., Morris, P., Pettitt, L. M., & Luckey, D. (1997). Long-term effects of home visitation on maternal life course and child abuse and neglect: Fifteen-year follow-up of a randomized trial. *Journal of the American Medical Association, 278,* 637–43.

Olds, D. L., Henderson, C. R., Chamberlin, R., & Tatelbaum, R. (1986). Preventing child abuse and neglect: A randomized trial of nurse home visitation. *Pediatrics, 78,* 65–78.

Olds, D. L., Henderson, C. R., Chamberlin, R., & Tatelbaum, R. (1988). Improving the life-course development of socially disadvantaged mothers: A randomized trial of nurse home visitation. *American Journal of Public Health, 78,* 1436–45.

Olds, D. L., Henderson, C., & Kitzman, H. (1994). Does prenatal and infancy nurse home visitation have enduring effects on qualities of parental caregiving and child health at 25–50 months of life? *Pediatrics, 93,* 89–98.

Olds, D. L., Henderson, C., Kitzman, H., & Cole, R. (1995). Effects of prenatal and infancy nurse home visitation on surveillance of child maltreatment. *Pediatrics, 95,* 365–72.

Olds, D. L., Henderson, C. R., Tatelbaum, R., & Chamberlin, R. (1986). Improving the delivery of prenatal care and outcomes of pregnancy: A randomized trial of nurse home visitation. *Pediatrics, 77,* 16–28.

Olds, D. L., Henderson, C. R., Kitzman, H. J., Eckenrode, J. J., Cole, R. E., & Tatelbaum, R. C. (1999). Prenatal and infancy home visitation by nurses: Recent findings. *The Future of Children, 9,* 44–65.

Olds, D. L., & Kitzman, H. (1993). Review of research on home visiting for pregnant women and parents of young children. *The Future of Children, 3,* 53–92.

Osofsky, J. D., Culp, A. M., & Ware, L. M. (1988). Intervention challenges with adolescent mothers and their infants. *Psychiatry, 51,* 236–41.

Owen, M. T., & Mulvihill, B. A. (1994). Benefits of a parent education and support program in the first three years. *Family Relations, 43,* 206–12.

Park, C. L., & Folkman, S. (1997). Meaning in the context of stress and coping. *Review of General Psychology, 1,* 115–

Philliber, W. W., Spillman, R. E., & King, R. E. (1996). Consequences of family literacy for adults and children: Some preliminary findings. *Journal of Adolescent & Adult Literacy, 39*, 558–65.

Phillips D. A. (Ed.). (1995). *Child care for low-income families: Summary of two workshops*. Steering Committee on Child Care Workshops, Board on Children and Families, Commission on Behavioral and Social Sciences and Education, National Research Council and Institute of Medicine. Washington DC: National Academy Press.

Pianta, R. C. (1992). *Beyond the parent: The role of other adults in children's lives. New directions in Child Development, Volume 57*. San Francisco: Jossey-Bass.

Potts, M. W., & Paull, S. (1995). A comprehensive approach to family-focused services. In L. M. Morrow (Ed.), *Family literacy: Connections in schools and communities* (pp. 167–83). International Reading Association.

Ramey, C. T., Bryant, D. M., Wasik, B. H., Sparling, J. J., Fendt, K. H., & LaVange, L. M. (1992). Infant Health and Development Program for low birth weight, premature infants: Program elements, family participation, and child intelligence. *Pediatrics, 89*, 454–65.

Ramey, C. T., & Ramey, S. L. (1998). Early intervention and early experience. *American Psychologist, 53*, 109–20.

Rauh, V. A., Achenbach, T. M., Nurcombe, B., Howell, C., & Teti, D. M. (1988). Minimizing adverse effects of low birthweight: Four-year results of an early intervention program. *Child Development, 59*, 544–53.

Richardson, D. C., & Brown, M. (1997). *Family Intergenerational Literacy Model. Fact sheet and impact statements*. Oklahoma City, OK: National Diffusion Network.

Rickard, P., Stiles, R., & Martois, J. (1989). *Psychometric background and measurement issues related to the development of the CASAS*. San Diego, CA: CASAS.

Ross, G. S. (1984). Home intervention for premature infants of low-income families. *American Journal of Orthopsychiatry, 54*, 263–70.

Schweinhart, L. J., Barnes, H. V., Weikart, D. P., Barnett, W. S., & Epstein, A. S. (1993). *Significant benefits: The High/Scope Perry Preschool Study through age 27*. Ypsilanti, MI: High/Scope Press.

Seitz, V., & Apfel, N. (1994). Parent-focused intervention: Diffusion effects on siblings. *Child Development, 65*, 677–83.

Simeonsson, R. J., & Bailey, D. B. (1990). Family dimensions in early intervention. In S. J. Meisels & J. P. Shonkoff (Eds.), *Handbook of early childhood intervention* (pp. 428–43). New York: Cambridge University Press.

Smith, S. (1995a). *Two generation programs for families in poverty: A new intervention strategy*. Norwood, NJ: Ablex Publishing.

Smith, S. (1995b). Two generation programs: A new intervention strategy and directions for the future. In P. L. Chase-Lansdale & J. Brooks-Gunn (Eds.), *Escape from poverty: What makes a difference for children?* (pp. 299–314). New York: Cambridge University Press.

Smith, J. R., & Brooks-Gunn, J. (1997). Correlates and consequences of mother's harsh discipline with young children. *Archives of Pediatric and Adolescent Medicine, 151*, 777–86.

Smith, S., Brooks-Gunn, J., & Jackson, A. (1997). Parental employment and children. In R. Hauser, B. Brown, W. Prosser, & M. Stagner (Eds.), *Social indicators of children's well-being* (pp. 279–308). New York: Russell Sage Foundation Press.

Snow, C. E. (1986). Conversations with children. In P. Fletcher & M. Garman (Eds.), *Language acquisition: Studies in first language development* (pp. 69–89). New York: Cambridge University Press.

Sparling, J., Lewis, I., Ramey, C. T., Wasik, B. H., Bryant, D. M., & LaVange, L. M. (1991). Partners, a curriculum to help premature, low birth weight infants get off to a good start. *Topics in Early Childhood Special Education, 11*, 36–55.

Spiker, D., Ferguson, J., & Brooks-Gunn, J. (1993). Enhancing maternal interactive behavior and child social competence in low-birth-weight, premature infants. *Child Development, 64*, 754–68.

St. Pierre, R., Layzer, J. I., Goodson, B. D., Bernstein, L. S. (1997). *National impact evaluation of the Comprehensive Child Development Program: Final Report*. Cambridge, MA: Abt Associates, Inc.

St. Pierre, R. G., & Swartz, J. P. (1995). The Even Start Family Literacy Program. In S. Smith (Ed.), *Advances in applied developmental psychology: Two generation programs for families in poverty: A new intervention strategy* (Vol. 9), (pp. 37–66). Norwood, NJ: Ablex.

Tao, F., Swartz, J., St. Pierre, R., & Tarr, H. (1997). *National evaluations of the Even Start Family Literacy Program*. Washington, DC: U.S. Department of Education.

Thompson, R. A. (1998). Sequelae of early attachment experiences. In J. Cassidy & P. Shaver (Eds.), *Handbook of attachment theory and research*. New York: Guilford Press.

U.S. Advisory Board on Child Abuse and Neglect. (1991). *Creating caring communities*. Washington, DC: U.S. Department of Health and Human Services.

van Ijzendoorn, M. H., Juffer, F., & Duyvesteyn, M. G. C. (1995). Breaking the intergenerational cycle of insecure attachment: A review of the effects of attachment-based interventions on maternal sensitivity and infant security. *Journal of Child Psychology and Psychiatry, 36*, 225–48.

Wagner, M. M., & Clayton, S. L. (1999). The Parents as Teachers program: Results from two demonstrations. *The Future of Children, 9*, 91–115.

Wasik, B. H., Bryant, D. M., Lyons, C., Sparling, J. J., & Ramey, C. T. (1997). Home visiting. In R. T. Gross, D. Spiker, & C. W. Hayes (Eds.), *Helping low birth weight, premature babies: The Infant Health and Development Program* (pp. 27–41). Stanford, CA: Stanford University Press.

Wasik, B. H., Ramey, C. T., Bryant, D. M., & Sparling, J. J. (1990). A longitudinal study of two early intervention strategies: Project CARE. *Child Development, 61*, 1682–96.

Weiss, H. (1979). *Parent support and education: An analysis of the Brookline Early Education Project*. Harvard Graduate School of Education, unpublished doctoral dissertation.

Weiss, C. H. (1995). Nothing as practical as a good theory: Exploring theory-based evaluation for Comprehensive Community Initiatives for children and families. In J. P. Connell, A. C. Kubisch, L. B. Schorr, & C. H. Weiss (Eds.), *New approaches to evaluating community initiatives: Concepts, methods, and contexts*. Washington, DC: The Aspen Institute.

Whitehurst, G. J., Arnold, D. S., Epstein, J. N., Angell, A. L., Smith, M., & Fischel, J. E. (1994). A picture book reading intervention in day care and home for children from low-income families. *Developmental Psychology, 30*, 679–89.

Wilson, J. B., Ellwood, D. T., & Brooks-Gunn, J. (1995). Welfare to work through the eyes of children: The impact on parenting of movement from AFDC to employment. In P. L. Chase-Lansdale & J. Brooks-Gunn (Eds.), *Escape from poverty: What makes a difference for children*? (pp. 63–86). New York: Cambridge University Press.

Winter, M., & Rouse, J. (1990). Fostering intergenerational literacy: The Missouri Parents as Teachers program. *The Reading Teacher, 43*, 382–6.

Woodhead, M. (1988). When psychology informs public policy: The case of early childhood intervention. *American Psychologist, 43*, 443–54.

Yoshikawa, H. (1995). Long-term effects of early childhood programs on social outcomes and delinquency. *The Future of Children, 5*, 51–75.

Zahn-Waxler, C., Iannotti, R. J., Cummings, E. M., & Denham, S. (1990). Antecedents of problem behaviors in children of depressed mothers. *Development and Psychopathology, 2*, 349–66.

Zigler, E. F., & Valentine, J. (Eds.). (1979). *Project Head Start: Legacy of the war on poverty*. New York: Free Press.

Zigler, E. F., & Weiss, H. (1985). Family support systems: An ecological approach to child development. In R. Rapoport (Ed.), *Children, youth, and families: The action-research relationship* (pp. 166–205). New York: Cambridge University Press.

参考文献

第 25 章　儿童早期干预经济学

W. 史蒂文·巴尼特（W. STEVEN BARNETT）

早期干预问题的公共政策选择可从多角度来考虑，其中之一就是经济学角度。经济学角度的独特贡献在于它坚持认为，政策制定者需要在决策时权衡如何提供早期干预服务，包括所产生的全部效益和消耗的所有资源。大多数情况下，经济学分析通常用于提供成本信息，但在某种程度上也用于提供早期干预服务的效益信息。这一类型的信息可以用于告知决策者来考虑支持早期干预服务体系所需的资金水平，并决定什么类型的早期干预计划是可取的。经济学分析也可以用来解决政府应该如何资助并管理现有早期干预服务系统资源，以便能为儿童和家庭产生最大效益。

本章主要介绍早期干预经济学研究的方法和已有发现，并探索可为科学研究、政策和实践应用提供的建议。文章首先简要概述了研究方法和相关术语，接着对早期干预计划的成本分析和成本估计进行综述，再通过详细的案例和早期干预长期效益的文献研究介绍收益-成本分析，最后总结了早期干预经济学的一些结论，并为政策制定、项目实践和经济学分析在美好未来发挥作用提供了一些建议。

什么是经济学分析？

从经济学角度来看，早期干预是在幼儿及其家庭中，可以产生现实和长远效益的投资。经济学分析可用于衡量早期干预的经济净收益或亏损，并能够描述社会中的收益和损失分布。总的来说，如果一项活动为社会创造了净收益，则被称为有经济效益。经济学提供了具体衡量效益的标准。然而，它并不提供评估分配公正或平等的标准，经济学只是提供一个程序或政策所产生收益或亏损的分布描述。决策者必须使用自己（或选民）的价值观来判断分配的公平性。

实际上，经济学分析立足于项目运营和成效评估的扩展。只要有足够的项目描述，就可以进行成本分析。只要能证明项目是行之有效的，超出成本的经济学分析也是可取的。在理想情况下，经济学分析是建立在生态学或系统研究的数据之上的（例如，Bronfenbrenner, 1986; Sameroff, 1983），因为不管是谁承担费用或获取收益、最终结果是否在预期之内，经济学分析都涉及方案或策略的所有成本和影响。因此，经济学分析不仅涉及早期干预计划给儿童及其家庭强加的成本，还涉及计划的预算成本。例如，成本分析应考虑家长到干预中心的交通费。项目成效评估不应只包括对接受服务的儿童的影响，还应包括对其他家庭成员的影响及更广泛的社会影响，如早期干预后儿童入学的影响。研究者甚至还要考虑对干预人员的影响,如一种方法是否比另一种压力小,或者能否给干预人员带来更高的工作满意度。

在教育研究中,一些术语可以互换地用来表示经济学分析(Levin,1983):成本分析、成本-效益分析和成本-收益分析。但是在经济学中,这些词却有着明显不同的含义。确切地说,成本分析是指对活动中所使用的资源的研究,收益-成本(或成本-收益,这两个术语是可以互换的)分析和成本-效益分析是对项目或政策中所使用的资源和产生结果的可能性的研究。这两种术语的区别在于对结果的处理方式不同,并且分别适用于不同情境。

在收益-成本分析中,使用的资源(成本)和产生的影响(利益)都要估算货币价值。例如,在项目 A 中,每个孩子从中获益的经济价值比成本多 5000 美元。成本-效益分析中,项目评估只需以项目成本和结果为基础,而不需要考虑项目结果的货币价值。例如,在项目 A 中,支付 3 000 美元后就可以在一项标准化测验中得到 10 分;在方案 B 中,支付 2 500 美元后可在测验中得 5 分。这种类型的分析,显然更容易操作,因为它实际上是一个不完整的收益-成本分析。

无论是收益-成本分析还是成本-效益分析,都应当用于特定情境中,而这个特定情境则受到分析过程中资源的易得性、对项目结果的测量和决策者所需要的信息量的影响。收益-成本分析更耗时且更难执行。潜在的有效性研究可能会也可能不会产生可转化为货币形式的结果指标。例如,减少特殊教育需求可以很容易地用金钱来完成,但自尊的增加量却无法用金钱衡量。另一方面,对决策者而言,仅通过成本-效益结果,得到的信息量是不够的。如果只进行一个项目,就能够得出近期特殊教育需求会减少的结论?就能得知决策者想要比较项目成本和成本节约情况?如果对两个项目进行比较,成本估算和每个项目的结果指标又能否让决策者满意?又或者他们仅希望得到一些能说明那些结果是否值得的总结?

成本和成本分析

早期干预经济学中最基本的问题是:早期干预的成本是多少?这不是一个能简单回答的问题。其中一个原因是早期干预项目的多样性。多种多样的早期干预旨在根据广大儿童与家庭的个性化需求开展针对性服务。另外,薪金、租金和其他价格在地区上的差异也是成本差异的来源之一(Grubb,1987)。例如,从纽约州到密西西比州,教师的工资水平差异明显。另一个原因是关于成本问题的研究较少,即使有,其中大部分也未遵循经济学的标准来进行。因此,信息的缺乏使得全国的平均成本很难被概括,研究的不一致性也增加了问题的复杂性,使不同的早期干预方法的成本很难被比较。

成本分析方法

成本分析的目的是要确定在活动或项目研究中使用的所有资源的经济价值(Barnett,1994)。莱文(Levin,1983)将标准的经济方法描述为"成分模型"(ingredients model)。使用这个模式的第一步是制订一个列表,该表由项目的所有成分及每个成分所需的数量。你可以把这个作为一个生产项目的菜单。第二步是确定每一种成分的费用。当确认每一种成分的成本后再将这些成本相加,就可以算出这次干预的总成本。

如果能注意不遗漏任何成分,那么成分模型的第一步是很简单的。项目描述可以作为生成所有干预活动所需要成分的列表,然后再按类型将各成分分类。几乎所有早期干预项目的成分都能够概括为以下几类:人员、设施、设备、材料和物资、公用事业、通信、保险。项目中通常还有几个小件物品作为杂项类。交通有时可作为一个类别,但是通常可以归纳到上面的分类列表中。

模型的第二步是确定每一种成分的费用。准确地确定成本的关键是了解成分的真实成本,即机会成本,也就是使用其最佳替代品的价值。当某种资源被用于早期干预项目中,它的成本就是放弃了它用于另一种方式的价值。大多数人都理解并将机会成本的概念应用在日常生活中。如人们常常说他们"无法承受某物的卡路里":下午茶的成本就是放弃晚餐后的甜品,多跑步,或体重增加。而为这次下午茶所支付的金钱倒是次要的。机会成本对于精确确定早期干预项目的成本是很重要的,这是因为支付钱的并不总是代表全部成本。

早期干预成本

在阅读了早期干预研究的文献后,我们对与早期干预成本最紧密相关、已发表的信息进行汇总。成本估算代表了一些重大的政府项目,如开端计划(Head Start)、学前特殊教育、残疾儿童及其家庭的早期干预计划以及其他一些一直作为重要研究的主题,如儿童综合发展项目(Comprehensive Child Development Program,CCDP)(St. Pierre, Layzer, & Barnes, 1995)、婴儿健康与发展项目(Infant Health and Development Program,IHDP)(Gross, Spiker, & Haynes, 1997)、初学者项目(Abecedarian Program)(Campbell & Ramey, 1994, 1995)和佩里学前教育项目(Perry Preschool Program)(Schweinhart, Barnes, Weikart, Barnett, & Epstein, 1993)。结果如表25.1所示,项目栏的内容主要有被服务儿童的年龄、判断目标人群的首要标准(贫困、残疾或发育迟缓、低出生体重)和提供服务的主要方式(中心模式、家访模式,或两者兼而有之)。为了尽可能使各种估算具有可比性,所有金额都被转换成1995年的美元价值,这也是为了修正通货膨胀,国家和地方政府采购中使用的价格指数(Bureau of Economic Analysis,1996,1996b)。

表25.1 每个儿童及家庭早期干预一年的成本

计划	年龄/岁	目标	模式	成本/美元(1995年的价值)
1. 开端计划:联邦成本	3—5	贫困	中心	4 680
当地配套20%资金				5 610
2. 早期开端计划:联邦成本	0—3	贫困	混合	4 539
当地配套20%资金				5 446
3. 家庭开端(Home Start)	3—5	贫困	家庭	5 484
4. IDEA学前教育	3—5	残障	中心	8 073
5. IDEA婴幼儿	0—3	残障	混合	
a. 美国早期儿童技术援助系统的19州调查				

续表

计划	年龄/岁	目标	模式	成本/美元(1995年的价值)
低				3 582
高				12 778
平均				7 098
b. 加利福尼亚				5 702
c. 佛罗里达				5 349
d. 马萨诸塞州				5 936
e. 内布拉斯加州				7 341
f. 新泽西				
仅项目本身				6 036
总系统				7 441
6. 佩里学前教育	3—5	贫困	两者	8 110
7. CCDP	0—5	贫困	混合	8 891
8. IHDP	0—3	低出生体重	两者	23 000
9. 初学者	0—2	贫困	混合	11 108
	2—5			10 386
10. 耶鲁家庭支持(Yale Family Support Project)	0—3	贫困	中心	11 201
11. HCEEP(残疾儿童早期教育项目,Handicapped Children's Early Education Program)	0—6	残疾	混合	
低成本				2 012~4 681
中等成本				5 378~7 666
高成本				8 795~23 460

参考:(1)Verzaro-O'Brien, Powell, & Sakamoto, 1996. (2)St. Pierre, Layzer, & Barnes, 1995. (3)Love, Nauta, Coelen, Hewlett, & Ruopp, 1976. (4)Kakalik, Furry, Thomas, & Carney, 1981. (5a.)Coakley, 1995. (5b.)American Institutes for Research, 1990. (5c.)Zervigon-Hakes, Graham, & Hall, 1991. (5d.)Erickson, 1992. (5e.)Parrish, 1990.(5f.)Tarr, 1997. (6)Barnett,1996.(7)St.Pierre, Layzer, & Barnes, 1995. (8)Fewell & Scott, 1997. (9)Escobar & Barnett, 1986. (10)Seitz, Rosenbaum, & Apfel, 1985. (11)Stock et al., 1976.

表25.1中不同儿童及其家庭一年的早期干预项目费用各异。各项目成本的差异大部分来源于提供的服务数量不一和类型的多样性。成本差异的另一个重要来源是提供服务人员的不同特征——服务越熟练,素质越高的人员,成本越高。结果显示:贫困儿童干预项目的效益(例如,佩里学前教育项目和初学者项目)较公共计划更昂贵,后者(如开端计划和城市幼儿园前项目)均致力于大规模地复制其结果。参与残疾和发育迟缓儿童项目的儿童往往比贫困儿童需要更多的资金。全天候、全教室服务或是为家庭提供广泛的服务类型的项目最昂贵。服务于儿童或家庭的方式更综合,但不一定更昂贵,这是因为他们有可能做出取舍,通过减少直接服务的数量或质量来增加服务协调性和为家长提供服务。

表25.1显示,项目成本的差异主要由组成成本的因素决定,每年为3岁以下残疾和发育迟

缓儿童(及其家庭)提供的国家资助的早期干预费用预算低于《残疾人教育法案》(Individuals with Disabilities Education Act, IDEA)中规定的金额就最好地表明了这一点。"美国早期儿童技术援助系统"(National Early Childhood Technical Assistance System, NEC*TAS)(Coakley,1995)对19个州的调查显示,平均预算约为7 100美元。但一些州的预算大大低于这个水平。新泽西州的两次预算结果就是典型的例证。预算较低是因为仅包括了来自早期干预提供部门的服务成本。较高的预算则包含了许多其他早期干预系统的成本,如州和地区提供项目和家庭的管理和支持服务、培训和专业发展、州立跨机构协调委员会、研究和评估、程序上的保障、服务协调、鉴定、初步评估和转介的成本。研究者通常只估算直接提供服务的成本,并不将早期干预系统的其他方面包含在内。

影响成本的项目特征是一个选择问题,在设计早期干预项目时就应该考虑进去。确定对项目成本有显著影响的四个特性分别是:服务持续时间、服务强度、服务的数量、家长承担的成本。下面将针对每个影响因素进行逐一讨论。从某方面来说,早期干预系统的激励机制是影响成本的另一种因素。早期干预服务提供者的服务方式也会影响服务的效率。

成本和服务持续时间

早期干预成本变化的来源之一是干预服务的持续时间。学校为儿童提供的服务每天的长度和每年的天数有所不同。每天服务时间可能是两个半小时(半天)、6小时(全教学日)、8小时或更长时间(儿童保健)。每年的天数可能反映的是一学年或一整年的计划。开端计划和为3—5岁儿童提供服务的公立学校通常在学年期间提供半天的服务。而初学者项目则提供全年的儿童保健服务。不同儿童服务项目也因每年家访时间的长度和数量各异。全天候儿童保健的服务时间数可以从每周小于1小时(每年50小时)到每周约50小时(每年2 500小时)。

比较服务成本的方法之一是通过计算服务的小时数来估算每小时的服务成本。有学者(Escobar & Barnett,1994)针对为残疾和发育迟缓儿童提供的23个服务项目,估算了每小时的预计成本。大约有一半的儿童服务项目在教室里进行,另一半在家访或一对一的中心进行。虽然家访和其他一对一的服务的平均成本明显低于教室项目,但是教室项目的每小时成本则要低得多。一般教室项目提供长时间服务,但师生比例较低。家访和一对一训练中心多用于婴幼儿和刚学走路的孩子,教室项目多用于较大的学龄前儿童。随着儿童年龄下降和师生比上升,每小时服务成本升高(减少一对一服务成本高的缺点),在自己家中为儿童提供服务的优势逐渐显著。

表25.1中,持续时间部分没有包含的一个变量是获得干预的年限。表25.1的所有成本估算都是满一年的服务。然而,服务年限不同,项目的差异也较大。从儿童出生时开始并持续到入学的服务项目,可以预计将远远超过在3岁或4岁开始只持续一两年的服务成本。如果是为了防止给孩子造成人身伤害(例如,避免在怀孕期间吸烟、饮酒,或其他物质滥用),一些以父母为重点的项目则不需要持续到儿童上学的年龄,只需教给父母知识或其他必要的资源来保持干预的成功。而对其他项目来说,确保连续性的服务交付可能是重要的成果(Barnett,1998b)。由于没有标准的起始年龄,给3岁以下发展障碍和迟缓儿童提供早期干预通常是非同寻常的。3岁以下的儿童可在任何年龄进入。因此,一些儿童接受近三年的服务,大部分儿童接受一两年服务,还有一些只接受不到一年的服务(Barnett, Frede, Hasbrouck, Spain, & Yarosz,1997)。这些持续时间变量可能会影响服务项目的收益和成本(Barnett, 1998b)。

成本和服务强度

服务强度这一变量是早期干预成本的另一个重要的变量来源。项目强度就是在给定的时间内提供的服务质量和数量,这在很大程度上取决于服务人员的数量和资历。直接服务人员占项目费用的 50% 或更多(Escobar & Barnett, 1994; Coelen, Glantz, & Calore, 1979; Kakalik, Furry, Thomas, & Carney, 1981; Ruopp, Travers, Glantz, & Coelen, 1979)。因此,项目强度大幅增加意味着项目成本的大幅增加。

项目强度也因被服务的儿童的特征的不同而不尽相同。在这方面最重要的两个特点是儿童年龄和残障的性质。幼小和较严重的残障儿童需要更高的工作人员/儿童。有的学者(Kakalik et al., 1981)研究发现,在公立学校的学前特殊教育项目中,成本估算是按残疾的类别进行的。表 25.2 中显示的成本估算已根据通货膨胀进行了调整。这些项目中的儿童往往接受同样数量的服务(按小时计算),但工作人员/儿童的值变化很大。同时研究发现,服务成本随 3 岁以下儿童的残障类型和严重程度不同而发生变化,但在这种情形下,成本的变化主要是由于获得服务的时间(按小时计算)的变化而导致的(Erickson, 1992; Shonkoff, Hauser-Cram, Krauss, & Upshur, 1992)。

表 25.2 公共学校为不同类型残障儿童提供学前特殊教育的成本(3—5 岁)

残障类型	每个儿童的成本/美元(1995 年的价值)
言语缺陷	5 701
学习障碍	7 766
可教育的心智障碍	7 933
可训练的心智障碍	10 796
重度心智障碍	12 254
情绪缺陷	7 464
聋	17 575
部分听力损失	13 402
盲	15 118
部分视力损失	7 451
骨科损害	11 670
其他健康缺陷	5 310
多重残疾	21 481
所有条件	8 073

参考:Kakalik, Furry, Thomas, & Carney, 1981, p.34

表 25.1 中的信息涵盖了一系列可能的政策选项,但针对适当的早期干预项目成本却没有提供明确的指导。事实上,也无法提供,这是因为合适的持续时间和强度取决于收益和成本。成本检核中那些专为科学研究而设计的项目其工作人员/儿童的值很高,并且参与其中的工作人员不

光资历很高,同时薪酬也不错。例如,与其他大规模的公共项目相比,佩里学前教育学校为每个教室配备两位教师,师生比为1∶6;而经济较差的学前教育项目通常师生比要低得多,一般为1∶10,即一名教师和一名助手负责每间教室(Grubb, 1987)。开端计划中往往低资历工作人员较多,师生比较低。降低项目服务强度会减少收益,但相对成本,收益仍较大。为3岁以下残障儿童提供的早期干预项目同样出现类似的问题,每个月仅能为每个孩子和家庭提供极少小时的服务。

美国日托研究会(National Day Care Study, NDCS)揭示了服务强度在机构中心项目中的重要性(Ruopp et al., 1979)。美国日托研究会在年初和年末分别根据管理标准化测试、观察照料者和儿童行为等方式,调查成本、项目特点和质量之间的关系。研究人员得出的结论是:工作人员/儿童的值是影响儿童费用最重要的因素,但它与照料者的行为、儿童的行为或是3—5岁弱势儿童的测验分数并不密切相关。班级规模和人员培训与照料者、儿童的行为及儿童的测验分数密切相关,与成本但并不密切相关。他们的结论与针对婴儿和学步儿童的项目结论是相似的,唯一例外的是工作人员/儿童的值与照料者的行为更为密切相关(唯一的测量结果,因为没有对婴儿作评估)。这项研究的结果也已被一些关于儿童、质量测量、团体大小和工作人员/儿童的研究中证实(Helburn & Howes, 1996)。

这些发现需要谨慎的解释。如NDCS研究人员认可的那样,在实践中,在不增加工作人员/儿童的前提下,缩小班级规模很难(Ruopp et al., 1979, pp.137-57)。尽管,将一名教师和一名助手从负责两间教室换成负责三间教室是可能的,但是这样的安排可能会造成安全或个性化需求方面的问题,并且不利于残障儿童的融入班级内部。此外,研究意义也取决于它们是基于何种类型的比较——是1名教师和1名助理加20个孩子与一名教师加12个孩子比较,还是两名教师加14个孩子与一名教师加7个孩子的比较?后者的比较似乎不太可能。最后,人员资格和补偿之间的关系只能期望于一个有限范围内的延续,也是人员高流动率的可能原因。虽然无论薪酬多么可怜,总有少数高素质人才愿意从事早期干预计划工作,但是期望吸引和留住大批高素质的员工队伍,还是需要有竞争力的薪酬,否则这是不合理的。

成本和服务的数量

假设其他因素一定,项目提供的服务越多成本越高。因此,早期干预项目为儿童、家长或这两者同时提供教室服务和家访服务,往往比只提供一项服务花费更多。随着为支持儿童和家庭的健康和发展提供的保健、营养、家庭咨询、交通和其他服务的普及,成本也相应地增加。开端计划就是一个提供了广泛服务的例子。为了降低成本,开端计划倾向于提供低工资、一年和部分时段的儿童教育项目。耶鲁家庭支持项目(Seitz, Rosenbaum, & Apfel, 1985)提供了全面和深入的服务个案,如产前护理、儿科护理、社会工作以及婴幼儿日常护理服务。毫无疑问,它是所有综述项目中最昂贵的。

家长承担的成本

因为父母承担一部分的费用,项目的成本可能会出现变化。表25.1中的成本估算只包括由公众承担的成本。类似美国这样的发达国家,早期干预服务的费用很少,在使用时也相当低。两个与费用有关担忧是收集和核算的管理费用可能消耗收入的大部分,进而可能会阻碍儿童和家长的参与。然而,当费用已经很低或在可支付范围内时,一个家庭仍不愿意支付服务的态度就关于该服务所感知到的价值发出了一个重要信号。比实际费用更重要的是隐性成本,当父母作为介入者待在家里或教室里、充当志愿者角色和为孩子提供交通时,可能会有隐性成本产生。这些活动中家长所消耗的时间成本经常会被忽视。忽略这些成本会导致某些项目看起来更经济。有学者(Escobar & Barnett,1994)估算了家长在残疾和发育迟缓儿童的早期干预项目中的成本。他们发现,家长在 5/6 以家庭为基础和 5/8 以中心为基础的项目中所付出的时间是不容置疑的。每年家长消耗的时间成本从几百美元到超过 1 500 美元不等。家长也会考虑在某些项目的交通支出上自掏腰包。

早期干预项目每天在课堂上为儿童提供大量服务,除了对儿童发展有帮助外,对家庭的贡献也很大。儿童保育在促进母亲就业、家庭财务和个人福祉方面的贡献越来越大。然而,大部分可用的保育质量依旧相当差(Helburn & Howes,1996)。关于这一点我们毫不奇怪,很多残障儿童的家长并不认为能找到适合其子女特殊需要的保育服务(Barnett, Frede, Hasbrouck, Spain, & Yarosz,1997)。很早之前就有长篇报道称,照顾残障儿童所需要的时间是父母的一个主要问题(Dunlap & Hollinsworth,1977)。有人(Barnett & Boyce,1995)描述了一位母亲照顾残疾孩子的时间负担,证明了残障儿童的母亲会大大减少她们工作的时间来照顾孩子。

从经济学的视角来研究早期干预的成本曾被忽视是由于儿童保健的费用通常靠社会负担——不管早期干预项目中是否提供儿童保育服务。相比其他项目,公共早期干预成本较低原因之一是因为有的提供儿童保育,而有的没有。但是从整个社会的角度来看,这样的比较是不准确的,除非在提供儿童保育时将两种情况的成本(和利益)都考虑在内。如果仅仅是基于单独的公共成本做出决定,项目并不提供儿童保健,与家访和中心计划提供每星期一两个小时(给达到 3 岁的儿童),甚至每天两三个小时(3—5 岁儿童)的大量儿童保育服务相比,前者成本低得多。项目不提供儿童保育可能会为父母增加额外的成本,因为有限的服务安排,增加了父母安排工作的难度。便于照顾孩子,又能降低成本的方法之一是在社区儿童保育中提供早期干预服务,费用由其他政府机构、社区组织或父母承担(例如,Rule et al., 1987; Weiss, 1981)。然而,许多社区儿童保育项目质量较差是一个限制因素。相比于相同程度的社区儿童保育工作者与父母的合作,很难解释残障儿童早期干预计划与社区儿童保育工作者的合作到底有多大程度的阻碍。

父母是否应该承担一部分干预成本,涉及道德性、实用性和法律性的问题,在这一点上经济学能提供一些解释。家长参与通常是可取的,并且在某些情况下,父母作为介入者参与可能会比其他方法更有效,更有经济效益。然而,即使没有任何的服务费用,家长参与干预计划的成本也可能是巨大的。政策制定者和公众不应该混淆成本转移,虽然降低了公共成本,但实际增加了家长成本;一个项目的公共成本降低了,社会总成本可能较高。此外,非预期的强加给父母的成本(不论它们是否"看不见")会导致不情愿的后果,如家庭压力增加、家长投入给自己孩子的时间和金钱减少、参与积极性降低、儿童无法收到预期的适当和相当数量的服务等。要求家长带子女到中心接受服务,参与家访,与孩子开展具体的活动以提高孩子的发展,所有这些强加于家长的成本都必须考虑在内。应该承认,当父母被要求或被说服与孩子进行干预活动时,在干预活动的发展中融入家长和孩子的自然互动,是有成本的,虽然不需要预留一个特殊的时间(如,Barnett, Escobar, & Ravsten, 1988)。

交通成本是一个重要的相关问题,因为交通成本可能较高,而很多项目依赖于家长提供交通。研究(Escobar & Barnett,1994)发现,接受学前特殊教育的 3—5 岁儿童的平均交通成本大于 1 000 美元。在犹他州一项关于残障幼儿交通成本的研究发现,每学年每个儿童的交通费用为 500~2 500 美元,是较高成本要素(Escobar, Peterson, Lauritzen, & Barnett, 1987)。对于幼小的残障儿童，交通成本占总成本的比例更大，因为每次访问提供的服务只有30~90分钟。依赖家长提供交通成本，可以降低成本，且比其他方式更加高效。从社会的角度来看，父母提供交通可能是成本最低的方法，然而，依靠父母可能增加部分参与活动的家庭负担，强加了巨大的额外成本。

成本与激励机制　政府制定的早期干预系统往往倾向于资助项目而非儿童和家庭。例如，一些州基于项目容量或招收儿童的数量资助早期干预计划。在这种情况下，在可提供资源的范围内，项目并没有动力通过给儿童和家庭提供最大数量的服务来实现服务的高效运作。较高的服务遗漏或预约取消，或由于恶劣天气、假期及其他原因让项目频繁暂停服务而不安排补偿服务，也就不足为奇了。相反，如果只资助实际交付服务的费用（单独跟踪或平均每日出勤），他们可能会在更大限度上确保儿童和家庭接收到预订服务。支付与提供的服务绑定还提供了一个激励方案，如制定适合父母需要的时间表、交通和服务类型，特别是项目必须争夺客户时，因为家庭可以在不同服务供应者之间进行选择。

收益与收益-成本分析

从经济学角度来看，早期干预包含两个概念明显不同的方面：儿童发展服务和家庭支持服务活动。儿童发展服务是主体，因为早期干预的最终目的是为了促进儿童的成长。与此同时，许多早期干预计划还包括家庭支援服务，旨在提高家庭功能和福祉。儿童保育是家庭支持最常见的形式。保育减轻了家长的监护责任，使他们能够追求事业、工作、休息和娱乐等其他活动。研究者一直在研究更广泛的家庭支持计划，以满足不同家庭的需要（Kagan, Powell, Weissbourd, & Zigler, 1987; Kysela & Marfo, 1983; Weissbourd, 1983）。

提供家庭支持服务的原因很多。家庭的支持可以被看作一个重要的、间接的儿童干预途径。干预项目还可能有实现家庭权利的目标（Bristol, Reichle, & Thomas, 1987; Brooks-Gunn et al., 本书；Kelly & Barnard, 本书；St. Pierre, Layzer, & Barnes, 1995）。家庭的支持甚至可能是一个偶然的儿童定向的干预项目的副产品，由于它们使用课堂模式，使得这个计划提供了家庭外的保育服务。然而，从经济学角度来看，家庭支持服务的理由是无关紧要的。家庭支持服务产生的结果是具有经济价值的，只要可能，估算项目收益就应该将对所有家庭成员产生的服务价值包括在内。

收益-成本分析方法

收益-成本分析本质上是对经济理论，主要是对微观经济学的运用，对项目效果的经济价值进行评估的过程中所产生问题的研究。系统介绍收益-成本分析方法论已超出本章的内容范围，读者可以参考莱文（Levin, 1983）和汤普森（Thompson, 1980）的相关教材。经济学方法在早期干预研究中的应用在其他地方（Barnett, 1986）已经讨论过，在介绍早期干预的收益前将有一个简短的介绍。收益-成本分析，将被视为一个不完整的收益-成本分析而不会被单独讨论（Barnett, 1994, 有例可供）。

进行早期干预计划的收益-成本分析方法,可以用以下步骤进行说明。第一步是确定和评估使用的资源和项目所产生的效益;第二步是要将资源和效益转化为可测量的货币成本和收益;第三步是合计已转化的货币来估算成本和效益,进而整体描绘这个项目的社会净经济价值;第四步是描述分配结果,也就是描述哪方收益,哪方赔本;最后一步是考虑基本假设和任何可能会影响调查结果的其他局限。运用以上步骤来对一个具体的项目进行收益-成本分析能达到两个目的:验证这个方法和描述早期干预的好处。

早期干预的收益:佩里学前教育计划

基于佩里学前教育计划进行的收益-成本分析为早期干预的收益提供了广泛的证据(Barnett,1993,1996)。佩里学前教育计划是一项纵向研究,始于 20 世纪 60 年代初,主要研究 3、4 岁儿童的学前教育项目的效益。公布的调查结果已追踪到了 27 岁(Schweinhart, Barnes, Weikart, Barnett, & Epstein, 1993)。这项研究的对象是 123 名来自低收入的非洲裔家庭的智力落后儿童,根据智商分数可以将他们归类为智力落后组,而控制组的半数儿童最终也接受了特殊教育。因此,这项研究是有关残障儿童以及经济弱势儿童的早期干预。

项目资源 佩里学前教育项目的实行从第一年的 10 月至次年的 6 月,每周 5 天,每天两个半小时的课堂计划,每周由教师进行一个半小时的家访。除了一小部分儿童在第一年时只参加了 4 岁项目,一般都参加了 3 岁和 4 岁的项目。两所公立学校的正在接受幼儿教育和特殊教育培训的教师为每个教室 8~13 名儿童提供服务。教师上午教学,下午进行家访。认知发展课程与维卡特、卡米和雷丁(Weikart, Kamii, & Radin, 1967)所描述的相同。该计划的研究对象在 5 岁时进入公办幼儿园。佩里学前教育计划的主要发现如表 25.3 所示。

表 25.3 佩里学前教育计划的主要发现

类别	研究对象个数	提供学前教育组	不提供学前教育组	p
5 岁平均智商	123	95	83	<0.001
15 岁时成绩测试	95	122.2	94.5	<0.002
一直接受特殊教育的比例	112	16%	28%	0.039
高中毕业或相同学力	121	67%	49%	0.034
19 岁接受高等教育	121	38%	21%	0.029
27 岁时被拘留 5 次或以上	121	7%	35%	0.004
女性:每 100 位少女中怀孕数	49	64	117	0.084
27 岁时领取福利	121	59%	80%	0.010
27 岁月收入(1993 年)	115	$ 1219	$ 766	0.007

参考:Berrueta-Clement, Schweinhart, Barnett, Epstein, & Weikart, 1984; Schweinhart, Barnes, Weikart, Barnett, & Epstein, 1993。

项目收益

佩里学前教育计划采用实验设计的方法,来判断研究的近期和长期影响。采用近似随机分配的方式将研究对象分为实验组和对照组(Schweinhart et al., 1993)。比较两组可以用来衡量学前教育项目的无偏估计收益率。测量第一年的学龄前教育发现,儿童在多个领域获得了周期性的发展和成功。该项目的调查结果跟踪分析到了 27 岁 (Schweinhart et al., 1993)。

佩里学前教育计划找到了一个可从学前延伸至成年的持久的效益链。如表 25.3 所示,通过比较实验组和对照组的平均值,一些最重要的效益显示出来了。从表中可以看出,干预效果是普遍和持久的。干预计划的第一个可测量的效果是 3、4 岁实验组儿童的智商水平得到提高。入学后,实验组和对照组的智商差异开始减少,到了二年级就不再有统计学意义。尽管智商方面的差异降低,但是起始的智商水平仍与后来的成功有关。整个学年,实验组获得了更好的测试成绩和教师评级,他们将不太可能被安排去接受特殊教育(Schweinhart et al., 1993)。到青少年为止,显然,实验组在学术性或非学术性的优势更明显。他们不仅更容易追求更高的教育,而且他们也拥有更高的就业率和收入,较少参与犯罪和违法行为,少女怀孕概率也显著下降(Berrueta-Clement et al., 1984)。到了 27 岁,他们仍然在获得更高的收入、增加金融资产、减少犯罪以及减少福利等方面具有显著的优势(Schweinhart et al., 1993)。

成本和收益的货币价值

经济学分析的核心是估计该项目所使用的资源和产生的收益的经济价值。为了增加可比性,所有的数字都转换为 1995 年的美元价值。一个完整的成本预算基于项目核算而产生。据表 25.1 显示,每个儿童每年的费用约 8 000 美元。由于有些孩子只参加一年,因此在分析时,将一两年内产生的成本进行加权平均。收益的经济价值主要从幼儿、小学和中学教育、中学后教育、收入和就业、犯罪和违法行为,以及福利等方面进行估算。通常情况下,收益的估计价值通过观察每个项目的效果来计算,虽然在某些情况下,有必要继续预测个体在 27 岁以后的效益。

儿童保育价值需要根据保育中心提供的护理小时数来估算。对于佩里学前教育计划来说,这部分价值相对较小,因为它只是一个在上午进行的计划。此外,由于父母的潜在工资和收入都很低,他们可以并愿意支付的托儿费很低。由于这些因素的限制,对家长来说,儿童保健的估计价值仅为每年 928 美元。相比之下,对于低收入父母,全日制的儿童保育价值可能是每年 3 000 ~ 4 000 美元。

计算每年为每个孩子基于学校安置的教育成本和比较实验组和对照组的平均成本能够估算在初等教育和中等教育的成本上的干预效果。两个相反的效果显示,每个儿童的教育总成本因干预降低约 10 000 美元。首先,成本减少,是因为参加学前教育的孩子只需要不是很昂贵的安置费(例如较少的特殊教育)。其次,成本增加,因为学龄前儿童不太可能辍学,所以受教育的年限就更长。这样,尽管受教育程度的成本增加,但实现了总成本的节省。

基于高等教育成本的干预效果表明,可能产生负面的收益。干预增加了公立高等教育的估计成本,因为实验对象更可能继续接受高等教育,所以大约每个儿童 1 500 美元。这个增加的成本在一定程度上抵消了对高中毕业生进行的成人辅导和成人中专教育中节约的成本(与对照组相比)。请注意,研究一直追踪到 27 岁,这些估计效益也不具有统计学意义。然而,为了获得最好的评估效益,涵盖所有的估算效益就显得至关重要。特别是当处理的样本容量较小时,即使没有统计学意义,产生的效益也会相当大;当从一系列小收益中相加算出效益时,这个值明显很大

(可能由于每个包含的低偶然情形或活动)。在这种情况下,为了避免给人偏向正面的估算的印象,总计估算收益是必要的。

佩里学前教育计划增加了实验组的就业率和收入。总薪酬(工资加上福利)的效益是基于27岁时的实际收益数据,并对27岁以后的教育程度进行了预测。到27岁时,每个实验对象总收入大约增加25 000美元。显然,他们的挣钱年数得到增加,其中某些人推迟工作,以继续他们的教育。美国人口普查数据的评估显示,薪酬总额的影响打破了其一生的平衡。数据显示,按种族、年龄、性别划分,受教育程度与收入、附带福利密切相关。每个儿童终身收益估计近90 000美元。

学前教育计划使得犯罪和违法行为减少。这一发现是基于自我报告的数据和警察、法庭的记录。因为官方记录数据落后于访谈资料,刑事司法系统的有关信息要28岁时才能被统计。每次逮捕中受害者的成本和向警方、法院、监狱系统的费用都会被估算。不同犯罪类型的逮捕率的数据常用来估计减少犯罪的总收益。两组平均成本的比较表明,28岁时犯罪和不法行为的成本每人约已下降了95 000美元。基于逮捕年龄模式的国家数据被用于预测逮捕率和超过28岁的犯罪成本估计终其一生,每个儿童的估算成本降低了超过60 000美元。

佩里学前教育计划的福利成本的效益估计来自受试者27岁时的福利金的报告。预计27岁的福利效益,大约是每个儿童4 000美元。因为整个生命周期中,关于福利援助的长期模式要知之甚少,并且福利制度正在改革中,所以在27岁之后,知晓项目的福利收益是一项困难的任务。因此,这种估计在收益-成本分析中是最不确定的。然而,估计的成本节约对社会而言,仅仅是减少福利支出的一小部分。因为福利主要是资源从一个人到另一个的转换。只有福利的行政成本是整个社会的成本,而这相当于大约10%的款项。

聚焦和解释 表25.4总结了佩里学前教育计划的成本和收益。表25.4中的数字不是简单地将每年所有的成本和收益价值加起来,因为跨年的货币加和是不正确的,尽管它们似乎是完全可比的。为了使数据具有可比性,需要进行两次调整。一是调整通货膨胀的影响。将所有金额转换为1995年美元价格指数。其他调整考虑到货币的时间价值,这可能是最容易理解的,即等待的机会成本。即使没有通货膨胀的影响,今天的一美元比明年、10年或20年以后更有价值。今天的一美元可以愉快地用于某物,在明年或一段时间后,产生超过一美元的价值。每个人都明白这种调整的必要性,至少可以直观地理解为:谁会今天花1 000美元,只为了在20年后收到1 000美元呢(即使不考虑通胀调整)?

有几种方法可以调整不同年代的货币值,使得它们在社会价值上是一个单一的时间点,从而保持货币等价(Gramlich,1981;Thompson,1980)。在这项研究中所使用的美元等价转换成现值,这是它们在教育项目开始时的同等价值。现值按照项目开始后的每年贴现计算,贴现率是人们愿意今天换一美元得到明年一美元的利率。通常每年的利息率称为贴现率,在这项研究中,假定为3%。换句话说,假定社会公认为今天平等交易1.00美元,一年后将获得1.03美元,两年后是1.03^2,25年后为1.03^{25}。因此,未来一年后获得的1.00美元会转换成现值为1.00/1.03美元,未来2年收到的1.00转换成现值为$1.00/(1.03)^2$,未来25年后收到的1.00美元转换成现值为$1.00/(1.03)^{25}$。当所有的成本和收益的现值相加,就可以使用一个简单的决定规则。如果利益的现值超过成本的现值,该项目就是一个良好的社会投资。两个项目相比时,净现值越大(收益现值减去成本现值),则经济效益越大,投资越好。

表 25.4 佩里学前教育计划贴现率为 3% 的成本和效益现值

收益	总额/美元（1995 年的价值）
27 岁及以前	
儿童保育	787
中小学学校成本节约	7 332
成人和高等教育	−624[①]
收入增加	15 469
犯罪减少	52 330
福利减少	234
总计	75 528
27 岁以后	
收入增加	16 894
犯罪减少	22 767
福利减少	49
总计	39 710
汇总	
收益	115 238
成本	13 184
净收益	102 054

表 25.4 的数据表示，佩里学前教育计划净现值的社会价值是积极并巨大的。值得注意的是，这个是建立在单独观察整个 27 年的收益上得出的，并没有依赖未来不确定的预期收益。因此可以得出结论：佩里学前教育计划是一项良好的经济投资。事实上，佩里学前教育计划的回报率明显高于长期在美国股市的投资回报率（Barnett，1996）。然而，研究结果还表明，早期干预是一种投资，但这项投资同时需要具备长远眼光。在这相当昂贵的计划里投资没有"还清"时，直至若干年后，研究对象从学校毕业、成年。如果公众目光短浅，就可能会出现问题。然而，在许多活动中的公共投资——从公路和桥梁建设到高等教育和科研——结束投资同样需要较长时间的跨度，而早期干预确实产生立竿见影的好处。

佩里学前教育计划没有回答的一个问题是：产生这些长远利益是否一定要两年的学前教育？一年够不够？针对一年和两年的研究对象并没有统计学上的显著差异，原因是一年期的样本量很小，检验力也就相对较小。显然从经济学的角度来看，这是一个重要的问题。作为筛选试验，因为这些费用产生了一次，两年只需花费一年的一半多一点（稍微），这是一个较大的节约。然而，也有可能，甚至两年需要花费更多。3 岁以前开始的干预可能会产生更大的利益。在这个问

---

① 成人和高等教育收益为负值是由于更多的人要完成高等教育，所以成本增加（Barnett，1993，p.504）。

题上对预期成本和收益进行进一步的研究是非常必要的。

分配结果 社会作为一个整体从这个项目中获得了收益是肯定的。针对佩里学前教育计划的成本和收益的分配问题需要进一步分析。巴尼特研究成本和收益的分配时关注两个不同的群体：为计划实施付账的纳税人和参与项目的参加者（及其家庭）。结果发现，大部分的收益现值给了纳税人，并且纳税人的收益远超过了项目成本。参加者及其家庭获得的金钱收益相对较小。

有两个显著的公共政策运用了这个分布分析。首先，佩里学前教育计划似乎一直是一个社会项目，在这个项目里每个人都是赢家。最先受益的是参与者和纳税人。这一方案在政治上应该非常流行。其次，利益分配为公共资金提供了一个充分的理由。参与佩里学前教育计划的家庭，无法自己支付高品质的学前教育服务。资助早期干预的经济能力在于纳税人，一方面纳税人可以获得足够多的经济收益，以吸引他们投资；另一方面又能帮助贫困家庭儿童获得教育和经济上的成功。显然一个社会可以通过做慈善而变得更好。

假设和限制条件 进行的大量效益分析背离了多种假设，而这些假设需要运用到佩里学前教育计划的收益-成本分析中。任何收益-成本分析中最重要的假设之一是用于贴现的利率，经济学家并没有就最适当的利率达成一致意见。有些人认为利率低于3%，而其他人则认为利率要更高，因此此处通过使用范围较广的贴现率来计算净现值。估计项目的净现值是真正的正值（不含通货膨胀）贴现率高达11%，远远超出了合理范畴。要验证那些关于个体在27岁时或27岁以后的利益的各种假设，就需要进行更深入的分析。即使较大地改变假设，对认定这个项目是一个好的投资的结论也并没有大的变化。巴尼特提供了所有替代分析的细节。

也许收益-成本分析最大的限制是成本估计比收益更加完整。这往往是真实的，一般在早期干预的收益-成本分析中，很多收益的经济价值难以评估。佩里学前教育研究，以下一些收益无法进行估值的：（1）早期智商（IQ）提升和学校的成功；（2）提升对高中教育的满意度；（3）减少少女怀孕和堕胎，提高男女结婚率。然而，这一分析表明，早期干预计划的收益估计比很多人所想可能更完整。例如，由于犯罪经济学研究的进步，使得估算由犯罪降低所带来的经济效益，其中包括对疼痛、痛苦和死亡风险的效益，被盗或损坏财产、住院和失去工作时间的直接经济损失，以及为刑事司法系统节省的成本成为可能。虽然这些仍然没有包括人们在安全感、锁、警卫等其他安全措施的减少所带来的情感价值，但它已经相当完整了。

其他纵向研究

佩里学前教育研究是最全面的一项研究，其研究结果支持大量其他研究关于贫困儿童早期干预的长期效果（Barnett，1998b；Farran，本书；Halpern，本书）。这些研究中的少部分运用了经济学分析。一些研究追踪到被试进入青春期。类似的研究没有以由于生物因素造成障碍的残疾儿童为被试。后面将逐渐探讨以残障儿童为被试的研究对早期残障儿童干预的经济学意义。下面简要介绍两个经济效益分析的研究。

韦斯（Weiss，1981）对INREAL项目进行了收益-成本分析，INREAL是一项针对普通学前教育和幼儿园教室的语言干预计划。这项研究的对象为3—5岁的弱势儿童，分布于七个配对组。

每个配对组随机抽取学生接受 INREAL。语言专业人员被分配到教室负责一学年的 INREAL 计划。每个专业人员早晨在一个学前班工作,下午在一两所幼儿园工作。INREAL 计划的一个主要目标是在课堂上以最大限度地减少"污名化"的方式提供语言治疗。一项为期三年的随访调查表明,干预组儿童比控制组儿童较少重复同一等级和较少进入限制性的特殊教育安置。

为了评估干预计划的经济价值,韦斯(Weiss,1981)从后期教育成本减少的角度,进行了为期三年的跟踪研究,以比较项目的成本和收益。尽管在经济学分析中存在一些缺陷,但总结这三年的收益,显然收益的现值超过成本。这一发现表明,弱势儿童早期干预计划(研究中有 17% 的对象被认定为有残障)可以产生巨大的经济效益(Weiss & Heublein,1981)。当然,INREAL 研究没有单独测量学前班和幼儿园项目的经济效益,但其结果表明,早期干预(除了那些由基本计划产生的)能够获得可观的经济效益,在普通早期弱势儿童项目中增加采用语言干预(如 INREAL)可能获得更显著的经济价值。

塞茨等人(Seitz et al.,1985)报告了一个 10 年的跟踪研究结果,这是一项有关家庭经济困难学生参加耶鲁家庭支持计划的研究。干预计划提供了医疗和社会服务以及大约两年半的从儿童出生时开始的教育保育计划。有些家长还接受产前服务。对照组是从选择治疗组的那家医院中后来出生的儿童中选择的。孩子的性别、收入、父母在家的人数、母亲的种族,这些变量两组匹配。这两个组总共包含 28 个家庭,通过比较两组的父母和孩子的结果测定项目效果。

塞茨等人(Seitz et al.,1985)通过后续研究发现这个项目在儿童 10 岁时仍对父母和孩子产生正面影响的证据。治疗组的母亲有较高的就业率,更高层次的教育程度,以及较低的人口出生率。孩子有更好的学校考勤记录和较少的特殊教育安置。虽然没有进行一个完整的收益-成本分析,但估算过成本和一些收益的货币价值。据报道,计划实施的两年半以后,每个家庭的成本约为 20 000 美元(1982 年的美元价值)。在后续年度中,每个家庭从增加就业和减少特殊服务里获益的估计价值为 2 125 美元(1982 年的美元价值)。这些收益的现值,按 5% 贴现为 1 337 美元。尽管终身收入的效益将基于教育程度来估算,但是单从后续一年的收益来准确推断收益值却是很难的。有趣的是,在教育成本上节省的金额占了大约一年收益的一半,这和佩里学前教育计划平均每年节省的教育成本估算相似。

奥尔兹等人(Olds et al.,1993)通过追踪第一胎儿童及其母亲产前及产后前两年生活调查了一项家访计划的成本、长期效益和经济效益。他在 15 年后公布了结果,此时已有研究者做了相同的研究(Olds et al.,1997)。对低收入母亲和儿童的干预效益在原来的基础上表现为儿童被虐待和忽视减少、两个孩子之间的出生间隔增加、小孩数量减少和依赖福利的时间减少(Kitzman et al.,1997)。最引人注目的是,母亲入狱和定罪率降低,这些儿童到了青少年也不太可能犯罪(Olds et al.,1997)。这项研究在另一个具有大量少数民族人口的州里重复(原来的研究样本大多是白人),产后的头两年研究发现:对于孩子来说,遭遇更少的医疗保健和与受伤和中毒相关的住院;对于母亲来说,减少第二次怀孕,婴儿安全出生以及较少使用政府补贴(Kitzman et al.,1997)。成本和效益的估计显示,低收入家庭的干预计划成本在四年内可以还清(Olds et al.,1993)。

早期干预收益的其他证据是研究已经发现了的类似于佩里学前教育计划的长期影响。纵向研究联盟(Consortium for Longtitudinal Studies,1983)进行了 11 个长期研究的早期干预的集中数据分析(包括佩里学前教育计划)。8 项研究提供了 7 年级学校成功的信息,4 项研究提供了整个 12 年级学校成功的信息。汇集各研究分析表明,接受了早期干预的儿童留级和接受特殊教育安置明显减少,其结果并不依赖于佩里学前教育项目中的分析结果。巴尼特(Barnett,1998b)对 35 个贫困儿童早期干预研究进行综述后认为,需要至少跟踪到 3 年级才能发现连续的成绩、留级和特殊教育的收益证据。芝加哥儿童家长中心(Chicago Child Parent Center)的一项纵向研究发现,干预到 15 岁时会对成绩、留级和特殊教育产生重大影响(Reynolds,1997)。有人(Lally,Mangione,& Honig,1988)对从出生到 5 岁的儿童干预进行长期跟踪研究发现,干预会对青少年犯罪产生影响。最后初学者项目做了一个真正的实验研究,从儿童出生到 5 岁进行全日制照顾。研究发现直到 15 岁,在成绩、留级和特殊教育安置方面产生了巨大的效益(Campbell & Ramey,1994,1995)。

贫困儿童早期干预促进学校的成功(从而降低教育成本)得到了强有力的证明。这一发现已被各种不同的理论方法、服务提供模型和开始干预年龄上所重复。除美国以外,巴西、法国、德国、印度、爱尔兰、土耳其等国家也有相同发现(Boocock & Larner,1998;Kagitcibasi,1996;Myers,1992)。佩里学前教育研究中发现其他经济利益的支持较少,但出现了大量关于经济学与教育成功的研究。它们认为促成经济效益的关键变量为收入和就业、犯罪活动、生育和健康(Haveman & Wolfe,1984)。然而,持续时间较长的计划,如初学者和芝加哥儿童家长中心的研究表明,早期干预的一些学术收益甚至大于佩里学前教育研究。

推广必须谨慎,因为早期干预的设计和交付、被服务的儿童和家庭的特点以及更广泛的社会和经济环境不同带来的收益各不相同(Barnett,1993;Frede,1998)。例如,留级和特殊教育安置的影响显然取决于这些目标人群的发生率,这是由孩子的特点和学校的政策决定的。发展中国家的小学教育条件,不仅不同于工业化国家,彼此之间也有很大的不同,将会影响早期干预的长期结果(Myers,1992)。努力改善健康和营养,同时发展早期教育,尤为重要,尤其是高死亡率、严重的疾病、高幼儿营养不良率、饥饿和疾病给儿童的发展和学习带来了严重的影响时(Myers,1992)。在工业化国家中,并非所有促进学校成功的干预项目,在预防犯罪和违法行为方面产生了正面影响(Boocock & Larner,1998;Clarke & Campbell,1997;Schweinhart & Weikart,1996)。为什么会有这样的结果目前还不清楚。其中一个可能性是不同早期干预方案在某种程度上为他们学习解决社会问题提供了机会。

残障非贫困儿童的收益

与弱势儿童研究对比,对残障或发育迟缓非贫困儿童的早期干预的纵向研究较少,关于中度障碍儿童的干预信息最少(Casto & Mastropieri,1986;Dunst,1986;Guralnick,1997;Shonkoff & Hauser-Cram,1987)。其中原因之一是,为所有障碍的幼儿服务是被动的。因此,重度障碍儿童的长期效益的情形一般由其他种类证据支持,包括个案研究、比较研究和早期干预实验中随自然变化的研究(不太支持强因果推论)。这些研究包括成本信息,就为成本-效益比较提供了基础(Erickson,1992;White & Boyce,1993)。

在综述中这方面的证据广泛存在,包括普遍积极的结论(Guralnick,1997;Guralnick & Bennett,1987)。与弱势儿童一样,残障儿童的早期干预可以产生立竿见影的好处(Casto & Mastropieri,1986;Farran,本书;Shonkoff & Hauser-Cram,1987)。这一点至少为这些儿童的巨大长远收益留下可能性,即使长期收益的性质会随残障的类型和严重程度各异,也可能不同于那些生活在贫困中的儿童。项目比较显示,持续时间和强度的增加、改善服务比单纯增加家访次数、增加在课堂上的时间长度或增加新的服务更复杂(Barnett & Pezzino, 1987; Burkett, 1982; Goetze & Yang, 1997; Shonkoff et al., 1992; White & Boyce, 1993)。

更有趣的干预研究之一并不是针对贫困儿童,而是婴儿健康与发展项目(IHDP)。这项研究是一个多位点的随机干预研究,对象是出生时体重较轻的婴儿,干预持续三年(Gross, Spiker, & Haynes, 1997)。干预的第一年提供了家访,第二年提供了儿童教育保育,接下来是儿科服务。治疗组的儿童在3岁时有更高的智商分数,在5岁时治疗组总体上显示没有智商优势、行为或健康问题。然而,在较高的低出生体重(>2 000g)这个样本中,治疗组有4分的智商分数优势,这种模式重复到8岁,较低的低出生体重群体没有发现影响。对较高的低出生体重的影响还包括更高的智商、更好的考试成绩以及轻微地减少了特殊教育安置($p = 0.09$)(McCarton et al., 1997)。一些证据表明,干预中母亲受过最少正规教育的孩子获得了最大的认知进步(Ramey & Ramey, 1998)。

可以预料,由于项目类型和残障儿童严重程度不同,儿童和家庭的收益也各异,针对残障非贫困儿童的潜在经济效益可以做出一些有用的概述。特殊教育的成本很高,随着残障的严重程度增加,这个成本还会增高。即使是特殊教育需求缓慢降低也可能会产生显著的成本节约。但显著减少犯罪和违法行为这样的收益不太可能实现,因为这类问题本身出现的概率就很低。随着儿童认知和社会能力,尤其是日常生活技能的提高,残障儿童家庭可能会产生显著效益,儿童独立生活能力的增强(即使并非完全独立)在一定程度上能够降低社会成本。相对而言,以儿童保健中心为基础的计划,可能会产生更高价值。这部分儿童获得保育服务可能会更加困难和昂贵,而教育程度更高的父母则具有更好的收入潜力。

整体而言,残障非贫困和发育迟缓儿童早期干预在很大程度上能获得高经济效益,即使对这些儿童进行早期干预成本可能高于弱势儿童。估算收益时,重要的是不轻视早期干预产生的较难估算的潜在价值。比如虽然经济效益一般,但家长可能会对儿童理解的增加、家庭关系的改善、压力的减少以及孩子能力的一点点提升(可能其他人都很难注意到)做出高度评价——特别是这些改进对孩子和家庭的生活质量有直接的促进作用。更多和更成功的家庭参与学校、工作和社区活动的价值可能是相当高的。这种效益的重要性和经济价值是今后早期干预的经济学研究的一个重要领域。

结　　论

弱势儿童及其家庭的早期干预可以是一项良好的经济投资。而且,它应该是一种由纳税人承担的投资,因为他们是主要的经济受益者。目前美国早期干预因为投资不足,无法容纳所有的贫困儿童,甚至只提供幼儿园前一年的服务。虽然对残障非贫困和发育迟缓儿童及其家庭的早期干预所带来的经济利益了解甚少,但明确的潜在效益将超过合理的成本。虽然这些结论是基于高度多样化群体得出的广泛的一般性概论,可能不符合每一个亚群,但是这是一般政策决策的水平。

早期干预是一项昂贵的投资,这使得成本成为一个重要的政策考虑因素。目前的挑战是不损害福利而限制成本。从经济学的角度来看,其目标不是成本的高低,而是最大化提高社会净收益。换句话说,其目的是增加早期干预服务的质量和数量使得额外收益价值刚好等于额外成本,而不是不惜一切代价地寻求儿童和家庭利益最大化。这个角度看,不仅存在社会资源的优先竞争,而且残障儿童及其家庭存在需求和兴趣,而不是儿童的残疾。成本和效益的关键政策变量是:(1)服务持续时间,服务开始年龄和长度;(2)服务强度,投入到每个孩子和家庭的工作人员时间的数量和质量;(3)服务的数量,多大范围的儿童和家人获得了服务;(4)目标人群,项目如何设定的并定义服务资格;(5)成本转移,尤其是在哪些成本由家庭承担。决策者需要更多的成本和效益的信息了解这些变量的影响,这篇综述为未来的研究提供了方向。

目前弱势学龄前儿童公共计划的成本大大低于那些多项证据表明具有长远利益的方案。成本较低是由于开端计划和其他计划往往存在较低的工作人员和儿童比以及低工作人员资历,并仅提供儿童在 4 岁时的一年服务(Grubb,1987;Administration for Children and Families,1997;Hofferth,1996;Verzaro-O'Brien,Powell,& Sakamoto,1996)。强度和持续时间的减少对儿童结果的确切影响是不确定的,但潜在的大幅效益减少是不容忽视的。研究和交叉研究比较(Barnett,1998a,1998b)指出,当前项目中由于在强度和持续时间上的投资不足,导致失去了重要的收益,应该重点详细研究服务数量(包括年限)、工作人员/儿童以及员工资历分配的影响。这样的研究应该建立在过去的工作上,需要更大的样本容量来衡量改进方案的效果,而不是与没有项目时比较检测项目的效果,当比较替代项目时,方案测量实行的细节情况是至关重要的,并且增加资源的有效使用可能会带来质的变化,而不是简单的扩展。

由于早期干预的成本很高,有一些已被验证成功的低成本选项,应该是研究和实践实验的主题。以家庭为基础的方案是一个低成本的选择,特别适合婴幼儿早期干预。然而,一些高性价比的模式,如初学者项目也被证明是非常成功的。没有一个项目是万能的,家访项目没有解决照顾孩子这一需求,但它提供更加广泛的儿童工作,这可能产生完全不同的收益。研究人员和早期干预的倡导者必须提醒决策者不要对单个的干预妄下结论,不能简单地认为一个非常成功的干预项目就能满足所有家庭(Meisels,Dichtelmiller,& Liaw,1993)。一些儿童和家庭可能无法应对某个特定的干预,因为可能会发现干预本身的设计很难参与,而有些人可能会受益于多种干预措施。相比于尝试做这一切的单一计划,多种干预项目(并联或形成系列)具有的专业化优势更有效。

残障和发育迟缓儿童早期干预的高成本问题,使得服务传递的一般模式的效益问题受到关注。残障婴幼儿通常只受到每周几个小时的服务,而儿童从 3—5 岁进入公立学校前,每周接受的服务有 10~12 个小时。然而,这些服务的成本却接近全天、全年计划(如初学者项目)的成本。当儿童保健有市场需求并考虑到保育对儿童及其家庭的福祉有潜在的贡献时,在由早期干预提供者或其他社区组合运营的儿童保育计划适当发展的背景下,更有效地对许多儿童提供早期干预服务是合理的。考虑到已有研究证明更广泛的服务对儿童发育影响更大,服务方式的转变可能具有重要的收效(Blair,Ramey,& Hardin,1995)。应该重新比较这两种方法的研究。此类研究的一个具体重点是通过 21 世纪学校提供项目的,融合儿童保健和教育的早期干预服务的成本与收益(Zigler & Finn-Stevenson,1996)。

残障儿童早期干预项目往往只限那些处于风险中的儿童参加。受贫困等环境条件的影响,许多儿童处于发展障碍的风险中,却不能得到早期干预服务或只得到时间有限的后期服务。大多数特殊教育计划里的儿童并没有受到早期干预服务或学前特殊教育(Barnett,1988)。尽管弱势儿童开端计划和其他计划资金有所增加,但仍然少于残障儿童计划。由于提供的早期干预服务非常有限,很多早期干预的潜在利益和很多符合条件的人群被放弃。州政府和联邦政府应该鼓励为所有贫困儿童提供服务,并放开申请条件,为可能处在发展障碍中的所有儿童提供早期干预,包括那些已被诊断出残疾或广泛性发育迟缓的儿童。制定政策需要考虑以贫困儿童为目的的项目和以儿童为目的项目之间的重叠,或是与准残障儿童之间的重叠。对风险因素进行进一步研究是很必要的,尽管目前贫穷是对政策制定影响最大的一个风险因素。

尽管取得了很大的进展,但有关早期干预的经济学仍有许多需要学习的地方。除了主题提出较早,从重度残障儿童干预的改变到早期干预服务在组织和支付方式改变的成本和效益问题上可以进行有益的研究。提高早期干预经济学的进展,需要政府和其他早期干预研究发起者的支持,它并不纯属于学术研究领域。州政府可以通过细化管理数据系统,搜集相关项目服务单位的成本、服务质量和数量(儿童和家庭)、服务的持续时间和退出者等信息(如家庭接受服务像我们想的一样快吗?家庭离开早期干预是因为这不符合他们的需求吗?搬家后为什么很难重新注册?),提高自己研究这些问题的能力。经济学研究已经证明了它在过去的政策与实践方面的必要性。如果未来的研究能够基于合理的研究设计与可行的经济学研究方法,那么它在政策与计划进展方面将发挥相同的价值。

参 考 文 献

Administration for Children and Families. (1997). *Head Start Statistical Fact Sheet*. Washington, DC: Administration on Children Youth and Families, Administration on Children and Families, Department of Health and Human Services.

American Institutes for Research. (1990). *California's early intervention program (PL 99-457) cost evaluation study*. Palo Alto, CA: Author.

Barnett, W. S. (1986). Methodological issues in economic evaluation of early intervention programs. *Early Childhood Research Quarterly*, 1, 249–68.

Barnett, W. S. (1988). The economics of early intervention under P.L. 99-457. *Topics in Early Childhood Special Education*, 8, 12–23.

Barnett, W. S. (1998a). Long-term cognitive and academic effects of early childhood education on children in poverty. *Preventive Medicine*, 27(2), 204–7.

Barnett, W. S. (1998b). Long-term effects on cognitive development and school success. In W. S. Barnett & S. S. Boocock (Eds.), *Early care and education for children in poverty: Promises, programs, and long-term results* (pp. 11–44). Albany, NY: SUNY Press.

Barnett, W. S. (1993). Benefit-cost analysis of preschool education: Findings from a 25-year follow-up. *American Journal of Orthopsychiatry*, 63(4), 500–8.

Barnett, W. S. (1994). Cost effectiveness and cost-benefit analysis. In W. S. Barnett (Ed.), *Cost analysis for education decisions: Methods and examples* (pp. 257–76). Greenwich, CT: JAI Press.

Barnett, W. S. (1996). *Lives in the balance: Age-27 benefit-cost analysis of the High/Scope Perry Preschool Program*. Ypsilanti, MI: High/Scope Press.

Barnett, W. S., & Boyce, G. C. (1995). Effects of children with Down syndrome on parents' activities. *American Journal on Mental Retardation*, 100(2), 115–27.

Barnett, W. S., & Camilli, G. (in press). Compensatory preschool education, cognitive development, and "race." In J. Fish (Ed.), *Understanding race and intelligence*. Northvale, NJ: Jason Aronson.

Barnett, W. S., Escobar, C. M., & Ravsten, M. (1988). Parent and clinic early intervention for children with language handicaps: A cost-effective analysis. *Journal of the Division for Early Childhood*, 12, 290–8.

Barnett, W. S., Frede, E. C., Hasbrouck, S., Spain, A., & Yarosz, D. (1997). *Early intervention systems study annual report*. New Brunswick, NJ: Rutgers University Graduate School of Education.

Barnett, W. S., & Pezzino, J. (1987). Cost-effectiveness analysis for state and local decision making: An application to half-day and full-day preschool special education programs. *Journal of the Division for Early Childhood*, 11, 171–9.

Berrueta-Clement, J. R., Schweinhart, L. J., Barnett, W. S., Epstein, A. S., & Weikart, D. P. (1984). *Changed lives: The effects of the Perry Preschool program on youths through age 19.* Ypsilanti, MI: High/Scope.

Blair, C., Ramey, C. T., & Hardin, J. M. (1995). Early intervention for low birthweight, premature infants: Participation and intellectual development. *American Journal on Mental Retardation, 99*(5), 542–54.

Boocock, S. S., & Larner, M. (1998). Long-term outcomes in other nations. In W. S. Barnett & S. S. Boocock (Eds.), *Early care and education for children in poverty: Promises, programs, and long-term results* (pp. 45–76). Albany, NY: SUNY Press.

Bristol, M., Reichle, N., & Thomas D. (1987). Changing demographics of the American family: Implications for single-parent families of young handicapped children. *Journal of the Division for Early Childhood, 12*, 56–69.

Bronfenbrenner, U. (1986). Ecology of the family as a context for human development: Research perspectives. *Developmental Psychology, 22*, 723–42.

Bureau of Economic Analysis. (1996a). *The national income and product accounts of the United States: Statistical tables.* Washington, DC: U.S. Government Printing Office.

Bureau of Economic Analysis. (1996b, November). *Survey of current business.* Washington, DC: Author, U.S. Department of Commerce.

Burkett, C. W. (1982). Effects of frequency of home visits on achievement of preschool students in a home-based early childhood education program. *Journal of Educational Research, 76*, 41–4.

Campbell, F. A., & Ramey, C. T. (1995). Cognitive and school outcomes for high-risk African-American students in middle adolescence: Positive effects of early intervention. *American Educational Research Journal, 32*(4), 743–72.

Campbell, F. A., & Ramey, C. T. (1994). Effects of early intervention on intellectual and academic achievement: A follow-up study of children from low-income families. *Child Development, 65*, 684–98.

Casto, G., & Mastropieri, M. A. (1986). The efficacy of early intervention programs: A meta-analysis. *Exceptional Children, 52*, 417–24.

Clarke, S. W., & Campbell, F. A. (1997, April). *The Abecedarian Project and youth crime.* Paper presented at the biennial meeting of the Society for Research in Child Development, Washington, DC.

Coakley, T. (1995, November 15). A profile of Part H program costs in 19 states. NEC*TAS Part H Update, p. 35.

Coelen, C., Glantz, F., & Calore, D. (1979). *Day care centers in the U.S.A.: National profile 1977-1977.* Cambridge, MA: Abt Associates.

Consortium for Longitudinal Studies. (1983). *As the twig is bent.* Hillsdale, NJ: Erlbaum.

Dunlap, W. R., & Hollinsworth, J. S. (1977). How does a handicapped child affect the family? Implications for practitioners. *The Family Coordinator, 26*, 286–93.

Dunst, C. J. (1986). Overview of the efficacy of early intervention programs. In L. Bickman & D. L. Weatherford (Eds.), *Evaluating early intervention programs for severely handicapped children and their families* (pp. 79–147). Austin, TX: Pro-Ed.

Erickson, M. (1992). An analysis of early intervention expenditures in Massachusetts. *American Journal on Mental Retardation, 96*(6), 617–29.

Escobar, C. M., & Barnett, W. S. (1986, October). *Benefit-cost analysis of the Abecedarian preschool program.* Paper presented at the Council for Exceptional Children, Division of Early Childhood Annual National Conference, Louisville, KY.

Escobar, C. M., & Barnett, W. S. (1994). Early childhood special education. In W. S. Barnett (Ed.), *Cost analysis for education decisions: Methods and examples* (pp. 183–202). Greenwich, CT: JAI Press.

Escobar, C. M., Peterson, A., Lauritzen, V., & Barnett, W. S. (1987). *Transportation options and costs for preschool special education in Utah* (Report to the Utah State Office of Education). Logan: Utah State University, Early Intervention Research Institute.

Fewell, R. R., & Scott, K. G. (1997). Cost of implementing the intervention. In R. T. Gross, D. Spiker, & C. W. Haynes (Eds.), *Helping low birth weight, premature babies: The Infant Health and Development Program* (pp. 479–504). Stanford, CA: Stanford University Press.

Frede, E. C. (1998). Preschool program quality in programs for children in poverty. In W. S. Barnett & S. S. Boocock (Eds.), *Early care and education for children in poverty: Promises, programs, and long-term results* (pp. 77–98). Albany, NY: SUNY Press.

Goetze, L. D., & Yang, Y. N. (1997, July). *The long-term effects of alternative types of early intervention on public school services.* Paper presented at the annual meetings of the Western Economics Association, Seattle.

Gramlich, E. M. (1981). *Benefit-cost analysis of government programs.* Englewood Cliffs, NJ: Prentice-Hall.

Gross, R. T., Spiker, D., & Haynes, C. W. (Eds.). (1997). *Helping low birth weight, premature babies: The Infant Health and Development Program.* Stanford, CA: Stanford University Press.

Grubb, W. N. (1987). *Young children face the states: Issues and options for early childhood programs.* Center for Policy Research in Education (CPRE) Joint Note. New Brunswick, NJ: Rutgers, Eagleton Institute of Politics, CPRE.

Guralnick, M. J. (Ed.). (1997). *The effectiveness of early intervention.* Baltimore, MD: Paul H. Brookes.

Guralnick, M. J., & Bennett, F. C. (Eds.). (1987). *The effectiveness of early intervention for at-risk and handicapped children.* Orlando, FL: Academic Press.

Haveman, R. H., & Wolfe, B. L. (1984). Schooling and economic well-being: The role of nonmarket effects. *Journal of Human Resources, 19*, 377–407.

Helburn, S. W., & Howes, C. (1996). Child care cost and quality. *The Future of Children, 6*(2), 62–82.

Hofferth, S. L. (1996). Child care in the United States today. *The Future of Children, 6*(2), 41–61.

Kagan, S. L., Powell, D. R., Weissbourd, B., & Zigler, E. F. (Eds.). (1987). *America's family support programs: The state of the art*. New Haven, CT: Yale University Press.

Kagitcibasi, C. (1996). *Family and human development across cultures*. Hillsdale, NJ: Erlbaum.

Kakalik, J. S., Furry, W. S., Thomas, M. A., & Carney, M. F. (1981). *The cost of special education* (Report No. N-1792-ED). Santa Monica, CA: The Rand Corporation.

Kitzman, H., Olds, D., Henderson, C., Hanks, C., Cole, R., Tatelbaum, R., McConnochie, K., Sidora, K., Luckey, D., Shaver, D., Engelhardt, K., James, D., & Barnard, K. (1997). Effect of prenatal and infancy home visitation by nurses on pregnancy outcomes, childhood injuries, and repeated childbearing in low-income families: a randomized controlled trial. *Journal of the American Medical Association, 278*(8), 644–52.

Kysela, G., & Marfo, K. (1983). Mother-child interactions and early intervention programmes for handicapped infants and young children. *Educational Psychology, 3*, 201–12.

Lally, J. R., Mangione, P. L., & Honig, A. S. (1988). The Syracuse University Family Development Program: Long-range impact of an early intervention with low-income children and their families. In D. Powell (Ed.), *Parent education as early childhood intervention: Emerging directions in theory, research, and practice* (pp. 79–104). Norwood, NJ: Ablex.

Levin, H. (1983). *Cost-effectiveness: A primer*. Beverly Hills, CA: Sage.

Love, J., Nauta, M., Coelen, C., Hewlett, K., & Ruopp, R. (1976). *National Home Start evaluation final report: Findings and implications*. Cambridge, MA: Abt Associates.

McCarton, C. M., Brooks-Gunn, J., Wallarce, I. F., Bauer, C. R., Bennett, F. C., Bernbaum, J. C., Broyles, S., Casey, P. H., McCormick, M. C., Scott, D. T., Tyson, J., Tonascia, J., & Meinert, C. L. (1997). Results at age 8 years of early intervention for low-birth-weight premature infants. *Journal of the American Medical Association, 277*(2), 126–32.

Meisels, S. J., Dichtelmiller, M., & Liaw, F. R. (1993). A multidimensional analysis of early childhood intervention programs. In C. H. Zeanah (Ed.), *Handbook of infant mental health* (pp. 361–85). New York: Guilford Press.

Myers, R. G. (1992). *The twelve who survive: strengthening programmes of early childhood development in the Third World*. London: Routledge.

Olds, D., Henderson, C., Phelps, C., Kitzman, H., & Hanks, C. (1993). Effect of prenatal care and infancy nurse home visitation on government spending. *Medical Care, 31*(2), 155–74.

Olds, D., Eckenrode, J., Henderson, C., Kitzman, H., Powers, J., Cole, R., Sidora, K., Morris, P., Pettitt, L. M., & Luckey, D. (1997). Long-term effects of home visitation on maternal life course, child abuse and neglect: Fifteen-year follow-up of a randomized trial. *Journal of the American Medical Association, 278*(8), 637–43.

Parrish, T. (1990). *Nebraska Financing Study, PL 99-457: Part H, EHA*. Palo Alto, CA: American Institutes for Research.

Ramey, C. T., & Ramey, S. L. (1998). Prevention of intellectual disabilities: Early interventions to improve cognitive development. *Preventive Medicine, 27*(2), 224–32.

Reynolds, A. J. (1997, April). *Long-term effects of the Chicago Child–Parent Center Program through age 15*. Paper presented at the biennial meeting of the Society for Research in Child Development, Washington, DC.

Rule, S., Stowitschek, J., Innocenti, M., Striefel, S., Killoran, J., Swezey, K., & Boswell, C. (1987). The Social Integration Program: An analysis of the effects of mainstreaming handicapped children into day care centers. *Education and Treatment of Children, 10*, 175–92.

Ruopp, R., Travers, J., Glantz, F., & Coelen, C. (1979). *Children at the center: Summary findings and policy implications of the National Day Care Study*. Cambridge, MA: Abt Associates.

Sameroff, A. J. (1983). Developmental and theory systems: Contexts and evolution. In P. Mussen (Ed.), *Handbook of child psychology: Vol. I. History, theory, and methods* (pp. 263–88). New York: Wiley.

Schweinhart, L. J., Barnes, H. V., Weikart, D. P., Barnett, W. S., & Epstein, A. S. (1993). *Significant benefits: The High/Scope Perry Preschool study through age 27*. Ypsilanti, MI: High/Scope Press.

Schweinhart, L. J., & Weikart, D. P. (1996). *Lasting differences: The High/Scope Preschool Comparison Study through age 23*. Ypsilanti, MI: High/Scope Press.

Seitz, V., Rosenbaum, L. K., & Apfel, N. H. (1985). Effects of family support intervention: A 10-year follow-up. *Child Development, 56*, 376–91.

Shonkoff, J. P., & Hauser-Cram, P. (1987). Early intervention for disabled infants and their families: A quantitative analysis. *Pediatrics, 80*, 650–8.

Shonkoff, J. P., Hauser-Cram, P. Krauss, M. W., & Upshur, C. C. (1992). Development of infants with disabilities and their families: Implications for theory and service delivery. *Monographs of the Society for Research in Child Development, 57*(6, Serial No. 230).

St. Pierre, R. G., Layzer, J. I., & Barnes, H. V. (1995). Two-generation programs: Design, cost, and short-term effectiveness. *The Future of Children, 5*(3), 76–93.

Stock, J. R., Wnek, L. L., Newborg, J. A., Schenck, E. A., Gabel, J. R., Spurgeon, M. S., & Ray, H. W. (1976). *Evaluation of the Handicapped Children's Early Education Program*. Columbus, OH: Battelle Memorial Institute.

Tarr, J. E. (1997). *A cost analysis of Part H early intervention services in New Jersey. Dissertation Proposal*. New Brunswick: Rutgers Graduate School of Education.

Thompson, M. A. (1980). *Benefit-cost analysis for program evaluation*. Beverly Hills, CA: Sage.

Verzaro-O'Brien, M., Powell, G., & Sakamoto, L. (1996). *Investing in quality revisited: The impact of the Head Start Expansion and Improvement Act of 1990 after five years of implementation*. Alexandria, VA: National Head Start Association.

Weikart, D. P., Kamii, C. K., & Radin, N. L. (1967). Perry Preschool Project progress report. In D. P. Weikart (Ed.), *Preschool intervention: A preliminary report of the Perry Preschool Project* (pp. 1–61). Ann Arbor, MI: Campus Publishers.

Weiss, R. S. (1981). INREAL intervention for language handicapped and bilingual children. *Journal of the Division for Early Childhood, 4,* 40–51.

Weiss, R. S., & Heublein, E. A. (1981). Colorado school district INREAL experimental study. In B. A. McNulty, D. B. Smith, & E. W. Soper (Eds.), *Effectiveness of early special education for handicapped children* (Appendix). Denver: Colorado Department of Education.

Weissbourd, B. (1983). The family support movement: Greater than the sum of its parts. *Zero to Three, 4,* 8–10.

White, K. R., & Boyce, G. C. (Eds.). (1993). Special Issue: Comparative evaluations of early intervention alternatives. *Early Education and Development, 4*(4), 221–378.

Zervigon-Hakes, A., Graham, M., & Hall, J. (1991). *Florida's cost implementation study for Public Law 99-457, Part H, Infants and Toddlers. Phase II findings*. Tallahassee, FL: Center for Prevention and Early Intervention Policy, Florida State University.

Zigler, E. F., & Finn-Stevenson, M. (1996). Funding child care and public education. *The Future of Children, 6*(2), 104–21.

参考文献

第七编 21世纪的新方向

第26章 儿童早期干预政策：国际视野

希拉·B. 卡梅尔曼（SHEILA B. KAMERMAN）

众所周知，在儿童发展理论和研究中，特别是在早期干预方面，美国一直起着引领作用。同样，美国在主动性和预防性儿童政策发展方面的落后地位也是有目共睹的。欧洲国家并没有发表有效干预的新理论，也不重视干预研究，有关早期干预价值的研究不多，有的也都是借鉴美国的。但是，许多欧洲国家设计和实施了包含美国人所认为的早期干预观念的社会政策，并遥遥领先于世界。普适性的家庭政策、育儿假、儿童保育、家庭健康访问，以及特殊的家庭支持政策和计划，都是这些发展的例证。除了这些美国传统上认为的早期干预项目，出于多种原因，欧洲还形成了一套详尽的社会政策体系，包括收入转移、医疗保健、住房援助等，为这些政策的对象——儿童及其家庭提供了坚实的基础。这些"一揽子"政策和计划似乎还可以减少对治疗服务和危机干预的需要（Kamerman & Kahn, 1988, 1989, 1995）。

本章内容对比了美国和欧洲关于早期干预的观点，描述欧洲主要的早期干预政策，并参考了其他的社会政策，给出了一些有关这些政策的评论。

早期干预政策：对比视角

迈泽尔斯和香克弗将儿童早期干预定义为"为0—3岁弱势或残疾儿童及其家庭提供的综合性服务"（Meisels & Shonkoff, 1990, p.16）。在20世纪的最后20年，这个概念在美国变得越来越流行，得到以下人群的认同：强调最初几年生活重要性的儿童发展心理学家（Brooks-Gunn, 1995; Kagan, 1996; Zigler & Styfco, 1993, 1996），关注健康发展的儿科医生、公共卫生专业人员（Behrman, 1994, 1995; Hamburg, 1992; Krugman, 1993）和社会工作者（Guterman, 1997），儿童早期教育工作者（Campbell & Ramey, 1994; Lally et al., 1995; Young, 1996），其他关注减轻危机家庭问题的人（Carnegie Task Force, 1994; Harris, 1996; Sawhill, 1993）。在生命周期中为防止以后出现问题而进行早期干预，这一观念已深入人心。

针对高风险和易受伤害儿童及其家庭颁布的多项立法反映了这一观念（U.S. House of Representatives（USHR），Committee on Ways and Means, 1996, 1998）。例如，在20世纪80年代中后期，美国国会为贫困人群、孕妇和6岁以下儿童扩大医疗补助覆盖范围（以后分阶段覆盖所有出生于1983年9月之后的贫困儿童）。1993年联邦政府颁布提供家庭支持服务经费的法案，其规定超出了较早的公法99-457，确立了一项新计划（H部分，现在被称为C部分），帮助州政府推动发育迟缓或残疾婴幼儿早期干预服务的发展。1993 年,重新授权开端计划(Head Start),着重扩大覆盖范围,从 3—4 岁儿童延伸至 3 岁以下儿童。

卡内基公司的报告(1994)强调了早期干预的重要性,有效识别可能存在的问题并推荐有效预防策略的重要性,促进健康儿童发展的重要性。该报告从只关注高风险和弱势儿童扩展到所有幼儿。一项大脑科学研究(Shore,1997)强调了预防和早期干预的重要性和有效性,并再次强调研究结果的普遍性。报告指出,幼儿接受到的保育质量影响他们随后各项能力的发展,如学习能力以及情绪控制能力。主流舆论一直努力将这些信息传递给所有的家长。我们的研究(Kamerman & Kahn,1995)需要在政策上引起对 3 岁及以下儿童的关注,并从这本作为欧洲相关政策顶峰的书——《正确开始:被忽视的美国婴幼儿,我们可以做些什么》(Starting Right: How Americans Neglect Their Youngest Children and What We Can Do About It)中"学习经验"。它的主要焦点是早期生活的重要性、早期干预的价值和其他国家推动积极的早期干预的一般政策和计划。

显然,美国对 0—3 岁儿童生活重要性的认识在逐渐提高,至少已开始关注产前保育、产妇和儿童保健、发育障碍的预防、入学准备、预防儿童被虐待和被严重忽视预防的重要性。尽管如此,20 世纪 90 年代美国其他领域的发展表明,这方面的知识一直没有整合到公共政策或进入决策者的讨论中。

有研究证明,公众并未充分意识到早期对所有儿童最佳的身体、情感、社会和认知发展的重要性以及早期干预的成本效益。有研究强调贫困对幼儿的消极影响(Chase-Lansdale & Brooks-Gunn, 1995; Duncan & Brooks-Gunn, 1997; Duncan, Brooks-Gunn, & Klebanov, 1994; Huston, 1991)。然而,与其他 19 个主要工业化国家相比,美国儿童更有可能处于贫困(Rainwater & Smeeding, 1995; Smeeding, 1997)。而且,在美国,儿童年龄越小就越有可能贫困,而在大部分欧洲国家正好相反(Kamerman,1995)。针对这一点,美国也没有相对应的政策应对。美国婴儿死亡率仍远远高于其他国家,而学龄前儿童的免疫接种率却相对较低(UNICEFC,1997),并且这方面相应的政策也不足。卫生保健仍无法覆盖所有儿童及其母亲(Kamerman & Kahn, 1996)。有关福利的法律,即 1996 年《个人责任与工作机会协调法案》(Personal Responsibility and Work Opportunity Reconciliation)规定,当孩子在 1 岁及以上时,母亲就要接受为她们准备在外工作提供的援助,同时允许各州规定,只要宝宝满 13 周,母亲就可以去工作(Kamerman & Kahn, 1996, 1996/1997,1997)。尽管儿童保育资金增加了,但当他们母亲工作时,法律对婴幼儿保育质量的保护很少。

因此,尽管强调早期的重要性,但美国儿童早期干预政策仍有限,往往还不一致,最乐观地看,也只片面地以风险较高的发育迟缓的儿童及其家庭为对象。尽管对全面性有一套说辞,干预强调服务而不是收入,强调以社区为基础的策略而不是国家政策;干预旨在防止问题不是促进发展(Kamerman & Kahn,1990,1995)。此外,早期干预通常只是示范项目。

在其他先进的工业化国家,"儿童早期干预"并非只是一个口号。许多国家已经投资了美国人所研究的儿童早期干预(尽管没有这样明确标注)。一些国家的投资比美国大得多,这反映了一个完全不同的角度。在欧洲,只有英国的早期干预主要集中在"有需要的儿童"或"高危儿童"(Gaskins, 1993; Pugh, 1992)群体。英国在 1989 年通过儿童法案,1991 年开始正式实行,该法案清楚地反映了这个重点,强调以特殊需要儿童为目标的干预(Gaskins,1993)。相比以脆弱的、贫困的和高危的人群为焦点,其他主要经济合作与发展组织成员国家(OECD,成立于1961年,总部设在巴黎)强调一个普遍的推力。这些国家已经制定了针对所有儿童的政策,而不是集中于特别的问题儿童。许多国家早期干预强调以发展为方向,并尝试确保最佳的发展,而不是限制儿童发展的目标以预防问题。

最后,与强调服务策略相对,大多数其他西方工业化国家强调更全面的政策和一揽子计划,其中包括经济、金融支持和服务。当发展水平更高时欧洲早期干预策略就包括三个重要组成部分:充足的家庭收入、足够的养育时间、支持和关怀服务(Kamerman & Kahn,1994a,b,1995)。因此,除了孕妇和儿童保健,这些国家为儿童保育以及其他支持和治疗服务提供了大量的财政援助和广泛的投入,并为有相关需要的儿童的父母提供就业保障。这就是在下一节中将要描述的儿童早期干预政策的三个方面:金钱、时间和服务。

欧洲儿童早期干预

布鲁克斯-耿(Brooks-Gunn,1995)指出,美国儿童早期干预最重要的三个类型是家访计划、以中心为基础的儿童保育项目、家长教育及培训项目。她还指出,"大多数针对贫困儿童的项目的目标并非消除贫困,提供服务是为了改善贫困对儿童的影响"(p.107)。前两类儿童早期干预项目在其他一些国家也是重要的,也有家长的支持和教育项目,但家长职业培训项目在其他国家却不那么重要(尽管它们也许应该被重视)。但是在其他国家,收入转移计划至少同样重要,它用来确保家庭收入在贫困线以上,并对父母抚养孩子的成本有所补偿,如让父母能有时间不工作而去照顾新生(或生病的)婴儿,为父母迎接新生婴儿的到来提供支持等(Kamerman & Kahn,1995)。

收入转移

正如前面已经指出的,大量研究突显了儿童生活在贫困中的消极后果,尤其是当他们还很年幼时(Chase-Lansdale & Brooks-Gunn, 1995;Duncan & Brooks-Gunn, 1997;Duncan, Brooks-Gunn, & Klebanov, 1994;Huston, 1991)。大量文献记载,相比其他主要工业化国家,美国儿童的经济状况差很多,尤其是与单身母亲共同生活的儿童(Rainwater & Smeeding, 1995;Smeeding, 1997)。相比其他地方,美国与单身母亲生活的儿童比例较高,这是美国儿童贫困率更高的一个重要但非主要因素。研究发现,导致美国儿童贫困率较高的主要因素是政府政策的不到位,尤其是福利金不足,最重要的政府收入转移是针对贫困儿童及其家庭(Hernandez,1993;USHR,Committee on Ways and Means,1993)。针对贫困家庭的福利于1935年首次实行,即"未成年儿童援助计划"(Aid to Dependent Children),是早期《社会保障法案》的规定。直到1950年,福利提供仍选定的是贫困单身母亲的孩子,而不是他们的母亲,1962年变成"抚养未成年儿童家庭援助计划"(Aid to Families with Dependent Children,AFDC),1996年修改为"贫困家庭临时援助"(Tencporoury Assistance to Needy Families,TANF)。20世纪70年代中期到90年代初,由于通货膨胀、削减或维持福利水平,AFDC福利的真正价值下降了40%以上。即使加上食品券

（联邦福利,与通货膨胀挂钩）,总福利的实际价值下降了约 30%,让那些生活在只有母亲并需要援助的家庭中的儿童更加贫困。

相反,哪些政策解释了其他国家较低的儿童贫困率？有研究(Rainwater & Smeeding, 1995)发现,"大部分发达国家都面临着类似的儿童贫困问题。不同的是,各国政府解决这些问题的能力"(p.16)。该研究的结论是：将收入低于中等水平的 50% 作为界定贫困的一个指标,并承认单亲母亲家庭中的儿童总是比那些与父母双亲生活的儿童情况更糟。研究者认为：

> 大多数社会提供税收和转移收益相结合的政策,并与市场盈利联系起来,将儿童贫困降到最低。但不是所有的国家都做得如此出色,尤其是困扰了美国前后两个政府的高贫困率。(p.18)

尽管整个欧洲的失业率都较高,而这一模式仍将继续下去,认识到这一点尤其令人不安。

保护有孩子的家庭的经济情况的最重要的收入转移是为有资格的工人提供丰厚的失业保险,尤其是在经济衰退时期。在欧洲国家,这些保险是社会基础保障的一部分,这也有利于帮助生活在抚养人失业家庭中的儿童(Smeeding, 1997)。在大多数欧洲国家,失业保险中也包括"被抚养人福利"。与欧洲相比,美国的失业保险水平低、持续时间短。此外,美国只有 10 个州在提供失业保险的同时提供"被抚养人福利"。其他几个国家在低收入失业工人用尽保险金时,还提供失业补助——一种根据收入调查结果而确定的福利(Bradshaw et al., 1993; Eardley et al., 1996; Kahn & Kamerman, 1983)。此外,还有专门针对儿童的重要收入转移发挥了重要作用,下面将简要说明。

儿童或家庭津贴

有 86 个国家(约占全世界一半)根据家庭中儿童的数量提供现金津贴,而不考虑其家庭收入(United States Social Security Administration, 1997)。虽然这些福利在不同国家的经济意义不同,但除了美国和南非之外的所有工业化国家,甚至许多欠发达的国家,都将补充家庭收入作为降低家庭抚养孩子经济成本的方式。

各国提供这些福利的根本原因各不相同(Kamerman & Kahn, 1995, 1998)。有些国家希望这些福利能够鼓励父母多生孩子,有些国家将这个看作改进"儿童质量"的投资(即"人力资本投资"),还有一些国家旨在不增加雇主负担的情形下减少工资和家庭需求之间的差距。不管怎样,生育和抚养孩子带来了经济负担已成为共识。这些现金福利一般有一个统一的支付标准,每个儿童约可得制造业平均工资的 5%～10%。对于孩子数较多的家庭、单身母亲家庭、挣得很少的年轻父母组成的家庭来说是一个较大的金额。这些国家通常为残疾儿童提供基本补助,一些国家为低收入家庭提供额外的低收入补贴。对家庭而言,这些儿童及家庭补助比税收福利(例如,美国的未成年人税收豁免)更为重要,因为无论家庭是否有税后收入,它们都是可见的(Kahn & Kamerman, 1983)。减少贫困的效果不大,但可能性仍然存在(Kahn & Kamerman, 1997; Rainwater & Smeeding, 1995; Smeeding, 1997)。

对于那些生长在单亲家庭中、无监护权的家长未能规律地甚至无法提供经济支持的儿童,大多数欧洲国家同时也提供最低保证的子女抚养津贴(Kahn & Kamerman, 1988)。在这种情况下,社会承担了提供基本支持的责任,因为不管父母行为如何,保护儿童的福祉有投资价值。当缺席的父母有能力支付时,政府机构会强制其支付抚养费,但儿童不会因为他们能力不足或不负责任而受到惩罚。一些国家从年幼的儿童开始(如德国和奥地利)分阶段实行该策略。

许多国家为有孩子的家庭提供了各种住房补贴(Bradshaw, Ditch, Holmes, & Whiteford,

1993；Kahn & Kamerman，1983）。住房补贴是现金福利，是住房成本的一部分，并根据收入调查结果提供。相比之下，美国提供按揭利息扣税优惠，这些补助是保证收入微薄的家庭获得体面住房（包括租房）的一项重要政策。考虑到整个工业化国家在20世纪80年代和90年代的住房成本急剧上升，这个福利可以不给有孩子的家庭造成过大的经济负担。

无法保证儿童生来就免于贫困，也就无法保证他们有一个好的生活开始。大多数其他工业化国家已经认识到这一点，并已制定政策，保护儿童免受这种风险。无论是否源于孩子、家庭或个人为重点的政策，即使没有明确表明，保护儿童免于生来就贫困是欧洲最重要的早期干预政策。例如20世纪90年代的法国和德国，即使失业率很高，政府的社会保障体系仍然为儿童及其家庭发挥基本安全网的功能，最大程度地继续保证政策支持。光靠防止收入贫困本身可能不足以确保儿童生活有一个良好的开端，但很明显，如果其他早期干预的政策是有效的，这就是一个先决条件。

时　间

除了获得经济保障和安全，儿童的良好发展需要有与父母一起生活的机会，需要父母有时间陪他们、关心他们（Kamerman & Kahn，1991，1995）。持续的照料者——父亲或母亲需要时间照顾婴儿的身体、学习和了解宝宝的信号、做出回应并和宝宝说话。新生儿如果最初几个月是在家里与父母或其他连续照料者一起生活，那么无论身体还是心理上都会得到最好的保护。母亲怀孕和分娩后身体和情绪需要时间恢复，父亲需要时间来学习所有有关婴儿的东西，双方都需要时间来学习如何成为培育孩子的父母。

纵观先进的工业化国家，越来越多的母亲可能成为职业工作者（Bradshaw et al.，1996；Ditch，Barnes，& Bradshaw，1996a，1996b；Ditch，Barnes，Bradshaw，Commaille，& Eardley，1995a，1995b；Ditch，Barnes，Bradshaw，& Kilkey，1997a，1997b；European Commission Network on Child Care，1996；Kamerman & Kahn，1995）。尽管有些国家的女性就业率比其他国家高，但美国模式（1997年6岁以下儿童的母亲中有63%是有工作，3岁以下的比例是60%）并不是唯一的。加拿大、法国、挪威比例相当，也有部分国家远高于此，例如，在丹麦，芬兰和瑞典的学龄前儿童中，大约85%的母亲有工作。

其他大多数国家已经认识到性别角色的变化已经发生，并开始有响应政策。全世界100多个国家，包括几乎所有主要的工业化国家和许多发展中国家，为职业母亲的分娩和抚养提供保留工作的带薪休假等政策（Ditch et al.，1995a，1995b；European Commission Network on Child Care，1994；Kamerman & Kahn，1991，1995；USSSA，1997）。在欧洲普遍是六个月假，一些国家已经将育儿假延长至一年（意大利），一年至一年半（丹麦、瑞典），两年或三年（奥地利、芬兰和德国）。这期间工资部分或全部支付，或提供一个统一标准的现金补贴，保证家庭收入让父母能够抽出时间去适应并照顾新生儿。加拿大提供了6个月的带薪休假，父亲和母亲一样，也可以有部分带薪假。

欧盟已强制实行最低3个月的带薪产假，并敦促提供另外3个月的育儿假福利（如果不是因为英国的反对，这个育儿假本就是硬性要求，英国工党曾宣布会支持这项政策）。所有国家都认为妇女在整个或大部分孕期都在工作，她们在家只有短暂的休息，照顾她们的新宝宝之后会回到工作中来(或者与自己的丈夫/伴侣一起照顾宝宝)。父母在分娩后休产假,不仅能够保留职位、带薪休假,还能够享受工龄、福利和养老金待遇的保护。

瑞典的政策是一个典范。它提供了18个月保留工作的育儿假,包括由"父母保险"(一种社会保险福利)支付一年相当于之前工资80%的补贴、以适度的统一标准支付三个月工资,另外三个月无薪但保留工作(Ditch et al., 1995a, 1995b; Kamerman & Kahn, 1994a,1994b, 1995)。虽然母亲会更多地利用这个假期,但几乎有一半符合条件的父亲也会使用这个休假。瑞典的政策还规定,在孩子生病、需要陪同第一次上学或参观孩子的学校时,父母有权利享受带薪休假。

所有国家制定这些政策时都有一个共同的目标:支持年轻的父母在孩子出生后的一段时间里照顾他们,为家长提供一个切实可行的选择,同时保证家庭收入不明显下降。结果是显而易见的,不管是否存在这些政策,申请育儿假的比例相当高,而婴幼儿护理的需求相应就减少了。虽然有些国家婴儿的母亲在职比例很高,但在所有的北欧国家中,婴儿主要还是由家长一方在家照顾。瑞典的父亲,由于国家的育儿假政策,能够比其他国家的父亲花更多的时间与子女相处。保证婴儿能够从有工作的父母那里获得足够的时间和注意是第二个重要的早期干预政策。

服 务

健康护理和家庭健康访问

所有的欧洲国家,也包括澳大利亚、新西兰、加拿大、韩国等,都以国家卫生服务或全民健康保险系统作为儿童和家庭健康护理的基础,并在此基础上发展出预防性儿童保健服务(USA,1997)。这种身体健康和社会卫生服务是政府提供给儿童及其家庭的经济和社会支持的一个组成部分。预防性儿童保健服务有两个相互关联的组成部分,在美国被称为健康婴儿诊所/服务和家庭健康访问(home health visiting, HHV)服务。健康婴儿诊所/服务可能是独立的或家庭初级保健医生提供的服务。诊所服务通常会持续到孩子上学,然后由学校卫生服务接管。如果家庭医生是主要的提供者,服务将是无限期的。

家庭健康访问服务可以是一种与诊所、医生或当地社会服务机构相关联的服务(Kamerman & Kahn, 1994, 1995)。该服务有时间的限制,在婴儿出生后马上实施,涵盖宝宝的第一年生活,或贯穿于婴儿的整个早期阶段。所有这些服务都是自愿的、免费的,并覆盖所有的新生婴儿,而不仅仅是贫困或低收入父母的孩子。虽然美国也有这样的服务,但既不是免费的,也不覆盖所有幼儿(Behrman, 1993; Gomby, Culross, & Behrman, 1999)。尽管所有的贫困婴儿都有权利获得医疗保健,事实却并非如此。HHV服务在美国已越来越受欢迎,却很少有州可以做到全覆盖,即使只访问一次。

在丹麦、爱尔兰、英国、荷兰,除了全民保健,几乎所有的新生儿及其母亲第一年都将接受公共卫生护士几次上门服务(Kamerman & Kahn,1993,1995;Williams & Miller, 1991)。在其他一些国家,强制上门服务仅限于出生后的一两次,但可以酌情提供额外的访问,如果有必要,那么访问次数就没有"封顶"。尽管许多欧洲国家越来越关注将限制花在社会福利计划上的资源,HHV服务(提供给所有的家庭)在所有这些国家仍是普遍的。这些服务不仅大受欢迎,还受到广泛地支持,更被视为是有效的。

每个国家提供的HHV服务都将重点放在3岁以下儿童身上。这些服务包括预防保健、健康教育和社会支持服务(包括家长教育)。HHV 服务还将有需要的家庭与保健、收入转移项目、儿童保健服务、住房、补助及其他社会服务相关联。所有提供服务的国家视家庭为早期干预有效性的关键。但由于关注点不一样,各国的项目也不尽相同,例如有的关注新生儿的家庭,有的关注特定类别的家庭(例如,生有第一个婴儿的家庭、低龄或高龄母亲家庭、少数民族或移民家庭),有的关注是产前的访问还是仅在出生后的访问,有的关注是否以支持性团体作为补偿访问,还有的关注访问的频率。

HHV 服务旨在同时满足健康和社会化目标:帮助儿童形成最优发展。HHV 服务首先关注的重点是:确保儿童正常发展,母亲知道并了解什么是正常发展,知道孩子在不同年龄和不同发展阶段有什么样的发展;父亲和母亲在担任他们养育子女的角色时觉得能够胜任;如果需要帮助就乐意接受帮助。对于初为人父或初为人母的成人来说,他们以前没什么教养的经验,很少与小孩接触,获悉这些尤为重要。

最初,HHV 服务作为一项策略提出来,用来识别儿童身体、情绪、认知和社会发展方面的问题和滞后,开展儿童定期检查,并确保他们获得及时的、必要的疫苗接种。例如,在英国和丹麦,作为提供最全面服务的国家,其服务开始于解决高婴儿死亡率的状况并致力于确保贫困等高危人群获得良好的医疗保障(Danish National Health Service,1970;Goodwin,1990a,1990b)。随着时间的推移,建立以社区为基础的卫生保健诊所变得更常见,这进一步拓宽了对健康的定义。服务目标也从狭义的健康导向转向一个更广泛的社会关注点(Goodwin,1990a,1990 b;USHR Select Committee,1990)。

近年来,虽然 HHV 服务的健康导向仍在继续,但较少地强调检测健康问题的重要性。相反,它越来越强调及时发现社会问题(例如,儿童被虐待或忽视、发育迟缓、教养不足;母亲遇到的困难如,产后抑郁症),并且将家长与当地卫生诊所连接在一起。HHV 服务给相关儿童、母亲或其他家庭成员提供治疗或转介等服务。类似其他服务于儿童及其家庭工作的专业人员,HHV 服务的工作人员必须向有关当局报告虐童事件。但他们不参与实际案件的调查过程,也不参与随后的法庭程序中。如果虐童事件发生了,那么将有提供相关服务的社会工作者来参与事件调查。

以家庭为目标与以儿童健康为目标一样重要。现在的 HHV 服务人员被培训得更加了解儿童的社会性和情感发展,能更好地帮助家长强化他们的养育角色。在英国和丹麦,有的 HHV 服务还增加"增强母亲力量和信心"的目标:提供家庭支持,教育家长有关孩子的需求和发展模式,帮助父母对子女的行为获得更现实的期望,提供家长所需要的转介服务。通过这种方式,这些服务有效地帮助了母亲和父亲成为更好的父母。

与美国强调对政策和干预项目的总结性评估不同,英国或丹麦并没有对 HHV 服务进行正式评估。尽管如此,在 1970 年,丹麦的报告结论是:公众认为 HHV 服务是积极有效的(Danish National Health Service,1970)。但是,如果设置优先级,此报告和随后的报告显示,应重点关注"拥有第一个孩子的家庭,以及约占总数 15% 的那些可能影响孩子身心发展的家庭"(p.i)。然而这并不意味着可以消除普遍覆盖。相反,这一发现导致了后来第一年的访问从 12 次减少到大约 6 次,而第一个孩子家庭或需要特殊关注的家庭获得了更多的访问。HHV 服务仍然是普惠性的。

在英国,同样尽管没有严格的评估研究,政策制定者视 HHV 服务为一种有效的干预手段(Goodwin,1990a,1990b)。有证据表明,通过 HHV 服务提供的健康信息和教育策略可以有效地降低家庭成员的意外死亡率。一项研究发现,HHV 服务是一种增强父母能力和信心的有效方式。该类服务在保证免疫接种方面也发挥了重要作用。到 1989 年,由于该类服务的工作发挥了不小的作用,87%的 2 岁儿童接种了主要的儿童疾病疫苗,接种率较先前出现明显提升。

HHV 服务被看作一种有效的预防服务。例如,对一个幼小婴儿的教养不足往往与母亲产后抑郁症有关,这是 HHV 服务中特别敏感的一个问题。除了指出母亲患有严重的抑郁症需要接受治疗外,该类服务还可以为需要帮助的母亲提供更多的访问,使她们从额外的帮助中获益。同样,虐待儿童往往与父母对孩子不切实际的期望密切相关,在这种情况下,HHV 服务能够明确地教育并告知家长孩子发展到了什么程度,他们应该持什么样的期待以及如何应对新阶段的成长。此外,特别重要的是,HHV 服务正越来越多地组织亲子团体和家长团体,打破了母亲与孩子的社会隔离,同时为他们提供支持和陪伴。在英国和丹麦,虽然没有正式的评估,官员们认为 HHV 服务使得儿童被虐待和忽视情况有所减少。

英国、丹麦的专业人员和决策者同样指出,低婴儿死亡率、高产前保健率、较低的低出生体重婴儿率、较高的早期及时免疫接种率是整个产妇和儿童保健系统成功的证明。HHV 服务被认为是这个系统的一个关键部分,而不仅仅是一种独立的干预。

欧洲国家普遍认为,除了有效性,HHV 服务是政府给家庭提供的经济和社会支持网络中重要的组成部分。儿童健康目标的实现不仅在于获得卫生服务,还包括家庭所需要的经济支持、住房支持、儿童保育服务、育儿假和社会服务。从本质上讲,对儿童及其家庭而言,HHV 服务和其他与儿童健康有关的政策和项目不可分割、相互依存。所有这些都是为有特殊需要的儿童和家庭提供补偿干预的社会结构的基石(Goodwin,1990a,1990b;Manciaux,Jestin,Fritz,& Bertrand,1990;Verbrugge,1990;Wagner,1990)。如果没有这样的基础,相信 HHV 服务将只是一个项目,或许在某些方面是有效的,但将会受到许多缺陷和财政赤字的困扰。如果没有广泛到位的支持系统,实施 HHV 服务较危险,因为人们将把它当作灵丹妙药,把注意力更多地从关注需求转移到关注广泛的儿童和家庭政策方面取得的进展上。人们普遍担心 HHV 服务会让人失望,因为有个案研究发现:HHV 服务不一定能确保治疗和其他服务资源的可用性。

儿童保育服务

在美国,早期干预概念一被引进儿童保育或早期儿童保健和教育中,像这个领域里所说的那样,开端计划就成了焦点。开端计划作为幼儿问题的有效早期干预,已成为享誉世界的典范。开端计划是一种补偿教育计划,于 1965 年推出,起初是为了对抗贫困,是一个专门针对贫困儿童的暑期项目,后来才发展为全年、半天的学前教育,并与医疗保健和其他社会服务相连接。最初是针对 5 岁的儿童,现在几乎所有这个年龄段的孩子都上了幼儿园。目前,该计划的主要目标是 4 岁贫困儿童,但也有一些 3 岁的孩子注册接受服务。20 世纪 90 年代中期,针对 3 岁以下儿童也做了一些努力,推出了相关服务。然而,开端计划的创始人、最积极的倡导者之一曾表示,在大多数情况下,它仍然是为四岁儿童提供为期一年的治疗(Zigler & Styfco,1993)。1995 年,约 600 万符合条件的 6 岁以下贫困儿童中只有大约 75.1 万名注册接受开端计划服务(USHR,1996)。尽管在质量(Zigler & Styfco,1993,1996)和长期效益方面(Berrueta-Clement et al.,1984;Haskins,1995)仍存在质疑,但开端计划和其他高质量的学前教育计划在减少儿童,特别是学龄期儿童的问题上,仍被看作重要的早期干预计划。

20 世纪 90 年代初,除了接受开端计划,约 40%的 3—4 岁儿童参加了学前教育计划,这数量与来自富裕家庭、受过良好教育父母的比例并不相称。大部分项目是私营的,时长为半天,费用主要由家长支付。3 岁以下的儿童中,约有 14%(其中 20%的母亲在工作)在中心,另外 14%接受基本上不受监管的家庭日托服务。

相比之下,欧洲国家几乎都为两岁、两岁半或三岁直到五六岁或七岁(随着义务教育阶段开始年龄的不同而不同)的儿童选择普通但自愿的学前教育(European Commission Network on Child Care,1996;Kamerman,1998;Kamerman & Kahn,1994a,1994b,1995;Moss,1990)在这一背景下,更需要了解婴幼儿护理发展。这些学龄前项目在不同程度上是为儿童入学做准备,促进儿童社会化和发展,一定程度上为双职工家长的孩子提供优质保育。由于入学准备的重要性及社会高度重视儿童社会化和发展的机会,在大多数国家,这种参与与父母的就业状况、家庭收入、文化背景,或对父母能力的评判无关。一些国家涵盖了所有 3—5 岁儿童(在比利时、法国和意大利是 95% 及以上的人群),其他国家涵盖了几乎所有的儿童(德国、丹麦、芬兰和瑞典至少是 75%～85%)。这些项目得到了大量补助,主要在公共部门或具有广泛公共补贴的志愿机构实施,并至少涵盖正常上课日。在北欧国家,项目覆盖完整的工作日。尽管不同国家在配合父母的工作时间提供照顾方面有不同的安排,但由于在这些国家,儿童在幼儿园和学校的时间仍较短(如德国),所以这对于双职工父母来说还是存在问题。

在大多数欧洲国家,幼儿园是教育部门的一部分。然而在丹麦、芬兰和瑞典却是另一种模式,这些国家为所有儿童提供了一个单独的儿童保健系统,这个系统会一直服务儿童到他们 7 岁上小学。加拿大、英国和美国在一定程度上代表的是第三种模式,那其中一些儿童在保育机构(英国是在 2—4 岁,义务教育从 5 岁开始;加拿大是在 3—5 岁,义务教育从 6 岁开始;美国则是在 3—4 岁),也就是广为人知的属于社会福利部门的"日托"中心接受服务,其他儿童则参加教育部门协助下的学前班或幼儿园(通常是半天或全天上课)。这两个项目都可能获得政府补贴,但也未必一定会得到补贴。因为在美国,无论是营利性的还是非营利性的机构,很大一部分运转资金由私人赞助。社会福利支持下的项目对受到虐待、忽视或存在父母和家庭问题的有特殊需要的儿童给予优先补贴。

基于此,下面将介绍欧洲国家儿童保育服务的一个重要特征。如果 3—5 岁儿童的保育项目已经普及,这些孩子已做好了入学准备并得到了充分的社会化发展,虽然大多数社会中两岁以下儿童的保育服务仍有限,但却是对妇女劳动工作者的一个必要的回复(Kamerman & Kahn,1995)。即使白天父母一方在家,但为最小的孩子提供认知刺激并帮助其与同伴、其他成人之间进行社会性交往的重要性已经受到越来越多的肯定。

在这方面,美国和欧洲之间有三点不同值得引起大家的注意。一是欧洲对 3 岁及以下儿童的幼儿保育政策给予明确和特别的关注,可以追溯到 20 世纪 70 年代中期,并一致体现在 3—6 岁儿童的普通学前教育中。二是区分婴幼儿护理,婴儿护理越来越多地定义为在家由父母照顾,这是源自前文所述的儿童出生后父母拥有假期的结果。三是如今幼儿护理的创新不断涌现,起始年龄从育儿假结束开始,有工作的父母需要接受非父母照料提供的婴儿护理。

六个国家政策的概览

下面简要总结六个欧洲国家的婴幼儿保健政策。

丹麦的幼儿保育服务与高质量的中心护理和家庭日托结合,涵盖了所有三岁以下的儿童,覆盖率最高。约60%的1岁和2岁儿童在家外护理，其中一半在护理中心，一半在受监督的家庭日托机构。从1岁开始，公共资助的幼儿保育项目就为儿童提供场所。婴幼儿护理在社会服务的支持下运行，包括从9个月左右到6岁的儿童（丹麦的带薪育儿假持续一年），直到儿童接受义务教育。鉴于女性全职工作者比例很高，几乎所有的孩子每天接受服务8~10小时。一些项目按年龄划分，一些是不分年龄的。当然，这些保育服务都积极倡导家长参与其中。

丹麦的幼儿保育与瑞典相似，一贯的高质量、高工作人员儿童比、小团体、训练有素的员工以及低员工流动率，但是保育项目的费用都不便宜。在20世纪90年代初，当丹麦的工资和中层家庭收入均略高于美国时，一个幼儿护理的运行成本约每年12 500美元。家长支付的费用与收入有关，是成本的五分之一多一点，相当于双职工家庭平均收入水平的5%。低收入家庭的服务免费，并为所有参与的家庭提供大量补贴。

由于许多儿童在托儿所度过一周的大部分时间，而他们的父母在工作中度过一整天，所以丹麦保育项目人员意识到他们是儿童双重社会体验中的一部分。但是他们不希望替代家庭或接管儿童的社会化发展。因此，工作人员已经发展了一种理念，即强调儿童心理和社会性的发展，而不是正式的教学。这种理念强调创造力，通过小组活动实现社会成熟、语言发展、人际交往的目的，并在丰富的材料和活动的帮助下刺激儿童的整体性发展。认识到双职工家庭在家组织这些活动的需求，这些幼儿保育项目中特意努力避免正规课程和太多的结构化设计。

法国是国际上3—5岁儿童学前教育覆盖率最高的国家，也是继丹麦之后，3岁及以下儿童保育比例最高的国家。在法国，3岁以下儿童服务由卫生局主持，而2—5岁儿童的学前教育项目由教育部主持。2岁的儿童可以在这两种项目中接受服务，但大部分家外护理还是在学前项目中。同样法国也资助3岁以下儿童的家庭护理和家庭日托服务。

意大利几乎所有的3—5岁的孩子均就读于学前班，但对3岁及以下儿童的覆盖范围有限。婴儿护理主要由母亲在家、请假或由奶奶抑或是"护士"照顾。意大利中北部针对3—5岁儿童开展的富有创造性的项目启发了许多其他国家的早期保育和教育发展。特别是20世纪90年代位于雷焦艾米利亚的戴安娜幼儿园，已受到国外8 000多名儿童护理和幼教专业人员的访问。戴安娜幼儿园主要服务75名3—6岁儿童，分为特定的三个年龄组，每组各25名儿童，配两名老师，并为每三个残疾儿童配备一个额外的特殊教师。同时由一名特殊教师负责艺术工作室，这是该项目中的一个特别之处。所有的设施结构化，设置大型中央区，就像一种乡村广场，所有儿童全天都能参与一些特殊活动。与丹麦计划相反，这里有设定的课程，但它在很大程度上是个性化的，同时也强调创造力的培养。

意大利中北部明显增加了对3岁及以下儿童的服务项目（主要是产假结束后，针对9个月及以上的幼儿），即使家里有全职的照料者，也能够最大程度地保证婴幼儿获得服务。而且有趣的是，虽然针对3岁及以下儿童和3—5岁儿童的服务存在明显差异，但是意大利北部和中部一些地区的全部儿童保育项目都是在教育部门的支持下实施。针对3岁及以下儿童的计划包括全工作日的儿童保育和各种家庭支持服务（将在后文中介绍）。

芬兰和瑞典的体系几乎涵盖了所有7岁前的儿童，被认为是为家长提供家庭婴儿保育服务的先锋，同时通过立法确保了幼儿保育的权利（在芬兰是3岁及以下儿童，瑞典是12个月及以上的儿童）。像丹麦一样，芬兰和瑞典的幼儿保育服务由社会服务部门支持，是一个单独的系统，项目质量也非常高。同样运营成本也较高，家长支付的费用与收入相关联，服务价格昂贵，但也为所有参与的家庭提供大量补贴。

在这些国家中,英国和德国一样,家庭外的婴幼儿保育项目比例最低,也许部分原因是在英国和德国,这个年龄段孩子的母亲就业率较低。虽然义务教育从5岁开始,但是几乎所有的4岁儿童均在类似于美国幼儿园的机构中接受服务,3岁及以下的儿童,尤其是2岁及以下的儿童除了正规托儿机构(家庭日托)外,几乎没有接受其他服务。而且英国通过两个平行系统提供儿童保育:第一,为有"需要"的、被剥夺的、弱势的或陷入困境的儿童群体提供社会服务;第二,为儿童寻求丰富经验的中产阶级家长提供以儿童教育为基础的计划。英国的一些地区司法部门希望将教育和社会服务项目整合为一个统一的、在教育部支持下的儿童保健系统。

小　结

尽管社会越来越强调在儿童最优发展中集体经验的重要性,但目前大多数欧洲国家仍然存在限制(Broberg & Hwang, 1991; European Commission Network on Child Care, 1996; Kamerman & Kahn, 1994a, 1994b, 1995; Leprince, 1991; New, 1993; Vedel-Petersen, 1992)。即使是高覆盖率国家,如北欧国家、法国、意大利北部和中部地区,尽管目标人群仅限于双职工,但仍存在需求和供给之间的巨大差距。鉴于保育服务持续不足,所以这些国家在优先权方面是相似的:母亲是单身全职的儿童,残障、移民、弱势群体或贫困儿童,有其他特殊需要的儿童,双职工家庭儿童。

那么,已有研究中关于这些早期干预保育/学前教育项目的实际效果是什么呢?法国大量研究发现,学前教育(幼儿园)能有效防止大量学校问题的出现,特别是防止小学教育失败(Baudelot, 1988; Boocock, 1995; Norvez, 1990)。较少有大范围的或系统的研究表明,不同类型的幼儿计划促进随后学龄前教育的调整(Kamerman & Kahn, 1995)。

丹麦的一个报告(Vedel-Pedersen, 1992)指出,斯堪的纳维亚研究,大致总结为:这些国家中参加了高质量儿童保育服务的孩子"更容易适应随后的学校生活,…表现很好…勇于表达、个性独立并且能够处理社交问题"(p.23)。斯堪的纳维亚儿童在受监管的家庭日托的发展结果与保育中心大致一样,但是家长更倾向于选择保育中心,尤其是2岁或3岁以上的儿童的家长。

瑞典的一项有影响力的纵向研究(Andersson, 1986, 1992)发现,早期进入瑞典幼儿保育(约9个月)比后期(5年)进入对儿童社会和认知方面的影响更大,而且总体来说结果是积极的。有研究(Hwang, Broberg, & Lamb, 1991)发现,在瑞典参加儿童保健服务的幼儿,他们各方面的发展并没有明显效果,而儿童所获得的家庭护理的质量对儿童的发展来说具有较大的预测作用。应该注意的是,大多数瑞典儿童要到一岁后才进入家庭外的儿童保育机构,由于缺乏可衡量的效果,可能导致研究认为这些项目的质量参差不齐。因为所有的儿童都参加了服务,所以可能缺乏足够的对比组的研究。

最后,在一项关于其他国家儿童早期教育项目的长期结果的研究综述中,布科克(Boocock, 1995)总结如下:"有广泛的证据表明,参加学前教育项目在短期内能够促进认知能力的发展,并为儿童成功入学做好准备。"(p.96)其他的结论如下:

● 不存在强有力或一致性的证据表明学前教育的形式(学习方法、作息时间或环境)对儿童有长期影响。

● 对低收入家庭来说,参加学前教育在生活上获得的力量比情况较好的家庭更大。

- 参加学前教育可以使弱势儿童缩小成绩差距,虽然这些影响会随着时间的推移而减少。

很可惜,这篇综述并没有区分 3—5 岁儿童的服务项目与也服务或只服务更小儿童的项目之间的不同。有人(Andersson,1986,1992;Hwang et al.,1991)对年龄更小的儿童的经历进行了相关研究。然而,尽管这些项目在欧洲效果明显,但它们必须作为一个更大干预集群的一部分。欧洲的干预项目与前面描述的卫生保健和 HHV 服务以及接下来将谈到的家庭支持服务紧密相连。

家庭支持服务

与美国婴幼儿项目同时出现的是为有幼儿的家庭,特别是那些有特殊需要的家庭提供支持服务的意愿越来越强。这些所谓的家庭支持服务并不是一个单一的、特定的和一成不变的干预服务,而是一个多种形式的、受到多方支持的集群服务(Brooks-Gunn,1995;Kagan,Weissbourd,& Zigler,1987;Kamerman & Kahn,1994b,1995;Schorr,1988)。总之,它们是儿童及其家庭预防性服务发展中的组成部分,是针对儿童问题的重要早期干预行为。

家庭支持服务是泛泛的计划,通常有多个目标,采用多重并分散的干预项目。主要是为了教育和帮助家长在养育子女方面获得更大的成功,最终目的是促进儿童和家长的共同发展。更具体的目标可能包括使儿童的身体更健康,促进儿童发展(认知和社会性方面),更好的入学准备,更好的育儿技巧,提升家长的独立性,防止儿童虐待。大多数美国的项目主要为了防止各种家庭危机中的儿童遭受虐待或被双亲严重疏忽,将其从家庭危机中解救出来,或者是减少青少年非婚先孕,尤其是多次犯罪的现象。

家庭支持服务通常立足于社区和志愿者,通常吸纳家长作为志愿者并且多方面强调与健康、教育、幼儿保育和社会福利系统的密切联系。在美国,这些服务通常包括以下方面:资讯及转介、家长教育课程、成人教育和培训计划、家庭访问、无需预约的儿童保育和不定时辅导。

在 20 世纪 80 年代后期,欧洲各国开始出现一系列新的和并行的举措,一些国家将其与幼儿保育相连,另外一些国家却保持其独立的状态(Kamerman & Kahn,1994b,1995)。这些发展表明,儿童和家庭服务体系是一个更大规模的结构体,目的是为了满足幼儿的不同需求和那些可能不需要或不想要参加正式的幼儿保育的家长的喜好,因为这些家长不需要在外工作,或者是有兼职工作,或有一个提供护理的亲属。然而还是有很多人确实需要并想要为他们的孩子,也为自己提供一个集体活动的机会。

引领法国和意大利儿童发展的研究人员和幼儿保育政策及项目的专业人员们认为,自己为促进儿童的发展而工作,而不仅仅是采取一个新的或不同的方法来改善幼儿保育服务(Anolli & Mantovani,1991;Musatti,1992)。专业人员们认为,他们的提议有助于改善儿童保育条件;应对社会变革,包括家庭结构和性别角色的变化;推进教育改革的新热点;试图提高在养育知识方面了解不深的家长的敏锐性;最重要的是适应儿童的需要。

新的发展也为家长和其他照料者提供交流经验和倾诉的机会,如果他们希望得到专业人员的指导,那么也为他们提供获得专业人员指导的机会。这些指导包括为父母扮演更好的教养角色提供信息、帮助和支持,并最终促进家长的社会化,提升教育能力,以及促进孩子与同伴、工作人员的互动。这一切都不应该被认为是一种对传统保育中心的替代,而是作为这些项目的补充和延伸,以比全日制课程更低的成本满足有更多需求的群体。

意大利的研究证明了这些发展的必要性。研究(Musatti et al., 1992)发现,经济较富裕家庭的儿童最有可能获得父母提供的智力和社会刺激,也最有可能进入婴幼儿中心,因此也能够从这个经验中获益。这些孩子最后能够更好地为学前教育和后来的小学入学做好准备。而那些家庭资源较少的儿童,他们的母亲获得的教育水平有限,工作地位较低,并且不太可能具备儿童发展的知识,最有可能获得非正式的或质量较差的幼儿保育,而得到较少的社会刺激。必然后一种情形中的孩子是不太可能为入学做好准备的。

儿童发展研究者相信,由于小的家庭规模和缺乏邻居玩伴,对许多母亲和孩子来说,社会隔离可能是毁灭性的。在这样的情况下,补充性和支持性的集体经验是必不可少的。这些经验不必是全天的,但必须给儿童提供单独与其他儿童玩耍的机会,而且应该给母亲/家长/照看者相互之间,或与其他儿童、工作人员交流的机会。由于这些项目开发的时间较短,以致并没有形成任何系统的数据,也就更不用说结论和数据了。既没有纵向研究,也没有任何严格的预期评估。

与意大利和法国的发展相比,英国的"家庭中心"更类似于美国的项目(Kamerman & Kahn, 1994b, 1995; Walker & Family Centres, 1991)。它们主要关注高风险和易受伤害的儿童及其家庭,以及年轻的父母。(像在美国一样)它们的干预和影响一样分散。几乎所有的项目都将通过设计帮助和增强教养技能的服务加强家庭功能视为己任,而且几乎所有的项目都立足于社会问题、贫困率和失业率较高的社区。干预项目的具体实施各异,有的侧重于大量的"家庭维护"类工作和危机干预,有的主要对有虐待倾向的家长或杂乱无章的家庭进行治疗和救治干预。这些都是问题导向、治疗服务,而不是像意大利那种发展和支持服务。英国的保育计划似乎主要集中于发现并监测有问题的家庭。

英国的"彭格林中心"(Pen Green Center)针对的是5岁及以下儿童及其家庭,它坐落在一个高度工业化的地区,曾经历了20世纪七八十年代的高失业率。这个地区现在被称为"妇女工作之乡",是因为在该地区工作的男人不多,妇女上班主要是不定时的,或在工作时间以外的时间上班,或在服务行业轮班。该项目开始时是作为一个幼儿保育中心,后来扩展到包括大量的家长教育计划、亲子项目、家访、本地HHV服务举办每周定期门诊和妈妈组活动的儿童健康中心,还提供广泛的支持、教育和工作培训项目。大量的家长参与其中,这使得社区具有很强的"所有权"。

无论是在英国、法国、意大利或其他地方,可以肯定的是,这些项目构成另一种形式的早期干预——一个较大的政策/项目集群。很明显,卫生保健、HHV服务、育儿假和儿童保健联系紧密,但也与家长教育、培训和就业以及其他形式为有儿童的家庭进行政府援助紧密相关。家庭的支持可能是一种重要的早期干预,但只有它本身是远远不够的。

结　　论

显然,一般欧洲的大部分项目都直接针对幼儿及其家庭,或为他们的家庭提供坚实的支持基础而开展的。它们包含了所有我们在美国认为的早期干预项目,甚至更多。它们是受欢迎的,并在取得积极结果上被认为是成功的。

　　回顾其他国家的儿童早期教育计划,相关研究(Boocock,1995;Gustafson & Stafford,1995)证实了我们此前所发现的(Kamerman & Kahn,1981):这些早期儿童政策和项目在干预预防和促进儿童和家庭幸福上是有效的。不像美国进行了大量基础研究,也不一定是严谨的研究,其他国家出于政治意愿,已经建立了这样的政策和项目。基于儿童及其家庭普遍持有的价值观,假设儿童是重要的,这些国家已经为这些政策和项目投资。儿童必须得到很好的照顾,社会在其子女的未来上持较大的股权,随着时间的推移,我们将会从项目经验中获得进步。(可以说美国也同样如此,但我们缺乏政治意愿。)

　　很显然,如果从更广泛的角度来理解早期干预的概念,我们就能明白欧洲的干预——他们的早期儿童政策和项目更有效(Kamerman & Kahn,1995)。也能够得出这样的结论,收入转移政策给有孩子的家庭带来了收益,除了有足够的时间来养育孩子之外(无收入损失),以及支持和养护服务干预计划,还有住房福利、获得医疗保健的机会。与美国相比,许多欧洲国家的幼儿出身贫寒的人数更少,随着成长他们体验贫困和经济不安全的可能性更小。他们在婴幼儿时期能够有更多的时间与父母在一起,更多的机会获得医疗保健和儿童保健/学前教育服务——这两项在这些国家已经被普及了(日本也一样)。

　　再看传统的儿童社会指标,不论是否与这些干预有必然的联系,穷人和弱势儿童在这些国家获得了更好的安置,他们不太可能体验到边缘化和被社会排斥,但这些现象在美国却日益增多。显然这是美国需要高度重视的政策。即使在约束社会福利计划的背景下,即使这些国家削减了其他福利,也没有任何迹象表明他们要大幅削减为儿童所做的一切。最终,这只是一种优先顺序和价值观的体现。

参 考 文 献

Andersson, B.-E. (1986). *Home care or external care*, Report No. 2 from the Stockholm Institute of Education.

Andersson, B.-E. (1992). Effects of day care on cognitive and socioemotional competence of 13-year-old Swedish schoolchildren. *Child Development, 63*, 20–36.

Anolli, L., & Mantovani, S. (1991). Oltre il Nido: Il Tempo per le Famiglie. In A. Bandioli. & S. Mantovani (Eds.), *Manuale Critica Dell Asilo Niddo*. Milan, Italy: FrancoAngelia.

Baudelot, O. (1988). *Child care in France*. Paper presented to the National Academy of Science/National Research Council, Commission on Behavioral and Social Sciences and Education, Committee on Child Development Research and Public Policy, Panel on Child Care Policy. Paris: Institute for Pedagogical Research, 1988.

Behrman, R. E. (Ed.). (1993). U.S. health care for children [Special issue]. *The Future of Children, 2*(2).

Behrman, R. E. (Ed.). (1994). Home visiting [Special issue]. *The Future of Children, 3*(3).

Behrman, R. E. (Ed.). (1995). Long term outcomes of early childhood programs [Special issue]. *The Future of Children, 5*(3).

Berrueta-Clement, J. R., Schweinhart, L. B., Barnett, W. S., Epstein, A. J., & Weikart, D. P. (1984). *Changed lives: The effects of the Perry Preschool Program on youths through age 19*. Ypsilanti, MI: The High/Scope Press.

Boocock, S. S. (1995). Early childhood programs in other nations: Goals and outcomes. In R. E. Behrman (Ed.), Long term outcomes of early childhood programs [Special issue]. *The Future of Children, 5*(3), 94–114.

Broberg, A., & Hwang, P., (1991). Day care for young children in Sweden. In E. C. Lemhuish & P. Moss (Eds.), *Day care for young children: International perspectives* (pp. 75–101). London: Tavistock/Routledge.

Bradshaw, J., Ditch, J., Holmes, H., & Whiteford, P. (1993). *Support for children: A comparison of arrangements in 15 countries*. London: HMSO.

Bradshaw, J., Kennedy, S., Kilkey, M., Hutton, S., Corden,

A., Eardley, T., Holmes, H., & Neale, J. (1996). *Policy and the employment of lone parents in 20 countries*. York, England: University of York, European Observatory on National Family Policies.

Brooks-Gunn, J. (1995). Strategies for altering the outcomes of poor children and their families. In P. L. Chase-Lansdale & J. Brooks-Gunn (Eds.), *Escape from poverty* (pp. 87–120). New York: Cambridge University Press.

Campbell, F. A., & Ramey, C. T. (1994). Effects of early intervention on intellectual and academic achievement: A follow-up study of children from low-income families. *Child Development, 65*(2), 684–98.

Carnegie Task Force on Meeting the Needs of Young Children. (1994). *Starting points: Meeting the needs of our youngest children*. New York: Author.

Carnegie Task Force On Learning in the Primary Grades. (1996). *Years of promise*. New York: Author.

Chase-Lansdale, P. L., & Brooks-Gunn, J. (Eds.). (1995). *Escape from poverty*. New York: Cambridge University Press.

Danish National Health Service. (1970). *Health visiting: Summary of Report I*. Copenhagen, Denmark: Author.

Ditch, J., Barnes, H., & Bradshaw, J. (1996a). *Developments in national family policies in 1995*. York, UK: University of York, SPRU.

Ditch, J., Barnes, H., & Bradshaw, J. (1996b). *A synthesis of national family policies in 1995*. York, England: University of York, SPRU.

Ditch, J., Barnes, H., Bradshaw, J., Commaille, J., & Eardley, T. (1995a). *Developments in national family policies in 1994*. York, England: University of York, SPRU.

Ditch, J., Barnes, H., Bradshaw, J., Commaille, J., & Eardley, T. (1995b). *A synthesis of national family policies in 1994*. York, England: University of York, SPRU.

Ditch, J., Barnes, H., Bradshaw, J., & Kilkey, M. (1997a). *Developments in national families policies in 1996*. York, England: University of York, SPRU.

Ditch, J., Barnes, H., Bradshaw, J., & Kilkey, M. (1997b). *A synthesis of national family policies in 1996*. York, England: University of York, SPRU.

Duncan, G. J., Brooks-Gunn, J., & Klebanov, P. K. (1994). Economic deprivation and early childhood development. *Child Development, 65*, 296–318.

Duncan, G. J., & Brooks-Gunn, J. (Eds.). (1997). *Consequences of growing up poor*. New York: Russell Sage.

Eardley, T., Bradshaw, J., Ditch, J., Gough, I., & Whiteford, P. (1996). *Social assistance in OECD countries: Synthesis report*. London: HMSO.

European Commission Network on Child Care and Other Measures to Reconcile Employment and Family Responsibilities. (1993). *Mothers, fathers, and employment, 1985–1991*. Brussels, Belgium: European Commission, DGV, Equal Opportunities Unit.

European Commission Network on Child Care and Other Measures to Reconcile Employment and Family Responsibilities. (1994). *Leave arrangements for workers with children*. Brussels, Belgium: European Commission, DGV, Equal Opportunities Unit.

European Commission Network on Child Care and Other Measures to Reconcile Employment and Family Responsibilities. (1996). *A review of services for young children in the European Union, 1990–1995*. Brussels, Belgium: European Commission, DGV, Equal Opportunities Unit.

Gaskins, R. (1993, March). Comprehensive reform in child welfare: The British Children Act, 1989. *Social Services Review, 67*(1), 1–15.

Gomby, D., Culross, P., & Behrman, R. (1999). Home visiting: Recent program evaluations – analysis and recommendations. *The future of children: Home visiting: Recent program evaluations, 9*.

Goodwin, S. (1990a). Child health services in Britain and Wales: An overview. *Pediatrics, 86*(6), 1032–6.

Goodwin, S. (1990b). Statement. U.S. House of Representatives, Select Committee on Children and Youth. *Hearing on Child Health: Lessons from Developed Nations*. 101st Congress, 2d Session.

Gustafsson, S., & Stafford, F. P. (1995). Links between early childhood programs and maternal employment in three countries. In R. E. Behrman (Ed.), Long term outcomes of early childhood programs [Special issue]. *The Future of Children, 5*(3), 161–74.

Guterman, N. B. (1997). Early prevention of physical child abuse and neglect: Existing evidence and future directions. *Child Maltreatment, 2*(1), 12–34.

Hamburg, D. A. (1992). *Today's children*. New York: Times Books.

Harris, I. B. (1996). *Children in jeopardy: Can we break the cycle of poverty?* New Haven, CT: Yale University Press.

Haskins, R. (1995). Future policy and research directions. In P.L. Chase-Lansdale & J. Brooks-Gunn (Eds.), *Escape from poverty* (pp. 241–71). New York: Cambridge University Press.

Hernandez, D. (1993). *America's children: Resources from family, government, and the economy*. New York: Russell Sage.

Huston, A. (Ed.). (1991). *Children in poverty*. New York: Cambridge University Press.

Hwang, C. P., Broberg, A., & Lamb, M. E. (Eds.). Swedish childcare research. In E. C. Lemhuish & P. Moss (1991), *Day care for young children: International perspectives* (pp. 102–20). London: Tavistock/Routledge.

Kagan, S. L. (1996). America's family support movement: A moment of change. In E. Zigler, S. L. Kagan, & N. W. Hall (Eds.), *Children, families and government: Preparing for the twenty-first century* (pp. 156–70). New York: Cambridge University Press,.

Kagan, S. L., Weissbourd, B., & Zigler, E. F. (Eds.). (1987). *America's family support programs*. New Haven, CT: Yale University Press.

Kahn, A. J., & Kamerman, S. B. (Eds.). (1983). *Income transfers for families with children: An eight-country study*. Philadelphia: Temple University Press.

Kahn, A. J., & Kamerman, S. B. (Eds.). (1988). *Child support: from debt collection to social policy*. Newbury Park, CA: Sage.

Kahn, A. J., & Kamerman, S. B. (1994). *Social policy and the under 3s: A six country study*. New York: CUSSW.

Kamerman, S. B. (1994). *Child care policies and programs: An international overview*. International Encyclopedia of

Education Research. Tarrytown, NY: Pergamon.

Kamerman, S. B. (1998, May). *Early childhood intervention and care: An international overview*. Paris: OECD.

Kamerman, S. B. (forthcoming). From maternity to parenting policies: Women's health and child well-being. *Journal of the American Women's Medical Association*.

Kamerman, S. B., & Kahn, A. J. (1981). *Child care, family benefits, and working parents*. New York: Columbia University Press.

Kamerman, S. B., & Kahn, A. J. (Eds.). (1983). *Family policy: Government and families in fourteen countries*. New York: Columbia University Press.

Kamerman, S. B., & Kahn, A. J. (1988). Social policy and children in the United States and Europe. In J. L. Palmer, T. Smeeding, & B. B. Torrey (Eds.), *The vulnerable* (pp. 351–80). Washington, DC: The Urban Institute Press.

Kamerman, S. B., & Kahn, A. J. (1989, Spring). Family policy: Has the United States learned from Europe? *Policy Studies Review*, 8(3) 581–98.

Kamerman, S. B., & Kahn, A. J. (1990). Social services for children, youth, and families in the United States. *Children and Youth Services Review*, 12(1–2).

Kamerman, S. B., & Kahn, A. J. (Eds.). (1991). *Child care, parental leaves, and the under 3s*. Westport, CT: Auburn.

Kamerman, S. B., & Kahn, A. J. (1993). Home health visiting in Europe. *The Future of Children*, 3(3), 39–52.

Kamerman, S. B., & Kahn, A. J. (1994a). Family policy and the under 3s: Money, time, and services in a policy package. *International Social Security Review*, 47(3–4), 31–44.

Kamerman, S. B., & Kahn, A. J. (1994b). *A welcome for every child: Care, education, and family support for infants and toddlers in Europe*. Washington, DC: Zero To Three.

Kamerman, S. B., & Kahn, A. J. (1995). *Starting right: How Americans neglect their youngest children and what we can do about it*. New York: Oxford University Press.

Kamerman, S. B., & Kahn, A. J. (1996). Coping with the changes in U.S. child and family policies: Exploring the choices. In S. B. Kamerman & A. J. Kahn (Eds.), *Confronting the new politics of child and family policies: Report I, Whither American social policy?* (pp. 93–115). New York: CUSSW.

Kamerman, S. B., & Kahn, A. J. (Eds.). (1996/1997). *Confronting the new politics of child and family policies: Report I, Whither American social policy? Report III, Child health and Medicaid in the context of welfare reform. Report IV, Child care in the context of welfare reform. Report VI, P.L. 104-193: Challenges and opportunities*. New York: CUSSW.

Kamerman, S. B., & Kahn, A. J. (1997). Investing in children: Government expenditures for children and their families in advanced industrialized countries. In G. A. Cornia & S. Danziger (Eds.), *Child poverty and deprivation in industrialized countries*. Oxford, England: Oxford University Press.

Kamerman, S. B., & Kahn, A. J. (Eds.). (1998). *Family policy: Government and families in fourteen countries*. New York: Columbia University Press.

Krugman, R. (1993). Universal home visiting: A recommendation from the U.S. Advisory Board on Child Abuse and Neglect. *The Future of Children*, 3(3), 184–91.

Lally, J. R., Griffin, A., Finichel, E., Segal, M. M., Szanton, E. S., & Weissbaurd, B. (1995). *Caring for infants and toddlers in groups*. Washington, DC: Zero To Three.

Leprince, F. (1991). Day care for young children in France. In E. C. Lemhuish & P. Moss, *Day care for young children: International perspectives* (pp. 10–26). London: Tavistock/Routledge.

Manciaux, M., Jestin, C., Fritz, M., & Bertrand, D. (1990). Child health care policy and delivery in France. *Pediatrics*, 86(6), 1037–43.

Meisels, S. J., & Shonkoff, J. P. (Eds.). (1990). *Handbook of early childhood intervention*. New York: Cambridge University Press.

Melhuish, E., & Moss, P. (1991). *Day care for young children: International perspectives*. London: Tavistock/Routledge.

Moss, P. (1990). *Childcare in the European community, 1985–1990*. Brussels, Belgium: European Commission, DGV, Equal Employment Opportunities Unit.

Musatti, T. (1992). *La Giornata Del Mio Bambino*. Bologna: Italy: Il Mulino.

National Institute of Child Health and Human Development (NICHD), Child Care Network. (1997). *Report*.

New, R. (1993). Italy. In M. Cochran (Eds.), *International handbook of child care policies and programs* (pp. 291–312). Westport, CT: Greenwood Press.

Norvez, A. (1990). *De La Naissance a L'Ecole*. Paris, France: Presses Universitaires de France, Institut National D'Etudes Demographiques.

Pugh, G. (Eds.). (1992). *Contemporary issues in the early years: Working collaboratively for children*. London: The National Children's Bureau. Paul Chapman Publishing.

Rainwater, L., & Smeeding, T. M. (1995). *Doing poorly: The real income of American children in a comparative perspective*. Luxembourg Income Study, Working Paper No. 127. Luxembourg: CEPS.

Sawhill, I. (1993). *Young children and families: Setting national priorities*. Washington, DC: Brookings Institution.

Schorr, L. (1988). *Within our reach*. New York: Doubleday.

Shore, R. (1997). *Rethinking the brain: New insights into early development*. New York: Families and Work Institute.

Smeeding, T. (with the assistance of Katherine Ross). (1997). *Financial poverty in developed countries: The evidence from LIS*. In UNDP Human Development and Poverty, 1997. Background Paper.

UNICEF (1997). *State of the child*. Oxford, UK: Oxford University Press.

U.S. House of Representatives, Committee on Ways and Means. (1993, January). *Sources of the increase in poverty, work effort, and income distribution data*. Washington, DC: U.S. Government Printing Office.

U.S. House of Representatives, Committee on Ways and Means. (1996). *The green book: An overview of entitlement programs*. Washington, DC: U.S. Government Printing Office.

U.S. House of Representatives, Committee on Ways and

Means. (1998). *The green book: An overview of the entitlement programs*. Washington, DC: U.S. Government Printing Office.

U.S. Social Security Administration. (1997). *Social security programs throughout the world – 1995*. Washington, DC: U.S. Government Printing Office.

U.S. House of Representatives, Select Committee on Children and Youth. (1990). *Hearing on child health: Lessons from developed nations*. 101st Congress, 2d Session. Washington, DC: U.S. Government Printing Office.

Verbrugge, H. (1990). Statement. *U.S. House of Representatives, Select Committee on Children and Youth*. Hearing on child health: Lessons from developed nations. 101st Congress, 2d Session. Washington, DC: U.S. Government Printing Office.

Vedel-Petersen, J. (1992). *Day care for children under school age in Denmark*. Copenhagen, Denmark: Danish National Institute of Social Research.

Wagner, M. (1990). Statement. *U.S. House of Representatives, Select Committee on Children and Youth*. Hearing on child health: Lessons from developed nations. 101st Congress, 2d Session Washington, DC: U.S. Government Printing Office.

Walker, H., & Family Centres. In P. Carter, T. Jeffs, & M. Smith (Eds.), (1991). *Social work and social welfare yearbook 3*. London: Open University Press.

Williams, B. C., & Miller, C. A. (1991). *Preventive health care for young children*. Washington, DC: Zero to Three.

Young, M. E. (1996). *Early child development: Investing in the future*. Washington, DC: The World Bank.

Zigler, E., & Styfco, S. (1993). *Head Start and beyond*. New Haven, CT: Yale University Press.

Zigler, E., & Styfco, S. (1996). Head Start and early childhood intervention: The changing course of social science and social policy. In E. Zigler, S. L. Kagan, & N. W. Hall (Eds.), *Children, families, and government: Preparing for the twenty-first century* (pp. 132–55). New York: Cambridge University Press.

参考文献

第 27 章　家庭—专业人员合作关系的演变：21 世纪初的集体赋权模式

安·P. 特恩布尔(ANN P. TURNBULL)，
维克·塔贝维尔(VICKI TURBIVILLE)，
H. R. 特恩布尔(H. R. TURNBULL)

这一章将呈现以下四种家庭与专业人员合作关系模式及其权力关系的论述：(1)家长咨询/心理治疗；(2)家长培训/参与；(3)以家庭为中心的服务；(4)集体赋权。讨论所依赖的研究和文献主要集中在儿童早期特殊教育领域。20 世纪 50 年代以来，出现了以发展障碍儿童为焦点的文献。家庭—专业人员关系在儿童早期其他领域的发展趋势不同于本章所陈述的内容，然而，分析所有早期儿童领域的合作关系模型超出了单章的范围。

本章先讨论了权力的类型——逾权(power-over)、合权(power-with)、集体赋权(power-through)——它们是上述四种家庭—专业人员关系模式中某种模式的固有特征。这四种模式将从一些固定的维度进行深入分析。在本章的开始，我们构想了一个为服务提供者所熟知的典型家庭。当我们讨论每种模式及其中的权力关系时，会指出这种模式可能如何对这一家庭施加影响。

珍妮特(Jeanette)是一个 37 岁的非洲裔美国妇女，生活在美国东部一个大约有 65,000 人的社区。在怀孕后的第 26 周，她的女儿提沙(Tisha)出生了，体重不到 500g。[①] 提沙患有多重残疾，包括脑积水、心脏缺陷、脑瘫。珍妮特还有一个大儿子——莱尼(Lenny)，19 岁，高中辍学，偶尔工作。珍妮特的母亲住在离她家约 25 千米的地方，经常被叫来照顾孩子，是珍妮特的情感支持来源。

珍妮特和提沙通常单独生活在一个两居室的复式公寓，但珍妮特的前夫，也就是提沙的父亲，与莱尼一样，有时会跟她一起住。珍妮特在离家 48 千米远的社区护理中心当护士助手，每天工作时间为上午 11:00 至下午 3:00，每周工作五天。

莱尼和珍妮特的关系比较紧张，经常为一些小事情或重大问题发生频繁的言语和身体上的冲突。莱尼作为妹妹提沙良好照顾的提供者，经常被要求来照顾妹妹。

珍妮特与她的丈夫以及儿子的冲突，时常升级为暴力。珍妮特有一定的学

---

① 原文为 1 磅,12 盎司。——译者

习障碍和躁郁症,为此需要服用药物。由于吸毒和酗酒,她还要定期参加匿名互诫协会的集会(AA meeting)。

权力与家庭—专业人员合作关系

儿童早期特殊教育领域内,发展和实施家庭—专业合作关系的演变过程,可以描述为权力关系的连续演变,如图27.1所示。

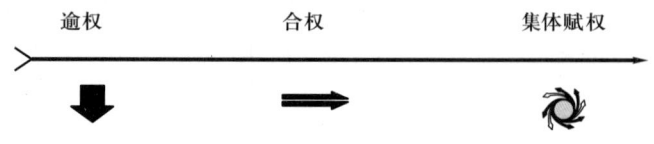

图27.1　权力演变

在专业驱动下的家长咨询/心理治疗模式中,专业人员与家长之间的逾权关系是最常见的(Wolfensberger,1967)。而如今,赋权模式正在兴起,该模式可以使权力在相互关系中产生和成长(Dunst, Trivette, Gordon, & Starnes, 1993;Turnbull & Turnbull, 1997)。

权力,即是"影响他人行为、思想、身体健康和/或感情的能力和意愿"(Claus & Bailey,1977,引自 Kisthardt,1992,p.76),是所有的关系中的关键因素。有人(Natiello,1990)认为,权力本身无所谓好坏,关键是对它的使用可以导致不是破坏性就是创造性的发展结果。她进一步指出,专制一直是最常见的传统的人与人之间的关系。

专制权力的使用可能会导致感情的不信任、竞争、失控以及下属从属于支配地位(Natiello,1990)。在专制权力关系中的下属,往往自尊水平低,失去社会和个人的潜力,并且存在愤怒和不安的情绪。在这些关系中,情感表达、个人开放、亲密关系或相互关联(Crais, 1993;Natiello, 1990)几乎没有存在空间。

传统的家长—专业人员合作关系被贴上了领导—下属权力结构的标签。服务提供者处于领导地位,父母及家庭成员则属于从属地位。专业人员往往控制着家长帮助孩子所需要的信息和资源。这种权力结构被归类为逾权关系(Follett, 1924;Natiello, 1990;Turnbull & Turnbull, 1997)。逾权关系的特点是专业人员通过被认为拥有更高的能力、专业的信息渠道以及控制环境资源来影响父母的决策。目标是定义建立在专业诊断基础上的父母的问题,并强制遵守专制的控制与治疗。家长咨询/心理治疗和家长培训/参与的合作关系模式都是建立在这些传统的专制权力关系上的。表27.1列出了这种权力关系的特点。

服务提供者和家庭之间的关系和权力已经转变。新兴伙伴关系的原则反映在以家庭为中心的实践中,家庭积极参与决策和服务以满足家庭与孩子的需求(Bailey, Buysse, Edmondson, & Smith, 1992;Kjerland & Kovach, 1990;McBride, Brotherson, Joanning, Whiddon, & Demmitt, 1993;Turnbull & Summers, 1985)。

以家庭为中心的合作关系,标志着服务提供者和家庭成员之间权利共享的关系。服务提供者和家庭成员认识到专业知识技能的价值。尽管家庭可能决定避免决策或授予服务提供者决策权,但是最终决策是家庭的责任(Turbiville, Turnbull, Garland, & Lee, 1996)。当家长与专业人员有相当的能力水平、一致性的交流、共享环境资源以及家长参与共同决策时,合权合作关系就产生了。在以家庭为中心的合作伙伴关系中,专业人员尊重家庭成员的能力、倾听他们的观点、重视家庭系统和社会生态系统固有的知识和资源。因为在大多数情况下,专业人士不是主要决策者,而是作为信息分享者和问题解决的协作者,并且强调了这些关系特征(Crais, 1993)。表27.1概括了这种合作关系的特点。

表 27.1 关 系 演 变

权力类型	家庭—专业人员关系模式	决策类型	参与者	沟通	资源
逾权	家长心理咨询/心理治疗;家长培训/参与模式	施加控制	专业人员,家长(通常是母亲)	临床术语、保持专业距离、指令	往往局限于专业人员控制范围内的服务系统资源
合权	以家庭为中心的服务模式	合作	家长(通常是母亲)和专业人员	礼貌和坦诚	服务系统资源,家庭资源
集体赋权	集体赋权模式	协同增效	父母、家庭成员、朋友、社区居民以及专业人员	有见地的("头脑"),关怀("心灵")和动态的	创造新的更优的资源

人们可能会设想,权力的平衡或合作关系将是任何关系所期望的结果。随着家庭—专业人员伙伴关系的发展,一种更加富有成效的合作方式将会逐渐兴起。我们把这种关系模式称为集体赋权,它的参与者包括家庭成员、专业人员、朋友和社区居民,通过整合小组能力,"头脑和心灵"沟通,创造新的更优的环境资源来协同决策。协同决策为传统的个人和二元决策注入了团体的能量和创造力,使整合后的效果远远大于个人或二元决策的模式所得。也就是我们常说的,"整体大于部分之和"。

通过对团体中权力的界定而非控制,集权关系将体现在不同的层面上。一方面,权力变成协作关系中每位参与者的共享资源,不再是控制通信、资源、决策或其他人问题的手段。在这些伙伴关系中,协同为所有参与者创造了力量(和权力),权力是不断发展的、服务于所有人的(Wagner, 1992)。这种伙伴关系建立的联系通道,让所有参与者都可以得到并影响他们实现自己目标所需的资源(Kalyanpur & Rao, 1991; Katz, 1984; Kieffer, 1984)。

在合权和集体赋权关系结构中,服务提供者有时害怕失去控制权或发言权。事实上,特别是在集权关系模式中,他们的权力增强了。在这里,通过协同的关系,有更多的资源被提供给所有伙伴关系中的成员(Turnbull & Turnbull, 1997; Wagner, 1992)。建立在集体赋权伙伴关系基础上的协同关系具有开放性、响应性、尊严、个人赋予每个成员权力、交替影响以及合作的特点(Katz, 1984; Kieffer, 1984; Natiello, 1990)。这些合作伙伴关系产生双赢的结果:每一个参与者都从中受益(Turnbull & Turnbull, 1997)。

家庭—专业人员合作模式

正如本章开始强调的,我们的研究重点是特殊儿童早期家庭教育领域内的专业合作形式。在儿童早期特殊教育领域中引用的文献里,其研究重点是对发展障碍儿童及其家庭提供的服务。本章着重介绍在不同时期最具影响力或者持续产生影响的四种家庭—专业合作模式(家长咨询/心理治疗、家长培训/参与、以家庭为中心的服务和集体赋权)。表 27.2 说明了这四种模式和普及时期,大部分与儿童早期特殊教育领域的基本重点相关。

表 27.2 儿童早期特殊教育领域的家庭—专业合作模式发展

时期	20世纪50年代到60年代	20世纪60年代到70年代	20世纪80年代	20世纪90年代到21世纪
模式	心理咨询/治疗模式	家长培训/参与模式	以家庭为中心模式	集体赋权模式

我们对这四种模式在儿童早期特殊教育领域内的实践以及其他领域和其他群体中的应用进行了概括分析,分析维度包括:(1)模式的概述;(2)权力类型;(3)假设;(4)专业的视角;(5)家长的视角;(6)预期结果。

家长咨询/心理治疗模式

概 述　20 世纪五六十年代,咨询心理治疗模式被广泛地应用于智力发展迟缓儿童的母亲(Beddie & Osmond, 1955; Bowlby, 1960; Dalton & Epstein, 1963; Emde & Brown, 1978; Goshen, 1963; Mandelbaum & Wheeler, 1960; Ross, 1964; Sieffert, 1978; Solnit & Stark, 1961; Wolfensberger, 1967)。有学者(Wolfensberger,1967)对 300 多篇家长咨询—心理治疗模式的专业文献进行了全面综述,着重指出了这一时期精神分析的框架和临床方向。文献主要强调了两个方面:(1)心智发展迟缓的孩子对母亲"适应"的影响;(2)临床观察的悲痛阶段。下面一段文字经常被引用来描绘这一模式和时期,它以精神分析框架为特征:

> 理论方法的应用建立在精神分析对哀伤的解释过程之上,适用于母亲对有缺陷的孩子出生的反应(Bibring, 1959; Bibring, Dwer, Huntington, & Valenstein, 1961; Freud, 1917, 1923; Janis, 1958a,b)。弗洛伊德(Freud)对自恋及其发展阶段的解释(1914)是其对客体缺失研究的精华部分。在我们的案例中,表现为失去渴望的健康儿童。(Solnit & Stark, 1961, p.524)

家长经常成为咨询和心理治疗的对象。这种治疗模式重点几乎完全放在母亲身上。虽然母亲对孩子有缺陷的事实的反应在很大程度上受缺陷类型和严重程度的影响,但是与她自己和父母、兄弟姐妹的以往经验以及其他重大生活事件也息息相关。怀孕期间,女人即将为人母的意识不断增强,这一时期,她曾经与母亲的冲突以及自身的女性气质常会被唤醒,当清楚地知道自己生下的孩子带有缺陷时,那种失望感、无助感和失败感便会被加深(Solnit & Stark, 1961, p.525)。

悲伤模式假设了一系列阶段,从最初的震惊到最终接受现实(Wolfensberger, 1967)。专业文献资料体现出普遍的病理学特征。"治疗"试图去"修复"母亲的个人病症和母亲与智力障碍儿童及其他家庭成员之间的关系。然而,家长咨询/心理治疗通常是单独的干预,智力发育迟缓儿童只能得到极其有限的服务。

20世纪90年代,尽管父母(主要是母亲)需要咨询或心理治疗的这一观点没有20世纪50年代和60年代那样流行,但如今它仍被引用。有学者(Seitz & Provence, 1990)描绘了婴幼儿心理健康领域中以照料者为中心的早期干预模式,弗雷伯格(Fraiberg)在其著作里,认为"婴幼儿的问题可以看作父母和婴儿之间冲突的结果,这一冲突源自母亲过去尚未解决的问题,这个过去的'幽灵'入侵到托儿所"(p.404)。然而,这里所说的照料者中心模式,在当代儿童早期特殊教育关于家庭—专业人员合作关系的文献中基本没有(Odom & Karnes, 1988; Odom & McLean, 1996; Stayton & Karnes, 1994)。

权力类型 有研究者(Skrtic, 1995)提出,专业权力的主要用途之一是定义"正常",家长咨询/心理治疗模式正说明了这一点。因为自身的专业知识,所以专业人员有权力规定谁是正常的,谁不是正常的。根据咨询/心理治疗模式,孩子一旦被诊断为异常,家长就必须按照规定,接受由专业人员提供的治疗。"诊断"和"预后"反映了其中的权力关系,这通过珍妮特的例子可以得到证实。透过镜头,我们将看到她如何描绘咨询/心理治疗模式:

> A太太被儿童保护服务机构转介来接受治疗。在早期,这位母亲因为显示出深感不安的个性而接受密集辅导。她产后的内疚、无价值、无助、绝望和自责感证明其自恋发展不平衡。当我建议她将孩子寄养在看护中心或让孩子被领养时,她对于提沙异常的现实表现出否认和回避接受的态度。自责的反应促使她形成了典型的四处购物行为,这证明她依然拒绝接受现实。因此,临床社会工作者联系了她并做出决定,她将继续接受治疗,否则她必须向儿童忽视/监护权听证会证明为什么她的孩子不应该从家里被带走并且由保护服务托管中心监护。

可见,此种治疗关系中的权力并不平等,因为专业人员掌控着沟通、资源以及结果。

假 设 咨询/心理治疗模式的假设包括以下内容(Darling, 1989; Saleebey, 1992):

(1)残疾儿童造成家长心理问题,咨询/心理治疗是适当的治疗方式。

(2)专业人员倾向于将儿童和家庭作为"我的案例"。

(3)将专业人员的诊断分类和临床判断作为治疗的基础。

(4)专业人员的治疗强调努力改变母亲对孩子及孩子的诊断的反应,很少关注通过建立优势并加强正式和非正式的首选资源来改变家庭的环境生态。

(5)重点在于通过管理移情与反移情相关的问题,在治疗关系中寻找"最佳距离"(Foley, Hochman, & Miller, 1994, p.19)。

移情,即精神分析治疗师将来访者多次经历的感情、冲动和行为建立联系,这种联系不是脱离现实的,而是重演早期关系。反移情,即精神分析治疗师演示出来的来访者目前的无意识反应,在过去有着深刻根源(Foley et al.,1994,p.19)。

专业的视角 咨询/心理治疗模式指派专业人员,特别是那些有医疗背景的人士作为专家。毫不奇怪的是,这个时期专业文献普遍将咨询/心理治疗模式描述为医学模式,即专业人员对病人或案主做出诊断并提供干预(Weick,1983)。专业人员的互动,通常会发生在他们的诊所或办公室,很少有社区资源的参与。

坎纳(Kanner,1953)如此向家长描述提供咨询/心理治疗的挑战:

> 每当父母被给予一个表达自己的机会,他们总是不约而同地把他们的情感参与其中,包括:表达内疚,对命运表现出不耐烦和叛乱,疯狂探究原因,婚姻纠纷归咎于孩子的病情,对目前情况的遗憾,对孩子未来的焦虑、含泪恳求安慰。只有相当冷酷、无情的专业人员才能对这一言论中所包含的焦虑、自控及对过去、现在、将来的担忧视而不见。(p.375)

赫什伯格(Hirshberg,1996)在描述临床访谈的过程中,强调建立服务提供者和家庭成员之间关系的重要性。"关键的一点是,建立家庭成员与评估者之间积极动态的交流过程,并在此过程中了解婴儿和家庭呈现出来的生活画面和关系数据"。(p.91)

尽管鼓励家长在参与的过程中讲述他们的故事,其目的是使服务提供者能够识别和处理家庭问题及相关问题,服务提供者只是使用他或她与家人的关系作为评估和诊断问题的背景(以及没有提及的优势),而不是作为协作的背景。

> 评估父母如何看待、体验和解释婴儿的行为是十分重要的……这通常反映出父母自己早年的经历,以及他们怎么干预宝宝的问题。在这里,重要的不是掩盖任何可能出现的焦虑或冲突,而是始终尊重他们。(Hirshberg,1996,pp.116-117)

家长的视角 当专业人员将孩子智力发育迟缓(Roos,1985)或自闭症(Akerley,1985)的诊断结果交给家长时,家庭极度痛苦的场景经常被描述,尤其是在咨询/心理治疗模式高度发展的20世纪五六十年代。一位唐氏综合征孩子的母亲描述了以下情况:

> 大约晚上8点,医生来了,突然说:"宝宝手腕上的ID数字,与你手腕上的相同,这孩子是你的。这种情况经常发生在像你这样年龄的妇女身上。考虑是您可能需要遗传咨询,您可能想把宝宝留在家里抚养。"(Turnbull & Turnbull,1997,p.137)

奇怪的是,这时期的相关文献,很少提及家长的观点对专业诊断的影响。

自闭症儿童的家长更倾向于接受定向辅导(Bettelheim,1950,1967)。玛丽·艾克瑞(Mary Akerley)是一位有自闭症儿子的母亲,详细描述了她和丈夫在"强迫"疗法中遭遇的痛苦经历(在20世纪60年代中后期,他们的儿子接受治疗,他们则需要接受心理治疗):

> 埃迪(Eddy)最喜欢玩的东西是一组木销钉,是建设型玩具的一部分。他享受的方式是把它们立起来然后倒下去,他的头在它们四周来回转动……如同独立发现了相对论一般,在亲自尝试之后,我终于明白了他的小游戏。然而,学识渊博的医生却耐心地解释说,我把埃迪独自留在婴儿床玩耍的时间太多了,现在埃迪正在重演被监禁的创伤。我的回答是无辜多于挖苦,虽然它并没有被察觉到。"如果它

是如此可怕,他为什么重新经历时还带着如此明显的快感?"没人回答我了。
(Akerley,1985,p.28)

另一位家长告知了她与到她家的心理学家之间的互动。这位家长介绍,她担心她的两个年幼孩子的安置问题。她年龄较大的孩子患有自闭症,较小的孩子则患有小头畸形,并已开始喷射性呕吐。

> 一位心理学家……开始拜访我家。他告诉我,他发现我的孩子没有任何心理问题。然后,他接着说,我没有与孩子建立正确的连接,这导致了孩子的抑郁症状。这期间,我儿子开始推更小的孩子。在安慰小宝宝之前我纠正了大孩子的行为。心理学家说:"这正是一个例子,你关注年龄较大的孩子而忽略了较小的孩子。"
> (Autism National Committee,1996,p.18)

预期结果 咨询/心理治疗模式的主要结果是使母亲达到最后的调整阶段,即接受和适应孩子的残疾(Wolfensberger, 1967)。为了达到这个结果,母亲必须在治疗师的帮助下顺利通过震惊、否认、愤怒、内疚或抑郁这样一个连续的阶段,从而最终能够接受(Grays, 1963; Koegler, 1963; Rosen, 1955)。显然,在这种模式中,权力一直保持在专业人员手中。因为他们经常建议将智力低下或有其他明显缺陷儿童安置在机构中(Farrell, 1957; Gordon & Ullman, 1956; Koch, Graliker, Sands, & Parmelee, 1959),专业干预将消除父母对机构安置的负面反应视为干预的成果。

20世纪五六十年代,关于家长咨询/心理治疗的文献很少强调残疾婴幼儿可能的干预结果。因为这种模式普及的时期还没有意识到发展障碍儿童需要拥有幼儿教育服务或中学小学教育的合法权利,残疾儿童经常被认为是不可教的,对其服务和干预是相对徒劳的。

家长培训/参与模式

概述 在20世纪60年代为弱势儿童(20世纪六七十年代使用的一个术语,后来被认为是文化不敏感的)提出的补偿教育计划中,提出来关于家长培训和家长参与的两个观点(Zigler & Valentine, 1979)。这些观点强烈影响着残障儿童的早期干预。鉴于家庭环境影响孩子的智力(Hunt, 1972),第一种观点是父母教养方式需要矫正,以提高孩子的发展,即家长缺陷模式。它要求家长参与一系列活动,"干预计划的一部分是要家长适应主要的、说教式的教学角色"(Guralnick, 1989, p.12),同时也作为一名学习者。这样,他们就有可能成为自己孩子的老师。第二个观点,是以肯尼迪总统的新边疆(New Frontier)和约翰逊总统的伟大社会计划(Great Society)为特征的政治模式,这种观点认为,父母被剥夺了权利,父母需要机会来增加自己的决策权力。因此,早期开端计划中的家长参与,就是提供机会让父母成为决策者,而不只是服务的接受者。

权力类型 家长培训/参与模式通常延续了家长咨询/心理治疗模式中的逾权关系。专业人员仍然持有沟通和资源的控制权。家长的培训/参与模式认为父母,主要是母亲,不是缺乏情感,而是缺乏抚养残障孩子所需要具备的特殊技能。

专业人员用他们的专家权力(Kisthardt, 1992; Skrtic, 1995)来规定对残障儿童实施的干预。更重要的是,这种权力的行使对接受服务的家庭系统产生了影响。家长们被期望完成的干预活动可能会导致家庭的日常功能和相互作用中断。例如,珍妮特可能会发现自己必须在陪提沙练习拼图和晚上去参加匿名互诫协会的集会之间做出抉择。是执行干预计划帮助改善提沙的精细动作,还是参加会议执行长期保持清醒的承诺,这使珍妮特陷入了两难的境地。

假设 家长培训/参与模式的假设如下:

(1)如果残疾儿童的父母在家里教他们,他们会学到更多,并最大限度地减少或克服残疾,专业人员的补充教学也会更容易。家长需要培训才能成为有效的教师。

(2)由于父母被看作被从计划的制订中剥夺了权利,他们需要明确的机会参与有关的计划操作程序,成为真正的决策者。当父母学会成为一个问题决策者时,在家里会是一个更有效的决策者,同时,他们的孩子将受益于他们作为父母方面技能的增强。

(3)家长有时间和精力去参与自己孩子的培训和教育计划。

(4)家长参与是以加强计划和儿童的成果为导向的,与面向父母的结果(例如:帮助家长得到一份工作或获得经济来源)或社会系统成果(例如:为残疾儿童的社区融合创造更多的通道)形成对比。

(5)家长培训/参与通常是母亲的培训/参与,已有文献中很少能看到父亲高度参与这些活动的例子。

(6)家长应充当专业人员的代理,这会让孩子在专业人员交付于父母的教育方案中获益。当父母在家执行专业角色时,不应该与自身的父母角色冲突,对孩子来说,并不是"失去父母"来"得到另一位教师",恰恰相反,这种执行专业角色的方法对孩子来说应该是附加的。

专业的视角 以补偿教育方案为先导,1968年,国会授权为0—8岁残疾儿童制订残疾儿童早期教育项目(Handicapped Children's Early Education Program,HCEEP)。HCEEP项目以开发提高学龄前残疾儿童潜能的方法和技术为预期目标(Harvey,1977),并希望争取家长作为早期干预专家的盟友。国会议员丹尼尔斯(Dominick V. Daniels)明确表示:

> 对于那些迥异于常人、有不可思议的严重行为问题或对母亲的声音没有回应的孩子们,很少有父母愿意照顾他们。残疾儿童的家长经常伴有恐惧、沮丧和困惑的情绪。他们需要得到帮助去了解自己孩子残疾的情况,并且学会与患有智障的孩子相处。
>
> 这项法案将把我们带入一个残疾儿童教育的新时代。此外,预计这一立法将提供一个完整的教育方案以促使家长成为教育者的盟友。(Lavor & Krivit,1969, p.381)

联邦法规实施HCEEP方案,指定了四种家长参与模式途径:
(1)家长协助项目的规划、开发、执行和评估;
(2)家长培训;
(3)家长参与教育和治疗项目的组成部分;
(4)家长参与项目,并为与项目相关信息的宣传提供咨询和协助。

父母参与的一个主要推动力来自公法94-142,即《残疾人教育法案》(Individuals with Disabilities Education Act,IDEA)。公法94-142要求家长参加其孩子的个性化教育计划(individualized education plan,IEP)会议。关于家长参与个性化教育过程的研究综述超出了本章范围,可以通过其他资源找到(Smith,1990;Turnbull & Turnbull,1997;Wood,1995)。然而,简单地说,研究表明,个性化教育计划的参与过程对大多数家长来说都是被动的。例如:珍妮特通常听专业人员向她描述已经制订出来的个性化教育计划。专业人员仍然越过家庭,持有决定孩子需求以及规定来解决这些需求的最好方法的权力。尽管如此,个性化教育模式作为个性化家庭服务计划(individualized family service plan,IFSP)的前身,它的实施体现了以家庭为中心的服务意愿(这将在下一节讨论)。

家长的视角 珍妮特不再被看作一个病人而接受定向干预,而是被视作服务提供者的"帮手"。她和其他家长都被纳入教师或治疗师助理的行列。珍妮特经常听到这句话:"我们一天只能教她五个小时,而你则拥有剩余的时间,你比我们有更多的机会教她。"因此,每次珍妮特与服务提供者见面,她都会带一系列离散治疗或教学活动列表回家。这些活动是为了与她曾经跟提沙训练过的活动保持一致性和连续性。

对于珍妮特而言,家长参与模式意味着提沙的大多数活动都是教师或治疗师针对她的缺失领域而设计的教学活动。珍妮特利用家庭晚餐时间对提沙进行言语和语言技能培训,根据她的日程表上陪提沙玩耍的时间教提沙搭积木。珍妮特没有将这些活动作为提沙的优先事项,她认为使提沙学习能够照顾自己,这样她就可以更少依赖于父母,这对他们的家庭来说是更应优先选择的。然而,老师说"家庭治疗"必须这样做,所以珍妮特只能尝试严格遵循执行程序。

家长培训/参与模式对许多父母提出了一个角色期望冲突。通常情况下,家长不希望承担教学角色,他们只想成为父母,而不是教师(Seligman & Darling,1997)。玛莎·布鲁-班宁(Martha Blue-Banning)的儿子瑞恩(Ryan)20岁,患有唐氏综合征,她经常提起自己对瑞恩在幼儿时期的母亲角色缺失而感到遗憾。玛莎回忆起那时她与瑞恩做的一切都是"治疗",她甚至没有意识到,瑞恩是一个孩子,一个蹒跚学步的孩子,也可以跟他玩耍或者让他自娱自乐。

预期结果 儿童早期特殊教育领域一直有一个强烈的预期,即更多数量和更好质量的家长培训/参与可以为儿童带来更好的结果。但是对这个结果是否表面化已经存在了一些分歧。一方面,有研究(Casto & Lewis,1984)称,家长参与的方案不一定比父母不参与的方案更有效。另一方面,其他研究发现,家长和儿童都可以从家长参与中得到益处。有学者(Shonkoff, Hauser-Cram, Krauss, & Upshur,1992)发表了关于早期合作干预的研究成果,研究表明,母亲参与早期干预对孩子和家长产生了积极的结果。在这项研究的一个阶段,母子互动技能与孩子认知表现以及适应性行为呈正相关(Krauss,1993)。在研究期间,孩子们表现出"适应行为和游戏技能相对快的增长"(Krauss,1997,p.615)。更值得注意的是家长参与是实现孩子成果的手段,而不是用于实现父母或家庭成果的途径。珍妮特的作用是帮助提沙补偿缺陷。这个角色支配着她,而不考虑其他家庭的需要或者特殊情况。在这种模式中,服务提供者仍然越过珍妮特和其他家庭成员保持权威的地位。

以家庭为中心的模式

模式概述 在20世纪80年代中后期,以家庭为中心的模式变得更加普遍。以家庭为中心的方法核心是承认家庭,不仅仅是母亲,在孩子生活环境中的中心地位（Bailey & McWilliam, 1993; Shelton, Jeppson, & Johnson, 1989）。从概念上讲，以家庭为中心的干预也承认家庭成员之间的关系，比如，核心家庭、联合家庭以及社区因素，影响家庭和孩子的发展功能。以家庭为中心的干预目标是将家庭作为一个整体来提升它的幸福感（Bailey & McWilliam, 1993）。

以家庭为中心的服务的具体特征是很难界定的。然而，尽管有不同的定义，以家庭为中心的服务始终包含两个元素：家庭的选择以及家庭优势观（Allen & Petr, 1996）。

家庭的选择。以家庭为中心的服务的核心是支持家庭决策（Allen & Petr, 1996; McBride, Brotherson, Joanning, Whiddon, & Demmitt, 1993; Raver & Kilgo, 1991）。作为以家庭为中心服务模式的核心组成部分，其中心含义是，当涉及孩子或家庭相关的问题时，家庭是最终的决策者。在个别化家庭服务计划中，珍妮特是否参与 AA 会议应由她自己决定，而不是由服务提供者来决定。一些定义把这称为消费者驱动的服务（Dunst, Johnson, Trivette, & Hamby, 1991）或响应家庭需求的优先选择（Lee, 1993; Leviton, Mueller, & Kauffman, 1992）。在这个决策过程中专业人员的作用是代理或提升家庭决策（Dunst et al., 1991）。

珍妮特和其他家庭从选择他们是否参与决策过程以及参与水平开始行使决策（Simeonsson & Bailey, 1990）。其他选择包括但不限于：（1）家庭成员；（2）决策者；（3）注意的单元；（4）家庭—专业人员合作关系的性质；（5）信息的共享；（6）需求、目标、干预的界定；（7）选择的限制（Allen & Petr, 1996）。我们应意识到每个家庭都有做出不同选择的机会，家庭决策依赖于自己对资源、关注点和优先考虑的事的理解同时也取决于他们周围的资源、顾虑及优先关注点。

家庭优势观。以家庭为中心的干预的第二个核心元素是从优势的角度来看工作与家庭（Allen & Petr, 1996）。以家庭为中心的干预认为每一个家庭都拥有自己的优势（Bailey & McWilliam, 1993），表现在家庭的能力、天赋、可能性、愿景、价值观和幸存下来的希望、压迫和外伤等方面（Saleebey, 1996）。通常情况下，个人或家庭周围的环境以及自己的长处不能有效地被使用来解决问题。专业人员的作用是帮助识别和使用环境中的可用优势（Dunst, Trivette, & Deal, 1988）。另一个作用是将重点放在家庭的优势和资源上，而不是放在其病症、缺陷或需求上（Bailey & McWilliam, 1993）。

着眼于家庭的优势和资源，需要专业人员发现使家庭能够有效地履行其职责的事物。建立家庭的优势，还要求服务提供者提升家庭对自己的孩子做出决定、整合社会资源和支持、保护家庭成员免受无端入侵以及提供各种信息和选择的知识、技能和能力（Dokecki & Heflinger, 1989）。

权力类型 转向以家庭为中心的服务标志着家庭和服务提供者之间的权力关系的变化，并且伴随着权力调整。从逾权关系到合作关系的转变，家长和服务提供者都有一些权力，他们有权决定应该包括和处理哪些问题，并且决定应该提供什么资源。

对于珍妮特来说，这意味着她可以选择能为她所希望的结果带来最大贡献的人作为团队成员。她要求了养育帮助，被列为当地家长为师项目（Parents as Teachers Program）的优先名单中。通过家庭中心服务权力的共享，她在确定她所需药物治疗的资金来源上也发挥着作用。当她的服务协调者打电话给那些她所知道的机构时，她也给几个她熟悉的机构打了电话。

在以家庭为中心的服务模式中，父母与服务提供者分享权力，同时保持其作为决定结果、资源和分配最终决策者的角色(Turbiville et al.,1996)。一些服务提供者反对分享权力,因为他们认为这会导致他们的一部分权力缺失(Ross,1995)。

虽然在这个模式中专业人员与家庭分享权力,这种模式关系却仍然界定了有限的可用权力。在以前的模式中,服务供应者逾越家庭,持有所有的权力。随着以家庭为中心模式的实施,服务提供者和家庭分享权力,服务提供者与家庭共同持有权力。

假设 1989年,谢尔顿(Shelton)、杰普森(Jeppson)和约翰逊(Johnson)首次明确提出以家庭为中心的服务模式的基本假设,后来被修改,以尊重家庭的种族、民族、文化、经济的多样性(Johnson,1990)。尽管其他人也提出了不同的原则,但大多都遵循以下所列准则(Johnson,1990):

(1)家庭对孩子的生活是一个常数,而系统内的服务系统和人员随之变动;
(2)家庭—专业人员合作为各级养护提供便利;
(3)尊重家庭种族、民族、文化、社会和经济的差异和多样性;
(4)认可和尊重家庭的优势、个性和应对方法;
(5)在一个持续的基础上,用支持性的方式与家庭共享完整和公正的信息;
(6)鼓励和促进家庭与家庭间支持网络的建构;
(7)养护系统包括婴幼儿、儿童、青少年及其家庭的发展需要;
(8)实施综合政策和计划、提供情感和财政支持,以满足他们的家庭需要;
(9)设计灵活的、多元文化的、无障碍的医疗系统,响应家庭的优势和需求。

专业的视角 对于一些专业人员来说,转向以家庭为中心的服务是很困难的。因为大多数人接受的训练是为儿童提供服务,为家庭系统框架内的儿童提供服务向他们提出了许多新的挑战。这些挑战包括缺乏将家庭纳入早期干预计划的认识、经验和培训(Bailey et al.,1992)以及没有时间去掌握整体的、以家庭为中心的方法(McWilliam, Tocci, & Harbin, 1995)。

以家庭为中心模式的转变,不仅需要专业人员扩大他们的知识资源从以儿童为重点到注重家庭的优先级,而且也需要他们改变自己的决策方法(Bailey et al., 1992;Dunst et al., 1993;Seligman & Darling, 1997;Turnbull & Turnbull, 1997)。因为专业人员历来是干预的主要决策者,实行以家庭为中心的模式要求专业人员与家庭一起行使决策的权力。此模式运行过程中,协作成为确定和实现孩子及其家庭成果的途径(Turbiville et al., 1996)。

在以家庭为中心的模式中,专业人员的一个挑战是回答"这对我来说有什么用?"这一问题。以家庭为中心的服务价值基础在于:如果专业人员没有重视协作伙伴关系及共同的责任,这个问题的答案就是不确定的。

家庭的视角 对于家庭来说,转向以家庭为中心的服务也具有挑战性。家庭已经习惯于成为受助人,接受专业人员的知识,尤其是当他们刚知道自己孩子的残疾报告时(Seligman & Darling, 1997)。有研究者(McWilliam, Tocci, & Harbin,1995)报告,也许是因为家长倾向于强调这一点,对于婴幼儿服务更多面向孩子而不是面向整个家庭。然而,家庭期待专业人员为他们的孩子和家庭提供服务的同时,也要尊重他们的偏好和专长。如珍妮特的家庭,实施以家庭为中心的模式意味着,支持珍妮特参加匿名互诚协会的集会,帮莱尼寻找住房以及为她确保药物治疗资金来源都可能是干预工作的一部分。

当服务以家庭为中心时,家长表现出更强的控制感和决策感(Turbiville, Schaffer, Schaffer, & Brammel, 1997)。家人会发现共享信息和决策权帮助他们保持平等的合伙人地位:

> 早期干预中心的工作人员知道我们想要阿里克进入一个正规的幼儿园上课……他们给我们提供了办法让他进入班级编制。他们一直以来都受我们控制,而我们始终做着自己应做的部分。他们就是存在的资源和支持。(Leifield & Murray, 1995, 引自 Seligman & Darling, 1997)

预期结果 以家庭为中心的早期干预服务希望为儿童和家庭带来好的成果。该系列成果包括增加家长满足他们子女需要的能力(McGonigel, Kaufmann, & Johnson, 1991; Pearl, 1993),增加家长满足这些需求的胜任感(Allen & Petr, 1996)。虽然以家庭为中心的服务旨在解决家庭和孩子的问题,但是家庭要解决的问题涉及提高满足孩子需求的家庭能力。对于珍妮特来说,以家庭为中心的服务意味着她可以选择与她亲密共事而不会指责改正她的购物行为的专业人员。此外,当她倾向于自己照顾孩子,而不愿意让孩子寄养或收养时,她的决定会得到专业人员的尊重。

以家庭为中心的服务的其他预期结果,包括家庭和亲属的参与和服务传递的协调(Dokecki & Heflinger, 1989)。这些成果主要是利用系统方法,在微观和中观系统中或儿童和家庭成员的直接环境中规划和实施干预服务(Bronfenbrenner, 1979)。

虽然在概念上以家庭为中心的模式侧重于家庭的成果,但实际上,以家庭为中心的干预主要以儿童为中心(Boone, Moore, & Coulter, 1995; Guralnick, 1989; Mahoney & O'Sullivan, 1990; McWilliam et al., 1995)。也就是说,书面上最常见的结果还是为了促进孩子技能的发展。即使是以家庭为中心的模式,服务者接受的培训还是为儿童提供服务,而不是儿童的家庭,他们的关注焦点很难从孩子转移到孩子所在的家庭上(Bailey et al., 1992)。

此外,以家庭为中心的服务仍然主要面向母亲(Able-Boone, 1993)。特恩布尔(Turnbull, 1993)发现,即使是在对父母和家庭的研究中,母亲作为参与者也比父亲多 12 倍。IFSP 中只有 2% 是关于父母的内容(Sparling, Berger, & Billing, 1992)。祖父母或兄弟姐妹也通常在早期干预过程中缺席(Able-Boone, 1993)。家庭获得的大多数服务和支持来自正式而不是非正式的支持网络(Boone et al., 1995; Crnic & Stormshak, 1997),或从正式的早期干预机构获取服务,而不是从整个社区生态系统获取资源(Polmanteer & Turbiville, 1997)。

另一项成果是当家庭中出现代表不同文化群体的成员时,服务供应者需要为以家庭为中心的干预做出额外的努力。每个家庭都必须明确其成员的身份(Brinker, 1992)及其发挥家庭功能的方式(Turnbull & Turnbull, 1997)。以家庭为中心的干预方法的构想必须与他们家庭的文化和家庭传统相一致。

集体赋权模式

概述 赋权的定义由于学科的不同而不同,包括社会学(Alinsky, 1969; Freire, 1973)、心理学(Rappaport, 1987; Zimmerman, 1990, 1992)、社会工作(Gottlieb, 1992; Gutierrez & Nurius, 1994; Kaplan & Girard, 1994; Pinderhughes, 1994)和教育(Turnbull & Turnbull, 1997)。然而,不同定义中的核心元素是得到自己想要和需要的东西的行动过程。赋

权的结果是获得对每天面临挑战的掌握和控制权。

早期干预赋权的初衷是解决家庭的授权问题。家庭被视为缺乏为孩子或家人实现想要结果的能力,服务提供者被假定为有这样的能力并因此总是能获得授权。他们需要用自己的技能和权力让家庭赋权成为可能。不幸的是,许多服务提供者似乎觉察到,他们也无法获得他们需要的资源(Epstein, 1995; Mlawer, 1993; Skrtic, 1991)。无法获得需要的资源以达到促进家庭赋权的预期结果,对此,服务提供者是难以接受的。服务提供者意识到权力的丧失,这促进了对家庭赋权的换位思考。目前,重点是集体赋权,所有的参与者(即专业人士和家庭)都提高他们的能力并掌握所需资源以实现双方期望的结果(Epstein, 1995; Gutiérrez & Nurius, 1994; Pinderhughes, 1994; Turnbull & Turnbull, 1997)。

事实上,集体赋权计划有三大要素超越对单一家庭的关注。第一,涉及家庭,他们代表赋权方式的受益人;第二,涉及专业人员,他们也是赋权方式的受益者;第三,涉及家庭和专业人员交流和合作的大环境。环境也是一个受益者,因为集权的结果会使环境更易响应。

权力类型 集体赋权模式的本质是协同权力,而不是权力垄断(Bond & Keys, 1993; Epstein, 1995; Katz, 1984; Turnbull & Turnbull, 1997)。新模式呈现出权力协同家庭—专业人员合作关系。权力协同合作本身创建出自己的力量,再将协同权力辐射到整个社区的生态系统。相反,以前的某些模式呈现出逾权的关系,其中专业人员控制合作关系来达到治疗患者的目的或呈现出共享权力的关系,可用的权力是共享的。

在集体赋权模式中,不仅通过这种伙伴关系所有参与者可以获得权力,而且权力产生的转化也很自然。权力不再只是控制事件和资源。权力成为建设能力的过程,在这个过程中参与者不僭越他人权力而获得自己的胜任力、资源(Wagner, 1992)。坎特(Kanter,引自 Wagner, 1992)指出,权力是把事情做好的能力,而不是统治或控制别人的能力。在集体赋权模式下,权力或能力对于每一位参与者而言都会变成无限资源(Katz, 1984)。它再不是一个被一些成员掌握的稀缺资源,而是作为一种大家的能力。

假　设 集体赋权模式中的许多假设与前面讨论的以家庭为中心的模式中的假设是一致的。应用于早期干预,集体赋权模式的主要假设是:

(1)家庭的中心地位;
(2)家庭选择作为决策的基础;
(3)家庭的优势和能力是干预的重点。

集体赋权模式还关注以下方面:资源获取;参与;社区生态改变。

资源获取。实现想要和需要的目标要求家庭和专业人员获取资源。集体赋权的两个关键组成部分的做法是:(1)参加者必须深刻了解能使他们获得本质变化的资源,这将使他们在生活中获得掌控感;(2)他们应该参与有关资源范围和本质的决策过程。例如:家庭支持计划为家庭提供经济支持,家庭从而可以自由支配消费以满足多方面的需求;他们的选择并不受服务机构或专业人员的限制(Agosta & Melda, 1995; Bradley, Knoll, & Agosta, 1993; Garlow, Turnbull, & Schnase, 1991)。专业人员的角色是促进或指导家庭在正式和非正式的系统中获得优先资源的过程(见图27.2)。

虽然服务的传统观点一直认为,家庭需要由专业人员提供正式的服务(如,咨询、心理治疗和培训),但是集体赋权模式的重点是从非正式系统中获取可用资源。鼓励家庭从最少限制的环境中获取资源,最少受限制的环境包括与其他家庭成员、朋友、邻居以及社区服务提供者的关系网络。

在集体赋权模式中,珍妮特将决定首选资源。如果和她一起工作的朋友和服务提供者都知道这个系统,她需要决定在哪里获得这些资源。她也将对时机和资源的利用作出决定或授予他人决定的权力。通过这种合作和对话,她的服务提供者和朋友获得新资源的相关信息。由此可见,所有相关的规定都提高了他们的能力,他们的权力也随之增强。

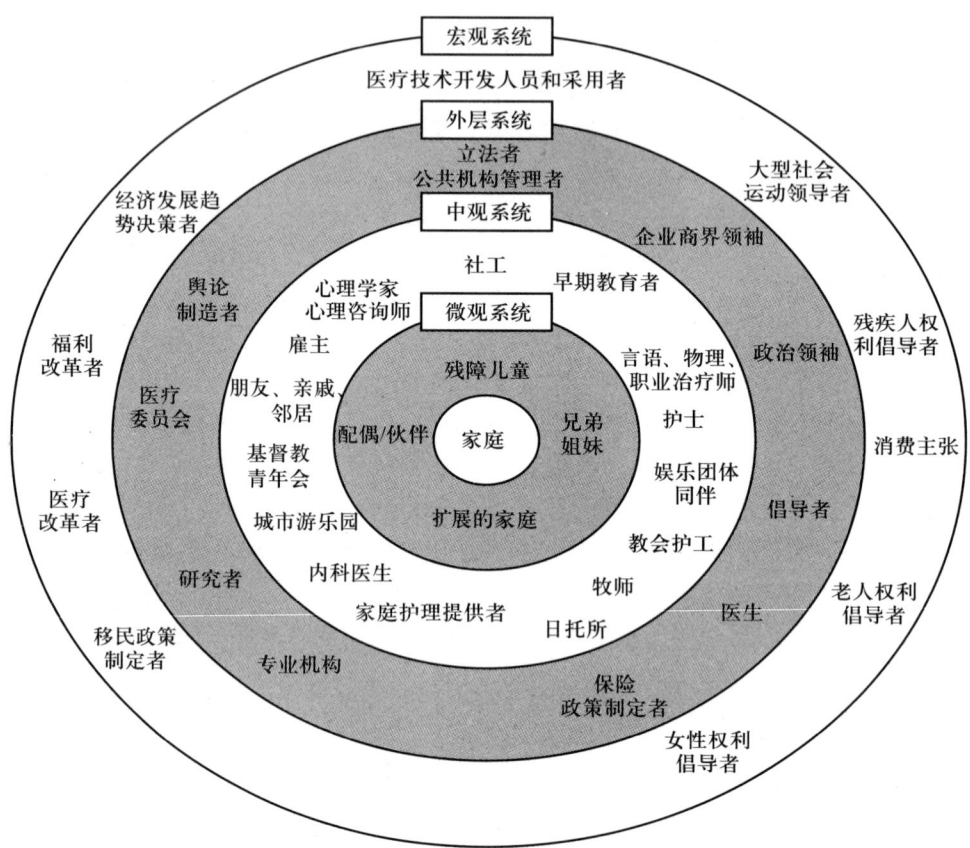

图 27.2　布朗芬布伦纳(1979)适用于幼儿家庭的生态模式①

参与。集体赋权方法的一个关键要素是家庭和提供者参与决策过程的机会,在决策过程中家庭与专业人员分享权力,他们是平等而不是从属或分级的关系(Kieffer, 1984; Prestby, Wandersman, Florin, Rich, & Chavis, 1990)。例如:如果学前项目顾问委员会由绝大部分专业人员和一两个家长组成,那么家长则被视为拥有不平等的参与权。同样,如果一本早期儿童组织的培训手册,几乎所有章节都是专业人员编写的,只有一章由一位母亲撰写,显然不能认为该手册是由专业人员与家庭合作完成的。赋权方法的参与让我们认识到,在这些类型的活动中本质

---

① Singer, G.H.S. (1996). Introduction: Trends affecting home and community care for people with chronic conditions in the United States. In G.H.S. Singer, L.E. Powers, & A.L. Olson (Eds.). *Redefining family support: Innovations in public/private partnerships* (pp.3-38). Baltimore: Paul H. Brookes Publishing Company.

上权力是不平等的,真正的参与需要家庭有足够的参与度,即在数量上和贡献上,家庭要与专业人员大致相等。因此,在培训手册中,每一章节都应该由一个专业人员和家庭成员(例如:母亲、父亲、兄弟姐妹、祖父母)合著。家庭充分参与项目的开发,他们的意见应连续普遍存在,而不是分段的。我们不是暗示所有项目的开发都应当由专业人员和家庭均衡参与,我们是说,很多作品是由专业人员主导的写作,却宣称作品是与家庭合著的。只有在平等参与的基础上,这种宣称才成立。

此外,平等参与应该贯穿项目规划始终(Turnbull, Friesen, & Ramírez, 1995; Whitney-Thomas, 1997; Whyte, 1991)。因为在项目已经被概念化以及关键决定已经由专业人员做出之后,不足以让家长们参与到项目中。真正的参与意味着家庭从一开始就参与到规划中(Kritek, 1994),从而使项目的性质可以被从家庭以及专业人员的角度塑造。

最后,因为家庭选择以不同的层次、不同的时间、不同的方式参与,参与式介入集体赋权模式意味着家庭在过程中随时做决定并且关于家庭参与的决定由家庭而不是专业人员做出。

社区生态改变。家长咨询/心理治疗模式假设母亲有问题,因此需要在母子的微观关系中予以"修正"。各级社区生态系统的功能(见图27.2)在很大程度上被忽略。不要把"问题"只锁定在母子关系上,集体赋权模式认为应该注意生态背景下的四个水平的"需要"(见表27.2)。

专业的视角 集体赋权模式中,专业人员主要承担的角色是促进者、合作者或合作伙伴,而不是专家(Gutiérrez & Nurius, 1994; Turnbull, Turbiville, Schaffer, & Schaffer, 1996; Turnbull & Turnbull, 1997)。贝利用赋权的方法描述建立在保罗·弗莱雷(Paulo Freire, 1981)工作基础上的对话概念(Bailey, 1994)。保罗·弗莱雷是巴西的教育家,他的工作重点是克服压力:

> 简言之,弗莱雷构想的对话不是两个人之间的交谈,而是一种真正的创造行为。例如:你和我走到一起,讨论某个话题。我持有意见B,而你持有意见A,在真正的对话中,我们都愿意分享我们的意见,并同时以一种开放的态度对待对方的意见。真正的对话,体现出相互尊重(自我与他人)、信任(自我与他人)、关怀(自我与他人)。弗莱雷将谦逊、信念、希望和爱作为对话的元素。因此,在真正的对话里,当我们接纳其他人的意见时,就会冒着被改变的风险。在对话中,其实我们都发生了转变,我们都在进行批判性思考并且共同创造出了意见C。(Bailey, 1994, pp.38-39)

据弗莱雷(Freire, 1981)的观点,当参与各方之间的权力平等时,这种类型的交换才会发生。必须建立起这种平等,促使专业人员和家庭之间、专权和无权之间经常发生的自然不平衡得以平衡。

> 让从业者心甘情愿地授权给客户,看重优势、尊重文化内涵、在适当的时候采取一个向下的位置、设计更大的系统转变等,这在很大程度上取决于从业者管理个人权力需要的能力。有关如何使用权力去帮助遭遇不幸的家庭以及权力如何影响个人的动机和行为的知识是关键。之所以如此,是因为从业者和客户之间存在着权力差异,权力本应被从业者用来吸引顾客,但实际情况却是从业者往往通过干预过程来满足自己对权力和尊重的需要(Pinderhughes, 1989; Heller, 1985)。(Pinderhughes, 1994, p.27)

家长的视角

因为集体赋权模式是在家庭与专业人员合作关系的演变中形成的相对新的方法,它呈现出一个全新的发展方向,所以只有参与此模式早期干预工作的家长才有少数此方向的公开发表的文章。一篇来自霍顿斯·沃克(Hortense Walker)的报告描述了她的儿子埃里克(Eric)在中南部洛杉矶接受早期干预服务的过程。她描绘了在此早期干预计划中最好的经验:一位名叫马琳(Marlene)的老师为她提供了一项服务。埃里克18个月大的时候,马琳老师来家拜访。当被问到马琳是如何激励她的时候,霍顿斯回应道:

> 马琳的首要目标是满足我们这个家庭的整体要求。她强调了该计划对我们和埃里克的积极作用。我们仅仅消耗了她的时间和知识。她被我们赞赏而且也感觉到了我们对她的认同。这就是这个方法与众不同之处。

当家长和专业人员相互感到赞赏,那么集体赋权最终就产生了协同。积极的能量可以提高所有参与者的能力。苏珊·罗科(Susan Rocco)——一位自闭症青少年的母亲,将其他模式中的家长与专业合作伙伴关系与赋权方法进行了如下比较:

> 作为一个青少年的家长,面临着医疗与教育两方面的挑战,我经历过连续的权力演变。与杰森(Jason)的教师和治疗师不平等的权力关系逐渐增加了我的负担,在此关系获得所需的结果需付出更多努力。我曾经历过几次真正的协同关系,当我们的合作伙伴使用我们的优势和共享的价值观,我们负担就减少了。协同模式的美好之处在于不存在"他们"和"我们","我们"将我们的资源和创造力集中在一起,并且"我们"所有人都在庆祝成功。

预期结果

一些成果已被确定为集体权力的结果(Bond & Keys, 1993; Katz, 1984; Kieffer, 1984; Natiello, 1990; Saleebey, 1992)。集体赋权在家庭专业人员合作关系中,以下三个结果显得尤其重要:(1)协同作用(Bond & Keys, 1993);(2)建立可再生能源和可扩展资源(Saleebey, 1992);(3)提高参与者满意度(Natiello, 1990)。虽然这些结果是分开的,但它们也密切相关。

协同通常被认为是集体赋权的结果(Bond & Keys, 1993; Katz, 1984; Kieffer, 1984; Saleebey, 1992)。集体赋权的协同作用产生了集体大于部分之和的效果(Bond & Keys, 1993)。通过个人和他人的相互合作、权力互动,协同作用是集体赋权的结果(Bond & Keys, 1993)。当只有个人授权,而没有合作,那么,在方向和整合努力方面就很难达成一致。每个授权个体都以他或她自己的方式和过程开展活动。另一方面,如果只有合作而没有授权,合作就会被最强的个人或团体当成替补选项(Bond & Keys, 1993)。在集体赋权中,只有当合作和赋权同时作用时,协同作用才可能成为结果。

集体赋权的第二个结果是新能源和可再生资源的可得性。这些资源是在协同效应的合作伙伴关系中产生的。传统上,我们认为资源稀缺,在很多情况下,是不可用的(Katz, 1984)。然而,通过实施集体赋权,资源正在不断地被创建,并被成员之间的相互作用和协同效应重新创建。

最后的结果是集体赋权增加了所有参与者的满意度。因为个人感觉能够满足他们的需求,自我效能感高和自我满意度随之增强(Swick, 1988)。通过集体赋权模式过程增强的能量和创造力,也有助于增加自我满足感(Turbiville et al., 1997)。

对于珍妮特来说,提沙干预组和她家人的集体赋权意味着用更多的、创造性的解决方案解决老问题。因为各方面的支持,这些解决方案更稳定。作为小组行动计划的结果,提沙正在接受社区学前教育（Turnbull, Turnbull, & Blue-Banning, 1994; Turnbull, Turbiville, Schaffer, & Schaffer, 1996），由珍妮特、她的家人和干预团队一起制定干预方案，而不仅仅是学龄前养护人员或幼儿教育人员制订计划。这两个员工认为他们共同承担提沙进入幼儿园的责任，每周有两天的时间，职业治疗师执行言语病理学家干预目标，另外还有两天时间双方互换角色（Rainforth & York-Barr, 1997）。因此，提沙每周四天接收两种服务，而不另外增加治疗计划。学龄前的工作人员使用相同的方法观察孩子的日常活动，他们也承担着每天与珍妮特分享这些策略的责任。提沙的持续参与允许珍妮特去参加匿名互诚协会的集会，同时还有时间陪伴她的母亲和莱尼。珍妮特和她的团队最近开始讨论在社区的住房中申请一席之地。他们打算共享"人力资源"，珍妮特也将被要求做出贡献。所有参与者都认为这将为他们每个人提供一些全新的可用资源。

结 论

在本章中，我们提出了四种不同类型的家庭—专业人员合作伙伴关系的互动和权力分配模式。透过很多主要家庭成员和倡导者的视角以及宣传，服务提供者和家庭合作伙伴关系的发展方向经历了从心理咨询/治疗、家长参与、家庭为本到最后集体赋权的过程。

在现实中，在早期干预领域会继续使用这四种模式。其中的差异可能是因为他们需求和资源的变化，家庭对与专业人员关系的偏好的变化。如果家庭的选择的确是继续使用某种模式的原因，那这便表明，合作关系是基于以家庭为中心或集体赋权的原则。正如艾伦和彼得（Allen & Petr, 1996）建议，在以家庭为中心的服务模式中，家庭可利用的选择之一是家庭和服务供应者之间的关系。

不幸的是，合作模式中的决定更多是由服务提供者单方面决策的。如果被问询，供应者可能会说家庭对这种伙伴关系感到满意。但是，相似的研究结果却发现，这个满意度与家庭倾向对孩子有利的结果有关（McWilliam et al., 1995）。麦克威廉（McWilliam）等人提出，家属可能不了解其他的方式和选择。关于合作伙伴的决定，家长可能不知道，除了专业人员作为服务提供者之外的其他模式。服务提供者需要反思他们与家庭的合作关系，并确保家庭真正了解这些重要的关系如何演变并做出选择。

家庭—专业人员合作关系经历了从强调家长心理咨询/治疗到强调集体赋权，展示出了自20世纪50年代以来，儿童早期特殊教育领域的家庭—专业人员合作伙伴关系的变化和挑战。进入21世纪，持续的变化和挑战是不可避免的。我们邀请读者跟随珍妮特的脚步，体验她的生活，观察她未来参与集体赋权模式，如何发展资源、提升动机和寻求支持性的环境。同时，也要观察她的服务提供者如何获得集体赋权方法的内在价值的并提升相关的技能。她的服务供应者有必要使用集体赋权来促进自身理念和技能发展吗？珍妮特可以为服务提供者的发展提供便利吗？这种模式对珍妮特、提沙、莱尼以及其他家庭成员甚至合作模式中的服务提供者的影响是什么呢？

早期干预和儿童早期特殊教育领域有机会来解答这些问题，并有机会继续为家庭和服务提供者创造更加积极应答的环境。进入21世纪，我们相信集体赋权模式会对成长中的残疾婴幼儿、儿童及其家庭和服务提供者给出最好的承诺。

参 考 文 献

Able-Boone, H. (1993). Family participation in the IFSP process: Family or professional driven? *Infant–Toddler Intervention, 3*(1), 63–72.

Agosta, J. M., & Melda, K. (1995). *Supplemental security income for children*. Boston: Human Services Research Institute.

Akerley, M. S. (1985). False gods and angry prophets. The loneliness of the long distance swimmer. In H. R. Turnbull & A. P. Turnbull (Eds.), *Parents speak out: Then and now* (2nd ed., pp. 23–38). Columbus, OH: Charles E. Merrill.

Alinsky, S. B. (1969). *Reveille for radicals*. New York: Vintage Books.

Allen, R. I., & Petr, C. G. (1996). Toward developing standards and measurements for family-centered practice in family support programs. In G. H. S. Singer, L. E. Powers, & A. L. Olson (Eds.), *Redefining family support: Innovations in public-private practice* (pp. 57–85). Baltimore, MD: Paul H. Brookes.

Autism National Committee. (1996). *New stories for a new day*. Ardmore, PA: Author.

Bailey, D. (1994). Organizational empowerment: From self to interbeing. In L. Gutiérrez & P. Nurius (Eds.), *Education and research for empowerment practice* (pp. 37–44). Seattle: University of Washington, School of Social Work, Center for Policy and Practice Research.

Bailey, D. B., Buysse, V., Edmondson, R., & Smith, T. M. (1992). Creating family-centered services in early intervention: Perceptions of professionals in four states. *Exceptional Children, 58*(4), 298–309.

Bailey, D. B., & McWilliam, P. J. (1993). The search for quality indicators. In P. J. McWilliam & D. B. Bailey (Eds.), *Working together with children and families* (pp. 3–20). Baltimore, MD: Paul H. Brookes.

Beddie, A., & Osmond, H. (1955). Mothers, mongols, and mores. *Medical Association Journal, 73*, 167–70.

Bettelheim, B. (1950). *Love is not enough*. Glencoe, NY: Free Press.

Bettelheim, B. (1967). *The empty fortress: Infantile autism and the birth of the self*. London: Collier-Macmillan.

Bibring, G. L. (1959). Some consideration of the psychological processes in pregnancy. *Psychoanalytic Study of the Child, 14*, 113–21.

Bibring, G. L., Dwyer, T. F., Huntington, D. S., & Valenstein, A. F. (1961). A study of the psychological processes in pregnancy and of the earliest mother–child relationships. I: Some propositions and comments. *Psychoanalytic Study of the Child, 16*, 9–24.

Bond, M., & Keys, C. (1993). Empowerment, diversity, and collaboration: Promoting synergy on community boards. *American Journal of Community Psychology, 21*(1), 37–57.

Boone, H. A., Moore, S. M., & Coulter, D. K. (1995). Achieving family-centered practice in early intervention. *Infant–Toddler Intervention, 5*(4), 395–404.

Bowlby, J. (1960). Grief and mourning in infancy and early childhood. *Psychoanalytic Study of the Child, 15*, 1–9.

Bradley, V. J., Knoll, J., & Agosta, J. M. (Eds.). (1993). *Emerging issues in family support* (Monograph No. 18, pp. 99–150). Washington, DC: American Association on Mental Retardation.

Brinker, R. (1992). Family involvement in early intervention: Accepting the unchangeable, changing the changeable, and knowing the difference. *Topics in Early Childhood Special Education, 12*(3), 307–32.

Bronfenbrenner, U. (1979). *The ecology of human development: Experiments by nature and design*. Cambridge, MA: Harvard University Press.

Casto, G., & Lewis, A. C. (1984, Fall). Parent involvement in infant and prechool programs. *Journal of the Division for Early Childhood*, 49–56.

Crais, E. R. (1993). Families and professionals as collaborators in assessment. *Topics in Language Disorders, 14*(1), 29–40.

Crnic, K., & Stormshak, E. (1997). The effectiveness of providing social support for families of children at risk. In M. Guralnick (Ed.), *The effectiveness of early intervention*. Baltimore, MD: Paul H. Brookes.

Dalton, J., & Epstein, H. (1963, November). Counseling parents of mildly retarded children. *Social Casework*, 523–30.

Darling, R. B. (1989). Using the social system perspective in early intervention: The value of a sociological approach. *Journal of Early Intervention, 13*(1), 24–35.

Dokecki, P. R., & Heflinger, C. A. (1989). Strengthening families of young children with handicapping conditions. In J. J. Gallagher, P. L. Trohanis, & R. M. Clifford (Eds.), *Policy implementation and PL 99-457: Planning for young children with special needs* (pp. 59–84). Baltimore: Brookes.

Dunst, C. J., Johnson, C., Trivette, C., & Hamby, D. (1991, October-November). Family- oriented early intervention policies and practices: Family-centered or not? *Exceptional Children, 58*(2), 115–26.

Dunst, C., Trivette, C., & Deal, A. (1988). *Enabling and empowering families: Principles and guidelines for practice*. Cambridge, MA: Brookline.

Dunst, C. J., Trivette, C. M., Gordon, N. J., & Starnes, L. (1993). Family-centered case management practices: Characteristics and consequences. In G. H. S. Singer & L. E. Powers (Eds.), *Families, disability, and empowerment: Active coping skills and strategies for family interventions* (pp. 89–118). Baltimore, MD: Paul H. Brookes.

Dunst, C. J., Trivette, C. M., & LaPointe, N. (1992). Toward clarification of the meaning and key elements of empowerment. *Family Studies Review, 5*(1 & 2), 111–30.

Emde, R. N., & Brown, C. (1978). Adaptation to the birth of a Down's syndrome infant. *Journal of the American Academy of Child Psychiatry, 17*, 299–323.

Epstein, J. L. (1995, May). School/family/community partnerships: Caring for the children we share. *Phi Delta Kappan*, pp. 701–12.

Farrell, M. (1957). The adverse effects of early institutionalization of mentally subnormal children. *American Journal of Disturbed Children, 61*, 675–8.

Foley, G. M., Hochman, J. D., & Miller, S. (1994). Parent–professional relationships: Finding an optimal distance. *Zero to Three, 14*(3), 19–22.

Follett, M. P. (1924). *Creative experience*. London: Longmans, Green.

Freire, P. (1973). *Education for critical consciousness*. New York: Seabury Press.

Friere, P. (1981). *Pedagogy of the oppressed*. New York: Continuum.

Freud, S. (1912/1953). Papers on technique. The dynamics of transference. In *The standard edition of the complete psychological works of Sigmund Freud* (Vol. 12, pp. 97–108). London: Hogarth Press.

Freud, S. (1914/1953). On narcissism: An introduction. In *The standard edition of the complete psychological works of Sigmund Freud* (Vol. 14, pp. 73–104). London: Hogarth Press.

Freud, S. (1917/1953). Mourning and melancholia. In *The standard edition of the complete psychological works of Sigmund Freud* (Vol. 14, pp. 243–60). London: Hogarth Press.

Freud, S. (1923/1927). *The ego and the id*. London: Hogarth Press.

Garlow, J. E., Turnbull, H. R., & Schnase, D. (1991). Model disability and family support. *Kansas Law Review, 39*, 783–815.

Gordon, E. W., & Ullman, M. (1956). Reactions of parents to problems of mental retardation in children. *American Journal of Mental Deficiency, 61*, 158–63.

Goshen, C. E. (1963). Mental retardation and neurotic maternal attitudes: A research report. *Archive of General Psychiatry, 9*, 168–74.

Gottlieb, N. (1992). Empowerment, political analyses, and services for women. In Y. Hasenfeld (Ed.), *Human services as complex organizations* (pp. 301–19). Newbury Park, CA: Sage.

Grays, C. (1963). At the bedside: The pattern of acceptance in parents of the retarded child. *Tommorrow's Nurse, 4*(3), 30–4.

Guralnick, M. (1989). Recent developments in early intervention efficacy research: Implications for family involvement in P.L. 99-457. *Topics in Early Childhood Special Education, 9*, 1–17.

Gutiérrez, L., & Nurius, P. (Eds.). (1994, October). *Education and research for empowerment practice* (Monograph No. 7). Seattle: University of Washington, School of Social Work, Center for Policy and Practice Research.

Harvey, J. (1977). The enabling legislation: How did it all begin? In J. B. Jordan, A. H. Hayden, M. B. Karnes, & M. M. Wood (Eds.), *Early childhood education for exceptional children: A handbook of ideas and exemplary practices*. Reston, VA: Council for Exceptional Children.

Heller, D. (1985). *Power in psychotherapeutic practice*. New York: Human Services Press.

Hirshberg, L. (1996). History-making, not history taking: Clinical interviews with infants and their families. In S. J. Meisels & E. Fenichel (Eds.), *New visions for the developmental assessment of infants and young children* (pp. 85–124). Washington, DC: Zero To Three: National Center for Infants, Toddlers and Families.

Hunt, J. (Ed.). (1972). *Human intelligence*. New Brunswick, NJ: Transaction Books.

Individuals with Disabilities Education Act (IDEA), 20 U. S. C. §§1400–1485 (1990).

Janis, I. L. (1958a). *Psychological stress*. New York: Wiley.

Janis, I. L. (1958b). Emotional inoculation: Theory and research on the effects of preparatory communications. In *Psychoanalysis and the social sciences* (Vol. 5, pp. 119–54). New York: International Universities Press.

Johnson, B. H. (1990). The changing role of families in health care. *Children's Health Care, 19*(4), 234–41.

Kalyanpur, M., & Rao, S. S. (1991). Empowering low-income black families of handicapped children. *American Journal of Orthopsychiatry, 61*, 523–32.

Kanner, L. (1953). Parents' feelings about retarded children. *American Journal on Mental Deficiency, 57*, 375–83.

Kaplan, L., & Girard, J. L. (1994). *Strengthening high-risk families: A handbook for practitioners*. Lexington, MA: Lexington Books.

Katz, R. (1984). Empowerment and synergy: Expanding the community's healing resources. *Prevention in Human Services, 3*(2 & 3), 201–26.

Kieffer, C. H. (1984). Citizen empowerment: A developmental perspective. *Prevention in Human Services, 3*(2 & 3), 9–36.

Kisthardt, W. E. (1992). A strengths model of case management: The principles and functions of a helping partnership with persons with persistent mental illness. In D. Saleebey (Ed.), *The strengths perspective in social work practice* (pp. 59–83). White Plains, NY: Longman.

Kjerland, L., & Kovach, J. (1990). Family–staff collaboration for tailored infant assessment. In E. P. Gibbs & D. M. Teti (Eds.), *Interdisciplinary assessment of infants: A guide for early intervention professionals* (pp. 287–97). Baltimore, MD: Paul H. Brookes.

Koch, R., Graliker, B. V., Sands, R., & Parmelee, A. H. (1959). Attitude study of parents with mentally retarded children: I. Evaluation of parental satisfaction with medical care of a retarded child. *Pediatrics, 23*, 582–4.

Koegler, S. J. (1963). The management of the retarded child in practice. *Canadian Medical Association Journal, 89*, 1009–14.

Krauss, M. W. (1993). *Stability and change in the adaptation of families of children with disabilities.* Paper presented at the Society for Research in Child Development Annual Meeting, New Orleans, LA.

Krauss, M. W. (1997). Two generations of family research in early intervention. In M. J. Guralnick (Ed.), *The effectiveness of early intervention* (pp. 611–24). Baltimore, MD: Paul H. Brookes.

Kritek, P. B. (1994). *Negotiating at an uneven table.* San Francisco: Jossey-Bass.

Lavor, M., & Krivit, D. (1969). The Handicapped Children's Early Education Assistance Act, Public Law 90-538. *Exceptional Children, 35,* 379–83.

Lee, I. M. (1993). *A validation study of the Family-Centered Program Rating Scale.* Unpublished doctoral dissertation, University of Kansas, Lawrence.

Leviton, A., Mueller, M., & Kauffman, C. (1992). The family-centered consultation model: Practical applications for professionals. *Infants and Young Children, 4*(3), 1–8.

Mahoney, G., & O'Sullivan, P. (1990). Early intervention practices with families of children with handicaps. *Mental Retardation, 28,* 169–76.

Mandelbaum, A., & Wheeler, M. E. (1960). The meaning of a defective child to parents. *Social Casework, 43,* 360–7.

McBride, S. L., Brotherson, M. J., Joanning, H., Whiddon, D., & Demmitt, A. (1993). Implementation of family-centered services: Perceptions of families and professionals. *Journal of Early Intervention, 17*(4), 414–30.

McGonigel, M. J., Kaufmann, R. K., & Johnson, B. H. (Eds.). (1991). *Guidelines and recommended practices for the Individualized Family Service Plan.* Bethesda, MD: Association for the Care of Children's Health.

McWilliam, R., Tocci, L., & Harbin, G. (1995, August). *Services are child-oriented and families like it that way – But why?* Chapel Hill, NC: Early Childhood Research Institute, Service Utilization.

Mlawer, M. A. (1993). Who should fight? Parents and the advocacy expectation. *Journal of Disability Policy Studies, 4*(1), 105–15.

Natiello, P. (1990), The person-centered approach, collaborative power, and cultural transformation. *Person-Centered Review, 5*(3), 268–86.

Odom, S. L., & Karnes, M. B. (Eds.). (1988). *Early intervention for infants and children with handicaps: An empirical base.* Baltimore, MD: Paul H. Brookes.

Odom, S. L., & McLean, M. E. (Eds.). (1996). *Early intervention/early childhood special education: Recommended practices.* Austin, TX: Pro-Ed.

Pearl, L. (1993). Providing family-centered early intervention. In W. Brown, S. K. Thurman, & L. F. Pearl (Eds.), *Family-centered early intervention with infants & toddlers* (pp. 81–102). Baltimore, MD: Paul H. Brookes.

Pinderhughes, E. (1989). *Understanding race, ethnicity, and power: Keys to efficacy in clinical practice.* New York: Free Press.

Pinderhughes, E. (1994). Empowerment as an intervention goal: Early ideas. In L. Gutiérrez & P. Nurius (Eds.), *Education and research for empowerment practice* (pp. 17–30). Seattle: University of Washington, School of Social Work, Center for Policy and Practice Research.

Polmanteer, K., & Turbiville, V. (1997, February). *Partners and promises: Where are we and where should we go next?* Paper presented at the meeting of the Kansas Division of Early Childhood, Lawrence, Kansas.

Prestby, J. E., Wandersman, A., Florin, P., Rich, R., & Chavis, D. (1990). Benefits, costs, incentive management and participation in voluntary organizations: A means to understanding and promoting empowerment. *American Journal of Community Psychology, 18,* 117–50.

Rainforth, B., & York-Barr, J. (1997). *Collaborative teams for students with severe disabilities: Integrating therapy and educational services* (2nd ed.). Baltimore, MD: Paul H. Brookes.

Rappaport, J. (1987). Terms of empowerment/exemplars of prevention: Toward a theory for community psychology. *American Journal of Community Psychology, 15*(2), 121–48.

Raver, S. A., & Kilgo, J. (1991). Effective family-centered services: Supporting family choices and rights. *Infant–Toddler Intervention, 1*(3), 169–76.

Roos, P. (1985). Parents of mentally retarded children – Misunderstood and mistreated. In H. R. Turnbull & A. P. Turnbull (Eds.), *Parents speak out: Then and now* (2nd ed., pp. 245–60). Columbus, OH: Charles E. Merrill.

Rosen, L. (1955). Selected aspects in the development of the mother's understanding of her mentally retarded child. *American Journal of Mental Deficiency, 59,* 522–8.

Ross, A. O. (1964). *The exceptional child in the family: Helping parents of exceptional children.* New York: Grune & Stratton.

Ross, K. (1995). Speaking in tongues: Involving users in day care services. *British Journal of Social Work, 25,* 791–804.

Saleebey, D. (1992). *The strengths perspective in social work practice: Extensions and cautions.* New York: Longman.

Saleebey, D. (1996). The strengths perspective in social work practice: Extensions and cautions. *Social Work, 41*(3), 296–306.

Sander, A. M. (1993). An inquiry into the fate of transference in psychoanalysis. *Journal of the American Psychoanalytic Association, 41,* 627–51.

Seitz, V., & Provence, S. (1990). Caregiver-focused models of early intervention. In S. J. Meisels & J. P. Shonkoff (Eds.), *Handbook of early childhoood intervention* (pp. 400–27). New York: Cambridge University Press.

Seligman, M., & Darling, R. B. (1997). *Ordinary families, special children.* New York: Guilford Press.

Shelton, R. L., Jeppson, E. S., & Johnson, B. H. (1989). *Family-centered care for children with special health care needs.* Washington, DC: Association for the Care of Children's Health.

Shonkoff, J. P., Hauser-Cram, P., Krauss, M. W., & Upshur, C. C. (1992). Development of infants with disabilities and their families. *Monographs of the Sociey for Research in Child Development, 57*(6, Serial No. 230).

Sieffert, A. (1978). Parents' initial reactions to having a mentally retarded child: A concept and model for social workers. *Clinical Social Work Journal, 6*(1), 33–43.

Simeonsson, R., & Bailey, D. (1990). Family dimensions in early intervention. In S. J. Meisels & J. P. Shonkoff (Eds.), *Handbook of early childhood intervention* (pp. 428–44). New York: Cambridge University Press.

Skrtic, T. M. (1991). *Behind special education: A critical analysis of professional culture and school organization*. Denver, CO: Love.

Skrtic, T. M. (1995). The crisis in professional knowledge. In E. L. Meyen & T. M. Skrtic (Eds.), *Special education & student disability* (pp. 569–607). Denver, CO: Love.

Smith, S. W. (1990, September). Individualized Education Programs (IEPs) in special education: From intent to acquiescence. *Exceptional Children*, 6–14.

Solnit, A. J., & Stark, M. H. (1961). Mourning and the birth of a defective child. *Psychoanalytic Study of the Child, 16*, 523–37.

Sparling, J., Berger, R., & Billing, M. (1992). Fathers: Myth, reality, & Public Law 99-457. *Infants & Young Children, 4*(3), 9–19.

Stayton, V. D., & Karnes, M. B. (1994). Model programs for infants and toddlers with disabilities and their families. In L. J. Johnson, R. J. Gallagher, M. J. LaMontagne, J. B. Jordan, R. J. Gallagher, P. L. Hutinger, & M. B. Karnes (Eds.), *Meeting early intervention challenges: Issues from birth to three* (2nd ed., pp. 33–58). Baltimore, MD: Paul H. Brookes.

Swick, K. (1988, Fall). Parental efficacy and involvement. *Childhood Education*, 37–42.

Turbiville, V., Schaffer, V., Schaffer, R., & Brammel, J. (1997). *The IFSP: Beyond the promise through group action planning*. Paper presented at the meeting of the Kansas Divison of Early Childhood, Lawrence, KS.

Turbiville, V. P., Turnbull, A. P., Garland, C. W., & Lee, I. M. (1996). Development and implementation of IFSPs and IEPs: Opportunities for empowerment. In S. L. Odom & M. E. McLean (Eds.), *Early intervention/early childhood special education: Recommended practices* (pp. 77–100). Austin, TX: Pro-Ed.

Turnbull, A. P. (1993, November). *Fathers as "less apparent" in early childhood special education research and service delivery*. Paper presented at the meeting of the National Research Council/Institute of Medicine, Washington, DC.

Turnbull, A. P., Friesen, B. J., & Ramírez, C. (1995, April). *Forging collaborative partnerships with families in the study of disability*. Paper presented at the National Institute on Disability and Rehabilitation Research Conference on Participatory Action Research, Washington, DC.

Turnbull, A. P., & Summers, J. A. (1985). *From parent involvement to family support: Evolution to revolution*. Paper presented at the Down Syndrome State-of-the-Art Conference, Boston.

Turnbull, A. P., Turbiville, V., Schaffer, R., & Schaffer, V. (1996). "Getting a shot at life" through Group Action Planning. *Zero to Three, 16*(6), 33–40.

Turnbull, A. P., & Turnbull, H. R. (1997). *Families, professionals, and exceptionality: A special partnership* (3rd ed.). Upper Saddle River, NJ: Merrill/Prentice-Hall.

Turnbull, A. P., Turnbull, H. R., & Blue-Banning, M. J. (1994). Enhancing inclusion of infants and toddlers with disabilities and their families: A theoretical and programmatic analysis, *Infants & Young Children, 7*(2), 1–14.

Wagner, M. K. (1992). Information as power in personal social service transactions. (Doctoral dissertation, University of Illinois, Urbana–Champaign, 1992). *Dissertation Abstracts International*.

Weick, A. (1983). Issues in overturning a medical model of social work practice. *Social Work, 28*, 467–71.

Whitney-Thomas, J. (1997). Participatory action research as an approach to enhancing quality of life for individuals with disabilities. In R. L. Schalock (Ed.), *Quality of life: Application to persons with disabilities* (Vol. II, pp. 181–97). Washington, DC: American Association on Mental Retardation.

Whyte, W. F. (Ed.). (1991). *Participatory action research*. Newbury Park, CA: Sage.

Wolfensberger, W. (1967). Counseling the parents of the retarded. In A. A. Baumeister (Ed.), *Mental retardation: Appraisal, education, and rehabilitation* (pp. 329–400). Chicago: Aldine.

Wood, M. (1995). Parent-professional collaboration and the efficacy of the IEP process. In R. L. Koegel & L. K. Koegel (Eds.), *Teaching children with autism: Strategies for initiating positive interactions and improving learning opportunities* (pp. 147–74). Baltimore: Paul H. Brookes.

Zigler, E., & Valentine, J. (Eds.). (1979). *Project Head Start: A legacy of the war on poverty*. New York: Free Press.

Zimmerman, M. A. (1990). Taking aim on empowerment research: On the distinction between individual and psychological distinctions. *American Journal of Community Psychology, 18*(1), 169–76.

Zimmerman, M. A. (1992). *The measurement of psychological empowerment: Issues and strategies*. Unpublished paper, University of Michigan, Ann Arbor.

参考文献

第28章 反思心理韧性：概念思考、实证结果及政策影响

迈克尔·拉特(MICHAEL RUTTER)

20世纪上半叶，作为心理健康运动的一部分，研究广泛关注的是儿童心理压力和逆境经历与不同形式的精神病理学或者心理障碍之间的关系。鲍比(Bowlby,1951)在其专著中强调，不良的亲子关系也属于情感创伤经历的范围。尽管不是所有关于母爱剥夺的假设都正确，但是大多数结论都有充分的证据证明不良的亲子关系确实是导致精神问题的重要构成因素(Rutter,1955b)。20世纪后半叶，对于创伤经历的研究涵盖了以下方面：家庭生活的破裂与父母的心理障碍(Rutter,1989)；家庭互动的强制模式和儿童行为监管不严(Patterson, 1982; Patterson, Reid, & Dishion, 1992)；父母离异(Chase-Lansdale & Hetherington, 1990; Emery & Forehand, 1994; Hetherington, 1997)；伴随着长期威胁的急性或慢性压力(Brown & Harris, 1978, 1989; Goodyer, 1990)；等等。

在所有的风险经历研究中有一个共识——儿童对于这些经历的反应各不相同。一种极端是儿童任由其持续发展，以致形成严重的精神障碍；另一种极端是一些儿童看上去安然无恙，有的甚至因此变得更坚强。即使遭受最严重的压力和逆境，对多数儿童而言，产生严重的精神障碍也是不常见的(Rutter,1979)。令人惊讶的是，多年来对于这种反常现象的研究甚少。多半是将个体差异归因于无法定义的本质因子，个体的差异因为没有意义而被忽视(Ainsworth,1962)，一部分原因是这种现象无法解释，还有一部分原因是社会心理研究者担心，对不良经历得到的成功结果的关注，可能会将政策制定者的关注点从对损害现实的关注转到对压力和逆境中心理发展的关注。然而，这种观点很早就已存在，早前关于母爱剥夺的研究被认为是个体差异性研究中最重要的单一被试研究之一(Rutter,1972)。从那时起，研究已经充分认识到个体差异的真实性(Paykel,1978)。

20世纪70年代，研究的热潮转向了不易受伤害的儿童(Anthony,1974,1978)。容易使人误解的是，人们认为天生顽强的儿童在压力和逆境的压迫下没有发生改变。但至少有三个方面的证据可以说明这个观点是错误的：儿童抗压能力是相对的，不是绝对的；儿童的心理韧性由后天环境和先天体质共同决定；儿童的抗压程度不是一成不变的，它会随着时间和环境而改变(Felsman & Vaillant, 1987; Luthar & Zigler, 1991; Masten & Garmezy, 1985; Rutter, 1985, 1990, 1995c)。"心理韧性"这一相对概念取代了"不易受伤害"这一绝对概念。

心理韧性的概念

个体心理韧性研究对于制定预防青少年心理障碍和发育障碍的公共政策具有十分重要的意义。在制定预防性政策时，重要的是在探究如何面对逆境时，是关注促使儿童向精神障碍屈服的风险因素有效，还是关注为心理韧性提供保护性因素更加有效。例如，我们是关注消除家庭冲突和破裂的措施比较好，还是关注如何使儿童成功应对家庭生活的冲突和破裂？当然，两方面都努力去做会取得更好的效果，通过更好地理解这种风险和预防机制，我们要选择优先次序，并且制订与心理逆境和心理韧性有关的保护措施。本章将介绍心理韧性的概念，讨论主要的研究方法，综述心理韧性研究的实证结果，以及大量在研究过程中得出的推论，并对与政策相关的 8 个方面进行简要阐述。

一些综述认为心理韧性的观点是宽泛的（Anthony & Cohler, 1987; Egeland, Carlson, & Sroufe, 1993; Fonagy, Steele, Steele, Higgitt, & Target, 1994; Haggerty, Sherrod, Garmezy, & Rutter, 1994; Luthar, 1993; Rolf, Masten, Cicchetti, Nuechterlein & Weintraub, 1990; Seifer, 1995; Werner, 1990），相关研究主要集中在以下四个领域：

第一，很多研究者强调积极结果的价值，而不只是关注精神病理学。因此，马斯腾等人（Masten et al., 1995）和卢瑟（Luthar, 1991）调查的是与社交能力发展有关的因素。类似地，班杜拉（Bandura, 1995, 1997）和其他研究者进行了大量关于自我效能的因果研究。

第二，很多研究关注的是不同积极体验的影响。因此，社会支持的保护作用得到广泛关注，尤其是在抑郁症方面（Thoits, 1983）。类似地，斯托斯曼-罗伯等人（Stouthamer-Loeber et al., 1993）试图确定促进正常发展的变量。也就是说，他们尝试确定对积极发展有显著影响但对消极发展没有影响的因素变量。但是，他们没有充分的证据证明这个观点。认为一些变量的存在时起积极作用，不存在也没有什么特别的影响，这个观点本身就是不合理的。因为两个完全不同的原因这个领域还没有详实的研究。首先，对超常规的心理社会功能进行测量和概念化是非常困难的（例如，Ryff & Singer, 1998）。其次，虽然关注积极的心理健康是有价值的，但是这个概念已被证明是难以捉摸的。相应地，对于积极和消极的界定在某种程度上也是人为的。例如，离婚经常被认为是压力的源头，信任的婚姻关系是积极的支持，但事实上，两者面临的是相同的基本变量。

第三个领域关注的是个体如何处理压力和逆境的过程。在 20 世纪六七十年代，墨菲的研究（Murhy, 1962; Murphy & Moriarty, 1976）关注的是人们应对威胁和挑战的不同方式的重要性。这引发了另一个致力于调查处理压力过程的重要研究（Haggerty et al., 1994; Lazarus & Folkman 1984; Vaillant, 1977, 1990）。这个领域因为研究任务不同而拥有很多研究结果，这些任务包括理由压力和挑战引起的实际情况，以及发现有效的方法去处理由生活经历引起的情感。显然大量有效处理机制（或心理防御机制）的存在，某种处理方式对一种压力经历很有效，但对另外的逆境就可能效果不大，并且处理方式有很大的个体差异（Rutter, 1981）。这个研究证明了人不被动地接受压力和逆境的影响，而是主动应对环境。就整体而论，为了处理一系列迥异的生活环境，人们会出现适应性反应，它的出现有利于人们形成不同的应对策略和技能。虽然有些处理方式通常是不适应的,但在有效和无效的应对方式之间做出一个有效的区分也是很不容易的。

第四,研究关注的是不同的人对于强压或逆境反应的特点或过程。因此,心理韧性是基于一个好的结果进行操作定义,尽管这些经验在不同的场景中可能会对精神病理学的发展带来风险。这一结论是基于一系列结果而言的,并不仅仅是针对某一个不常出现的积极结果,也并不是说保护性因素一定存在于积极的经验中。同时也没有必要假设认为问题是个人消极经历的产物(他/她如何应对处理等)。这就是心理韧性的概念。其他三种方法在理解抗压力或逆境机制方面被证明是有益的。

方法论考虑

虽然早期关于心理韧性操作定义的直接研究看似相当合理,但是在实践研究中还有很多方法论上的问题需要规避和克服。不幸的是,因为重要的方法论问题还没有得到妥善处理,许多研究报告是无法合理解释的。

环境风险调节的有效性

心理韧性的初始研究显示,对于真正经历过高危环境的个体的研究证实,他们面对心理问题的风险大幅增加。如果第一步得不到令人满意的处理,假设的心理韧性现象就可能变成纯粹的假象,就像那些没有经历过危险体验的个体一样,意义不大。关键是要区分风险因素及风险机制。在文献中有许多不能区分风险因素和风险机制而造成问题的例子。例如,多年来一直认为,孩子与父母的分离是引起心理疾病的高风险因素。然而,通过对分离情况进行调查发现,主要风险并不是来自分离本身,而是来自家庭冲突和因分离而产生的各种争执(Rutter, 1971)。分离最初只被证明与儿童童年时期的心理问题有关,但后来的研究发现,分离对于成人抑郁症也存在同样的风险(Harris, Brown, & Bifulco, 1986)。儿童童年时期的亲子分离与成人抑郁症的风险在统计学上呈正相关,这主要是由父母导致的。不良教养方式才是实质性的风险因素,如果没有相关的不良养育方式,亲子分离也不会导致儿童产生心理问题。另外,还有研究表明,贫穷和社会处境不利在统计学上会增加产生精神障碍的风险。这主要是各种社会因素诱发的不良教养方式导致的。而风险机制则在于不良的养育方式,而不是贫穷或社会处境不利。

同样的研究结果适用于产科和围产期风险因素(Casaer, de Vries, & Marlowe, 1991; Meisels & Plunkett, 1988)。如果产科和围产期风险导致儿童脑损伤,那么它们可以直接卷入风险调解机制,但大多数产科和围产期并发症不会导致脑损伤。大多数与精神病理相联系的是社会心理劣势与低出生体重以及其他孕期和围产期并发症率升高相关联。在这种情况下,似乎主要的风险机制来自相关的社会心理逆境,而不是孕期和围产期因素。

这种研究传达出来的直接信息是,如果个体并没有真实经历重大风险,关于心理韧性的研究是不能令人满意的。这意味着,基于假定的社会不利或产科并发症等风险的心理韧性研究,还有许多值得思考的地方。至于儿童早期干预的社会政策和战略,有关干预原因的特异性需求、假定风险与保护调节机制的相关研究的影响是显而易见的。

社会心理风险因素研究的进一步挑战来自实证。在对双胞胎和被收养者的研究中，遗传因素与环境风险因素的个体差异、调节差异纠缠在一起（Plomin 1994a，1995b；Plomin & Bergeman, 1991）一些已被归因于环境风险因素导致的风险实际上是由遗传因素引起的。这种挑战是真实的，应该被严肃对待。然而，毫无疑问的是，研究结果一直在以误导的方式要求免除环境风险（Rutter, Silberg, O'Connor, & Simonoff, 1999），从而导致政策制定者认为本质问题是不可避免的，干预是徒劳的。当然，仍有必要通过一些环境风险假设来进行测试和检验，但并不是简单地因风险因素被归为"环境的"就假设风险是环境导致的。研究者们设计了一系列用于测试环境风险假设的研究，这些研究都已表明了环境能调解社会心理风险这一事实及其重要性（Rutter et al., 1997a; Rutter, Giller, & Hagell, 1998）。

多重结果

许多心理韧性研究的成果都依赖相当有限的结果测量方式。很明显，这可能会引起误导性的结论。法林顿等人（Farrington, Gallagher, Morley, St. Ledger, & West, 1988）发现，在高风险贫民区家庭的男孩，由于与社会隔离而很少违法犯罪。但是，这种良好的结果并不具有普遍性。这些高风险家庭中与社会隔离的男孩往往在成年时期的生活方式上存在一些功能性障碍，尽管他们并没有参与犯罪。同样，卢瑟（Luthar, 1991, 1993）从社会竞争力方面定义了心理韧性，但发现具有高危生活背景的儿童往往表现出情绪困扰和精神病症。这些发现有时被解释为培养心理韧性所需要付出的"代价"（Luthar, 1991）。这意味着不必完全遵循调查结果。需要指出的一点是，与精神障碍相关的风险和保护性因素并不一定适用于其他人。

举例来说，引发抑郁症的因果过程并不等同于犯罪的发生过程。如果一些人经历了相当大的风险，不能假设因为他们不显示某个特定的心理病理结果，就不会显示其他特征。因此，没有人认为因为某些人没有得癌症，所以他们也不会有冠心病。这两种疾病的因果过程是不一样的，需要分开讨论。然而，虽然有些人承受着某种患癌症的风险（例如，尽管是老烟民，但他们没有患上肺癌），但并不意味着他们不会有其他患病风险。这一切都取决于所涉及的风险过程。仍以吸烟者为例，虽然他们"躲过"了肺癌，但却可能增加了患冠心病的风险，因为吸烟可以同时增加患上冠心病和肺癌的风险。另一方面，它们不会增加患恶性黑色素瘤或阿尔茨海默病的风险，因为这两者涉及不同的风险机制和不同的风险因素。这会误导人们去寻求关于心理韧性的一般答案。相反，着眼于特定的风险经验和特定的心理病理结果才是必要的。一些风险因素和保护性因素的影响范围很宽泛，而另一些的影响范围则非常具体。在制定政策举措以解决某些相互关联而又独特的长期结果（如，在学校的表现、青春期妊娠、经济独立、吸毒和犯罪）时，既要考虑心理韧性的可能性，又要严密地检查。

然而，这并不摒弃为培养心理韧性需要付出代价这一概念。如果它被重新定义为一个直接或间接引起的导致心理韧性的负面处理结果，那么这个概念是有意义的。因此，如果有人通过药物或酒精依赖来缓解压力，代价则有可能是过量使用这些物质而产生不利影响。另外，还有些人通过长时间的工作来应对职业压力，从而把自己的婚姻和家庭生活置于风险之中。因此，需要假设一种派生自培养心理韧性过程的机制，然后再以实证的方式验证假设。在这个概念中，成功和失败是研究结果两个截然相反的方面,但其本身却完全没有涉及代价的概念。

测量误差

所有的测量几乎都会涉及相当程度的误差(如随机误差和由于这样或那样的偏见而产生的误差)。有些研究已经开始强调误差的重要性,这构成了心理韧性研究领域的潜在问题。越来越多的研究者将兴趣集中在特殊经历之后人的认知或行为收获和损失上。莫菲特等人(Moffitt, Caspi, Harkness, & Silva,1993)从达尼丁纵向研究(Dunedin Longitudinal Study)的数据中发现,数据的大部分波动是由测量误差造成的,而不是真正的错误。弗格森等人(Fergusson, Horwood, & Lynskey,1995;Fergusson & Horwood,1996)通过汇集达尼丁和克莱斯特彻奇纵向研究(Christchurch Longitudinal Study)的数据,均证实了这一发现,并将其广泛延伸至行为和认知领域。很显然,考虑到测量误差,研究需要运用多种测量和分析方法(如分析潜在因素)。

随机误差需要认真对待,但它对研究所产生的影响远没有变量的影响大。举例来说,过度关注孩子教育困难可能会导致教师的评价行为存在偏见(例如,Goodman, Simonoff, & Stevenson, 1995),父母的评价也可能被自己的精神病症或自身情况影响(例如,Chilcoat & Breslau, 1997; Fergusson, Lynskey, & Horwood, 1993)。这些偏见有时可能不是像假设的那样严重(Boyle & Pickles, 1997; Maughan & Rutter, 1997; Richters, 1992),但它们确实存在,需要加以考虑。不同报告者报告的信息也存在个体差异。举例来说,孩子会直接表达自己的情绪状态,而家长和老师则只能依靠孩子的行为变化来判断他们的情绪状态。同样,年轻人会向老师和家长刻意隐瞒自己的反社会活动,这已经形成思维定势。每个研究者关于精神病症的报告都被视为有效的(Bird, Gould, & Staghezza, 1992)。但不幸的是,这些问题和研究者们的解决方法并不是那样简单。举例来说,研究普遍发现,儿童或青少年自己报告的影响一般精神病理学的遗传因素比父母报告的要低,其原因仍然完全不清楚(Eaves et al., 1997)。但这不能说明儿童青少年测量缺乏可靠性(Topolski et al., 1997),也不清楚是什么导致孩子与父母的测量结果出现差异,这还需要系统的调查。但在此期间,为了规避测量误差和测量偏差,研究时同时使用多个报告人的研究成果和进行多次测量是十分必要的。

心理韧性过程

心理韧性的研究倾向于认为,提升心理韧性的因素源于个体某种持久的特性,或者产生于具体的压力或逆境下人与环境的相互影响。但这两个假设的合理性都没有被证明。纵向研究证明有三个重要特征是至关重要的。首先,对于已经显示出精神病症先兆的个体,在青春期或成年早期的主要经验可以使个体行为发生重大变化(Rutter, 1996; Rutter et al., 1997b; Sampson & Laub, 1993)。研究发现,与配偶稳定、和谐的婚姻生活必然伴随着反社会行为的大幅减少,这种影响从童年期开始并一直持续到成年生活。同样,同伴团体的经历也会对有关行为更好或更坏的变化产生重大影响(Rowe, Wouldbroun, & Gulley, 1994)。从军经历(Elder, 1986; Sampson & Laub, 1996);搬离市中心的经历在研究中呈现出了相似的转折性的影响(Osborn, 1980)。关于部分或全部恢复的证据是十分清楚的,早期压力或逆境后的恢复力会受到经历最初风险之后的经验影响。

许多研究表明,童年期反社会行为以及相关联的早期社会心理风险经验,使人在青春期和成年生活发生心理问题和逆境的可能性显著增加(Rutter, Champion, Quinton, Maughan, & Pickles, 1995; Rutter et al., 1997a, 1997b)。波尔比等人(Pawlby, Mills, & Quinton, 1997a; Pawlby, Mills, Taylor, & Quinton, 1997b)发现,社会心理高危背景下的女孩在青春期比其他女孩更可能与有异常行为的个体发展友谊,从事危险的性行为和与朋友争吵。昆顿等人(Quinton, Pickles, Maughan, & Rutter, 1993)指出,多年生长在安置机构的女孩成为未成年母亲,与叛逆的个体结婚或同居,婚姻破裂的倾向大大增加。莫恩等人(Maughan, Collishaw, & Pickles, 1998)发现,非婚生女孩处于社会心理劣势,与类似背景下被收养的孩子相比,她们获得受教育资格的可能性要小。罗宾斯(Robins, 1966)在对一个儿童指导诊所的长期随访中发现,童年期表现出反社会行为的个体成年后的失业率更高,取得的社会支持更少,更容易与朋友发生冲突,更可能经历多次婚姻破裂。

产生早期逆境后遗症的一种重要途径是消极经历的连锁效应。相反,积极的转折点可能打破这种恶性循环,使消极的生活轨迹变成一个更具适应性的轨迹(Rutter, 1996)。同样,研究显示,儿童的对立—挑衅或反社会行为可能对其他人产生负面反应(Brunk & Henggeler, 1984; Ge et al., 1996; Maccoby & Jacklin, 1983; O'Connor, Deater-Deckard, Fulker, Rutter, & Plomin, 1998; Patterson, 1980, 1982; Pike, McGuire, Hetherington, Reiss, & Plomin, 1996; Rutter et al., 1997a)。这些结果明显指出,培养心理韧性的过程可能与人际交互的性质相关。

研究表明,个体遇到压力或逆境而处于精神病症的风险之前,需要考虑他自身的经验。但是,在这一点上的发现十分有限。例如,昆顿和拉特(Quinton & Rutter, 1976)发现,经历了长期心理逆境的孩子更容易患急性应激障碍。在一个小规模的研究中,斯黛丝等人(Stacey, Drearden, Pill, & Robinson, 1970)发现,愉快的分离经验似乎为后来的紧张分离经验提供了某些保护性因素。对动物的研究也表明,在某些情况下,急性压力会导致急性神经内分泌结构、额叶结构以及相应功能的变化,以对以后的压力经验产生保护性抑制(Hennessey & Levine, 1979; Hunt, 1979)。压力的保护适应现象在人类中也被观察到。经验丰富的跳伞运动员的神经内分泌反应与新手的完全不同。第一次跳伞的运动员,其最初的荷尔蒙反应是一种急性应激机制,而经验丰富的跳伞运动员则不同(Ursin, Baade, & Levine, 1978)。

这些研究结果使许多研究者认为,心理韧性是一个过程而不是一种特征(Felsman & Vaillant, 1987)。科勒(Cohler, 1987)总结得出:"与其说心理韧性是一种持久的特征,不如说是一个特定的个人生活经验影响其人生经历或个人事件的特定概念的过程。"(p.406)这对于解释儿童早期教育计划的长期影响以及制订切实可行的短期干预目标尤为重要。

多因素的因果关系

这两种方法之间存在差异的原因在于,只有单一的风险因素发挥影响是很少见的。更为常见是,儿童经历一种风险因素的同时也伴随着多种其他风险体验。一项研究已经证实,单一逆境的风险普遍较低,风险上升的显著程度与不良体验的积累相关联(Biederman et al., 1995; Fergusson & Lynskey, 1996; Sameroff, Seifer, & Bartko, 1997; Stattin, Romelsjo, & Stenbacka, 1997; Kolvin,

Miller, Fleeting, & Kolvin, 1988a, 1988b)。弗格森和林斯基(Fergusson & Lynskey, 1996)研究出一个基于 39 项家庭生活指标的逆境指数,包括经济不利、不良的亲子互动、婚姻冲突、父母离异等变量。15—16 岁少年的结果是在反社会行为、吸毒和酗酒等多个测量值的基础上进行评估的。略多于一半的样本家庭的逆境得分在 6 分或以下,在这个庞大的子群体中,家庭中出现多个问题的比例仅为 0.2%;7~11 分的比例提高到 2.5%;13~18 分的比例较高,达到了 8.3%;19 或以上的比例为 21.6%。换句话说,这是一个非常陡的风险梯度,严重的问题行为大多发生在青春期,相比经历较少家庭变故的儿童,经历较多家庭变故的儿童青春期问题行为的发生率高出 100 倍以上。

许多社会心理风险的研究已涉及孩子对一些特定单一风险的经验反应的调查,如住院、父母离婚、丧亲之痛或身体疾病。心理韧性被定义为单一的风险体验之后个体仍存在社会功能或没有出现精神病。这些研究都假设单一的消极体验是导致日后精神病症的主要原因。然而,实证研究表明,这不是事实。在对 10 岁智力障碍儿童流行病学的研究中,拉特和昆顿(Rutter & Quinton, 1977)确定了六个家庭变量,包括严重的婚姻不和谐、社会地位低、过度拥挤或庞大的家族、父亲犯罪、母亲精神失常以及得不到社区照顾。令人惊讶的是,与没有风险因素的孩子相比,这些孩子只要与上述风险因素之一(即那些真正孤立的负面经验)相关,就有很大可能患有智力障碍。即使是在长期的家庭压力下,孩子似乎也没有特别的心理问题风险,但是实际上它仍是一种压力经历。另一方面,当任何两种压力一起发生时,风险会上升四倍。随着压力的不断增加,风险会进一步上升数倍。乍一看,这一发现似乎违背了以往的研究结果(每个风险因素都单独导致精神病理的可能性增加)。出现这种情况是因为,分析时没有考虑有的个体确实只承受了一种风险因素。这两种方法看似一样,实则不同(Rutter, 1983a)。

同样,斯塔丁等人(Stattin et al., 1997)发现,没有家庭背景风险的人有 11% 的犯罪累犯率。累犯率根据家庭背景的五个风险等级逐步上涨,分别为 15%、18%、23%、33% 和 47%。虽然幅度较小,但许多反社会行为的研究发现了类似的结果。这明显表示,主要的风险在于许多因逆境体验增加的风险与任何单一的不良体验存在低相关。另外,个体产生逆境反应差异的主要因素之一(可能是主要因素)是逆境的体验程度。这些调查结果源自对反社会行为的研究,但它很可能也适用于其他形式的心理问题。

这些结果反映出对遗传因素的重视。大量证据表明,遗传因素在各种精神病症的总体方差上占相当大的比例,通常占 30%~70% 的方差(Plomin, De Fries, McClearn, & Rutter, 1997; Rutter et al., 1999)。不同的精神病理类型受遗传影响的程度有所差别,如孤独症、精神分裂症、双相情感障碍、多动症等受遗传因素影响最大,而青少年犯罪受遗传因素影响最小。很明显,遗传因素是导致大多数精神疾病的主要原因。分子遗传学研究证实,虽然所有遗传因素的累积效应是真实的,但任何单个基因的易感风险很小(Plomin et al., 1997)。而且,大部分的遗传风险很可能是以非特异性风险诊断为媒介的,如情绪或寻求刺激感的气质特性,而不是基因对具体病症的直接影响。

综上所述,心理韧性研究中的一个关键方向是对多个遗传因素和环境风险因素在因果过程中共同导致障碍的方式进行调查。同样,只以孩子诊断指标作为申请早期干预项目资格的公共政策,由于忽略了家庭特征的作用,要产生效果面临相当大的难度(Shonkoff & Meisels, 1991)。

风险和保护机制

研究者在关注心理韧性整体研究的同时,也一直在关注引起抗逆性的保护性因素。马斯腾和加梅齐(Masten & Garmezy,1985)总结了三种保护性因素集:(1)人格特征,如自主、自尊、社会正面导向;(2)家庭凝聚力、温暖、和谐;(3)获得的外部支持系统,鼓励和增强孩子的应对能力。正如拉特(Rutter,1990)指出,这个清单基本上由风险变量的反义词构成。高自尊是一种保护,自卑则置人于危险。消极的亲子关系是一种风险因素,而良好的亲子关系是一种保护。识别提高心理韧性的因素,关键的问题是要考虑风险的总体水平以及风险因素的特定模式。不过,要求低风险结束于风险维度的保护性因素之外,只会带来无益的混乱。相比而言,将保护机制的概念局限于调整个体对危险局面反应的过程可能更合理。换句话说,假定这种机制能产生某种间接的、交互式的催化效果。整合各种统计和观念上的原因,此假设被认为是统计学上交互效应的代名词,这是极具误导性的(Pickles,1993;Rutter,1983a;Rutter & Pickles,1991;Rutter,1990)。目前追踪具有统计意义的交互效应的能力非常有限(McClelland & Judd,1993)。通常情况下,把互动概念转换成更具体的东西,来直接检测假设机制更为合理。研究者的兴趣在于将假定的机制与直接作用于风险的机制分离,调整人们对危险机制的反应。

然而,在这方面,另外两点需要进一步考虑。首先,保护质量取决于机制,而不在于变量本身。有很多例子表明,某种特征对一种结果是风险因素,而对另一种结果则是保护性因素。在内科学领域,异质接合体的状态与地中海贫血提供了一个众所周知的例子,它增加了镰状细胞疾病的易感性,但它也恰好是抗击疟疾的保护性因素。在行为领域,对压力的高生理性反应与此例类似,这对于焦虑症是一种风险因素,但它对反社会行为是一种保护性因素。在现实中,收养的经历与此相似,对于一个出生在高风险家庭的孩子,被领养到一个良好的家庭可能是一种保护性经验。但是另一方面,被收养的经验本身也带有一定的挑战,这个压力在一定程度上是温和的,但也可能是一种风险因素(Sullivan,Wells,& Bushnell,1995)。同样,对于许多孩子来说,因父母离婚或分居导致的家庭破裂而产生压力体验是一种风险因素。虽然导致精神病理的主要风险来源于离婚前后的家庭冲突,但是另一方面,它也可以具有保护性功能,因为离婚可以结束家庭冲突,这有助于风险的降低(Rutter,1995)。总之,需要考虑的就是所涉及的机制,而不把保护性作为变量本身的固有属性。

一个相关的考虑是,体验是否积极没有必要与它是否会以保护性的方式发挥作用相关联。前面给出的例子都说明了这一点,其余的将在本章其他部分进行说明。应该补充说明的是,具有心理韧性的个体可能并不总是具有吸引力的(Hultsch & Plemons,1979;Rutter,1981)。举例来说,欣克尔(Hinkle,1974)指出,人们对压力的免疫似乎有一种近似"反社会"的味道,在他们的个性里,似乎与人、目标或集体有一个浅层的连接,当已经建立的关系被打乱时,他们很容易转移到其他方面的关系。他们似乎对自己的需要和限制有一个认识,从而避免自己不想要或者不能满足的情况。这很可能是对他们自己的保护,但不一定能得到同伴的积极认同。

直接聚焦心理韧性的研究

考艾岛研究

虽然许多研究和调查结果与心理韧性有关,但是大多通过比较经历不同心理逆境的孩子的心理韧性和非心理韧性,以发现提高心理韧性的因素,其效果十分有限。沃纳及其同事进行的考艾岛研究(Kauai Study)是第一次系统调查研究,重点明确了那些可以让高风险背景下的孩子发展成为健全的青少年或成人的心理韧性特征(Werner, Bierman, & French, 1971; Werner & Smith, 1977, 1982, 1992)。人在两岁之前经历四种或更多风险因素被认为处于高风险。风险因素包括围产期逆境、长期贫困、父母没有接受正规教育、混乱的家庭环境、父母酗酒或精神障碍。根据这一界定,这些样本中大约有1/3是脆弱性的,后续的研究结果证实,他们在童年中期和青春期确实表现出较高的心理问题发生率。

调查结果发现几个突出的特点:首先,一些类型的变量在整个生命周期中对促进心理韧性的发展存在一致性。例如,从其他人那里得到积极反应的气质特征,与自我效能感和自尊相关的有计划的生活方式;从照料者和成人那里获得的信任感和一致感,在学校、工作、教堂或军队的第二次机遇带来的新的体验,有可能促进个体能力和自尊的发展。其次,风险因素和保护性因素似乎都在个体发展的过程中产生作用。也就是说,在童年中期、青春期或成年早期生活中,新的经历对个体有重要的影响,童年早期也是如此。成年早期生活中的积极转折点包括结婚,婚姻关系保持长期稳定,第一个孩子的诞生,事业的建立,继续受教育,获得职业技能,成为教堂或宗教社区的积极成员。再次,有很多关于间接连锁效应的例子。例如,儿童早期的气质特征或者他们表现出的行为问题,都与他们日后得到的社会支持存在相关性。最后,有几个变量(尤其是认知技能和高成就动机)虽然对整个样本会有一些影响,但是往往只对具有高风险背景的个体产生较大影响。在军队服役对来自弱势背景的男孩很重要,因为这会为他们提供继续教育和获得技能的机会。与配偶之间稳定的婚姻也对早期逆境表现出保护作用。

研究者运用整体研究策略对延伸到成年期生活的纵向数据进行多变量分析,力求厘清纷繁复杂的关系,但显而易见的是,风险因素可能包含遗传因素、环境因素(如,酗酒或精神障碍),以及一些对社会心理结果直接作用较小的因素(如,围产期风险因素)。那些经历过四种或更多风险因素但在童年和青春期没有严重学习或行为问题的儿童被列为子样本。与其他两个小组进行比较,这两个小组的成员也经历了四种或更多的风险因素。第一个对照组由有严重的学习或行为问题的10岁儿童组成。第二个对照组由有严重的犯罪或者心理健康问题记录,或两者兼而有之的18岁青年组成。这三个小组的成员都曾有长期处于贫困状态的经历。虽然具有心理韧性的儿童和两个对照组的成员都经历了重大的压力和逆境,但是其负面体验的整体负担明显较低。遗憾的是,风险水平的差异没有充分考虑到对保护性因素的检测。不过,也发现了一系列在心理韧性组出现得更频繁的积极特征。

沃纳和史密斯(Werner & Smith, 1982)总结了三大类保护性因素:(1)至少具有能够引起其他人积极响应的平均智力水平和性格特质;(2)能用其他情感关系来替代与父母的情感关系,如与祖父母或兄弟姐妹的情感关系;(3)有一定的外部支持系统,如在教堂、青年团体或学校,其能力获得肯定,并提供了个人一致信念。也有人指出,在高风险背景中,有心理韧性的个体往往觉得有必要与他们的父母和兄弟姐妹分离开。这个过程的定量评估还没有获得验证,但当孩子所处的家庭经常让他们产生消极体验时,发展家庭以外的社会关系和从家庭以外的活动中寻求乐趣和奖励对他们来说是有帮助的。沃纳和史密斯(Werner & Smith,1982)认为,有效应的核心组成部分是一致性和自信,一个人的内部和外部环境是可以预见的,而且大都按照合理的预期发展。

克莱斯特彻奇和斯德哥尔摩研究

在众多心理韧性的研究之中,影响力最强的有两个:一个是弗格森和林斯基(Fergusson & Lynskey,1996)的研究,另一个是斯塔丁等人(Stattin et al.,1997)进行的研究。弗格森和林斯基利用克莱斯特彻奇纵向研究数据来检验心理韧性与多个家庭事件的关系。逆境指数排前20%的家庭风险高。根据存在反社会行为或药物滥用问题再对这部分样本进行细分。心理韧性既作为类别变量又作为维度变量处理。

第一个结论是,心理韧性较强的青少年所处的家庭逆境分数较低。通过统计分析发现,其中有三个突出特点:(1)有心理韧性的儿童在8岁时往往有较高的智商,智商最高和最低的儿童存在14分的智商差异;(2)16岁少年寻求新奇事物的比例较低;(3)在母亲以及自我报告中,他们不太可能与具有不良行为的同龄人保持友好关系。值得注意的是,这些保护性因素涵盖了个体认知和行为的特点以及同伴团体的品质,对心理韧性的主要影响来自于这几种因素的组合。

斯塔丁等人(Stattin et al.,1997)对瑞典人的心理韧性进行了一项大规模的记录研究。他们对被征召入伍的男子进行了背景和行为两份问卷调查,犯罪数据则来自官方的犯罪记录。结果显示,行为风险变量包括经常逃学、在学校发生的问题、吸毒和酗酒。家庭背景风险项目包括父母离异、父亲酗酒、家庭收入低。与个人能力有关的变量包括智力、情绪失控和身体健康状况。三组变量都呈现出与惯犯的犯罪行为明显相关,其中影响最大的是行为风险,最小的是个人能力。分析的一个主要焦点是这三组变量之间的相互作用以及最显著的相互作用。研究者假设,相互作用与家庭背景风险有最明显的相关,但并没有得到印证。相反,他们发现了行为风险和个人能力之间的相互作用。不论其他两组变量是否存在,行为风险对预测相关犯罪行为都有最大的影响。当个体有几种行为风险时,个人能力就会产生大量的保护作用。相比之下,对于没有危险行为的个体则起到的保护作用较小。言下之意是,当其他风险因素存在时,某些类型的个人素质,如高智商和良好的情绪控制,可能会发挥一定的保护作用,但在没有个人素质影响的情况下,并不会增加成年人出现反社会行为的风险。这些结论虽然是基于系统性、透彻的数据分析以及周密的论证,然而,仍然需要谨慎对待,因为它们都是基于个体的回忆。虽然这为认识心理韧性的可能过程提供了重要线索,但不能够检测童年和青春期的相互作用,结论会不可避免地受到限制。

相互作用过程

人们有时会对交互效应进行研究,虽然它们看似不重要,实际上并非如此。这是因为产生相互作用的原因可能有多种,表现出多元化机制(Rutter & Pickles, 1991)。就所涉及的机制自身而言,两个变量在统计学上的相互作用已被发现是无意义的。有趣的是由它们引起的问题,比如为什么某种功能在一种情况下有效果,而在另一种情况下没有效果。昆顿和拉特等人(Quinton & Rutter, 1988; Rutter, Quinton, & Hill, 1990; Zoccolillo, Pickles, Quinton, & Rutter, 1992)对那些童年时期大部分时间在公共机构度过的成年人的研究结果说明了这一点。结果表明,这些人在成年期对社会产生不良影响的比例远远高于一般人群对照组。童年和青春期的高反社会行为率对成年行为结果有较强的预测作用,男性被试所受到的影响比女性被试更大。

尽管儿童—青春期反社会行为与成年期的人格障碍以及不良的社会功能之间存在很强的相关性,但也存在个体差异。有些人在童年时有严重的不良经历,包括小时候表现出反社会行为,但成年后其社会功能良好。

研究表明,与心理韧性相关的最重要因素之一是与配偶和谐的婚姻关系(或同居关系)。当然,这对于经历很多变故、在儿童期表现出反社会行为的个体来说,很难享有。然而,当它存在时,会对社会功能向好的方向发展产生实质性影响。此外,充分考虑个人先前行为的测量误差和风险经验之后,这个重要的"转折点"的影响被提出(Rutter & Pickles, 1991; Rutter et al., 1997b; Zoccolillo et al., 1992)。值得注意的是,只有个体是在小时候表现出反社会行为时,稳定的婚姻才会产生有益作用。导致人的反社会行为发展的原因是明显的,并在其成年生活中延续其人格障碍形式。第一次反社会行为开始于成年后的现象并不常见,风险经历几乎总是开始于童年和青春期。不是所有反社会的成年人在童年时期都有犯罪记录,但是如果他们年轻的时候没有某种形式的破坏性行为,那就明显不同寻常。然而,不幸的婚姻并不总是其他形式的精神病理学的一种风险因素。事实上,这是成年人抑郁症发展的一种重要的风险因素(Brown & Harris, 1978)。

在这种情况下的心理韧性似乎来自成年人的经历(即稳定的婚姻)。事实上,最初的风险源于不良的童年经历。因此有必要去探究一些高危儿童成年后与合法配偶有一段圆满婚姻的成功过程。调查结果来自几个关于重要连锁效应的纵向研究(Quinton et al., 1993)。回溯成年生活,很明显,年轻人同龄群体的特征是非常重要的。作为反社会团体的成员,更有可能表现出反社会行为,或与吸毒、酗酒的人为伴,这种伙伴关系不太可能是和谐、稳定的。这一发现反映了一个事实,在自己的社会群体里找到同伴的可能性更大,如果一个人的大部分同伴都离经叛道,那么选择一个离经叛道的人成为同伴的可能性势必要高得多。对青春期年龄段的研究已经证实了其中的关联,大多数表现出反社会行为的青少年倾向于选择一个有类似的高风险背景的朋友(Pawlby et al., 1997a, 1997b)。

然而,这还不是最终的结论,因为我们需要探讨为什么生活在高风险环境下的儿童没有成长为反社会群体的一员。1998年,昆顿等人(Quinton et al., 1993; Rutter & Quinton, 1984; Rutter et al., 1990)的研究表明,一种重要的保护性因素是个体往往会对生活中的关键性决策进行规划。大部分生活在高风险环境下的儿童,尤其是那些生活在寄养机构内的儿童,往往无法掌控他们所面临的一切。但是有的儿童确实会在事业、婚姻的选择上做出谨慎的抉择。有趣的是,相比在机构寄养的儿童来说,这种远见和积极应对挑战的精神在对照组里更加少见。这就是计划性对风险样本具有保护作用的原因。比如,计划性能显著降低青少年的怀孕率,也能减小因仓促结婚而产生的压力。为什么这种保护作用不适用于对照组呢?拉特(Rutter,1990)认为可能有以下两个原因:第一,对照组的儿童大多生活在稳定的家庭中,父母会对他们的生活规划产生一定的影响;第二,年幼的儿童不太可能偏离同龄群体,即使随意决定自己的婚姻,最终也会找到一个差不多水平的配偶。

那么,带有保护作用的计划性是如何在高风险背景中的儿童身上发展起来的呢?研究表明,积极正面的学校经历起主要作用,但这在对照组儿童身上并不明显。这些积极经历并不仅仅指考试胜出,影响因素的变量也不仅仅只有智商。孩子们在校园里获得的愉悦、成就感和成功体验很可能帮助他们获得自我价值感,让他们觉得自己有能力掌控发生在自己身上的事情。这一因素并未在对照组儿童身上发现,原因在于对照组的大部分孩子拥有父母的足够支持,所以学校里的成功体验只是锦上添花,只是加强了他们的自我价值和自信,而不是让他们创建这些自我概念。

这一研究主要传达以下四条信息:(1)计划性对于塑造儿童今后人生经历的重要性;(2)家庭以外(学校和同伴群体)的经历对儿童的重要影响;(3)要考虑利用其他衍生资源来提升保护作用;(4)时间的间接连锁效应的重要性。

计划能力

克劳森(Clausen,1991,1993)的发现来自于档案数据,包括三个主要的加州纵向研究,以及更密集的回顾性访谈数据和随机选择的 60 个案例。研究者运用 Q-分类法(Q-sort)对青少年的计划能力进行评估,评估因素主要包括依赖性、生产能力、有效运用个人智慧的能力、自尊心和积极与他人互动的能力。个人受教育程度的高低、职业水平以及婚姻破裂等都会与其计划能力有关。总的来说,男性如果在青少年时期计划性不强、不够成熟、缺乏自信,成年后的生活通常不那么规律。然而,计划能力对女性的影响相比男性来说并不那么显著,这一发现与昆顿和拉特的研究正好相反(Quinton & Rutter, 1988; Rutter et al., 1990; Zoccolillo et al., 1992)。

康奈尔等人(Connell, Spencer, & Aber,1994)针对经历贫穷、失业和困窘生活的美国底层青少年进行了一项横向研究。在考虑他们的背景影响时,常模表明,青少年的家人对他们的支持、在学校对自己成功和失败的控制感、自我价值感和与他人情感上的安全感等规范着他们的行为。值得注意的是,研究结果表明,青少年自己疏远父母的行为会导致其产生消极的自我评价。换句话说,这形成了一个恶性循环。

卢瑟(Luthar,1991)对生活在一个市中心地区的社会弱势青少年群体(大部分来自少数民族)进行了研究。消极生活事件被作为风险变量,同伴群体的等级和教师能力被看作青少年自身的等级。她发现,自我控制能力,即相信自己有掌控自己生活的能力,是学生在学校保持自信的重要因素。与许多其他研究相反,在低压力水平下,智商与能力呈积极正相关,但当压力增大时,聪明的孩子似乎就失去了优势。应该指出的是,这里的结果变量是不同于其他研究工作的,智商的作用根据不同的心理过程或精神状态也会有不同的结果。基于相同设想的进一步研究(Luthar, Doernberger, & Zigler, 1993)表明,面对压力时,善于交际的儿童比不善于交际的儿童更加从容。很明显,这再一次证明了心理韧性强的人在测量因素上的优势并不一定适用于所有人。

洛塞尔和布莱西纳（Losel & Bliesene,1994）选择了一群居住环境相似的儿童,比较他们的心理韧性和偏离倾向。他们发现心理韧性较强的年轻人更聪明、更灵活、更注重方法和过程、有更强的自我效能感和成就的期望、不会认为自己无助、拥有更多的积极自尊、更积极地面对问题而非逃避。这些儿童拥有的社会资源也有所不同,他们具有更大的社交网络,对于社会的支持与认可表现出更大的满足感。智商是一个保护性因素,但是只有当我们利用教育评估来分组时才适用,要完全用智商来定义青少年个人就不适用了。

成年生活的转折点

劳柏等人（Laub,Nagin,& Sampson,1998）对格卢克斯（Gluecks）的数据进行了详细的再分析。他们发现,和谐的婚姻生活可以使人的反社会活动在成年后的生活中中止。需要特别注意的是,要确保这一发现不是测量误差的结果或和谐婚姻的个人特例。桑普森和劳柏（Sampson & Laub,1993）提出,在成人社会关系中,保护作用的调解可能建立在隐含的非正式控制基础上。和谐的婚姻之所以很重要,是因为个体参与工作和家庭活动,减少了犯罪机会。此外,内部认知的变化可能会起到一定的作用。人们的自我形象、对生活和机遇的看法以及他们的态度和期望可能已经改变了一个和谐婚姻的结果。在成年人的生活中,稳定的工作有助于树立良好的社会功能,但因服刑经历、犯罪记录或者酗酒导致就业机会减少时,反社会行为可能延续。

埃尔德（Elder,1986）在对加州纵向研究进行再分析时发现,对于那些在幼年时期离开学校后立即进入军队的青少年,社会剥夺对他们成年后的心理社会功能发展是有益的。在军队的经历为他们提供了一个在更成熟的环境中继续接受教育的机会,伴随着自我形象的变化,他们倾向于事业有成之后再结婚。桑普森和劳柏（Sampson & Laub,1996）证实了埃尔德的发现,军队的经历为那些来自弱势背景的青少年提供了一种重要的保护作用,对那些在成家立业前进入军队的青少年罪犯特别有益。这个影响考虑到广泛的风险特征,以及儿童反社会行为的持续分析。所表现出的现实影响是：军人安置法案提供了职培训和教育机会。桑普森和劳柏进一步建议,进入军队的青少年罪犯通过摒弃社会缺点和犯罪耻辱,加上军队所提供的拓宽视角、开辟视野的经历,有助于他们履行海外职责。朗和瓦利恩特（Long & Vaillant,1984）指出,对于一些来自问题较多家庭的年轻人,军队要为其提供进一步接受教育和职业培训的机会。考艾岛研究（Werner & Smith,1992）同样证实了这一点。应该指出,在所有这些研究中,在军队的经历对于那些来自非弱势背景或成家立业后进入军队的人来说,并没有特别有利的影响。因此,并不是说军队经历都是有益的,而是说,在特定的情况下,军队提供的新的机遇对他们可能是有保护作用的。

心理韧性的自我定义

迄今为止,研究者普遍将经历过某种形式的压力和逆境的儿童作为他们研究的出发点,或是利用个人自身的观念和看法展开研究。瓦特等人（Watt,David,Ladd,& Shamos,1995）研究了那些认为自己已经战胜了逆境的志愿者样本。他们选取 27 名妇女和 4 名男子作为样本,并从具有类似背景的人群（非弱势群体）中选取有类似性别分布的 19 人作为对照组,通过开放式问题的问卷调查和录音来获得数据。心理韧性组与对照组相比经历了一个更高水平的生活压力。近

2/3 的报告显示,他们在儿童时期被情感虐待,有 16% 的报告显示存在性虐待。

那些已经战胜逆境的人强调能够控制自己生活的过程非常重要,有 80% 的人提到从其他人(通常不止一个亲属)那里获得了支持。对于所有的人,战胜逆境的过程持续了一段相当长的时间,往往涉及多个步骤,而不是在某一个特定的时间点发生的。几乎所有人都谈到了自己的内在动力,超过一半的人将内在动力归因于一些宗教原因。其中近 1/3 的人曾寻求心理治疗。这似乎已经帮助他们找到了生活的方向。正如招募样本时所预期的,心理韧性强的被试对自己的自我价值是自信的,许多人都表现出一种传教士般的热情。显然,从志愿者样本中得到的任何概括都必须相当谨慎,但是这些发现也提供了一些有用的线索。

压力缓冲效应

戈尔和阿塞廷(Gore & Aseltine, 1995)在对 1 000 多名高中学生进行的关于压力的影响的调查中发现,压力缓冲效应很明显。正如预期的那样,较低水平的社会资源、生活的压力、性格和人际关系都与一年后高水平的抑郁情绪相关联。令人惊讶的是,消极的家庭事件、与父母的关系和抑郁症没有明显的相关关系,掌控感和社会融合的积极作用尤为强劲。当个人高度紧张时,社会支持的保护作用会更强烈,这一结果让人很感兴趣。另外,保护作用在一定范围内是非常明显的。也就是说,来自朋友的支持并不能改善家庭压力的影响,反之亦然。来自朋友的支持对男孩来说可以减缓压力,但对女孩没有这样的效果。男孩和女孩主要在获取支持方面存在差异,在可用的资源方面并没有如此大的差别。戈尔和阿塞廷认为,在女孩中,社会关系方面的支持和情感投入可能会更密切地交织在一起。贝拉(Belle, 1982)也注意到,在一定程度上越倾向交流感情的(Maccoby, 1998)女孩也越容易给自己的人际关系造成压力。也就是说,在某种程度上给她提供支持的人,也可能同时带去了对这段关系的压力,因此它是一把双刃剑。

间接连锁效应

在其他几个研究结果中发现,间接连锁效应的重要性是显而易见的。例如,弗斯腾伯格等人(Furstenberg, Brooks-Gunn, & Morgan, 1987)发现,经济独立作为一个关键因素,能够促使人们成功地适应生活,而促使经济独立的元素包括成功地从高中毕业、生育的限制以及稳定的婚姻。马斯腾等人(Masten, Morrison, Pellegrini, & Tellegen, 1990)在其调查结果中指出,个人特质(如 IQ)、人口统计学特征(如家庭破裂)和父母的品质(如组织能力和凝聚力)都与两个结果变量——破坏性行为和青春期的消极生活事件有关。鲍尔温等人(Baldwin, Baldwin, & Cole, 1990)从罗切斯特纵向研究报告中发现,来自高风险环境的孩子的成功结果与好的养育质量相关联。在高危环境下,好的教养的重要特征之一是保护儿童免受环境中的风险,如使用毒品、参与犯罪和早孕。斯莫尔(Small, 1995)在对青少年的大规模调查中同样发现,酗酒与父母缺乏对孩子活动的监控有相当强的联系,邻居的监督显示出类似的保护作用。当父母和邻居都对孩子监督不足时,酗酒就会发生得尤其频繁。

对年幼时经历父母离异的孩子进行长期随访研究后发现,这段经历对其成年生活的社会功能和心理健康的各个方面产生着深远的影响(Cherlin et al., 1991)。然而,研究结果注意到了各种中介因素的重要性。举例来说,根据英国儿童发展研究统计信息,蔡斯-兰斯代尔等人(Chase-Lansdale, Cherlin, & Kiernan,1995)发现,在一项关于困扰和干扰的问卷调查中,在 7~16 岁之间经历父母离异的儿童倦怠测量的分数提高了 20% 以上。出乎意料的是,父母离婚对很少有情绪和行为问题的 7 岁孩子的负面影响最大。这可能是因为有某些问题的儿童更有可能来自不正常的家庭。在某些情况下,离婚则可能会减少由不良婚姻引发的家庭冲突和矛盾。这一发现强调了相同的变量在某些情况下可能成为风险因素,而在另外的情况下可能是保护性因素。

库和麦克林(Kuh & Maclean)研究发现,与父母离异相关的结果有:较低的教育程度和职业地位、心理健康状况不佳、酗酒、未成年结婚、婚姻破裂的可能性增加以及较高的再婚率。很明显,许多后遗症都是由早期父母离异的后果导致的。未成年结婚又明显导致婚姻破裂的概率增加。父母离异导致孩子成年后患精神障碍的可能性增加,而且更倾向于用喝酒来排解心理问题。反过来,酒精滥用又增加了心理健康问题持续存在或反复发生的可能性。

支持性家庭关系

大量研究指出,无微不至的关心、父母的信心和热情以及支持性亲子关系会产生积极影响(Cowen, Work, & Wyman, 1997; Dubow & Luster, 1990; Egeland et al., 1993; Fonagy et al., 1994; Masten et al., 1990; McCord, 1986; Pianta, Egeland, & Sroufe, 1990; Seifer, Sameroff, Baldwin, & Baldwin, 1992)。当然,这样的正面影响是意料之中的,因为它终止了风险因素,如家庭不和、不良的教养方式和不安全的亲子关系(Patterson, 1995, 1996; Reiss et al., 1995; Rutter et al., 1997b)。然而,这并不是全部结论。例如,詹金斯和史密斯(Jenkins & Smith, 1990)发现,与父母其中一方的良好关系可以在一般家庭不和的情况下起到保护作用。马斯腾等(Masten et al., 1988)发现,经历过高质量养育的女孩很少受到来自压力的负面影响(尽管父母的教养质量对男孩儿产生较小的保护作用)。

对经验的认知情感处理过程

长期以来,人们一直认为儿童能积极地处理他们的经历,思考发生在他们身上的事情,并建立有意义的链接。某些事情对于一个孩子成为受欢迎的个体是积极的挑战,对于另一个孩子则可能是威胁的经历和失败的期望。不同的学者一致认为,经验认知和情感处理的风格对心理韧性的形成是至关重要的。因此,梅因等人(Main, Kaplan, & Cassidy, 1985)提到了童年期的依恋经历,他们认为依恋会对人产生重要的影响,依恋的经历实际上发生在童年时期,但是人们往往在成年后才会回想依恋的方式。有人认为,对个体来说,起到保护作用的是接受消极经历的现实,而不是否认或扭曲他们的遭遇,同时还要能够把重点放在积极的方面,以便将其整合成自己的个人模式。

实证研究表明,人的经历与其之后对经历的理解之间有重要的区别(Van Ijzendoorn, 1995)。但是还很少有数据表明它们各自的相对重要性。福纳吉等人(Fonagy et al., 1994)的研究发现,从父母中的一方所获得的安全感(通过对成人进行依恋访谈而得)与母婴关系相关。对于那些经历过被剥夺的人来说,在童年时期从母亲那里获得的消极经历构成了诱发不安全感的风险因素,自我反思是一种影响最大的保护性因素。如前所述,那些适应能力强的个体在自我报告中通常会强调积极的自我概念、态度倾向以及对消极经历进行定义的重要性。认知过程的形式对于压力和逆境的影响很可能是一种重要的调节因素,这似乎是一个合理的猜想,但是还没有足够的证据证明这个猜想在何种程度上确实如此。人们对于认知过程的不同形式的易感性特点则了解得更少。

脆弱与坚强的结果

一个相关的讨论是,在压力与逆境面前人们是脆弱了还是坚强了。也就是说,在此过程中,压力与逆境对人们以后的消极经历的抵抗力是增强了还是减少了。正如前面所说,这两种结果均可能发生。目前还没有关于这些功能的系统研究来证明哪种反应更容易发生。然而最关键的可能是最初的压力经验是否使个体觉得可控,而且可以成功应对,并提高个体的驾驭感、自我效能感和自信心。例如,埃尔德(Elder,1974,1979)在对成长于经济大萧条时期的儿童的研究发现,对于年龄较大的儿童而言,承担家庭责任和从事业余工作能够使他们更坚强,然而这在年幼的儿童中往往有相反的效果。成功应对和有效地接受角色的责任,这似乎与家庭凝聚力有关,并可能形成性格优势。类似的治疗担忧和恐惧的研究表明,对恐惧刺激的逃避往往会延续恐惧症,而成功应对的经历却往往导致恐惧的减少和丧失(Ollendick,King,& Yule,1994)。人们应对不同种类的物理性危险时也可能存在类似的情况(Rutter,1995c)。心理韧性并不总是存在于积极健康的个性特征或经验中,很显然在医学和生物学中更是如此。相反,心理韧性似乎源于个体在遭遇压力的某一时刻或者某种程度上,他的身体可以成功应对有害挑战的系统。因此,不管是自然的还是通过治疗而产生的抗感染的免疫力,都来源于对相关病原体的控制而不是避免。要得出任何关于逆境中的社会心理压力的应对过程的确切结论,现有证据都太零碎了,但它很可能仍然适用。

积极的经验

进一步的问题涉及积极经验在心理韧性产生时的作用。有限的证据表明,不管是急性的还是慢性的,积极经验本身并没有施加更多保护性作用(Rutter & Sandberg,1992;Sandberg et al.,1993)。证据主要来自临床实验组与控制组的比较研究。研究发现在积极经验中没有差别。如果积极经验与某种冒险因素背道而驰或对其消极结果进行补偿,则可能存在某种好处。阿森多佛和范阿肯(Asendorpf & Van Aken,1997)在对139名六年级学生的访谈研究中发现,从父母或者同学那里获得低社会支持的儿童普遍报告了低自我价值感。父母中一方较低的支持可以从另一方的支持关系中得到补偿,但不能从其他人的支持关系中得到弥补。这项研究结果证明了支持关系的特质性。从戈尔和阿塞廷(Gore & Aseltine,1995)的讨论结果中也能得出同样的推断。在生活压力使成年人突然处于抑郁症的研究中,发现了类似的结论,所谓的中和事件或新的生活事件能够否定或者抵消早期威胁事件或困难的消极影响(Brown,Adler,& Bifulco,1988; Brown,Lemyre,& Bifulco,1992; Craig,Drake,Mills,& Boardman,1994; Tennant,Bebbington,& Hurry,1981)。这样的中和事件似乎会增加缓解抑郁的可能性,而这一发现并不是说积极事件没有这种中和特性。

遗传的影响

如前所述,有大量的证据表明,遗传因素在所有形式的精神病症中起重要作用,特别具有持久性并且随着时间的推移还有复发性(Rutter et al.,1999)。因此,作为多因素决定论中的一部分,遗传因素一定对人的心理韧性起着重要作用。然而,从对因果机制的理解和制定有效干预方案的角度来看,有必要超越这种相对一般的推理,然后以一种无歧视的观点来发现遗传因素会怎样影响人的心理韧性。随着分子遗传学的发展,使确认个体层面的遗传风险成为可能。这有可能推动该领域的进一步发展(Plomin & Rutter,1998)。同时,也为大量的遗传研究结果提供了一些重要的线索。

很显然,消极的遗传因素与环境可能是有关系的(Rutter et al.,1997b)。也就是说,精神病理学上的亲代遗传影响可能与造成大量环境风险的不利抚养方式显著相关。家长不仅通过遗传因素影响孩子,也通过塑造孩子的家庭环境来影响孩子。这种影响在父母有人格障碍、滥用药物和酗酒(与家庭不和或者破裂有高相关)的家庭中最为明显,而且在父母有长期性或复发性抑郁症并且伴有其他形式的精神障碍的家庭中也有显著相关(Rutter,1989;Rutter & Quinton,1984;Rutter et al.,1997b)。几项研究已经表明,后代的主要风险来自于父母的精神障碍和严重适应不良的家庭环境。父母精神障碍的直接影响使人们对危险环境较少注意(Bank, Forgatch, Patterson, & Petrow, 1993;McCord, 1986;Roy, Pickles, & Rutter, in press;Rutter & Quinton, 1984;Vorria, Rutter, Pickles, Wolkind, & Hobsbaum, 1998a, 1998b)。然而,这些研究中,父母精神障碍的直接影响并不完全由不良环境调节。

特别是在那些反社会问题的案例中,也有越来越多的证据表明,遗传与环境相互作用的可能性和重要性。也就是说,一些遗传效应源于基因在人们对高风险环境中逐渐提高的脆弱性或易受影响的状况(Rutter et al.,1998)。主要证据来自对被收养者的研究,对于亲生父母有高犯罪或吸烟、酗酒遗传风险的个体,如果父母没有抚养他们,环境因素对他们的影响会更大(Bohman,1996;Cadoret, 1985;Cadoret, Yates, Troughton, Woodworth, & Stewart, 1995;Crowe, 1974)。换句话说,亲生父母遗传风险和不利领养家庭环境的结合,很可能导致反社会行为。

也有一些证据表明,敏感性基因与抑郁和焦虑症相关,也可以影响个体对环境的敏感性。至少与单向情感障碍有关,似乎大部分的遗传风险来源于对情绪化或神经质的人格特质的影响,而不是直接对某些特定的精神障碍的影响(Kendler, 1996;Kendler, Neale, Kessler, Heath, & Eaves, 1993)。肯德勒等人(Kendler et al.,1996)关于双胞胎的独创性应用研究发现,理论上有高遗传风险的双胞胎与那些理论上有较低遗传风险的人相比,最有可能以一种新的情感性障碍来应对负面生活事件。

遗传因素起作用可能与心理韧性有关,也可能与缺乏心理韧性有关,但都源于积极的、唤起的遗传与环境的相互关系(Rutter et al.,1997a)。如前所述,人们通过他们的行为影响着其他人对自己的反应,同时也在塑造和选择着他们所经历的环境。无论行为是源于遗传、环境影响或两者兼而有之,这种效应均适用。对被收养者的调查研究表明,部分基因影响以这种方式运行(Ge et al., 1996;O'Connor, Deater-Deckard, Fulker, Autter, & Plomin, 1998)。事实证明,亲生父母的遗传风险和养父母消极的养育之间有重要的关联——中间调解变量以某种形式显现于儿童的破坏性行为中。虽然我们对这类人对环境影响的发展性后果还知之甚少,但据有限的证据表明,儿童的不安行为更可能持续产生消极的状态或使他人产生不适应的反应(Maccoby & Jack-Lin,1983)。人们时常认为,若儿童的行为是受很强的遗传因素影响,这种恶性循环就无法得以修正,但证据表明事实并非如此。例如,多动症就是一种很强的由遗传因素影响的儿童精神障碍(Rutter et al.,1999),但药物改善了儿童的行为,并且这也需要父母与儿童间的互动使其顺着有益影响方向发展(Schachar, Taylor, Wieselberg, Thorley, & Rutter, 1987)。

因为无法干预而认为"体质"因素是无关紧要的这个结论早就被认为是谬论(Ainsworth,1962)。相反,先天与后天之间存在活跃而动态的相互作用,很多机制只要给予适当形式的干预就容易得以修正。当然,这并不意味着基因本身是可变的(除了采取激烈的基因治疗外),而是因为太多的影响是间接的,间接连锁反应的很多途径参与了致病过程。

正如前面所讨论的,同样重要的是要考虑遗传的作用与影响,环境因素从表面上看可能反映在遗传的中介部分。因此,人们消极和积极的生活经历及他们经历的各种社会支持都涉及一定程度的遗传影响(Plomin, 1994a, 1994b; Plomin et al., 1997)。然而,问题的关键不在于遗传的影响是否在这些不同经历的起源中发挥作用,而是在于它们是否在风险和心理韧性的调解过程中发挥作用。在这层联系中,凯斯勒等人(Kessler, Kendler, Heath, Neale, & Eaves,1992)采用问卷调查法对弗吉尼亚约800名同性双胞胎进行研究,测试感知支持(从各亲朋好友)和抑郁之间的关联。调查结果虽然复杂,但信息量丰富且十分重要。简而言之,初步分析表明,更高水平的某种形式的社会支持都伴随着更低风险的抑郁,这似乎就是一种缓冲效应,即在高水平的支持下压力对抑郁的影响变小。奇怪的是,配偶的支持与这一研究结果相反。但是影响抑郁易感性的遗传因素在某种程度上是与社会支持下个体差异的遗传因素相似。统计建模表明,在四个关键的支持性测量案例中,明显的压力缓冲效应是受遗传和环境因素直接影响的结果,这些因素会对成功建立支持性友谊网络产生影响,也对高压力条件下的抑郁有直接影响。这意味着一些缓压效应是有欺骗性的,但也有证据表明有些是真实的。凯斯勒等人指出,这种影响很可能是双向的,即高水平的支持在高压时可能有抗抑郁的作用,抑郁症的影响也可能削弱社会支持。

心理韧性的过程对政策的意义

显然,心理韧性与不同的精神病理结果之间必然存在着不同的过程。虽然有些特性趋向于更宽泛的结果,但也有其他一些趋向于更具体的、诊断性的结果。粗略地总结那些促进心理韧性的特性是无任何意义的、荒谬的。从对前人研究成果的综述来看,大多数研究都集中在破坏性或者反社会行为的一个或几个方面;针对心理韧性与抑郁症、焦虑症或饮食障碍的关系的研究开展得较多。同样明确的是,无论从哪个方面考虑研究结果,心理韧性都不是一个人的特质或特征。相反,它反映的是一个过程或过程的范围。这个过程涉及遇到压力与逆境之前、过程中和之后所用到的一系列不同的操作机制。正如前人的研究中已证实:样本、措施、概念、风险因素和结果在心理韧性领域的关系是错综复杂的,不能把这些研究结论统一起来从而得出一个坚定可靠的结论。然而,这些证据确实允许我们去推理心理韧性与一系列结果之间可能存在的一些主要的关系(Rutter,1999)。

整体风险水平

几乎所有常见的心理障碍都是由多因素决定的。也就是说,它们是由多种基因与多个心理(生理)风险因素之间相互作用决定的。只有少数精神障碍与个人风险经历之间的风险系数相对较低。对社会心理风险的反应存在着个体差异,其主要原因是风险因素的数量和个人暴露于风险环境的持续时间。总的来说,那些在短时间内受到更少风险因素影响的儿童表现出更强的心理韧性。从某种意义上来说,虽然这些研究在理论上没有令人兴奋的发现,但仍然有三个重要的启示:第一,研究主要关注的应该是那些暴露在多重逆境下的儿童,而不是那些经历单个主要风险的儿童;第二,减少风险的总体水平在促进心理韧性形成的过程中可能起重大作用,即便依然存在相当大的风险因素;第三,应该关注儿童所在学校、同伴之间以及家庭中的经历。

对风险的敏感性

证据表明,对于任何既定程度的风险暴露,在易感性与敏感性方面确实存在着个体差异。这些差异起源不同,其中重要的一个来源就是遗传的影响。遗传因素在很大程度上影响着个人对于环境危害的易感性。另外,环境干预措施对于处于遗传风险的人来说可能是十分重要的。遗传和环境因素通常不会为精神病理学提供其他的解释路径,相反,致病过程却与这两者之间复杂的相互作用有关。显然,个人素质(如气质和个性)与受遗传影响的特性相关联,与个体对压力和逆境的敏感性差异相联系(Tschann, Kaiser, Chesney, Alkon, & Boyce, 1996)。与风险和心理韧性始终相关的是一个人的智商或总体的认知功能水平。除了少数例外(Luthar, 1991),低智商与负面影响的风险系数呈正相关,而高智商一般伴随着较低的适应不良。"风险—心理韧性"维度在反社会行为中的一致性最强。基于抑郁、焦虑或其他形式情绪困扰的关系的研究也越发多变。然而,我们还不太清楚智商是如何影响风险过程的。与反社会行为联系起来,似乎相对较低的智商导致了不依赖于任何与社会心理逆境有关的风险因素的形成。智商所扮演的角色部分是通过教育失败以及失败带来的社会后果来传递的,但这似乎仅仅只是一部分(可能是一小部分)。另外,一些与社会心理压力和社会心理逆境有关的研究认为,智商的影响要远胜于其他因素(Moffitt, 1990)。

古德曼等人(Goodman et al., 1995)企图通过分析流行病学样本数据来确定其中涉及的机制,这些数据源于他们对 400 名 13 岁双胞胎的研究。研究发现,家长和老师都报告比较爱捣乱的孩子智商较低,这与父母的智商或者社会阶层无关,而且并不完全被低学业成就所调节。从教师的报告中发现,高水平的情感症状也与低智商相关,但是从父母亲的报告中却没发现这一点。这也表明低智商的结果是由于与他人的行为进行比较而产生的。在此基础上,人们可能会认为,当儿童的智商比兄弟姐妹低时将会产生主要风险。然而,调查结果却显示,风险完全源于儿童自身的智商,与他的兄弟姐妹并无关联。显然,正如人们多年研究所得出的结果一样,智商与风险及心理韧性的效应贯穿于智商的整个分布范围,而不仅仅是低智商水平。由此,我们得出以下结论:认知功能是风险—心理韧性过程中的一种重要方式,这种方式并不像人们想象的那么简单,因为它与教育程度相关,但是对于它具体的作用机制还不是很明了。

其他与心理韧性显著相关的个人素质包括高自尊、自我能效感和规划能力。它们是如何促进心理韧性的仍然是个谜。积极的自我概念有可能让处于某种压力和逆境中的人们少受情绪上的痛苦、自信危机或社会的冷漠。同样,正如班杜拉所提出的,自我感觉良好并不是关键的,相反,在充满挑战的情形下,感到自己还能控制自己的命运及采取积极的态度应对挑战,才是至关重要的。在这种情况下,特别的应对技巧有可能不是至关重要的,重要的是正确实施一种恰当的应对策略的思想观念。当然,有必要去询问是何种经历培养了这些看似具有保护性质的自我概念。证据表明,两种类型的经历是很重要的:安全的依恋关系的存在(在多年的成长过程中,个体和养育人员的关系变得尤其重要);某次活动中成功的经历。

先前的经历同样很重要。尽管能够直接证明该问题的实证结论较少,但是先前成功应对挑战和克服困境的经历有可能也具有保护作用(Elder, 1974, 1979; Phelps, Belsky, & Crnic, 1998),这些经历对自我概念的意义至少与在先前压力或困境中获得的特定的应对策略同样重要。

对于由社会机构抚养的儿童的研究表明,年轻人较高频率地感觉到受命运的摆布、缺乏目的感或对自己生命的控制感(Quinton & Rutter, 1988; Pawlby et al., 1997a, 1997b)。在这些研究中,尽管不知道儿童的感觉是否与其在社会机构的经历相关,但确实令人震惊的是,大多数青少年抚育机构为青少年提供非常少的机会去锻炼责任感、自制力和对生命的掌控感。而有关学校的研究认为,学校的成功往往与提供锻炼儿童责任感的机会相关。学校采取的具体措施差异很大,但是确实很重要,不管形式如何变化,都是可用的。普通的家庭中也发现了相似的特征。显然,给予儿童的责任要符合儿童的成长水平和个人品质。这是让孩子自己做决定,并通过失败和成功进行学习的机会,所以这一点很重要。能够证明这些锻炼机会与心理韧性相关的证据并不充分,但即使如此,也有迹象表明,随着儿童的成长,这些是他们人生经历的重要组成部分。

基于风险敏感性的考虑,对预防政策产生了几个不同的影响。第一,学校显然需要营造一种为所有儿童提供锻炼自主权和责任感的氛围,为他们提供在生命中的某一方面获得成功的机会(Maughan, 1994; Mortimore, 1995; Stipek, 1997)。这里所说的成功,不一定指学业成就,尽管这也是很重要的,但它不是唯一的。学校气氛还应包括较好的师生关系、鼓励和奖励、积极的关注和恰当的较高期望。第二,这些特征可以用在家庭教养方式上,但是与温馨、支持的关系有所不同,提供安全感尤为重要。已经有几个系统的干预项目在帮助高危人群获得好的教养方式,而这些项目看起来可能会有所帮助(Rutter et al., 1998)。第三,学校中的预防项目在促进社会问题得以有效解决方面是有价值的(Pellegrini, 1994)。

总之,从对风险敏感性的研究中得出了四个主要结论。第一,环境干预措施对于遗传上处于风险中的儿童是最重要的。第二,在很大程度上,应对压力-困境的心理韧性可能通过恰当的经历获得,这种经历包括成功应对生命中的挑战(家长那些尝试将儿童完全保护起来而不让其受任何压力的做法可能是具有破坏性且无用的),承担责任以及行使自主权和进行决策,拥有安全、和谐的人际关系。第三,在这种关系下,培养较好的父母教养方式是有价值的。第四,在学校中的社交以及教育经历起到了很重要的作用。

减轻压力和逆境的影响

很多研究表明,风险经验的程度会对儿童产生直接影响,而不仅仅是作为背景经验。例如,我们可以很清晰地看到,一般家庭不和谐和冲突构成了风险因素(特别是反社会行为),敌意、批评和消极情绪直接作用于儿童个人,会反映出更强的风险效应,儿童成为家庭不和谐和冲突的替罪羊(Reiss et al., 1995)。人与环境相互关系的研究表明,在很大程度上消极经历对孩子的影响程度受到儿童个人品质的影响。相互作用是双向的。然而在高风险情境中将个人的负面影响保持在最低程度确实很重要。对一些有心理韧性的青年的研究指出,年轻人可以自己采取行动寻求家庭之外的支持,并在一定程度上远离自己家庭中的风险情境。这种干预方案在减少对立—反抗和反社会行为方面已被证明是成功的。正如帕特森及其同事发现的(Patterson, Dishion, & Chamberlain, 1993;Webster-Stratton, 1991),方案中包括旨在帮助家庭避免人与人之间交流的强制模式的战略和战术。当然,家庭之外的高风险经历,尤其是在同伴群体中和校园内的经历对个体的影响很大。许多研究表明,家长、老师和邻居适当的监管和监督,能帮助年轻人避免与离经叛道的群体纠缠在一起。显然,这不仅仅是警示年轻人、防止他们从事不良活动的问题,而且是确保家庭内外具有同样吸引力的可选择性活动。

因此,该政策的影响有:(1)对陷入困难家庭进行干预,以免家长将儿童作为家庭冲突的替罪羊,同时降低家庭不和的总体水平;(2)有必要对儿童在家庭以外的经历给予适当监管和监督。

减少负面影响的连锁反应

尽管没有普遍有效的应对策略,但还是有些反应会让个体在应对压力与困境中产生适应不良的后果。因此,有大量证据表明,当很多青少年用吸毒或酗酒来应对压力,用辍学、怀孕或者结婚来逃避家庭冲突时,以上这些方式都会对青少年产生长期的不良影响。很明显,年轻人更应该通过自己的行动,通过他人的支持、指导、监督来避免这些适应不良的结果,从而找到更具建设性的应对压力和逆境的方式。此时,前面提到的自我效能感与规划能力就会在除成人的支持、指导和监督之外的环节中起重要作用。这些政策的意义在于,年幼儿童需要得到帮助以免产生适应不良的结果。大部分的研究重点一直集中在青少年身上,但是应对策略的习得更多发生在幼年期,因此,这应该在个体早期及之后的干预项目中成为重要的组成部分。

增加积极的连锁反应

不同性格品质的影响研究中的一个重要方面就是不同的性格品质对其他人的影响。在大多数情况下,研究集中在其他人对消极性格或破坏性行为的回应是批评性的、敌对的还是惩罚性的(Rutter, 1990;Rutter et al., 1997a)。这些适应在自然状态和实验状态下的研究中都已被发现(Engfer, Walper, & Rutter, 1994)。在同样机制中的另一方面上,个人积极的个性特点很可能会引起其他人友好和支持的响应。沃纳和史密斯(Werner & Smith, 1982)的研究强调了性格的影响,马斯腾(Masten, 1982)的研究也证明了幽默的保护作用。虽然现在的研究很少关注性格的积极作用,但临床经验发现,即使有明显的情绪行为障碍,某些孩子仍然倾向于对他人做出积极回应。在相同的环境状况下,相比对立挑衅的行为反应,在压力或逆境中困扰或不快乐的反应更有可能得到其他人的支持性响应。心理韧性的这个方面往往被忽视,但是值得进一步关注。它的意义在于,我们需要从另一个角度来看性格的影响,不仅仅将其视为个体内在的个性品质,而且要认识到它对人际互动的重要性。儿童需要得到帮助从而正确发挥他们的个性品质,在社会上获得积极的而不是破坏性的影响。

经验开创了新机遇

大量研究表明,不良体验之后精神病理持续发展的原因之一是不利环境的继续存在。环境并不总是一成不变的,即使有这种情况的存在,在各种因素的影响下,消极环境也会引发压力和逆境的发生。因此,培养心理韧性的一个潜在的重要作用是结束破坏性经验、开创新的机遇以及改变环境。前面提到,军队经历对于弱势青少年就是一个转折点。这并不是说军队经历本身就是一种积极的或保护性因素,也不是说军队经历的缺失对于心理病理来说是一种风险因素。而是对于许多青少年来说,参军可以中断社会和家庭生活的负面影响,当然这要撇开因武装冲突或群体生活带来的压力。然而,当军队经历为被学校教育抛弃的弱势青年提供更多的成人教育和职业培训时,它对弱势青年来说就是有帮助的,它为他们提供了一个新的开始。同样,如果晚婚意味着潜在的结婚对象范围超越了曾经的不良同伴团体,那么这也可能是积极的。忘却耻辱和负面声誉也许会创造一个新的开始。

许多研究已经证明了辍学和未能顺利毕业(未获得学位和学历证书)的负面影响。显然,反过来说,持久的教育使就业机会扩大并增加了经济安全的可能性。婚姻本身既不是风险因素也不是保护性因素,因为在很大程度上这取决于婚姻的质量、伴侣的类型以及婚姻对人的社会经验产生的影响。当这些因素都是积极的,就有可能产生积极的效果,创造有利的机遇,成为亲社会团体的一员。通过增加与社会的联系,获得家庭责任也可能会有保护作用。应当强调的是,在综合考虑多种因素的情况下,该结果主要适用于反社会行为,相对于其他状况,如抑郁症,也许会有所不同。不过,很显然有必要注意到转折经历在青春期和成年生活中的价值,以及可能促进具有高风险背景的年轻人发生改变。

有人可能会认为,青春期/成年早期的这些转折经历与学前儿童社会心理风险的相关性不大,但事实并非如此。我们惊奇地发现,转折经历能为那些早年就经历挫折的高危青少年带来好处。这一点具有极其重要的意义:幼儿期即使再严重的受挫经历也不一定对以后的人生产生持久的影响,多数持久的消极后遗症源于不良体验的延续。这意味着生活环境往好的方向改变将大大有助于改善早期的风险,即使这种改变可能发生在以后的生活中。

中和或代偿性经验

即使愉快经验对于培养心理韧性没有任何实质性作用,但成功、他人的认同以及成就感对促进每个人的自尊感和自我效能感是十分重要的。当这些经历普遍不足时,个人在某个情境中的积极经历就显得非常重要,因为这弥补了他们自身缺乏的经验。经常提到的在学校里的良好经历就是这样一个例子。同样,密切的、亲密的关系对于获得最佳心理发展具有十分重要的作用。这种特殊的关系类型也会在以后的生命历程中产生影响。在家庭中,选择性依恋通常对幼儿来说至关重要,爱和倾诉关系在成年生活中也会起到类似作用(Rutter, 1995a; Rutter & O'Connor,

1999）。这种关系的缺乏是导致各种形式心理问题的一种风险因素，然而，当这种关系普遍缺乏时，会出现一种保护性的新关系。证据表明，这种保护性关系具有一定程度的领域特殊性。也就是说，虽然与同伴保持良好的友谊可能是积极的，但是对于糟糕的亲子关系来说，同伴关系仍是一个相当不理想的替代关系。如果要制定相关政策，关于补偿经验方面的证据显得过于零碎。快乐经历本身似乎对培养应变能力没有多大的帮助（对于自己是可取的）。相反，重要的是有助于打击风险机制的体验。对亲密、信任关系的价值研究结果表明，亲密的关系是支持性的，尤其是当其他关系不良时，但在确定哪一种良好的关系可以弥补其他关系时也有诸多限制。

经验的认知过程

促进心理韧性产生的最后一个影响因素是人们如何看待自己的经历，以及如何将经历纳入自己、周围环境以及与其他人关系的整体认知图式中。显而易见的是，在怎样完成这个过程的方式上个体表现出明显的差异，那么可以假设，经历对个体的影响过程也具有差异。关于认知过程的不同模式对负面的早期经验影响的研究将构成未来研究的重点。同时，在临床上它很可能成为研究焦点，但如何更好地处理所涉及的问题还存在不确定性。这些研究的意义是，对经验的认知很重要，可以帮助青年人积极地思考，接受不良体验的现实，不指责超出自己控制范围的事情，即使在恶劣的情况下也能看到好的方面（如成功应对存在的危害并寻找适应的方式前进）。

总　　结

心理韧性不是个人的固定特征，而是不同类型的随着时间变化的动态操作过程。这一认识为将研究结果应用于开发更有效的干预政策提供了机会。由于不同类型的适应不良结果的风险因素和保护性因素是不一样的，以及心理韧性的过程受背景信息的强烈影响，研究结果不太可能转化为一个连贯的项目。在过去，研究者希望发现心理韧性的标志，仿佛一旦人们知道了它"像什么样子"时，设计干预项目就应该相对简单了。但这已经不再是一个合理的目标了。本章对已有的研究进行了综述，有些结论还需要以后的研究进一步验证。虽然还有很多地方需要探究，但是对有可能涉及的不同种类的心理韧性过程有了一个更好的理解，这些研究已经对制定干预政策提供了一些暂行准则。

参 考 文 献

Ainsworth, M. D. (1962). The effects of maternal deprivation: A review of findings and controversy in the context of research strategy. In *Deprivation of maternal care: A reassessment of its effects* (pp. 97–165). Public Health Papers #14. Geneva: World Health Organization.

Anthony, E. J. (1974). The syndrome of the psychologically invulnerable child. In E. Anthony & C. Koupernick (Eds.), *The child in his family: Vol. 3. Children at psychiatric risk* (pp. 529–44). New York: Wiley.

Anthony, E. J. (1978). A new scientific region to explore.

In E. J. Anthony & C. Koupernik (Eds.), *The child in his family: Vulnerable children* (pp. 3–15). New York: Wiley.

Anthony, E. J., & Cohler, B. J. (Eds.). (1987). *The invulnerable child*. New York: Guilford Press.

Asendorpf, J. B., & van Aken, M. A. G. (1997). Support by parents, classmates, friends, and siblings in preadolescence: Covariation and compensation across relationships. *Journal of Social and Personal Relationships, 14*, 79–93.

Baldwin, A. L., Baldwin, C., & Cole, R. E. (1990). Stress-resistant families and stress-resistant children. In J. Rolf, A. S. Masten, D. Cicchetti, K. H. Nuechterlein, & S. Weintraub (Eds.), *Risk and protective factors in the development of psychopathology* (pp. 257–80). New York: Cambridge University Press.

Bandura, A. (Ed.). (1995). *Self-efficacy in changing societies*. Cambridge, UK: Cambridge University Press.

Bandura, A. (1997). *Self-efficacy: The exercise of control*. New York: Freeman.

Bank, L., Forgatch, M. S., Patterson, G. R., & Petrow, R. A. (1993). Parenting practices of single mothers: Mediators of negative contextual factors. *Journal of Marriage and the Family, 55*, 371–84.

Belle, D. (Ed.). (1982). *Lives in stress: Women and depression*. Beverley Hills, CA: Sage.

Biederman, J., Milberger, S., Faraone, S. V., Kiely, K., Guite, J., Mick, E., Ablon, S., Warburton, R., & Reed, E. (1995). Family-environment risk factors for attention-deficit hyperactivity disorder: A test of Rutter's indicators of adversity. *Archives of General Psychiatry, 52*, 464–70.

Bird, H. R., Gould, M. S., & Staghezza, B. (1992). Aggregating data from multiple informants in child psychiatry and epidemiological research. *Journal of the American Academy of Child and Adolescent Psychiatry, 31*, 78–85.

Bohman, M. (1996). Predisposition to criminality: Swedish adoption studies in retrospect. In G. R. Bock & J. A. Goode (Eds.), *Genetics of criminal and antisocial behaviour. Ciba Foundation Symposium 194* (pp. 99–114). Chichester, England: Wiley.

Bowlby, J. (1951). *Maternal care and mental health*. Geneva: World Health Organization.

Boyle, M. H., & Pickles, A. P. (1997). Influence of maternal depressive symptoms on ratings of childhood behavior. *Journal of Abnormal Child Psychology, 25*, 399–412.

Brody, G. H., Stoneman, Z., Flor, D., McCrary, C., Hastings, L., & Conyers, O. (1994). Financial resources, parent psychological functioning, parent co-caregiving and early adolescent competence in rural two-parent African-American families. *Child Development, 65*, 590–605.

Brown, G. W., Adler, Z., & Bifulco, A. (1988). Life events, difficulties and recovery from chronic depression. *British Journal of Psychiatry, 152*, 487–98.

Brown, G. W., & Harris, T. O. (1978). *Social origins of depression: A study of psychiatric disorders in women*. London: Tavistock Publications.

Brown, G. W., & Harris, T. O. (1989). *Life events and illness*. New York: Guilford.

Brown, G. W., Lemyre, L., & Bifulco, A. (1992). Social factors and recovery from anxiety and depressive disorders: A test of the specificity hypothesis. *British Journal of Psychiatry, 161*, 44–54.

Brunk, M. A., & Henggeler, S. W. (1984). Child influences on adult controls: An experimental investigation. *Developmental Psychology, 20*, 1074–81.

Cadoret, R. J. (1985). Genes, environment and their interaction in the development of psychopathology. In T. Sakai & T. Tsuboi (Eds.), *Genetic aspects of human behavior* (pp. 165–75). Tokyo: Igaku-Shoin.

Cadoret, R. J., Yates, W. R., Troughton, E., Woodworth, G., & Stewart, M. A. (1995). Genetic–environmental interaction in the genesis of aggressivity and conduct disorders. *Archives of General Psychiatry, 52*, 916–24.

Casaer, P., de Vries, L., & Marlowe, N. (1991). Prenatal and perinatal risk factors for psychosocial development. In M. Rutter & P. Casaer (Eds.), *Biological risk factors for psychosocial disorders* (pp. 139–74). Cambridge, UK: Cambridge University Press.

Chase-Lansdale, P. L., Cherlin, A. J., & Kiernan, K. E. (1995). The long-term effects of parental divorce on the mental health of young adults: A developmental perspective. *Child Development, 66*, 1614–34.

Chase-Lansdale, P. L., & Hetherington, E. M. (1990). The impact of divorce on life-span development: Short and long term effects. In P. B. Baltes, D. L. Featherman, & R. M. Lerner (Eds.), *Life-span development and behavior* (Vol. 10, pp. 107–50). Hillsdale, NJ: Erlbaum.

Cherlin, A. J., Furstenberg, F. F., Jr., Chase-Lansdale, P. L., Kiernan, K. E., Robins, P. K., Morrison, D. R., & Teitler, J. O. (1991). Longitudinal studies of effects of divorce on children in Great Britain and the United States. *Science, 252*, 1386–9.

Chilcoat, H.D., & Breslau, N. (1997). Does psychiatric history bias mothers' reports? An application of a new analytic approach. *Journal of the American Academy of Child and Adolescent Psychiatry, 36*, 971–9.

Clausen, J. S. (1991). Adolescent competence and the shaping of the life course. *American Journal of Sociology, 96*, 805–42.

Clausen, J. S. (1993). *American lives: Looking back at the children of the Great Depression*. New York: Free Press.

Cohler, B. J. (1987). Adversity, resilience, and the study of lives. In E. J. Anthony & B. J. Cohler (Eds.), *The invulnerable child* (pp. 363–424). New York: Guilford Press.

Compas, B. E., Hinden, B. R., & Gerhardt, C. A. (1995). Adolescent development: Pathways and processes of risk and resilience. *Annual Review of Psychology, 46*, 265–93.

Conger, R. D., & Elder, G. (1994). *Families in troubled times: Adapting to change in rural America*. Hillsdale, NJ: Aldine.

Conger, R. D., Conger, K. J., Elder, G. H., Jr., Lorenz, F. O., Simons, R. L., & Whitbeck, L. B. (1992). A family process model of economic hardship and adjustment of early adolescent boys. *Child Development, 63*, 526–41.

Conger, R. D., Ge, X., Elder, G. H., Jr., Lorenz, F. O., & Simons, R. L. (1994). Economic stress, coercive family process, and developmental problems of adolescents.

Child Development, 65, 541–61.
Connell, J. P., Spencer, M. B., & Aber, J. L. (1994). Educational risk and resilience in African-American youth: Context, self, action, and outcomes in school. Child Development, 65, 493–506.
Cowen, E. L., Work, W. C., & Wyman, P. A. (1997). The Rochester Child Resilience Project (RCRP): Facts found, lessons learned, future directions divined. In S. S. Luthar, J. A. Burack, D. Cicchetti, & J. R. Weisz (Eds.), Developmental psychopathology: Perspective on adjustment, risk, and disorder (pp. 527–47). New York: Cambridge University Press.
Craig, T. K., Drake, H., Mills, K., & Boardman, A.P. (1994). The South London Somatisation Study: Influence of stressful life events and secondary gain. British Journal of Psychiatry, 165, 248–58.
Crowe, R. R. (1974). An adoption study of antisocial personality. Archives of General Psychiatry, 31, 785–91.
Dubow, E. F., & Luster, T. (1990). Adjustment of children born to teenage mothers: The contribution of risk and protective factors. Journal of Marriage and the Family, 52, 393–404.
Eaves, L., Silberg, J., Meyer, J., Maes, H., Simonoff, E., Pickles, A., Rutter, M., Neale, M. C., Reynolds, C. A., Erikson, M. T., Heath, A. C., Loeber, R., Truett, T. R., & Hewitt, J. K. (1997). Genetics and developmental psychopathology: Vol. 2. The main effects of genes and environment on behavioral problems in the Virginia Twin Study of Adolescent Development. Journal of Child Psychology and Psychiatry, 38, 965–80.
Egeland, B., Carlson, E., & Sroufe, L. A. (1993). Resilience as process. Development and Psychopathology, 5, 517–28.
Elder, G. H. (1974). Children of the Great Depression. Chicago: University of Chicago Press.
Elder, G. H., Jr. (1979). Historical change in life patterns and personality. In P. B. Baltes & O. G. Brim (Eds.), Life span development and behavior (Vol. 2, pp. 117–59). New York: Academic Press.
Elder, G. H., Jr. (1986). Military times and turning points in men's lives. Developmental Psychology, 22, 233–45.
Emery, R. E., & Forehand, R. (1994). Parental divorce and children's well-being: A focus on resilience. In R. J. Haggerty, L. R. Sherrod, N. Garmezy, & M. Rutter (Eds.), Stress, risk, and resilience in children and adolescents (pp. 64–99). New York: Cambridge University Press.
Engfer, A., Walper, S., & Rutter, M. (1994). Individual characteristics as a force in development. In M. Rutter & D. F. Hay (Eds.), Development through life: A handbook for clinicians (pp. 79–111). Oxford: Blackwell.
Farrington, D. P., Gallagher, B., Morley, L., St. Ledger, R. J., & West, D. J. (1988). Are there any successful men from criminogenic backgrounds? Psychiatry, 51, 116–30.
Felsman, J. K., & Vaillant, G. E. (1987) Resilient children as adults: A 40-year study. In E. J. Anthony & B. J. Cohler (Eds.), The invulnerable child (pp. 289–314). New York: Guilford Press.
Fergusson, D. M., Horwood, L. J., Caspi, A., Moffitt, T. E., & Silva, P. A. (1996). The (artifactual) remission of reading disability: Psychometric lessons in the study of stability and change in behavioral development. Developmental Psychology, 32, 132–40.
Fergusson, D. M., Horwood, L. J., & Lynskey, M. T. (1992). Family change, parental discord, and early offending. Journal of Child Psychology and Psychiatry, 33, 1059–75.
Fergusson, D. M., Horwood, L. J., & Lynskey, M. T. (1995). The stability of disruptive childhood behaviors. Journal of Abnormal Child Psychology, 23, 379–96.
Fergusson, D. M., & Lynskey, M. T. (1996). Adolescent resiliency to family adversity. Journal of Child Psychology and Psychiatry, 37, 281–92.
Fergusson, D. M., Lynskey, M. T., & Horwood, L. J. (1993). The effects of maternal depression on maternal ratings of child behavior. Journal of Abnormal Child Psychology, 21, 245–69.
Fonagy, P., Steele, M., Steele, H., Higgitt, A., & Target, M. (1994). The Emanuel Miller memorial lecture 1992. The theory and practice of resilience. Journal of Child Psychology and Psychiatry, 35, 231–57.
Furstenberg, F. F., Jr., Brooks-Gunn, J., & Morgan, S. P. (1987). Adolescent mothers in later life. New York: Cambridge University Press.
Garmezy, N. (1985). Stress-resistant children: The search for protective factors. In J. E. Stevenson (Ed.), Recent research in developmental psychopathology (pp. 213–33). Oxford, England: Pergamon Press.
Ge, X., Conger, R. D., Cadoret, R. J., Neiderhiser, J. M., Yates, W., Troughton, E., & Stewart, M. A. (1996). The developmental interface between nature and nurture: A mutual influence model of child antisocial behavior and parenting. Developmental Psychology, 32, 574–89.
Goodman, R., Simonoff, E., & Stevenson, J. (1995). The relationship between child IQ, parent IQ and sibling IQ on child behavioural deviance scores. Journal of Child Psychology and Psychiatry, 36, 409–25.
Goodyer, I. (1990). Life experiences, development and childhood psychopathology. Chichester, England: Wiley.
Gore, S., & Aseltine, R. J., Jr. (1995). Protective processes in adolescence: Matching stressors with social resources. American Journal of Community Psychology, 23, 301–27.
Gore, S., & Eckenrode, J. (1994). Context and process in research on risk and resilience. In R. J. Haggerty, L. R. Sherrod, N. Garmezy, & M. Rutter (Eds.), Stress, risk, and resilience in children and adolescents (pp. 19–63). New York: Cambridge University Press.
Haggerty, R. J., Sherrod, L. R., Garmezy, N., & Rutter, M. (Eds.). (1994). Stress, risk, and resilience in children and adolescents: Processes, mechanisms, and interventions. New York: Cambridge University Press.
Harris, T., Brown, G. W., & Bifulco, A. (1986). Loss of parent in childhood and adult psychiatric disorder: The role of lack of adequate parental care. Psychological Medicine, 16, 641–59.
Hennessey, J. W., & Levine, S. (1979). Stress, arousal and the pituitary-adrenal system: A psychoendocrine hypothesis. In J. M. Sprague & A. N. Epstein (Eds.), Progress in psychobiology and physiological psychology (pp. 133–78). New York: Academic Press.
Hetherington, E. M. (1997). Teenaged childbearing and

divorce. In S. S. Luthar, J. A. Burack, D. Cicchetti, & J. R. Weisz (Eds.), *Developmental psychopathology: Perspective on adjustment, risk, and disorder* (pp. 350–73). New York: Cambridge University Press.

Hetherington, E. M., & Blechman, E. A. (Eds.). (1996). *Stress, coping, and resiliency in children and families.* Hillsdale, NJ: Erlbaum.

Hinkle, L. E. (1974). The effect of exposure to culture change, social change, and changes in interpersonal relationships on health. In B. S. Dohrenwend & B. P. Dohrenwend (Eds.), *Stressful life events: Their nature and effects* (pp. 9–44). New York: Wiley.

Hultsch, D. F., & Plemons, J. K. (1979). Life events and life span development. In P. B. Baltes & O. G. Brim (Eds.), *Life-span development and behavior* (Vol. 2, pp. 1–36). New York: Academic Press.

Hunt, J. McV. (1979). Psychological development: Early experience. *Annual Review of Psychology, 30*, 103–43.

Jenkins, C. D. (1979). Psychosocial modifiers of response to stress. *Journal of Human Stress, 5*, 3–15.

Jenkins, J. N., & Smith, M. A. (1990). Factors protecting children living in disharmonious homes: Maternal reports. *Journal of the American Academy of Child and Adolescent Psychiatry, 29*, 60–9.

Kendler, K. S. (1996). Major depression and generalised anxiety disorder: Same genes, (partly) different environments – revisited. *British Journal of Psychiatry, 168* (Suppl. 30), 68–75.

Kendler, K. S., Neale, M., Kessler, R., Heath, A., & Eaves, L. (1993). A longitudinal twin study of personality and major depression in women. *Archives of General Psychiatry, 50*, 853–62.

Kendler, K. S., Neale, M. C., Prescott, C. A., Kessler, R. C., Heath, A. C., Corey, L. A., & Eaves, L. J. (1996). Childhood parental loss and alcoholism in women: A causal analysis using a twin-family design. *Psychological Medicine, 26*, 79–95.

Kessler, R. C., Kendler, K. S., Heath, A., Neale, M. C., & Eaves, L. J. (1992). Social support, depressed mood, and adjustment to stress: A genetic epidemiologic investigation. *Journal of Personality and Social Psychology, 62*, 257–72.

Kolvin, I., Miller, F. J. W., Fleeting, M., & Kolvin, P. A. (1988a). Social and parenting factors affecting criminal-offence rates: Findings from the Newcastle Thousand-Family Study (1947–1980). *British Journal of Psychiatry, 152*, 80–90.

Kolvin, I., Miller, F. J. W., Fleeting, M., & Kolvin, P. A. (1988b). Risk/protective factors for offending with particular reference to deprivation. In M. Rutter (Ed.), *Studies of psychosocial risk: The power of longitudinal data* (pp. 77–95). Cambridge, England: Cambridge University Press.

Kuh, D., & Maclean, M. (1990). Women's childhood experience of parental separation and their subsequent health and socioeconomic status in adulthood. *Journal of Biosocial Science, 22*, 121–35.

Laub, J. H., Nagin, D. S., & Sampson, R. J. (1998). Trajectories of change in criminal offending: Good marriages and the desistance process. *American Sociological Review, 63*, 225–38.

Lazarus, R. S., & Folkman, S. (1984). *Stress, appraisal and coping.* New York: Springer.

Lieberman, M. A. (1975). Adaptive processes in late life. In N. Datan & L. H. Ginsberg (Eds.), *Life-span developmental psychology: Normative life crises* (pp. 135–59). New York: Academic Press.

Long, J. V. F., & Vaillant, G. E. (1984). The natural history of male psychological health, IX: Escape from the underclass. *American Journal of Psychiatry, 141*, 341–6.

Lösel, F., & Bliesener, T. (1994). Some high-risk adolescents do not develop conduct problems: A study of protective factors. *International Journal of Behavioral Development, 17*, 753–77.

Luthar, S. S. (1991). Vulnerability and resilience: A study of high-risk adolescents. *Child Development, 62*, 600–16

Luthar, S. S. (1993). Annotation: Methodological and conceptual issues in research on childhood resilience. *Journal of Child Psychology and Psychiatry, 34*, 441–53.

Luthar, S. S., Doernberger, C. H., & Zigler, E. (1993). Resilience is not a unidimensional construct: Insights from a prospective study of inner-city adolescents. *Development and Psychopathology, 5*, 703–17.

Luthar, S. S., & Zigler, E. (1991). Vulnerability and competence: A review of research on resilience in childhood. *American Journal of Orthopsychiatry, 61*, 6–22.

Maccoby, E. E. (1998). *The two sexes: Growing up apart, coming together.* Cambridge, MA: Belknap Press.

Maccoby, E. E., & Jacklin, C. N. (1983). The "person" characteristics of children and the family as environment. In D. Magnusson & V. Allen (Eds.), *Human development: An interactional perspective* (pp. 75–91). New York: Academic Press.

Main, M., Kaplan, N., & Cassidy, J. (1985). Security in infancy, childhood and adulthood. In I. Bretherton & E. Waters (Eds.), *Growing points of attachment theory and research. Monographs of the Society for Research in Child Development, 50* (1–2, Serial No. 209), 66–106.

Masten, A. S. (1982). *Humor and creative thinking in stress-resistant children.* Unpublished doctoral dissertation, University of Minnesota.

Masten, A. S., Coatsworth, J. D., Neeman, J., Gest, S. D., Tellegen, A., & Garmezy, N. (1995). The structure and coherence of competence from childhood through adolescence. *Child Development, 66*, 1635–59.

Masten, A. S., & Garmezy, N. (1985). Risk, vulnerability and protective factors in developmental psychopathology. In B. B. Lahey & A. E. Kazdin (Eds.), *Advances in clinical child psychology* (Vol. 8, pp. 1–52). New York: Plenum.

Masten, A. S., Garmezy, N., Tellegen, A., Pellegrini, D. S., Larkin, K., & Larsen, A. (1988). Competence and stress in school children: The moderating effects of individual and family qualities. *Journal of Child Psychology and Psychiatry, 29*, 745–64.

Masten, A. S., Morrison, P., Pellegrini, D., & Tellegen, A. (1990). Competence under stress: Risk and protective factors. In J. Rolf, A. S. Masten, D. Cicchetti, K. H. Nuechterlein, & S. Weintraub (Eds.), *Risk and protective* factors in the development of psychopathology (pp. 236–56). New York: Cambridge University Press.

Maughan, B. (1994). School influences. In M. Rutter & D. Hay (Eds.), *Development through life: A handbook for clinicians* (pp. 134–58). Oxford, England: Blackwell Scientific.

Maughan, B., Collishaw, S., & Pickles, A. (1998). School achievements and adult qualifications among adoptees: A longitudinal study. *Journal of Child Psychology and Psychiatry, 39,* 669–85.

Maughan, B., & Rutter, M. (1997). Retrospective reporting of childhood adversity: Some methodological considerations. *Journal of Personality Disorders, 11,* 19–33.

McClelland, G. H., & Judd, C. M. (1993). Statistical difficulties of detecting interactions and moderator effects. *Psychological Bulletin, 114,* 376–90.

McCord, J. (1986). Instigation and insulation: How families affect antisocial aggression. In D. Olweus, J. Block, & M. Radke-Yarrow (Eds.), *Development of antisocial and prosocial behavior: Research, theories, and issues* (pp. 343–57). Orlando, FL: Academic Press.

Meisels, S. J., & Plunkett, J. W. (1988). Developmental consequences of pre-term birth: Are there long-term effects? In P. B. Baltes, D. L. Featherman, & R. M. Lerner (Eds.), *Life-span development and behavior* (Vol. 9, pp. 87–128). Hillsdale, NJ: Erlbaum.

Moffitt, T. E. (1990). Juvenile delinquency and attention deficit disorder: Developmental trajectories from age 3 to 15. *Child Development, 61,* 893–910.

Moffitt, T. E., Caspi, A., Harkness, A. R., & Silva, P. A. (1993). The natural history of change in intellectual performance: Who changes? How much? Is it meaningful? *Journal of Child Psychology and Psychiatry, 34,* 455–506.

Mortimore, P. (1995). The positive effects of schooling. In M. Rutter (Ed.), *Psychosocial disturbances in young people: Challenges for prevention* (pp. 333–63). Cambridge, England: Cambridge University Press.

Murphy, L. B. (1962). *The widening world of childhood: Paths towards mastery.* New York: Basic Books.

Murphy, L. B., & Moriarty, A. E. (1976). *Vulnerability, coping and growing.* New Haven, CT: Yale University Press.

O'Connor, T. G., Deater-Deckard, K., Fulker, D., Rutter, M. & Plomin, R. (1998). Genotype–environment correlations in late childhood and early adolescence: Antisocial behavioral problems and coercive parenting. *Developmental Psychology, 34*(5), 970–81.

Ollendick, T. H., King, N. J., & Yule, W. (1994). *International handbook of phobic and anxiety disorders in children and adolescents.* New York: Plenum.

Osborn, S. G. (1980). Moving home, leaving London and delinquent trends. *British Journal of Criminology, 20,* 54–61.

Patterson, G. R. (1980). Mothers: The unacknowledged victims. *Monographs of the Society for Research in Child Development, 45* (5, Serial No. 186), 1–64.

Patterson, G. R. (1982). *Coercive family process.* Eugene, OR: Castalia.

Patterson, G. R. (1995). Coercion as a basis for early age of onset for arrest. In J. McCord (Ed.), *Coercion and punishment in long-term perspectives* (pp. 81–105). Cambridge, England: Cambridge University Press.

Patterson, G. R. (1996). Some characteristics of a developmental theory for early onset delinquency. In M. Lenzenweger & J. J. Haugaard (Eds.), *Frontier of developmental psychopathology* (pp. 81–124). New York: Oxford University Press.

Patterson, G. R., Dishion, T. J., & Chamberlain, P. (1993). Outcomes and methodological issues relating to treatment of antisocial children. In T. R. Giles (Ed.), *Handbook of effective psychotherapy* (pp. 43–87). New York: Plenum.

Patterson, G. R., Reid, J. B., & Dishion, T. J. (1992). *Antisocial boys: A social interactional approach.* Eugene, OR: Castalia.

Pawlby, S. J., Mills, A., & Quinton, D. (1997a). Vulnerable adolescent girls: Opposite sex relationships. *Journal of Child Psychology and Psychiatry, 38,* 909–20.

Pawlby, S. J., Mills, A., Taylor, A., & Quinton, D. (1997b). Adolescent friendships mediating childhood adversity and adult outcome. *Journal of Adolescence, 20,* 633–44.

Paykel, E. S. (1978). Contribution of life events to causation of psychiatric illness. *Psychological Medicine, 8,* 245–53.

Pellegrini, D. (1994). Training in interpersonal cognitive problem-solving. In M. Rutter, E. Taylor, & L. Hersov (Eds.), *Child and adolescent psychiatry: Modern approaches* (pp. 829–43). Oxford, England: Blackwell Scientific.

Phelps, J. L., Belsky, J., & Crnic, K. (1998). Earned security, daily stress, and parenting: A comparison of five alternative models. *Development and Psychopathology, 10,* 21–38.

Pianta, R. C., Egeland, B., & Sroufe, L. A. (1990). Maternal stress and children's development: Prediction of school outcomes and identification of protective factors. In J. Rolf, A. S. Masten, D. Cicchetti, K. H. Nuechterlein, & S. Weintraub (Eds.), *Risk and protective factors in the development of psychopathology* (pp. 215–35). New York: Cambridge University Press.

Pickles, A. (1993). Stages, precursors and causes in development. In D. F. Hay & A. Angold (Eds.), *Precursors and causes in development and psychopathology* (pp. 23–49). Chichester: John Wiley & Sons.

Pike, A., McGuire, S., Hetherington, E. M., Reiss, D., & Plomin, R. (1996). Family environment and adolescent depressive symptoms and antisocial behavior: A multivariate genetic analysis. *Developmental Psychology, 37,* 590–603.

Plomin, R. (1994a). *Genetics and experience: The interplay between nature and nurture.* Thousand Oaks, CA: Sage Publications.

Plomin, R. (1994b). Genetic research and identification of environmental influences: Emanuel Miller Memorial Lecture (1993). *Journal of Child Psychology and Psychiatry, 35,* 817–34.

Plomin, R., & Bergeman, C. S. (1991). The nature of nurture: Genetic influence on 'environmental' measures. *Behavioural and Brain Sciences, 14,* 373–427.

Plomin, R., De Fries, J. C., McClearn, G. E., & Rutter, M. (1997). *Behavioral genetics* (3rd ed.). San Francisco: Freeman.

Plomin, R., & Rutter, M. (1998). Child development, molecular genetics and what to do with genes once they are found. *Child Development, 69*(4), 1223–42.

Quinton, D., & Rutter, M. (1976). Early hospital admissions and later disturbances of behaviour: An attempted replication of Douglas' findings. *Development Medicine and Child Neurology, 18*, 447–59.

Quinton, D., & Rutter, M. (1988). *Parenting breakdown: The making and breaking of inter-generational links.* Aldershot, England: Avebury.

Quinton, D., Pickles, A., Maughan, B., & Rutter, M. (1993). Partners, peers and pathways: Assortative pairing and continuities in conduct disorder. *Development and Psychopathology, 5*, 763–83.

Reiss, D., Hetherington, M., Plomin, R., Howe, G. W., Simmens, S. J., Henderson, S. H., O'Connor, T. J., Bussell, D. A., Anderson, E. R., & Law, T. (1995). Genetic questions for environmental studies: Differential parenting and psychopathology in adolescence. *Archives of General Psychiatry, 52*, 925–36.

Richters, J. E. (1992). Depressed mothers as informants about their children: A critical review of the evidence for distortion. *Psychological Bulletin, 112*, 485–99.

Robins, L. N. (1966). *Deviant children grown up: A sociological and psychiatric study of sociopathic personality.* Baltimore, MD: Williams & Wilkins.

Rolf, J., Masten, A., Cicchetti, D., Nuechterlein, K., & Weintraub, S. (Eds.). (1990). *Risk and protective factors in the development of psychopathology.* New York: Cambridge University Press.

Rowe, D. C., Wouldbroun, E. J., & Gulley, B. L. (1994). Peers and friends as nonshared environmental influences. In E. M. Hetherington, D. Reiss, & R. Plomin (Eds.), *Separate social worlds of siblings* (pp. 159–73). Hillsdale, NJ: Erlbaum.

Roy, P., Rutter, M., & Pickles, A. (in press). Institutional care: Risk from family background or pattern of rearing. *Journal of Child Psychology and Psychiatry.*

Rutter, M. (1971). Parent–child separation: Psychological effects on the children. *Journal of Child Psychology and Psychiatry, 12*, 233–60.

Rutter, M. (1972). *Maternal deprivation reassessed.* Harmondsworth, Middlesex: Penguin.

Rutter, M. (1979). Protective factors in children's responses to stress and disadvantage. In M. W. Kent & J. E. Rolf (Eds.), *Primary prevention of psychopathology: Vol. 3. Social competence in children* (pp. 49–74). Hanover, NH: University Press of New England.

Rutter, M. (1981). Stress, coping and development: Some issues and some questions. *Journal of Child Psychology and Psychiatry, 22*, 323–56.

Rutter, M. (1983a). Statistical and personal interactions: Facets and perspectives. In D. Magnusson & V. Allen (Eds.), *Human development: An interactional perspective* (pp. 295–319). New York: Academic Press.

Rutter, M. (1983b). School effects on pupil progress: Research findings and policy implications. *Child Development, 54*, 1–29.

Rutter, M. (1985). Resilience in the face of adversity: Protective factors and resistance to psychiatric disorder. *British Journal of Psychiatry, 147*, 598–611.

Rutter, M. (1989). Psychiatric disorder in parents as a risk factor for children. In D. Shaffer, I. Philips, & N. B. Enzer (Eds.), with M. M. Silverman & V. Anthony (Assoc. Eds.), *Prevention of mental disorders, alcohol and other drug use in children and adolescents* (pp. 157–89). OSAP Prevention Monograph 2. Rockville, Maryland: Office for Substance Abuse Prevention, US Department of Health & Social Services.

Rutter, M. (1990). Psychosocial resilience and protective mechanisms. In J. Rolf, A. Masten, D. Cicchetti, K. Nuechterlein, & S. Weintraub (Eds.), *Risk and protective factors in the development of psychopathology* (pp. 181–214). New York: Cambridge University Press.

Rutter, M. (1994). Stress research: Accomplishments and tasks ahead. In R. J. Haggerty, L. R. Sherrod, N. Garmezy, & M. Rutter (Eds.), *Stress, risk, and resilience in children and adolescents* (pp. 354–85). New York: Cambridge University Press.

Rutter, M. (1995a). Clinical implications of attachment concepts: Retrospect and prospect. *Journal of Child Psychology and Psychiatry, 36*, 549–71.

Rutter, M. (1995b). Maternal deprivation. In M. H. Bornstein (Ed.), *Handbook of parenting: Vol. 4. Applied and practical parenting. Part I: Applied issues in parenting* (pp. 3–31). Hillsdale, NJ: Erlbaum.

Rutter, M. (1995c). Psychosocial adversity: Risk, resilience and recovery. *Southern African Journal of Child and Adolescent Psychiatry, 7*, 75–88.

Rutter, M. (1996). Transitions and turning points in developmental psychopathology: As applied to the age span between childhood and mid-adulthood. *International Journal of Behavioral Development, 19*, 603–26.

Rutter, M. (1999). Reslience concepts and findings: Implications for family therapy. *Journal of Family Therapy, 21*, 119–44.

Rutter, M., Champion, L., Quinton, D., Maughan, B., & Pickles, A. (1995). Understanding individual differences in environmental risk exposure. In P. Moen, G. H. Elder Jr., & K. Luscher (Eds.), *Examining lives in context: Perspectives on the ecology of human development* (pp. 61–93). Washington, DC: American Psychological Association.

Rutter, M., Dunn, J., Plomin, P., Simonoff, E., Pickles, A., Maughan, B., Ormel, J., Meyer, J., & Eaves, L. (1997a). Integrating nature and nurture: Implications of person-environment correlations and interactions for developmental psychopathology. *Development and Psychopathology, 9*, 335–64.

Rutter, M., Giller, H., & Hagell, A. (1999). *Antisocial behavior by young people.* New York: Cambridge University Press.

Rutter, M., Maughan, B., Meyer, J., Pickles, A., Silberg, J., Simonoff, E., & Taylor, E. (1997b). Heterogeneity of antisocial behavior: Causes, continuities, and consequences. In R. Dienstbier (Series Ed.) & D. W. Osgood (Vol. Ed.), *Nebraska symposium on motivation: Vol. 44. Motivation and delinquency* (pp. 45–118). Lincoln: University of Nebraska Press.

Rutter, M., Maughan, B., Mortimore, P., Ouston, J., with Smith, A. (1979). *Fifteen thousand hours: Secondary schools and their effects on children*. London: Open Books; Cambridge, MA: Harvard University Press.

Rutter, M., & O'Connor, T. (1999). Implications of attachment theory for child care policies. In P. Shaver & J. Cassidy (Eds.), *Handbook of attachment* (pp. 823–44). New York: Guilford Press.

Rutter, M., & Pickles, A. (1991). Person–environment interactions: Concepts, mechanisms, and implications for data analysis. In T. D. Wachs & R. Plomin (Eds.), *Conceptualization and measurement of organism-environment interaction* (pp. 105–41). Washington, DC: American Psychological Association.

Rutter, M., & Quinton, D. (1977). Psychiatric disorder – ecological factors and concepts of causation. In H. McGurk (Ed.), *Ecological factors in human development* (pp. 173–87). Amsterdam: North-Holland.

Rutter, M., & Quinton, D. (1984). Parental psychiatric disorder: Effects on children. *Psychological Medicine, 14*, 853–80.

Rutter, M., Quinton, D., & Hill, J. (1990). Adult outcomes of institution-reared children: Males and females compared. In L. N. Robins & M. Rutter (Eds.), *Straight and devious pathways from childhood to adulthood* (pp. 135–57). Cambridge, UK: Cambridge University Press.

Rutter, M., & Sandberg, S. (1992). Psychosocial stressors: Concepts, causes and effects. *European Child & Adolescent Psychiatry, 1*, 3–13.

Rutter, M., Tizard, J., & Whitmore, K. (1970). *Education, health and behaviour*. London: Longmans.

Rutter, M., Silberg, J., O'Connor, T., & Simonoff, E. (1999). Genetics and child psychiatry. Vol. I: Advances in quantitative and molecular genetics. Vol. II: Empirical research findings. *Journal of Child Psychology and Psychiatry, 40*, 3–55.

Ryff, C. C., & Singer, G. (1998). The contours of positive human health. *Psychological Inquiry, 9*, 1–28.

Sameroff, A. J., Seifer, R., & Bartko, W. T. (1997). Environmental perspectives on adaptation during childhood and adolescence. In S. S. Luthar, J. A. Burack, D. Cicchetti, & J. R. Weisz (Eds.), *Developmental psychopathology: Perspective on adjustment, risk, and disorder* (pp. 507–26). New York: Cambridge University Press.

Sampson, R. J., & Laub, J. H. (1993). *Crime in the making: Pathways and turning points through life*. Cambridge, MA: Harvard University Press.

Sampson, R. J., & Laub, J. H. (1994). Urban poverty and the family context of delinquency: A new look at structure and process in a classic study. *Child Development, 65*, 523–40.

Sampson, R. J., & Laub, J. H. (1996). Socioeconomic achievement in the life course of disadvantaged men: Military service as a turning point, circa 1940–1965. *American Sociological Review, 61*, 347–67.

Sandberg, S., Rutter, M., Giles, S., Owen, A., Champion, L., Nicholls, J., Prior, V., McGuinness, D., & Drinnan, D. (1993). Assessment of psychosocial experiences in childhood: Methodological issues and some illustrative findings. *Journal of Child Psychology and Psychiatry, 34*, 879–97.

Schachar, R. J., Taylor, E., Wieselberg, M., Thorley, G., & Rutter, M. (1987). Changes in family function and relationships in children who respond to methylphenidate. *Journal of the American Academy of Child and Adolescent Psychiatry, 26*, 728–32.

Seifer, R. (1995). Perils and pitfalls of high-risk research. *Developmental Psychology, 31*, 420–4.

Seifer, R., Sameroff, A. J., Baldwin, C. P., & Baldwin, A. (1992). Child and family factors that ameliorate risk between 4 and 13 years of age. *Journal of the American Academy of Child and Adolescent Psychiatry, 31*, 893–903.

Shonkoff, J. P., & Meisels, S. J. (1991). Defining eligibility for services under Public Law 99-457. *Journal of Early Intervention, 15*, 21–5.

Small, S. A. (1995). Enhancing contexts of adolescent development: The role of community-based action research. In L. J. Crockett & A. C. Crouter (Eds.), *Pathways through adolescence: Individual development in relation to social contexts* (pp. 211–34). Hillsdale, NJ: Erlbaum.

Stacey, M., Dearden, R., Pill, R., & Robinson, D. (1970). *Hospitals, children and their families: The report of a pilot study*. London: Routledge & Kegan Paul.

Stattin, H., Romelsjö, A., & Stenbacka, M. (1997). Personal resources as modifiers of the risk for future criminality: An analysis of protective factors in relation to 18-year-old boys. *British Journal of Criminology, 37*, 198–223.

Stipek, D. (1997). Success in school – for a head start in life. In S. S. Luthar, J. A. Burack, D. Cicchetti, & J. R. Weisz (Eds.), *Developmental psychopathology: Perspective on adjustment, risk, and disorder* (pp. 75–92). Cambridge, England: Cambridge University Press.

Stouthamer-Loeber, M., Loeber, R., Farrington, D. P., Zhang, Q., van Kammen, W., & Maguin, E. (1993). The double edge of protective and risk factors for delinquency: Interrelations and developmental patterns. *Development and Psychopathology, 5*, 683–701.

Sullivan, P. F., Wells, J. E., & Bushnell, J. A. (1995). Adoption as a risk factor for mental disorders. *Acta Psychiatria Scandinavica, 92*, 119–24.

Tennant, C., Bebbington, P., & Hurry, J. (1981). The short-term outcome of neurotic disorders in the community: The relation of remission to clinical factors to "neutralizing" life events. *British Journal of Psychiatry, 139*, 213–20.

Thoits, P. (1983). Dimensions of life events that influence psychological distress: An evaluation and synthesis of the literature. In H. B. Kaplan (Ed.), *Psychosocial stress: Trends in theory and research* (pp. 33–103). New York: Academic Press.

Topolski, T. D., Hewitt, J. K., Eaves, L. J., Silberg, J. L., Meyer, J. M., Rutter, M., Pickles, A., & Simonoff, E. (in press). Genetic and environmental influences on child reports of manifest anxiety, and symptoms of separation anxiety and overanxious disorders: A community-based twin study. *Journal of Anxiety Disorders*.

Tschann, J. M., Kaiser, P., Chesney, M. A., Alkon, A., & Boyce, W. T. (1996). Resilience and vulnerability among preschool children: Family functioning, temperament, and behavior problems. *Journal of the American Academy of Child and Adolescent Psychiatry, 35*, 184–92.

Ursin, H., Baade, E., & Levine, S. (1978). *Psychobiology of stress: A study of coping men*. New York: Academic Press.

Vaillant, G. E. (1977). *Adaptation to life*. Boston: Little, Brown.

Vaillant, G. E. (1990). Avoiding negative life outcomes: Evidence from a forty-five-year study. In P. B. Baltes & M. M. Baltes (Eds.), *Successful aging: Perspectives from the behavioral sciences* (pp. 332–58). Cambridge, England: Cambridge University Press.

van Ijzendoorn, M. H. (1995). Adult attachment representations, parental responsiveness, and infant attachment: A meta-analysis on the predictive validity of the adult attachment interview. *Psychological Bulletin, 117*, 387–403.

Vorria, P., Rutter, M., Pickles, A., Wolkind, S., & Hobsbaum, A. (1998a). A comparative study of Greek children in long-term residential group care and in two-parent families: I. Social, emotional, and behavioral differences. *Journal of Child Psychology and Psychiatry, 39*, 225–36.

Vorria, P., Rutter, M., Pickles, A., Wolkind, S., & Hobsbaum, A. (1998b). A comparative study of Greek children in long-term residential group care and in two-parent families: II. Possible mediating mechanisms. *Journal of Child Psychology and Psychiatry, 39*, 237–46.

Wang, M. C., & Gordon, E. W. (1994). *Educational resilience in inner-city America: Challenges and prospects*. Hillsdale, NJ: Erlbaum.

Watt, N. F., David, J. P., Ladd, K. L., & Shamos, S. (1995). The life course of psychosocial resilience: A phenomenological perspective on deflecting life's slings and arrows. *Journal of Primary Prevention, 15*, 209–46.

Webster-Stratton, C. (1991). Annotation: Strategies for helping families with conduct disordered children. *Journal of Child Psychology and Psychiatry, 32*, 1047–62.

Werner, E. E., Bierman, J. M., & French, F. E. (1971). *The children of Kauai*. Honolulu: University of Hawaii Press.

Werner, E. E., & Smith, R. S. (1977). *Kauai's children come of age*. Honolulu: University of Hawaii Press.

Werner, E. E., & Smith, R. S. (1982). *Vulnerable but invincible: A longitudinal study of resilient children and youth*. New York: McGraw-Hill.

Werner, E. E., & Smith, R. S. (1992). *Overcoming the odds: High risk children from birth to adulthood*. Ithaca, NY: Cornell University Press.

Zoccolillo, M., Pickles, A., Quinton, D., & Rutter, M. (1992). The outcome of childhood conduct disorder: Implications for defining adult personality disorder and conduct disorder. *Psychological Medicine, 22*, 971–86.

参考文献

部分人名英汉对照表

Aber	阿博	Boocock	布科克
Adam	亚当	Booth	布斯
Adams	亚当斯	Bowlby	鲍比
Ainsworth	安斯沃斯	Boyce	博伊斯
Albee	阿尔比	Boyd	博伊德
Allen	艾伦	Brady	布雷迪
Andrea	安德里亚	Brazelton	布雷泽尔顿
Anthony	安东尼	Bredkamp	布雷迪坎普
Aseltine	阿塞廷	Bricker	布里克
Asendorpf	阿森多佛	Brinker	布林克尔
Bailey	贝利	Bromwich	布罗姆维奇
Baldwin	鲍尔温	Bronfenbrenner	布朗芬布伦纳
Bandura	班杜拉	Brooks-Gunn	布鲁克斯-耿
Barbara	芭芭拉	Brown	布朗
Barbarin	巴尔巴林	Bruder	布鲁德
Barnard	巴纳德	Burchinal	布奇纳尔
Barnes	巴尔内斯	Caldwell	考德威尔
Bauer	鲍尔	Calhoun	卡尔霍恩
Baumeister	鲍麦斯特	Campbell	坎贝尔
Beckman	贝克曼	Casto	卡斯托
Beckwith	贝克维斯	Cattell	卡特尔
Beebe	毕比	Chase-Lansdale	蔡斯-兰斯代尔
Behl	贝尔	Chris	克瑞斯
Bell	贝尔	Clark	克拉克
Belle	贝拉	Clarke	克拉克
Berger	伯杰	Clausen	克劳森
Berkeley	伯克利	Cohler	科勒
Berman	伯曼	Cole	科尔
Bernheimer	伯恩海默	Comenius	夸美纽斯
Bliesene	布莱西纳	Comfort	康福特
Bloom	布卢姆	Conger	康格
Bond	邦德	Connell	康奈尔

Cooper	库珀	Farrington	法林顿
Copple	科普尔	Fenichel	费尼切尔
Coulton	科尔顿	Fergusson	弗格森
Crawley	克劳利	Fewell	弗维尔
Cripe	克里普	Field	菲尔德
Crocker	克罗克	Fischer	费希尔
Cross	克罗斯	Flower	弗劳尔
Cunningham	坎宁安	Fonagy	福纳吉
Cynthia Deutsch	辛西娅·多伊奇	Forrester	福里斯特
Dahl	达尔	Fowler	福勒
Dale	戴尔	Fox	福克斯
Daniels	丹尼尔斯	Fraiberg	弗雷伯格
Dawson	道森	Freud	弗洛伊德
Deborah	黛博拉	Froebel	福禄培尔
Detterman	德特曼	Furstenberg	弗斯滕伯格
Diamond	戴蒙德	Fuchs	富克斯
Dickstein	迪克斯坦	Gallacher	加拉赫
Dihoff	迪霍夫	Gallagher	加拉格尔
Doar	多尔	Garber	加伯
Drotar	德洛塔	Garmezy	加梅齐
Dunlap	邓拉普	Garshelis	加谢里斯
Dunn	邓恩	Gesell	格塞尔
Dunst	邓斯特	Gina	吉娜
Eddy	埃迪	Glass	格拉斯
Edward F. Zigler	爱德华·F. 齐格勒	Glassman	格拉斯曼
Egeland	埃格兰	Glick	格利克
Eheart	伊哈特	Gluecks Goddard	格卢克斯·格达德
Elbert	埃尔伯特	Godfrey	戈弗雷
Elder	埃尔德	Goldberg	戈德伯格
Elliot	埃利奥特	Goldman-Rakic	戈德曼-拉基克
Em	埃姆	Goodman	古德曼
Emde	埃姆德	Gordon	戈登
Emlen	埃姆伦	Gore	戈尔
Eric	埃里克	Goreman	戈尔曼
Erickson	埃里克森	Gottlieb	戈特利布
Ershler	厄希勒	Graham	格雷汉姆
Farber	法伯	Green	格林
Farren	法兰	Greene	格林

Greenough	格里诺	Kanter	坎特
Greenspan	格林斯潘	Kassebaum	卡斯鲍姆
Guba	古巴	Kaye	凯
Guralnick	古拉尔尼克	Kelly	凯利
Haber	哈伯	Kendler	肯德勒
Hall	霍尔	Keogh	基奥
Harbin	哈尔宾	Kerr	克尔
Harggerty	哈格蒂	Kessler	凯斯勒
Harkavy	哈卡维	Kilgo	凯尔郭
Hausman	豪斯曼	Kilpatrick	克伯屈
Haveman	哈夫曼	Klinger	克林格
Henderson	亨德森	Knowles	诺尔斯
Heron	赫伦	Kochanek	科哈内克
Herr	赫尔	Kochanska	科汉斯卡
Herrenkohl	赫伦科尔	Korner	科纳
Hess	赫斯	Krauss	克劳斯
Hetherington	赫瑟林顿	Kubisch	库比施
Heward	霍华德	Kuh	库
Hinde	海因德	Kuhl	库尔
Hinkle	欣克尔	Kupfer	库普弗
Hirshberg	赫什伯格	Lang	朗
Hobbs	霍布斯	Laosa	劳萨
Hortense Walker	霍顿斯·沃克	Larner	拉纳
Hunt	亨特	Laub	劳柏
Hutchins	哈钦斯	Laura	劳拉
Ida	艾达	Lee	李
Itard	伊塔	Lenny	莱尼
Jarrett	贾勒特	Lerner	勒纳
Jason	杰森	Levenstein	莱文斯坦
Jeanette	珍妮特	Levin	莱文
Jenkins	詹金斯	Levine	莱文
Jenny	詹妮	Levy	列维
Jeppson	杰普森	Lewin	勒温
John Dewey	约翰·杜威	Lewis	刘易斯
Johnson	约翰逊	Liaw	利奥
Jones	琼斯	Lieberman	里伯曼
Kamii	卡米	Likert	利克特
Kanner	坎纳	Lillian	莉莲

Lincoln	林肯	McWilliam	麦克威廉
Linder	林德	Meisels	迈泽尔斯
Lipsey	利浦西	Merzenich	梅尔泽尼希
Lisa	丽萨	Miller	米勒
Long	朗	Mills	米尔斯
Losel	洛塞尔	Moira	莫伊拉
Lou	卢	Moriarty	莫里亚蒂
Lovaas	洛瓦斯	Moskovitz	莫斯科维茨
Luria	卢里亚	Munson	芒森
Luthar	卢瑟	Musick	缪齐克
Lynskey	林斯基	Neill	尼尔
MacArthur	麦克阿瑟	Neville	内维尔
MacLean	麦克林	Nudo	努多
Madaus	莫道斯	Odom	奥多姆
Mahoney	马奥尼	Oelwein	奥尔温
Main	梅因	Ogbu	奥格布
March	马奇	Olds	奥尔兹
Margaret MacMillan	玛格丽特·麦克米兰	Olson	奥尔森
Maria Montessori	玛丽亚·蒙特梭利	Ooms	欧姆斯
Mark Twain	马克·吐温	Osterling	奥斯特林
Markowitz	马克维茨	Pakula	帕库拉
Marlene	马琳	Palmer	帕尔默
Marry Akerley	玛丽·艾克瑞	Parmelee	帕米利
Martell	马特尔	Pasamanick	帕萨玛尼克
Martha Blue-Banning	玛莎·布鲁-班宁	Patricia	帕特丽夏
Martin	马丁	Patterson	帕特森
Masten	马斯腾	Patti	帕蒂
Maughan	莫恩	Paulo Freire	保罗·弗莱雷
McAllister	麦克阿利斯特	Pawl	保尔
McCall	麦考尔	Pawlby	波尔比
McCartney	麦卡特尼	Pearlin	皮尔林
McCarton	麦卡顿	Petr	彼得
McConnell	麦康奈尔	Pharis	法里斯
McCubbin	麦卡宾	Phinney	菲尼
McDonough	麦克唐纳	Piaget	皮亚杰
McGaha	麦家哈	Pollitt	波利特
McLnight	麦克奈特	Pons	庞斯
McLoyd	麦克罗德	Quinton	昆顿

Rachel	雷切尔	Sheryl	雪儿
Radin	雷丁	Shonkoff	香克弗
Ramey	拉米	Simeonsson	西蒙森
Ramirez	拉米雷斯	Skeels	斯基尔斯
Rappaport	拉帕波特	Skinner	斯金纳
Reiss	赖斯	Slaughter-Defoe	斯劳特-迪福
Rena	丽纳	Small	斯莫尔
Reynolds	雷诺兹	Smith	史密斯
Richard	理查德	Spitz	施皮茨
Richmond	里奇蒙德	St.Pierre	圣·皮埃尔
Riessman	莱斯曼	Stacey	斯黛丝
Riley	赖利	Stafford	斯塔福德
Robbins	罗宾斯	Stattin	斯塔丁
Robins	罗宾斯	Stern	斯特恩
Rogers	罗杰斯	Stouthamer-Loeber	斯托斯曼-罗伯
Ronnie	罗尼	Strain	斯特兰
Rose	罗斯	Summers	萨默斯
Rosewater	罗斯沃特	Susan Gray	苏珊·格雷
Rousseau	卢梭	Susan Rocco	苏珊·罗科
Rowley	罗利	Swartz	施瓦茨
Rutter	拉特	Tallal	塔莱尔
Ryan	瑞恩	Terman	特曼
Sally Provence	萨利·普罗旺斯	Terrell	特勒尔
Sameroff	萨莫洛夫	Thompson	汤普森
Sampson	桑普森	Thorndike	桑代克
Sargent Shriver	萨金特·施莱弗	Thurman	瑟曼
Scarr	斯卡尔	Tisha	提沙
Schor	肖尔	Tocci	托茨
Schore	斯霍勒	Tolstoy	托尔斯泰
Schorr	肖尔	Trivette	特里维特
Schweinhat	希维哈特	Turnbull	特恩布尔
Scott	斯科特	Urwin	厄温
Seguin	塞金	Usher	厄舍
Seifer	塞费尔	Vaillant	瓦利恩特
Seitz	塞茨	van Aken	范阿肯
Selma	塞尔玛	Vernon-Feagans	弗农-费根斯
Shaw	肖	Volpe	沃尔普
Shelton	谢尔顿	Vygotsky	维果茨基

Wallerstein	沃勒斯坦	West	韦斯特
Warren	沃伦	Weston	维斯顿
Wasik	瓦斯科	White	怀特
Watson	华生	Whiteaker	惠蒂克
Watt	瓦特	Whiting	怀廷
Webster	韦伯斯特	Widerstrom	维德斯姆
Weick	韦克	Wilson	威尔森
Weikart	维卡尔特	Winnicott	温尼科特
Weiss	韦斯	Wolfe	沃尔夫
Werner	沃纳	Yoder	约德

部分术语英汉对照表

AA meeting	匿名互诫协会的集会
Abecedarian Program, Abecedarian Project	初学者项目,初学者计划
Abt Associates	阿布特协会
acculturation	文化适应
Advisory Board on Child Abuse and Neglect	防止儿童被虐待和被忽视咨询委员会
Advisory Committee on Services for Families with Infants and Toddlers	婴幼儿家庭服务咨询委员会
affect attunement	情感协调
Ages and Stages Questionainre	年龄和发展阶段问卷
Aid to Dependent Children	未成年儿童援助计划
Aid to Families with Dependent Children, AFDC	抚养未成年儿童家庭援助计划
Amendments of the Education of All Handicapped Children's Act	《全体残疾儿童教育法案修正案》
American Academy of Pediatrics	美国儿科学会
American Pulic Health Association	美国公共卫生协会
Angelman syndrome	天使症候群
anticipatory guidance	先期指导
Association for Retarded Citizens, ARC	智障市民协会
Association of Teacher Educators, ATE	教师教育者联合会
Balanced Budget Act	《平衡预算法案》
Batelle Developmental Inventory Screening Test	巴特尔发展量表筛查测试
Battelle Development Inventory, BDI	巴特尔发展量表
Battelle Development Test	巴特尔发展测验
Bayley Scales	贝利量表
Bayley Scales of Infant Development, BSID	贝利婴儿发展量表
Bayley Scales of Infant Development Ⅱ, BSID-Ⅱ	贝利婴儿发展量表Ⅱ
benefit-cost analysis, cost-benefit analysis	收益-成本分析,成本-收益分析
Big Brothers/Big Sisters	大哥哥/大姐姐(项目名)
Boston Head Start	波士顿开端计划
Brigance Screens	布里根斯筛查
Bright Futures	光明未来(项目名)
Bright Start	光明开端(项目名)

Brookline Early Education Project, BEEP	布鲁克莱恩早期教育计划
Brown v. Board of Education	布朗诉教育委员会案
Bureau of Education for Handicapped	残疾人教育局
Bush Center in Child Development and Social Policy	布什儿童发展和社会政策研究中心
Caldwell HOME Inventory	考德威尔 HOME 量表
California Psychological Inventory, CPI	加州心理量表
Carey Temperament Scales, CTS	凯利气质量表
Carnegie Foundation for the Advancement of Teaching	卡内基教学促进基金会
Cattell Infant Intelligence Scale	卡特尔婴儿智力量表
Center for Epidemiologic Studies-Depression Scale, CES-D	抑郁自评量表
Center for Improvement of Early Reading Achievement	早期阅读成就促进中心
Center on Addiction and Substance Abuse	（美国）成瘾和药物滥用中心
central nervous system, CNS	中枢神经系统
Charlotte Circle Project	夏洛特环形计划
Chicago Child Parent Center	芝加哥儿童家长中心
Child and Family Center	儿童和家庭中心
Child and Family Resource Program, CFRP	儿童和家庭资源项目
Child Care Action Compaign	儿童养护运动
Child Care and Education Forging the Link Initiative	《儿童养育促进联系倡议》
Child Care Center	儿童看护中心
Child Development Inventories	儿童发展性评价库
Child Parent Center, CPC	儿童家长中心
ChildServ	儿童服务（项目名）
Child Survival	儿童生存（项目名）
child-care stressors	保育压力源
Child-Parent Enrichment Project	亲子强化计划
Children's Bureau	儿童局
Children's Defense Fund	儿童保护基金会
Christchurch Longitudinal Study	克莱斯特彻奇纵向研究
Clinical Infant Development Program, CIDP	临床婴儿发展项目
Clinical Nursing Models	临床护理模式
Collaborative Perinatal Project	围产期协作计划
collective empowerment	集体赋权
Commission on Children	儿童委员会
Committee on Child Health	儿童健康委员会
Committee on Children with Disabilities	残疾儿童委员会
communication age, CA	沟通年龄
Communication Training Program, CTP	沟通培训项目

community context	社区环境
Community Partnerships for Children	为了儿童的社区合作(项目名)
Comprehensive Adult Student Assessment System, CASAS	成年学生综合评估系统
Comprehensive Child Development Program, CCDP	儿童综合发展项目
Comprehensive System of Personnel Development, CSPD	人力资源发展综合系统
computerized tomography, CT	计算机断层扫描
Consortium for Longitudinal Studies, CLS	纵向研究联盟
Coping Project	应对计划(项目名)
Cornell Family Life Development Center	康奈尔家庭生活发展中心
cost-effectiveness analysis	成本-效益分析
Council for Exceptional Children, CEC	特殊儿童理事会
Council of Chief State School Officers	州立学校校长理事会
Council of Economic Advisors	经济顾问委员会
countertransference	反移情作用
cultural deprivation	文化剥夺
cultural mismatch	文化失调
Cultural Mistrust Inventory	文化不信任清单
culture code	文化代码
Cuyahoga County Mental Health Board	凯霍加县心理健康委员会
cytomegalovirus, CMV	巨细胞病毒
Day Care Plus	日托附加项目
decision tree	决策树
Denver Child Health Passport	丹佛儿童健康护照
Denver Developmental Screening Test	丹佛发育筛查测试
Denver Scale, the Denver	丹佛量表
developmental monitoring	发育监测
developmental surveillance	发展性监控
developmental vulnerability	发展的脆弱性,发展脆弱性
developmentally appropriate practices, DAP	发展适宜性实践
developmental-psychoanalytic	发展性精神分析
Diagnostic and Statistical Manual of Mental Disorders, DSM-IV	《精神疾病诊断与统计手册》
Diagnostic Classification of Mental Health and Developmental Disorders of Infancy and Early Childhood, DC:0—3	《婴幼儿心理健康及发展障碍诊断分类手册》
direct instruction, DI	直接教学法
Division for Early Childhood, DEC	早期儿童部
domains of silence	沉默领域
Down syndrome	唐氏综合征
Dunedin Longitudinal Study	达尼丁纵向研究

Early and Periodic Screening, Diagnosis and Treatment Program, EPSDT	早期及定期筛查、诊断与治疗项目
early care and education	早期养育
early care and education programs	早期养育项目
early childhood education, ECE	儿童早期教育,早期儿童教育
Early Childhood Environmental Rating Scale, ECERS	儿童早期环境量表
early childhood intervention	儿童早期干预
Early Childhood Longtitudinal Study	儿童早期纵向研究
early childhood special education, ECSE	儿童早期特殊教育,早期儿童特殊教育
Early Childhood Support Services	儿童早期支持服务(项目名)
Early Education Program for Children with Disabilities	残障儿童早期教育项目
Early Education Quality Improvement Project, EQUIP	早期教育质量提升计划
Early Head Start, EHS	早期开端计划
Early Intervention Center	早期干预中心
Early Intervention Collaborative Study, EICS	早期干预合作研究
Early Screening Inventory, ESI	早期筛查量表
Early Training Project	早期训练计划
Economic Opportunity Act	《经济机会法案》
Education for All Handicapped Children Act	《全体残疾儿童教育法案》
Education for All Handicapped Children Act Amendments	《全体残疾儿童教育修正法案》
Education of the Handicapped Act Amendments	《残疾人教育法修正案》
emotional availability	情绪可得性
empathic response	移情反应
English as a second language, ESL	英语作为第二语言
Even Start	公平开端(项目名)
event-related potential, ERP	事件相关电位
Fair Start	美好开端(项目名)
Families and Work Institute	家庭和工作协会
Family Adaptability and Cohesion Evaluation Scales, FACES	家庭适应力与凝聚力评估量表
Family and Child Experience Survey, FACES	家庭及儿童经验调查
Family Child Care Connection	家庭儿童护理关系(项目名)
family code	家庭代码
Family First	家庭第一(项目名)
Family Functioning Style Scale	家庭功能风格量表
Family Information Preference Invertory	家庭信息偏好量表
Family Intergenerational Literacy Model, FILM	家庭代际素养模式
Family Need Scale, FNS	家庭需要量表

Family Needs Survey	家庭需求调查
Family Support Act	《家庭支持法案》
Family Support Scale	家庭支持量表
Famliy Resource Scale, FRS	家庭资源量表
Federal Even Start Family Literacy Program	联邦公平开端家庭素养项目
field theory	场理论
Food and Drug Administration	食品和药品管理局
fragile-X syndrome	脆性X染色体综合征
Function Emotional Assessment Scale, FEAS	功能性情感评估表
General Equivalent Diploma, GED	高中同等学力, GED证书
Goals 2000	2000年目标
Great Society	伟大社会计划①
Handicapped Children's Early Education Assistance Act	《残疾儿童早期教育援助法案》
Handicapped Children's Early Education Program, HCEEP	残疾儿童早期教育项目
Hawaii Healthy Start	夏威夷健康开端计划
Hawaiian island of Kauai	夏威夷考艾岛
Hawkins-Stafford Elementary and Secondary School Improvement Amendments	《霍金斯－斯塔福德中小学促进修正案》
Health Resources Services Administration	健康资源服务部
Healthy Families America	美国健康家庭（项目名）
Healthy Start	健康开端（项目名）
Healthy Steps for Young Children	幼儿健康阶梯（项目名）
helper therapy principle	助人者治疗原则
Heschl's gyrus	赫氏脑回
hierarchical linear modeling, HLM	分层线性模型
High/Scope Educational Research Foundation	高瞻教育研究基金会
High/Scope Foundation	高瞻基金会
High/Scope Perry Preschool	佩里学前教育高瞻课程
High/Scope program	高瞻项目
history making	历史创造
history taking	历史采集
home health visiting, HHV	家庭健康访问
Home Instruction Program for Preschool Youngsters, HIPPY	学前幼儿的家庭指导项目
Home Observation Measure of Enviornment, HOME	基于环境的家庭观察测量, HOME量表

---

① 由美国总统约翰逊提出，主要目的是消除贫苦和种族偏见。

HOME Screening Questionnaire, HSQ	HOME 筛查问卷
Home Start	家庭开端(项目名)
Home Visiting 2000 Program	家访 2000 项目
Individuals with Disabilities Education Act Aendments, IDEA	《残疾人教育法案修正案》
Individuals with Disabilities Education Act, IDEA①	《残疾人教育法案》
individualized eduction plan, IEP	个性化教育计划
individualized family service plan, IFSP	个性化家庭服务计划
Infant Health and Development Program, IHDP	婴儿健康与发展项目
Infant-Toddler Assessment Scale	婴幼儿评价量表
Infant-Toddler Development Assessment, IDA	婴幼儿发展性评估
ingredients model	成分模型
Insititute for Research on Poverty	美国贫困研究所
Institute of Medicine	美国医学研究所
Interdisciplinary Early Childhood Education, IECE	跨学科儿童早期教育(项目名)
Inventory of Social Support	社会支持量表
John Hopkins Children and Youth Program	约翰·霍普金斯儿童和青年项目
Kan Focus	堪焦点(项目名)
Kauai Longitudinal Study, Kauai Study	考艾岛纵向研究,考艾岛研究
Kenan Charitable Trust	凯南慈善信托
Kenan Family Literacy Project	凯南家庭素养计划
Kids Counts	儿童计数
Klinefelter syndrome	克林费尔特综合征
Lanham Act	《兰哈姆法》
Lehigh Longitudinal Study	利哈伊纵向研究
Local Interagency Coordinating Council, LICC	区域跨机构合作委员会
magnetic resonance imaging, MRI	核磁共振
Manpower Demonstration Research Corporation	人力示范研究公司
match-mismatch negativity, MMN	失匹性负波
Mathematica Policy Research Institute	数学政策研究所
McCarthy Scales	麦卡锡量表
mean length of utterance, MLC	平均话语长度
mediated learning, ML	中介学习
Memphis New Mothers Project	孟菲斯新手母亲计划
Menninger Foundation	门宁格基金会
Menninger Infancy Project	门宁格婴儿计划

---

① IDEA 在不同章节指代不同。

Mental Development Index, MDI	心理发展指数
Merrill-Palmer Scale	墨跋量表
Michigan Infant Mental Health Program	密歇根婴儿心理健康项目
milieu teaching	环境教学
Milwarkee Project	密尔沃基计划
Minnesota Child Development Inventory	明尼苏达儿童发展量表
Minnesota Milestones	明尼苏达里程碑(项目名)
Minnesota Mother-Child Project	明尼苏达母子计划
Model Preschool Program, MPP	学龄前项目模式
Moternal Behavior Rating Scales	母亲行为评定量表
Mother-Child Rating Scale	母婴评定量表
Multi-Pass system	多维发育评估系统
National Association for the Education of Young Children, NAEYC	美国幼儿教育协会
National Black Child Development Institute, NBCDI	美国黑人儿童发展组织
National Board for Professional Teaching Standards, NBPTS	美国专业教学标准委员会
National Center for Children in Poverty	贫困儿童国家中心
National Center for Clinical Infant Programs	临床婴儿项目国家中心
National Center for Family Literacy, NCFL	家庭素养国家中心
National Committee for Prevention of Child Abuse and Neglect	美国防止儿童被虐待和被忽视委员会
National Day Care Society, NDCS	美国日托研究会
National Early Childhood Technical Assistance System, NEC*TAS	美国早期儿童技术援助系统
National Education Association	美国国家教育协会
National Education Goals Panel	美国教育目标小组
National Governor's Association	美国州长协会
National Institute of Mental Health	美国心理健康研究所
National Institute of Health	美国健康研究所
National Institute of Neurological Diseases and Blindness	美国神经系统疾病与失明研究所
National Literacy Act	《国家素养法案》
National Research Council	美国国家研究理事会
nature-nuture debate	天性—教养之争
neural plasticity	神经可塑性
neuro-developmental therapy, NDT	神经发育疗法
New Frontier	新边疆①

---

① 美国总统肯尼迪1960年提出的施政方针,要求美国人民探索和解决当时面临的一系列需要应对的挑战。

Newsweek	新闻周刊
Nursing Child Assessment Feeding and Teaching Scales, NCAFTS	儿童护理评估喂养与教育量表
Nursing Child Assessment Satellite Training, NCAST	儿童护理评估远程培训
Nursing Child Assessment Scales	儿童护理评估量表
Nursing Child Assessment Teaching Scale, NCATS	儿童护理评估教育量表
Office of Economic Opportunity, OEO	经济机会办公室
Office of Special Education and Rehabilitation Services	特殊教育及康复服务办公室
Office of Special Education Programs, OSEP	特殊教育项目办公室
one-drop-rule	一滴血原则
Oregon Benchmarks	俄勒冈基准(项目名)
Ounce of Prevention Scale	盎司预防量表
Parent and Child Education, PACE	亲子教育(项目名)
Parent Child Center, PCC	家长儿童中心
Parent Child Development Center, PCDC	家长儿童发展中心
Parent Leadership Institute	父母领导力协会
Parent Services Project, PSP	家长服务计划
Parent/Caregiver Involvement Scale, P/CIS	父母/养育者参与量表
Parent-Child Early Relationship Assessment	早期亲子关系评估量表
parenting	教养方式
Parents as Teachers, PAT	家长作为教师,家长为师(项目名)
Parents' Evaluation of Developmental Status, PEDS	发展性状况的家长评价
Parents Interacting with Infants Practicum, PIWI	父母与婴儿互动实习(项目名)
Partners Project	合作伙伴计划
Partnership in Parenting Education, PIPE	家长教育合作关系(项目名)
Peabody Picture Vocabulary Test, PPVT	皮博迪图片词汇测试
Peabody Individual Achievement Testing, PIAT	皮博迪个人成就测试
Pen Green Center	彭格林中心
periventricular leukomalacia, PVL	脑室周围白质软化
Perry Preschool Project/Program	佩里学前教育计划/项目
Personal Responsibility and Work Opportunity Reconciliation Act	《个人责任与工作机会协调法案》
pervasive developmental disorder, PDD	广泛性发育障碍
phenylketonuria, PKU	苯丙酮尿症
Positive Education Program	积极教育项目
power-over	逾权
power-through	集体赋权
power-with	合权

Prader-Willi syndrome	普拉德-威利综合征
prelinguistic milieu teaching, PMT	前语言环境教学
Prenatal and Early Infancy Project	产前和婴儿早期计划(项目名)
Prenatal Early Childhood Nurse Home Visitation Progam	产前早期儿童护士家访项目
professional development school, PDS	专业发展学校
Project Before	前期计划(项目名)
Project Care	关爱计划(项目名)
Project Competence	能力计划(项目名)
Project Head Start, Head Start	开端计划(项目名)
Project LEAP	LEAP 计划(项目名)
Project Match	匹配计划(项目名)
Project on Human Development in Chicago Neighborhoods, PHDCN	芝加哥社区人类发展计划
Project STEEP	STEEP 计划(项目名)
protective factors	保护性因素
Prozac	百忧解(一种治疗精神抑郁的药物)
Q-sort	Q-分类
Quality 2000 Intiative	质量 2000 倡议
Reach Out and Read	阅读援助计划
Readiness Goal	准备目标
reciprocity	互惠,互惠性,互惠关系
redefine	再定义
reeducate	再教育
Relational Psychotherapy Mothers' Group	相关心理治疗母亲团体
remediate	再调整
resillience	复原力,心理韧性
Rett syndrome	雷特综合征
Ritalin	利他林(一种中枢兴奋药物)
Rochester Longitudinal Study	罗切斯特纵向研究
School of the 21st Century	21 世纪学校
Section for Execptional Children	特殊儿童部
Sheppard-Towner Act	《谢泼德-汤纳法案》
Smart Start	智慧开端(项目名)
social change	社会化改变
Social Security Act	《社会保障法案》
socioeconomic status, SES	社会经济地位
Special Supplemental Nutrition Program for Women, Infant and Chiledren; Women, Infants and Children's Food program; WIC program	妇女、婴儿和儿童特别营养补充/食品项目,WIC 项目

Stanford-Binet Intelligence Scale, Stanford-Binet Scale, the Stanford-Binet	斯坦福-比奈智力量表
Starting Early Starting Smart	早开始早聪明（项目名）
Starting Point	起点项目（项目名）
Substance Abuse, Mental Health Services Administration	药物滥用、心理健康服务部
Supplementary Security Income, SSI	补充保障收入
Syracuse Family Demonstration Project	锡拉库扎家庭示范计划
systematic social observation, SSO	系统社会观察
Tay-Sachs disease	泰-萨克斯病
Teenage Pregnancy Intervention Program	青春期妊娠干预项目
Temporary Assistance to Needy Families, TANF	贫困家庭临时援助
Test of Adult Basic Education, TABE	成人基础教育测试
Finance Project	金融工程
theory of change	变革理论
Toyota Families for Learning	丰田学习家庭（项目名）
train-the-center	培训项目中心（而不是个人）
Transdisciplinary Play-base Assessment, TPBA	跨学科游戏评估法
transfer of stimulus control	转移刺激控制
Turner syndrome	特纳综合征
two-generation programs	两代人项目
U.S. Bureau of the Census	美国人口统计局
U.S. Department of Education	美国教育部
U.S. Office of Education	美国教育办公室
United Cerebral Palsy	脑瘫联合会
Vineland Scales of Adaptive Bahavior, the Vineland	文兰适应性行为量表
Vineland Social Maturity Scale	文兰社会成熟量表
War on Poverty	反贫困运动
Wechsler Intelligence Scale for Children-Revised, WISC-R	韦克斯勒（韦氏）儿童智力量表-修订版
Wechsler Preschool and Primary Scale of Intelligence, WPPSI	韦克斯勒（韦氏）学龄前儿童/小学生智力量表
welfare-to-work	从福利到工作
Woodcock Johnson Psycho-Educational Battery	伍德科克·约翰逊心理-教育测试
World Health Organization, WHO	世界卫生组织
Yale Child Welfare Project	耶鲁儿童福利计划
Yale Child Welfare Research Program	耶鲁儿童福利研究项目
Zero to Three Working Group on Developmental Assessment	0—3岁发展性评估工作组
Zero to Three: the National Center for Infants, Toddlers, and Families	美国0—3岁婴幼儿和家庭中心
zone of proximal development	最近发展区

郑重声明

高等教育出版社依法对本书享有专有出版权。任何未经许可的复制、销售行为均违反《中华人民共和国著作权法》，其行为人将承担相应的民事责任和行政责任；构成犯罪的，将被依法追究刑事责任。为了维护市场秩序，保护读者的合法权益，避免读者误用盗版书造成不良后果，我社将配合行政执法部门和司法机关对违法犯罪的单位和个人进行严厉打击。社会各界人士如发现上述侵权行为，希望及时举报，本社将奖励举报有功人员。

反盗版举报电话　（010）58581999　58582371　58582488
反盗版举报传真　（010）82086060
反盗版举报邮箱　dd@hep.com.cn
通信地址　北京市西城区德外大街4号
　　　　　高等教育出版社法律事务与版权管理部
邮政编码　100120

图字：01-2013-2085 号

Handbook of Early Childhood Intervention, Second Edition, Edited by Jack P. Shonkoff, Samuel J. Meisels, Foreword by Edward F. Zigler, first published by Cambridge University Press in 2000.

All rights reserved.

This Simplified Chinese Translation edition for the People's Republic of China is published by arrangement with the Press Syndicate of the University of Cambridge, Cambridge, United Kingdom.
© Cambridge University Press 2000

This book is in copyright. No reproduction of any part may take place without the written permission of Cambridge University Press or Higher Education Press Limited Company.

This edition is for sale in the mainland of China only, excluding Hong Kong SAR, Macao SAR and Taiwan, and may not be bought for export therefrom.

此版本仅限于中华人民共和国境内（但不允许在中国香港、澳门特别行政区和中国台湾地区）销售发行。

图书在版编目（CIP）数据

儿童早期干预手册：第 2 版／（美）香克弗（Jack P. Shonkoff），（美）迈泽尔斯（Samuel J. Meisels）主编；赵斌，李欢，胥兴春等译.
--北京：高等教育出版社，2016.8
书名原文：Handbook of Early Childhood Intervention, Second Edition
ISBN 978-7-04-044950-1

Ⅰ.①儿… Ⅱ.①香… ②迈… ③赵… ④李… ⑤胥… Ⅲ.①儿童教育-早期教育-手册 Ⅳ.①G61-62

中国版本图书馆 CIP 数据核字（2016）第 119848 号

策划编辑	龙 杰	特约编辑	张 瑶	孟英娟	王秀琴	王雅君	屈卓婷	陈 容	姚慧玥
封面设计	李小璐	责任编辑	苏伶俐	傅雪林	王利华	刘晓静	王海燕	王文颖	房世佳	肖冬民	魏延娜
版式设计	马敬茹	插图绘制	杜晓丹		责任校对	张小镝		责任印制	毛斯璐

出版发行	高等教育出版社	网　　址	http://www.hep.edu.cn
社　　址	北京市西城区德外大街 4 号		http://www.hep.com.cn
邮政编码	100120	网上订购	http://www.hepmall.com.cn
印　　刷	三河市华骏印务包装有限公司		http://www.hepmall.com
开　　本	787mm×1092mm　1/16		http://www.hepmall.cn
印　　张	43.75		
字　　数	1079 千字	版　次	2016 年 8 月第 1 版
购书热线	010-58581118	印　次	2016 年 8 月第 1 次印刷
咨询电话	400-810-0598	定　价	98.00 元

本书如有缺页、倒页、脱页等质量问题，请到所购图书销售部门联系调换
版权所有　侵权必究
物 料 号　44950-00